『현대 신학이란 무엇인가』는 즐겁게 읽으면서 현대 신학을 쉽게 이해하도록 이끄는 아주 친절한 안내서다. 저자는 현대성이 몰고 온 돌풍 속에서 교회가 기득권을 하나씩 내려놓는 혹독한 시련을 거치면서도 소멸되지 않았음을, 그리고 현대성이 폭군처럼 몰아세웠던 재구성을 이제 탈현대성이라는 훈풍이 해체하는 가운데 신학이 계속 항해해 나가면서 마주해야 할 위험한 여정을 차분하게 그린다. 특히 유럽에서 현대성이 등장하게 된 과정을 쉽게 설명하는 "현대 신학의 문화적 맥락"(서론)은 한국 독자들이 현대 신학에 친근하게 접근하도록 도우면서, 지금 한국 교회 안팎에 깊이 침투한 현대성과 탈현대성의 영향을 어떻게 대처해야 할지 성찰하게 만든다. 또한 이 안내서는 여러 가톨릭 신학자들의 입장도 소개함으로써 독자들의 안목을 넓혀 준다. 현대성과 탈현대성의 불연속성과 연속성을 역사적 상황에서 흥미진진하게 분석하고 평가하는 저자의 박식한 필치에 역자의 깔끔한 번역이 더해져, 즐거운 독서뿐 아니라 완독 후 엄청난 유익을 누리게 할 걸작이다.

유해무 고려신학대학원 은퇴교수, 『우리는 무엇을 믿는가』, 『유교수의 우리 신조 수업』 저자

이 책은 『20세기 신학』의 확대개정판을 넘어서는 전혀 새로운 책이다. 스탠리 그렌츠와 로저 올슨이 각각 40대 초중반이었을 때 『20세기 신학』과 『신학으로의 초대』를 공저한 직후 스탠리 그렌츠의 신학적 작업이 가히 폭포수처럼 분출되었다. 하지만 2005년에 갑작스럽게 날아든 스탠리 그렌츠의 부고장은 전 세계 신학계에 큰 충격을 안겼다. 이상하게도 이후 로저 올슨의 신학적 작업이 쏟아져 나왔고, 『20세기 신학』이 출간된 지 20년이 지나서는 그 확대개정판인 『현대 신학이란 무엇인가』를 단독으로 내는 데 이르렀다.

"현대 신학"은 저술과 동시에 과거의 신학이 되기 쉬운데, 우리는 로저 올슨의 이 책을 통해 가장 최근의 현대 신학을 접한다. 현대 신학에 관한 책들에서 19세기와 20세기 신학은 큰 틀에서 별반 차이가 없지만, 이 책은 상당한 분량으로 19세기의 신학 내용을 보완했을 뿐 아니라 최근의 신학 흐름까지도 훌륭하게 반영했다. 또한 이 책이 제시하는 발타자르, 하우어워스, 그리고 (제임스 스미스의 스승인) 카푸토에 관한 논의는 이전의 현대 신학 책들에서 볼 수 없던 내용이다.

박찬호 백석대학교신학대학원 교수, 『성경과 하나님 그리고 인간』, 『과학과 신학 그리고 영성』 저자

전 세계적 영향력을 지녔던 『20세기 신학』의 공저자인 로저 올슨은 그 확대·개정판인 『현대 신학이란 무엇인가』로 우리를 새롭게 찾아왔다. 그는 신선한 통찰과 일관성 있는 전개로 광범위한 신학 정보들을 제공하고, 이로써 우리는 현대 신학의 조감도를 손에 넣는다. 무엇보다도 그의 입장은 계몽주의와 과학 혁명에서 비롯된 근대 사상의 뿌리를 밝혀냄으로써, 19세기 근대 신학의 발전과 더불어 최근의 포스트모던 신학에 이르는 신학의 여정을 이해하기 위한 등불을 환히 비추는 것이다. 본서는 현대성과 씨름했던 근대와 현대 및 포스트모던의 핵심 신학자들과 신학의 유형들을 재료로 삼아 풍성한 식탁을 베풀고 함께 신학 여행에 나서도록 우리를 초대한다. 알기 쉽고 흥미로운 이야기로 구성되어 신학을 처음 배우는 학생들과 평신도들에게도 유용한 입문서다.

신옥수 장로회신학대학교 교수, 『몰트만 신학 새롭게 읽기』 『대화 하는 신학』 저자

하나님의 진리를 가리키면서도 그 시대의 관심사를 포착해야 할 사명이 있는 신학에서, "현대 신학"은 "현대"의 그리스도인이 자신의 삶의 자리인 "지금 여기서" 하나님의 진리를 살아 내기 위해 꼭 필요하다. 하지만 19세기 이후의 현대 신학 담론을 포괄적이면서도 전문적으로 다룬 적절하면서도 신뢰할 만한 한국어 안내서를 찾아보기 힘든 것이 현실이라는 점은 신학을 가르치거나 공부해 본 사람이라면 대부분 경험한 어려움이다. 이런 상황에서, 로저 올슨이 40대 초반의 열정으로 스탠리 그렌츠와 공저했던 『20세기 신학』을 60대 초반의 원숙함과 자유로움으로 더 풍성한 자료를 사용해 새롭게 저술한 『현대 신학이란 무엇인가』를 우리말로 만날 수 있게 된 것은 매우 환영할 만하다. 흥미진진한 현대 신학으로의 여행을 함께 떠나고 싶은 욕망을 깨워 줄 책이 단조롭던 일상에 선물처럼 주어진 것이, 현대 신학은 여전히 잘 모르지만 계속 관심을 기울여 온 한 사람의 독자로서 몹시 고맙다.

김진혁 횃불트리니티신학대학원대학교 조교수, 『질문하는 신학』 『순전한 그리스도인』 저자

어떤 여행은 즐겁기도 하지만 유익하기도 하다. 이 책이 바로 그렇다! 내용을 보면 기독교 신학이 현대성과 탈현대성으로 규정되는 다양한 문화적 사조들과 어떤 대화를 해 왔는지 추적하는 대장정이다. 만일 당신이 이 책을 펼친다면 그 대화들이 빚어낸 각양각색의 아름다운 정신적 구조물들을 차례로 탐방하는 여정에 오른 것이고, 어느새 여행이 끝나지 않길 조바심치는 자신을 발견하게 될 것이다.

김용규 인문학자, 『신: 인문학으로 읽는 하나님과 서양문명 이야기』 『데칼로그』 저자

이 가독성 높고 자극을 주는 책에서 로저 올슨은 노련한 학자의 침착함과 전문 가이드의 감각으로 현대 신학의 미묘함과 복잡성을 다룬다. 그 결과 이 책은 오늘날 이 분야와 관련해 얻을 수 있는 최고의 서사적 기술이 되었다. 이 책보다 더 좋은 현대 신학 개론서는 확실히 당분간 나올 수 없을 것이다.

존 프랭크 옐로스톤 신학교

『현대 신학이란 무엇인가』는 『20세기 신학』의 개정 작업에서 출발했지만, 현대 신학 연구에 특별하고 독자적으로 기여한다. 올슨의 초점은 현대성에 대한 다양한 대응에 있다. 이 책은 19세기 신학을 더 폭넓게 다루고, 동시대의 탈자유주의·포스트모던·해체주의의 노력들도 상세하게 논의한다. 올슨의 헌신적 열정과 저술의 명료함도 잘 드러난다. 덕분에 이 책은 신학 입문자들에게 아주 유용하고 도움이 된다.

프랜시스 쉬슬러 피오렌자 하버드 신학대학원

그렌츠와 올슨의 『20세기 신학』을 수업에서 오랫동안 사용한 사람으로서 이 확대개정판을 열렬히 환영한다. 이 책은 이미 훌륭한 책을 한층 더 좋게 만든, 그야말로 완전개정판이다. 이 현대 신학 연구서가 다른 책들과 구별되는 특징은, 단지 올슨 박사의 통찰력 넘치고 균형 잡힌 비평뿐만 아니라, 이 책의 구성 요소인 서사적 구조다. 이전 책과 마찬가지로 『현대 신학이란 무엇인가』는 오랫동안 표준 참고서가 될 것이다.

벨라-마티 카르카넨 풀러 신학교, 헬싱키 대학교

탁월한 업적인 이 책은 오랫동안 교육과 연구에 성실과 노고를 다한 결과다. 로저 올슨은 데카르트부터 하우어워스까지, 그리고 그 사이에 있었던 거의 모든 사람을 다루면서, 현대 신학이라는 여정에서 거쳐 간 많은 경로를 포괄하는 여행기를 제공한다. 그는 이 길을 따라 있는 랜드마크들을 학문적이면서도 호소력 있게 묘사함으로써, 독자들이 주요 신학자와 운동을 스스로 탐구하도록 초대한다. 이 책은 매력적이고 가독성 있는 연구서로서 앞으로 오랫동안 현대 신학을 공부하는 학생들에게 훌륭한 안내서가 될 것이다.

데이비드 로버 휘튼 칼리지

현대 신학이란 무엇인가

IVP(InterVarsity Press)는
캠퍼스와 세상 속의 하나님 나라 운동을 지향하는
IVF(InterVarsity Christian Fellowship)의 출판부로
생각하는 그리스도인을 위한 문서 운동을 실천합니다.

Originally published by InterVarsity Press
as *The Journey of Modern Theology* by Roger E. Olson.
ⓒ 2013 by Roger E. Olson.
Translated and printed by permission of InterVarsity Press,
P. O. Box 1400, Downers Grove, IL 60515, USA.
www.ivpress.com

This Korean edition ⓒ 2021 by Korea InterVarsity Press
156-10 Donggyo-ro, Mapo-gu, Seoul 04031, Republic of Korea.

현대 신학이란 무엇인가

로저 올슨
김의식 옮김

자유주의 신학의 재구성에서 포스트모던 해체까지

Ivp

릭에게 바칩니다

차례

서문 013

유의 사항: 독자에게, 특히 교수와 연구자에게 019

서론: 현대 신학의 문화적 맥락 021

1 **현대성이 전통적 신학에 도전하다: 초기 현대 신학의 맥락** 041
  1.a. 과학이 하늘을 바꾸다 043
  1.b. 철학자들이 지식을 위한 새로운 토대들을 놓다 059
  1.c. 이신론자들이 새로운 자연 종교를 만들다 077
  1.d. 비판 철학자들이 종교를 이성의 한계 안에 두다 095
  1.e. 실재론자들, 낭만주의자들, 실존주의자들이 대응하다 130

2 **자유주의 신학들이 현대성에 비추어 기독교를 재구성하다** 167
  2.a. 프리드리히 슐라이어마허가 신학에서 코페르니쿠스적 혁명을 개시하다 174
  2.b. 알브레히트 리츨과 그의 제자들이 현대성에 적응하다 197
  2.c. 에른스트 트뢸치가 기독교를 상대화하다 223
  2.d. 가톨릭 현대주의자들이 로마 가톨릭을 시대에 맞추려 시도하다 255

3 **보수적 개신교 신학이 정통주의를 현대적 방식으로 방어하다** 285

4 중재 신학들이 정통주의와 자유주의 사이에 다리를 놓다   321

   4.a. 이자크 아우구스트 도르너가 자유주의와
        정통주의 사이에 다리를 놓다   327
   4.b. 호러스 부시넬이 진보적 정통주의를 모색하다   356

5 신정통주의/변증법/케리그마 신학이 현대의 맥락에서 종교개혁을 되살리다   393

   5.a. 칼 바르트가 신학자들의 놀이터에 폭탄을 던지다   401
   5.b. 루돌프 불트만이 기독교를 실존화하고 비신화화하다   433
   5.c. 라인홀드 니버가 원죄를 재발견하고 기독교 현실주의를
        발전시키다   459

6 완화된 자유주의 신학들이 현대성과의 대화를 재개하고 수정하다   491

   6.a. 폴 틸리히가 하나님을 존재의 근거,
        "하나님 너머의 하나님"으로 기술하다   495
   6.b. 과정 신학이 하나님을 땅으로 내리다   528

7 디트리히 본회퍼와 급진 신학자들이 종교 없는 기독교를 구상하다   561

8 신학자들이 희망으로 미래를 보다   599

   8.a. 위르겐 몰트만이 하나님의 최종적 승리에 대한 확신을
        새롭게 하다   603
   8.b. 볼프하르트 판넨베르크가 역사의 하나님에 대한
        합리적 신앙에 활력을 불어넣다   636

9 해방 신학들이 불의와 억압에 항거하다   671

10	**가톨릭 신학자들이 현대성에 관여하다**	731
	10.a. 칼 라너가 인간 경험에서 하나님을 발견하다	734
	10.b. 한스 큉이 새로운 패러다임의 가톨릭 신학을 주장하다	760
	10.c. 한스 우르스 폰 발타자르가 기독교 진리를 아름다움에 기초시키다	789
11	**복음주의 신학이 성인이 되어 현대성과 씨름하다**	821
12	**포스트모던 신학자들이 현대성에 반기를 들다**	865
	12.a. 탈자유주의 신학자들과 스탠리 하우어워스가 제3의 길을 발전시키다	875
	12.b. 존 카푸토가 하나님 나라로 종교를 해체하다	915

결론 947

찾아보기 953

서문

이 책은 스탠리 그렌츠(Stanley J. Grenz)와 나의 공동 저작으로 1992년에 IVP에서 낸 『20세기 신학』(20th-Century Theology: God and the World in a Transitional Age)을 개정한 것이다. 원래 계획은 몇 장을 추가해서 20주년 기념판을 내려고 했던 것이, 계획이 바뀌어서 독자들이 지금 보는 것처럼 이전 책에서 가져온 일부분을 제외하고는 거의 완전히 다른 책이 태어났다.

많은 사람이 "그렌츠-올슨"(Grenz and Olson)이라고 부른 『20세기 신학』은 현대 신학에 관한 교과서와 참고서로서 기대 이상의 성공을 거두었다. 또한 수많은 사람이 읽으며 필요한 정보를 얻고 (바라건대) 즐거움을 누렸다. 1992년에는 「크리스채너티 투데이」(Christianity Today)로부터 신학 분야의 최우수 도서상을 수상하기도 했다. 나는 지난 20년 동안 그 책을 현대와 동시대 신학에 관한 과목들의 여러 부분에서 기본 교과서로 사용해 오면서 일부 단점들을 발견했다. 그렇기 때문에 IVP에서 그 책을 개정하여 20주년 기념판을 내자고 제안했을 때 기꺼이 응한 것이다. 장점과 호평에도 불구하고, 그 책은 최신 정보의 보충과 개선이 필요했다.

이전 책과 이번 책의 출판 사이에, 공저자였던 스탠 그렌츠가 2005년에 55세의 나이로 안타깝게도 세상을 떠나고 말았다. 나는 그가 IVP로부터 편집을 의뢰받은 현대 신학에 관한 책에 한두 장을 쓰지 않겠냐고 나에게 전화한 1990년의 그날을 결코 잊지 못한다. 스탠과 내가 친구가 된 지 얼마 되지 않았을 때였다. 그가 루터파 신학자 볼프하르트 판넨베르크(Wolfhart Pannenberg)의 지도로 신학박사 학위를 받은 후 뮌헨을 떠난 지 일 년이 지난 다음에 나도 판넨베르크 밑에서 공부하게 되었는데, 우리 둘을 아는 한 친구가 우리를 연결해 주었다. 스탠은 뮌헨에서의 생활과 판넨베르크 밑에서 공부하는 것에 관하여 나에게 전화로 자세히 알려 주며 아주 큰 도움을 주었다. 미국에 돌아온 나는 미네소타주 수폴스에서 그를 만났다. 그는 내가 신학을 공부했던 신학교에서 첫 교수직을 맡은 상태였다. 나는 아내와 딸과 함께 몇 달 동안 그곳에 머물며 다시 미국 생활에 적응했다. 이후로 스탠과 나는 깊은 친분을 쌓았다.

나는 스탠의 제안을 기꺼이 받아들이면서도, 그와 나 둘이서 책 전체를 쓰자고 당차게 제안했다. 그는 동의했고, 그 후의 일은 다들 잘 알고 있다. 우리는 『20세기 신학』이 한 저자의 책처럼 읽히도록 노력했는데, 둘 다 생각하는 방식이나 글이 비슷했기 때문에 그리 어려운 일은 아니었다. 우리 둘은 서로 손발이 잘 맞아서, 1994년에는 IVP의 『신학으로의 초대』(*Who Needs Theology? An Invitation to the Study of God*)를 함께 저술했다. 1990년 이후 스탠과 나는 미국종교학회(American Academy of Religion)의 전국 연례 모임에서 매번 같은 방을 썼고, 서로 사는 곳은 멀리 떨어져 있어도—특히 스탠과 그의 가족이 캐나다 밴쿠버로 이주했을 때도—가능한 한 많은 시간을 함께 보내려고 했다. 그의 갑작스러운 죽음은 정말 충격이었으며 형제를 잃은 것 같았다.

이 모든 일로 인해 『20세기 신학』의 개정판 저술은 고통인 동시에 기쁨이었다. 내가 쓴 장은 물론 스탠이 쓴 장을 모두 다시 쓸 때는 내가 불충(不忠)

한 것은 아닌지 걱정이 들기도 했다. 이 개정판의 계획 가운데 일부는 가장 최근까지의 현대 신학 논의들을 다루는 것이었다. 또한 나는 독자들, 특히 학생들에게 좀더 친근하게 읽히도록 노력했다. 『20세기 신학』은, 그 책에 대한 한 비평가의 말처럼, 마치 우리에게 무엇인가 증명할 것이 있는 것처럼 읽힌다. 당시 젊고 미숙한 신학자였던 스탠과 나는 그 책을 저술하며 논평가들을 지나치게 의식했던 면이 있다. 그럼에도 불구하고, 나는 이 개정판이 스탠에게 경의를 표하는 일이라 생각한다. 그는 이 책을 기뻐하며 미소를 보낼 것이다. 그의 손길이 이 책 전체에 퍼져 있는데, 『20세기 신학』에 있는 그의 자료 가운데 일부가 사용된다는 점에서, 또한 그가 나에게 미친 영향 면에서 그러하다.

『20세기 신학』을 잘 아는 독자들은 이 개정판에 (제목 외에도) 두 가지 큰 변화가 있음에 주목할 것이다. 먼저, 개정판은 19세기 신학에 관한 많은 새로운 자료들로 시작한다. 이것은 IVP 편집자들의 제안을 따른 것이었다. 또한 나는 여전히 큰 영향력을 미치고 있는 지난 시대의 중요한 현대 기독교 신학자들에 관해 연구하고 글을 쓰면서 많은 것을 배웠다. 나는 19세기 신학을 이해하지 않고서는 20세기와 21세기의 신학을 이해하는 것이 불가능하다고 본다. 그에 관한 내용과 포스트모던 신학에 관한 내용의 장들을 더한 결과로 분량이 크게 늘어났다. 둘째, 책 전체를 아우르는 주제가 달라졌다. 『20세기 신학』의 주제는 하나님의 초월과 내재였다. 그것은 스탠의 생각이었고, 나도 당시에는 그 주제가 마음에 들었다. 하지만 그때도 나는 일부 신학자들의 경우 끼워 맞추고 있다고 느끼기도 했는데, 그 주제가 모든 경우에 자연스럽지는 않았기 때문이다. 이 개정판의 새로운 주제가 나에게는, 특히 이 책에서 다루는 부분이 늘어난 점을 고려할 때 더 자연스러워 보인다. 새로운 주제는 현대성과 그에 대한 신학적 대응들이다. 누구나 복음의 상황화에 관해 말하지만, 대개 그것은 복음을 비서구 문화에 통합하는 것을 의미한다. 이 책은 가장 영향력 있는 (라틴 아메리카를 포함한) 서구 신학자들이 어떻게 복음을 현대성과 통합했는지 혹은 그렇게 하지 않았는지를 다룬다. 즉 어떤 이들은 현대성을 반대하고 거부했다. 하지만 현대성을 반대하고 거부한 이들조차 현대성의 영향을 받았다.

어느 책에도 빈틈이 있기 마련이다. 이 책의 두드러진 빈틈은 비서구권 신학이 빠졌다는 점이다. 잘 알려진 사실이지만 기독교는 아프리카와 아시아에서 가장 빠르게 성장하고 있으며, 이들 기독교 공동체도 학문적으로 뛰어난 신학들을 점점 더 많이 양산해 내고 있다. 하지만 서구 선교사들로부터 현대성에 관한 영향을 받았거나 지도 교수들이 유럽이나 북미에서 공부한 경우를 제외하고는 대개 현대성을 신학에 통합시키려 하지 않으며, 물론 이것이 잘하는 것일 수도 있다. 현대 신학은 단지 어제와 오늘의 신학이 아니다. 현대 신학은 현대성이라는 문화적 정신의 맥락에서 이루어진 신학이다. 이 책에서 기술하고 분석하고 평가하는 신학자들은 모두 적어도 명목상으로 그리스도인이라는 점 외에 한 가지 공통점이 있는데, 바로 그들이 모두 계몽주의와 과학 혁명에서 유래한 문화적 맥락인 현대성과 씨름했다는 사실이다. 같은 시기(19세기부터 21세기에 들어서기까지)의 다른 신학자들이 있는데, 그들이 이 책에서 다루어지지 않는다면 아마도 현대성과 씨름하지 않았거나 않고 있기 때문이다. (또는 그들의 영향력과 지명도가 덜했기 때문이다.)

이 책을 위한 연구와 저술에 여러 해가 걸렸다. 원고는 2012년 1월부터 7월까지 썼는데, 고맙게도 베일러 대학교가 안식년을 주었기 때문에 가능한 일이었다. 이런 기회를 준 베일러 대학교와 트루엣 신학교 당국에, 또 최소한 2년을 거슬러 올라가는 연구 과정에서 동료와 학생들에게 받은 도움과 관심과 지원에 감사의 말을 전하고 싶다. 무엇보다 나의 아내 베키에게 고맙다는 말을 하고 싶은데, 아내는 내가 막 쓰고 있던 단락이나 쪽을 마치기까지 자주 참고 기다려야 했다. 또한 강의 조교인 브랜든 모건과 재레드 패터슨에게도 고마움을 표하고 싶다. 그들은 내가 쓴 장들을 읽으며 개선할 부분을 제안하고, 또 내 지식이 부족한 부분을 가르쳐 주기도 했다. 특히 포스트모던 신학에 관한 장들에서는 모건의 도움을 많이 받았다.

마지막으로, 나는 이 책을 나의 형 릭에게 헌정한다. 그는 대부분의 형들처럼 나의 어린 시절을 아주 힘들게 만들었지만(빙그레 웃으며 하는 말이다), 우리 아버지가 서서히 약해지고 돌아가신 후로는 아버지 역할을 했다. 릭은 정말 비범하며 나보다 현명하고 개인적·영적·지적 차원의 모든 문제를 함께 의논할 만한 상대다. 세상이 만약 그의 뛰어난 상식과 타고난 지적 능력을 접할 수 있다면 좀더 나은 곳이 될 것이다.

2012년 대강절,
텍사스주 웨이코에서
로저 올슨

유의 사항

독자에게, 특히 교수와 연구자에게

독자가 이 책을 잘 이해하기 위해서는, 이 책이 현대 신학에 관한 간명하고 객관적이고 순수하게 사실에 입각한 설명은 아니라는 점을 인지할 필요가 있다. 물론 이 책이 사실에 입각하지 않았다는 말은 아니지만 말이다! 탈현대성(postmodernity, 포스트모더니티)이 분명히 가르쳐 준 것이 있다면, 아무런 관점 없는 견해는 없다는 점이다. 모든 역사적 연구는 해석적인 것—어떤 관점 있는 견해—으로, "단지 사실들만" 다룬다고 주장할지라도 그렇다. 나는 이 책이 현대 신학에 관한 해석적 연구서인 것을 인정하며, 이는 변명할 필요도 없다. 사실적이기 위해 노력했지만, 어쩔 수 없이 저자와 그가 가진 자료의 관점이 여기저기 들어와 있을 것이다.

저자와 출판사는 이 책의 어떤 해석들과 비판적 결론들에 동의하지 않는 독자들에게도 이 책이—읽을 만한 연구서, 흥미로운 이야기, 그리고 유용한 정보를 담고 있는 교과서와 참고서로서—도움이 되기를 바란다.

이 책이 의도한 1차 독자는 현대 신학 연구자가 아니라 학생, 목회자, 그리고 신학에 관심을 가진 성도다. 그러므로 이 책에서 논의되는 운동과 사람들에 관한 심오한 학문적 논쟁은 대부분 생략하거나 각주에서 언급했다. 말하자면, 이 책은 현대 기독교 신학의 조감도인 셈이다. (물론 모든 학자가 아닌, 나의 조감도다.) 다시 말해, 이 책의 의도는 초보자들이나 개관을 필요로 하는 독자들에게 기초적 지형도를 그려 주는 것이다. 인공위성에서 한 도시를 조망하는 것으로 생각한다면, 주요 랜드마크는 (그 부분을 확대했기에) 볼 수 있지만 모든 세부 사항을 볼 수는 없는 것과 마찬가지다.

좀더 상세히 말하자면, 철학자나 신학자나 운동에 관한 이 책의 기술들은 그들의 변화 같은 상세한 학문적 논쟁을 다루느라 논점을 잃는 것을 피한다. 논의되는 거의 모든 사람의 사상은 대략 40년간의 저술을 거치며 어느 정도 발전하고 변화했다. 학자들이 시간만 나면 하는 일 가운데 하나는 그러한 변화가 언제, 어디서, 어떤 이유로, 어느 정도로 일어났는가에 대한 논쟁이다. 이 책은 학자들이 아니라 초보자들을 위한 연구이므로 그러한 논쟁들은 대부분 피할 것이다. 몇몇 경우(예를 들어, 칼 바르트)에는 각주에서 언급할 것이다. 그런 측면들은 교수들이 이 책의 각 장을 발판으로 삼아 강의실의 수업이나 토의 때 더 전개할 수 있을 것이다. 이 책의 목적은 독자들에게 이러한 학자들의 삶, 경력, 주요 사상, 유산, 그리고 예상되는 문제에 관한 지식을 전달하는 것이다. 이 책에서 소개된 어떤 신학자에 관한 글을 읽고 관심이 일어나 1차 자료를 더 읽게 되기를 바란다.

서론

현대 신학의 문화적 맥락

현대 신학(modern theology)은 현대성(modernity)의 맥락에서 하나님에 관해 사유하는 것으로, 여기서 현대성은 계몽주의(Enlightenment)에서 유래한 문화적 정신이다. 전 유럽과 이후에는 북미 사회들에 영향을 미친 지적 혁명인 계몽주의는, 17세기에 철학과 과학에서 새로운 합리주의의 출현과 함께 시작되었다. 계몽주의 사상가들은 "그들이 새로운 지식과 새로운 지식의 방법을 소유했으며, 덕분에 과거의 잘못들을 판단하고 미래의 성취들을 만들어 낼 수 있는 아주 특별한 지위가 그들에게 주어졌다고 생각했다."[1] 계몽주의와 그 소산인 현대성은 이 책의 첫 장들에서 주제로 다루어지므로, 여기서는 아주 간략한 설명이면 충분할 것이다.

---

1 James M. Byrne, *Religion and the Enlightenment: From Descartes to Kant* (Lousiville, KY: Westminster John Knox, 1996), p. ix.

현대성이 문화적 혁명 가운데 태어나다

많은 학자가 계몽주의와 현대성의 기원을 프랑스 철학자 르네 데카르트(René Descartes, 1596-1650)에서 찾는데, 그는 코페르니쿠스(Copernicus)가 천문학에서 이룬 혁명에 비견되는 혁명을 철학에서 시작했다.[2] 그 자신의 말에 따르면, 그는 의심할 수 없는 진리를 찾고자 했다. 그는 유럽을 황폐하게 만든 30년 전쟁(1618-1648)이 일어난 시기에 살았으며, 이 전쟁의 대부분은 상충되는 종교적 신념들 및 충성들과 관련이 있었다. 데카르트는 계시나 신앙, 혹은 심지어 감각 증거에도—그에 따르면 오감조차 언제나 사람을 속일 가능성이 있기 때문에—기초하지 않는 확실한 지식이 있는지 알고 싶었다. 간단히 말해, 그는 합리적 확실성을 찾고 있었으며, "나는 생각한다. 그러므로 나는 존재한다"(*cogito ergo sum*)라는 단순한 생각—한 시대의 문을 연 관념—에서 그 확실성을 찾았다고 생각했다. 그가 추구했으며 또 찾았다고 믿었던 것은 의심할 수 없는 지식, 확실성, 모든 확실성의 근거, 과학과 종교를 포함한 지식의 새로운 토대였다.

그 결과로, 계몽주의에 고취된 사상가들은 지식을 사람이 확신할 수 있는 것, 이성적으로 의심할 수 없는 것으로 정의하는 경향이 있었으며 이는 오늘날까지 이어지고 있다. 자신의 존재같이 의심할 수 없는(의심하기 위해서는 존재해야 하기 때문에) 단순하고 분명하고 뚜렷한 관념에서 시작해 그로부터 전체의 지식 체계를 연역해 낸다. 토대가 되는 개념으로부터 논리적으로 요구되는 것은 무엇이든 의심할 수 없으며 그러므로 참이라는 것이 확실하다. 이는 현대 철학자들이 토대주의(foundationalism)라 부르는 지식이

---

[2] 데카르트의 생애와 사상에 대한 이 첫 자료의 상당한 부분은 A. C. Grayling, *Descartes: The Life and Times of a Genius* (New York: Walker & Company, 2005)를 참고했다. 계몽주의의 시작은 현대성의 탄생보다 파악하기가 더 쉽다. 여기서 현대성은 "현대 세계"(the modern world)와 동일시될 수 없는데, 후자가 정치적으로 정복과 식민주의의 의미로 사용되는 한 그렇다. 현대성을 그런 식으로 다루는 연구자들은 콜럼버스가 1492년에 "신세계"를 "발견"한 것을 그 시점으로 잡는 경향이 있다.

다. 모든 다른 것은 의견이거나 미신이다. 데카르트 같은 가장 초기의 계몽주의 사상가들은 지식을 얻기 위한 이 새로운 접근법을 정통 기독교의 동맹으로 보았다. 그들은 이 접근법이 신앙의 수호에 동원될 수 있다고 생각했다. 하지만 현대성이 계몽주의로부터 발전함에 따라, 시간이 흐르면서 어떤 다른 것이 출현했다. 계몽주의 시인이자 수필가였던 알렉산더 포프(Alexander Pope, 1688-1744)는 데카르트와 초기 합리주의자들이 이룩한 사상 분야의 코페르니쿠스적 혁명이 가져온 의도하지 않은 결과를 아마도 가장 잘 표현했다. "그러니 너 자신을 알라. 어쭙잖게 하나님을 살피려 하지 말라. 인류의 합당한 연구 대상은 인간이다."[3]

철학적 토대주의 외에 계몽주의의 다른 뿌리는, 거의 같은 시기에 발생해 역시 현대성을 일으킨 과학 혁명이었다. 과학 혁명의 정확한 시작에 관해서는 많은 논쟁이 있지만, 지구와 다른 행성들이 태양 주위를 돈다는 점을 의심의 여지 없이 증명한 갈릴레오 갈릴레이(Galileo Galilei, 1564-1642)가 중요한 기폭제였다는 점에는 다들 동의한다. 이 발상은 그보다 거의 한 세기 전에 코페르니쿠스가 주장한 것으로, 갈릴레오는 수학과 당시의 새로운 발명품인 망원경을 이용하여 그 주장이 옳음을 증명했다. 그 일이 뭐가 그렇게 세상을 뒤흔드는 일이었을까? 간단히 말해, 갈릴레오가 신실한 회원이었던 가톨릭교회는 수 세기 동안 권위를 갖고 태양이 지구 주위를 돈다고 가르쳤기 때문이다. 대부분의 개신교도들도 이에 동의했었다. [루터(Luther)는 코페르니쿠스가 미치광이가 아니라면 이단이라고 정죄했다.] 갈릴레오의 발견은 전통의 권위에 의문을 제기했다. 이것은 성경에 관한 서로 다른 해석을 놓고 벌인 논쟁이 아니라, 종교적 권위 자체에 대한 중대한 공격이었다.

아마도 갈릴레오가 종교적 권위를 약화시키는 데 한 주된 기여는 "크리스티나 공작 부인에게 보내는 편지"(Letter to the Grand Duchess Christina, 1615)

---

3   Alexander Pope, "An Essay on Man", book 2, para. 1.

에 잘 나타나는데, 여기서 그는 과학이 신학과 교회의 권위로부터 독립적이라고 선언했다. 갈릴레오는 과학적 사실과 종교적 믿음이 갈등하는 경우에는 전자가 후자를 수정해야 한다고 단언했다. (그는 구원의 문제에서는 신학의 권위를 인정했다.) 가톨릭교회는 갈릴레오의 발견과 권위에 대한 새로운 생각들을 은폐하려 했다. (상당 부분이 아리스토텔레스의 철학과 혼동된) 교회의 권위에 기초한 사회와 문화의 안정성을 이것들이 심각하게 위협한다고 생각한 것이다. 하지만 새로운 과학적 발견들의 홍수를 막을 수는 없었으며, 그중에서 상당수가 신학자들을 포함하는 종교적 권위들이 수백 년간 가르쳐 온 것과 명백히 모순되었다.

갈릴레오 이후에 신실한 그리스도인 과학자이며 수학자였던 아이작 뉴턴(Isaac Newton, 1642-1727)은 권위적 전통에 대한 과학 혁명의 공격을 지원했다. 그에 따르면, 거대한 기계 같은 전체 우주는 중력처럼 불변하며 수학적으로 묘사할 수 있는 법칙들의 지배를 받는다. 이에 포프는 다시금 일반적 계몽주의 정서를 표현했다. "자연과 자연의 법칙들은 어둠에 숨겨져 있다. 하나님이 '뉴턴이 있으라!' 말씀하시자 세상이 밝아졌다."[4] 뉴턴 자신은 과학보다는 예수 그리스도의 재림 날짜를 알아내는 일에 더 관심이 있었지만, 그의 발견들과 세계상(世界像)은 전통을 신뢰할 수 없다는 유럽 지성인들의 일반적 인상을 가중하는 결과를 초래했다. 요컨대, 전통은 우주가 영적 원리들과 존재자들에 의해 운행된다고 말했다. 관측할 수 있고 묘사할 수 있는 법칙들에 의해 설명될 수 없는 것은 "틈새의 신"(God of the gaps)을 들어서 설명되었다. 뉴턴은 모든 틈새를 채우는 방향으로 나아가는 길을 닦았고, 자연에서 일어나는 일에 하나님이나 영적 존재자들이 관여할 아무런 공간도 남지 않게 되었다.

전통의 종교적 믿음들의 일부에 대한 과학 혁명의 반증(反證)과 이를 잠

---

4 웨스트민스터 대성당에 있는 아이작 뉴턴의 묘비에 새겨진 알렉산더 포프의 비문.

잠하게 하려는 교회의 시도는 어떤 결과를 낳았을까? 코넬 대학교 총장이자 기독교 세계 내의 과학과 신학 사이의 다툼을 기록한 연구가 앤드루 화이트(Andrew D. White, 1832-1918)는 "과학과 종교 사이에 필연적 반목이 있다는 생각을 수많은 지식인들의 가슴속에 불어 넣은 것"이 그 결과라고 밝혔다.[5]

이것이 계몽주의와 그 계몽주의가 전통적 기독교에 가한 현대적 도전들에 대한 가장 단순하고 기초적인 개관이다. 더 상세한 내용은 책의 첫 장들에서 다루어질 것이다. 여기서 요점은 우리가 현대성이라고 부르는 것이 17세기와 18세기 초의 이러한 사건들에서 유래했으며, 임마누엘 칸트(Immanuel Kant, 1724-1804)와 찰스 다윈(Charles Darwin, 1809-1882) 같은 이후의 철학자와 과학자들을 통해 동력을 얻었다는 점이고, 그 대부분은 전통적 기독교에 불리한 충격을 서양 문화의 흐름 안에 들여왔다는 점이다.

현대성이 전통적 기독교에 도전하다

현대성의 정신과 그 현대성의 전통적 기독교에 대한 도전으로 넘어가기 전에, 이 책 전반에 걸쳐 사용되는 "전통적 기독교"(traditional Christianity)라는 어구의 의미를 알아두면 도움이 될 것 같다.[6]

전통적 기독교는 논란이 많은 개념이다. 여기서 이 어구는 C. S. 루이스(Lewis)가 그의 유명한 책 『순전한 기독교』(*Mere Christianity*)에서 제목으로 표현하는 것을 가리킨다. 물론 그 책이 담고 있는 기독교 믿음의 모든 표현을 다 받아들이겠다는 말은 아니지만 말이다. 기독교는 언제나 상당한 다양성을 간직해 왔지만, 적어도 사도들의 시대 이후로는 정교회·가톨릭·개신교

---

[5] Andrew D. White, *A History of the Warfare of Science with Theology in Christendom*, 2 vols. (New York: Appleton, 1896), vol. 1, p. 167.
[6] 나는 이 점을 *The Mosaic of Christian Belief: Twenty Centuries of Unity and Diversity* (Downers Grove, IL: InterVarsity Press, 2002)에서 훨씬 더 상세히 설명했다.

그리스도인들을 연합시키는 대략의 (교회론적으로는 아닐지라도) 교리적 일치가 있었다. 그들이 때로 서로를 이단으로 파문했다는 사실은 전통적으로 일정한 기본적 신조에 동의해 왔다는 사실을 손상시키지 못한다. 이런 일치에 관한 상세한 논의를 위해서는 또 다른 책 한 권의 분량이 필요하고, 실제로 많은 책이 그렇게 했다. 여기서는 전통적 기독교의 기본 교리들 가운데 일부에 관해서만 다룰 것이다.

모든 주요 교파의 절대 다수 그리스도인은 인격적 하나님을 믿는데, 그는 창조자로서 자연을 초월하며 섭리로 역사를 주관한다. 또한 그들은 이 하나님이 예수 그리스도 안에서 최고로 계시되었다고 믿는데, 그는 성육신한 하나님이며 기적을 행했고 죽음으로부터 몸으로 부활했다(그렇기 때문에 무덤이 비었다). 또 그들은 성경이, 얼마나 정확하게 정의되고 이해되었든지, 기록된 하나님의 계시라고 믿었다. 그들은 삼위일체인 성부·성자·성령 하나님이 적어도 가끔은 인간 역사에서 특별한 방식으로 행동한다고, 즉 사람이 예상하거나 합리적으로 설명할 수 있는 한계를 초월하는 기적을 행한다고 믿었다. 그리고 그들은 하나님이 인간들에게 알려지기 원하는 방식으로 하나님을 알기 위해서는 신앙이 필요하다고, 그리고 온전한 인생을 위해서는 종교가 필수적이라고 믿었다. 또한 그들은 예수 그리스도가 인간이며 하나님이라고, 하늘로부터 온 하나님의 아들인 그의 십자가 죽음이 타락한 인류에게 구원을 가져왔으며, 이 세상에 심판과 구원을 행하기 위해 다시 올 것이라고 믿었다. 물론 이것은 전통적 기독교에 대한 최소한의 묘사다. 많은 그리스도인이 좀더 추가하고 싶겠지만, 여기서 요점은 적어도 이것을 모든 교파의 모든 그리스도인이 약 1,500년 동안 교리적으로 믿었다는 점이다. 또한 적어도, 모든 교파의 보수적 그리스도인들은 여전히 이 믿음들을 견지하고 있다.

그러나 전통적 기독교의 이야기에는 교리 이상의 것이 있다. 약 1,500년 동안, 모두는 아니어도 대다수의 그리스도인은 고정된 지구 주위를 태양이 돈다는 주장 같은 것들을 믿었다. 이 책에서는, 기본적 기독교라는 측면에서 보면 인격적 하나님을 믿는 믿음과 태양이 지구 주위를 돈다는 믿음 사이에 질적 차이가 있다고 상정할 것이다. 물론 모두가 이 차이를 종교로서의 기독교의 본질에 해당하는 차이로 인지하거나 고수하지는 않았다. 그러나 이 책에서는 우리의 목적을 위해서, "전통적 기독교"라는 말을 대체로 전반적 교리 일치를 가리키는 표현으로 사용할 것이다. 또한 전통적 기독교에는 덜 본질적 믿음들도 역시 일부 있음이 간혹 인정될 것인데, 현대의 발견들에 의해 도전될 뿐 아니라 왜곡되기도 한 것들이다.

복음주의 신학자 밀라드 에릭슨(Millard Erickson, 1932-)은 신앙을 상황화하려는 시도들 가운데 복음을 "번역하는 것"(translating)과 "변형하는 것"(transforming) 사이의 차이를 인식해야 한다고 주장했다.[7] 적어도 모든 문화는 복음과 기독교 믿음을 번역해 왔고, 이로써 그 문화의 사람들이 이해할 수 있었다. 하지만 번역은 언제나 변형을 수반하는가? 한 문화권에서 다른 문화권으로 복음이 전해질 때 복음 자체가, 기독교 자체가 본질적으로 변하는가? 그래야만 하는가? 그렇다면 많은 기독교들(Christianities)이 있을 뿐, "단번에 주신 믿음"으로서 세대에서 세대로, 문화에서 문화로 전해지고 모든 곳에서 신실한 그리스도인들에 의해 공유되는 것은 없는가? 바로 이것이 현대성에 의해 강력히 제기되는 문제 가운데 하나다. 이 책 전반적으로는 순전한 기독교, 즉 전통적 기독교가 있다고 상정할 것인데, 그것은 늘 문화와 교류하며 번역되지만 모든 번역 시도가 필연적으로 본질의 변형을 수반할 정도로 문화와 결합하지는 않는다.

이것은 해당 문화의 표현을 초월하는 기본적 기독교의 일치가 전혀 없

---

[7] Millard Erickson, *Christian Theology*, 3 vols. (Grand Rapids: Baker, 1983), vol. 1, pp. 112-120. 『복음주의 조직신학』(CH북스). 한 비평가는 "번역하는 것"과 "변형하는 것"이라는 범주들이 "정적 범주들"(static categories)이라고 내게 말했다. 나의 답변은 그때나 지금이나 "정적 범주들이라도 있는 것이 아무런 범주도 없는 것보다 낫다"는 것이다.

다고 믿는 일부 독자들에게 방해가 될 것이다. 하지만 그러한 사람들이 종종 우려를 나타내는 것은 그들이 극단적 형태의 기독교를 목격할 때다. 기독교가 세상의 무엇과도 양립한다고 믿는 사람은 거의 없다(그렇다면 기독교는 아무런 의미가 없을 것이다). 어쨌든 이 책은 기본적 기독교에 모든 그리스도인이 믿는 것이 모두 담겨 있지 않음에도 2천 년 동안 존재해 왔음을 상정한다. 태양이 고정된 지구 주위를 돈다는 믿음은 일반적이었지만 부차적이었던 믿음으로, 기독교 교리의 핵심은 아니었다고 여겨질 것이다. 예를 들어, 그런 생각은 사도신경이나 어떤 다른 기독교 신조에도 나타나지 않는다. 하지만 예수가 죽은 자들 가운데서 부활했다는 믿음은 기독교 교리의 핵심적 부분이다. 현대성은 부차적 부분과 핵심적 부분 모두에 도전이 되었다. 하지만 이 책에서는 고정된 지구 같은 부차적 믿음들에 대한 도전이 기적들에 대한 도전과 같은 방식으로 기본적·본질적 기독교에 대한 도전은 아니라고 상정할 것이다.

어떤 독자들에게는 이 책이 전통적, 고전적, 정통 기독교라면 필연적으로 초자연적인 것에 대한 믿음을 내포한다고 상정하는 것이 또 다른 방해가 될 것이다. 여기서 초자연적인 것이란 보이지 않는 권능과 힘의 실재, 특히 하나님의 실재를 의미하는데, 과학으로 이해할 수 있는 범위를 넘어 특별한 방식으로 역사에 개입하는 것이다. "초자연적"이라는 말은 온갖 종류의 이미지를 상기시키며 특히 대중들의 사고와 언어에서 많은 것을 담고 있지만, 그 모든 것을 여기서 의미하지는 않는다. 기본적, 전통적 기독교에서 초자연적인 것의 한 예는 예수의 부활이다. 전통적, 정통 기독교는 예수가 죽은 자들 가운데서 하나님의 권능으로, 원리적으로 자연적 설명들을 초월하는 방식으로 다시 살아났다는 믿음을 언제나 포함했다. 다시 말해, 그것은 기적이었다. 하지만 여기서 "초자연적"과 "기적"이라는 표현은 필연적으로 과학에 반대된다는 것을 상정하지 않는다. 그런 것들에 대한 믿음이 필연적으로 과학과 충돌하지는 않는다.[8] 또한 여기서 사용되는 "초자연적인 것"이라는 표현은 영역들에 관한 형이상학적 이원론, 즉 현실을 자연과 초자연이라는 서로 대립하는 두 영역으로 나누는 이원론을 가정하지 않는다. 몇몇 현대 기독교 사상가들[예를 들어, 토머스 리드(Thomas Reid)와 호러스 부시넬(Horace Bushnell)]에게서 보게 되겠지만, "초자연적"과 "기적들"이라는 표현은 하나님이 초자연적으로 행동하기 위해 자연 법칙을 깨뜨려야 한다는 식의 이원론을 필연적으로 함축하지는 않는다.

현대성이 새로운 문화적 정신을 낳다

현대성은 서양인들이 숨 쉬며 살아가는 문화적 공간이다. 물고기들이 물속에 있다는 사실을 자각하지 못하는 것과 마찬가지로, 대부분의 사람은 현대 문화나 현대성에 관해 알지 못한다. 보통 사람에게 "현대"(modern)라는 표현은 "지금 일어나고 있는 것"을 의미할 뿐인데, 이것은 "동시대"(contemporary)로 부르는 것이 더 나을 것이다. "현대"는 수백 년간 유럽과 북미의 지성적 삶을 지배해 왔으며 세계로 퍼져 나간, 시대정신(Zeitgeist)이라고도 하는 문화적 정신을 가리키는 표어다. 현대 신학은 기독교 믿음을 현대성의 문화라는 맥락 안에ㅡ때로는 그것의 상당 부분을 거부하면서ㅡ두려는 신학이다. 하지만 현대성을 무시하는 신학, 현대성의 실체를 부정하거나 진지하게 고려하지 않으려 하는 신학은 현대 신학이 아니다.[9] 이 책이 묘사하는 신학자들과 신학적 운동들은 모두 의식적으로 기독교 신앙을 현대성에 적응시키거나, 혹은 현대성을 신학이 고려해야 하는 영향 가운데 하나로 진지하게

---

[8] 이것과 초자연적인 것, 기적, 과학이라는 주제 전체에 관해 다음 책의 3장과 4장을 보라. Alvin Plantinga, *Where the Conflict Really Lies: Science, Religion and Naturalism* (Oxford: Oxford University Press, 2011), pp. 69-125.

[9] 어떤 사람은 그러한 신학자들이 과연 있을지 궁금해할 것이다. 20세기 또는 21세기의 신학자가 현대성의 영향을 받지 않고 신학을 하는 것이 가능하기나 할까? 아마 불가능할 것이다. 하지만 일부 신학자들은 현대의 변화에 더 직접적으로 영향을 받고 그들의 신학에서 그런 것들과 의식적으로 소통하는 것으로 보인다. 그들의 신학이 이 책의 주요 주제들이 된다.

생각하면서도—현대성을 거부함으로써—그런 적응을 거부했다는 의미에서 현대적이다. 많은 신학자, 아마도 이 책에서 논의하는 대다수의 신학자는 적응과 거부의 두 극단 사이 어딘가에 위치한다. 신학이 현대성을 고려해야 할 필요를 인정하면서도, 조심스럽게 현대성에 적응하든지 혹은 단지 부분적으로 거부하든지 하는 것이다. 현대성에 대한 현대 신학의 대응들은, 적응들조차, 넓은 스펙트럼의 어떤 곳에 위치하면서 앞으로 다루게 될 많은 다양한 특징을 지닌다.

그렇다면 현대성이 전통적 기독교 믿음에 그토록 커다란 도전이 되도록 만든 현대성의 특징들은 무엇인가? 제임스 번(James M. Byrne)은 아주 적절하게 다음과 같이 말했다.

> 계몽주의 시기에 이르러서는 종교가 유럽 사회에서 맡았던 지배적 역할, 왕과 황제의 임명으로부터 교회력을 반영한 생활의 리듬에 이르기까지 모든 것을 통제했던 역할이 지속적인 압박을 받게 된다.…세계는, 사회학자 막스 베버(Max Weber)가 훗날 사용한 어구를 빌리자면, 점차 훨씬 덜 "주술화된"(bewitched) 곳이 되었다.[10]

"주술화된 곳"이란, 베버(1864-1920)에게는 마술적이고 초자연적인, 즉 발생하는 일에 대하여 신적 혹은 영적 설명을 요구하는 곳을 의미했다. 베버는 계몽주의 원리를 물리적 세계를 넘어 사회 같은 영역에 적용하려 했던, 전반적으로 세속화된 많은 현대 사상가 가운데 하나였다. 실제로 그는 현대의 세속 사회학의 창시자들 가운데 하나였다. 계몽주의가 빛을 비추기 전에 세계—물리적 영역과 문화적 영역 모두를 의미하는 세계—가 "주술화된" 곳이었다는 그의 견해는 뚜렷이 현대적 지식인들과 사회의 유력 인사들 사이에서 매우 흔

10　Byrne, *Religion and the Enlightenment*, pp. 16-17.

했다.[11] 번의 요점은, 계몽주의가 가져온 현대성의 문화는 세계를 이해하는 특정한 전통적 방식들을 심각하게 약화시켰다는 것이다. 이것을 이룬 방식들 가운데 하나는 우리가 세속화(secularization)라 부르는 것으로, 자연과 사회 질서의 비신비화(demystifying)와 비신화화(demythologizing)를 의미한다. 종교적 설명은 뒷자리로 물러나거나 사라져야 했다.

번은 계몽주의에서 유래한 현대성의 몇몇 특징을 열거하고 설명한다. 첫 번째 특징은 "인간과 세계에 관한 진실을 발견하는 '이성'(reason)의 능력에 대한 강조"다.[12] 이것은 계몽주의 시대에 현대성이 출현하기 전까지 아무도 이성적이지 않았다는 말이 아니다. 토마스 아퀴나스(Thomas Aquinas, 1225-1274) 같은 위대한 철학자들과 신학자들은 그들만의 방식으로 이성적이었지만, 계몽주의가 들여온 것은 합리주의(rationalism), 토대주의였다. 여기서는 계시나 신앙이나 전통에 권위를 부여하려는 모든 주장을 거부하는 경향이 있었다. 아마도 종교 단체 내부에서나 그 교리들에 관해서만 이러한 권위를 주장할 수 있다고 보았을 것이다. 그러나 현대성은 종종 계시나 신앙이나 전통을 미신까지는 아니더라도 단순한 의견 정도에 불과하다고 보았다. 그리고 이 계몽주의의 이상인 이성은 객관성—전통이나 계시나 종교로 인한 편견들로부터의 자유로움—을 지향했다. 그 이상은 셜록 홈스(Sherlock Holmes) 같은, 아무런 관점이 없는 견해였다. 이해관계나 개인적 선호도를 고려하지 않고 증거와 논리가 이끄는 대로 따르는, 순수한 합리적 사유자처럼 말이다.

번이 말하는 계몽주의와 현대성의 두 번째 일반적 특징은 "과거의 덕망

---

[11] 분명히 이것이 화이트의 입장이다. 그는 다음과 같이 설명했다. "어디에서나 기적을 보고 어디서도 법칙이 보이지 않던 시기[과학 혁명 이전]에—이해할 수 없는 모든 것의 원인을 우리 자신이 가진 것과 같은 어떤 의지에서 찾던 시기에—자연스럽게 인간은 자신의 병의 원인을 선한 존재의 진노나 악한 존재의 악의로 돌린다"(*History*, vol. 2, p. 1).
[12] Byrne, *Religion and the Enlightenment*, p. 5.

있던 제도와 전통"에 대한 회의다.[13] 전통에 대한 회의는 다양하며 여러 가지가 있지만, 대체적이며 일반적으로 현대성은 전통이 진리라는 주장들에 의심을 품을 것을 권한다. 때로는 과거와 그 가정들을 극단적으로 거부하는 형태를 띠고, 때로는 전통을 온건하게, 심지어는 건강하게 의심하는 형태를 띠기도 한다.

계몽주의와 현대성의 세 번째 특징은 "과학적 사고방식의 출현"으로, "중세 사상을 지배했던 지식 접근법에 대한 실천 가능한 대안으로 지식인들에게 제시된" 것이다.[14] 현대성의 본질적인 부분은 물질계의 모든 것이 자연 법칙의 지배를 받는다는 믿음이다. 또한 이 생각이 결국에는 [프로이트(Freud)의 경우처럼] 의식의 영역과 (베버 같은 사회학자들의 경우처럼) 사회의 영역으로 스며들었다. 세계라는 현실은 각성의 과정을 밟고 있었다. 신적 섭리의 역할은 볼테르(Voltaire, 1694-1778)처럼 과격한 계몽주의 사상가들에 의해 점차 도전을 받고 밀려나기까지 했다. 이 프랑스 **계몽 철학자**(philosophe)는 신랄하고 냉소적인 시를 한 편 썼는데, 이는 일부 그리스도인들이 모든 악과 무고한 사람들의 고통에도 불구하고 하나님이 모든 것을 통치하고 지금 이 세상을 다른 길로 이끌지 않을 것이기 때문에 이 세상이 모든 가능한 세상들 가운데 최고라고 주장한 데 대한 반응이었다. 볼테르는 하나님이, 만약 그가 존재한다면, 자신의 방식들을 설명해야 한다고 대답했다. 하지만 세상은 자연 법칙의 지배를 받는 것이지, 변덕스러운 하나님의 지배를 받지 않는다. 계몽주의 사상가들이 모두 볼테르나 다른 **계몽 철학자들**처럼 과도하지는 않았지만, 모든 것이 하나님이 아니라 뉴턴의 역학 법칙의 지배를 받아야 한다는 생각이 지식인 엘리트들 사이에 널리 퍼졌다. 정작 뉴턴 자신은 물리학이 "하나님을 따라서 하나님의 생각들을 사

---

13 같은 책, p. 7.
14 같은 책, p. 10.

유하는 것"이라고 주장했는데도 말이다.

현대성이 전통적 종교를 부식시키는 산(酸)을 만들어 내다

극단적으로 표현하자면, 번이 말하는 계몽주의와 과학 혁명(그리고 여기에 현대성 자체를 덧붙일 수도 있다)의 세 가지 특징은 자율적 인간 이성의 절대적 능력, 과학을 포함한 이성에 기초하지 않은 전통적 믿음들은 독선적이라는 회의, 진보를 향해 나아가는 길들로서의 과학만능주의(scientism)—자연주의라 부르는 세계관으로 확장된, 과학적 방법이라는 유사종교—로 묘사할 수 있다. 계몽주의 사상가들이 모두 이렇게 극단으로 치닫지는 않았지만, 갈릴레오와 데카르트 이후 여러 세기를 돌이켜볼 때 이들의 발견들이 서양 문화의 발걸음을 이런 길들 위로 올려놓았으며 이제는 돌이킬 수 없다는 것이 중론이다. 철학자들, 과학자들, 신학자들이 다양한 방식과 정도로 기독교를 현대성에 적응시킴으로써 파도치는 문화의 바다를 잠잠하게 하려고 수없이 시도해 왔다. 이 책은 바로 그 점을 주로 다룬다. 기독교의 본질을 현대성과 조화시키려는 노력을 통해, 종종 그 본질을 재정의함으로써 "현대성의 산(酸)"으로부터 기독교를 보호하려고 시도한 사상가들, 특히 신학자들에 대한 책이다.[15]

현대성의 산에는 합리주의, 회의주의, 과학주의/자연주의 외에 어떤 것들이 있는가? 우리는 **세속주의**(secularism)를 추가할 수 있을 것인데, 이는 하나님이나 종교 없이도 성공적인 삶을 살 수 있다는 믿음으로, 이로 인해 종교는 사유화되어 공적 광장에서 아무런 목소리도 낼 수 없게 되었다. 또한 우리는 **역사주의**(historicism)를 추가할 수 있을 것인데, 이는 역사의 모든

---

15 "현대성의 산"(acids of modernity)이라는 어구는 문화 비평가이자 수필가 월터 리프먼(Walter Lippman)의 신조어로, 그의 책 *A Preface to Morals* (New York: Macmillan, 1929), pp. 52-68에 실린 1929년 수필의 제목이기도 하다.

사건이 다른 역사적 사건들과 인과적으로 불가분하게 연관되어 있다는 믿음이다. 마지막으로 **낙관주의**(optimism)를 추가할 수 있을 것인데, 이는 현대성이 사회에서 올바르게 실현된다면 모든 종류의 고통을 극복하는 필연적 진보로 이어질 것이라는 믿음이다. 이 문제에 대해서도 볼테르는 기탄없이, 또한 분명히 과격하게 표현했다. 그에 따르면, 전통적 종교가 소멸하고 세속적 설명이 등장한다면 그 결과는 "미신도 줄어들고, 광신(狂信)도 줄어들고,…고통도 줄어드는 것"이 되리라고 썼다.[16] 하지만 아마도 유일하게 결정적인 혹은 근본적인 현대성의 산은 **인간중심주의**(anthropocentrism)인데, 이는 인간을 지식의 중심에 두는 것이다. 이 과정은 르네상스 때 시작했지만, 계몽주의의 "필수 조건"(sine qua non)이 되었다. 다른 모든 현대적 주제와 현대성의 산은 바로 이 인간중심주의에서 나오며, 인간중심주의가 중심이 되고, 인간중심주의를 상정한다. 다시 한번, 포프가 자기 지식(self-knowledge)에 관해 한 말은 현대의 문화 혁명 전체와 그 시대정신을 보여 주는 표어다. "그러니 너 자신을 알아. 어쭙잖게 하나님을 살피려 하지 말라. 인류의 합당한 연구 대상은 인간이다."

전통적 종교를 침식하는 이러한 원리들과 충격들을 포함하는 현대성 때문에 기독교가 소멸되었거나 필연적으로 그렇게 된다고 생각하면 오산이다. 이 책에서 살펴보겠지만, 볼테르처럼 철저한 계몽주의 예언자들의 예상에도 불구하고, 기독교는 현대성이 점점 지배력을 확보해 간 시대에 계속해서 번성했다. 기독교에 대한 현대성의 영향은 그럼에도 불구하고 극적이었다.

기독교의 성격은 다양해졌다. 기독교는 일차적으로 무엇인가? 예수 그리스도에 대한 인격적 신앙인가, 교황에 대한 충성인가, 개별 교회의 일원이 되

---

16 Byrne, *Religion and the Enlightenment*, p. 19에 인용됨.

는 것인가, 복음의 도덕적 가치에 대한 헌신인가, 원래는 단순한 메시지가 지나치게 복잡하게 되었는가, 아니면 단순히 아주 큰 실수에 불과한가? 계몽주의에서는 이런 온갖 견해와 또 다른 많은 의견이 존재했다.[17]

계몽주의가 이전에 했고 지금도 계속하는 것은 일반적으로 종교나 특별히 기독교를 파괴하는 것이 아니라, 다만 다양한 방식으로 그것들을 재고(再考)하도록 강제하는 것이다. 중세 내내 또 종교개혁 후에도 상당한 기간 동안 사회에서 교회가 지녔던 권위와 비교한다면, 교회는 점차 지식의 세계에서 뒷전으로 밀려나야 했다. 지식은 세속적 증거와 논증을 통해 증명될 수 있는 것으로 정의되기에 이르렀다. 교회 교리들을 포함한 다른 모든 것은 지식이 아닌 것으로, 아마도 의견이나 미신으로 여겨져야 했다. 이에 대응하여 많은 기독교 사상가들은 계몽주의 지식이 흔들 수 없는 종교와 기독교의 본질을 찾아 나섰다. 그에 따른 전통적 기독교의 재고는 기독교의 재구성으로 이어졌는데, 특히 신학과 교리의 재구성이었다. 이 재구성 기획이 너무 급진적이어서, 한 익살꾼은 현대 신학자들이 현대성에 걸어차여 도랑으로 빠질까 너무 두려워한 나머지 그 걸어차이는 고통을 피하기 위해 도랑으로 뛰어들었다고 논평했다. 물론 이것은 현대 신학에 대한 극단적 분석이다. 앞으로 보겠지만, 많은 현대 신학자들은 그런 식으로 하지 않았다. 많은 이들이 용기를 내어 전통적 신학을 방어하려고 노력하면서 현대성이 자기 능력을 넘어서 도를 넘는 경향을 보이는 것을 비판했다.

이 지점에서 한 가지 주의해야 할 점이 있다. 계몽주의와 현대성이 들여온 모든 것이 일반적으로 종교와 특히 기독교를 자동적으로 침식하지는 않는다는 사실이다. 여기서 요점은 현대 사상의 특정한 경향들이 극단적으로 받아들여질 경우에 전통적 기독교 믿음들을 침식하며, 또한 이러한 주

---

17 Byrne, *Religion and the Enlightenment*, p. 14.

요 경향들은 그것들이 극단적으로 받아들여지지 않은 경우에도 전통적 기독교에 도전들을 제기한다는 것이다. 현대 기독교 신학은 다양한 방식으로 이러한 도전들에 맞서 왔으며, 그 방식들이 긍정적인지 부정적인지에 대해서는 관찰자들과 비평가들마다 서로 다른 의견을 내놓았다.

이 책이 보여 주겠지만, 현대성에 대한 신학적 대응들은 아주 다양해서 1960년대의 급진·세속 신학부터 반(反)현대적 근본주의(fundamentalism)까지 이르렀다. 하지만 그것들을 대부분 관통하는 주제가 하나 있는 것 같은데, 바로 기독교를 재구성해서 현대성의 산과 특히 과학으로 인한 침식에 대해 안전하도록 하려는 욕구다. 이것을 자신들의 과제로 받아들이지 않았던 신학자들조차 이 주제의 영향을 받아 움직인 것 같다. 종교와 기독교를 재정의해서 현대성의 산이 손상시키지 않도록 하는 것이 가능하겠는가? 종교와 기독교가 계몽주의와 과학 혁명의 파괴력에 상처를 입지 않도록 하는 것이 가능하겠는가? 문화를 이끌어 가는 유력 인사들은 화이트가 1896년에 방대한 연구 『기독교 세계에서 과학이 신학과 벌인 전쟁의 역사』(*A History of the Warfare of Science with Theology in Christendom*)에서 전통적 기독교가 그 전쟁을 계속하면 언제나 진다고 한 것이 옳다고 생각했던 것 같다. 하지만 기독교 신학을 재정의해서 자연 과학이 연구하는 것과 아무 관련이 없게 할 수 있다면 어떨까? 기독교와 과학 사이의 평화에 이르는 접근법 하나는 과학을 사실(facts)의 영역으로, 기독교를 포함한 종교를 가치(values)의 영역으로 만드는 것이다. 독일 계몽주의 철학자 칸트는 그러한 분리를 암시하다가, 『이성의 한계 안에서의 종교』(*Religion Within the Limits of Reason Alone*, 1793)에서 체계적으로 다루었다. 많은 19세기 신학자들은 칸트의 제안에서 과학과 종교 사이의 전쟁을 끝낼 수 있는 부적(符籍)을 발견했다.

현대 신학에 관한 이 연구의 주요 주제들 가운데 하나는, 다양한 현대 신학자들이 어떻게 현대성과 특히 과학을 고려해 기독교의 재구성 혹은 재정의를 시도했는가 하는 것이다. 이 연구에는 이 과제에 관여하지 않은 신학자들도 나온다. 일부는 현대성, 특히 그 현대성의 산을 주로 거부하는 방식으로 현대성의 도전들에 대응했다. 하지만 여전히 그들은 모두 이런저런 방식으로 현대성과 대화했고 현대성의 영향을 받았다. 바로 그것이 그들을 현대 신학자로 만든다. 거의 마지막에 우리는 포스트모던(postmodern, 탈현대)이라고 스스로 밝히거나 그렇게 여겨지는 일군의 신학자들을 보게 될 것이다. 하지만 그렇다고 해서 그들이 현대성을 무시했거나 현대성의 영향을 받지 않았다는 말은 아니다. 포스트모던 신학자들도 현대성이라는 문화적 정신과 관계를 맺으며 신학적 작업을 수행하려 하는 한 현대 신학의 범주에 속한다. 역설적으로 들리겠지만, 어떤 신학자가 현대적인 동시에 포스트모던적일 수 있다. 신학자는, 기독교 근본주의를 포함한 모든 유형의 근본주의에서 그렇듯, 현대적인 동시에 반(反)현대적일 수 있다.

이렇게, 대체로, 이 책은 기독교 신학이 기독교를 현대성과 관계를 맺도록 노력한 시도들을 기록한 것이다. 현대성은 어떤 시기가 아니라 사고방식이나 문화적 정신을 의미하지만, 유럽과 미국의 1650년과 1950년 사이의 기간에 해당하며 그 여파는 오늘날까지 계속되고 있다.[18] 19세기나 20세기 전반의 신학과 비교해 볼 때, 현재의 신학은 기독교를 현대성과 관련시키는 데 훨씬 덜 관심을 가지는 것 같다. 하지만 현대성이 끝났을지라도, 그 자취는 여전히 진하게 남아 있다.

전통적 기독교에 대한 중요한 현대적 도전으로 모든 현대 신학자들이 대응한 것은 한 가지가 아니다. 기적은 중요한 쟁점이었고 일부 현대 기독교 사상가들은 특히 여기에 관심을 갖고 대응했다. 이성의 이해를 초월하는 계시도 그런 쟁점이었으며 일부 현대 기독교 신학자들은 특히 그에 대

---

18 "현대성의 종말"(end of modernity) 개념이 많이 논의되고 있다. 언제, 혹은 정말로, 현대성이 지배적 문화의 정신으로서 가졌던 역할을 상실했는지는 확실히 답하기가 어렵다. 하지만 제2차 세계대전 직후라는 추정이 합리적으로 보인다. 탈현대성이라 불리게 된 것이 이때 시작된 것 같다. 물론 둘 사이에는 상당한 시간적 중복이 있다.

응했다. 앞으로 보겠지만 다른 이들은 현대성이 야기한 다른 쟁점들에 관심을 갖고 대응했다. 전통적 기독교에 대한 현대성의 분명한 도전들에 대응했다는 점을 제외하고는 현대 신학에 관한 이 이야기에 나오는 신학자들을 모두 하나로 묶을 수 있는 단일한 주제는 없다. 그들을 하나로 묶어 주는 것은 그들이 전통적 기독교—즉 계몽주의와 과학 혁명 이전에 1,700년 또는 1,800년 동안, 모두는 아니더라도 대다수 그리스도인들이 공통으로 믿었고 당연하게 받아들이기까지 한 것—에 대한 현대성의 도전들과 씨름해야 할 필요를 느꼈다는 사실이다.

현대 신학자들이 현대성에 적응하다

이 책 전체에서 "…에 대한 적응"(accommodation to)이라는 표현은 (또는 같은 의미의 다른 표현들은) 현대성의 정신을 받아들이려는 신학자들의 시도를 일컫는 말로 사용할 것이다. 일부의 경우에 적응은 단지 이러한 의미로, 즉 현대성이라는 새로운 정신을 신학에 포함하여 다루려는 관심만을 뜻한다. 하지만 대부분의 경우에는 그 이상을 의미하여, 현대성으로 말미암는 복음의 전복, 본질적 기독교의 변형 같은 것을 포함하기도 한다. 이 책에 나오는 모든 신학자는 일정 수준의 적응을 실천한다. 적어도 그들은 기독교를 번역하려고 시도하여 현대인들이 기독교를 이해할 수 있도록, 또한 기독교의 믿음들이 태양 중심의 태양계처럼 현대 과학이 밝혀낸 중요한 사실들과 모순되지 않도록 한다. 모든 신학자가 기독교의 기본 교의들을 양보함으로써 현대성의 산에 적응한 것은 아니지만, 일부 신학자들은 그렇게 했다는 것이 나의 판단이다. 매우 드물게 이러한 적응은 역사적 정통 기독교의 핵심 교리를 명백하게 부정하는 형태를 띤다. 대부분의 경우에는 변형에 상당하는 재해석의 형태를 띤다. 다시 말하지만, 번역과 변형을 구별하는 일은 쉽지 않음에도 그런 구별은 반드시 필요하다. 이 책은 현대 신학자들이 어느 지점에서, 언제 이 선을 넘었으며 그런 이유로 그들의 현대 기독교가 진정으로 기독교적이라 여겨질 수 없다는 점을 감히 제안하고자 한다.

그런 판단의 기준 하나는 초자연적인 것의 범주다. 나의 견해로는, 현대 신학자들은 기적의 가능성 자체를 두고 현대 자연주의와 회의주의에 너무나 자주 굴복해 버렸다.[19] 이것은 종종 기적을(예를 들면, 그리스도의 부활을) 시공간에서 일어난 사건보다는 믿음의 사건이라고 급진적으로 재해석하는 결과를 낳았다. 현대 신학에서 논란의 화약고들 가운데 하나이며 아마도 심지어 분수령인 쟁점은 "하나님의 행위"(act of God)라는 개념이다. 현대성에 의해 형성된 문화에서 하나님의 행위를 말하는 것은 어떤 의미를 지니는가? 이것이 왜 문제가 되는지는 이 책의 첫 장들에서 분명해질 것이다. 여기서 쟁점은 하나님이 세계의 창조자이자 유지자인지 여부가 아니다. 거의 모든 현대 신학자들이 이 점에 대해서는 긍정적으로 답할 것이다. 쟁점은 하나님이 세계 안에서, 역사에서, 과학적 이해와 설명을 뛰어넘는 방식으로 행동하는지 여부다. 다시 말해, 하나님은 자연의 흐름 가운데 개입해서 기적이라 불리는 아주 특별한 사건들을 일으키는가? 예수의 부활은 그러한 사건이었는가? 전통적 기독교는 그렇다고 말한다. 현대 신학은 현대성에 적응하는 접근법들의 차이 때문에 이와 관련해 서로 의견이 나뉜다.

---

19 한 예가 신약신학자 루돌프 불트만(Rudolf Bultmann)이다(참고. 5.b.). 그는 신약성경과 신학 일반을 "역사는 개별 사건들이 원인과 결과의 연속으로 연관되는 영향들의 닫힌 연속체라는 의미에서의 통일체"라는 현대의 전제로 해석했다. "이 연속체는…초자연적·초월적 능력들의 간섭에 의해 분열될 수 없다"[*Existence and Faith*, ed. Schubert Ogden (New York: Meridian Books, 1960), pp. 291-292]. 불트만은 기독교 신학을 이 자연주의적 원리의 기초 위에 재구성한 최초의 또는 최후의 현대 신학자는 아니었다. "초자연적"이라는 말이 일부 사람들에게는 하나님과 세계에 대한 이원론적 견해를 암시하는 것으로 보이기 때문에 특별히 도움이 되는 개념은 아니지만, 일부 현대 신학자들이 이 개념을 부정한 것은 부활처럼 구원사의 핵심 사건들을 (종종 급진적 재해석을 통해) 부정하는 결과를 낳은 것으로 보인다.

1

현대성이 전통적 신학에 도전하다
초기 현대 신학의 맥락

1802년의 어느 날, 프랑스 황제 나폴레옹 보나파르트(Napoléon Bonaparte)는 천문학자 피에르-시몽 라플라스(Pierre-Simon Laplace, 1749-1827)에게 그의 우주론을 설명해 달라고 했다. 당시 라플라스는 아이작 뉴턴이 발견한 자연 법칙에 근거해 우주에 관한 책을 써서 논란을 일으켰다. 황제는 라플라스에게 그가 우주, 그 우주의 기원과 운행에 관해 설명한 것에서 하나님의 위치를 물었다. 당시의 보고에 따르면 이 천문학자는 이렇게 대답했다. "폐하, 저에게는 그런 가설이 필요 없습니다."[1]

21세기 유럽과 미국의 보통 사람들에게는 라플라스의 진술이 논란거리로 보이지 않겠지만, 당시에는 신성모독이나 다름없는 말이었다. 나폴레옹은 이 말에 동요하지 않았을 수 있지만, 유럽과 북미의 교회 당국과 신학자들은 이런 생각을 이단이라고 비난했다. 하지만 라플라스는 유럽의 많은

---

[1] Roger Hahn, *Pierre Simon Laplace 1749-1827: A Determined Scientist* (Cambridge, MA: Harvard University Press, 2005), p. 172.

지식인들이 믿게 된 것—물리적 우주는 창조자나 어떤 초자연적 존재를 언급하지 않고서도 설명할 수 있다는 것—을 표현했을 뿐이었다. 우주에 관한 지식의 틈새들은 이성의 시대 과학자들에 의해 빠른 속도로 채워지고 있었다. 계몽주의와 과학 혁명 전에는 가톨릭이든 개신교든 사실상 거의 모두가 하나님이 우주를 창조했고 통제한다고, 그리고 그 초자연적 능력과 힘이 우주를 계속 돌아가게 한다고 믿었다. 라플라스가 1799년부터 1805년까지 여러 권으로 된 『천체 역학』[*Mécanique céleste*, 종종 "우주론"(Cosmology)으로 번역됨]을 출간할 당시에도 많은 경건한 남녀 종교인들은 과학이 많은 부분을 설명할 수 있지만 세계—특히 그 기원과 설계—에 관한 모든 것을 홀로 설명할 수는 없다고 믿었다. 하나님이라는 가설이 물질과학에서 전혀 필요하지 않다는 라플라스의 선언은 그들에게 충격으로 다가왔고, 사람들은 이를 수용하기도 하고 거부하기도 했다. 하지만 이제 이것은 무시할 수 없는 주장이 되었다.

과학이 우주를 하나도 빠짐없이 설명할 수 있다면 어떻게 될까? 그렇게 된다면 하나님은 어디에 있을 것인가? 무엇에 대한 믿음이 남아 있을 것인가? 우리 시대의 많은 사람은 종교가 단지 내적 세계, 즉 개인의 영적 구원과 관련된다고 말하겠지만, 라플라스의 시대와 그 이전에 있던 사람들은 그렇게 생각하지 않았다. 대부분의 그리스도인들과 다른 종교인들은 자연신학—우주를 완전히 설명하기 위한 하나님의 절대적·합리적 필연성—이라 불리는 것에 대한 믿음을 고수했다. 많은 그리스도인은 라플라스 및 그와 같은 사람들을 "신앙심 없는 자", 불신자이며 회의주의자라 불렀다. 하지만 시간이 흐르면서 라플라스의 관점이 설득력을 얻어 갔으며, 점차 자연 신학을 대체하고 하나님이 우주의 창조자, 유지자, 섭리적 통치자라는 정통 기독교의 주장들에 도전하기 시작했다. 커지는 현대적 세계관에 신앙이 적실성 있도록 만드는 데 관심이 있던 기독교 사상가들은 기독교를 점점 신뢰성을 잃어 가는 전통이라는 부담에서, 또한 무신론이 종교의 불가피한 대안이라는 깊어가는 인상에서 구조하기 위한 방책들을 모색하기 시작했다.

무엇이 이런 위기를, 그리고 기독교 신학을 현대성에 적응시켜야 한다는 인지된 필요성을 야기했는가? 라플라스가 위기를 만들어 낸 것은 아니다. 단지 그는 이전에 어느 누구도 공공연히 진술하지 못한 방식으로 이 위기를 표명했을 뿐이다. 많은 사람이 보기에 그는 "벌거벗은 임금님" 이야기에서 임금님이 벌거벗고 있다고 감히 소리친 아이와 같았다. 그의 적나라한 선언과 그것이 신학에 미친 여파로 이끈 것은 과학과 철학 모두에서 있었던 길게 연결된 사건들이었으며, 이것들이 우리가 초기 현대성(early modernity)이라 부르는 혁명인 계몽주의를 정의한다.

1.A. 과학이 하늘을 바꾸다

그 모든 것이 가장 단순한 사상으로부터, 하지만 서구 세계에 혁명을 일으킬 운명인 사상으로부터 시작되었다. 「타임」(*Time*)은 1999년 12월 31일 호에서 "천 년의 인물"(man of the millennium)로 이동식 활자 인쇄기의 발명가인 요한 구텐베르크(Johann Gutenberg, 1398-1468)를 선정해 발표했다(일 년이 더 가기 전까지는 공식적으로 천 년이 끝난 것이 아니므로 이상하기는 하지만 말이다). 아마도 천 년의 인물은 잉글랜드 출신의 덜 알려진 프란체스코회 수도사로서, 1342년에 황제의 보호 아래 종교재판(Inquisition)을 피해 바이에른의 뮌헨에 숨어 지내던 윌리엄 오컴(William of Ockham, 혹은 Occam, 1285-약 1349)이어야 했을지도 모른다. 여러 논란이 된 생각들 중에서도, 오컴은 훗날 오컴의 면도날이라고 알려진 것을 표명했다. 이는 단순한 원리로, 한 원인이 어떤 현상을 설명하는 데 충분하다면 더 많은 것이 상정되어서는 안 된다는 것이다. 당시에, 그리고 훨씬 이전과 이후 오랫동안, 사람들은 대부분의 사건에 대해 두 가지 원인에 호소하는 경향이 있었는데, 즉 자연적 원인과 초자연적 원인이다. 예를 들어, 누군가가 아픈 것은 몸의 체액들 사이의 불균형과 악마 때문일 수 있었다. 또한 행성들 같은 천체들의 운행은 그것들 가운데 있는 자연적 힘들(일종의 자기장 같은 것)과 천사들에 의해 이루어진다고 대개 믿었다. 오컴은, 교회의 교권에는 상당히 당황스럽게도, 가장 단순한 설명이 언제나 가장 지혜로우며 유일한 설명이라고 주장했다. 많은 학자가 먼 훗날 과학 혁명에서 느껴질 충격의 원인이 되는 문화적 격변의 시발점을 오컴과 그의 면도날에서 본다.

오컴은 뮌헨에서 전염병으로 사망했지만, 교황에 의해 파문당했기 때문에 그의 생애와 업적을 기리는 기념비는 그곳에 없다.[2] 하지만 그의 사상은 훗날 과학 혁명의 대가들에 의해 다양한 형태로 표현되었는데, 그 가운데 한 사람인 뉴턴은 다음과 같이 말했다. "우리는 자연의 일들의 현상을 설명하기 위해서 참이며 또한 충분한 원인들보다 더 많은 것을 인정해서는 안 된다."[3] 오컴의 면도날을 기초로 현대 과학은 우주 안에 있는 물리적 사물들과 사건들 (전체는 아니더라도) 대부분의 자연적 원인을 점차 발견해 왔으며, 실험 과학에서 초자연적 설명들을 배제해 왔다.

코페르니쿠스는 과학에서 혁명을 제안하고, 갈릴레오가 이를 실행에 옮기다

현대 서양사에서 가장 불행한 사건들 가운데 하나는, 가톨릭교회가 갈릴레오 갈릴레이를 지동설 모델을 옹호한다는 이유로 정죄한 일이다. (가톨릭교회의 평판이 갖고 있는) 상처를 설상가상으로 만드는 일은, 교회가 그를 다룬 방식에 대해 1992년에 교황 요한 바오로 2세가 유감을 표명했음에도 공식적으로는 그가 단지 부분적으로만 복권되었다는 사실이다. 갈릴레오의 유죄

---

[2] 나는 뮌헨에서 1981년과 1982년 사이에 거주하고 연구하며 그러한 기념비를 찾아 봤다. 프란체스코회 교회 안에 기념비가 있다는 말을 들었지만 발견할 수는 없었다. 아마도 제2차 세계대전 당시에 뮌헨 폭격 때 파괴된 것 같다.

[3] Stephen Hawking, *On the Shoulders of Giants* (Philadelphia: Running Press, 2002), p. 731에 인용됨.

판결에 관한 상세한 내용은 너무 복잡해서 여기서는 다루지 않을 것이다. 우리의 이야기에서 중요한 것은 갈릴레오가 성취한 것과 그것이 과학 혁명에 미친 영향들로, 이 과학 혁명이 현대성의 출범에 일조했고 기독교 신학에 도전해서, 이러한 과학과의 갈등을 종식시키기 위한 방법을 모색하도록 만들었다. 여기서는 갈릴레오가 단지 자신이 발견한 증거들을 공표한 일 때문에 교회가 그를 다룬 방식이, 현대 세계에서 기독교의 신뢰성을 약화시키는 데 다른 어떤 사건보다도 기여했다고만 말하는 것으로 충분하다.

갈릴레오 이전에는 태양과 다른 천체들이 지구 주위를 돈다는 것이 이의 없이 받아들여진 전통이었다. 어쨌든, 중세 교회가 거의 세례를 베풀다시피 한 유력한 그리스 철학자 아리스토텔레스가 그렇게 말했다. 하지만 더욱 중요한 것은, 사람들이 성경이 그렇게 말한다고 믿었다는 점이다. 시편 104편 5절은 다음과 같이 선포한다.

주께서 땅에 기초를 놓으사
영원히 흔들리지 아니하게 하셨나이다.

지구가 움직이지 않으며 움직일 수 없다는 점을 부인하는 것이 우리 시대의 사람들에게는 사소한 문제처럼 보이겠지만, 그 이유는 단지 우리에게 익숙해졌기 때문이다. 16세기의 사람들에게는 지구가 태양 주위를 돈다는 니콜라우스 코페르니쿠스의 주장이 너무나 충격적이어서, 이 폴란드 천문학자(1473-1543)는 자신의 이론이 단지 천문학적 계산을 위한 모델일 뿐 실제 사실에 대한 기술은 아니라고 공표해야 했다.

코페르니쿠스는 그의 시대에 보편적으로 받아들여지던 복잡한 태양계 모델을 곰곰이 고찰하면서 거대한 상상의 도약을 감행했다. 지구 주위의 천체들(행성들, 위성들)의 움직임에 대한 관측들이 증가하는 것을 설명하기 위해서는 수많은 이상한 순행과 역행을 가정해야만 했다. 이 일은 코페르니쿠스에게 너무나 복잡했고, 따라서 그는 지금 우리가 태양계라 부르는 것에 대한 더 단순한 모델을 찾고 있었다. 그는 상상의 도약을 통해 아마도 지구를 포함한 행성들이 모두 태양 주위를 돈다고 생각하기에 이르렀다. 그러자 이런 구상이 천문관에서 관측되고 있던 것과 더 잘 들어맞는 훨씬 더 단순하고 명쾌한 모델이 됨을 알게 되었다. 점차 그는 자신의 이론을 학생들에게 가르쳤고, 이 학생들은 코페르니쿠스가 그것을 공표하도록 준비되기도 전에 유포했다. 그는 그 이론이 큰 논란이 될 것을 알고 있었다. 여러 해 동안 태양과 행성들에 관한 이 지동설 모델을 설명하고 방어하는 책에 공을 들인 코페르니쿠스는 거의 죽을 때가 다 되어서야 비로소 그 책을 출간할 수 있었다. 『천체의 회전에 관하여』(On the Revolutions of the Celestial Spheres)는 그의 임종 때 손에 쥐어졌다. 코페르니쿠스가 염려했던 대로 그 책은 엄청난 논란을 불러일으켰고 이단적이라고 널리 정죄되었다. 마르틴 루터조차도 이 폴란드 천문학자는 미친 것이 확실하다고 선언했다.[4]

"천체"—태양계—에 대한 코페르니쿠스의 지동설 모델이 코페르니쿠스적 혁명이라 불리는 이유는 무엇인가? 지구가 태양을 공전한다고 받아들였기 때문은 결코 아니다! 그보다는, 이 모델이 관찰과 수학적 계산을 자연과학의 중심에 두었으며 전통의 권위를 전복하기 시작했기 때문이다.

코페르니쿠스에 대한 기억은 갈릴레오에 대한 기억 때문에 많이 잊혀졌다. 갈릴레오는 우주에 관한 지동설 모델이 의심의 여지 없이 참이라는 것을 실제로 증명한 최초의 인물이었다. 그는 이탈리아에서 태어나 평생을 가톨릭교회의 충성된 아들로 살았다. 피사 대학교에서 공부했고 수학과 천문학을 그곳과 파두아 대학교에서 가르친 그는, 파두아 대학교에서 논란이

---

[4] 흥미롭게도 루터파 신학자 안드레아스 오시안더(Andreas Osiander)가 코페르니쿠스의 책의 서문을 썼다. 하지만 그는 그 책의 우주관은 계산의 편의를 꾀한 가설일 뿐이며 행성계의 실제 모습으로 해석되지 말아야 한다고 설명했다. 앤드루 화이트는 A History of the Warfare of Science with Theology in Christendom, 2 vols. (New York: Appleton, 1896), vol. 1, pp. 126-127에서 코페르니쿠스에 대한 루터의 신랄한 반응을 상술했다.

된 과학 저작들 가운데 일부를 저술했다. 종교재판이 갈릴레오에게 혐의를 제기한 이유는 그가 우주에 관한 코페르니쿠스의 지동설 모델을 옹호했기 때문이다. 가톨릭교회의 유력한 추기경 로베르투스 벨라르미누스(Robert Bellarmine, 1542-1621)는 코페르니쿠스의 가설이 물리적 시현(示現)을 통해 증명되지 않는 한 사실로 받아들여질 수 없다고 이미 공적으로 선포한 상태였다. 물론 그런 시현은 불가능하다는 것이 벨라르미누스를 비롯한 전통적 세계관을 옹호하는 사람들의 생각이었다. 하지만 갈릴레오는 코페르니쿠스 때 있었던 망원경보다 더 멀리 볼 수 있는 새로운 망원경을 사용하면 그 가설을 물리적 시현을 통해 증명할 수 있다고 생각했다. 결국은 실패하고 말았지만 갈릴레오도 밀물과 썰물에 대한 연구를 통해 그 가설을 참으로 증명하려 시도했다.

1616년에 벨라르미누스와 종교재판은 코페르니쿠스의 이론이 참이라는 것을 증명하려는 시도를 중단하라고 갈릴레오에게 명령했다. 그는 한동안 이를 따랐지만, 1632년에 그의 위대한 저작들 가운데 하나로 그의 증명에 토대를 놓은 『두 개의 주요 세계 체계에 대한 대화』(Dialogue Concerning the Two Chief World Systems)를 출판했다. 아이러니하게도, 1616년과 1632년 사이에 있었던 바티칸 정치의 우여곡절 속에서 책의 출판을 허락받은 것이다. 하지만 곧 바티칸 정치의 새로운 변동들 때문에 이 책과 저자는 심한 비판을 받게 되었고 결국 종교재판에 회부되었다. 1633년에 갈릴레오는 "심각한 이단 혐의"로 정죄되었으며 가택연금에 처해졌다. 그의 책들은 금서가 되었고, 그에게는 더 이상의 출판이 금지되었다. 하지만 그는 가택연금 동안에도 저술을 계속해서, 개신교 도시들에서 또는 그의 사후에 출판될 책들을 준비했다.

갈릴레오가 가톨릭교회로부터 받은 고통은 훗날 세상에 알려졌다. 일반적으로 생각되는 바에 따르면 그를 정죄한 사람들은 그가 옳았음을 알고 있었지만, 그들은 그가 코페르니쿠스의 지동설 모델을 증명한 것이 대중들에게 유포되는 것을 원하지 않았다. 물론 이미 때는 늦었다. 가톨릭교회에 대한 신뢰는 유럽의 지식인들 사이에서 바닥으로 떨어졌다. 기독교 세계에서 과학과 전통적 종교 사이의 전쟁이 시작되었으며, 그 후로 사실상 모든 전투에서 과학이 승리를 거두게 된다.

갈릴레오는 자신의 과학적 발견들과 그 발표를 둘러싼 논쟁으로 인해 낙담했다. 그는 자신이 오랫동안 과학과 신학 사이의 전쟁에 주된 기여를 하게 되리라고는 전혀 예상하지 못했다. 즉 그는 결코 선전포고할 의도가 없었다. 이 점은 그가 1615년에 쓰고 1636년에 개신교 도시 스트라스부르에서 출판된 "크리스티나 대공 부인께 보내는 서한"(Letter to the Grand Duchess Christina)에 나타난다. 이 서한은 어떤 구체적 과학 이론이나 발견보다는, 지식 창출에서 과학과 신학이 하는 역할에 대한 것이었다.

크리스티나 대공 부인은 토스카나 대공 페르디난도 데 메디치(Ferdinand de Medici)를 사별한 아내로, 토스카나 대공은 갈릴레오를 피사 대학교 교수직에 임명한 사람이었다. 대공 부인은 새로운 학문들과 성경 사이의 잠재적 갈등들에 관심이 있어서 갈릴레오의 한 친구에게 설명을 청했으며, 그 친구가 갈릴레오에게 이 질문을 전달했다. 갈릴레오의 답신은 과학과 성경과 신학 사이의 관계에 관한 새로운 태도를 드러내는데, 이 태도는 과학 혁명 전반에 걸쳐 경건한 과학자들 사이에서 특히 유행하며 표준이 되었다. (라플라스 같은 그리 경건하지 않은 과학자들도 역시 이 태도를 고수했지만, 다른 방식으로, 즉 신학에 대해서 혹은 아마도 성경에 대해서조차 존경을 표하지 않는 방식으로 그렇게 했다.)

과학 혁명 이전에 신학이 학문들의 여왕으로 널리 여겨져 왔다는 점을 깨닫지 않고서는 갈릴레오의 설명이 얼마나 혁명적이었는지 이해하는 것이 불가능하다. [중세 동안에 신학에 부여된 이 영예로운 칭호에서 "학문"(science)은 연구와 사고라는 질서 있고 훈련된 방식 전체를 의미하지, 물질과학(physical sciences)에 국한되지 않았다.] 신학이 물질과학과의 관계에서 어떤 역할을 하는지 이해하기 위한 갈릴레오의 새로운 모델에서 혁명적 측면은, 그가 신학으로부터의 물질과학의 독립을 은연중에 선언한 점이다. 이는 적어도 장기적으로는, 다수의 계몽주의 사상가들이 보기에 신학이 폐위되고 유사 과학의 지위로 전락하는 데 기여했다. 분명히 이것은 갈릴레오의 의도가 아니었지만, 의도하지 않은 결과의 법칙에 충실하게 그런 효과를 낳았다.

편지에서 갈릴레오는 자신이 지동설 우주 모델을 사실로 생각하며, 단지 행성들과 위성들의 미래 위치를 계산하기 위한 수단(코페르니쿠스의 옹호자들은 이런 방식으로 이 모델을 주장하고 전파할 수 있었다)으로 생각하지 않는다는 점을 대공 부인에게 확인시켰다. 간접적으로 이러한 인정은 한참 후에 그가 받는 재판과 정죄의 원인이 되었다. 하지만 그가 천문학 같은 관찰의 물질과학이 물리적 우주에 대한 지식의 문제들을 판정한다고, 심지어 그것이 성경에 반대되는 것처럼 보이고 실제로 신학적 전통과 교리에 반대될 때조차 그렇다고 선언한 것은 더욱 중요하다. 사실상 그는 신학을 구원과 기독교적 삶을 사는 것(윤리)이라는 영적 영역으로 국한했으며, 물리적 영역에서는 신학을 대신해서 관찰과 추론의 물질과학을 왕좌에 앉혔다. 이제 하나의 왕좌가 아니라 두 개의 왕좌가 된 셈이다. 점차, 이어지는 세기들을 거치면서, 과학의 위상은 학문 세계에서 더 높아졌다.

갈릴레오는 성경의 영감과 권위를 긍정하는 데 많은 노력을 기울였지만, 성경이 간혹 하나님이 눈과 손과 발을 가지고 있다는 식의 참일 수 없는 것들을 사실로 말하는 이유를 설명하기 위해 적응의 원리에 호소했다. 성경에 있는 모든 것이 문자적으로 해석되어서는 안 된다. 또한, 더 논란의 여지가 있게, 그는 다음과 같이 진술했다. "성령의 의도는 사람이 어떻게 하늘(heaven)로 가는지 우리에게 가르치는 것이지, 하늘(heaven)이 어떻게 돌아가는지 가르치려는 것이 아닙니다."[5] 하지만 이 편지에서 정말 혁명적

---

5   Galileo Galilei and Stillman Drake, *Discourses and Opinions of Galileo* (New York: Anchor Books, 1957), pp. 173-216. 갈릴레오는 이 경구가 원래 자신의 것이 아님을 알았다. 그가 다른 출처에서 인용한 것이었기 때문이다. 이 말은 갈릴레오보다 어느 정도 앞선 시점부터 퍼져 있었다.

인 진술은 물리적 실재와 관계된 문제들에 대한 과학의 역량과 신학의 역량 부재와 관련이 있다. 그렇기 때문에 그러한 문제들에 관한 성경의 신학적 해석들이 과학의 본질적 사실들과 대립하는 경우에는 **수정되어야 한다**는 것이다. 다음은 이런 취지의 진술들 가운데 하나다.

> 이 세상의 현인들의 책에는 확고하게 증명되는 물리적 진리들도 있고, 단지 진술되기만 하는 것들도 있습니다. 전자의 경우, 그 진리들이 성경과 모순되지 않음을 보이는 것은 현명한 성직자들의 임무입니다. 그리고 진술되지만 엄밀하게 증명되지 않는 명제들의 경우, 그것들과 관련된 성경 구절에 반하는 것은 모두 의심의 여지 없이 거짓으로 여겨져야 하고 모든 가능한 방법을 통해 그렇다고 증명되어야 합니다. 하지만 만약 실제 증명된 물리적 결론들이 성경 구절들에 예속되지 않으며, 후자가 전자를 방해하지 않는다고 여겨져야 한다면, 어떤 물리적 명제가 정죄되기 전에 그것이 엄격하게 입증되지 않는다는 점이 증명되어야만 합니다. 그리고 이것은 이 명제가 참이라고 주장하는 사람들이 아니라, 그것이 거짓이라고 판단하는 사람들이 해야 하는 일입니다. 이런 입장은 매우 합당하고 자연스러워 보이는데, 어떤 논증이 오류라고 믿는 사람들이 그것이 참이며 결정적이라고 여기는 사람들보다 오류를 훨씬 더 수월하게 발견하기 때문입니다. 실제로, 후자의 경우에서 어떤 견해를 지지하는 사람들은 책장을 넘기고 논증을 검토하고 관찰을 반복하고 경험을 비교하면 할수록 그에 대한 믿음이 더 확고해지기 때문입니다.[6]

이 선언을 주의 깊게 살펴보면 갈릴레오가 의도한 것이 드러난다. 즉 신학이 과학과 충돌하는 전통적 교리를 계속 주장하기를 고집한다면 성경과 과학 사이에 가능한 충돌의 문제들에서 증명의 부담이 신학에 있다는 점과,

---

6 같은 책.

신학이 과학의 중대한 사실들에 저항한다면 실패하고 말 것이라는 점이다. 편지의 나머지 부분에서 갈릴레오는 자신의 의도를 분명히 밝힌다. 그러한 경우에 신학이 과학을 인정해야 하며 성경을 재해석해서 과학이 증명하는 것에 맞추어야 한다는 점이다.

다시 한번 말하지만, 이것은 현재의 사람들에게는 갈릴레오 당대의 사람들에게 그랬던 만큼 귀에 거슬리지 않을 수도 있다. 1636년에 이 편지가 출판되자 신학자들은 격노했다. 일부는 갈릴레오가 의도하지 않았을 수도 있는 결과를 예견했다. 즉 신학이 학문으로서의 자격을 완전히 상실하는 것, 특히 영적 문제(구원, 그리스도인의 삶, 교회 규범)의 영역 밖에 있는 문제들에서 그렇게 되는 것이다.

뉴턴이 세계를 거대한 기계로 묘사하다

하지만 과학이 신학을 위해 비축해 둔 가장 큰 충격은 이제부터다. 코페르니쿠스와 갈릴레오에게서 과학은 천관(天觀)을 바꾸기 시작했을 뿐이다. 뉴턴에게 이르러 과학은—역시나 뉴턴의 의도와 상반되게—하늘을 철저히 바꾸었다. 뉴턴의 발견들과 그에 대한 사람들의 해석들은 하나님을 영적 영역으로, 인간의 내적 세계로, 그리고 하늘들 바깥으로, 즉 물리적 우주와 그 운행 외부로 밀어냈다.

잉글랜드 출생으로 신학·철학·수학 교육을 받은 뉴턴은 조숙한 학생으로서 심지어 일종의 대학자의 자질을 가지고 있었다. 그는 20대 초에 케임브리지 대학교 트리니티 칼리지의 연구원, 즉 교사가 되었다. (그가 가르친 곳의 명칭은 그가 삼위일체를 믿지 않았다는 점에서 아이러니하다. 그는 논란을 피하기 위해 이 점을 주로 혼자만 간직했다.) 뉴턴은 직업 수학자로서의 이력 전체에 걸쳐 많은 주제에 손을 댔는데, 특히 성경 연구에 가장 관심을 가졌으며 대부분의 시간을 쏟았다. 그가 예수 그리스도의 재림 연도 예측에 사로잡혀 있었다는 점은 그를 연구하는 대학교 과목에서 종종 간과되곤 한다. 그는 독실했지만, 비정통 그리스도인으로서 그리스도의 신성과 삼위일체에 의심을 품었다. 하지만 그는 그 이단적 믿음들에도 불구하고, 자신의 과학적 발견들이 신적 섭리를 약화시키기보다는 지지한다고 보았다. 그는 자신의 발견들이 초자연적 원인들을 불필요하게 만드는 것처럼 보였다는 사실에 전혀 동요하지 않았다. 원인과 결과의 지배를 받는 자신의 기계적 우주를 하나님의 섭리의 영역이라고 해석했던 것이다. 자연 법칙들을 연구하는 물리학은 그에게 "하나님을 따라서 하나님의 생각들을 사유하는 것"이었다.

많은 설명에 따르면, 뉴턴은 역사상 가장 위대하고 영향력이 큰 과학자였다.[7] 1687년에 출간된 그의 『자연철학의 수학적 원리』(*Philosophiæ Naturalis Principia Mathematica*)는 현대 과학의 위대한 고전들 가운데 하나로 여겨진다. 이 책이 토대를 놓은 기계론적 세계관은 기적을 배제했다는 점에서 과학에 유익이었고 전통적 신학에는 큰 도전이었다. 뉴턴 스스로는 자신의 세계관이 기적을 배제했다고 생각하지 않았다. 단지 그의 제자들과 후대의 해석자들이 그렇게 결론을 내렸을 뿐이다. 하지만 의심의 여지 없이 그의 세계관은 기적에 대한 믿음을 더 힘들도록 만들었으며, 초자연적 사건들이 수학적으로 기술될 수 있는 자연 법칙들의 지배를 받는 우주와 어떻게 조화될 수 있는가 하는 의문을 제기했다.

모든 고등학생은 뉴턴이 중력의 법칙을 발견했다고 배운다. 전설에 따르면, 이 과학자는 사과나무 아래 앉아 있다가 사과가 머리 위에 떨어지자 즉시 만유인력의 법칙을 생각해 냈다는 것이다. 마치 그리스 신화에서 아테네 여신이 완전한 무장을 갖춘 채 제우스의 머리에서 튀어나왔다고 하는 것처럼, 이 법칙이 돌연히 그의 머리에서 튀어나왔다는 식이다. 이것은 전설과 신화에서 하는 말일 뿐이다. 하지만 이 이야기는 아마도 어느 정도는 사실에 바탕을 둔다. 뉴턴이 친구들에게 자신이 사과가 나무에서 떨어지는

---

7   Daniel Burt, *The Biography Book* (Westport, CT: Greenwood Publishing Group, 2001), p. 315.

것을 숙고하다가 중력의 법칙을 처음으로 생각해 냈다고 말했을 수도 있다. 코페르니쿠스의 상상력이 지동설 태양계를 향해 도약한 것과 마찬가지로, 뉴턴의 중력 발견은 관찰된 물리적 사건이 촉발한 거대한 상상력의 도약이었을 수도 있다.

뉴턴의 중력의 법칙에서 많은 사람들이 이해하지 못하는 부분은, 이 법칙이 그의 나머지 자연 법칙들과 마찬가지로 수학적으로 기술될 수 있다는 점이다(참고. 그림 1.1).

$$F = G\frac{m_1 m_2}{r^2}$$

그림 1.1

여기서 공식을 제시하는 목적은 상세한 설명으로 들어가려는 것이 아니라, 뉴턴의 중력의 법칙과 더 나아가 관성을 포함한 그의 모든 자연 법칙에 관하여 많은 사람이 모르고 있지만 반드시 알아야 하는 부분을 지적하려는 것일 뿐이다. 이 자연 법칙들은 수학적으로 기술될 수 있는 보편적 법칙들로 의도된 것으로, 자연계에서 미래 사건들을 예측하는 데 사용될 수 있게 하기 위함이다. 이것들 없이는 달 착륙(혹은 그 밖에 현대 과학의 많은 것)이 불가능했을 것이다. 다시 말해, 이론상으로는, 어떤 물체와 그와 관련된 다른 모든 물체의 정확한 위치와 속도를 안다면, 뉴턴의 법칙을 이용해 미래의 어떤 시점에서 그 물체의 위치를 정확히 예측할 수 있다. 이는 사물들, 물체들, 즉 물질적 존재자들의 세계가 외부의 간섭에 닫혀 있음을 의미한다. 외부의 간섭을 조금이라도 가정하는 것은, 말하자면, 자연이라는 기계를 망가뜨려 정확한 예측이 불가능해진다.

이 때문에 라플라스는 우주와 그 작동 방식을 설명하기 위해 하나님 가설이 불필요하다고 주장할 수 있었을 것이다. 의도적으로든 아니든, 뉴턴이 그린 세계는 그 자체의 끊임없는 움직임으로 작동하는 거대한 기계의 세계다. 요점은, 세계를 그런 것으로 상상해야만 미래를 예측할 수 있다는 것이다. 바로 이것이 현대 과학의 실제 적용에서 필수적이었다. 예를 들어, 뉴턴이 자연 법칙들을 발견한 직후에 에드먼드 핼리(Edmond Hally)라는 천문학자는 훗날 자신의 이름을 따라 명명되는 혜성의 정확한 회귀 연도를 예측했다. 핼리는 뉴턴의 물리학과 수학을 이용하여 그 혜성이 마지막 출현 이후 76년이 될 때 회귀한다고 예측했다. 실제로 핼리 혜성은 1682년에 출현한 후 정확히 76년 만인 1758년에 회귀했다.

이러한 업적들은 수학적으로 기술될 수 있다고, 즉 깨질 수 없다고 여겨지는 자연 법칙들에 기초한 과학의 능력을 모든 사람에게 보여 주었다. 그렇다면 이것은 종교에, 특히 목적과 의도를 갖고 섭리적으로 기도에 반응하여 행동하는 초자연적 하나님에 대한 기독교 믿음에 무엇을 의미하는가? 기적은 어떤가? 천사와 악마는 어떤가? 자유 의지는 어떤가? 뉴턴의 세계상은 뉴턴 자신이 묻거나 대답한 것의 범위를 벗어난 수많은 질문을 신학에 제기했다. 일부 기독교 사상가들은 뉴턴의 물리학이 하나님을 증명한다고 선언함으로써 서둘러 곤경에서 벗어나려 했다. 즉 자연 법칙들은 목적이 있는 지성적 존재를 반영하는데, 그 존재가 이 법칙들을 창조했으며 이 법칙들을 사용해 자신의 영원한 목적들을 이루어 나간다는 것이다. 다른 기독교 사상가들은 종교가 단지 윤리학—마땅히 그래야 하는 것—과 관련이 있으며, 물리학—존재하는 것—과 관련이 없기 때문에, 아무런 문제가 되지 않는다고 결론을 내렸다. 하지만 또 다른 사상가들은 만약 하나님이 뉴턴 자신이 믿었듯이 자연 법칙들의 창시자라면, 그는 그것들을 변경하면서도 우주가 여전히 질서정연하게 돌아가게 할 수 있기 때문에, 과학이 계산과 예측의 일을 계속해서 할 수 있게 된다는 생각을 내놓았다. 이것들을 비롯한 많은 답변은 현대성의 산(酸)에 대응하기 위한 현대 신학의 시도들에 관한 우리의 이야기에서 나올 것이다.

과학 혁명이 전통적 기독교에 도전하다

1650년, 근대 시기(modern era)가 시작되는 즈음의 일이다(많은 사람이 30년 전쟁이 끝난 1648년을 그 시점으로 본다). 아일랜드의 주교 제임스 어셔(James Ussher,

1581-1656)는 기념비적 저서 『구약성경의 연대기』[*Annales Veteris Testamenti*, 영어판은 1658년에 라틴어 원제와 다소 다른 『세계의 연대기』(*Annals of the World*)라는 제목으로 번역됨]를 출판했는데, 이 책은 세계 창조의 날짜가 기원전 4004년 10월 23일이라고 밝혔다. 널리 존경받는 학자였던 어셔는 자신의 연구에서 드러난 수많은 요소에 근거해서 창조의 날짜를 계산했지만, 주된 출처는 성경 자체였다. 여기서 그의 연구 방법들을 살피느라 지체할 필요는 없다. 요점은, 그의 연대표가 널리 받아들여져 많은 영어 성경의 각주와 연구 주석에 쓰이기 시작했다는 점이다. 수백 년 동안 보수적 그리스도인들은 어셔의 연구와 결론에 의존했으며, 많은 사람이 그것을 성경 자체와 동등한 것으로 받아들였다. 하나님이 기원전 4004년에 전체 우주를 창조했음을 부인하는 것은 성경의 권위를 부인하는 것과 마찬가지였다.

1925년에 미국 정치가이자 반(反)진화론 운동가 윌리엄 제닝스 브라이언(William Jennings Bryan, 1860-1925)은 테네시주 데이턴에서 열린 유명한 스코프스 "원숭이 재판"에서 기소자측에 유리한 증언을 했다(또한 실제로 그는 수석 기소자였다). 재판 상대였던 피고측 변호사이자 반(反)근본주의 운동가 클래런스 대로우(Clarence Darrow)는 브라이언에게 어떤 암석의 연대를 물었다. 물론 1650년과 1925년 사이에는 과학에서 많은 일이 있었다. 지질학자들은 갈릴레오의 방법들, 뉴턴의 물리 법칙들, 과학 혁명의 다른 발견들을 이용하여 지구가 어셔의 주장보다 훨씬 더 오래되었다고 결론을 내렸다. 1925년에 이르면 지구의 연대가 수백만 년이나 되었다는 주장은 유럽과 미국의 대다수 교양인들 사이에서 확정된 사실이었다. 반면에 브라이언처럼 많은 보수적 그리스도인들은 기존의 입장을 고수하면서 현대 과학을 하나님의 적으로 보았다. 종종 그들은 지구의 연대와 진화라는 두 쟁점을 혼동했다. 그들이 보기에 진화는 불신앙이었으며 인간을 동물로 격하시켰기 때문에, 우주의 오랜 연대에 관한 과학적 주장들도 거부했다.

브라이언은 대로우의 손에 들린 암석을 보고 잠시 멈추었다. 그는 영리한 사람이었고 많은 면에서 현대적이었다. 그는 우드로 윌슨(Woodrow Wilson) 대통령 밑에서 국무장관을 역임했으며 세 번의 선거에서 자신의 당의 대통령 후보 지명자였다. 이윽고 그는 말했다. "만세 반석(Rock of Ages)은 암석의 연대(age of rocks)보다 더 중요합니다." 이 말에 브라이언의 반진화론 지지자들조차 일부 웃음을 터트렸다. 많은 미국인이 이 말을 듣고 웃었다. (스코프스 재판은 라디오를 통해 전국에 생방송된 첫 사건이었다.) 반진화론 근본주의자들은 굴욕감을 느꼈고, 자녀들을 현대 과학의 불신앙적 무신론으로부터 보호하기 위해 자신들만의 대학을 세웠다. 거기서 그들은 세계가 약 일만 년 전에 창조되었고 진화는 종교를 무너뜨리려는 무신론적 음모라고 계속해서 가르쳤다. 근본주의자들이 모두 그렇게 하지는 않았지만, 이것이 많은 근본주의자가 과학과 종교 사이에서 지속되는 전쟁에서 싸우는 한 방식이 되었다.

　이와 대조적으로, 진보적 그리스도인들은 과학의 최신 경향을 종종 무비판적으로 받아들이곤 했다. 그들은 과학자들이 말한 것이라면 비록 아직 증명되지 않은 단순한 가설인 경우에도 모두 수용함으로써 과학과 화해했다. 19세기 말과 20세기 초의 많은 진보적 자유주의 개신교 신학자들은 서둘러 기적을 부인했는데, 기적을 옹호하는 것이 늘 종교가 패배하는 것 같은 과학과 종교 사이의 전쟁을 단지 연장시킬 뿐이라고 생각했기 때문이다. 그러한 진보적 또는 자유주의적 개신교 사상가 한 명이 앞에서 언급한 두 권짜리 영향력 있는 책 『기독교 세계에서 과학이 신학과 벌인 전쟁의 역사』를 쓴 앤드루 화이트였다. 1898년에 그는 "성경에…관한 전통적 견해들의 소멸"이 단지 "지난 3세기 동안에 있었던 모든 과학의 발전이 낳은 사상적 분위기"라고 결론을 내렸다. "수많은 신화와 전설, 불가사의, 교의적 주장이 이 분위기에서 소멸되었으며 지금도 멕시코 만류로 흘러든 빙산처럼 조용히 녹고 있다."[8] 앞으로 보겠지만, 많은 기독교 신학자들이 기꺼이 그에게 동조했고 기독교 교리를 재구성해서 과학적 발견에 휩쓸려 가지 않게 하려 했다.

현대 과학과 전통적 신학 사이의 전쟁에 대한 일부 기독교 신학자들의 접근법은 과거에 어떤 것이었으며 또 현재는 어떤 것인가? 접근법은 아마도 제안한 사상가들만큼이나 다양하겠지만, 일반화하면 다음과 같다. 하나는 브라이언과 그의 근본주의 지지자들이 취한 접근법으로, 비록 현대 과학의 발명품들이 일부 가치가 있기는 하지만, 그것이 성경의 축어적, 전통적 해석과 충돌하는 한 배격되어야 한다는 것이다. 브라이언과 근본주의자들은 과학 혁명과 그 결과와 관련하여 갈등 모델을 따랐다. 하지만 그들 대부분은 지구가 태양을 공전한다는 점은 받아들였는데, 진보적 개신교 목사이자 신학자로서 뉴욕시의 리버사이드 교회(Riverside Church) 강단에서 "근본주의자들이 승리하겠습니까?"라며 사자후를 토했던 해리 에머슨 포스딕(Harry Emerson Fosdick, 1878-1969) 같은 비판자들이 이 사실을 지적했다. 포스딕은 그 1922년의 설교에서 목소리를 높여 대답했다. "아닙니다!" 요컨대, "우리 자유주의 그리스도인들이 그렇게 되도록 내버려 두지 않는 이상" 결코 그럴 수 없다는 것이었다.

포스딕은 현대 과학과 신학 사이의 전쟁에 대해 근본주의자들과는 다른 접근법을 대변하는데, 이원론적 적응 모델이다. 당대의 대다수 진보적 자유주의 개신교도들처럼, 포스딕은 과학과 신학 사이의 전쟁에 신물이 났으며 과학자들이 말하는 모든 것에 적응하는 방식을 택했다. [당시 대다수 과학자들이 믿기에, 뉴턴의 법칙들이 요구한 자연의 균일성(uniformity)을 이유로] 기적이 없다고 한 것을 포함해서 말이다. 그는 현대 개신교도들에게 과학의 발전에 발을 맞추되 과학과 싸우지 말라고 당부했다. 어쨌든, 그가 설교하고 글로 쓴 것에 따르면, 기독교는 하늘이 어떻게 운행하거나 지구가 얼마나 오래되었는지에 관한 것이 아니라, 사랑과 "기독교적 형제애"를 통해 지상

---

8   White, *History*, vol. 2, p. 393.

에 하나님 나라가 점차 밝아오는 것과 관련된다. 포스딕은 20세기 미국 그리스도인들 세대를 위해 기독교의 참된 본질은 윤리적 삶, 즉 사회 복음이고 과학이 연구하는 것들과 전혀 관련이 없다고 설명하는 책들을 저술했다.[9] 이 접근법은 과학과 신학이 전적으로 다른 주제를 다룬다는 이유로, 충돌할 빈틈조차 없는 영역으로 분리한다는 점에서 이원론적이다. 또한 이 접근법은, 설령 어떤 과학적 발견이 아직 증명되지 않은 가설에 불과한 경우에도 받아들였다는 점에서 철저히 적응주의적이다(예를 들어, 우주가 기적이라는 예외 없이 자연 법칙들의 지배를 받는다는 자연주의적 견해).[10]

마지막으로, 일부 19세기와 20세기 그리스도인들은 과학 혁명에서 비롯되는 과학과 종교 사이의 전쟁에 대응하기 위해, 과학의 중요한 사실들과 계시의 존중할 만한 진리들을 조심스럽게 연관시키기도 했다. 이것은 적응에 대한 통합주의적 또는 상관주의적 접근법으로, 갈릴레오가 크리스티나 대공 부인에게 보낸 서한에서 의도한 것과 매우 유사하다. 과학과 신학을 둘 다 공부한 중재적 신학자 버나드 램(Bernard Ramm, 1916-1992)은 『과학과 성경의 대화』(*The Christian View of Science and Scripture*)에서 이 접근법을 취했는데,[11] 그는 여기서 다른 두 접근법에 반대하면서, 기독교 신학이 과학의 "중요한 사실들"(지구의 연대 같은 것)을 수용하되 과학적 가설이나 모형, 혹은 이론(예를 들면, 자연주의적 진화)에 무조건 굴복하지는 말 것을 요청했다.

많은 현대 신학은 과학 혁명에 대응하는 명시적 또는 암시적 시도들을

---

9 참고. Harry Emerson Fosdick, *A Guide to Understanding the Bible* (New York: Harper & Row, 1956).
10 공정하게 말하자면, 모든 근본주의자가 과학을 전적으로 거부하지는 않았다. 갈등 모델은 그들 사이에서 다양한 정도로 추구되었다. 마찬가지로, 모든 진보적 개신교도들이 현대 과학자들의 모든 변덕에 적응하지는 않았다. 하지만 그럼에도 그들은 신학과 과학을 분리하여, 과학이 물리적 세계를 설명하는 반면에 신학은 사회적 세계와 지상에서 하나님의 나라를 향하여 나아가는 길을 설명하게 함으로써, 신학이 과학에 패배하는 것에서 구하려는 경향이 있었다.
11 Bernard Ramm, *The Christian View of Science and Scripture* (Grand Rapids: Eerdmans, 1954). 『과학과 성경의 대화』(IVP).

가장 중요한 특징으로 한다. 폭넓게 보자면, 이 책이 그런 시도들에 관한 이야기다.

1.B. 철학자들이 지식을 위한 새로운 토대들을 놓다

때는 1784년이었다. 유럽 문화에서의 소위 계몽주의는 바야흐로 절정이었으며, 일부 철학자들은 자율적 인간 이성과 그 능력, 즉 객관적일 수 있고, 실재를 계시나 신앙과 관계없이 있는 그대로 알 수 있고, 인류의 문제들을 풀 수 있는 능력에 대한 계몽주의의 야심찬 주장들에 대해 의문을 품기 시작하고 있었다. 임마누엘 칸트(1724-1804)는 이 운동에 새로운 생명력을 불어넣기 위해 "계몽이란 무엇인가?"(What Is Enlightenment?)라는 논문을 발표했다. 그는 계몽주의 사상에서 불순물을 제거하여 모든 계몽된 사람들이 동의할 수 있는 기본 원리를 찾아내야 한다고 생각했다.

사람들이 스스로 생각하기 시작하다

칸트의 대답이 무엇이었기에 먼저 유럽에서, 이어서 북미에서, 그리고 나중에는 전 세계에서 수많은 교양인에게 반향을 불러일으켰을까? 그 대답은 너무나 단순해서 수많은 21세기 사람들이, 계몽주의를 해로운 것으로 생각하는 사람들조차 그것에 따라 살면서 당연하게 받아들이는 것으로, 바로 라틴어로 '사페레 아우데'(Sapere aude), 즉 "스스로 사유하라!" 또는 "용기를 내어 이해하라!"였다. 그가 하는 말의 첫 세 문장은 권위적 전통으로부터의 독립 선언처럼 들린다.

계몽이란 사람이 스스로 초래한 후견 상태에서 벗어나는 것이다. 후견 상태란 다른 사람의 지시 없이 자신의 이해력을 사용할 수 없는 무능을 말한다. 이 후견 상태는 스스로 초래한 것인데, 그 원인이 이성의 부재가 아니라 다른 사람의 지시 없이 이성을 사용하겠다는 결단과 용기의 부재에 있기 때문이다. 스스로 사유하라! "자신의 이성을 사용할 용기를 가지라!" 이것이 계몽의 표어다.[12]

칸트의 논문은 이어서 종교적·정치적 권위들이 사람들에게 부과한 지식을 거부한다. 그에게 계몽의 정수는 대담하게 묻고, 또한 무엇을 믿어야 할지 결정하는 데 자신의 이성적 능력을 사용하는 것이다.

지금은 많은 사람이 사고와 믿음에 대한 이 접근 방식을 당연시하지만, 계몽주의 시대에는 이것이 올바른 방식이라는 생각이 새로운 것이었다. 어떤 사람들은 더 과거에 소크라테스와 루터처럼 자기 시대에 합의된 믿음을 깨고 대담하게 스스로 생각했던 자유로운 사고의 위인들이 있었다고 지적하겠지만, 그들은 규칙을 벗어나는 예외였다. 계몽주의 이전에는 대개 스스로 생각하는 것을 그릇되게 여겼으며, 그렇게 한 많은 사람이 그 때문에 죽임을 당했다. 수천 년 동안, 종교에서의 전통적 교리든 왕이든 관습이든, 권위들이 말하는 바를 그대로 믿는 것이 사회적으로 당연시되었다. 칸트가 사고와 믿음에 대한 새로운, 혁명적 접근을 요청했던 것은 아니었다. 오히려 그는 자신이 믿는 것이 한 세기 이상 진행되어 온 계몽주의의 정수라고 분명히 말하고 있었다. 그는 자유로운 생각이라는 계몽주의의 원리를 제후와 왕과 황제들이 공개적으로 받아들이기를 원했다. 또한 그는 그런 포용이 실현되는 데 큰 역할을 했다.

때때로 "계몽주의"(the Enlightenment)라는 말은 과학 혁명(참고. 1.a.)과 이번 절의 주제인 철학에서의 혁명을 모두 포괄하는 의미로 사용된다. 때때로 그것은 과학 혁명에 상응하는 철학 혁명만을 가리키는 데 사용된다. 하

---

12 Immanuel Kant, "What Is Enlightenment?" in *The Enlightenment: A Sourcebook and Reader*, ed. Paul Hyland (London: Routledge, 2003), p. 54.

지만 중요한 것은, 사고와 인식의 고대적 방식을 뒤엎고 새로운 정신적 습관으로 대체하는 데 이 둘이 얼마나 혁명적이었는지 이해하는 것이다. 대부분의 사람들은 계몽주의 시대 동안에 과학에서 일어난 변화들과 관련해서는 이 점을 잘 파악하고 있다. 이 변화들은 결과 면에서 더 구체적이고 피부에 와닿는다. 하지만 철학에서의 상응하는 변화들이 종교와 특히 기독교에 마찬가지로 중대하며 커다란 도전이 되는지 그 이유를 이해하기란 많은 사람에게 더 어려운 일이다. 현대 철학이 가져온 현대성의 산은 새로운 과학만큼이나 전통적 종교에 부식을 일으키는 것이었다.

철학은 언제나 신학의 주된 대화 상대였으며, 계몽주의와 함께 현대성이 출현하기 전에 천 년 이상 동안 신학의 시녀로 여겨졌다. 말하자면, 철학은 신학의 몸종이었다. 그리고 그 천 년의 상당 기간 동안 철학은 신학자와 수도사에 의해 수행되었다. 중세 중기에 유럽의 대학에서 철학을 가르치는 사람은 (언제나 남자로서) 서품을 받은 사제이거나, 사제처럼 독신으로 살아야 했다. 심지어 개신교 종교개혁도 처음에는 이 관습을 거의 바꾸지 못했다. 17세기 이전에는 거의 대다수의 유럽 철학자들이 성직자이거나 그에 준하는 종류의 삶을 살았고, **교회 전통의 테두리 안에서 생각해야 했다.** 스스로 생각하는 것은 위험했다.

여기에 해당하는 한 예가 12세기에 파리 대학교에서 가르친 철학자 피에르 아벨라르(Peter Abelard, 1079-1142)다. 그는 서품을 받지 않았지만, 참으로 중세 방식대로 독신 생활을 해야 했다. 또한 그는 권위 있는 전통의 틀 안에서 철학을 가르쳐야 했는데, 바로 5세기 교부 아우구스티누스(Augustine, 354-430)의 사상을 따르는 아우구스티누스적 전통이다. 하지만 12세기에 이르러서는 아우구스티누스의 사상에 많은 것이 첨가되었고 또 제거되었다. 해석되고 재해석된 것이다. 하지만 이런 변경들은 교황들의 승인을 받아야 했다. (하지만 대부분의 경우에 이 변경들은 서서히 일어났고 심지어 변경으로 여겨지지도 않았다.) 아벨라르 시대에 가장 영향력 있던 철학자는 당시 세상을 떠난 지 얼마 안 된 캔터베리의 안셀무스(Anselm of Canterbury, 1033-1109)라는 프랑스 및 잉글랜드의 수도원장이었다. 안셀무스는 전통적 기독교 믿음들을 증명하기 위해 이성, 즉 논리를 사용했지만, 그는 자신이 언제나 신앙을 갖고 이 과업에 착수했음을 강조했다. 그의 모토는 "나는 이해하기 위해 믿는다"(I believe in order to understand)였다. 다시 말해, 이해를 추구하는 신앙이다. 그를 비롯한 거의 모든 사람이 믿기에, 훌륭한 그리스도인은 먼저 권위 있는 전통을 받아들이고 그 후에 이미 신앙으로 믿어진 것에 대한 증거를 더하는 일에 이성을 사용한다.

아벨라르는 대담하게도 전통과 교회의 권위에 의문을 제기했다. 첫째, 그는 독신을 철학자들의 필수 사항으로 생각하지 않았다. 그는 비밀리에 자신의 후원자의 딸과 결혼했고, 그로 인해 그 후원자가 보낸 악한들에 의해 거세를 당했다. 하지만 더 중요한 것은, 아벨라르가 자신의 평생의 작업을 반영하는 제목의 책 『예와 아니요』(Sic et Non, 1121년경)를 저술한 점이다. 이 책에서 그는 권위 있는 전통이라도 그 안에서 모순된 믿음들이 발견된다면 결함이 있는 것임을 보여 주었다. 아벨라르에게 철학의 과제는 전통적 믿음들에 단순히 주를 다는 것이 아니라, 의문을 제기하는 것이었다. 이에 대해 십자군 운동의 설교자 클레르보의 베르나르(Bernard of Clairvaux, 1090-1153)는 아벨라르를 탄압하는 운동을 벌였고, 아벨라르가 자연사하지 않았더라면 거의 확실히 화형을 당했을 것이다.

그러므로 "스스로 생각하라"는 칸트의 원리는 계몽주의 시대에 완전히 새로이 나타난 것은 아니었다. 하지만 이 원리는 계몽주의 시대에 새로운, 더 깊은 차원에 접어들었으며, 모든 사람을 대상으로 삼았다. 17세기와 18세기의 짧은 기간 안에 교회와 그 전통의 제약을 벗어나 철학을 하는 것이 가능해졌다. 전통과 권위들에 의문을 제기하는 것이 받아들여졌을 뿐만 아니라, 심지어 참된 철학자로 여겨지기 위한 필수 요건이 되었다. 철학은 언제나 신학의 주요 대화 상대였기에, 철학에서의 변화는 신학자들에게 도전이 되었다. 생각과 믿음과 앎에 대한 새로운 접근법이 신학자들과 무슨 관련이 있었을까? 신학자들이 계몽주의 사상을 단순히 해롭고 악한 것으로 여기며 반발할 것이 아니라 심각하게 받아들여야 함을 깨닫기까지는 오랜 시간이 걸렸다. 하지만 그렇게 하기 전에도 그들은 계몽주의 사상의 영향을 받고 있었고 조금씩, 다양한 정도로 그것에 적응하고 있었다.

데카르트가 철학에서 코페르니쿠스적 혁명을 이루다

철학적 계몽주의와 현대성의 철학적 측면에 관한 우리의 이야기는 1619년 11월 10일, 독일 울름에 있는 한 가옥의 작고 난로의 온기가 도는 방 안에서 시작된다. 이후의 수 세기 동안 문화의 혁명을 가져왔다는 측면에서 보면, 이 날만큼 잘 알려지지 않았으면서도 의미 깊은 날은 거의 없을 것이다.

르네 데카르트(1596-1650)는 역사상 가장 흥미로운 철학자들 가운데 하나다. 그에 관한 많은 전기가 오랫동안 출판되었으며, 그의 죽음 이후 350년이 지났지만 새로운 전기들이 계속 나오고 있다. 그는 순회 지성인이자 군인으로 유럽 전역을 돌아다니면서 전투에서 싸우고, 예수회를 위해 영향력 있는 정치 지도자들을 염탐하고,[13] 오컬트[occult, 연금술·점성술·마법·수상술(手相術)과 같은 비술, 비학—옮긴이] "과학들"에도 관심을 갖고, 가르치고 글을 썼다. 하지만 우리의 이야기를 위해 가장 중요한 것은 스스로 생각하겠다는, 그리고 분명한 지식을 발견하겠다는 데카르트의 결심이다. 그 지식은 의심할 수 없는 것으로서 새로이 싹트는 과학 혁명에, 그리고 종교개혁의 여파와 17세기 유럽을 초토화한 종교 전쟁들 동안 그 교리들이 점차 의심스럽게 된 종교에 든든한 기초를 제공하기 위한 것이었다.

데카르트는 계몽주의와 현대 세계의 시작을 도운 극히 중대한 사고(思考)

---

13 데카르트가 예수회의 스파이였다는 사실은, 그리고 이 예수회가 결국 합스부르크 가문 같은 가톨릭 왕가들을 위해 일했다는 것은 A. C. Grayling, *Descartes: The Life and Times of a Genius* (New York: Walker & Company, 2005)에서 잘 규명되었다.

의 돌파구에 도달하게 한 것이 무엇이었는지 기술했다.

> 몇 년 전[1619년을 말함] 문득 나는 어린 시절에 참으로 받아들인 많은 거짓을, 그에 기초해 세운 전 체계의 매우 의심스러운 성격을 생각하게 되었다. 만약 내가 과학들에서 확고부동하며 지속될 무엇인가를 정립하기 원한다면, 인생에서 한 번은 모든 것을 완전히 무너뜨리고 토대들부터 다시 시작하는 것이 필요함을 깨달았다.[14]

데카르트에게 "과학들"(the sciences)이란 단지 물질과학뿐 아니라, 신학을 포함해 대학에서 가르치는 모든 학문을 말한다. 이 고백과 관련하여 두 가지에 주목해야 한다. 첫째, 데카르트는 칸트가 "계몽이란 무엇인가?"를 쓰기 훨씬 전에 스스로 생각하기로 결심했다. 둘째, 그는 진리의 새로운 토대들과, 확실성을 줄 수 있는 진리를 발견하는 방법을 찾고 있었다. 데카르트 이전에, 기독교 유럽의 대다수 사람들은 신앙뿐 아니라 이성도 전통이라는 맥락에서 함께 작용하여 확실성을 제공한다고 상정했다. 데카르트는 더 이상 이를 수긍하지 않았으며, 대담하게 모든 것을 의문시하기로 했다.

1619년 11월의 그날에, 데카르트는 신성 로마 제국의 새로운 황제 대관식에 가던 길에, 혹독한 겨울 날씨 때문에 더 나아가지 못하고 있었다. 울름의 작은 여관방에서 데카르트는 소위 (자신뿐만 아니라 모든 사람의) 지식이라는 것이 처한 유감스러운 상태에 관해 곰곰이 생각하고 있었다. 그날은, 그리고 이어진 그 밤은, 세계를 변화시킨 잘 알려지지 않은 며칠 가운데 하루였던 것으로 보인다. 한 전기 작가에 따르면, 그 낮과 밤은 "서구 세계의 흐름을 바꾼 분수령들 가운데 하나로 야사에 기록되었다."[15] 그때 그곳에서

---

14 같은 책, pp. 56-57에 인용됨.
15 Russell Shorto, *Descartes' Bones: A Skeletal History of the Conflict Between Faith and Reason* (New York: Doubleday, 2008), p. 16.

정확히 어떤 일이 일어났는지는 조금 불확실한데, 데카르트가 그에 관해 시간이 많이 흐른 후에 기록했으며, 그가 말한 것들 가운데 일부는 지금은 유실된 일기와 노트에 담겨 있었기 때문이다. 하지만 그를 잘 알고 그의 사후에 바로 그에 관해 글을 쓴 사람들은 그 이야기가 데카르트 자신의 기록에 근거한다고 말했다. 그들이 맞다면, 데카르트는 울름에서 보낸 그 낮과 밤의 어느 시간에, 지식을 추구하고 발견하는 완전히 새로운 길을 돌파해 낸 것이다. 그는 18년 후에 『방법서설』(Discourse on Method, 1637)에서 이를 정리하여 제시했다. 많은 철학사 해석자들에 따르면, 이 논문은 "사상사에서 분기점이 된다. 그것보다 이전의 모든 것은 옛것이며, 이후의 모든 것은 새로운 것이다."[16]

데카르트는 자신이 배워 왔던 (모든 것은 아니더라도) 많은 것이 불확실하고 일부는 거짓이라는 것을 깨달았고, 그리하여 모든 것을 의심함으로써 확실성을 향해 처음부터 다시 시작해서 작업해 나아가기로 결심했다. 그는 자신의 오감이 스스로를 속일 수 있음을 깨달았다. 실제로 종종 그렇다. 그러므로 감각 경험에 기초한 지식은 언제나 불확실하다. 그래서 그는 모든 것을 의심하면서 자신이 알던 것들을 샅샅이 살폈고, 마침내 의심할 수 없는 것이 하나가 있음을 깨달았다. 바로 그 자신의 존재다. "이런 방식으로, 데카르트는 시금석이 될 명언을 세상에 남기는, 역사에서 흔하지 않은 인물들 가운데 하나가 되었다."[17] 바로 '코기토, 에르고 숨'(cogito, ergo sum), 즉 "나는 생각한다. 그러므로 나는 존재한다"는 말이 그것이다. 다시 말해, 데카르트는 생각하는 자아로서의 자신의 존재를 의심할 수 없었는데, 의심하기 위해서는 생각해야 했으며, 생각하기 위해서는 존재해야 했기 때문이다. 그렇다면 생각하는 자아 자신의 존재야말로 기반이었다. 이 기반으

---

16 같은 책.
17 같은 책, p. 20.

로부터 데카르트는 논리상 필연적 하나님의 존재와 세계, 그리고 철학·종교·과학에 중요한 다른 많은 것을 연역했다. 관념들이 분명하고 뚜렷하며 이 기반과의 논리적 연결로 인해 필연적이게 되는 한, 그 관념들은 믿어져야만 한다. 그 관념들은 그것들이 가진 합리적 확실성 때문에 지식이 된다.

데카르트는 『방법서설』과 『제일철학에 관한 성찰』(Meditations on First Philosophy, 1641) 같은 다른 글에서 훨씬 더 많은 것을 말하지만, 그의 인식론의 상세한 내용을 다루기 위해 여기서 지체할 필요는 없다. 이 책의 논의와 관련된 내용은, 데카르트가 갈릴레오와 함께 계몽주의를 시작했다는 점이다. 그는 전통과 별개로 대담하게 스스로 생각했고, 모든 것을 의심하고 모든 지식을 하나님의 존재가 아니라 자신의 존재에 기초시키는 데까지 이르렀다. 데카르트 이후로 현대 사상은 확실성에 집착했으며, 종종 지식은 논리 그리고/또는 증거를 통한 증명을 거쳐 입증될 수 있는 것으로 축소되었다. 점차 지식의 영역은 의심스러운 것들을 배제하게 되었으며, 데카르트 자신이 합리적 의심이 불가능한 참이라고 생각했던 많은 것들마저 나중에는 의심을 받게 되었다. 데카르트와 관련해 중요한 점은, 그가 무엇을 믿었느냐가 아니라 어떻게 믿었느냐다.

데카르트를 실제와 다르게 오해하지 않도록, 우리는 그가 자신을 경건한 그리스도인으로 생각했다는 점을 분명히 할 필요가 있다. 그는 기독교 교리들을 무너뜨리거나 파괴하려 하지 않았다. 오히려 교리들을 이전보다 더 확고한 토대 위에 세우기를 갈망했다. 이후의 합리주의자들이 전통적 정통 기독교를 약화시키기 위해 그의 방법을 사용한 것이 그의 잘못일까? 혹은 데카르트의 방법에—그가 그 방법을 하나님 및 영혼의 존재와 다른 기독교 교리들을 증명하는 데 사용했든 안했든—본질적으로 비기독교적 요소가 있는 것일까? 프랑스 가톨릭의 수학자이자 철학자이자 신비주의자였던 블레즈 파스칼(Blaise Pascal, 1623-1662)은 그렇다고 생각했다. 훨씬 이후의 덴마크 사상가 쇠렌 키르케고르(Søren Kierkegaard, 1813-1855)도 파스칼과 같은 견해였다. 이 둘을 비롯한 많은 기독교 사상가들이 데카르트의 방법이 좋은 의도에도 불구하고 신앙을 이성으로 대체함으로써 진정한 기독교 신앙의 기반을 약화시키는 데 한몫했다고 본다. 데카르트 이전에는 "나는 이해하기 위해 믿는다"가 표어였지만, 데카르트 이후에 그의 지식에 이르는 방법에서 영향을 받은 계몽주의 합리주의자들에게는 "나는 단지 내가 이해할 수 있는 것만을 믿는다"가 표어가 되었다. 신앙은 자율적 인간 이성에 의해 대체되고 있었다. 지식은 계시·전통·신앙과 별개로 기능하는 자율적 인간 이성을 통해 확실하게 알려질 수 있는 것으로 재정의되고 있었다.

아마도 최초의 참된 현대인이었던 데카르트는 어떻게 되었을까? 그에 관한 이야기의 결말은 그의 위대한 통찰과 새로운 지식 획득 방법만큼이나 흥미롭다. 갈릴레오처럼, 이 프랑스 철학자도 크리스티나라는 동명의 왕가 지인과 서신을 교환했다. 다만 데카르트의 경우에 크리스티나는 스웨덴의 여왕(1626-1689)으로, 그녀의 아버지는 30년 전쟁을 스웨덴의 승리로 이끈 구스타프 아돌푸스(Gustav Adolphus)였다. 여러 기록에 따르면 크리스티나는 그리 좋은 군주는 아니었지만, 지적으로 재능이 있었으며 철학을 비롯해 유럽 문화의 최고의 것을 자신의 나라에 들여오려고 했다. 그녀는 철학 교습을 위해 데카르트를 스톡홀름으로 초대했다. 데카르트는 추위를 몹시 싫어했기에 마지못해 갔다. 크리스티나의 지시에 따라 그는 새벽 5시에 모자도 없이, 왕궁의 난방 없는 도서관에서 그녀를 가르쳐야 했다. 데카르트는 이를 아주 싫어하며 말했다고 한다. "내가 보기에, 여기서는 겨울에 사람의 생각도 물처럼 얼어 버릴 것 같다."[18]

스웨덴에 도착한 지 일 년이 안 된 1650년 2월에, 추정컨대 혹독한 기후로 말미암아 데카르트는 병에 걸려 죽었다. 하지만 이것이 데카르트의 결말은 절대 아니었다. 그의 사후 얼마 못 되어 그의 철학과 인격을 거의 광

---

[18] Grayling, *Descartes*, p. 231.

적으로 추앙하는 무리들이 생겨났고, 그들은 1666년에 그의 시신을 무덤에서 다시 꺼내어 유골을 특수한 구리 상자에 담아 파리로 옮겼으며, 1667년에 데카르트주의자들(Cartesians)로 알려진 추종자들은 장대한 예식, 심지어 (그의 인생에 대한) 기념식 후에 한 교회에 다시 매장했다. 1667년과 현재 사이의 어느 시점에―아마도 프랑스 혁명 동안에―유골은 사라졌다.[19] 하지만 데카르트의 두개골은 어떤 이유에서인지 스웨덴에 남아 있다가 되돌려받아서, 지금은 파리의 인류 박물관에 자리를 잡아 대중들이 볼 수 있다. 아이러니하게도, 전통적 종교가 사람들의 사고를 지배하는 것을 무너뜨리도록 도운 지성적·문화적 혁명을 시작했던 인물의 두개골이 이제 유물로서 철학 순례자들의 방문 대상이 되었는데, 마치 중세 때 종교 순례자들이 성인들의 유물들을 숭배한 것처럼 된 것이다.

데카르트를 왜 그렇게 강조하는가? 그 이유는 그가 서구 문화의 전근대(premodern)와 현대의 분기점에 서 있기 때문이며, 하나님을 비롯해 종교 일반과 특히 기독교에 중요한 문제들에 관한 앎과 사고의 전통적 방식들에 깊이 도전했기 때문이다. 그는 철학에서 코페르니쿠스적 혁명을 일으켰다. 그를 기점으로 해서 철학은 더 이상 신학의 시녀가 아니고, 신학은 더 이상 학문들의 여왕이 아니다. 그를 기점으로 해서 지식은 신앙과 별개로 이성적으로 증명(또는 정당화)할 수 있는 것으로 재정의되기 시작했다. 데카르트의 어쩌면 좋은 의도에도 불구하고, 데카르트와 더불어 신앙 또는 전통에 토대를 두는 교리들에 대한 믿음은 좋아야 의견, 그렇지 못하면 미신이 되어 버렸다. 자율적 인간 이성은 계속 부풀려져 모든 지식의 판단 기준이 되기에 이르렀다. 생각하는 자아는 사고·조사·탐구 활동의 중심이 되었다. 하나님은 중심에서 폐위되어 자율적 인간 이성의 전제가 되었다. 신학이 애써 데카르트를 무시하거나 그의 합리주의와 데카르트 이후 계몽주의 사

---

[19] 데카르트의 유골과 두개골 이야기는 Shorto, *Descartes' Bones*에 상세히 나온다.

상가들의 합리주의를 거부하려 하면 할수록, 결국은 이들을 다루어야만 했다. 데카르트는 현대 세계가 현대성의 산과 함께 시작되는 것을 도왔고, 그에 대해 현대 신학은 대응해야만 했다.

로크가 "합리적 기독교"를 주장하다

데카르트의 합리주의적 방법은 지식을 진정으로 선험적(a priori, 즉 감각 경험을 통한 실험 없이 얻는)이라 믿어지는 자명한 토대들에 근거시키는데, 이것이 초기 계몽주의 사상의 유일한 형태는 아니었다. 약간 다른 형태의 토대주의가 17세기 말 잉글랜드에서 일어났고, 이후 몇 세기 동안 그곳과 북미에서 융성했다. 경험주의(empiricism)로 알려진 이 사상은 이성의 선험적 진리들을 지식의 토대로 삼기를 거부하고, 지식을 위한 후험적(a posteriori, 감각 경험을 통한 실험에 기초하는) 토대를 선호한다. 사고와 앎에 대한 이러한 계몽주의적 접근법의 창시자 또는 적어도 주요 대표자는 존 로크(John Locke, 1632-1704)로, 그는 데카르트와 마찬가지로 그리스도인이었지만 정치와 과학은 물론 종교 사상에도 대변혁을 일으켰다. 로크의 신봉자로서 가장 유명한 사람은 토머스 제퍼슨(Thomas Jefferson, 1743-1826)이었는데, 제퍼슨은 정치와 정부에 관한 로크의 사상을 토대로 1776년에 미국 독립선언문을 작성했다. 또한 제퍼슨은 종교와 기독교에 관한 로크의 사상에서도 영향을 받았다.

아마도 로크는 용인하지 않았을 테지만, 제퍼슨은 은퇴한 다음인 1820년에 성경을 면도날로 잘라서 그가 "나사렛 예수의 삶과 도덕"(The Life and Morals of Jesus of Nazareth)이라 부른 책을 만들어 냈으며, 이 책은 훗날 제퍼슨 성경(Jefferson Bible)이라 불리게 된다. 제퍼슨의 목표는 비합리적 요소들이 없고 그가 합리적이라 여긴 예수의 가르침과 행위만으로 구성된 신약성경을 엮는 것이었다(제퍼슨은 구약성경에 대해서는 문학이라는 점 외에는 관심을 두지 않았다). 기적들은 잘려 나갔으며, 예수의 모든 말 가운데 계몽된 지성인들에게 거슬리는 것들도 마찬가지였다. 남은 것은 사복음서에 나오는 예수의 말과 행동이 담긴 상대적으로 간략한 목록이었고, 성경은 계몽주의 도덕을 위한 소품으로 전락해 버렸다. 로크는 용인하지 않았겠지만, 분명히 제퍼슨은 로크의 『기독교의 합리성』(*The Reasonableness of Christianity*, 1695)에서 영향을 받았다. 이 합리적 기독교의 성명서는 이듬해에 6쇄까지 나왔으며, 여전히 출판되어 21세기 초의 철학도와 종교학도들이 읽고 있다. 이 책은 계몽주의 종교 사상의 고전이다.

로크의 삶은 데카르트의 삶만큼 흥미롭지 않기에 그의 이야기 때문에 시간을 지체할 필요는 없다. 그는 잉글랜드의 대중적 지식인으로 네덜란드에서 한동안 망명 생활을 했는데, 자유로운 사상에 특히 관대하여 계몽주의 철학과 과학의 온상이었던 곳이다. 로크는 여러 귀족 가문에서 개인 교사로 일했으며, 영국 정부의 다양한 기관에서 공직 생활을 했다. 그의 영향력은 매우 커서, 네덜란드에 머무는 동안에도 1688년의 소위 명예혁명(Glorious Revolution) 이후에 잉글랜드의 새로운 왕가 선택을 도왔다. 로크는 잉글랜드와 네덜란드 사회의 엘리트들 사이에서 서로 다른 직책을 옮겨 다니며 작업하는 동안에 훗날 계몽주의 사상의 고전이 되는 획기적 논문을 여러 편 썼다. 바로『인간 지성론』(*Essay Concerning Human Understanding*, 1690), 『기적에 관하여』(*A Discourse on Miracles*, 1701),『관용에 관한 편지』(*A Letter on Toleration*, 1689),『기독교의 합리성』이다. 이 저작들, 특히『기독교의 합리성』으로 인해 로크는 잉글랜드의 교회 지도자들과 큰 논란을 벌이게 되는데, 그들이 이해한 그의 합리주의에 관하여, 즉 그의 합리주의가 유니테리언주의(삼위일체 부정)일 수도 있다는 점과 그가 예수 그리스도의 신성과 기적들을 암시적으로나마 부인했다는 혐의를 두고 벌어진 것이다.

의문의 여지 없이 로크의 생각은 새롭고 대담했지만, 그 자신은 "언제나 그의 저작들이 기독교 신앙을 공정히 다룬다고 생각했다."[20] 데카르트와는 대조적으로, 로크는 인간의 마음이 백지(*tabula rasa*) — 본유 관념 없는 빈 서

판―라고 보았다. 지식은 인간 자신의 존재 같은 선험적 진리들로부터 시작하지 않는다. 로크는 지식에 대한 이러한 접근은 인간을 마음 외부의 어디로도 이끌지 못한다고 생각했다. 그의 관심은 유럽과 북미에서 진행되고 있는 정치적 변화뿐 아니라 과학 혁명을 위한 철학적 기초를 부여하는 데 있었다.

『인간 지성론』에서 로크는 지식에 대한 대안적, 합리적 접근을 제안한다.

모든 관념은 감각이나 숙고로부터 온다. 마음이, 가령 아무 글자도 없는 백지처럼, 아무런 관념이 없다고 가정해 보자. 그렇다면 마음은 어떻게 채워지는가? 마음은 분주하고 한없는 인간의 상상이 거의 무한히 다양하게 마음에 칠하는 광대한 양의 원료를 어디로부터 얻는가? 마음은 이성과 지식의 모든 자료를 어디로부터 얻는가? 이에 대해 나는 한마디로 "**경험**으로부터"라고 답한다. 바로 그 경험에 우리의 모든 지식이 기초하고, 지식은 궁극적으로 그 경험으로부터 나온다. 우리 자신에 의해 지각되고 숙고되는 외적 감각 대상들이나 우리 마음의 내적 작용들에 사용되는 우리의 관찰, 그 관찰이 사고를 위한 모든 자료를 우리의 이해에 공급한다. 이 둘이 지식의 근원이며, 여기로부터 우리가 갖고 있거나 자연적으로 가질 수 있는 모든 관념이 발원한다.[21]

마지막 문장의 "자연적으로 가질 수 있는"이라는 문구에 주목하라. 다시 말해, 그리스도인으로서 로크는 계시와 신앙을 통한 초자연적 지식을 부인하지 않았다(또는 적어도 부인하지 않는 것처럼 보이기를 원했다). 하지만 이 작은 예외는 모든 참된 지식의 기초로서의 감각 경험에 대한 그의 압도적 강조

---

20 I. T. Ramsey, "Editor's Introduction", in John Locke, *The Reasonableness of Christianity with a Discourse on Miracles and Part of A Third Letter Concerning Toleration*, ed. I. T. Ramsey (London: Adam & Charles Black, 1958), p. 8.
21 John Locke, "An Essay Concerning Human Understanding", in *The Enlightenment: A Sourcebook and Reader*, ed. Paul Hyland (London and New York: Routledge, 2003), p. 41.

를 조금도 약화시키지 않는다.

그러므로 로크에게, 일반적으로 말해, 모든 인간적 지식은 경험적 토대로부터, 즉 감각 경험으로부터 나오며, 이것은 또 다른 유형의 계몽주의적 토대주의다. 우리가 아는 많은 것은 감각 경험에 대한 합리적 숙고, 즉 추론이다. 우리는 단지 감각 경험들만 갖고 있지 않다. 우리는 논리를 사용해 그것들을 해석한다. 하지만 지식은 오감이 마음에 새긴 단순 관념들로부터 시작하며, 숙고와 추론 가운데 따라오는 것은 그것들에 기초하며 근거해야만 한다. 여기에는 우리가 오감을 통해 경험할 수 없는 것은 그 어떤 것도 지식으로 여겨져서는 안 된다는 암시가 담겨 있다.

로크는 경험주의라 불리는 계통의 계몽주의 철학의 창시자다. 데카르트가 지식에 접근한 방식은 일반적으로 그와 구별되게 인간 자신의 존재와 같은 자명한 사실들로부터 합리적으로, 논리적으로 연역하는, 좁은 의미의 지식에서의 합리주의다. 로크의 계몽주의 사상은 지식의 원천을 자아 외부의 세계에서 찾으면서도, 인식하는 자아를 지식 세계의 중심에 둔다. 바로 이 인식하는 자아가 감각 경험을 갖고, 감각 경험을 숙고하며, 감각 경험으로부터 복합 관념을 창조한다.

로크는 자신의 새로운 경험 철학이 종교에, 심지어 기독교에 대단한 유익이 된다고 생각했다. 그의 경험 철학은 인간 경험을 넘어서는 것들에 대한 모든 사변을 중단하고, 종교의 초점을 정말 중요한 문제—윤리적 행동—에 두는 것이었다. 로크의 『기독교의 합리성』 서문은 그의 성향과 동기를 잘 보여 준다. "나는 내가 접한 신학의 체계들[조직신학들] 대부분에서 만족감과 일관성을 거의 얻을 수 없었기 때문에, 기독교를 이해하기 위해서는 (그것들이 모두 호소하고 있는) 성경을 읽는 것에만 의존할 수밖에 없었다."[22] 그렇다면 "성경을 읽는 것에만" 의존할 때 그가 발견한 것은 무엇일까? 주로

22　Locke, *Reasonableness of Christianity*, p. 24.

"이성의 원리들에 따라 자연 법칙으로 증명되며 삶의 모든 의무에 이르는 윤리 체계"였다.[23]

로크는 예수의 기적들과 신성을 부인하지 않았지만 경시하거나 무시했다. 그에게 예수는 다른 무엇보다도 "메시아"로, 모범을 보임으로써 구원하는 위대한 미덕 교사였다. 로크가 말하지 않았던 것은 그가 말한 것만큼이나 지시적이다. 예를 들어, 그는 삼위일체를 전혀 언급하지 않았다. 아마도 그는 이 교리를 인간 경험과 무관한 성경 외적 사변이라고, 그래서 중요하지 않다고 보았다. 이 교리나 다른 정통 교리들을 명시적으로 부인했다가는 정부 당국과 갈등을 빚었을 것이기에, 그냥 아무 말도 하지 않았다. 로크의 합리적 기독교는 매우 축소된 형태의 정통 기독교로, 윤리와 도덕에 초점을 두었다. 그러나 로크식 기독교에서 가장 논란이 되었던 것은 그가 자신의 기독교에서 자율적 인간 이성에 부여한 역할이다. 로크는 복음을 과감히 축소했으면서도 성경 안에 있는 하나님의 계시에 관한 믿음을 옹호하는 주장을 폈다. "하나님이 계시한 모든 것은 참이며 우리의 신앙의 대상이어야만 한다"고 로크는 주장했다. 하지만, 그리고 이것이 『기독교의 합리성』에서 가장 급진적이었던 것인데, "무엇이 하나님에 의해 계시되었다고 실제로 여겨질지는 이성의 판정을 받아야만 한다."[24] 그는 기적에 관한 논의에서 다음과 같이 분명히 말했다.

하나이고, 유일하고, 참되고, 보이지 않는 하나님의 명예에 손상을 입히는 것을, 또는 자연 종교와 도덕성의 규칙에 부합하지 않는 것을 전하는 선교는 신적이라 여겨질 수 없다. 하나님이 사람들에게 영원한 신성의 통일성과 위엄을, 그리고 이성의 빛으로 자연 종교와 도덕의 진리들을 밝히 보이셨기 때

---

[23] 같은 책, p. 62.
[24] James M. Byrne, *Religion and the Enlightenment: From Descartes to Kant* (Louisville, KY: Westminster John Knox, 1996), p. 107.

문에, 그 하나님이 계시를 통해 정반대의 것을 지지한다고 추정할 수는 없다. 그렇게 하는 것은 이성의 증거와 사용을 파괴하는 것이기 때문인데, 이성이 없다면 사람들은 하나님의 계시를 악마의 사기와 분간할 수 없다.[25]

훗날 경험주의적 계몽주의 사상가들은 로크보다 더 나아가, 과감히 기독교를 재정의하기에 이른다. 그들 가운데 일부는 지성사의 연감들에서 이신론자로 알려져 있다. 많은 사람이 로크를 이신론의 진정한 창시자로 여긴다. 그가 잉글랜드 이신론자들의 기독교 재구성을 어떻게 생각했을지는 알 수 없지만, 그들은 분명히 스스로를 그의 제자라 생각했다(참고. 1.c.).

계몽주의 사상가들이 철학과 종교를 재구성하고, 다른 사람들은 이를 배척하다

데카르트에서 로크와 그 이후에 이르기까지, 유럽과 북미 그리스도인들의 절대 다수는 다행히도 철학자들 사이에서 무슨 일이 일어나고 있는지 의식하지 못했다. 종교를 포함한 문화의 토대 자체를 결국 뒤흔들어 놓을 심상치 않은 일들이 진행되고 있음을 거의 이해하지 못한 것이다. 그럼에도 철학에서의 이 새로운 사상들은 먼저 사회의 교양 있는 엘리트층에, 그다음에는 성장하는 중산층으로 흘러들어 갔다. 그들은 1700년대에 이르러 철학에서의 이 새로운 사상들을, 적어도 그들이 이해하는 (혹은 오해하는) 바로는, 기성 교회와 정치 당국의 권위주의적 독단성을 벗어나는 반가운 해방구로 보았다.

19세기와 20세기의 대부분에 걸쳐 유럽과 북미의 대학들에서는 과학혁명과 철학에서의 혁명들을 포함하는 계몽주의를 문화 안에서의 위대한 해방 운동이라고 가르쳤다. 죽은 전통의 족쇄에서 인간을 풀어 주고 자유의 빛으로 가는 길로 이끌어서 사고하고 탐구하며, 질문하고 새로운 답을

---

[25] Locke, *Reasonableness of Christianity*, p. 84.

찾는 것으로서 말이다. "현대"라는 수식어는 찬사가 되었다. 사람들은 현대성을, 비록 그 현대성이 내포하는 것들을 온전히 이해하지 못했으면서도, 열광적으로 받아들였다. 삶의 영역들 가운데 종교와 정치는 계몽주의의 영향을 가장 많이 받은 두 영역이었다. 계몽주의는 이 두 영역을 전통의 뿌리들로부터 떼어 내어 새로운 나무들로 대체하려 했다. 18세기 말의 프랑스 혁명과 미국 독립 혁명은 모두 계몽주의에서 자극을 받았으며, 정부에 관한 무너진 사상들을 대체했던 사상들도 마찬가지였다. 왕권신수설은 사회계약론으로 대체되었고, 계층적 사회 구조도 점차 무너져 개인의 권리로 대체되었다. 전통적 종교, 특히 신학과 교리도 마찬가지로 도전을 받고 기반이 약화되었다. 계몽주의에서 영감을 받은 몇몇 새로운 종교와 신학 사상들이 나타나 그것들을 대체했다. 이러한 내용들이 현대 신학에 관한 우리의 이야기에서 대부분을 차지하게 될 것이다.

20세기 말에 포스트모더니즘(postmodernism)이라 불리는 새로운 사조가 시작되기 전까지는, 오직 보수적 그리스도인들과 왕정 옹호자들만이 계몽주의의 이상들에 대해 불편해 하는 것 같았다. 포스트모더니즘은 모든 메타 내러티브(metanarratives)에 대해 의혹을 갖고 대하려 하는데,[26] 거기에는 계몽주의의 메타 내러티브도 포함된다. 메타 내러티브는 "큰 이야기"(big story, 보통은 철학이나 이데올로기)로, 모든 것을 설명한다고 주장한다. 계몽주의와 그 계몽주의가 배태한 현대성에 반대하는 큰 목소리의 저항은 1990년에 세속 철학자 스티븐 툴민(Stephen Toulmin, 1922-2009)으로부터 나왔다. 그의 『코스모폴리스』(*Cosmopolis: The Hidden Agenda of Modernity*)는 계몽주의가 얼마나 해방하는 것이었는가에 대해 의문을 제기했다.

먼저, 툴민은 "현대적 틀을 구성하는 원리적 요소들, 혹은 소재들"을 극

---

[26] Jean-Francois Lyotard, *The Postmodern Condition: A Report on Knowledge* (Minneapolis: University of Minnesota Press, 1979). 『포스트모던적 조건』(서광사).

명하게 제시한다.²⁷ 예를 들어, "인간성과 관련해 '인간적인' 것은 합리적 사고나 행동의 능력"이며, "감정은 일반적으로 이성의 작용을 좌절시키고 왜곡하므로, 인간 이성은 신뢰하고 장려해야 하는 반면에 감정들은 불신하고 억제해야 한다."²⁸ 툴민은 이것들을 포함하여 계몽주의로부터 영감을 받은 현대성의 여러 주요 요소가 모호하며, 따라서 우리는 이 요소들에 대해 양면적 태도를 지녀야 한다고 주장한다. 계몽주의와 현대성은 단순한 축복이 아니었다. 툴민은 다음과 같은 결론을 내린다.

> 처음부터, 현대성은 단순하고 간단하고 유익이 된다는 인상을 주었다. 지금 현대성을 멀리서 볼 때 현대성의 역사는 우리가 생각했던 것보다 더 복잡한 것으로 드러난다. 첫째로, 우리는 현대성의 이야기를 인간 합리성의 진보로 보았지만 이는 모호성과 혼란을 숨기고 있는 것으로 밝혀졌다. 17세기에 "합리성"이 왕위에 오른 것이 인류에게 승리였는지 패배였는지는 우리가 "합리성" 자체를 어떻게 이해하느냐에 달려 있다. 즉 단순한 축복이었던 지성의 성공들로서가 아니라 지적 겸양, 불확실성, 관용에 대한 16세기의 헌신을 저버린 것에서 온 상실들과 비교해 평가되어야 한다.²⁹

많은 포스트모던적 사람들이 현대성에 관해 툴민보다 덜 관대하다. 그리고 그들 모두가 보수적 그리스도인들은 아니다. 포스트모던적 사람들은 대체로 인간 이성에 대한 현대성의 주장들을, 그리고 사회의 엘리트들이 그들의 기득권을 옹호하기 위해 계몽주의와 현대성을 탈취하고 이용한 방식들을 우려한다.

---

27 Stephen Toulmin, *Cosmopolis: The Hidden Agenda of Modernity* (Chicago: University of Chicago Press, 1990), p. 109. 『코스모폴리스』(경남대학교출판부).
28 같은 책, pp. 109-110.
29 같은 책, p. 174.

하지만 그럼에도 많은 그리스도인조차 현대성의 적어도 일부 요소들이 지니는 가치를 발견했으며, 계몽주의와 현대 과학에 대한 반동적 거부를 벗어나 그것들과 화해해야 한다고 느꼈다. 스스로를 그리스도인이며 철저히 현대적이라고 여긴 사람들이 어떻게 계몽주의와의 타협을 추구했는가에 관한 이야기는 기독교 관련 저술을 통해 현대성에 비추어 기독교를 재구성하려 했던 일군의 18세기 사상가들로부터 시작한다. 그들은 종종 이신론자들이라는 한 덩어리로 취급된다. 그들에 대한 더 나은 명칭은 "자연적 종교주의자들"(natural religionists)일 것이다. 다음 절에서는 초기 현대 사상(early modern thought)과 기독교를 서로 변화시키는 통합적 혼합물로 결합하려 했던 그들의 기획을 볼 것이다.

1.C. 이신론자들이 새로운 자연 종교를 만들다

1697년의 어느 날, 아일랜드의 수도 더블린에서는 한 권의 책이 대중들 앞에서 시의 교수형 집행인에 의해 두 번 불탔다. 한 번은 의회 건물 정문 앞에서 불탔다. 책 소각은 아일랜드 의회의 명령이었는데, 의원들 가운데 한 명은 저자도 책과 함께 불태울 것을 공개적으로 제안했다.[30] 비난을 받은 문제의 책은 훗날 이신론으로 알려질 새로운 종교에 관한 첫 논문들 가운데 하나로, 좀더 정확히 말하자면 자연 종교에 관한 것이었다. 저자는 저명한 아일랜드 작가이자 한때 철학자이기도 했던 존 톨런드(John Toland, 1670-1722)였다. 이 책은 『불가사의하지 않은 기독교』(*Christianity Not Mysterious*)로, 부제는 "복음에는 이성에 반대되거나 이성을 넘어서는 것이 전혀 없고 어떤 기독교 교리도 실질적으로 신비라고 불릴 수 없음을 보여 주는 논문"이었으며, 공개적으로 분서되기 1년 전에 출간된 터였다. 톨런드는, 자신에게

---

[30] Haig A. Boxmajian, *Burning Books* (Jefferson, NC: McFarland, 2006), p. 115.

는 다행히도, 책이 불탈 때 아일랜드에 없었다. 잉글랜드에 거주하며 활동하고 있었기 때문이다. 그는 로크의 제자로서 로크의 합리적 철학을 종교에, 특히 기독교에 적용하려 했다.

이 장의 앞 절들에서 설명했듯이, 17세기와 18세기 초 계몽주의와 과학혁명의 창시자들은 모두 그리스도인이었으며, 적어도 겉으로는 경건하고 정통인 체했다. 그들 가운데 일부는 경건하지 않았거나 정통이 아니었으리라는 추측도 일리가 있지만, 전통적 기독교에 반대하려 하지는 않았다. 그들의 철학적 사색과 과학적 모델들 가운데 일부는 교회의 전통적 정통 가르침들과 상충했지만, 그들의 생애 동안에는 나중처럼 갈등이 두드러지지 않았다. 예를 들어, 데카르트와 로크는 어느 정도는 제자들, 즉 이신론자들 또는 자연적 종교주의자들 때문에 기독교 사상가들과 지도자들 사이에서 논란이 되었다. 『불가사의하지 않은 기독교』 출판 후 많은 예리한 독자들은 이 책의 논리가 로크의 『기독교의 합리성』에 많이 근거하고 있음을 간파했다. 『불가사의하지 않은 기독교』를 읽는 것은 많은 독자에게 이 책이 사실상 1년 앞서 출간된 로크의 책에 대한 주석처럼 보인다는 느낌을 주었다. 톨런드는 자신이 대단히 존경했던 로크보다 더 대담했을 뿐일까? 로크의 책은 덜 과격해 보였지만, 톨런드의 책은 로크의 의도에 대한 의문을 불러일으켰다.

톨런드의 책이 출판되고 수년 후, 또 하나의 이신론 선언문이 로크의 다른 제자 매튜 틴들(Matthew Tindal, 1657-1733)에 의해 공개되었는데, 그는 톨런드에게서 영감을 받았음을 인정했다. 틴들의 1730년 책 제목은 『천지창조만큼 오래된 기독교』(*Christianity as Old as the Creation*)로, 부제는 "복음, 자연 종교의 재공포"였다. 이 책은 널리 "이신론의 성경"으로 여겨지게 되었다.[31] 저자의 논지는 이렇다. "기독교의 진리들은 태고부터 지금까지 합리적 사람

---

[31] Byrne, *Religion and the Enlightenment*, p. 110.

들에게는 언제나 접근 가능한 것이었다. 그러므로 종교의 기본 진리들이 합리적으로 알려질 수 있다면, 종교는 계시를 전혀 필요로 하지 않는다."[32] 앞선 톨런드의 책과 마찬가지로, 『천지창조만큼 오래된 기독교』도 사람들의 분노를 일으켰고, 잉글랜드에서는 기독교를 공격하는 책들의 출판을 금하는 법들이 통과되었다. 틴들의 『천지창조만큼 오래된 기독교』 후속작은 관료들에 의해 금지되었고 끝내 출판되지 못했다. 공개적으로 이신론자라고 밝힌 일부 저자들은 옥에 갇혔다. 일부 비판자들은 틴들이 자신의 종교를 기독교라고 부른 유일한 이유는 탄압을 피하기 위함이라고 주장한다. 어쨌든, 틴들은 기독교를 공격하지 않았다! 그는 참된 기독교를 설명하고 옹호하고 있었다.

이신론(deism)은 개괄적이고 모호한 범주로, 더 나은 대안인 자연 종교도 마찬가지다. 많은 학생이 이신론은, 마치 시계공이 시계를 만든 것처럼 하나님이 세상을 창조하고 그 안에 법칙을 부여한 뒤에 세상을 떠나거나 혹은 간섭하지 않고 단지 작동하는 모습을 지켜보기만 한다는 믿음이라고 배운다. 이신론의 하나님은 부재지주(不在地主, absentee landlord)로서, 선행을 보상하고 (죽음 이후에) 악행을 벌하는 우주의 도덕적 통치자 역할을 제외하고는 거의 종교에 도움이 되지 못할 만큼 초월적이라는 고정관념이다. 이 고정관념에 약간의 진실이 있기는 하지만, 이것이 이신론의 전부는 아니다. "자연 종교"가 더 나은 명칭인 이유는, 모든 18세기 이신론자들은 한 가지를 받아들였기 때문이다. 즉 모든 합리적 사람들에게 자연스러운 이성의 종교가 존재하며, 그것은 하나님으로부터의 특별 계시나 신앙을 필요로 하지 않는다는 것이다. 그들이 하나님을, 그리고 하나님과 세계의 관계를 보는 견해는 매우 다양했다. 그들은 대체로 데카르트와 로크 및 다른 초기 현대 사상가들의 새로운 계몽주의 원리들을 기독교에 적용하려 했는데, 기독

---

[32] 같은 책.

교를 합리적이고 진정 현대적으로 만들기 위해서였다.

셔베리의 허버트가 이신론의 전조를 보이다

자연 종교 연구가들이 좋아하는 한 논쟁은 이신론의 발생 시점에 대한 것이다. 대다수의 광범위한 사상운동들처럼, 이신론의 경우도 정확한 시발점을 딱 짚어내기는 어렵다. 놀랍게도, 온전한 형태를 갖춘 자연 종교는 시대를 앞서, 즉 이신론 운동이 나타나기 전에 시작된 것 같다. 셔베리의 에드워드 허버트 경(Lord Edward Herbert of Cherbury, 1583-1648)은 영국의 자유사상가로, 1624년에 처음 출판된 『진리론』(De Veritate)을 썼다. 외교관과 대중적 공공 지식인으로 봉사한 남작이자 기사 작위를 받은 이 귀족 지성인은, 종교개혁으로 야기된 기독교 다원주의의 문제를 이 책에서 해결하고자 했다. 30년 전쟁으로 알려진 무의미한 폭력의 광란 속에서 가톨릭과 개신교 군대가 유럽 대륙을 휩쓰는 동안, 수많은 사람들이 종교의 이름으로 죽임을 당하고 있었다. 프랑스는 위그노 내전이라는 또 다른 종교 전쟁의 무대였다. (위그노는 프랑스 개신교도들이었다.) 이 전쟁들에서는 하나님의 이름으로 가톨릭과 개신교 진영 모두에서 대학살이 있었다. 허버트 경의 고국인 잉글랜드도 청교도와 국교도 사이에 있었던 일련의 갈등에 휘말린 상태로, 얼마 후 왕을 상대로 하는 전면적 혁명이 발발하게 될 상황이었다.

이런 모든 혼란 가운데 허버트 경은 모든 이성적 사람들이 동의하는 "통념들"(Common Notions)로 이루어진, 순수 이성의 보편적 종교를 글로 써서 제안했다. 그는 이 생각들을 다섯 문장으로 열거했다.

1. 주권적 신성이 존재한다.
2. 이 신성은 경배를 받아야 한다.
3. 경건은 미덕, 즉 좋은 삶과 밀접한 관련이 있다.
4. 나쁜 행동은 참회를 통해 속죄되어야 한다.

5. 현세 후에는 보상이나 형벌이 존재한다.[33]

허버트 경은 스콜라 신학의 전통을 빌려서 이러한 기본적 개념들을 상술하지만, 이 모든 것은 계시 없이 오직 이성을 통해서만 발견될 수 있다고 주장했다. 그의 의도는 기독교의 많은 분파를 대체하기 위한 보편적, 합리적 종교를 제시해서 유혈의 참극이 중단되도록 하려는 것이었다.

『진리론』에 관한 흥미로운 이야기를 하나 덧붙이자면, 허버트는 이 책을 출판해야 할지 확신이 없었다는 점이다. 그는 이 책이 얼마나 큰 논쟁을 불러일으킬지 알고 있었는데, 그의 다섯 가지 원리가 거부될 것이기 때문이 아니라, 이 원리들이 오직 이성의 기초 위에만 세워질 수 있다는 그의 주장을 많은 비판자들이 이단적으로 볼 것이기 때문이었다. (그의 생각은 정확했다.) 훗날 기록된 그 자신의 증언에 따르면, 그는 마른하늘에 갑작스러운 굉음을 듣고 책을 출간할 마음을 먹었다.[34] 분명히 아직도 허버트는 하나님이 사람들을 인도하기 위해 표적들을 준다고 믿는 그리스도인이었다 (그렇다고 그 굉음이 **바로** 하나님의 신호였다는 말은 아니다).

『진리론』이 논란을 불러일으켰지만, 저자는 이를 견뎌 내면서 계속해서 다른 주제들에 관해 저술했으며, 30년 전쟁을 종식하는 베스트팔렌 조약(Peace of Westphalia)이 체결되던 해에 자연사했다. 그의 죽음 후에 그의 대표작이 출판되었는데, 바로 자연 종교에 관한 그의 다섯 가지 원리가 실제로 세계의 모든 종교에 보편적이라는 주장을 뒷받침하는 철저한 비교 종교학에 관한 책이다.

허버트 경의 자연적, 보편적 이성 종교의 의의는 무엇이었을까? 한 연구가의 말에 따르면, "『진리론』의 중요성은 이 책을 통해 후대의 사상가들

---

[33] 같은 책, p. 104.
[34] 같은 책, p. 105.

이 계시된 종교와 기성 기독교를 포기하면서도 하나님에 대한 믿음을 고백하는 것이 가능하게 되었다는 점이다. 새로운 과학 시대의 대담한 발견들에 몰두해 있던 사상가들에게 그러한 가능성의 해방하는 효과는 저평가되면 안 된다."[35] 의심의 여지 없이, 허버트 경은 훗날 만개하게 될 이신론적 자연 종교 운동의 선구자였다. 비록 명성은 갈릴레오와 데카르트에 못 미치지만, 그는 이 둘과 함께 최초의 현대인들 가운데 하나였다. 그를 현대인으로 만든 것은 무엇이었을까? 그는 전통과 교회의 권위에 매여 있지 않은 종교에 관하여 과감히 자유롭게 사유했다. 그는 전능을 향해 발돋움하는 자율적 인간 이성에 관한 한껏 부푼 견해를 지녔다. 마지막으로, 그는 자신의 자연적 이성 종교에서 기적이나 초자연적인 것을 제외했다. 훗날 이신론자들과 자연적 종교주의자들, 특히 18세기의 종교적 자유사상가들은 그의 저작을 기반으로 더 확장된 주장을 펼쳤다.

톨런드가 기독교를 이성적으로 해석하다

대부분의 사람들은 이신론을 생각하면 토머스 제퍼슨과 토머스 페인(Thomas Paine) 같은 이름을 떠올리는데, 그들이 종종 고등학교와 대학교 역사 교과서에 이신론의 사례로 나오기 때문이다. 하지만 더 나은 예는 톨런드와 틴들로, 이들은 제퍼슨과 페인을 비롯한 이신론을 대중화시킨 후대의 사람들에게 영향을 주었다. 톨런드 및 틴들과 그들의 논란이 되는 많은 책들은 앞서 언급되었다. 이제는 이신론 혹은 자연 종교를 학문적 정점으로 이끈 이 18세기의 두 저자들로 대표되는 실제 이신론을 좀더 자세히 다루려 한다.

하지만 먼저, 잠시 한 걸음 물러나, 새로운 지식이 마구 쏟아져 나오고 자유사상이 싹트던 17세기 말과 18세기 초중반에 관습적 종교의 모습이 어떠했는지 살펴보면 도움이 될 것이다. 대체로 관습적 종교는 정적이었

---

[35] 같은 책.

다. 새로운 것은 대중들에게나 상류 지배층에게나 신실함의 징표로 여겨지지 않았다. 신학은 창조와 예정이라는 하나님의 작정들의 순서처럼 해묵은 문제들에 대한 스콜라적 논쟁에 빠져 있었다. 칼뱅주의와 아르미니우스주의는 여전히 개신교 신학을 나누는 주요한 두 부류였으며, 양측은 모두 성경이 무오류하며 전통이 권위를 지닌다고 보았다.

이 시기의 대표적 신학자는 프란키스쿠스 투레티누스(Francis Turretin)로, 그는 톨런드의 『불가사의하지 않은 기독교』가 출판되기 불과 몇 년 전인 1687년에 사망했다. 투레티누스는 그의 방대한 개혁파 신학 체계인 『변증신학 강요』(*Institutes of Elenctic Theology*, 1679-1685)를 통해 개신교도들 사이에서 큰 영향을 미쳤는데, 이 책은 개신교 정통주의에 충실한 사람들 사이에서 널리 읽히고 논의되었다. 당시 대다수의 기독교 학자들처럼, 투레티누스도 성경 무오성과 권위의 확고한 옹호자였다. 그는 그리스도인들에게 구약 성경인 히브리 성경의 모음 부호들이 하나님의 영감을 받았다고 주장하는 데까지 나아갔다. 그는 선지자들의 원문에는 모음 부호들이 없었다는 것을 잘 알았지만, 8세기 유대교 학자들인 마소라 편집자들이 첨가한 모음 부호들이 하나님의 영감을 받은 것이 아니라면 구약의 상당 부분은 정확한 의미 파악이 불가능하다는 점도 잘 알고 있었다. 바로 이와 같은 기독교 신학이 톨런드와 틴들 같은 이신론자들과 자유사상가들에게는 불합리하게 보였다.

자연 종교에 관한 한 논평가는 다음과 같이 언급한다.

비평적 성경 연구가 거의 알려져 있지 않고 모든 종류의 비관습적 종교 사상이 의혹의 눈길을 받아야 했던 어떤 지적 풍토에서, 일반적으로 종교적 믿음은 미심쩍은 것과 단순히 믿을 수 없는 것[예를 들면, 히브리어 모음 부호들도 신적 영감을 받은 것이라는 투레티누스의 주장]이 신앙의 기본 진리들과 뒤섞인 채 한 묶음으로 제시되었다. 종교에 대한 비판의 목소리를 낼 자유가 거의 없었던 지식인 계층에게는 틴들의 [그리고 톨런드의] 것과 같은 논문들은 기독교 분파들 사이의 논쟁들이 무익함을 보여 주면서도 그들이 계속 하나님을 믿을 수 있도록 해 주는 수단이었다.[36]

그러므로, 철학과 과학의 새로운 지식과 잘 어울리는 이성의 종교를 발견하고 해명하려고 한 이신론자들의 시도는 많은 교양인들에게 그마저 없었더라면 메마르고 척박했을 신학적 풍경에 신선한 바람처럼 느껴졌다.

톨런드의 『불가사의하지 않은 기독교』는 자연 종교에 관한 재치 있는 책으로, 일부 독자들은 이 책이 표현을 자제한다는 인상도 받는다. 이 책은 분명히 로크의 종교 사상으로부터 많은 영향을 받았으며, 강하게 계몽주의의 이성 강조에 근거하고 있다. 톨런드는 이 책의 어디에서도 공개적으로 개신교 교리를 부정하지 않지만(그는 화체설 같은 가톨릭 교리를 공개적으로 거부하는 것은 두려워하지 않는다), 어느 누구도 궁극적으로 불가사의한 것을 믿어서는 안 되고 또 믿을 수도 없다고 주장함으로써 전통적 정통 기독교의 전체 구조를 미묘하게 약화시킨다. 적어도 그는 많은 정통 교리가 그런 범주에 속한다는 점을 암시한다. 따라서 합리적 기독교가 되기 위해서는 그런 교리가 일소되어야만 한다.

톨런드의 논제는 명백하다. "누가 어떤 것을 계시하든지, 즉 누가 우리가 기존에 몰랐던 것을 말하든지, **그의 말은 이해될 수 있어야** 하고 그 **일은 가능해야 한다**. 이 원칙은 그 계시자가 **하나님**이든 **인간**이든 유효하다."[37] 톨런드는 계시를 거부하지는 않았다. 하나님이 인간 지성이 스스로 발견할 수 없는 것을 계시했음을 그는 인정했다. 그가 거부한 것은 계시된 진리가 인간 이성을 넘어설 수 있다는 믿음, 즉 올바르게 작동하는 인간 지성이 이해할 수 없는, 파악하지 못하는 것이 가능하다는 믿음이었다. 그는 "이해할

---

36 같은 책, p. 109.
37 John Toland, *Christianity Not Mysterious*, in *John Toland's Christianity Not Mysterious: Text, Associated Works and Critical Essays*, ed. Philip McGuiness et al. (Dublin: The Lilliput Press, 1997), p. 41.

수 없는 것을 숭배하라."³⁸는 요구를 거부하며 말한다. "다른 무엇보다 내가 강력히 주장하는 바는, **신약성경**의 어떤 교리가 이성에 반대된다면, 우리는 그것에 대한 관념을 가질 방법이 전혀 없다는 점이다."³⁹ 다시 말해, 톨런드의 주장은 사람들이 그가 말하는 의미에서의 불가사의한 교리들을 믿지 말아야 한다는 것이 아니라, 그런 교리들은 실제로 믿을 수 없으며 사람들에게 그런 믿음을 강요하다가는 신앙에 대한 회의나 거부로 이어진다는 것이다. 그가 유일하게 제시하는 명확하고 구체적인 예는 가톨릭 교리인 화체설―가톨릭교회의 미사에서 빵과 포도주가 말 그대로 예수의 몸과 피로 변한다는 교리―이다. 그는 이것을 마법이며 인간의 이해력을 벗어나는, 이해할 수 없는 난센스, 실제로는 아무도 믿을 수 없는 불가사의라고 보았다. 하지만 사람들은 톨런드가, 비록 말하지는 않았지만, 일반적 정통 기독교와 개신교 신학에도 비슷한 불합리한 믿음들이 많이 있다고 믿었음을 알 수 있다. 그는 잉글랜드에서는 부정해도 불법이 아닌 화체설과 부정하는 것이 불법인 잉글랜드 국교회(그리고 다른 개신교 교회들)의 교리들 사이에서 유비를 이끌어 내는 일은 독자들에게 맡긴다.

원죄, 전적 타락, 필연적 성령의 조명 같은 고전적 개신교의 교리들에 대해 톨런드는 어떤 입장을 가졌을까? 이러한 것들은 사람들이 자신들의 지성에 궁극적으로 불가사의한 것을 왜 믿어야만 하고 또 믿을 수 있는지를 이해하도록 돕는 교리들이 아닌가? 톨런드는 이런 믿음들과 그의 논증과의 관련성을 거부한다. (그는 이것들을 절대적으로 부정하지 않도록 주의한다.) 톨런드에 따르면, 원죄로 말미암아 반드시 이성 자체의 결함이 생기는 것은 아니며, 단지 "이성의 의도적 오용"이 일어날 뿐이다.⁴⁰ "성령의 조명하는, 그리고 효과적 사역"에 대한 호소는 근본적으로 불합리한 교리를 믿

---

38 Peter Gay, ed., *Deism: An Anthology* (Princeton, NJ: D. Van Nostrand, 1968), p. 54에 인용됨.
39 같은 책, p. 55.
40 같은 책, pp. 68-69.

게 하려는 노력에 불필요하며 도움이 되지 않는다.⁴¹ 그렇다면 계시는 어떤가? 하나님은 이해할 수 있는 이성의 능력을 초월하는 진리들을 계시할 수 없는가? 톨런드는 신적 계시가 이성을 침해할 수 있다는 가능성을 조금도 고려하지 않는다. 일단 계시된 진리들은, 설령 그것들이 이성만으로는 도달할 수 없더라도, 자연적 이성에 부합해야 한다. 그렇지 않으면 전혀 이해될 수 없다. 이신론자는 신앙주의(fideism)—어떤 교리들은 이성에 반대해 맹목적 신앙으로 받아들여져야 한다는 믿음—를 격렬히 비판한다. 이성은 주권적이며, 심지어 계시에 대해서도 그렇다.⁴² 톨런드는, 모두는 아니더라도 대다수 이신론자들과 마찬가지로, 종교에는 오직 하나의 궁극적 권위만 있을 수 있으며 그 권위는 이성이어야만 한다고 보았는데, 그렇지 않다면 수많은 종교전쟁의 원인이 되었던 계시와 그 계시의 진리들에 관한 서로 대립하는 주장들이 끝없이 충돌할 것이기 때문이다.

톨런드가 종교와 그 진리, 그리고 그에 관한 지식을 어떻게 보았는지는 다음 진술에서 아주 뚜렷이 제시된다. 이 진술은 훨씬 이전의 데카르트와 상당히 유사하게, 자명한 (선험적) 진리들에 관한 언급으로 시작한다.

우리가 하는 모든 추론의 기초인 이러한 자명한 관념들이 없다면 하나님과 인간 사이에 지적 소통이 있을 수 없으며, 하나님이 우리에게 어떤 진리도 확인시킬 수 없다. 이 일은 진리가 자명한 관념들과 상응함을 보임으로써 가능한데, 자명한 관념들은 우리가 심지어 하나님의 존재나 자연 종교를 포함한 모든 것에 대한 판단을 내리는 시금석이다.⁴³

톨런드가 말하는 "자명한 관념들"이란 어떤 것일까? 적어도 그 하나는

---

41 같은 책, p. 62.
42 같은 책, p. 118.
43 같은 책, pp. 116-117.

비모순율(law of noncontradiction)일 것이다. 비모순율은 모든 합리적 담화에서, 또는 심지어 지식 자체에서, (고전적 철학의 예를 들면) "A=-A"(A는 A가 아니다)와 같은 완전한 논리적 모순들을 배제한다. 톨런드는 전통적 기독교가 너무 빈번하게 그러한 모순적 교리들을 포함시켰다고 생각했다. 사람들은 톨런드가 말하는 그런 교리들이 무엇일지 단지 추측만 할 수 있다. 그가 공개적으로 공격하는 유일한 것은 화체설이지만, 합법적이었다면 위격적 연합(hypostatic union, 예수 그리스도의 한 인격 안에 있는 두 본성)과 삼위일체도 공격 대상에 포함시켰으리라는 추정은 타당하다. 톨런드는 예수 그리스도를 경외했지만, 아마도 하나님이라고는 생각하지 않았다. 그는 기적의 가능성을 믿었지만, 그에 대한 믿음을 엄격하게 제한했다. 그는 자연을 창조한 하나님이 자연의 진로를 변경할 수도 있음을 인정했다. 하지만 기적이라고 주장되는 것들 가운데 일부는 모순을 포함하고 있기 때문에 하나님에게조차 불가능하다. 다시 말하자면, 기적조차도 합리적이어야만 한다.

그렇다면 어떤 **기적**도 이성에 반대되지 않는다. 왜냐하면 기적 행위는 이해가 가능해야 하며, 또 그 실행은 모든 자연의 원리를 마음대로 명할 수 있는 **자연**의 창조주에게 가장 쉬워 보이기 때문이다. 그러므로 그리스도가 처녀의 몸 밖으로 나오는 길이 열리지 않았는데 태어난다든가, 머리가 몸에서 끊어지고 혀가 잘려나간 뒤 며칠 후에 말했다든가 하는 것처럼 모순이 발생하는 **기적**은 모두 거짓이다. 이런 유의 수많은 기적은 **교황주의자**[가톨릭교도], **유대인**, **브라만교도**[힌두교도], **마호메트교도**[무슬림], 그리고 쉽게 믿는 기질로 말미암아 그런 기적들이 사제들의 상품이 되는 모든 곳에서 찾아볼 수 있다.[44]

---

44 Toland, *Christianity Not Mysterious*, p. 89.

톨런드가 여기서 말하는 바는 기적이 이성에 반대되지 않는다는 것이 **아니라**, 기적이라는 개념 자체가 유신론(theism)—하나님에 대한 믿음—에서 반드시 비합리적이지는 않다는 것이다. 하지만 분명히 강조점은 구체적 기적 이야기들에 대한 불신에 있다. 사람들이 확연히 받는 인상은 그가 어떤 기적도 믿지 않는 것 같다는 것이지만, 그는 그렇게 말하지는 않는다. 비합리적이기 때문에 불가능하다고 그가 언급하는 기적들은 그의 책을 읽었을 대다수의 사람들(즉 교육받은 사람들)도 성경을 벗어나며 거의 미신에 가깝다는 이유로 거부했을 것들이다. 하지만 우리는 톨런드가 기적과 초자연적인 것과 관련하여 실제 믿었던 것이 무엇일지 물어야 한다. 그의 태도는 명백한 불신은 아니었지만 회의 쪽으로 분명히 기울어 있다. 후대의 이신론자들은 톨런드의 궤적을 따라 더욱 전진하였고, 마침내 기적을 거부하기에 이르렀다.

톨런드의 의도는 무엇이었을까? 그는 자신이 종교를, 특히 기독교를 역사의 휴지통에서 구하고 있었다고 말할 것이다. 계몽주의 및 과학 혁명과 시대적 보조를 맞추지 않는다면 폐기될 지경에 있었기 때문이라면서 말이다. 그의 비판자들과 적들은 그가 종교 파괴를 꾀하는 냉소적 이단자, 심지어 배교자라고 말했다. 이 문제의 진실을 알아내는 것은 불가능할 수도 있다. 그가 전통적 기독교의 기반을 약화시키려 했다는 점은 거의 확실하다. 또한 그가 자신의 기획을 긍정적인 것, 즉 기독교를 시대적 적절성을 갖도록 재구성함으로써 구하는 것으로 생각했다는 주장도 개연성이 있다.

톨런드가 종교와 기독교에서 믿고 가치를 부여한 점은 무엇일까? 우리가 그를 곧이곧대로 믿는다면, 그는 하나님을 믿었다. 이신론에 대한 대중적 풍자에도 불구하고, 이신론의 주요 사상가들 가운데 한 사람인 그는 하나님을 멀리서 지켜보는 부재지주로 생각하지 않았다. 실제로 톨런드는 자신을 범신론자(pantheist)로, 즉 하나님과 자연이 하나이며 같다고 믿는 사람으로 간주했다.[45] 더 나아가 톨런드는 모든 보통 인간은 진실과 거짓을 구별해 낼 수 있는 이성이라 불리는 능력을 지녔다고, 또한 자연 이성은 종교적 믿음을 포함한 모든 지식을 지배한다고 믿었다. 마지막으로, 톨런드는 종교의 일차적 기능이 도덕성을 확립하는 것, 즉 공공과 개인의 윤리적 사고와 행동의 기초를 굳건히 하고 인도하는 것이라고 믿었다. 알렉산더 포프가 쓴 대로, "신앙의 방식과 관련해서는 무례한 광신자들이 서로 싸우도록 내버려 두라. 삶이 바른 사람은 신앙의 방식이 틀릴 리가 없을 것이다."[46] 톨런드가 믿지 않았던 것은 전통적 교리들과 예배의 형식과 교회의 구조가 신성불가침이라는 점이다. 그것들은 모두 계몽주의에 기초한 이성과 과학의 요구에 따라 비판과 근본적 수정에 열려 있다.

틴들이 특별 계시를 거부하다

톨런드가 로크의 계승자였다면, 틴들은 톨런드의 계승자였다. 그는 데카르트와 로크, 계몽주의 일반이 설정한 궤적을 따라 이신론과 자연 종교를 더 멀리 밀고 나갔다. 그는 "모든 이신론자 가운데 가장 박식한 인물"이라 불려 왔으며,[47] 그의 『천지창조만큼 오래된 기독교』는 "이신론자들의 성경"이라 불려 왔다.[48] 이 책 전체의 논지는 "종교의 기본 진리들이 합리적으로 알려질 수 있다면, 종교는 계시를 전혀 필요로 하지 않는다"는 것이다.[49] 틴들에게 계시란 특별 계시—자연에 관한 합리적 숙고만으로는 알 수 없는, 하나님에 의해 계시된 진리들—를 의미한다. 그는 일반 계시—자연만을 다루는 이성을 통해 알 수 있는 하나님에 관한 진리—를 거부하려 하지는 않았다. 실제로, 틴들과 이후의 많은 이신론자에게 참된 기독교와 자연 종교—모든

---

[45] Stephen H. Daniel, "Toland's Semantic Pantheism", in *John Toland's Christianity Not Mysterious: Text, Associated Works and Critical Essays*, ed. Philip McGuiness et al. (Dublin: The Lilliput Press, 1997), p. 306.
[46] Ernest Campbell Mossner, *Bishop Butler and the Age of Reason: A Study in the History of Thought* (New York: Macmillan, 1936), p. 57.
[47] 같은 책, p. 75.
[48] Byrne, *Religion and the Enlightenment*, p. 110.
[49] 같은 책.

사람이 언제나 어디서나 알 수 있는 하나님에 관한 보편적 진리―는 동일한 것이었다.

하나님이 늘 원하는 것이 모든 사람이 그의 진리에 관한 지식에 이르도록 하는 것이라면, 또한 하나님이 사람들에게 종교 없는 것을, 또는 무한히 지혜로운 입법자에 의해 제정된 종교의 존재에 대한 최종 [목적]을 대답할 수 없는 불완전한 종교를 갖도록 의도했던 때가 결코 없었다면, 내 당황한 이성이 보기에 이것은 태초부터 오직 하나의 참된 종교가 있었음을 암시하는 것 같다. 모든 사람이 의무로 받아들여야 함을 알 수 있는 것으로서 말이다. 그리고 이것이 사실이라면, 동시에 기독교가 천지창조만큼 오래되었음을 받아들이지 않고서야, 이런 성격이 어떻게 기독교와 모순될 수 있는지 잘 상상이 되지 않는다.[50]

대다수 또는 모든 후대의 이신론자들 경우처럼 틴들에게도, 하나님에 관해 알 수 있는 것은 무엇이든지 언제나 감각과 이성을 통해 얻을 수 있다. 틴들의 주장에 따르면, 이것은 하나님의 존재, 하나님이 사람들에 대해 기대하는 것들, 현세와 내세에서의 보상과 형벌에 관한 사실들을 포함한다.[51] 기독교에 중요한 모든 것은 합리적 자연 종교와 동일하다. 이성으로 알 수 없고 따라서 자연 종교의 한 부분이 아닌 것은 기독교에 필수적일 수 없다. 한 논평가는 틴들의 합리적, 자연적 종교를 다음과 같이 설명한다.

『천지창조만큼 오래된 기독교』는 한창 때 "구성적 이신론"(constructive Deism)이라 불렸던 것이다. 상대적으로 온건한 어투와 지극히 영리한 논증을 통해,

---
50 Matthew Tindal, *Christianity as Old as the Creation* (London: Routledge/Thames Press, 1995), p. 7.
51 Gay, *Deism*, pp. 102-109.

이 책은 자유주의 기독교에서 가장 설득력 있는 내용은 간직하면서 초자연적 부분은 배제했다. 기적과 계시는, 그것들이 진짜인 한, 하나님이 이성에 계시한 것을 확증할 뿐이다. 유일한 참된 종교는 자연 종교, 즉 하나님의 아버지 됨과 우주의 도덕 법칙을 인정하는 종교다.[52]

이신론과 특히 틴들에 관한 또 다른 논평가는 다음과 같이 언급했다.

틴들이 인정하는 거의 유일한 종류의 종교인 자연 종교는, 다름 아니라 유신론적 배경 위에 세워진 윤리적 체계다. 이것의 주요 특징은 이성이 발견한 규칙들을 준수하는 것이다. 여기에 첨가된 것은 그 무엇이라도 결함이다. 이신론자들에 따르면, 종교 전체는 도덕의 모든 의무를 수행하는 것으로 이루어진다.[53]

이신론에 매료된 사람들이 이신론의 대폭 생략된, 재구성된 기독교 묘사에서 본 것은 무엇일까? 먼저, 이신론은 다툼의 대상인 교리들이 없는 기독교의 한 형태를 제시했다. 이신론이 받아들여진다면 더 이상의 종교 전쟁은 없을 것이다. 둘째, 이신론은 현대성의 산과 특히 과학 혁명의 맹공에 영향을 받지 않는 것으로 보이는 기독교의 한 형태를 제시했다. 자연 종교인 이신론은 자연의 균일성이라는 새로운—기적과 초자연적 하나님의 개입을 배제하는—세계관과 온전히 조화를 이루었다. 마지막으로, 이신론은 많은 사람이 종교와 기독교에서 가장 중요하게 여겼던 것, 즉 도덕을 보존했다. 톨런드와 틴들, 그리고 대부분의 다른 이신론자들에게, 하나님은 우주의 위대한 건축가이자 도덕적 통치자이며 예수는 선지자이자 인간의

---

[52] 같은 책, p. 102.
[53] S. G. Hefelbower, *The Relation of John Locke to English Deism* (Chicago: University of Chicago Press, 1918), pp. 138-139.

도덕적 완성의 모범이다.[54] 이것은 유럽의 많은 계몽된 사람들이 원했던 종류의 기독교, 즉 이성적이고 도덕적이고 관용적이며 박해의 고난과 현대성의 침식에 영향을 받지 않는 기독교다.

이신론이 미국의 건국의 아버지들에 미친 영향은, 일부 수정주의 역사학자들이 저평가하기를 바람에도 불구하고, 널리 알려져 있고 기록으로 입증된다. 제퍼슨은 이신론이 그들에게 미친 영향에 대한 한 사례다. 톨런드와 틴들과 마찬가지로, 이들로부터 직접 영향을 받은 "제퍼슨은 계시가 아니라 이성이 참된 종교에 이르는 길이라 믿었다."[55] 그러므로 잘 알려진 대로 제퍼슨은 『나사렛 예수의 삶과 도덕』(제퍼슨 성경)에 그가 보기에 자연 이성에 부합하는 부분만 넣고, 예수의 기적들과 난해한 말들은 모두 제외했다. 그 이유는 "제퍼슨이 기독교의 중심 믿음들을 의문시하여 이신론자가 되었으며, 또한 그가 예수의 도덕적 가르침이라고 여긴 부분과 그리스도인들이 이 가르침을 변질시킨 것이라고 여긴 부분을 구별했기" 때문인데,[56] 이는 심지어 복음서 자체에도 나타난다. 제퍼슨은 예수의 신성이 "예수 자신이 아니라, [예수의] 열성 제자들"이 만들어 낸 것이라 믿었다.[57]

대다수의 이신론자들은 전통적 기독교회들, 특히 점점 더 관용적인 잉글랜드 국교회(미국에서는 독립 이후에 미국 성공회)에서는 계속 신자로 남았다. 하지만 (장로교와 회중교회 같은) 옛 청교도 교회들에 속했던 이신론자들은 교회를 떠나 달라는 요청을 받았다고 느꼈으며, 그들 가운데 많은 이가 자연 종교에 토대를 둔 새로운 형태의 조직 교회를 세웠다. 1770년대에 잉

---

[54] 틴들은 자신의 합리적 기독교에 고(高)기독론을 포함시키려고 많이 노력했지만, 그가 예수 그리스도에 관해 말할 수 있던 최대한은 그가 "고귀한 사례"였으며, 이성을 통해 알 수 있는 보편적 "내적 계시"와 완전히 조화를 이루는 "외적 계시"(특별 계시)를 "공표한 하나님으로부터 보냄을 받은 사람"이었다는 것이다(*Christianity*, p. 8).

[55] Frank Lambert, *The Founding Fathers and the Place of Religion in America* (Princeton, NJ: Princeton University Press, 2003), p. 177.

[56] 같은 책, p. 174.

[57] 같은 책.

글랜드와 북미에서 자유사상가와 이신론자들은 첫 번째 유니테리언 교회들을 세웠다. 초기 유니테리언주의는 계몽주의 합리주의의 영향을 받은 그리스도인들을 위한 피난처가 되었는데, 그들은 삼위일체가 사실로 믿기에는 너무 불가사의하다며 부인했고, 당대의 유력한 개신교 정통주의의 표준인 칼뱅주의는 임의적이며 따라서 비합리적 하나님에 관한 믿음이라며 거부했다.

보수적 기독교 사상가들이 이신론에 반격하다

모든 종교적 합리주의자들이 앞다투어 이신론을 받아들인 것은 아니다. 오히려 많은 사람들이 계몽주의 이성을 사용해서 예수 그리스도의 신성과 기적들을 포함한 정통 기독교를 수호하려 했다. 당대의 가장 유명한 보수적 합리주의자(또는 합리적 보수주의자)는 조셉 버틀러(Joseph Butler, 1692-1752)로, 잉글랜드 더럼의 주교이자 톨런드와 틴들의 자연 종교에 대한 합리적 대응인 『종교의 유비: 자연적인 것과 계시된 것』(*The Analogy of Religion: Natural and Revealed*, 1736)의 저자였다. 버틀러는 이성이 종교에서조차 주권적이라는 점에서는 로크와 그의 이념의 계승자들에게 전적으로 동의했지만, 기독교 정통주의에 비합리적 내용들이 많다는 의견에는 동조하지 않았다. 버틀러가 『종교의 유비』에서 목적하는 바는 "인류[즉 보편적 인간 경험]와 자연의 사실들을 있는 그대로 검토하고, 그것들로부터 인간 경험 너머에 있는 것들의 개연성을 보이려는 것이다."[58] 예를 들어, 버틀러 주교에 따르면, 인간 경험은 그리스도가 자신의 속죄로 획득한 것과 같은 구속의 필요성을 (증명하지는 않더라도) 시사한다. 버틀러에게 대리적 속죄 교리는 결코 비합리적 신화나, 단순한 이성의 종교에 과도하게 첨가된 미신이 아니다. 오히려 "이성

---

[58] Mossner, *Bishop Butler and the Age of Reason*, p. 81.

의 막연한 희망"이 계시를 통해 확고해진 것이다.[59]

버틀러는 정통 기독교가 진실임을 증명하기 위해 이성을 사용하려 시도하지도 않았다. 대신에 그는 기독교 교리들에 대한 자연 종교의 반대가 결정적이지 않다는 점과 정통 기독교가 비합리적이지 않으며 실천 이성에 부합한다는 점을 보이기 위해 이성을 사용하는 것에 만족했다. 또한 그는 이신론자들의 자연 종교는 영혼의 불멸과 죽음 이후의 보상 및 형벌같이 자연 종교가 스스로 증명할 수 있는 범위를 넘어서는 것들을 많이 포함한다는 점을 보이려 했다. 하지만 버틀러와 관련해 주목할 점은, 그가 정통 기독교를 방어하기 위해 계몽주의 사상의 입장과 정신을 어떻게 수용했는가 하는 것이다. 그는 로크를 본뜬 철저한 경험주의자였으며, 자연 너머를 가리키기 위해서 자연 이성을 사용했다. 그리고 그는, 톨런드처럼, 어떤 이해도 넘어서는 불가사의들을 피했다. 하지만 톨런드와는 달리, 이성만으로는 증명할 수 없을지라도, 사리에 맞는 정통 개신교 교리들을 모두 믿었다. 바로 이것이 그가 계몽주의 방법들을 이용하여 『종교의 유비』에서 보이려 했던 것이다.

정통주의의 또 다른 18세기의 합리적 변증가는 윌리엄 페일리(William Paley, 1743-1805)인데, 그는 잉글랜드의 성직자이자 귀족 철학자로, 전통적 기독교의 하나님에 관한 믿음을 수호하기 위해 『자연 신학, 혹은 하나님의 존재의 증거와 속성』(Natural Theology, or, Evidences of the Existence and Attributes of the Deity, 1802)을 썼다. 그의 논증들 대부분은 이전에 이신론자들의 회의주의를 막아 내기 위해 이용되었지만, 페일리가 유명해진 것은 이 논증들을 매우 명확한 방식으로 제시했기 때문이다. 페일리가 『자연 신학』을 쓸 무렵에는 많은 이신론자가 삼위일체 같은 교리들뿐만 아니라, 하나님에 대한 확실한 지식이라는 것 자체에 회의를 품게 된다. 이신론은 점차 불가지론이나 심지어 무신론으로 이동하고 있었다. 인격적, 지적 창조주 하나님에 대한 페일

---

[59] 같은 책, p. 96.

리의 가장 유명한 논증은 시계 제작자의 유비였다. 페일리는, 예를 들어, 인간의 눈이 지적 설계의 증거를 담고 있으며 우연히 생겨날 수 없다고 주장했다. 그는 눈을 길에서 발견한 시계에 비유했다. 그 시계가 과연 우연히 존재하게 되었다고 생각할 수 있겠는가? 결코 그럴 수 없다. 마찬가지로, 인간의 눈과 전체 자연 세계는 정통 기독교 유신론의 하나님 같은 무한한 지성의 산물이라는 것이 분명하다. 이어서 페일리는 이신론자들과 계몽주의 자유사상가들의 공격들로부터 기독교의 많은 교리를 계속 방어해 나갔다.

성직자와 신학자들을 포함하여 18세기의 많은 그리스도인은 이신론을 받아들이는 것은 곧 배교라는 경멸을 쏟아냈고, 이신론이 뿌리를 내리지 못하고 전통적 기독교 신앙에 대한 진정한 위협으로 성장하지 못할 일시적 유행이라고 믿었다. 경건주의와 부흥주의는 이성을 뛰어넘는 하나님에 대한 감정적 경험을 이신론과 자연 종교에 대한 대안으로 제시했다. 결론적으로 18세기는 계몽주의와 과학 혁명 때문에, 초기 현대성과 그 산(酸) 때문에, 종교적 논쟁과 소요의 도가니가 되었다.

18세기 말과 19세기 초에 여러 철학자가 정통 기독교와 자연 종교에 등을 돌렸다. 그들도 기독교 신학에 대한 현대성의 도전 이야기의 한 부분이다. 실제로, 19세기 무신론과 자유주의 신학의 출현을 위한 길을 닦은 자들은 이러한 18세기 말과 19세기 초의 비판적 종교 사상가들이라 할 수 있다.

1.D. 비판 철학자들이 종교를 이성의 한계 안에 두다

이 절의 제목이 거의 같은 것(즉 이신론, 자연 종교)을 가리키는 것일 수도 있다. 하지만 18세기 말과 19세기 초에 현대성과 이에 대한 종교 사상가들의 대응에 관한 이야기는, 적어도 다음 두 세기에 걸쳐 기독교 신학의 진로를 바꾸는 급진적이고 예상하지 못한 전환을 맞게 되었다. 18세기 동안 종교 사상가들이 전통적 기독교에 대한 현대성의 도전과 씨름할 때, 이성을 통한 신 존재 증명은 거의 부정되지 않았다. 이신론자들과 정통주의 옹호자들은 모든 것의 제일 원인이 존재해야만 하며 그것이 하나님이어야 한다는 점에 동의했다. 인과 관계는 자유사상가들과 전통주의자들이 모두 동의하는 원리였다. 또한 이것은 과학 혁명에도 필수적이었다. 모든 과학적 방법은 자연적 인과 관계에 의존하고 있었다. 우리가 자연에서 관찰하는 것은 자연 법칙의 지배를 받는 앞선 원인들에 의해 야기된 것이어야만 한다. 또한 합리적 종교는, 자유주의든 보수주의든, 하나님을 자연 자체에 대한 인과적 설명으로 가정했다. 점차, 꾸준히, 계몽주의와 과학 혁명의 결과로, 18세기 과학자들과 종교 사상가들은 인과 관계의 개념에 의존하게 되었고, 이 개념을 사용한 결과로 과학과 현대의 계몽된 종교를 위한 모든 가능성이 활짝 열렸다. 전통주의자들이 자연 신학과 유비를 이용하여 정통 신앙을 방어할 때 그랬던 것처럼, 이신론자들의 자연 종교도 인과 관계에 의존했다.

그러나 로크와 그의 후예들의 경험주의가 계몽주의 사고를 그 자체로부터 등을 돌리게 하자 모든 것이 위기에 빠지게 되었다. 모든 지식이 감각 경험과 그로부터의 합리적 연역에 기초한다면, 가정된 실재인 인과 관계는 어떻게 되는가? 그것은 합리적 개념인가? 증명될 수 있는가? 이와 관련해, 18세기의 합리적 과학과 철학을 근본적으로 뒤엎는 데이비드 흄(David Hume, 1711-1776)의 철저한 회의주의가 등장한다. 그러나 현대 신학의 이야기에 중요한 인물은 흄보다는 그와 동시대에 살았던 독일인 칸트다. 흄이 중요한 이유는, 칸트가 스스로 고백했듯이 그가 흄의 저서를 읽다가 "독단의 잠"(dogmatic slumbers)에서 깨어났으며[60] 과학과 종교를 철저한 회의주의로부터 구해 내도록 각성시켰기 때문이다. 그러나 칸트의 구출은 전통적 종교로서는 엄청난 대가를 지불하고 얻은 것이었는데, 여기에는 자연 신학에

---

[60] Immanuel Kant, *Prolegomena to Any Future Metaphysics* (Indianapolis: Hackett, 2001), p. 5.

기초한 18세기의 자연 종교/이신론과 전통적 기독교 신학이 포함된다(예를 들어, 신 존재 증명들). 마지막으로, 기독교에 관한 사유에 참여한 세 번째 철학자는 게오르크 빌헬름 프리드리히 헤겔(Georg W. F. Hegel, 1770-1831)이다. 그는 (그가 자신의 기획이라고 본 바에 따르면) 참된 기독교를 포함한 합리적 종교를, 자신이 종교와 기독교에 대한 칸트의 철저한 축소하는 해석이라고 본 것으로부터 구해 내려 했다.

여기서 다시 잠시 멈추고, 현대 신학에 관한 이 이야기가 왜 그렇게, 특히 처음에, 철학과 깊은 관련을 맺는지 생각해 볼 필요가 있다. 이 질문에 대답하기 위해서는 일부 내용을 앞당겨 언급해야만 한다. 현대 기독교 신학, 즉 현대성과 관계를 맺는 신학은 프리드리히 슐라이어마허(Friedrich Schleiermacher, 1768-1834)와 함께 시작한다. 그는 단연코 가장 영향력 있는 19세기의 신학자로, 아직도 20세기 신학 위로 거대하고 (아마도 일부의 눈에는) 어두운 그림자를 드리우고 있다. 자유주의 신학자들은 슐라이어마허를 개혁자이자 영웅으로 보는 경향이 있으며, 보수적 신학자들은 그를 악당으로 여기는 경향이 있다. 하지만 모두가 동의하는 사실은, 슐라이어마허가 기독교 신학에 끼친 영향이 코페르니쿠스가 천문학(그리고 확대하면 과학 자체)에 끼친 영향과 데카르트가 철학에 끼친 영향에 비견된다는 점이다. 긍정적으로든 부정적으로든, 슐라이어마허는 하나님에 관한 사고에서 코페르니쿠스적 혁명을 감행함으로써 신학에 혁명을 일으켰다. 우리가 논의해 온 철학이 아니라 그를 현대 신학의 출발점으로 잡는 이유는, 그가 단순히 철학자가 아니라 안수 받은 목회자이자 신학자였다는 점에 있다. 물론, 버틀러와 페일리를 비롯해 18세기에 이신론과 현대성의 산에 대응하려 했던 많은 사람이 성직자였지만, 그들은 신학의 전통적 방법들에서 크게 벗어나지 않았다. 그들은 전통적 정통 신학을 지원하기 위해 계몽주의 사고방식들을 이용하려 노력했다. 그와 대조적으로, 슐라이어마허는 목사, 설교자, 직업 신학자로서 계몽주의 사고가 심지어 그의 기독교 교리 재구성의 형태를 결정하도록 허용했다. 슐라이어마허는 현대성에 굴복하지 않으면서도 그 현대성을 그의 조직신학인 『기독교 신앙』(The Christian Faith) 안에 적응시키려 했다.

이 절의 주제인 흄, 칸트, 헤겔을 포함한 이성의 시대의 비판 철학자들이 준 기본적 자극들을 먼저 이해하지 않고서는, 슐라이어마허의 신학이나 이후의 현대 신학자들의 신학들을 이해할 수 없다. 다시 말해, 긍정적으로든 부정적으로든, 철학이 언제나 신학의 주요 대화 상대였음을 기억하는 것은 중요하다. 신학자들이 철학을 무시하고 피해갈 수 있었던 시대는 한 번도 없었는데, 그들이 자신들의 신학적 숙고가 공적이고 문화에 적실성 있기를 의도하는 한 이것은 사실이었다. (지난 수 세기 동안, 또 오늘날에도 많은 신학자가 철학을 무시하려고 노력하지만, 대부분의 경우에 철학을 거부하려고 하는 때조차 철학에서 그들이 어떤 영향을 받았고 받고 있는지 보여 주는 것은 어렵지 않다.)

흄이 이성을 사용해 과학과 종교의 기반을 흔들다

모든 기록에 따르면 흄은 친근한 성격의 소유자였다. 그는 전형적 스코틀랜드 가정에서 자라며 학교와 교회에서 전형적 18세기 스코틀랜드 교육을 받았다. 하지만 그는 매우 일찍이, 아마도 16세 정도에, 스코틀랜드 사회 전체에 침투해 있던 스코틀랜드 장로교회의 극단적으로 엄격한 가르침들에 심각한 회의를 품기 시작했다. 스코틀랜드 장로교회는 아주 엄격한 유형의 칼뱅주의를 특징으로 하는 청교도주의의 영향을 강하게 받았는데, 이 칼뱅주의는 일요일마다 설교 한 시간과 교리 교육 한 시간을 포함하는, 세 시간 동안 드리는 예배를 통해 전파되었다.[61] 한 역사가에 따르면, 흄의 아동기와 청소년기의 교회는

---

61 Norman Kemp Smith, "Introduction", in David Hume, *Dialogues Concerning Natural Religion*, ed. Norman Kemp Smith (New York: Macmillan, 1947), p. 4.

하나님을 쉽게 분노하는 무자비한 전제 군주로 그렸다.…아주 엄격한 형태의 선택과 유기 교리를 고수했다.…교회와 가정 모두에서 가차 없는 훈육이 유지되었다.…안식일은 처벌의 위협으로 강제되었다. 모든 다른 종교적 절기[예를 들어, 성탄절]는 의도적으로 무시되었다.[62]

의심의 여지 없이, 성인이 된 흄의 철학은 적어도 부분적으로는 그의 젊은 시절의 종교에 대한 반발이었다. 그가 성인이 된 후의 성격도 마찬가지여서, 교회의 가르침과 기대에 지성과 감성을 맞추려 했지만 실패하고 말았던 젊은 시절과 대조를 이룬다. 젊은 시절에 그는 수줍음을 타는 외톨이로, 학업에 몰두하고 "그의 도덕적 품성을 단련하는 일에" 사로잡혀 있었다.[63] 성인일 때 그는 "외향적이고, 상냥하고, 약간은 이교도적"으로 묘사되었다.[64] 연구와 저작 활동 외에 그의 취미는 에든버러 포커 클럽에서 다른 남자들과 카드 게임을 하는 것이었다. 그는 일찌감치 칼뱅주의와 종교 일반에 등을 돌렸다. 그에게는 자신만의 매우 철학적 종교가 예외적으로 있었을 뿐이다. 그의 종교는 주로 (증거는 없는) 하나님의 존재에 대한 믿음과 미신의 합리적 해체로 이루어졌다. 흄 연구가인 노먼 켐프 스미스(Norman Kemp Smith)는 성인기 흄의 미니멀리즘 종교를 다음과 같이 요약한다.

참된 종교에 대한 흄의 태도는…세 가지 주장으로 요약될 수 있다. (1) 참된 종교는 "하나님은 존재한다"는 "약간 모호하고, 적어도 정의되지 않은" 명제에 대한 **지적** 동의를 유일한 특징으로 한다. (2) 여기서 단언되는 "하나님"이란 보통 이해되는 하나님이 아니다. (3) (1)과 (2)의 당연한 귀결로, 종교

---

62 A. J. Campbell, *Two Centuries of the Church of Scotland 1707-1929: The Hastie Lectures in the University of Glasgow* (Paisley: Alexander Gardner, 1930), p. 28.
63 Smith, "Introduction", p. 6.
64 같은 책.

는―인간 정신이 미신과 광신의 손아귀에서 벗어나도록 해 주는 것과 같은 지적 영향…을 넘어서―인간의 행동에 영향을 미쳐서는 안 된다.[65]

흄은 변호사가 되려고 12세 무렵부터 에든버러 대학교에서 공부하기 시작했지만, 곧 자신의 관심이 오직 철학에 있음을 깨닫고 독서에, 특히 고대 로마 사상가들의 책을 읽는 데 전념했다. 하지만 의심의 여지 없이 그는 계몽주의, 특히 로크의 경험주의 철학에 정통하게 되어서 로크의 경험주의를 수용하고 극단으로 몰고 갔다. 흄은 고정된 직업이 없었으며, 저명한 지적 업적에도 불구하고 교수직은 결코 얻지 못했다. 그는 무신론자로 널리 알려졌다. 원숙기에는 파리와 에든버러에서 공직을 맡았고, 귀족들의 가정교사로 문학과 예술을 가르쳤다. 모든 기록에 따르면 그는 백과전서파(encyclopedist), 즉 다방면의 관심과 지식을 갖고 다양한 주제들에 관해 성공적으로 글을 쓸 수 있는 사람이었다. 그는 15년에 걸쳐 여러 권으로 이루어진 『영국사』(History of England)를 써서, 부는 아니라도 명성은 얻었다.

그는 성인이 된 이후로 줄곧 철학적 인식론(지식 이론들)과 종교라는 두 주제에 천착했으며, 그것들을 전통적 종교에 파괴적인 방식으로 논의했다. 그 전통적 종교가 자유주의적이든(즉 이신론), 보수적이든(즉 정통주의) 말이다. (이 현대 신학 연구를 위해) 가장 중요한 흄의 저작들은 『인간의 이해력에 관한 탐구』(An Enquiry Concerning Human Understanding, 1748)와 『자연 종교에 관한 대화』(Dialogues Concerning Natural Religion, 1779년에 사후 출판)다. 후자는 대화 형식으로 쓰여 흄 자신의 견해가 무엇인지 정확히 말하기 힘들다. 하지만 대다수 학자들은 세 명의 대화 상대 가운데 가장 회의적인 필로의 발언이 그의 견해라고 믿는다.

흄은 로크의 경험주의의 추종자였다. 로크는 본유 관념과 관련해 데카

---

65 같은 책, p. 24.

르트의 견해에 동의하지 않았으며, 그런 관념을 받아들이지 않았다. 로크와 모든 계몽주의 경험주의자들에게, 모든 앎은 감각 경험과 함께 시작된다. 말하자면, 외부 세계에 관한 모든 지식은 후험적(a posteriori)으로, 지각과 인상에서 나오는 것이다. 분석적 문제, 즉 정의(definition)의 문제 이외에는 선험적(a priori, 즉각적이고 자명하며 경험에 의존하지 않는) 지식이란 없다. 엄격한 합리주의자였던 데카르트는 참된 지식이 연역에서 나온다고 믿었다. 정신은 "나는 존재한다" 같은 정신 자체 안에 놓여 있는 자명한 진리를 발견한다. 거기에서부터 "하나님은 존재한다" 같은 다른 진리들을 연역해 낸다. 감각 경험은 확실성을 산출할 수 없으며, 순수한 논리적 연역만 그럴 수 있다. 로크는 이에 동의했지만, 선험적 종합 진리는 존재하지 않는다고 주장했다. 즉 자명하고 확실한 사전(dictionary) 밖의 외부 세계에 관한 진리는 존재하지 않는다는 것이다. 모든 종합 지식(단지 용어의 정의와 관련된 것만이 아닌 모든 지식)은 경험에 기초를 둔 후험적 지식이며, 그러므로 기껏해야 개연적일 뿐이다. 이 영역에서 절대적 확실성은 불가능하다. 절대적 확실성은 분석적 진리(정의)의 영역에서만 가능하다. 하지만 이러한 점이 로크에게나, 로크의 경험주의에 기초하여 과학 혁명을 계속 추진해 나간 사람들에게는 문제가 되지 않았다. 과학의 문제들에서 절대적 확실성이 가능하지 않을지 모르지만, 로크가 감각 경험과 이로부터의 논리적 연역에 기초하여 상상했던 종류의 개연성은 매우 높다고, 확실성에 달할 정도로 매우 높다고 여겨졌다.

흄은 감각 경험으로부터 시작하는 세계의 모든 지식에 관해서는 로크에게 전적으로 동의했다. 이 스코틀랜드 사상가는 자신의 『인간의 이해력에 관한 탐구』에서 "우리의 모든 관념은…우리의 인상의 모사(模寫)다"라고 선언했다.[66] 흄은 "인상"(impressions)이란 "우리가 듣거나, 보거나, 느낄 때"를

---

[66] David Hume, *An Enquiry Concerning Human Understanding*, ed. Eric Steinberg (Indianapolis: Hackett, 1977), p. 11.

의미한다고 설명했다.⁶⁷ 관념은 감각적 지각인 인상에 대한 숙고로부터 형성된다. 흄은 이 경험주의를 극단화하고 이것을 로크, 뉴턴, 이신론자들 같은 계몽주의 사상가들과 대립시킴으로써 로크를 넘어섰다. 그들은 오직 경험주의만, 지성에 의해 제공된 선험적 진리들과의 혼합 없이, 계몽주의가 추구하던 종류의 앎—확실성(혹은 매우 높은 정도의 개연성)이 있는 앎—에 도달할 수 있을 것이라고 생각했던 사람들이다.

흄이 해체적 방식으로 씨름한 문제는 개연성과 확실성 사이의 틈새였다. 계몽주의는 단순한 의견, 선입관, 편견, 혹은 심지어 신앙에서도 자유로운 확실한 지식을 발견하는 것을 최고의 관심사로 삼았다. 그런 지식은 우주의 불가사의들을 푸는 열쇠, 그리고 특히 이신론자들에게는 불가피하게 전쟁을 야기한 계시 종교의 문제들을 해결하는 열쇠가 될 것이었다. 앎에 대한 이런 계몽주의의 토대에서 하나의 주춧돌은 인과 관계다. 흄은 바로 거기서 토대에 있는 균열을 발견했다. 그는 "실제 사실과 관련된 모든 추론은 **원인**에서 **결과**로 이어지는 관계에 토대를 두는 것처럼 보인다"라고 썼다.⁶⁸ 18세기 유럽인들이라면, 설령 그들이 하나님을 모든 것의 주요 원인으로 여겼을지라도, 인과 관계에는 거의 이의를 제기하지 않았을 것이다. 합리적 종교와 과학 모두가 원인에서 결과로 추론한다는 생각에 의존하고 있었다. 흄이 발견한 결함은 인과 관계(추정된 원인과 그 결과 사이의 관계)가 그 자체로 감각 경험의 대상은 아니라는 점이다. 기껏해야 그것은 일정한 사건들 사이의 시간적 연관들에 나타난 규칙성을 관찰한 것에 기초한 일반적 가정에 불과하다. "**유사**해 보이는 원인들로부터 우리는 유사한 결과들을 예상한다. 이것은 우리의 모든 경험적 결론들의 전부다."⁶⁹ 이런 예상으로부터 우리는 인과 관계라 불리는 어떤 것의 실재를 추론하지만, 결코 그

---

67 같은 책, p. 10.
68 같은 책, p. 16.
69 같은 책, p. 23.

것을 경험하지는 않는다. 우리가 경험하는 것은 언제나 B가 A를 뒤따른다는 것뿐이다. A가 B를 야기했다는 것은 추론, 즉 일반적 믿음에 불과하다. 향후 언제나 B가 A를 뒤따를지에 관해서 우리는 확실성을 갖고 말할 수 없는데, 왜냐하면 우리는 인과 관계라 불리는 힘이나 사물을 경험하지 않기 때문이다. 실제로 흄은 다음의 결론을 내린다. "아무리 유심히 살펴보아도, 우리는 한 사건이 다른 사건을 뒤따른다는 것 외의 어떤 것도 결코 발견할 수 없다. 원인이 작용하도록 하는 어떤 힘이나 능력을, 또는 원인과 그것의 추정된 결과 사이의 어떤 관계를 이해할 수는 없다."[70]

흄의 발견은 인과 관계라는 실재에 의존하는 과학과 자연 신학에 큰 타격이었다. 만약 인과 관계가 단지 일반적 믿음에 불과하다면, 미신과는 어떻게 구별되는가? 흄은 이것들을 동일시하지는 않았다. 하지만 그는 계몽주의의 오만에 대해 의문을 제기했다. 과학적이든 신학적이든, 세계가 작용하는 방식에 대한 확실성은 가능한가? 아니면 우리는 다시 믿음에 의존해야만 하는가?

칸트가 한 일을 이해하기 위해 우리가 기억해야 할 것은, 난해하게 들리는 개념이 아니라 흄이 한 다음의 말이다. 그에 따르면 선험적으로 참인 종합 명제란 있을 수 없으며, 그러므로 사전 밖의 세계에 관한 확실성은 언제나 진짜 확실성에 미치지 못한다. 하지만 계몽주의가 희망하고 예상했던 것처럼 확실성과 지식이 연결된다면, 현대의 기획은 전체가 곤경에 처하게 되었다. 흄은 더 나아갔다. 사전 밖의 세계에 대한 모든 지식(즉 종합적 진리)은 믿음의 요소를 일부 포함한다. 왜냐하면 과학이 자신의 일을 하기 위해서는, 관찰될 수 없는 인과 관계를 믿어야만 하기 때문이다. 하지만 과학 혁명을 포함한 계몽주의는, 이성을 이용하여 확실성을 갖춘 지식을 확립함으로써 믿음에 대한 의존을 극복하는 데 주안점이 있었다.

---

70 같은 책, p. 49.

흄이 실제로 하려고 했던 것은 무엇일까? 그는 회의주의적 게임을 통한 파괴를 즐겼던 것일까? 결코 그렇지 않다. 그는 어떤 것을 논리적 결론으로 이끄는 것은 원리의 문제라고 생각했다. 흄과 같이 경험주의에 충실한 사람들에게는 경험주의의 도전들을 직면하는 것이 그것들을 피하여 숨는 것보다 확실히 더 나은 방식이었다. 흄은 외부 세계에 대한 지식, 즉 사전 밖의 세계에 대한 지식에서는 확실성을 찾기 힘들다는 점을 그냥 그대로 두는 것이 불편하지 않았다. 과학과 종교는 가능한 한 개연성과 믿음과 잘 어울릴 수 있어야 한다. 흄에게 이것은 어떻게든 그럭저럭 해 내야 할 문제였다. 이와 같은 곤란한 문제들을 흄 스스로는 어떻게 처리하는지 질문을 받았을 때, 그는 그런 문제들을 그냥 내려놓고 친구들과 카드 놀이를 한다고 대답했다.

이 모든 내용이 종교와 어떤 관련이 있는가? 이에 대한 답은 18세기의 종교가 자유주의든 보수주의든 인과 관계라는 실재에 얼마나 의존하게 되었는지를 안다면 금방 분명해진다. 자연 종교(이신론)와 자연 신학(합리적 신 존재 증명들을 이용하는 보수적 변증들)은 모두 인과 관계라는 실재를 가정했다. 그들이 동의했던 것 한 가지는 하나님이 세계의 궁극적 원인, 즉 세계의 존재와 설계의 궁극적 원인이라는 점이었다. 흄의 『자연 종교에 관한 대화』는 계몽주의 정신과 어울리는 합리적 종교를 찾는 곳에 떨어지는 폭탄과도 같았다. 그리고 이 말은 자유주의자와 보수주의자 모두에 해당하는데, 둘 다 신 존재 증명과 세계의 원인으로서의 하나님 개념에 깊이 의존했기 때문이다. 흄은 종교를 상대로 차분하면서도 지독한 공격을 감행했다. 다시 말해, 『자연 종교에 관한 대화』에는 가령 볼테르에게서 보이는 분노와 비열함은 전혀 없지만, 상아탑에서 제기하는 종류의 질문도 없다. 흄의 공격은, 스미스가 앞에서 세 가지로 요약한 흄 자신의 종교를 제외하고는, 종교를 황폐하게 하려는 것이었다.

『자연 종교에 관한 대화』에서 흄은 (필로라는 인물을 통해) 자신의 회의주의를 이용해 인과 관계를 포함한 신 존재 증명들을 공격하고 그 기반을 약화시킨다. 인과 관계에 대한 증거가 없다면 그것에 전적으로 의존하는 증명은 타당하지 않다. 적어도 이것이 흄이 보이려 하는 것이다. 여기서는 한정된 지면으로 인해 자연 신학을 반대하는 그의 논증들을 모두 요약할 수 없으므로 한 가지 예만 들려 하는데, 그것만으로도 흄의 추론 방법을 충분히 보여 줄 수 있을 것이다. 가장 잘 알려진 신 존재 논증이며 18세기의 거의 모든 사람이 타당하다고 여겼던 것은 설계로부터의 논증[argument from design, 21세기 초에는 지적 설계 이론(intelligent design theory)이라 부르는 것]이다. 페일리의 자연 신학은 비록 흄의 비판 이후에 출판되었지만 이 논증의 좋은 사례였다. 이것은, 간단히 말해, 우주가 그 복잡함과 내적 상호연관에서 설계의 증거를 드러낸다는 논증이다. 흄이 보여 주려고 시도한 것은, 우리가 관찰할 수 있는 설계는 무한하고 온전히 지혜로운 창조자를 증명하는 데까지는 미치지 못한다는 점이다. 오히려, 그가 말하는 바에 따르면, 관찰할 수 있는 설계는 자연에 무질서와 부패를 부여한 위원회나 실성한 존재를 가리키는 것뿐일 수도 있다. 여기에 목적론적 논증에 대한 흄의 비판의 한 예시가 있다.

이 우주를 둘러보라. 살아 있고 조직화되어 있는, 감각 가능하고 활동적인 존재들이 무수히 많다! 당신은 이 엄청난 다양성과 풍부함에 감탄한다. 하지만 고려할 가치가 있는 유일한 존재들인 이 살아 있는 존재들을 조금만 더 자세히 조사해 보라. 서로 얼마나 적대적이고 파괴적인가! 그들은 모두 자신들의 행복에 턱없이 부적합하지 않은가! 관찰자에게 너무나 하찮고 불쾌해 보인다! 이 모든 것을 보면 맹목적 자연이라는 생각 밖에 들지 않는다. 생명의 기운을 불어넣는 위대한 원리로 충만한 이 맹목적 자연은, 분별이나 부모로서의 돌봄 없이, 불구이고 미성숙한 자녀들을 자신의 품에서 쏟아 낸다.[71]

---

[71] 같은 책, p. 211.

많은 교양인은 흄이 하나님에 대한 목적론적 논증을 무너뜨렸으며, 이를 통해 자연 신학과 자연 종교를 철저히 약화시켰다고 믿었다. 『자연 종교에 관한 대화』의 종결부에서 이 회의주의자는 경건한 사람이 하나님에 관한 믿음을 위해 특별 계시에 대한 신앙에 호소할 수 있음을 인정하지만,[72] 이신론자들과 정통 신앙의 옹호자들이 믿었던 합리적 종교를 자신이 척결했다고 확신한다.

또한 흄은 기적에 대한 믿음을 공격했다. 이 공격은 이신론에는 별 영향을 미치지 않았지만, 예수의 기적들의 역사성에 기초하는 기독교에 대한 믿음의 기반을 약화시키려 했다. 『인간의 이해력에 관한 탐구』의 한 작은 절 "기적에 관하여"(10절)에서, 흄은 초자연적 개입을 주장하는 것과 관련해 언제나 기적보다 더 나은 설명이 있음을 강조했다. 하지만 그는 자연의 균일성을 주장 전체에서 가정함으로써 시작부터 기적을 배제했다. "기적은 자연법칙들의 위반이다. 그리고 확고하고 불변하는 경험이 이 법칙들을 확증했듯이, 사실의 성격 자체로부터 기적에 반대해 이루어진 반증은 상상할 수 있는 그 어떤 경험으로부터의 논증만큼이나 온전하다."[73]

유럽의 많은 계몽된 사람들이 흄의 『인간의 이해력에 관한 탐구』와 『자연 종교에 관한 대화』를 읽고 나서 자연 종교와 자연 신학은 끝났다는 결론을 내렸다. 오직 신앙에 기초하여 하나님과 기독교 교리를 믿었던 사람들만 동요하지 않았다. 하지만 기독교는 유럽 전체와 북미 많은 곳에서 자유롭게 사고하는 자유주의 형태로 혹은 합리주의적 정통의 형태로 계몽주의 이성과 아주 밀접히 연결되어, 논증과 방어의 힘을 구비한 흄의 회의주의가 충격으로 다가왔다.

---

[72] 같은 책, pp. 227-228.
[73] 같은 책, p. 76.

칸트가 과학을 흄의 회의주의로부터 구하다

모든 기록에 따르면 칸트는 특이한 사람이었다. 많은 점에서 그는 기이한 철학자에 대한 고정 관념에 잘 들어맞는다. 그는 프로이센의 도시 쾨니히스베르크(지금은 러시아의 일부)에서 나고 자랐으며, 도시로부터 약 16킬로미터 밖으로 떠나본 적이 없었다. 그는 80년 평생을 한 도시에서 살았다. 조금도 과장하지 않고 말하자면, 그는 많은 사람이 우러러보는 코즈모폴리턴은 아니었다. 오늘날의 심리학적 기준으로 보면, 거의 확실히 그는 강박 장애(OCD)는 물론이고 아마도 광장 공포증(집 떠나는 것, 특히 사람들이 붐비는 곳에 가는 것에 대한 공포)에 걸린 사람이었다. 그는 쾨니히스베르크 대학교의 강의와 매일의 산책을 제외하고는 집을 거의 떠나지 않았다. 그는 경건주의 가정과 교회에서 자랐지만, 성인이 되어서는 교회에 거의 나가지 않았다. 그의 매일 산책 때 하인이 모자와 코트, 그리고 비에 대비한 우산을 들고 그를 따르는 것을 보고 이웃들은 시계를 맞추었다. 그는 언제나 정확히 오후 3시 30분에 산책했다. 한 이야기에 따르면, 하루는 강의 중에 앞에 앉은 한 학생의 웃옷에 단추가 없는 것을 보고 주의가 산만해져 강의를 멈추었다고 한다. 칸트는 강의를 재개할 수 있도록 그 학생에게 방으로 가서 코트에 단추를 달고 오라고 명령했다. 칸트는 기이하고 은둔하는 구석이 있었던 것 같지만 책을 아주 많이 읽었는데, 그가 읽는 책에는 흄처럼 외국인이 쓴 책도 있었다. 그가 스스로 인정하듯이, 칸트는 흄의 책을 읽고 "독단의 잠"에서 깨어나 많은 사람이 비판적 관념론(critical idealism)이라 불러 온 철학의 새 길을 개척했다. 칸트의 철학적 기획은 많은 부분이 과학과 종교를 흄의 회의주의로부터 구하는 데 전념했다. 하지만 그의 방법과 결론은 18세기의 합리적 종교를 지지하는 사람들—이신론자들과 자연신학 옹호자들—에게 전혀 위로가 되지 못했다.

칸트는 전형적 현대 개신교 철학자로 추앙을 받아 왔다. 그의 영향력은 아무리 강조해도 지나치지 않다. 역사신학자 클로드 웰치(Claude Welch)에 따르면 칸트는 "어느 누구보다도 19세기 신학에 큰 영향력을 미친 사람"[74]인데, 우리는 20세기 신학의 많은 부분도 칸트의 영향을 받았음을 추가할 수 있을 것이다. 그는 아주 뛰어난 계몽주의 사상가였지만, (계몽주의적 토대주의의 양대 산맥인) 전통적 합리주의와 경험주의를 비판했고, 자신의 거대하고 복합적이고 미묘한 비판 철학에서 그것들의 장점을 결합하고 약점을 피하려고 했다. 여기서는 칸트 철학에 대한 대략적 설명만, 현대 신학을 이해하는 데 필요한 부분만 제시될 것이다.

칸트는 부피가 큰 책들을 많이 남겼고, 이들 대부분은 21세기에도 여전히 출판되고 있다. 특히 신학과 관련해 가장 영향력 있는 저작은 『순수 이성 비판』(*The Critique of Pure Reason*, 1781)과 『이성의 한계 안에서의 종교』(*Religion Within the Limits of Reason Alone*, 1793)다. 칸트는 계몽주의 사상가였지만, 계몽주의 철학이 난관에 봉착했으며 흄이 이 점을 간명하게 지적했다고 보았다. 그는 흄의 입장에 동의했는데, 즉 철저한 경험주의는 과학이 자신의 일을 수행하기 위해 필요한 인과 관계와 그 이외의 많은 것의 실재에 관해서조차 회의주의를 낳는다는 것이었다. 또한 그가 흄과 견해가 같은 점은 자연 신학, 특히 전통적 신 존재 증명들이 신을 분명히 논증하는 데 한참 못 미친다는 것이다. 그러나 흄과는 달리 그는 철학, 과학, 혹은 종교를 의혹의 수렁 가운데 두는 것이 편안하지 않았다. 칸트는 고질적 회의주의에서 그것들을 건져 낼 새로운 인식론이 필요하다고 생각했다. 그러한 새로운 인식론은 합리주의와 경험주의를 모두 수정해 둘의 최고 장점을 모두 합치면서 최악의 특징들을 배제한 것이어야 했다.

이미 우리는 흄이 한 일이 (다른 무엇보다도) 선험적 종합 진리 같은 것은 있을 수 없다고 지적한 것이었음을 보았다. 말하자면, 사전 바깥의 세상

---

[74] Claude Welch, *Protestant Theology in the Nineteenth Century*, vol. 1: *1799-1870* (New Haven, CT: Yale University Press, 1972), p. 45.

에는 확실성이 있을 수 없다는 것이다. 선험적 진리는 언제나 분석적이기만 하다. 즉 정의(定義)에 관한 것이라는 뜻이다. 예를 들어, 총각이 결혼하지 않은 남자라는 점은 아무도 의심할 수 없다. 하지만 이것은 누군가가 세계를 돌며 모든 총각을 확인하고 그들이 결혼하지 않은 남자라고 결론을 내렸기 때문이 아니다. 모든 총각이 결혼하지 않은 남자라는 점이 선험적으로 참인 것은 그것이 "총각"의 정의이기 때문이다. 원(圓)도 마찬가지다. 원이 둥근 것은 둥근 것이 "원"의 정의의 일부이기 때문이다. 선험적 진리는 조사나 실험이나 심지어 감각 관찰을 필요로 하지 않기 때문에 사람들이 절대적으로 확신할 수 있는 진리다. 후험적 진리는 조사나 실험이나 적어도 관찰로부터 나오며 또 그에 의존하는 진리다. 예를 들어, 지구가 태양 주위를 돈다는 것은 후험적으로 참이다. "지구"나 "태양"이나 심지어 "태양계"의 정의 안에는 이 명제가 참이 되기 위해 필요한 것이 없다. 이 명제는 코페르니쿠스로부터 시작해 갈릴레오에서 절정에 이르는 면밀한 관찰을 통해 참이라고 증명되기 때문에 참이다. 하지만 흄의 요지는, 엄격하고 철저한 경험주의는 결코 확실성을 산출할 수 없다는 것이다. 우리가 관찰에 기초하는 어떤 결론이 아무리 확실하다고 생각해도, 어떤 국면에서는 거짓으로 판명될 수 있다는 것을 안다. 그러므로 확실성은 오직 분석적 영역에만 존재한다. 선험적 진리는 분석적 영역에 한정된다. 사전과 또한 아마도 수학 교과서 너머의 종합적 영역에서, 진리는 모두 후험적이며 따라서 틀릴 수 있다.

흄은 싸움을 시작했고, 칸트는 대담하게 이 도전을 계속했다. 그는 대담하게 선험적 종합 진리들을 찾으려 했고, 또한 그것들을 발견하여 과학을 다시 단단한 기반 위에 올려놓았다고 주장했다.[75] 그러나 종교에, 적어도

---

75 이어지는 내용은 칸트의 인식론의 기초들에 관한 기술로, 요약하기 힘들기로 악명이 높은 *Critique of Pure Reason*, trans. Norman Kemp Smith (New York: St. Martin's Press, 1965)의 요점들을 내가 요약한 것이다. 그리고 이 책으로부터의 인용들은 이러한 간결한 요약에서 대개 도움이 되지 않는

자연적, 합리적 종교와 신학에 부과된 비용은 엄청났다. 자연적, 합리적 종교와 신학은 형이상학에 의존하고 있었는데, 즉 현상 이면의 사물, 능력, 존재, 힘의 궁극적 실재―현상만이 아니라 물자체(物自體, things in themselves)―를 추구하는 철학의 분야다. 하나님은 모든 다른 사물들의 필연적 궁극의 원인이라 믿어졌으며, 자연 신학과 자연 종교의 주장에 따르면 하나님의 존재는 세계(즉 세계의 설계)에 대한 관찰을 통해 증명될 수 있었다. 칸트는 종교에 대한 이런 접근법이 끝나야 한다는 점에서는 흄에 동의했다. 이 접근법은 더 이상 통하지 않는다. 하지만 왜 통하지 않는가? 칸트의 이유는 흄이 제시한 이유와는 약간 달랐다. 칸트의 유명한 말에 따르면, 그는 신앙을 위한 자리를 만들기 위해 (종교에서) 이성을 희생시켜야만 했다. 이 말이 진심인지 아닌지를 두고 많은 논의가 있었는데, 아마도 이것이 칸트가 종교의 파괴자라는 비난을 스스로 방어하는 방식이었던 것 같다. [종교, 참된 기독교는 언제나 궁극적으로 신앙의 문제이지 이성의 문제가 아니라고 생각하는 사람들은 칸트의 생각과는 별개로 칸트를 동맹으로 여긴다.] 그렇다면 칸트의 말은 어떤 의미를 담고 있는가?

칸트는 선험적 종합 진리를 발견하고자 했다. 이를 찾기 위해 그는 철학에서 필요한 코페르니쿠스적 혁명을 제안했다. 합리주의는, 데카르트를 계승하면서, 선험적 진리와 동일시한 참된 지식이 사고의 영역에서 오감과 별개로 존재한다고 말했다. 예를 들어, 자신의 존재로부터의 논리적 연역은 그 사람을 하나님, 불멸하는 영혼, 외부 실재("우주")의 통일성에 관한 지식으로 이끌 수 있었다. 그러므로 자명한 진리인 본유 관념은 지식 추구의 출발점이다. 하지만 경험주의는, 로크를 계승하면서, 참된 지식이 언제나 감각 경험으로 시작한다고 말했다. 마음(정신)은 아무것도 쓰이지 않은 백

다. 현대 신학에 대한 칸트의 영향을 이해시키기 위한 매우 간결한 조망과 설명이라는 맥락에서 내가 이 책을 공정히 다루었는지 여부는 비평가들의 판단에 맡긴다.

지로, 마치 열쇠가 밀랍 위로 눌려질 때 자국을 남기는 것처럼, 감각 경험에 의해 지식이 각인된다. 칸트는 합리주의와 경험주의가 모두 독자적으로는 철학, 과학, 종교를 막다른 골목으로 인도한다고 생각했다. 어떤 식으로든 이 둘은 결합되어야 했다. 칸트는 경험주의가 엄격한 데카르트적 합리주의보다는 전반적으로 낫다고 보았다. 오직 논리만으로는 과학적 발견을 낳을 수 없다. 경험주의는 그야말로 과학의 토대였다. 하지만 흄에 의해 정교하게 밝혀진 경험주의의 결함을 어떻게 고치겠는가?

칸트는 인간의 마음을 밀랍 덩어리로, 또 지식을 감각, 즉 지각에 의해 그 마음 위에 형성된 인상으로 생각하는 대신에, 오히려 감각 경험들을 받아들이고 이를 지식으로 빚는, (은유적으로 말해) 기어와 레버를 가진 적극적이고 생산력이 있는 기계로 보자고 제안했다. 다시 말해, 마음은 자동력(自動力)이 없는 수용체가 아니라 수용도 하고 **또한** 생산도 하는 것으로 봐야 한다. 마음은 칸트가 "직관의 형식"(forms of intuition)과 "지성의 범주"(categories of understanding)라 부르는 본유적·인식적 작용을 통해 오감의 미가공 자료를 지식으로 빚고 형성한다. 직관의 형식은 공간과 시간이다. 지성의 범주는 인과 관계를 포함하는데, 바로 흄이 보여 준 것처럼 관찰될 수 없으며 그러므로 알려질 수 없는 지극히 중요한 작용이다. 칸트가 오늘날 살아 있다면 좋아했을 현대적 예를 들자면, 마음은 밀랍 덩어리보다는 컴퓨터 프로그램과 같다. 마음은 미가공 자료를 받아 이 자료를 지식으로 정리한다. 예를 들어, 마치 컴퓨터 프로그램이 무작위로 입력되는 이름들 목록을 받아 이를 알파벳 순서로 정리하는 것처럼 말이다.

칸트의 인식론의 장점은 무엇인가? 합리주의와 경험주의를 결합하여 그것들의 한계를 피해서 돌아가는 우회로를 제공한다는 것이다. 칸트는 로크와 흄 같은 경험주의자들에게 동의하여 모든 앎이 감각 경험과 함께 시작한다고 보았지만, 데카르트 같은 합리주의자들에게 동의하여 지식이 감각 경험에 국한되지 않는다고 보았다. 칸트가 맞았다면, 그리고 18세기 후반과 그 이후의 많은 사람이 그렇다고 생각했는데, 그렇다면 선험적 종합 진리는 발견된 것이다. 칸트가 옳았다면, 우리는 모든 지식이 인과 관계를 포함하는 특정한 방식으로 정리될 것이라고 언제나 확신할 수 있다. 모든 결과는 원인을 갖게 될 것인데, **왜냐하면** 인간의 마음은 감각에 의해 전달된 미가공 자료를 받아들이고 정리하는 과정에 인과 관계를 부여하기 때문이다. 인과 관계가 관찰될 수 없다는 점은 중요하지 않다. 중요한 것은 인과 관계가, 말하자면, 마음이라는 기계의 한 부분이라는 점이다. 혹은, 더 현대적 비유를 들자면, 인과 관계는 마음의 소프트웨어의 한 부분이다. 하나의 선험적 종합 진리는, 순수 이성을 통해 알려진 모든 대상은 원인과 결과의 연결망 안에 존재한다는 것이다. 이것이 종합적인 이유는, 단지 정의가 아니라 경험의 세계에 관한 것이기 때문이다. 이것은 이를 알기 위해 경험이 필요하지 않기 때문에 선험적으로 참이며, "마음"의 보편적 작용 때문에 자명하다. 그렇다면 칸트에게는, 일단 사람들이 마음이 앎의 과정에서 수동적이라는 생각을 버리고 적극적이라는 것을 깨닫는다면, 흄의 회의주의가 극복된다. 이제 과학은 다시 일을 시작할 수 있는데, 과학의 주요 범주 가운데 하나인 인과 관계가 다시 단단한 터(*terra firma*) 위에 놓였기 때문이다.

 사람들이 칸트의 비판적 관념론의 인식론을 처음 대할 때 흔히 떠오르는 중요한 질문이 하나 있다. (이렇게 불리는 이유는 철학적 관념론이 앎에서 마음의 역할을 강조하기 때문에, 그리고 절대적 관념론과는 달리 마음이 존재하는 모든 것이라고 말하지 않기 때문이다.) 이는 우리가 물자체에 대한 지식이 아니라, 오직 우리에게 나타나 보이는 대로의 사물들에 대한 지식만 가질 수 있음을 뜻하지 않는가? 칸트의 대답은 단연코 그렇다는 것이다.

 우리의 모든 직관[지식]은 다름 아니라 현상의 표상이다. 우리는 직관하는 사물들을 그 자체로 있는 그대로 직관하는 것이 아니며, 그것들의 관계들도 그 자체로 우리에게 나타나는 대로 구성되는 것이 아니고, 또한…주체가, 혹은 심지어 감각들 일반의 주관적 구성이 제거된다면, 공간과 시간에 있는 대상들의 구성 전체와 모든 관계는, 아니 공간과 시간 자체가 사라질 것이다. 현상들로서, 그것들은 그 자체로가 아니라 우리 안에서만 존재할 수 있다. 대상들은 그 자체로서는, 그리고 우리의 감각 가능성의 이 모든 수용력과 별개로는, 우리에게 전혀 알려지지 않은 채로 남는다.[76]

그렇기 때문에 형이상학과 자연 신학을 끝내야 한다. 칸트가 맞았다면, 우리는 마음이 사물들을 빚는 대로만, 즉 우리가 순수 이성, "과학적 이성"에 관해 말하는 경우에만 사물들에 관한 지식을 가질 수 있으며, 그 외에는 아무런 지식도 가질 수 없다. 형이상학은 언제나 어떤 의미에서 과학적으로 여겨졌다. 자연 신학은 기독교를 포함하는 종교를 과학적 기반 위에 (자연과학들보다 우위가 아니라면) 자연과학들과 나란히 세운다고 생각되었다. 하지만 칸트가 맞았다면, "과학적 지식", 감각 경험과 그로부터의 연역을 통해 얻은 세계에 관한 지식은 현상에 국한된다. 물자체(Ding-an-sich)는 앎 너머에 있다. 칸트는 과학이 스스로 이 점을 안타깝게 여겨서는 안 된다고 보았다. 즉 과학은 과학이 연구하는 것이 본체계(noumenal realm, 물자체의 영역을 일컫는 칸트의 용어)에 존재하는지 아니면 현상계(phenomenal realm, 우리에게 나타나 보이는 대로의 것들의 영역을 일컫는 칸트의 용어)에 존재하는지 염려하지 않고도 자신의 일을 해 나갈 수 있다는 것이다. 일부 과학자들은 이에 동의했고 일부는 반대했지만, 칸트는 그것이 중요하지 않다고 확고히 생각했다. 물자체를 연구한다고 생각하는 것은 형이상학에 관여하는 것이고 흄의 회의주의에 영향을 받는다.

컴퓨터 소프트웨어에 관한 예시는 칸트의 요점을 분명하게 하는 데 도움이 될 것이다. 누군가의 일이 네트워크를 통해 자신의 컴퓨터에 도착하

---

[76] Kant, *Critique of Pure Reason*, p. 82.

는 자료를 보고 해석하는 것이라고 가정해 보자. 이 자료는 언제나 알파 벳순으로 정리되어 도착한다. (아마도 그것은, 예를 들어, 책 제목과 저자의 목록일 수 있겠다.) 그 자료가 컴퓨터 네트워크로, 또 그 소프트웨어로 들어올 때도 그런 형식이었는지 여부가 그 사람에게 무엇이 중요하겠는가? 그 사람이 상사에게 "제가 컴퓨터로 받는 자료가 다른 곳에서도, 곧 네트워크에 있는 다른 사람의 컴퓨터에서도 똑같은 형식으로 나타나나요?"라고 문의했다고 가정해 보자. 상사는 아마 "그건 자네가 알 바가 아니네. 그건 중요하지 않아"라고 답할 것이다(특히 그 자신도 잘 모르는 경우에는 말이다). 컴퓨터와 그 성능에 무지한 사람은 아마도 자료가 다른 사람들에게도 똑같은 형식으로 입력된다고 생각할 것이다. 하지만 컴퓨터 소프트웨어와 그 성능에 해박한 사람은 자료가 누군가에 의해 어떤 곳에는 똑같은 형식으로 입력되지 않으리라 생각할 것이고, 네트워크나 자신의 컴퓨터에 있는 어떤 소프트웨어가 자료를 자신에게 보이는 형태로 정리하는 것이라고 가정할 것이다. 하지만 이것이 그 사람이 하는 일에 무슨 차이를 만드는가? 아무런 차이도 없다. 칸트의 "본체계"를 어떤 자료를 정리된 형태로 받는 직원과 연결된 네트워크의 저쪽 편에 있는 사람, 컴퓨터, 미가공 자료로 생각해 보라. 칸트의 "현상계"를 이 직원의 컴퓨터 화면에 나타나는 것으로 생각해 보라. 칸트의 "직관의 형식"과 "지성의 범주"는 미가공 자료를 그 입력될 때의 상태(본체계)와 수용된 후의 상태(현상계) 사이에서 정리하는 소프트웨어로 생각해 보라. 요점은, 해석될 자료를 받는 사람에게 그 자료가 언제나 (예를 들면) 알파벳순으로 되어 있으리라는 점은 선험적으로 참이라는 것이다. 이것이 선험적 종합 진리로, 흄이 불가능하다고 생각했던 것이다.

그러므로, 칸트가 맞다면, 과학은 구제되지만, 자연 신학과 자연 종교를 포함하는 형이상학은 끝난다. 왜냐하면 컴퓨터 네트워크에서 자료를 받는 쪽에 있는 사람은 자신이 속한 자리에서는 미가공 자료나 그 자료의 기원에 관해서 전혀 알 수 없기 때문이다. **그 사람이 받아들이고 보는 자료는 그**

것을 보기 이전의 자료의 성격에 관해서 아무것도 알려주지 않는다. 왜냐하면 그 사람이 아는 모든 것은 아마도 무의미한 뒤죽박죽 섞여 있는 바이트들로부터 시작되었을 수도 있다. 비슷하게, 칸트로서는, 마음이 받아들여서 정리하기 전에는 우리의 감각 경험의 미가공 자료, 그 기원, 그 성격에 관해 무엇이라도 알 수 있는 방법이 전혀 없다. 하지만 하나님은 정의상 본체계에 속하는 것으로 보인다. 마음에 의해 빚어지는 하나님이 무슨 소용이 있겠는가? 형이상학의 대상들 전체에 관해서도 똑같이 말할 수 있을 것이다(예를 들어 영혼, 전체로서의 우주). 그러므로 과학을 구하기 위해서 칸트는 형이상학을 파괴해야만 했고, 그와 함께 합리적 자연 신학과 자연 종교도 그렇게 해야만 했다.

칸트가 맞다면, 아주 엄격한 지식의 의미에서 하나님에 관한 지식은 있을 수 없다. 어느 선도하는 칸트학자가 말하듯, "지식의 유일한 대상들이 특정한 인식가능성의 원리들에 따라 그러한 대상들로 결정된 것이라면, 하나님에 관한 지식은 당연히 있을 수 없다."[77]

칸트가 종교를 실천 이성에 국한하다

하지만 이것이 칸트와 종교에 관한 이야기의 끝은 아니다. 칸트는, 자신만의 방식으로, 매우 종교적이었다. 그는 과학을 흄의 인식론으로부터 구하기 원했던 것만큼이나, 종교를 자기 자신의 인식론으로부터 구하고 싶어 했다. 칸트가 종교를 어떻게 구해 내는가는 『이성의 한계 안에서의 종교』(1793)에서 설명된다.[78] 하지만 그가 거기서 쓰는 내용의 많은 부분은 다른 책 『실천

---

[77] F. E. England, *Kant's Conception of God* (New York: Humanities Press, 1968), p. 207. 칸트가 맞다면 하나님에 관한 지식이 존재할 수 없지만, "초월적 개념"으로서의 하나님 관념은 존재할 수 있으며 **실제로 존재해야만 한다**(칸트도 이 점을 역설했다). "초월적 개념"이란 칸트에게 필연적 관념을 의미한다. 하지만 칸트에게 하나님 관념의 필연성은 하나님의 존재나 본성에 대해 아무것도 말하지 않는다.

[78] 다시 말하지만, 비판적 관념론에 관한 칸트의 기술과 마찬가지로, 다음의 내용은 *Religion Within the Limits of Reason Alone*, trans. Theodore M. Greene and Hoyt H. Hudson (New York: Harper & Row, 1960)의 요점들을 간단히 정리한 것이다.

이성 비판』(*Critique of Practical Reason*, 1788)에 의존한다. 칸트는 이성을 "순수 이성"과 "실천 이성" 두 영역으로 나누었다. 그에 따르면 "순수 이성"은 모든 과학에 의해 사용되는 이성이고, "실천 이성"은 도덕적 삶에서 사용되는 이성이다. 칸트는 하나님, 영혼, 그리고 전체로서의 우주(즉 우주의 통일성)라는 관념들의 필연성을 보이기 위해 "초월적 추론"(transcendental reasoning)을 사용했다. 여기서 "초월적"이라는 말은 사실인 것으로부터 사실이어야 하는 것을 상상하고 그 실재를 가정하는 것을 의미한다. 칸트에 따르면, 종교는 윤리로부터, 인류의 "내면의 도덕 법칙" 경험으로부터 나온다. 그의 다음 언급은 잘 알려져 있다. "사람들이 더 자주, 더 끈질기게 묵상하면 할수록 늘 새롭고 증가하는 경탄과 경의로 마음을 채우는 것이 두 가지 있다. 바로 내 위에 있는 별이 빛나는 하늘과, 내 안에 있는 도덕률이다."[79] 칸트는 모든 사람 안에 도덕 법칙이 있으며 이 법칙은 완전히 합리적이라고 믿었다. 그것은 계시에 의존하지 않는다. 그는 이것을 "정언 명령"(categorical imperative)이라 불렀고 이를 두 가지 형태로 표현했다. 그중에서 가장 잘 알려진 것은 "타인들을 그들 자체로 목적으로 대하되, 목적을 위한 수단으로 대하지 말라"다. 칸트에게 이것은 철학적 황금률로, 모든 합리적 인간은 직관적으로 이것이 맞다는 것을 깨닫는다. 하지만 그는 이것을 지키는 것이 언제나 행복을 가져오지는 않음을 깨달았다. 현세의 삶에서는 도덕적으로 사는 것과 행복한 것 사이에는 자동적 관련이 없다. 그러므로 도덕적으로 사는 것이 행복으로 보상받는 곳이 있어야만 한다. 사람들은 이런 곳을 천국(heaven)이라고 이해하지만, 칸트는 이를 전통적 신학의 용어나 심지어 성경적 이미지를 통해 생각하지 않았다. 내면의 도덕 법칙에 근거하여, 칸트는 실천 이성이 사람들로 하여금 하나님과 사후의 보상과 형벌을 포함하는 영혼불멸

---

[79] Immanuel Kant, *Critique of Practical Reason*, trans. Werner S. Pluhar (Indianapolis: Hackett, 2002), p. 203.

을 믿도록 요청한다고 주장했다.

『이성의 한계 안에서의 종교』에서 이 독일 철학자는 종교의 올바른 기능은 윤리와 도덕성을 지원하는 것이라고 주장했다. 종교는 전통적으로 이해되는 것처럼 형이상학과는 관련이 없다. 오히려 "순수한 종교적 신앙은 하나님에 대한 경의의 본질을 구성하는 것에 대해서만 관심을 갖는다. 말하자면, 하나님의 명령인 모든 의무에 대한, 도덕적 기질에서 나오는 복종이다."[80] 칸트에 따르면, 기독교조차 윤리적 기능에 국한된다. 기독교는 삼위일체나 성육신 같은 하나님 자신에 관한 불가사의한 교리들에 관한 것이 전혀 아니다. 비록 칸트가 그 교리들을 결코 부정하지는 않지만 말이다. (프로이센 국왕은 칸트가 은연중에 프로이센 국가 교회의 이런저런 교리들을 부인하고 있다고 의심하여, 칸트에게 한동안 침묵을 명하면서 종교에 관한 어떤 것도 출판하지 못하도록 금지시켰다. 결국 그에게 부과된 침묵 명령은 해제되었다.)

예수 그리스도에 관한 칸트의 견해는 기독교를 실천 이성—도덕과 윤리, 특히 정언 명령에 따라 살아야 할 의무—에 국한하는 그의 관점을 잘 보여 준다. 칸트에게 예수는 "하나님을 기쁘게 하는 인간의 원형에 일치하는 한 모범"일 뿐이었다.[81] 칸트는 초자연적인 것들을 명백히 부인하지 않으면서도 이런 것들에 대한 불신을 영리하게 표현했다. 예를 들어, 그리스도에 대한 정의에 바로 이어서 그는 다음과 같이 썼다. "그[예수]는 자신이 온 하늘로 돌아갔다고 [복음서들에서] 제시된다."[82] 여기서 칸트는 예수가 그가 온 하늘로 돌아갔다고 말하지 않았음에 주목하라. 그는 단지 예수가 "하늘로 돌아갔다고 제시된다"고 말할 뿐이다. 이것만으로는 그가 이단이라 비난받을 수 없지만, "…라고 제시된다"는 문구에 담긴 암호를 이해했던 사람들은 칸트가 부활이나 승천을 믿지 않는다는 것을 알았다. 결국 이

---

80 Kant, *Religion*, p. 96.
81 같은 책, pp. 119-120.
82 같은 책, p. 120.

철학자는 예수의 참된 의미를 다음과 같이 표현했다. "그는 구전으로 자신의 마지막 뜻을 (유언처럼) 남겼다. 그리고 자신의 공덕, 가르침, 모범에 대한 기억의 능력을 신뢰했기 때문에, 그는 '(하나님을 기쁘게 하는 인간의 이상으로서) 자신이 세상 끝날까지 계속 자신의 제자들과 함께할 것'이라고 말할 수 있었다."[83] 다시 말해, 예수의 중요성은 그의 모범과 가르침에 있지, 전통적 정통 신학에서처럼 성육신이나 속죄하는 죽음에 있지 않다. 칸트의 기독론은 이신론자들의 기독론을 많이 벗어나지 않았다. 그는 종교의 주요 의미와 목적을 이신론자들과 비슷하게 윤리에 대한 지원으로 보았다.

그 어떤 철학이 그랬던 것보다도, 칸트 철학이 현대 신학에 미친 영향력을 모두 나열하고 설명하려면 수백 쪽을 들여야 할 것이다. 여기서는 몇 가지만 언급하는 것으로 충분하다.

첫째, 칸트의 이원론이 본체적인 것과 현상적인 것, 그리고 순수 이성과 실천 이성 사이에 있었던 것과 종교를 후자에, 특히 윤리학에 국한한 것은 많은 미래의 신학이 과학과 종교 사이의 갈등을 벗어나는 주요 방식을 제공했다. 다시 말해, 기독교를 포함하는 종교가 형이상학이나 외부의 자연세계에 대한 어떤 믿음에 의존하지 않고 도덕이나 의무에 국한된다면, 과학의 그 어떤 새로운 발견에도 거의 영향을 받지 않을 수 있다. 칸트가 맞는다면, 과학과 종교는 완전히 다른 문제를 대상으로 삼는다. 훗날 자유주의 신학은 이 점을 수용해서 종종 "사실의 문제"(matters of fact)와 "가치의 문제"(matters of value, 또는 "신앙의 문제")를 구별했으며, 이렇게 이것들 사이에 벽을 세운 결과로 신학은 후자에 국한되었고, 존재(what is)보다는 당위(what ought to be)에 관한 것이 되었다. 과학은 세계의 사실들에 관한 것이지, 옳고 그름이나 (먼 훗날 자유주의 신학자들이 신학의 유일한 관심사라고 주장하게 될) 하나님 나라에 관한 것이 아니다. 비하하는 방식으로 옛말이 신학은 "하늘이

---

[83] 같은 책.

어떻게 돌아가는지가 아니라 어떻게 하늘로 가는지"와 관련된다고 한 것은 칸트의 요점에 전적으로 부합한다. 비록 칸트가 도덕적 의무를 다하는 것 외에 그 어떤 구원의 계획에 관심이 있었는지는 의심스럽지만 말이다. 사실들과 신앙 사이의 이러한 이원론은 현대 기독교 사상에 만연했기에 많은 사람이 당연시했지만, 칸트 이전의 일부 기독교 신비주의자들이 미리 선수를 쳤을지라도 이것은 칸트의 작품이다.

둘째, 그리고 첫째와 관련이 깊게, 많은 후대의 신학자들은 칸트가 계시를 하나님에 관한 지식의 유일한 출처로 드높이려는 노력의 동반자라고 보았다. 많은 보수주의와 신정통주의 현대 신학자들은 기독교가 이성이나 자연 신학이 아니라 전적으로 특별 계시와 신앙 위에 기초한다고 생각했다. 이것은 18세기의 대다수 계몽주의 사상가들이 동의한 바는 아니었지만, 20세기 초에 칼 바르트(Karl Barth, 1886-1968)와 그의 변증법 신학 동료들과 추종자들과 함께 마치 개신교의 일치된 견해처럼 부각되었다. 저명한 19세기 종교 사상 연구가 버나드 리어던(Bernard Reardon)은 이들처럼 좀더 보수적 신학자들에게 칸트가 의미하는 바를 간명하게 표현했다. "과학적 이성은 그 자신의 영역에서는 절대적일지 모르지만 그 권위가 계시까지 미치지는 못했는데, 계시는 초감각적인 것만을 다루며 도덕적 인격의 '더 높은' 수준에서 인간을 대했다."[84]

칸트는 현대성의 기본 충동들을 버리지 않으면서도 현대성에 새로운 출발을 가능하게 했다. 바르트는 칸트에 관한 자신의 글에서 이 점을 잘 표현한다. "이 사람과 그의 업적이 지니는 의미는 무엇인가?…우리의 대답은 단순히, 바로 이 사람과 그의 작품에서 18세기가 자신의 한계를 보고, 이해하고, 인정했다는 것이다."[85] 다시 말해, 칸트는 이성을 거부하지 않으면

---

[84] Bernard M. G. Reardon, *Kant as Philosophical Theologian* (Totowa, NJ: Barnes & Noble, 1988), p. 179.
[85] Karl Barth, *Protestant Theology in the Nineteenth Century* (Grand Rapids: Eerdmans, 2002), p. 252.

서 합리주의의 한계들을 드러냈다. "18세기의 천상의 철학자들"[86]은 더 이상 분별없이 순수 이성의 전권을 믿을 수 없었다. 이성은 현상 너머의 세계, 물자체에 도달할 수 없었다. 뉴턴은 과학을 "하나님을 따라서 하나님의 생각들을 사유하는 것"으로 정의한 바 있다. 칸트는 인간 이성에 관한 그런 식의 사고방식 한가운데 말뚝을 박았다. 그러나 칸트는 이성에 등을 돌리지는 않았다. 그는 이성을 재정의했으며 그 한계들을 서술했다. 종교에 관해 말하자면, 그는 종교를 자연적인(또는 초자연적인) 것의 영역 바깥으로 빼내어 윤리적인 것의 영역에 확고히 두었다. 이성의 한계들 때문에 종교는 자신을 사실로 확증하기 위해 이성을 사용할 수 없다. 예를 들면, 과학이 태양계에 있는 새로운 행성의 존재를 입증하는 것과 같은 식으로 말이다.

헤겔이 이성을 종교에 돌려주다

지성사를, 그리고 아마도 특히 철학과 신학을 공부하는 학생들이 빨리 배우게 되는 하나의 어려운 교훈은, 어떤 것도 결코 절대적이지 않다는 점이다. 칸트는 형이상학을 죽였고 이성을 현상의 영역에 국한했다. 칸트는 종교를 윤리에 제한했다. 물론 그는 자신과 자신의 철학을 따랐던 사람들을 위해 그렇게 했다. 하지만 그는 절대적·궁극적 실재에 도달하기 위해 이성을 사용하는 모든 시도를 끝내지는 못했다. 칸트 철학의 주요 반대자 한 사람이 칸트의 중년기에 태어났고, 성장해서는 칸트가 이성을 현상에 그리고 종교를 윤리에 국한한 것을 강력히 거부했다. 헤겔은 독일 슈투트가르트의 중산층 가정에서 태어났다. 그의 아버지는 뷔르템베르크 대공국 정부의 공무원으로, 아들이 목사가 되기를 바랐다. 이 아들은 튀빙겐 대학교의

---

[86] 학식이 풍부한 역사가 칼 베커는 18세기가 세속적 시대가 아니었으며 그 시대의 주도적 철학자들이 "천상의 철학"(heavenly philosophy)을 시도했다고 주장했다. 그런 철학에서 이성은, 계시와 신앙에 반대되는 것으로서, 인간을 향한 하나님의 뜻과 하나님에 관한 진리를 확증할 수 있었다. Carl L. Becker, *The Heavenly City of the Eighteenth-Century Philosophers* (New Haven, CT: Yale University Press, 2003).

개신교 신학교에서 의무적으로 신학을 공부했지만, 철학 공부로 방향을 바꾸었다. 헤겔은 관념론자라 불리게 될 일군의 철학자들과 어울렸는데, 그들은 궁극적 실재를 물질이 아니라 사유 또는 의식으로 생각하는 사람들이었다. 그들에게 물질세계(material world)는 정신세계(mental world)의 확장인데, 여기서 하나님은 정신(the Mind, 일반적으로 신성과 동일시되기 때문에 대문자로 표시됨)으로서 그로부터 다른 모든 것이 유래한다. 헤겔이 처음으로 교편을 잡았던 예나 대학교에 있을 때 그의 절친한 벗이자 동료들 가운데 한 명은 철학자 프리드리히 셸링(Friedrich Schelling, 1775-1854)으로, 정신을 유일한 실재로 보고 물질을 포함하는 다른 모든 것은 유출이라 본 절대적 관념론(absolute idealism)의 지지자였다.

헤겔은 절대적 관념론을 받아들이지 않았다. 그의 철학은 변증법적 관념론(dialectical idealism) 같은 말로 불리는 것이 적당할 텐데, "변증법적"이란 기저에 있는 서로 반대되는 것들의 통일을 의미한다. 헤겔은 셸링의 세계관 같은 절대적 관념론은 실재를 "모든 소가 검은 어두운 밤"으로, 다시 말해 실제적 구별이 없는 동일성으로 그리고 말 것이라 생각하게 되었다. 헤겔은 실재가 통일성과 다양성 모두라는 것을 잘 알았지만, 그렇다고 칸트의 이원론을 받아들일 수는 없었다. 헤겔이 생각하기에, 만일 이원론이 결론이라면 실재를 알 희망은 모두 사라지고 만다. 헤겔은 칸트처럼 형이상학이나 합리적 종교를 포기하려 하지 않았다. 하지만 그는 칸트가 신 존재를 증명하는 인과 관계 같은 관념들에 의존했던 전통적 형이상학을 끝장냈다는 것을 잘 알고 있었다. 칸트가 흄을 극복해야 할 문제로 본 것처럼, 헤겔은 칸트를 해결해야 할 과제로 보았다. 그리고 그는 전통적 철학과 종교의 방향을 전환하거나 뒤집음으로써 칸트의 도전에 대응하려 했다.

헤겔이 직면한 칸트적 문제는 순수 이성을 현상의 영역에, 또 종교를 실천 이성이나 윤리의 영역에 국한한 것이다. 헤겔에게 이것은 너무나도 큰 희생이었다. 그는 철학을 궁극적 실재에 관한 합리적 지식으로, 종교를 하나님에 관한 합리적 지식으로 되돌리고 싶었다. "합리적 지식은 기독교 자체에서 본질적 요소다."[87] 그러나 이 일을 하는 유일한 길은 칸트에 의해 가정되거나 만들어진 사유와 존재의 이원론과 주체와 객체의 이원론을 극복하는 것뿐이었다. 헤겔은 칸트 이전으로 돌아갈 수 없다는 것을 알았다. 그는 이신론이나 자연 종교의 이신론적 형태에는 관심이 없었다. 그것도 역시 이원론의 공격을 받아 궁극적 실재에 관한 실제적 지식이 불가능하게 되었다. 그의 대작 『정신현상학』(*Phenomenology of Spirit*)에서 이 사변 철학자는, 철학이 사유와 존재의 이원론과 주체와 객체의 이원론을 극복하고 그 대신에 의식 자체를 궁극적 실재로 생각한다면, 철학에 있는 모든 것이 다시 바르게 될 수 있다고, 즉 진정으로 과학적인(scientific) 것이 될 수 있음을 시사했다. 다시 말해, 헤겔에 따르면, 흄과 칸트의 모든 문제는 앎 혹은 사유의 질서와 존재 혹은 실재의 질서가 서로 다른 질서라는 그들의 가정에 있었다. 헤겔은 사유와 존재가 분리되는 한 궁극적 실재나 하나님에 관한 지식은 불가능하다고 믿었다. 칸트가 깨달은 대로, 그러한 경우에 유일한 "앎"은 "실천적 앎", 즉 하나님이 (그리고 영혼이) 도덕성을 설명하기 위해 요구되는 관념이기 때문에 하나님의 존재를 상정하는 것이다. 그러나 관념론자인 헤겔은, 사유와 존재가 서로 분리된 별개의 질서가 아니라 하나로 엮여서 사유 자체가 하나님을 포함하는 실재의 성격을 드러낸다면 어떨지 묻는다. 그렇다면 의식은 그 자신이 알 수 없는 자신 이외의 실재(하나님이든 물질이든 또는 다른 어떤 것이든)를 파악하려고 분투하는 유한한 것이 아니다. 그 대신에 의식, 즉 정신(mind, spirit)은 존재 혹은 하나님과 마찬가지로 무한하면서도 역동적이다.

그렇다면 의식 자체는 단지 그 자신의 체계를 통해 궁극적 실재를 드러

---

[87] G. W. F. Hegel, *Lectures on the Philosophy of Religion*, trans. E. B. Spiers and J. Burdon Sanderson, 3 vols. (New York: Humanities Press, 1962), vol. 1, p. 17.

낸다. 의식과 궁극적 실재는 연합되어 있으며, 분리되어 있지 않기 때문이다. 모든 실재의 이 위대한 통일은, 즉 역동적 과정에 연합되어 있는 의식과 존재는 단지 유한하지 않고, 헤겔이 "참된 무한"이라 부른 것으로서 그 안에 유한을 포함하며,[88] 이것은 "절대정신"[Absolute Spirit, 헤겔의 정신(Mind 또는 Spirit)으로서의 하나님 개념]이 자기 인식에 이르는 숙고의 과정에서 유한과 무한 사이의 차이를 극복한다. 그렇다면 본체적인 것과 현상적인 것이라는 두 개의 분리된 영역이 있는 것이 아니며, 인간의 지성과 의식은 절대정신의 한 양상이므로 제한되어 있지 않다. 역사는, 시간 안에서 문화의 상향적 진보로, 절대정신이 인간 의식의 진화를 통하여 자기 인식에 이르는 과정이다.[89]

헤겔은 인간 사유의 과정이 가장 우수하고 가장 논리적일 때 하나님 또는 절대정신의 역사와 동일하다고 상정했다. "헤겔에게…참으로 합리적인 인간 사유의 구조는 실재의 구조를 증언**한다**. 하지만 사유의 구조와 실재의 구조가 유사해서가 아니라, 그것들이 궁극적으로 하나이며 같은 것이기 때문이다."[90] 인간의 사유와 그것이 창조한 문화들은 정립(thesis), 반정립(antithesis), 종합(synthesis)의 패턴으로 진화한다.[91] 어떤 관념(또는 문화)이 제시되면, 이는 불가피하게 외견상의 반대 또는 반정립을 일으킨다. 사유, 즉 의식은 정립과 반정립의 상반되고 갈등하는 요소들을 뒤로 하고 정립과 반정립을 더 높은 차원의 통일로 이끌어서 "지양"하려고 노력한다. 더 높은 차원의 통일이란 종합, 즉 반대되는 것들의 통일로서 그 반대되는 것들을

---

[88] 같은 책, vol. 1, pp. 184-185.
[89] 같은 책, vol. 1, p. 206. 여기서 헤겔의 철학에 대한 간략한 요약은 『정신현상학』(*Phenomenology of Spirit*)과 『종교철학에 관한 강의』(*Lectures on the Philosophy of Religion*)에 기반한다. 이 책들은 지극히 복잡한 철학적 논문들이므로, 그 어떤 간략한 요약도 어쩔 수 없이 많은 핵심과 논증의 단계들을 생략하게 된다.
[90] Quentin Lauer, *Hegel's Concept of God* (Albany: State University of New York Press, 1982), p. 79.
[91] 여기서 헤겔이 "정립, 반정립, 종합"이라는 말이나 도식을 사용했다는 주장을 제기하는 것은 아니다. 이것은 헤겔의 실재에 대한 견해를 기술하는 관습적 방식이다.

초월한다. 그런 다음에 종합은 새로운 정립이 되어 결국 그에 대한 반정립을 직면하게 되며, 이러한 과정은 계속된다. 이것이 의식이 작동하는 방식이다. 단지 인간 의식뿐 아니라, 하나님을 가리키는 헤겔의 용어인 절대정신의 진전으로서 역사 자체가 작동하는 방식인 것이다. 이 변증법적 과정을 통해 하나님은 세계에 의존하여 자기 인식에 도달한다. 이 관점은 범재신론(panentheism)이라 불리는데, 헤겔 이후 현대 신학에서 하나님과 세계에 관한 유력한 사상이다. 여기서 더 강조되는 것은 하나님의 초월보다는 하나님의 내재다. 하나님과 세계는 언제나 상호 의존적인데, 그러는 가운데 하나님은 더 위대한 상대다. 헤겔은 이 점을 그의 『종교철학에 관한 강의』(Lectures on the Philosophy of Religion)에서 아주 잘 표현했다. "세계 없이는 하나님은 하나님이 아니다."[92] 좀더 자세히 말해, "하나님의 정신의 자신에 관한 지식은 유한한 정신의 매개로 [발생한다.]"[93] 그러므로 인류가 하나님을 알게 되는 것은 하나님이 자신을 알게 되는 것이다.[94]

인간은 어떻게 하나님을 알게 되고, 하나님은 어떻게 자신을 알게 되는가? 정신의 활동으로서의 역사를 숙고함으로써 알게 된다. 헤겔은 점점 더 큰 정도의 통일을 향한 역사와 문화의 상향적 진보를, 그 전 과정이 하나님의 계시임을 굳게 믿었다.[95] 역사 자체는 그 역사를 하나님 또는 절대정신의 역사로 이해하지 않고는 이해될 수 없다. 헤겔의 하나님 개념이 이후의 현대 신학에 어떤 영향을 미쳤는지 이해하는 것이 우리의 목적임을 고려할 때, 핵심 사상은 범재신론이다. 범재신론은 하나님과 세계, 하나님과 인류는 서로에게 이질적, 외적 존재가 아니며, 관념의 역사(history of ideas)라 불리는 상호 활동의 과정에서 본질적으로, 분리할 수 없게 엮여 있다는 사상

---

[92] Lauer, *Hegel's Concept of God*, p. 272에 인용됨.
[93] 같은 책, p. 134에 인용됨.
[94] Hegel, *Lectures*, vol. 1, p. 206.
[95] 같은 책, vol. 3, p. 149.

이다. 하나님은 "저 밖에 있는 분"(someone out there), "전적 타자"(wholly other)로서 유한하고 제한된 모든 것의 반대가 아니라, 유한과 무한의 통일을 인식하는 데 이르는 세계의 의식이다. 한 헤겔 학자의 말에 따르면, "이것[즉 인류가 사유에서 하나님을 발견하는 것을 통해서 하나님이 자기실현에 이른다는 헤겔의 하나님 관념]을 하나님이 신적인 것을 아는 **능력**(capacity)을 지닌 인간 정신을 '창조했다'는 정도의 의미로 해석하는 것은 충분하지 않다. 오히려 헤겔은 인간의 정신을…신적인 것의 파생물(offshoot)로 여긴다고 말하는 편이 더 정확할 것이다."[96]

이 모든 사변적 사유의 핵심은 무엇인가? 실재를 이런 식으로 가정해야만 궁극적 실재에 관한 지식이 가능하며, 헤겔의 생각에 따르면 철학과 종교는 이런 추구 없이는 무가치하다는 것이다. 헤겔은 "실재를 '이런 방식으로'(즉 주체와 대상, 유한과 무한, 본체와 현상이라는 이원론의 렌즈를 통해) 보는 대신에, '다른 방식으로'(즉 하나의 거대한 의식의 역동적 과정과 활동으로서의 모든 실재라는 렌즈를 통해) 보려고 시도하면서 이것이 철학과 종교가 실제로 알기 원하는 것들을 아는 데 더 나은 접근법을 제공하지는 않는지 확인하라"고 말한다. 실재를 "저것으로서"가 아니라 "이것으로서" 보면 궁극적 실재, 즉 하나님을 알려는 노력이 어느 순간에 다시 가능해지며, 성공의 희망도 있다. 헤겔에 따르면 유한과 무한, 세계와 정신, 인류와 하나님이 서로 반대되는 것으로 여겨지는 한 이것들은 서로를 결코 실제로 알 수 없다. 그렇게 되면, 예를 들어, 종교는 도덕처럼 그 자신보다 더 작은 것으로 축소되어야 한다(칸트).

헤겔의 철학은 들어가는 입구가 없는 거대한 체계다. 그의 철학이 실재와 종교를 어떻게 조명하는지 보기 위해서는 그 안에서 시작해 밖을 보

---

[96] Lauer, *Hegel's Concept of God*, p. 134. 뒤에서 로어는, 헤겔에게, 유한한 정신이 절대정신의 한 "계기"(moment)라고 말한다. 여기서 "계기"란 (시간적 순간이 아니라) 양상이나 단계를 의미한다 (p. 147).

아야 한다. 이것은 실재적인 것은 합리적인 것이며 합리적인 것은 실재적인 것을 전제하는데, 여기서 "실재적"과 "합리적"은 재정의된 의미로 그렇다. 다시 말해, 출발점이 되는 전제는 인간 이성이 최고로 작동할 때 궁극적 실재—하나님—와 하나라는 점이다. 사유 자체에 관해 사유하는 것은 하나님을 드러낸다. 하나님은 사유 자체의 과정이다. 하지만 여기서 "사유"(thought)는 정신이 정처 없이 떠도는 몽상과 같은 "의식의 흐름"을 의미하지 않는다. 여기서 "사유"는 관념들과 문화들 사이의 갈등을 통해 통일로 나아가는, 철학과 문화의 상향적 진로를 의미한다.

아마도 출처가 불명한 한 이야기에 따르면, 두 철학자가 절대정신으로서의 실재에 관한 헤겔의 강의를 들으러 갔다. 강의를 듣고 떠나며 한 철학자가 다른 철학자에게 말했다. "정말 웅대하지! 정말 위대한 지성이야! 그의 철학은 복잡성과 합리성에서 놀라워." 다른 철학자가 대꾸했다. "하지만, 물론 자네도 보았듯이 그는 실재를 정말 그렇게 생각하고 있어." 첫 번째 철학자가 대답했다. "음, 그렇다면 그는 틀림없이 미쳤군." 헤겔의 철학은 역사상 가장 미묘하고 복잡하고 이해하기 힘든 철학 가운데 하나다. 여기서 나는 현대 신학에 중요한 핵심들 일부만 건드릴 수 있을 뿐이다. 그렇다면, 인간의 의식과 문화를 통해 자기인식을 향해 역동적으로 나아가는 절대정신/하나님이라는 실재에 관한 헤겔의 위대한 견해는 어떤 결론과 결과를 낳는가?

먼저, 헤겔은 종교를 실재에 대한 있는 그대로의 기술로 여기지 않았다. 그에게 기독교를 포함하는 종교는 철학적 진리들에 관한 일련의 상징, 표상일 뿐이다. 철학은 정점에 이르면(즉 그의 철학에서) 개념화된 종교가 되며, 종교는 정점에 이르면(즉 그에게는 기독교에서) 상징화된 철학이 된다. 따라서, 예를 들면, 헤겔에게 삼위일체는 절대정신이 타자인 세계를 통해 자기실현에 이르는 역동적 과정의 상징적 표상이다. 성부·성자·성령이라는 상징들에 상응하는, 과정의 세 "계기"(단계, 양상)가 있다.[97] 헤겔에게 성육신은 유한자 안으로 들어가는 절대정신에 대한, 즉 유한과 무한의 궁극적 통일에 대한 상징적 표상이다. 헤겔에게 그리스도의 속죄하는 죽음은 무한자, 즉 절대정신의 "고난"에 대한 상징적 표상인데, 절대정신이 한계의 고뇌를 경험하기 때문이다. 헤겔은 이를 "사변적 성금요일"이라 불렀다. 나중에 모두는 아니어도 일부의 현대 신학자들에게 이 점은 종교, 심지어 기독교가 현대 사상과 화해하는 엄청난 가능성을 열어 주었다. 종교는 철학적 진리들의 상징적 표상일 뿐이다. 이런 생각은 일부 20세기 실존주의적 신학에서, 변형된 형태로, 다시 나타난다. 이 신학에서, 예를 들면, 예수의 부활은 예수의 죽음 후에 제자들의 마음속에 신앙이 회복되는 것을 표현하는 상징적 방식으로 설명된다.

둘째, 헤겔의 철학을 모두 이해했다고 주장하지 않는 많은 사람에게조차, 세계 과정 속에 내재하는 하나님이라는 그의 사상은 19세기의 진화 이해와 상통하는 듯 보였다. 또한 그런 그의 사상은 너무나 초월적이어서 인간의 비참에 의해 영향을 받지 않는 하나님이라는 전통적인, 반대할 만한 하나님의 이미지들을 일부 극복하는 듯 보였다. 하나님이 역사에, 세계에, 심지어 인류 안에 내재한다는 것은 19세기와 20세기에 많은 자유주의 신학의 주제가 되었다. 예를 들어, 과정 신학(process theology)은, 비록 다른 철학자 알프레드 노스 화이트헤드(Alfred North Whitehead, 1861-1947)에 직접 의존하기는 하지만, 세계와 하나님이 상호의존으로 분리할 수 없게 엮여 있다는 헤겔의 범재신론의 영향을 크게 받았다. 많은 자유주의 사상가들에게 이것은 하나님의 세계 안에 있는 악이라는 신비를 해결하는 데 도움이 된다. 하나님은 초월적이고 전능한 역사의 관리자가 아니다. 하나님은 사람들과 마찬가지로, 고난을 통해 자기인식에 이르는 인류와 함께 상향적으로 진화하는 내재의 영이다.

---

97 Hegel, *Lectures*, vol. 3, pp. 12-13.

셋째, 그리고 마지막으로, 헤겔의 종교철학은 과학과 종교 사이의 갈등들로부터 벗어나는 또 다른 방식을 제시했다. 종교는 과학과 동일한 주제를 다루지 않는다. 그렇다고 칸트의 경우처럼 단순히 윤리에 관한 것만도 아니다. 종교는 하나님을 영화롭게 하는 것과 관련된 것으로, 인류의 통일을 촉진해서 하나님이 자기실현에 이르도록 도움으로써 그렇게 한다. 하나님 나라는, 하나님과 세계의 통일이기도 할 인류의 통일로 이해될 수 있을 것이다. 이것은 자연의 법칙이 작용하는 물리적 세계와 전혀 관련이 없으며, 사회 개혁 및 문화 창조와 깊이 관련된 것이다. 갈등이 없는 이상적 사회는 역사의 끝일 것이며 따라서 하나님 나라일 것인데, 여기서는 반대되는 것들이 일치할 것이고, 종합이 성취될 것이고, 하나님이 인류 안에서 완전한 자기실현을 이룸으로써 하나님의 고통이 끝날 것이다. 아마도 이 철학자는 자신의 철학에 간혹 실망한 프로이센 왕의 불편한 심기를 달래기 위해, 프로이센이 역사의 끝, 완벽한 사회체제, 절대정신의 과정의 정점이라고 추측했다. 이 점에 관해 그에게 동의하는 사람은 거의 없었지만, 신적 목적을 성취하는 인간 문화와 그 안에서 자기실현에 이르는 하나님이라는 의미에서의 역사의 끝이라는 사상은 지상의 완벽한 사회체제로서의 하나님 나라를 꿈꾸던 많은 19세기 신학자들 사이에 유행했다. 이것이 자유주의적 낙관론을 부채질했으며, 이 낙관론은 20세기의 세계대전들의 결과로 사라질 때까지 계속되었다.

흄, 칸트, 헤겔이 현대성을 변화시키고 새로운 활력을 불어넣다

흄의 회의주의나 칸트의 이성 제한, 또는 헤겔의 사변적 철학이 유럽 전체와 이후에 마침내 북미를 휩쓴 현대성의 조류를 뒤집었다는 생각은 잘못일 것이다. 흄은 이성에 관한 열광적 낙관론과 그 이성이 18세기 말에 유럽의 지식인 사회를 지배했던 과학과 자연 종교를 통해 일종의 유토피아로 인도할 능력에 도전했다. 하지만 그는 마법, 미신, 종교에 대해 회의주의를 견지했다는 점에서 철저히 현대적이었다. 그는 처음으로 완전히 세속화된 대중적 지식인 가운데 하나였고, 전통과 종교에 환멸을 느끼던 많은 주류 젊은 현대주의자들의 숭배를 받았다.

칸트는 흄의 세속주의는 유지한 채 그의 회의주의에 도전했다. 분명히 칸트는 자신만의 신앙을 간직했지만, 자신이 자란 배경인 경건주의의 어떤 흔적도 찾아보기 힘든, 대체로 합리적·철학적 신앙이었다. 또한 그는 자신만의 방식으로 회의적이었다. 흄과 마찬가지로 칸트도 마법, 미신, 또는 전통적 교리를 지지하고 싶지 않았다. 칸트도 철저히 현대적이었고, 그의 논문 "계몽이란 무엇인가?"는 독립적이고 자유로운 사고라는 계몽주의 정신의 선언문의 전형으로 여겨지게 되었다. 또한 칸트는 과학과 종교가 갈등하지 않도록 분리시키는 데 어느 누구보다도 큰 역할을 담당했다.

헤겔은 칸트가 이성을 제한하고 하나님에 관한 합리적 지식을 거부하고 종교를 윤리로 축소시킨 것에 이의를 제기했다. 하지만 칸트와 마찬가지로, 헤겔도 전근대적 종교나 철학으로 돌아가기를 원하지는 않았다. 하나님과 실재의 본성에 관한 진리를 전달하는 데 이성만을 신뢰했다는 점에서 그 역시 철저히 현대적이었다. 그는 흄과 칸트와는 달리 경험주의자는 아니었으며, 합리주의의 측면에서 데카르트의 전통에 있었다. 또한 그는 본유 관념을 믿었고, 하나님의 존재가 논리 자체의 성격 안에 갖추어져 있다고 믿었다. 그의 현대성을 가장 잘 보여 주는 사례는 다음과 같은 그의 표어다. "실재하는 것은 이성적인 것이며 이성적인 것은 실재하는 것이다." 그에게 인간의 정신은 하나님 자신의 의식과 존재의 한 부분이기 때문에, 초자연적 특별 계시의 도움 없이도 하나님에 관해, 그리고 하나님과 세계의 관계에 관해 중요한 모든 것을 파악하고 이해할 수 있다.

세 명의 사상가 모두가 계몽주의의 인간중심주의를 긍정했다. 모두가 하나님에 관한 지식은, 그것이 가능하다면, 인간에 관한 지식에 의존한다고 믿었다. 하나님이 아니라 인간이 위풍당당한 지식 체계의 중심에 서 있다. 다른 무엇이 이보다 더 현대적일 수 있겠는가?

하지만 이성에 대한 현대의 신앙인 계몽주의처럼 자신감 넘치는 것은 도전을 받지 않은 채 지속될 수 없었다. 물론, 개신교 신학의 정통주의 보수주의자들로부터 배교라는 커다란 비난이 있었다. 하지만 오직 그들만 계몽주의의 합리주의, 자연주의, 인간중심주의를 비판한 것은 아니었다. 일부 극히 지성적 사상가들도 신속하게 계몽주의의 결점을 지적했다. 다음 절에서는 전근대성으로 회귀하지 않으면서도 현대성의 승리주의에 자신들만의 독특한 공격을 가한 서로 다른 기독교 사상가들 세 사람을 검토할 것이다. 이들은 각각 자신만의 방식으로 계시와 신앙을 철학에 재도입하려 했다. 또한 그들은 현대 신학을 이해하는 데도 중요한데, 많은 현대 신학이 계몽주의의 영감을 받은 현대성의 오만, 낙관론, 인본주의, 세속주의에 대한 저항으로 이루어지기 때문이다.

1.E. 실재론자들, 낭만주의자들, 실존주의자들이 대응하다

모두가 소설 속의 "세계 유일의 자문 탐정" 셜록 홈스를 잘 알고 있다. 그는 아서 코난 도일 경(Sir Arthur Conan Doyle)이 가공해 낸 인물로, 수많은 단편과 장편 소설, 영화, 텔레비전 시리즈를 통해 불후의 캐릭터가 되었다. 많은 배우가 그 어떤 인물들보다 그의 역할을 연기했다. 코난 도일이 펜을 놓은 지 거의 한 세기가 되었건만, 홈스 캐릭터는 아직도 독자들에게 호소력이 있다. 코난 도일 이후로도 수많은 파생작들이 19세기 말과 20세기 초의 영국을 무대로 범죄를 물리치는 그의 위업에 관한 이야기를 지어내며 이 탐정 캐릭터 창조자의 천재성과 경합을 벌이고 있다. 할리우드는 이 인물에 기초한 영화들을 계속 만들고 있다. 또한 셜록 홈스와 왓슨 박사의 전설을 이어가기 위해 수많은 미스터리 작가들이 경쟁하며 일련의 장편 소설을 펴내고 있다.

현대 신학에 관한 책에서 셜록 홈스를 왜 언급하는 것일까? 홈스 이야기에는 신학이 거의 나오지 않는데도 말이다. 그 대답은 (홈스가 종종 어찌할 바를 모르는 왓슨에게 자주 하는 대사처럼) "아주 간단하다!" 홈스는 이상적 현대 인간, 계몽주의 인간의 전형을 대표한다. 그는 감정을 드러내지 않고, 객관적이고, 합리적이고, 오직 증거와 논리적 추론에 의해서만 결론을 내리는 경향을 지녔다. 그는 종교에 반대하는 발언을 아무것도 하지 않지만, 그렇다고 종교에 관심을 보이지도 않는다. 어떤 범죄가 뱀파이어나 유령의 소행처럼 보이는 경우조차, 기적이나 초자연적인 것을 진지하게 받아들이려 하지 않는다. 무엇보다도, 그는 관찰과 추론을 늘 확신한다. 범죄의 진실을 마침내 밝혀낸 후, 어떤 증거에 관해 잘못 생각했던 경우에 이 탐정은 왓슨에게 분명히 말한다. "[내 방법들에] 좀더 확신을 가졌어야 했어.…긴 일련의 추론들과 모순되어 보이는 어떤 사실은 다른 어떤 해석을 간직할 수 있음을 입증한다는 것을 이번에 배워야 해."[98]

홈스만큼 객관적이고 합리적이고 관찰에 심혈을 기울이는 사람은 결코 존재하지 않을지도 모르지만, 틀림없이 코난 도일은 과학적·이성적 계몽주의 인간의 완벽한 모델—모델이 되는 현대의 인간—을 그리려고 의도적으로 노력했다.[99] (아이러니하게도 코난 도일 자신은 홈스와 반대되는 사람이었다. 이 작가는 의사였고 그러므로 현대 과학을 잘 알고 있었음에도, 죽은 자와의 대화나 "정원의 요정"의 존재를 믿었다.) 사람들은 홈스가 그의 형의 디오게네스 클럽에서 파이프 담배를 피우며 로크나 흄, 또는 심지어 칸트와 친근하게 대화하는 모습을 상상할 수 있다. 현대성이라는 추상적 개념을 이해하는 하나의 방법은 홈스 같은 인물을 떠올리는 것인데, 그는 모든 사람을 위한 현대성의 이상

---

98 Arthur Conan Doyle, "A Study in Scarlet", in *The Complete Sherlock Holmes* (Garden City, NY: Doubleday, 1930), p. 49.
99 홈스 캐릭터에 대한 정보를 단지 로버트 다우니 주니어(Robert Downey Jr.)가 주연한 영화로부터 얻는다면 다우니와 별로 닮지 않은 원래의 홈스 캐릭터를 잘 모를 것이다.

들을 완벽히 구현하는 것으로 보이는 인물이다.

계몽주의적 합리주의와 회의주의에 대한 반격

하지만 유럽이나 영국, 또는 북미의 모든 사람이 이 이상에 가치를 부여하지는 않았다. 많은 예리한 사상가들은, 그리스도인이든 세속적이든, 계몽주의를 전적으로 거부하거나 중세로의 회귀를 요구하지 않으면서도 완벽한 이성적 인간에 관한 이러한 묘사가 지니는 약점을 지적했다. 다른 이들은 흄의 회의주의와 칸트 및 헤겔의 관념론에 비판적으로 대응했다. 간단히 말해, 여기서 지금까지 논의된 현대성은 유럽·영국·북미의 교양인 엘리트들 사이에서조차 전폭적이거나 보편적인 갈채를 받지 못했다. 특히 낭만주의(romanticism)라 불리는 운동은 무감정적인, 순수하고 객관적인 합리주의의 이상에 반대했다. 스코틀랜드 상식실재론(Scottish common sense realism)이라 불리는 철학의 유형은 특히 흄의 회의주의에 대응했다. 실존주의의 창시자인 덴마크 저술가 쇠렌 키르케고르(Søren Kierkegaard, 1813-1855)는 헤겔의 절대정신의 합리적 종교를 신랄하게 비판했고, 진정한 기독교의 기초로서 신앙으로 돌아갈 것을 주장했다.[100]

이 모든 철학적 대화와 논쟁에서 무엇이 문제였는지 다시 지적하는 것이 도움이 될 것이다. 문제는 지식의 개념 자체였다. 무엇을 안다는 것은 어떤 의미인가? 과학 혁명을 포함하는 계몽주의는 지식을 재정의했다. 데카르트와 로크 이전에는, 적어도 대부분의 경우에는, 아는 것은 믿는 것을, 계시와 전통을 신뢰하는 것을 포함했다. 유난히 합리적 성향의 사람들에게 또한 이것은 신앙의 맥락 안에서 추론하는 것을 의미했다. 안셀무스의 표

---

[100] 키르케고르의 대응이 얼마나 헤겔 본인에 대한 것이었는지는 불확실하고 논란이 되고 있다. 일부 학자들은 키르케고르가 단지 덴마크 헤겔주의자들에 대응하고 있었다고 주장한다. 하지만 키르케고르는 베를린에서 상당히 많은 시간을 보냈기에, 헤겔을 구체적으로 언급하지는 않더라도 분명히 헤겔 본인의 글을 잘 알고 있었을 것이다.

어 "나는 이해하기 위해 믿는다"가 규범이었다. 먼저 계시(즉 성경)와 전통(즉 교회의 가르침)에 대한 신앙에서 시작하고, 그런 다음에 그에 비추어 하나님이 부여한 이성을, 성령의 조명을 받아, 사용해서 삶과 세계를 해석해야 했다. 아리스토텔레스의 고대 철학은 중세기에 가톨릭교회의 세례를 받았으며, 그 형이상학의 원리들은 의심과 의문의 여지가 없는 것으로 널리 받아들여졌다. 지식이 있는 사람은 신앙의 사람이었다. 반드시 맹목적 신앙이 아니라, 전통의 틀 안에서 이성과 협력하여 작동하는 신앙의 사람이었던 것이다.

계몽주의는 이 모든 것에 도전했다. 과학은 아리스토텔레스가 많은 것에서 틀렸음을 발견하고 있었다. 갈릴레오 사건의 결과로 많은 지식인들이, 문화와 사회와 심지어 교회의 유력자들조차 전통을 의심하기 시작했다. 루터와 다른 개신교 개혁자들은 가톨릭교회의 권위와 심지어 제국의 권위에도 도전하여 성공적 결과를 얻었다. 아마도 교회와 사회의 거대한 중세적 종합의 토대들이 금이 갔다. 현대성은 이렇게 시간을 존중하던 전통에 대한 신앙의 위기와 함께 시작되었다. 점차 새로운 과학과 철학의 결과로 지식이 이전과 다르게 여겨지게 되었다. 이제 지식은 전통에 대한 의심과 의문 제기로 시작되었다. 이제 지식은 교회와 제국의 권위 바깥에서 독립적으로 작동하는 증거와 논리에 의존했다. 지식은, 칸트가 말한 대로, 스스로 비판적으로 사유하는 것을, 즉 사실들을 정립하고 이것들을 공상과 구분하기 위해 객관적 이성을 사용하는 것을 의미하게 된 것이다. 점차 지식은 이성이 발견하고 증명할 수 있는 것에 국한되기에 이르렀다. 다른 모든 것은 미신은 아니더라도 의견으로 여겨졌다. 최고의 영예인 지식은 형이상학과 신학에서 빼앗아서 과학과 비판 철학에 넘겨졌다. 흄은 과학과 비판 철학이 지식을 제공할 수 있다는 점에도 의문을 제기했으며, 칸트는 인간이 정신 바깥의 세계에 관해서는 지식을 가질 수 없다고 주장했다.

하지만 모두가 이 새로운 조정에 만족하지는 않았다. 이번 절에서 보겠지만, 토머스 리드(1710-1796)는 흄의 회의주의에 반대하면서 지식을 재확립하기 위해 상식에 호소했다. 그의 상식실재론 철학은 흄이 가진 회의주의와 칸트가 종교를 윤리와 도덕으로 축소시키는 것에 충격을 받은 보수적 개신교 그리스도인들 사이에서 인기가 있었다. 영국의 낭만주의자 새뮤얼 테일러 콜리지(Samuel Taylor Coleridge, 1772-1834)는 특히 영성과 종교의 영역에서 직관적 지식에 호소했다. 그는 계몽주의가 감정을 배제하고 이성을 부풀린 것과 특히 칸트가 종교를 도덕적 의무를 행하는 데 국한한 것에 반기를 들었다. 슐라이어마허와 호러스 부시넬(1802-1876)은 콜리지 같은 낭만주의자들의 영향을 받았다. 키르케고르는 헤겔의 실재에 대한 합리적 체계가 추상적이며 차갑고 기독교에 완전히 이질적이라고 조소했는데, 그가 보기에 기독교는 위험과 복종과 희생을 요구하는 것이었다. 이 덴마크 사상가에게 지식은 헌신과, 특히 종교에서의 헌신과 관련되어 있었다. 그가 보기에 계몽주의 사상가들은 모두 지식에 대해 "구경꾼"의 태도를 선호했으며, 이것은 영적 앎과 완전히 반대되는 것이었다. 키르케고르가 신학에 미치는 영향은 20세기 초가 오기까지 기다려야 했다. 20세기 초에 이르러서야 바르트와 에밀 브루너(Emil Brunner, 1889-1966) 같은 소위 변증법(dialectical) 또는 신정통주의(neo-orthodox) 신학자들이 키르케고르를 발견했다.[101]

스코틀랜드 상식실재론이 흄의 회의주의에 도전하다

학자들이 스코틀랜드 계몽주의에 관해 말할 때는 아마도 흄이나 그의 동시대 철학적 적수 토머스 리드를 언급할 것이다. 둘은 모두 새로운 과학들에 깊은 관심을 가졌고, 뉴턴과 그의 자연 법칙에 매료되었으며, 지식에 관해서는 경험주의자들이었다. 또한 그들은 모두 스코틀랜드인이었다. 하지

---

101 "신정통주의"라는 명칭을 바르트에게 적용하는 것에 관해서는 논란이 있다. 이 점은 5.a. **칼 바르트가 신학자들의 놀이터에 폭탄을 던지다**에서 설명된다.

만 거기서 공통점은 끝난다. 흄은 아직도 철학사에서 위대한 지성들 가운데 하나로 찬사를 받는 반면, 리드는 가장 잊힌 인물들 가운데 하나가 되었다.[102] 하지만 리드의 생애 동안과 사후 약 한 세기 동안 그의 철학은 널리 연구되고 논의되었는데, 특히 그의 영향력이 가장 강했던 북미에서 그랬다.[103] 리드의 명성은 외부 세계에 관한 지식과 그 작용에 대한 흄의 회의주의를 반박한 것 위에 세워졌다. 흄과 마찬가지로 리드는 이성을 굳게 신뢰했지만, 회의주의가 필연적이라거나 좋다고 생각하지 않았다.

리드는 스코틀랜드의 성직자와 학자 집안 출신이다. 그의 아버지는 스코틀랜드 국가교회(장로교)인 커크(Kirk)의 목사였다. 그의 어머니의 결혼 전 성은 그레고리(Gregory)였는데, 그 가문은 "스코틀랜드가 낳은 가장 중요한 지적 명문가였다."[104] 리드의 삼촌들과 사촌들 여럿은 스코틀랜드의 저명한 학자들이었다. 따라서 토머스가 신학을 공부하고, 안수를 받아 커크의 목회자가 되고, 철학과 신학을 처음에 애버딘의 킹스 칼리지에서, 나중에 글래스고 대학교에서 가르친 것은 자연스러운 일이었다. 제자들 가운데 한 사람으로 그에 관한 전기 작가가 된 인물에 따르면, 리드는 말이 화려한 연설가는 아니었지만

> 그의 단순하고 명쾌한 스타일과 진중하고 권위 있는 성격으로 말미암아, 또 그가 가르친 교리들에 대한 젊은 청중의 높은 대중적 관심 덕분에…그는 강의 때마다 언제나 가장 조용하고 존경이 담긴 주목과 함께 경청되었다[당시

---

102 Colin Brown, *Christianity and Western Thought*, vol. 1: *From the Ancient World to the Age of Enlightenment* (Downers Grove, IL: InterVarsity Press, 1990), p. 259.
103 Benjamin W. Redekop, "Reid's Influence in Britain, Germany, France and America", in *The Cambridge Companion to Thomas Reid*, ed. Terence Cuneo and René van Woudenberg (Cambridge: Cambridge University Press, 2004), pp. 327-329.
104 Alexander Broadie, "Reid in Context", in *The Cambridge Companion to Thomas Reid*, ed. Terence Cuneo and René van Woudenberg (Cambridge: Cambridge University Press, 2004), p. 37.

에 대학교 강의실 분위기가 언제나 그렇지는 않았다].[105]

리드는 독실한 그리스도인으로서 스코틀랜드 교회의 교리에 동의했지만, 당시에 몇몇 성직자들이 강단에서 조장하던 열광주의를 간혹 비판했다. (독자들은 이런 열광주의가 흄이 신앙을 떠나는 데 한몫했음을 기억할 것이다.) 그럼에도 "커크의 믿음 체계와 제도는 그의 영혼을 형성했고, 그럼으로써 그의 철학도 형성했다."[106]

칸트와 마찬가지로 리드의 사고는 흄의 저서로부터 자극을 받았고, 그는 자신의 동료 스코틀랜드인의 회의주의가 과학과 종교에 전적으로 불필요하며 해로움을 알게 되었다. 그러므로 그는 흄의 급진적 경험주의와 회의주의가 틀렸고 비뚤어진 것임을 보여 주는 일에 착수했다. 이것이 그가 자신의 철학적 논문 3부작 『인간 마음에 관한 탐구』(An Inquiry into the Human Mind on the Principles of Common Sense, 1764), 『인간의 지적 능력에 관한 논문』(Essays on the Intellectual Powers of Man, 1785), 『인간의 활동 능력에 관한 논문』(Essays on the Active Powers of Man, 1788)에서 시도한 것이었다. "상식실재론"(common sense realism)이라는 명칭은 오해의 소지가 있는데, 리드의 인식론이 단지 보통 말하는 상식의 재진술이 아니기 때문이다. 오늘날 많은 사람에게 상식은 "대다수 사람들이 대부분의 경우에 참이라 믿는 것"을 (또는 그와 같은 어떤 것을) 의미한다. 리드의 의미는 약간 달라서 이보다 훨씬 미묘하다. 리드가 떠맡은 근본적 문제는 지식의 의미에 관한 것이었다. 우리가 안다고 말할 때 우리는 무엇을 의미하는가? 어떤 종류의 대상과 사상이 "지식"의 범주에 해당하는가? 리드는 데카르트에서 흄에 이르는 계몽주의의 대부분이 이 범주를 너무 좁혀 놓아서, 결국 거의 아무것도 지식으로 여

---

[105] 같은 책, p. 35에 인용됨.
[106] 같은 책, p. 32.

길 수 없게 되었다고 생각했다. 이것은 아이러니한데, 계몽주의의 기획 전체가 참된 지식을 밝혀내고 이를 단순한 믿음과 구분하려는 것과 관련되기 때문이다.

리드의 철학의 기본 내용과 그것이 현대 신학에 관한 이 책의 이야기를 위해 갖는 의미를 파고들기 전에, "실재론"(realism)을 정의하는 일이 도움이 될 것이다. 리드의 철학은 일반적으로 상식실재론이라는 명칭으로 통하지만, "실재론"이 철학에서조차 문맥에 따라 다른 의미를 지니기 때문에 이 명칭은 혼란을 야기할 수 있다. 여기 리드의 철학에서 "실재론"은 "관념론"에 반대되는데, 리드는 관념론이 불가피하게 회의주의로 이어진다고 믿었다. 관념론(참고. 1.d.)은 계몽주의 시대에 인기가 있었던 사상으로, 정신에 의해 지각되는 물리적 대상들보다는 정신과 사고가 더 실재적이라고 한다. 또한 이 사상은 정신이 아는 것이 대상 자체가 아니라 정신 안에 있는 관념들이라고 한다. 리드는 경험주의와 결합된 관념론을 "관념들에 관한 일반 이론"이라고 불렀으며 이것의 기반을 약화시키려 했다.[107] 그는 데카르트와 함께 시작하는 현대적 토대주의의 근본 문제는, 지식이 실제로 오직 어떤 사람 자신의 정신과 그 내용에서 나온다는 전적으로 불필요한 믿음이라고 보았다. 물론 많은 계몽주의 사상가들이 관념들에 관한 일반 이론을 받아들인 이유는 확실성 때문이었다. 가령 우리는 우리 자신의 정신 안에 있는 것들에 관해서는 확신할 수 있지만, 외부의 실재에 관해서는 결코 그럴 수 없다. 리드는 이런 지식 개념이 어떻게 흄의 회의주의로 직결되는지를 보이려 했고, 또한 그는 칸트의 비판적 관념론도 그리 나을 것이 없다고 생각했다.

리드에 따르면,

---

[107] John Greco, "Reid's Reply to the Skeptic", in *The Cambridge Companion to Thomas Reid*, ed. Terence Cuneo and René van Woudenberg (Cambridge: Cambridge University Press, 2004), pp. 134-135.

흄의 입장은 기독교 신앙뿐 아니라 과학과 일반적 사리 분별에도 파괴적이다. 흄의 회의주의는 그 기저에 우리가 "이성의 추론에 의해 증명될 수 있는 것만 [지식으로] 인정해야" 한다는 겉보기에 합리적이고 계몽된 주장이 있었다. 리드의 즉각적 대응은, 만약 그렇게 된다면, "그럴 때 우리는 정말로 회의주의자가 되어야 하며, 아무것도 믿지 말아야 한다"고 응수하는 것이었다. 하지만 그는 흄이 정작 그 자신의 일상생활과 철학에서 이 원리를 지킬 수 없었다고 비꼬듯이 말했다. 이 문제에 관해서는 어떤 회의주의자라도 그렇다. 리드는 사람들이 회의주의만으로는 살 수 없음을 거듭 반복해서 지적했다. "만일 어떤 사람이 감각 정보에 관하여 회의주의자인 체하면서 그럼에도 다른 사람들처럼 위험한 곳을 지혜롭게 피하고 있다면, 나의 의혹에 대해 양해를 구한다."[108]

다시 말하지만, 리드가 흄의 회의주의를 반박하는 근본적 동기는 칸트와 마찬가지로 과학과 종교를 구하기 위함이었음에도, 그는 흄의 회의주의에 대한 칸트의 대안이 거의 마찬가지로 위험하고 파괴적이라 생각했다. 리드는 지식이 계몽주의로부터 유래한 극단적 경험주의나 합리주의가 허락하는 것보다 훨씬 더 많은 것을 포함하기를 바랐다. 그렇다면 그의 실재론은 그의 신념과 관련되는데, 즉 인간 정신이 정신 외부의 대상들을 알 수 있고, **또한** 적어도 상대적으로 신뢰할 수 있을 정도로는 그것들을 알 수 있다는 것이다.

리드가 철학을 다시 상식으로 부르다

리드가 취한 첫 단계는 철학을 다시 상식으로 부르는 것이었다. "철학의 근거는 상식이라는 원리들밖에 없다. 철학은 상식들로부터 자라며 양분을 얻

---

[108] Brown, *Christianity in Western Thought*, vol. 1, p. 263.

는다. 이 뿌리에서 잘리면 철학은 그 영광이 시들고, 활력이 떨어지며, 죽고 썩는다."[109] 리드는 너무 많은 계몽주의 사상가들이 일상 언어와 그 작용 방식 같은 것들과 단절되었고 그것들을 경멸하기까지 한다고 생각했다. 또한 그는 그들이 오류를 범하는 것에 대해 불합리할 정도로 큰 두려움에 사로잡혀서, 이 두려움으로 말미암아 절대적 확실성을 추구하고 지식을 이런 확실성에 국한하며, 누구도 절대적으로 확신할 수 있는 것이 거의 없음을 깨달았을 때 절망에 빠진다고 생각했다. 칸트가 선험적 종합 진리들을 추구한 것도 리드에게는 도움이 되지 않았다. 리드는 종합적 지식(예를 들면, 자연 법칙들과 그것들이 작동하는 방식에 관한 지식)이 언제나 후험적이고, 따라서 기껏해야 높은 수준의 개연성에 상응한다고 가정했다. 그리고 그것이 과학과 자연 종교가 필요로 하는 전부라고 보았다. 그러므로 리드는 "철학자에게는 나머지 인류에 동참해서 상식의 한계 안에서 사고를 수행하는 선택지밖에 없다"고 주장했다.[110]

리드가 말하는 "상식"(common sense)은 무엇을 의미하는가? 반복해 말하지만, 그에게 "상식"은 아마도 대다수 사람들에게 뜻하는 바를 의미하지 않는다. 예를 들어, 그는 여론조사를 통해 대다수가 믿는 바를 알아내는 것을 의미하지 않았다. 리드의 철학에서 상식은 항간의 생각이 아니다. 오히려 이 스코틀랜드 철학자에게 상식이란 정신이 온전한 모든 사람이 역시 정신이 온전한 타인들과 공유하는 특정한 원리들을 의미한다. 이 원리들은 모든 사고와 실천의 토대에 놓여 있는 필수적 가정들이다. 리드에 따르면, 정말 강력한 증거로 말미암아 이 원리들이 신뢰할 수 없는 것으로 증명되지 않는 한 우리는 이것들을 신뢰해야 한다. 하지만 대부분의 경우에 이

---

109 Terence Cuneo and René van Woudenberg, "Introduction", in *The Cambridge Companion to Thomas Reid*, ed. Terence Cuneo and René van Woudenberg (Cambridge: Cambridge University Press, 2004), p. 4에 인용됨.
110 Nicholas Wolterstorff, "Reid on Common Sense", in *The Cambridge Companion to Thomas Reid*, ed. Terence Cuneo and René van Woudenberg (Cambridge: Cambridge University Press, 2004), p. 77.

것들은 신뢰할 만한데, 이런 이유로 학자들이 때로 리드의 철학을 "상식실재론"(common sense realism) 대신에 "신뢰주의"(reliabilism)라고 부른다.[111] 리드가 믿었고 또 주장한 바에 따르면, "모든 사고 및 실천과 마찬가지로, 철학적 사고도 그 토대를 기초적 지식[즉 의심할 수 없는 관념들]이 아니라 신뢰에 둔다."[112] 이것은 철학적 계몽주의를 발족시킨 데카르트의 "방법론적 회의"에, 그리고 흄이 경험을 명백히 불신한 것에 위배된다. 이것이 리드의 철학이 현실적이라고 하는 또 다른 의미다. 그는 일반적으로 절대적 확실성이 사전과 아마도 수학 밖에서는 확보될 수 없기 때문에, 그에 미치지 못하는 것에 기꺼이 만족했다.

리드가 그의 철학에서 사용한 의미에 따르면, 상식은 "우리가 대화하고 거래할 수 있는 사람들과 공유하는 수준의 판단력"이라 정의된다.[113] 리드는 다음과 같이 부연한다.

> 내가 믿는 것처럼, 우리가 우리의 본성으로 말미암아 믿게 하고 또 공통의 삶의 관심사에서 당연한 것으로 받아들이도록 강제하는 특정한 원리들이 — 비록 그것들을 믿어야 할 이유를 댈 수 없더라도 — 있다면, 이것들이 우리가 상식의 원리라고 부르는 것들이며, 이것들에 명백히 반대되는 것은 우리가 부조리라고 부르는 것이다.[114]

이것들은 회의주의자조차 부정할 수 없는 원리들이다. 그가 그것들을 의심한다고 생각하고 심지어 그렇게 말할 수도 있지만, 그의 행동은 그렇지 않음을 보여 준다.[115] 리드는 이런 상식의 기초적 원리들을 정신이 온전한 사

---

111 Philip de Bary, *Thomas Reid and Scepticism: His Reliabilist Response* (London: Routledge, 2002).
112 Wolterstorff, "Reid on Common Sense", p. 78.
113 같은 책, p. 81에 인용됨.
114 같은 책, p. 85에 인용됨.
115 같은 책, p. 87.

람들의 일상 언어와 실천으로부터 추출하는 것이 가능하다고 믿었다. 이것들을 부정하거나 그에 반대해 사는 사람들은 언제나 제정신이 아니라고 여겨진다. 우리는 이 원리들이 옳고 참되다고, 또한 지식을 이 원리들에 기초시킬 수 있다고 확신해야만 한다.

리드가 말하는 이런 상식의 기초적 원리들은 무엇인가? 그 하나는 "우리와 대화를 나누는 우리의 이웃들 안에 생명과 지능이 있다"는 것이다.[116] 이 말이 약간 추상적으로 들린다면 이렇게 생각해 보자. 누군가가 당신에게 다른 정신들이 존재함을 증명하라고 요구했다고 하자. 당신은 증명할 수 없지만, 모든 사람이 자신의 정신 외에 다른 정신들이 존재하는 것처럼 행동한다. 자신 외의 다른 정신들의 존재에 대한 믿음은 기초적이다. 이것이 증명될 수 없기 때문에 흄 같은 회의주의자들은 이것을 의심해야 한다. 하지만 실제로는 그러지 않는다. 올바르게도 사람들은 다른 정신들이 존재한다는 가정 위에서 행동한다. 이것을 정말 진지하게 의심하고 다른 정신들이 존재하지 않는 양 사는 사람들은 치료 시설에 수용되어야 할 것이다. 또 다른 상식의 제일 원리는 "우리가 우리의 행위에 대한 어느 정도의 권한을 가지며 우리의 의지의 결정권을 갖는다"는 것이다.[117] 다시 말해, 리드에 따르면, 자유 의지는 "도덕적 책임성을 위해 필수적인 당연한 확신"이다.[118] (리드는 예정에 관한 해묵은 기독교 신학적 논쟁에서 어느 편을 들려는 것이 아니었다.) 리드가 주장한 바에 따르면, 만약 흄이 배심원이 된다면 피고를 유죄로 판단할 때 자유 의지에 대한 회의가 사라질 것이다.

리드의 상식의 제일 원리들은 너무 많아 여기서 일일이 언급하거나 논의할 수 없다. 리드가 모든 보통의 인간 행동에 깊숙이 박혀 있는 특정한 기초적 가정들의 철학적 적절성을 믿었고 강력하게 주장했다고 말하는 것

---

[116] 같은 책, p. 79.
[117] 같은 책.
[118] Cuneo and van Woudenberg, "Introduction", p. 13.

으로 충분하다. 이 가정들은 과학과 종교를 위한 안내 장치 역할을 할 수 있고 또 그래야 한다. 예를 들어, 리드의 믿음에 따르면, 상식을 무시하는 나쁜 계몽주의 인식론은 유신론에 커다란 위협이었으며, 유신론은 개인의 삶과 사회 질서를 위해 중요하다. 리드가 많은 현대 철학을 신뢰하지 않았던 한 이유는 아마도 그가 기독교 철학자였다는 점과 관련이 있다. "그의 유신론 혹은 기독교 신앙은 결코 흔들리지 않았으며, 차분하고 진실한 신앙이 그의 저작들과 전기에 스며들어 있다."[119] 리드의 철학의 많은 부분은 자연 신학과 하나님 및 하나님의 계시에 대한 믿음의 합리성을 뒷받침하는 것을 목표로 했다. 그는 "어떤 사람이 그의 지식과 증거에 대한 이론을 제대로 이해한다면 종교적 믿음이나 자연 종교에 대한 위협이 사라질 것"이며, 또한 "지고(至高)한 존재가 있다는 것은 우리 자신 이외의 다른 정신들이 있다는 것만큼이나 믿을 이유가 많다"고 믿었다.[120]

리드의 철학은 우리의 감각을—어느 정도까지는—신뢰하는 것이 철학적으로 타당하다고 주장함으로써 흄의 회의주의와 칸트가 지식을 현상 영역에 국한한 것에 대응했다. 그의 상식의 기초적 원리들 가운데 하나는 "우리가 감각을 통해 명확하게 지각하는 것들은 실제로 존재하며, 지각한 그대로 존재한다"는 것이다.[121] 따라서, 인과 관계가 그 자체로는 실제로 지각되지 않더라도 올바르게 감각 경험으로부터 추론될 수 있다. 인과 관계가 흄이 의미한 대로의 절대적 확실성으로 알려질 수 없다는 점은 중요하지 않다. 흄을 포함하는 모든 사람이 그것이 참인 양 행동한다. 이것을 부인하려 하면 부조리로 이어진다. 이 점이 중요한데, 그 이유는 리드가 하나님의 존재에 관한 전통적 논증에 새로운 활력을 불어넣기 원했기 때문이다. 그

---

[119] Dale Tuggy, "Reid's Philosophy of Religion", in *The Cambridge Companion to Thomas Reid*, ed. Terence Cuneo and René van Woudenberg (Cambridge: Cambridge University Press, 2004), p. 289.
[120] 같은 책, pp. 290, 295.
[121] Wolterstorff, "Reid on Common Sense", p. 79.

는 우주론적 논증(유한한 것들로부터 무한한 제일 원인으로의 논증)과 목적론적 논증(창조에 나타나는 설계의 증거로부터 지적 창조주로의 논증)의 논리적 타당성을 믿었다. 이런 논증들이 유효한 유일한 이유는 우리가 우리의 경험을 신뢰할 수 있고 또 신뢰해야 하기 때문이며, 또한 높은 수준의 개연성은 합리적 의심의 여지가 없는 충분한 증거이기 때문이다. 의심할 수 없는 증거를 요구하는 것은 아무런 결과도 얻지 못한다.

리드의 철학에는 여기서 설명된 것 외에 훨씬 많은 것이 있다. 그는 기적을 믿었고 이를 철학적으로 옹호했다. 그는 뉴턴의 자연 법칙들을 이용해 "섭리적 자연주의"(providential naturalism)—자연 자체가 하나님의 작품이라는 것—를 주장했다. 리드는 많은 사람이 종교적 합리주의자 또는 합리주의적 그리스도인이라 부르게 될 사람이었다. 그의 인식론은 새로운 형태의 토대주의였다. 그는, 로크와 마찬가지로, 계시의 참됨과 그에 대한 해석이 이성에 의해 결정되고 안내를 받아야 한다고 믿었다.[122] 많은 보수적 그리스도인들에게 (그리고 다른 사람들에게) 리드의 철학은 회의주의로 이끄는 계몽주의 주도의 합리주의에 대한 세련된 대안을 제시했다. 데카르트로부터 흄과 칸트에 이르는 거의 직선의 계보를 그리는 사람들이 있을 것이다. 그들이 보기에 리드는 과학과 종교를 모두 구하기 위해 대담하게 상식에 호소한 사람으로, 이는 계몽주의적 합리주의가 지식을 의심의 여지 없이 증명될 수 있는 것—일반인들에게는 불가능할 정도로 높은 수준—에 국한함으로써 과학과 종교가 쇠잔하게 되는 결과에 대한 대처였다. 뒤에서 우리는 리드의 상식실재론이 19세기 중후반에 프린스턴 신학교의 보수적 신학자들[예를 들어, 찰스 하지(Charles Hodge)]에 의해 받아들여져 현대성의 산에 대항해 정통 개신교를 옹호하기 위해 사용되었음을 볼 것이다.

과학과 그로 인한 전통적 기독교 교리에 대한 위협이라고 생각되는 것

---

[122] Brown, *Christianity in Western Thought*, vol. 1, p. 265.

은 어떤가? 리드는 정통 기독교가 과학 혁명에 의해 위협을 받는다고 느끼지 않았다. 기독교는 오직 과학에 대한 잘못된 해석에 의해 위협을 받을 뿐이었다. 예를 들어, 리드는 페일리와 마찬가지로 많은 과학적 발견들이 하나님에 대한 믿음을 지원한다고 믿었다. 그는 과학이 더 많은 것을 발견함에 따라 지적 설계의 증거가 더 많이 발견되었다고 믿었다. 뉴턴의 자연 법칙에 관해서는 어떻게 생각했을까? 뉴턴은, 아마도 자신도 모르게, 자연 세계에 하나님이 행동할 수 있는 여지가 없음을 증명하지 않았는가? 많은 전통적 기독교 유신론자들이 보기에 리드는 이 문제를 해결하는 기발한 이론을 제시했다. 그에게 뉴턴의 자연 법칙들은 하나님을 자연 바깥에 가두지 않는다. 오히려 "물리적 자연 법칙들은 하나님이 세계를 자연스럽게 통치할 때의 일상적 행동들을 위한 규칙들이다.…하나님이 그것들의 원인이다."[123] 하나님은 그것들의 입안자이며 그것들은 하나님의 창조물이자 도구이기 때문에, 하나님이 자신의 섭리의 목적의 필요에 따라 그것들을 유예하거나 다르게 사용하지 못할 이유가 없다. 다시 말해, 리드에 따르면, 기적은 하나님이 자연 법칙들을 위반한 것이 아니다. 그것은 하나님 자신의 행동 규칙 안에 혹은 그 주변에 있는 하나님의 특별한 활동이다.

콜리지가 종교에서 경험을 강조하다

콜리지는 기독교 역사에서 분류하기 힘든 특이한 사람들 가운데 하나로, 대개는 그를 19세기 초 유럽의 낭만주의라 불리는 운동에 속하는 인물로 본다. 콜리지의 철학과 신학을 상술하기 전에, 그가 한 구성원이었던 낭만주의 운동을 설명하는 것이 도움이 될 것이다. 간단히 말해, 낭만주의는 계몽주의의 지나친 합리주의적 경향에 대한, 계몽주의에 기초한 반작용이었다. 다시 말해, 낭만주의자들은 현대성이라는 토양에 단단히 심겨져 있었

---

[123] Cuneo and van Woudenberg, "Introduction", pp. 15-16에 인용됨.

지만 현대주의의 특정한 측면들에 불만을 품었던 시인[예를 들어, 요한 괴테(Johann Goethe)], 음악가[예를 들어, 루트비히 베토벤(Ludwig Beethoven)], 철학자[예를 들어, 요한 하만(Johann Hamann)]였다. 일부는 종교적이었고 심지어 그리스도인이었으며, 또한 일부는 세계관 측면에서 좀더 이교도적이었다. 하지만 모든 낭만주의자는 유럽과 북미의 문명에 크게 기여했던 18세기가 인간의 감정적·정서적 측면과 자연의 영적·역동적·자발적 측면을 충분히 진지하게 다루지 못했다는 점에 동의했다. 그들은 자연이 기계라는 생각과 이상적 인간이 감정 없이 사유하는 주체라는 생각에 반대했다. 이 운동을 기술하는 한 방식은 "낭만주의는 계몽주의의 위계를 뒤집고 창조적인 것을 합리적인 것 위에 두었다"는 것이다.[124] 말하자면, 그들은 셜록 홈스 같은 인물이 현대인의 전형으로 여겨지는 데 반감을 품었을 것이다. 낭만주의자들은 전근대적 철학이나 종교, 또는 삶의 방식으로 돌아가고 싶지 않았다. 그들은 계몽주의의 이성 강조를 정서적인 것, 직관적인 것, 신비적인 것, 예술적인 것에 대한 동등한 강조를 통해 균형을 이루고 싶어 했다.[125] 그들이 모두 동의했던 한 가지는 지식이 합리적으로 증명될 수 있는 것에 국한되어서는 안 된다는 점이었다.

낭만주의 운동에는 뚜렷하게 영적 측면이 있었다. 낭만주의자들이 모두 그리스도인은 아니었겠지만, 그들은 "무한에 대한 감각과 갈망"을 갖고 있었다.[126] 그들은 18세기의 합리주의자들이나 경험주의자들이 모르는 일종의 보편적 육감이나 능력을 믿었다. 합리주의와 경험주의는 연구실에서 과학 실험을 할 때는 좋지만, 자기 자신이나 우주에서의 자신의 위치를 이해하려 할 때는 커다란 낭패를 보게 된다. 기계적 이성만으로는 참된 의미를

---

124 Steve Wilkens and Alan G. Padgett, *Christianity and Western Thought*, vol. 2: *Faith and Reason in the Nineteenth Century* (Downers Grove, IL: InterVarsity Press, 2000), p. 26.
125 같은 책, p. 24.
126 같은 책.

발견할 수 없다. 더욱이 자연은 불활성(不活性)의 물질로 이루어진 기계로 여겨져서는 안 된다. 계몽주의와 과학 혁명의 전체적 추이는 대체로 그런 유물론의 입장을 따랐다. 낭만주의자들은 "자연에는 어떤 불가사의한 것… 단순히 유물론만으로는 설명될 수 없는 것이 있다"고 믿었다.[127] 종교적 낭만주의자들이 보기에 "온 창조 세계는 그야말로 하나님의 생명으로 고동친다. 그것을 지각할 수 있는 능력을 계발하기만 한다면 말이다."[128]

콜리지는 잉글랜드의 낭만주의 운동에 깊이 참여했는데, 자신과 같은 시인들로 주로 구성된 운동이었다. 그들의 시는 생명력 있는 자연을 주제로 삼고, 아름다움을 모든 자연 안에 있는 어떤 신적인 것을 가리키는 것으로서 강조했기 때문에, 때로 "형이상학적 시"로 묘사되었다. "그들의 시는 인간의 경험이라는 소재를 사용해 시를 지으며 신적인 것과의 접촉점을 찾으려는 시도였다."[129] 그 소재는 무지개나 석양을 보고 깊이 생각할 때 느끼는 우주적 경외감과 양심 안에 있는 옳고 그름의 감각을 포함했다. 콜리지는 자연을 초월하거나 자연 안에 있는 무한하고 신적인 것을 가리키는 세 가지 "불가사의들"(mysteries, 또한 그는 이것을 인간 경험의 "궁극적 사실들"이라고 불렀다)을 구체적으로 언급한다. 양심, 책임감 있는 의지, 악이 그 것들이다.[130] 콜리지 같은 잉글랜드 낭만주의자들은 개념적, 종합적 이해(comprehension)보다 직관적, 체험적 이해(apprehension)에 더 큰 가치를 부여했다. 하지만 그들을 비합리주의자라고 생각하는 것은 잘못일 것이다. 단지 그들은 확장되고 더 역동적인 이성 개념을 원했을 뿐이다.

한 콜리지 연구가는 그가 잉글랜드 낭만주의를 "전형적으로 보여 주었다"고 말한다.[131] 하지만 동시에 이 연구가는, 다른 학자들처럼, 콜리지가

---

127 Robin Stockitt, *Imagination and the Playfulness of God* (Eugene, OR: Pickwick, 2011), p. 12.
128 같은 책, p. 19.
129 같은 책, pp. 8-9.
130 Samuel Taylor Coleridge, *Aids to Reflection* (Port Washington, NY: Kennikat Press, 1971), p. 156.
131 Stockitt, *Imagination and the Playfulness of God*, p. 8.

"기독교 사상의 역사에서 가장 수수께끼 같고 흥미로운 인물들 가운데 하나"라고 말한다.[132] 콜리지의 삶과 경력에 관한 몇 가지 사실이 그 이유를 드러낼 것이다. 다른 수많은 위대한 기독교 사상가들처럼, 그는 성직자 가정에서 태어났다. 그의 아버지는 잉글랜드 국교회 사제였으며, 새뮤얼의 양육과 교육은 그런 신분을 감안할 때 이례적인 것은 아니었다. 하지만 그와 특별히 가까웠던 아버지는 그가 겨우 여덟 살 때 죽었고, 그는 고아원이나 다름없던 곳으로 보내졌다. 그는 케임브리지 대학교 지저스 칼리지를 졸업했으며, 여기서 칸트를 비롯한 당대를 이끌던 많은 철학자의 영향을 받았다. 하지만 그는 시인 윌리엄 워즈워스(William Wordsworth) 같은 낭만주의 작가들에게 특히 마음이 끌렸다. 그 자신의 말에 따르면 그는 병약하고 책을 좋아했다. 그는 평생에 걸쳐 어느 정도 신비적 성향이 있는 지성인의 삶으로 빠져드는 경향이 있었다. 그는 자라서 부유한 후원자들의 지원을 받는 시인이 되었으며, 아직도 영어 과목 시간에 널리 읽고 공부하는 서사시 "노수부의 노래"(The Rime of the Ancient Mariner, 1798) 같은 낭만주의 시로 가장 잘 알려져 있다.

콜리지는 고투했다. 청소년일 때 정통 기독교에 환멸을 느껴 10년 동안 유니테리언교도가 되었다. 이후에는 잉글랜드 국교회와 삼위일체 정통 교리로 돌아왔다. 한동안 미국에서 유토피아 공동체를 만들어 이끌려고 계획했지만, 뜻대로 되지 않자 실의에 빠졌다. 현대의 일부 연구자들은 그가 오늘날 조울증이라 불리는 장애를 앓았다고 본다. 그는 이 시기에 오랫동안 아팠고 아편에 중독되었으며, 이후에도 통증 완화를 위해 이를 사용했다. 그는 친구들과 함께 살며 활동 없이 지내는 시기를 보내다가, 이어서 열정적으로 작품에 몰두하는 시기를 보냈다. 그의 가장 위대한 저작은 『성찰에의 도움』(Aids to Reflection, 1825)—철학, 영성, 기독교 신학에 관한 경구 모음

---

[132] 같은 책, p. ix.

집—이다. 그는 많은 후대 신학자들에게 깊은 영향을 미쳤는데, 특히 부시넬이 그렇다(참고. 4.b.).

콜리지는 정통 기독교로 복귀한 후에 『성찰에의 도움』 같은 저작들을 통해 열정적으로 이를 옹호했지만, 버틀러와 페일리 같은 보수적 계몽주의 사상가들과 동일한 방식으로 하지는 않았다(참고. 1.c.). 실제로, 콜리지의 참된 기독교에 관한 설명의 많은 부분을 대조적으로 돋보이게 하는 것은 자연신학자 페일리였다. 콜리지는 페일리의 유신론 옹호가 이신론과 별반 다르지 않다고 보았는데, 둘 다 감각 증거와 논리를 신뢰하기 때문이다. 콜리지가 보기에 그런 방식은 기독교의 생명력을 삼켜 버린다. 그가 "우주적 영과 나누는 모든 현재적이며 살아 있는 교감을 전적으로 거부하는 것은 이신론 자체를 빈곤하게 하고 무신론만큼이나 생기 없게 만든다"고 쓴 것은 이신론뿐 아니라 페일리의 보수적 유신론을 두고도 말하는 것이었다.[133] 그에게 기독교의 진리는 증거나 변증이 아니라, 기독교를 필요로 하는 것과 그 필요를 만족시킬 수 있는 기독교의 능력에 있다. 다시 말해, 콜리지는 영적 진리를 그가 "내 내면의 빛"(the light within me)이라 부르는 영적 경험에 기초시키려 했다.[134] 그에 따르면 "내면의 빛"(the light within)이란 오직 그리스도인들만 가지는 특별한 감각을 뜻하지 않는다. 그는 신적인 것에 대한 보편적, 직관적 감각을 뜻했다. 그러한 것을 갖고 있음을 부정하는 사람들에게 그는 다음과 같이 썼다. "누군가 이것을 찾을 수 없다고 단언하는 사람이 있다면 나는 그를 불신할 수밖에 없다. 나는 나 자신의 도덕적 본성의 토대들 자체를 뒤흔들지 않고는 달리할 수 없다."[135] 그에게 기독교의 진리에 대한 궁극적 증명은 기독교가 그 감각을 감지하고 충족시킨다는 점이다. 자물쇠와 열쇠의 비유는 그가 의미한 바를 잘 보여 준다. 복음인 기

---

[133] 같은 책, p. 117.
[134] 같은 책, p. 160.
[135] 같은 책, p. 154.

독교는 모든 사람 안에 있는 신적인 것의 직관적 의미를 풀고 여는 열쇠다. 기독교는 이 일에 다른 어떤 체계보다 더 적합하다. 그는 모든 자연 종교와 자연 신학과 합리적 변증에 반대하며 말했다. "내 내면의 빛, 즉 나의 이성과 양심은 고대의 사도적 신앙이…견고하며 참되다는 확신을 준다."[136] [여기서 콜리지가 말하는 "나의 이성"(my reason)이란 칸트의 실천적 이성—하나님의 초월과 임재의 표지로서의 도덕 법칙에 대한 내적 확신—같은 것을 의미했다.]

결국 콜리지가 보기에, 데카르트로부터 (당시에 아직 완전히 부각되지 않은) 헤겔에 이르는 전체 계몽주의가 진리와 지식을 토대주의에 의해 정의된 이성이 알 수 있는 것으로 국한한 것은 커다란 실수였다. 그에게 이는 특히 기독교에 적용되는데, 기독교는 절대적 종교이며 인간의 마음의 갈망에 대한 실현이기 때문이다. 계몽주의는 기독교를 이론으로, 사변(speculation)으로 취급했다. 이 점이 기독교를 죽인다. 콜리지는 참된 기독교가 "삶의 철학이 아니라, 삶이며 살아 있는 과정"이라고 주장한다.[137] 다시 말해, 기독교의 진리를 아는 것은 기독교를 실천하는 것이다. 기독교를 실천하는 것은 어린아이 같은 겸손을 요구한다. 그의 경구들 가운데 "시작할 때 어린아이 같은 겸손이 없으면 목적지에서 진리에 도달할 가능성이 적다"는 말이 있다.[138] 그에게는, 데카르트 이전에 대부분의 기독교 전통이 그랬듯, 영적 이해가 믿음을 따른다. "믿음은 씨앗으로, 의지 안에 받아들여진다. 이해나 지식은 이 씨앗의 꽃이고, 믿는 내용은 이 씨앗의 열매다."[139]

콜리지가 기독교의 진리를 옹호하는 근거는, 그에 따르면, 진심으로 그리고 진정으로 기독교를 실천한 사람 가운데 기독교 안에서 참된 만족과 성취를 발견하지 못한 사람이 없었다는 점이다. "어떻게 이것[기독교]이

---

136 같은 책, p. 160.
137 같은 책, p. 201.
138 같은 책, p. 193.
139 같은 책, p. 195.

증명됩니까?"라고 묻는 사람에게 그는 대답한다.

기독교가 존재해 온 지난 1800년 동안 단 한 명이라도 다음과 같이 묻는 사람이 있었던가? "저는 기독교를 실천했지만 그에 대한 답은 없었습니다. 지시에 따라 충실하게 실험했지만, 결론은 나는 참 잘 속는 사람이라는 확신이었습니다."…나는 이러한 불신…의 근원이 타락하지 않은 판단력이 아니라 다른 곳에 있지 않을까 생각한다. 진정한 불신의 근원은 강력한 자유로운 정신이 아니라 노예화된 의지다.[140]

그리고

하나님과의 평화(또는 화해)의 적절하고 자연스러운 결과이자…특정한 그리고 타당한 결실은 우리 자신의 내적 평화, 차분하고 침착한 마음의 기질이다. 또한 하나님과의 평화를 열렬히 갈망하고 진심으로 추구한다는 의식이 있는 곳에서, 자신의 내적 평화는 하나님의 평화의 임재에 대한 감각으로 여겨질 수 있다.[141]

콜리지의 낭만주의는 진리에 관한 지식을 위해 직관과 경험에 호소한 그의 적극성에 잘 나타난다. 또한 이 호소가 비합리적이거나 이성에 반대되지 않는다는 그의 주장에도 나타난다. "콜리지는, 기독교가 합리적이지만 합리성에 대한 현재의 정의들이 너무 제한적이어서, 그러한 정의들은 우리 삶의 가장 중요한 요소들을 보지 못한다는 점에 대해 확고부동했다."[142] 콜리지에게 이성은 직관과 상상력을 포함해야만 한다. 사람들은 하

---

[140] 같은 책, p. 202.
[141] 같은 책, p. 117.
[142] Wilkens and Padgett, *Christianity and Western Thought*, vol. 2, p. 49.

나님이 주신 이 능력들을 무시하거나 억누름으로써 스스로에게 커다란 손실이 되게 한다.

콜리지의 낭만주의는 현대성에 어떻게 대응했는가? 이 질문에 대한 대답은 이제 독자들에게 꽤 분명할 것이다. 부분적으로는 콜리지와 그와 비슷한 기독교 낭만주의자들 때문에, 현대성은 영적 경험을 위한 공간을 만들어야만 했다. 모두가 여기에 동의한 것은 아니었다. 많은 철학자는 현대성에 수반된 영적 지식에 대한 회의주의와 함께 유물론과 토대주의를 계속 긍정했다. 하지만 낭만주의는 계몽주의로 하여금 문을 열도록 강요해서, 적어도 영적 경험이 단순한 광신(狂信)으로 간과되거나 무시되지 않도록 할 수 있었다. 콜리지는 광신자(狂信者)는 아니었다. 콜리지의 철학과 신학에는 흥미롭고 아마도 유익한 점이 한 가지 있다. 그의 철학과 신학이 참되다면, 과학과 종교는 갈등할 수 없다는 것이다. 낭만주의화된 기독교의 커다란 장점 하나는 바로 여기에 있다. 물론 여기에는 대가가 있을 것이다. 콜리지는 영적 진리와 지식이 과학적 또는 사변적 이성과 갈등하지 않는다고 주장했다. 그것들은 단순히 "같은 선상을 달리지 않으며…서로 침범하거나 교차하지 않는다." 『성찰에의 도움』의 한 부분을 인용하여 다른 식으로 말할 수 있다. "논의되는 불가사의들[삼위일체 같은 기독교 교리들]은 이해나 (사변적) 이성과는 방향이 다르다. 그것들은 같은 선상이나 평면에서 움직이지 않으며, 그러므로 서로 모순될 수 없다."[143] 콜리지의 이 말은 그것들이 서로 전적으로 다른 문제를 다루기 때문에 모순될 수 없음을 의미한다. 다시금 우리는 기독교가 어떻게 하늘이 돌아가는가를 다루지 않고 어떻게 하늘에 가는가를 다룬다는 점으로 회귀한다. 어쩌면 꼭 그렇지는 않을 수도 있다. 콜리지는 기독교에 이르는 길을 막음으로써 다른 지식과 관련이 없게 만들지 않았다. 그보다는 영적 진리가 과학과 철학의 문제들보

---

143 Coleridge, *Aids to Reflection*, p. 203.

다 더 깊은 곳에 놓여 있으며 그것들을 초월한다고 보았다. 아마도 콜리지의 견해를 표현하는 한 방식은, 영적 문제들에서 과학과 철학이 제기하는 질문들은 (직관과 상상력을 포함하는) 신앙에 의해 파악된 계시만 만족스럽게 대답할 수 있는 것들이라고 말하는 것이다. 19세기 신학 연구가 한 사람은 콜리지의 업적에 대해 다음과 같이 논평한다. "콜리지 자신이 신앙의 모험에 관해 한 설명을 가장 돋보이게 한 것은…신앙의 모험의 합리성을 상술하려는 그의 노력이었다. 즉 이 모험이 이성에 반대되거나 이성을 초월하거나 또는 이성과 별개가 아니며, 오히려 이성 자체의 최고의 순간임을 보이려는 노력이었다."[144]

콜리지가 과학적, 사변적 이성과 직관을 포함하는 영적 이성을 분리한 것과 관련해 있을 수 있는 대가에 관해서는 앞에서 언급한 바 있다. 그 대가는 20세기 신학자 볼프하르트 판넨베르크(1928-2014)가 "신학의 게토화"(ghettoizing of theology)라고 부른 것일 수 있는데, 이 용어를 그는 자신의 저작들에서 자주 사용했다. 그가 이 용어를 통해 의미한 바는 종교적 진리 주장들을 위한 모든 특별한 호소로, 여기서는 다른 학문들에서처럼 철저한 합리성의 기준들이 적용되지 않는다. 이렇게 인식된 신학의 게토화로 인해, 19세기와 20세기 전체에 걸쳐 유럽의 대학교들에서 신학을 몰아내려는 시도들이 계속 있어 왔다. 아마도 콜리지는 대학교에 예술학과가 있다면 신학과도 있어야 한다고 주장했을 것이다. 신학과 예술 사이의 관계는 가령 신학과 물리학 사이의 관계보다는 더 가깝다. 하지만 이것은 신학이 학문들의 여왕이라는 중세적 이상에서 아주 멀어진 것이다.

키르케고르가 종교적 합리주의에 도전하다

키르케고르는 "우울한 덴마크인"이며 실존주의의 창시자라 불려 왔지만,

---

[144] Welch, *Protestant Thought in the Nineteenth Century*, vol. 1, p. 126.

자신의 생애 동안에는 그 선포한 메시지가 주목받지 못했던 덴마크인 기독교 예언자였다. 한참 후에, 20세기에 이르러, 키르케고르가 현대성과 특히 기독교 세계에 대해 보여 준 도전이 (다른 누구보다도) 바르트, 브루너, 라인홀드 니버(Reinhold Niebuhr)—소위 신정통주의 또는 변증법 신학의 주요 인물 세 사람—의 신학들에서 다루어지면서 진가를 발휘하게 되었다. 아마도 가장 영향력 있는 20세기의 신학자 바르트의 고백은 유명하다. "나에게 어떤 체계가 있다면, 키르케고르가 시간과 영원 사이의 무한한 질적 차이라고 말한 것을 가능한 한 언제나 명심한 데 있다.…하나님은 하늘에 있고, 인간은 땅에 있다."[145] 키르케고르는 그때까지 그의 고국 덴마크 밖에서는 관심은 고사하고 거의 알려지지도 않았다.

키르케고르는 자신을 "무력한 시인"(powerless poet)이라 불렀지만,[146] 동시에 분명히 스스로를 예언자이자 순교자라 보았다. 그가 순교자라는 것은 자신의 믿음들 때문에 물리적으로 죽임을 당했다는 의미에서가 아니라, 덴마크 사회의 시민적 규범을 거부하고 덴마크 사회와 그 국가 교회에 대해 점점 더 신랄한 비판을 가함으로써 스스로 순교자의 삶을 살았다는 의미에서다. 그의 통렬한 빈정거림과 날카로운 비판의 주된 대상은 헤겔과 그의 추종자들이었다. 하지만 이 과정에서 그는 종교와 특히 기독교에 관련된 모든 현대성에 저항하는 문학적 십자군 운동을 시작했다. 그가 당한 순교는 상류 사회에 의해 그에게 가해진 조롱이었다.

키르케고르의 기이한 삶은 그의 죽음으로부터 시작해 그의 아동기로 끝나는 몇몇 짧은 이야기들을 통해 아주 잘 파악할 수 있다. 그는 삶의 대부분을 살았던 코펜하겐에서 은둔자로 삶을 마쳤는데, 상대적으로 젊은 42세

---

145 Karl Barth, *The Epistle to the Romans*, trans. Edwyn C. Hoskins, 6th ed. (London: Oxford University Press, 1933), p. 10.
146 Louis Dupré, *Kierkegaard as Theologian: The Dialectic of Christian Existence* (New York: Sheed and Ward, 1963), p. 210.

의 나이였다. 그의 말년은 루터파 국가 교회와 그 지도자들에 대해 글로 공격하는 데 소모되었다. 그는 외관상 사소한 견해차들로 인해 가족과 친구들 대부분과 사이가 멀어졌다. 하지만 문학적 거장이자 교회와 사회의 권력층 엘리트들에 대한 비판자로서의 그의 명성은 드높아서, 그의 장례식에 천 명이 참석할 정도로, 과장하지 않고 말해 논란이었다. 그의 전기 작가 한 사람은 키르케고르가 날카롭게 비판하기를 즐겼던 한 헤겔주의자 덴마크 감독의 관점에서 다음과 같이 보고한다.

11월의 그날 [코펜하겐 중심부의 교회로부터] 가족 묘소로 내몰린—꽤 작았다고 알려진—그 관 안에는 한 사람의 시신이 놓여 있었다. 그는 지난 수년 간 몹시 미움을 받는 사람이 되었기에, 이제 죽음 후에는 실제로 어디에도 안장될 수 없는 형편이 되어 버렸다. 인생의 말년에 홀로 신학적 혁명을 수행하며 목사들을 식인종, 원숭이, 멍청이 등 모욕적 어구로 부른 사자(死者)를 도대체 어디로 보내야 할까? 축성(祝聖)된 땅에서의 기독교식 매장을 그런 자에게 허락하는 것이 어떤 의미가 있을까? 바로 이 사람이 그 폭과 창의성과 중요성 면에서 당대를 뛰어넘는 수많은 글을 남겼다는 점은 이 상황의 아픔을 조금도 경감시키지 못한다.[147]

이 감독과 그의 교회에 대한 이 우울한 덴마크인의 마지막 기술들 가운데 하나를 읽는다면, 아마도 감독이 키르케고르를 축성된 묘지에 묻히도록 허락하는 것에 관해 가진 상반된 심경을 이해하는 데 도움이 될 것이다.

장엄한 대성당 안에서, 사교계의 선택을 받은 존귀하신 '게하이메-게네랄-

---

147 Joakim Garff, *Søren Kierkegaard: A Biography*, trans. Bruce H. Kirmmse (Princeton, NJ: Princeton University Press, 2005), pp. xvii–xviii.

오버호프-프래디칸트'(Geheime-General-Oberhof-Prädikant) 주교님께서 선택된 무리 앞에 납시어 친히 선택하신 본문에 관해 **감정을 담아** 설교하신다. "하나님께서 세상의 천한 것들과 멸시받는 것들을 선택하시어…" 그래도 아무도 웃지 않는다.¹⁴⁸

말할 필요도 없이 이 감독은 키르케고르의 장례식에 참석하지 않았다. 여전히 천 명의 문상객이 참여한 무덤 옆 예배 때 키르케고르의 형이 엄숙한 추도사를 읽으려 했지만, 덴마크 사회가 삼촌을 부당하게 대했다고 소리치며 불평하는 키르케고르의 조카에 의해 밀려났다. 이 일은 당시에 무례한 행동의 극치로 여겨졌고, 그로 인해 조카는 벌금형을 받았다. 실제로는 다르게 새겨졌지만, 키르케고르가 자신의 죽음이 가까움을 알았을 때 묘비명으로 사용하도록 지시한 문구는 다음과 같다. "여기에 그 단독자가 누워 있다"(Here Lies That Individual).

키르케고르는 진정 단독자였다. 그는 어떤 범주에도 놓이기를 거부했으며, 이는 그의 개인적 삶과 문학적 삶에 모두 적용된다.¹⁴⁹ 그가 선호한 자신의 정체성은 "진리의 증인"이었다. 그는 타인들이 보지 못하는 것을 본다고 믿었고, 자신의 문장력을 사용해-때로는 필명으로 때로는 자신의 이름으로-그것을 그들에게 알게 하도록 부름을 받았다고 느꼈다. 그는 다작하는 작가였고 성인이 된 후에는 대부분의 시간을 책과 에세이를 쓰며 보냈다. 그것들 가운데 다수가 현대, 중산층, 유럽 문화에 대한 비판이었으며, 일부는 인간 존재의 구조에 대한 주의 깊은 분석이었다. 많은 것이 신학적 주제와 관련되었다. 키르케고르는 보통 철학자로 분류되지만, 그는 또한

---

148 Søren Kierkegaard, *Attack upon "Christendom"*, trans. Walter Lowrie (Princeton, NJ: Princeton University Press, 1968), p. 181. 물론 이것은 덴마크 교회 지도자의 실제 직함이 아니며, 키르케고르는 반어법으로 말하고 있다. 자연스러운 말로 번역하면 "높고 능력 있는 설교자이신 존귀하신 주교님"(the Honorable Right Reverend High and Mighty Preacher)일 것이다.
149 여기 나오는 전기적 요점들은 Garff, *Søren Kierkegaard*를 참고했다.

신학자이기도 했다. 그의 작품들의 최우선적 관심은 "하나님 앞에 선 단독자"(the individual before God)였다. 그는 국가 교회를 포함하는 "일반 사회"가 기독교의 진리와 진정한 실존의 진리를 상실했다고 생각했는데, 진정한 실존이란, 그가 끊임없이 강조한 바에 따르면, 무리로부터 벗어나 사회의 관습과 습관의 구애 없이 무엇이 될지 책임감 있게 결정하는 것을 의미했다.

앞에서 키르케고르의 순교자 콤플렉스를 언급한 바 있다. 때로 그는 논쟁을 일으키는 것처럼, 심지어 자신과 자신의 명성과 자신의 온전한 정신 상태에 대한 공격을 유발하는 것처럼 보이기까지 했다. 「해적」(*The Corsair*)은 키르케고르가 때때로 기고한, 덴마크의 유력 문학 잡지였다. 1845년 말과 1846년 초에 키르케고르와 편집자들 사이에 다툼이 벌어져서, 편집자들이 건방지게 그를 비난했고 그도 화를 내며 반격했다. 사설과 에세이를 통한 공세는 인신공격으로 변했다. 한번은 키르케고르가 이 잡지에 편지를 보냈다. "저를 욕보여 주시지요. 「해적」에 의해 결코 사라지지 않는 모욕을 경험하는 것은 너무 끔찍합니다."¹⁵⁰ 편집자들은 그의 요청을 받아들여 키르케고르에 대한 일련의 악의적 공격을 감행했는데, 이 가운데는 그가 코펜하겐 여기저기를 매일 산책하는 모습을 그린 모욕적 캐리커처도 있었다. 곧 코펜하겐에서 어린 소년들이 무리를 지어 그를 따라 다니며 그의 이름을 부르고 그의 약간 불편한 걸음걸이를 흉내 내기 시작했다. 사람들은 거리에서 그를 멍하니 바라보고 그에 대해 수군거렸다. 마침내 키르케고르는 자신의 아파트에 머물며 외출을 삼갔다.

키르케고르는 결혼한 적이 없다. 젊었을 때 그는 일생의 사랑이었던 레기네 올젠(Regine Olsen)이라는 젊은 여성에게 청혼했다. 그가 그녀를 사랑했음은 분명하다. 그의 일기가 이 점을 분명히 보여 준다. 하지만 그는 아무 해명 없이 약혼을 깨트렸는데, 이는 19세기 중반의 상류 사회에서는 아

---

150 같은 책, p. 399에 인용됨.

주 커다란 결례였다. 연구자들은 파혼의 이유를 놓고 수많은 추측을 해 왔다. 키르케고르는 그의 아버지가 어린 시절에 하나님을 저주했기 때문에 그의 집안이 저주를 받았다고 믿었다는 설이 있다. (그의 아버지는 자라서는 매우 독실한 경건주의적 그리스도인이 되었다.) 오히려 더 가능성 있는 것으로, 이 철학자는 자신의 성격상 문제를 잘 알았기 때문에 자신과의 결혼이 레기네를 파멸에 이르게 하리라고 결론을 내렸던 것 같다. 또한, 아마도 그는 그녀가 그의 유일하게 진정한 관심사인 철학과 신학에 관해 그와 대화하기를 별로 좋아하지 않을 것이라고 생각했던 것 같다. 그의 일기를 보면 그가 남은 삶 동안 멀리서 그녀를 사랑했음을 알 수 있다. 이후에 그녀는 다른 사람과 결혼해 오랫동안 행복하게 살았다.

많은 창의적 천재들처럼, 키르케고르의 가정에는 문제가 많았다. 그의 부모는 가난하지 않았지만, 집에 뭔가 문제가 있었다. "병과 죽음이 집안 분위기를 무겁게 만들었으며 분위기를 바꾸어 줄 일은 거의 없었다. 장난감은 과분하다고 여겨졌고, 쇠렌 오뷔에[Aabye, 그의 가운데 이름]는 어머니의 물렛가락을 유일한 장난감으로 갖고 노는 것이 전부였다."[151] 그의 형제자매들 가운데 일부는 일찍 죽었는데, 그중에는 키르케고르가 태어나기 전에 죽어 그가 이름을 물려받은 형도 있다. 그의 아버지는 죄책감에 고통을 겪으면서 거의 종교적 광신에 빠졌던 음울한 상인이었다. 쇠렌의 일기는 그의 성년기에 아버지와 사이가 멀어지게 된 큰 실망이 무엇인지 결코 분명히 밝히지 않지만, 적어도 부자 관계에 뭔가 문제가 있었다. 성인이 된 쇠렌은 어렸을 때 그의 아버지가 그를 좀처럼 집밖으로 못 나가게 했고, 집안의 넓은 거실을 마치 시골에서 하이킹하듯이 함께 왔다 갔다 하던 일을 기억했다. 대부분의 연구자들은 키르케고르의 어린 시절이 그의 우울한 관점 및 종교적·철학적 비관론과 큰 관련이 있다는 점에 동의한다.

---

151 같은 책, p. 9.

키르케고르의 저작들은 방대하기 때문에 철학 및 기독교와 관계된 일부 주요 작품들만 여기서 언급하자면, 『이것이냐 저것이냐』(Either/Or, 1843), 『두려움과 떨림』(Fear and Trembling, 1843), 『철학적 단편』(Philosophical Fragments, 1844), 『철학적 단편에 부치는 비학문적 해설문』(Concluding Unscientific Postscript, 1846), 『죽음에 이르는 병』(Sickness Unto Death, 1849), 『인생길의 여러 단계』(Stages on Life's Way, 1845), 『기독교의 훈련』(Training in Christianity, 1850) 등이 있다. 그의 마지막 글들 가운데 일부는 수집되어 『"기독교 세계"에 대한 비판』(Attack upon "Christendom")이라는 이름으로 출간되었다. 이 철학자는 너무 많은 주제에 관해 글을 썼기에 그 주제들을 간단하게라도 설명하는 것이 불가능하므로, 여기서는 현대성 및 기독교와 관련된 그의 사상들에 집중할 것이다.

키르케고르의 시대에, 특히 유럽 대륙에서 철학의 주도적 흐름은 헤겔의 합리주의 철학과 기독교에 대한 접근을 선호했다. 키르케고르는 이를 단호하게 반대했는데, 이런 접근은 참된 기독교에 대한 철저한 배신이라고 생각했기 때문이다. 하지만 그의 비판은 단지 헤겔뿐만 아니라, 기독교에 대한 모든 합리적 접근의 핵심을 공격한다. 헤겔은 (물론 헤겔만 그랬던 것은 아니지만) 하나님과 인간 사이, 신앙과 이성 사이의 연속성을 강조했다. 그리고 그는 하나님을 포함하는 궁극적 실재를 아는 데 대한 객관적·합리적 접근을 강조했다. 키르케고르가 헤겔과 계몽주의 전체에 대해 제기한 첫 번째 반대는 "진리는 주체성이다"(truth is subjectivity)라는 주장이다. 이것은 『철학적 단편에 부치는 비학문적 해설문』에서 계속 반복되는 요점이며, 아마도 키르케고르가 자신의 철학에 대해 말하는 가장 체계적 언명이다. "진리는 주체성이다"라는 말은 널리 오해되어 왔다. 이 말은 진리가 모두 단지 개인과 관련해서만 참되다는 상대주의(relativism)를 의미하지 않는다. 키르케고르가 진리는 주체성이라고 선언했을 때, 그는 진리가 단지 주관적(subjective)이라는 것을 의미하지 않았다. 그보다는, 『해설문』을 읽는 사람은 알겠지만, 인생에서 가장 중요한 진리, 자신의 자아와 하나님에 관한 진리, 궁극적 실재에 관한 진리는 언제나 주관적으로만—결정, 모험, 헌신에서의 개인적 전유(專有)를 통해서—알려진다는 것을 의미했다. 그것은 합리적으로, 즉 행성이나 물리학 법칙에 관해 아는 방식으로 알려질 수 없다. 물질과학의 영역에서는 객관적 합리성이 지배하지만, 삶의 가장 중요한 문제들에서는 주관적 신앙이 지식을 위해 필연적이다.

키르케고르의 핵심은 한 사람이 어떻게 그리스도인이 되는가에 관한 그의 이야기에서 가장 잘 표현된다. 정통주의와 현대주의 모두와 대조적으로, 그는 그리스도인이 되는 것에 대한 합리적 접근을 피한다. 그 대신에,

주관적으로, 그리스도인이 된다는 것은 다음과 같이 정의된다. 그 결정이 주체에게 달려 있다는 것이다. 이 전유는 다른 모든 내향성과 분명히 다른 역설적 내향성이다. 그리스도인이라는 사실은 기독교가 **무엇**이냐에 의해서가 아니라, **어떻게** 그리스도인이 되느냐에 의해 결정된다. 이 **어떻게**는 단지 한 가지, 절대적 역설…에만 상응할 수 있다.…신앙은 객관적 불확실성이며, 고수되던 부조리를 내향성의 열정에서 물리치는 것이다.[152]

이 하나의 진술에서 키르케고르는 종교와 관련된 계몽주의의 모든 흐름에 정면으로 맞서고 있다. 영적 진리, 궁극적 실재에 관한 진리, 하나님과 자신에 관한 진리는 오직 역설로서, 결단에 의한 내향적 전유를 통해서, 열정의 열기 속에서 알려질 수 있다. 하나님에 관한 그리고 그 사람의 삶의 목적과 의미를 포함하는 하나님의 것들에 관한 지식에 이르는 비인격적·객관적·합리적 경로는 없다.

---

[152] Søren Kierkegaard, *Concluding Unscientific Postscript to the "Philosophical Fragments"*, in *A Kierkegaard Anthology*, ed. Robert Bretall (Princeton, NJ: Princeton University Press, 1946), p. 255.

종종 오해되는 또 다른 키르케고르의 유명한(또는 악명 높은) 인용문은 그리스도인이 되기 위해서는 "신앙의 도약"(leap of faith)이 필요하다는 것이다. 그의 이 말은 (많은 사람의 생각과는 반대로) 모험 없이는 신앙이 없다는 것을 의미했다.

…모험 없이는 신앙이 없다.…내가 하나님을 객관적으로 파악할 수 있다면 나는 믿는 것이 아니다. 하지만 내가 그럴 수 없기 때문에 나는 믿어야만 한다. 내가 나 자신을 계속 신앙 안에서 유지하기 바란다면, 나는 객관적 불확실성을 단단히 붙잡는 데 계속 전념해야만 한다. 그러면 나는 객관적 불확실성 속에서 "깊이가 칠만 패덤[약 십삼만 미터]이나 되는 물 위로" 나를 내맡겨도 믿을 수 있다.[153]

그렇다면 신앙의 도약은 캄캄하고 아무것도 알 수 없는 어떤 것으로 비합리적으로, 맹목적으로 뛰어드는 것이 아니다. 아무도 대상으로 소유할 수 없는 하나님에게 자신을 전적으로, 아무런 거리낌 없이 내맡기기로 열정적으로 결단하며 인생을 거는 모험이다. 키르케고르는 기독교 믿음의 **내용**을 조금도 바꾸지 않았다. 그는 기본적으로 정통 기독교 교리들을 참된 것으로 받아들였다. 그에게 쟁점은 믿음의 **방식**과 **대상**이다. 정통 신앙은 교리들을 신앙의 대상으로 만들었다. 여기서는 특정한 교리들을 믿으면 그리스도인이 된다. 계몽주의적 자연 종교 및 칸트와 헤겔은 바른 믿음(이것이 정확히 무엇이든)에 이르는 길을 합리적 객관성으로 만들었다. 다시 말해, 모험이나 열정적 내향성이 아니라 냉정하고 초연한 합리성이다. 키르케고르의 요점은, 물질과학의 경우에 사람이 연구 대상에 무관심할 수 있지만, 영적 삶의 경우에 무관심한 채 진리를 파악할 수 없다는 것이다. 영적 지식은 헌

---

[153] 같은 책, p. 215.

신을 요구하고, 헌신은 모험과 결단을 요구한다. 참 하나님은 삼단논법의 끝에서, 또는 교리들(그 교리들이 비록 참이더라도)을 믿음으로써 알려지지 않는다.

참 하나님은 왜 삼단논법의 끝에서 알려질 수 없는가? 키르케고르는 두 가지 이유를 댄다. 첫째로 사람들은 언제나 "적극적으로 오류 안에 있기" 때문이며, 둘째로 하나님은 피조물과 "전적으로 다른 분"이고 따라서 역설로서만 알려질 수 있기 때문이다. 키르케고르의 문학적 작품들 대부분은 자기기만이라는 인간의 죄성을 면밀히 분석하는 데 공을 들인다. 그는 원죄에 집착했지만, 신화 속 동산에서 있었던 전(前)역사적 타락에 관한 교리로서의 원죄에 대한 집착은 아니었다. 그에게 원죄는 미망(迷妄), 불안, 절망에 속박되어 있는 인간의 상태다. 그가 분명히 밝힌 바에 따르면, 죄는 우리 스스로 초래한 상태다. 즉 유전되지 않는다. 우리는 모두 스스로 죄를 초래한다. 이 점에 대한 설명은 있을 수 없으며, 단지 그럴 뿐이다. 그는 "인간은 자신의 자유의 힘으로 자신의 속박의 사슬을 만든다"고 단언했다.[154] 인간 실존에 관한 예리한 분석에서 키르케고르는 원죄, 즉 타락은 한계를 넘어서려 노력하는 자유의 남용이라고 주장했다. 다시 말해, 원죄는 스스로 하나님이 되려는 시도다. 분명히 그는 이것이 하나님과 인간을 혼동하는 헤겔의 철학적 체계 안에서 작동하고 있다고 보았다. 타락한 사람들은 자신들이 스스로 만든 속박의 사슬을 스스로 벗어날 수 없다. 오직 은혜만이 이 일을 할 수 있으며, 오직 신앙의 도약을 통해서만, 불안과 절망을 극복하기 위해 하나님만 신뢰하겠다는 열정적 결단을 통해서만 이 일을 이룬다. 이 일은 오직 "한 번에 한 사람에게" 일어날 수 있다.[155] 그것은 하나님을 대면하게 된 죄인이 하나님을 신뢰하겠다고 마음을 결정하는 개인

---

154 Søren Kierkegaard, *Philosophical Fragments*, in *A Kierkegaard Anthology*, ed. Robert Bretall (Princeton, NJ: Princeton University Press, 1946), pp. 160-161.
155 Kierkegaard, *Postscript*, p. 207.

적, 인격적 결단이다. 언제나 위기와 굴복을 포함하며, 어떤 논증의 달갑지 않은 결론이 결코 아니다.

하나님이 삼단논법의 끝에서 알려질 수 없는 또 다른 이유는, 하나님이 인간과 전적으로 다르며(성육신은 예외), 언제나 주체이지 결코 대상이 아니기 때문이다.[156] 키르케고르는 헤겔의 절대정신(Absolute Spirit)으로서의 하나님 개념, 유한을 내포하는 "참된 무한"이라는 개념을 혐오했다. 그에게 이것은 하나님을 우상으로 바꾸는 것이었다. 키르케고르에 앞서 파스칼이 말했던 것처럼, "철학자들의 하나님은 아브라함과 이삭과 야곱의 하나님이 아니다!" 키르케고르는 이 말에 전적으로 동의했는데, 헤겔이 보여 준 것이나 이신론 같은 철학적 신학은 하나님을 죄로 물든 인간과 대조시키기보다는 인간의 모습에 따라 하나님을 변형시키기 때문이다. 하나님은 철학적 신학이 알 수 있는 것보다 더 초월적인 동시에 더 인격적이다. 하나님에 대한 신앙은 관계이지 단순한 지식이 아니며, 역설의 수용이지 반대되는 것들의 체계 또는 종합에 대한 합리적 발견이 아니다.

키르케고르에게 기독교의 궁극적 진리는 모든 합리적 지식에도 영향을 미치며, 이는 해결될 수 없는 역설이다. 헤겔은 이성이 전체의 거대한 종합(궁극적으로 헤겔 자신의 체계) 안에서 모든 상반된 명제들을 해소시킬 수 있다고 믿었음을 기억하라. 이것을 그는 "변증법"(the dialectic, 정립-반정립-종합)이라 불렀다. 이에 반대해 키르케고르는 상반되는 것들이 종합 안에서 통일될 수 없는 자신만의 변증법을 제시했다. "영원한 진리가 존재하는 한 개인과 관계를 맺을 때, 그것은 역설이 된다."[157] 그가 선호하는 예시는 성육신이다. 신앙이 도약 속에서 파악하는 진리와 실재는 이성에게는 터무니없다. 그 이유는 "영원한 진리가 시간 속에서 존재하게 되었기 때문이다.

---

[156] 같은 책, p. 211.
[157] 같은 책, p. 219.

즉 하나님이 존재를 갖게 되었기 때문에, 탄생했기 때문이다."¹⁵⁸ 하지만 성육신의 역설은 단지 지성 안에서 배우고 받아들이는 사실이 아니다. 그것은 단지 믿어지는 교리가 아니다. 오히려 신자의 실존을 결정하는 궁극적 사실이며, 신자가 하나님과 맺는 관계의 전체 토대다.

키르케고르의 삶의 과업은 기독교를 이해하는 것이었다. 기독교 세계에서 그리스도인이 된다는 것이 무엇을 의미하는지 말이다.¹⁵⁹ 그는 "그리스도인"이라는 호칭으로 통하는 많은 것이 진짜가 아니라는 결론에 이르렀다. "거의 모든 사람이 기독교를 당연한 것으로 받아들일 정도로 기독교가 매력적이게 된다면, 그렇게 제시되는 것은 참된 기독교가 아님을 사람들은 확신할 수 있다. 자기 십자가를 지는 것을 제자도의 조건으로 정하신 그분의 기독교는 아닌 것이다."¹⁶⁰ 키르케고르는 현대성의 공세가 기독교를 온순하고 무해(無害)하게 만들게 되었고, 사람들의 소유물이 되고 제어를 받게 했다고 믿었다. 키르케고르가 보기에,

> 현대인은 [참된 신앙에 관한] 이런 개념을 상실했다. 그는 모든 것을 역사적으로, 한 묶음으로 본다. 그에게 기독교는 수 세기에 걸쳐 스스로를 충분히 증명했기에 사람들이 더 이상 몸소 헌신할 필요가 없는 아주 오래된 삶의 철학이다. 그리하여 기독교는 그 초월적 가치를 상실한다. 더 이상 충격을 주지 못한다.…모든 사람은 하나님 앞에 홀로 서 있는 개인으로서의 자신을 재발견해야 한다. 기독교는 어떤 전통 안에서 전수될 수 없다. 이 세상에 태어난 모든 사람은 새롭게 충격을 받아야 하며, 이 충격에서 신앙으로 나아가거나 절망으로 떨어져야 한다.¹⁶¹

---

158 같은 책, p. 220.
159 Robert Bretall, "Introduction", in *A Kierkegaard Anthology*, ed. Robert Bretall (Princeton, NJ: Princeton University Press, 1946), p. xx.
160 같은 책, p. xxiii.
161 Dupré, *Kierkegaard as Theologian*, pp. 36-37.

(비록 키르케고르가 이 주제에 관하여 저술한 것과 비교하면 아주 적은 분량이지만) 지금까지 다룬 것들로 미루어, 키르케고르의 삶의 철학과 기독교관은 현대성의 그것과 갈등했음을 분명히 알 수 있다. 하지만 그는 전(前)근대의 사람은 아니다. 그는 권위에 대한 믿음을 옹호하지 않았으며, 성경의 권위에 대해서도 마찬가지였다(교회의 권위는 말할 필요도 없고 말이다). 또한 그는 신비주의자도 아니었다. 그는 보편적 "내면의 빛" 또는 명상을 통한 하나님과의 연합을 혐오했다. 그의 현대성은 인간 개인, 인간 주체를 자신의 철학의 중심에 둔 방식에 잘 나타났다. 그에게 "참된 기독교[에서] [개인은] 일차적으로 하나님과, 그리고 오직 부차적으로만 공동체와 관련을 맺는다."[162] 참된 교회, 즉 전투하는 교회에는 오직 개인들만 있다.[163] 참된 그리스도인은 "신앙의 기사"로서, 아브라함처럼, 비록 하나님의 부름을 따르는 것이 전통과 공동체가 믿고 말하는 모든 것에 반대되는 경우에조차 이 부름을 따른다. 이러한 종류의 개인주의는 현대성 밖에서는 거의 발견되지 않는다.

초기 현대에 일어나 21세기에도 아직 진행 중인 과학과 종교 사이의 전쟁에 대한 키르케고르의 해법은 무엇일까? 키르케고르가 옳다면 이 전쟁은 쓸모없는 것이다. 과학은 객관적 세계를 객관적으로 다룬다. 자연과 그 법칙들에 대한 합리적 조사와 관련된다. 참된 종교, 즉 기독교는 관계성과 관련된 것으로 전적으로 주체적이고, 내향적이고, 역설적이고, 과학이나 철학**으로서의** 철학은 알 수 없는 것이다. 키르케고르(혹은 키르케고르주의자들)에게 문제는 과학과 철학이 그것들의 경계를 벗어나 이 관계성에 손을 대려고 할 때(예를 들어, 이 관계성은 증명될 수 없기 때문에 망상이라고 말할 때) 비로소 발생한다. 키르케고르는 참된 종교, 즉 기독교를 철학과 과학의 경쟁 너머로 들어올렸다. 철학과 과학은 기독교를 건드릴 수 없다. 또한 확실성에

---

162 같은 책, p. 198.
163 같은 책, p. 197.

관해서 말하자면, 키르케고르는 이것을 혐오했다. 참된 기독교는 "객관적 불확실성"에 관한 것으로, 이는 오직 결단, 모험, 열정적 헌신을 통해 일어나는 기적, 신앙이다. "진리는 정확히 말해 모험이다. 무한에 대한 열정으로 객관적 불확실성을 선택하는 것이다."[164]

세 명의 기독교 사상가들이 기독교 내부에서 현대성에 대응하다

이 절에서 나타나듯이 모든 현대 기독교 사상가들이 현대성에 굴복하거나 현대성의 산에 적응한 것은 아니었다. 리드와 스코틀랜드 상식실재론은 상식 경험을 무시하거나 조롱하는 계몽주의의 경향을 논의했다. 리드에게 지식은 이성이나 감각적 증거에 의해 증명될 수 있는 것보다 훨씬 많은 것을 포함하지만, 기독교는 합리적 논증에 의존하지는 않더라도 이것과 깊은 관련을 맺고 있다. 넓은 의미의 과학인 객관적 추론을 통해 기독교를 반증하는 것이 아직 이론적으로 가능하다. 과학과 기독교는 서로 철저히 분리된 영역에 따로 존재하지 않는다. 그럼에도 불구하고, 리드가 정의한 대로의 상식이 철학 안에 다시 포함될 수 있다면, 기독교는 매우 높은 수준의 개연성에 객관적으로 부합하는 것으로 정립될 수 있다.

콜리지와 낭만주의는 영적 문제들과 관련하여 합리주의를 거부함으로써 현대성에 대항했다. 이성은 예술적인 것과 영적인 것을 포함하는 모든 인간 경험을 설명할 수 있도록 확장되고 더 융통성을 지녀야만 한다. 신학은 현대적 의미의 과학보다는 예술에 더 가깝다. 내면의 빛과 함께 시작해, 확장되고 더 깊어진 추론을 신앙에 의해 이미 믿어진 것을 이해하는 데 사용한다. 과학과 예술이 서로 충돌할 수 없듯이, 과학과 신학도 충돌할 수 없다.

키르케고르와 실존주의가 현대성에 대응한 방식은, 신앙이 아는 것이

---

[164] Kierkegaard, *Postscript*, p. 214.

객관적 이성에게 터무니없어 보이도록 객관적 이성과 신앙 사이의 모든 연결을 끊는 것이었다. 하지만 신앙이 아는 것은 과학이 아는 것과 전혀 같지 않다. 과학들은 사물을 연구하고, 신앙은 새로운 관계성을 통해 새로운 세계로 들어간다. 합리적 철학이 하나님을 연구하려 시도하면 언제나 우상만 창조하게 된다. 참된 기독교는 위로부터 오며, 아래로부터의 사물이나 방법들을 통해서는 알려질 수 없다. 그래서 과학은 참된 종교, 즉 기독교와 서로 충돌할 수 없다. 그것들은 서로 철저히 분리된 영역에 존재한다.

(다음 장의 주제인, 슐라이어마허와 함께 시작되는) 현대 신학 전체에 걸쳐 현대성이 전통적 기독교에 가져온 위기와 그에 대한 (이신론, 칸트, 헤겔을 포함해) 지금까지 다룬 철학적 대응들은, 기독교 신학자들이 현대성에 대응하는 방식들, 즉 현대성에 저항하거나 타협하고 적응하려는 방식들에 영향을 미칠 것이다.

2

자유주의 신학들이 현대성에 비추어 기독교를 재구성하다

현대 신학의 이야기는 자유주의 개신교 신학의 출현과 함께 시작된다. 그리고 자유주의 개신교 신학[liberal Protestant theology, 이후로는 "자유주의 신학"(liberal theology)으로 표기]은 프리드리히 슐라이어마허와 함께 시작되었는데, 그가 바로 이번 장의 첫 번째 절이 다루는 주제다. 슐라이어마허 이전에도 자유주의화하는 기독교 사상가들이 있었지만, 그들은 직업적인, 교회와 관련된 신학자들은 아니었다. 슐라이어마허는 역사상 첫 번째로 자유주의면서 동시에 직업 신학자─기독교 신학을 가르치는 대가로 보수를 받는 사람─였다. 이 책에서 앞서 다룬 주제들은 모두 철학자이거나 작가이거나 또는 둘 다에 해당했다. 우리가 자유사상가라고 부르는 사람들(예를 들어 톨런드와 틴들)이 국가와 국가 교회로부터 용인된 것은, 적어도, 부분적으로는 그들이 신학자가 아니었기 때문이었다.

자유주의 신학이란 무엇인가? "자유주의 신학"은 오용이 심한 명칭이다. 많은 사람이 자신들과 의견을 달리하는, 왠지 현대적이며 전통에 반대된다고 생각하는 어떤 종교적 견해를 자유주의 신학이라 부른다. 이런 의미에서 일부 보수적 신학자들조차 그들보다 더 보수적 사람들에 의해 자유주의로 불린다. 다시 말해, 대부분의 일상적 어법에서 "자유주의 신학"은 철학자들이 지표 용어(indexical term)라 부르는 것이다. 그 용어에는 분명한, 확정된 의미가 없고, 그 용어의 의미는 사용하는 사람 자신의 신학과 아주 밀접하게 얽혀 있다. 예를 들어, 한때 내가 가르쳤던 기독교 대학의 주요 구약학 교수 한 사람은 무천년왕국설(amillennialism)—그리스도의 천 년의 통치는 사탄이 결박되어 있는 시기로서(계 20장) 교회의 시대이며, 그리스도의 재림 후 문자적 천 년의 지상 통치(전천년왕국설, premillennialism)는 없다는 믿음—을 지지했다. 당시 대학의 대다수 구성원들은 여러 해에 걸쳐 점차 전천년왕국설을 신봉하게 되었기에, 그들 가운데 다수는 기독교 역사 전체로 보면 지배적 견해를 가졌던 그 구약학 교수를 자유주의적이라고 비판했다. 하지만 실제 그는 자유주의자가 아니었다. 그는 성경의 무오성을 믿었다! 하지만 그의 성경 해석이 많은 구성원의 눈에 익숙하지 않은 것이었기에, 그들은 자동적으로 그의 견해에 자유주의적이라는 딱지를 붙였다. 이 책에서의 "자유주의 신학"은 그런 의미가 아니다. 여기서 자유주의 신학은 19세기에 개신교 교회들과 그 교육기관들 안에서 일어난 역사적 운동이자 신학의 유형으로 다루어질 것이다. 그것은 과거에나 지금이나 확연히 현대적 신학이며, 그런 이유로 보수적 비평가들은 이 신학을 종종 현대주의라 불렀다.

자유주의 신학은, 기독교 신학 안에서 "현대 사상의 주장들을 최대한 인정하는 것"으로 가장 잘 정의될 수 있다.[1] 자유주의 신학은 유럽에서 개신

---

1 Claude Welch, *Protestant Thought in the Nineteenth Century*, vol. 1: *1799-1870* (New Haven, CT: Yale University Press, 1972), p. 142. 자유주의 신학에 대한 다른 정의들도 있으며, 대표적인 것들 가운데 하나는 뉴욕 유니언 신학교의 자유주의 신학자 게리 도리언(Gary Dorrien)의 정의다. 미국 자유주의 신학의 역사를 다루는 세 권짜리 저서 *The Making of American Liberal Theology* (Louisville, KY: Westminster John Knox, 2001-2006)에서 그는 자유주의 신학을 "기독교 신학은 외적 권위에 기초를 두지 않고도 진정 기독교적일 수 있다"는 사상으로 정의한다[*The Making of American Liberal Theology: Imagining Progressive Religion 1805-1900* (2001), vol. 1, p. 1]. 하지만 도리엔은 자

교 안에 있는 신학의 한 운동이자 유형으로 시작되었지만, 후에는 가톨릭 신학의 일부 분야로 확대되었으며 거기서는 전통적으로 현대주의라 불렸다. 다시 말해, 자유주의 신학은 전통적 교리의 단순한 개정이 아니라 현대성에 비추어 기독교 교리를 개정하고 재구성하는 것이다. 이를 위해 교리적 비판과 구성을 위한 원천과 규범으로 "현대 사상의 최고의 것"을 이용한다.[2] 바로 이것이 새로운 점이었다. 그 이전의 기독교 역사에서는 어떤 신학자도 자신의 문화가 신학의 내용을 위한 규범으로 제대로 기능했다는 점을 공공연히 인정하지 않았다. 그럼에도 불구하고, 기독교 역사를 돌아볼 때, 문화가 특히 기독교 외부에서 발생한 몇몇 철학을 의미하는 것으로서, 신학자들의 의도와 달리, 그러한 방식으로 기능했던 경우를 찾아보는 것은 어렵지 않다. 예를 들어, 순교자 유스티누스(Justin Martyr)와 알렉산드리아의 클레멘스(Clement of Alexandria) 같은 일부 고대 교부들은 대체로 이교도 국가였던 로마제국에서 기독교 믿음들을 표현하기 위해 특히 플라톤 철학 같은 그리스 문화로부터 많은 것을 차용했다. 그들이 자신들의 교리 안에 그리스 사상(Hellenism)의 요소들을 흡수했다는 점은 많은 사람이 인정할 것이다. 위대한 교부 아우구스티누스도 신플라톤주의라 불리는 철학의 영향을 분명히 받았으며, 중세 가톨릭 신학자 토마스 아퀴나스도 아리스토텔레스의 철학에 많이 의존했다.

이렇게 역사 속에서 철학을 사용한 것과 자유주의 신학이 철학을 사용한 것 사이의 차이는, 자유주의 신학이 의식적으로 그리고 숙고적으로 현

유주의를 더 자세히 정의하는데, 그 방식은 웰치와 완전히 일치하는 듯 보인다. "18세기 이래로 자유주의 기독교 사상가들이 주장해 온 바에 따르면, 종교는 현대적이고 진보적이어야 하며, 기독교의 의미는 현대적 지식과 경험의 관점에서 해석되어야 한다"(같은 책).

[2] 여기서 (또 이후에서) "원천"이 의미하는 바는 신학이 자신의 비판적·구성적 임무를 수행하기 위해 의지하는 일련의 지식이다. 또한 "규범"은 진리의 판단 기준, 올바른 믿음의 시금석을 의미한다. 성경과 전통은 전통적으로 신학의 원천이자 규범으로 여겨졌지만, 이성도 종종 전통적 신학자들에 의해 신학적 진리의 원천까지는 아니더라도 규범으로 사용되었다. 자유주의 신학은 현대적 사상을 올바른 신학의 원천이자 규범으로 제안한다.

대성에 적응했다는 점이다. 이러한 신학적 방법은 스스로 자유주의 신학자라고 인정한 20세기 말의 한 신학자에 의해 가장 잘 표현되었다. 그는 "보수적 신학"(conservative theology)과 "자유주의 신학"(liberal theology)을 대비시켜 말한다.

> 내가 이해하기로, 최고의 보수적 기독교는 다음과 같이 말할 것이다. "우리는 현재의 가설들에 귀를 기울이고 그로부터 취할 수 있는 것은 취해야 하지만, 궁극적으로 진리는 과거에, 특히 예수 안에서 우리에게 주어졌으며, 이것을 수용하는 것이 우리의 궁극적 의무다. 동시대의 세계가 말할 수 있는 모든 것은 성경적 계시에 부합하는지에 따라 판단되어야 한다."
> 최고의 자유주의는 다음과 같이 말할 것 같다. "분명히 우리는 기독교적 과거의 풍요로움을 존중하고 우리의 삶에 대한 그 엄청난 기여를 인정해야 하지만, 종국적으로 우리는 현대의 최상의 결론에 따라 살아야만 한다. 현대적 합의를 절대화하면 안 되며 그것도 언제나 계속해서 비판과 수정을 받아야만 한다. 하지만 우리의 헌신이 아무리 잠정적이고 자기 비판적으로 유지되더라도, 여전히 현재 세대의 신중한 판단들에 부합해야 한다. 비록 과거가 명령하는 것들과 근본적으로 다른 경우에조차 말이다."³

자유주의 신학이 보기에, "현재 세대의 판단들"은 현대성의 인도를 받는다. 물론 어떤 자유주의 신학자도 기독교가 현대성이 말하는 모든 것에 무비판적으로 굴복하거나 수용해야 한다고 말하지는 않을 것이다. 그렇지만 **실제로** 자유주의 신학은, 가능한 한 기독교의 본질을 희생시키지 않으면서, 현대성—그 시대의 현재형을 띤 현대성—에 적응하려는 경향이다. 비평가들

---

3   Delwin Brown, in Clark Pinnock and Delwin Brown, *Theological Crossfire: An Evangelical/Liberal Dialogue* (Grand Rapids, MI: Zondervan, 1990), p. 23.

은 자유주의 신학자들이 현대성에 최대한 적응하도록 하기 위해 기독교의 본질을 계속 바꾸었다고 주장한다.

자유주의 신학이 성장하고 지배적이게 될 것을 낙관하던 전성기는 19세기다(특정 세기가 아닌, 문화적 기간으로 1799년에서 1914년까지로 정의된다).[4] 자유주의 신학을 주도한 신학자들은 계몽주의의 영향을 강하게 받았는데, 여기에는 특히 데카르트, 로크, 흄, 칸트, 헤겔뿐 아니라 낭만주의가 포함된다. (그들은 키르케고르의 영향은 받지 않았다. 신학을 위한 키르케고르의 유산은 제2차 세계대전 이후까지 기다려야 했다.) 이는 자유주의 신학자들 가운데 어느 누가 계몽주의에 완전히 동의했음을 뜻하지 않고, 그보다는 그들 모두는 계몽주의가 영속적 문화 혁명이며 이에 반대한다면 기독교가 현대 세계에서 모든 신뢰성을 잃게 될 것이라고 생각했음을 의미한다.

자유주의 신학은 (그 신학을 유행시킨 사람들이 아니라) 슐라이어마허, 알브레히트 리츨(Albrecht Ritschl, 1822-1889), 아돌프 하르낙(Adolf Harnack, 1851-1930), 월터 라우센부시(Walter Rauschenbusch, 1861-1918) 등 주요 신학자들을 연구함으로써 가장 잘 이해할 수 있다. 하지만 그들의 저작들로부터 몇 가지 공통점들을 추출할 수 있는데, 이 공통점들은 신학에서의 자유주의 운동이 어떤 것이었고 자유주의 신학의 정신이 오늘날 아직도 살아 있는 곳이 어디인지 독자들이 이해하는 데 도움을 줄 수 있다.[5] 첫째, 현재의 신학적 재구성을

---

4   잘 알려진 것처럼, 웰치가 "19세기 개신교 사상"을 1799년에서 1914년까지의 기독교 신학으로 정의했다. 기독교 신학의 새로운 시대를 열었던 슐라이어마허의 『종교론: 교양 있는 종교 경멸자들을 위한 담화』(*On Religion: Speeches to Its Cultured Despisers*) 출판으로 시작해, 19세기 신학의 낙관론에 변화가 불가피하도록 만든 기독교 신학의 위기를 야기했던 제1차 세계대전의 발발로 끝나는 시기다. 참고. Welch, *Protestant Thought in the Nineteenth Century*.

5   내가 자유주의 신학에 대한 이 기술을 어디에서 얻었는지 궁금한 사람들을 위해 주요 출처들을 일부 언급할 것인데, 이들 가운데 상당수가 자유주의 신학자들의 저작이다. Dorrien and Welch(앞에서 인용함); Kenneth Cauthen, *The Impact of American Religious Liberalism*, 2nd ed. (Lanham, MD: University Press of America, 1983); William R. Hutchison, *The Modernist Impulse in American Protestantism* (Oxford: Oxford University Press, 1976); Peter Hodgson, *Liberal Theology: A Radical Vision* (Minneapolis: Augsburg Fortress, 2007); Donald E. Miller, *The Case for Liberal Christianity* (San Francisco: Harper, 1981).

위해 현대성을 권위 있는 원천이자 규범으로 진지하게 받아들이지 않는 사람이나 교회나 기독교 조직은 역사적, 고전적 의미에서의 자유주의가 아니다. 어떤 신학자가 새로운 것을 제안했다고 해서 자유주의자가 되는 것은 아니다. 진정한 자유주의 신학은 현대 문화와의 관련성과 기독교적 원천에 대한 충실성 사이의 균형을 맞추기 위해 기독교 교리들의 재구성을 목표한다. 대개, 그리고 아마도 이것이 자유주의 신학의 필수요건일 텐데, 현대 문화와의 관련성이 전통적 기독교 원천에 대한 충실성보다 더 중요하지 않다면 적어도 동등하게 중요하다.

둘째, 자유주의 신학은 인간의 잠재력에 대한 낙관으로 가득 차 있었기에, 그 전망과 방법 측면에서 인간중심적이었다. 낙관론적 19세기의 시대정신을 아주 잘 보여 주는 흔한 말은 "날마다 모든 면에서 점점 더 좋아지고 있다"는 것이었다. 일부 사람들은 계몽주의와 과학 혁명이 세상을 거의 지상낙원으로 이끌 것이라 믿었다. 이런 경향은 그리스도인들이 진보적 시류에 편승하는 경우에 더 심했다. 유럽에서는 제1차 세계대전 후에, 미국에서는 제2차 세계대전 후에 이런 낙관론이 수그러들자 신학자들은 "완화된 (chastened) 자유주의"에 관해 논의하기 시작했다.

셋째, 자유주의 신학은 아래로부터의 신학을 한다. 신학을 하는 두 가지 방식이 있는데, 하나는 "위로부터"(from above)이고 다른 하나는 "아래로부터"(from below)다. "위로부터"란 하나님으로부터의 특별 계시의 권위를 인정하면서 그 특별 계시를 건전한 기독교 교리를 구성하려는 의도로 해석하는 것을 의미한다. (이 말이 반드시 동시대적 맥락을 무시함을 의미하지는 않는다. "위로부터"라는 것은 정확한 믿음들을 결정하기 위한 원천 및 규범과 관련된다.) "아래로부터"란 신학적 숙고를 인간 경험에서부터 시작하면서 그로부터 믿어질 수 있으며 또 믿어져야 하는 것을 결정하려 시도하는 것을 의미한다. 전통적 기독교 자연 신학은 이 두 가지를 모두 하려는 시도였지만, 여기에서 "아래로부터"의 방식은 "위로부터"의 방식을 통해 믿어지는 것에 대한 합리적 지원에 국한된다. 자유주의 신학은 보편적 인간 경험으로부터 하나님에 관한 지식을 발견하려 노력한다. 이 말은 위로부터의 계시를 거부한다는 것을 의미하지 않으며, 다만 이 계시를 인간 경험이라는 판단 기준에 맡긴다는 것을 의미한다. 대부분의 경우에, 인간 경험에 깊이 박혀 있는 하나님의 계시가 있다고 믿는 것을 의미한다.

넷째, 자유주의 신학은 성경을 비평적으로 해석하는 경향이 있다. 즉 성경을 가장 중요한 기독교 고전으로 받아들이지만, 초자연적으로 영감되었다거나 무오하다고는 생각하지 않는 것이다. 자유주의 신학은 성경에 대한 고등비평─성경을 역사적 측면에서 다른 고대의 책이나 모음집과 동일한 방식으로 해석하려는 노력─의 등장과 함께 나타났고 성장했다. 이 말은 모든 자유주의 신학자들이 성경의 영감이나 권위를 전적으로 거부함을 의미하지 않는다. 대체로 그들은 성경이 "영감을 불러일으키는 한" 영감된 것이라고 말한다. 성경의 권위가 절대적이지 않은 것은, 하나님을 제외하고는 절대적 권위가 없으며 아무도 하나님의 마음에 직접 접근할 수 없기 때문이다.

고전적 자유주의 개신교 신학에는 물론 다른 공통적 특징들도 있지만, 슐라이어마허 및 다른 자유주의 신학자들의 기독교에 관한 사상을 이해하기 시작하기 위해서라도 필요한 주제들은 이상의 네 가지다. 자유주의 신학자들 사이에서 반드시 보편적이지는 않지만 일반적으로 나타나는 다른 전형적 특징들이 있는데, 즉 (과학 혁명으로 인해) 초자연적인 것과 기적들에 대한 회의적 경향, 예수의 인성에 대한 일반적 강조와 그의 신성을 인성의 어떤 측면으로 재해석하려는 경향, 보편 구원론─모든 사람의 구원에 관한 믿음─에 대한 선호, 설령 기독교가 다른 종교들에 있는 진리를 완성하는 절대적 종교라 하더라도 진리는 모든 세계 종교에서 발견될 수 있다는 가정이 그런 것들이다.

2.A. 프리드리히 슐라이어마허가 신학에서 코페르니쿠스적 혁명을 개시하다

현대 기독교 신학의 연구자들은 거의 예외 없이 슐라이어마허를 현대 신학의 아버지라 부른다. 그는 "교회의 왕자"이자 기독교 사상의 몇몇 거인들 가운데 하나로,[6] 장 칼뱅(John Calvin) 이래로 가장 영향력 있는 신학자이자[7] 현대 종교 및 신학 사상의 창시자[8]로 불려 왔다. 그가 기독교에 한 역할은 코페르니쿠스가 천문학에, 뉴턴이 물리학에, 프로이트가 심리학에, 다윈이 생물학에 한 역할과도 같다. 말하자면, 그는 **그야말로** 개척자이자 유행의 선도자였고, 후대 신학자들이 무시할 수 없는 가장 중요한 사상가였다. 그러한 명성이 그에게 어울리는 것은 그가 신학에서 특정 학파를 만들었거나 현대 기독교 신학자들이 모두 그의 제자들이기 때문이 아니다. 이 명예로운 위치가 그에게 합당한 것은 그가 신학에서 새로운 시대를 열었기 때문이다. 거의 이백 년 동안 지속된 이 시대는 제2차 세계대전 이후의 완화된 자유주의를 포함하는 소위 자유주의 신학과 이에 대한 다양한 반응들이 지배했다.

키스 클레먼츠(Keith Clements)가 옳게 말한 것처럼, "수많은 다양한 주제들에 관하여 슐라이어마허는 우리가 '현대적'이라고, 혹은 일부가 선호하는 것처럼, '자유주의적'이라고 인정할 접근법들의 전조(前兆)가 된다."[9] 슐라이어마허 이전의 어떤 기독교 신학자도 계몽주의의 과학 혁명과 철학 혁명이 전통적 기독교에 제기한 문제들에 정면으로 대응하지 못했다. 또한 그 누구도 자신의 시대정신과 양립할 수 있도록 기독교 교리들을 재구성하

---

6   Brian Gerrish, *A Prince of the Church: Schleiermacher and the Beginnings of Modern Theology* (Philadelphia: Fortress, 1984), p. 20.
7   Richard R. Niebuhr, *Schleiermacher on Christ and Religion* (New York: Scribner, 1964), p. 6.
8   Robert R. Williams, *Schleiermacher the Theologian: The Construction of the Doctrine of God* (Philadelphia: Fortress, 1978), p. 1.
9   Keith W. Clements, *Friedrich Schleiermacher, Pioneer of Modern Theology* (London: Collins, 1987), p. 7.

기 위해 그토록 용감히 분투하지 못했다.

슐라이어마허와 관련해 특히 중요한 점은 그의 독특한 기독교 교리 재구성이 아니라(물론 이것이 아주 흥미로울 수는 있지만), 현대 사상 및 과학적 발견들과 갈등하지 않도록 기독교 믿음들을 풀어내려고 노력하는 과정에서 그가 취했던 방법과 접근 방식이다. 스스로 의식했든 못했든, 그는 현대성의 산(酸)으로부터 안전하도록 종교와 기독교를 재정의하려는 열망에 이끌렸던 것 같다. 일부 비평가들은 그가 이 산의 일부를 이용해 고전적 기독교의 정통 신앙을 해체했다고 비난하지만, 그는 자신의 과업이 어떤 것에 대한 거부가 아니라 고전적 기독교의 원천과 인간 경험에 비추어 거의 모든 것을 재구성하는 것이라 보았다. 신학을 하는 그의 방법과 접근이 혁명적이었고 영향력이 컸기 때문에, 여기서 우리는 그 점에 초점을 맞출 것이다. 그가 특정한 교리들을 수정한 것들 가운데 일부는 새로운 신학적 방법을 어떻게 실천했는지 예시하기 위해 논의될 것이다.

슐라이어마허가 독일에서 가장 영향력 있는 신학자가 되다

슐라이어마허는 대중으로부터 떨어져서 대중과의 교류 없이 일하는 신학자가 아니었다. 실제로는 그와 정반대의 신학자였다. 그는 문화적 영웅으로, 1834년 2월에 있었던 그의 장례식에서 그의 장례 행렬이 지나갈 때 수십만까지는 아니라도 수만에 이르는 베를린 시민이 거리에 나와 줄지어 서서 애도했을 정도였다. 그는 군목으로 복무했고, 프로이센의 애국자이자 사회적·정치적 개혁가로 존경을 받았다. 그는 베를린의 삼위일체 교회 강단에서 설득력 있게 설교했던, 당대 최고의 설교자들 가운데 한 명으로 널리 알려졌다. 그는 인기 있는 사교계 명사(名士)로, 예술과 문화를 논하는 베를린의 많은 살롱 모임에 초대되었다. 그는 베를린 대학교의 설립을 도왔으며 이 대학교 신학부의 학장이 되었다. 그는 플라톤의 저작들을 독일어로 번역했고, 예수의 생애를 포함하는 다양한 주제에 관해 수많은 책들을 썼다. 그의 대표작으로는 『기독교 신앙』(*The Christian Faith*, 1821-1822, 개정판 1830)이란 제목의 조직신학이 있다. 대부분의 연구자들은 "거의 3세기 이전에 나온 장 칼뱅의 『기독교강요』 이후로, 개신교에서 그만한 규모와 체계를 갖춘 책은 없었다"는 클레멘츠의 말에 동의한다.[10] 이 두꺼운 책에서 슐라이어마허는 현대 사람들을 위해 기독교 교리의 체계를 제시했다.

신학에서 슐라이어마허의 과업을 이해하기 위해서는 그의 청소년기와 교육을 살펴보는 것이 중요하다. 그의 아버지는 개혁파 교회의 목사로, 프로이센 군대에서 군목으로 복무했다. 프리드리히가 열 살 때, 그의 아버지는 모라비아교도(the Moravians)라 불리는 경건주의 분파의 사역을 통해 감명 깊은 종교적 체험을 했다. 그들은 보헤미아 출신의 아주 독실한 그리스도인 집단으로, 17세기에 독일 동부에 정착했으며 전 유럽과 영국에서 복음적 갱신에 중요한 역할을 했다. 존 웨슬리(John Wesley)도 그들의 영향을 받았으며, 키르케고르도 마찬가지였다. 다른 모든 경건주의자들처럼, 모라비아교도들도 "머리 기독교"(head Christianity)보다는 "가슴 기독교"(heart Christianity)를 믿었다. 즉 그들은 회심 및 예수와의 인격적 관계를 통한 "속사람" 안에서의 그리스도 경험과 비교해 교리적 지식에는 부차적 위치를 부여했다. 그들은 오늘날 복음주의의 선구자들이었다.

열네 살 때 슐라이어마허는 경건주의 기숙학교에 보내졌고, 후에는 경건주의 신학교로 보내졌다. 그의 교육 초기에 특정한 주요 정통 교리들에 대한 의심이 들기 시작했다. 그는 아버지에게 보내는 한 편지에서 그리스도의 대리적 속죄에 대한 회의를 표했다. 그의 아버지는 매섭게 반응하면서 거의 부자의 연을 끊다시피 했다. 훗날 그들은 화해했지만, 아버지에게는 실망스럽게도, 프리드리히는 정통 교리를 받아들이는 것을 회복하지 못

---

[10] 같은 책, p. 33.

했다. 하지만 그는 경험과 심지어 —"기독교적 감정들"(Christian affections) 같은— 감정에 대한 경건주의적 강조를 늘 가지고 있었다. 그는 누이에게 보낸 한 편지에서 자신이 아직 경건주의자이며, 단지 "더 높은 수준"의 경건주의자라는 것을 단언했다. 정통 개신교 신학에서 멀어지는 흐름은 경건주의적 할레 대학교(University of Halle)에서 공부하는 동안에도 계속되었는데, 이곳에서 그는 칸트의 철학을 접했고 계몽주의 철학들 일반을 폭넓게 독서했다.

경건주의와 계몽주의 철학 외에도, 슐라이어마허는 19세기로 넘어가는 시기에 베를린을 휩쓸던 낭만주의라 불리는 상대적으로 새로운 운동의 영향을 받았다. 이미 논의된 대로, 낭만주의는 계몽주의의 차가운 합리주의에 대한 반발이었으며 인간의 감정, 상상력, 직관을 강조했다. 따라서 낭만주의는 인간의 자기실현 수단인 시와 음악에 큰 가치를 부여했다. 베를린의 살롱 문화를 누리던 젊은 슐라이어마허의 친구들 가운데 다수는 낭만주의의 영향을 받았으며, 자신들이 전통적 교의들에 대한 계몽주의의 비판을 받아들였기 때문에 종교적이거나 그리스도인이 될 수 없다고 생각했다. 그들 가운데 다수에게 낭만주의는 일종의 유사 종교의 역할을 했다. 슐라이어마허의 첫 번째 책은 이 친구들을 향한 강연으로, 이 점은 그 책 제목 『종교론: 종교를 경멸하는 교양인을 위한 강연』(*On Religion: Speeches to Its Cultured Despisers*, 1799)에 잘 나타난다. 이 책에서 그는 종교가 개인의 자유를 억압하고 사람들을 그들의 인간성으로부터 소외시키는 죽은 정통 신앙이나 권위적 도덕주의에 지나지 않는다는 흔한 오해에 반대해 종교를 옹호하려 했다. 일찍부터 슐라이어마허는 경건주의, 계몽주의적 합리주의, 낭만주의를 합쳐서 일종의 종합을 이루려 시도하고 있었다.

『종교론』에서 슐라이어마허는 "종교를 경멸하는 교양인"에게 종교가 보편적 인간 "감정"(Gefühl)의 문제이며 교의들과 별로 관련이 없음을 설득하려 했다. 그의 주장에 따르면, 참된 종교는 "살아 있는 하나님과의 직접적 관계로, 하나님에 관한 교리적 혹은 신조적 명제들에 복종하는 것과 구별된다."¹¹ 『종교론』은 종교에 관한 최초의 진정한 현대적 연구들 가운데 하나를 대표하며, 이 책 덕분에 저자는 젊은 천재라는 명성을 얻었다.

슐라이어마허의 위대한 신학 저서 두 권은 『종교론』과 『기독교 신앙』이다. 보수주의자들, 정통 전통주의자들에게 이 책들은 계몽주의 시대의 반(反)초자연주의적 정신에 대한 항복이자, 인간에 관한 이야기를 하나님에 관한 이야기인 듯 말하려는 얄팍한 위장의 전형이었다. 진보주의자들에게 이 책들은 시대에 뒤떨어진 권위주의적 교의들로부터 해방되어 과학과 갈등하지 않으면서도 합리적이고 현대 문화에 적절한, 진정으로 현대적 형태의 기독교로 나아가는 것을 상징했다. 이 책들은 범신론 등의 혐의를 받으며 폭풍 같은 신랄한 비판을 야기했다. 한 비평가는 슐라이어마허의 이름이 가진 문자적 의미("베일을 만드는 사람")를 이용해 악의적 언어유희를 했다.

Der nackten Wahrheit Schleier machen,

Ist kluger Theologen Amt,

Und Schleiermacher sind bei so bewandten Sachen

Die Meister der Dogmatik insgesamt.

(적나라한 진실에 대해 베일을 만드는 것은

영리한 신학자들의 일이라네.

교의학의 장인들은 모두

"베일을 만드는 사람들"이로다.)¹²

이런 비난에도 불구하고, 슐라이어마허의 책들, 특히 『기독교 신앙』은 점차 세속화되는 현대의 청중에게 의미 있게 말하기 위해 기독교를 개조했

---

11 같은 책, p. 24.
12 Karl Barth, *The Theology of Schleiermacher* (Grand Rapids, MI: Eerdmans, 1982), p. 186에 인용됨.

던 그의 발자취를 따르려는 수정주의 신학들이 쏟아져 나오도록 만들기도 했다.

슐라이어마허는 1834년 2월에 폐렴으로 사망했다. 그의 죽음은 그가 가족과 함께 성찬에 참여하는 가운데 찾아왔다. 앞에서 언급한 대로, 그의 죽음은 베를린 사람들 사이에서 엄청난 반응을 일으켰다. 그의 장례식 추도사를 맡은 슈테펜스(H. Steffens)는 이 장면을 다음과 같이 묘사했다.

일찍이 이와 비슷한 장례식은 없었다. 사전에 정해지지 않았는데도 애도의 정이 완전히 무의식적으로 자연스럽게 흘러나왔고, 내면의 무한한 감정이 온 도시를 휘감고 그의 무덤 주위에 모여들었다. 이는 현대의 대도시에서 결코 볼 수 없었던 내면적 일치의 시간들이었다.[13]

슐라이어마허가 계몽주의에 대응하고 새로운 신학적 방법을 발전시키다

슐라이어마허의 신학은 주로 그의 시대의 문화적·지성적 맥락에 대한 대응으로 일어났다. 그 시기는 정통 기독교에 순탄한 시대가 아니었다. 시대의 정신은 종교에 대해 적대감까지는 아니라도 상대적 무관심을 조장했다.[14] 예를 들어, 프랑스 저술가 볼테르는 파리에서 쫓겨나 인생의 상당한 기간을 망명지에서 보내야 했을 정도로 격렬하게 교회를 공격했다. 독일에서 일부 철학자들은 신학이 대학교 안에서 더 합리적인 다른 과목들과 나란히 자리를 차지할 권리가 있는지에 대해 심각한 의문을 제기했다. 프랑스 혁명은 파리에 있는 노트르담 대성당에서 "이성의 여신"(Goddess of Reason)을 즉위시켰다.

이런 모든 혼란 가운데 슐라이어마허는 기독교를 "종교를 경멸하는 교

---

13 Martin Redecker, *Schleiermacher: Life and Thought*, trans. John Wallhausser (Philadelphia: Fortress, 1973), p. 213.
14 Clements, *Friedrich Schleiermacher*, p. 11.

양인"에게 실제로 의미 있도록 만들기 위한 좋은 방법을 낭만주의에서 발견했다. 낭만주의자들은, 적어도 부분적으로는, 계몽주의의 자녀들이었다. 그들은 권위와 교의적 믿음 체계들에 대한 우려를 공유했다. 하지만 그들은 자연의 생동감과 인간의 감정 및 상상의 능력에 대한 감각―그들이 생각하기에 계몽주의의 합리주의와 유물론에서 상실되었다고 생각했던 것들―을 회복하기를 바랐다. 낭만주의가 이처럼 감정을 강조하는 것에서, 슐라이어마허는 기독교가 점증하는 현대 문화의 근본적 정신과 갈등하지 않도록 기독교를 재구성할 단서를 찾아냈다.

잉글랜드 계몽주의 시인 알렉산더 포프는 현대 문화의 정신을 간명하게 표현했다. "그러니 너 자신을 알라. 어쭙잖게 하나님을 살피려 하지 말라. 인류의 합당한 연구 대상은 인간이다." 현대성의 정신은 철저히 인간중심적이다. 하지만 인간을 연구함으로써 하나님을 연구할 수 있다면 어떨까? 인간이 오직 하나님을 앎으로써만 진정으로 자신을 알 수 있으며, 또 그 반대의 경우도 마찬가지라면 어떨까? 종교 일반과 특히 기독교가 인간성에 반대되지 않고 오히려 인간성의 참된 완성에 필수적이라는 점을 보일 수 있다면 어떨까?

슐라이어마허의 기발하고 논란이 되는 기획은 바로 이것을 하는 것이었다. 즉 종교가 인간성에 필수적인 경험에 기초하며 심지어 그 경험과 동일함을 보임으로써, 신학을 인간 경험에 기초시키는 것이다.[15] 그리고 그는 기독교 교리가 인간성을 희생하면서 하나님을 높이는 것이 아니라, 이 둘을 고유한 방식으로 결합시킬 수 있도록 기독교 교리를 재구성하려 했다. 하지만 칸트 및 헤겔과는 대조적으로, 그의 노력의 초점은 실천 이성(도덕)이나 문화의 역사(헤겔)가 아니라 직관에 있었다. 그는 자신이 '게퓔'(Gefühl)―영어로는 정확한 번역어가 없는 독일어 단어―이라고 부른 근

---

15 같은 책, p. 15.

본적, 보편적 인간 감정에 의지했다. 이 개념으로 그는 실재 전체, 무한, 하나님에게 전적으로 의존한다는 근본적, 보편적 감각을 의미했다. 그에게 하나님에 대한 이런 보편적 감각, 즉 하나님에 대한 이런 인간적 직관은 종교적 선험(a religious a priori)—조사에 따른 결론으로 나오는 것이 아니라, 언제나 존재하며 인간이 자신을 부인하기 전에는 부인할 수 없는 것—으로 기능했다.

슐라이어마허의 신학적 방법은 신학에서의 코페르니쿠스적 전환이라 불리는데, 권위적 계시가 아니라 인간 경험을 신학적 기획의 중심에 두었기 때문이다. 그는 신학을 인간의 하나님 경험에 대한 숙고라고 봄으로써, 경직된 교조주의적 특징을 지닌 전통적 정통 신앙과 개성 없는 자연 종교인 이신론의 함정을 피하려 했다. 그래서 그가 모든 사람에게 공통적이며 인간이라는 것과 거의 동일하다고 여긴 종교적 경험은 신학적 숙고의 참된 원천이 되었다. 계시의 무시간적 진리들이라는, 그가 존재한다고 생각하지 않았던 것들을, 종교적 경험이 대신하게 된 것이다.

슐라이어마허의 신학적 혁명이 성공한 비결은 종교를 인간의 본성과 실존에 근본적이며 다른 무엇으로 환원할 수 없는 것으로 정립하는 그의 능력에 있었다. 『종교론』에서 그는 자신의 경건주의적 유산과 낭만주의라는 새로운 현상을 자세히 분석함으로써 종교의 참된 본질을 상술하려 한다. 그는 종교의 핵심이 하나님의 존재에 대한 합리적 증거나 초자연적으로 계시된 교리들이나 교회의 예전을 비롯한 형식적인 것들에 있지 않고, "인간의 삶과 문화가 가진 근본적이고 명확하며 필수적인 요소"[16]—유한한 것들 안에서 또 그것들을 통하여 드러나는 무한한 것에 전적으로 의존하는 감정—에 있음을 보이려 노력했다. 다시 말해, 종교는 누구에게는 있고 누

---

[16] Terrence N. Tice, "Introduction", in Friedrich Schleiermacher, *On Religion: Addresses in Response to Its Cultured Critics*, trans. Terrence N. Tice (Richmond, VA: John Knox, 1969), p. 12.

구에게는 없는 것이 아니며, 어떻게 획득되어야 하는 것도 아니다. 오히려 종교는 모든 인간 안에서 본능적이고 직관적이다.

이런 본유적 종교 경험인 '게퓔'(Gefühl)은 감각(sensation)을 함축하지 않는다. 일반적 의미에서의 "느낌"(feeling)이 아니다. 오히려 슐라이어마허에게 그것은 깊은, 내면의 감각 또는 의식이다. 그것은 "무한자 안에서 또 무한자를 통하여 모든 유한한 것들이, 그리고 영원자 안에서 또 영원자를 통하여 모든 일시적인 것들이 보편적 존재를 직접적으로 의식하는 것이다."[17] 그래서 종교는 "살아서 움직이는 모든 것에서, 모든 성장과 변화에서, 모든 행위와 열정에서 이 무한하고 영원한 요인을 추구하고 발견하는 것이며, 오직 직접적 감정에서 삶 자체를 살고 아는 것이다.[18] 다시 말해, 그것은 우주적 경외 같은 것이다. 즉 사람이 아름다운 석양이나 갓난아기를 볼 때 때때로 가지는, 자신이 매우 작고 의존적이며 더 거대한 전체의 일부라는 감정이다. 슐라이어마허가 낭만주의자였음을 기억하라! 그가 보기에, 이러한 종교적 감정[때로는 경건, 때로는 하나님 의식(God-consciousness)이라 불리는 것]은 인간 경험에서 기초적이며 보편적이다. 즉 사람들이 이 감정을 드러내든 그렇지 않든 누구나 가지고 있다. 그리고 그것은 이성이나 양심 같은 경험의 다른 측면으로 축소될 수 없다.[19] 그것은 이런 것들과 완전히 구별되지만, 슐라이어마허가 (『종교론』에서) 주장한 바에 따르면, 인간을 이해하는 데 마찬가지로 필수적이다. 이성과 양심은 과학과 도덕을 낳고, 경건은 종교를 낳는다.

따라서, 그리고 바로 이 점이 우리의 현대 신학 이야기에서 특히 중요한데, 슐라이어마허는 "과학과 도덕이라는 두 영역에 속하는 그 어떤 것에 대

---

[17] Schleiermacher, *On Religion*, p. 79.
[18] 같은 책, p. 77.
[19] 같은 책, p. 80.

한 권리 주장도 모두"²⁰ 기꺼이 포기하려 했다. 대신에 그는 종교를 경멸하는 교양인이 종교를 그 자체로 인간에게 독특한(sui generis) 것으로 인정하고, 과학이나 윤리에 포함시키려는 노력을 중단하기를 바랐다. 그는 종교가 그 고유한 실재를 갖는다고 주장했다. "경건은 과학과 도덕 이외의 필수 불가결한 제3의 것으로, 즉 과학 및 도덕과 성격상 동등한 것, 즉 여러분이 과학과 도덕에 부여하는 것 못지않은 위엄과 탁월함을 지닌 것으로 나타난다."²¹ 슐라이어마허는 신학의 과학과 윤리로부터의 독립을 선언하고 있었다. 즉 신학은 과학 및 윤리와 완전히 다른 것을 대상으로 삼기 때문에 과학 및 윤리와 갈등할 수 없다는 것이다.

슐라이어마허는 경건과 종교를 과학 및 도덕과 구별하기 원했을 뿐 아니라, 신학의 교의 및 체계와도 구별하기 원했다. 신학의 교의와 체계는 그 자체로는 참된 종교와 다르며, 기껏해야 경건을 언어로 진술하려는 인간적 시도들이다.²² 그가 단언하는 바에 따르면, 종교는 교의와 개념 없이도 존재할 수 있지만, 종교적 감정에 대한 숙고는 교의와 개념을 필요로 하며 따라서 그것들을 창조한다.²³ 다시 말해, 교의와 개념은 종교의 불가피한 산물이지만, 종교는 감정이지 교의와 개념이 아니다.

신학은 어떤가? 종교가 감정이라면, 신학은 무엇인가? 가장 넓고 가장 일반적 의미로 말하자면, 신학은 종교에 관한, 즉 경건이나 하나님 의식에 관한 인간적 숙고다. 하지만 슐라이어마허는 일반적 종교 같은 것이 존재한다고는 생각하지 않았는데, 왜냐하면 경건은 언제나 구체적 형태의 종교적 삶에서 그리고 종교적 공동체를 통해 자신을 표현하기 때문이다. 그는

---

20 같은 책, p. 77.
21 같은 책, p. 80.
22 "기독교 교리들은 기독교의 종교적 감정에 대한 기술로서, 언어로 제시된 것이다." Friedrich Schleiermacher, *The Christian Faith*, ed. H. R. Mackintosh and J. S. Stewart, 2nd ed. (Philadelphia: Fortress, 1928), p. 76. 『기독교신앙』(한길사).
23 Schleiermacher, *On Religion*, p. 140.

어떤 구체적 종교 전통이나 공동체 및 그 예배 형식("실증적 종교")과 유리된 자연 종교를 찾으려는 계몽주의의 시도를 완강히 거부한다.[24] 그러므로 종교에 대한 숙고인 신학은 언제나 종교적 삶의 구체적 형태를 하나님 의식에 비추어 숙고하는 것이다.

슐라이어마허는 자신의 조직신학 『기독교 신앙』에서 신학을 기독교의 종교적 감정을 언어로 진술하려는 시도로 정의했다.[25] 기독교는 하나님에 대한 의존적 관계 안에 존재하는, 보편적 인간의 경건의 한 형태다. 그는 자신이 기독교의 하나님 의식이라 부른 특정한 형태의 경건을 인식했다. 이것이 그가 "그리스도인의 종교적 감정"으로 의미했던 것으로, 인간이 하나님과 갖는 관계의 성취를 위해 예수 그리스도의 구속 사역에 전적으로 의존하는 감정이다. 예수 그리스도 안에서 또 그를 통해 형성되고 완성되는 하나님 의식에 대한 기독교적 경험이 기독교의 본질이다. "기독교의 독특한 본질은 기독교에서 모든 종교적 감정들이 나사렛 예수가 이룬 구속과 관계된다는 사실에 있다."[26] 기독교 신학은 초자연적으로 계시된 일련의 명제들을 체계화하는 과업이기보다는, 그리스도인의 종교적 경험을 일관성 있게 진술하려는 시도다. 이 경험은 근본적으로 예수 그리스도 안에서 또 그를 통해 매개되는 하나님 경험이기 때문에, 모든 교리는 예수와 그의 구속 사역에 중심을 두고 또 관계를 맺고 있어야만 한다.[27]

다시 말해, 슐라이어마허에게 신학은 종교적 감정에 관한, 즉 하나님 의식에 관한 숙고로서, 종교적 감정을 언어로 표현하려 한다. 정도의 차이는 있지만 누구나 하나님 의식을 갖고 있다. 하나님 의식은, 비록 잠재의식적으로나마, 모든 사람 안에 존재해서 하나님을 더 인격적이고 관계적으

---

24 같은 책, p. 300.
25 Schleiermacher, *Christian Faith*, p. 76. 정확한 인용은 앞의 각주 17을 보라.
26 같은 책, p. 98.
27 같은 책, p. 125.

로 알기 위한 가능성이 된다. 이것이 종교다. 하지만 언제나 종교는 특정하고 구체적인 형태로 표현되기를, 상대적으로 조직된 표현에 이르기를 추구한다. 기독교는 하나님을 인격적이고 관계적으로 알기 위한 가능성을 실현하는 능력을 가진, 즉 구원이 있는 종교다. 예수 그리스도가 구원자(the Redeemer)인 것은 그가 충만하고 완전한 하나님 의식을 가졌기 때문이다. 기독교는 예수 그리스도를 따르는 사람들에게 그의 하나님 의식을 매개한다. 신학은 이러한 감정(feelings)과 경험(experiences)을 언어와 개념으로 표현하려는 시도이지만, 언어와 개념은 그 자체로는 하나님 의식이나 예수 그리스도를 통해 구원받는 경험의 일부가 아니다.

슐라이어마허가 신학에 가져온 혁신은 "믿는 주체로의 전환"(turn to the believing subject)으로, 사람의 종교적 경험을 교리를 검토하고 재구성하기 위한 첫 번째 원천이자 규범으로 삼은 것이다. 신적으로 계시된 일련의 정보가 아니라 신자들의 경험이 신학의 주제이며 판단 기준이다. 그에게 이것이 의미하는 바는, 신학이 교리적 공식들을 지속적으로 재검토해서 그것들이 그리스도인의 하나님 의식을 표현하는 데 적합한지 판단해야 한다는 것이었다. 모든 교리는 인간이 만든 것이고 어떤 교리도 신성불가침하지 않다. 기독교에 관한 모든 것은 경험 자체를 제외하고는 수정의 여지가 있다. 신학의 과업은 교회의 설교와 가르침이 그리스도인의 하나님 의식에 대한 당대 최고의 분석과 엄밀한 일치를 유지시키는 것으로, 그 가운데 얼마나 많은 부분이 유지되어야 하고, 버려져야 하고, 또 간직되기 위해 수정되어야 하는지 결정하기 위한 것이다.[28] 『기독교 신앙』에서 슐라이어마허는 이 과업을 예리하고 끈기 있게 수행했다. 그는 당대의 맥락에서 그리스도인의 하나님 의식을 표현하는 데 부적합한 교리적 표현들을 자신이 더 낫다고 여긴 표현들로 대체하려 시도했다. 이 과업에서 그의 기초적 작업 가정은

---

[28] 같은 책, p. 390.

다음과 같다. "모든 교리적 형식은 특정 시기에 국한되며 영속적 타당성을 주장할 수 없다. 현존하는 종교적 의식의 암시들을, 비판적 숙고를 통해, 새롭게 표현하는 것은 모든 시대에 주어진 신학적 과업이다."[29]

슐라이어마허의 신학적 방법은 계몽주의를 수용하는 동시에 종교와 신학에 부과된 계몽주의의 제한들을 뛰어넘으려 했다. 이성의 시대에 맞추어 그의 사고는 인간 경험에 중심을 두었고, 권위를 배척했으며, 지식을 아래로부터 쌓으려 했다. 그는 칸트를 따라 하나님에 관한 지식을 경험될 수 있는 것에 국한했으며 "하나님 자신"(God in himself)이나 다른 형이상학적 주제들에 관한 사변을 멀리했다. 하지만 칸트가 종교를 오직 이성의 한계에 국한하기 원했던 반면, 슐라이어마허는 종교를 오직 경건의 한계에 국한했다. 그의 신학적 방법은 감정과 직관적 지식을 강조한 점에서 낭만주의자들에게 호소했지만, 낭만주의의 주관주의와 비합리주의는 피했다. 무엇보다 슐라이어마허는 인간 경험의 축소할 수 없는 요소로서의 종교의 독특성과 하나님 의식의 최고의 표현으로서의 예수 그리스도의 독특성을 강조함으로써 계몽주의와 결정적으로 단절했다.

슐라이어마허가 교리를 재정의하고 재구성하다

슐라이어마허의 구체적인 기독교 교리 재구성들이 그의 방법만큼 현대 신학에 중요하지는 않더라도, 몇 가지는 그의 출발점이 기독교 믿음들에 미칠 수 있는 영향을 예시로 보여 준다. 또한 그의 재구성은 자유주의 신학의 선두에 서서 미래에 있을 많은 발전의 경향을 확립했다.

성경은 슐라이어마허의 신학에서 토대의 역할까지는 아니더라도 중요한 역할을 한다. 기독교 교리는 일차적으로 또는 독점적으로 성경으로부터 도출되어서는 안 된다. 오히려, 모든 교리는 "그리스도인의 종교적 자의

---

[29] Welch, *Protestant Thought in the Nineteenth Century*, vol. 1, p. 72.

식[즉 하나님 의식], 즉 그리스도인들의 내적 경험으로부터 추출되어야 한다"고 그는 썼다.[30] 성경은 가장 초기의 기독교 공동체가 가졌던 종교적 경험들을 기록하고 있다는 점에서 특별하다. 더욱이 신약은 이후 세대들을 위해 예수의 완벽한 하나님 의식과 그것이 최초의 그리스도인들에게 미친 영향을 간직하고 있다. 하지만 성경의 권위는 절대적이지 않다. 오히려 성경은 후대 그리스도인들이 역사적 상황들에 대한 예수의 의미를 해석하려고 하는 모든 시도에서 모형으로 기능한다.[31]

분명히 슐라이어마허는 성경이 초자연적으로 영감되었다거나 무오하다고 보지 않았다. 성경에서 그는 어떤 구절이나 심지어 책 전체가 참된 기독교 경건에 모순적으로 보이는 것을 발견했다.[32] 구약 전체가 그에게는 신약의 "기준으로서의 품위"(normative dignity)를 결여하는 것으로 보였다.[33] 더군다나 그는 성경이 완전히 독특한 것으로 여겨질 수 없으며 또 그래서도 안 된다고 보았다. 그 기록 과정에서 성령의 영향이 무엇이었든지, 그것은 다른 곳에서의 성령의 영향과 비교할 때 종류의 차이가 아니라 단지 정도의 차이로 여겨져야 한다. 그에게 성경은 그리스도 자신이 가졌던 하나님 의식의 순수한 모형을 드러내는 경우에 한하여, 또 그러한 경우에는 언제나 기독교 신학을 위한 상대적 권위를 가진다. 하지만 신학을 위한 궁극적 진리 판단의 기준은 그리스도인들의 의식에서 재생산되고 삶에서 드러나는 그리스도 자신의 하나님 의식이지 성경 자체가 아니다.

슐라이어마허가 하나님을 재구상하다

슐라이어마허가 신론을 재구성한 것은 가장 논란이 되는 그의 신학적 기여

30　Schleiermacher, *Christian Faith*, p. 265.
31　같은 책, p. 594.
32　같은 책, p. 609.
33　같은 책, p. 608.

들 가운데 하나다. 슐라이어마허의 재구성은 그리스도인들의 경건한 하나님 의식, 즉 그리스도인들이 존재를 위해 하나님을, 구속을 위해 예수 그리스도를 절대적으로 의존한다는, 그들의 감정에 대한 슐라이어마허의 이해에 의해 추진되고 결정되었다. 이 독일 신학자에 따르면, 하나님의 속성들은 하나님에 관해 무엇인가를 기술하는 것으로 여겨져서는 안 된다. 기술하는 것은 제한하고 분리하는 것이며, 그럼으로써 하나님의 무한성을 제거하는 것인데, 이 무한성은 유한한 모든 것의 하나님에 대한 의존 때문에 반드시 필요한 것이다. 하나님의 속성에 대한 전통적 이해들을 대신하여, 그는 고전적 재구성이 된 것을 제시했다. "우리가 하나님에게 돌리는 모든 속성은 하나님 안에 있는 특별한 무엇을 가리키는 것이 아니라, 절대적 의존의 감정이 하나님과 관계를 맺게 되는 방식에 있는 특별한 무엇을 가리키는 것으로만 여겨져야 한다."[34] 다시 말해, 하나님에 관한 말은 실제로는 언제나 인간의 하나님 경험에 관한 말이다. 그러한 진술들은 하나님 자신이 아니라, 하나님을 경험하는 어떤 특정한 방식을 기술한다. 하나님에 관한 교리들을 이렇게 기술하는 것이 칸트의 물자체의 지식의 불가능성에 관한 우려에 어떻게 대처하는지 주목하라. 슐라이어마허는 칸트의 모든 점에, 특히 칸트가 종교를 윤리로 축소하는 것에 동의하지 않았지만, 경험을 넘어서는 실재들에 관한 지식인 형이상학적 지식이 설령 불가능하지는 않더라도 제한적이라는 점에는 동의했다.

하나님을 말하는 것에 관한 슐라이어마허의 설명은 적절한 하나님의 속성들을 결정하는 시금석이나 판단 기준이 왜 그에게 완전한 의존의 감정인지 더욱 분명하게 한다.[35] 그 경험의 암시들을 도출해 내면서 그가 내리는 결론은, 우리가 모든 점에서 절대적으로 의존하는 존재로서의 하나님은

---

[34] 같은 책, p. 194.
[35] 같은 책, p. 200.

모든 것을 결정하는 실재, 즉 선과 악 모두의 궁극적 원인으로서 영향을 주지만 영향을 받을 수는 없는 존재로 여겨져**야만 한다**는 것이다. 바로 이 점이 슐라이어마허의 개혁파 신학 유산이 그의 계몽주의 및 낭만주의에 대한 교감과 아주 잘 들어맞는 부분이다. 하나님 의식에 기초해서 그는 하나님이 심지어 악의 원인으로 여겨져야만 한다고 단정했다. 이 점에서 그는 대다수 칼뱅주의자들보다도 더 나아갔다. 그의 주장에 따르면, 악이나 어떤 다른 것이 하나님 외의 어떤 다른 작인의 탓으로 돌려질 수 있다면 하나님의 전능은 제한될 것이고, 어떤 식으로든 하나님을 제한하는 것은 모든 것에 대해 하나님을 완전히 의존하는 감정인 하나님 의식을 훼손하는 것이다. 심지어 슐라이어마허는 죄를 구속이 필요하도록 하기 위해 하나님에 의해 제정된 것으로 생각해야 한다고 주장했다.[36]

흥미롭게도, 하나님이 모든 것의 원인이 됨(omnicausality)에 관한 슐라이어마허의 생각은 자연이 원인과 결과의 지배를 받는다는 계몽주의적 관점에 아주 잘 어울린다. 뉴턴이 정확했다면, 비록 칸트가 인과 관계를 내재화한 것이 참이라 하더라도, 온 우주는 깨질 수 없는 자연 법칙의 지배를 받는다. 자유의지는 예외인 것처럼 보였으며, 많은 계몽주의 사상가들이 그렇게 만들었다. 하지만 슐라이어마허의 하나님과 자연에 대한 생각은 급진적이며 뉴턴의 견해와도 잘 어울린다. 그는 단지, 우주를 설명하기 위해 하나님 가설은 필요하지 않다고 말한 라플라스와 대조적으로, 인간의 하나님 의식이 하나님의 실재를 보여 준다고 믿었다. 우리가 인정하는지 여부와 상관없이 우리는 모두 하나님을 직감한다. 하지만 우리가 우리의 완전한 의존의 감정에서 직감하고 경험하는 하나님은 **반드시** 모든 것을 창조했으며 다스리는 존재이어야 하며, 그렇지 않다면 하나님은 자신 외부의 어떤

---

36 같은 책, p. 335. 슐라이어마허는 사탄이나 마귀의 실재에 대한 믿음을 거부했다. 둘 다 선에 저항하는 악한 생각을 의인화한 것이다. 참고, 같은 책, pp. 156-170.

것에 의존적이다. 절대로 그럴 수는 없다. 하나님 의식의 하나님은 모든 것의 원인이어야 한다. 그는 물리적 우주에서는 자연 법칙을 통해, 인간의 내적 세계에서는 다른 이차적 원인들을 통해 일한다. 하지만 결과는 똑같다. 존재하는 모든 것은, 죄와 악을 포함하여, 하나님으로부터 나온다.

이것은 슐라이어마허에게 기적과 기도가 재정의되어야 함을 의미한다. 기적은, 자연의 질서를 무효로 만드는 특별한 사건들이라는 의미에서는, 절대적 의존의 감정과 모순될 것이다.[37] 내가 기적을 믿는다면, 나는 하나님이 처음에는 자신이 무엇을 하는지 몰랐다가 창조 세계에 개입하도록 하는 어떤 새로운 것을 알게 되었다고 믿는 것이다. 하지만 그것은 하나님으로 하여금 그 새로운 지식을 위해 자기 외부의 어떤 것에 의존하며 개입을 필요로 하도록 만들 것이다. 슐라이어마허는 기적을 전적으로 부인하지는 않았지만, **만일** 어떤 기적이 일어났다면 그것은 처음부터 하나님의 우주적 계획의 일부였으며 이미 우주에 짜여져 있었다고 말했다. 그렇게 되도록 시간보다 앞서 결정되어 있었던 것이지, 일어나는 어떤 새로운 일에 대한 반응일 수는 없다. 그러므로 그것은 사실 초자연적이지 않다. 하지만 슐라이어마허가 기적을 믿었는지는 의심스럽다. 그는 예수 그리스도의 부활을 믿지 않았다.

이것은 우리를 기도의 문제로 이끈다. 슐라이어마허는 간구하는 기도(petitionary prayer)의 효능을 전적으로 부인하지는 않았지만, 그런 기도를 영적 미성숙의 수준으로 강등시켰다. 사건의 진로를 바꾸어 달라고 하나님에게 부탁하는 것은, 그 진로가 하나님으로부터 어떻게든 독립적이며 하나님이 자신에게 최고의 행동이 무엇인지 말하는 기도자에게 어떻게든 의존적이라고 암시하는 것이다. "기도는 일들을 바꾸지 않는다. 기도는 나를 바꾼다"는 속설은 기도에 대한 슐라이어마허의 견해를 잘 표현한다. 그의 말에

---

[37] 같은 책, pp. 178-179.

따르면, 간구하는 기도는 아주 성숙한 형태의 기도는 아니다. 성숙한 기도는 찬양과 경배 및 감사의 형태를 띤다. 하지만 **만일** 누군가가 간구하는 기도를 한다면 그 효과는 그의 의식을 하나님의 의지에 맞추도록 하는 것일 수 있다. 간구하는 기도가 일어나기로 예정된 일을 바꾸지는 못한다. 마치 하나님이 자신의 지혜에도 불구하고 미리 모든 것을 지혜롭게 정해 놓지 않기라도 했듯이 말이다. 또한 슐라이어마허는 하나님이 때로 간구하는 기도에 응답할 수 있다고 암시했지만, 그런 경우라 하더라도 기도와 응답은 "원래 하나님의 계획의 일부일 뿐이며, 따라서 어떤 다른 일이 일어날 수도 있었다는 생각은 전혀 무의미하다."[38]

슐라이어마허가 초자연적인 것에 해당하는 모든 범주가 참된 신앙에 해롭다고 여겼다는 점이 이제는 분명해졌을 것이다. 그에게 초자연적인 것은 그리스도인들의 적절한 하나님 의식과 충돌했다. 슐라이어마허는 "초자연적"이라는 것이 세계에 맞서 있는 하나님을 암시한다고 믿었다. 즉 하나님과 창조 세계 사이의 관계가 상대적 독립성을 통해 성립한다는 것이다. 물론 기독교의 경건은 하나님을 절대적인, 무한한 능력으로 이해한다. (유한한 존재 전체를 포함하는) 모든 유한한 것들이 전적으로 의존하는 대상이 되며, 스스로는 자기 외부의 어떤 것으로부터도 절대적으로 독립적인 것으로 말이다. 슐라이어마허가 초자연적인 것의 범주를 제거한 점은 과학의 시대에 기독교에 제기되는 긴급한 문제에 대한 편리한 해법을 제공해 주었다.

> 그러므로 대체로 기적에 관해 말하자면, 과학의 일반적 관심사는, 더 구체적으로 말해 자연과학의 일반적 관심사는, 절대적으로 초월적인 것의 개념을 포기해야 한다는 점에 대해 종교의 관심사에 동의하는 듯하다. 왜냐하면 우리는 초월적인 것의 예를 하나도 알 수 없고, 그것을 인식해야 할 필요도 전

---

38 같은 책, p. 180.

혀 없기 때문이다.[39]

그러므로 과학과 기독교는, 적절히 이해된다면, **원칙적으로** 충돌할 수 없다. 전자는 근접 원인들(proximate causes)을 다루는 반면, 후자는 궁극적 원인(the ultimate cause)을 다룬다.

마지막으로, 슐라이어마허는 삼위일체론에 문제가 많다고 보았다. 그는 삼위일체론을 『기독교 신앙』의 마지막에 덧붙여진 짧은 결론으로 강등시키면서, 삼위일체론이 "종교적 의식(consciousness)과 관련된 표현은 아니"라고 냉담하게 말했다.[40] 삼위일체론을 딱 잘라 부정하지는 않았지만, 그 역사적 체계화에 너무 많은 모순이 들어 있어 기독교 신학에 사실상 무용하다고 생각했다.

하나님의 인격성과 초월성에 대한 슐라이어마허의 설명은 많은 논란의 초점이 되었다. 일부는 잘못 판단하여 그에게 범신론의 혐의를 제기했지만, 이런 비판은 『기독교 신앙』에서 상세히 다루는 그의 신론에 비추어 볼 때 정당화되기 어렵다. 그의 신론은 범신론이 아니지만, 일반적 의견 일치에 따르면 범재신론적이며 따라서, 헤겔의 절대정신으로서의 하나님 개념과 함께, 훨씬 이후의 자유주의 신학의 원형이다. 슐라이어마허는 세계로부터 하나님을, 혹은 하나님으로부터 세계를 분리하기를 거부했다. 하나님은 인격적이지만 신인동형론(神人同形論) 형태로 인격적이지는 않다. 말하자면, 하나님은 하늘 저편에서 세계를 다스리는, 인간과 유사한 위대한 존재로 여겨지지 않는다. 그런 경우에 세계는 하나님에 대해 "타자"가 되어 하나님의 존재에 한계를 형성한다. 하지만 더 중요한 것은, 하나님이 어떤 종류의 대상으로 다루어져서는 안 된다는 것이다. 그렇게 하는 것은 하나님을 제한

---

[39] 같은 책, p. 183.
[40] 같은 책, p. 739.

하고 유한하게 만들 것이기 때문이다. 슐라이어마허에게 하나님은 절대적이고 무한하고 모든 것을 결정하는 초인격적 능력으로, 모든 것 안에 내재하지만 피조성이 존재에 부과하는 모든 구별을 초월하는 존재다.

슐라이어마허가 그리스도의 신성을 재해석하다

예수 그리스도는 어떤가? 슐라이어마허는 그 교리(기독론)를 하나님 의식이라는 자신의 원천과 기준에 비추어 어떻게 재구성하는가? 그는 전통적 정통 교리인 위격적 연합[칼케돈 공의회의 "한 인격, 두 본성"(one person, two natures)]으로서의 성육신을 전적으로 거부하고, 이를 하나님 의식 경험에 근거한 기독론으로 대치했다. 그는 이 고전적 교리가 비논리적이라고 비판했다. 그에 따르면, 두 "본성"은 한 개인 안에 동시에 존재할 수 없다.[41] 그 대신에 그는 예수의 원형성(Urbildlichkeit, ideality)과 모범성(Vorbildlichkeit, 그 원형성을 타자들 안에 재생산하는 능력) 개념을 사용했다.[42] 예수 그리스도는 "처음부터 절대적으로 강력한 하나님 의식을 지녔다"는 점을 제외하고는 나머지 인류와 완전히 동일하다.[43] 그의 완벽한 하나님 의식은 단지 인성의 산물이 아니었으며, 그 자신의 성취가 아니었다. 그의 삶에 있었던 하나님의 활동의 산물이었던 것이다. 하지만 그것은 전적으로 인간의 하나님 의식이었다. 예수는 탄생 이후로 하나님에 대한 의존의 충만한 의식 속에서 살았다. 슐라이어마허의 표현으로는, "그렇다면 구속자는 인간 본성의 동일성 때문에 모든 사람과 같지만, 그의 하나님 의식—자신 안에 있는 하나님의 진정한 실존—의 지속적 강력함에 의해 그들과 구별된다."[44]

---

[41] 같은 책, p. 393.
[42] 같은 책, p. 379. 이 점에 대한 유익한 논의를 위해 Niebuhr, *Schleiermacher on Christ and Religion*, pp. 219-228를 보라.
[43] Schleiermacher, *Christian Faith*, p. 367.
[44] 같은 책, p. 385.

슐라이어마허에 따르면, 예수가 소유했던 이 이상적 하나님 의식은 그리스도인들이 예수의 "신성"(divinity)이라 부르는 것을 표현하기에 충분하다. 그것이 그의 원형성이다. 즉 그는 인간이 가진 하나님 의식의 이상이며, 완벽한 경건의 궁극이다. 예수의 구속 사역은 이 하나님 의식을 타자들에게 전달하는 데 있다. 이것이 그의 모범성이다. "구속자는 신자들이 그의 하나님 의식의 능력을 덧입도록 하는데, 이것이 그의 구속적 활동이다."[45] 슐라이어마허가 하나님으로서의 예수에 관한 전통적 언어를 향해 취한 태도는, 그가 보기에 신약이 고양(高揚)된 인성을 표현하는 데 일관되게 사용한 속성들만 예수에게 사용하는 것을 옹호한 데서 분명히 드러난다.[46] 다시 말해, 슐라이어마허에게 예수는 종류가 아니라 단지 정도에서 다른 인간들과 차이를 보인다. 예수에 대해 사실이었던 점들은, 하나님이 그것들을 주기로 정한 사람이라면 누구에게나 가능할 수 있다. 분명히 슐라이어마허에게 예수는 그 어떤 전통적(즉 칼케돈 신조의) 의미에서 성육신한 하나님은 **아니었다**.

슐라이어마허가 논란을 유산으로 남기다

전통적 정통 기독교 교리에 익숙한 사람들이라면 이제는 슐라이어마허가 왜 그렇게 논란이 되어 왔는지 이해할 수 있을 것이다. 비판의 초점은 그의 신학 방법론과 접근 방식이었는데, 그의 교리적 재구성이 여기에서 나오기 때문이다. 슐라이어마허에 대한 가장 노골적인 비판자 가운데 한 사람은, 아마도 20세기의 가장 영향력 있는 신학자인 칼 바르트였다. 대체로 그의 변증법 신학 또는 신정통주의 신학은 슐라이어마허와 자유주의 신학에 대한 반작용이었다. 바르트는 슐라이어마허가 인간에 관해 아주 큰 목소리

---

[45] 같은 책, p. 425.
[46] 같은 책, p. 424.

로 말함으로써 하나님에 관해 말하려 했다고 비판했다. 다시 말해, 바르트의 비판은 슐라이어마허가 신학을 철저히 인간중심적으로 만들었고 이렇게 결정된 논의의 방향이 그 마지막에 이르러 20세기 중반에 일부 신학자들이 하나님은 죽었다고 선언하도록 했다는 것이었다.[47]

이것은 지나친 비판처럼 들릴 것이며, 또한 바르트는 때로 다른 신학자들로부터 극심한 비판을 받았다. 하지만 비자유주의 기독교 신학자들이 바르트에 대체로 동의하는 점은, 슐라이어마허의 천재성과 좋은 동기들에도 불구하고 그의 신학이 기독교를 현대 문화와 관련시키는 과업의 충실성 측면을 공정하게 다루지 못했다는 것이다. 그의 신학은 현대성에 대한 과도한 적응을 보여 준다. 바르트와 다른 더 보수적 신학자들의 슐라이어마허에 대한 불만은 실제로는, "전적 의존의 감정"을 신학의 첫 번째 원천이자 기준으로 세우려는 그의 시도가 기독교 신학에서 쉽게 프로크루스테스의 침대가 되었다는 점이다. (프로크루스테스는 신화에 나오는 그리스 여관 주인으로, 손님들에게 잘 침대를 내어 준 뒤 키가 침대보다 크면 맞지 않는 부분을 잘라 내고 침대보다 작으면 잡아 늘렸다. "프로크루스테스의 침대"는 철학과 신학에서 연구의 결과를 미리 정하는 개념을 지칭하는 문구가 되었다.) 슐라이어마허의 신학을 비판하는 자들이 보기에 그의 하나님 의식은 전통적 정통 신학과 심지어 성경에서 유지될 부분과 폐기되거나 철저히 재해석될 부분을 미리 정했다.

아마도 가장 심각한 문제는 슐라이어마허의 신학적 방법이, 자유주의 신학이 전반적으로 그렇듯, 단순히 인간적인 것을 신학에서 진리의 원천이자 시금석으로 설정했다는 것이다. 그렇다면 우리는 인간학이 메시지의 내용을 지배하는 것을 어떻게 피할 수 있는가? 어떻게 해야 하나님의 말씀이 문화에 예언자적으로 말하게 할 수 있는가? 슐라이어마허는 하나님이 단

---

[47] 슐라이어마허에 대한 바르트의 비판은 그의 저작 곳곳에 나타난다. 하지만 슐라이어마허에 관한 바르트의 강의들을 엮은 책이 가장 신랄한 비판들을 담고 있다. 참고. Barth, *Theology of Schleiermacher*, p. 186.

지 인간 경험의 지평 안에서는 예상할 수 없는 말이나 행동을 하고 싶어 할 수도 있다는 가능성을 인정하기를 거부함으로써, 현대 기독교 사상에서 초월성의 상실로 이어지는 새로운 추세를 시작했다.

슐라이어마허의 신학적 방법론의 약점 외에도, 보수적 비판자들은 그의 기독론을 그가 현대성에 적응했다는 증거로 지적한다. 로크부터 칸트에 이르는 모든 주요 계몽주의 사상가들은 인간 예수의 신성을 긍정하기를 곤란해했다. 그들은 이 교리가 비합리적이라고 생각했는데, 키르케고르는 이것이 "터무니없지만" 그럼에도 불구하고 믿어야 한다고 단언했다. 그들이 예수 그리스도의 신성(그리고 그의 몸의 부활, 기적들, 재림)을 긍정하기를 꺼렸던 이유는, 합리적인 것을 실재에 대한 자연주의적 견해 안에서 이해할 수 있는 것과 동일시했기 때문이다. 전통적으로, 기독교에서 진정으로 독특한 점은 성육신—하나님이 탄생해 사람들 사이에서 걸었고 죽었다—교리다. 이 교리는 기독교의 "걸림돌 같은 교리"로, 다른 종교와 세계관 신봉자들을 불편하게 만들지만, 기독교를 좋은 소식으로 만든다. 적어도 이것이 바르트를 포함하는 보수적 신학자들이 언제나 믿어 온 것이다. 슐라이어마허의 예수는 그저 한 사람에 불과할 뿐이다. 물론 그는 특별한 사람으로, 완벽한 인간이었지만, 다만 인간일 뿐이었다. 그 안에 존재하는 하나님에 관한 이야기가 그를 유일무이하거나 다른 사람들이 능가할 수 없는 존재로 만들지 않는다. 슐라이어마허의 저(低)기독론(low Christology)은 종교 다원주의(pluralism)—예수 외에 다른 구원자들이 있다는 사상—로 이어지는 문을 열었다. 분명히 그는 그렇게 생각하지 않았지만, 이것이 그가 현대성에 적응한 데서 야기된 의도하지 않은 결과의 하나다.

자유주의 신학자들은, 진보적이라고 불리기를 종종 더 좋아하는 사람들로서, 이러한 비판들이 궁극적이라 보지 않는다. 그들에게 기독교의 본질은 예수 그리스도나 어떤 다른 것에 관한 교리가 아니다. (하지만 바르트가 교리가 아닌 예수 그리스도 사건을 기독교의 본질이라고 말했음을 주목하라.) 본질은 보편적 인간의 종교적 경험으로, 성육신과 속죄 같은 기독교적 상징들로 대표되는 것이다. 그리고 이 본질은 모든 시대와 문화에서 재해석되어야만 한다. 고대의 교의들을 완강히 고수하면 기독교는 시대에 뒤떨어질 운명에 놓이게 된다. 그들에게 슐라이어마허는 기독교를 재구성하는 데 문을 열어 기독교가 현대성의 산 때문에 문화적 망각에 처하지 않도록 한 위대한 영웅이었다. 현대성의 산은 슐라이어마허의 신학을 건드릴 수 없는데, 그의 신학이 형이상학이나 자연에 관한 것이 아니라 기독교 공동체 안에 있는 개인의 내적 세계에 관한 것이기 때문이다.

2.B. 알브레히트 리츨과 그의 제자들이 현대성에 적응하다

슐라이어마허는 신학의 학파를 세우지 않았다. 슐라이어마허주의자(Schlei-ermachian)라 불리는 사람은 거의 없다. 그는 신학에서 자유주의 신학(liberal theology)이라 불리는 새로운 경향이 시작되게 했다. 하지만 후대에 다른 한 명의 독일 신학자는 슐라이어마허의 아래로부터의 신학적 접근 방식을 기반으로 해서, 그것을 칸트가—기독교를 포함하는—종교의 본질로 윤리를 강조한 것과 결합시켰다. 리츨은 신학의 학파를 세웠으며 그의 추종자들은 리츨주의자들(Ritschlians)이라 불렸는데, 이 용어는 19세기 말과 20세기 초의 오랜 시간에 걸쳐 고전적 개신교 자유주의와 동의어가 되었다. 이 학파의 대표적 인물은 독일의 하르낙과 미국의 라우센부시였다. 두 사람 모두 자신들의 기초적 방법들과 기독교 신학에 관한 통찰들을 리츨로부터 가져왔으며 그것들을 자신들의 신학적 기획들에서 이어 나갔다.

이번 장의 서두는 자유주의 신학의 공통된 특징들을 논의했다. 리츨과 리츨주의자들은 이 특징들을 모두 보여 주었다. 이를 상기시키기 위해 자유주의를 옹호하는 신학자들 가운데 한 사람의 말을 빌리면, 자유주의자들은 "개신교를 현대인들의 영적 필요에 적응시킴으로써 새로운 힘과 파급력을 불어넣어야 할 필요성에 동의했다. 설령 이로 말미암아 과거에는 아무런 이의 없이 받아들인 것을 대부분 버려야만 할지라도 말이다."[48] 리츨은 현대의 문화적 맥락에 맞게 기독교를 번역(혹은 변형)하기 위해 칸트의 철학을 동의하면서 사용했다. 그의 제자들은 그의 기본적 신학 접근법을 그들 각각의 신학적 기획을 위한 기초로 사용했다. 세기가 전환되는 무렵(1900/1901년) 리츨주의 신학은 독일에서 주류였고 미국에도 소개되었다. 당시에 더 전통적·보수적 신학자들이 자유주의 신학을 말할 때는 일반적으로 리츨주의를 의미했다.

리츨이 자유주의 신학의 새로운 학파를 세우다

19세기 말 자유주의 신학에서 대표적 인물은 리츨이었다. 리츨은 독창성, 창의성, 또는 장기적 영향력 측면에서 슐라이어마허와 비교할 수도 없지만(슐라이어마허는 리츨보다 상당히 앞서 살았으며 리츨이 나아갈 방향을 정립했다), 1875년 무렵에서 1925년까지 리츨의 영향력이 너무나 커서 리츨주의는 자유주의 개신교라는 말과 사실상 동의어였다. 슐라이어마허는 신학의 학파가 아닌 신기원을 열었지만, 리츨은 신기원이 아닌 학파를 세웠다.

리츨은 1822년에 프로이센 개신교 감독 집안에서 태어났다. 그는 어려서 음악에 소질이 있었고 일찍부터 탁월한 지적 능력을 보였다. 젊은 시절의 리츨은 본에서 신학 공부를 시작했으며, 튀빙겐과 할레에서 학업을 이어갔고, 최종적으로 본에 돌아와 학업을 마쳤다. (독일에는 열의가 있는 학생들이 여러 대학교를 옮겨 다니며 공부하는 관습이 있다.) 대학교에서 공부하는 동안 그는 슐라이어마허, 칸트, 그리고 헤겔주의 신약학자 바우어(F. C. Bauer, 1792-1860)의 영향을 받았다.

---

[48] Bernard M. G. Reardon, *Liberal Protestantism* (Palo Alto, CA: Stanford University Press, 1968), p. 10.

이 열의가 있는 젊은 신학자는 1846년에 본에서 첫 교수직을 얻었고, 1864년에 괴팅겐으로 옮긴 후 1889년에 죽을 때까지 그곳에 머물렀다. 25년간 재직하며 그는 독일의 유력한 개신교 신학자로 명성을 얻었다. 한 세대의 개신교 목사들과 신학자들은 그의 밑에서 공부했거나 적어도 그의 저술을 통해 강한 영향을 받았다. 리츨이 남긴 많은 저술 가운데 가장 중요한 작품은 1870년과 1874년 사이에 출간된 『칭의와 화해에 관한 기독교 교리』(The Christian Doctrine of Justification and Reconciliation)다. 이 책의 영어 번역자인 스코틀랜드 신학자 매킨토시(H. R. Mackintosh)가 이 책에 관해 말한 바에 따르면, "슐라이어마허가 1821년에 『기독교 신앙』을 출간한 이후로 이 책만큼 독일과 세계의 신학 사상에 강한 영향을 준 교의학 저작은 없었다."[49]

리츨이 칸트를 대화 상대로 발견하다

슐라이어마허와 마찬가지로 리츨이 현대 신학에 중요한 이유의 대부분은, 구체적인 교리의 재구성보다는—물론 이것도 흥미로울 수 있겠지만—신학을 하는 데 대한 접근법에 있다. 19세기 말에 기독교는 세속 학문들에 계속해서 기반을 내주는 것처럼 보였다. 전통적 기독교 교리는 유물론과 실증주의—지식은 오직 경험적으로 증명될 수 있는 영역에만 속한다는 철학 사상—에 포위되어 공격을 받는 상태에 있었다.

리츨은 종교와 과학 사이의 갈등이 불필요하며 오해에 기초한다고 생각했다. 서로 다른 두 종류의 지식, 즉 "과학적"(scientific, 물질과학과 사회과학 모두를 의미하는) 지식과 "종교적" 지식을 제대로 구별하지 못하는 오해다. 그의 주장에 따르면, 과학적 지식은 물자체(또는, 칸트의 철학에서처럼, 적어도 그것의 현상)에 대한 순전히 이론적이고, 사심 없고, 객관적인 인식을 얻기

---

[49] Albrecht Ritschl, *The Christian Doctrine of Justification and Reconciliation*, trans. H. R. Mackintosh and A. B. Macaulay (Edinburgh: T & T Clark, 1900), p. v.

위해 노력한다. 과학은 중립의 위치에 서서 실재의 내적 본성을 파악하려 한다. 이와 대조적으로, 종교적 지식은 실재에 관한 가치 판단들로 이루어진다. 실재를 해석하되, 사물이 인식자의 궁극적 성취와 도덕적 안녕에 대해 가지는 가치의 측면에서 해석하는 것이다. 이 차이를 다른 식으로 기술하자면, 리츨에게 과학적 지식은 단지 사물이 어떠하다는 것(the way things are)과 관련될 수 있는 반면, 종교적 지식은 언제나 사물이 어떠해야 한다는 것(the way things ought to be)과 관련된다는 말이다. 그러한 판단들은 결코 사심 없거나 객관적이거나 중립적일 수 없으며, 그래서도 안 된다.[50]

따라서 리츨과 그의 추종자들에 따르면 세속적·학문적·과학적 학문들과 신학을 포함하는 종교 사이의 갈등은 오직 사람들이 이론적 지식과 종교적 지식 사이의 이러한 차이를 보지 못할 때만 일어난다. 리츨에게 "모든 종교적 종류의 인식은 직접적 가치 판단이다." 그 결과로, 우리는 하나님과 신적인 것의 성격을 본질적으로 오직 "그것이 우리의 구원을 위해 가지는 가치를 규명함으로써" 알 수 있다.[51]

리츨의 관점과는 대조적으로, 전통적 기독교 신학은 일반적으로 형이상학의 요소들에 관한 논의의 일부를 포함했다. 예를 들어, 신학자들은 기독교 신앙의 합리적 근거를 정립하기 위해 이론적 신 존재 증명들을 사용했으며, 또한 보통은 하나님 자신의 본성을 기술하려 시도했다. 리츨은 신학을 형이상학에 의존하게 하는 것을 격렬히 거부했다. 그에게 그러한 방식은 지식과 관련해 과학적 방식과 종교적 방식을 부당하게 뒤섞는 것이었다.[52] 철학적 신 존재 증명들은, 그의 주장에 따르면, 과학적 지식의 영역에

---

50 지식의 두 영역에 대한 리츨의 설명은 같은 책, pp. 203-213에서 찾아볼 수 있다. 거기서 리츨은 과학자나 철학자가 순전히 객관적일 수 없기 때문에, 심지어 과학도 불가피하게 약간의 가치 판단을 포함한다는 것을 인정한다. 하지만 그는 "부수적"(concomitant) 가치 판단과 "독립적" 가치 판단을 구별한다. 리츨의 단언에 따르면, 종교는 오직 후자의 영역에서만, 즉 도덕적 목표나 도덕적 장애에 대한 지각들의 영역에서만 움직인다.
51 같은 책, p. 398.
52 Albrecht Ritschl, "Theology and Metaphysics: Towards Rapprochement and Defense", in *Three*

속하는데, 왜냐하면 그러한 증명들은 하나님을 이론적 관심의 한 대상으로 대하기 때문이다. 하나님에 관한 종교적 지식들은 결코 하나님을 하나의 대상으로, 말하자면 단순히 우주의 구성물들의 한 부분으로 다룰 수 없는 데도 말이다. 신학이 하나님에 관해 갖는 관심은 단지 하나님이 사람들을 그들의 최고의 선을 실현하도록 도움으로써 삶에 도덕적으로 영향을 미치는 것에 국한된다.

하지만 인간의 최고의 선은 무엇인가? 리츨에게 기독교는 인간의 최고의 선이 예수 그리스도에 의해 계시된 하나님 나라에서 발견된다는 가치 판단을 공동으로 내리는 사람들의 공동체다. 이 가치 판단에 대한 이론적 증명은 가능하지도 않고 바람직하지도 않지만, 그렇다고 이 믿음이 단순히 주관적 신앙의 도약도 아니다. 오히려 이런 주장은 수 세기에 걸친 그리스도인들의 공동의 경험에 근거한다. 그리고 그 믿음의 진리는 나사렛 예수의 유일무이한 소명과 생애에 대한 역사적 조사에 의해 입증되는데, 나사렛 예수는 그리스도인들이 인간을 위한 자신들의 최고의 이상이 완벽히 드러나고 성취되었음을 발견하는 대상이다.

그렇다면, 리츨에 따르면, 신학은 교회 안에 있는 그리스도인들이 하나님 나라에 대한 공동의 종교적·도덕적 경험에 관해 수행하는 연구다. 이는 인간의 최고의 선인 예수 그리스도 안에 계시된 하나님 나라에 대해 기독교 공동체가 내리는 평가 위에 세워지며, 전적으로 그 평가에 집중한다. 신학이 구성하려 시도하는 가치 판단들의 체계는, 그리스도인들의 삶에 미치는 하나님의 영향들과 그 영향들이 인간으로서의 그들의 최고의 선을 성취하는 데 갖는 가치에만 오로지 의존하는 것이다. 이 목적을 이루기 위해, 신학은 예수의 자의식과 그의 하나님 나라 설교가 가장 초기의 그리스도인들에게 미친 본래의 영향들에 관한 역사적 연구를 이용한다. 리츨의 주장

Essays, trans. Philip Hefner (Philadelphia: Fortress, 1972), p. 164.

에 따르면, 그러한 역사적 연구는 신학의 가치 판단들이 단순히 주관적 공상이 되는 것을 막고 신학에 고유한 과학적 성격을 부여한다. 하지만 이것은 다른 과학들과는 전적으로 다른, 독특한 종류의 과학적 성격일 것인데, 신학은 객관적이거나 중립적일 수 없기 때문이다. 신학은—일반 학문들은 추구하지도 알지도 못하는—최고의 선에 대한 관심과 분리할 수 없게 결부되어 있다.

간단히 말해, 리츨과 그의 추종자들에게, 신학은 기독교의 단순한 외적 형태 및 표현과 구별되는 기독교의 참된 본질을 밝히려 시도한다. 더 나아가 신학은 모든 교리를 그 교리들을 통제하는 힘인 이 본질과의 체계적 관계 안에서 제시하려 한다.[53] 이 본질이자 통제하는 힘은 무엇인가? 단순히 말해, 그것은 하나님 나라다. 우리가 보게 되겠지만, 리츨에게 하나님 나라는 미래에 지상에 있을 그리스도의 천년왕국 통치나 제도 교회를 의미하지 않았다. 그것은 "사랑에 따라 조직된 인류의 통일"이다.[54]

그렇다면 리츨에게 신학을 통제하는 원천과 기준은 무엇인가? 그것은 성경 전체가 아니라 그가 "사도적 사상 체계"(apostolic circle of ideas)라 부르는 것으로, 이는 견실한 역사비평적 연구를 통해 결정된다.[55] 이 연구는 전적인 공평 무사함으로 수행되어서는 안 된다. 그렇게 하는 것은 과학과 종교 사이의 경계를 침범하는 것이다. 그럼에도 불구하고, 리츨은 충실한 학문적 연구를 통해 하나님 나라가 기독교의 본질, 즉 기독교의 심장이며 영혼, 축적된 교회 전통들의 껍질 안에 있는 알맹이라는 점이 드러나리라고 확신했다. 왜냐하면 그것은 사도적 사상 체계의 중심이기 때문이다.

---

[53] David L. Mueller, *An Introduction to the Theology of Albrecht Ritschl* (Philadelphia: Westminster Press, 1969), pp. 45-47.
[54] 리츨이 하나님 나라에 대해 제시한 형식적 정의는 다소 길고 복잡하다. "사랑의 동기에서 나오는 행동의 끊임없는 교환—모두가 이웃의 표식들을 보여 줄 수 있는 모든 사람과 서로 결합되는 나라. 더 나아가 사람들의 연합으로, 그 안에서 모든 선이 최고의 선에 적절히 예속되는 것"(*Christian Doctrine*, pp. 334-335).
[55] Mueller, *Introduction to the Theology of Albrecht Ritschl*, p. 33.

리츨의 신학적 방법은 칸트의 철학과 주목할 만한 유사성이 있다. 칸트의 철학은 괴팅겐의 철학자 헤르만 로체(Hermann Lotze, 1817-1881)를 통해 리츨에게 전수되었는데, 로체는 칸트의 기초적 인식론을 고수하면서도 칸트의 회의주의를 개선하려 노력했다. 칸트와 로체가 리츨에게 미친 영향이라는 주제를 두고 많은 논쟁이 있어 왔지만, 확실히 말할 수 있는 것은, 리츨이 칸트를 본받아 신학에서 형이상학을 제거하려고 노력했으며 가능한 한 종교를 윤리학에 근접시키려 했다는 사실이다. 리츨은 하나님 자신의 본성에 관한 모든 사변을 배격했으며, 모든 신학적 숙고와 재구성의 초점을 하나님이 인간에게 미치는 영향에 두려 했다(리츨은 이것을 루터에게 호소할 수도 있었을 텐데, 루터는 우리가 하나님 자신에 관해서는 아무것도 말할 수 없으며 단지 하나님을 그의 구속 사역에서 알 수 있을 뿐이라고 말했기 때문이다). 하지만 리츨이 칸트와 다른 점은, 하나님이 하나님의 영향들 가운데 실제로 알려질 수 있다고 주장했다는 점이다. 또한 그는 칸트가 현상의 영역과 본체의 영역을 분리한 것을 좋아하지 않았다. 칸트에 대응하면서, 리츨은 로체에 많이 의존하여 사물(이 경우에는 하나님)이 그것의 영향들(이 경우에는 계시와 구원) 가운데 실제로 존재하며 드러난다고 생각했다.[56]

리츨이 하나님과 하나님 나라를 수정하다

리츨의 신론은 자신의 신학적 방법론의 영향을 많이 받았다. 이에 관한 첫 번째이자 가장 두드러진 증거는, 그가 하나님 자신에 관해서는 거의 말하지 않았다는 점이다. 그의 주장에 따르면, 기독교 신학은 하나님이 사람들에게 미치는 영향과 그 영향에 대한 적절한 가치 판단들에만 관심이 있다. 리츨은 예를 들어 삼위일체에 관해서는 거의 말하지 않았는데, 이 교리가

---

[56] 로체가 리츨에게 미친 영향에 대한 유익한 논의를 다음 논문에서 보라. Philip Hefner, "Albrecht Ritschl: An Introduction", in *Three Essays*, trans. Philip Hefner (Philadelphia: Fortress, 1972), pp. 27-28.

하나님이 세계와 갖는 관계를 넘어서고 또 별개인 하나님의 내적 존재에 대한 교리라고 보았기 때문이다. 마찬가지로, 그는 전능, 전지, 편재 같은 하나님과 관련된 전통적 형이상학의 속성들이 아무런 긍정적 역할을 하지 못한다고 보았다. 그는 이런 속성들을 명백히 부정하지는 않았지만 그것들을 윤리적-실천적 영역이 아니라 이론적 영역에 속한 것으로, 참된 종교적 지식과 무관한 것으로 일축한 것처럼 보였다. 리츨에게 가장 중요한 기독교 신학적 확언은 "하나님은 사랑이시다"라는 것이다.[57] 그는 여기에 덧붙이기를, 기독교 신앙은 하나님이 인격적일 것을, 그리고 초월적 또는 "초현세적"(supramundane)일 것을 요구한다고 했다.[58]

리츨은 하나님 자신보다는 하나님 나라에 훨씬 더 많은 관심을 가졌다. 예수는 하나님 나라를 선포했는데, 리츨에 따르면, 이 나라는 사랑에 따라 조직된 것으로, 인류의 통일이다. 다시 말해, 그것은 세계 안에 있는 사회 체제다. 기독교 신앙은 그리스도 안에서 계시된 이 나라를 인류의 최고선으로 파악한다. 그러므로 신앙은 예수에 의해 선포된 하나님을 사랑으로 이해한다. 신앙은 이것 이외에 "하나님의 존재" 같은 것에는 관심을 갖지 않는다. 하지만 이 독일 신학자는 여기서 더 나아갔다. 그에게 하나님 나라는 인류의 최고 목표와 선일 뿐 아니라, 하나님 자신의 최고 목표와 선이다.[59] 아마도 리츨의 신론과 관련하여 가장 두드러진 점은 여기에 있다. 그에게 하나님 자신의 목적, 즉 하나님의 존재 이유는 인류의 목적과 동일한데, 바로 하나님 나라다. 이것은 절대정신(하나님)의 자기실현 과정으로서의 역사라는 헤겔 사상을 떠올리게 한다. 적어도 그것은 범재신론에 가깝다. 그리고, 리츨 자신의 규칙들에 반대되는, 하나님에 관한 형이상학적 진술처럼 보인다.

---

57 Ritschl, *Christian Doctrine*, p. 282.
58 같은 책, pp. 236, 281.
59 같은 책, p. 282. 여기서 리츨은 하나님 나라를 하나님 자신의 영광이자 목적이라 부른다.

어쨌든 리츨이 하나님 자신의 목적('텔로스' 혹은 목표)을 세계 안에 있는 하나님 나라로 밝힌 것은 그의 신학을, 범재신론은 아닐지라도, 내재의 방향으로 기울게 한다. 분명히 후대의 많은 자유주의 신학자들은 이 결론을 도출했고 공공연히 범재신론을 수용했다. 대체로, 부분적으로는 리츨 때문에, 자유주의 신학의 신론은 역사에 대한 하나님의 초월보다는 역사 안에서의 신적 내재를 강조하게 되었다.

리츨이 죄와 구원을 재정의하다

리츨과 그의 추종자들에게 하나님 나라는 죄와 구원의 교리가 가진 내적 의미다. 기독교 신앙이 하나님 나라를 최고선으로 판단하기 때문에, 죄는 이 나라의 반대로 이해되어야만 한다.[60] 죄는 일차적으로 고의적 과실이 아닌데, 이런 이해는 죄의 개념을 사소한 것으로 만들기 때문이다. 죄는 유전되는 습성도 아닌데, 이런 견해는 죄에서 개인의 책임이라는 요소를 앗아간다. 전통적 원죄 교리 이해를 대신하여 리츨은 "죄의 왕국"의 존재를 상정했다. 이것은 "죄의 행위와 이에 대한 반응이 엮여 있는 것으로, 모든 사람 안에 있는 이기적 성향을 전제하며 더 나아가 이를 증폭시킨다."[61] 죄는 일차적으로 이기심이다. 죄의 본질적 특징은, 사랑을 중심으로 한 인간 통일의 이상인 하나님 나라와 모순된다는 데 있다. 하지만 죄는 유전되지는 않는다. 죄는 보편적이지만, 그 보편성의 이유는 단지 모든 개인이 태어나는 세상이 이기심이 모든 것을 지배하는 이기심의 세상이라는 점 외에는 없다. 이 이기심의 지배는 그리스도를 통해 구속받은 그리스도인들이 이기적 성향에 저항하고 이를 변화시킬 때까지 계속된다.[62]

---

60 같은 책, p. 329.
61 같은 책, p. 350.
62 리츨은 여러 면에서 (이 장의 뒷부분에서 라우셴부시를 다룰 때 논의할) 사회 복음 운동의 진정한 창시자였지만, 그럼에도 그는 정치 질서를 개혁하기 위한 급진적 사회 행동을 지지하지 않았다. 그는 사회적 현상유지의 옹호자였으며, 다만 현재 상태가 사랑을 통해 개선될 수 있다고 생각한 점만 달랐다.

리츨의 신학적 저술들 전체에서 하나님 나라는 (서로 분리될 수 없는) 두 초점, 즉 종교적 초점과 윤리적 초점을 가진 것으로 보인다. 종교적 초점은 칭의인데, 죄인이 하나님에 의해 용서받았다고 선언되는 구원의 계기다. 윤리적 초점은 하나님이 인간 남녀를 불러 이웃을 향한 사랑의 이상을 실현하도록 한다는 주장에 있다. 리츨에게 구원은 두 초점을 모두 포함해야만 한다.

죄와 구원의 교리에서 리츨의 신학에 있는 혁명적 현세성의 측면이 가장 분명히 나타난다. 그가 믿기에 구원은 일차적으로 이생에서 또는 훗날 하늘에서 복락의 상태를 성취하는 문제가 아니다. 그가 그것을 부정하지는 않았지만 말이다. 오히려, 구원은 일차적으로 지상에서 하나님 나라를 온전히 이루는 것이다. 따라서 기독교는 내세적 종교가 아니라, 사랑에 의해 영감을 받은 윤리적 행위를 통해 세계를 변혁하는 종교다.

리츨이 예수 그리스도를 새롭게 조명하다

아마도 리츨의 신학에서 가장 논쟁적 측면은 그의 기독론이다. 하나님 나라는 여기서도 다시 한번 그의 교리를 통제하는 중심이며, 하나님 나라를 이용해 리츨은 자신이 생각하기에 사변적이고 형이상학적이기에 참된 종교와 다른 전통적 교리(위격적 연합)의 측면들을 대체했다. 여기까지 읽으며 리츨에게서 무엇이 그렇게 자유주의적인지 궁금한 독자들은 그의 기독론을 보면 궁금증이 풀릴 것이다.

고전적 정통 기독론은, 451년의 칼케돈 정의를 따라, 예수 그리스도가 구별되지만 분리되지 않는 두 본성―인성과 신성―을 가진 한 인격이었고 지금도 그렇다는 점을 단언한다. 이러한 두 본성의 연합의 인격은 영원한 하나님의 아들, 말씀, 로고스, 삼위일체의 둘째 위격이다. 두 본성은 그의 성육신의 방식이다. 그는 자신을 한 인간으로 변화시켰거나 단지 인간의 피부를 걸친 것이 아니라, 말하자면, 스스로 인성을 짊어졌으며 이를 통해 인간의 삶과 죽음을 경험했다. 이 정통 교리에서 그리스도의 신성은 그가 신적 본성을 인간적 본성과 동시에 가졌다는 데 있다. 또한 그가—과거에도 또 지금도 그의 인격인—영원한 하나님의 아들**이라는** 데 있다. 리츨은 이 전통적 공식이 종교적이기보다는 과학적이라는 이유로 확고하게 거부했다.[63] 말하자면, 그에게 이 공식은 서로 다른 두 유형의 언어를 혼동하는 것이며 과학과 종교 사이의 경계를 침범하는 것이다.

리츨에 따르면, 이 전통적 교리는 예수의 가치에 대한 판단이 아니라 예수가 사람들에게 미친 모든 영향 이전에 그리고 그와 별개로 지니고 있어야 한다고 여겨지는 어떤 것에 관한 무심한 주장이다. 그는 단언하기를, 예수에 관한 참으로 종교적 평가는 그가 역사 속에서 한 행동과 영향, 그의 종교적 확신과 윤리적 동기에 관심을 가지며, 그가 가졌다고 여겨지는 선천적 특질이나 능력에 관심을 두지 않는다고 한다. "왜냐하면 그는 후자가 아니라 전자를 통해 우리에게 영향을 주기 때문이다."[64] 그러므로, 리츨의 논증에 따르면, 예수의 신성에 대한 긍정은 그리스도인들이 예수의 삶이 그들의 구원에 영향을 미치는 가치에 기초해 내리는 가치 판단이다. 그가 하나님 나라의 유일무이한 전달자로 왔기 때문에, 그리스도인들은 그가 하나님의 가치를 지닌다고 판단한다.

리츨은 자신이 예수를 "단지 사람"으로 축소시켰다는 혐의에 대해 민감했다. 그는 이런 비판을 예상하고 그에 대해 방어하는 데 많은 분량을 할애했다. 그는 예수의 신성을 성부 하나님이 예수에게 준 유일무이한 "소명"으로, 즉 사람들 사이에서 하나님 나라의 완벽한 구현체가 되라는 것으로 해석했다. 이 소명을 예수가 완벽히 성취한 것이다. 예수가 이 삶의 과업을 자신만의 배타적 소명으로 받아들여 완벽히 실현했기 때문에, 그의 인격

---

[63] Ritschl, *Christian Doctrine*, p. 398.
[64] 같은 책, p. 413.

자체가 하나님과 인류의 최고선이 성취되도록 한 역사에서의 영향이 되었다. 그래서 그리스도인들은 예수를 "하나님"이라 고백한다. 이것이 그의 삶이 하나님과 인류에게 가지는 가치에 근거한 가치 판단이기 때문이다.[65]

리츨은 예수의 유일무이한 "왕적 예언자직"의 기원을 논의하기를 거부했다. 그러한 연구는, 그의 주장에 따르면, 공허한 형이상학적 사변에 빠지게 하고 가치 판단의 영역에서 멀어져서 사실에 대한 과학적 판단의 영역에 빠지게 할 것이다. 하지만 그 자신도 그리스도의 선재(先在) 개념에 대한 논의를 피할 수 없었다. 그는 다른 어느 곳보다 여기서 형이상학의 요소가 그의 사고에 영향을 미치도록 함으로써 비일관성에 빠지고 말았다. 분명히 그는 예수의 성취가 예수 자신의 주도와 노력의 산물이었다는 결론에 만족할 수 없었다. 오히려 그 성취는 하나님의 마음과 의지에서 영원한 원천을 갖는다.

> 하나님 나라의 창설자이자 주로서 그리스도는 하나님의 영원한 지식과 의지의 대상일 뿐만 아니라 인류의 도덕적 통일이다. 그 통일은 그를 통하여 가능하게 되며, 그가 이 통일의 원형이다. 혹은, 오히려 그리스도는 시간 안에서뿐만 아니라 신적 지식과 의지의 영원성 안에서 자신의 공동체보다 선행한다.[66]

다시 말해, 리츨에게, 그리스도는 그의 인격과 사역이 하나님에 의해 영원히 알려지고 의지(意志)된다는 점에서만 그의 지상에서의 인간적 삶보다 선재했다. 그리스도의 이상적 선재(先在)에 대한 이런 긍정은 리츨이 스스로 신학에 부여한 제한을 명백하게 위반하는 것으로 보인다. 이것은 인간 구

---

[65] 이것은 리츨이 *Christian Doctrine*의 6장 "The Christian Doctrine of Christ's Person and Life-Work", pp. 385-484에서 아주 상세하게 예수의 신성을 기술한 것에 대한 한 해석이다.
[66] 같은 책, p. 469.

원을 위한 그리스도의 가치를 역사적으로 연구하는 것만으로는 지지되거나 유지될 수 없는 형이상학이나 존재론의 요소를 도입한다. 이 긍정은 가치 판단의 영역을 벗어나 그리스도의 초월적 기반과 기원의 실재를 주장하는 것으로, 이는 리츨이 그리스도의 신성에 관한 고전적 교리를 비판하면서 사변적이라 낙인찍은 영역이다. 또한 이것은 예수 그리스도가 로고스, 말씀, 하나님의 아들, 성자 하나님으로서 지상에서의 탄생보다 선재했다고 말하는 고전적, 전통적 기독교에 한참 미치지 못한다.

리츨의 신학에서 중심은 그리스도가 인류를 위한 구원을 성취했다는 것이다. 하지만 이것은 어떻게 일어나는가? 여기서 리츨은 성부를 향한 예수의 "소명적 순종" 개념을 도입한다. 곧 예수는 하나님 나라에 합당한 삶의 방식을 완벽히 성취했다는 것이다. 그의 죄 없는 삶과 자발적 죽음은 하나님 나라를 역사에서 드러냈을 뿐만 아니라, 그것을 세계를 변혁하기 위한 능력으로 나타냈다. 그렇다면 리츨의 주된 관심은 역사에 영향을 주는 도덕적 모범이자 파급력으로서의 그리스도의 역사적 삶에 있다. 그는 그리스도를 세상의 죄에 대한 신적 형벌을 받는 자로 보는 속죄 교리를 명백히 거부했지만, 그리스도의 죽음이 가지는 특별한 의미를 부정하지는 않았다.[67] 예수의 죽음은 하나님 나라라는 대의에 대한 전적 충성이라는, 그가 가진 소명의 일부였다.

리츨은 예수의 부활이나 승귀[exaltation, 승천(ascension)]에 대해서는 거의 언급하지 않았다. 사실상 그는 예수가 세계에 미치는 계속되는 영향력을 하나님 나라 공동체인 교회에 계속해서 동기를 부여하고 힘을 주며 인도하는 강력한 도덕적 표상으로 제시했다.[68]

---

[67] 같은 책, p. 477-478.
[68] James Richmond, *Ritschl: A Reappraisal. A Study in Systematic Theology* (London: Collins, 1978), p. 203.

슐라이어마허처럼 리츨이 논란의 유산을 남기다

지속적 중요성을 갖는 현대 신학자라는 리츨의 명성은 부인할 수 없다. 그가 낳은 한 세대의 자유주의 기독교 신학자들과 목사들은 그의 "교의의 도덕화"를 사용해 기독교를 칸트와 다윈과 성경비평의 영향을 받은 시대에 적절하도록 만들려고 했다. 리츨의 유명세는 그가 기독교를 계몽주의의 영향을 받은 과학 및 철학과 불필요한 갈등을 겪는 것에서 구해 내려 대단히 노력한 데 있다. 기독교 신학이 내세에 대한 집중으로 인해 윤리적 진보와 무관하다는 비판이 가중되던 시대에, 리츨은 자신의 영적·지적 능력을 사용해 지금 이곳에 있는 하나님 나라에서 인류를 구속하는 하나님에 관한 기독교의 핵심 진리에서 도덕화하는 능력을 이끌어 내려 했다. 그의 영향의 결과로, 사회 복음이라 불리는 신학 학파가 특히 미국에서 출현했다. 말하자면, 리츨의 업적은 두 가지로 볼 수 있을 것 같다. 종교를, 특히 기독교를 과학과의 갈등으로부터 자유롭게 한 것과, 기독교 신학을 무엇보다도 실천적으로 만든 것이다.

하지만 리츨을 비방하고 비판하는 사람들이 없지 않았다. 보수적 복음주의자들과 특히 근본주의자들은 그를 이단자라 혹평했다. 스코틀랜드의 복음주의 신학자 제임스 오르(James Orr, 1844-1913)는 리츨의 신학이 비기독교적이라고 폭로하는 책을 썼다.[69] 바르트는 리츨과 그의 영향을 받은 자유주의 신학 학파 전체를 비판했는데, 그 이유의 많은 부분이 슐라이어마허를 비판했던 것과 동일했다. 위로부터의 하나님의 계시(하나님의 말씀)의 권위와 별개로 아래로부터 신학을 하려는 시도라는 비판이다. 여기서 나는 오르와 바르트 및 다른 비평가들이 리츨에 관해 쓴 내용에서 발견되는 비판들을 몇 가지 제시할 것이다.

첫째, 만약 리츨이 옳다면, 신학과 과학은 갈등할 수 없다. 이 점은 업적

---

69 James Orr, *Ritschlianism: Expository and Critical Essays* (London: Hodder & Stoughton, 1903).

으로 보일 수도 있다. 하지만 그것은 칸트의 종교철학이 『이성의 한계 안에서의 종교』에서 했던 것과 동일한 방식을 통해, 즉 기독교를 윤리로 축소함으로써 얻어졌다. 한 비판자의 말에 따르면, "신학자들이 종교로서는 아무런 얻는 것이 없고 잃는 것만 있는 과학과 종교의 갈등을 일으키지 않을까 걱정하는 것은 바람직하지만, 이 두려움으로 인해 지적 마비에 빠지지는 않아야 한다."[70] 다시 말해, 리츨의 신학방법론에 있는 문제의 핵심은 그가 하나님 자신에 관한 모든 논의를 배제하려 했던 극단적 방식과, **또한** 스스로도 이 논의를 피하지 못했다는 데 있다. 리츨이 신학적 하나님-담론을 가치 판단의 영역에 국한하려고 시도한 것은 여러 가지로 문제가 있다. 첫째, 신학을 사실의 영역에서 배제하고 이 영역을 과학에 넘겨주는 것으로 보인다. 그렇다면 그것은 볼프하르트 판넨베르크가 불만을 표한 바 있는 신학의 게토화를 유발하는 것으로 보일 것이다(참고. 8.b.). 둘째, 만약 신학이 하나님의 존재의 내적 실재를 논의할 수 없다면, 당연히 하나님은 단지 인간들과의 관계 안에서만 존재하는 것처럼 보일 것이다. 하나님은 그의 영향력으로 해소되어, 오직 하나님의 영향력만 중요하다고 여겨지게 될 것이다. 어느 정도 이런 위험은 일부 비평가들이 리츨에게서 본 것에서 이미 나타나는데, 바로 그가 하나님을 하나님 나라와 거의 동일시한 것이다.[71]

하나님의 초월성 문제 외에도, 리츨이 신학을 가치 판단에 국한한 것은 신학의 공공성에 일부 심각한 문제를 야기한다. 그의 좋은 의도에도 불구하고, 리츨의 신학은 주관주의라는 비난을 받을 여지를 제공했다. 비평가 제임스 리치먼드(James Richmond)가 언급하듯이, "여기저기서 리츨의 신학은 종교를 그 자체의 제한된 영역으로 물러나게 하고, 더 넓은 '인간 지식'의 영역은 '비종교적'(즉 세속적) 과학이나 철학에 넘겨주는 것**처럼 보인**

---

70 Richmond, *Ritschl*, p. 105.
71 같은 책, p. 114.

다."⁷² 리츨이 신앙과 사실을 분리시키는 현대 그리스도인들과 다른 이들의 일반적 경향에 경악하리라는 점은 분명하지만, 이렇게 되는 데 리츨 이전의 칸트와 마찬가지로 일정 부분은 리츨도 기여했다는 점도 분명하다.

아마도 리츨의 사상 가운데 기독론만큼 큰 비판을 야기한 부분은 없다. 왜 그는 위격적 연합—예수 그리스도는 과거에나 지금이나 한 인격이며, 영원한 하나님의 아들로, 구별되지만 분리되지 않는 두 본성, 신성과 인성을 지닌다—이라는 고대 기독교 교리를 폐기했을까? 부분적으로 그 이유는 그가 종교에서 형이상학을 불합리하고 일관성 없이 거부했다고 여겨져 온 것에 있다. 하지만 다른 원인이 더 깊은 곳에 있을 수 있다. 리치먼드의 지적에 따르면, "리츨과 그의 19세기 동시대인들은 그리스도의 신성을 **본질**(substance)이나 하나님과의 **동일본질**(consubstantiality)이라는 용어로 이해하지 않았는데, 단순하게도 그 이유는 그런 용어들이 계몽주의 이후 독일에서 [그리고 아마도 영국과 미국에서도] 무의미해지는 것을 넘어 이해할 수 없게 되었기 때문이다."⁷³ 다시 말해 리츨은, 다른 자유주의 사상가들과 마찬가지로, 현대적이고 교양 있고 계몽주의의 영향을 받은 사회의 합의를 신학을 위한 기준으로 받아들이는 경향이 있었다. 이것이 바르트와 다른 비판자들로 하여금 리츨과 다른 자유주의 신학자들에게 "문화 개신교"(culture Protestism)라는 딱지를 붙이게 했다(참고. 2.c.).

적어도 정통주의 또는 심지어 신정통주의 기독교 관점에서 보면, 리츨의 기독론은 슐라이어마허의 기독론과 동일한 결함을 지닌다. 그것은 순수하게 기능적 기독론으로, 예수는 위대하지만 그 위대함은 다른 위대한 사람들과 비교해 정도가 다를 뿐 종류가 다르지는 않다는 것이다. 리츨의 공식은 그리스도인들이 그리스도의 신성을 긍정할 때 그리스도가 그들에게

---

72 같은 책, p. 120.
73 같은 책, p. 172.

하나님의 가치를 지닌다는 것을 의미한다고 하는데, 이것이 이 모든 것을 말해 준다. 예수는 실제적 의미로 "우리와 함께 있는, 우리를 위한 하나님"은 아닌 것이다. 단지 그는 하나님의 마음과 의지 안에서 언제나 이미 알려져 있었고, 사람들 사이에서 역사 안에 있는 하나님 나라의 가능성을 열어 주었고, 그들에게 그것이 어떤 것인지 보여 주었다. 슐라이어마허의 기독론과 마찬가지로, 이것은 예수 그리스도와 동등한 다른 구원자들의 가능성을 열어 주는 것처럼 보였다.

리츨은 자신의 기독론에 대한 이러한 비판을 예상했으며, 역사 속에서 나타날 수 있는, 예수 그리스도와 동등한 종교적 예언자라면 예수에게 의존할 것이며 그러므로 그에게 종속될 것이라고 주장함으로써 그런 비판을 미연에 방지하려 했다.[74] 하지만 비판자들의 당연한 반응은 왜 그런지 그 이유를 묻는 것이었다. 그리스도라는 인격에 대한 리츨의 기술은, 대다수 자유주의자들의 기술과 마찬가지로, 신약 시대까지 거슬러 올라가는 교회들의 성육신적 고(高)기독론에 한참 미치지 못한다. 그의 그리스도는 결코 "우리와 함께 있는 하나님"이 아니다. 리치먼드 같은 동정적 비판자조차 리츨의 기독론을 "빈약할 정도로 제한적"이라고 부르지 않을 수 없었다.[75]

지금까지 보수주의자들의 비판을 다루었으므로, 많은 개신교 목사들과 수많은 교양 있는 평신도들이 그의 신학에서 현대적이면서도 기독교적일 수 있는 방식을 발견했다고 말함으로써 리츨의 논란 많은 유산에 관한 분석을 마무리하는 것이 좋을 것 같다. 계몽주의와 현대성 때문에 전통적 정통 기독교 교리들을 받아들이는 것이 불가능하다고 느꼈던 사람들에게, 리츨은 사람이 전근대적이거나 반(反)현대적이지 않고도 그리스도인이 될 수 있음을 보여 주었다. 하지만 20세기 초의 한 영향력 있는 개신교 신학자는

---

74 Ritschl, *Christian Doctrine*, p. 465.
75 Richmond, *Ritschl*, p. 205.

이 자유주의적 유형의 신학이 기독교가 아니라고 당당히 공개적으로 말했으며, 한 유력한 세속적 사회 평론가는 이에 공공연히 동의하면서 리츨과 그의 추종자들 같은 자유주의자들은 더 이상 스스로를 그리스도인이라 부르지 말아야 한다고 주장했다.[76]

하르낙이 리츨적 자유주의 신학을 대중화하다

앞서 언급한 바에 따르면, 리츨의 신학은 20세기로의 전환기에 유럽과 미국의 주요 개신교 교단에 널리 영향력을 미친 자유주의 신학자들의 학파가 생기게 했다. 이 리츨 학파의 두 인물인 독일의 학자 하르낙과 미국의 사회개혁가 라우센부시는 리츨의 신학에 기초하고 확장시킨 창의적 방식들 때문에 우리의 현대 신학 이야기에 아주 중요하다.

하르낙은 아마도 20세기로의 전환기에 가장 뛰어나고 인기 있던 자유주의 개신교 신학의 옹호자였다. 그는 1888년부터 1922년에 은퇴할 때까지 베를린 대학교의 교회사 교수였다. 그의 강의들은 수백 명의 학생들을 끌어모았으며, 학술적 저작들(대략 1,600편)은 학계의 대단한 칭송을 받았다. 그는 빌헬름 황제(Kaiser Wilhelm)의 절친한 친구로, 황제는 그에게 베를린 왕립도서관을 비롯한 몇몇 중요한 문화 기관들의 감독을 맡겼다. 그는 1914년에 황제로부터 귀족 작위를 받았는데, 이 시기는—제1차 세계대전의 시작이 된—러시아와 프랑스에 대한 황제의 선전포고를 담은 독일 국민을 향한 연설문을 쓴 무렵이었다.[77] 매우 자유주의적인 신학자들을 포함

---

76 이 책은 20세기 초에 싹튼 근본주의 운동의 주요 지식인이었던 장로교 신학자 그레셤 메이첸(J. Gresham Machen, 1881-1937)의 *Christianity and Liberalism* (1923; Grand Rapids, MI: Eerdmans, 1946)이다. 『기독교와 자유주의』(복있는사람). 자유주의는 기독교가 아니라는 그의 견해에 공공연히 동의한 세속적 평론가는 월터 리프먼(Walter Lippman, 1889-1974)이었다.

77 Martin Rumscheidt, "Introduction: Harnack's Liberalism in Theology: A Struggle for the Freedom of Theology", in *Adolf von Harnack, Liberal Theology at Its Height*, ed. Martin Rumscheidt (London: Collins, 1989), p. 24. 바로 이때, 1914년에, 독일의 세습 귀족으로 상승하는 표식으로 하르낙의 성에 '폰'(von)이 붙었다. 그렇기 때문에 여기서 그리고 이 책의 다른 곳에서 그는 아돌프 하르낙으로 언급된다. 이것이 신학자로서의 경력을 포함해서 그의 삶 대부분 동안 그의 이름이었다.

하는 대다수 독일 신학자들처럼, 하르낙은 황제의 전쟁 정책을 열렬히 지지했다. 이로 인해 그의 가장 유명한 제자인 바르트는 그를 등지게 되었다. 전쟁 후에 새로운 독일 정부는 하르낙에게 미국 대사직을 제안했으나 그는 이 영예를 정중히 거절했다. 그는 1930년에 세상을 떠났지만, 오늘날까지 베를린에 있는 주요 정부 건물인 아돌프 폰 하르낙 하우스(Adolf von Harnack Haus)는 이 현대 신학의 거장을 기리는 기념비로 남아 있다.

하르낙은 1899년과 1900년에 베를린 대학교에서 한 일련의 강의를 출판함으로써 광범위한 영향력을 얻었는데, 한 학생이 그의 강의를 축어적으로 받아 적어서 그에게 준 것이었다. 이 강의집은 1901년에 미국에서 『기독교란 무엇인가?』(What Is Christianity?)라는 제목으로 출판되었다[독일어판의 제목은 『기독교의 본질』(Das Wesen des Christentums)이다]. 이 책은 수많은 판을 거듭하며 이후에 35년 동안(리츨식 자유주의 신학의 열기가 식기 시작할 때까지) 자유주의 설교자들과 학자들에 의해 널리 읽히고 인용되었다.

16회 강좌로 된 이 책에서 하르낙은 자신이 "복음"이라 부른 진정한 기독교의 핵심을 밝혀내고, 이것을 신약과 전통적 정통 기독교에서 전해지는 문화적 형태의 "껍데기"에서 분리하려 했다.[78] 그는 예수가 선포한 메시지가 예수 자신에 관한 것이 아니라 성부 하나님에 관한 것이라는 논지를 전개했다. "예수가 선포한 복음은 오직 성부와 관련되며, 성자와 관련되지 않는다."[79] 하르낙에 따르면 이 복음은 단순하고 숭고하며, 하나님 나라와 이 나라의 도래, 성부 하나님과 인간 영혼의 무한한 가치, 더 높은 의와 사랑의 계명이라는 서로 관련된 세 가지 진리로 구성된다.[80]

하르낙에게 "하나님 나라와 이 나라의 도래"란 예수 그리스도의 재림이

---

[78] Adolf Harnack, *What Is Christianity?*, trans. Thomas Bailey Saunders (New York: G. P. Putnam's Sons, 1901), p. 13.
[79] 같은 책, p. 154.
[80] 같은 책, p. 55.

나 이후에 있을 지상의 천년왕국을 의미하지 않는다. 하르낙은 리츨이 의미했던 것, 즉 역사 안에서의 사회질서를 의미했는데, 그것은 예수에 의해 개시되고 사랑에 의해 통치되는 것이었다. 하르낙에게 "성부 하나님과 인간 영혼의 무한한 가치"란 영혼의 불멸이 아니라 지금의 인간들을 의미했다. 모든 사람이 무한한 가치를 지니는 것은 그들이 하나님을 아버지로 모시기 때문이다. 하르낙에게 "사랑의 계명"이란 초자연적인 것, 즉 믿고 구원받은 사람들만 얻을 수 있는 은혜의 선물이 아니라 같은 하늘의 아버지를 모시기 때문에 할 수 있는, 모든 사람을 향한 자선을 의미했다.

하르낙은 구약에서 이 복음을 거의 찾을 수 없었다. 신약에서조차 이 복음은 기적, 천사, 악마, 그리고 묵시적 재앙으로 뒤덮여 있다. 이 모든 신화는 폐기되어야 한다. 더욱이, 하르낙의 주장에 따르면, 전체 역사에 걸쳐 교회는 예수가 설교한 단순한 복음을 이질적 철학 개념들로 덮었다. 예를 들어, 그리스인들은 그리스도를 로고스와 일치시켰는데, 이는 예수의 단순한 가르침과는 맞지 않는 그리스 사상이다.[81] 하르낙은 일곱 권으로 된 『교리사』(Lehrbuch der Dogmengeschichte)에서, 훗날 초기 기독교 교리 발전에 관한 헬라화 명제(the Hellenization thesis)라는 명칭으로 알려지게 될 견해를 발전시켰다. 하르낙에 따르면 초기 그리스도인들은, 특히 콘스탄티누스 황제 시대에, 예수의 단순한 복음에 삼위일체와 위격적 연합 같은 형이상학적 개념들을 더함으로써 헬라화시켰다. 그의 주장에 따르면, 이것들은 복음의 일부가 아니라 후대에 덧붙여진 것으로, 그 실체는 밝혀져야 한다. 시간에 묶여 있는 문화적 제약 가운데 해석된 복음은 현대인들에게 이해가 안 된다.

하르낙에게는, 기독교의 헬라화라는 안타까운 역사에도 불구하고, 예수의 순수하고 단순한 하나님 나라 소식이 인류에게 알려진 가장 높고 가장

---

81 같은 책, pp. 216-220.

영광스러운 이상으로 받아들여진 모든 곳에서 예수의 단순한 복음은 살아남았다. 이 이상은 "사람들 가운데 있을 연합의 전망으로, 법적 명령이 아니라 사랑의 법칙을 통해 유지되며, 이곳에서 사람은 자신의 적을 온유함으로 정복한다."[82]

20세기의 주요 신학자 리처드 니버(H. Richard Niebuhr)는 하르낙의 자유주의 철학을 맹비난하면서, 하르낙의 신학에서 "진노 없는 하나님이 죄 없는 인간들을 십자가 없는 그리스도의 사역을 통해 심판 없는 나라로 이끌었다"고 묘사했다.[83] 자유주의 개신교도들은 하르낙의 골자만 남은 기독교를 현대성과 어울리는 것으로 기꺼이 받아들인 반면, 보수주의자들과 신정통주의자들은 이 기독교를 생명력을 상실한 것으로서 복음에 대한 치명적 부정으로 여겼다. 칸트라면 하르낙을 자랑스러워했으리라는 점은 거의 의심의 여지가 없다. 하르낙의 기독교는 칸트의 『이성의 한계 안에서의 종교』와 거의 다르지 않다. 그리고 칸트의 기독교, 슐라이어마허의 기독교, 리츨의 기독교와 마찬가지로 이 기독교는 과학과 갈등할 리가 없다. 과학이 무엇을 발견하고 어떤 이론을 발전시키든지 하르낙의 기독교에서 기반을 약화시키거나 도전하거나 모순을 일으키지 않는데, 그의 기독교가ー전적으로는 아니더라도ー일차적으로 윤리에 관한 것이기 때문이다.

라우센부시가 사회 복음을 말하다

하르낙은 하나님 나라의 이상을 구체적 정치 의제로 내놓는 데까지는 나아가지 않았다. 오히려 그는 이 이상을 혁명적 개혁 운동에 활기를 돋우기 위해 사용하려는 사람들을 신랄하게 비판했다. 하지만 라우센부시는 신학자로서의 창조적 에너지 대부분을 바로 이 일에 쏟았다.

---

[82] 같은 책, p. 122.
[83] H. Richard Niebuhr, *The Kingdom of God in America* (1937; New York: Harper & Row, 1959), p. 193. 거의 사반세기 동안 니버는 예일대 신학대학원(Yale Divinity School)의 교수였다.

라우셴부시의 아버지는 독일 루터파 목사였지만, 미국으로 이민한 직후에 침례교도가 되었다. 월터는 불과 아홉 살의 나이에 깊은 회심을 체험했다. 하나님의 부르심이 목회에 있음을 깨달은 그는 뉴욕의 로체스터 신학교(Rochester Theological Seminary)에 들어갔는데, 거기서 그의 아버지는 독일어로 강의하는 학과에서 가르쳤다.[84] 일부 자유주의 신학자들과 달리, 젊은 시절의 라우셴부시는 인격적 관계 안에서 예수 그리스도에게 헌신한다는 경건주의 영성 정신을 언제나 간직했다. 그는 일부 자유주의자들처럼 정통 교리들을 부정하는 성향은 아니었다. 하지만 만년에 이르러서는 일부의 상당히 급진적 재해석에 몰두했고, 자신이 "도덕화"할 수 없는 교리들에 관해서는 거의 언급하지 않았다. 그는 자유주의 범주에 썩 잘 어울리지는 않지만, 그에게 나타나는 리츨의 영향과 성향 때문에 보통 이 범주로 분류된다.

신학교 졸업 후 라우셴부시의 첫 부임지는 뉴욕시의 특히 빈곤한 구역인 헬스키친(Hell's Kitchen)에 있는 한 침례교회의 목사직이었다. 그곳에서 그는 성장하는 사회주의 운동에 관여하게 되었고, 한 종교 사회주의 신문의 창간을 도왔다.[85] 1891년에 그는 신약 연구를 위해 독일에서 수개월을 지냈는데, 여기서 리츨이 복음의 심장이자 영혼으로서 윤리적 하나님 나라를 강조한 것에서 영향을 받았다. 미국으로 돌아온 뒤 그는 사회 복음 운동

---

[84] 여러 해가 지난 후, 라우셴부시 부자가 가르치던 로체스터 신학교의 독일어로 강의하는 학과는 분리되어 사우스다코타 수폴스로 옮겨가 필자의 모교(MA, 1978)인 북미 침례신학교(North American Baptist Seminary)가 되었다. 내가 처음 그곳에 갔을 때 월터 라우셴부시의 초상화는 언제나 열려 있던 문 뒤에 가려져 있었다. 이 신학교가 꽤 보수적이게 되었기 때문에 일부러 그의 초상화가 보이지 않도록 했던 것이다. 하지만 나중에는 제 위치를 찾아서, 과거의 교수들 초상화들이 있는 곳에 다시 순서에 따라 걸렸다.

[85] "기독교 사회주의"(Christian socialism)라는 어구가 일부 그리스도인들에게는 충격적이겠지만, 19세기 말과 20세기 초에는—사회주의가 소련식 공산주의와 동일시되기 전에는—많은 경건한 그리스도인들이 사회주의자였다. 라우셴부시에게 사회주의는 집단주의나 전체주의적 공산주의를 의미하지 않았다. 그에게는, 훗날의 바르트, 니버, 폴 틸리히(Paul Tillich) 같은 기독교 사회주의자들에게 그랬던 것처럼, "사회주의"란 민주 사회주의(democratic socialism)를 의미했다. 이 사회주의가 목표로 했던 많은 것—예를 들어 아동 노동 폐지, 사회보장제도, 누진세—이 미국에서 민주 자본주의(democratic capitalism)의 표준을 이루는 내용이 되었다.

에 전념했고, 이 운동의 신학적으로 가장 뛰어난 주창자이자 손꼽히는 대변자가 되었다.[86] 1897년에 그는 로체스터 신학교의 교회사 교수가 되어, 1918년에 죽음에 이르기 전까지 저술과 강의를 통해 미국의 정치적·경제적 변혁을 촉진하는 데 힘썼다. 그는 교수로 재직하던 시기의 상당한 부분을 귀먹은 상태로 있었지만, 말하는 능력은 계속 유지했다. 학생들과 소통할 때는 글로 적은 질문을 사용했다. 모든 사람의 말에 따르면 그는 매우 인기 있는 교수이자 설교자로, 그의 책들은 수백만 부가 팔렸고 진보적 운동과 관련된 많은 사회 개혁을 일으키는 데 영향력을 발휘했다. 그는 이 운동의 온상이던 로체스터의 다른 진보주의자들과 긴밀히 협력했다. 함께 사회 개혁 운동을 벌인 그의 지인이자 동료 가운데는 엘리자베스 캐디 스탠턴(Elizabeth Cady Stanton), 수잔 앤서니(Susan B. Anthony), 프레더릭 더글러스(Frederick Douglass)가 있었다.

라우셴부시의 책들은 주로 대중을 위해 쓰였기에, 두꺼운 신학서가 아니라 하나님 나라의 윤리적 목표와 이상을 구체적 사회생활에 실천적으로 적용하는 것들이었다. 리츨과 마찬가지로 그는 하나님 나라를 "하나님의 뜻에 따라 조직된 인류"[87]로 정의했으며, 여기서 "하나님의 뜻"이란 사랑을 의미했다. 그의 가장 영향력 있는 책들로는 『기독교와 사회적 위기』(*Christianity and the Social Crisis*, 1907), 『사회체제의 기독교화』(*Christianizing the Social Order*, 1912), 『사회 복음을 위한 신학』(*A Theology for the Social Gospel*, 1917)이 있다. 또한 그는 『사회적 각성을 위한 기도서』(*Prayers for the Social Awakening*, 1910)를 썼다.

라우셴부시를 유명하게 만든 책은 『기독교와 사회적 위기』인데, 이 책에서 그는 미국의 심각한 빈부 차이를 있는 그대로 상세히 제시하면서 이

---

[86] Claude Welch, *Protestant Theology in the Nineteenth Century*, vol. 2: *1870-1914* (New Haven, CT: Yale University Press, 1985), p. 261.
[87] Walter Rauschenbusch, *A Theology for the Social Gospel* (Nashville: Abingdon, 1978), p. 142.

러한 사회적 위기 속에서 그리스도인이 된다는 것은 빈곤을 영속화하는 경제 구조의 구원을 위해 일하는 것을 의미한다고 주장했다. 본질적 기독교의 과업은, 그에 따르면, 술취함과 간음 같은 나쁜 행동을 없애는 것이라기보다는 "모든 인간관계들을 쇄신하고 하나님의 뜻에 따라 이 관계들을 화해시킴으로써, 인간 사회를 하나님 나라로 변혁"[88]시키는 것이다. 구체적으로 그는 자유방임주의적 자본주의를 미국인의 삶에 있는 "악의 왕국"의 일부로 지적하면서, 개인의 영혼뿐 아니라 집단과 사회 구조들이 회개하여 구원받는 새로운 부흥에 교회들이 앞장설 것을 촉구했다.

그의 두 번째 주요 저작인 『사회체제의 기독교화』는 그가 구상했던 정의와 사랑의 부흥을 구체적으로 제안했다. 그는 주요 산업들의 국영화, 노동조합에 대한 지원, 그리고 탐욕과 경쟁과 이윤 동기에 초점을 둔 경제의 폐지를 요구했다. 그는 이런 모든 변화를 사회체제의 점진적 기독교화—인간 사회 안에 있는 하나님 나라의 점진적 근사치—와 동일시했다.

라우센부시의 마지막 책인 『사회 복음을 위한 신학』은 그가 죽기 불과 일 년 전에 출판되었다. 이 책은 모든 교리를 "도덕화"하려는 조직신학적 시도로, 즉 모든 교리를 리츨과 하르낙처럼 라우센부시 자신도 예수의 가장 중요한 사명이었다고 믿었던 윤리적 하나님 나라와 관련시키려는 것이었다. 여기서 그는 모든 교리를 "사랑의 나라"라는 사회적·역사적 실재의 측면에서 재정의하려 했다. 라우센부시는 이 책의 어디서도 공공연하게 기독교 정통의 고전적 교리를 조금도 부인하지 않지만, 그것들의 상당 부분을 하나님 나라라는 중심 주제에 비추어 재해석했다. 예를 들면, 예수의 중요한 의미는 그가 인류에게 제시한 새로운 하나님 개념에 있었다. 예수는 하나님을 군주로 그리는 대신에, 하나님의 손을 붙들고 "아버지"라 부름으

---

[88] 같은 책, p. 99.

로써 "하나님 개념을 민주화했다."⁸⁹ 그런 다음에 라우센부시는 구원을 "영혼의 자발적 사회화"로 정의했다.⁹⁰ 그는 용서와 거듭남으로서의 개인 구원을 부인하지 않았지만, 이런 전통적 차원에 사회적 차원을 부가해서, 구원받았다고 주장하면서도 이기심과 탐욕의 경쟁적 삶을 살며 타인들을 억압하는 사람은 온전히 구원받았다고 주장할 수 없음을 강조했다. 라우센부시에게 구원은 전인적(全人的) 개념으로, 개인들과 그들이 그리스도에게 회심한 것에 제한될 수 없다. 또한 구원은 사회 구조와 사회적 행동에도 적용할 수 있는 것으로 이해되어야만 한다.

    미국의 사회 복음 운동은 고전적 자유주의 신학의 가장 실천적·구체적 표현이었다. 이 운동의 기초가 되는 신학적 방법과 주제는 대부분 리츨로 거슬러 올라가지만, 이 운동은 그 방법과 주제를 사회 개혁을 위한 복음주의적 열의와 결합시켰는데, 이는 대부분의 유럽 자유주의 신학에는 없는 것이었다. 라우센부시를 자유주의자로 보는 근거는 그가 초자연적인 것, 기적, 성경의 영감과 권위, 그리스도의 신성, 또는 정통 기독교의 다른 굵직한 교리를 부인했기 때문이 아니다. 그는 그런 것들을 부인하지 않았다. 그를 자유주의자로 보는 근거는 그가 교리를 경험에 비해 상대적으로 덜 중요한 것으로 낮게 보는 경향에 있었으며, 여기서 그가 의미했던 경험이란 하나님 나라를 필요로 하고 그것의 여명을 보는 인간의 경험이었다. 또한 그는 전통의 "껍질" 안에서 복음 진리의 "알맹이"를 찾으려 했다. 다른 자유주의자들과 달리, 그는 껍질을 버리려 하지 않았다. 단지 그는 알맹이에 도달하고 싶어 했을 뿐인데, 바로 사회개혁을 통해 오는 지상의 하나님 나라다. 그가 19세기 자유주의 신학자들과 공유했던 한 가지 주제는 낙관론이었다. 그는 이기심과 경쟁이 아니라 사랑과 협력을 통해 조직된 사회 체제

---

89 같은 책, pp. 174-175.
90 같은 책, p. 99.

인 하나님 나라가, 그리스도인들이 그 나라를 마음에 두고 그것을 목표로 일할 때 필연적으로 온다고 믿었던 것 같다.

고전적 자유주의 개신교 신학이 세계대전들 후 쇠퇴하다

신학에서 자유주의는 21세기에도 여전히 고려해야 할 정도의 세력을 유지하고 있지만, 유럽에서는 주로 제1차 세계대전으로 인해 많은 부분이 일소되었는데, 이 전쟁으로 유럽은 철저히 파괴되었고 전쟁의 무의미함은 역사에 대한 낙관론을 종식시켰다. 아니, 아마도 제1차 세계대전이 자유주의 신학을 변화시켰다고 말하는 편이 더 나을 것이다. 양차대전 사이에 각광을 받았던 실존주의가 이 신학을 수정하고 완화시켰다. 그 결과가 바로 폴 틸리히와 루돌프 불트만의 신자유주의였다(참고. 5장, 6장). 리츨 유형의 고전적 자유주의는 양차대전 사이에 미국에서 융성했는데, 미국인들은 독일에 대한 승리를 "모든 전쟁을 종식시킨 전쟁"과 "세계의 민주주의를 지킨" 전쟁으로 해석했기 때문이었다. 유럽에서 있었던 파괴와 극한의 역경에도 불구하고 미국에서는 낙관론이 살아남았다. 미국에서 리츨식 자유주의를 강하게 옹호한 사람들 중에서 한 명이 양차대전 사이에 큰 영향력을 발휘했는데, 바로 해리 에머슨 포스딕(Harry Emerson Fosdick Jr.)이다. 그는 뉴욕시의 리버사이드 교회 목사로, 자유주의 신학을 대중화한 수많은 책들의 저자이자 당시 성장하고 있던 근본주의 운동에 반대하는 자유주의 신학의 옹호자였다. 그의 얼굴은 1920년대와 1930년대에 각각 한 번씩 「타임」의 표지를 장식하는 영광을 누렸다. 하지만 제2차 세계대전 후에는 미국 기독교에 다른 분위기가 형성되었다. 바르트와 에밀 브루너의 신정통주의가 인기를 얻었고, 자유주의 신학은 수세에 몰렸다. 하지만 완화된 형태의 자유주의 신학이 미국으로 이주한 틸리히와 함께, 그리고 과정 신학이라 불리는 매우 미국적 형태의 신자유주의와 함께 다시 모습을 드러냈다.

다른 주제들로 넘어가기 전에, 또 한 명의 고전적 자유주의 독일 신학자를 여기서 다루어야 한다. 에른스트 트뢸치(Ernst Troeltsch, 1865-1923)는 자신만의 방식으로 리츨과 하르낙만큼 큰 영향력을 미쳤다. 하지만 그의 영향은 자유주의 신학자들에게도 심각하게 우려되는 것이었는데, 그는 기꺼이 이 모든 것에 의문을 제기했기 때문이다. 이전의 모든 신학자가 당연하게 받아들였던, 타의 추종을 불허하는 종교로서 기독교의 절대성을 포함해서 말이다. 그는 기독교 사상의 흐름에 역사주의라 불리는 것을 들여왔다. 그리고 그를 진지하게 받아들이고 그의 사상으로부터 영향을 받은 사람들에게는 어떤 것도 이전과 똑같을 수 없었다.

2.C. 에른스트 트뢸치가 기독교를 상대화하다

이 책에서 지금까지 우리는 전통적 기독교에 대한 계몽주의의 도전을 주로 철학과 과학의 측면에서 살펴보고 있다. 즉 철학과 과학이 현대성과 그 현대성의 산인 합리주의, 자연주의, 회의주의, 삶에 대한 세속적 전망 같은 것들을 촉발시킨 방식이었다. 기독교가 자유주의 신학을 통해 이 도전에 대처하기는 했지만, 전통적 정통주의는 현대성을 진지하게 받아들인 자들이 보기에 여전히 의심스러운 것이었다.

레싱이 위험한 도랑을 파다

지금까지 거의 언급되지 않은 현대성의 산 하나는 현대성이 (자신을 제외한) 모든 것에 대해 갖는 비평적-역사적 시각이다. 이 점을 이해하는 최고의 방식은 계몽주의 사상가 고트홀트 에프라임 레싱(Gotthold Ephraim Lessing, 1729-1781)을 통하는 것이다. 그는 서구사상사 속의 인물들 가운데 한 명으로서 "역사의 우연한 진리들은 이성의 필연적 진리들의 증거가 될 수 없다"는, 현대성을 연구하는 학생들이라면 거의 모두 접하게 되는 경구를 남겼다.⁹¹ [이 경구에는 "레싱의 넓고 위험한 도랑"(Lessing's Big Ugly Ditch)이라는 표제도 달려 있다.] 다시 말해, 어떤 역사의 사건에서 절대적 진리로 연결되는 다리는 없다는 것이다. 여기에는 두 가지 의미가 있다. 첫째, 우리는 어떤 역사의 사건에 대한 절대적 지식을 가질 수 없다. 우리의 역사 지식은 단지 어느 정도의 개연성만을 가질 수 있는데, 우리가 역사에서 알던 내용이 틀리는 경우를 언제나 발견하기 때문이다. 계몽주의가 확실성을 찾으려는 경향을 강하게 보였음을 기억해 보라. 하지만 레싱은 역사에서 확실성을 찾을 수 없다고 말하는 것이다. (훗날 헤겔은 우리가 보편사―전체로서의 역사―를 살핌으로써 확실성을 찾을 수 있다고 말하겠지만, 레싱은 그런 생각마저도 비웃을 것이다.) 둘째, 설령 누군가가 역사의 사건에 대한 절대적 지식을 가질 수 있다고 하더라도, 그것에 근거해 모두를 위한 보편적 진리를 확립할 방법은 없다. 역사의 사건들에 대한 상이한 해석들은 언제나 가능하다.

사실상 레싱의 말은, 우리가 기독교를 예수의 기적이나 부활 같은 역사의 사실들에 근거하게 한다면, 여전히 그리스도인일 수 있는지 확인하기 위해 고고학 학술지의 다음 호를 늘 기다려야만 한다는 것이다. 하지만 레싱 당시의 많은 정통 그리스도인들은 예수의 기적들과 부활에 호소함으로써 기독교가 참이라는 것을 증명하려 했다. 레싱은 그것이 예수 그리스도가 요구하는 전적 헌신의 신앙을 위한 기초로는 불안정하다고 보았다. 그렇다면 그에게는 오직 두 가지가 현대에 종교적 신앙을 지지할 수 있을 것 같은데, 즉 (데카르트 방식의) 선험적 이성이나, 레싱 자신이 쓴 글의 제목이기도 한 "영과 권능의 증거"다. 하지만 레싱은 둘 중 어떤 것에서도 확실성의 근거를 찾지 못했다. 그 자신이 가진 그리스도에 대한 믿음은 기독교의 "열매들"(역사에서의 기독교의 영향들) 때문에 믿는다는 단순한 선택에 기초하

91　레싱의 1777년 글 "On the Proof of the Spirit and Power", trans. Henry Chadwick (Palo Alto, CA: Stanford University Press, 1967), pp. 51-57 중에서.

는 것 같았다.

레싱의 도랑에 대한 칸트의 대응은 종교를 역사에 대한 의존에서 분리해서 윤리학으로 환원시키는 것이었는데, 즉 종교를 순수이성에서 분리해서 실천이성의 영역에 두는 것이었다. 헤겔의 대응은 앞서 언급한 대로 종교를, 다시 말해 그가 해석한 대로의 기독교를, 보편사—전체로서의 역사—에 대한 필연적 해석을 포함했던 합리적 사유체계에 기초시키는 것이었다. 그것이 역사에서 있었던 어떤 특정 사건에 기초하는지 여부는 헤겔에 의해 불투명하게 남아 있다. 아마도 그에게는 그렇지 않았던 것 같다. 키르케고르는 레싱의 넓고 위험한 도랑에 대한 현대인들의 집착을 조롱했는데, 그에게 진정한 기독교는 역사적 예수나 그에 대한 사실들이 아니라 신앙 안에서 우리와 동시대적 그리스도에 기초하기 때문이다. (여기가 이 덴마크 사상가의 경건주의적 근원이 드러나는 부분이다.) 슐라이어마허는 기독교를 하나님 의식(God-consciousness)에 기초시킴으로써 레싱에 대응했다. 리츨과 그의 추종자들은 개인들과 사회를 변혁하기 위해 하나님 나라의 복음이 지닌 도덕적 능력에 기독교를 기초시켰다. 여전히 이 대응들은 모두 기독교가 절대적 종교라는 점을 보여 주는 데 목적이 있었다. 기독교는 종교의 절정이자 완성이자 정점인 것과 비교해, 모든 다른 종교들은 기껏해야 희미한 메아리나 전조들이라는 것이다.

트뢸치가 종교를 (절대적으로는 아니지만) 상대화하다

하지만 트뢸치가 보기에 이 대응들은 모두 레싱의 도전을 그가 생각하기에 마땅한 정도로 심각하게 받아들이지 않았다. 트뢸치는 이 도전을 아주 심각하게 받아들여야 한다고 주장했는데, 그와 그의 추종자들에게 이는 곧 역사의 종교로서 기독교의 상대성을 인정하는 것을 의미했다. 다시 말해, 기독교는 신화나 초시간적 진리나 초자연적 계시들의 종교가 아니라, 역사에 단단히 뿌리박고 있는 종교다. 기독교는 새로운 역사의 사건들 가운데 행동하는 하나님에 관해 말하며, 역사의 종말을 고대한다. 기독교는 단지 보편적 인간 경험에 대한 일련의 상징적 표상들이 아니다. 또한 하늘에서 떨어진 일련의 교리들도 아니다. 기독교는 역사에 기초하며 역사를 가지고 있다. "기독교는 기독교 역사의 매순간에 순전히 역사의 현상으로, 다른 위대한 종교들과 꼭 마찬가지로 어떤 개별적 역사의 현상이 노출되어 있는 모든 한계의 지배를 받는다."[92] 이것이 트뢸치가 현대적 시각에서 본 기독교에 관한 기본적 논지였다.

현대의 그리스도인들은 그것을 "레싱의 도랑"에 비추어 어떻게 이해해야 하겠는가? 트뢸치는 선대의 자유주의 신학자들을 포함해 자기 이전의 누구도 인정하지 않았던 것을 선언했는데, 즉 절대적 역사의 종교는 있을 수 없다는 점이다. 역사에 뿌리내린 종교는, 역사의 종교로서, 필연적으로 상대적이며 비절대적이다. 달리 말해, 그것은 역사의 원인과 결과라는 관계망의 한 부분으로 그것들과 함께 변화한다. 그것은 많은 세계 종교 중에서 하나의 세계 종교다. 기독교를 포함한 세계 종교는 모두 인간의 창조물이다. 기독교는 현대인들에게 "모든 종교에 공통된 자기 이해의 특별한 한 사례"로 여겨져야 한다.[93] 일부 사람들에게는 이 말이 기독교를 부인하는 것처럼 보이겠지만, 또 다른 사람들에게는 이 말이 커다란 해방이었다. 즉 그리스도인들을 제외한 세계의 다른 종교 신봉자들은 전적으로 그르다고 생각해야 하는 것으로부터의 해방이었다. (트뢸치가 살았고 활동했던 시대는 식민지 건설과 무역과 선교를 통해 유럽인들이 세계 종교들을 단지 미개한 "이교도의" 우상숭배가 아니라 실제 모습대로 이해하게 되던 때였다.)

곧 보게 되겠지만, 트뢸치는 자신의 역사화된 기독교가 틀렸다고 생각하지 않았다. 틀린 것은 기독교가 절대적이라는 주장이다. 그가 보기에, 기

---

[92] Ernst Troeltsch, *The Absoluteness of Christianity and the History of Religions*, trans. David Reid (Richmond, VA: John Knox, 1971), p. 71. 『기독교의 절대성』(한들).
[93] 같은 책, p. 131.

독교가 절대적이라고 생각하는 그리스도인들은 다른 종교들을―전적으로 또는 부분적으로―틀렸다고 생각해야만 한다. 또한 기독교가 절대적이라고 생각하는 그리스도인들은 자신들의 기독교와 다른 형태의 기독교들을―전적으로 또는 부분적으로―틀렸다고 생각해야만 한다. 하지만 실제 존재하는 모든 형태의 기독교가 역사를 가지고 있음을 부인하기는 불가능하다. 그러므로 사람들은 (자신들의) 참된 기독교가 절대적이라고 믿기 위해서는, 역사 속에서 바뀌지 않았고 미래에도 바뀌지 않을 어떤 비역사의 기독교를 믿어야만 한다. 그러한 것이 어디에 있는가? 이것이 자유주의든 보수주의든 현대 신학자들이 기독교의 본질을 발견하고자 했던 이유다. 그것은 변하지 않는 참된 기독교―껍데기 속의 알맹이―이겠지만, 트뢸치는 이를 부정했다. 그가 보기에 알맹이와 껍데기는 분리될 수 없다.[94] 트뢸치는 기독교(또는 어떤 종교)의 변하지 않는 본질을 찾으려는 것은 환상이며 미망이고 역사의 현실을 회피하려는 시도라고 생각했다. 우리는 모두 역사 안에 갇혀 있으며 그 영향을 받는다. 모든 믿음은 역사와 관련되며 그것들이 놓인 역사의 맥락 측면에서 설명될 수 있다(역사주의). 다시 말해, 우리가 타임머신을 타고 기독교 역사의 먼 과거로 간다면, 우리는 기독교가 그 문화적 맥락에 길들여져 있으며 많은 점에서 우리의 기독교에 이질적이라는 사실을 발견하게 될 것이다.

트뢸치의 견해는 자유주의적이었으며, 그는 고전적 자유주의 신학을 철저히 연구하는 사람의 연구 대상이다. 자유주의 신학의 정의가 "현대성의 주장들에 대한 최대한의 적응"이었음을 기억하라. 한 트뢸치 학자는 말한다.

[트뢸치]는…완전히 각성된 역사의식을 가진 현대인들이라면 현대의 역사

---

[94] 같은 책, p. 72.

적 사고와 양립할 수 없는 종교적 관점을 진지하게 받아들일 수 없다고 확신했다. 결과적으로…그의 관심의 많은 부분은 기독교 신앙을 그런 사고에 적응시키는 것이다.[95]

하지만 그는 기독교의 본질을 발견하고 그것을 축적된 신화적 첨가물들과 분리해 다른 모든 종교보다도 더 상위의 절대적 종교로 간직하려 하는 전형적 자유주의의 시도를 넘어섰다. 또한 그는 기독교가 절대적이라는 것을 변증학을 통해 증명하려는 보수주의의 시도도 반대했다. 그는 키르케고르의 내적 신앙의 도약에 대해서는 거의 말이 없었는데, 그것이 역사의 상대성들로부터 벗어나게 하고 틀림없이 기독교를 밀교적으로—즉 공적이지 않은 것으로—만든다고 생각했을 것이기 때문이다. 트뢸치는 종교다원주의라 불리게 된 사상—즉 예수 그리스도는 한 명의 구세주이지 유일한 구세주는 아니라는, 20세기 말에 기독교 신학자들에 의해 널리 퍼진 사상—의 선구자였다. 종교 다원주의자들이 보기에, 설령 예수가 우리의 구원자이더라도 세상에는 많은 구원자가 존재한다. 트뢸치 때문에 20세기 자유주의 및 신자유주의 신학자들은 거의 모두 기독교가 절대적 종교라는 사상을 포기했고 기독교의 상대성을 수용했다.

트뢸치가 영향력 있지만 논란을 일으키는 자유주의 신학자가 되다

트뢸치는 독일 아우크스부르크 근교의 작은 도시에서 1865년 2월 17일에 태어났다. 그의 집안은 루터교도였고, 아버지는 의사였다. 에른스트는 다섯 명의 형제자매가 있었다. 그는 상대적으로 평온한 아동기를 보냈고, 아주 어려서부터 학문적 재능을 보였다. 그는 에를랑겐 대학교에 들어가서는 철

---

[95] Thomas W. Ogletree, *Christian Faith and History: A Critical Comparison of Ernst Troeltsch and Karl Barth* (Nashville: Abingdon, 1965), p. 12.

학과 신학을 공부했다. 에를랑겐의 신학 유형은 교조적(dogmatic)이었던 반면, 탐구심 많은 트뢸치는 전통적 기독교가 그가 받아들이기 시작한 현대 세계의 과학 및 철학과 어떻게 잘 맞을 수 있을지에 관해 의문을 품기 시작했다. 에를랑겐에서 베를린으로 떠나는 1885년 즈음에 이르면 그는 기독교에 대한 에를랑겐의 접근 방식이 "아주 다른 세계, 기독교 신앙에 반대되는 현대적 삶과 관점들이라는 현실과 신학적으로 뚜렷이 구별되는 세계"라고 생각하게 되었다.[96]

베를린 대학교에서 트뢸치는 현대 철학에 심취했으며 자유주의 개신교 신학에 대해서도 정통하게 되었다. 1886년에 그는 리츨 밑에서 공부하기 위해 괴팅겐 대학교로 옮겼는데, 리츨은 독일과 아마도 세계의 모든 자유주의 신학자들 중에서 단연코 가장 저명하고 영향력 있었다. 한동안 트뢸치는 열렬한 리츨 추종자였다. 하지만 그는 곧 리츨의 신학에서 몇몇 사안들—특히 신학에서의 철학 거부와 기독교가 절대적 종교라는 생각—에 관해 의문을 품기 시작했다. 괴팅겐에서 학업을 마칠 무렵에 트뢸치는 기독교 신학에 대한 철학자 로체의 중요성에 관해 쓴 논문으로 상을 받았다.

괴팅겐에서의 학업 후에 트뢸치는 신학교 공부를 마치고 국가교회의 정식 목회자가 되기 위해 어쩔 수 없이 에를랑겐으로 돌아와야 했다. 구두 시험 중에 그의 교수들을 비롯한 심사위원들은 그에게 목사가 되기보다는 학문적 방향으로 나갈 것을 권했다. 그럼에도 그는 뮌헨(대다수가 가톨릭 교도인 도시)의 한 루터파 교회에서 부목사직을 맡았지만 일이 잘 풀리지 않았고, 더 학문적 연구를 갈망했다. 그는 괴팅겐으로 돌아와 박사학위를 받았다. 점차 그는 "당대의 지성적 풍조와 격리된 자기 충족적 교의학이라는

---

[96] Hans-Georg Drescher, *Ernst Troeltsch: His Life and Work*, trans. John Bowden (Minneapolis: Fortress, 1993), p. 15. 이 트뢸치의 전기와 관련된 내용은 대부분 드레셔의 책을 참고했다.

관념에서" 멀어지기 시작했다.[97] 그는 전통적 기독교에 대해 더 비판적으로 사고하기 시작했고, 자유주의 신학조차 현대성에 비추어 전통적 기독교를 갱신하고 재구성하는 일을 충분히 해내지 못했다고 확신했다. 그의 (박사논문 방어와 유사한) 대중 토론의 주제 가운데 하나는 "신학이란 교회가 받아들이기도 힘들고 없이 지내기도 힘들다"였다.[98] 트뢸치의 전기 작가에 따르면, "트뢸치는 평생 교회가 신학 없이 유지되기 힘들다고 생각했고, 교회 자체가 그의 논제의 나머지 부분을 어느 정도 입증했는데, 그의 신학이 당대의 교회가 수용하기 힘든 것이었기 때문이다."[99]

트뢸치는 괴팅겐에서 신학자로서의 교수직을 시작했는데, 그곳에서 동료들과 함께 신학에서 종교사학파(history of religions school)라 불리게 되는 운동을 전개하기 시작했다. 이것은 뜻을 같이하는 젊은 신학자들의 모임으로, 그들은 신학을 참으로 과학적으로 만들기 위해서 순전히 역사적 관점에서 기독교를 연구한 사람들이었다. 괴팅겐 다음에 트뢸치는 본 대학교와 하이델베르크 대학교에서 가르쳤다. 하이델베르크에서 그는 아내를 만나 36세에 결혼했다. 마침내, 1908년에, 그는 베를린 대학교의 철학부에 있는 영예로운 자리를 얻었다. 당시에 신학에서 철학으로 옮기는 것은 거의 충격적인 일이었다. 그의 친구들 다수는 이것을 "신학에서의 도피"라 보고 반대했다. (계몽주의 때문에 독일 대학교들에서 신학의 위상을 놓고 갈등이 있었음을 기억할 필요가 있다. 그래서 신학부에서 철학부로 옮기는 사람은 상대편을 드는 것으로 해석될 수 있었다.) "하지만 트뢸치에게 철학부로의 이동은 신학에서 물러나는 것도, 도피하는 것도 아니었다. 그는 자신이 이해한 대로의 신학에, 즉 종교철학에 기초를 두고 뚜렷한 역사적 지향을 가진 신학에 계속해서 충실했다.[100]

---

97 같은 책, p. 37.
98 같은 책, p. 40.
99 같은 책.

삶의 마지막이 가까웠을 때 트뢸치는 독일 정치에 휘말렸다. 제1차 세계 대전이 끝날 무렵에 독일은 정치적 혼란 가운데 있었다. 황제는 자리에서 물러나 독일을 떠났고, 트뢸치 같은 독일의 지성인들은 분열된 나라를 수습해 새로운 사회적·정치적 체제를 세워야 했다. 전쟁의 마지막 해와 이후 몇 년간, 트뢸치는 유력 문화지에 자신의 의견을 담은 글을 기고했다. 이를 통해 그의 이름은 독일 왕정을 대체한 바이마르 공화국 창립자들의 이목을 끌게 되었다. 그는 1919년에 프로이센 의회의 의원이 되었고 이후에 프로이센의 문화부 차관을 역임했다. (프로이센은 통일된 독일의 가장 중요한 주였다.) 그는 짧은 정치 활동 기간 동안에도 계속해서 대학교에서 강의했다.

1923년 1월에 트뢸치는 잉글랜드의 몇몇 주요 대학교들에서 강연하기 위해 여행을 떠날 준비를 하던 중에 병들었다. 그는 회복했지만 재발했고, 2월 1일에 돌연히 세상을 떠났다. 하르낙은 추도 연설에서 찬사하는 언급을 하던 중에 말했다. "그[트뢸치]는 편안한 사람이 아니었고, 사람들로 하여금 자신과 더 친하게 되는 것을 매우 어렵게 했습니다."[101] 프로이센의 교수 밑에서 공부한 적이 있는 사람은 아마도 이 말을 이해할 것이다. 가장 최근의 트뢸치 전기 저자는 다음과 같이 언급한다.

눈에 띄는 것은…그의 관심과 활동과 저술의 폭이 엄청나게 넓다는 것이다. 트뢸치 이후의 위대한 신학자들 중에서 누구도 이와 같은 것을 보여 줄 수 없었으며, 그에 앞선 사람들 중에서도 마찬가지로 극히 일부만 그럴 수 있었다. 변증법 신학의 주도적 인물들[예를 들어, 바르트]에게 트뢸치는 (하르낙과 마찬가지로)…현대 문화에 대한 부적절한 동화로…형성되었다가 끝나게 된 신학 시대의 마지막 위대한 대표자였다.[102]

100 같은 책, p. 127.
101 같은 책, p. 316.
102 같은 책, p. 317.

평생 동안 트뢸치는 수많은 책과 수백 편의 글을 발표했다. 그는, 심지어 신학계 밖에서도, 그의 방대한 저서 『기독교 사회윤리』(*The Social Teachings of the Christian Churches*)를 통해 가장 잘 알려져 있다. 그의 가장 중요한 신학 저서들 중에는 『기독교의 절대성』(*The Absoluteness of Christianity and the History of Religions*), 『역사주의와 그 문제들』(*Der Historismus und seine Probleme*), 그리고 (유작으로 1925년에) 출판된 『기독교 신앙』(*The Christian Faith*)이 있다. 트뢸치는 신학 학파를 남기지 않았지만 소위 종교사학파(Religionsgeschichtliche Schule)와 밀접하게 관련이 있었는데, 종교사학파는 엄밀한 의미에서 학파라기보다는 종교와 기독교를 연구하면서 그 역사적 상대성을 강조하는 데 관심을 기울이고 접근하는 방식이었다. 트뢸치가 죽음을 맞이할 당시에 이미 신학계는 바르트와 변증법 신학의 떠오르는 빛에 트뢸치를 비롯한 자유주의 신학자들은 빛을 잃고 있었다. 하지만 트뢸치의 영향은 특히 신자유주의자들 사이에서, 그리고 반 하비(Van Harvey, 1926-)와 고든 카우프만(Gordon Kaufman, 1925-2011)처럼 역사주의자라 자칭하는 신학자들 사이에서 지속되었다.

트뢸치의 전기 작가 한스-게오르크 드레셔는 트뢸치에게 어울리는 묘비명을 제안한다.

트뢸치는 그 시대의 기본적 질문들을 다루고 건설적으로 씨름하는 형태의 신학에 일생을 바쳤다. 가장 중요한 요소들만 언급하자면, 여기에는 비기독교 종교들의 발견, 역사주의가 기독교 전통에 제기한 질문들, 역사적 방법에 대한 원칙적 인정이 포함된다.[103]

---

103 같은 책, p. xviii.

트뢸치가 현대성을 절대적으로 심각하게 받아들이려 하다

우리는 트뢸치의 맥락과 관심들을 먼저 이해하지 않고서는 그가 기독교와 관련해 한 일을 이해할 수 없다. 어떤 신학자나 다른 분야의 학자도 책이나 논문을 쓰겠다는 결심을 그냥 하지 않는다. 그들은 언제나 어떤 관심을 갖고, 언제나 지적 배경과 문화적 맥락 안에 있는 무엇인가에 반응한다. 어떤 학술서를 골라 주의 깊게 읽어 보면, 저자의 관점이 어떤 관심에 의해 결정되었음을 알 수 있다. 예를 들어, 초기 기독교에서 아우구스티누스는 교회들 안에 있는 이단들과 로마의 멸망에 반응했다. 중세에 토마스 아퀴나스는 유럽 대학교들에서 고대 그리스 철학자 아리스토텔레스에 관한 관심이 증가하는 것에 반응했다. 종교개혁 시대에 루터는 가톨릭교회 안에 있는 부패와 급진 개혁자들에게 반응했다. 우리가 본 대로, 슐라이어마허는 (특히나) 칸트에게 반응했다. 리츨은 현대 과학이 기독교에 가하는 위협에 반응했다. 규칙에 예외는 없다. 모든 신학은 언제나 어떤 맥락에서, 어떤 관심으로부터 수행된다.

이것이 트뢸치가 주목하고 진지하게 받아들인 것에 접근하는 한 방식이다. 모든 역사 서술(역사 연구와 역사에 관한 저술)은 역사가의 맥락과 관심에 의해 편향되는데, 이것이 반드시 부정적이지만은 않다. 역사에 아무런 관점이 없는 견해란 없다. 역사가는 결코 역사를, 옛말처럼, "지긋지긋한 일의 연속"으로 받아들이지 않는다. 신학자와 마찬가지로, 역사가는 언제나 자신의 맥락과 관심이 유발한 어떤 관점으로부터 역사를 본다. 이 점은 역사 철학자이자 신학자인 트뢸치에게 언제나 사실이었다.

트뢸치는 가능한 한 지적으로 정직해야 한다는 데 확고했다. 그에게 이것은 학문에 일방적 변론이 없음을 의미했다. 대학교들에서 신학의 위상을 두고 벌어졌던 갈등을 기억하라. 그 갈등은 트뢸치의 시대 동안에 계속되었다. (신학을 일반적으로 신학교에서 가르치고 연구하는 미국은 상황이 다르다. 하지만 미국에서조차 많은 신학교가 대학교에 소속되어 있으며, 일부 학자들은 신학이 과학인지 또는 예술인지, 또 그에 따라 대학교에 있어야 하는지 의문을 갖는다.) 현대성의 한 표식으로서 현대성과 관련된 다른 모든 것의 기초가 되는 것이 있다면, 바로 학문에서 요구하는 바 지적 정직과 일방적 변론을 거부하는 것이다. (여기서 "일방적 변론"이란 비판을 초월하는 지식에 호소하는 것을 의미한다. 그리고 "현대성의 한 표식"은 모든 현대 사상가들이 그에 따라 행동했음을 의미하지는 않는다.)

트뢸치는 국립 대학교라는 맥락 안에서 일하면서 역사와 신학에 관한 글을 썼다. 이는 유럽에 살아 보지 않은 대다수 미국인들이라면 낯설게 느끼는 점이다. 예를 들어, 독일에서는 기독교 신학을 국가의 고용인들(교수들)이 국립 대학교들에서 가르친다. 트뢸치는, 예를 들어, 에를랑겐에서는 신학을 그러한 맥락에 합당하지 않은 방식으로 가르친다고 생각했다. 신학을 교조적으로 가르쳤던 것이다. 이는 에를랑겐에만 국한되지 않는다. 트뢸치는 특히 자유주의 신학자들을 비롯한 다른 신학자들과 마찬가지로 신학에 대한 그러한 접근 방식을 가장 넓은 의미에서 비과학적인—일방적 변론을 통해 신학의 학문성을 다른 모든 학문이 일반적으로 거치는 비판으로부터 단절시키는—것으로 거부했다. 그는 신학에 대한 학문적 비판자들의 견해에, 즉 신학을 국립 대학교에서 가르치려면 진리 주장들을 무비판적으로 내놓아서는 안 된다는 데 동의했다. 신학은 비판적 학과목이어야지, 교조적 학과목이어서는 안 된다.[104] 이러한 맥락과 관심을 심각하게 고려하지 않고 트뢸치를 이해하는 것은 불가능하다. 그가 보기에, "우

---

104 이 상황이 20세기 말과 21세기 초에도 계속되고 있다는 사실은 필자가 독일의 한 국립 대학교에서 신학을 공부하며 목격했다. 대체로 신학자가 아닌 학자들도 신학을 국립 대학교에서 가르치는 것을 받아들이지만, **학문적이지**(wissenschaftlich) 않은 한 경시된다. 내가 수업을 받던 강의실들이 있는 건물에는 "인문과학"이라는 명칭이 붙어 있었다. 하지만 신학부 구역은 신학교 느낌이 났다. 나는 볼프하르트 판넨베르크(1928-2014; 참고. 8.b.) 밑에서 공부했는데, 그는 트뢸치가 하던 일—신학도 학문적일 수 있음을 증명하기 위해 신학에서 일방적 변론을 모두 배제하려는 일—을 계속하고 있었다. 이에 대한 그의 주요 시도가 *Theology and the Philosophy of Science* (Philadelphia: Westminster Press, 1976)다.

리는 통제권을 역사적 사고의 방법과 결론에 맡기든지, 교조적 사고의 방법과 결론에 맡기든지 한다."[105] 오직 전자의 접근법만 현대성과 양립할 수 있다.

트뢸치는 자유주의 신학조차 현대성을 아직도 충분히 심각하게 받아들이지 않았다고 확신했다. 그에게, "현대 세계에 살고 현대인처럼 생각한다는 것은 삶의 모습과 의미에 관한 모든 사고의 '근본적 역사화'를 아는 것이다."[106] 그는 이 현실을 충분히 파악한 철학자, 역사학자, 신학자들이 아직 거의 없다고 생각했다. 그가 말하는 "역사주의"란 무엇을 의미하는가? 이것은 역사 철학자이자 신학자로서 트뢸치가 평생에 걸쳐 행한 과업의 핵심 사상이다. 그는 역사주의와 씨름했다. 그는 역사주의를 신봉했다. 비록 그가 극단적 형태의 역사주의와 맞서 싸웠지만, 역사주의는 그의 과업을 관통하는 줄거리다. 하지만 "절대적"이라는 말의 의미를 이해하지 않고서는 역사주의를 이해할 수 없다. 이 말은 무조건적인, 변하지 않고 완결된, 환경의 영향을 받거나 그에 의존하지 않는, 불변의, 부분적이지 않은 것을 의미한다. 역사주의는 역사에서, 또는 심지어 전체로서의 역사에서 절대적인 것을 거부한다. 역사주의가 주장하고 트뢸치도 동의하는 바는, 역사가 개별적인 것, 조건적인 것, 부분적인 것들로 이루어진다는 점이다. 부분으로서든 전체로서든 역사는 독립적이지 않다. 역사는 서로 영향을 미치는 사회적 힘들과 사건들의 관계망이다. 트뢸치가 보기에 모든 현대의 역사 연구와 역사 이해에 근본이 되는 기초 원리들 가운데 하나는 "역사적인 것과 상대적인 것은 동일하다"는 것이다.[107] 그가 보기에, "기독교[또는 다른 종교나 세계관]를 현대 역사 연구로부터 보호하기 위한 방어벽을 의도적으

---

105 Ogletree, *Christian Faith and History*, p. 13.
106 Benjamin A. Reist, *Toward a Theology of Involvement: The Thought of Ernst Troeltsch* (Philadelphia: Westminster Press, 1966), p. 61.
107 Troeltsch, *Absoluteness of Christianity*, p. 85.

로 또는 본능적으로 쌓은 사람만 이 명제를 거부하고 피해갈 수 있다."[108]

이것이 중요한 이유는, 현대성의 핵심적 부분은 지식이 이성에, 그리고 증거를 통한 추론이 합리적 의문의 여지 없이 증명할 수 있는 것에 기초한다는 믿음이기 때문이다. 역사 철학인 이성은 역사의 모든 것이 서로 연관되어 있음을 보여 준다. 모든 사건은 그 사건 이전과 주변에 있는 힘들과 사건들에 의해, 완전히는 아니더라도 적어도 부분적으로는 설명될 수 있다. 하지만 이러한 점이 그 사건을 절대적으로 만들지 않으며, 오히려 상대적으로 만든다. 역사에서 절대적인 것은 역사의 외부에서 우연히 들어왔어야 하며, 그러므로 역사의 일부가 아닐 것이다. 물론, 일부 보수적 신학자들은 두 가지 역사—일반적 세계사와 구속사(Heilsgeschichte)—가 있다고 주장했다. 하나님의 계시를 포함하는 하나님의 행위들이 구속사를 구성한다. 일반적 역사 자료로 일반적 역사 사건들을 연구하는 일반적 역사가는 구속사에 접근할 수 없으며, 기독교 신학자만 그럴 수 있다. 트뢸치는 이런 이원론을 비과학적인 것으로 거부했다. 역사는 역사다. 만약 의미가 발견되어야 하고 그 발견이 과학적인 것으로 여겨지려면, 그 의미는 역사 연구를 통해 역사 안에서 발견되어야만 한다. 트뢸치에게, "역사 연구는 구속사를 다룰 수 없는데, 구원사의 사건들은 오직 하나님의 행동들로 알려지고 이해될 수 있기 때문이다. 즉 신앙 안에서만 알려질 수 있는 것이다."[109] 하지만 신앙은 과학적이지 않다. 신앙의 진리 주장은 일방적 변론을 포함한다. 트뢸치에 따르면, 만약 신학이 밀교적이지 않고 과학적이려면, 역사의 상대성을 진지하게 받아들이고 처음부터 모든 초자연적인 것에 호소하는 것을 배제해야 한다. 실제로, "애초부터 트뢸치는 기독교가 다른 종교들처럼 다루어져야 한다고 주장했다."[110]

---

[108] 같은 책.
[109] Ogletree, *Christian Faith and History*, p. 33.
[110] Welch, *Protestant Thought in the Nineteenth Century*, vol. 2, p. 280.

다시 역사주의에 대한 논의로 돌아오자. 역사주의란 정확히 무엇인가? 역사주의에 대한 한 정의에 따르면, "우리는 사회적·문화적 현상들을, 혹은 이 현상들을 다루기 위해 필요한 모든 인간의 사고와 행동을, 그것들이 과거로부터 발전한 과정에 비추어 해석하고 평가[해야만] 한다."[111] 그러므로 역사 안에 있는 사건들은 "언제나 그것들의 맥락에 의해 좌우되며",[112] 이는 기독교의 발전에 있는 모든 지점을 포함한다. 이것은 자연과학에 상응하게, 진정으로 현대적이고 과학적이기 위해 모든 결과에 자연적 원인이 있다는 것을 가정한다. 초자연적 원인들은 자연과학에서 아무런 역할을 하지 않는다. 20세기로 넘어가는 트뢸치의 시대에 이르러, 교육받은 유럽인들과 미국인들은 사실상 거의 모두가 자연과학에 관한 이 언명을 받아들이게 된다. 그의 우려는 역사와 분리할 수 없는 관계에 있는 신학이 역사 연구에 있는 이 상응하는 규칙을 아직 완전히 받아들이지 않았다는 점이다. 역사주의가 바로 이 규칙이다. 트뢸치가 보기에, 이 규칙을 무시하거나 벗어나려 하는 것은 시간을 전근대적 기독교로 되돌리는 것이며, 곧 교조주의와 궁극적으로는 종교전쟁으로 되돌리는 것을 뜻한다. 하지만 역사주의를 포함하는 현대성이 역사 의식을 수용한 것은 지대한 결과를 초래한다.

이 역사적 방법의 사용은 신학에서 교조적 방법의 파괴라는 결과를 낳는다. 어떤 개별적 역사의 사건도 배타적으로 신적 인과성 때문에 나머지 역사보다 더 현저하게 중요할 수는 없다. 모두 상대적인 것이 된다. 하지만 역사적 방법은 보편성을 추구한다. 즉 이 방법은 어떤 사건이 전체적 발전과의 관계로부터 고립되는 것을 허락하지 않는다.[113]

---

111 Ogletree, *Christian Faith and History*, p. 21.
112 Troeltsch, *Absoluteness of Christianity*, p. 66.
113 Welch, *Protestant Thought in the Nineteenth Century*, vol. 2, p. 282.

트뢸치 본인의 말에 따르면, "현대의 역사 개념은 계시나 자연 이성의 진리 같은 비교적 단순한 몇몇 개념들을 통해 순진한 주장들의 타당성을 확보하려는 [기독교의] 교조적 개념화에 마침표를 찍고",[114] "모든 교조(dogmas)를 소멸시킨다."[115]

그렇다면 이것은 교육받고 계몽된 그리스도인이 상대주의를 받아들여야 함을 뜻하는가? 역사에는 의미가 없다는 것인가? 예수는 어떤가? 예수가 그의 과거와 현재, 그의 문화적 맥락 안에 있던 역사적 힘들의 산물에 불과하다는 말인가? 트뢸치의 주장대로 역사주의가 철저히 진지하게 수용된다면 이런 질문들이 제기될 수밖에 없다. 역사주의의 진리를 실현한다면 기독교는 더 이상 전과 같을 수 없다. 역사주의적 기독교는 재구성된 기독교일 것이지만, 현대성이 모든 교육받은 사회의 표준이 됨에 따라 그에 대한 유일한 대안은 기독교의 사멸이다. 또는 아마도 기독교는 밀교로 전락하여 사회의 그 어떤 공적 역할에서 분리된 신비 종교가 될 것이다. 이것은 트뢸치나 그의 학자 동료들에게, 또는 유럽의 국가 교회들에게 거의 상상조차 할 수 없는 일이었다. 21세기 초의 많은 미국인은 이것이 상상도 못할 일이라고는 생각하지 않을 수도 있을 것이다. 하지만 트뢸치는 기독교가 민간 신앙 같은 것으로 전락하지 않도록 막겠다고 각오했다. 또한 그는 역사화된 (현대) 기독교를 상대주의로부터 지키겠다고 굳게 다짐했다. 분명히 그는 상대성(relativity)이 상대주의(relativism)를 요구한다는 점을 받아들이지 않았다.[116]

트뢸치가 기독교를 (절대적으로는 아니지만) 상대화하다

역사주의는 기독교의 절대성에 대한 부정을 의미한다. 그리스도인들에게

---

114 Troeltsch, *Absoluteness of Christianity*, p. 46.
115 같은 책, p. 47.
116 같은 책, p. 89.

조차, 그들이 현대적이기를 원하는 한, 기독교는 절대적 타당성을 주장할 수 없다. 그 이유는 "트뢸치에게 초자연적 확실성은 더 이상 있을 수 없기 때문이다.…외부의 기적도 내면의 기적도 더 이상 상소 법원의 역할을 할 수 없다. 신앙은 확실성을 주지만, 그 확실성은 다른 방식으로 이해되고 정립되어야만 한다."[117] 이 말이 무엇을 의미하는가? 때때로 트뢸치는 끔찍할 정도로 모호하다. 분명히 그는 기독교를 파괴하거나 기독교의 진리를 부정하고 싶지 않았다. 하지만 그는 지적 정직은 기독교의 역사적 상대성을 인정하고 받아들이고 타협할 것을 요구한다고 믿었다. 그는 일반적 의미의 상대주의자는 결코 아니었다. 그는 역사 안에 있는 가치들을 추구했고 그것들을 신뢰했다. 또한 그는 신앙의 타당성을 역사적 연구 이외의 결정으로 단언했다. 그에게,

> 신앙은 모든 경우에 책임감 있는 결정의 행위인데, 그 이유는 신앙이 신적 원천과 신적 목표를 붙잡았다는 확신을 추구하며, 기독교의 발생 시점에 있던 그 역사의 인물[예수]과 관련되어 있고, 윤리적 결정들로 표현되기 때문이다.[118]

하지만 신앙이 아무리 타당하더라도, 트뢸치에게는, 역사주의 때문에, 신앙을 선택하는 결정은 책임감 있는 것이 되고자 한다면 결코 절대적인 것일 수 없다.

이런 결정들 안에서 하나님에 대한 신앙, 예수 그리스도에 대한 신앙, 도덕적 주장의 수용은 하나가 될 수 있지만, 언제나 내적 갈등과 불확실성과 일

---

117 Welch, *Protestant Thought in the Nineteenth Century*, vol. 2, p. 283.
118 같은 책, vol. 2, p. 301.

시성이 따르는 모험이다. 그러한 모든 결정은 상대적 결정, 즉 우리의 특정한 현재에서 볼 때 우리에게 타당한 주장일 것이며, 언제나 창의적 행동을 통해 새롭게 되어야만 한다.[119]

다시 말해, 사려 깊은 기독교 신자가 신앙을 선택할 수 있지만, 기독교가 발생하고 언제나 둘러싸여 있던 역사를 포함하는 모든 실재의 상대성에 비추어 그러한 신앙의 모험들은 유동성과 탄력성, 그리고 수정에 대한 개방적 자세를 유지해야 하며, 교조적이거나 다른 곳에서 발견되는 진리를 배격하는 태도를 취하지 말아야 한다. 핵심어는 "모호성"이다. 역사주의와 역사적 종교인 기독교의 상대성을 인정하는 것은 겸손을 필요로 하는데, 언제나 모호하기 때문이다. 한편으로 신자는 예수 그리스도를 신앙하는 모험을 감행하지만, 다른 한편으로 신자는 역사 연구가 결코 이 신앙의 타당성을 증명할 수 없다는 것과, 실제로 신앙의 대상(예수) 자체가 역사적으로 상대적이며 절대적이지 않다는 것을 인정해야 한다. 심지어 신앙의 모험은, 현대인에게 "역사의 특정한 시점에서 절대적 방식으로 절대적인 것을 소유하기를 바라는 것은 망상이다"라는 사실을 회피할 수 없다.[120]

트뢸치가 기독교의 타당성을 단언하는 부분에서 핵심 문구는 "우리에게"(for us)다. 트뢸치는 기독교 신자들이 기독교와 예수 그리스도의 진리를 가치의 중심으로 주장하는 것을 기꺼이 허용했지만, 단지 우리에게, 즉 서양인들에게 그렇다고 보았다. 이 주장은 그 모든 모호함과 수정에 대한 개방성에도 불구하고, 그 모든 상대성에도 불구하고 제기될 수 있지만, 모든 곳에 있는 모든 사람이 아니라, 오직 우리에게만 그럴 수 있다. 지적 정직, 즉 역사주의가 그리스도인들에게 요구하는 것은, 그리스도인들의 진리와

---

119 같은 책.
120 Troeltsch, *Absoluteness of Christianity*, p. 122.

가치가 그들의 역사―서양 문화의 발전―와 뗄 수 없을 정도로 엮여 있음을 깨닫고 인정하는 것이다. 한때 학자로서 트뢸치는 역사 연구가 "기독교의 우월성"을 보여 줄 수 있다고 믿었다.[121] 하지만 훗날 역사주의의 논리적 귀결을 깨닫자 그런 생각을 포기했다. 역사에는 "우월한 것"(the supreme) 같은 것이 있을 수 없다. 우월한 것은 능가할 수 없고 유일무이할 것이다. 역사의식은 그러한 모든 논의를 쓸모없는 것으로 만든다. 그래서 트뢸치는 그의 사상이 성숙한 후에는 모든 위대한 세계 종교가 자신들만의 타당성을 가진다고 주장했다. 그러므로 그리스도인들은 그들에게 복음 전도를 하려 해서는 안 된다는 것이다.[122] 그리스도인들이 믿을 수 있고 또 믿어야 하는 것은 기독교가 "**우리에게 적실성 있는 최고의 종교적 진리**"라는 것이다.[123] 하지만 "우리는 기독교가 절대적이고 완벽하고 불변하는 진리라고 여길 수 없으며 또 여겨서도 안 된다."[124]

마치 이것만으로는 충분히 급진적이지 않다는 듯이, 또한 트뢸치는 기독교가 사멸하는 미래를 상상했다. 다른 모든 역사적이고 어떤 문명과 결부된 것들이 그런 것처럼 말이다. 기독교의 소멸은 서구 문명의 해체와 함께 일어날 것이다.[125] 그렇다면 기독교의 가치는 무엇인가? 왜 기독교를 받아들여야 하는가?

트뢸치가 상대적인 것을 초월한 절대적인 것을 상상하다

왜 사람이 그리스도인이 되어야만 하는가에 대한 트뢸치의 대답은 포스트모던 세계에 사는 많은 사람에게는 파악하거나 이해하기 힘들다. 그는 자신이 속한 시대의 산물이었으며, 그가 충분히 진지하게 받아들이지 않았

---

[121] Ogletree, *Christian Faith and History*, p. 58.
[122] 같은 책, p. 59.
[123] Troeltsch, *Absoluteness of Christianity*, p. 107, 강조 추가.
[124] 같은 책, p. 115.
[125] Ogletree, *Christian Faith and History*, p. 37.

던 한 가지는 자기 자신의 역사의식과 역사적-신학적 진술의 상대성이었다. 왜 기독교이어야 하는지에 대한 트뢸치의 대답은 기독교가 새로운 "문화적 종합"을 위한 유일한 희망을 제시한다는 그의 믿음과 관련된다. 유럽과 그 유럽을 중심으로 한 서구 문명은 (그가 생각하기에) "다가올 여러 해 동안에 삶과 사회의 재건"을 위해 그러한 새로운 문화적 종합을 필요로 하며, 그에게 이것은 "윤리적 과업"이다.[126] 기독교가 서구 문명과 분리할 수 없게 연결되어 있기 때문에, 미래에 있을 가치에서의 진보, 즉 서구 문화의 재구성은 기독교가 강력한 가치 제공의 원천인 서구 문화 자체의 유산으로부터 최고의 가치를 이끌어내는 데 달려 있을 것이다. 그러므로, 어떤 의미에서, 기독교는 서구 문명에 대해 상대적 절대성을 갖는다. 기독교가 없다면, 유럽에 기초한 서구의 문화는 그 가치를 위해 의존할 곳을 잃게 된다. 트뢸치는 서구 문화의 통일성과 진보를 위해 서구 문화와 사회에서 기독교의 두드러진 역할을 보존하고 강화하기를 간절히 원했다. 하지만 그에게는 기독교에서 가장 중요한 것은 교의들이 아니라 "제의"(cult)와 "공동체"(community)다.[127] 다시 말해, 기독교는 일차적으로 하나님의 백성이 공동체에서 행하는 예배와 삶이자 "그런 공동체에서 이루어지는, 신성과의 살아 있는 만남"에 관한 것이다.[128]

일부 비판자들이 보기에는 이상하게도 트뢸치는 절대적인 것을 믿었으며, 그는 기독교가 우리에게 절대적인 것을 향해 나아가는 최상의 경로라 생각했다. 비록 궁극적으로 혹은 완전히 도달할 수는 없을지라도 말이다. 첫째, 트뢸치는—자신이 만든 어구인—"종교적 선험"(the religious a priori)이라는 것을 믿었음을 이해하는 것이 중요하다. 그것은 종교가 신적인 것에 대한 탐구로서 인간들에게 필수적이라는 것을 의미한다. 모든 인간의 마

---

[126] 같은 책, p. 50.
[127] 같은 책, p. 67.
[128] 같은 책.

음에 하나님이 만들어 놓은 빈자리가 있다는 것이 아니라, "종교적 삶은 그 내적 필연성에서 기인하는 자율적 자기 충족성을 갖는다는 것이다. 종교적 선험이라는 관념을 통해 트뢸치는 종교의 필연성이 가진 합리적 성격을 보이려 했다."[129] 종교적 선험은 "인간 경험 안에 있는 절대적인 것에 대한 감정"[130]이다. 이것은 마치 슐라이어마허의 말처럼 들리며 슐라이어마허의 하나님 의식과 아주 유사하지만, 트뢸치에게 이것은 구체적 내용이 없다. 그는 이 본유적 인간의 종교성이 역사 연구를 통해 입증될 수 있다고 믿었다. 그것은 절대적인 것을 가리키는 지침이지만, 그 자체가 절대적이지는 않다. 종교적 선험은 역사에 의존하지 않는 유한한 의식의 한 요소이지만, 형태는 없다. 그것은 역사에서 삶의 개별적·구체적 형식들 안에서, 세계 종교들 안에서 형태를 취한다.[131]

종교적 선험이라는 개념의 도입은 종교가 반영하거나 열심히 추구하는 절대적인 것에 대한 의문을 제기한다. 트뢸치는 하나님을 믿었으며 "인간 역사의 종교적 차원은 신적 삶을 계시한다"고 생각했다.[132] 하지만 절대적인 것, 즉 하나님은 결코 역사로 들어오지 않는다. 하나님이 그렇게 할 수 없는 것은 그것이 하나님을 상대적으로 만들 것이기 때문이다. 절대적인 것, 즉 하나님은 특정한 종교 전통들을 포함하는 모든 역사적 출현들을 초월하여 존재한다. 하나님이 역사로 들어오지 않더라도, 그래서 역사의 한 부분이 되지 않더라도(분명히 트뢸치는 성육신을 믿지 않았다), 하나님은 가치를 가진 모든 것의 원천이자 기초로 역사**에 대해** 존재한다.[133] "초월적인 것이 그 자체로는 역사적 출현이나 계시일 수 없는 반면, 역사적인 것과 계속 관련을

---

129 Welch, *Protestant Thought in the Nineteenth Century*, vol. 2, pp. 273-274.
130 Ogletree, *Christian Faith and History*, p. 41.
131 같은 책, p. 72.
132 같은 책, p. 39.
133 같은 책.

맺으면서 역사에 통일성, 방향, 능력을 부여한다."[134] 그렇다면 트뢸치에게 하나님은 플라톤의 선의 형상(形相)—모든 형상들의 형상—같은 것으로, 다수성(多數性)의 세계가 혼돈과 도덕적 상대주의로 추락하는 것을 막는다. 하지만 어떤 종교도 이것을 소유하거나 종교적 선험을 완벽하게 표현한다고 주장할 수 없다. 그럼에도 불구하고, 모든 위대한 세계 종교는 신적인 것과 연계하여 그것으로부터 인간의 가치를 이끌어 내려는 시도다.

그[트뢸치]는 절대적인 것이 그 자체로는 언제나 역사를 초월해 존재하지만, 역사의 상대적 가치들과 업적들은 절대적인 것과 관계가 있다고 주장했다. 그것들은 절대적인 것을 열심히 추구하며, 다가가고, 심지어는 단지 상대적 방식으로라도 그 자체 안에 절대적인 것을 간직한다.[135]

이것을 이해하기 위해서는, 트뢸치에게 초월적 절대성은 모든 가치의 근원이자 기반이며 종교가 목표로 지향하는 것으로서, 인간들에 관한 한 언제나 잠재적일 뿐이라고 생각할 수밖에 없다. 그에게 "절대적 진리는 미래에 속한다."[136]

이제 왜 그리스도인이 되어야 하는지에 관한 질문으로 돌아가자. 기독교는 절대적이지 않으며 심지어 사멸할 수도 있지만, 서구 문화의 미래를 위한 가치들의 최고 원천이다. 기독교를 포기하는 것은 모든 가치를 상실하는 것일 수도 있다. 다른 어떤 것이 (이를테면, 세계대전들 후에) 서구 문명의 재건에 필요한 가치들의 근원으로 역할을 하겠는가? 모순되게 들릴지 모르지만, 트뢸치는 최고의 상태의 기독교가 적어도 우리(이를테면, 트뢸치와 당시 유럽 및 북미의 사람들)에게는 "다가올 여러 해 동안에 삶과 사회의 재건"에

---

[134] 같은 책, p. 43.
[135] 같은 책, p. 45.
[136] Troeltsch, *Absoluteness of Christianity*, p. 115.

필요한 "새롭고 창의적인 성취"를 위해 돌아가고 의지할 최고의 원천이라고 믿었다.[137] 그는 이 새로운 문화적 종합의 구성을 위해 재발견되고 사용될 필요가 있는 "역사적 가보"(家寶)에 관해 논의했다. 서구 역사와 기독교에 대한 경험적 연구는 그 가보를 발견하고 선용할 수 있는 최고의 희망이다.

트뢸치가 기독교에 관해 말한 다른 것들과 일관성이 없어 보이기에 이상하게 들릴지 모르지만, 그도 기독교가 절대적이지는 않더라도 "규범적(normative) 종교, 즉 [동시대의 그리스도인들에게뿐 아니라] 현재까지의 모든 역사에 규범적 종교"라고 믿었다.[138] 여기서 독자들이 고개를 갸우뚱거리는 것도 무리는 아니다. 트뢸치는 모순된 말을 하고 있는 것일까? 사실은 그렇지 않다. 트뢸치가 말하는 "규범적"은 "절대적"을 뜻하지 않는다. 그는 "위대한 종교들 가운데 기독교가 인격주의적 종교 이해의 가장 강력하고 가장 응축된 계시"라고 말하는 것이다.[139] 이런 방식으로 트뢸치는 기독교의 상대성에 관한 그의 모든 언급에서 상대주의를 피했다. 그가 보기에, 모든 다른 위대한 세계 종교와 비교할 때[명시적으로 그는 "원시 종교들"(primitive religions)을 고려 대상에서 배제한다], 기독교는 훨씬 "더 높은" 수준의 종교적 삶이라는 공통의 목적을 더 잘 표현한다는 점에서 우월하다. "종교들 사이의 차이는…단지 더 높은 수준의 삶이 계시되는 깊이, 능력, 명료성에만 존재한다."[140] 기독교와 다른 종교들의 차이는 정도에 있지, 종류에 있지 않다. 기독교는 모든 종교가 지니는 공통의 열망을 드러내는 것에서 더 대단한 깊이, 능력, 명료성을 보여 준다. 이런 의미에서 기독교는 규범적이지, 절대적이지는 않다.

그러므로, 트뢸치에게, 모든 것이 그저 상대적이지는 **않다**. 오직 역사만

---

[137] Ogletree, *Christian Faith and History*, p. 50.
[138] Troeltsch, *Absoluteness of Christianity*, p. 121.
[139] 같은 책, p. 112.
[140] 같은 책, p. 95.

상대적이다. 절대적인 것, 즉 모든 의미와 가치의 근원인 하나님은 역사의 한 부분이 아니다. 역사 안에 있는 어떤 개인이나 집단도 이 절대적인 것을 절대적으로 소유했다고 주장할 수 없다. 하지만 절대적인 것은 근원과 목적으로서 유익하다. 즉 "우리의 과거"의 "풍요롭고 심오한 가치들"을 탐구함으로써 우리는 절대적인 것을 간접적이고 상대적으로 접할 수 있다. 하지만 이 과정에서 우리는 우리가 도달한 그 절대적인 것에 다른 전통들과 공동체들은 다다를 수 없다고 주장할 수 없다. 이러한 앙상한 철학의 뼈대에 어떤 살을 붙일 수 있을까? 트뢸치의 작품에는 가치에 대한 그의 전제가 깊이 묻혀 있다. "그는 인간 문화를 최대한 통일할 수 있는 가치들을 추구한다."[141] 그에게 "인류의 통일"은 절대적 가치까지는 아니더라도 최고의 가치다. 이 가치의 기저에 있으며 역사 연구만으로는 거의 입증이 불가능한 기초 전제는, "삶의 모든 것은 삶의 신적 기초의 표현이자 이 기초가 총괄적 의미를 향해 나아가는 내적 운동이다"라는 것이다.[142] 이런 전제는 역사 연구의 발견보다는 오히려 신앙처럼 들린다. 하지만 트뢸치에게 그것은 단지 "확신"이지, 증명될 수 있는 어떤 것은 아니다.

트뢸치가 역사적 예수 안에서 희망과 의미를 발견하다

트뢸치의 말이 맞다면 기독교는 단지 상대적 선(善)이자 서구의 종교일 뿐이며, 결국 사멸하고 말 운명이다. 이에 대한 한 가지 대응은 기독교가 예수는 아니라고 말하는 것이었다. 즉 기독교는 일개 종교에 불과하지만, 예수는 그리스도인들이(그들이 어떻게 불리든지) 신앙하는 살아 있는 인물이다. 역사를 통틀어 대다수 그리스도인들에게는 역사에서 적어도 하나의 절대적인 것이 있는데, 바로 주(主)이자 구원자인 예수다. 하지만 동시에, 트뢸

---

[141] Ogletree, *Christian Faith and History*, p. 54.
[142] 같은 책, p. 52.

치 시대의 더 급진적 철학자들은 순수한 역사주의가 예수를 배제**해야만** 한다고 주장했다. 그가 실제로는 살지 않았다면 어쩔 것인가? 모든 역사적 지식은 기껏해야 상대적일 수 있지 않은가? 역사 안에는 신적인 것에 직접적으로 접근하는 길이 없고, 예수를 포함하는 모든 역사적 사건이 그 사건의 맥락에 의해 좌우된다면, 예수가 왜 중요한가? 아마도 예수에 관해 정말 중요한 것은 그러한 삶을 살았던 어떤 인물의 이미지일 수도 있다.

트뢸치는 전혀 그렇게 생각하지 않았을 것이다. 그는 "예수에 관한 우리의 지식은 역사비평에 의해 철저히 상대화되며, 그와의 연관성이라는 '내적 필연성'은 '매우 상대적 문제'다"라고 인정했다.[143] 하지만 그는 예수가 실제 역사적 인물이라는 점을 포기할 수 없었다. 그는 "학계가 예수의 역사성에 관해 부정적 결론에 도달하고 이를 지지한다면 기독교 신앙의 기반이 약화될 것이다"라고 확고히 믿었다.[144] 왜냐하면 "기독교에서 그리스도가 중요한 상징인 이유는 이 상징 배후에 실제 종교적 예언자가 서 있기 때문이다."[145] 예수의 역사성에서 위협을 받는 부분은 무엇이며, 또한 그가 어떤 사람이었으며 무엇을 말했고 행했는지에 관한 최소한의 기본적 지식은 무엇인가? 이것이 앞에서 종교적 선험과 기독교의 규범성 문제를 다룰 때 언급했던, 절대적인 것과 상대적인 것에 관한 트뢸치의 비일관성의 한 예다. 한편으로 트뢸치는 "예수의 역사성에서 절대적이고 최종적인 것은 조금도 위협을 받지 않는다"고 대답했다.[146] 하지만 이상하게도, 그는 이어서 "상대적으로 말해 많은 부분이 위협을 받고 있다"고 말했다.[147] 이는 무엇을 의미하는가? 트뢸치가 서구 문명과 그 가치들의 활력을 위해 기독교의 중요성으로 되돌아온다는 사실은 전혀 놀랍지 않다. "우리의 문명에서 우리가 접

---

[143] Welch, *Protestant Thought in the Nineteenth Century*, vol. 2, p. 290.
[144] Ogletree, *Christian Faith and History*, p. 71.
[145] 같은 책, p. 69.
[146] 같은 책.
[147] 같은 책.

근할 수 있는 가장 생명력 있는 종교 전통은 이 개인의 삶의 실재성을 중심으로 한다."[148] 트뢸치가 말하려는 의미는 트뢸치 전문가인 토머스 오글트리(Thomas Ogletree)가 가장 잘 표현한다.

> 트뢸치가 역사를, 그리고 신앙이 역사에 대해 갖는 관계를 이해한 것은 예수의 역사성에 궁극적 또는 절대적 필연성이 없음을 의미하는 반면, 우리의 문화에서 가장 풍요롭고 가장 생명력 있는 종교 전통이 그 제의와 공동체의 중심을 예수 그리스도의 인격에서 찾는다는 점에서는 상대적 필연성이 존재한다. 이 종교적 전통이 우리의 현재 삶에서 규범적 역할을 하려면, 경험적 역사 연구는 역사적 인물로서 예수가 그 전통에서 어떤 위치와 역할을 했는지 밝힐 수 있어야 한다.[149]

그러므로 트뢸치는 자유주의적 신약학자들이 수행한 역사적 예수 탐구가 방법 면에서 철저하게 경험적이며, 철학적 또는 신학적 가정들을 몰래 들여오지 않는 한 바람직한 일이라 보았다. 그가 믿기에 그러한 연구는 예수의 역사성을, 그리고 그의 삶과 가르침의 기본적 윤곽을 보여 주는 것이었다. 핵심은 예수가 자신의 삶과 가르침을 통해 전달한 가치들이다. 트뢸치는 그리스도에 관한 교회의 역사적 교의들이 현대적 타당성을 지닌다고 보지 않았다. 그가 보기에 "현대의 역사적 사고의 성격과 힘을 자각한 사람은 예수 그리스도가 하나님의 유일무이한 아들이라고 주장할 수 없다."[150] 그는 예수의 몸의 부활을 신화라고 치부했는데, 몸의 부활은 모든 비판적 역사 연구가 사실을 허구와 구별할 때 사용해야 하는 "유비의 원

---

[148] 같은 책.
[149] 같은 책, p. 71.
[150] 같은 책, p. 75.

리"(principle of analogy)[151]를 위반하기 때문이다. 유비의 원리란, 어떤 사건이 역사적 사실로 여겨지기 위해서는 역사 속의 일반적 사건들과 전혀 다른 뜻밖의 일, 절대적으로 유일무이한 일이면 안 된다는 것이다. 모든 역사적 사건들은 어느 정도 비슷하다. 몸의 부활 같은 사건은 다른 사건들과 너무 달라서 역사가의 연구 영역에 들어올 수 없다. 그러므로 그것은 역사적 사건으로 여겨질 수 없다.

트룈치가 현대성에 비추어 교의를 수정하다

그리스도와 삼위일체에 관한 정통 교의들은 어떤가? 트룈치는 이에 관해 무엇을 말했는가? 예상할 수 있듯이, 트룈치가 하이델베르크에서 강의한 조직신학인 『기독교 신앙』에 나오는 결론들은 현대적 사고에 의해 지배된다. 기독교 역사의 모든 부분은 현대 철학과 역사 기록학의 규범에 따라 평가받고 재구성되어야 한다. 트룈치는 "신앙의 대상으로서의 예수 그리스도"에 관한 강의에서, 자유주의 신학의 경향을 따라 성육신과 삼위일체의 고전적 교리들이 "고대의 우주론"에 분리할 수 없게 매여 있다고 보면서 거부한다. 그는 "내재적 삼위일체"(immanent Trinity) 사상이 그리스 기독교에 있던 로고스의 성육신에 대한 믿음으로부터 나왔다는 견해를 제시했다. 그에 따르면, 예수 그리스도는 아버지와 동등하지만 구별되는, 삼위일체의 둘째 위격인 하나님의 아들의 성육신이었다. 이 모든 것에 대해 그는 다음과 같은 판단을 내린다.

> 이제 이런 고대의 우주론이 신학에서 제거되었고, 또 그에 따라 예수에 대한 인간적·역사적 관점이 출현하면서, 기독교의 하나님 개념은 이런 기본적으로 신플라톤주의적 공식에서 벗어나게 되었다. 하나님 개념에 대한 현대의

---

151 Welch, *Protestant Thought in the Nineteenth Century*, vol. 2, p. 281.

핵심적 설명은 순전히 예수의 하나님 선포로부터 전개되며, 이는 예수의 종교적 중요성을 로고스의 성육신 측면에서 설명하는 것을 불가능하게 만든다. 그리고 이것은, 결국, 교부들의 내재적 삼위일체 교리의 종말을 고한다. 하지만 그리스도 안에서 그리고 성령을 통해 이루어지는 하나님의 구속적 계시라는 개념은 여전히 기독교 신앙의 가장 간명한 요약이며, 그러므로 이러한 셋 됨은 여전하다. 하지만 그것은 더 이상 내재적 삼위일체가 아니라, 소위 **경륜적**(economic) 삼위일체의 관점으로만 이해될 수 있다.[152]

다시 말해, 트뢸치에 따르면, 계몽주의가 야기한 세계관의 변화로 말미암아 현대의 그리스도인들은 어떤 식으로든 본질은 하나인 세 위격으로 이루어진 천상의 공동체를 더 이상 믿을 수 없다. 또한 그들은 인간이 하나님과 직접적으로 동일시되는, 문자적 성육신을 믿을 수도 없다. 이런 고대의 믿음들 안에 있는 모든 문제는 존재론 또는 형이상학이다. 사람들은 더 이상 그런 방식으로 생각하지 않는다.

현대인들은 하나님과 그리스도에 관해 무엇을 믿을 수 있을까? 트뢸치는 "우리는 더 이상 우리의 신앙을 성육신에 기초시키지 않고, 대신에 계시에 기초시킨다"고 썼다.[153] 우리는 이제 기독교 신앙을 다음과 같이 고백한다. "우리는 성부 하나님과 성자와 성령을 믿습니다. 왜냐하면 우리는 예수 안에서 기적적으로 계시된 세계의 영원한 주님을 믿고, 역사 속에서 통치하시고 우리를 모든 진리로 더욱더 인도해 가시는 성령을 믿기 때문입니다."[154] 트뢸치가 내재적 삼위일체(그 자체로 세 위격인 하나님)를 부인했기 때문에, 그의 말은 그리스도인들이 신적 계시의 세 "계기들"(moments) 또는

---

152 Ernst Troeltsch, *The Christian Faith*, trans. Garrett E. Paul (Minneapolis: Augsburg Fortress, 1991), p. 105.
153 같은 책, p. 107.
154 같은 책.

"양상들"(aspects)은 여전히 받아들일 수 있음을 의미할 것이다. 그리스도인들이 믿을 수 없는 것은, 즉 믿으면 현대적일 수 없는 것은, 예수 그리스도가 하나님이라는 것을 포함하는 정통 기독교의 고대 신조들이다. 예수 그리스도는 그저 하나님의 영을 통한 하나님의 계시(또는 그중 하나)일 뿐이다. 그나마도 모든 역사와 지식의 상대성을 고려하면 너무 확고하게 받아들이지는 말아야 한다.

트뢸치가 논란이 되었으며 계속 논란이 될 유산을 남기다

트뢸치가 커다란 논란거리였음은 두말할 나위도 없다. 하이델베르크에서 교수로 재직하는 동안에 일부 교회 지도자들이 그를 해고시키려 했다. 그가 그곳을 떠나 베를린 대학교의 철학 교수로 옮긴 데는 부분적으로 그들에게서 벗어나려는 목적도 있었다. 철학자들은 신학자들과 같은 감시를 받지 않았다. 트뢸치는 역사화된 기독교라는 자신의 전체 계획이 "기독교 신앙의 상당히 급진적 재해석을 요구한다는 점을 잘 알고 있었다."[155] 많은 자유주의자들조차 그의 결론들의 일부로 인해, 특히 그가 기독교와 예수의 절대성을 단호히 부인하는 것에서 충격을 받았다.

하지만 많은 자유주의 개신교도들은 그에게서 통쾌한 정직성을 발견했는데, 이는 교조적 기독교에는 없는 것이었다. 특히 다원주의자로 알려진 사람들은, 이를테면 존 힉(John Hick, 1922-2012) 같은 사람은, 트뢸치의 진가를 알아보며 그를 비기독교 세계 종교들에 있는 진리를 인정하고 심지어 다른 종교의 창시자들도 그 종교를 따르는 자들의 진정한 구원자들이라는 점을 긍정하는 일에서 우군으로 받아들인다.[156] 종교 다원주의자들에 따르면, 이것은 종교 전쟁이 아직도 일어나는 현실에서 세계 평화를 위해 필요

---

[155] Ogletree, *Christian Faith and History*, p. 76.
[156] 참고. John Hick, *The Myth of Christian Uniqueness: Toward a Pluralistic Theology of Religions*, ed. with Paul Knitter (1987; Eugene, OR: Wipf & Stock, 2004).

하다는 데 그 가치가 있다. 세계 종교들이 서로를 하나님에게 이르는 참된 길이며 구원의 방법으로 인정할 때 비로소 종교 전쟁은 중단될 수 있다.

트뢸치에 대한 신랄한 비판의 일부는 다른 자유주의 개신교 신학자들에게서 나왔다. 그 가운데 빌헬름 헤르만(Wilhelm Herrmann, 1846-1922)은 트뢸치가 신앙이 없다고 일축했다. 슐라이어마허와 리츨을 계승하는 헤르만에 따르면, 기독교는 과학이나 역사의 문제가 아니라 신앙의 문제다. 그에게 "종교의 진리와 타당성은 전적으로 신앙의 문제로, 오직 내적 감정에 의해 직접적으로 야기된다."[157] 물론 트뢸치는 이것을 종교에 대한 일방적 변론이자 비과학적 사고라고 일축할 것이다. 하지만 헤르만의 제자로서 스승보다 더 유명한 바르트는 트뢸치를 공격하면서 그의 신학을 "문화 개신교"라고 불렀다.[158] 바르트에 따르면, 트뢸치는 기독교를 서구 문화[특히 독일 문화, 즉 바르트가 보기에 부분적으로는 소위 독일 그리스도인(나치 사상에 공감한 종교인들이 택한 명칭)이라는 현상으로 이끈 것]와 동일시했다. 바르트는 일반 역사가 상대적이라는 점에는 트뢸치에게 동의했지만, 절대적인 것이 역사에 침입하는 일은 없다고 하는 데는 반대했다. 바르트에게 기독교의 전체 핵심은 하나님이 예수 그리스도 안에서 역사에 침입했다는 것이다. 다시 말하지만, 트뢸치는 이런 주장을 일방적 변론으로서 비과학적이라고 일축할 것이다.

많은 트뢸치 연구자들이, 심지어 트뢸치의 전반적 작업에 동감하는 학자들조차 그의 사고 안에서 긴장을, 심지어 비일관성을 발견했다. 한편으로 그는 역사에서 절대적인 것에 관한 모든 논의를 배격하지만, 다른 한편으로 역사 안에 있는 종교적 선험에서 비역사적 "무한의 의식"을 긍정했

---

157 Ogletree, *Christian Faith and History*, p. 82에 인용됨. 참고. Wilhelm Herrmann, *The Communion of the Christian with God* (New York: Putnam, 1906).
158 바르트가 자유주의 신학 일반을 가리키는 모욕적 어구로 사용하는 "문화 개신교"의 역사와 의미에 대해서는 George Rupp, *Culture Protestantism: German Liberal Theology at the Turn of the Twentieth Century* (Atlanta: Scholars Press, 1977)를 보라.

다.[159] 또한 트뢸치에 따르면 기독교는 모든 종교들처럼 본질이 없는데, 그럼에도 그는 왜 역사적 예수가 기독교에 본질적인지 만족스럽게 설명하지 않았다. 트뢸치는 기독교에서 변하지 않는 어떤 "영속적 핵심"이 있다는 것을 부정했다. 그렇다면 왜 신화나 표상 이상의 예수 그리스도가 필요한가? 왜 그리스도 없는 기독교가 출현해 여전히 기독교적이라고 할 수 없는가? 트뢸치는 분명히 그런 기독교를 원하지 않았지만, 그의 좌파 추종자들 가운데 일부는 왜 그런 기독교를 원할 수 없는지 이해하지 못했다. 그들은 그리스도를 어떤 필연적 역사의 실재가 없는 표상으로 축소했다.

보수주의자와 신정통주의자, 심지어 온건한 자유주의자들조차 트뢸치를 그리스도인도 아니라고 정죄했다. 그들 가운데 일부는 트뢸치가 자유주의 개신교 신학을 그것의 논리적 귀결까지 끌고 갔다고 주장했다. 트뢸치는 기독교와 관련해 무엇보다도 "제의와 공동체"를 중요시했지만, 그럼에도 그는 분명히 기독교를 윤리학으로 축소하는 칸트주의적 또는 신칸트주의적 신학의 계열에 속한다. 하지만 그가 기독교에서 본 참된 가치와 그것을 보존해야 하는 이유는 기독교의 "역사적 가보"에 있다. 즉 서구 문명이 새로운 문화적 종합을 구성하는 데 이용할 가치다. 하지만, 만일 기독교가 어떻게든 지상에서 사라진다면, 무엇을 놓치는 것이 될까? 트뢸치는 절대적인 것을 전혀 말하지 않겠지만, 그렇다고 절대적으로 아무것도 안 말하지는 않을 것이다.

아마도 트뢸치에 대한 가장 중립적(만일 그게 가능하다면) 도전은 포스트모던의 도전이다. 포스트모던적 인간은 이 독일 신학자가 모든 역사적 실재를 상대화하면서도 자신의 역사주의는 여기서 제외했다는 아이러니를 지적할 것이다. 그가 맞다면, 그도 과거와 자신의 문화적 환경에 의해 길들여진 특정한 관심과 특정한 대응을 가지고 특정한 맥락에 서 있다. 그는 기

---

159 Ogletree, *Christian Faith and History*, pp. 53-55.

독교를 서구의, 주로 유럽의 종교라 보았다. 트뢸치 이후의 세기는 다른 것을 입증했다. 21세기 초에 기독교는 주로 글로버 사우스(Global South)의 종교다.[160] 트뢸치는 기독교의 소멸을 예상했지만, 수많은 비유럽인들이 기독교를 받아들일 줄은 예상하지 못했다. 그도 후기 현대주의(late modernism)—일부는 철 지난 계몽주의라고 보는 시대—에 갇혀 있던 사람이었다. 그는 합리주의와 자연주의의 극단적 형태를 배격하려 했지만, 이 둘은 그의 작업 원리였다. 하지만 그것들도 지식과 실재에 관해 역사적 조건하에 있는 관점들이었고, 이는 지금도 마찬가지다. 트뢸치는 모든 사람이 자신들의 관점에 비판적이기를 원했지만, 정작 트뢸치 본인은 자신에게 충분히 비판적이지 못했고 자신의 역사주의에 모순되게도 스스로를 절대화하려는 경향이 있었다.

아마도 트뢸치에 대한 가장 파괴력 있는 비판은 이미 암시되었다. 즉 그가 기독교와 독일 문화를 거의 동일시한 것과 유럽 기독교의 토대 위에서 "새로운 문화적 종합"을 일구려는 그의 계획[심지어 그가 유럽주의(Europaism)라고 한 것]이 1930년대에 [국가사회주의(나치 사상)를 새로운 문화적 종합으로 열렬히 환영한] 독일 기독교의 출현을 위한 기초가 되었을지도 모른다는 것이다. 만일 기독교에 혹은 기독교와 관련해 절대적인 것이 없다면, 그리고 만일 기독교가 영속적 핵심이 없다면, 어떻게 소위 독일 그리스도인들을 그리스도인들이 아니라고 비판할 수 있겠는가? 트뢸치는 이것을 예상하지 못했고, 거의 분명히 그것을 비난했겠지만(트뢸치 자신의 정치적 성향은 좌파로 기울었다), 이는 그의 신학이 의도하지 않게 그것을 초래했는지에 관해서는 아무것도 말하지 않는다.

---

160 참고. Philip Jenkins, *The Next Christendom: The Coming Global Christianity* (New York: Oxford University Press, 2002).

2.D. 가톨릭 현대주의자들이 로마 가톨릭을 시대에 맞추려 시도하다

1907년 9월 8일에 교황 비오 10세(Pius X)는 교황 회칙 「현대주의자들의 학설에 관하여」(*Pascendi Dominici Gregis*, "주님의 양떼의 사목")를 공표했다. 신자 전체를 수신으로 보내는 교황의 서신이 드문 일은 아니지만, 이 서신은 스스로 진보적이라 여긴 가톨릭 신학자들에게는 폭탄과도 같았다. 그들의 (교황도 포함하는) 대적들은 그들을 현대주의자들이라 불렀다. 많지 않은 이 자유주의 성향의 가톨릭 사상가들은 결코 응집력을 갖춘 운동을 벌이지 않았다. 일부 학자들은 이 운동이 교황청에 의해 만들어진 것이라고 말한다.[161] 소위 현대주의자들이란 느슨한 일군의 가톨릭 학자들로, "전통적 가톨릭의 가르침을 당대의 사상과, 특히 철학과 역사와 사회 이론과 더 긴밀한 관계를 갖도록 하는 것을 목적으로 하는 사람들이다."[162] 이 회칙은 그들이 "공식적으로 이해되고 가르쳐지는 신앙에 은근히 적대적인" 자들이며,[163] 그들의 운동이 "모든 이단의 종합"이라고 비난했다.[164] 교황은 현대주의를 반대하는 서약을 모든 주교와 사제와 교회의 교사들에게 요구하도록 제정했다.

교황 비오 10세의 진보적 가톨릭 신학 탄압은 바티칸이 현대성에 대해, 그리고 현대성에 적응하는 것으로 간주된 전부에 대해 대처했던 긴 과정의 정점이었다. 바티칸은 갈릴레오에 대한 판결을 취소하거나 갈릴레오 사건을 처리한 방식에 대해 유감을 표한 일이 결코 없었다. 여전히 바티칸은

---

[161] Gabriel Daly, "Theological and Philosophical Modernism", in *Catholicism Contending with Modernity: Roman Catholic Modernism and Anti-Modernism in Historical Perspective*, ed. Darrell Jadock (Cambridge: Cambridge University Press, 2000), p. 89. 데일리에 따르면 "로마 가톨릭은 자신이 무참히 살해한 괴물을 만들어 내는 데 크게 기여했다."
[162] Bernard M. G. Reardon, "Roman Catholic Modernism", in *Nineteenth-Century Religious Thought in the West*, ed. Ninian Smart et al., 3 vols. (Cambridge: Cambridge University Press, 1985), vol. 2, p. 141.
[163] 같은 책.
[164] Darrell Jadock, "Introduction I: The Modernist Crisis", in *Catholicism Contending with Modernity: Roman Catholic Modernism and Anti-Modernism in Historical Perspective*, ed. Darrell Jadock (Cambridge: Cambridge University Press, 2000), p. 1.

현대 과학과 계몽주의 철학에 의해, 특히 자신이 불가지론이라 부른 칸트의 철학에 의해 위협을 당한다고 느꼈다. 하지만 가톨릭 고위층이 현대성에 대해 보인 격한 반응은 부분적으로 프랑스 혁명 때문이었는데, 이 프랑스 혁명은 많은 학자가 보기에 그 원인이―계몽주의의 논리적 귀결인―극단적 현대주의에 있었다. 1790년대의 프랑스 혁명 지도자들은 파리의 노트르담 대성당에 "이성의 여신"의 상(像)을 두고 숭배했다. 그들은 가톨릭교회의 국교 자격을 박탈하고 그 지도자들과 사제들을 박해했다. 19세기 내내 바티칸은 계몽주의적 합리주의나 세속주의의 기미를 보이는 어떤 것에도 깊은 의심의 눈길을 보냈다.

가톨릭 고위층이 교회 내의 진보적 생각을 억누르다

1864년에 교황 비오 9세(Pius IX)는 「오류 목록」(Syllabus of Errors)을 공표했는데, 참된 신앙에 해롭다고 여겨지는 현대 사상과 문화적 경향들을 주로 열거한 목록이었다. 이 「오류 목록」은 무엇보다도 교회와 국가의 분리와 "성서공회들"(Bible societies)을 정죄했다. 하지만 가장 중요한 것은, "현대 자유주의"를 정죄하고 그 옹호자들을 "교회의 대적들"로 간주했다는 점이다.[165] 이 「오류 목록」에서 "신앙은 하나님에 의해 계시되고 기적과 성취된 예언 같은 외적 표식들에 의해 보증된 신적 진리들에 대한 지적 동의로 제시되었다. 신학은 하나님에 의해 외적으로 계시된 전제들로부터의 논리적 연역들에 불과하다."[166] 이 「오류 목록」을 공표한 교황은 또한 마리아의 무염시태(마리아가 원죄 없이 잉태했다는 것)를 교의로 선언했다. 많은 가톨릭교도들, 특히 진보적 성향의 신도들은 이것을 교황 권력의 독단적 행사로 보았다. 제1차 바티칸 공의회는 가톨릭교회의 제20차 에큐메니컬 공의회로, 비오 9세가 마

---

165 Daly, "Theological and Philosophical Modernism", p. 95.
166 같은 책, p. 96.

리아에 관해 말할 때처럼 교황이 지상에서 그리스도의 대리자로서 말할 때 무오하다고 선언했다. 이 공의회는 가톨릭교회에서 자유주의를 꾀하는 세력에게는 퇴보였다.

비오 10세의 「현대주의자들의 학설에 관하여」 회칙은 이 「오류 목록」과 제1차 바티칸 공의회에 근거했지만, 현대성으로의 적응이란 측면에서 너무 진보적이라 여겨진 일군의 가톨릭 학자들을 특히 겨냥했다. 그런 사람들 중에는 프랑스 성서학자이자 신학자인 알프레드 르와지(Alfred Loisy, 1857-1940)와 잉글랜드의 예수회 신학자 조지 티렐(George Tyrrell, 1861-1909) 등이 있었다. 이 두 현대주의자들은 「현대주의자들의 학설에 관하여」 회칙에 저항했으며, 그 결과로 각각 1907년과 1908년에 공식 파문을 당했다. 이 회칙은 여러 오류들 중에서도 특히 "치명적 내재"[vital immanence, 혹은 내재주의(immanentism)], "불가지론", "신칸트주의"를 이유로 현대주의를 정죄했다.[167] 교황이 말한 치명적 내재란 인간 경험 안에 있는 하나님의 존재에 대한 지나친 강조를 의미했으며, 불가지론이란 하나님 자신이 알려질 수 있다는 것에 대한 부인을 의미했다. "신칸트주의"란 19세기의 철학 전반에서 안 좋은 모든 것을 가리키는 두루뭉술한 어구였다. 하지만 무엇보다도 「현대주의자들의 학설에 관하여」 회칙은 현대주의의 중심 원리, 즉 "교의는 발전을 거쳐 온 것일 수 있으며 다시 변화될 필요가 있을 것이라는 견해"를 강도 높게 비난했다.[168]

티렐은 「현대주의자들의 학설에 관하여」 회칙이 "가톨릭 교리를 스콜라주의적 신학과 동일시하며 교리의 발전 개념에 관해 지나치게 순진한 견해를 가진다"고 비난했다.[169] 르와지도 마찬가지로 이 비판적 회칙을 수용하지 않았다. 이 둘이 회칙에서 열거된 비난들 중에 일부와는 무관할지 몰라

---

167 Oliver P. Rafferty, *George Tyrrell and Catholic Modernism* (Dublin: Four Courts Press, 2010), p. 10.
168 Jadock, "Introduction I", p. 5.
169 Rafferty, *George Tyrrell and Catholic Modernism*, p. 27.

도, 전통적 가톨릭 사상에 비해 상당히 급진적 성격의 교리적 발전을 믿었다는 점은 의심의 여지가 거의 없다. 그들은 가톨릭 고위층의 지배적 분위기와는 대조적으로, 가톨릭 신학이 교회의 교의들을 재개념화하고 재구성하기 위한 원천으로 최고의 현대 사상을 사용할 필요가 있다고 보았다. 또한 그들은 교리보다는 하나님에 대한 경험이 기독교에 더 근본적이라고 믿었다. 기도가 교회의 제1언어인 반면, 교리들은 교회의 제2언어라는 것이다. 그래서 티렐과 르와지에 따르면, 교의는 개인의 신앙과 현대 문화를 더 잘 표현하기 위해 변화될 필요가 있다. 그들은 "기독교적 삶과 현대성의 상호작용으로부터 새로운 [가톨릭적] 종합이 일어날 것이다"라는 희망을 가졌다.[170]

신학자들뿐 아니라 많은 학자가 「현대주의자들의 학설에 관하여」 회칙과 현대주의자들의 파문을 과잉대처라고 보았다. 잉글랜드의 가톨릭 귀족이자 편집자인 액턴 경(Lord Acton, 1834-1902)은 바티칸이 가톨릭교회 내의 자유주의화 경향을 처리한 것을 두고, 가톨릭 고위층이 "오류를 막기 위해 진리의 진보에 필요한 지적 자유를 억압하는 열성"을 발휘했다고 논평했다.[171] 실제로, 현대주의는 19세기와 20세기 초 가톨릭에서 "자유주의화 경향들"의 추세에서 "마지막 단계"였다.[172] 「현대주의자들의 학설에 관하여」 회칙과 현대주의자들의 파문은 "확인할 수 있는 모든 현대주의 출판물들을 사실상" 금지함으로써 진보적 추진력을 제거하는 것처럼 보였다.[173] 이후 반세기 동안 가톨릭 신학은 대부분이 스콜라적·독단적 과거에 갇히게 되었다. 하지만 현대주의는, 1960년대 초에 제2차 바티칸 공의회에서 다른 형태로 재출현한 데서 알 수 있듯이, 계속 영향을 미쳤던 것으로 보인다.

---

170 같은 책, p. 28.
171 Reardon, "Roman Catholic Modernism", p. 146.
172 같은 책, p. 147.
173 같은 책, p. 149.

계속 진도를 나가기에 앞서, 현대주의자들과 그들에 대한 비판자들이 사용한 특정 용어들을 정의하는 것이 도움이 될 것 같다. 이런 용어들에 상응하는 개념들이 개신교 신학에도 있지만, 개신교도들은 대개 이 용어들에 익숙하지 않다. 첫째는 "통합주의"(integralism)로, 여러모로 현대주의의 정반대인 보수주의적 가톨릭 사상을 가리키는 용어다. "기본적 가톨릭 통합주의의 입장은 인간 행동의 모든 영역이 교회의 권위에 의한 판단에, 그리고 그러므로 교황의 권위에 예속된다는 것이었다."[174] 통합주의가 현대주의자들에게는 가톨릭 안에 있는 반동적 충동으로 보인 반면, 보수주의자들에게는 현대성의 산에 의해 야기되는 부식으로부터 가톨릭 정체성을 지킬 수 있는 유일한 길로 보였다. 20세기 말과 21세기 초에 통합주의는 보수적 가톨릭교도들이 제2차 바티칸 공의회가 들여온 모든 변화를 받아들이기를 주저하는 것을 가리키는 폭넓은 용어로 사용되게 되었다. 이는 가톨릭 전통주의와 동일시될 수 있을 것이다.

"내재주의" 또는 "치명적 내재주의"는 교황이 현대주의에 부과한 죄목들 가운데 하나였다. 이 용어를 이해하기 위해서는 한 걸음 물러나 19세기 가톨릭 통합주의 신학의 큰 그림을 보아야 한다. 「현대주의자들의 학설에 관하여」 회칙은, 다른 교황의 선언들처럼, 두 영역—자연적인 것과 초자연적인 것—을 상정했다. 종종 개신교도들은 **초자연적**이라는 단어를 기적이라는 의미로 사용하지만, 가톨릭 신학에서 이 단어는 더 넓은 의미를 갖는다. 가톨릭 신학에서 초자연적인 것은 은혜의 영역이다. 토마스 아퀴나스는 이 구별을 중시했다. 「오류 목록」과 제1차 바티칸 공의회, 그리고 다른 19세기 가톨릭 신학의 결정들은 아퀴나스의 기본적 신학의 틀인 토마스주의를 모든 가톨릭 신학자들을 위한 공식적 신학의 틀로 채택했다. 토마스에게는

---

[174] Darrell Jadock, "Introduction II: The Modernists and the Anti-Modernists", in *Catholicism Contending with Modernity: Roman Catholic Modernism and Anti-Modernism in Historical Perspective*, ed. Darrell Jadock (Cambridge: Cambridge University Press, 2000), p. 82.

서로 구별되면서도 관련을 맺는 두 가지 실재의 영역—자연적인 것과 초자연적인 것—이 있다. 자연적인 것은 이성을, 즉 하나님의 존재같이 이성이 계시나 신앙의 도움 없이 알 수 있는 것을 포함한다. 초자연적인 것은, 하나님이 삼위일체라는 것처럼, 오직 계시에 의해서만 알려질 수 있는 것을 포함한다. 기초적 윤리인 자연법은 자연적 영역의 일부이며, 그러므로 오직 이성으로만 알 수 있다. 구원은 오로지 초자연적이므로, 이성이나 단순한 인간의 도덕만으로는 성취될 수 없다.

"내재주의"는 가톨릭 고위층의 용어로, 현대주의가 자연적인 것과 초자연적인 것 사이의 경계를 없애며 그 결과로 하나님의 은혜를 자연적 영역 안에 단단히 고정시키는 것을 가리킨다. 소위 현대주의에서는 "하나님에 대한 내적 내재의 통각(apperception)이 신적 계시의 객관성을 대체하고 말 것이었다."[175] 다시 말해, 내재주의는 인간이 초자연적 은혜의 도움 없이 인격적으로도 그리고 구원의 관점에서도 하나님을 알 수 있다는 사상일 것이다.

"내인주의"(intrinsicism)와 "외인주의"(extrinsicism)는 현대 가톨릭 사상에서—특히 현대주의자들과 그들에게 공감하는 사람들 사이에서—많이 사용되는 한 쌍의 용어들이다. 외인주의는 계시와 진리 및 하나님과의 관계의 외적 성격에 대한 전통적 가톨릭의 강조를 가리키는 현대주의의 용어다. 그것은 인간에게 전적으로 외인적이거나 외적인 것이다. 영적으로 실제 가치를 가진 모든 것은 외부로부터 온다. 하나님은 모든 인간적인 것 위에, 너머에, 밖에 존재하기 때문이다. 내인주의는 하나님과 은혜가 어떤 식으로든 이미 인간에게 제시되어 있다는 믿음, 특히 사람들이 구원받을 때 하나님의 은혜가 그들 안에 거하며 변혁을 일으킨다는 믿음이다. "현대주의적 전제는 인간 경험 안에 있는 내부적 촉수를 인간 역사에서 작용하는

---

[175] Rafferty, *George Tyrrell and Catholic Modernism*, p. 11.

신적인 것을 인식하기 위한 기초로 강조했다."[176] 따라서 강조점은 내향적 영성에 있다. 외인주의는, 객관적 진리와 초자연적 은혜처럼, 사람 바깥에 있는 것을 강조한다. 내재주의와 내인주의 사이의 연관성은 분명하다. 현대주의자들은 "내인주의"라는 표현을 선호하지만, 그들에 대한 비판자들은 그들의 견해를 내재주의라고 불렀다.

마지막으로, "교리적 발전"(doctrinal development)이란 말은 가톨릭 신학에서 전문적 의미를 갖는데, 이는 개신교 신학에서는 반드시 전면에 나타나지는 않는 의미다. "교리적 발전"은 단순히 교리가 여러 단계를 거친다는 것을 의미하지 않는다. 분명히 마리아의 원죄 없는 잉태에 대한 믿음은 1854년에 교의의 위상으로 승격되었지만, 교리적 발전을 받아들이지 않는 가톨릭 전통주의자들은 그것이 신앙심 깊은 자들에 의해 언제나 믿어져 왔다고 주장한다. 다시 말해, 통합주의자들에 따르면, 교의는 생성되는 것이 아니다. 어떤 믿음이 교의의 위상으로 승격되는 것이다. 교리적 발전을 긍정하는 가톨릭교도들은 그것을 다르게 이해하지만, 현대주의자들은 모든 교리가 역사적이고 또한 그렇게 취급되어야만 한다는 점에 동의했다. 현대주의 운동의 연구자 한 사람은 이 점을 **바로** 현대주의의 신학적 핵심으로 지목한다.

> 한편으로 기독교 교리들이 변하지 않고 영속적으로 타당하다는 견해가 있고, 다른 한편으로 교리들이 그것들의 공식화에 선행하는 진리들의 문화적으로 제한된 표현들이라는 견해가 있으며, 그 사이의 갈등이 대략 1890년부터 1914년 사이에 로마 가톨릭교회에서 일어났던 현대주의적 위기의 신학적 핵심이다.[177]

---

[176] 같은 책, p. 10.
[177] Daly, "Theological and Philosophical Modernism", p. 88.

하지만 교리적 발전에 대한 믿음은 시간에 제한된 현대주의 운동의 전유물이 아니다. 많은 가톨릭 사상가들이 어느 정도의 교리적 발전을 믿었지만, 현대주의자들은 이것을 진보적 가톨릭의 전형적 특징으로 삼았다.

두 명의 가톨릭 신학자가 현대주의를 위한 무대를 마련하다

가톨릭 현대주의에도, 다른 모든 신학 운동들과 마찬가지로, 선행자들과 외부 영향들이 있었다. 주요 현대주의자들은 계몽주의와 과학 혁명 전반에 의해, 그리고 특히 칸트에 의해 영향을 많이 받았다. 칸트의 "형이상학 비판은, 종교와 신학의 입장에서 볼 때, 현대 세계를 발생시킨 아마도 가장 강력한 요인이었다."[178] 하지만 정죄나 출교를 당하지 않았으면서 현대주의를 위한 무대를 마련한 두 명의 19세기 가톨릭 신학자는 잉글랜드의 존 헨리 뉴먼(John Henry Newman, 1801-1890)과 프랑스의 모리스 블롱델(Maurice Blondel, 1861-1949)이었다. 두 사람은 다양한 유형의 가톨릭교도들에게 영웅들이며, 그들의 열성적 추종자들 다수는 그들이 어떤 식으로든 현대주의와 관련하여 비판받기를 원하지 않는다. 실제로 그들은 현대주의자가 아니었다. 하지만 블롱델은 "현대주의의 영적 아버지"라고 불렸다.[179] 뉴먼이 현대주의에 미친 영향은, 르와지와 티렐이 자신들에게 영감을 준 그의 큰 공로를 인정했듯이, 논쟁의 여지가 없다. 그러나 다시 한번 말하지만 블롱델과 뉴먼은 징계를 받은 적이 결코 없으며, 뉴먼은 가톨릭 고위층으로부터 언제나 큰 존경을 받았다. 아마도 가톨릭 고위층은 신학에 관한 그의 사상 일부가 가진 급진적 성격을 파악하지 못한 것 같다.

뉴먼은 복음주의적 성공회 사제이자 옥스퍼드 대학교의 신학 교수였으며, 점차 가톨릭교회의 여러 교리와 의식을 믿게 되었다. 그와 일군의 친구

---

[178] 같은 책, p. 92.
[179] Bernard M. G. Reardon, *Roman Catholic Modernism* (London: A & C Black, 1970), p. 55.

들과 동료들은 잉글랜드 국교회가 로마 가톨릭에 더 가까워지도록 촉구하는 모임을 열기 시작했다. 이들은 옥스퍼드 그룹(Oxford Group)이라 알려지게 되었고, 뉴먼은 언제나 그들의 지도자로 여겨져 왔다. 1845년에 뉴먼은 잉글랜드 국교회를 떠나 가톨릭교회의 일원이 되었다. 아마도 정치적 이유에서, 교황 레오 13세(Leo XIII)는 1879년에 뉴먼에게 추기경직을 부여했다. 가톨릭으로 개종한 그는 아일랜드 가톨릭 대학교(오늘날 더블린의 유니버시티 칼리지) 설립을 도왔으며 신학, 변증학, 교회 구조와 관련된 주제들로 다작을 남겼다. 아마도 그는 가톨릭으로 개종한 사람이었기 때문에 전통의 엄격한 교리들에서 벗어날 수 있는 재량을 상당히 부여받았다. 하지만 참으로 그는 가톨릭교회를 사랑한 열정적 가톨릭교도로서, 그 교회가 신앙을 지키면서 동시에—현대성에 대한 적응 없이도—시대와 보조를 맞추기를 바랐다.

뉴먼의 가장 잘 알려진 저작들에는 현대주의자들에게 가장 영감을 준 『그리스도교 교의의 발전론』(Essay on the Development of Christian Doctrine, 1845), 기독교 변증서인 『승인의 원리』(Grammar of Assent, 1870), 그의 자서전인 『아폴로기아』(Apologia Pro Vita Sua, 1864)가 있다. 그는 가톨릭 내에서는 개신교와 현대성의 산에 맞선 가톨릭 신앙의 위대한 수호자로 정평이 나 있다. 그는 2010년에 교황 베네딕토 16세에 의해 시복(성인으로 가는 전 단계)되었다. 많은 개신교도들조차 뉴먼을 칭송하고 우러러보는데, 대개 그가 『대학의 개념』(The Idea of a University, 1852)에서 현대의 기독교 대학교를 위한 모델을 제시한 것과 관련이 있다.

뉴먼은 교리의 발전에 관한 이해를 통해 현대주의에 영향을 주었다. 『그리스도교 교의의 발전론』에서 이 추기경이 시도한 것은 "불변하는 교리를 소유한 부동의 교회"라는 전통주의적 견해를 극복하고,[180] "복음 메시지와 교회의 역동적 관계—복음 메시지에 헌신되어 있는 교회와, 그 교회 안

---

[180] Daly, "Theological and Philosophical Modernism", p. 105.

에서 새롭게 이해되고 모든 세대에서 상술되는 복음—를 전제하는 살아 있는 과정으로서의 교리 발전"의 모델을 개발하는 것이었다.[181] 하지만 뉴먼은 절대로 역사주의에, 즉 교리들을 포함하는 모든 사상이 상대적이라는 견해에 마음이 움직인 것은 아니었다. 그는 교리가 새로운 문화적 맥락과 시대에 새로운 방식으로 이해되고 표명되어야 하지만, 바른 교리가 신적 근원을 가지며 객관적이라고 믿었다. 그러나 이것은 다수의 가톨릭교도들에게 새로운 사상이었고, 현대주의자들은 이를 받아들여 정교하게 다듬었다.

현대주의에 가장 큰 영향을 미친 학자는 아마도 블롱델이었다. 그의 "행동의 철학"(philosophy of action)이 아니었다면 현대주의는 결코 출현하지 못했을 것이다. 한 현대주의 연구자에 따르면, "우리는 모리스 블롱델의 『행동』(L'Action, 1893)을 가톨릭의 철학적-신학적 현대주의의 시발점으로 볼 수 있다."[182] 블롱델을 가톨릭 현대주의자들의 명단에 넣는 학자들도 있지만, 가톨릭 교권의 판결에 대한 그의 기본적 존중과 충성을 고려하면 그가 그 범주에 잘 들어맞는다고는 할 수 없을 것이다.

블롱델의 인생은 그리 다사다난하지 않았다. 그는 프랑스의 엑상프로방스 대학교에서 가르친 기독교 철학자로만 알려져 있다. 하지만 그는 '누벨 테올로지'(nouvelle théologie, "새로운 신학")로 알려진 운동의 실제 창시자로 흔히 받아들여지는데, 거기에는 앙리 드 뤼박(Henri de Lubac), 한스 우르스 폰 발타자르(Hans Urs von Balthasar), 칼 라너(Karl Rahner)를 비롯한 20세기 가톨릭의 개혁적 신학자들이 다수 포함되었다. 현대주의에 영향을 미친 그의 철학과 신학 고전은 『행동』이었다. 이 책은 "칸트적 형이상학 비판에 취약하지 않은, 계시를 위한 철학적 논증을 구성하려는 시도"였다.[183] 여기서 중

---

[181] 같은 책.
[182] 같은 책, p. 102.
[183] 같은 책, p. 103.

심 사상은 반(反)외인주의 또는 단순히 내인주의로, 모든 인간 안에는 그들을 하나님에 대해 개방하는 영적 임재가 있기에, 계시가 다가올 때 생경하거나 이질적이지 않으며 인간이라는 질문에 대한 대답이 된다는 사상이다. 다시 말해, 그 책의 논지는 "신앙의 진리들에 대한 개방성은 근본적 인간 열망에 부합한다"는 것이었다.[184]

블롱델의 행동의 철학은 한편으로 계몽주의의 영향을 받은 현대성의 점증하는 세속주의와 불가지론에 대한 대응이면서, 다른 한편으로 전통적 가톨릭 사상의 외인주의에 대한 대응이었다. 현대성, 특히 칸트의 철학은 하나님과 하나님의 계시를 인간, 특히 현대인에게 생경한 것으로 만드는 경향이 있었다. 전통적 가톨릭 사상은 똑같은 일을 다른 방식으로 하는 경향이 있었다. 즉 자연적인 것과 초자연적인 것이 서로 대립각을 세우도록 하였고, 그 결과로 하나님의 자기 계시를 포함하는 모든 은혜는 자연적 인간성에 이질적인 것이 되었다. 블롱델은 소위 자연적 인간, 즉 초자연적 은혜와 떨어져 있는 인간이 언제나 이미 계시와 구원에 개방되어 있음을 보이려 했다. 인간의 사고와 창의성에 대한 면밀한 현상학적 검토를 통해, 그는 이것들이 자연적 질서만으로는 완성될 수 없음을 보이려 했다.[185] "더 적절한 기독교적 용어를 빌리자면, 만약 계시가 주어진다면 [인간은] 계시라는 '외적' 사실에 이미 개방되어 있는 것이다."[186] 계시에 대한 자연적 개방성을 이렇게 강조하는 것은 블롱델을 비판하는 이들에 의해 내재주의의 한 예로 여겨졌지만, 가톨릭 고위층은 그 점에 대해 그를 처벌하지 않았다.

그럼에도, 블롱델이 초월과 내재, 초자연적인 것과 자연적인 것에 접근한 것은 현대성에 관해 거의 일관되게 부정적이던 가톨릭의 일반적 반응에

---

[184] Phyllis H. Kaminski, "Seeking Transcendence in the Modern World", in *Catholicism Contending with Modernity: Roman Catholic Modernism and Anti-Modernism in Historical Perspective*, ed. Darrell Jadock (Cambridge: Cambridge University Press, 2000), p. 121.
[185] 같은 책, p. 124.
[186] 같은 책, p. 125.

중요한 변화가 있음을 시사했다.[187] 블롱델은 계몽주의 철학이 가진 한계에도 불구하고 바로 그 철학에서 자신의 논증을 위한 도움을 발견했다. 어떤 이들은 그의 논증을 "기독교 철학과 신학을 중재하는 것"—종교의 온전함의 손상 없이 종교와 현대성을 화해시키려는 시도—으로 여긴다.[188] 그는 현대적 방법들과 인간성의 강조를 이용해서 인간 경험 안에 "초월의 내재"가 있음을 보여 주려고 했다. 비판자들이 보기에 그는 자연과 초자연의 질서들을 혼동하면서 구별하지 않았다. 당연히 그는 이 비판을 거부했지만, 반(反)현대적 가톨릭 사상이 그것들 사이에 야기한 극명한 이원론을 극복하려 했다. 다른 비판은 그의 철학이 계몽주의적 인간중심주의—하나님 중심이 아닌 인간중심—의 한 예라는 주장이었다. 당연히 그는 이것도 받아들이지 않았다. 그에게 공감하는 학자들에 따르면, 그가 하고자 한 일은 다름 아니라

> 인간들과 사회 안에 있는 초월성의 자취를 판독하는 것이었다.…블롱델이 자신의 논문에서…입증한 것은…우리의 구체적 선택들과 깊은 내면의 열망들의 변증법적 움직임을 따르다 보면 우리는 불완전성을, 즉 우리 자신을 넘어서지 않고서는 해결될 수 없는 자연적 성취 불가능성을 깨닫게 된다는 점이다.[189]

블롱델이 현대주의자가 아님에도 불구하고, 현대주의자들이 그의 철학에서 영감을 받은 이유를 이해하기란 어렵지 않다. 이 점은 이번 장 끝에서 더 분명해질 것이다. 여기서는 그의 사고방식이 외인적 은혜보다는 인간 경험을 더 강조했음을 밝혀 두는 것만으로도 충분하다. 은혜, 초자연적인

---
[187] 같은 책, p. 115.
[188] 같은 책, p. 119.
[189] 같은 책, p. 120.

것, 계시는 인간 존재에 외인적이지 않고 내인적이다.

뉴먼과 블롱델을 통해 가톨릭 현대주의의 출현을 위한 무대가 마련되었다. 하지만 뉴먼과 블롱델의 추종자들 다수는 르와지와 티렐이 현대주의라 알려진 관점을 발전시킬 때 결코 동참하지 않았다. 르와지와 티렐은 뉴먼과 블롱델만큼이나 칸트와 슐라이어마허로부터도 영향을 받은 듯하다. 그리고 그 점 때문에 가톨릭 고위층은 그들을 용서할 수 없었을 것이다.

현대주의자들이 가톨릭 전통주의에 반대하는 공통의 명분을 발견하다

일반적으로 학자들은 세 명의 가톨릭 신학자, 즉 오스트리아 사람인 프리드리히 폰 휘겔 남작(Friedrich Baron von Hügel, 1852-1925), 그리고 르와지와 티렐이 현대주의의 주축을 형성했다는 점에 동의한다. 폰 휘겔의 역할에 관해서는 뒤의 두 명보다 논란이 더 많다. 19세기 신학 연구가인 버나드 리어던은 그를 현대주의 운동의 비주류에 속하는 "결연한 선두 주자"라 불렀다.[190] 그는 가톨릭교회에 대한 흔들림 없는 충성 덕분에 자신의 두 친구이자 동료가 당한 박해를 면했다. 폰 휘겔은 가톨릭 사상가들 사이에서 분명히 진보적 인물이었지만, 형이상학과 (낭만주의 같은) 초월주의 사상도 약간 연구한 신비주의자의 기미도 있었다.[191] 신성 로마 제국의 세습 남작이었던 그는 생계를 위해 일하지 않아도 될 정도의 자산가였으며, 타고난 지성인으로서 독학으로 철학과 신학을 익혔다. 그는 가톨릭교회나 그 어떤 학문 기관에서 직책을 가진 적이 전무했다. 하지만 그는 유럽과 영국 전체에 걸쳐 풍부한 지식과 영적 지혜의 소유자로 널리 인정받았다. 1920년에는 옥스퍼드 대학교에서 명예박사 학위를 받았는데, 가톨릭교도로는 종교개혁 이후 최초의 영예였다. 그는 성인기의 오랜 시간을 잉글랜드에서 보냈으

---

190 Reardon, "Roman Catholic Modernism", p. 158.
191 같은 책, p. 159.

며, 거기서 독일 신학을 영국에 소개하기 위해 부단히 노력했다. 트뢸치를 잉글랜드의 대학교들에 강연자로 초대한 것도 그였다. 그는 죽어서 잉글랜드의 시골 묘지에 묻혔고, 그의 소망에 따라 묘비에는 단지 "하늘에서는 주 외에 누가 내게 있으리요?"라고만 쓰여 있다. 19세기 말과 20세기 초의 많은 기독교 영성 작가들과 신비주의자들은 그를 사색하는 삶을 산 현대의 성자로 여긴다.

폰 휘겔의 현대주의는 그가 기독교를 포함하는 종교의 진정성을 판단할 때 영적 경험을 교의보다 더 중요시했다는 점을 제외하고는 그의 글에 잘 드러나지 않는다. 그의 신학적 저작들 대부분은 현대주의의 위기가 폰 휘겔 자신은 살아남은 출교로 종지부를 찍은 후에 출판되었다. 그의 저서는 대부분이 영성 생활과 관련이 있다. 현대주의에 대한 그의 영향력은 주로 르와지와 티렐을 격려한 것과, 결국 무위로 돌아가기는 했지만 그들이 가톨릭 고위층과 겪는 갈등이 잘 풀릴 수 있도록 중재하려 시도한 것에 있는 듯하다. 여기서 그를 언급하는 주된 이유는 가톨릭 현대주의를 논의하는 경우에 대부분이 그를 가톨릭 현대주의자들 가운데 한 사람으로 언급하기 때문이다.

리어던은 르와지를 "가장 인상 깊은 인물"이라 불렀는데, "그가 현대주의 지도자들 가운데 가장 학식이 높고, 예리하며, 유창했기 때문이다."[192] 그의 1902년 책 『복음과 교회』(*L'Évangile et l'Église*)는 티렐에 의해 "가톨릭 현대주의의 고전적 해설"로 불렸다.[193] 그의 작품들을 관통하는 목적과 목표는 "가톨릭 교리를 당대 사상의 긴급한 요구에 적응시키는 것이었다."[194] 다시 말해, 그는 가톨릭 사상을 아무런 파괴 없이 개혁하기를 원했다.[195] 하지

---

[192] Reardon, *Roman Catholic Modernism*, p. 17.
[193] 같은 책, p. 27.
[194] 같은 책, p. 20.
[195] 같은 책, p. 21.

만 그의 개혁 방법은, 적어도 부분적으로는, 가톨릭 신앙을 현대성에 맞추는 것이었다. 르와지는 파리의 가톨릭 대학교(Insitut Catholique)에서 사제이자 히브리어 교수였지만, 자신의 좁은 학문 분야를 훨씬 벗어나 성서학과 신학 분야의 저서를 출판했다. 그는 학문의 자유의 옹호자였고, 가톨릭 성경 연구와 신학적 숙고를 가톨릭 고위층의 지배로부터 자유롭게 하기 위해 길고 힘든 싸움을 벌였다. 출교 후 르와지는 콜레주 드 프랑스(Collége de France)에서 역사 교수가 되었고, 자신을 "그리스도인이라기보다는 범신론자–실증주의자–휴머니스트"라고 칭함으로써[196] 가톨릭 고위층의 그에 대한 처리를 외관상으로 정당화시켰다.

리어던은 티렐을 "현대주의의 예언자이자 사도이며 가장 돋보이는 순교자"이고 "참으로 종교적 사상가로 뭔가…그 안에 루터의 정신이 있다"고 묘사한다.[197] 그의 가장 중요한 저서는 그가 죽은 후 출판된 『기로에 선 기독교』(Christianity at the Crossroads, 1909)다. 생전에 출판된 책들 중에서 그의 현대주의를 반영하는 가장 영향력 있는 저서는 『중세주의』(Medievalism, 1908)로, 가톨릭 전통주의에 대한 신랄한 비판서다. 그는 예수회 회원으로, 예수회에 의해 잉글랜드 랭커셔주에 있는 예수회 소속 스토니허스트 대학(Stonyhurst College)에 배치되어 신학 교수로서 가르치다가 1906년에 예수회에서 축출되었다. 그는 가톨릭교회에 대한 세속적 비판자들과 개신교 비판자들에 맞서 가톨릭교회를 옹호했지만, 인생 후반의 대부분을 논란으로 보내야 했다. 그의 문제는 그가 가톨릭교회의 거물 신학자들을, 그리고 자신이 반동적이라 여기고 "중세적"이라 이름 붙인 그들의 견해들을 공격한 것이었다. 티렐은 출교되어 성례를 받을 수 없었지만, 한 공감하는 사제가 그의 임종 때 종부성사를 베풀었으며 축성되지 않은 묘역에 안장될 때 성호

---

[196] 같은 책, p. 35.
[197] 같은 책, p. 37.

를 그어 주었다. 이것 때문에 그 사제는 주교로부터 징계를 받았다.

이 현대주의자들의 공통점은 무엇인가? 대다수 학자들이 동의하듯이 그들의 운동이 (바티칸의 묘사와 다르게) 응집력을 갖춘 것이 아니었다면, 왜 그들이 이런 분류로 똑같이 취급되는가? 그들은 두 가지 이유에서 어느 정도 하나가 되었다. 즉 가톨릭 신학의 현상유지에 반대한다는 것과 현대성을 가톨릭 사상으로 통합시킨다는 것이 그것이다. 한 현대주의 연구가는 "그들의 공통성은 그들이 피하고자 한 것에서 주로 기인했다"고 말한다.[198] 그것은 바로 모든 신학적 제안이 "신스콜라주의의 가르침의 기준과 교황의 권위에 대한 무조건적 복종"에 따라 판단되어야 한다는 견해다.[199] 또한 그들은 "성경적·교리적 언명의 무오성" 개념에 반대했는데,[200] 거기에는 (교황을 비롯한) 가톨릭 고위층의 선언들이 포함된다. 그들은 가톨릭교회와 그 신학이 현대성에 비해 형편없이 뒤떨어져 있으며 지식층 교인들을 잃을 위험에 놓여 있다고 보았다. 또한 그들은 가톨릭교회가 독재적이고 억압적이라 여겼고, 교회의 학자들이 새로운 방식으로 사고하며 신학의 새로운 경로를 탐구할 수 있도록 자유롭게 하기를 원했다.

하지만 현대주의자들은 또한 개신교, 특히 하르낙으로 대표되는 자유주의 개신교 신학에 반대했다. 르와지와 티렐은 모두 하르낙을 비판했다. "비록 현대주의자들이 자유주의 개신교의 영향을 받았지만, 그들은 그 견해들이 자신들의 것과 성격이 다르다고 보았다."[201] 그들은 자유주의 개신교가 너무 개인주의적이며, 예수의 가르침이 낳은 자연스러운 결과인 가시적·제도적 교회를 폐기하는 데 너무 열중한다고 보았다.[202] 또한 그들은 기독교의 불변하는 본질을 찾으려는 자유주의적 시도를 환영을 쫓는 것이라고 보았

---

198 Jadock, "Introduction I", p. 3.
199 같은 책, p. 8.
200 같은 책, p. 10.
201 Jadock, "Introduction I", p. 17.
202 Reardon, "Roman Catholic Modernism", pp. 154-155.

다. 그들이 보기에 기독교의 본질은 상이한 문화적 맥락에서 적응하는 능력이었다. 그들은 하르낙이 말하는 "예수의 복음"의 세 가지 영속적 요소들을 포함하는 "교조적 형태의 고착"을 일체 거부했다.[203] 그럼에도 불구하고, 리어던의 다음 지적은 옳다.

> 그들이 개신교 자유주의에 반대했음에도, 그들의 견해를 상당한 정도로 결정한 것은 당대 개신교의 전위적 학자들의 비판과 종교철학이었다. 특히 개신교 자유주의가 무조건적으로 가정한 세속의 "진보주의적" 가치들, 실증주의적 역사관, 성경비평의 기능에 대한 제한된 이해, 기독교 유신론의 원리들과 양립할 수 없는 내재주의적 형이상학에 대한 공감이다.[204]

또한 리어던이 지적하듯이,

> 그들 가운데 있는 특정한 다양성의 측면들에도 불구하고, 현대주의자들은 가톨릭 사상이 의혹이나 노골적 적대감이 아니라…세상의 필요와 문제들에 대한 진정한 이해를 갖고 20세기를 대면하는 과업을 위한 준비를 갖추게 할 지적 갱신을 깊이 갈망했고 이를 촉진하려는 결의를 지녔다는 점에서 하나였다.[205]

또한

현대주의는 현대 사상을 필수적이며 적절한 판단기준으로 이용하면서 종교의 기본 진리들과 현대 사상의 방법과 가정들을 종합하려는 시도로 정의될

---

[203] 같은 책, p. 155.
[204] 같은 책, p. 171.
[205] Reardon, *Roman Catholic Modernism*, p. 12.

수 있다. 그러므로 기독교의 "현대주의적" 해석은…핵심적 교리들과 현대 세계의 과학적 전망을 화해시키려고 시도하는 해석일 것이다.[206]

가톨릭 현대주의자들이 공통의 입장을 발견하다

다시 말해, 가톨릭 현대주의란 고전적 자유주의 개신교와 마찬가지로 현대성에 비추어 기독교를 재구성하려는 시도로, 현대성을 최대한 긍정한다. 적응의 과정 중에서 신앙심을 상실하지 않는 범위 내에서 현대성의 영향력을 최대한 인정하는 것이다. 하지만 교황을 비롯한 가톨릭 현대주의의 비판가들은 가톨릭 현대주의가, 자유주의 개신교 신학과 마찬가지로, 선을 넘었다고 생각했음이 분명하다. 정확히 그 선이 어디에 있는가는 현대 신학의 난제다.

더 구체적으로 말해, 현대주의자들은 교의 혹은 교리가 역사를 통해 발전한다는 견해에서 일치한다. 르와지가 이 문제를 명확히 진술했듯이, "교회의 개념들은 어느 날 하늘에서 떨어지고 신학 전통에 의해 그 본래 형태를 정확히 유지하는 진리들이 아니다.…그것들은 인간적 필요의 산물이며, 인간 관점의 변화를 나타낸다."[207] 르와지의 선언에 따르면, "오직 진리만 불변하며, 우리의 마음에 있는 그 진리의 이미지는 그렇지 않다."[208] 그는 씨앗과 그것이 자란 결과인 나무를 유비로 사용했다. 씨앗은 예수의 신적 사명이며, 기독교는 그 씨앗이 비(非)팔레스타인 세계로 퍼지면서 취한 제도적·교리적 형태다.[209] 이전의 순수한 씨앗으로 돌아갈 수는 없다. 씨앗은 더 이상 존재하지도 않는다. 지금 존재하는 것은, 그리고 씨앗이 심겨진 이래로 존재해 온 것은, 문화와 인간의 필요에 적응한 것들이다.

---

[206] 같은 책, p. 9.
[207] 같은 책, p. 31.
[208] 같은 책, p. 85에 인용됨.
[209] 같은 책, pp. 73-74.

현대주의의 또 다른 공통되고 통일시키는 주제는 종교적 경험이 신학과 교리에 대해 점하는 우위다. 티렐에 따르면, "종교적 교리의 기능은 일차적으로 신적인 것과의 접촉에서 생기는 내향적 정감을 바로잡고 구체적으로 표현하는 것이다. 즉 그 정감을 가능한 한 정확하게 다른 세계의 언어로 기술하는 것이다."[210] 모든 현대주의자에게는 경험이 기독교의 본질이다. 기독교가 어떤 본질을 가진다면 말이다. 왜냐하면 "그리스도는 자신의 진리를 절대적 교리의 형태로 박아내는 것을 훨씬 능가하는 일을 했기 때문이다. 오히려 그는 자신의 진리를 '살아 있는 것으로, 살아 있는 마음에' 뿌려서 '그것이 그곳에서 자라고 열매를 맺고 증식할 수 있도록' 했다."[211] 이는 현대주의자들이 인식하기에도 "전(前)언어적 형태의 진리"가 교리라는 "역사적으로 절제된 공식들"을 통해 "상징적·가변적 표현들"을 불러일으키는 기독교 경험에 있음을 의미한다.[212] 분명히 이 점은, 만일 슐라이어마허에게서 가져 온 것이 아니라면, 적어도 슐라이어마허의 견해와 유사하다. 현대주의자들은 계시를 이런 내적 하나님 경험과 동일시했다. 계시는 신학이나 교의가 아니라, 영혼 안에서 경험되는 하나님이다. 즉 그것은 "인간이 자신과 하나님의 관계를 의식하는 것으로, 정적인 것이 아니라 역동적인 것이다."[213] 티렐은 이런 하나님 경험을 "가톨릭 사상의 진실성을 판가름하는 기준"으로 높였다.[214] 그에게 그것은 "로마 교황청[의] 정치적 책략이 아니라, 진정으로 살아 낸 기독교적 삶의 신비한 경험이다. 실제로 기독교적 생활이 [그가] 종교적 공식[들]의 권위를 판단하는 기준이었다."[215] 그러므로, 현대주의자들이 보기에, 기독교를 포함하는 종교적 신앙의 핵심은

---

210 같은 책, p. 139에 인용됨.
211 Reardon, "Roman Catholic Modernism", p. 167에 인용됨.
212 Daly, "Theological and Philosophical Modernism", p. 108.
213 Reardon, *Roman Catholic Modernism*, p. 34.
214 Rafferty, *George Tyrrell and Catholic Modernism*, p. 14.
215 같은 책.

정통 교의들에 대한 믿음이 아니라, 하나님과의 살아 있는 관계다. 계시는 교회의 공표가 아니라, 신실한 하나님의 백성 안에 있는 신비한 하나님 경험이다. 신학은 교회의 교권에 의해 권위적으로 반포되는 무시간적 진리가 아니라, 인간이 종교적 필요, 경험, 문화에 대한 교의의 적절성을 숙고하는 것이다. 신학은 무엇보다도 실천적이며 기도로 형성되어야 한다. "종교적 믿음은 그것의 기도 가치에 의해 판가름된다."[216]

마지막으로, 현대주의자들은 교리와 교의가 영적 진리의 상징적 재현이지, 있는 그대로의 재현이 아니라는 데 일치했다. 티렐이 말한 대로, 역사적으로 오류인 것이 시적으로는 참일 수 있다.[217] 르와지에게 교의는 계시된 진리의 상징적 표현으로, 그 진리는 개념적으로 표현 이면에 있다. 즉 교의는 경험의 전(前)개념적 진리에 부차적이다.[218] "모든 신학적 언어는 상징적이며 그 궁극적 의미를 파악하기는 매우 힘들다."[219] 아마도 이것이 바티칸의 학자들을 가장 불편하게 만든 현대주의의 주제인데, 왜냐하면 그것은 교리적 공식들을 단순한 상징들로 평가 절하하고 그럼으로써 상대화하는 것처럼 보였기 때문이다. 그리스도인이라 공언하는 누군가가, 예를 들어, 삼위일체 교리를 고백하면서 그것이 단지 상징적일 뿐 하나님에 대한 어떤 종류의 기술도 아니라고 생각할 수 있겠는가? 현대주의자들이 과연 그것을 의미했을지는 의심스럽지만, 바티칸의 신학자들에게는 염려할 이유가 있었는데, 왜냐하면 이런 생각이 자유주의 개신교도들 사이에 흔했기 때문이다. 하지만 현대주의자들은, 최고의 자유주의 개신교도들과 함께, 개념들을 하나님 자신과 동일시함으로써 숭배하는 보수적 경향에 반대했다.

---

[216] Reardon, *Roman Catholic Modernism*, p. 41.
[217] 같은 책, p. 141.
[218] Daly, "Theological and Philosophical Modernism", p. 107.
[219] Reardon, *Roman Catholic Modernism*, p. 34.

르와지가 가톨릭 전통의 권위에 도전하다

르와지의 "바티칸과 벌인 결투"[1924년에 출간된 그의 자서전 제목은 『바티칸과 벌인 나의 결투』(*My Duel with the Vatican*)다]와 관련한 흥미로운 사실 하나는, 그의 파문을 촉발했던 책 『복음과 교회』가 하르낙의 『기독교의 본질』(*What Is Christianity?*)에 대한 비판이었다는 점이다. 이 프랑스 현대주의 신학자는 그 독일 자유주의 신학자의 책을 개인주의적 기독교에 대한 옹호로 해석했다. 여느 충실한 가톨릭 신자처럼, 르와지는 가시적·제도적 교회의 일치를 가치 있게 여겼다. 또한 그는 교의를 교회의 생명을 위해 필요하다고 보았는데, 이는 하르낙이 부인했던 점으로 보인다. 하르낙은 헬라화 논제로, 즉 예수의 단순한 복음이 후대의 교회 전통에 의해 변질되었다는 주장으로 유명했다. 르와지는 당시에 있었던 가톨릭 전통의 "부동성"(不動性)에 대해 비판적이지만, 그는 전통이라는, 그리고 신학의 문화적 적응이라는 개념과 실재를 옹호했다. 그러므로 그에게는 "헬라화"가 반드시 나쁜 것은 아니었다. 교회의 믿음들과 제도적 형태들에서 나타나는 변화도 마찬가지였다. 르와지에게는, 하르낙 및 자유주의 개신교 일반의 생각과는 대조적으로, 초기 기독교는 성장하고 발전하면서 예수와 사도들 당시의 팔레스타인에 있던 그대로 머물러 있지 않을 운명이었다.[220]

르와지가 반대한 것은 교회의 전통이나 제도적 형태들이 아니었다. 모든 개신교도들과 대조적으로, 그리고 가톨릭교회에 대한 충성으로, 그는 기독교를 가시적·제도적 로마 교회와 너무나 동일시했다. 그래서 그가 파문당했을 때 자신이 더 이상 그리스도인이 아니라고 선언했는데, 그가 믿기에 그 교회 밖에는 기독교가 없기 때문이다.[221] 그가 원했던 것은 교회의 개혁이지, 파괴나 포기가 아니었다.[222] 사실 르와지가 교리적 비판과 변화

---

[220] 같은 책, pp. 108-109.
[221] 같은 책, p. 21.
[222] 같은 책.

를 옹호한 의도는 "전통적 가톨릭 사상에 가능한 한 가깝게 머물러 있으면서, 이성과 현대성에 의해 회복할 수 없는 것으로 정죄되었다고 보이는 것만 희생시키려는 것이었다."[223]

르와지는 가톨릭교회를 어떻게 개혁하기 원했는가? 첫째, 그는 "동시대적 사상의 긴급한 요구에 가톨릭 교리를 적응시킴으로써" 그렇게 하려고 했다.[224] 그는 당시의 교회가 현대성을 무시하거나, 그것을 이해하려는 시도 없이 비난만 한다면 곧 시대에 뒤떨어지게 될 것이라고 생각했다. 둘째, 그는 가톨릭 사상에 충성하는 특히 신학자들을 비롯한 학자들을 그것의 위압적 권위로부터 해방시킴으로써 개혁하기를 원했다. 그는 "이성을 바티칸이 아니라 양심의 지배를 받도록 자유롭게 내버려 두기를" 원했다.[225] 그는 "교의가 역사 연구의 결과를 결정하도록 하려는 어떤 시도에도 반대했다."[226] 르와지가 가톨릭 당국의 간섭이나 검열 없이 탐구하고 또 아마도 바꾸기 원했던 교의나 교리에는 어떤 것들이 있는가? 하나는 지극히 중요한 예수 그리스도의 인격에 관한 교리(기독론)다.

자유주의 개신교도들과 대조적으로, 르와지는 451년에 칼케돈 공의회에서 표현된 위격적 연합 같은 기독론의 신조적 정의들이 오류라고 생각하지 않았다. 대다수 자유주의 개신교도들에게 이 특정한 교리는, 즉 예수 그리스도가 한 인격 안에 있는 두 본성의 연합이라는 것은, 콘스탄티누스 황제와 그의 후예들 치하의 교회가 신약에서 발견되는 단순하고 순수한 예수의 복음으로부터 얼마나 많이 벗어났는지 보여 주는 증거였다. 하르낙은 위격적 연합의 교리가 교회의 헬라화에 대한 증거라고 비난했다. 르와지는 동의하지 않았다. 오히려 그는 그것을 교회가 예수에 대한 교회의 신앙을

---

[223] 같은 책, p. 108.
[224] 같은 책, p. 20.
[225] 같은 책, p. 19.
[226] Jadock, "Introduction II", p. 21.

표현하고 이단적 가르침에 맞서 방어하기 위한, 그 시대 그 장소에서 최상의 시도였다고 보았다. 르와지가 반대했던 것은 위격적 연합 같은 교리나 교의가 아니라, 그런 것들을 모든 시대와 문화에서 교정의 여지가 없는 것으로 지극히 높이는 태도였다. 또한 그는 그런 고대의 교의들을 계시된 진리로 보는 교회의 견해에 반대했다. 그에게 고대의 기독론적 공식들은 인간의 창조물이자 상징들이지, 계시된 진리들이 아니었다. 그것들은 "기독교적 삶의 기초를 이루는 신비들의…불충분한…제시에 불과한 것으로" 여겨진다.[227] 그것들은 명제가 아니라 경험의 형태로 오는 계시된 진리들 위에 있는 "보호 덮개들"이다.

르와지는 기독론을 재구성하려 시도하지는 않았다. 그런 기획을 권하고 옹호하기를 원했지만 말이다. 하지만 한 가지는 분명한데, 바로 그가 위격적 연합의 교리를 20세기에 유효하다고 여기지 않았다는 것이다. 기독론에서 그의 초점은 "역사적 예수"와 "신앙의 그리스도" 사이의 관계에 있었다. 많은 자유주의 개신교도들은 이 둘을 서로 대립시키면서, 교회가 그리스도를 경배받기에 합당한 하나님으로 보는 것이 예수의 메시아로서의 자의식에 대한 역사적 탐구 결과와 일치하지 않았다고 주장했다. 르와지는 신학이 역사적 탐구의 예수와 일치하는 신앙의 그리스도에 대한 새로운 시각을 발견하고 그것들을 긴밀한 관계에 두기를 원했다.[228] 다시 말해, 르와지에게는 중세 교회가 그리스도를 '판토크라토르'(Pantokrator, 만물의 지배자)—하늘과 거기에 있는 모든 것의 통치자—로 보는 것이 팔레스타인 농부였던 역사적 예수와 양립할 수 없는 것처럼 보였다. 하지만 이것은 오늘날 역사적 탐구를 통해 발견되는 예수와 양립할 수 있는, 신앙의 그리스도에 대한 더 나은 이미지가 있을 수 없음을 의미하지 않는다. 그가 보기에는 위격

---

[227] Reardon, "Roman Catholic Modernism", p. 163.
[228] Reardon, *Roman Catholic Modernism*, p. 33.

적 연합과 똑같은 방식으로 기능하면서도 현대적 감성과 조화를 이루는 예수 그리스도의 인격에 관한 새로운 교의를 제시하는 것이 기독교 신학자들의 과제였다. 르와지 자신은 그런 식으로 기독론을 재구성하지 않았지만, 후대의 가톨릭 현대주의자 한 사람이 이 일을 했다.[229] 그의 이름은 한스 큉 (Hans Küng, 1928-)이고, 이 책의 10장에서 그의 삶과 그의 신학에 관한 이야기를 할 것이다. 큉이 보기에 오늘날 예수는 사람들 사이에 있는 하나님의 "대리인이자 대표자"로 믿어져야 한다.[230]

티렐이 가톨릭 중세주의와 신학주의를 비판하다

티렐의 저서들 가운데 한 권의 제목은 『중세주의』(1908)이며 그의 파문 무렵에 출판되었다. 그가 말하는 "중세주의"(medievalism)란 교회의 선포를 신적 계시 자체와 동등한 권위를 가진 것으로 대하는 가톨릭교회의 경향을 의미했다.[231] 그가 고안한 용어 "신학주의"(theologism)도 거의 동일한 의미를 지닌다. 그의 주장에 따르면 그것은 신학의 "유사과학"으로, 기독교적 경험인 기독교 신앙의 수수께끼와 신비를 정확히 풀어낼 수 있는 것으로 다룬다.[232] 그것은 신앙을 정통 교리와 동일시하여 정통 교리를 구원에 필수적인 것으로 만드는 것이다. 티렐은 "예수가…구원을 순전히 지적 정확성의 정도에 의존하도록 만들었다고는 상상조차 할 수 없다"고 보았다.[233] 더 자세히 말해, 티렐이 정의한 신학주의란

> 신학자들이 신조의 교의들이나 조항들을 들어서 논증의 원리나 전제로 사용할 때, 신학자들이 그것들을 서로 결합시키거나 신앙 영역의 바깥에 있는

---

[229] 큉은 현대주의 운동에 속하지 않는다. 그럼에도 그는 르와지 및 티렐과 같은 정신을 공유했다.
[230] *On Being a Christian* (New York: Doubleday, 1977), p. 391에 나오는 큉의 기독론을 보라.
[231] Rafferty, *George Tyrrell and Catholic Modernism*, p. 23.
[232] Reardon, *Roman Catholic Modernism*, p. 111.
[233] 같은 책, pp. 115-116.

진리들과 결합시킬 때, 그래서 결론들을 더 연역해 들어가서 그것들을 지키지 않으면…이단이라고 위협하며 강요하는 것이다.[234]

티렐에게는, 르와지에게와 마찬가지로, 계시가 명제로 이루어지지 않는다. 오히려 계시는 "우리의 내적 삶 안에 있는 신적인 것의 자기 현현"이다.[235] 그리고 여기서 그가 말하는 "우리의"란 모든 인간을 의미했다. 그는 모든 사람 안에 신적 임재가 있다고 믿었다. 신학은 이 신적 임재를 담화로 옮기려는 시도이며, 교의들은 신학이 생산하는 것으로서 언제나 불충분하고 상대적이다. 티렐은, 그가 그토록 흠모한 르와지와 마찬가지로, 교리와 교의를 더 깊고 말로 표현할 수 없는 경험적 진리에 대한 상징들로 여겼다.

그렇다면 티렐이 말하는 중세주의란 범주들을 확고하게 만드는 것을 의미하는데, 이는 보수적 신학을, 특히 그의 시대의 가톨릭 신학을 괴롭히는 문제였다. 가톨릭 중세주의는 문화를 무시하면서, 문화의 영향을 받지 않는 영원한 명제적 진리들을 소유한 척한다. 티렐에 따르면, 현대주의는 맹목적 문화 숭배를 피하면서 하나님이 거기서도 역사하며 또한 "문화의 과정이 끝없음"으로 인해 절대적 최후는 있을 수 없다는 것을 인정한다.[236] 헤겔의 영향력은 티렐이 계시를 "단 하나의 동일한 정신의 점진적 발현과 자기구현"과 같은 기술들로 표현하는 것 등에서 분명히 드러난다.[237] 그는 현대주의자와 중세주의자를 다음과 같이 대비시켰다.

> 중세주의자는 교회의 무오성이라는 기계적·정적 관념을 가지고 중세적 종합[교리 체계] 전체를 무차별적으로 정경처럼 만든다. 반면에 현대주의자는

---

[234] 같은 책, p. 111.
[235] 같은 책, p. 112.
[236] 같은 책, p. 165.
[237] 같은 책, p. 147.

궁극적으로 오류 없이 작동하는 과정에 대한 역동적 견해를 가지고, 우리의 최고의 진리조차 오류가 섞여 있다는 생각을 가지고…구별하고 제한하며, 모든 종류의 절대주의를 배격한다.[238]

르와지의 경우와 마찬가지로, 티렐의 현대주의적 신학 방법을 보여 주는 좋은 예는 예수 그리스도의 인격에 관한 교리, 즉 기독론이다. 그가 마음에 품은 이 교리의 재구성은 "기독교 믿음의 표현을 현대 세계가 이해할 수 있는 방식으로 수정하는 것이다."[239] 이 재구성은 신학주의와 중세주의의 오류를, 즉 고대 칼케돈의 정의(위격적 연합)를 시대와 장소를 초월하여 모든 그리스도인에게 참으로 만드는 것을 피해야만 했다. 티렐에게 성육신은 심원한 신비로서, 언어와 개념으로는 완전히 파악할 수 없다. 고대의 언어와 개념이 그 당시에는 매우 타당했더라도, '우시아'(*ousia*, 본질)와 '휘포스타시스'(*hypostasis*, 위격) 같은 그리스 철학의 용어로 사고하지 않는 현대인들에게는 이해하기 어렵다. 그러므로 교회는 신비를 오늘에 맞게 표현할 새로운 상징들을 필요로 한다. 그리고 기독론을 재구성하기 위한 판단기준은 "영혼의 필요"이지, 형이상학적 사변이 아니다.

티렐이 보기에, "그리스도는 신적 본성과 성격을 인간의 본성과 성격의 용어로 가장 완벽하게 번역한 것이다."[240] 그리스도는 "영원한 [이상적] 인간"의 성육신이고, "자신의 인성 안에서 이상적 인성이 실현된 그리스도를 통해 은혜는 이상적 종족, 민족, 혹은 하나님 나라를 서서히 실현하기 위해 사람들 사이에서 퍼진다."[241] 그러므로 티렐에게 그리스도는 모든 성사(聖事, 성례) 중의 성사, 즉 하나님의 은혜의 가시적 수단으로서 가장 탁월한 것이

---

[238] 같은 책, p. 166.
[239] Rafferty, *George Tyrrell and Catholic Modernism*, p. 28.
[240] Reardon, *Roman Catholic Modernism*, p. 130.
[241] 같은 책.

다. 그리스도의 신성이 인성에 대한 예외, 즉 외부로부터의 침입일 필요는 없었다. 오히려 그리스도의 신성은 모든 인간 안에 있는 신적 임재의 강화다. 이러한 수정된 기독론이 윤리적으로 유익할 수 있는데, 왜냐하면 예수를 모든 인간이 달성하기 위해 힘써야 하는 이상으로 간주하기 때문이다. 이것은 자유주의 개신교의 기능적 기독론과 매우 유사하다.

티렐이 현대성에 비추어 재구성하기 원했던 다른 영역의 교리는 지옥이었다. 그는 가톨릭 지옥 교리의 상당 부분이 순전히 사변이라 보았고, 이를 대신해서 "온건한 불가지론"을 주장했다.[242] "['온건한 불가지론']으로 그는 그리스도인들이 하나님의 정의 같은 문제들에 관한 신학자들의 상상적 사변에 대해 어느 정도 유보적 자세를 취해야 한다는 것을 의미했다."[243] 티렐은 보편적 구원의 긍정에 거의 근접했지만, 실제로 주장하지는 않았다.[244] 그에게 문자적 불과 영원한 고통이라는 관념은 현대적 감수성에 거슬리므로, 지옥이 믿어지기 위해서는 재정의가 필요했다.

현대주의가 격렬한 비판을 받으면서도 변화의 씨를 심다

실제로 그런 운동이 있었다고 본다면, 운동으로서의 가톨릭 현대주의는 르와지와 티렐의 파문과 함께 사멸했다. 그들에게 제자들과 옹호자들이 있었지만, 그들은 조금도 이의를 제기하지 못했다. 하지만 '누벨 테올로지'로 분류되는 일련의 20세기 가톨릭 신학자들은 모두, 르와지와 티렐까지는 아니더라도 적어도 블롱델을 상기시켰다. 일부 학자들은 현대주의의 망령이 제2차 바티칸 공의회의 회의실과 복도를 떠돌았다고 믿기도 하지만, 다른 학자들은 공의회의 선언들을 보면 그런 생각이 전혀 근거가 없는 것이라고 치부한다. 하지만 첫째 부류의 학자들이 말하는 것은 현대주의의 영 또는

---

[242] Rafferty, *George Tyrrell and Catholic Modernism*, p. 25.
[243] 같은 책.
[244] 같은 책, pp. 24-25.

정신이다. 현대 세계에 대한 개방의 정신은 제2차 바티칸에서 조심스럽게 수용되었다. 반세기 전의 현대주의가 없이 제2차 바티칸이 존재할 수 있었을까? 이 질문에 답하기는 어렵지만, 적어도 부분적으로라도 현대주의의 영감을 받은 '누벨 테올로지'가 없었더라면 확실히 그것은 존재하지 못했을 것이다.

비록 르와지와 티렐을 거론하지는 않지만, 20세기 말의 몇몇 가톨릭 신학자들은 그들의 영향을 더 직접적으로 받은 듯하다. 한 명은 앞서 언급된 큉으로, 그는 가톨릭교회의 개혁을 위해 지속적으로 활동했고, 그 노력으로 말미암아 1978년에 바티칸으로부터 "가톨릭 신학자가 아니다"라는 선고를 받았다. 큉의 저작들은 현대주의적 관심과 결론을 많이 담고 있다. 특히 현대주의의 영감을 받은 것으로 보이는 다른 가톨릭 신학자들로는 벨기에 사람 에드바르트 스힐레베이크스(Edward Schillebeeckx, 1914-2009)와 미국 사람 데이비드 트레이시(David Tracy, 1939-)가 있다.

현대주의가 비판을 받았음은 두말할 필요도 없다. 현대주의자들은 가톨릭 교권의 모든 공격을 받아야 했다. 하지만 그들이 자신들에게 부과된 이단 혐의들을 모두 실제로 범한 것은 아니었다. 예를 들어 그들은 불가지론의 죄를 범하지는 않았는데, 여기서 불가지론이 하나님의 실제 존재를 포함하는 하나님에 관한 지식을 모두 부정한다는 것을 의미한다면 말이다. 하지만 그들이 하나님은 "자신 안에서 그리고 자신으로" 알려질 수 있음을 부인했던 것은 분명하다. 그들이 보기에 하나님은 역사 안에서 그리고 경험으로 우리와의 관계 안에서만 알려진다. 그들은 형이상학에 반대했는데, 여기서 형이상학이 이성을 사용하여 실재 자체를 파악하기 위해 현상의 장막 이면을 들여다보려 하는 것을 의미하는 것이라면 말이다. 틀림없이 그들은 이 점에서 칸트의 영향을 너무 많이 받았다. 아마도 전통적 정통 기독교와 그들의 가장 근본적 차이는 그들이 자연적인 것과 초자연적인 것 사이에, 자연과 은혜 사이에 있는 선을 흐리게 한 점이다. "초자연적"이라는 범주가 그들에게 어떤 중요한 의미를 지녔다고 보기는 힘들다. 그들은 은혜를 믿었지만, 그들의 강조는 자연 자체의 은혜로움―모든 것 안에 그리고 특히 인간 안에 있는 하나님의 내향적 임재―에 있었다. 이 관점의 문제는 은혜가 은혜이기 위해서는 이유 없는 것이어야―순전히 선물이어야―한다는 점이다. 언제나 이미 모든 것 안에 내재하는 은혜는 값없는 선물보다 가치가 떨어진다.

현대주의자들과 현대 과학에 관해서는 어떤가? 현대주의자들은 계시와 그 진리를 영혼에 대한 하나님의 내향적 임재와 동일시함으로써, 과학을 종교와 신학으로부터 분리하는 자유주의 개신교의 전례를 밟는 경향이 있었다. 칸트적 방식으로 종교와 신학을 윤리학으로 축소하지는 않았지만, 그들은 과학의 참화와 현대성의 산에 영향을 받지 않게 종교를 정의하는 슐라이어마허의 접근 같은 것을 선호했다. 그리고 그들은 가톨릭교회가, 예를 들어, 창세기에 대한 성경 해석을 과학의 확실한 발견들에 적응시켜야 한다고 힘써 주장했다. 분명히 교리적 발전에 대한 그들의 강조는 계몽주의와 계속 진행 중인 과학 혁명을 포함하는 현대성에 더 잘 어울리도록 가톨릭 믿음들을 갱신하려는 욕구로부터 동기를 부여받고 심지어 원동력을 얻었다.

3

보수적 개신교 신학이 정통주의를 현대적 방식으로 방어하다

19세기는 자유주의 개신교 신학의 발흥기였다. 기독교 사상에서 새로운 현상인 이 자유주의 개신교 신학은 계몽주의와 과학 혁명에 기초했으며, 기독교 신학을 예수 그리스도의 복음에 대해 계속해서 충실하면서도 또한 진정으로 현대적으로 만들려 했다. 하지만 모두가 그 시도를 성공적이라고 생각하지는 않았다. 보수적 정통 개신교도들은 자유주의자들의 일부 움직임에 대해 경악했다. 19세기 말과 20세기 초에 미국의 몇몇 교단들은 이단 재판들로 내홍을 겪었다. 주로 이 재판들은 자유주의자들을 신학교에서 몰아내기 위해 보수주의자들이 시작한 것이었다. 하지만 1920년대에 이르러 소위 주류 개신교 교단들에서 상황이 역전되었고, 재판들은 보수주의자들에게 불리하게 돌아갔다. 1925년에 테네시주 데이턴에서 있었던 악명 높은 스코프스 "원숭이 재판"은 진화론을 둘러싼 자유주의와 보수주의 세력 사이의 마지막 결전이었다. 보수주의자들이 재판에서 승리를 거두기는 했지만, 너무나도 큰 대가를 치렀다. 여론의 법정에서 패배하고 만 것이다. 프린스턴 신학자인 그레셤 메이첸(J. Gresham Machen, 1881-1937)은 가장 중요한 근본주의 지성인으로, 1935년에 자신이 속했던 장로교 교단에서 재판을 받고 정직을 당했는데, 적어도 부분적으로는 그가 교단 내의 자유주의 신학의 영향을 계속해서 반대했기 때문이었다.

근본주의가 자유주의 신학에 반대하다

영국 및 미국 개신교 내의 자유주의와 근본주의 논쟁 이야기는 복잡하고 지저분하다. 미국의 경우에, 자유주의 신학에 대담히 그리고 때로는 전투적으로 맞선 보수주의의 부활은 19세기의 가장 중요한 보수적 개신교 신학자인 찰스 하지(1797-1878)의 제자들에게까지 거슬러 올라가는데, 하지는 19세기의 "장로교의 교황"이라 불려 왔다.[1] 하지는 미국 개신교의 본산인 프린스턴 신학교에서 50년 이상을 가르쳤으며, 세 권으로 된 조직신학을 비롯한 많은 책들과 수많은 논문들, 그리고 다른 신학자의 글들에 대한 긴 비판적 평가들을 남겼다. 그는 다양한 교단 출신의 3천 명이 넘는 신학생들을 가르치고, 자신이 살았던 세기의 대부분에 걸쳐 온갖 종류의 자유주의 신학에 맞서면서 전통적 개혁파 정통주의를 옹호했다. 하지만 그는 명백히 현대적 솜씨로 그렇게 했다.

간혹 구(舊)프린스턴 학파 신학(Old Princeton School Theology, 이하 프린스턴 신학)으로 알려진 왕조에서 하지는 두 번째 구성원이었다. 이 유형의 신학은 1812년에 프린스턴 신학교가 세워진 이후로 1929년에 중도적으로 개편될 때까지 이 신학교를 장악했다. [메이첸 같은 보수주의자들은 이 개편을 자유주의 신학으로 기우는 것이라고 보았다. 개편이 있은 지 얼마 후에 그는, 다른 일부의 "망명"한 프린스턴 교수들과 함께, 필라델피아에 확고하게 보수적인 웨스트민스터 신학교(Westminster Theological Seminary)를 설립했다.] 프린스턴 신학 왕조는 아치볼드

---

[1] Paul C. Gutjahr, *Charles Hodge: Guardian of American Orthodoxy* (Oxford: Oxford University Press), p. 3.

알렉산더(Archibald Alexander, 1772-1851)로부터 시작되어 찰스 하지를 통해 지속되고 그의 아들 아치볼드 알렉산더 하지(Archibald Alexander Hodge, 1823-1886) 및 이후의 벤저민 브레큰리지 워필드(Benjamin Breckenridge Warfield, 1851-1921)에게로 이어졌다. 이 왕조의 마지막 인물은 메이첸이었다. 많은 다른 사람들이 하지와 그가 속한 이 왕조를 흠모했지만, 대개 이 다섯 명의 신학자들이 프린스턴 신학의 핵심 집단으로, 근본주의의 배후에 있는 지적 발전소로 여겨진다. 모든 의견을 종합해 보면, 하지가 바로 "이들 중에서 가장 특징적이고 아마도 가장 강력한 대표자였다."[2]

"근본주의"(fundamentalism)라는 용어는 사람들에게 다양한 생각과 감정이 들게 하지만, 이 말이 처음 사용된 것은 영국과 미국에서 자유주의 신학에 반대한 보수적 개신교도들의 운동을 가리키기 위해서였다. 자유주의 신학이 현대성을 최대한 인정하는 것이었다면, 근본주의는 최대한의 보수주의였다. 종교개혁자들로부터 시작해서 자유주의 신학이 발흥하기 전까지 개신교 안에서 군림했던 개신교 정통주의의 유산을 의도적으로, 때로는 전투적으로 보존하고 방어하는 것이었다. 20세기 초에 근본주의는 기본적인 기독교 교리들을 현대성과 자유주의 사상의 산(酸)으로부터 방어했다. 이 명칭의 기원에 관해서는 논란이 많지만, 1910년에 출간된 소책자 시리즈 『근본적인 것들』(*The Fundamentals*)과 관련이 있을 것이다. 이 소책자들에는 자유주의 신학을 비판하고 보수적 개신교 교리들을 옹호하는 중요한 보수적 개신교 신학자들의 논문들이 실려 있었다. 1920년대와 그 이후에 보수주의는 다른 색채를 띠기 시작했다. 즉 분리주의적인, 심지어 동료인 복음주의 그리스도인들로부터도 분리주의적인, 그리고 종종 반지성적인 색채였다. 1940년대부터는 일군의 근본주의자들이 이 운동이 취한 방향에 환

---

[2] David Wells, "The Stout and Persistent 'Theology' of Charles Hodge", *Christianity Today* (August 30, 1974), p. 11.

멸을 느끼고 신복음주의(neo-evangelicalism)라 불리는 더 온건한 형태의 보수적 개신교를 만들어 냈다. 훗날 거기서 "신"(neo)이 빠졌고 복음주의라 알려진 운동이 되었다.[3]

1980년대부터 2010년대에 걸쳐 특히 미국 근본주의자들은 정치적으로 활발하게 되었고, 스스로 복음주의자들이라 부르기 시작했으며, 미디어를 통해 종교적 우파(the religious right)로 알려진 느슨하게 조직된 현상을 만들어 내는 데 산파 역할을 했다. 지난 한 세기를 이어오는 동안 원래의 근본주의와 종교적 우파를 묶어 주는 한 가지는 보수적 개신교 가치들과 교리, 그리고 자유주의 신학을 반대하는 것에 대한 헌신이다. 원래의 근본주의자들 중에는 윌리엄 제닝스 브라이언(William Jennings Bryan) 같은 좌파 경향의 정치인들도 있었다. 요점은, 원래의 근본주의가 정치적으로나 경제적으로 동일하게 보수적이지는 않았다는 것이다. 대다수 미국 근본주의가 보수적으로 된 것은 1980년대 이후다.

원래의 근본주의자들이 찰스 하지와 다른 프린스턴 신학자들을 경외한 것은, 보수적 믿음들을 간직한 최고의 지성이면서 동시에 자유주의 신학자들의 존경도 받았기 때문이다. 옛 근본주의자들이 수용한 기독교 믿음 체계와 접근 방식의 많은 부분은 하지와 프린스턴 신학에서 온 것이다. 어떤 대표적 하지 연구가의 말에 따르면, "하지의 세계관과 독특한 성경 해석은…20세기 개신교 근본주의를 위한 지적 틀을 제공했다."[4]

그렇다면 왜 하지를 현대 신학에 관한 이 책에 포함시켜야 하는가? 많은 사람이 "현대"와 "자유주의"를 동일시하는 오류를 범한다. 실제로 초기의 근본주의자들은 반대자들인 자유주의 신학자들에게 현대주의자들이라

---

[3] 근본주의의 단계들과 그로부터 복음주의가 출현한 이야기는 특히 다음에서 보라. George M. Marsden, *Understanding Fundamentalism and Evangelicalism* (Grand Rapids: Eerdmans, 1991).

[4] John W. Stewart, "Introducing Charles Hodge to Postmoderns", in *Charles Hodge Revisited: A Critical Appraisal of His Life and Work*, ed. John W. Stewart and James H. Moorehead (Grand Rapids, MI: Eerdmans, 2002), p. 2.

는 딱지를 붙여서 이런 현상에 일조했다. 하지만 "현대"가 반드시 "자유주의"에 국한되지는 않는다. 뒤에서 보겠지만, 하지는 보수적 개신교 신학에 대한 자신의 해설과 방어에 분명히 현대적 방법들을 사용했다. 게다가—키르케고르의 예에서 볼 수 있듯이—현대성에 반대하는 것 때문에 현대 신학자의 요건을 충족시킬 수도 있다. 아마도 프린스턴 신학자들은 스스로를 현대적이라 여기지 않았겠지만, 특히 하지는 정확히 현대적 공간에, 현대주의자는 아닐지라도 현대적 태도로 서 있다. 그렇다고 그가 현대성의 모든 것을 수용했다는 말은 아니다. 그는 그렇게 하지 않았다. 하지만, 예를 들어, 그는 진정한 정통 개신교 신학이 어떻게 과학적일 수 있고 또 그래야 하는지 보여 주려고 노력했다. 또한 그는 리드의 스코틀랜드 상식철학에서 많은 것을 받아들였으며 또 의존했다(참고. 1.e.). 비록 리드가 흄에게 대응하고 있었지만, 또한 그는 로크와 경험주의 계통의 계몽주의적 토대주의에 기초해 있었다. 하지도 일종의 토대주의자, 성경적 토대주의자로서 성경 안에 있는 신적 계시가 합리적이라고 논증하는 데 비상한 노력을 기울였다. 그는 현대**주의자**는 아니었지만 많은 면에서 현대적이었다고 말하는 편이 안전할 것이다. 그는 근본주의자였지만, 그 근본주의는 어떤 대표적 복음주의 학자가 "광신적 집단이 된 정통주의"라 부른 것으로 추락하기 전의 근본주의였다.[5]

하지가 개신교 정통주의의 현대적 형태를 구성하다

1872년 4월 24일에 찰스 하지 교수의 프린스턴 신학교 봉직 50주년 기념식이 열렸다. 수백 명의 사람들이 74세의 신학자에게 축하하기 위해 뉴저지의 작은 도시 프린스턴에 모였다. 도시의 상점과 회사는 그에게 경의를 표하는 의미에서 문을 닫았다. 국내와 유럽에서 축전이 쇄도했다. 명사들

---

5   Edward John Carnell, *The Case for Orthodox Theology* (Philadelphia: Westminster Press, 1959), p. 113.

의 찬사가 이어진 후에, 하지는 자리에서 일어나 연설을 시작했다. 그는 자신이 프린스턴 신학교의 학장으로 재직하는 동안에 "어떤 새로운 사상도 이 신학교에서 기원하지 않았다"고 말할 수 있어서 자부심을 느낀다고 분명히 말했다.[6]

지금 이 말을 듣는 사람들은 종종 킥킥대기도 하겠지만, 하지와 그의 동료 및 추종자들에게는 그것이 업적에 대한 진술이었다. 그들을 둘러싼 세계는 변하고 있었고, 기독교는 그들이 보기에 극히 치명적 방식으로 재구성되고 있었다. 특히 자유주의 신학은, 기독교를 현대적으로 만드는 데 대한 관심으로, 신앙을 알아볼 수 없을 정도로 재정의하고 있었다. 적어도 그것이 하지와 그의 집단이 이해하는 상황이었다. 하지만 그들이 혐오했던 것은 단지 자유주의 신학만이 아니었다. 그들은 부흥주의—두 번의 대각성운동에서 비롯된 독특하게 미국적 복음전도와 예배—도 싫어했다. 19세기의 위대한 부흥주의자 두 명을 꼽는다면 찰스 그랜디슨 피니(Charles Grandison Finney, 1792-1875)와 무디(D. L. Moody, 1837-1899)였다. 그들은 소위 새로운 복음전도 방식을 도입했는데, 이는 하지와 그의 충직한 개혁파 일꾼들이 보기에 조작이고 신학적으로 불건전한 것들이었다.[7] 하지와 구파 장로교도들이 본 상황의 심각성을 파악하지 않고는 하지를 이해하기란 불가능하다. 변화의 바람은 익숙한 모든 것을 파괴할 조짐을 보였다. 누군가가 나서서 개신교 정통주의의 전통을 고수하고, 그것을 비기독교적 철학과 (다윈주의 같은) 반(反)기독교적 과학 이론들에 적응하지 않으면서 설명하고 수호해야 했다. 하지가 바로 그 일을 담당할 만한 사람이었다.

---

6 Gutjahr, *Charles Hodge*, p. 363.
7 부흥을 촉진시키기 위해 피니가 제안한 새로운 방법들 중에는 "여자들에게 대표기도를 시키는 것, 이름을 거명하며 기도하는 것, 지역 교회 목사들의 승낙 없이 동네에 들어가는 것, 그리고 회심하게 되리라고 생각되는 사람들을 앉게 해서 부흥회에서 강력하게 설교를 듣게 하는 이른바 '열망의 자리'를 도입하는 것"이 있었다. 같은 책, pp. 162-163.

하지가 성공담의 주인공이 되다

하지는 필라델피아의 의사 집안에서 태어났지만, 그의 아버지는 그가 어린 아이일 때 세상을 떠났다. 빈궁하게 되자 그의 어머니는 식구를 데리고 어디든 생계를 꾸릴 수 있는―주로 하숙과 세탁과 바느질을 할 수 있는―곳으로 이사했다. 하지의 전기 작가는 이런 초기의 힘든 환경이 성인이 된 하지의 성향 형성에 영향을 미쳤을 것이라고 주장한다.

> 변화에 대한 극단적 혐오가 하지의 결정적 특징들 가운데 하나로서, 그의 어린 시절을 특징지었던 불안정성에서 시작되었다고 생각할 수밖에 없을 것이다. 그의 가족의 떠돌이 생활은 가난이 유발하는 스트레스와 함께 작용해서, 하지로 하여금 유서 깊은 전통에 기초한 의례와 관념에 대한 집착을 형성하도록 했으며 다양한 형태의 안정성을 제공했을 것이다.[8]

하지는 그의 어머니가 최종적으로 정착한 프린스턴에서 청소년기의 대부분을 보냈다. 그는 뉴저지 대학(지금의 프린스턴 대학교)과 새로 설립된 프린스턴 신학교(프린스턴 대학교와 관련 없는 장로교 교육기관)에 다녔다. 이 신학교의 신학 교수인 아치볼드 알렉산더는 평생 그의 멘토이자 친구가 되었다. 하지는 자신의 첫째 아들 이름을 그의 이름을 따라 지었다.

신학교 졸업 후 하지는 장로교 교단에서 안수를 받고 곧 신학교에서 가르치기 시작했다. 그는 1822년에 교수로 임명되었고 벤저민 프랭클린(Benjamin Franklin)의 증손녀와 결혼했다. 1825년에는 신학 잡지 「프린스턴 리뷰」(*The Princeton Review*, 지금처럼 축약해서 부르기 전 이름은 *The Biblical Repertory and Princeton Review*)를 창간했으며 40년 동안 편집을 맡았다. 주제가 다양한 많은 분량의 그의 신학적 저작들 다수가 이 잡지에 실린 것들이었다. 그는

---

8 같은 책, p. 22.

장로교 정치에 휘말려 한동안 교단의 총회장으로 일하기도 했다. 부흥주의 및 기독교에서의 경험의 역할을 두고 장로교 구파와 신파가 분열할 때 그는 더 전통적 경향의 구파 편을 들었다. 1826년부터 1828년까지 하지는 유럽을 여행했으며, 독일 대학교들(할레와 베를린)에서 연구하면서 슐라이어마허를 비롯한 손꼽히는 독일 신학자들의 강의와 설교를 들었다. 미국에 돌아왔을 때 그는 독일의 신학과 성경 연구에 완전히 정통한 얼마 안 되는 미국 신학자들 가운데 한 사람이 되었다.

1841년에 하지는 신학적으로도 깊이 있는 베스트셀러 경건 서적 『생명의 길』(The Way of Life)을 출간했는데, 이 책은 거의 모든 개신교 교회 도서관과 가정들에 있는 몇 안 되는 기본 서적들 가운데 한 권이 되었다. 여기에서 하지는 자신의 평생에 걸친 신학적 지향인 칼뱅주의에 편향된 기본적인 개신교 교리와 도덕을 견고하지만 경건하게 설명하고 옹호한다. 하지만 그의 대표작은 1872년과 1874년 사이에 출간된 세 권짜리 『조직신학』(Systematic Theology)이다. 이 책은 20세기 내내 많은 신학교에서, 또 일부 신학교에서는 21세기에도, 조직신학 과목의 기본 교과서가 되었다. 어떤 예리한 하지 연구가의 언급에 따르면, "이 연구서가 복음주의적 믿음들을 형성하는 데 영향을 미쳤고 또 지금도 미치고 있다는 사실은 아무리 강조해도 지나치지 않을 것이다."[9] 앞의 두 책들 사이에 하지는 많은 성경 주석들을 썼다. 그의 마지막 저서는 『다윈주의란 무엇인가』(What Is Darwinism?, 1874)였는데, 이 책에서 그는 다윈의 자연 선택 이론을 단호히 배격했지만 그러면서도 지적 설계를 포함한 일부 유형의 진화를 완전히 거부하지는 않았다. 그는 다윈주의, 자연 선택 이론을 "무신론"이라고 선언했다.[10] 하지는 현대 과학을 섭렵했지만 그럼에도 무엇을 믿어야 할지에 대해서는 비판적

---

9   Wells, "Stout and Persistent 'Theology' of Charles Hodge", p. 10.
10 Mark Noll, ed., *The Princeton Theology: 1812-1921* (Grand Rapids: Baker, 1983), p. 152에 수록된 *What Is Darwinism?*의 발췌문 중에서.

이고 선별적이었다. 그는 오래된 지구 이론을 지질학에 근거한 사실로 받아들였지만, 자연 선택은 단지 이론일 뿐이라며 배격했는데 "인간이 자연에서 차지하는 위치에 관해 다윈주의가 함의하는 것들" 때문이었다.[11] 다시 말해, 그는 다윈주의가 참이라면 인간은 고도로 진화된 동물에 불과하다고 논증했다. 그는 자연 선택을 성경적 기독교와 통합할 방법을 전혀 찾을 수 없었다.[12]

오랫동안 하지를 연구한 학자들의 몇 가지 간략한 설명은 그의 신학을 당시의 다른 신학자들 및 철학자들과 나눈 대화 및 때로는 논쟁에 비추어 해명하는 데 도움이 될 것이다. 한 연구가에 따르면 "하지는 구조를 깊이 탐구했고 모호함을 일절 거부했다."[13] 이 연구가는, 하지의 손자를 포함하는 잘 아는 사람들에 따르면, 이 프린스턴의 교수가 인정 많고 사교적이고 인기가 높았던 사람으로서 많은 친구들과 흠모하는 사람들이 있었음을 언급한다.[14] 또한 그의 지적에 따르면 하지는 "19세기의 거대한 지성적 흐름과 깊이 불화했으며",[15] 종종 "너무 많이 믿는" 것처럼 보였다.[16] 다른 하지 연구가는 하지의 "거들먹거리는" 기질을 언급한다.[17] 이 논평가는 하지가 자신이 동의하지 않는 신학자들에게 보인 반응을 다음과 같이 기술한

---

[11] Ronald L. Numbers, "Charles Hodge and the Beauties and Deformities of Science", in *Charles Hodge Revisited: A Critical Appraisal of His Life and Work*, ed. John W. Stewart and James H. Moorehead(Grand Rapids: Eerdmans, 2002), p. 100.

[12] 이 장의 후반부에서 보겠지만, 하지는 반과학(antiscience)은 아니었다. 하지만 그는 과학의 증명된 사실들과 이론들을 구분하는 것을 강조했고, 이론들을 자신이 성경적 가르침으로 본 것을 기준으로 삼아 판단했다. 하지의 프린스턴 후임자인 B. B. 워필드에게는 동일한 문제가 없었다. 그는 유신론적 진화를 수용했다. 참고. David N. Livingstone, *Darwin's Forgotten Defenders: The Encounter Between Evangelical Theology and Evolutionary Thought* (Vancouver, BC: Regent College Publishing, 1984).

[13] Steward, "Introducing Charles Hodge", p. 10.

[14] 같은 책.

[15] 같은 책, p. 22.

[16] 같은 책, p. 36.

[17] James Turner, "Charles Hodge in the Intellectual Weather of the Nineteenth Century", in *Charles Hodge Revisited: A Critical Appraisal of His Life and Work*, ed. John W. Stewart and James H. Moorehead (Grand Rapids: Eerdmans, 2002), p. 43.

다. "당시의 격론을 기준으로 보아도, 하지는 지고한 판결을 선언하고 그에 따라 지상의 열등한 인간들에게 벼락을 치는 제우스처럼 유별나게 행동했다."[18] 당시에 하지를 흠모한 사람이 남긴 기록에 따르면, 하지는 어릴 때 죄를 지은 적이 있느냐는 질문에 13세 혹은 14세 때 한 번 욕을 한 적이 있지만 즉시 회개했고 다시는 그러지 않았다고 대답했다.[19] 마지막으로, 하지의 제자 중에서 가장 저명하고 영향력 있던 워필드는 그의 선생의 강의 습관에 대해 다음과 같이 회상했다.

선생님이 언제나 놀라울 정도로 적절한 기도를 드리고 우리가 착석한 후에, 선생님은 손때 묻은—메모가 하나도 없는 게 분명한—헬라어 성경을 펴고 잠시 그 구절을 보고는 이내 다시 고개를 들고 눈을 감은 채 강해를 시작했다. 선생님이 다시 성경에 눈을 돌리는 일은 거의 없었다. 분명히 본문이 글자 그대로 머리 안에 있었고, 강해할 문제는 손아귀에 쥐고 있었다. 흐름의 끊김 없이 선생님의 강해는 단순하고 명확하고 설득력 있고 한결같이 경건하게 한 주제에서 다른 주제로 이어졌다. 간혹 선생님은 잠시 멈추고 예화를 제시했다. 간혹 불현듯 몸을 앞으로 기울이며 눈물이 글썽이는 큰 눈으로, 잃어버린 죄인들에 대한 하나님의 사랑이라는 막 떠오른 추론을 역설했다.[20]

많은 사람이 하지가 반대자들의 견해를 이해한 것과, 그들을 반박한 방식과, 그 자신의 전제에 대한 의식이 없는 것으로 보이는 것에 의문을 제기했지만, 그의 정직함이나 진정한 경건을 의심한 사람은 거의 없었다. 기독교를 정의해 달라는 물음에 그는 다음과 같이 답했다.

---

18 같은 책, p. 42.
19 Wells, "Stout and Persistent 'Theology' of Charles Hodge", p. 11.
20 Stewart, "Introducing Charles Hodge", p. 18.

객관적으로 고려하건데 기독교는 하나님의 아들에 관한 하나님의 증언이며, 우리 주 예수 그리스도를 통한 인간의 구원에 관해 성경에 담긴 진리의 계시 전체다. 주관적으로 고려하건데 기독교는 영혼 안에 있는 그리스도의 생명, 즉 그리스도 안에 기원을 두고, 그의 인격과 사역에 관한 계시에 의해 결정되고, 그의 성령의 내주에 기인하는 영적 생명의 형태다. 한 가지[첫 번째] 의미에서 우리는 기독교가 교리라는 것을 단언할 수 있고, 다른[두 번째] 의미에서 기독교가 생명이라는 것을 동등하게 단언할 수 있다.[21]

종합하자면, 하지는 참된 기독교가 경험과 교리 모두라고 여겼던 깊이 경건한 사람이었다.

하지가 개혁파 스콜라주의와 신앙고백주의의 영향을 받다

하지는 자기 자신의 전제들에 대해 마땅히 그래야 하는 만큼 늘 의식하지는 않았다. 그는 자신이 그리스도인으로서 믿었던 모든 것이 성경 속에서나 웨스트민스터 신앙고백(대교리문답과 소교리문답을 포함하는 표준적 장로교 신앙의 진술들)의 표현에서 뚝 떨어졌다고 생각했던 것 같다. 하지만 그를 연구하는 학자들은 이전의 신학과 철학의 경향들이 그의 신학적 숙고에서 작용하는 것을 종종 인지했다. 그것들 중에서 가장 두드러진 것은 개혁파 신앙고백주의, 더 나아가 개혁파 스콜라주의, 그리고 스코틀랜드 상식실재론(리드)이다.

개혁파 스콜라주의가 한 유형을 이루는 개신교 스콜라주의는 종교개혁 이후에 일어난 신학 접근법이다. 종교개혁은 여러 면에서 가톨릭 스콜라주의에 대한, 더 나아가 스콜라주의 자체에 대한 반작용이었다. 원래 "스콜라주의"(scholasticism)란 "학교들의 신학"을 의미했는데, 여기서 학교들은 중세

---

21 같은 책, p. 8.

의 대학들을 가리킨다. (때때로 학교들은 대학이 출현하기 이전의 수도원적 교육 기관들을 포함하기도 한다.) 하지만 이후에 "스콜라주의"는 그곳에서 사용되던 신학 접근법을 가리키게 되었다. 즉 기독교 교리에 관한 모든 상상할 수 있는 질문에 답하기 위해 종종 사변을 사용했던 고도의 논리적, 합리적 신학 방법이다. 이 신학을 희화화한 하나의 극단적 예는 "얼마나 많은 천사가 바늘 끝에서 춤출 수 있는가?"라는 질문이다. 하지만 거의 대부분의 스콜라 학자들은 더 중요한 문제들을 매우 상세히 검토하고, 계시에 천착하면서 논리를 사용해 그것들에 답하는 데 노력을 기울였다.

스콜라주의에 대한 최고의 예는 토마스 아퀴나스다. 그는 파리 대학교에서 가르쳤으며 기독교 철학과 신학에 관한 방대한 책들을 썼다. 그의 대표작은 『신학대전』(Summa Theologica)으로, 신과 구원에 관한, 그리고 그와 관련하여 사고력 있는 그리스도인들이 관심을 갖는 모든 주제에 관한 질문과 대답으로 이루어진, 여러 권의 엄청나게 두꺼운 책들이다. 토마스는 성서나 기독교 전통에서 대답하지 않은 질문들에 대답하기 위해 고대 그리스 사상가인 아리스토텔레스의 철학을 사용했다. 때때로 그는 성경을 해석하기 위해 (그리스도 한참 전에 살았던) 아리스토텔레스에 의지했다. 하지만 토마스를 스콜라주의의 본보기로 만든 것은 그의 신학의 건축학적 구조였다. 그것은 마치 모든 부분이 다른 부분들에 필수적인, 하나의 토대 위에 지어진 거대한 중세 대성당과도 같다. 다시 말해, 극도로 체계적이다. 모든 생각이 다른 생각들에 논리적으로 의존한다. 적어도 그것이 스콜라주의 사상의 이상이었다. 과연 누군가가 그 이상을 성취했는지 여부는 미지수다.

루터, 츠빙글리, 칼뱅 같은 종교개혁자들은 많은 것을 그냥 신비로 남겨두었다. 루터와 츠빙글리는 이성에 대한 태도를 달리했지만 모두 조직신학 책을 쓰지 않았다. 루터는 이성을 거부했으며 신비 안에 머물기를 즐겼는데, 그에게 신비는 하나님의 초월에 대한 표시였기 때문이다. 츠빙글리는 철학과 논리에 많이 의존했지만 중세 때 있었던 것과 같은 기독교 사상 체계를 구성하려 하지는 않았다. 칼뱅은 『기독교 강요』(Institutes of the Christian Religion)를 썼는데, 이 책은 기독교 교리들을 제시하면서 하나님에 관한 많은 것을 신비의 영역에 남겨 두었다는 점에서는 스콜라주의적이지 않았다. 『기독교 강요』는 칼뱅이 해석한 성경적 교리의 훌륭한 요약이었지만, 스콜라주의적 방식으로 체계적이지는 않다. 종교개혁자들은 스콜라주의를 경멸했으며 (그들이 보기에) 중세 가톨릭교회의 교리적 오류들의 많은 부분을 스콜라주의 탓으로 돌렸다.

하지만 종교개혁 후에 많은 루터파 및 개혁파 신학자들은 논리에 지나치게 의존하는 스콜라주의 같은 신학 체계들을 구성해서, 첫 종교개혁자들이 신비의 영역에 남겨 둔 질문들에 대답하려고 했다. 그 한 예가 개혁파 신학자들 사이에서 있었던 신적 작정들(divine decrees)의 순서에 관한 논쟁, 즉 타락 전 예정설(supralapsarianism)과 타락 후 예정설(infralapsarianism) 사이의 논쟁이었다. 이 논쟁의 기저에 있는 문제는, (시간이 아닌) 하나님의 의도에서, 세계와 인간을 창조한다는 하나님의 작정이 먼저인지 혹은 선택받은 자를 구원으로 예정하고 유기된 자를 지옥으로 예정하는 하나님의 작정이 먼저인지 여부다. 개혁파 신학의 각각의 학파(츠빙글리와 칼뱅의 후예)는 신적 작정들의 순서를 놓고 서로 다른 주장을 폈다. 비스콜라주의적 개신교도라면 그것을 성경에서 떠나게 하고 사변으로 이끄는 무익한 노력이라 불렀을 것이다. 하지만 개신교 스콜라주의자들은 그것을 중요한 질문으로, 하나님의 절대 주권(타락 전 예정설)과 하나님의 선의(타락 후 예정설) 중에서 선택하는 데 필수적이라 보았다. 칼뱅 연구가들 사이에서 인기 있는 질문은, 칼뱅이 이 논쟁에 연루될 정도로 오래 살았다면 어느 편을 들었겠는가 하는 것이다. 많은 칼뱅 연구가는 칼뱅이라면 양측에게 경고해서, 과도한 사변과 논리를 사용해 하나님의 신비를 들여다보지 말도록 했으리라고 본다.

하지는 프린스턴 신학교 학생 시절에, 필수과목인 조직신학을 통해 개혁파 스콜라주의의 영향을 크게 받았다. 하지 자신의 『조직신학』도 프란키스쿠스 투레티누스의 고도로 스콜라주의적 『변증 신학 강요』(*Institutio Theologiae Elencticae*)의 수정이었다.[22] 당시의 대다수 신학 저서들처럼 투레티누스의 책도 라틴어로 쓰였다. 프린스턴 신학교의 학생들은 세 권으로 된 이 책의 상당 부분을 암기해야만 했다. 투레티누스의 스콜라주의는 이전의 개혁파 신학에 있는 모든 느슨한 결말을 분명히 매듭지으려는 그의 바람에서 잘 나타난다. 그는 성경무오설의 강력한 옹호자였는데, 그가 말하는 성경무오설이란 성경이 하나님의 말씀이고, 하나님이 성경의 궁극적 저자이기 때문에, 성경에는 실수나 불일치나 모순이 있을 리가 없다는 것을 의미한다.[23]

하지만 투레티누스는 자신의 성경 무오성 교리의 문제를 인지했다. 모호한 부분들은 어떤가? 어떤 성경 본문이 의미하는 바를 정확히 아는 것이 불가능하다면, 성경 안에 오류들이 있는지 없는지를 어떻게 확인할 수 있는가? 그리고 성경에서 가장 오래된, 히브리어로 된 책들의 본문에는 모음이 없다는 문제가 있었다. 원래 히브리어가 모음을 사용하지 않기 때문이다. 투레티누스 당시의 최상의 히브리어 성경 본문은 7세기부터 10세기까지 거슬러 올라가는 소위 마소라 본문이었다. 마소라 편집자들이라고 알려진 일군의 유대교 학자들이 (그리스도인들이 구약성경이라 부르는) 히브리어 본문에 모음을 달았다. 투레티누스가 직면한 문제는, 모음 부호들이 첨가된 이 히브리어 본문들이 원래의 영감 받은 예언자들이 쓴 것을 반영하는지 우리가 어떻게 신뢰할 수 있는가 하는 것이었다. 투레티누스는 본문의 의미를 고정하기 위해 마소라 편집자들이 첨가한 모음 부호들이 영감을 받았다고, 혹은 마소라 편집자들이 하나님의 영감을 받아서 정확한 모음 부호

---

22 Wells, "Stout and Persistent 'Theology' of Charles Hodge", p. 15.
23 하지가 사용한 "오류불가능성"(infallibility)이라는 단어는 그의 추종자들이 "무오성"(inerrancy)이라고 명명한 성경의 정확성 개념을 가리키는 말이다. 일부 보수적 신학자들은 두 용어를 구분한다. 하지가 그랬을 것 같지는 않다.

들을 오류 없이 첨가했다고 주장했다. 그렇지 않았다면, 예언자들이 구약의 부분들을 쓸 때 무엇을 의미했는지 또는 현존하는 최상의 구약 본문들이 실제 무엇을 의미하는지 확신하는 것이 불가능한 경우들이 생긴다. 분명히 투레티누스는, 참으로 스콜라주의적 방식으로, 이런저런 것들을 고정시키고 모호성을 최대한 제거할 작정이었다. 하지만 성경의 신적 영감을 마소라 편집자들에게까지 확대하겠다는 생각은 그의 많은 동료와 흠모하는 사람들에게조차 지나친 것으로 보였다.

하지도 그 정도로 투레티누스를 따르지는 않았지만, 그를 열렬히 흠모했고 그의 신학의 영향을 강하게 받았다. 하지는 투레티누스와 다른 개혁파 스콜라주의들에 관한 논평에서 다음과 같이 말했다. "이 고풍스런 저자들에게 수많은 잘못이 있을 수 있다. 그들은 경직되어 있고 장황하고 인위적이다. 하지만 그들에게는 한 가지 큰 장점이 있는데, 언제나 그들은 자신들이 의미하는 바를 우리가 이해하도록 한다는 것이다. 그들의 분위기는 차갑고 매섭지만, 명확하다."[24] 여기서 그는 투레티누스의 신학을 자신이 공상적이고 모호하다고 본 당대의 낭만주의 개신교 신학과 대조하고 있지만, 자신의 신학을 설명하는 것일 수도 있다.

투레티누스처럼, 하지만 아마도 그보다는 온건하게, 하지도 동시대의 영어권 개신교 그리스도인들이 고도로 체계적 형태의 기독교 교리 개요서를 갖기를 바랐다. 그의 『조직신학』은 진리에 대한 그러한 스콜라주의적 사고방식을 일부 반영한다. 하지 연구가 한 사람은 그의 신학 접근법을 "합리적 정통주의" 또는 "초자연적 합리주의"라 부르면서,[25] 다음을 의미했다.

---

24 Noll, *Princeton Theology*, p. 116에 인용됨.
25 E. Brooks Holifield, "Hodge, the Seminary and the American Theological Context", in *Charles Hodge Revisited: A Critical Appraisal of His Life and Work*, ed. John W. Stewart and James H. Moorehead (Grand Rapids: Eerdmans, 2002), p. 123.

진리는 [하지에게] 하나의 통일체였으며, 또한 신학의 진리들은 (신학이 권위 있는 계시에 의존한다는 점을 제외하고는) 과학이나 철학의 진리들과 동일한 논리적 위상을 지녔다. 계시가 이성에게 말해졌다. 즉 계시는 이성을 전제했는데, 이 이성은 증거들을 검토함으로써 계시의 신뢰성을 판단할 임무를 가졌다.[26]

하지 자신이 말했다. "계시는 진리를 정신에 전달하는 것이다. 하지만 계시의 전달은 계시를 받을 능력을 전제한다.…진리들은, 신앙의 대상들로 받아들여지기 위하여, 지성적으로 파악되어야만 한다."[27] 계속해서 그는 자신이 말하는 "지성적으로 파악된다"는 것과 계시를 받을 능력이 무엇을 의미하는지 설명했다. 이성은 계시의 신뢰성을 판단해야 할 뿐 아니라,[28] 또한 어떤 것을 믿는 것이 가능한지 판단하는 기준이다. 신학에 적용되는 이 기준에는 두 가지 원칙들이 있다. "하나님이 도덕적으로 그릇된 것을 하거나, 용인하거나, 명령하기는 불가능하다."[29] 하지에게 이것은 공리의 위상을 차지하는 것으로 보인다. 다시 말해, 그는 그것을 선험적으로 참이라 여긴다. "우리에게는 하나님이 우리에게 믿으라고 명할 수 없는 것은 모두 거짓으로 거부할 권리가 있다. 하나님이 우리에게 그릇된 것을 하라고 명할 수 없듯이, 터무니없는 것을 믿으라고 명할 수도 없다."[30] 다음으로 하지는 신학에 적용되는 이성의 두 번째 판단기준인 비모순율을 단언한다. "하나님이 직관이든, 경험이든, 이전의 계시든 모든 제대로 입증된 진리와 모순되는 어떤 것을 참이라고 계시하는 것은…불가능하다."[31]

이것은 하지가 이해하고 지식에 이르는 접근법으로 기술한 합리주의

---

26 같은 책.
27 Charles Hodge, *Systematic Theology*, 3 vols. (Grand Rapids: Eerdmans, 1973), vol. 1, p. 49.
28 같은 책, vol. 1, p. 50.
29 같은 책, vol. 1, p. 51.
30 같은 책, vol. 1, p. 52.
31 같은 책, vol. 1, p. 51.

(rationalism)가 아니다. 그가 보기에 합리주의(Rationalism, 하지는 합리주의를 언제나 대문자로 썼는데, 아마도 합리주의를 자신이 사용하는 이성과 구별하기 위해서다)는, 사람이 계시나 신앙의 도움 없이 이성만으로 발견할 수 없는 것을 믿어서는 안 되며 실제로 알 수 없다는 믿음이다. 그것은 권위에 의지해서, 심지어 하나님의 권위에 의지해서도, 어떤 것을 믿기를 거부한다. 그는 합리주의를 다음과 같이 기술했다.

> 합리주의는 인간 지성이 모든 진리의 척도라고 상정한다. 이것은 인간이라는 피조물 편에서의 미친 가정이다. 만약 아이가 자기가 이해할 수 없는 것을 부모의 약속에 의지해 무조건적 확신을 갖고 믿는다면, 분명히 인간도 자기가 이해할 수 없는 것을 하나님의 약속에 의지해 믿을 수 있을 것이다.[32]

이제 문제가 무엇인지 분명하게 보인다. 하지의 신학을 "초자연적 합리주의"라고 부른 학자의 지적대로, "그는 아슬아슬하게 곡예를 했다."[33] 분명 그는 가장 극단적 의미의 합리주의를 받아들이지 않았지만, 기초적 합리주의에 대한 그 자신의 정의에 따른다면 일종의 합리주의자로 여겨져야 할 것인데, 왜냐하면 무엇을 믿는 것이 가능한가에 대한 그의 공리들은 인간 지성을 계시가 말할 수 있는 것을 판단하는 기준으로 삼았기 때문이다. 이런 측면에서, 하지는 스콜라주의 같은 신학 접근법을 수용하는 것처럼 보였다. 루터 또는 심지어 칼뱅이 이런 공리들을 하나님이 인간들에게 믿으라고 요구할 수 있는 것을 판단하는 기준으로 삼았으리라고 상상하기는 불가능하다. 키르케고르는 하지를 스콜라주의자**이면서** 합리주의자라고 여길 것이다.

---

[32] 같은 책, vol. 1, p. 41.
[33] Holifield, "Hodge, the Seminary and the American Theological Context", p. 123.

하지가 투레티누스의 영향을 받은 또 다른 방식은 그들이 공유한 개혁파 신앙고백주의다. 투레티누스는 스위스 사람이었고, 그래서 그의 신학의 교리적 내용은 주로 제1·2스위스 신앙고백에 의해 결정되었다. 이 두 가지 신앙고백은 16세기 스위스 개혁파 교회 지도자들이 작성한 개혁파 신앙의 선언들이다. 『변증 신학 강요』의 저자였던 투레티누스는 1675년에 스위스 일치신조(Helvetic Consensus)의 작성을 도왔다. 이 일치신조는 고(高)칼뱅주의 교리를 약화시킨다고 여겨지던 일군의 프랑스 개혁파 신학자들에 반대해 이중예정과 제한 속죄 교리를 재확인한 교리 선언이다. 투레티누스의 신학은 단지 고전적 칼뱅주의를 해설하려는 의도에서 나왔다. 마찬가지로, 하지의 『조직신학』은 그가 속한 교회의 개혁파 교리적 신앙고백들에, 즉 웨스트민스터 신앙고백 및 웨스트민스터 대교리문답과 소교리문답에 충실했다(후자는 잘 알려진 것처럼 "인간의 최고 목적은 무엇입니까?"라는 질문과 "인간의 최고 목적은 하나님을 영화롭게 하고 영원히 그를 즐거워하는 것입니다"라는 답변으로 시작한다). 하지의 교리들에는 현대적인 것이 들어 있지 않으므로 여기서는 다루지 않을 것이다. 그것들은 장로교와 개혁파 신앙고백들에 대한 그의 재진술이자 변호였다.

하지가 스코틀랜드 상식실재론의 영향을 받다

거의 모든 하지의 신학 논평가들은 하지의 신학이 리드의 스코틀랜드 상식실재론(이하 스코틀랜드 실재론)에 의존한다는 사실을 언급한다. 아마도 하지는 그것을 철학이라고, 특히 계몽주의의 일부라고 생각하지 않았을 것이다. 스코틀랜드 실재론의 한 측면은, 모든 보통의 인간이라면 정신 외부에 실제로 있는 그대로의 진리를 아는 특정한 타고난 능력을 가졌다고 믿는 것이다. 스코틀랜드 실재론의 옹호자들은 이 점을 흄이나 칸트의 것 같은 회의주의와 사변에 오염된 철학에 대한 저항이라 여겼다. 하지는 자신의 신학이 철학에 의존한다고 생각하지 않았지만, 그렇다고 모든 철학에 반대한 것도 아니었다. 한편으로 그는 "철학으로 여겨지는 것들의 대부분은…단지 인간의 사변일 뿐이다"라고 말했지만,[34] 다른 한편으로는 "모든 것은 [그의 체계 안에서]…[그것이] 합당하게 요구할 수 있는…철학에 귀속된다"고도 말했다.[35] 하지가 신학을 하고 기독교를 옹호하는 방법을 주의 깊게 검토하면, 철학적 문제들에 대한 그의 명백한 무관심에도 불구하고 스코틀랜드 실재론의 영향이 나타나며, 아마도 그는 이 점을 부인하지 않을 것이다.[36] 당시 그의 추종자들 가운데 한 사람에 따르면, 그는 "자신도 모르게" 스코틀랜드 실재론을 "흡수"했다.[37] (그가 홀로 그렇게 한 것은 아닌데, 스코틀랜드 실재론이 19세기 미국에 만연해 있었기 때문이다.) 여기서 잠시 스코틀랜드 실재론이 정확히 무엇인지 상기시키는 내용을 간단히 덧붙이는 게 도움이 될 것 같다. "대체로 스코틀랜드의 인식론은 정적(靜的)이다. 정신이 외부 세계를 안다는 것이다. 정신은 그 자체로 실체적이다. 즉 일정한 특징이나 성격들을 갖는 종류의 것이다.…과학적 지식을 얻기 위해 자연철학자는 일정한 규칙들을 다소 기계적으로 따른다."[38]

하지가 스코틀랜드 실재론의 영향을 받았다는 한 증거는, 그가 인간의 본성 안에 심겨진 일정한 "믿음의 법칙들"(laws of belief)에 반복해서 호소한다는 점이다. 하지는 이것들을 높이 평가하며 계시 자체에 버금가는 아주 중요한 지위로 끌어 올렸다. 하지는 사도 바울이 고린도의 그리스도인들에게 예언들을 분별하라고 권면한 것을 언급하면서 "우리는 영들을 분별해야 한다"고 썼다. "하지만 기준 없이 어떻게 우리가 분별할 수 있겠는가? 또한

---

34 Hodge, *Systematic Theology*, vol. 1, p. 58.
35 같은 책, vol. 1, p. 59.
36 Wells, "Stout and Persistent 'Theology' of Charles Hodge", p. 15.
37 David Wells, "Charles Hodge", in *The Princeton Theology: Reformed Theology in America*, ed. David Wells (Grand Rapids: Baker, 1989), p. 58.
38 Bruce Kuklick, "The Place of Charles Hodge in the History of Ideas in America", in *Charles Hodge Revisited: A Critical Appraisal of His Life and Work*, ed. John W. Stewart and James H. Moorehead (Grand Rapids: Eerdmans, 2002), p. 69.

우리 본성의 법칙들과 입증된 하나님의 계시 이외에 어떤 다른 기준이 있을 수 있는가?"[39] 『조직신학』 서두에서 하지는 자신의 신학 방법이 "우리 본성의 구조 안에 주어진" 일부 가정들과 함께 시작된다고 말함으로써 자신이 스코틀랜드 실재론에 의존하고 있음을 드러낸다.[40] 인간 본성의 한 가지 법칙은 "우리는 증거 없이 믿을 수 없다"는 것이다.[41] "신앙은", 그가 쓰는 바에 따르면, "맹목적, 비합리적 동의가 아니라 적절한 근거들 위에서 진리를 지적으로 수용하는 것이다."[42] 그가 스코틀랜드 실재론에 빚지고 있음은 다음의 진술에서 분명히 드러난다. "하나님의 말씀은 하나님의 권위와 명령 때문에 믿어져야 하는데, 그것들은 자연의 작품들 안에서 드러난 하나님의 완벽성과 유사한 방식으로 스스로를 드러내고 있다."[43] 다시 말해, 자연과 그것을 있는 그대로 파악하는 우리의 능력에 자기 입증적 측면이 있듯이, 성경 안에 있는 하나님의 계시에도 자기 입증적 측면이 있다. 그 계시의 의미는 편견 없이 접근하는 누구에게나 열려 있고 명확하다. 두 경우 모두에서 진리는 정신 외부에 있으며, 바른 정신 활동의 일정한 법칙들 때문에 실제 있는 그대로 파악되고 이해될 수 있다.

아마도 하지가 스코틀랜드 실재론에 의존하고 있음을 보여 주는 가장 분명한 예는, 그가 모든 합리적 사람들이 사실로 알고 있는 것에 자주 호소한다는 점이다. 그에게는, 리드를 비롯한 상식실재론자들에게 그렇듯, "지나치게 복잡하지 않은 문제들의 경우에는 일반적 사람들의 집단 판단이 진리를 판단하는 시금석이다."[44] 어떤 진리들은 자명하고 직관적이며 모든 보통 사람들이 그것들에 동의한다. 이 책 1장에서 제시한 예(참고. 1.e.)는 다른

---

39 Hodge, *Systematic Theology*, vol. 1, p. 53.
40 같은 책, vol. 1, p. 9.
41 같은 책.
42 같은 책.
43 Noll, *Princeton Theology*, p. 134에 인용됨.
44 Turner, "Charles Hodge in the Intellectual Weather of the Nineteenth Century", p. 50.

정신들이 존재한다는 것이었다. 정상적 사람이라면 이것을 진심으로 의문시하지 않는다. 스코틀랜드 실재론은 더 나아가서, 우리의 기본적 직관들 중에서 모든 보통 사람들이 믿고 의지하는 것은 외적 실재의 객관적·사실적 성격과 그것을 있는 그대로 아는 인간 정신의 능력이라고 주장한다. 이는 칸트의 비판적 관념론에 정면으로 배치되는데, 그에 따르면 무엇보다도 공간과 시간은 외적 실재의 특징들이 아니라 정신의 기능들로, 감각의 원자료(raw data) 위에 외적 실재의 특징들을 부과한다. 스코틀랜드 실재론은 그것을 단호히 배격한다. 하지도 그랬다. 그에게 지식은 정신이 실재를 파악한 것이다. 즉 지식은 정신의 내용이 외적 실재와 상응할 때 존재한다. 1950년대 미국 텔레비전 프로그램 〈드라그넷〉(*Dragnet*)에서, 주인공 프라이데이 경사는 횡설수설하는 범죄 목격자들에게 "사실만 말해 주세요"라고 반복해서 요구한다. 마치 해석에 의해 오염되지 않았으며 바깥 세계와 완벽히 일치하는 관념들이 존재한다는 듯이 말이다. 바로 이것이 스코틀랜드 실재론의 한 예다.

하지가 신학을 위한 성경적 토대주의 방법을 설계하다

어느 유력한 복음주의 기독교 잡지에 실린 만화는 커다란 안경을 쓴 작은 체구의 목사가 교회 서재 책상 뒤에 어안이 벙벙한 표정으로 앉아 있는 것을 보여 준다. 그의 뒤에 있는 벽에는 출석교인 도표가 걸려 있고, 거기에는 아래 방향 화살표가 교인수의 대폭 감소를 나타내고 있다. 책상 맞은편에 앉은 집사들 중에서 한 명이 말한다. "저기, 목사님, 설교를 '하지만 제가 무엇을 알겠습니까?'라는 말로 끝내지 않는다면 도움이 될 텐데요." 계몽주의의 한 결과이자 현대성의 한 측면은, 지식을 논리적으로 또는 과학적으로 증명될 수 있는 것에 국한하는 것이다. 이것이 현대성이 신학에 가져다 준 위기였다. 계몽주의적 합리주의의 영향을 크게 받은 19세기 문화의 주도자들 대다수에게, 종교는 지식을 포함하지 않는다. 기껏해야 의견의 위상을 가질 뿐이었다. 일부의 자유주의 개신교 신학자들은 사실과 가치 사이를, 또는 사실과 감정 사이를 이간질시킴으로써 이 점을 받아들였고, 이로써 신학은 가치 또는 감정의 영역으로 밀려났다. 아직 그들은 신학을 지식의 한 형태로 여기지만, 하지가 보기에는, 신학을 사실 이외의 범주에 넣음으로써 현대성의 세속적 사조에 너무 많이 양보한 것으로 보였다. 그 결과로 목사들은 자신들이 설교하는 주제를 안다고 주장하지 않게 되었다. 복음을 설교하는 것은 느낌이나 의견이나 단순한 훈계의 표현이 되었다. 무엇보다도 하지가 한 일은 종교가 사실들에서 멀어지는 19세기의 기류에 대한 반작용으로 이해되어야 한다. 그에게는 신학이 사실들의 합리적 체계로서 갖는 여왕의 지위를 회복하는 것이 관건이었다.

『조직신학』 서두에서 하지는 진리를 인식하는 정돈된 방법으로서 신학이 갖는 과학적 위상을 주장했다. 그의 말은 신학이 소위 물질과학 또는 자연과학의 하나와 동일하다는 것이 아니라, 동일한 기본적 인식 방법을 따른다는 것을 의미했다. 슐라이어마허나 리츨이나 다른 주관적 신학 접근 방식과는 뚜렷이 대조적으로, 하지는 다음과 같이 대담하게 진술한다.

> 진정한 신학 방법은…귀납적 방법으로, 마치 자연의 사실들이 자연과학의 내용이듯이, 성경이 신학의 내용을 구성하는 모든 사실과 진리를 포함한다고 상정한다. 또한 상정되는 것은, 이 성경적 사실들 서로간의 관계와, 그 사실들 안에 수반된 원리들과, 그 사실들을 결정하는 법칙들이 그 사실들 자체 안에 있으며 그것들로부터 추론되어야 한다는 점이다. 이것은 마치 자연의 법칙들이 자연의 사실들로부터 추론되는 것과 마찬가지다. 둘 중에서 어떤 경우에도 원리들은 정신으로부터 유도되어 사실들에 부과되지 않으며, 두 영역 모두에서 원리들과 법칙들은 사실로부터 추론되고 정신에 의해 인지된다.[45]

역시 『조직신학』 서두에서 하지는 이 방법을 보충하여 설명한다.

성경과 신학자의 관계는 자연과 과학자의 관계와 같다. **그것은 그에게 사실들의 창고다.** 그리고 성경이 가르치는 것을 확인하는 신학자의 방법은 자연철학자가 자연이 가르치는 것을 확인하기 위해 받아들이는 방법과 동일하다. 먼저 그는 앞에서 언급한 모든 가정을 가지고 자신의 과업을 수행한다. 그는 하나님이 우리의 자연에 부여한,…[하지는 여기서 앞서 인용한 법칙들을 분명히 말한다.]…객관적 계시와 결코 모순될 수 없는 믿음의 법칙들의 타당성을 상정해야 한다. 아무리 확고하더라도 어느 누구도 자신의 의견들을 강요하면서 "이성의 제1진리들"이라고 부르거나 기독교 교리들의 원천 혹은 시금석으로 삼을 수 없다. 보편성과 필연성, 그리고 여기에 많은 사람이 덧붙이는 자명성의 시금석을 통과할 수 없는 것은 결코 제1진리들이나 믿음의 법칙의 범주에 들 수 없다. 하지만 자명하지 않은 것은 결코 보편적으로 믿어질 수 없으며 자명한 것은 자신을 받아들일 것을 모든 지성적 피조물의 마음에 요구하기에, 자명성은 보편성과 필연성에 포함된다.[46]

다시 말해, 하지에게 모든 과학은 신학을 포함하며, 그것이 작용하는 "사실들의 창고"를 갖는다. 어떤 것을 과학이 되게 하는 것은 직관적, 보편적 추론의 규칙들(제1원리들)을 객관적으로 사용하여 그 창고로부터 사실들을 채굴하는 데 있다. 자연과학들에서 그러한 규칙 한 가지는, 모든 결과에 원인이 있다는 것이다. 신학에서 그러한 규칙 한 가지는 "미덕에 반대되는 것이 하나님에 의해 명령될 수 없다"는 것이다.[47] 이러한 기본적으로 토대주의적 신학 접근 방식을 따르면서, 성경과 제1원리들을 토대로 사용하면서, 신학

---

45 Hodge, *Systematic Theology*, vol. 1, p. 17.
46 같은 책, vol. 1, pp. 10-11, 강조 추가.
47 같은 책, vol. 1, p. 10.

자는 자연과학들과 동등한 수준의 지식을 소유한다고 정당하게 주장할 수 있다.

분명히 하지는 자신이 계몽주의적 사고의 영향 아래 있음을 의식하지 못했지만, 그에게 가장 공감하는 현대의 해석자들조차 이 점을 인정한다. 물론 하지는 자신의 신학 방법이 계몽주의 특유의 것이 아니라고 주장하겠지만, 하지 이전에 신학적 방법을 이렇게 진술한 것은 찾아보기 힘들다. 분명히 그는 계몽주의에 기초한 문화적 맥락에 있으면서 이 맥락에 대응하고 있었고, 토대주의적 기반들 위에서 신학을 방어하려 시도했다. 적어도 키르케고르라면 하지가 이토록 사실들, 이성, 방법, 체계를 강조하면서 현대주의의 영역으로 넘어갔다고 비난할 것이다. 신학이 하는 것은 자연과학들이 하는 것과 정확히 동일한가? 신학이 성경에 대해 갖는 관계는 지질학이 지구의 표면에 대해 갖는 관계와 동일한가? 어느 정도는 정당하게, 하지가 제시한 신학 방법은 복음주의적 계몽주의라 불려 오고 있다.

마크 놀(Mark Noll)은 하지와 프린스턴 신학 일반에 대한 특히 예리하면서도 공감하는 해석자로서, 그들의 신학이 가진 이런 측면을 드러내는 데 앞장서 왔다. 그의 논평에 따르면, "그들의 철학적 충성은 때때로 그들을 과학적 실증주의자들처럼 생각하게 할 수도 있을 것이다."[48] 놀이 특히 (비난까지는 아니더라도) 비판하는 부분은, 신학을 객관적 사실들에 대한 객관적 과학으로 다루는 하지의 경향이다. "객관적 신학 방법을 향한 하지의 열망은 그의 경력 전체에 걸쳐 자주 반복되었다."[49] 다시 말해, 하지는 신학이 신비의 여지를 거의 남기지 않았던 베이컨적 과학 방법을 모방하기를 바랐던 것 같다. 하지만, 놀의 지적에 따르면, 하지는 한 가지 측면에서 순수한

---

[48] Mark Noll, "The Princeton Theology", in *The Princeton Theology: Reformed Theology in America*, ed. David Wells (Grand Rapids: Baker, 1989), p. 22.
[49] Mark Noll, "Charles Hodge as an Expositor of the Spiritual Life", in *Charles Hodge Revisited: A Critical Appraisal of His Life and Work*, ed. John W. Stewart and James H. Moorehead (Grand Rapids: Eerdmans, 2002), p. 198.

과학적 객관성이라는 자신의 이상들에서 벗어났다. 다시, 스코틀랜드 실재론이 등장해 상황을 복잡하게 만든다. "실제로 하지는 자신의 신학을 구성하기 위해, 일부 중요한 쟁점들에서, '사전에 형성된 이론들'을 기꺼이 사용했다."[50] 적어도 놀에 따르면, 하지는 성경에만 의지할 수 없을 때 자신의 보편적 도덕 직관들 개념과, 인간 체질에 장착되었다고 여겨지는 추론과 인식의 제1원리들 개념에 다시 의존했다. 놀은 다음과 같은 결론을 내린다. "하지 자신이 널리 공표한 주장에도 불구하고, 새로운 신학적 사상이 프린스턴 신학교에서 나왔음은 부인할 수 없다. 이 사상은 신학적 추론을 위한 안내자로서 하지 자신의 도덕적 직관들이 선택적이고, 임의적이고, 무의식적으로 작용한 결과였다."[51] 놀이 의미하는 바는, 심지어 하지도 신학에서 주관성의 요소를 완전히 배제할 수 없었다는 것이다.

하지가 성경을 신학이라는 과학의 토대로 옹호하다

분명히 하지가 염려했던 것들 가운데 하나는 당시의 신학, 즉 19세기 개신교 신학이 주관주의에 빠져 있다는 것이었다. 그가 보기에 기독교 신학자들은 그들 자신의 내면의 빛이나 감정에 따라 그들 자신의 눈에 옳게 보이는 것은 무엇이든지 믿고 가르치거나, 단지 현대적이기 위해 관념론적·합리주의적 철학에 굴복하고 있었다. 그는 신학자들이 현대성에 걸어차이는 아픔을 피하기 위해 비적실성이라는 도랑으로 뛰어들었다는, 한 세기도 넘어 출현한 빈정거림에 틀림없이 동의했을 것이다. 한 신학적 적수에 대응해서, 그는 종교를 객관적 사실들과 관련 없는 감정에 기초시키려는 19세기의 경향을 날카롭게 비판했다.

---

[50] 같은 책, p. 202.
[51] 같은 책, p. 205.

감정의 신학은 교육을 잘 받은 사람들의 필요에 의해 암시되고 각색되는 믿음의 유형이라 선언된다. 그것은 진리의 본질을 내포하는 것으로 받아들여지고 있는데, 문자적으로 해석하더라도 그것은 그를 수도 있고 그르지 않을 수도 있다.…그것은 변증적[즉 논리적] 논증을 요구하지 않으며, 건전한 감정이 갈망하는 것이라면 무엇이든 수용한다.[52]

이런 신학적 질병에 대해 하지가 처방하는 해독제는 무엇일까? 그의 대답은 성경 안에 객관적으로 주어진 하나님의 계시로 돌아가서 모든 교리를 그것으로부터 이끌어 내라는 것이었다. "우리는…신학을, 신적 계시의 사실들의 과학으로서, 그것의 참된 영역에 제한해야 한다."[53] 그렇다면 신학의 참된 영역과 과업은 무엇인가? "신학은…성경의 사실들을 그것들의 적절한 순서와 관계에 맞추어, 그 사실들 자체 안에 내포된 원리들 또는 일반적 진리들과 함께 제시하는 것으로, 그것들은 전체에 고루 퍼져 있으며 조화롭게 하는 것이다."[54] 다시 말해, 신학이 하는 일이란 성경을 하나님에 의해 객관적으로 주어진 사실적 진리 계시로 받아들이고, 그로부터 하나님이 우리로 하여금 믿기 원하는 교리들을 발견하며, 그 교리들을 질서 있게 체계로 정리하는 것이다. 이것이 신학이라는 과학이다.

하지는 신학에 대한 자신의 생각과 적절한 신학 방법을 설명하면서 조금이라도 느슨한 부분을 남겨 두지 않았다. 그렇다면 먼저, 왜 성경을 하나님의 사실적 계시로 믿어야 하는가? 성경은 왜, 자유주의 개신교도들이 종종 믿는 것처럼, 영감을 불러일으키는 한 영감 받은, 풍부한 통찰을 주지만 무오하지는 않은, 위대한 기독교 고전에 불과하지 않은가? 하지는 몇 가지 이유를 든다. 첫째, 그는 그리스도인들에 관해, "우리가 성경을 믿는 것

---

[52] Noll, *Princeton Theology*, p. 190에 인용됨.
[53] Hodge, *Systematic Theology*, vol. 1, p. 21.
[54] 같은 책, p. 19.

은…그리스도가 성경을 하나님의 말씀이라고 선언하기 때문이다"라고 말한다.[55] 성경이 "단지 그의 권위에 의지해" 수용되고 믿어져야 한다는 것이다.[56] 하지만 하지에게 이것은 이성 없는 신앙의 도약을 의미하지 않았다. 성령의 내적 증언이 있다. 그는 성경이 스스로 입증하게 만드는, 성경 안에서 "진리의 능력을 영적으로 이해하고 경험하는 것"에 관하여 기술했다. 성경 안에 있는 계시의 객관성을 의문시하는 것으로 보이는 한 신학자에 대응하여, 하지는 다음과 같이 썼다.

> 한 사람이 참된 그리스도인이 될 때, 하나님의 선택을 받은 자의 소중한 신앙의 공유자가 될 때, 그가 믿는 것은 과연 무엇인가? 이 질문에 대한 성경적 대답은, 그는 하나님이 그의 아들에 관하여 준 기록을 믿는다는 것이다. 그리고 그 기록은 어디에 있는가? 직접적으로 혹은 간접적으로, 성경의 모든 부분에, 창세기부터 계시록에 이르기까지 있다.[57]

이것이 왜 인간이 성경을 하나님의 계시라고 믿어야 하는지에 관하여 하지가 말해야 했던 전부였을까? 그렇지는 않지만, 그는 이것이 왜 모든 참된 그리스도인이 그렇게 믿는지에 대한 진정한 이유라고 생각했다. 이 점에서 그는 자신이 속해 있던 유산인 칼뱅과 다르지 않았다. 칼뱅도 성경의 권위를 성령의 내적 증언에 기초했다. 하지만 하지는 더 객관적 이유들을 제시하지 않는다면, 많은 자유주의 개신교도들을 포함하는 회의주의자들이 그 역시 주관성에 호소하고 있다고 주장하리라는 점을 잘 알고 있었다. 『조직신학』 서두의 긴 구절에서 하지는 성경이 하나님의 말씀이라는 믿음을 객관적으로 지지하는 증거라고 여긴 것들을 제시했다. 이것들은 일

---

[55] 같은 책, p. 168.
[56] 같은 책, p. 47.
[57] Noll, *Princeton Theology*, p. 137에 인용됨.

반적으로 신학자들이 하나님의 진정한 계시인 성경의 "내적", "외적" 증거들이라고 부르는 것들이다. 내적 증거들 중에서 하지는, 성경의 저자들이 하나님의 권위에 의지해 말하면서 자신들이 하나님의 사자라고 주장했으며, 만약 그들의 주장이 사실이 아니라면 그들은 미치광이거나 사기꾼이라는 점을 든다.[58] 외적 증거들 중에서 하지는 다음을 든다. "성경이 세계에서 능력이었고 지금까지도 그렇다. 성경은 역사의 진로를 결정했다.…성경은 현대 문명의 모체다.…성경의 영향들은 그것이 스스로 자처하는 바, 즉 '하나님의 말씀'이라는 것 이외의 어떤 가설로도 합리적으로 설명될 수 없다."[59]

그러므로, 하지에 따르면, 진정한 그리스도인은 성경을 주관적·객관적 이성과 증거 위에 합리적으로 기초해서 하나님의 말씀으로 받아들인다. 한편으로 그는 "단순한 외적 증거가 아무리 많아도 진정한 신앙을 만들어 낼 수 없다"고 선언했으며,[60] 다른 한편으로 신학에서 이성은 자연과학에서처럼 "감정의 충동들로부터 도움을 받지만 그것들에 대한 우위를 유지한다"고 선언했다. "진리에 대한 모든 연구에서는 지성이 권위 있는 능력임이 분명하다."[61] 놀은 하지의 신앙과 이성에 대한 관점에 있는 이런 긴장을 그가 정합성 있게 소화해 내지 못한 증거로 지적한다. 놀에 따르면, 하지는 "(그의 저작에서 가장 중요해 보이는) 경건주의적으로 정의된 신앙이 (마찬가지로 그가 글로 아주 많이 다루었던) 명제적으로 정의된 기독교와 어떤 관계를 맺는지 결코 만족스럽게 보여 주지 못했다."[62] 다시 말해, 하지는 종교적 신앙의 이유들을 제시하면서 주관적 극과 객관적 극 사이에서 오락가락하는 것처럼 보였다. 이 점은 그가 성경이 하나님의 말씀이라는 믿음의 근거들을 각각 분리해서 설명하는 것에서 분명히 나타난다.

---

58 Hodge, *Systematic Theology*, vol. 1, p. 37.
59 같은 책, vol. 1, p. 39.
60 Noll, *Princeton Theology*, p. 133에 인용됨.
61 같은 책, p. 194.
62 Noll, "Charles Hodge as an Expositor of the Spiritual Life", p. 191.

만일 성경이 하나님의 말씀, 하나님의 계시라면, 성경과 관련해 그것 외에 무엇이 사실인가? 첫째, 하지에게, "계시"는 "진리가 정신에 초자연적이고 객관적으로 제시되거나 전해지는 일이, 하나님의 영에 의해 이루어지는 것"이다.[63] 만일 성경이 하나님의 계시라면, 성경은 신학자들의 "사실들의 창고"다.[64] 신학의 과업은 "성경의 사실들을 있는 그대로 취하고, 그것들을 온전한 상태로 담을 수 있는 체계를 구성하는 것이다."[65] 하지는 성경이 조직신학이 아니라는 점을 인정하면서도, "그[하나님]가 우리에게 조직신학을 가르치지 [않는다]" 하더라도, "…그는 성경에서 진리들을 주는데, 그것들은 적절하게 이해되고 배열된다면 신학이라는 과학을 구성한다."[66] 다시 말해, 성경은 하나님이 준 신적 사실들의 아직 체계화되지 않은 체계다. 자연이 체계가 아니지만 탐구하는 정신에게 어떤 체계를 산출해 주듯이, 성경은 체계가 아니지만 믿고 탐구하는 정신에게 어떤 체계를 산출해 준다. 체계화되지 않은 일련의 사실들로부터 체계를 만들어 내는 것이 하나님이 체계를 계시하는 주요 이유라면, 왜 하나님은 그러한 사실들을 체계화되지 않은 상태로 계시하는가? 왜 하나님은 그냥 체계를 계시하지 않았는가? 하지는 이 질문에 대답하려 하지 않는다. 다만 그는 이것이 하나님이 한 것이고 성경의 사실들로부터 올바른 체계를 만들어 내는 것이 신학의 임무임을 당연하게 받아들인다. 그리고 그는 이것이 비밀스러운 임무가 아니라고 상정한다. 비록 신앙의 사람만이 그것을 참으로 알고 적절하게 이해할 수 있기는 하지만, 정신이 제대로 돌아가는 사람이라면 누구나 체계를 만들어 낼 수 있을 것이다.

다음으로 하지는 성경의 영감과 무오성이라는 고전적 견해들을 다룬다.

---

[63] Hodge, *Systematic Theology*, vol. 1, p. 8.
[64] 같은 책, vol. 1, p. 10.
[65] 같은 책, vol. 1, p. 13.
[66] 같은 책, vol. 1, p. 3.

그는 성경의 영감과 무오성이 바르게 이해되는 한, 이를 강력하게 단언하고 옹호한다. 그의 주장에 따르면, 성경의 권위는 성경의 초자연적 영감에 의존한다. "성경의 무오성과 신적 권위는 성경이 하나님의 말씀이라는 사실에 근거한다. 그리고 성경이 하나님의 말씀인 것은 그것이 성령의 영감에 의해 주어졌기 때문이다."[67] 그는 영감을 "특정한 선택받은 사람들의 마음에 미치는 성령의 영향"으로 정의했다. "이 영향은 하나님의 마음과 의지를 무오하게 전달하기 위해 그들을 하나님의 도구로 변화시켰다. 그들이 말한 것은 하나님이 말한 것이었다는 의미에서, 그들은 하나님의 도구였다."[68] 더군다나 이 영감은 "어느 신적 저자가 참이라고 주장하는 모든 것에 미치는데,"[69] 여기에는 역사의 사실들과 우주론이 포함된다. 하지는 "영감"과 "기계적 받아쓰기"를 구별하는 문제를 아주 길게 다룬다.[70] 영감은 저자들이 의식과 자각이 있는 상태에서 그들의 인격과 문화적 조건을 이용했다. 영감은 그들을 자동기기, 즉 로봇으로 만들지 않았다. 하지만 하지는 영감이 인간 저자들이 선택한 단어들에까지 미쳤다는 점을 분명히 강조했다. 그러한 사실이 그들의 자유의지와 의식적 인격을 무효로 만들지 않는가? 하지는 그렇지 않다고 주장했다. 그의 칼뱅주의가 그가 제시하는 (틀림없이 많은 사람이 진정한 의미에서 설명이 아니라고 여길) 설명에서 드러난다.

만일 하나님이 어떤 사람의 자유로운 행동에 간섭하지 않고서도 그 사람이 회개하고 믿도록 할 수 있다면, 또한 그는 인간이 가르칠 때 실수가 없도록 할 수도 있다. 유신론의 일반적 교리를 고수한다고 고백하면서도 하나님이 이성적 피조물들을 기계로 바꾸지 않고서는 통제할 수 없다고 주장한다면,

---

67 같은 책, vol. 1, p. 153.
68 같은 책, vol. 1, p. 155.
69 같은 책, vol. 1, p. 163.
70 같은 책, vol. 1, p. 157.

그 고백은 부질없는 일이다.[71]

하지는 이것이 어떻게 가능한지 정확히 설명하지 않았다. 그것은 그의 주장에 머물렀다.

하지에 따르면, 만일 하나님이 성경의 저자이고, 인간 저자들에게 영감을 주어서 그가 그들에게 사용하기 원하는 단어들까지도 지도한다면, 성경은 무오할 수밖에 없다. 하지에게 그것은 빈틈없는, 합리적 삼단논법이다. 하지만 하지는 성경의 무오성이 단순히 삼단논법에 기초한 가정이 아니라고 주장했다. 즉 성경의 사실들에 부합하는 특징이라는 것이다. 성경 어디서도 실수는 없다. 성경은, 그가 단언하는 바에 따르면, "인간의 때 묻은 손이 기적처럼 손가락도 범접할 수 없다."[72] 그렇다면 성경에 있다고 하는 오류와 불일치들은 어떻게 된 것일까? 하지는 즉각적이거나 명백한 해결책이 없는 문제들이 있다는 점을 인정한다. 예를 들어, "한 사건에 대해 한 거룩한 기록자는 24,000명이 죽임을 당했다고 말하고, 다른 기록자는 23,000명이 그렇게 되었다고 말한다." (그가 여기서 언급하는 것은 고린도전서 10장 8절과 민수기 25장 9절 사이의 차이다.) 하지의 대답은 이렇다. "분명히 그리스도인은 그러한 반대들을 무시할 수 있다."[73] 그는 이 문제를 해결하려고 시도조차 하지 않는다. 그에 따르면, "회의주의자들이 애써 찾아다니는 사실 관련 오류들이 전체에서 차지하는 비율은 무의미하다. 정신이 온전한 사람이라면 아주 작은 사암 조각이 발견된다고 해서 파르테논이 대리석으로 지어졌음을 부인하지는 않을 것이다."[74] 또한, 이런 불일치라 말해지는 것들이 "그리스도인의 신앙을 흔들 수 없는 것은, 아직 원인이 밝혀지지 않은 어느 혜성의

---

71 같은 책, vol. 1, p. 169.
72 같은 책, vol. 1, p. 170.
73 같은 책.
74 같은 책.

궤도상의 섭동이 중력 법칙에 대한 천문학자의 확신을 흔들 수 없는 것과 같다."[75]

하지가 신학과 과학의 화해를 추구하다

하지의 신학과 관련해 흥미로운 점 한 가지는, 그가 신학을 과학과 비교하며 심지어 그 둘을 화해시키는 데 지속적으로 관심을 보이는 부분이다. 우리는 과학과 종교 사이의 전쟁이 현대 신학의 발전에서 하나의 주요 요인이었음을 보아 왔다. 하지도 이 전쟁을 피하고자 했지만, 그렇다고 종교와 과학이 원칙적으로 서로 갈등할 수 없도록 철저히 분리된 칸에 넣으려 하지는 않았다. 타당하게도 그는 그러한 생각이 사실들을 자연과학들에 국한시키고, 또 그럼으로써 지식을 자연과학들로 제한하며, 기독교를 포함하는 종교를 신앙이나 가치의 주관적 영역으로 좌천시키는 것이라 보았다. 놀은 "과학에 귀 기울이며 신학을 추구하고 신학의 경계 안에서 과학을 추구하려는 계속되는 프린스턴 신학의 바람"에 주목한다.[76] 그렇다면 이것은 과학과 기독교 교리 사이의 갈등(하지에게는 과학과 성경 사이의 갈등)과 관련해 무엇을 의미했는가?

하지의 견해에 따르면, 성경 해석자들은 반드시 "과학의 사실들을 존중해야"만 하지만, "성경의 사실들은 한낱 과학의 이론들에 굴복하지 않을 것이다."[77] 다시 말해, 어떤 사실이 과학에 의해 입증되어 의심이나 의문의 여지가 없을 때, 만일 그것이 성경과 갈등하는 것으로 보인다면 성경은 과학에 맞게 재해석되어야만 한다. 그는 "교회가 과학의 발견들에 적응하는 과정에서 한 번 이상 성경 해석을 바꾸어야 했다"는 것을 인정했다.[78] 그는 다

---

75 Noll, *Princeton Theology*, p. 141에 인용됨.
76 같은 책, p. 46.
77 같은 책, p. 143.
78 같은 책, p. 144에 인용됨.

른 무엇보다도 갈릴레오 사건을 염두에 두고 있었다. 그래서, 이 프린스턴 신학자에 따르면, "교회는…성경이 과학의 사실들의 인도로 해석되어야 함을 마다하지 않는다."⁷⁹ 그는 창조의 시점을 대략 주전 4004년으로 잡는 전통적 연대가 지질학의 사실들을 고려할 때 불가능하며, 그러므로 창세기의 첫 장에 나오는 "날"이라는 단어는 24시간을 뜻하는 하루가 아니라 "분명히 규정되지 않은 기간"을 뜻해야 한다는 점을 인정했다.⁸⁰ 하지만 하지는 "다윈주의"가 과학의 사실이 아니라 이론이며 따라서 신학이 그것에 맞추어야 할 필요는 없다고 확고히 믿었다. 실제로, 신학은 다윈주의를 거부해야만 한다. 하지만 대체로 그는, 이런저런 경우에도 불구하고, 결국 과학적 사실과 성경 사이에 갈등이 없음을 확신했다. 갈등은 언제나 겉으로만, 성경을 잘못 해석하거나 과학의 이론을 사실인 양 높임으로써 자신의 한계를 넘어서기 때문에 있다는 것이다.

하지의 『조직신학』 안에 있는 교리적 진술들의 상세한 내용은 특별할 것이 없다. 거의 예외 없이 그는 전통적 칼뱅주의 신학을 해설하며 옹호했다. 책 전체에서 그는 하나님의 위대함과 장엄함과 절대적 주권, 인간의 전적 타락, 하나님의 진노를 누그러뜨리기 위해 죄에 대한 형벌적 대속으로 이루어진 예수 그리스도의 속죄하는 죽음, 그리고 은혜로 말미암는 선택받은 자들의 오직 믿음을 통한 구원을 강조한다. 하지가 성경적 진리의 올바른 체계로 제시하는 것은 고전적 고(高)칼뱅주의다. 타락 전 예정론자들과 타락 후 예정론자들 사이의 스콜라주의적 논쟁에서 그는 후자의 편에 선다. 그의 『조직신학』은 이단들과 잘못된 신학들을 반박하는 데 많은 부분을 할애한다. 하지는 다루는 부분마다 거부되어야 할, 기독교 역사에 있는 한 가지 거대한 오류를 보았는데, 그것은 바로 인간중심주의 또는 인본주의다.

---

79 같은 책, p. 143에 인용됨.
80 같은 책, pp. 143-144.

그는 기독교가 그 출발부터 두 가지 상충되는 교리 체계 사이에서 갈등을 겪어 왔다고 주장했다. 하나는 "인간의 구원에서 신적 우위와 주권 옹호를 목적으로 하고, 다른 하나는 인간 본성의 권리 행사를 특징적 목표로 삼는다. 인간의 자유 및 능력과 철학적으로 화합시킬 수 없는 것은 결코 참이라고 주장되어서는 안 된다는 점에 특히 유념해야 한다."[81]

하지는 두 번째 교리 체계가 첫 번째 교리 체계에 그림자를 드리우고 있다고 보았는데, 이 첫 번째 교리 체계는 과거와 마찬가지로 그 자신의 시대와 장소에서도 그가 성경적이고 "아우구스티누스적"(정통을 가리키는 그의 표식)이라고 여긴 것이다. 그는 자신이 "항론파"(Remonstrants)라고 부른 아르미니우스주의자들을 그의 시대에 자유주의 신학의 위기로 이끈 점진적 교리의 일탈에 대한 원인으로 비난했다. 그들은 개신교도들 중에서 두 번째 체계를 대표했으며 자유주의적 이단으로 이끄는 미끄러운 경사로다.

하지가 근본주의로 이어지는 유산을 남기다

다시 인용할 가치가 있는 것은 "하지의 세계관과 특별한 성경 해석이…20세기 개신교 근본주의를 위한 지성적 틀을 제공했다"는 점이다.[82] 다른 비판가에 따르면, 마땅히 하지는 "성경주의자이자 교조주의자"라고 불릴 수 있다.[83] 놀은 "하지가 간혹 성경을 단순히 사실들의 보고(寶庫)로 다루려는 의지를 보였음"을 언급하면서,[84] "[하지와 같은] 궤적을 따라가다 보면 다음 단계는 근본주의다"라고 말한다.[85] 이런 지적들은 그를 흠모하는 학자들로부터 나온 강한 표현들이다. 무엇이 그런 표현들을 가능하게 하는가?

81　Wells, "Charles Hodge", p. 45.
82　Stewart, "Introducing Charles Hodge", p. 2.
83　Kuklick, "The Place of Charles Hodge", p. 76.
84　Noll, "Charles Hodge as an Expositor of the Spiritual Life", p. 194.
85　같은 책, p. 196.

첫째, 하지에게는 성경을 사실들의 보고로, 즉 아직 체계화되지 않은 조직신학으로 다루는 경향이 있다. 여기서 강조점은 분명히 교리적 체계로서의 기독교에 있으며, 하지가 그의 체계에서 비본질적인 것들의 영역에 남긴 것들은 거의 없다. 하지는 개인적으로는 관대한 사람으로서, 대다수 사람들의 구원을 바라고 구원이 신학적 정통에 의존하지 않는다고 믿었지만, 그의 언어 표현은 올바른 믿음에 대한 그의 시각에 기초한 배타적인 것이었다. 말하자면, 그는 회색지대에 거의 아무것도 남겨 두지 않는 소문난 이분법적 사상가였다. 그에게 대부분의 교리들은 참이거나 거짓이었으며, 그는 자신이 속한 기독교 전통 외에서는 가치 있는 것을 거의 발견하지 못했다.

둘째, 하지는 자신이 받은 문화적 영향들을 거의 인지하지 못했다. 신학자 데이비드 켈시(David Kelsey)가 올바르게 지적하는 것처럼, "하지는 자신이 문화적 맥락에 의해 길들여져 있다는 사실에 대체로 무감각했다."[86] 그는 자신이 가진 미국주의와, 독특하게 미국적 형태의 스코틀랜드 실재론에 철학적으로 헌신했으며 적응해 있음을 깨닫지 못했다. 놀은 하지에게 모호한 찬사를 보낸다. "프린스턴 신학자들의 저작에서 정말 주목할 만한 점은, 그들이 미국적 지성의 관례들에 적응하기 위해 자신들의 사상을 조정했음에도 불구하고, 유서 깊은 칼뱅주의가 그토록 많이 남아 있다는 점이다."[87]

마지막으로, 하지는 사회적·역사적 의식이 전무했던 것으로 보인다. 그는 교리적 발전을 부인했으며, 오히려 모든 교리가 직접 성경으로부터 떨어지며 자신의 교리 체계는 어느 시대에나 세계의 어떤 곳에도 전달될 수 있고 모든 그리스도인에게 타당하다고 생각하기를 선호했다.[88] 많은 면에서 그는 트뢸치의 정반대였다. 즉 하지는 역사주의를 거부했는데, 그러면

---

[86] David H. Kelsey, "Charles Hodge as Interpreter of Scripture", in *Charles Hodge Revisited: A Critical Appraisal of His Life and Work*, ed. John W. Stewart and James H. Moorehead (Grand Rapids: Eerdmans, 2002), p. 227.
[87] Noll, "Princeton Theology", p. 28.
[88] 같은 책, p. 58.

서 심지어 자신의 믿음 체계가 문화와 역사로부터 어떤 영향을 받는지에 완전히 무감각할 정도였다.

하지의 비판자들이 올바르게 지적한 것처럼, 이 모든 것은 하지가 활동하던 환경을 배경으로 이해되어야 한다. 하지는 자기 주위의 모든 것을 교리적 일탈 및 배신과 다름없는 것으로 보았다. "이 맥락은 하지의 신학이 취한 형태와 방향에 깊은 영향을 끼쳤다."[89] 많은 21세기 보수적 개신교도들은 자신들이 탈현대성의 인식적·도덕적 혼란이라고 여기는 상황에서 하지를 재발견하는데, 그들은 더 대중적으로 제시된 동일한 교리적 체계를 피난처로 삼아 도피한다.

---

[89] Wells, "Charles Hodge", p. 44.

4

중재 신학들이 정통주의와 자유주의 사이에 다리를 놓다

19세기는 기독교 신학에서 특별한 긴장들의 시대였던 것으로 보인다. 계몽주의의 온전한 힘이 기독교 신학 안에서도 느껴지기 시작했다. 현대성의 산(酸)은 전통적 기독교 교리들을 조금씩 갉아먹고 있었고, 자유주의 신학들은 현대성에 적응함으로써 기독교가 소멸되지 않게 막아보려고 시도하고 있었다. 과학과 종교 사이의 갈등에 대한 두려움은 신학자들 사이에서 강박에 가깝게 되었다. 무신론(atheism)이 서양 역사에서 최초로 루드비히 포이어바흐(Ludwig Feuerbach, 1804-1872) 같은 철학자들과 함께 일어나고 있었는데, 그에 따르면 신은 단지 인간을 하늘에 투사한 것에 불과했다. 세속성이 정치적 삶에 뿌리를 내리고 있었고, 많은 유럽 국가에서 혁명이 일어나고 있었다. 프랑스 혁명과 미국 독립 혁명이 국교를 폐지한 후에 국가교회는 위협을 받고 있었다. 그러한 종교의 격변기는 종교개혁 이후로 유럽에서 일찍이 없었다.

19세기를 회고하는 교회 역사가와 역사신학자들은 대부분 하지 같은 몇몇 상대적으로 극단적 정통주의 옹호자나, 슐라이어마허와 리츨 같은 급진적 기독교 교리 수정주의자에 집중한다. 하지만 개신교 정통주의와 자유주의적 수정 사이에서 중도, 제3의 길을 제시하려 했던 세 번째 신학자 집단이 있었다. 이들은 일부 학자들의 눈에 특별히 흥미롭거나 성공한 것으로 보이지 않기 때문에 관심을 받지 못한다. 언제나 대담한 사람들, 혁신적 사람들, 급진적 사람들이 후대에 기억되는 법이다. 중간에 속한 입장은 종종 평범한 것으로 치부되곤 한다. 이것은 유감스러운 일인데, 이러한 소위 중재(mediating) 신학자들 중에서 어떤 이들이 매우 창의적이었고 20세기에 있을 신학의 새로운 발전을 위한 길을 닦았기 때문이다. 그들은 현대성에 자유주의적으로 적응하는 경향이 있던 신학자들에게는 보수적으로 보였고, 정통주의를 보존하려는 경향을 가진 신학자들에게는 자유주의적으로 보였다. 하지만 그들은 딱히 어느 쪽도 아니었다. 그들은 양쪽의 특징을 모두 보여 준다. 부분적으로 그들은 과잉반응이 규범일 필요는 없다는 것을 보여 주기 때문에 가치가 있다.

중재 신학자들이 기독교 신학을 온건하게 재건하다

"중재 신학"(mediating theology)은 역사신학 분야의 전문용어다. 이것은 독일어 '페어미틀룽스테올로기'(Vermittlungstheologie)의 번역어로, 19세기 신학을 연구하는 학자들이 개신교 정통주의와 자유주의 개신교 사이에서 의식적으로 제3의 길을 개척하려 했던 일부 독일 신학자들을 표현하기 위해 만들어 낸 범주다. 곧 설명하겠지만, 또한 그들은 다른 극단들도 중재했다. '페어미틀룽스테올로기'는 작은 운동이었다. "중재 신학"은 독일에서 최초로 시작된 운동과 관련된 서너 명의 신학자보다 더 많은 신학자들을 가리키는 용어로 사용되게 되었다. 독일어 '페어미틀룽스테올로기'는 1828년에 하이델베르크에서 창간된 신학 잡지 「신학 연구와 비평」(*Theologische Studien und Kritiken*)과 함께 시작되었다. 창간 편집인은 중재 신학을 이렇게 정의했다. "중재란 상대적 대립들을 과학적으로 거슬러 올라가 그것들이 원래 지녔던 통일성에 이르는 것이다. 이를 통해 그 대립들이 초월될 수 있는 내적 화해와 더 높은 관점이 확보된다. 이 중재로부터 나오는 참되고 건강한 지성적 입장이 [중간]이다."[1] 하지만 다행히도, 중재 신학에 대한 이 헤겔주의적 정의가 중재 신학을 기술하는 유일한 방식은 아니다.

더 명확하고, 더 이해하기 쉬우며, 헤겔의 철학에 덜 매여 있는 것이 네덜란드 신학자 헨드리쿠스 베르코프(Hendrikus Berkhof)가 제시하는 중재 신학에 대한 설명이다. "중재 신학의 대표자들은 기독교 신앙과 현대적·내재주의적·합리적 사상 사이에 절망적 불화가 생기는 것을 막기 위해 갖은 노력을 다 했으며",[2] "이 신학자들은 복음과 당대의 세속적 문화 사이에 관계를 정립했다."[3] 이것은 그들이 정립하려 했던 유일한 관계는 아니었다. 그들은 합리주의와 초자연주의, 헤겔과 슐라이어마허, 신학과 교회 생활 사이에 있는 간격을 잇고자 시도한 것으로 기억된다.[4] 만일 우리가 중재 신학의 범주를 원래의 '페어미틀룽스테올로기'로부터 그와 같은 신학자들의 전체 운동으로 확대한다면, 우리는 많은 19세기 유럽과 미국 신학자들이 기독교 사상에 영향을 미치는 겉보기에 대립되는 세력들 사이에—아마도 가장 중요한 예로 자유주의 개신교와 개신교 정통주의 사이에, 또한 그러므로 현대성과 전통적 기독교 사이에—다리를 놓으려고 시도했던 것들을 볼 수 있다.

원래의 '페어미틀룽스테올로기'에 속했지만 잊혀졌으며 몇몇 19세기 신학 전문가들만 예외적으로 기억하고 있는 여러 독일 신학자들에는 도르너(I. A. Dorner, 1809-1884), 율리우스 뮐러(Julius Müller, 1801-1878), 리하르트 로테(Richard Rothe, 1799-1867)가 있다. 일반적으로 도르너는 "중재 신학자들

---

1 "Mediating Theology", in *The Dictionary of Historical Theology*, ed. Trevor Hart (Grand Rapids: Eerdmans, 2000), p. 360.
2 Hendrikus Berkhof, *Two Hundred Years of Theology*, trans. John Vriend (Grand Rapids: Eerdmans, 1989), p. 64.
3 같은 책, p. 65.
4 "Mediating Theology", p. 360.

중에서 가장 영향력이 컸던 사람"으로 알려져 있다.[5] 그의 주된 관심은 기독교의 주관적 기준으로서의 신앙과 기독교의 객관적 기준으로서의 성경 사이를 중재하는 것이었다.[6] 또한 그는 기독교의 본질에 대한 슐라이어마허의 "감정적" 접근법과 종교에 대한 헤겔의 고도로 합리적·지성적 접근법을 어느 하나에 갇히지 않으면서 결합하려 했다. 베르코프는 도르너가 "문화적 넓이의 사람이라기보다는 복음적 깊이의 사람"이었다고 말한다.[7] 원래의 중재 신학자들에 관해 베르코프가 말하는 바에 따르면, 그들 당시의 지성계는 슐라이어마허와 헤겔에 비해 그들에게 거의 관심을 갖지 않았지만, "분명히 이 신학과 설교와 가르침이 많은 젊은 신학자들과 교회의 지식인층 교인들로 하여금 자신들의 문화에 참여하면서 동시에 선한 양심을 가진 그리스도인들이 되는 것을 가능하게 했다."[8]

"중재 신학"이라는 용어는 19세기 미국 신학의 역사에도 나오며, 보통은 독일의 중재 신학자들을 연구했거나 그들의 신학을 반영하는 것으로 보이는 신학을 지닌 미국 신학자들을 가리키는 말로 사용되었다. 미국의 중재 신학은 종종 머서스버그 신학(Mercersberg theology)이라 불렸는데, 그 신학의 가장 잘 알려진 두 대표자 네빈(J. W. Nevin, 1803-1886)과 필립 샤프(Philip Schaff, 1819-1893)가 펜실베이니아주 머서스버그에 있는 독일 개혁파 교회 신학교에서 가르쳤기 때문이다. 네빈과 샤프가 독일의 '페어미틀룽스테올로기'에 의해 영향을 받은 것은 분명하지만, 그들의 주된 관심은 교회론에 있었던 것 같다. 그들은 신학적 숙고에서 교회와 전통의 역할을 강조한 반(反)개인주의자들이었다. 그들은 도르너와 같은 종류의 신중한 신학적 재구성으로 알려졌거나 기억되지는 않는다. 오히려 넓은 의미에서 독일의

5　같은 책, p. 361.
6　같은 책.
7　Berkhof, *Two Hundred Years of Theology*, p. 67.
8　같은 책, p. 65.

중재 신학과 유사한 신학을 미국에서 전개한 사람은 호러스 부시넬(Horace Bushnell, 1802-1876)로, 그의 신학은 "진보적 정통주의"라는 말로 가장 잘 표현된다.[9] 이 명칭 자체는 부시넬이 신학에서 중재하는 데 가졌던 관심—자유주의적 개신교와 개신교 정통주의 사이에서의 중재—을 나타낸다. 미국 신학 연구자 한 사람이 말하는 바에 따르면, 부시넬의 "저술가로서의 목표는 문화 안에 있는 더 큰 분열들을 극복하는 것이었다."[10] 부시넬은 자신의 신학 접근법을 "기독교적 포괄성"이라 불렀는데, 이 말은 "대립하는 신학적 입장들 안에 있는 부분적 진리"를 인식하고 "더 높은 수준의 조화를 향해 이 대립을 뛰어넘[는 것]"을 의미했다.[11] 이것은 독일의 중재 신학자들이 자신들의 과업으로 본 것과 동일하다.

일반적으로 부시넬은 자유주의 개신교 신학자로 분류되어 왔다. 미국 자유주의 신학 연구자 한 사람은 그를 "주류 미국 자유주의 개신교의 신학적 시조"라고 부른다.[12] 부시넬 자신은 아마도 그런 호칭을 진의가 불명확한 명예로 여기고 거절할 것이다. 그 연구자도 "부시넬은 그의 경력 내내 [성경에 대한] 고등비평을, 특히 그것이 성경의 기적들을 거부한 것을 건방지고 영적으로 파괴적이라고 비난했다"는 점을 인정한다.[13] 비록 부시넬이 예수 그리스도의 인격(기독론)과 속죄 같은 고전적 기독교 교리들을 현대적 의식과 보조를 맞추기 위해 신중하게 재구성하는 일에 관여했을지라도, 그는 초자연주의의 열렬한 옹호자였다. 그는 한 발은 정통주의에, 다른 한 발은 계몽주의 이후의 현대 사상에 단단히 뿌리내리고 있었으며, 슐라이어마허와 조나단 에드워즈(Jonathan Edwards)의 영향을 모두 받았다. "진보적 정통주의"라는 명

---

9   E. Brooks Holifield, *Theology in America: Christian Thought from the Age of the Puritans to the Civil War* (New Haven, CT: Yale University Press, 2003), p. 452.
10 같은 책, p. 453.
11 같은 책, p. 454.
12 Gary Dorrien, *The Making of American Liberal Theology: Imagining Progressive Religion 1805-1900* (Louisville, KY: Westminster John Knox, 2001), p. 111.
13 같은 책, p. 123.

칭 자체에 나타나듯이, 그는 다른 누구보다도 중재라는 범주에 잘 어울린다.

그러므로 여기서는 중재 신학을 대표하는 두 사람으로 도르너와 부시넬을 선택했다. 전자는 중재 신학의 범주에 언제나 포함되지만, 후자의 포함 여부는 좀더 긴 설명을 필요로 한다. 분명히 일부 학자들은 그를 포함시키려는 생각에 반대할 것이다. 독자들은 부시넬을 다루는 부분(4.b.)을 검토한 후에 이런 생각이 적절한지 판단할 수 있을 것이다.

도르너의 신학적 기여를 다루기 전에, 혼동을 피하기 위해 몇 가지 주의 사항을 독자들에게 제공하는 것이 필요하다. 중재 신학은 온건한 신학과 같지 않다. "온건한"(moderate)이라는 명칭은 20세기 말과 21세기 초에 많은 미국 그리스도인들이 대체로 불명예스러운 용어가 되어 버린 근본주의와 자유주의를 모두 거부한다는 것을 나타내기 위해 사용한다. 하지만 이 단어는 너무 많은 의미를 포괄할 정도로 널리 사용되어 거의 무의미할 정도가 되었다. 예를 들어, 미국 남부의 온건한 침례교도는 중서부 북쪽의 온건한 루터교도와 신학적으로 매우 다를 것이다. 중재 신학은 외관상의 대립자들을 잇기 위해 시도하는 신학 접근법이지만, 두 극단 사이의 중간 어딘가에 안착하려는 시도는 아니다. 중재 신학자들이 일부 독자들에게는 실제로 온건해 보일지 모르지만, 온건함이 그들을 설명하는 최고의 표현은 아니다.

또 다른 경고는 도르너와 부시넬이 아주 상이한 신학자들이라서, 둘 다 자유주의적 개신교의 측면들을 개신교 정통주의와 결합하려 시도했다는 점을 제외하고는 거의 비교하기 힘들다는 사실이다. 도르너는 개혁파와 루터파 교인들을 모두 포함했던 프로이센 연합교회(개신교 기독교회)의 고(高)교회 목회자였다. [국왕 프리드리히 빌헬름 3세(Frederick Wilhelm III)는 1817년에 프로이센에서 개혁파와 루터파 개신교도들을 강제로 통합시켰다.] 도르너는 그 국가교회의 임원인 동시에 그 교회의 주요 신학자 가운데 한 사람이었다. 그 자신은 개혁파보다는 루터파적 경향을 지녔지만 두 전통을 모두 끌어안았다. 부시넬은 코네티컷주의 회중교회 목회자로, 하트포드에서 25년간 목회했다. 그러므로 그의 신학적 경향은 미국의 자유교회 전통과, 뉴잉글랜드 제2차 대각성운동의 영향을 강하게 받은 뉴헤이븐 신학을 향해 있었다. 말하자면, 부시넬이 부흥주의에 반대하게 되기는 했지만 그 자신은 매우 온건한 종류의 부흥주의에 의해 영향을 받았다. 그 강조점은 종교적 감정에 있었는데, 이것은 슐라이어마허와 매우 유사하면서도 미국적인 특색이 짙게 가미된 것이었다.

도르너와 부시넬 두 사람 사이에는 전혀 유사점이 없었다. 하지만 바로 그런 이유로, 그들은 중재 신학의 상이한 유형들을 대표할 수 있다. 그들이 가진 공통점은 (그들이 모두 전적으로 동의하지는 않은) 슐라이어마허로부터 받은 영향, 기독교 신앙과 사상의 주관적 극과 객관적 극 사이에서 감지되는 간격을 메우려는 시도들, 자유주의 개신교와 개신교 정통주의의 측면들을 결합시키려는 열망, 그리고 현대 문화와 교회 생활을 가능한 한 많이 화해시키려는 목표다. 또한 둘 다 기독교 교리들을 재구성하면서, 현대성을 고려했지만 그것을 신학의 내용을 위한 원천과 기준으로 삼지는 않았다.

4.A. 이자크 아우구스트 도르너가 자유주의와 정통주의 사이에 다리를 놓다

20세기의 가장 영향력 있는 신학자 칼 바르트(참고. 5.a.)는 19세기 신학에 관한 자신의 책에서 도르너와 관련해 다음과 같이 썼다. "여기서 우리가 처음으로 보는 신학자는 19세기의 문제들 한가운데 서 있으면서도, 신학적 방법에 대한 자신의 기여를 통해 그 문제들 너머를 가리키고, 새로운 대답들을 내놓음으로써 새로운 문제들을 제시한다."[14] 이것은 바르트로부터의 대단한 칭찬이다! 그는 19세기 신학이 "처음으로 [도르너를 통해] 새로운 것을 드러냈다"고 언급하면서 도르너에 관한 논의를 이어갔다.[15]

---

14 Karl Barth, *Protestant Theology in the Nineteenth Century*, new ed. (Grand Rapids: Eerdmans, 2002), p. 563.
15 같은 책, p. 569.

도르너는 독일의 뷔르템베르크주에서 태어났는데, 이곳은 경건주의의 본거지다. 이 경건주의는 우리가 앞서 본 대로 많은 19세기 신학자들의 배경을 이루는 주요 요소로 작용했다. 비록 도르너가 기독교 신앙을 순전히 내향적으로 만든다고 추정되는 경건주의의 경향을 비판하지만, 경건주의는 도르너의 기독교에서 계속 영향력을 발휘했다. 도르너는 튀빙겐, 킬, 쾨니히스베르크, 본, 괴팅겐의 대학교들에서 배우고 가르쳤다. 그는 자신의 경력을 가장 명망 높은 베를린 대학교의 정교수로 마감했다. "그는 최고의 신학자였을 뿐만 아니라 열정적 목회자로, 독일에서 루터파와 개혁파 사이의 연합을 견고히 하고 확장시키는 데 큰 관심을 가졌다."[16] 그는 자신의 경력 마지막에 이르러서는 프로이센 연합교회의 집행부 최고책임자 목사로 일했다. 독일 전체에서 그는 가장 중요한 기독교 신학자이자 교회 지도자로 여겨졌다. 또한 스칸디나비아에서는 (키르케고르의 헤겔주의적 적수였던) 마르텐센 감독(Bishop Martensen)과의 친분으로 유명했으며, 잉글랜드에서는 이상하게도 비국교도들(회중교회주의자들)에 의해 번역되고 연구되었다.

1856년에 도르너는 「독일 신학 연감」(*Jahrbücher für deutsche Theologie*)이라는 이름의 영향력 있는 잡지를 창간했으며, 1878년까지 편집을 맡았다. 도르너 연구자 한 사람에 따르면, "그의 이력은…튜턴적 근면의 전형이었다."[17] 그가 낸 책들 중에는 다섯 권으로 된 『그리스도의 인격에 관한 교리의 발전사』(*History of the Development of the Doctrine of the Person of Christ*, 1839-1840), 두 권으로 된 『독일 개신교 신학사』(*History of Protestant Theology Particularly in Germany*, 1867), 그리고 네 권으로 된 『기독교 교리 체계』(*System of Christian Doctrine*, 1879-1880)가 있다. 가장 많이 논의된 도르너의 신학 저작은 세 편의 긴 논문들로 이루어진 연작으로 하나님의 속성, 특히 하나님

---

16 Stanley H. Russell, "I. A. Dorner: A Centenary Appreciation", *The Expository Times* 96 (December 1984): p. 77.
17 같은 책.

의 불변성(immutability)을 다루는데, 1856년부터 1858년까지 「독일 신학 연감」에 발표되었다. 도르너의 『기독교 교리 체계』가 출간되고 얼마 후 리츨이 신학계에서 급부상하기 시작했고, 관심은 도르너로부터 리츨에게로 옮겨갔다. 도르너의 신학은 리츨이 주도하고 하르낙이 대중화시킨 새로운 자유주의 개신교 신학 학파의 출현으로 빛을 잃었다(참고. 2.b.).

도르너는 개신교 종교개혁이 미완으로 남겨졌다고 믿었다.[18] 19세기는 바로 이 일을 할 수 있는 특별한 기회를 제공했다. 개신교 종교개혁자들이 풀지 못한 채 남겨 둔 주요 문제는, 도르너에 따르면, 신론이었다. 루터와 칼뱅을 비롯한 종교개혁자들은 구원론에 너무 집중한 나머지, 가능태가 없는 순수 현실태(actus purus)라는 기존의 중세적, 스콜라적 신관에 거의 손대지 않았다. 도르너는 개신교 정통주의가 생각 없이 그리스 철학과 중세 신학의 영향을 강하게 받은 신론을 기독교적인 것으로 받아들였다고 생각했다. 그의 임무는 하나님의 생명성과 불변성 모두를 공정하게 다루는 신론을 찾아내는 것이었다. 전통적 교리는 하나님의 불변성과 자존성, 즉 변화불가능성과 자족성을 강력히 지지했고, 그 결과로 하나님은 세계와 관련이 없어 보였다. 도르너가 확립하고 싶었던 것은 진정으로 관계적 신론으로, 그러면서도 그것은 역사를 통해 발전하는 절대정신으로서의 하나님이라는 헤겔의 범재신론적 사상까지는 가지 않아야 했다.[19] 도르너의 신론 재구성에 담긴 중재의 요소는, 세계의 영향을 받을 수 없는 슐라이어마허의 신 관념과 전적으로 세계 안에 내재하며 역사와 함께 변화를 겪는 헤겔의 신 관념을 이으려는 그의 시도에 있다. 또한 그가 현대적 학문성(Wissenschaftlichkeit, 학문적 엄격함)은 물론이고 기독교회 및 전통에도 헌신한

---

[18] 같은 책.
[19] Claude Welch, "Isaak August Dorner: Introduction to the Texts", in *God and Incarnation in Mid-nineteenth Century German Theology: Thomasius, Dorner, Biedermann*, ed. Claude Welch (New York: Oxford University Press, 1965), pp. 108-109.

것에 그런 중재의 요소가 있다.

도르너의 신론 재구성이 오랫동안 거의 인지되지 못한 이유는, 개신교 신학이 리츨과 그의 추종자들의 출현과 함께 하나님 자신에 대한 형이상학과 사변에서 멀어졌기 때문이다. 도르너가 해결하고자 노력했던 문제는 복음의 윤리적 성격과는 무관하다고 여겨졌다. 하지만 도르너가 뿌린 씨앗은 20세기 후반부에, 다양한 유형의 신학자들이 관계적 신학—세계에서 일어나는 일이 하나님에게 영향을 미친다는 사상—에 관심을 가지게 될 때 싹트고 자랄 것이었다.

하나님의 속성과 세계와의 관계에 관한 교리 외에도, 도르너는 예수 그리스도의 인격에 관한 교리인 기독론에도 공을 들였다. 당시 독일 신학에서의 새로운 발전(이후에 영국과 미국으로 확산된 것)은 소위 케노시스 기독론(kenotic Christology)이었다. 이 기독론은 하나님의 아들인 신적 로고스, 즉 삼위일체의 둘째 인격이 완전히 인간이 되기 위해, 그의 성육신과 참된 인성을 위해 영광의 신적 속성을 스스로 박탈했다는 사상이다. 도르너는 이 사상에 대해 경악을 금치 못했는데, 그에게는 이것이 하나님에게서 신성을 빼앗으며 하나님을 너무 변하기 쉬운 존재로 만드는 것처럼 보였기 때문이다. 그가 신의 불변성 교리를 새롭게 구성한 것은 바로 케노시스 기독론에 대한 대안을 제공하기 위함이었다. 그에게 고유한 "점진적 성육신"(progressive incarnation) 개념도 마찬가지였다. 이 두 가지는 도르너 신학에서 가장 흥미롭고 건설적 측면으로, 이 둘은 중재 신학자로서의 그의 방법과 접근을 잘 보여 준다. 도르너의 기독론은 인기를 끌지 못했고, 따라서 여기서 강조점은 그의 시대에 혁명적이었던 두 개념이 될 것이다. 즉 그의 신론과, 하나님이 시간과 변화의 세계와 실제로 관련되어 있다는 생각이다.

도르너가 당시의 철학적·신학적 흐름에 대응하다

도르너가 전개한 신학적 제안들은 슐라이어마허, 헤겔, 그리고 당시의 새로운 독일 신학인 소위 케노시스 기독론에 대응한 것으로, 케노시스 기독론은 주로 루터파 신학자인 고트프리트 토마시우스(Gottfried Thomasius, 1802-1875)에 의해 제기되었다. 이 셋은 모두 신앙 및 하나님과 관련해 신선한 방식으로 사고하도록 그를 자극했다. 그의 신학적 경력 동안에 모든 사람이 슐라이어마허와 헤겔을 계몽주의를 대하는 상반된 종교적 추진력들로 꼽고 있었다. 분명히 신학자 슐라이어마허와 철학자 헤겔은 서로를 그리 좋아하지 않았다. 슐라이어마허가 전적 의존의 감정으로서의 종교를 강조한 것을 두고 헤겔은 빈정대면서, 슐라이어마허가 맞다면 헤겔 자신의 개가 가장 종교적 존재일 것이라고 했다. 슐라이어마허는 사람들 앞에서는 말을 삼갔지만, 헤겔이 합리주의적으로 신학에 접근한 것을 슐라이어마허가 좋아하지 않는다는 것은 누구나 알고 있었다. 그가 종교를 사고의 체계로 다루는 것을 비판할 때마다 아마도 헤겔의 철학을 염두에 두고 있었을 것이다.

많은 19세기 중엽의 신학자들에게 슐라이어마허는 종교에서 경험과 감정을 지나치게 강조하는 것을 대표했다. 그의 신학은 경건주의와 낭만주의의 영향을 너무 강하게 받아서, 주관주의의 함정에 빠졌다. 기독교 교리는 종교적 감정을 언어적으로 표현하려는 인간적 시도에 불과하다고 여겨졌지만, 인간의 감정은 기독교의 본질로서는 불충분하다. 그 결과는 모든 수준에서 개인적 해석과 조정과 끊임없는 수정에 개방된, 상대화된 신학이었다. 도르너는 슐라이어마허가 기독교를 주관화하는 것에 불만이었는데, 기독교를 지식의 영역에서 배제한 것으로 보였기 때문이다. 그와 대조적으로, 도르너의 "건설적 노력은 (단지 관념이나 심상으로서가 아닌) 실재로서의 종교·윤리적 진리에 대한 객관적 지식의 획득을 철저히 지향했다."[20]

---

[20] Claude Welch, *Protestant Thought in the Nineteenth Century*, vol. 1: *1799-1870* (New Haven, CT: Yale University Press, 1972), p. 275.

또한 도르너는 슐라이어마허의 하나님 개념이 세계에 의해 영향을 받지 않는다는 사실이 불만족스러웠다. 도르너에 따르면, 슐라이어마허는 고전적 유신론의 신관을 차용했는데, 이것은 교부들과 중세 신학자들이 발전시켰고 종교개혁자들이 바꾸지 않은 것이다. 위대한 중세 신학자 캔터베리의 안셀무스가 주장한 바에 따르면, 하나님은 동정을 포함하여 아무것도 느끼지 않는다. 그가 보기에 동정의 감정은 하나님 안에 있는 것이 아니라 우리 안에, 우리가 하나님의 위대한 자비를 숙고할 때 있는 것이다. 후대로 전수된 전통은 하나님을 자신 안에서 완전하여 세계에서 일어나는 일이 영향을 미칠 수 없는 존재로 그렸다. 따라서 하나님은 세계와 관련해 관계적이지 않으며, 오직 그의 삼위일체 공동체 안에서만 관계적이다. 도르너는 슐라이어마허의 신론에서 하나님의 불변성이라는 이 강력한 개념을 발견했고 그것을 비판했다. 그가 지적한 문제는 강력한 불변성과 성육신을 통한 구속 사이에 있는 비일관성이었다. 슐라이어마허도 하나님이 구속에서 원천이며 유일한 행위자라고 믿었다. 도르너의 질문은, 이것이 어떻게 추상적인, 영원히 자기 충족적 존재로서의 하나님 개념과 조화를 이룰 수 있겠느냐는 것이었다.[21] 도르너가 슐라이어마허에게 제기한 혐의는, 그가 하나님을 살아 있는 것보다 못한 무엇으로 환원시켰다는 점이었다. 즉 슐라이어마허의 하나님은 정적이었고 따라서 세계와 상호작용할 수 없다. 하지만 세계와의 상호작용은 기독교적 구원의 핵심이다. 순수하게 정적인 하나님은 슐라이어마허가 기술한 구원의 구속자도 될 수 없다.

도르너는 "슐라이어마허에 따르면 하나님은 분명히 세계의 살아 있는 영적 원인이지만, 세계와 영원히 동일한 방식으로 관계를 맺고 있다. 즉 하나님은 그가 자신의 의지 안에 이미 내포되어 있는 것과 동일한 것들을 세

---

[21] Robert R. Williams, "I. A. Dorner: The Ethical Immutability of God", *Journal of the American Academy of Religion* 54:4 (winter 1986), p. 724.

계 안에서 영원히 의도하고 이룬다"고 썼다.²² 도르너 연구자 한 사람은 이 중재 신학자가 슐라이어마허의 하나님 개념에 대해 제기한 비판을 다음과 같이 표현한다. "슐라이어마허는 하나님이 살아 있고 영적이라고 말하겠지만, 그의 개념적 도식에 더 정확한 표현은 그의 하나님이 역사적 행동을 할 수 없는 영원한 불구자를 닮았다고 말하는 편이 될 것이다."²³ 슐라이어마허가 받아들였지만 자신의 재구성된 기독교 신앙론과 조화를 이루지 못한 전통적 기독교 유신론은 하나님을 가능태 없는 순수 현실태로 기술한다. 다시 말해, 하나님은 어떤 의미에서도 "된다"고 할 수 없다. 도르너는 이런 주장이 기독교가 전통적으로 하나님에 대해 말하는 많은 것들, 즉 하나님은 사랑이고, 슬퍼하고, 후회하고, 기도에 응답한다는 것과 양립할 수 없다고 생각한다. 도르너에게 가장 큰 문제는, 슐라이어마허의 관점을 포함하는 전통적 관점이 하나님을 비윤리적 방식으로 그린다는 것이다. 이 말은 전통적 관점이 하나님을 비윤리적으로 행동하는 것으로 그린다는 의미가 아니라, 윤리와 관계없는 신관을 구성한다는 의미다. 이 관점은 하나님이 (만일 모든 의미에서는 아니라도) 실천적 의미에서 사랑이라는 생각을 제거해 버린다. 도르너에게는 신학이 윤리적으로 풍성해야 한다는 점이 절대적으로 중요했다. 슐라이어마허의 신관과 고전적 유신론에 나타나는 추상적이고 영향을 받지 않는 신성은 하나님이 모든 것의 유일한 원인이지만 다른 것들로부터 영향을 받을 수는 없다고 하는데, 이것은 사랑의 하나님이 아니다. 그러므로, 도르너에 따르면, 신론은 재구성을 필요로 한다.

도르너는 고전적 유신론과 그것이 슐라이어마허에 의해 사용된 것에 반대한 것만큼이나, 혹은 그 이상으로, 그 반대되는 것에도 반대했다. 즉 헤겔이 주장한 것으로, 역사 자체와 거의 동일한, 발전하며 항상 변하는 절대

---

22 같은 책에 인용됨.
23 같은 책.

정신이 바로 그것이다. 그는 이것이 범신론을 약간 다듬은 것에 불과하다고 보았다. 그렇다고 도르너가 헤겔의 종교철학을 모두 거부했다고 말하는 것은 아니다. 그는 헤겔의 "역사의 내적 과정"(the inner course of history) 개념을 차용했다. "그는 역사의 내적 과정이 그 이상의 진보의 방향을 지시할 뿐만 아니라, 최종적 해결이 역사 안에 나타난 계기들로부터 모습을 드러내야만 한다고 확신했다."[24] 다시 말해, 도르너는 역사란 하나님이 자신의 삶을 시간 안에서 펼친 것이라는 헤겔의 생각에 동의했다. 하지만 그는 헤겔이 이 생각을 극단으로 몰고 간 결과인, 하나님과 세계가 상호의존적이라는 범재신론에는 강력하게 반대했다. 도르너에게 하나님이 세계에 대해, 시간과 역사에 대해 갖는 관계는 실제적이다. 역사는 하나님에게 영향을 미친다. 그런 이유로 하나님은 살아 있는 하나님이지, 고전적 유신론의 정적인 하나님이 아니다. 하지만 하나님이 이렇게 시간 속으로 들어온 것을 헤겔처럼 필연적이라고 여겨서는 안 된다. 만일 그것이 하나님의 자기실현을 위해 필연적이라면, 윤리적인 것이 아니다. 윤리적이기 위해서 그것은 자유로워야 한다. 헤겔의 절대정신은 세계와의 관계에서 자유롭지 않으며, 세계와 떨어져서는 독립적 실존을 갖지 못한다.

계속 나아가기 전에 잠시 멈추고, 도르너의 중재 신학이 가진, 하나님과 관련된 두 가지 근본원리 혹은 공리를 제시하는 것이 도움이 될 것이다. 첫째, 하나님의 본질은 사랑이다. 이는 하나님의 능력이 사랑의 명령을 받는다는 것을 의미한다. 그렇지 않다면 하나님은 윤리적이지 않다. 순전한 능력 자체는 윤리와 아무 관련이 없다. 만일 하나님이 진정 선하다면, 옳고 그름이라는 윤리의 근거와 근원이라면, 사랑은 단지 그의 속성들 중에서 하나가 아니라 그의 본질이어야 한다. 이로부터 도출되는 사실은, "만일 사랑—윤리적 개념—이 우선적이라면, 하나님의 능력은 무한정 절대적이지

---

[24] Welch, "Isaak August Dorner", p. 111.

않으며 사랑에 의해 윤리적으로 명령되고 지시된다"는 것이다. "더 나아가, 사랑하기 위하여 하나님은 모든 측면에서 절대적일 수 없으며, 세계와의 상호적 관계 안으로 들어갈 수 있어야만 한다."[25] 도르너의 두 번째 공리는 첫 번째 공리와 균형을 맞춘다. "세계 안에서의 하나님의 역사적 삶 전체는, 하나님 자신의 영원한 완전함을 희생함으로써가 아니라, 바로 그 항구적 완전함에 힘입어 일어난다."[26] 다시 말해, 하나님은 사랑이기 때문에, 일단 세계가 존재하면, 하나님은 그 세계와 진정한 관계 안에 있어서 세계가 하나님에게 영향을 미쳐야 한다. 하지만 세상과의 이러한 진정한 관계는 세계가 하나님에게 영향을 미치는 것으로서, 하나님의 완전함의 감소일 수 없으며 오히려 하나님의 영원한 완전함의 표현이다. 다시 말해, 하나님은 분명히 "자유 안에서 사랑하는 존재"다.[27]

도르너는 당시의 제3의 신학적 흐름과 조우했으며, 그로부터 자극을 받고 대응하면서 대안적, 중재적 관점을 발전시켰다. 그것이 바로 토마시우스와 다른 독일 및 영국 신학자들의 새로운 케노시스 기독론이었다. 토마시우스는 에를랑겐 대학교의 루터파 교의학 교수로, 하나님의 성육신에서의 자기 제한 개념으로 유명했다. 배경이 되는 문제는 예수 그리스도의 실제 인성이었다. 토마시우스와 다른 이들은 전통적 유신론이 예수의 인성을 우리의 인성과 완전히 동일한 것으로 생각하지 못하게 만들었다고 믿었다. 누가복음 2장 52절은 예수가 지혜와 키가 자랐고 하나님과 사람들에게 사랑을 받았다고 말한다. 정통 기독론은 그가 참으로 하나님이고 참으로 인간이지만 한 인격이라고 말한다(위격적 연합). 고전적 유신론은 하나님을 절

---

25 Robert R. Williams, "Introduction", in Isaak August Dorner, *Divine Immutability: A Critical Reconsideration*, trans. Robert R. Williams and Claude Welch (Minneapolis: Fortress, 1994), p. 4.
26 같은 책, p. 23.
27 이것은 『교회교의학』 II/1에서 바르트가 하나님을 기술하는 유명한 공식이다. 하지만 이 공식은 분명히 도르너가 제시하는 하나님의 세계에 대한 관계 개념에도 적용되며, 아마도 바르트의 신론은 이와 같은 중요한 부분들에서 도르너에게 직접적으로 빚지고 있다.

대적으로 불변한다고, 고통을 포함하는 어떤 변화도 불가능하다고 그린다. (하나님은 동정을 느낄 수 없다고 주장한 안셀무스를 기억하라). 따라서 토마시우스가 제기하고 답하려는 질문은, 어떻게 하나님의 아들, 성자 하나님, 즉 성부와 동등한 삼위일체의 둘째 위격이 육신이 될 수 있었겠는가 하는 것이다. 어떻게 그는 태어나고, 지혜가 자라고, 고통을 당하고 죽을 수 있었겠는가?

전통적 대답은, 신성한 하나님의 아들은 성육신에서 어떤 변화도 겪지 않았다는 것이었다. 그는 전능, 전지, 편재라는 자신의 신적 속성들을 바꾸지 않으면서 인간 본성을 취했다. 하지만 그것은 불가피하게 그리스도인들로 하여금 베들레헴의 그 아기가 (보통 아기들처럼) 무지하며 동시에 전지하다고, 모든 것을 안다고 생각하도록 요구할 것이다. 또한 그것은 그리스도인들로 하여금 예수가 십자가형의 고통을 겪었으며 동시에 겪지 않았다고 믿도록 요구할 것이다. 고전적 공식은, 이 모든 변화 가운데 하나님의 아들이 그의 신적 본성에서는 영향을 받지 않았지만 그가 취한 인간의 본성을 통해서는 무지와 성장과 고통을 경험했다는 것이었다. 토마시우스는 이것이 예수의 인성에 관한 인위적 설명이라 생각했다. 이 설명은 예수의 인성을 하나님의 아들이 외투처럼 입은 비인격적 본성으로 그렸다는 것이다. 그는 기독론을 고전적 유신론으로부터 벗어나도록 개혁함으로써 종교개혁을 다음 단계로 가져갈 때가 되었다고 믿었다. 고전적 유신론은 대부분이 중세 시대에, 안셀무스와 아퀴나스 같은 가톨릭 신학자들에 의해 발전한 것이었기 때문이다.

토마시우스는 그가 보여 준 그 모든 무미건조함에도 불구하고 두 가지 방식으로 현대성과 씨름하고 있었다. 첫째, 그는 튀빙겐 학파인 성서학과 신학의 두 저명한 지도자 바우어와 슈트라우스(D. F. Strauss, 1808-1874) 같은 신학자들의 현대 수정주의에 대응하고 있었다. 두 사람은 의심할 수 없는 기정사실이라고 믿었던 예수 그리스도의 참된 인성에 기초하여 그의 신성을 부정하는 듯했다. 그들은 범재신론적 방식으로 신성과 인성을 일치시키는 헤겔적 접근을 취하지 않는 한, 예수의 인성은 신성과 양립할 수 없다고 보았다. 또한 토마시우스는 존재(being)보다 생성(becoming)을 강조하는 현대성의 전반적 경향에 대응하고 있었다. 이 경향은 점진적이며 거의 인지되지 않는 변화였지만, 그에 대한 증거는 헤겔과 이후의 다윈에 의해 촉발된 진화 사상들의 등장과 함께 19세기 유럽 문화 모든 곳에 있었다. 하나님의 절대적 불변성이라는 사상은 재고되어야 했다. 토마시우스는 이 과업 수행에 박차를 가했다.

토마시우스에 따르면, 인성은 성육신을 위한 적절한 수단으로 하나님에 의해 창조되었다. "인간 본성에 하나님과의 실제적 연합을 막는 장애물이 없음은 분명"한데, 하나님이 "창조에 의해 인성과 하나님의 친밀한 연합…의 가능성"을 확립했기 **때문**이다.[28] 일부는 이 말에서 그가 헤겔의 종교철학에 적응하는 기미를 발견했다. 하지만 토마시우스가 현대 신학에 한 주된 기여는, 예수의 참된 인성을 위해서는 성육신이 신적 자기 제한을 포함해야 했다는 그의 발상에 있다.

그러므로 우리는 성육신 자체를 정확히 다음과 같은 사실로 상정해야 할 것이다. 그가 하나님의 영원한 아들, 즉 신성의 두 번째 위격으로서 자신을 인간적 한계의 형태에 내맡겼고, 그 결과로 시공간적 실존의 한계들에, 인간적인 발달의 조건들 아래에, 역사적으로 구체적 존재의 제한들 안에 자신을 내맡겼다는 것이다. 그렇게 해서 그가 우리의 본성 안에서 그리고 우리의 본성을 통하여, 우리 인류의 삶을 그것이 뜻하는 최대한의 의미로, 하지만 그런

---

28 Gottfried Thomasius, "Christ's Person and Work", in *God and Incarnation in Mid-nineteenth Century German Theology: Thomasius, Dorner, Biedermann*, ed. Claude Welch (New York: Oxford University Press, 1965), pp. 40-41.

이유로 하나님이기를 중단하지 않은 채, 살기 위해서 말이다.²⁹

토마시우스가 암시하며 주장하고 있는 사실은, 예수의 참된 인성을 위해서 하나님의 영원한 아들이 자신에게서 신적 존재 양태를 박탈해야 했는데, 이것은 그가 자신의 영광의 속성들을 활동 상태에서 가능성 상태로 물렸다가, 그의 생애 동안에는 성령의 사역을 통하여, 그리고 이후에는 그의 부활과 승천을 통하여, 그 속성들의 완전한 현실성을 회복했음을 의미했다는 것이다. 실질적으로 이 말은, 예수 그리스도가 참으로 하나님일지라도 그의 인간적 삶 전체를 통해서는 전지하거나 전능하지 않았다고 토마시우스가 말하고 있음을 의미한다. 예수 그리스도는 자신의 지식과 행위(예를 들어, 기적들)의 초자연적 능력을 위해 성부와 성령에게 의존했지, 자신이 인간이 되었을 때 휴면상태로 들어간 자신의 신적 본성을 의존하지 않았다는 것이다.

정리하면, 슐라이어마허는 고전적 유신론을 받아들여 하나님이 세계의 영향을 받지 않는다고 그렸다. 헤겔은, 적어도 도르너에 따르면, 이와 정반대 방향으로 나아가 하나님이 역사를 통해 끊임없이 진화한다고 그렸다. 토마시우스는 하나님이 자기 제한을 통해 변화할 수 있다고 그렸는데, 그는 이것을 고전적 유신론과 헤겔적 범재신론 사이의 중도라고 여겼다. 도르너는 요구되던 중도를 토마시우스가 달성했다는 데 동의하지 않았다. 도르너에 따르면, 토마시우스는 그의 케노시스 기독론에서 하나님의 불변성을 너무 많이 희생시켰다. 하나님이 어떻게 계속 하나님이면서 자신의 신적 속성을 포기하거나 자신으로부터 떼어낼 수 있는가? 도르너는 하나님의 자기 제한으로서의 성육신 개념을 좋아하지 않았다. 그는 시간과 변화에 대한 하나님의 관계를 설명하는 다른 방도를 선호했는데, 이로써 하나

---

29 같은 책, p. 48.

님의 윤리적 불변성과 예수 그리스도 안에서의 진정한 성육신을 보존하고, 그러면서도 하나님을 자기 제한보다는 자기실현을 통해 **어떤** 변화가 가능하다고 그릴 수 있었다. "도르너에게, 성육신은 잠재성으로의 일시적 보류보다는 신적 성취를 의미했다."[30] 앞에서 언급한 대로, 도르너가 신론을 재구성하는 것에서의 과제는 바로 하나님의 자유와 생명성을 똑같이 정당하게 다루는 방식을 찾는 것이었다. 슐라이어마허와 고전적 유신론은 하나님의 생명성, 활력, 세계와의 실제적 관계를 제대로 다루지 않았다. 헤겔은 하나님을 역사와 지나치게 밀접하게 묶어서 하나님이 세계와는 별도의 자신만의 삶을 갖지 못하도록 함으로써, 하나님의 자유를 정당하게 다루지 않았다. 토마시우스는 하나님의 자유와 생명성 사이의 균형을 맞추기 위한 올바른 방식을 찾지 못했다.

도르너가 하나님의 불변성 교리를 재구성하다

도르너가 하나님의 불변성에 관한 세 편의 논문에서 체계화하려 시도한 것은 "세계와는 별도로 영원히 현실태인 추상적 신성에 대한 대안, 또한 세계에 내재하며 의존하는 범신론적 신성에 대한 대안"이다.[31] 전반적으로 그의 논지는 "윤리적으로 필연적 실체와 윤리적 자유의 종합을 자의식적으로 성취한 하나님은 불변적인 동시에 가변적이며, 이런 이유로 그는 존재의 상실이나 축소 없이 세계와의 상호적 관계에 들어갈 수 있다"는 것이다.[32] 다시 말해, 도르너는 세계와의 관계에서 하나님의 생명성과 자유를 결합하는 방법을 추구했고 또 스스로는 그것을 발견했다고 생각했다. 하나님의 자유를 보호해서 하나님이 역사의 포로가 되지 않도록 하기 위해, 하나님의 불변적 실체는 영원하며 어떤 창조 없이도 독립적으로 현실태라는 것이 단언

30　"Mediating Theology", p. 361.
31　Williams, "I. A. Dorner: The Ethical Immutability of God", p. 735.
32　같은 책.

되어야만 한다. 그렇지 않다면 하나님은, 헤겔의 절대정신과 마찬가지로, 시간과 변화의 세계의 포로가 된다. 하나님이 예수 그리스도 안에서 실제로 성육신한 것과 세계 안에서의 다른 개입을 진지하게 고려한다면, 변할 수 있는 능력인 하나님의 가변성은 윤리적으로 자유로운 선택으로 단언되어야 한다. 도르너에 따르면, "교의학에서 받아들여진 하나님의 **불변성** 교리는, 만일 하나님의 **생명성**과 양립할 수 있기 위해서는, 먼저 그리고 무엇보다도 많은 변경을 필요로 한다."[33]

도르너가 제안하는 첫 번째 변경은 고전적 유신론의 핵심이던 하나님의 단순성 교리의 폐기다. 도르너 이전의 대다수 기독교 신학자들이 사실로 상정한 전통적 신론에 따르면, 하나님은 더 위대한 다른 것을 상상할 수 없는 존재인 하나님이기 위해 존재론적으로 단순해야, 즉 비복합적이어야 한다. 그 이유는, 만일 하나님이 부분들로 구성되었다면, 그의 존재는 해체될 수 있을 것이기 때문이었다. 존재의 완전성은 존재의 단순성을 요구한다. 도르너는 이 견해에 반대했다. 그는 하나님의 절대적 통일성, 즉 단순성이라는 고전적 교리가 그리스 철학에서 너무 많은 것을 차용했으며 삼위일체 교리를 위협한다고 비판했다. 성부와 성자와 성령이 문자적 의미에서 하나님의 부분들은 아니지만, 하나님의 양상들인 것은 사실이다. 또한 하나님의 속성들도 모두 하나가 아니며, 하나님의 실제적 양상들이다. 도르너는 "분명히 하나님은 복합적이지 않지만, 그렇다고 이러한 구별들이 모두 하나님 안에 없다는 것은 아니다"라고 말한다.[34] 또한 존재의 엄격한 단순성에 기초해서는 "신적 존재가 살아 있는 것일 수 없으며, 경직된 죽은 실체이거나 동등하게 생명 없는 법칙일 수밖에 없다."[35] 도르너는 하나님

---

[33] I. A. Dorner, "Dogmatic Discussion of the Doctrine of the Immutability of God", in *God and Incarnation in Mid-nineteenth Century German Theology: Thomasius, Dorner, Biedermann*, ed. Claude Welch (New York: Oxford University Press, 1965), p. 116.

[34] 같은 책, p. 120.

[35] 같은 책, p. 121.

안에서 앎(knowing)과 의지(willing)의 구별이 있음을 사실로 상정하는 것이 절대적으로 필연적이라고 보았다. 비록 고전적 유신론은 이 구별을 부정했지만 말이다. 그것이 없이는, 그의 주장에 따르면, 하나님이 시간 안에서 활동하는 자유로운 피조물들의 세계와 갖는 실제적 관계는 가식이 될 것이다. 하나님이 시간 안의 인간들과 사랑과 윤리의 관계를 맺기 위해 필연적인 것은 "하나님의 살아 있는 자기활성화에서의 변화"이며, 이는 하나님의 앎과 의지의 구별을 요구한다. 말하자면, 도르너에 따르면, 하나님에게 어떤 것을 안다는 것은 그것을 의지한다는 것과 같지 않으며 그 반대도 마찬가지다. 그렇지 않다면 피조물들이 하는 어떤 것도 하나님에게 실제로 영향을 미칠 수 없다.

도르너는 하나님의 불변성의 재구성을 주로 성육신에 의지하게 한다. "부인할 수 없이 하나님도 사람[즉 예수 그리스도] 안에 내주하는 한, 세계 안에서 역사적 삶을 영위하고 시간과 관계를 맺는다.…하나님은 세계를 변화시키고…시간성 안으로 들어온다."³⁶ 하지만 그 이면에 있는 것은 세계도 하나님을 변화시킨다는 점이다. 하나님은 자신의 성육신의 영향을 받지 않을 수 없다. 이 점에서 도르너는 토마시우스에 동의하지만, 하나님 안에서 일어난 변화를 "하나님의 자기 제한"보다는 "하나님의 자기실현"으로 생각하기를 선호한다.³⁷ 하지만 도르너는 또한 하나님의 불변성의 재구성을 하나님과 자유로운 피조물들 사이의 윤리적 관계에 의지하게 한다. 그의 주장에 따르면, 만일 하나님이 사랑으로부터 "자유로운 능력들"의 세계를 창조했다면, 개혁파 신학에서와 같이, 모든 것이 하나의 절대적이고 영원한 하나님의 작정에서 유래할 수 없다. 오히려 "하나님의 편에서 나오는 모든 것의 기원을 단순히 그의 전능한 의지로 돌리는 것으로는 충분하지 않다.

---

36 같은 책, p. 129.
37 같은 책, pp. 128-129.

사랑의 관계는, 자유로운 능력들의 창조에서 목표된 것으로서, 단순한 능력의 절대주의를 용납하지 않는다. 즉 사랑의 친교가 단순한 능력의 절대주의를 대신한다."[38] 사랑의 친교는 상호적 관계여야 하며, 한쪽이 영향을 미치기만 하고 다른 한쪽(또는 다른 쪽들)은 영향을 받기만 하는 일방적 관계여서는 안 된다. 따라서, 도르너가 대담하게 주장하는 바에 따르면, "하나님의 세계에 대한 관계와 관련해 하나님 안에 오직 순수 현실태만 있으며 단순한 가능태는 전혀 없다고 말할 수 없다."[39] 적어도 하나님에 관한 이전의 모든 기독교 사상과 비교한다면 급진적인 선언에서, 도르너는 다음과 같이 말했다. "결과적으로, 하나님 **자신**이, 능력을 발생시키는 편에서 영원히 유일한 본래의 원리로서, 윤리적인 것의 세계 또는 사랑의 세계에서 상호적 관계로, 즉 상호적 효과의 관계로 들어선다는 사실이 가르쳐져야 한다."[40] 말하자면, 하나님은 스스로 자신의 피조물들에 의해 영향을 받도록 허락하는데, 이 점은 슐라이어마허가 인정할 수 없었으며 고전적 기독교 유신론이 긍정하기 힘들었던 부분이다.

전통적 유신론을 이렇게 수정하는 것은 많은 질문을 야기하며, 도르너는 결연히 이에 대처한다. 전통적 유신론은, 모든 가톨릭과 개신교 스콜라주의 신학자들이 제시했던 고전적 기독교 유신론으로서, 하나님의 능력과 피조물들의 능력이 대립적이지 않다는 가정에 의존했다. 말하자면, 결정하고 행동하는 능력은 나뉘어야 하는 파이와 같지 않다. 파이의 경우에 한 조각을 취하면 파이가 작아진다. 오히려 대부분의 고전적 유신론자들이 언제나 가정했고 지금도 그렇게 하는 바에 따르면, 피조물의 능력은 또한 어떻게든 하나님의 능력이기도 하다. 말하자면, 능력은 하나님으로부터 빌린 것이며 따라서 하나님에게 맞설 수 없다. 만일 하나님에게 맞서는 것처럼

---

[38] 같은 책, p. 131.
[39] 같은 책, p. 133.
[40] 같은 책, p. 132.

보인다면 분명히 착각일 뿐이다. 피조물인 인간들은 자신들의 결정 및 행동 능력이 하나님의 능력으로부터 무엇이라도 가져가는 식으로 하나님에 대해 대립하는 자율성을 가질 수 없다. 도르너는 이에 반대했다.

> 하나님이 윤리적인 것을 위해 자유로운 존재를 창조했기 때문에, 어떤 면에서 하나님은 자신에게 맞설 수 있는, 자신과 똑같은 종류의 존재를 자신에게 대항하도록 둔 것이다. 이 창조에 의해 그는 피조물의 가능한 반대 및 도전에 자신을 개방했으며, 이는 그에게 결코 사소한 문제가 아니다.[41]

이것이 제기하는 의문들 가운데 하나는 하나님의 전지성이다. 만일 하나님이 가장 강력한 의미에서 모든 것을 안다면, 피조물의 저항이 어떻게 실제 저항일 수 있으며 피조물의 자유가 어떻게 하나님에게 영향을 미칠 수 있는가? 도르너는 그 이전의 어떤 기독교 신학자들보다 이 문제를 두고 고심했다.[42] 하나님 안에 진정한 수용성이 있기 때문에, 하나님의 지식의 일부는 자유로운 존재들의 세계에 의해 실현되는 가능태들이다.[43] 그러므로, 자유로운 능력들의 세계와 관련해서, "심지어 하나님 자신의 앎의 활동에 변화"가 있다.[44] 도르너는 다음과 같이 설명한다.

> 그러므로 만일 자유로운 것이 존재하기 위해서는, 하나님 안에 이중적 형태의 지식이 있어야 한다. 하나는 제한되지 않으며 자신으로부터 즉시 그리고

---

41 같은 책, p. 133.
42 예리한 독자들이라면 도르너의 견해와 비슷한 주장이 급진적 종교개혁가 파우스토 소치니(Faustus Socinus, 1539-1604)에 의해 전파되었음을 알 것이다. 소치니는 예수 그리스도의 신성과 삼위일체를 부정했기 때문에 다른 종교개혁가들 모두에 의해 이단으로 선언되었다. 도르너가 다른 점은, 이런 주제들에서 정통주의를 고수했고 하나님의 지식의 제한은 실제 제한이 아니고 자기실현이라고 주장했다는 것이다.
43 Dorner, "Dogmatic Discussion of the Doctrine of the Immutability of God", p. 134.
44 같은 책, p. 136.

영원히 창조된 지식이고, 다른 하나는 자유로운 인과 관계에 의해 자신을 제한하는 지식이다. 하지만 후자를 통해, 시간적 역사는 다시 신적 지식 자체 안으로 반영된다.[45]

그렇다면 도르너는 하나님의 지식이 영원하다는, 그래서 하나님이 과거와 미래를 항상 현재로 본다는, 고전적 유신론 관념과 작별하는 것이다. 도르너가 보기에 이 관념은 하나님이 세계와 맺는 윤리적 관계를 파괴한다. 이 세계 안에서 하나님은 자신의 의지에 저항하는 능력을 가진 자유로운 피조물들과 함께 자유로워야만 한다. "그러므로 하나님의 지식은 동시대의 역사에 의해 제약을 받으며 그 역사와 함께 뒤얽히며 전진하는 지식이다."[46]

그렇다면 이 말은 도르너에게 하나님이 피조물들과 그들의 자유를 위하여 미래를 모른다는 것을 의미하는가? 첫째, 도르너는 중요한 문제는 자유가 아니라 윤리적 관계라고 주장할 것이다. 다시 말해, 그는 일부 인본주의자들처럼 자유 자체를 위한 자유에는 관심이 없었고, 하나님이 자유로운 피조물들의 세계와 갖는 실제 사랑의 관계를 위한 자유에 관심이 있었다. 만일 모든 것이 하나님 편에서 결정되어 확실해진다면, 이 관계는 윤리적이지 않다. 단순히 하나님에 의해 부과된 조건인 것이다. 어떤 관계에 있는 사랑은 그 사랑에 저항하는 자유를 반드시 필요로 한다. 둘째, 도르너는 하나님의 "무지"(ignorance)라는 개념을 좋아하지 않았다. 그것은 그가 피조물들의 결정 및 행동에 의해 야기된 하나님의 지식의 양상에 있는 변화를 구상했던 방식이 아니다. 결코 하나님은 피조물처럼 무지에서 앎으로 이동하지 않는다. 오히려 하나님은 모든 가능태들을 가능태들로, 모든 현실태들을 현실태들로 안다. 말하자면, 미래는 빈 서판이 아니다. 즉 하나님은 일어

---
[45] 같은 책, p. 135.
[46] 같은 책, p. 136.

날 수 있는 모든 것을 알고 있다. "현실태의 계기들은 [하나님에 의해] 그의 사랑의 사유의 세계 속으로 엮인다."⁴⁷ 하지만 이것은 하나님이 세계를 시간 안에서 역사적으로 함께하며 실제로, 온전히 경험한다는 것을 의미한다.⁴⁸ 그는 모든 것을 이미 현실태로 응시하는 미동 없는 눈처럼 세계를 보지 않는다. 그리고 새로운 것들이 일어날 때 그는 그것들을 새로운 것으로 경험한다.⁴⁹

슐라이어마허와 그 이전의 안셀무스 같은 전통적, 고전적 유신론자들은 아마도 틀림없이 도르너의 신론 수정을 하나님의 불변성을 완전히 부정하는 것으로 여기며, 이를 헤겔의 신론과 20세기 신학의 과정 신학과 같은 범주에 넣을 것이다. 하지만 그것은 오해다. 도르너에 따르면, "이 모든 측면에서는 또한 [하나님의] 편에서도 변화, 수정, 결정되는 것을 스스로 허락하는 일이 일어난다. 물론 **불변성이라는 문제에서는 확실히 의문의 여지가 없지만 말이다.**"⁵⁰ 이 독일 중재 신학자는 하나님의 가변성을 하나님의 불변성만큼이나, 아니 그 이상으로 강조했다. 하지만 신적 단순성에 대한 그의 거부에 충실하게, 그는 하나님이 서로 다른 측면에서 불변적이면서 가변적이라고 단언한다. 하나님의 윤리적 본질은 불변적이고, 변화할 수 없고, 안정적이고, 신뢰할 만하다. 하나님의 지식을 포함하는 하나님의 경험만이 세계와 함께 변화하며, 그것도 오직 그가 변화를 허락하기 때문이다.

---

47 같은 책, p. 137.
48 같은 책.
49 어떤 독자들은 도르너가 열린 유신론자였는지 궁금할 것이다. 열린 유신론은 1990년대에 미국 복음주의 신학자들 사이에서 일어난 운동으로, 하나님의 절대적이고, 빠짐없고, 무오한 예지(豫知)를 부정한다[예를 들어, Clark Pinnock et al., *The Openness of God* (Downers Grove, IL: InterVarsity Press, 1994)을 보라]. 도르너가 열린 유신론의 선구자로 여겨져야 하는지에 관해서는 논쟁이 있다. 웰치는 그렇다고 생각하는 것 같다. 다음은 웰치가 하나님의 예지에 관한 도르너의 입장을 어떻게 해석하는지 보여 준다(나도 이에 동의한다). "비록 그가 자유가 작용하는 모든 가능태를 자의식에 의해 알지라도, 자유가 결정하는 현실태에 관한 지식은 오직 세계로부터 그에게 올 수 있다"(Welch, *Protestant Theology in the Nineteenth Century*, vol. 1, p. 278). 최소한 이것은 자유의지 유신론이라 불리는 것이다.
50 Dorner, "Dogmatic Discussion of the Doctrine of the Immutability of God", p. 150, 강조 추가.

(여기서 "경험"에 포함되는 활동들은 기도 같은 자유로운 피조물들의 결정 및 행동에 대한 하나님의 반응을 포함한다.)

그렇다면 하나님의 불변성은 어디에 있는가? 도르너가 즉각적으로 단언하고 강조하는 것은, 하나님의 영원하고 변하지 않는 본질은 하나님의 선함, 하나님의 사랑이라는 사실이다. 이것은 변하지 않으며, 변할 수도 없다. 도르너는 "하나님은 선하다고 불려야 하는데, 그 이유는 단순히 하나님의 본성이 선하기 때문이고 또한 이 본성이 그를 직접적으로 정의하기 때문이다"라고 썼다.[51] 또한 "신성은 윤리적인 것[이를테면 선한 것, 사랑]의 절대적 현실태로 여겨져야 한다.…신성은…하나님의 존재와 본질 안에서의 현실태를 포함해야만 한다."[52] 도르너에게 하나님의 불변적 존재가 선이라는, 사랑이라는 생각은 하나님 안에 있는 불변성과 가변성 사이에 다리를 제공하는데, 왜냐하면 언제나 사랑은 자신을 내적으로(삼위일체) 또 외적으로(창조에서) 자유롭게 표현하고자 추구하기 때문이다. 이것이 하나님이 동시에 불변적이면서 살아 있는 존재로 여겨질 수 있는 방식이다.

하나님 자신은 불변적으로(예를 들면, 윤리적인 것의 측면에서), 그리고 살아 있고 자유롭다고 여겨져야 한다. 하지만 이 둘이 단순히 서로 나란히 존재하는 것은 아니다. 오히려, 하나님 안에 있는 윤리적 불변성은 그 자체를 위해 또한 영원한 생명성을 필요로 한다. 윤리적으로 필연적인 것은 그 자체로 그것의 현실화 수단으로 자유를 가리킨다. 하나님의 자유 안에 있는 원리인 하나님의 생명성은 그 자신을 통해, 자신의 내적 본질을 통해, 윤리적으로 필연적인 것과 밀접하게 연결되어 있다. 자유로운 것은 윤리적으로 필연적인 것을 목적으로 한다. 그러므로 우리가 말해야 하는 것은 하나님 안에 있는

---

51 같은 책, p. 154.
52 같은 책, p. 155.

불변성은 고정된 것이 아니라 살아 있으며, 마찬가지로 하나님 안에 있는 생명성은 불안하거나 불안정하지 않다는 사실이다. 오히려, 하나님의 생명성은 그 자체 안으로 윤리적 불변성을 영원히 취했다.[53]

요약해서 명확히 말하자면, 도르너의 주장은 하나님 안에 변할 수 없는 것, 즉 완벽한 선과 절대적 사랑이라는 그의 윤리적 본성이 있지만, 반면에 그의 불변하는 본성이 사랑이라는 **바로 그 이유로** 하나님 안에 변하는 것도 존재한다는 것이다. 변하는 것은 하나님의 본질이 아니라, 창조 세계에서 그리고 피조물들과의 상호적 관계에서 일어나는 하나님의 사랑의 자유로운 활성화다. 그리고 하나님이 자유로운 피조물들과 맺는 자유롭고 상호적 관계는 하나님이 그로 인해 어떻게든 더 작아진다는 식의 자기 제한이 아니라, 일종의 자기실현이다. 하나님은 창조 세계와의 상호적 관계 속으로 자유롭게 들어감으로써 하나님 자신 안에 있는 잠재성을 펼친다.

이 모든 것은 도르너 자신이 언급하는 두 가지 결과들을 지적하면 명확해질 것이다. 첫째, 이러한 신관은 새로운 성경 해석을 필요로 한다. 고전적 유신론은 구약의 많은 부분을 신인동형론적으로 해석해야 했는데, 구약이 하나님을 영향을 받고 변하는 존재로 그리기 때문이다. 도르너는 성육신이 요구한 자신의 신관에 비추어 이런 해석을 거부한다.

[하나님이 세계와 맺고 있는 사랑과 자유의 상호적 관계에 대한] 앞의 설명은 우리가 성경 안의 소위 신인동형론(anthropomorphisms)과 신인동감론(anthropopathisms)을 성급하게 받아들이지 못하게 한다. 오히려 그 설명은 성경적 실재론이라 불려 온 것에 중요한 위치를 부여하게 한다. 만일 하나님의 윤리적 불변성만 보호되고 엄격히 보존된다면, 우리는 하나님의 개념과 그의

---

[53] 같은 책, p. 159.

신적 탁월함에 어떤 위험도 없이 하나님에 대해, 하나님의 사고와 하나님의 의지의 세계에 대해 변화와 수정을 충분히 허락할 수 있다.…그렇게 우리는 하나님에 관한 윤리적 개념 안에서 이것을 요구하는 원리를 갖고 있다.[54]

그러므로 도르너는 하나님이 중보 기도에 반응해서 마음이 누그러졌다는, 고전적 유신론에서는 비유적 표현 정도로 여겨지던 구약의 구절들을 아주 심각하게, 심지어 문자적으로 받아들일 수 있었다.

도르너가 재구성한 신론의 두 번째 결과는 고전적 개혁파 예정론의 부정이다. 슐라이어마허는 일어나는 모든 일에 대한 하나님의 예정과 분명한 성취를 강력히 지지했다. 도르너는 슐라이어마허와 칼뱅주의 전반에 대해 다음과 같이 반응한다.

분명히 하나님은 신실한 자들에 대한 통치의 고삐를 넘기지 않지만, 그렇다고 그들을 이미 결정된 의지를 따르는 자동 장치[로봇]로 만드는 것을 원하지도 않는다. 태초부터 그는 자신의 친구들에게 자신이 하려는 것에 관한 지식을 주기를…, 그리고 역사적-시간적으로 그들을 자신의 도구로, 인격들로서 심지어 하나님의 의지와 계획을 공동으로 결정하도록 사용하기를 원했다.[55]

그렇다면 도르너에게는, 일어날 모든 것을 결정하는, 언제나 이미 결정된 신적 작정이란 존재하지 않는다. 그는 그것을 하나님에 관한, 하나님이 세계와 맺는 관계에 관한 비윤리적 이해라고 여겼다. 여기서 그의 목표는 자유 의지를 강조하는 것이 아니라, 하나님이 자유로운 피조물들 및 자유로운 능력들의 세계에 대해 맺는 윤리적 관계를 강조하는 것이다.

---

54 같은 책, p. 165.
55 같은 책, p. 179.

도르너가 그리스도의 인격 교리를 재구성하다

도르너는 교의들을 도덕화하려는 기획에서 리츨에 앞서 있었다. 그의 동기가 바로 그것이었는데, 즉 전통적 기독교 교리들을 재구성해서 그것들이 단지 사변적 추상들이 아니라 하나님과 예수 그리스도와 인간에 관해 윤리적으로 생산적 믿음들이 되도록 하는 것이었다. 하지만 리츨과 달리, 도르너는 교리를 사실과 유리된 가치의 영역으로 분류할 필요가 있다고 생각하지 않았다. 대신에, 그는 기독교 믿음들을 가치를 지닌 사실들로 재해석하고 싶었다. 윤리적인 것, 즉 선한 것은 사실들을 개혁하고, 사실들은 윤리적인 것의 특징을 형성한다. 도르너에게 사실들의 영역은 기독교 믿음들을 포함하는데, 이는 윤리적인 것이다.

도르너는 하나님의 불변성을 재구성한 후에, 그의 교리 수정으로 가장 잘 알려진, 수정된 기독론인 "점진적 성육신" 사상을 제시한다. 다시 한번, 그의 제안을 이해하기 위해 그가 대응하고 있던 사상들에 관해 알 필요가 있다. 이미 우리는 그가 토마시우스의 케노시스 기독론에 대응하고 있었음을 살펴보았다. 하지만 도르너에게는 고전적 기독론인 위격적 연합이 전반적으로 불만족이었다. 그는 자신 이전의 모든 기독론은 (슐라이어마허처럼) 그리스도의 신성이나, (많은 보수적 신학처럼) 그리스도의 인성이나, 또는 그리스도의 인격의 통일성과 온전함을 약화시키는 경향이 있다고 생각했다. 그에게 "기독론적 과제…는…하나님의 본성과 인간의 본성에 더 충실한 사상에 힘입어 그리스도의 인격의 통일성을 기술하는 것으로, 그렇게 해서 그리스도의 인격에 관한 전체 그림에서 두 측면이, 두 상태의 차이에 따라 배분되기는 할지라도, 그 마땅한 분량만큼 충분히 고려되는 것이다."[56] 그의 재구성의 요지는 "두 상태"(two states)라는 표현에 있다. 그에게

---

[56] I. A. Dorner, "The Doctrine of Christ", in *God and Incarnation in Mid-nineteenth Century German Theology: Thomasius, Dorner, Biedermann*, ed. Claude Welch (New York: Oxford University Press, 1965), p. 181.

성육신은 두 인격이 합치는 것도(네스토리우스주의), 두 본성이 혼합하는 것도(유티케스주의), 두 본성이 결합하되 하나의 신적 위격 안에서 서로 영향을 미치지 않는 것도(칼케돈의 위격적 연합) 아니다. 오히려 그에게 성육신은 두 상태가 하나로 되는 점진적 연합이었다. 이 둘은 "로고스"인 하나님의 사랑하는, 자기 표현적 활동이고, 예수 그리스도의 개방적, 수용적, 윤리적 인성이다.

도르너는 자신의 기독론 재구성을 그리스도의 선재와 내재적 삼위일체(하나님 자신)로 시작한다. 도르너에 따르면, 삼위일체는 모든 건전한, 성육신적 기독론의 필연적 특성인데, 왜냐하면 오직 "하나님이 자신 안에서 구별되는" 경우에만 "자기 분여(self-impartation)에서 자기 상실 없이 자신을 유지[할 수 있기]" 때문이다. 즉 "자신 안에 머무르는 동시에 자신 외부에서 활동하면서" 말이다.[57] 다시 말해, 만일 하나님이 "단순한 모나드", 구별할 수 없는 하나 됨이라면, 하나님은 성육신하거나 세계 안으로 들어올 수 없었을 것이다. 하지만 도르너는 세 신에 대한 믿음인 삼신론(tritheism)이 삼위일체론에 관한 일부 전통적 설명 주위에 맴돌았음을 우려했고, 따라서 하나님 안에 있는 구별들을 표현하는 말로 "위격들"(persons)보다는 "존재의 양태들"(modes of being)이라는 말을 선호했다. 하나님의 존재의 양태들 중에서 두 번째인 로고스는 셋 중에서 유일하게 성육신할 수 있는데, 왜냐하면 삼위일체 안에서 그의 기능이 하나님의 사랑을 표현하는 것이기 때문이다. 그러므로 로고스, 하나님의 아들, 하나님의 두 번째 존재의 양태는 예수 그리스도의 선재다.

도르너는 계속해서 기독론을 재구성하면서, 인성이 하나님과의 연합을 위해 창조되었기에 하나님에게 "이질적"이지 않다고 재해석한다. 하나님과 인간은 서로 구별되지만 어울리는 상대다. 인간은 하나님에게 개방적이고

---

[57] 같은 책, p. 215.

하나님은 인간에게 개방적이다. "인간을 하나님으로부터 구별하는 것은…
하나님에 대한 필요, 하나님에 대한 수용성을 일으킨다.…역으로, 하나님의
자기 충족성은…[인간과] 친교를 맺으려는 효과적 의지를 일으킨다."[58] 그
러므로 성육신은 두 가지의 모순되는 속성들이 한 인격 안에서 결합하는
것이 아니라, "분여"(impartation)와 "함께 참여함"(participation together)을 통
한 로고스와 인간 예수의 내주이며 연합이다.[59] 도르너는 다음과 같이 성육
신을 간명하게 요약한다. "그리스도는 전적으로 신-인(God-man)으로, 성육
신하려는 영원한 신적 경향은 그 안에서 현실태를 성취하고 인간은 하나님
과의 일치로 고양된다."[60] 성육신에 대한 도르너의 사상의 핵심은 로고스와
인간이 모두 연합을 의도하며 거기서 자기실현에 이른다는 것이다.[61] "하나
님의 자기 지식과 의지는 이 사람 안에서 일어난다."[62] 다시 말해, 성육신은
하나님의 자기 제한이 아니라 하나님의 자기실현이었다. 하나님 안의 잠재
력은 로고스와 인간 예수의 연합에서 현실이 된다.

고대의 기독론 이단들을 알고 있는 사람들은 도르너의 성육신 사상이
네스토리우스적으로 들린다고 생각할 수도 있다. (네스토리우스는 5세기의 그
리스도인으로, 성육신이 두 구별되는 인격들인 로고스와 예수 사이의 의지들의 연합이
었다고 가르쳤다. 그의 이론은 433년에 에베소 공의회에서 정죄되었다.) 하지만 도르
너는 자신의 기독론이 네스토리우스적이라는 점을 부인했다. 그의 주장에
따르면, 예수의 이중적 인격성이란 없었다. 오히려

원래부터 이 사람과 연합해 있던 로고스가 그의 의지를 결정한다. 로고스는
원래 그리고 처음부터 이 인격의 살아 있는 신적 기층으로 여겨져야 하지만,

---

58 같은 책, p. 229.
59 같은 책, p. 228.
60 같은 책.
61 같은 책, pp. 236-237.
62 같은 책, p. 237.

이 기층은 신-인 됨을 완전한 현실태로 이루기 위해 예수의 실제적 앎과 의지의 인성으로 자신을 점차 형성해 간다.[63]

도르너는 이것을 다른 방식으로 표현했다. "그리스도 안에서 로고스로서의 하나님은 자신을 그리스도의 인성과 연합시켜서, 이것이 그의 절대적 계시의 자리가 된다."[64] 하지만 이 연합은 점진적이어야 했는데, 이로써 그것이 참으로 윤리적일 수 있기 위해서다. 만약 예수가 로고스를 자유롭게 받아들이며 이 신-인의 연합에 자유롭게 참여하지 않았다면, 이 연합은 윤리적 사건이 아닐 것이다. 그러므로 "인간적 측면은 단지 수동적으로 취해지지 않았다."[65]

이 모든 것은 성육신이 점진적일 것을, 그리고 모두 한 번에 이루어지지 않을 것을 요구한다. "신-인의 총체적 인격성의 통일은 처음에는 완전한 연합이 아니었다."[66] 간결하게, 그러나 다소 상세하게 표현하면 다음과 같다.

성육신은 한 순간에 끝나는 것이라고 여겨지면 안 된다. 오히려 계속되는 것으로, 심지어 자라나는 것으로 여겨져야 하는데, 왜냐하면 끊임없이 로고스 하나님은 참된 인간의 펼쳐짐으로부터 형성되는 새로운 측면들 각각을 붙잡고 전유하며, 또한 역으로 인성의 자라나는 실제적 수용력은 로고스의 늘 새로운 측면들과 의식적으로 그리고 기꺼이 결합하기 때문이다.[67]

분명히 이것은 로고스가 태어나고 자라고 죽기 위해 자기를 제한하는 토마시우스의 케노시스 기독론과 현저히 구별된다. 토마시우스의 기독론

---

[63] 같은 책, p. 39.
[64] 같은 책, p. 241.
[65] 같은 책, p. 253.
[66] 같은 책, p. 250.
[67] 같은 책, p. 247.

에서 연합은 처음부터 완전하며, 예수의 인간적 측면은 이 연합에서 아무런 영향력이 없고 수동적이다. 도르너는 그것을 무(無)윤리적(a-ethical) 기독론이라고 여겼다(게다가 하나님을 너무 쉽게 변하는 존재로 만드는 것이었다). 그것은 신-인 관계의 사랑과 자유를 부정한다. 인간은 자유롭게 하나님을 받아들여야 하며 하나님은 자유롭게 인간을 접하고 반응해야 하고, 그 결과로 그들이 함께 완전한 신-인의 연합에 들어간다. 이것은 하나님의 자기제한과는 거리가 멀고, 하나님의 사랑의 자기실현이다.

도르너가 해결되지 않은 의문과 함께, 자극이 되는 유산을 남기다

도르너는 기독교 역사에서 대단히 창의적이면서 모호한 인물들 가운데 한 사람이다. 그는 흥미로운 질문들을 던졌고, 그 질문들에 대답하려고 시도하면서 새로운 길을 과감히 개척하려 했으며, 후대 신학자들이 씨름할 일련의 생각들을 남겼다. 무엇보다 그는 외관상 양자택일로 보이는 현대 신학의 딜레마들 일부를 초월했고, 비록 결국은 만족스럽지 못한 방식으로나마 반대되는 것들을 통합시켰다.

도르너가 후대 신학에 미친 영향은 바르트와 과정 신학에 분명히 나타난다(참고. 5.a.와 6.b.). 바르트는 자유 안에서의 사랑이라는 하나님의 본질에 대한 도르너의 생각을 수용해서 하나님을 "자유 안에서 사랑하는 존재"로 정의했다. 도르너와 마찬가지로 바르트는 고전적 유신론에 매이기를 거부했으며, 예를 들어 하나님의 불변성을 하나님의 절대적 변함없음이 아니라 하나님의 신실함으로 정의했다. 도르너는 하나님 안에 있는 신적 시간성에 관해 언급했는데, 훗날 바르트도 그랬다. 바르트가 도르너에게 진 빚은 하나님이 역사와 맺는 관계를 하나님의 신성의 상실이 아니라 하나님의 속성들의 실현으로 보는 생각에도 나타난다. 도르너에게 그렇듯 바르트에게도, 하나님이 인류 속으로 들어온 것은, 심지어 그의 십자가 죽음조차도, 하나님의 신성에 위배되거나 이질적인 것이 아니라 오히려 하나님의 신성의 가장 완벽한 표현이었다.

또한 도르너가 시작되게 만든 하나님의 불변성에 관해 생각하는 하나의 방식은, 과정 신학과 열린 유신론(open theism)에서 (바르트와는) 또 다른 방향을 취했다. 이 20세기 신학 학파들은 서로 다른 것들인데도 모두 하나님의 존재(being)뿐 아니라 하나님의 생성(becoming)을 강조한다. 과정 신학자들은 도르너의 영향을 받았다고 거의 인정하지 않지만, 그 유사성이 우연이라기에는 너무 분명하다. 과정 신학은 하나님의 양극성(di-polarity)—한 극은 영원하고 불변하며, 다른 한 극은 세계의 변화와 함께 변한다—에 관해 말한다. 물론 도르너는 과정 신학이 주장한 정도의 양극성은 거부했을 것이다. 과정 신학이 하나님의 내재성을 강조한 것은 도르너에게는 너무 극단적이었을 것이다. 그럼에도, 도르너는 고전적 유신론에 대한 설득력 있는 비판과 하나님이 불변적이면서 또한 가변적이라는 주장을 통해 과정 신학과 열린 유신론의 가능성을 열었다(후자가 전자보다는 도르너의 전반적 초자연주의에 부합한다).

도르너의 사상 중에서 여기서 거의 다루지 않은 부분은 현대성에 대한 그의 대응이다. 이 책에서 다루는 모든 신학자는 현대성에 대한 그들의 대응 때문에 포함되었다. 어떤 의미에서 도르너를 현대 신학자로 볼 수 있는가? 그는 전통적 기독교에 대한 과학의 도전에 대응하는 데 별 관심을 보이지 않았다. 그는 과학이 기독교 신앙에 대한 도전일 필요는 없다고 본 것 같다. 그에게 기독교 신앙은 계시의 사실들의 포용이지만, 계시가 성경의 모든 명제들과 동일하지는 않다. 계시는 윤리적이어야만 한다. 즉 계시는 윤리적 삶을 이루고 형성하는 것일 뿐이다. 인간은 "도덕적 필요"를 가진다. 즉 계시는 우리의 도덕적 필요들을 충족시키며, 신앙은 윤리적 결정과 행동으로 그 계시를 수용하는 것이다. 그러므로 과학과 종교 사이에는 갈등이 있을 수 없는데, 과학과 종교가 리츨에게 그렇듯 서로 철저히 분리된 영역에 나뉘어 존재하기 때문이 아니라, 종교가 가장 넓은 의미의 구원에 관한 것이기 때문이다. 과학은 물질세계의 사실에 대한 것이다. 기독교는 계시의 "경험에 기초한 윤리적-종교적 자기 지식"에 관한 것이다.[68] 그러한 것으로서의 기독교는 우주론으로 확장되는 성경의 무오성이나 문자적 해석에 대한 믿음을 반드시 필요로 하지 않는다.

도르너는 탁월한 중재 신학자였다. 그는 많은 대립하는 사상들을 더 높은 통일성으로 화해시키려 했다. 그러한 대립하는 사상들에는 개신교 정통주의와 현대성, 고전적 유신론과 헤겔의 신적 생성, 하나님의 초월과 내재에 관한 슐라이어마허와 헤겔의 견해가 있었다. 그의 궁극적 중재는 폭넓게 정의되는 보수적 신학(전통과 그에 대한 전반적 충성에 가치를 부여하는 것)과 자유주의 신학 사이에 있었다. 그는 어느 쪽에도 속하지 않았지만, 둘 다의 특징을 보여 주었다. 보수적 신학과 관련해서 그는 최고의 기독교 전통을 보존하는 데 관심이 있었다. 자유주의 신학과 관련해서 그는 특히 헤겔 등의 현대 철학에, 단순히 굴복하면서 적응하는 것이 아니라, 합의를 이루는 데 관심이 있었다.

아마도 도르너의 가장 큰 실패는 그의 기독론이었다. 고전적 기독론을 재구성하겠다는 그의 시도는 용감했지만, 결국 실패하고 말았다. 그 결과물은 명백히 네스토리우스적이었다. 도르너는 로고스와 인간이 예수 그리스도 안에서 어떻게 한 인격을 이루는지 결코 만족스럽게 설명할 수 없었다. 케노시스 기독론은 19세기 말과 20세기 초에 영국 신학자들에 의해 재등장한 반면에, 도르너의 점진적 성육신 사상은 노먼 피텐저(Norman Pittenger)와 존 캅(John Cobb) 같은 과정 신학자들에 의해 어느 정도 다시 모습을 드러낸 것을 제외한다면 점차 자취를 감추었다. 포사이스(P. T. Forsyth, 1848-1921)와 매킨토시(1870-1936) 같은 케노시스 사상가들은 토마시우스의 기독론이 가진 단점을 일부 수정하면서 그 기독론에 새로운 생명을 불

---

68 Welch, *Protestant Thought in the Nineteenth Century*, vol. 1, p. 277에 인용됨.

어넣었다.

4.B. 호러스 부시넬이 진보적 정통주의를 모색하다

호러스 부시넬은 46세였고, 코네티컷주 하트포드에 있는 노스 회중교회에서 이미 15년간 목회해 오고 있었다. 하지만 그는 기독교에 대한 의심과 거리낌에 시달렸다. 예일 칼리지(Yale College)의 학생 시절에 어떤 부흥회에서 결단한 후 목사가 되기 위해 공부했지만, 주로 그의 기독교 신앙은 경험이라기보다는 의무였다. 그는 영적 돌파구를 찾기 위해 경건서적을 읽고 기도하고 있었다. 1848년 2월의 어느 아침에 그는 집안 서재에서 깊은 묵상과 기도의 시간을 마치고 나왔다. 그의 아내는 즉각 그에게서 뭔가 다른 점을 발견하고는 물었다. "무엇을 봤어요?"[69] 그는 짧게 대답했다. "복음." 훗날 이 뉴잉글랜드의 목사-신학자는 그 현현(顯現)을 기록하면서, 자신이 "그리스도와 그 안에서 제시된 하나님을 인격적으로 발견하는 사건에 의해 압도되었다"고 했다.[70] 분명히 그날 부시넬이 경험한 사건은, 존 웨슬리가 올더스게이트 가(街)의 모라비아교도 집회에서 가졌다는 그 유명한 "가슴이 따뜻해지는" 경험과 유사하게, 삶을 변화시키는 것이었다. 그것은 그가 그리스도인이 된 사건이 아니라, 하나님을 직접적이고 비매개적으로 경험한 사건이었고, 이는 영원히 그를 바꾸어 놓았다.

깊은 영적 체험을 가진 후에 그 결과로 부시넬은 능력 있는 설교를 하게 되었고, 그 설교는 출간되어 19세기의 영향력 있는 경건서적이 되었다. 제목은 "그리스도, 영혼의 형상"(Christ, the Form of the Soul)이었는데, 거기서

---

[69] 이 이야기는 William R. Adamson, *Bushnell Rediscovered* (Philadelphia: United Church Press, 1966), pp. 19-20에서 가져왔다.
[70] 같은 책, p. 20.

그는 선언했다.

> 기독교 신앙…은 자신의 생각을 어떤 명제에 일치시키는 것이 아니라, 자신의 존재를 **어떤 존재**에 맡기는 것이다. 이로써 쉼을 얻고, 지켜지고, 인도되고, 형성되고, 다스려지고, 영원히 소유되기 위해서다.…기독교 신앙은 당신에게 하나님을 주고, 당신을 하나님에 대한 직접적·경험적 지식으로 채우고, 당신이 하나님 안에 있는 모든 것을 소유하게 하고, 또한 당신이 하나님의 성품 자체를 갖도록 한다.[71]

그날 이후로 "부시넬은 [일차적으로 명제적·교리적 관점보다는] 경험적 관점에서 종교에, 기독교에 접근했다."[72] 이것은 그가 교리를 경멸했음을 말하지 않는다. 실제로, 1848년 이후에 그는 기독교 교리에 관한 수많은 책과 글을 썼다. 다만 그는 그것들을 언제나 기독교적 경험과 관련시켰다. 현현 사건 전에는 "하루도 의심 없이 살지 못했지만",[73] 그 후에는 (전통적 정통주의까지는 아니더라도) 복음의 진리를 확신했다. 하나님이 그리스도 안에서 그의 영혼에 직접적으로 나타나는 신비한 경험의 결과로 그는

> 창조 세계 안에서의 하나님의 자기표현이 신자들에게 보이도록 하는 하나님의 영의 변혁적 사역을 점차 강조했다. 주제와 관련해 말하자면, 그는 그리스도 안에서 나타나는 하나님, 영혼 속에 내주하는 그리스도, 영을 변화시키는 성령의 보냄에 초점을 두었다.[74]

---

71 같은 책에 인용됨.
72 같은 책, p. 78.
73 Dorrien, *The Making of American Liberal Theology*, p. 122.
74 같은 책, p. 141.

부시넬이 미국의 가장 영향력 있는 신학자가 되다

부시넬이 미국의 가장 위대한 19세기 신학자였다는 점에 대다수 사람들이 동의한다. 세 권으로 된 미국 자유주의 신학 역사의 저자에 따르면, "부시넬은 19세기 미국 자유주의 기독교의 주요 신학자이자 그 전체 역사의 핵심 인물이다."[75] 더 나아가, 이 역사가에 따르면, 부시넬은 "미국의 가장 위대한 19세기 신학자"였다.[76] 다른 역사 신학자는 부시넬을 천재라고 규정하면서 "그는 미국 종교 사상에서 새로운 시대를 시작한 명석한 과도기적 인물이었다"고 언급한다.[77] 많은 미국 종교사 학자들은 그를 18세기와 20세기의 가장 위대한 미국 신학자들인 조나단 에드워즈와 라인홀드 니버와 같은 반열에 세운다. 그들은 위대한 미국 기독교 사상가 세 사람으로 널리 받아들여지고 있다.

하지만 부시넬은 예일 칼리지 강사를 제외하고는 학문적 직위를 전혀 갖지 않았다. 그는 감리교도 아버지와 미국 성공회교도 어머니에 의해 전형적 뉴잉글랜드 회중교회에서 자랐다. 이 교회는 부시넬이 훗날 반기를 들게 될 칼뱅주의적 청교도 전통에 속해 있었다. 대학 시절에 그는 회의주의에도 관심을 가져 보고 기독교의 진리에 대한 진지한 의심들을 표하기도 했지만, 지적 회심의 결과로 목회자가 되는 데 헌신하고 예일대 신학대학원을 졸업했다. 그곳에서 그의 주된 교수는 영향력 있던 19세기 신학자 나다니엘 테일러(Nathaniel Taylor, 1786-1858)로, 수정된 형태의 칼뱅주의인 소위 뉴헤이븐 신학의 지도자였다. 부시넬은 테일러에게 별로 감명을 받지 못했고, 이후에 자신이 그의 "본질적으로 합리주의적" 신학이라고 여긴 것에서 돌아섰다.

부시넬은 몇 년 동안 예일 학생들을 가르친 후에, 노스 회중교회에서 목

---

[75] 같은 책, p. xvii.
[76] 같은 책, p. 111.
[77] Adamson, *Bushnell Rediscovered*, p. 13.

사 안수를 받고 목회자가 되어 1859년까지 목회를 하다가 건강 문제로 은퇴했다. 그는 은퇴 후에 활발한 저술과 출판 활동을 벌이고 1876년에 죽음을 맞이했다. 그는 결혼해서 세 명의 자녀를 두었는데, 그 가운데 한 명은 어릴 때 세상을 떠났다. 목회 시절에 부시넬은 자신이 속한 회중교회 지역 연합회에 의해 이단으로 재판을 받을 뻔했지만, 그의 회중이 그를 보호하기 위해 연합회를 탈퇴했기 때문에 그를 상대로 한 사건은 재판에 회부되지 않았다. 그는 격렬한 신학적 논쟁의 중심에 있었는데, 이는 그가 자유주의자들과 보수주의자들의 신학 모두가 지나치게 합리적이고 과학적이라고 여기면서 공공연히 반대했기 때문이다. 그는 많은 회중교회들 사이에 급속히 퍼지고 있던 유니테리언 운동과도 지속적 대화와 논쟁을 벌였다. 그가 생각하기에 "유니테리언주의자들과 그 반대자들은 신학에 관한 동일한 합리주의적 가정들을 공유했고, 따라서 그는 양측을 공평하게 비판했다."[78] "그의 온 생애와 사역은 그에 앞선 뉴잉글랜드 신학자들의 형식적, 논리적 체계화에 대한 반발이었다.…부시넬은 경험적 관점에서 신학에 접근했다."[79]

부시넬은 사회 문제에도 관여해서 노예제, 여성의 권리, 남북전쟁 같은 논쟁적 사회 문제와 사건들에 관해 수많은 글을 썼다. 인종과 여성평등에 관한 그의 견해들은 21세기 기준으로 보면 대체로 뒤쳐졌지만, 그는 남북전쟁을 강력히 지지했다. 그는 자신이 살게 된 도시에서 공동체 후원자였다. 그의 죽음 후 하트포드 시는 그가 만들려고 끊임없이 노력했던 시립공원을 그의 이름을 따서 붙였다. 이 공원은 그의 아이디어였고, 전액 세금으로 자금을 댄 미국 최초의 시립공원이 되었다. 부시넬은 건강 문제로 잠깐 캘리포니아에 살 때 캘리포니아 대학의 설립을 도왔고, 이 대학은 후에 캘리포니아 대학교(University of California)의 일부가 되었다. 아마도 그는 『기독교

---

[78] Holifield, *Theology in America*, p. 453.
[79] Adamson, *Bushnell Rediscovered*, p. 78.

양육』(Christian Nurture, 1847)을 통해 "현대 기독교 교육 운동의 창시자"로 가장 잘 알려져 있는데, 이 책에서 그는 기독교 입문에 대한 부흥주의의 모델을 거부하고 가정과 교회의 기독교 교육에 초점을 둔 기독교 입문 방식을 주장했다. 그는 어린이들이 거듭남의 경험 없이도 그리스도인으로 자랄 수 있다고 믿었다. 부시넬의 전기 작가 한 사람은 그를 다음과 같이 칭송한다.

호러스 부시넬은 다방면에 관심과 재능을 보인 동식물 연구가, 측량 기사, 도로 건설 기사, 주택 건축업자, 정비사, 공원설계자, 여행가, 낚시꾼, 설교가였다. 그가 가진 성품과 다재다능이 그를 당시의 다른 사람들과 확연히 구별시켰다. 많은 재능을 가진 바로 이 사람이 결국 새로운 영역을 개척했다.[80]

부시넬은 어마어마한 분량의 저작을 남겼다. 그는 열한 권의 주요 저서와 많은 설교모음집을 출간했다. 잡지와 신문에 수많은 기사와 사설을 썼고, 유럽과 미국의 신학자들과 활발히 서신을 교환했다. 그의 책들 중에서 일부는 베스트셀러가 되어서, 신학을 전공하지 않은 수천 명의 사람들에게 읽혔다. 사후에 그의 주요 저작들은 수집되어 일곱 권으로 된 한 질로 출간되었다. 그의 저작들 중에서 일부는 21세기 초에도 여전히 출간되고 있다. 그의 주요 저작으로는 『기독교 양육』 외에 『그리스도 안의 하나님』(God in Christ, 1849), 『자연과 초자연적인 것』(Nature and the Supernatural, 1858), 『그리스도와 그의 구원』(Christ and His Salvation, 1864), 『대리 희생』(The Vicarious Sacrifice, 1866)이 있다. 그는 조직신학을 저술한 적이 없고 신학이 정확히 체계적이라고 생각하지도 않았다. 그는 체계가 기독교를 죽인다는 경건주의 지도자 친첸도르프(Zinzendorf)의 생각에 동의했다. 하지만 특정한 공통의 실마리들이 그의 다양한 신학 저서들을 묶어 준다. 주된 실마리는 그리스도였다. 부

---

[80] 같은 책, p. 22.

시넬의 저작 모음 편집자 한 사람에 따르면, "그리스도가 [그의] 사고와 사역의 매력적인 중심이었다는 점은 아무리 강조해도 지나치지 않다."[81]

부시넬의 책들은 뉴잉글랜드 개신교에서 있었던 신학적 논쟁들을 배경으로 쓰였다. 그는 이 논쟁들에 뛰어들어, 양자택일의 사고를 초월하는 더 높은 관점들을 통해 잘못된 이분법을 극복하려 했다. 그의 신학적 제안들 중에서 일부는 경악과 심지어 거부에 부딪혔다. 그 제안들은 상당히 대중적 언어로 쓰였을 때조차 늘 이해하기 쉽지는 않았던 것이다. 게다가 그것들은 보수주의자도 자유주의자도 만족시키지 못하는 새로운 제안들이었다. "그의 책들은 늘 비난을 받았고, 그는 자신의 사역 대부분에 걸쳐 소외되고 고립되었으며, 그의 견해를 받아들인 목사들은 말을 삼가야만 했다."[82] 그의 저작들 모두를 관통하는 반복되는 주제 하나는 "모든 신학적 언어는 필연적으로 완전한 객관성에 도달할 수 없다"는 것과, 그렇기에 "절대적으로 객관적 혹은 과학적 신학이란 있을 수 없다"는 것이었다.[83] 그는 그리스도인들을 분열시키는 신학적 논쟁들의 다수는 신적 계시를 너무 문자적으로 받아들이는 경향과, 계시된 진리들을 절대적으로 합리적 정합성에 억지로 맞추려는 시도에서 기인한다고 보았다. 그는 쉽게 그러한 오해를 하는 경향이 있는 사람들에게 "어떤 진리가 역설적으로 제시될 때 우리는 균형 잡힌 이해에 가장 근접한다"는 점을 상기시킨다.[84] 두말할 나위 없이, 이런 주장은 신학이 과학적이라는 점을 증명하는 데 혈안이 되어 있던 당시의 신학자들에게는 받아들여지지 않았다.

부시넬의 신학은 전통적 기독교 교리들을 재구성하려는 일련의 시도로서, 적응에 굴복함 없이 현대 지성에 말하는 방식으로 그렇게 하려 했다.

---

[81] H. Shelton Smith, "Introduction", in *Horace Bushnell*, ed. H. Shelton Smith (New York: Oxford University Press, 1965), p. 26.
[82] Dorrien, *The Making of American Liberal Theology*, p. 173.
[83] Smith, "Introduction", p. 37.
[84] Welch, *Protestant Thought in the Nineteenth Century*, vol. 1, p. 260에 인용됨.

자유주의 개신교도들과 달리, 그는 초자연적인 것을 굳게 붙잡고 옹호하면서 하나님의 행위를 자연의 기계적 힘과 의식의 상태로 축소시키려는 경향에 반대했다. 보수적 개신교도들과 달리, 그는 교리들을 갱신해서 그것들이 (특히 율법과 윤리에 관한) 기독교적 경험과 현대 사상에 더 적절하도록 만들고 싶어 했다. 그는 한 발은 기독교 전통에, 다른 한 발은 현대 사상의 세계에 디딘 채 일했다. 그런 이유로 그의 신학은 "진보적 정통주의"로 분류되었으며, 이것이 바로 여기서 그가 중재 신학자에 포함되는 이유다.[85]

부시넬이 상상과 은유를 교의보다 우선시하다

모든 위대한 신학자들 뒤에는 영향을 미친 철학자가 있는데, 부시넬의 경우는 새뮤얼 테일러 콜리지가 있었다. 이 잉글랜드의 시인이자 철학자(참고. 1.e.)가 부시넬에게 유일한 영감의 원천은 아니었지만, 그를 모르고서는 이 뉴잉글랜드 신학자를 이해할 수 없다. 많은 사람이 부시넬을 슐라이어마허와 연결하려고 노력해 왔지만, 이 둘의 공통되는 기반은 낭만주의이고, 낭만주의는 주로 콜리지를 통해 부시넬에게 중재되었다. 사람들이 부시넬을 이해하려 할 때 겪는 어려움은 대부분 바로 이 때문이다. 콜리지는 종종 모호했는데, 부시넬도 마찬가지였다. 두 사람 모두 종교를 일차적으로 경험의 문제로, 그리고 신학은 완전히 파악할 수 없는 언어를 통해 이 경험을 표현하려는 불충분한 시도로 보았다. 부시넬 자신의 말에 따르면, 그는 뉴잉글랜드 신학을 분열시키던 합리주의와 교조주의를 초월하는 신학방법론을 찾는 데 몰두했다. 콜리지의 낭만주의는 부시넬이 찾던 방법을 위한 열쇠를 제공했다.

부시넬의 보고에 따르면, 어느 날 그는 콜리지의 『성찰에의 도움』을 읽

---

85 부시넬을 중재 신학자로 보는 데 어려움을 느끼는 사람들을 위해 말하자면, 이것이 리처드 니버가 *The Kingdom of God in America* (Chicago: Willet, Clark and Co., 1937), p. 193에서 부시넬을 보는 관점이다.

고 이 책이 "애매하고 몹시 난해하다"고 느꼈다.[86] 하지만 이후에 이 책을 다시 읽으면서 자신이 무엇인가를 놓쳤음을 깨달았다. 이번에는, 그의 훗날 기록에 따르면, "모든 것이 명확했고 교훈적이었다."[87] 그가 콜리지에게서 찾은 가장 큰 도움은 상상이 "초월적으로 지각적이고, 창의적이고, 통일시키는 능력"이라는 생각이었다.[88] "상상은 악마의 놀이터"라는 옛말이 있다. 하지만 이 속담의 "상상"과 콜리지의 "상상"은 서로 다른 것을 의미한다. 콜리지에게, 그리고 부시넬에게, 상상력은 하나님에 의해 주어진 인간 인격성의 창조적 능력으로, 분석적 이성으로는 얻을 수 없는 진리를 파악할 수 있다. 상상은 종합적이며, 이성이 단지 모순만을 볼 수 있는 곳에서 통일성을 본다. 이성은 모든 것을 명제들로 바꿔야 한다고 주장하는 반면, 상상은 은유 및 이미지와 잘 어울린다. 상상은 이성이 보지 못하는 패턴을 볼 수 있다. 부시넬은 신학을 과학보다는 예술로 생각하게 되었다. 바로 여기에 신학은 과학을 모방해야 한다고 주장하는 더 이성적 성향의 신학 동료들과 빚은 마찰의 원인이 있다. 부시넬은 비합리에 빠지지 않으면서 신학에서 계몽주의적 토대주의를 넘어서려고 시도했다.

부시넬이 콜리지로부터 받은 영향은 아무리 강조해도 지나치지 않아서, 그 영향은 매우 깊고 전체에 퍼져 있다. 이 목사-신학자는 성경을 제외하고는 다른 어떤 책보다 콜리지의 『성찰에의 도움』에 빚졌다고 스스로 말한 바 있다.[89] 콜리지는 부시넬의 마음에 큰 변화를 일으켰으며, 더 체계적인 다른 사상가들이 보지 못하는 진리의 전망들을 부시넬이 볼 수 있도록 해주었다. 예를 들면, 성경 안에서 종종 그렇듯이, 진리는 시와 비유를 통해 가장 단순하게 전달될 수 있다. 이 진리는 의미적 손실 없이는 합리적 명

---

86 Dorrien, *The Making of American Liberal Theology*, p. 124에 인용됨.
87 같은 책.
88 같은 책.
89 같은 책, p. 147.

제로 번역될 수 없다. 합리적 명제로 번역되면 이런 진리는 죽고 만다. 부시넬에게는, 콜리지에게 그렇듯이, "하나님이 그리스도 안에서 자기표현을 한 의미가 '몇몇 진부한 명제'로 정의될 수 있다고 주장하는 것은 참된 경건과 지성 모두에 대한 모독이다."[90] 성경이 의미하는 것은 많은 경우에 "영적이고 시적이며, 이성이나 합리적 증명 혹은 역사적 증거에 호소하지 않고 자기 입증적이다."[91] 콜리지와 마찬가지로 부시넬은 기독교 진리가 "영과 생명이며…자연적 이해를 위한 자료가 아니"라고 선언했다.[92]

부시넬의 콜리지 전유(專有)가 잘 이해되지 않는 사람들을 돕기 위해, 여기서 잠시 멈추고 이 둘이 모두 종교를 일차적으로 정보(information)보다는 변혁(transformation)으로 여겼다는 점을 설명할 필요가 있다. 신학자들이 입으로는 이 진리에 동의하겠지만, 콜리지와 부시넬은 신학자들이 신조적 진리를 기독교의 본질이라고 교의적으로 주장할 때 이 점을 부정한 것이라고 보았다. 콜리지와 부시넬에게 종교의 본질은 "신적인 것에 대한 감각"과 "하나님에 대한 직관적 지식"이다. 기독교의 본질은 예수 그리스도를 통한 하나님과의 친교다. 부시넬은 "가장 잘 설계된 신학적 의견들이 지금까지 제공해 줄 수 있었을 것보다도, 한 시간 동안 나눌 수 있는 그리스도와의 최고의 친교에 그리스도의 참된 빛이 더 많이 있다"고 썼다.[93] 그리고 "우리가 하나님을 가장 참되게 아는 방법은 의견이 아니라 사랑이다."[94] "하나님에 대한 참된 깨달음은 의견이 아니라 신앙과 올바른 감정, 영, 생명을 통해 실현된다."[95] 둘째, 콜리지와 부시넬 모두 명제적 교리, 즉 신조적 공식을 기독교 경험에 부차적이며, 기껏해야 말로 적절히 표현될 수 없는 것을 표

---

90 같은 책, p. 146.
91 같은 책, pp. 146-147.
92 같은 책, p. 147.
93 Horace Bushnell, "Dogma and Spirit" (from *God in Christ*), in *Horace Bushnell*, ed. H. Shelton Smith (New York: Oxford University Press, 1965), p. 65.
94 같은 책, p. 59.
95 같은 책, p. 61.

현하려는 미미한 시도로 여겼다.

신조와 교리문답은 부시넬에게 큰 감동을 주지 못했다. 너무나 자주 그것들은 공식과 경직된 언명이 되어 문자적으로 받아들여지곤 했다. 대부분의 신학적 논쟁들은 서로 다른 파벌이 진리를 그 진리의 형식과 구분하지 못하거나, 동일한 본질적 진리가 모순된 형태를 띨 수 있다는 점을 이해하지 못하기 때문에 발생한다.[96]

하지만 부시넬이 교리와 신조를 업신여겼다고 결론을 내려서는 안 될 것이다. 실제로는 전혀 그렇지 않았다. 그는 교리들이 표현할 수 없는 것을 표현하려는 인간의 시도라는 점이 받아들여지고 또 수정될 가능성이 열려 있는 한, 교회의 생명과 그리스도인을 위해 필요하다고 보았다. 그의 저술들 대부분은 교리적 주제들에 관한 것이었으며 그 목표가 이데올로기로 다루어지는 전통적 교의들을 해체하고 오히려 그것들을 모형들로, 복합적 은유들로 재구성하는 데 있었다. 예를 들어, 부시넬은 예수 그리스도의 신성과 인성 교리를 부정하지 않았지만, 고전적 공식인 칼케돈 정의가 말하는 위격적 연합이 심각하게 흠이 있으며 수정되어야 한다고 보았다. 그는 많은 자유주의 신학자들 및 다른 중재 신학자들과 마찬가지로 이 공식이 그리스도의 인격을 분열시키는 경향이 있다고 보았다.[97] 그의 신랄한 비판에 따르면, 그리스도를 하나님과 사람으로 보는 원시 교회의 단순한 신앙이 칼케돈에서 (또 그 이전부터) 그리스 철학의 영향을 받아 무익하고 무미건조한 사변으로 대체되었다. 초기 기독교 역사에 관한 그의 설명에 따르면 지성이 영을 누르고 이겼으며, 교의가 영의 종이 된 것이 아니라 오히려 영이

---

96 Adamson, *Bushnell Rediscovered*, p. 106.
97 Dorrien, *The Making of American Liberal Theology*, p. 152.

교의의 종이 되어 버렸다.[98] 부시넬은 2세기에 기독교 신학에서 "예수의 진리는 사라지기" 시작했고 사변에 의해 대체되었다고 단언했다.[99]

그럼에도 불구하고, 부시넬은 모든 교리가 단순히 정적주의적 명상과 영적 경험에 의해 대체될 수는 없다고 생각했다. 심각한 결함이 있는 칼케돈의 기독론은 신적 자기표현으로서의 그리스도 안에 있는 하나님의 계시에 기초한 더 생동감 있는 개념에 의해 대체되었어야 했고 또 그럴 수 있을 것이다. "그리스도의 실재"는, 부시넬의 선언에 따르면, "그가 하나님으로부터 표현해 내는 것이다."[100] 그는 그리스도의 선재, 동정녀 탄생, 죄 없음, 부활, 그리고 본질적 인성과 신성을 긍정했지만, 그리스도인들에게 이것들을 넘어서는 "섣부른 추측을 멈추고 그의 메시지를 받아들이라"고 충고했다.[101] 궁극적으로, 그의 주장에 따르면, 하나님이 그리스도 안에서 성육신한 것은 신비다. 모든 그리스도인에게 요구되는 것은 바로 각자의 고백, 즉 "나는 그[그리스도]가 우리 앞에 단순한 통일체, 한 인격, 신-인으로 서서 하나님의 아들과 마리아의 아들이라는 이중 혈통의 특질들을 나타낸다고 주장한다"는 고백이다.[102] 부시넬은 자신이 (상징적이기보다는 문자적으로 받아들여야 할 것으로서의) 위격적 연합이라는 고전적 교리를 거부했기 때문에 예수의 신성을 부인했다고 정죄하는 사람들에게 분명히 말했다.

> 나는 그리스도의 **신성**을 단지 그가 다른 사람들과 달리 더 낫고, 더 영감을 받았고, 그래서 세계를 위한 하나님의 도구로 다른 이들보다 더 완전하다는 의미로 이해하지 않는다. [이것은 전형적 자유주의 기독론의 이해였다.] 그

---

98 Smith, "Introduction", p. 50.
99 같은 책.
100 Horace Bushnell, "The Divinity of Christ", in *Horace Bushnell*, ed. H. Shelton Smith (New York: Oxford University Press, 1965), p. 180.
101 같은 책, p. 182.
102 같은 책, p. 185.

는 우리와 정도가 아니라 종류에서 다르다.[103]

부시넬은 그리스도가 두 본성을 가진 한 인격이었다는 고전적 칼케돈의 정의를 비판했기 때문에, 예수 그리스도의 신성을 부인했다며 이단으로 몰렸다. 그는 이 교의가 예수의 정체에 대한 상징적 기술로 이해되는 한, 문자적 기술로 이해되지 않는 한 그에 대해 아무런 이견이 없다는 말로 대응했다.[104]

삼위일체 교의에 관한 부시넬의 견해는 그리스도 안에 있는 두 본성의 위격적 연합이라는 고전적 기독론에 관한 그의 견해와 유사했다. 그는 세 위격이 한 본성을 공유한다는 전통적 정통주의의 신론을 사변적이고 형이상학적으로 보인다는 이유로 거부했다. "그의 견해는 하나님의 내적 본성에 대한 어떤 입장을 취하는 것이 잘못이라는 것이었다."[105] 그에게 삼위일체는 일차적으로 예배에 관한 것인데, "삼위일체의 거룩한 신비로서의 하나님을 예배하는 것이 살아 있는 기독교 경건의 핵심"이기 때문이다.[106] 다시 말하지만, 예수 그리스도의 인격과 마찬가지로, 부시넬은 하나님의 삼위일체성(triunity)에 대한 믿음을 세 형태 안에서 이루어지는 하나님의 자기표현에 기초시켰다. "우리가 추구하는 삼위일체는 필연적으로 인간을 향한 하나님의 **계시**로부터의 필연성에서 기인하는 삼위일체일 것이다."[107] 다시 말해, 부시넬은 그리스도인들에게 하나님 자신을, 즉 세상과 별개로 하나님의 내적 생명을 너무 자세히 들여다보는 것을 피하도록, 그리고 교회의 고전적 삼위일체 교의 같은 형이상학적 교의들을 만들어 내거나 숭배하는 것을 피하도록 엄격히 당부했다. 그에게 하나님의 셋 됨(threeness)은 하

---

103 같은 책, p. 160.
104 Dorrien, *The Making of American Liberal Theology*, p. 152.
105 같은 책, p. 153.
106 같은 책, p. 157.
107 Bushnell, "The Divinity of Christ", p. 169.

늘에서 열리는 위격들의 천상회의 같은 것이 아니라, 계시와 예배에 반영되는 바 그리스도인의 경험에서 일어나는 하나님의 자기표현 활동에서 하나님이 우리를 만나는 것과 관련된다. 하나님 자신에 대한 기술 같은 고전적 교의는 상징적으로 이해되고 문자적으로 이해되지 않는 한 괜찮다.

부시넬이 교의에 관해 전반적으로 가진 견해는 다음에 나오는 그의 진술에서 표현된다.

> 만약 종교적 진리가, 대수학의 용어들처럼, 사악한 사람에게든 순수한 사람에게든 명백한 절대적 의미를 가지며 수용자의 성격에 대한 어떤 조건도 필요로 하지 않는 형태와 공식으로 옮기는 것이 가능하다면, 이는…삶의 훈육에서 가장 의미 있고 숭고한 모든 것을…거의 무너뜨리다시피 할 것이다.[108]

부시넬에게 "삶의 훈육에서 가장 의미 있고 숭고한 모든 것"은 형이상학적 영역보다는 미학적 영역에, 문자적 영역보다는 시적·은유적 영역에, 개념적 영역보다는 경험적 영역에 있다. 이 모든 것에 있는 콜리지의 영향은 분명하다. 하지만 이 말은 부시넬이 활발한 신학적 논쟁에 관여하지 않았음을 의미하지는 않는다. 그는 하나님과 그리스도에 관한 모든 개념을 담고 있는 언어적 표현들이 동등하게 타당하다고 생각하지 않았다. 어떤 것들은 다른 것들보다 하나님의 계시와 기독교적 경험을 더 잘 표현해 낸다. 송영적이고 윤리적인 것에서 분리된 순수하게 지적인 것은 죽이는 반면, 경험적인 것, 상징적인 것, 은유적인 것은 살린다.

부시넬이 신학에 새로운 언어 이론을 소개하다

부시넬의 신학이 얼마나 혁명적인지 이해하는 것은 그의 언어 이론과 특

---

[108] Dorrien, *The Making of American Liberal Theology*, p. 151에 인용됨.

히 신학의 언어를 이해하지 않고는 거의 불가능하다. 대체로 학자들은 그의 언어 이론이 혁신적이고 통찰력 있는 동시에 또한 약간 모호하다는 데 동의한다. 그것은 훗날 20세기와 21세기의 종교 언어에 관한 신학 사상들의 전조(前兆)가 되었지만, 그의 당대 사람들에게는 거의 이해할 수 없는 것이었다. 그의 이론은 19세기 미국 신학의 좌파와 우파 모두에 만연했던 스코틀랜드 실재론에서 철저히 벗어났다(참고. 1.c.). 아마도 훗날 포스트모던 사상가들은 이를 환영하겠지만, 부시넬의 시공간에서는 지식에 대한 순전한 회의주의로 대개 거부되었다. 하지만 이 회중교회 신학자에게 그 이론은 하나님의 신비가 하나님에 관한 지나치게 지성화되고 형이상학적 사고와 담화에 의해 정복되고 축출되는 것을 막는 한 방법이었다. 그리고 그 이론은 앞으로 나아가는 길이 하나님을 단번에 기술하는 체하는 교리의 영속적 진리들에 의해 막히지 않게 방지하는 유일한 방법이었다.

대부분의 전통적 신학은 진리대응론(the correspondence theory of truth)이라 불리는 것을 사실로 상정했는데, 그것은 곧 말과 명제가 실재를 있는 그대로 직접 기술한다는 믿음이다. 칸트는 우리가 실제로 아는 것들은 모두 정신이 사물들을 구성한 것에 따라 우리에게 나타나는 것이라고 주장하여 이런 믿음을 흔들어 놓았다. 우리는 사물들 자체에 대한 직접적 지식을 갖지 못한다. 하지만 스코틀랜드 실재론은 칸트에 대한 대응으로, 19세기 영국과 미국의 자유주의 및 보수주의 신학자들 모두에게 큰 영향을 미쳤다. 그래서 부시넬 당시의 대다수 미국 신학자들은 하나님에 관한 말들이 하나님을 완벽하게는 아니어도 적어도 적절히 기술할 수 있다고 상정했다. 예를 들어, 전통적 관점에서, 하나님이 능력 있다고 말하는 것은 하나님에 관하여 의미 있는, 심지어 문자적인 무엇을 말하는 것이다. 하나님의 능력은 적어도 비례적으로 인간의 능력에 대해 유비적이다. 부시넬에 따르면, 이 가정은 잘못된 것이며 많은 신학적 혼란과 논쟁의 원인이다. 사람들이 자신들의 의견이 서로 다르다고 생각하는 경우에도 실제로는 그렇지 않을 수도 있다. 한 신학자는 하나님이 사람들을 구원으로 예정한다고 말하고, 다른 신학자는 하나님이 사람들이 구원받기 위해 자유의지를 행사하도록 능력을 부여한다고 말한다. 부시넬은, 뒤에서 보겠지만, 이 오래된 논쟁을 벌이는 칼뱅주의자와 아르미니우스주의자 양측에게 그들이 은유와 이미지로 말하고 있으며, 그러므로 서로의 견해가 반드시 다르지는 않다는 것을 깨달으라고 요청했다. 확실히 하나님이 우리의 이해를 넘어서는 방식으로 둘 다 하는 것일 수 있다. "예정하다"와 "능력을 부여하다" 같은 말들은 이미지이며 은유이지, 어떤 신적 실재에 완벽히 어울리는 본질은 아니다. 실제로, 부시넬은 "어떤 진리가 역설적으로 제시될 때 우리는 균형 잡힌 이해에 가장 근접한다"는 키르케고르의 견해에 (아마도 자신도 모르게) 동의했다."[109] (아마도 키르케고르는 균형 잡힌 것에는 별로 관심이 없었을 것이다.) 이것은 "신학이 사실에 관한 문자적 주장들로부터 논리적 연역들을 이끌어 내고 체계화하는 과학이라고 상정했던" 많은 19세기 신학자들을 불편하게 만들었다.[110] 부시넬은 신학이 무엇인지에 관해 전적으로 다른 견해를 제시했다. 그것은 그의 독특한 언어 이론에 기초했다.

부시넬의 언어 이론은 아마도 그의 신학에서 가장 불분명한 측면이다. 학자들은 한 세기 이상 동안 그에 관해 일치를 보지 못했다. 하지만 그가 "모든 말은 은유적"이라고 굳게 믿었다는 것은 반박의 두려움 없이 말할 수 있다.[111] 부시넬에 따르면, 사고의 언어는 언제나 비유적이며 결코 문자적이지 않다.[112] 그가 언어에 관한 이 규칙에서 허용할 유일한 예외는 "원"(circle)과 같이 엄격하게 분석적 용어들이다. 하지만 "원"과 달리 "죄" 같은 단어는 모두의 생각에서 다른 의미를 갖는데, 사전 밖의 실재들을 명명하려 시도

---

[109] Bushnell의 말, Welch, *Protestant Thought in the Nineteenth Century*, vol. 1, p. 260에 인용됨.
[110] Dorrien, *The Making of American Liberal Theology*, p. 143.
[111] 같은 책, p. 123.
[112] 같은 책, p. 144.

하는 모든 말이 그렇듯 "빛바랜 은유"이기 때문이다. 다시 말해, "의식적 주체가 두서없이 사고하는 순간에…이 주체는 자신의 진리들을 그 등가물의 형태가 아니라 단지 기호와 유비의 형태로 옷 입힌다."[113] 많은 혼란과 불필요한 논쟁이 생기는 이유는 사람들이 자신들의 말을 그들이 명명하는 것들에 대한 정확한 등가물이라고 생각하기 때문이다. 사람들이 상징을 진리 자체와 혼동하는 것은 잘못이다. 오히려 말들은 상징들로서, 진리를 가리키지만 결코 거기에 도달하지 못하는 화살과 같다. 말하자면 이것은 대수학의 경우가 아니라, 물리적 혹은 영적 세계에 속하는 모든 것의 경우에 해당한다.

그렇다면 부시넬에게 "언어는 진리 전체를, 혹은 문자적 구현에 의해 전달하지 못한다." 그런 이유로 "각각의 진리를 표현하기 위해서는 아주 많은 수의 그림자들이나 비유들이 필수적이다."[114] 또한 그런 이유로 종교는 "신중하고 건전한 회의주의"를 수반해야 하는데,[115] "모든 신학적 언어는 필연적으로 완전한 객관성에 미치지 못하기" 때문이다.[116] 또한 그것은 언어가 실재를 기술하는 능력을 개선하기 위해, 결코 완전에 이르지 않고 언제나 노력해야 한다는 것을 의미한다. 언어는 언제나 "개선"을 필요로 한다. 그렇다면 이 점은 신학이 "종교에 있는 우리의 교조적 경향을 단호하게 약화…시켜야 한다"는 것을 의미한다.[117] 부시넬은 다음과 같이 설명했다.

> 내가 여기서 제시한 언어와 해석에 관한 견해들은 정신과학과 종교적 교조주의가 (불가능까지는 아니더라도) 지극히 어려움을 암시한다.…진리에 대한

---

113 같은 책, p. 150.
114 Horace Bushnell, "Christian Comprehensiveness", in *Horace Bushnell*, ed. H. Shelton Smith (New York: Oxford University Press, 1965), p. 111.
115 Horace Bushnell, "Language and Theology", in *Horace Bushnell*, ed. H. Shelton Smith (New York: Oxford University Press, 1965), p. 104.
116 Smith, "Introduction", p. 37.
117 Bushnell, "Language and Theology", p. 102.

우리의 이해는 여기서 단지 근사치이고 상대적일 뿐이다. 그러므로 나는 정신과학과 종교의 주제가 어떻게 고정된 형태의 교의에 포함될 수 있는지 이해할 수 없다.[118]

이런 언어 이해에 기초해서, 부시넬은 모든 신조적 공식과 교리가 기독교 경험과 계시의 더 나은 표현들에 비추어 언제나 수정될 여지가 있어야 한다고 주장했다.

이 점은 부시넬에게 계시와 성경의 본질이 무엇인지에 관한 질문을 일으킨다. 만약 모든 언어가 은유적이라면, 만약 모든 말이 단지 상징이라면, 이는 계시와 성경에 관해 무엇을 의미하는가? 첫째, 그는 계시를 성경과 어떤 단순한 방식으로 동일시하지 않았다. "성경을 계시의 도구로 받아들이면서도, 부시넬은 성경 안에 포함된 하나님의 계시 이상으로 '우리 주위와 우리 너머에 있는 성전 전체가 빛으로 눈부시게 빛나는 영적 상형문자로 뒤덮여 있다'고 선언했다."[119] 우리는 부시넬이 낭만주의의 영향을 강하게 받았음을 기억해야 한다. 그는 인간들이, 인류 전체가 어떤 신비로운 방식으로 "하나님의 영원한 지성 안에 안겨" 있다고 믿었다.[120] 그러므로 모든 사람은 이미 자신들 안에 하나님의 계시를 갖고 있는데, 이는 그들이 하나님의 형상으로 창조된 덕택으로 하나님의 영원한 지성 안에 "안겨" 있고 자연 안에 있는 하나님의 자기 표현적 활동으로 둘러싸여 있기 때문이다. 이것은 전통적 신학이 일반 계시라고 부르는 것이며, 부시넬은 그것의 존재를 믿었다.

하지만 부시넬은 일반 계시가 하나님과 인격적 관계를 갖는 데 충분하다고 생각하지 않았다. 그래서 하나님은 책, 즉 성경을 줌으로써 자신을 더

---

118 같은 책, p. 97.
119 Dorrien, *The Making of American Liberal Theology*, p. 125.
120 같은 책에 인용됨.

온전히 계시한 것이다. 하지만 부시넬은 성경을 하지의 방식대로, 즉 아직 체계화되지 않은 조직신학으로, 교의적 체계로 정리되기를 기다리는 명제들의 책으로, 또는 하늘에서 떨어진 영원한 진리들로 이루어진 책으로 보지 않았다. 오히려 그는 성경을 무엇보다도 문학으로 보았다. 성경은 문학이기에 다양성과 심지어 모순들로 가득 차 있다. "세상의 어떤 책도…성경만큼…많은 모순과 상반된 내용들을 담고 있지 않다."[121] 비판적으로 들릴 수 있겠지만, 부시넬은 그런 의미로 말하지 않았다. 실제로 그는 당시에 막 싹트기 시작한 성경 고등비평에 대해 매우 비판적이었다. "부시넬은 자신의 경력 내내 고등비평이 거만하고 영적으로 파괴적이라고, 특히 성경의 기적들을 거부한 점에서 그렇다고 비판했다."[122] 오히려 성경을 계시로 보는 그의 견해는 스스로의 언어 이론을 면밀히 따랐다. 그에게 "성경의 증인들이 주장한 유형의 진리는 영적이고 시적이며, 이성이나 합리적 증명, 또는 역사적 증거에 호소하지 않고 자기 입증적이다."[123] 하나님에 의해 초자연적으로 영감되었지만, "진리를 계시하는 역설과 명백한 모순들로 넘쳐나는 수수께끼 같은 문서다."[124]

마지막 문장의 핵심 어구는 "진리를 계시하는"이다. 부시넬은 진리가 명제들의 합리적 체계들보다 표상과 심지어 모순들을 통해 더 적절하게 계시될 수 있다고 믿는 데 아무 어려움이 없었다. 왜냐하면 성경의 목적인 구원하는 믿음은 인격적이지 합리적인 것이 아니기 때문이다. 인격들은 삼단논법이나 합리적 체계 안에서 계시될 수 없다. 인격들은 종종 외관상 모순적 방식들로 알려진다. 부시넬이 열렬히 믿는 바에 따르면, 성경은 변화를 일으키는 장대한 내러티브, (내러티브 신학의 대중적 용어를 빌리면) 신적 드라

---

[121] Bushnell, "Language and Theology", p. 96.
[122] Dorrien, *The Making of American Liberal Theology*, pp. 122-123.
[123] 같은 책, pp. 146-147.
[124] 같은 책, p. 145.

마(theodrama)의 형태로 된, 하나님의 영감을 받은 문학이지, 영원한 진리들의 조직화되지 않은 체계가 아니다. 그는 성경에 대한 이 견해가 성경을 통해 하나님을 인격적으로 경험하는 것에 더 가깝고, 더 적절한 성경 해석에 관한 논쟁들도 줄일 것이라고 믿었다. "성경은 더 많이 연구될 것이다.…명제들과 단순히 변증법적 실체들의 창고가 아니라, 영감들과 시적 삶의 형식으로서 말이다. 또한 그렇게 하는 것은 우리가 성경의 의미 속으로 들어가기 위해서 우리 안에 신적 고취와 고양을 요구한다."[125] 그의 주장에 따르면, 성경에 대한 이런 견해는 "더 많은 연합…그리고 하나님의 영에 의해 조명된 더 많은 참된 경건을 낳는다. 둘 중에서 어느 것도 어떤 해악이나 위험을 수반하지 않는다."[126]

부시넬이 기독교적 포괄성을 지향하다

신학자로서 부시넬의 목표들 가운데 하나는 서로 다른 기독교 신앙고백들 사이의 교착 상태를, 특히 칼뱅주의의 무조건적 선택 및 불가항력적 은혜와 아르미니우스주의의 자유의지 사이에 있는 교착 상태를 타개하는 것이었다. 이 논쟁은 두 세기가 넘게 개신교도들을 분열시키고 있었고, 부시넬은 거기서 아무런 의미를 찾을 수 없었다. 성경은 교의들의 합리적 체계가 아니기 때문에, 칼뱅주의와 아르미니우스주의 둘 다 진리의 서로 다른 부분을 파악했을 수 있다. "기독교적 포괄성"은 외관상 반대되는 신조 전통들을 연합시키려는 부시넬의 에큐메니즘 기획이다. "아르미니우스주의적인 것과 칼뱅주의적인 것을 연합시키고, 양측의 교리를 이해한다면, 우리는 기독교 진리를 갖게 된다."[127] 결국 성경은 역설들을 담고 있다. 하나님

---

[125] Bushnell, "Language and Theology", p. 103.
[126] 같은 책, p. 105.
[127] Horace Bushnell, "Christian Comprehensiveness", in *Horace Bushnell*, ed. H. Shelton Smith (New York: Oxford University Press, 1965), p. 121.

의 주권과 인간의 자유의지가 외관상 양립할 수 없게 보일지라도, 이 둘은 분명히 모두 긍정될 수 있다. 둘 중에서 어느 하나도 진리를 독점하지 못한다. 둘 다 하나님의 구원 의지와 능력에 관한 특정한 이미지와 상징과 시적 표현들을 파악하고 있다. 그것들이 같은 교회 안에서 서로 긴장 가운데 수용되지 못할 이유는 없다. 일부 비판자들은 부시넬이 다음과 같이 썼기 때문에 그가 지나치게 이상주의적이고 낙관적이라고 생각했다. "누군가가 모든 분파의 실재를 이해하고 비현실을 제거할 수 있다면, 그는 온전히 성숙한 참된 그리스도인이 될 것이다."[128] 그러므로 "칼뱅주의가 아르미니우스주의를 수용하도록 하고, 아르미니우스주의가 칼뱅주의를 수용하도록 하라."[129]

물론, 많은 신학자가 그때나 지금이나 에큐메니즘에 대한 그의 접근법이 지나치게 단순하고 심지어 불가능하다고 본다. 하지만 한 연구가가 전하듯, "그의 독특한 신학 연구 방법에 통달한 사람들은 대체적으로, 점점 더 스콜라적 정통주의로부터의 즐거운 해방을 경험했다."[130] 하지만 비판자들은 그가 교리에 관해 상대주의적이고 무관심하다고 비판했다. 일부는 그가 기독교에서 인식적 내용을 모두 없애고 기독교를 어떤 것들과도 양립할 수 있는 따뜻하고 모호한 하나님 경험으로 환원시킨다고 말했다. 그것은 부시넬의 의도와 전혀 다르다. 그렇다고 그의 방법이 어떤 사람들에게 그런 결과를 야기하지 않았다고 말하는 것은 아니다. 부시넬의 의도는 개신교도들을 재결합시키는 것이었으며, 가능하다면 심지어 장기적으로는 가톨릭교도들과 개신교도들을 재결합시키는 것이었다. 알아야 할 중요한 것은 그가 모든 신조와 신앙고백들의 폐지를 주장하지 않았다는 점이다. 오히려 그 반대다. 그의 입장은, 신조가 그 자체로 성경과 하나님의 다면적

---

[128] 같은 책, p. 124.
[129] Smith, "Introduction", p. 38에 인용됨.
[130] 같은 책, p. 39.

성격을 충분히 포착할 수 있다고 여기지 않는 한 신조는 많으면 많을수록 좋다는 것이었다. "부시넬은 역사적으로 중요한 교회의 신조들은 거의 모두, 아무리 서로 모순될지라도 상관없이, 더 포괄적 기독교의 고백 안에서 자신의 자리를 차지하는 진리의 요소를 나타낸다고 믿었다."[131]

부시넬이 기독교적 포괄성에 관한 자신의 견해를 예증하기 위해 즐겨 사용했던 한 예는 성경에서 속죄의 이미지가 다양하고 때로는 외관상 모순적이라는 사실이다. 성경에서 그리스도의 구원하는 죽음은 희생, 모범, 죄의 전가, 악에 대항한 전투, 대속, 그리고 다른 많은 것으로 기술된다. 이것들은 모두 참이다. 어떤 하나의 속죄 이론이 그것들을 모두 담아낼 수 없으며, 그러므로 하나의 속죄 교리를 배타적 위치로 높이는 것은 잘못이다. 그것들은 모두 믿고, 고백하고, 설교해야 한다. 어떤 사람이나 교회가 다른 이미지들을 배제하고 하나만 절대화할 때 문제가 일어난다.[132] 그렇다면 신학의 목적은 무엇인가? 심지어 교리들은 왜 필요한가? 부시넬은 이 명백한 질문에 대답하기를 시도했다.

> 그리스도인의 성품이 불완전하며 열정의 부추김에 약해서 과도하게 흥분하고 이를 하나님의 영감이라 생각하기 쉽다는 점을 고려한다면, 기독교 신학과 사변적 활동이 있어야 삶에 억제와 균형이 제공되어 환영이나 공상이나 환각에 빠지지 않는다.[133]

실제적으로 말하자면, 신학의 역할은 하나님의 계시 및 기독교적 경험과 양립할 수 없는 특정한 하나님에 대한 주장들을 배제하는 것이다. 부시

---

131 H. Shelton Smith, "Editor's Introduction" to Bushnell's "Christian Comprehensiveness", in *Horace Bushnell*, ed. H. Shelton Smith (New York: Oxford University Press, 1965), p. 108.
132 Bushnell, "Christian Comprehensiveness", p. 112.
133 Adamson, *Bushnell Rediscovered*, p. 107에 인용됨.

넬의 생애 동안에 부흥의 물결이 특히 뉴욕주 서부에 퍼져서 그곳이 "활활 타오르는 지역"이라고 알려질 정도였다. 바로 거기서 기독교의 주변부에 많은 분파와 집단이 일어났지만, 부시넬은 그들을 가까이하지 않았다. 그러나 그의 주요 관심사는, 기본적으로 역사적 정통주의의 주류에 있는 그리스도인들—특히 칼뱅주의자들과 아르미니우스주의자들—을 통일시키는 신학의 전망을 제공하는 것이었다.

부시넬의 기독교적 포괄성은 어느 정도나 성공적이었는가? 그의 생애 동안에는 그리 성공적이지 않았다. 그의 제안은 우파와 좌파 모두의 대다수 신학자들에게 반감을 샀다. 하지만 그의 사후에, 그의 제안과 매우 유사한 관점이 다양한 방식의 교리적 차이점들을 보는 표준이 되었다. 20세기에 일어난 에큐메니컬 운동은 경쟁하는 개신교 교단들 사이에서 협력을 이끌어 냈다. 일부는 서로 다른 교리들에도 불구하고 형식상 연합을 이루었다. 부시넬의 기독교적 포괄성과 유사한 것이 경건주의적·포스트모던적 기독교 단체들에서 표준 가치가 되었다. 1984년에 예일대 신학대학원의 유력한 개신교 신학자가 『교리의 본성』(*The Nature of Doctrine*)이라는 책을 출판했는데, 부시넬의 사상과 많은 부분에서 매우 유사한 것으로서, 서로 모순적으로 보이는 교리들이 반드시 기독교를 분열시키지는 않는다고 주장했다. 조지 린드벡(George Lindbeck, 1923-2018)이 드는 이유들이 부시넬의 이유들과 똑같지는 않지만 이 두 사람의 제안들에 있는 전반적 유사성이 매우 분명해서, 부시넬이 어떤 식으로든 린드벡에게 영향을 미쳤다고 보게 한다. 21세기 개신교는 교리에 관한 견해에서 부시넬을 따르게 되었다고 말해도 무방할 것이다. 교리들은 기호와 상징으로서 적절한 위치에 있을 때는 좋지만, 문자적으로 받아들여지거나 배타적 진리의 위상으로 높여지면 위험하다.

부시넬이 초자연적인 것을 옹호하다

이상의 기술은 부시넬을 자유주의적으로 보이게 할 수 있고, 또한 자주 그는 그렇게 분류된다. 하지만 그의 신학에는 보수적 측면들도 있었다. 그 가운데 하나는, 기독교가 기적에 대한 믿음을 포함한다는 주장을 그가 굽히지 않았다는 점이다. 그는 예수의 동정녀 탄생과 몸의 부활 같은 기적들을 포기할 정도로 신학을 현대성에 적응시키려 하지는 않았다. 그는 기적에 관한 모든 성경의 기록들을 문자적으로 받아들여야 한다고 생각하지 않았지만, 구원 역사에 하나님의 초자연적 행동이 있음에 대한 전통적 믿음을 옹호했다. 다시 말하지만, 그는 정통주의와 자연주의적 유물론 사이에서 제3의 길인 중도를 추구하고 있었는데, 이는 그가 생각하기에 유니테리언주의자들과 많은 자유주의자들이 거의 수용하다시피 한 것이다. 그는 "필요하다면 성경의 일부 측면들에 과학적 또는 역사적 수정을 기꺼이 허용하려 했지만, 예수의 특징과 신성을 훼손한 사람들에게는 조금도 굽히지 않았다. 이것이 진보적 정통주의가 그은 한계선이었다."[134]

부시넬이 중재하는 견해로 초월하려 노력한 신학적 논쟁의 대립하는 양극을 아는 것이 도움이 될 것이다. 적어도 그의 사고방식에는, 개신교 정통주의가 성경의 모든 기적을 믿는 것은 너무 무비판적이었다. 개신교 정통주의는 성경에 쇠도끼가 물 위에 떴다고 하면, 설령 그것이 예수나 기독교적 하나님 경험과 전혀 관련이 없더라도, 그리스도인이 반드시 믿어야 한다고 주장했다. 그는 성경에 있는 모든 것을 문자적으로 받아들이는 것이 필요하다거나 옳다고 믿지 않았다. 그는 성경을 진지하게 받아들였지만, 성경의 모든 것을 문자적으로 받아들이지는 않았다. 하지만 그는 자유주의자들보다 자신이 성경을 더 진지하게 받아들인다고 생각했다. 유니테리언 및 자유주의 신학자들은 기적과 초자연적인 것들에 대해 무시하는 태

---

[134] Dorrien, *The Making of American Liberal Theology*, p. 163.

도였으며, 기독교를 윤리적 삶의 방식과 이상적 인간으로서의 예수로 축소하려 했다. 그의 제3의 길은 "자연과 초자연적인 것은 하나님의 우주적 경륜의 상보적 양극"이라는 가정에서 출발했다.[135] 다시 말해, 자연과 초자연적인 것은 서로 반대되는 것이나 어떤 종류의 갈등에 있는 것으로 이해되어서는 안 된다. 그는 현대성이 자연과 초자연을 서로 반대되는 것으로 만든 것이 마치 하나님이 자연과 초자연 둘 모두의 창시자가 아닌 것처럼, 또한 자연이 하나님에 대항하는 자율적 영역인 것처럼 만든 것이라고 우려했다. 그런 경우에 초자연적인 것은 자연적인 것에 대한 침해가 될 것이다. 이것을 부시넬은 바로잡으려 했다.

부시넬은 자연과 초자연적인 것을 새롭게 생각해서 그것들이 서로 갈등하지 않도록 하려 했다. 이것을 그는 그 둘을 신체와 정신에 비유함으로써 했다. 자연은 작용을 받는 사물들의 영역이다. 초자연적인 것은 하나님뿐 아니라 작용하는 능력들의 영역이다.[136] 인간의 의지는 자연의 지배하에 있지 않다는 점에서 초자연적이다. (부시넬은 신적 결정론을 믿은 사람이 아니었고, 자유의지를 믿었다.) "모든 의지 행위는 자연의 법칙들을 자연의 작용만으로는 영향을 미치지[affected, (원문 그대로임)] 못하는 목표로 이끈다."[137] [아마도 이 문장의 "영향을 미치다"는 "달성하다"(effected)여야 할 것이다.] 다시 말해, 초자연적인 것을 전적으로 부인하기 위해서는 물질주의적 자연주의를 받아들여야 할 것인데, 그 경우에 자유의지는 있을 수 없을 것이다. 그리고 만약 자유의지가 없다면, 악은 없다. 악이라는 범주 자체가 자유의지에 의존한다는 것, 이것이 부시넬의 믿음이었다. "그에게는, 오직 초자연주의적 기독교가 악의 실재를 성립시킬 수 있고, 오직 초자연적 하나님이 세계

---

[135] 같은 책, p. 158.
[136] 같은 책, p. 159.
[137] 같은 책.

를 그 악으로부터 구할 수 있다."¹³⁸ 부시넬에게는, 만약 하나님이 존재한다면, 기적과 초자연적인 것이 불가능하다고 여겨질 수 없다. 모든 참으로 유신론적 세계관은 자연의 활동을 넘어서는 신적 행위의 가능성을 포함해야만 한다. 또한, 만약 자유의지가 존재한다면, 단순한 자연을 초월하는 어떤 것이 자동적으로 포함된다. 하나님의 초자연적 작용과 인간의 초자연적 작용 사이의 차이는 단순히 정도의 문제다.¹³⁹

부시넬은 여기서 멈추려 하지 않았다. 그는 "기적"이라는 범주 자체를 재정의해서, 기적이 계몽주의와 과학 혁명에서 발생한 새로운 자연관과 절대적 갈등에 빠지지 않도록 해야 했다. 하지만 동시에, 그는 교양 있는 그리스도인들 사이에서 자연주의가 증가한 원인이 상당 부분은 정통주의 신학의 기적 개념에 있다고 믿었다. 그가 보기에 문제는 기적을 자연 법칙의 유예 또는 위반이라고 생각하는 데 있었다. 일반적으로 사람들은 기적을 하나님이 외부에서 자연 속으로 개입하는 것으로, 자연의 인과체계를 중단시키는 것으로 보았다. 이것은 자연이 법칙의 지배를 받는 조화로운 전체라는 과학적 발견을 고려할 때 더 이상 유지될 수 없었다. 자연 법칙의 중단은 자연을 파괴할 것이다. 그리고 계속해서 개입되는 자연은 예측할 수 없을 것이다. 과학은 자연의 예측 가능성에 의존한다. 그러므로 부시넬은 인간의 자유의지에 의한 행위는 자연에 대한 개입이 아니라, 내부로부터 자연에 작용하는 힘이라고 주장했다. 하지만 그것이 자연의 한 부분은 아니다. 이와 유사하게, 세계 안에서의 하나님의 행위는 자연에 대한 개입이 아니라, 내부로부터 자연에 작용하는 힘이다. 하나님은 단지 자연의 바깥에 존재할 뿐만 아니라, 자연 안에 내재하기도 한다. 실제로, 부시넬에 따르면, 적절한 하나님 개념은 자연을 하나님의 활동으로 보아야 한다. 자연 법

---

138 같은 책, p. 159.
139 같은 책, p. 162.

칙들은 규칙적 하나님의 활동인 반면, 기적들은 자연에 대한 하나님의 이례적 행위들이다. 과학은 규칙성을 연구하는 반면, 신학은 하나님의 섭리의 특별한 행위들을 연구한다.

    부시넬은 이 주제에 관하여 『자연과 초자연적인 것』(Nature and the Supernatural)이라는 제목의 책을 썼다. 이 책은 보수주의자들과 자유주의자들을 모두 경악시켰다. 정통주의자들인 보수주의자들에게는 이 책이 기적을 부정하는 것처럼 보였다. 자유주의자들에게는 이 책이 현대성에 따라 이해된 자연을 부인하는 것처럼 보였다. 부시넬은 양측이 모두 어느 정도까지만 참이라고 보았는데, 둘 다 자연과 초자연적인 것을 모두 오해했기 때문이다. 이 책에서 그의 목적은 기독교를 자연주의적 범주로 환원하려는 경향의 증가에 맞서 기독교를 방어하는 것이었다.[140] 자유주의자들은 "인격적인 것"의 범주를 중요시했지만, 부시넬은 "인격의 개념이란 바로 인과법칙 아래 있지 않은 존재, 즉 초자연적 존재의 개념이다"라고 주장했다.[141] 그러므로, 자유의지와 마찬가지로, 인격 자체가 "인간 안에 있는 초월적 능력이다."[142] 이 지점에서 부시넬은 자신의 칼뱅주의 유산과, 특히 한 세기 전의 위대한 칼뱅주의 부흥주의자이자 신학자였던 조나단 에드워즈와 결별해야 했다. 에드워즈가 가르친 바에 따르면, 모든 인간적 결정과 행동은 인간의 가장 강력한 동기의 통제를 받는데, 이 동기는 궁극적으로 하나님에 의해 통제를 받는 것이다. 부시넬은 이런 견해가 결과적으로 인격과 죄를 폐지하기 때문에 이에 강력히 반대했다. 죄는 자유선택이어야만 하는데, 설령 사회 환경에서 유전적 죄와 악의 영향을 받을지라도 그렇다. 에드워즈에 반대하여, 부시넬은 인간이 "자신의 선택들에서 인과법칙의 지배를 받

---

[140] H. Shelton Smith, "Editor's Introduction" to Horace Bushnell, "Nature and the Supernatural", in *Horace Bushnell*, ed. H. Shelton Smith (New York: Oxford University Press, 1965), p. 131.
[141] Horace Bushnell, "Nature and the Supernatural", in *Horace Bushnell*, ed. H. Shelton Smith (New York: Oxford University Press, 1965), p. 132.
[142] 같은 책, p. 135.

지 않는다"고 선언했다.[143]

그러므로, 부시넬에게, 인간이 초자연적 존재라면—그가 자유의지를 가진다면 그렇다—하나님도, 적어도 때로는, 초자연적으로 행동하는 초자연적 존재다. "우리가 자연의 인과 고리에 영향을 미친다는 점을 믿을 수 있다면, 하나님도 그렇게 할 수 있다는 점은 더욱 믿을 수 있지 않은가?"[144] 그러나, 다시 말하지만, 우리의 초자연적인 것은 자연 안에서 그리고 자연에 작용하며, 하나님의 초자연적인 것은 자연 법칙에 대한 "위반"이나 "중단"이 아닌데, 왜냐하면 자연은 하나님과 우리와 분리된 자율적이며 철갑을 두른 기계가 아니기 때문이다. 오히려 "자연은…단지 우주를 위한 무대이자 장이자 도구일 뿐이다. 즉 하나님과 그의 능력이 펼쳐지는 곳이다."[145] 그리고 아마도 부시넬은 하나님 아래에 있는 인간과 인간의 능력이라는 말을 첨언할 것이다. 일단 자연과 초자연적인 것, 자연과 기적들이 이런 방식으로 다시 정의되면, 기적에 관한 모든 문제가 해결된다고 그는 보았다. 자연주의의 극단으로 흐르지 않으면서도 자연에 관한 믿음에서 철저히 현대적일 수 있으며, 또한 기적을 자연의 중단으로 보는 극단으로 흐르지 않으면서도 기적에 관한 믿음에서 철저히 정통일 수 있다.

비로 이것이 부시넬을 자유주의 신학자가 아니라 중재 신학자로 분류해야 하는 주된 이유다. (아무도 그를 보수적이라거나 전적으로 정통주의 신학자로 생각하지는 않는다.) 그의 시대에 자유주의 신학은 급진적 현대성에 적응하면서 초자연적인 것과 기적의 범주를 대체로 희생시켰다. 지금도 그렇지만 당시에 하나님과 자연에 대한 대중적 자유주의의 이미지는 장갑을 낀 손으로, 여기서 손은 하나님을, 장갑은 자연을 표상했다. 자연은 하나님의 활동이지만, 자연 법칙에 대한 위반은 있을 수 없다. 과학자는 오직 장갑만 연

---

[143] 같은 책, p. 138.
[144] 같은 책, p. 139.
[145] 같은 책, p. 151.

구하고, 장갑 안의 손은 다루지 않는다. 신학자는 손을 연구한다. 이 둘은 전적으로 양립할 수 있다. 이 유비가 지불해야 하는 대가는 기적이다. 부시넬은 기적을 자신이 양보할 수 없는 최후의 보루라고 생각했다. 그것을 양보하는 것은 동정녀 탄생, 예수의 기적과 부활에 대한 부정을 의미할 것이므로 기독교를 포기하는 것이라 믿었다. 그래서 부시넬은 하나님과 자연에 대한 장갑을 낀 손 유비를 거부하고, 이를 정신과 신체의 유비로 대체했다. 신체는 의식적 정신에 의존하지 않는 자율적 기능을 가진다. 또한 의식적 정신은 신체에 영향을 미칠 수 있고, 모든 움직임의 결정에서 그렇게 한다. 신체의 움직임이 반드시 자동적이지는 않으며, 의식적 정신이 신체를 움직이게 할 수 있음을 인정한다고 해서 신체의 자율 체계를 부정하는 것은 결코 아니다. 각고의 노력과 집중을 통해 생각이 심장박동을 느리게 할 수 있지만, 이것이 심장 기능의 교란이나 중단을 의미하지는 않는다. 심장의 정상 활동은 심장을 파괴함 없이 변화될 수 있다. 마찬가지로 하나님은 자연의 질서를 교란하거나 파괴하지 않고 질서에 영향을 미칠 수 있다. 이것이 초자연적인 것이고, 또 기적이다. 이것이 초자연적인 것에 관한 중재 신학이다.

부시넬이 속죄에 관한 새로운 견해를 제안하다

부시넬은 많은 교리에 관해 썼지만, 가장 큰 논란을 불러일으키고 후대에 그를 유명하게 만든 교리는 속죄론이다. 다시 말하지만, 그리스도의 죽음의 구원적 의미에 관한 교리를 재구성하는 그의 기획은 그가 양 극단으로 본 것들 사이의 중도를 제시하는 것이었다. 개신교 정통주의는 속죄의 형벌적 대속 이론을 어떻게 그리스도의 죽음이 구원하는가에 관한 필수 교리로 지정했다. 이 이론은 객관적 견해라 언급되는데, 이것이 속죄를 하나님 아버지와 예수 사이의 거래로 그리기 때문이다. 여기서 속죄는 구원받는 사람 외부에서 일어나는 것이다. 즉 속죄가 사람이 그것의 구원하는 효과를 경험하는지 여부와 관계없이 이루어진다. 이 견해에서 성부 하나님은 인간이기도 한 하나님의 아들 예수를 인간의 죄에 대해, 고전적 칼뱅주의에 따르면 오직 선택받은 자의 죄에 대해, 벌했다. 예수는 죄에 대한 하나님의 진노를 받았는데, 그것은 인간이 받아 마땅한 것이었다. 예수는 인간의 대체자로, 그로 인해 하나님은 회개하며 믿는 자들을 용서할 수 있었다. 부시넬의 생애 동안에 대부분의 보수적 신학자들과 교회 지도자들은 이것을 속죄에 관한 정통 교리라고 보았다.

주된 대안적 견해는 예수의 십자가 죽음이 인간을 향한 하나님의 사랑을 보여 주는 위대한 본보기라는 것이다. 이것은 종종 속죄에 관한 주관적 견해 또는 도덕적 모범 이론이라 불린다. 이것이 주관적인 이유는 속죄가 하나님에게 어떤 영향을 미친 것으로 그리지 않기 때문이다. 즉 속죄는 하나님과 예수 사이의 거래가 아니다. 오히려 그 주된 영향은, 아마도 유일한 영향은, 사람에게 미친다. 즉 그들을 회개와 신앙 안에서 하나님에게 이끌기 위해, 그들을 향한 하나님의 사랑을 보여 주는 것이다. 부시넬 당시의 대다수 자유주의 신학자들은 이 속죄 교리를 수용하게 되었는데, 이것이 하나님의 진노가 무죄한 사람에게 쏟아졌다는 전통적 관념들로 인해 큰 어려움을 느꼈던 현대성의 정신에 더 부합한다고 여겼기 때문이다. 19세기의 많은 이들에게 형벌적 대속 이론은 하나님을 중세적으로 묘사하는 것으로 보였다. 하지만 가장 중요한 점은, 그들에게 형벌적 대속 이론이 속죄에 대한 비윤리적 견해였다는 것이다. 그것은 윤리나 도덕과 아무런 관련이 없었다. 즉 그것은 피의 희생이라는 구약 이미지에 흠뻑 젖어 있으며 도덕적으로 될 수 없었다.

부시넬은 뉴헤이븐의 예일 신학자들 사이에 널리 퍼진 세 번째 속죄 이론을 배웠는데, 통치 이론이 바로 그것이다. 이것은 예수가 하나님의 진노를 누그러뜨리기 위해서가 아니라, 하나님의 도덕적 우주 통치를 유지하기 위해 고통을 당하고 죽었다는 생각이다. 이 견해에서 하나님은 죄인들을 용서하기 원하지만, 자신의 의를 약화시키지 않고는 그렇게 할 수 없다. 그래서 하나님의 의와 사랑을 유지하고 보여 주기 위해 모든 죄인이 받아 마땅한 것과 등가의 형벌을 하나님이 자발적으로, 예수 그리스도의 인격 안에서 받는다. 많은 뉴헤이븐 신학자들에게는 이 견해가 전통의 형벌적 대속 이론과 도덕적 모범 이론 사이의 절충 입장으로 보였다. 객관적인 동시에 주관적이다. 하지만 가장 중요한 것은, 그것이 윤리적이라는 점이다. 이 견해에서 하나님은 무죄한 사람 예수가 다른 사람들이 받아 마땅한 형벌로 처벌하지 않았다. 그리고 속죄의 주요 동기는 하나님의 진노가 아니었고, 오히려 하나님의 사랑이었다. 통치 이론에서 속죄는 하나님이 참회하는 죄인들을 용서하는 것이 가능하도록 만들었다는 점에서 객관적이지만, 교육적 가치를 지녔다는 점에서는 주관적이다. 그것은 하나님이 죄를 얼마나 심각하게 받아들인다는 점을 죄인들에게 보여 주는 동시에, 하나님이 그들을 얼마나 많이 사랑하는지 보여 준다.

부시넬은 속죄에 관한 모든 전통적 교리들이 만족스럽지 않았고, 『대리적 희생』(*The Vicarious Sacrifice*)이라는 제목의 책을 써서 대안적 견해를 제시했다. 하지만 이후 그는 이 책에서 전개한 이론이 마음에 들지 않아 『용서와 율법』(*Forgiveness and Law*, 1874)이라는 제목의 다른 책을 써서 속죄를 다루었다. 마지막 작품이었던 이 책을 그는 매우 만족스러워했다. 그는 자신이 마침내 그리스도의 구원하는 죽음에 대해 생각하는 최고의 은유 방식을 찾아냈다고 생각했다. 그에게 모든 속죄 이론들은 그림이며, 어떤 것도 십자가의 신비를 완전히 정당하게 다루지 못한다. 일부 그림들은 다른 그림들 속의 진리를 통합한다는 점에서 다른 것들보다 낫지만 여전히 결함을 지니고 있다. 『대리적 희생』과 『용서와 율법』에 따르면, 통치 이론을 포함하는 전통의 객관적 견해들이 가진 주된 결함은 하나님을 진노로 가득한, 또는 죄인들을 용서하기 전에 죄를 벌하도록 하는 율법에 매여 있는 존재로 그리는 것이었다. 전통의 주관적 견해의 주된 결함은 예수의 죽음이 필요한 이유를 설명하지 못하는 것이었다. 왜 하나님은 피를 흘리는 희생 이외의 다른 방식으로 자신의 사랑을 보일 수 없는가? 또한 도덕적 모범 이론은 인간의 죄를 어떻게 설명하는가? 이것은 인간이 기본적으로 선하며 죄는 단지 무지라는 펠라기우스적 관점과 불가분하게 결부되어 있다. 즉 모범 이론에서 인간들은 단지 하나님의 사랑에 관한 객관적 교훈만을 필요로 한다.

『대리적 희생』에서 부시넬은 그리스도의 죽음이 형벌적 대속이 아니라 대리적 희생이었음을 주장했다. 이 둘의 차이는 무엇인가? 부시넬에게 "대리적"(vicarious)이라는 것은 "누구와의 동일화"를 의미하는 반면, "대속"(substitution)은 "누구를 대신함"을 의미한다. 그에게는 무죄한 사람을 어떤 다른 사람의 죄에 대해 벌한다는 것은 비윤리적이다. 즉 선한 하나님은 그렇게 하지 않을 것이다. 또한, "죄는" 한 사람에게서 다른 사람에게로 "합리적으로 옮겨질 수 없다."[146] 게다가 하나님은 죄인들의 세계와 화해할 필요가 없으며, 죄인들이 하나님과의 화해를 필요로 한다. 이것들을 포함한 여러 이유로 인해 부시넬은 형벌적 대속 이론을 받아들일 수 없었다. 하지만 그는 도덕적 모범 이론도 받아들일 수 없었는데, 이 이론은 십자가에서 능력을 없애기 때문이었다. 그렇다면 그가 말한 "대리적 희생"이란 무엇을 뜻하는가? 그는 다음과 같이 아주 분명히 말한다.

> 그 정확한 개념은…그리스도가 그의 대리적 희생이라 불리는 것 안에서 엄청난 고통과 죽음 자체를 당한 대가로, 우리를 우리의 죄 자체와 그에 대한 형벌로부터 건져 낸다고 단순히 약속한다는 것이다. 타락한 상태에 있는 우리와 친히 하나가 되며, 감정적으로 우리의 악을 떠안는다는 것이다.[147]

---

146 Horace Bushnell, "The Work of Christ" (selections from *The Vicarious Sacrifice*), in *Horace Bushnell*, ed. H. Shelton Smith (New York: Oxford University Press, 1965), pp. 281-282.
147 같은 책, p. 280.

다시 말해, 예수는 하나님이었는데, 한 인간 안에서 우리의 비참과 동일시 되고 그럼으로써 우리가 하나님의 자비를 받도록 했다. 부시넬은 현대인들 중에서 예수가 문자적으로 인간의 죄와 하나님의 형벌을 떠안았다는 것을 믿을 수 있는 사람은 얼마 없다고 말했다. 하지만, 복음을 위해, 예수가 우리 죄를 십자가 위에서 그의 인격 안에 "짊어졌다"는 것을 믿는 것이 필요하다. 하지만 "우리의 죄를 진다는 것은…그리스도가 우리의 죄를 그의 감정으로 지고, 친구로서의 공감을 통해 그 죄의 나쁜 운명으로 들어가게 되었으며, 자비를 회복하려는 노력에…자신과 생명을 바쳤다는 것을 의미한다."[148] 그리스도의 죽음의 목적은 하나님의 진노를 누그러뜨리는 것도, 하나님의 정의를 만족시키는 것도, 비록 그것이 도덕적 모범이었을지라도, 단순히 도덕적 모범을 제시하는 것도 아니었다. 부시넬에 따르면, 그 목적은 "영혼의 치유"였다.[149]

부시넬의 주장에 따르면, 십자가가 성취한 것을 성취하기 위해서는, 하나님은 고통을 당할 수 있어야 하고 그리스도의 십자가를 겪어야만 했다. 전통적 정통 신학은 고통을 당하는 것은 변화하는 것이기 때문에 하나님은 고통을 당할 수 없다고 말했다. 고통은 불완전의 증거다. 하나님은 완전하고 그러므로 고통을 당할 수 없다. 부시넬은 이런 견해를 포기했다. 그는 하나님은 사랑이기 때문에 고통을 당한다고 변증 없이 단언했다. "하나님은 사랑이라는 것이 분명한 만큼, 사랑의 부담은 그가 감당해야 한다.…그의 위대함에는 이런 종류의 고통을 당하는 것을 가로막는 장애물이 없다. 즉 그는 위대하기 때문에 고통을 당할 것이고, 고통을 당하기 때문에 위대하다."[150] 이 말이 많은 신학적 전통주의자들을 경악하게 한 이유는 하나님을 영광과 능력으로부터 끌어내리는 것처럼 보였기 때문이다. 그는 "하나

---

[148] 같은 책, p. 282.
[149] 같은 책, p. 293.
[150] 같은 책, p. 309.

님을 사람에게 인간화한 것"을 그리스도의 삶과 죽음의 가장 위대한 결과들 가운데 하나라고 보았다.[151] 많은 사람이 "하나님의 고통"이라는 주제가 디트리히 본회퍼(Dietrich Bonhoeffer, 1906-1945)로부터 시작되었다고 잘못 알고 있다. 본회퍼는 자신의 『옥중서신』(*Letters and Papers from Prison*)에서 "오직 고통을 당하는 하나님만이 도울 수 있다"고 쓴 바 있다(참고. 7장). 이것을 위르겐 몰트만(Jürgen Moltmann, 1926-)이 자신의 『십자가에 달리신 하나님』(*The Crucified God*, 1974)에서, 그리고 다른 많은 20세기의 전위적 신학자들이 받아들였다(참고. 8.a.). 하지만 부시넬이야말로 단지 예수뿐 아니라 하나님 자신이 고통을 당한다고 주장한 최초의 개신교 신학자들 가운데 한 명이었다.

합당한 이유로 부시넬은 자신이 『대리적 희생』에서 제시한 속죄의 해석에 만족하지 못했다. 즉 그 해석은 객관적 입장과 주관적 입장 사이에서 미적거리면서 예수가 왜 고통을 당하고 죽어야 했는지를 결정적으로 설명하지 못하는 것처럼 보였다. 그래서 그는 자신의 삶이 막바지에 이르러 『용서와 율법』이라는 책을 출간해서 예수가 왜 죽었고 속죄가 어떻게 작용하는가에 관한, 유사하면서도 더 구체적 설명을 제시했다. 간단히 말해, 그는 모든 용서가 고통을 수반한다고 설명했다. 하나님은 용서하기 위해서가 아니라, 용서하고 있었기 때문에 예수 안에서 고통을 당했다.

"기독교적 용서"에 관한 설교를 준비하는 중에, 갑자기 그는 인간이 자신의 원수를 진정으로 용서하기 위해서는 실제로 그 효과 면에서 자기 위무적일 정도로 큰 개인적 희생이 요구된다는 점을 깨달았다. [위무(慰撫, propitiation)란 달래는 것을 뜻한다.] 인간에게 이것이 참이므로, 그는 하나님에게도 이것이 참이어야 한다고 결론을 내렸다. 그는 신적 자기 위무의 요소를 포함하도록 그리스도의 사역에 관한 교리를 수정했다. 그래서 그의 교리는 이제 인간

---

[151] 같은 책, p. 307.

이 하나님과 화해되어야 할 뿐만 아니라, 하나님이 인간과 화해되어야 한다는 점을 인정했다.[152]

다시 말해, 문자적으로 하나님은 고통 없이는 용서할 수 없지만, 그들의 형벌을 받은 것은 아니다. 그는 용서의 아픔으로 고통을 당해야 했다.

대부분의 학자들은 부시넬이 정합성을 갖춘 속죄 이론으로 돌파하지는 못했다는 데 동의한다. 그의 설명들은 이미지와 은유가 많지만, 합리적 설명을 결여했다. 하지만 부시넬은 이것을 혹독한 비판이라 여기지 않았을 것이다. 그는 사람들에게 속죄를 설명하는 데 관심이 있었지, 합리적 지성을 만족시킬 완전한 설명이 있다고는 생각하지 않았다. 성육신과 삼위일체와 마찬가지로, 속죄는 흠모하고 관조해야 할 신비다. 설명은 그리스도의 죽음이 영혼의 치유를 가져오게 하기 위해서 필요할 뿐이다. 『용서와 율법』에서 속죄에 관한 그의 마지막 설명은 바로 이것이다. 하나님이 용서로 고통을 당하듯, 우리도 타인을 용서하는 고통과 아픔을 당해야 한다.

부시넬이 뒤섞인 유산과 불명확한 평판을 남기다

부시넬은 평생을 좌파와 우파 신학자들로부터 혹평을 받았다. 하지는 그를 혼란스럽고 대중에게 영향을 미칠 가치가 없는 사람이라고 보았다. 당대의 대표적 미국 자유주의 신학자 시어도어 파커(Theodore Parker, 1810-1860)는 부시넬의 기독교 교리들에 대한 수정과 재구성이 충분하지 못하다고 그를 비판했다. 오늘날의 신학은 그에 대해 엇갈린 평가를 내린다. 게리 도리언(Gary Dorrien)은 그를 전통적 의미의 신학자보다는 "선각자"로 분류한다.[153] 확실하게 말할 수 있는 것 한 가지는, 부시넬이 사후에 미국의 저명한 개신

---

152 H. Shelton Smith, "Editor's Introduction" to Horace Bushnell, "Forgiveness and Law", in *Horace Bushnell*, ed. H. Shelton Smith (New York: Oxford University Press, 1965), p. 311.
153 Dorrien, *The Making of American Liberal Theology*, p. 153.

교 진보주의 신학자가 되었다는 것이다. 하지만 그를 흠모하고 따르는 사람들이 언제나 그의 중재 신학 접근법을 고수하지는 않았다. 그들 중에서 다수는 그의 자유주의 측면을 강조하고, 그가 초자연적인 것과 그리스도의 십자가 위에서의 객관적 사역에 대해 보여 주었던 열정을 무시한다. 점진적으로 시어도어 멍저(Theodore Munger, 1830-1910)와 윌리엄 뉴턴 클라크(William Newton Clarke, 1841-1912) 같은 제자들은 부시넬을 자유주의 신학의 상징으로 만들었다. 그렇게 해서 그는 미국 최초의 위대한 자유주의 신학자라는, 그에게 합당하지 않은 명성을 얻게 되었다. 정작 그가 되고자 한 것은 중재 신학자였지만, 그 때문에 사람들은 대개 그를 오해하게 되었다. 그는 자신의 중재적 접근법 때문에 모호해 보이는 것이다.

부시넬이 현대 신학에 관한 책에 포함되는 이유는 무엇일까? 그의 신학에서 무엇이 현대적이었는가? 첫째, 그는 낭만주의와 헤겔의 영향을 받았다. 그의 콜리지와의 유사성은 앞서 설명되었다. 헤겔의 영향은 기독교적 통합성에 대한 그의 낙관적 견해에 잘 나타났다. 그는 잘못된 관점과 주장들을 버리고 윤리적으로 유용한 요소들을 더 높은 차원의 통일로 결합하여, 모든 기독교적 진리의 종합 같은 것을 이룰 수 있다고 가정했다. 그리고 신학의 윤리적 유용성에 관한 관심을 언급한 것 자체가 그의 현대성을 나타낸다. 많은 19세기 신학자들처럼, 그에게도 기독교의 주된 가치는 영혼을 치료하고 삶을 위한 윤리적 안내를 제공할 수 있는 능력에 있다. 하지만 그는 기독교를 칸트의 방식으로 윤리로 축소하지는 않았다. 언제나 부시넬의 관심은 속죄 같은 기독교 교리들을 복음에 충실하면서도 현대 정신에게 말하는 것이 가능한 방식으로 재구성하는 것이었다. 그의 자유주의 경향은, 어떤 교리적 설명이 현대 정신에게 말을 건넬 수 없다면, 현대 사람들이 이해할 수 없다면, 기꺼이 이를 재구성하려 했다는 사실에서 잘 나타난다. 그의 보수적 경향은 교리의 현대적 재구성과 전통적 믿음 사이의 연속성을 유지하려는 그의 지속적 관심에 잘 나타난다. 그러므로 진보적 정통주의는 현대에 부시넬이 시도한 신학 접근법을 가리키는 타당한 명칭이다.

우리는 19세기 신학이 과학과 기독교의 갈등을 피하기 위해 이 둘을 화해시키려고 얼마나 노력했는지 보았다. 부시넬도 이 관심을 공유했다. 어떤 의미에서 언어에 대한, 특히 신학적 언어에 대한 그의 견해 전체와 이에 기반한 교리에 관한 논의는 과학과 신학 사이의 절대적 갈등을 막는 것을 목표로 했다. 그에게서 교리는 그것이 기술하는 실재들을 정확히 나타내지 못하는 모형, 복합적 은유다. 마찬가지로, 성경 자체는 문자적으로 받아들여질 수 없는 상징으로 가득한 문헌이다. 이것은 성경이 역사와 괴리되어 있다는 것이 아니라, 새로운 지식과 이해에 비추어 수정에 대해 개방되어 있어야 한다는 것을 말한다. 그에게 신학과 과학의 갈등이 원리상 불가능하지 않지만, 성경적·신조적 자료는 그저 은유적이므로 실제로는 과학과 모순되지 않는다고 말함으로써 절대적 갈등은 해소될 것이다. 마지막으로, 초자연적인 것에 대한 그의 개념은 분명히 새로운 과학적 세계관과 신학 사이의 갈등을 줄인다는 의도에서 나왔다. 그가 초자연적인 것을 포기하지 않으려고 한 것은 그의 보수적 측면을 드러내지만, 그는 과학과의 잠재적 갈등을 최소화하는 방식으로 이를 재해석할 것을 주장했다. 과학은 우리가 자연의 법칙이라 부르는, 하나님의 세계 안에서의 활동의 규칙성들을 연구한다. 신학은 그 규칙성들 안에서 과학이 볼 수 있는 것보다 더 많은 것을 본다. 즉 신학은 그 규칙성들을 세계 안에서 일어나는 하나님의 계속되는 창조와 섭리 사역의 양태들로 본다. 그리고 신학은, 과학과는 달리, 자연의 규칙성들 한가운데 있는 불규칙성들을 인정하면서도 이것들을 자연 질서의 위반이나 중단이라 말하지 않는다.

유일하게 21세기 초에도 계속 출판되고 있는 부시넬의 저작은 『기독교 양육』이며, 이 책 덕분에 그는 현대 기독교 교육의 창시자로 기억되고 있다. 그의 다른 책들 일부와는 달리, 이 책은 상대적으로 읽기 쉽다. 지금 도서관 서가의 먼지 묻은 대다수 부시넬의 책들을 탐독하는 사람들은 미사여구가 많은 그의 언어 때문에 이해하기 어렵다고 생각하게 될 것이다. 또한 그를 잊지 않도록 할 부시넬 추종자들도 주위에 없다. 그래서 그는 대체로 미국 종교사의 뒤안길로, 19세기 미국 신학에 관한 서적들 쪽으로 밀려나 있었다. 유사성이 언제나 영향의 증거는 아니지만, 비록 간접적으로나마 부시넬의 영향이 21세기 신학에서 복음주의의 주변부에 위치한 소위 이머징 교회 그리스도인들 사이에서 다시 나타나고 있다. 그들은 자신들을 포스트모던이라 부르겠지만, 그들의 "관대한 정통주의"는—세세한 부분은 몰라도 기본적 정신의 측면에서—부시넬의 중재 신학 접근법과 많이 다르지 않다.

5

신정통주의/변증법/케리그마 신학이 현대의 맥락에서 종교개혁을 되살리다

제1차 세계대전은 1914년에 시작해 1918년에 끝났다. 이 전쟁은 고전적 자유주의 신학을 포함하는 19세기 유럽의 지적 정신의 죽음을 알리는 종소리와도 같았다. 제2차 세계대전은 1939년에 시작해 1945년에 끝났는데, 유대인 대학살도 있었다. 이는 미국에도 똑같은 문화적 충격을 안겨 주었다. 20세기는 집단 학살의 세기라 불리고 있다. 그에 대한 공포는 사람들이 이성을 통한 필연적 진보라는 계몽주의의 낙관론을 재검토하게 했다. 그 전쟁들을 가능하도록 만든 것은 결국 이성이었던 것이다. 과학은 의학에서의 엄청난 진보에도 기여했지만 살인 무기와 폭탄을 만드는 데도 도움을 줌으로써, 축복인 동시에 저주임이 확인되었다. 독일은 19세기 내내 현대성의 문화적 중심지로 여겨졌다. 이곳에서 흘러나온 사상들이 이후의 계몽주의 철학과 과학은 물론이고 신학을 형성했다. 그러다가 두 번의 세계대전과 유대인 대학살이 일어났다. 환멸이 시작되었다. 신학에서의 새로운 혁명을 위한 분위기가 무르익었다.

칼 바르트에 따르면, 전환점은 그가 신문에서 빌헬름 황제의 전쟁 정책을 지지한다는 독일 지성인들의 성명서를 읽은 1914년의 그날이었다. 성명서에는 그의 신학적 스승들 대부분의 이름이 있었고, 특히 거기에 포함된 하르낙은 프랑스, 러시아, 영국을 상대로 선전 포고를 하는 황제의 연설문을 작성했다. 젊은 목사이자 신학자인 바르트는 너무나 낙담해서, 자신이 교육받은 자유주의 개신교 신학을 재고하기 시작했다. 그리고 추종자들이 그렇게 악하고 무의미한 전쟁을 지지하도록 허락한 신학은 뭔가 잘못된 것이라는 결론을 내렸다. 이것을 비롯한 여러 이유에서, 바르트는 다른 많은 유럽 신학자들과 마찬가지로 새로운 신학적 패러다임을 찾기 시작했다. 그리고 마침내 "우울한 덴마크인" 키르케고르의 변증법 철학과 신학에서 그것을 발견했다. 키르케고르를 지배하는 주제는 하나님의 전적 타자성이었다. 자유주의 신학은 인간을 하나님과 너무 가깝게 동일시해 왔다. 미국 신학자 한 사람은 하나님과 인간의 관계를 바다(하나님)와 만(灣, 인간)과 같은 것으로 기술했다. 바르트는 신학에서 헤겔의 망령을 영원히 내쫓아야 한다고 생각했다. 그리고 헤겔과 그 사상의 영감을 받은 신학에 과감히 맞섰던 키르케고르가 바로 그 퇴마사가 되어야 한다고 보았다.[1]

기독교 신학이 실존주의를 재발견하다

"신정통주의"(Neo-orthodoxy)라는 표현은 양차 세계대전 사이의 시기에, 자유주의적 낙관론과 하나님의 내재성에 대한 지나친 강조에서 환멸을 느낀 바르트를 비롯한 주로 유럽 신학자들에게서 나온 개신교 신학을 가리키는 명칭으로 보통 사용되었다. 그것은 불완전한 명칭이었고, 어떤 신학자도 자신과 자신의 신학적 경향을 나타내는 말로 이 명칭을 사용하지 않았다.[2] 그리

---

[1] 키르케고르의 사상이 초기 바르트에게 미친 영향의 정도에 관해서는 논란이 많다. 아마도 바르트는 자유주의 신학에 환멸을 느끼게 된 후에 키르케고르를 알게 되었을 것이다. 이후로 키르케고르의 실존주의는 그의 변증법 신학의 발전에서 협력자이자 도구가 되었다.

[2] 나는 "신정통주의"라는 명칭을 둘러싼 논쟁을 인지하고 있다. 20세기 신학을 연구하는 많은 학자가 여러 이유에서 이 명칭을 거부한다. 한 가지는 그것이 변증법 신학자들의 비판자들이 만든 것

고 신정통주의라는 말로 함께 뭉뚱그려지는 신학자들의 공통점을 밝히는 것은 더욱 어려운 일이다. 아마도 유일한 한 가지는 근본주의를 받아들이지 않으면서 자유주의 신학에도 반대하는 것이다. 하지만 모두는 아니라도 대다수는 (곧 설명하게 될) 실존주의라 불리는, 키르케고르가 시작한 철학에서 영감을 얻었다. 일부의 소위 신정통주의 신학자들은 "변증법 신학", "새로운 종교개혁 신학", "케리그마 신학"이라는 명칭을 선호했다. 여기서 "변증법 신학"(dialectical theology)은 반대되는 것들의 헤겔적 종합에 대한, 특히 하나님과 인간의 종합에 대한 키르케고르적 저항을 가리킨다. 변증법 신학자들에 따르면, 하나님과 인간들 사이의 관계는 예수 그리스도의 은혜를 떠나서는 언제나 위기와 대립을 내포한다. 또한 변증법 신학은 역설(paradox)을 헤겔의 "실재하는 것은 이성적인 것이며 이성적인 것은 실재하는 것이다"라는 명제보다 더 선호한다. 하나님의 초월성과 전적 타자성, 그리고 인간의 죄성은 우리 인간의 하나님에 관한 모든 생각이 궁극적으로는 신비를 고백하고 역설을 신비의 징후로 받아들이는 것으로 끝남을 의미한다.

두 번째 대안적 명칭인 "새로운 종교개혁 신학"(new Reformation theology)은 현대적 맥락에서 루터 신학과 칼뱅 신학에 새로운 생명을 불어넣고자 하는 신정통주의 신학자들의 염원을 가리킨다. 바르트를 비롯한 새로운 종교개혁 신학자들은 자유주의 개신교 신학이 문화의 종교에 굴복했다고 믿었다. 종교적 선험성이 하나님의 말씀과 신앙을 압도하고 대체한 것이다. 세 번째 명칭인 "케리그마 신학"(kerygmatic theology)은 신정통주의 신학자들의 강조점이 합리적인 철학적 신학보다는 하나님의 말씀, 복음에 있었음을 시사한다. 그들이 보기에 기독교 신학은 칸트와 헤겔 등의 철학에 순응하는 것을 피해야만 한다(그렇다고 그들이 이 철학자들의 망령을 자신들의 신학적 숙

이며 따라서 경멸적이라는 것이다. 또한 자신을 신정통주의자라고 부른 신학자는 사실상 없다. 하지만 특히 영국과 미국에서 이 명칭은 또한 변증법적이라고 알려진 신학자들에 대해 사용되기에 이르렀다.

고에서 쫓아내는 데 언제나 성공했다는 말은 아니다). 그 대신에 기독교 신학은 예수 그리스도 안에 있는 하나님의 말씀과 복음, 즉 바르트가 "성경 안에 있는 낯선 새로운 세계"라 부른 것을 굳건히 고수하면서, 신학을 특정한 철학의 하인으로 만드는 것을 피해야 한다.

자유주의 신학에 대한 바르트적 항거[3]와 관련된 몇몇 신학자들을 포함하는 이 절에서 "신정통주의", "변증법", "케리그마"라는 명칭들은, 비록 내가 신학과 특히 바르트 연구에 존재하는 이 명칭들에 대한 많은 논란을 잘 알고 있음에도, 서로 혼용될 것이다. 하지만 전통적으로 (옳든 그르든) 신정통주의라고 불리는 몇몇 신학자들을 가리키기 위해 이 표현들을 사용한다고 해서, 이 신학자들 사이에 완전한 일치가 있었음을 암시한다고 해석되어서는 안 된다. 그들이 공유했던 것은 자유주의 신학과 근본주의에 반대

---

3   "항거"(revolt)라는 용어는 뉴욕 유니언 신학교 교수 게리 도리언이 쓴 (바르트 연구에) 중요한 책인 *The Barthian Revolt in Modern Theology: Theology Without Weapons* (Louisville, KY: Westminster John Knox, 2000)에서 왔다. 도리언은 "신정통주의"와 (이 현상에 대한 새로운 명칭을 도입하기 위해) "위기 신학"과 같은 명칭들을 논의하며 자신의 책을 시작한다. 그는 바르트가 특히 "바르트적"(Barthian)을 포함하는, 바르트에게 부과되는 모든 명칭을 거부했다는 점을 정확하게 지적한다. 이 스위스 신학자는 "하나님의 자유롭고 주권적인 말씀의 교회 신학자"로만 알려지기를 원했다(p. 1). 수많은 논의와 심지어 논쟁이 1990년대와 21세기의 첫 10년들에 걸쳐 바르트의 신학 및 그의 신학적 혁명과 관련된 신학들의 적절한 명칭들을 놓고 일어났다. 이 논의에는 그것이 얼마나 혁명적이었는지, 무엇이 그것을 촉발했는지, 그리고 특히 바르트의 신학적 이력의 단계들에 대한 몇몇 학문적 이론들이 포함되었다. 도리언은 도움이 되는 이 논의들의 요약을 자신의 서론 "Neoorthodoxy Reconsidered"(pp. 2-13)에서 제공한다. 바르트의 신학적 여정을 자유주의 개신교적 관점에서 해석하는 도리언에 따르면, 바르트는 언제나 자신의 자유주의 신학적 멘토인 빌헬름 헤르만(1846-1922)의 영향 아래 있었으며, 바르트의 신학 전체에서 중심 주제는 헤르만이 영감을 준 "자기 계시적이고 자기 입증적인" "성령의 조명을 받은 말씀"으로서의 계시라는 사상이었다(p. 5). 이 관점은 바르트의 신학적 여정에 대한 다른 해석들, 예를 들면 초기 실존주의에서 성숙한 개신교 정통주의로의 결정적 이동들을 강조하는 해석들과 대조를 이룬다. 또 다른 중요한 바르트 해석자인 신학자 브루스 맥코맥(Bruce McCormack)과는 대조적으로 도리언은 적절한 단서들과 함께 사용되는 신정통주의 개념을 옹호하면서, 바르트의 추종자들인 "신정통주의 운동"이 많은 점에서 바르트로부터 벗어났다고 주장한다. 맥코맥은 많이 논의된 *Karl Barth's Critically Realistic Dialectical Theology: Its Genesis and Development 1909-1936* (Oxford: Clarendon Press, 1995)의 저자로서, 바르트를 소위 신정통주의와 구별하고 바르트 신학의 연속성을 (자유주의와의 결별 이후) 끊임없이 비판적으로 실재론적이며 변증법적이고 정통주의적이라고 강조하려 시도했다. 이 모든 논의와 논쟁과는 별도로, 도리언이 바르트의 위대한 업적과 주요 주제를 "기독교 신학의 적절한 시금석은 그것이 어떤 독립적 실재 이론에 부합하거나 확증하는지가 아니라, 진술된 그리스도의 말씀을 그 말씀의 모든 주권적 자유 안에서 드러내는가에 있다"고 한 데 있다고 지적한 것은 분명히 옳다(p. 12).

하는 특정한 충동들과, 특히 그들이 신학에서 지나친 현대성의 수용이라고 본 것을 예언자적으로 바로잡으려는 공통의 경향이었다. 또한 그들은, 적어도 특정한 핵심 지점들에서는, 실존주의를 새롭고 비자유주의적·비근본주의적 신학 접근 방식이라고 보았다. 마지막으로, 그들은 전부는 아니더라도 많은 자유주의 개신교 신학이 결여하고 있다고 본 것, 즉 신학에서의 그리스도중심주의에 공통적으로 헌신했다.

신정통주의, 변증법, 케리그마 신학에 대한 최고의 포괄적 묘사는 아마도 그것이 그리스도중심적이라는 점일 것이다. 이런 명칭들로 통하는 모든 신학자들은 대체로 자신들이 자유주의 신학의 인간중심주의와 개신교 정통주의의 성경주의라고 여긴 것을 반드시 피하려고 했다. 그들은 인간의 경험을 신학의 원천이자 표준으로 높이는 자유주의 신학도, 성경을 종이 교황으로 모시는 근본주의도 모두 배격했다. 그들에게 "계시"라는 범주는 다른 무엇보다도 하나님이 자신을 인격 안에 있는 하나님의 말씀인 예수 그리스도 안에서 소통하는 것을 의미했다. 그들은 자연 신학과 합리적 변증론을 정도의 차이는 있지만 격렬하게 거부하는 경향이 있었다. 그들이 보기에 그것들은 언제나 신학을 장악하고, 신학이 말할 수 있는 것과 말할 수 없는 것을 미리 결정하는 경향이 있다. 그것들은 신학을 시간의 제약을 받는 문화에 얽매여 있는 어떤 합리적 사고체계로 제한하는 구속이 되는 경향이 있다. 변증법 신학자들의 주장에 따르면, 신학의 유일한 임무는 하나님의 말씀의 진리인 예수 그리스도의 복음을 타락한 인간과 교회에 예언자적으로 선포하여 인도하는 것이다. 무엇보다도, 신학은 현대성을 포함하는 특정한 시대와 장소의 문화에 자신을 묶어 둘 때 길을 잃게 된다.

하지만 케리그마 신학자들은 현대성과 싸우느라 시간과 힘을 소모하는 데 관심이 없었다. 그들이 보기에 그것은 근본주의의 실수였다. 근본주의는 근본주의적 형태의 기독교를 현대성과 대조해 정의함으로써 현대성의 노예가 되었다. 자유주의와 근본주의는 둘 다 현대성에 집착했다는 점에서, 서로 닮지 않은 쌍둥이라 할 수 있다. 기독교를 현대인들에게 믿을만한 것으로 만들기 위해 현대성에 적응시키거나, 기독교를 분리주의적 방식으로 구별되도록 만듦으로써 현대성에 호전적으로 맞선 것이다. 또한 변증법 신학은 중재 신학과도 구별되는데, 중재 신학이 기독교와 현대성을 상호 관련시키고 자유주의와 정통주의의 종합이나 그 둘 사이의 중도를 달성하는 데 여전히 관심을 가졌기 때문이다. 현대성과 특히 필연적 진보라는 현대성의 신화에 부과된 20세기의 위기를 복음의 회복을 위해 교회에 주어진 선물이라고 보았던 이 20세기 신학자들에게, 이런 목표는 지나치게 헤겔적으로 보였다. 복음이란 무엇인가? 신정통주의에게 복음이란, 하나님의 전적 타자성과 인간의 한계 및 타락에도 불구하고, 하나님의 자비와 은혜가 구원을 위해 예수 그리스도 안에서 나타났다는 것이다. 또한 복음은 구원이 오직 신앙을 통해서만 하나님의 은혜에 의해 일어난다는 것이다. 하지만 복음의 또 다른 측면은, 하나님과 그의 은혜를 인간의 통제 아래 두기 위해, 길들이고 이용하기 위해 인간들이 할 수 있는 것은 전혀 없다는 것이다. 인간들은 모든 면에서 철저히 죄인이며 하나님의 말씀과 신앙을 떠나서는 희망이 없다.

초기의 신정통주의는 실존주의와 결부되어 있었다. 이 말은 곧 신정통주의가 인간적 철학의 노예가 되었음을 의미하지 않는가? 분명히 일부의 변증법 신학을 비판하는 자들은 이 신학자들이 바로 이 지점에서 모순을 보인다고 비판했다. 모든 변증법 신학자들이 어느 정도는 키르케고르의 영향을 받았다. 또한 일부는 자신들의 신학적 혁명을 위한 지원을 마르틴 하이데거(Martin Heidegger, 1889-1976) 같은 후기 실존주의 사상가들에게서 발견했다. 그들은 원래의 실존주의가 그 자체로 철학보다는 문화 개신교에 대한 기독교적 저항이었다는 점을 방어 근거로 내세운다. 어떤 의미에서 실존주의는 반(反)철학이었는데, 특히 "철학"이 궁극적 실재에 관한 합리적 연구와 사색(형이상학)이나 오직 이성에만 기초하여 지식을 세속적으로 설명하는 것(인식론)으로 정의되는 경우에 그랬다. 어쨌든 신정통주의 신학자들에게, 신학에서 피해야 할 궁극의 철학은 칸트와 헤겔의 철학이었다. 칸트의 『이성의 한계 안에서의 종교』는 기독교에 대한 특별한 배신이었지만, 헤겔의 종교철학도 마찬가지였다. 둘 다 기독교를 포함하는 종교를 세속적 추론에 국한하여, 기독교적 진리가 무엇일 수 있는지 미리 결정했다.

실존주의는 키르케고르 이후로 파란만장한 역사를 겪어 왔다. 일부 실존주의 사상가들은 명백히 그리스도인이었거나 그리스도인이다. 한 예로 프랑스 가톨릭 철학자인 가브리엘 마르셀(Gabriel Marcel, 1889-1973)은 "문제"와 "신비"를 구분했으며, 삶의 궁극적 질문들은 전통적 철학에서처럼 단지 해결해야 할 문제들이 아니라 껴안아야 할 신비라고 주장했다. 하지만 일부 실존주의 사상가들은 무신론자였다. 한 예로 역시 프랑스 사람인 장 폴 사르트르(Jean-Paul Sartre, 1905-1980)는 허무주의를 다루었으며, 종교를 비본래적 실존의 한 형태로 여기며 배격했다. 그렇다면 실존주의자들의 공통점은 무엇이었을까? 이것은 답하기 어려운 질문이다. 실존주의는 특정한 철학이나 체계보다는 분위기이며 정신이다. 실존주의를 정의하려는 많은 시도가 있었지만, 어느 것도 완벽히 포착하지 못했다. 실존주의의 정신은 개인을 체계에 종속시키는 모든 사상 체계, 철학, 신학, 이데올로기에 대한 반란이다.

실존주의에 대한 한 대중적 정의는 "실존이 본질에 선행한다"는 것으로, 여기서 "선행한다"는 "우위에 있다"를 의미한다. 모든 실존주의자는 개인이 어떤 거대한 계획에 의해 정의되지 않는 "본래적 실존"(authentic existence)을 추구한다. 실존주의자들에게, 의미 있는 인간적 삶은 키르케고르가 자신을 가리켜 부른 "그런 개인"이 될 것을 요구하는데, 그것은 "무리"의 지배로부터 자유로운 것이다. 키르케고르와 기독교 실존주의자들에게, 본래적 실존은 개인으로서 하나님과 관계를 맺는 것을 통해서만 이루어진다. 세속적 실존주의자들에게, 본래적 실존은 오직 자기 결정을 통해서만, 실재의 무의미라는 가능성에 직면하여 자신의 삶의 의미를 창조함으로써만 이루어진다. 이것은 절망을 마주하고 극복하는 용기를 필요로 한다. 기독교 실존주의자들에게, 절망은 죄의 열매이며 그에 대한 유일한 치료약은 각 개인에게 그들 자신의 신앙을 통해 주어지는 은혜다.

신정통주의가 실존주의에 대해 갖는 관계는 절대적이거나 획일적이지 않지만, 키르케고르 사상의 재발견이 변증법 신학인 신정통주의를 형성하는 데 적어도 초기에, 제1차 세계대전 직후의 기간에 기여했다. 그 기간은, 특히 유럽에서는, 현대성의 기획에 관해서 엄청난 비관주의의 시기였다. 신정통주의 신학자들은 현대 신학을 처음부터 다시 시작할 때가 왔으며, 이번에는 신학을 계몽주의의 과도한 합리주의와 인간중심주의로부터 구해내야 한다고 믿었다. 다시 신학이 철학으로부터 독립하여 담대히 하나님의 말씀을 좇아야 할 때가 왔다고 믿었다. 복음을 현대성에 포로 된 상태로부터 회복할 때가 이르렀지만, 신정통주의 신학자들은 근본주의가 하는 경향이 있는 것처럼 목욕물과 함께 아이까지 버려서는 안 된다고 생각했다. 예를 들어, 모든 변증법 신학자들은 성경 고등비평이 합리주의와 자연주의를 기준으로 삼아 복음이 무엇일 수 있는지 미리 결정함으로써 성경 안에 있는 복음을 길들이지 않는 한 받아들였다. 동일한 내용을 다른 방식으로 말하자면, 케리그마 신학자들에게는, 성경이 복음의 도구임에도 불구하고 복음은 성경에 대해서도 맞선다. 성경이 언제나 이미 하나님의 말씀인 것은 아니다. 하나님이 사람들을 회개와 신앙을 통해 하나님 자신과의 만남으로 부르기 위해 성경을 사용할 때, 비로소 성경은 하나님의 말씀이 된다. 이 만남 없이는, 성경은 단지 하나의 책일 뿐이다.

그렇다면 가장 중요한 변증법 신학자들은 누구였을까? 대다수 학자들이 손꼽는 세 명의 신학자는 바르트, 에밀 브루너(Emil Brunner, 1889-1966), 루돌프 불트만(Rudolf Bultmann, 1884-1976)이다. 이들 중에서 누구도 "신정통주의"라는 명칭을 받아들이지 않았지만, 그 단어는 특히 영어권 국가에서 그들을 가리키는 말로 굳었다. 그들보다 덜 알려진 다른 신학자들로는 프리드리히 고가르텐(Friedrich Gogarten, 1887-1967)과 에두아르트 투르나이젠(Eduard Thurneysen, 1888-1974) 같이 변증법 신학의 형성기에 처음부터 그들과 함께한 사람들이 있다. 이 무리는 결국 분리되어 각자의 길을 걸어갔지만, 그들 모두는 상세한 부분을 둘러싼 심각한 차이에도 불구하고 케리그마 신학의 초기 정신을 간직했다. 신정통주의는 영국과 미국에 주로 브루너를 통해, 그들 중에서 브루너의 책들이 처음으로 영어로 번역됨으로써 알려졌다. 영국과 미국에서 (각각 영국과 미국의 특색이 가미된) 신정통주의자의 옹호자들로 토머스 토랜스(Thomas Torrance, 1913-2007)와 라인홀드 니버(1892-1971)가 있었다. 이후에, 특히 영국과 미국에서, 신정통주의는 많은 사람이 바르트적 신학이라 부른 바르트의 신학적 방법과 밀접한 관련을 맺게 된다. 바르트는 사람들이 그렇게 부르는 것을 유감스럽게 생각했다. 그가 보기에는 사람들이 신정통주의, 변증법 신학, 바르트주의라 부르는 것은 복음주의적 신학이었다.

5.A. 칼 바르트가 신학자들의 놀이터에 폭탄을 던지다

바르트는 자신의 자유주의 신학 스승들이 빌헬름 황제의 전쟁 정책에 서명한 것을 보고 난 후, 자유주의 신학 자체에 환멸을 품게 되었다. 자유주의 신학자들의 독일 제국주의 지지는, 전쟁 이데올로기에 직면하여 그렇게 쉽게 양보할 수 있는 신학이라면 그 신학에 뭔가 심각한 문제가 있다고 바르트가 결론을 내리게 했다. 그는 이 사건을 되돌아보면서 자신이 더 이상은 "그들의 윤리학이나 교의학, 그들의 성경 주해, 그들의 역사 해석을 받아들일" 수 없게 되었다고 회상했다.[4] 바르트는 스위스의 소도시 자펜빌에서 주

---

[4] Karl Barth, *God, Gospel and Grace*, trans. James S. McNab, *Scottish Journal of Theology Occasional Papers*

로 노동 계층 회중을 상대로 자신이 교육 받은 자유주의 개신교를 설교하려 하면서 이에 대한 또 다른 환멸을 경험했다. 그는 자유주의 신학이 자신의 매주 설교 사역에 무용함을 깨달았다. 그 결과로 그는 심혈을 기울여 성서를 주의 깊게 연구하게 되었고, 그의 가장 초기 논문들 가운데 하나의 제목을 빌리자면, "성경 안에 있는 낯선 새로운 세계"를 발견했다. 그 안에서 그가 발견한 것은 인간적 종교가 아니고, 심지어 경건한 사람들의 고매한 생각도 아니며, 다만 하나님의 말씀이다. "성경의 내용을 형성하는 것은 하나님에 관한 올바른 인간적 생각이 아니라, 인간들에 관한 올바른 신적 생각이다."⁵ 바르트가 자신의 교회 신자들에게 적절한 메시지를 발견한 곳은 성경 안에 있는 초월적 말씀이었지, 자신이 교육 받은 신(新)개신교 자유주의의 철학적 신학이 아니다.

제1차 세계대전 중에 바르트는 바울의 로마서에 대한 주석 작업에 착수했다. 1919년에 출간된 이 주석은 자유주의 개신교 신학에 대한 신랄한 비판 때문에 뜻밖에 열광적 반응을 불러일으켰다. 신학자들의 놀이터에 떨어진 폭탄과도 같았다는 평가는 이 책 『로마서』(Der Römerbrief)를 두고 한 말이었다. 이 책에서 바르트는 성경 연구를 위한 역사비평적 방법과 축자영감 교리 모두의 타당성을 긍정했지만, 둘 중에서 하나를 골라야 한다면 후자를 택하겠다고 말했다.⁶ 바르트는 자유주의 신학이 복음을 하나님의 말씀으로, 인간들과는 완전히 구별되는 하나님으로부터 나오기 때문에 인간들은 예상할 수도 이해할 수도 없는 메시지로 인정하기는커녕, 인간들에게

No. 8 (Edinburgh: Oliver and Boyd, 1959), p. 57. 또한 Karl Barth, *The Humanity of God*, trans. John Newton Thomas (Richmond, VA: John Knox, 1960), p. 40을 보라. 『하나님의 인간성』(새물결플러스).

5 Karl Barth, *The Word of God and the Word of Man*, trans. Douglas Horton (Boston: Pilgrim Press, 1928), p. 43. 또한 약간 다른 번역본 Karl Barth, *The Word of God and Theology*, trans. Amy Marga (London: T & T Clark, 2011), p. 25를 보라.

6 Karl Barth, *The Epistle to the Romans*, trans. Edwyn C. Hoskyns (London: Oxford University Press, 1933), p. 1. 『로마서』(복있는사람).

그들 자신의 신성에 관해 말하는 종교적 메시지로 바꾸었다고 비판했다.[7] 요컨대 바르트는 신학적 방법에서의 혁명을 요구하고 있었는데, 즉 그가 비판한, 매우 큰 목소리로 인간에 관해 말함으로써 하나님에 관해 말하려 했던 슐라이어마허가 시작한 이전의 인간중심의 아래로부터의 신학을, 위로부터의 신학으로 대체하자는 것이었다. 로마서 주석 전체에서 그가 강조한 것은 하나님의 타자성, 인간 스스로 말할 수 없는 메시지로서의 복음, 시간과 영원 사이의 차이, 그리고 결코 인간의 성취일 수 없는 전적으로 하나님의 선물인 구원이다. 그는 이 위대한 진리들이 보편적 인간 경험이나 이성으로부터 만들어질 수 없으며, 겸손한 순종으로 하나님의 계시로부터 받아들이는 것이어야 한다고 주장했다.

바르트가 박사학위도 없이 세계 제일의 신학자가 되다

바르트는 스위스 바젤의 한 독실한 가문에서 태어났다. 그의 아버지는 설교자들을 위한 대학의 강사였고 스위스 개혁파 교회 안에서 상당히 보수적 무리에 속했다. 바르트가 두 살이었을 때 그의 아버지는 훨씬 더 영예로운 자리인 베른 대학교의 조강사직을 수락했다. 그의 가정생활은 엄격했지만 대체로 행복했으며, 그는 아버지를 대단히 존경했고 어머니에 대한 정이 각별했다고 훗날 회고했다.[8] 그는 1902년 견신례 전야에 신학자가 되기로 결심했는데, (훗날 회상한 바에 따르면) 설교와 목회적 돌봄 때문이 아니라, 당시 그가 가지고 있던 신조에 대한 애매한 관념들을 대체할 올바른 이해를 갖고 싶었기 때문이다.[9] 그는 베른, 베를린, 튀빙겐, 마르부르크의 대학교들에서 신학을 공부했고, 최종적으로는 리츨 학파의 자유주의 사상 안에 있

---

7 같은 책, p. 28.
8 Eberhard Busch, *Karl Barth, His Life from Letters and Autobiographical Texts*, trans. John Bowden (Philadelphia: Fortress, 1976), p. 12. 『칼 바르트』(복있는사람).
9 같은 책, p. 31.

는 신학적 입장에 이르렀다. 베를린에서 그는 하르낙의 영향을 받았고, 마르부르크에서는 리츨주의 신학자 빌헬름 헤르만의 제자가 되었다. 나중에 그는 이 신학을 철저히 비판했으며, 그의 스승들은 대단히 실망했다.

바르트는 훗날 많은 저명한 대학교들로부터 명예 학위들을 받기는 했지만, 박사학위를 취득한 적은 없다. 1908년에 그는 개혁파 교회의 목사로 안수를 받았으며, 제네바에서 부목사로 있었다. 그곳에서 그는 칼뱅이 350년 전에 강의했던 엄청난 공간에서 설교하기도 했다. 대다수 부목사들처럼 그도 자신의 일에 성취감을 느끼지 못했고, 1911년에 독일과 국경을 맞댄 마을인 자펜빌의 작은 교구로 자리를 옮겼다. 그곳에서 그는 에두아르트 투르나이젠(Eduard Thurneysen)이라는 이름의 동료 목사를 만났고, 둘은 함께 자유주의 신학을 재고하기 시작했으며 기독교 사상의 새로운 길을 개척했다. 그 결과물로 바르트는 『로마서』를 쓰고 새로운 변증법 신학 운동을 대변하는 신학 잡지를 창간했다.

"변증법 신학"이라는 명칭은 초기에 바르트가 하나님과 인간 사이의 대립과 위기를 강조한 데서 왔다. "변증법"이란 말은 바르트를 헤겔보다는 키르케고르의 철학적 방법 영역에 위치하게 한다.[10] 키르케고르에게는, 인간의 죄성과 하나님의 전적 타자성 때문에, 하나님의 진리와 인간의 사상은 매끄러운 합리적 종합을 결코 이룰 수 없다. 그 대신에, 하나님의 자기 계시의 역설적 진리들은 신앙의 도약으로 포용되어야만 한다. 키르케고르에게 진 빚을 바르트는 자신의 『로마서』 2판 서문에서 다음과 같이 표현했다.

나에게 체계가 있다면, 그것은 키르케고르가 시간과 영원 사이의 "무한한 질

---

10 이것은 바르트가 헤겔의 영향을 받지 않았음을 암시하지 않는다. 19세기 말과 20세기에 독일어를 사용하는 신학자들 중에서 헤겔의 영향을 받지 않은 사람은 사실상 없다. 다만 그의 기본적 경향이 하나님의 내재를 강조하는 헤겔보다는 하나님의 초월을 강조하는 키르케고르와 더 일치한다는 점을 말하는 것이다.

적 차이"라고 부른 것에 대한 인정과, 그 인정이 가진 긍정적 의미와 함께 부정적 의미를 받아들이는 것에 국한된다. "하나님은 하늘에 계시고 너는 땅에 있음이니라." 그러한 하나님과 그러한 인간 사이의 관계가, 그리고 그러한 인간과 그러한 하나님 사이의 관계가, 내게는 성경의 주제이며 철학의 정수다.[11]

『로마서』는 출간 후 몇 달이 지나지 않아 열띤 논쟁의 초점이 되었다. 일부 자유주의 성서학자들과 신학자들은 그것을 종교적 광신의 절규로 치부한 반면, 다른 사람들은 참된 종교개혁 정신의 회복이라고 칭송했다. 바르트의 (하르낙과 헤르만을 포함하는) 스승들 일부는 이 책의 비역사적·무비판적 성경 접근법에 당혹했다. 하지만 이 소동에도 불구하고, 수많은 목사들과 교사들과 신학자들은 이 책에서 기독교 신학이 20세기로 나아가기 위해 절실히 요구되는 교정책을 발견했다. 이 주석의 영향이 너무나 커서, 많은 학자가 19세기 신학의 끝과 20세기 신학의 시작을 이 책 초판의 출간으로 잡는다.

대체로 『로마서』의 성공 덕분에 바르트는 1921년에 괴팅겐 대학교의 개혁파 신학 교수직을 제안받았다. 부임한 지 얼마 되지 않아 그는 이전 세기에 그곳에서 가르쳤고 당시에 여전히 흠모의 대상이던 리츨의 제자들과 심각한 갈등에 빠졌다. 바르트는 계속 논문과 책을 써서 하나님의 말씀을 인간 이성과 대립시켰고 자유주의 신학이 계몽주의적 합리주의 문화에 굴복했다고 비판했다. 그는 복음의 가장 큰 위험이 그것이 거부될 수 있다는 점이 아니라, 오히려 그것이 단지 또 다른 인간 이성과 문화의 소유가 되어 평화롭게 받아들여지고 무해하게 될 수 있다는 점이라고 주장했다. 그가 보기에, 한 세기 동안 독일 신학은 복음을 품위 있게 만듦으로써 타락시켜 버렸다. 그러한 비판은 자연스럽게 바르트에게 독일의 주요 신학자들 사이에서는 친구가 거의 없게 했다.

---

11 Busch, *Karl Barth*, p. 10.

1925년에 바르트는 뮌스터 대학교(University of Münster)의 교수직을 제안받아, 1930년에 본으로 옮기기까지 불과 5년간 머물렀다. 이 기간에 그의 저술에 전환이 나타나기 시작했다. 자유주의 신학에 대한 거부를 포기하지 않으면서도, 그는 이전에 외쳐 왔던 신적 "아니요"보다는 예수 그리스도 안에서 인간에 대한 하나님의 "예"를 강조하기 시작했다. 그는 조직신학에서의 첫 시도인 『하나님의 말씀의 교리: 기독교 교의학 서론』(The Doctrine of the Word of God: Prolegomena to Christian Dogmatics, 1927)이 실존주의 철학의 영향을 너무 많이 받았다는 것을 깨닫고는 폐기해 버렸다. 그는 어떤 철학으로부터도 독립된, 오직 하나님의 말씀에 근거한 참으로 신학적 신학을 산출하고 싶었다. 더 나아가, 인간적 신앙의 주관성보다는 하나님의 계시의 객관성을 강조하고 싶었다.[12]

1931년에 바르트는 많은 신학자가 그의 성숙한 신학적 방법을 보여 주는 가장 중요한 진술이라고 여기는 『이해를 추구하는 믿음』(Fides Quaerens Intellectum)을 썼는데, 중세 스콜라 신학자인 캔터베리의 안셀무스에 관한 연

---

12 『로마서』로부터 그의 성숙한 신학 체계인 『교회 교의학』에 이르기까지 이루어진 바르트의 신학적 발전은 논쟁과 논란이 많은 주제다. 가톨릭의 바르트 연구가인 한스 우르스 폰 발타자르는 The Theology of Karl Barth, trans. John Drury (New York: Holt, Rinehart and Winston, 1971)에서 바르트의 신학 여정에 있는 결정적 전환들을 주장했다. 하지만 맥코맥은 Karl Barth's Critically Realistic Dialectical Theology에서 발타자르의 해석에 반대했다. 맥코맥은 발타자르가 바르트의 1924년 강의 Göttingen Dogmatics [바르트 자신이 "기독교 입문"(Instruction in the Christian Religion)이라고 명명한, 괴팅겐 대학교에서의 연속 강의]를 고려하지 않았음을 지적했다. 맥코맥은 『교회 교의학』을 통한 자유주의와의 단절로부터 바르트의 신학에 있는 연속성을 강조했다. 바르트의 신학에 관한 세 번째 주요 연구로 바르트의 신학적 발전에 관한 논의에 참여하는 것은 도리언의 The Barthian Revolt in Modern Theology다. 도리언은 바르트의 신학적 발전 안에 있는 연속성과 비연속성을 모두 주장한다. 그가 "바르트에 관한 해석들의 모순적 풍부"라 부른 한 가지 이유는 "의도적으로 바르트의 사고가 범주화에 저항했기" 때문이다(p. 165). 맥코맥과 달리, 도리언에 따르면 적절한 단서들과 함께 사용되는 "신정통주의"라는 수식어는 바르트의 신학에 잘 어울린다(pp. 166-167). 또한 그는 일부 바르트 해석자들이 바르트의 신학 안에 있는 불연속성과 "전환들"을 지나치게 강조했음을 인정하는 한편, 바르트의 신학 안에 있는 "객관화하는 변화"를 주의 깊게 추적한다(pp. 183-184). 바르트의 신학적 발전에 관한 논쟁은 분명히 앞으로도 계속될 것이다. 도리언이 지적한 대로, 그 이유는 적어도 1924년 이후로 바르트가 "굉장히 많은 유비적 모델들을 사용했기" 때문이다(p. 183). 다시 말해, 바르트가 어떤 때에 어떤 식으로 무엇을 말했는지는 종종 그가 반박하던 상대에 의존했다. 그의 신학은 언제나 특정한 주제들을 강조했지만, 이 주제들이 어떻게 펼쳐지는지는 40년 이상의 신학적 숙고와 저술을 통해 조금씩 변화되었다.

구였다. 안셀무스에 관한 많은 해석과는 반대로, 바르트는 이 위대한 성직자가 합리주의자가 아니라 이성이 신앙에 봉사하도록 노력한 경건한 기독교 학자라고 주장했다. 안셀무스의 존재론적 신 존재 논증은 신앙과는 별도로 하나님을 증명하려는 시도가 아니라, 이미 신앙에 의해 믿어지는 것을 지성으로 이해하려는 시도였다. 안셀무스에게는, 바르트의 추론에 따르면, 모든 신학이 기도와 순종의 맥락에서 행해져야 한다. 이것은 기독교 신학이 객관적이고 냉정한 학문일 수 없음을, 오히려 오직 은혜와 신앙에 의해서만 가능하게 된, 예수 그리스도 안에 있는 하나님의 객관적 자기 계시에 대한 신앙적 이해여야 함을 의미한다. 신학적 해답을 찾기 위해 필요한 것은 "순수한 마음, 열린 눈, 아이 같은 순종, 성령 안에서의 삶, 성경으로부터의 풍성한 양육"이다.[13] 다시 말해, 바르트의 주장에 따르면, 올바른 신학을 위한 전제는 신앙의 삶이며, 그 증표는 "계시된 신앙의 대상의 문서적 기초"인 성경에 명백히 반대되는 것에 자신을 근거시키지 않으려는 의지다.[14]

안셀무스에 관한 논문 이전의 바르트 신학은 하나님과 인간 사이의 만남의 부정성을 강조하는 경향이 있었다. 이 논문을 기점으로 해서 그의 신학은 예수 그리스도 안에 있는 하나님의 자기 계시에서 발견되는 하나님에 관한 긍정적 지식을 강조했다.[15] 언제나 바르트가 모든 형태의 자연 신

---

13 Karl Barth, *Anselm: Fides Quaerens Intellectum*, trans. Ian W. Robertson (London: SCM, 1960), p. 34. 『이해를 추구하는 믿음』(한국문화사).
14 같은 책, p. 40.
15 다시 한번, 각주 12에서 설명했듯이, 바르트의 신학에 있는 전환에 대한 이 주장은 논란거리다. 하지만 바르트는 1956년의 강연 "하나님의 인간성"에서 두 가지의 방향 변화를, 처음 것과 "새로운" 것을 인정했다. 그리고 그는 이 변화를 포착한 발타자르를 "다른 편에 있는 예리한 친구"라고 칭찬했다. (각주 12에 인용된) 발타자르의 책에 친숙한 사람이라면 바르트의 신학에 있는 두 가지의 방향 전환에 대한 그의 논제를 알 것이다. 즉 자유주의 신학으로부터 바르트 자신이 하나님과 인간 사이의 "간격"(diastasis)이라고 부른 것에 대한 강조로의 (부정적) 전환과, 유비에 대한 강조로의 (긍정적) 전환이 바로 그것이다(비록 발타자르는 바르트의 신앙의 유비에 만족하지 않고 존재의 유비를 옹호했지만 말이다). 바르트가 "하나님의 인간성"에서 이것을 언급한 것은 바르트의 신학 안에 있는 두 가지의 전환에 대한 발타자르의 논제, 즉 『로마서』를 낳은 1916년경의 전환과 『이해를 추구하는 믿음』을 낳은 1930년 또는 1931년경의 다른 전환을 옹호하는 것으로 보인다. ["The Humanity of God", in Karl Barth, *The Humanity of God*, trans. John Newton Thomas (Richmond, VA: John Knox Press, 1960), 특히 pp. 44-45를 보라.] 이는 바르트의 신학에 있는 연속성을 부정하

학—오직 이성을 이용해 자연이나 문화, 철학으로부터 하나님에 관한 지식을 얻으려는 시도—에 반대했다는 점에서, 부정적 요소는 남아 있었다. 하지만 그의 강조점은 예수 그리스도 안에 있는 하나님에 관한 참된 지식의 가능성으로 이동했는데, 그것은 신앙에 의해 파악되는 계시에 의해 전달되는 것이었다. 바르트는 안셀무스에 관한 자신의 책을 끝낸 직후에 『교회 교의학』(Church Dogmatics)이라는 포괄적 제목의 대작 저술에 착수했다. 그는 1968년에 죽음을 맞이할 때까지 열세 권을 저술했다. 주목할 만한 특징 하나는 전통적 서론 혹은 철학적 도입이 없다는 점이다. 바르트는 의식적으로 그것을 생략했는데, 참된 신학이란 하나님의 말씀의 해설이어야 하며 그 외의 다른 어떤 것도 아님을 확신했기 때문이다. 하나님의 말씀의 진리를 인간의 추론에 근거시키려는 시도는 아무리 경건하고 진실할지라도 결국 인간적, 역사적 유형의 사고에 의한 신학의 전복으로, 그리하여 바르트가 그의 학문 여정 전체를 통해 그렇게 열심히 맞서 싸운 악인 "인간중심적 신학"으로 이어지게 된다.

『교회 교의학』에서 바르트의 기획의 전제는 하나님이 예수 그리스도 안에서 하나님 자신과 인간 사이의 유비를 확립한다는 것이다. 그는 이 "신앙의 유비"(analogy of faith)를 "존재의 유비"(analogy of being) 개념과 대립시켰

지 않으며, 연속성 안에서 강조점의 변화가 있다는 생각을 옹호할 뿐이다. 바르트 자신도 1938년 글 "내가 어떻게 마음을 바꾸었는가?"(How I Changed My Mind)에서 변화 안에 있는 연속성과 연속성 안에 있는 변화를 인정했다[이 글은 처음에 *The Christian Century*에 발표되었다가 나중에 책(*Karl Barth: How I Changed My Mind*, ed. John D. Godsey [Richmond, VA: John Knox, 1966])으로 출간되었다]. 여기서 바르트는 자신의 신학에서의 연속성, 적어도 자신이 자유주의와 단절한 이후의 연속성을 말했다. 그는 자신의 마음의 변화가 "이전에 가졌던 지식"의 "심화"이자 "적용"이었다고 주장했다(p. 42). 이 "심화"는, 그의 단언에 따르면, 자신에게서 기독교 교리의 철학적 기초와 주해의 마지막 잔여물을 제거하는 것으로 이루어졌다. "이 작별의 실제 기록은", 그의 주장에 따르면, "안셀무스의 신 증명에 관한 책"이었다(p. 43). "내 책들 중에서", 그가 말하는 바에 따르면, "나는 이 책을 가장 만족스럽게 쓰인 책이라고 생각한다"(같은 책). 1948년에 바르트는 *The Christian Century*에 자신의 마음이 어떻게 변화했는가에 대해, 이번에는 1938년 이후의 변화에 대해 썼다. 그는 "'예'라고 말하는 것이 '아니요'라고 말하는 것(물론 이것도 중요하지만)보다 얼마나 더 중요한지"에 관해 따뜻하게 말했다(p. 51). 연속성 안에 있는 불연속성이 바르트의 신학적 발전 안에 있는 변화들과 관련해 이루어지는 많은 논의들에 대한 해답으로 보인다. 적어도 이것이 바르트가 스스로 자신의 신학적 발전을 본 방식이다.

다.[16] 하나님에 관한 지식은 인간의 본성이나 경험 안에 있는 본유적 능력이 아니다. 즉 그것은 단지 하나님이 은혜롭게도, 하나님이자 인간인 예수 그리스도를 주었기 때문에 가능하다. 하나님이 이 유비를 확립함으로써 사람이 계시의 기초 위에서 신앙에 의해 예수를 길이요 진리요 생명으로 알든지, 또는 그렇게 하지 않는다. 이에 대한 증명은 없다. 실제로, 그리스도를 증명하려는 모든 시도는 우상숭배나 다름없는데, 이런 시도 자체를 기술하기 위해 하나님과 그의 계시를 인간 이성의 재판대로 불러내기 때문이다.

바르트가 반나치가 되고 더욱 에큐메니컬이 되다

본에서 신학을 가르치던 1930년대 동안에, 바르트는 독일 안에 있던 반(反)나치 고백교회 운동에 깊이 관여하게 되었다. 1934년에 그는 예수 그리스도를 그리스도인들과 교회를 위한 유일한 주로 선언하는 바르멘 선언의 작성을 도왔다. "예수는 주다"라는 초기의 기독교 선언처럼, 바르멘 선언은 독일 그리스도인들이 히틀러를 새로운 메시아의 자리까지 높인 것에 대한 암묵적 비판이 되었다. 바르트는 독일 그리스도인들이 나치 이데올로기를 수용한 것을 자연 신학의 일반적 결과인 문화 기독교의 한 형태로 보았으며, 독일 국가 교회 안에 있으면서 나치에 저항하는 반대자들을 힘껏 격려했다. 바르트가 강의 시작 때 히틀러식 경례를 하거나 히틀러에 대한 의무적 충성 서약을 거부했기 때문에, 독일 정부는 약식으로 그를 교직에서 해임했다. 그러자 그는 스위스의 바젤 대학교 신학 교수직을 제안받았으며, 은퇴할 때까지 그곳에서 가르치고 여생을 보냈다.

바르트는 바젤에서 가르친 27년 동안 계속해서 『교회 교의학』 및 수많은 다른 책과 논문을 썼으며, 시 교도소에서 주기적으로 설교했다. 또한 그는 모차르트 연구가로서도 명성을 얻었다. 전 세계에서 학생들이 그의 강

---

16 참고. Keith L. Johnson, *Karl Barth and the* Analogia Entis (London: T & T Clark, 2010)

의를 들으러 바젤로 몰려들었다. 그는 영국과 미국 학생들을 위해 매월 영어 세미나를 열었다. 1962년에 그는 전임 교직에서 은퇴하고 바로 첫 번째 미국 여행을 떠났으며, 그곳의 여러 대학교와 신학교에서 강의했다. 그가 시카고 대학교에서 벌인 자유주의 및 보수주의 신학자들과의 공개 대화는 특히 주목할 만하다. 잘 알려진 (내가 그 자리에 있었던 지인으로부터 확인한) 일화에 따르면, 그의 강의 마지막에 한 학생이 일어나 그의 일생의 저작들을 한 문장으로 요약할 수 있는지 물었다. 록펠러 예배당에 모인 많은 사람이 그 학생의 대담함에 놀랐지만, 바르트는 즉시 그가 어머니 무릎에서 배운 노래의 가사로 요약할 수 있다고 대답했다. "예수 사랑하심을 성경에서 배웠네."[17] 「타임」은 바르트를 커버스토리로 다루면서 특별하게 대우했고, 시카고 대학교는 그에게 명예 박사학위를 수여했다.

바르트의 말년은 순탄하지 않았다. 그는 건강을 잃었고, 신학의 좌우 진영 모두로부터 신랄한 비판을 받았다. 또한 세속 신학의 등장과 기독교적 무신론의 신학으로 인해 낙담했다(참고. 7장). 하지만 그는 제2차 바티칸 공의회(1962-1965)에서 가톨릭교회가 보인 변화에 크게 고무되었다. 바르트는 1968년 12월 9일 밤 어느 시간에 바젤에 있는 자신의 집에서, 모차르트의 선율이 축음기에서 퍼지는 가운데 죽음을 맞이했다. 그의 죽음은 20세기의 가장 큰 영향력 있는 신학자가 세상을 떠났음을 뜻했다. 바르트가 20세기에 대해 가졌던 관계는 슐라이어마허가 19세기에 대해 가졌던 관계에 비견된다.

바르트가 하나님의 말씀과 신앙에만 기초한 신학적 방법을 발전시키다

이미 살펴본 대로, 바르트의 신학적 방법은 부정적 극과 긍정적 극 모두가

---

17 여러 해를 거치면서 이 이야기의 조금씩 다른 변형들이 생겨났다. 어떤 이들은 이 이야기가 출처가 불분명하다고 주장하기도 한다. 나도 궁금해서 그 자리에 있었던 한 신학자에게 물어 보았는데, 그는 이 이야기와 바르트의 유명한 답변의 기본적 정확성을 확인해 주었다. (새찬송가 563장 "예수 사랑하심을"의 가사다—옮긴이).

있었다. 부정적 극을 말하자면, 그는 어떤 형태의 자연 신학도 피하면서 교묘하고 불가피하게 복음의 문화적 속박을 초래하는 방식들을 분석하고 큰 소리로 알리는 일을 결코 마다하지 않았다.

기독교의 자연 신학은 매우 공손하고 겸허하게 계시를 자신이 고안한 새로운 형태로 재-구성한다. 하지만 그럼에도 불구하고 자연 신학의 행동은 너무나 공손하고 관대하며, 자신을 매우 의식적으로 그리고 지속적으로 낮춘 결과로 계시를 이미 처음부터 정복해서 비(非)계시로 만들어 버렸다. 이것은 자연 신학이 자신에 의해 흡수되고 길들여진 계시를 가지고 무엇을 하는지 보면 확연히 드러난다.[18]

바르트는 이런 복음의 전복이 고전적 로마가톨릭 신학과 고전적 자유주의 개신교 신학, 그리고 심지어 독일 그리스도인들의 나치 이데올로기에 대한 개방성에서 어떻게 일어났는지 보이려 했다. 신학의 역사로부터, 또한 복음 메시지 안에 있는 하나님의 주권에 대한 스스로의 분별로부터, 바르트는 다음과 같은 결론을 내렸다.

문제의 논리에 따르면, 비록 우리가 자연 신학에 단지 작은 손가락 하나만 양보하더라도 예수 그리스도 안에 있는 하나님의 계시의 부인으로 필연적으로 이어진다. 유일한 지배자이기 위해 분투하지 않는 자연 신학은 자연 신학이 아니다. 그리고 자연 신학에 어떤 자리라도 내주는 것은, 비록 자신도 모르는 사이에 일어나는 일이라도, 자신을 이 유일한 지배권으로 이끄는 과정에 들어서도록 하는 것이다.[19]

---

18 Karl Barth, *CD* II/1, *The Doctrine of God*, part 1, trans. T. H. L. Parker et al. (Edinburgh: T & T Clark, 1957), pp. 139-140.
19 같은 책, p. 173.

바르트는 자신의 입장을 다음과 같은 선언으로 요약했다. "하나님의 말씀에 관한 지식의 가능성은 하나님의 말씀에만 있으며 그 어떤 다른 곳에도 없다."[20] 이 진술은 그의 신학적 방법의 긍정적 측면과 부정적 측면을 모두 표현한다. 인간이 하나님에 대해 준비되어 있지 않음에도 불구하고, 하나님에 관한 참된 지식이 이성·자연·문화를 통해서는 불가능함에도 불구하고, 하나님은 하나님의 주권적 자유와 은혜로 스스로를 인간 역사 안에서 계시해 왔으며 하나님에 관한 지식이라는 기적을 가능하게 만들었다. 역사상 유일하게 하나님이 계시된 사건은, 바르트에 따르면, 예수 그리스도의 사건이다. 그리고 그리스도 안에서 하나님은, 단지 정보나 삶의 방식이 아니라, 자신을 계시한다. 바르트에게 이것은 "영원한 하나님은 예수 그리스도 안에서만 알려지며 그 외에 다른 어디에서도 알려지지 않는다"는 것을 의미한다."[21]

하지만 이것이 사실이라는 것을 어떻게 알 수 있는가? 바르트는 다음과 같이 답했다. "신앙의 증거는 신앙의 선포에 있다. [하나님의] 말씀에 관한 지식의 증명은 그것을 고백하는 데 있다."[22] 다시 말해, 예수 그리스도가 하나님의 자기 계시적 진리라는 신앙은 자기 입증적이다. 그리스도인에게 이것은 근본적 사실로서, 여기에 다른 모든 것이 의지하며 그 자체는 다른 어떤 것도 의지하지 않는다. 믿음은 하나님의 선물이다.

바르트가 성경이 하나님의 말씀에 대해 갖는 관계를 설명하다

바르트에게 기독교 신학의 유일한 원천은 하나님의 말씀이다. 하지만 이 말씀은 세 가지 형태 또는 방식으로 존재한다. 첫 번째 형태는 예수 그리스

20　Karl Barth, *CD* I/1, *The Doctrine of the Word of God*, part 1, trans. G. W. Bromiley (Edinburgh: T & T Clark, 1975), p. 222.
21　Karl Barth, *CD* II/2, *The Doctrine of God*, part 2, trans. G. W. Bromiley et al. (Edinburgh: T & T Clark, 1957), pp. 191-192.
22　Barth, *CD* I/1, p. 241.

도와, 또한 그의 삶과 죽음과 부활로 인도하며 그것들을 둘러싸는 하나님의 행동의 역사 전체다. 이것이 참된 의미의 계시이며, 복음 자체다. 두 번째 형태는 성경, 즉 신적 계시에 대한 특권적 증거다. 마지막으로, 교회의 복음 선포가 세 번째 방식을 결정한다. 마지막의 두 형태는 오직 도구적 의미에서만 하나님의 말씀인데, 하나님이 예수 그리스도를 계시하기 위하여 그것들을 사용할 때 비로소 하나님의 말씀이 되기 때문이다. 결과적으로, 성경은 정적으로 하나님의 말씀이 아니다. 하나님의 말씀은 언제나 사건의 성격을 가진다. 어떤 의미에서는, 하나님의 말씀은 행위 안에서 자신의 존재를 반복하는 하나님 자신이다. 성경은 하나님의 말씀이 된다. "성경은 하나님이 그것을 하나님의 말씀이도록 하는 정도만큼, 하나님이 그것을 통해 말하는 정도만큼, 하나님의 말씀이다."[23]

바르트의 성경에 대한 견해는 많은 논쟁과 비판을 야기했다. 자유주의자들은 그가 성경을 전통적 축자영감 교리와 거의 동등한 특별한 위치까지 높였으며, 그럼으로써 성경을 역사비평적 연구에서 배제했다고 비판했다. 보수주의자들은 바르트가 성경을 비명제적 계시 사건보다 하위에 두었고 성경의 무오성을 명백히 부인했다고 공격했으며, 일부는 그의 신학에 "신(新)현대주의"라는 명칭을 붙이기도 했다. 두 가지 비판은 모두 목표 가까이에 떨어지지만, 궁극적으로 핵심을 놓친다. 한편으로 바르트는 고전적 정통주의에서 성경에 부여한 지위를 부인했다. 그는 성경과 하나님의 말씀을 구분하며, "우리가 성경 안에서 가진 것은 어쨌든 이 하나님의 말씀을 인간의 말과 생각으로, 구체적 인간 상황에서 반복하고 재현하려는 인간의 시도들이다"라고 단언했다.[24] 다른 한편으로 그는 성경의 신적 영감—예수 그리스도에 대한 특권적 증언으로서의 특별한 위상—이 단지 인간의 가치판

---

23 같은 책, p. 109.
24 같은 책, p. 113.

단일 뿐이라고 결론을 내리는 위험을 준엄하게 경고했다. 바르트의 말에 따르면, 성경의 영감은 성경에 대한 우리 자신의 판단이나 기분이나 느낌의 문제가 아니다.

> 분명히, 우리의 신앙이 성경을 하나님의 말씀으로 만드는 것은 아니다. 하지만 성경이 하나님의 말씀이라는 진리의 객관성을 지켜 내기 위해 우리가 할 수 있는 최선의 방법은, 성경이 참으로 우리의 신앙을 요구하고 우리의 신앙의 기저를 이룬다는 점을, 성경이 우리 신앙의 본질과 생명이라는 점을 역설하는 것이다. 왜냐하면 그렇게 하면서 우리는 성경이 어떤 다른 것들이 능가할 수 없는 살아 있는 하나님의 진리라는 점을, 우리가 인간적 주관성의 영향력에도 불구하고 의심할 수 없으며 그러므로 그러한 것으로 알고 인정해야만 하는 하나님의 능력이라는 점을 주장하기 때문이다. 하지만 이것이 사실이라면, 우리가 성경의 영감을 교회의 삶과 교인들의 삶에서 끊임없이 이루어지는 신적 결정이라고 이해해야 한다는 점은 유효하다.[25]

그렇다면 성경이 하나님의 말씀이라는 점은 개인의 주관적 경험에 의존하는 것도, 내적 또는 외적 증거에 기초한 학자적 결론에 의존하는 것도 결코 아니다. 바르트에게 성경이 하나님의 말씀인 것은 하나님이 예수 그리스도에 대한 신앙이라는 기적을 산출해 내기 위해서, 어떤 인간적 결정과 주도권과는 상관없이, 반복적으로 성경을 사용하기 때문이다. 교회가 성경에 대해 가지는 적절한 태도는 순종과 복종인데, 성경을 능가하는 유일한 권위가 예수 그리스도 자신이기 때문이다. 성경은 그리스도의 권위를 교회에 중재한다. 더 나아가 성경은 교회에 대해 권위를 가지는데, "성경은

---

[25] Karl Barth, *CD* I/2, *The Doctrine of the Word of God*, part 2, trans. G. T. Thomson and Harold Knight (Edinburgh: T & T Clark, 1956), pp. 534-535.

교회의 기원에 관한, 그러므로 기초와 본성에 관한 기록으로서, 사실 역사적으로 가장 오래된 현존하는 기록"이기 때문이다. "그러므로 성경은 언제나 교회에서 독특하고 자신만의 방식으로 독보적 권위를 가졌다."[26]

분명히 바르트는 성경을 존중하면서, 성경을 모든 인간적 권위 위에 두는 동시에 예수 그리스도보다는 아래에 두었다. 『교회 교의학』 전체에서 그는 성경이 마치 축자적으로 영감되고 교리적으로 무오한 것처럼 다루었다. 그는 성경에 대립하는 다른 어떤 권위에도 호소하지 않았다. 반대로, 그는 성경이 예수 그리스도 아래서 그리고 그와의 완전한 일치 가운데 기독교의 믿음에 규범적이라고 대담하게 주장했다.

최종적으로 중요한 것은 교의학이 성경적인지 여부다. 성경적이지 않다면 교의학은 전혀 쓸모없는데, 왜냐하면 그런 교의학에 관해 우리는 거기에서 교회는 주의를 빼앗긴다고, 즉 교회가 다른 문제들로 분주하면서 교회의 선포라는 문제적 본질이 교회에 부여한 학문적 과업을 정당하게 이행하지 않는다고 분명히 말해야만 하기 때문이다.[27]

바르트가 그리스도를 중심에 두고 삼위일체 교리를 회복시키다

바르트 신학의 구조는 철저히 그리스도중심적이다. 모든 교리의 시작과 중심과 끝이 모두 예수 그리스도의 사건—그의 생애, 죽음, 부활, 승귀, 그리고 성부 하나님과의 영원한 연합—이다. 신학의 모든 단계에서 바르트가 묻는 것은, '예수 그리스도 안에서 이루어진 하나님의 행동에 비추어 이것의 적절한 이해는 무엇인가?' 하는 것이다. 이 그리스도중심적 구조는 바르트의 거대한 신학을 체계적으로 만드는 정합성과 통일성을 제공한다. 그

---

26 같은 책, p. 540.
27 Barth, *CD* I/1, p. 287.

에게 예수 그리스도는 하나님의 유일하고 독보적 자기 계시, 인격으로 있는 하나님의 말씀이다. 신앙에 대한 이러한 기본적 긍정으로부터 바르트는 예수 그리스도의 신성을 연역했다. "계시는 이 하나님의 자기 해석이다. 우리가 그의 계시를 대하고 있다면, 하나님 자신을 대하고 있는 것이지…그와 구별되는 어떤 존재자를 대하는 것이…아니다."[28] 바르트의 공리들 중에서 하나는 현실태 이면에 그에 상응하는 가능태가 있다는 것이다.[29] 그러므로, 만일 예수 그리스도가 신앙이 말하는 그―결코 능가할 수 없는 하나님의 **자기** 계시―라면, 그는 어떤 식으로든 하나님 자신과 동일해야 하며 단지 하나님의 대리인이나 대표자일 수는 없다. 그렇다면 계시 사건의 현실태 배후와 그 속에 그것의 가능태―삼위일체 하나님―가 있다.

삼위일체 교리는 19세기 전체에 걸쳐 대체로 불필요한 것이 되었다. 자유주의자들은 그것을 도덕적으로 설명할 방법을 알지 못했고, 따라서 그 교리는 신학으로부터 점차 멀어져 갔다. 보수주의자들은 그 교리에 말로는 경의를 표했지만 그와 관련해 아무것도 하지 않았다. 삼위일체 교리는 그들의 신학 안에서 거의 어떤 기능을 하지 못하는 교리로 남아 있었다. 19세기의 마지막 몇십 년과 20세기의 첫 20년 동안에 삼위일체 교리는 정통주의적 과거의 유산인 것처럼 보였다. 바르트가 이 교리를 되살렸다. 그는 삼위일체 교리를 '자기를 계시하는 하나님이 누구인가?'라는 물음에 대한 유일하게 가능한 기독교적 대답이라고 이해했다. 그는 "그것이 바로 하나님 자신, 손상되지 않는 **통일성** 안에서 동일한 하나님, 즉 계시에 대한 성경적 이해에 따르면 계시하는 하나님이며 **또한** 계시 사건이며 **또한** 사람에게 나타난 그 영향력이다"라고 단언했다.[30] 슐라이어마허의 접근과는 정반대로, 바르트는 삼위일체 교리를 자신의 신학에서 서두에 위치시켰다. 그의 주장

---

28 같은 책, p. 311.
29 Barth, *CD* II/1, p. 5.
30 Barth, *CD* I/1, p. 309.

에 따르면, "삼위일체 교리는 기본적으로 기독교 신론을 기독교적으로 구별 짓는 것이며, 그러므로 기독교적 계시 개념을 기독교적으로 구별 짓는 것으로, 이는 다른 모든 가능한 신론들이나 계시 개념들과 대조된다."[31]

그렇다면 바르트에 따르면 하나님의 계시는 하나님 자신이다. 하나님이 자신을 어떤 존재로 계시하는 것이 **바로** 하나님이다. 그는 **바로** 그의 계시다. 결과적으로, 예수 그리스도는 하나님의 유일하고 능가할 수 없는 자기 계시로서, 하나님과 동일하며 그러므로 참으로 인간이며 동시에 참으로 신이다. "예수 그리스도는 반신반인(半神半人)이 아니다. 그는 천사가 아니다. 그렇다고 이상적 인간도 아니다."[32] 오히려 "예수 그리스도의 실재성은 하나님 자신이 몸소 육신 안에 적극적으로 현존한다는 것이다. 하나님 자신이 친히 참된 인간 존재와 행위의 주체다."[33] 바르트는 자신이 예수 그리스도에 관해 말할 때 하나님의 두 번째 "존재 양태"(mode of being, Seinsweise)의 성육신에 관해 말하는 것이라는 점을 절대적으로 분명히 했다. 그는 도르너로부터 차용한 "양태"(mode)를 "위격"(person)보다 선호했는데, 왜냐하면 현대인들에게 "위격"이라는 단어는 불가피하게 "자아"(self)—사고, 의지, 행위의 주관적 중심—를 암시하기 때문이다. 바르트에게, 하나님은 단 하나의 "자아" 또는 인격성(personality)을 가진다.[34] 만일 예수 그리스도가 성부와 구별되는 자아 또는 인격성이라면, 예수 그리스도는 성부의 **자기** 계시일 수 없다. 바르트의 판단에 따르면, 성부와 성자와 성령은 절대적 통일성 안에서 하나님 안에 영원히 존속하는 신적 존재 방식들이다. 하지만 그들의 구별은 하나님이 예수 그리스도 안에서 그리고 교회의 삶 안에 있는 그의 영적 임재 안에서 계시하기 위한 전제 조건을 형성한다. 그러므로 바르

---

31 같은 책, p. 301.
32 Barth, *CD* 1/2, p. 151.
33 같은 책.
34 Barth, *CD* I/1, pp. 350-351.

트가 "하나님은 예수 그리스도이고 예수 그리스도는 하나님이다"라고 말했을 때,[35] 그는 이 말이 삼위일체의 맥락 안에서 이해되어야 함을 의미했다. 즉 예수 그리스도는 하나님의 두 번째 존재 양태, 성부 자신의 인격성의 반복이라는 것이다.

바르트가 하나님을 "자유 안에서 사랑하는 존재"로 정의하다

비록 삼위일체 교리가 바르트 신론의 중심이자 핵심이지만, 그는 『교회 교의학』의 한 권 대부분을 하나님의 속성 또는 "완전성"(perfections)을 다루는 데 할애했다(CD II/1). 그는 하나님의 존재를 "자유 안에서 사랑하는 존재"라고 정의했으며 하나님의 완전성을 두 범주로, 즉 신적 사랑의 완전성과 신적 자유의 완전성으로 나누었다. 이 지침은 개신교 정통주의에 있는 하나님의 절대적 속성과 상대적 속성이라는 전통적 이원성을 대체했다. 바르트의 주장에 따르면, 예수 그리스도의 하나님을 정당하게 대하기 위해서는 하나님의 사랑과 자유가 동등하게 강조되고 균형을 맞추어야 한다. 하나님의 사랑은 예수 그리스도 안에서 인간들과 하나님 자신 사이의 친교를 창조하기로 하나님이 자유롭게 선택한 것이다.[36] 하나님은 스스로 우리의 것이 되기를 의도하며 우리에게 그의 것이 되기를 의도한다.[37] 이것은 무엇보다도 "머나먼 나라를 향한 하나님의 아들의 길", 예수 그리스도의 십자가에서 하나님이 죄 많은 인간과 은혜롭게 동일시되는 것에서 계시된다.[38] 하나님의 이 위대한 사랑을 표현하는 완전성은 은혜와 거룩, 자비와 의, 인내와 지혜다.[39]

바르트는 하나님의 존재를 사랑으로만 제한하지 않으면서, 이 사랑 안

---

[35] Barth, *CD* II/1, p. 318.
[36] 같은 책, p. 273.
[37] 같은 책, p. 274.
[38] Barth, *CD* IV/1, *The Doctrine of Reconciliation*, part 1, trans. G. W. Bromiley (Edinburgh: T & T Clark, 1956), pp. 157-210.
[39] Barth, *CD* II/1, pp. 351-439.

에 있는 하나님의 자유를 강조하는 데로 나아갔다. 세계를 향한 하나님의 사랑은 실제이고 영원하지만, 필연적이지는 않다. 설령 하나님이 세계를 사랑하기로 선택하지 않았더라도 그는 여전히 사랑일 것이다.[40] 바르트가 "우리가 이 점에 주의하지 않는다면 불가피하게 하나님에게서 신성을 제거하게 될 것이다"라고 경고했을 때, 분명히 그는 자유주의 신학을, 특히 헤겔의 영향을 받은 자유주의 신학을 염두에 두고 있었다.[41] 하나님은 세계를 향한 하나님의 사랑과 세계와의 친교 이전에 그리고 그와는 별도로, 자신 안에─자신의 삼위일체적 삶에─완전한 사랑과 친교를 갖는다.[42] 오직 이런 방식으로만 범신론을 피할 수 있고 세계를 향한 하나님의 사랑이 참으로 은혜로울 수 있다고, 바르트는 주장했다. 만일 하나님이 자신의 사랑의 대상으로서 세계를 필요로 했다면, 그의 사랑은 순수하게 은혜로운 사랑이 아닐 것이고 세계는 하나님의 존재에 필연적일 것이다. 그렇다면 하나님은 자신의 신성을 잃을 것이다.

슐라이어마허와 헤겔의 영향을 받은 19세기 자유주의 신학의 전체 흐름과는 대조적으로, 바르트는 세계에 대한 하나님의 절대적 초월을 긍정했는데, 이 초월은 하나님의 자유의 관점에서 생각한 것이다. "고귀함, 주권적 위엄, 거룩함, 영광─심지어 하나님의 초월이라고 명명된 것─은 신적 인격인 신적 삶과 사랑의 이러한 자기 결정, 이러한 자유가 아니고 무엇이겠는가?"[43] 실제로, 하나님이 하나님인 것은 다름 아니라 세상과의 관계에서 절대적이기 때문이다. "하나님은 존재하는 모든 것을 최고의 그리고 전적인 독립성으로 대면한다. 즉 그는 그 모든 것이 존재하지 않았거나 또는 다

---

[40] 같은 책, p. 280.
[41] 같은 책, p. 281.
[42] 같은 책, p. 275. 바르트에게, 하나님의 삼위일체 내적 사랑의 이 "이전에"는 시간적인 것이 아니라 논리적인 것이다.
[43] 같은 책, p. 302.

른 식으로 존재했더라도 더 작아지거나 달라지지 않을 것이다."⁴⁴ 하나님의 자유의 완전성은 통일성과 편재, 항구성과 전능, 영원성과 영광으로, 이 모든 것은 바르트가 성경적 증언과 종교개혁 신학에 계속해서 충실하면서도 개신교 정통주의로부터 창의적으로 재해석한 것이다.⁴⁵

바르트가 하나님의 자유를 강조함에도 불구하고, 그는 인간을 향한 하나님의 사랑을 단순한 변덕으로, 신적 삶에 아무것도 더하지 않고 하나님이 거의 관심을 갖지 않는 것으로 해석하지 않는다. 오히려, 하나님 자신 안에 있는 삶의 충만함은 피조물의 삶과의 통일을 "지향"한다.⁴⁶ 더 나아가 하나님은 자신의 자유의 포로로 머물러 있지 않으며, 자유로운 결정으로 자신 밖으로 나와 세계와의 진정한 친교 속으로 들어가고 그 친교는 예수 그리스도 안에서 가장 깊은 통일에 도달한다. 실제로, 예수 그리스도 안에서 이루어지는 피조물들과의 연합을 이렇게 갈망하고 결정하는 것은, 바르트에게는, 세계 자체의 창조의 근거와 기초였다. 하나님이 세계를 창조한 유일한 이유는, 예수의 성육신과 죽음과 부활 안에서 세계와 언약의 친교로 들어가기 위함이었다.⁴⁷ 그러므로 바르트는 예수 안에 계시된 사랑의 하나님 배후에 숨겨진 하나님을 인정하지 않았다. 비록 하나님이 자신만을 위한 삶과 사랑을 남겨 두고 세계에 주지 않을 수 있었더라도, "그는 우리 없는 하나님이기를 의도하지 않으며…오히려 우리를 창조해 하나님 자신의 측량할 수 없는 존재와 삶과 행위를 우리와 나누고, 그럼으로써 우리의 존재와 삶과 행위를 나눈다."⁴⁸

---

44 같은 책, p. 311.
45 같은 책, pp. 440-677
46 같은 책, p. 274.
47 Barth, *CD* IV/1, p. 50.
48 같은 책, p. 7.

바르트가 예수 그리스도 안에 있는 보편적 선택을 구상하다

바르트는 개혁파 신학자로, 16세기 종교개혁자 칼뱅에게서 유래하는 개신교 전통 안에 서 있었다. 그가 하나님의 주권을 강력하게 긍정했지만, 전형적 칼뱅주의자는 아니었다. 바르트는 선택의 교리, 예정론을 전개했는데, 그것은 개혁파적이지만 전통적 "튤립"(TULIP) 도식(전적 타락, 무조건적 선택, 제한 속죄, 불가항력적 은혜, 성도의 견인)에는 부합하지 않는 것이었다. 더 전통적인 개혁파 사람들은 종종 그를 어떻게 이해해야 할지 모른다. 더 전통적 개혁파 사람들과 칼뱅처럼 바르트도 무조건적 선택을 받아들였지만, 그들과는 대조적으로 바르트는 보편 속죄와 적어도 잠재적인 보편 구원을 가르쳤다.

바르트에 따르면, 하나님이 인간 역사 속으로 들어온 최고의 사건은 예수 그리스도의 십자가로, 십자가를 통해 하나님의 아들은 죄 많은 인간이 마땅히 받아야 하는 신적 진노와 거절을 자신이 짊어지기 위해 "머나먼 나라"로 들어간다. 그러므로 예수 그리스도는 선택되고 유기된(저주를 받은) 단 한 사람이며, 다른 사람들은 모두 그 사람 안에 포함되고 또 그 사람에 의해 대표된다. "모든 사람이 초래한 거절을, 모든 사람이 처해 있는 하나님의 진노를, 모든 사람이 죽어야 하는 죽음을, 하나님은 사람들을 위한 하나님의 사랑 안에서 영원 전부터 그에게로 옮기는데, 그 안에서 하나님이 그들을 사랑하고 선택하며, 그들을 대표해 그리고 그들을 대신해 그를 선택한다."[49] 전반적인 그의 신학과 마찬가지로, 바르트의 선택 교리는 그리스도 일원론까지는 아니더라도 그리스도중심적이다. 예수 그리스도는 그에게 하나님의 선택과 저주의 유일한 대상이다. 이중예정의 그 어떤 "끔찍한 작정"도 인류를 구원받은 자와 저주받은 자로 나누지 않는다. 오히려 선택하는 하나님이자 선택받은 인간인 예수 그리스도 안에 모두가 포함되며, 그의 구원하는 사역의 혜택은 모두에게 미친다. 오직 그가 하나님의 거

---

[49] Barth, *CD* II/2, p. 123.

절을 겪고, 그가 자신을 거절하는 하나님이다. "하나님의 영원한 의지인 예수 그리스도의 선택에서 하나님은 인간에게…선택, 구원, 생명을 돌렸으며, 그 자신에게 그는…유기, 멸망, 죽음을 돌렸다."[50] 그러므로, 바르트에게, 예정은 하나님이 스스로 엄청난 희생을 감수하면서 죄 많은 인류에게 무죄를 선고하기로 영원부터 결정했음을 의미한다.[51]

하지만 하나님의 무죄 선고가 누구에게 미치는가? 바르트는 예수 그리스도가 **유일하게** 진정으로 거절당한 사람이며 모든 인간이 그 안에서 선택받았다는 점을 분명히 했다.[52] 사람들은 하나님을 거절하면서 불경한 삶을 살려고 할 수 있지만, "그들의 욕망과 시도는 세계가 시작되기 전에 하나님에 의해 효력 없게 되었다.…인간에게 남아 있는 것은 하나님과의 친교 안에서의 영생이다."[53] 이것은 보편 화해, 만유회복(*apokatastasis*) 교리에 해당하는가? 바르트는 이 질문에 대한 서면 대답에서 명확한 답을 내놓지 않았다. "나는 그것을 가르치지 않으며, 가르치지 않지도 않는다."[54] 그럼에도 불구하고, 우리는 이 대답이 무엇을 의미하는지 추측할 수 있다. 한스 우르스 폰 발타자르의 지적대로, "바르트가 제시하는 선택 교리에 따르면 보편 구원은 가능할 뿐만 아니라 필연적임이 분명하다. 유일하게 확정적 실재는 은혜이고, 어떤 저주의 심판도 단지 잠정적이어야 한다."[55]

바르트가 자연 신학을 놓고 브루너와 논쟁을 벌이다

20세기 신학에서 가장 불운한 사건들 가운데 하나는 바르트가 취리히에

---

50 같은 책, p. 163.
51 같은 책, p. 167.
52 같은 책, pp. 319-320.
53 같은 책, p. 319.
54 *Karl Barth*, pp. 44-45에서 에버하르트 윙엘(Eberhard Jüngel)이 인용하는 말. 만유회복과 보편구원론에 관한 바르트의 직접적 진술을 읽으려면 *CD* II/2, pp. 417-418, 그리고 *The Humanity of God*, pp. 61-62를 보라.
55 Balthasar, *The Theology of Karl Barth*, p. 163.

있는 그의 상대 에밀 브루너와 벌인 논쟁이었다. 브루너는 1924년부터 1955년까지 취리히 대학교에서 신학 교수였다. 그는 본래의 신정통주의, 변증법 신학자들 가운데 한 사람으로, 1930년대와 1940년대에 그의 많은 신학 저작들은 바르트의 저작들만큼이나 영향력이 있었다. 하지만 1950년대에 바르트가 강성해지자 브루너는 빛을 잃게 되었다. 결국 바르트는 명성과 영향력 면에서 브루너를 압도해 버렸다. 브루너는 『교의학』(*Dogmatics*, 1946-1960)이라는 포괄적 제목의 세 권짜리 조직신학을 출판했다. 이 책은 영국과 미국의 신학교들에서 다년간 조직신학 기본 도서로 사용되었으며, 21세기 초에도 여전히 출판되고 있다.

브루너는 자신을 바르트와 구별 짓기 위해 그와의 차이점들을 강조해야 했다. 이 둘은 자신들 사이의 차이점들을 너무 강조한 나머지 우정에 금이 갔고, 인생의 막바지에 이르러서 미국 학생들의 간청으로 열린 짧은 회합에서 비로소 다시 만날 수 있었다. 그들이 멀어지게 된 원인은 브루너의 1934년 논문 "자연과 은혜"(Nature and Grace)에 대해 바르트가 신랄하게 비판한 데 있었다. 이에 브루너는 바르트가 단지 자연 신학뿐만 아니라 일반 계시마저 거부한다고 비난했다. 브루너는 다음과 같이 썼다.

> 하나님의 말씀은 하나님에 대한 의식을 완전히 상실한 사람에게는 도달할 수 없다. 양심이 없는 사람은 "회개하고 복음을 믿으라"는 요청에 의해 결코 매혹되지 않는다. 자연적 인간이 하나님에 관해, 율법에 관해, 자신이 하나님을 의존하고 있음에 관해 갖고 있는 지식이 매우 혼란스럽고 왜곡되어 있을 수도 있다. 하지만 그럴지라도, 그것은 신적 은혜를 위한 필연적이며 없어서는 안 되는 접촉점이다.[56]

---

56 Emil Brunner, *Natural Theology, Comprising "Nature and Grace" and the Reply "No!" by Dr. Karl Barth*, trans. Peter Fraenkel (London: Geoffrey Bles, The Centenary Press, 1946), pp. 32-33. 『자연신학』(한국장로교출판사).

바르트에 반대해 브루너는 자신이 생각하기에 신약과, 특히 칼뱅과 루터 같은 개신교 종교개혁자들과 완전히 일치한다고 믿었던 일반 계시에 대한 견해를 제시했다. 그는 신 존재 증명과 같은 의미의 "하나님에 관한 자연적 지식" 개념을 피한 반면, 인간 안에 있는 하나님의 형상—하나님의 말씀을 받기 위해 필요한 인간의 능력—은 타락에도 불구하고 남아 있다고 주장했다.[57] 브루너가 믿기에 그러한 최소한의 가장 기본적 하나님 의식을 인정하는 것은 교회의 선교와 신학에도 반드시 필요한데, 왜냐하면 그런 의식이 그들로 하여금 신앙을 이해가 가능한 방식으로 명료하게 설명하도록 요구하기 때문이다. 인간의 사상과 질문은 복음의 내용을 결정할 수 없지만, 복음의 선포 방식을 결정하는 데는 그것들이 고려되어야만 한다.[58]

바르트는 브루너의 논문에 대해 우레 같은 "아니요"로 답했다. 바르트가 대답으로 발표한 논문의 제목이 실제로 "아니요"("Nein!", 1934)였다. 그는 다음과 같이 쓰고 있다. "나는 브루너 및 그의 의견에 동감하는 그의 모든 친구들과 제자들과 여러 사람들에게 '아니요'라고 분명히 답한다."[59] 바르트의 논문의 어조는 신랄했는데, 그것은 아마도 당시 그가 독일에서 가르치면서 많은 독일 그리스도인들이 (그가 보기에) 자연 신학에 대한 그들의 개방성 때문에 나치의 유혹에 빠진 데 맞서 분투를 벌이고 있었기 때문이었다. 바르트는 독일 교회가 나치 이데올로기에 굴복하도록 이끌었던 "타협의 신학"을 브루너가 지원하고 있다고 비판했다.[60] 더 나아가 그는 브루너가 오직 믿음을 통해서 은혜에 의해 받는 구원을 암암리에 부정하고, 은혜와 인간의 노력 사이의 협력을 옹호함으로써 가톨릭이나 (그보다 더 나쁜) 신(新)개신교(자유주의) 구원 신학으로 후퇴해 버렸다고 비판했다.[61] 아르미니

---

[57] 같은 책, p. 58.
[58] 같은 책, p. 59.
[59] 같은 책, p. 72.
[60] 같은 책, pp. 71-72.
[61] 같은 책, p. 90.

우스주의가 신봉하는 신인협력설적 구원관에 바르트보다 브루너가 더 가까웠다는 점은 사실이지만, 그는 분명히 이런 호칭을 거부했을 것이다. 『교의학』에서 그는 무조건적 선택을 거부하고 구원받는 인간 측에서의, 은혜에 의해 가능해진, 복음에 대한 자유로운 응답을 주장했다.

바르트는 다음과 같은 비유를 들며 브루너의 견해에 관해 질문했다.

> 물에 빠진 누군가가 수영을 잘하는 사람에 의해 구조되었을 때, 그가 사람이며 납덩어리가 아니라는 사실을 자신의 "구조될 능력"으로 선언했다면 매우 부적절하지 않겠는가? 구조된 사람이 자신을 구조한 사람을 물속에서 팔을 저어 도왔다고 주장할 수 있는 게 아니라면, 그런 선언은 부적절하다. 브루너는 정말 그런 주장을 하려는 것인가?[62]

바르트는 모든 사람 안에 있는 복음을 위한 접촉점을 인정하는 것에 불과한 브루너의 (아마도 그렇게 불릴 수조차 없는) 최소한의 자연 신학을 거부했다. 그 자연 신학을 은혜의 복음에서 돌아서 현대적 인간들의 자연적 사고와 타협하는 결정적 전환이라고 보았기 때문이다. 바르트는 복음이 언제나 기적인, 성령에 의해 창조된 존재 이외의 어떤 접촉점도 필요하지 않다고 주장했다.[63] 그리고 그가 덧붙이는 바에 따르면, 선포의 방법과 신학적·교회적 활동의 방법에 관한 질문은 처음부터 거부되어야 하는데, "오직 적그리스도의 신학과 교회만 그것으로부터 이득을 볼 수 있기 때문이다. 복음주의적 교회(Evangelical Church)와 복음주의적 신학(Evangelical theology)은 그것 때문에 다만 병들고 죽게 될 것이다."[64]

바르트의 신랄한 공격에 브루너는 깊은 상처를 입었다. 그는 학문 활동

62　같은 책, p. 79.
63　같은 책, p. 121.
64　같은 책, p. 128.

내내 계속해서 그것을 언급하면서 자신의 입장을 명백히 밝히고 바르트의 견해를 공격하려 시도했다. 1949년에 자신의 『교의학』 1권에서 그는 다음과 같이 썼다.

> 바르트는 자신의 주요 관심—우리가 전적으로, 아무 주저함 없이 동의하는 것—을 옹호하면서, 그의 "봄맞이 대청소"에서 자연 신학과 아무 관련이 없으며 성경 진리의 필수적 부분을 상당히 많이 끄집어내 치워 버렸다. 그가 자신의 명분을 방어한 일방적 방식으로 때문에 그는 성경 신학의 정당한 주장들에 상처를 입혔고, 그 결과로 자신의 사상을 전파하는 데 불필요한 장애물을 만들었다.[65]

비록 이 두 변증법, 신정통주의 신학의 거인들이 결국 화해하게 되었지만, 그들이 만들어 낸 (분명히 바르트에게 큰 책임이 있는) 균열은 20세기 신학에서 가장 불행하고 아이러니한 갈등들 가운데 하나로 기억될 것이다. 그로 인한 결과 하나로, 브루너는 바르트의 신학에서 발견되는 실제적 혹은 잠재적 이단의 요소를 모두 찾아 들추어내려 했다.

브루너의 비판이 향한 첫 번째 대상은 바르트의 선택 교리였는데, 브루너는 이것이 매우 사변적이라고 여겼고 반드시 보편구원론으로 이끈다고 보았다. 그가 바르트의 선택 교리는 "전체의 교회 전통에 반대될 뿐만 아니라—더욱더 최종적 반대 이유가 되는—신약의 분명한 가르침에도 정면으로 반대된다"고 썼을 때, 아마도 바르트의 독설을 되갚아 주려 한 것 같다.[66] 브루너는 바르트와 고전적 칼뱅주의의 이중예정 교리에 의식적으로 반대하면서 독자적으로 하나님의 선택 교리를 창안했다. 그는 바르트와 고전적

---

[65] Emil Brunner, *Dogmatics: The Christian Doctrine of God*, trans. Olive Wyon, 3 vols. (London: Lutterworth, 1949), vol. 1, p. 236.
[66] 같은 책, vol. 1, p. 349.

칼뱅주의가 모두 하나님의 은혜로운 선택의 영원한 배경을 사변적으로 추측하면서 하나님의 계시에서 진술되거나 직접 암시된 것을 넘어선다는 문제점이 있다고 단언했다.[67] 브루너는 선택에 관한 어떤 "논리적으로 만족시키는 이론"도 거부하면서[68] 그가 철저히 변증법적이라고, 그러므로 성경적이라고 여긴 이해를 지지했다.

> 예수 그리스도를 믿는 것과 선택받은 자가 되는 것은 동일하며, 이는 예수 그리스도를 믿지 않는 것과 선택받은 자가 되지 않는 것이 동일함과 마찬가지다. 이것을 제외한 다른 선택지는 없으며, 믿는 것과 믿지 않는 것의 사실에 의해 결정되는 것 이외에 다른 경우의 수는 없다.[69]

바르트가 논쟁을 일으키고 활발한 토론을 유산으로 남기다

어떤 이유에서든 바르트의 신학은 21세기에 들어서도 줄곧 연구와 검토, 심지어 논쟁의 주제가 되었다. 바르트 해석자들 가운데 한 사람에 따르면, "바르트의 신학을 평가하는 모험을 감행하는 사람은 위험들에 둘러싸이게 된다."[70] 바르트의 신학적 이력은 논쟁과 함께 시작되었고, 그러므로 논쟁과 토론이 그의 신학 방법과 제안들에 늘 함께 있었다는 것은 전혀 놀랍지 않다. 그가 그렇게 격렬히 배격한 자유주의 신학의 후예들은 종종 그의 접근 방식을 신앙주의라고, 현대인들로 하여금 이성을 희생해 종교적 권위의 굴레로 돌아가도록 요구한다고 배격한다.[71] 하지만 바르트의 추종자들은

---

67 같은 책, vol. 1, p. 312.
68 같은 책, vol. 1, p. 353.
69 같은 책, vol. 1, p. 320.
70 G. C. Berkouwer, *The Triumph of Grace in the Theology of Karl Barth*, trans. Harry R. Boer (Grand Rapids: Eerdmans, 1956), p. 389.
71 L. Harold DeWolf, *The Religious Revolt Against Reason* (New York: Harper & Row, 1949). 바르트의 신학 접근법에 대한 다른 비판자로서 자유주의적이지 않은 사람은 볼프하르트 판넨베르크다. 그는 이 접근법이 일방적 변론을 사용함으로써 신학을 "게토화"하는 것이라 보았다. 참고. *Theology and the Philosophy of Science*, trans. Francis McDonagh (Philadelphia: Westminster Press, 1976), pp. 265-276.

그런 비판자들이 바르트의 비판에, 즉 그들의 신학 접근법이 복음을 문화적으로 전복시킨다는 데 대해 제대로 답하지 못했다고 대답했다.

바르트는 자신의 신학 방법이 신앙에 기초해 있을지라도 참으로 과학적이라고 주장했다. 바르트에 따르면 모든 학문 분야는 자신만의 방식대로 과학적이며 그 방식은 대상에 의존한다. 신학은 물리학이 과학적인 것과 같은 방식으로 과학적일 필요는 없다. 심리학이나 정치학도 마찬가지다. 신학은 하나님에 관한 연구이며, 그 원천은 하나님의 말씀이다. 신학은 그 원천과 대상에 충실할 때 과학적이다. 바르트는 현대 철학의 최신 변덕과 공상에 끊임없이 적응해야 하는 의무로부터 신학의 자율성을 회복하는 데 큰 관심을 가졌다. 하지만 그 자신도 성경에 대한 문자주의적 접근을 거부한 점에서는 현대적이었다. 예를 들어, 그는 창세기의 첫 몇 장에 "전설"(saga)이라는 명칭을 붙였는데, 문자적 역사도 아니고 그렇다고 신화도 아닌, 역사 이전의 사건들에 대한 내러티브적 기록을 의미하는 것이었다. 하지만 내러티브는 현대적 역사 서술과는 다르다. 내러티브에는 원시적 상징이, 우리에게는 이해하기 힘든 언급들이 가득하다. 이것이 자연 과학들과의 갈등을 피하는 그만의 방식이었다. 그는 계몽주의 철학들과의 갈등에는 별로 신경 쓰지 않았다. 그에게 그것들은, 개괄해 말하자면, 우상숭배적이었다. 바르트는 자유주의와 대결할 때는 근본주의자로 보이고, 근본주의에 반대할 때는 자유주의자로 보일 수 있다.

대체로 바르트의 신학 방법은 신학을 지배하려는 다른 학문들에 맞서서 신학의 자율성을 지키는 데 성공을 거둔다. 그에게 신학은 더 이상 단순화할 수 없는 방식으로 하나님의 말씀의 과학이다. 하지만 그가 계시에 대한 모든 종류의 합리적 해명을 거부한 것은 신학을 자율을 넘어 고립으로 이끈다. 신학과 다른 학문들이나 공통의 인간 경험과 연결하는 지적으로 이해할 수 있는 다리가 없다면, 기독교 믿음이 외부인들에게 밀교로 보이지 않을 방법이 있겠는가? 자유주의 신학이 기독교 믿음을 인간 경험의 지평 안에서 예상될 수 있는 것으로 축소하는 데 대한 바르트와 그의 추종자들의 반대는, 믿음과 경험의 관계성을 일체 배제하는 것과는 별개다. 남아프리카의 신학자 벤첼 판 하이스테인(Wentzel van Huyssteen)은 이 문제를 잘 요약했다.

> 바르트가 신학의 대상을 인류의 종교적 의식(意識)으로 축소하는 데 대해 거부한 것은 정당화된다.…하지만 하나님과 그의 계시 안에 가정된 공리적 전제가 해결책이 되지는 못하는데…왜냐하면 그렇게 계시에 부여되는 실증적 성격이 신학에서 주관주의에 대한 대안을 주지 못하기 때문이다. 고도의 밀교적 방법을 받아들이는 실증주의적 계시 신학은 신학의 기본적 교리들—하나님, 계시, 성경, 영감 등—이 개인적이든 영향력 있는 전통의 지시에 의해서든 주관적 변덕의 구성물이 아님을 다른 사람들에게 설득하기가 극히 힘들어진다.[72]

바르트의 신학에 대한 또 다른 비판은 이 신학의 이른바 기독론적 수축(Christological constriction)이다. 바르트에게 호의적 비판자들 일부조차 그의 신학 전체에 존재하는 예수 그리스도에 대한 극단적 집중을 기술하기 위해 이 용어를 사용했다. 바르트는 예수 그리스도를 그의 신학의 중심과 핵심으로 만들고 그럼으로써 그리스도중심적일 뿐만 아니라, 하나님에 관한 지식을 그리스도 안에 계시된 것으로 제한했다. 발타자르는 바르트의 신학을 "하나님과 인간이 예수 그리스도를 통해 그 중앙에서 만나는" 지성적 모래시계로 묘사했다. "이 시계의 윗부분과 아랫부분이 만나는 다른 지점은 없다."[73] 그런 움직임의 문제는 그것이 일반 계시, 즉 로마서 1장에서 사도 바

---

[72] Wentzel van Huyssteen, *Theology and the Justification of Faith: Constructing Theories in Systematic Theology*, trans. H. F. Snijders (Grand Rapids: Eerdmans, 1989), p. 22.
[73] Balthasar, *Theology of Karl Barth*, p. 170.

울의 주장의 핵심을 형성하는 것으로 보이는 계시의 형태를 부인하는 결과를 낳는다는 것이다.

"기독론적 수축"이라는 표현은 바르트의 신학을 공정하게 기술하기 위한 용어로는 아마도 지나치게 강하다. 그는 "기독론적 집중"(Christological concentration)이라는 표현을 선호했다. 분명히 그는 성자와 성부와 성령 사이의 구별을 부인하지 않았다. 그리고 그리스도와 세계 사이의 구별을 결코 흐리지 않았다. 더 나아가 이 용어는 그리스도를 그에게 당연한 자리로, 기독교 사상의 중심으로 다시 가져오는 데 바르트가 한 공헌을 정당히 다루기에는 지나치게 비판적이다. 그럼에도 불구하고 이 스위스 신학자가 기독론에 극도로 집중한 것은 그의 신학이 한쪽으로 치우친 것으로, 그리고 구원 역사에서 성부와 성령과 인간의 역할들을 소홀히 다루는 것으로 보이게 한다. 미국의 복음주의 신학자 도널드 블러쉬(Donald G. Bloesch, 1928-2010)는 바르트의 구원 "객관주의"에 대해 불평했다. 즉, 그의 관점에서 보기에, 바르트가 모든 사람을 위한 그리스도의 객관적 구원 사역에 지나치게 집중해서 인간의 결정과 참여는 무시되고 말았다. 블러쉬에 따르면, 바르트의 기독론적 집중은 그가 구원의 주관적 측면을 소홀히 하게 했다.

> 우리의 주장은, 결국 바르트가 구원의 객관적·주관적 차원들을 진정한 변증법적 관계 안에서 유지하는 데 성공하지 못했다는 것이다. 객관적 차원이 주관적 차원보다 우위에 있을 뿐만 아니라, 실제 결정이 이미 "하나님의 영원한 의지 안에서 내려졌고 실질적으로 성취되었다."[74]

바르트의 신학에서 약점일 수 있는 다른 부분으로 비판의 표적이 되어 온 것은 그의 성경관과 삼위일체 교리다. (그의 선택 교리에 관한 비판은 이미 논

---

74 Donald G. Bloesch, *Jesus Is Victor! Karl Barth's Doctrine of Salvation* (Nashville: Abingdon, 1976), p. 106.

의되었다.) 바르트는 성경의 무오성을 부인했다. 이것은 보수적 신학자들에게 문제인데, 그들은 바르트가 성경을 그의 권위로 삼지 않은 채 『교회 교의학』에 나타나는 그토록 상세한 체계의 신학을 어떻게 짜낼 수 있었는지 궁금해한다. 그리고 성경이 그에게 신앙과 실천을 위한 권위라면, 어떻게 오류로 가득할 수 있다는 말인가? 또한, 어떻게 비명제적 계시와 "하나님의 말씀이 되는" 성경으로부터 통전적 교리 체계로 나아가는가?[75] 간단히 말해서, 비판자들은 하나님의 말씀과 성경의 교리적 명제들 사이에 있는 긴장에 관한 그의 주장이 어떻게 고도로 전개된 성경적 조직신학에 도움이 되는지 묻는다. 분명히 바르트는 자신이 표현한 것보다는 높은 성경관을 실천했다.

20세기 신학에 바르트가 한 가장 큰 기여들 가운데 하나는 삼위일체 교리의 회복이지만, 그의 삼위일체론은 정통성에 대한 심각한 질문들을 야기했다. 일부 비판자들은 그의 삼위일체론이 하나님의 한 본질을 하나님의 위격과 동일시하고 삼위일체적 구별들에 "존재 양태"라는 용어를 사용함으로써 하나님을 단일한 주체로 축소한다고 주장한다.[76] 다시 말해, 그의 삼위일체론은 양태론적으로 보인다. 이 비판은 『교회 교의학』 1권을 보면 어느 정도 타당성을 갖는데, 거기서 바르트는 하나님의 삼위일체성(triunity)을 계시의 개념 자체로부터 이끌어 냈으며 단호하게 하나님의 인격성을 하나님의 단일한 본질 또는 본성과 동일시했다.[77] 하지만 거기서도 그는 "그것 위에 그리고 뒤에 더 높은 것이 존재하지 않는 하나님의 본질 안에 있는 세 존재 양태의 궁극적 실재성"을 단언함으로써 양태론을 거부했다.[78] 『교회 교의학』의 이후 책들에서 바르트는 자신이 양태론을 거부한다는 것을 분

---

75 Klaas Runia, *Karl Barth's Doctrine of Holy Scripture* (Grand Rapids: Eerdmans, 1962), pp. 174-188.
76 Wolfhart Pannenberg, "Die Subjektivität Gottes und die Trinitätslehre", *Grundfragen systematischer Theologie, Band 2* (Göttingen: Vandenhoek & Ruprecht, 1977).
77 Barth, *CD* I/1, pp. 348-368, 특히 p. 350.
78 같은 책, p. 382.

명히 밝혔고, 종속설을 거부하면서도 영원한 하나님의 존재 안에 있는 순종의 질서를 단언함으로써 성부, 성자, 성령 사이에 있는 영원하고 축소할 수 없는 구별을 주장했다.[79]

왜 바르트가 현대 신학에 관한 책에 포함되어야 하는가? 그의 이력이 현대적 정신의 지배를 받던 시대와 문화에서 일어났다는 점을 제외한다면 그럴 이유가 있는가? 참으로 변증법적 방식으로, 바르트는 현대적이면서 반(反)현대적이었다. 분명히 그는 전근대적이지는 않았다. 그는 현대성과 관련된 과학과 철학의 모든 발전을 잘 알고 있었다. 그는 현대성에 적응한 신학들의 약점들을 조사하고 드러낼 수 있었다. 어떤 면에서 그는 현대성에, 특히 신학에서 인간중심주의를 제거하는 것에 강박이 있었다. 그는 현대성의 산(酸)을 두려워하지 않았지만, 대체로 그것들의 영향을 받지 않는 신학을 발전시켰다. 그의 신학은 자연의 작용이나 우주론이나 심지어 철학적 의미의 인식론에 관해서는 거의 아무 말도 하지 않는다. 그것은 철저히 위로부터의 신학, 복음이자 하나님의 말씀인 케리그마의 신학이지, 기독교를 현대 정신과 연결하려 시도하는 상관관계의 신학이 아니다. 하지만 그의 신학은 현대 정신에 관한 현대인들의 깊은 환멸을 향해 목소리를 높여 말했다. 그의 신학은 20세기의 문화적 위기 뒤에 남겨진 초월과 구원을 향한 굶주림에 호소했다. 그것은 강력하게 반(反)현대적 현대 신학이었으며 지금까지도 그렇게 남아 있다.[80]

---

[79] Barth, *CD* IV/1, pp. 200-201.
[80] 이러한 모순적, 반직관적 주장을 납득하지 못하는 사람들도 있다. 하지만 나는 이 주장이 바르트에게서 발견되는 현대성과의 변증법적 관계를 잘 표현한다고 믿는다. 틀림없이 바르트는 현대 과학이나 철학을 교리적 진리의 표준으로 삼지 않으면서도 자신이 최고의 현대 사상이라고 여긴 것에 비추어 신학을 재구성했던 현대 신학자였다. 현대성은 바르트의 신학의 맥락을 형성했으며, 현대성에 대한 그의 태도와 취급은 모호했다. 틀림없이 여러 해 동안 바르트의 현대성 전유와 현대성이 그의 신학에 미친 영향에 관한 논쟁이 활발히 일어날 것이다. 예를 들어 Bruce McCormack, *Orthodox and Modern: Studies in the Theology of Karl Barth* (Grand Rapids: Baker Academic, 2008)를 보라.

5.B. 루돌프 불트만이 기독교를 실존화하고 비신화화하다

1941년에 세계적으로 저명한 신약학자 루돌프 불트만이 한 편의 논문을 발표했는데, 이것이 유럽과 북미 전역의 신학자들과 교회 지도자들 사이에서 격렬한 논쟁을 불러일으켰다. 그리고 이 논문은 바르트를 포함하는 변증법적 신학자들인 친구들 및 동료들과의 관계에 말뚝을 박고 말았다. 논문의 제목은 "신약성경과 신화"(The New Testament and Mythology)였다. 거기서 이 독일 학자는 현대성과 실존주의, 그리고 예수 그리스도의 복음—적어도 그가 이해한 복음—에 대한 자신의 깊은 헌신을 보여 주었다. 불트만에 따르면,

> 전깃불과 라디오를 이용하고 현대의 의학과 외과 수술의 발견에서 혜택을 누리면서 동시에 영들과 기적들의 신약성경 세계를 믿는 것은 불가능하다. 우리 자신의 삶에서는 그럴 수 있다고 생각할지 몰라도, 다른 사람들이 그렇게 하리라고 기대하는 것은 기독교 신앙을 현대 세계에서 이해할 수 없고 수용할 수 없도록 만드는 것이다.[81]

계속해서 그는 현대적 세계관(Weltanschauung)이 사람들로 하여금 모든 초자연적인 것을 포함하여 신약성경 안에서 발견되는 많은 것을 믿을 수 없게 만들었다고 설명했다. 그의 주장에 따르면, 신학적으로 적실성 있는 유일한 신약 비평은 **"필연적으로 현대인의 상황으로부터 나오는 것이어야 한다."**[82] 그렇다면 적실성 있는 신약 비평을 이끄는 동력인 전제로부터 무엇이 도출되는가? 그것은 "현대 과학에 의해 형성된 세계관과, 인간 본성을

---

[81] Rudolf Bultmann, "The New Testament and Mythology", in *Kerygma and Myth*, ed. Hans Werner Bartsch (New York: Harper & Row, 1961), p. 5.
[82] 같은 책, p. 7.

초자연적 능력의 개입을 받지 않는 자립적 개체로 보는 현대적 구상이다."[83]

불트만이 신약성경을 비신화화하다

불트만은 신약성경의 초자연적 세계관을 "신화"(myth)라 명명하면서, 신화가 우화(fable)나 공상(fantasy)을 의미하지는 않는다고 설명했다. 그에게 신화는 "인간이 자신이 사는 세계 안에서의 스스로를 이해하는 것"을 문자적이지 않은 방식으로 표현하려는 시도를 가리키는 전문 용어다.[84] 신약의 저자들을 포함하는 고대 사람들은 그들 자신에 관한 이해(우주 안에서 그들의 위치, 삶의 의미)를 초자연적 이미지들로 표현했다. 현대인들은 이 이미지들을 문자적으로 믿을 수 없다. 그의 주장에 따르면, "신화의 진정한 목적은 세계와 인간을 지배하는 초월적 능력에 관해 말하는 것이지만, [현대인들에게는] 이 목적이 [신약성경 안에서] 표현되는 용어들에 의해 방해받고 모호하게 된다."[85] 그러므로 불트만은 현대의 성서학자와 신학자의 역할은 신약의 복음 메시지를 비신화화하는 것이라고 주장했다. 이 말은 그의 청중과 독자들에게 충격을 주었다. 그는 이 해석학적 기획을 간명하게 표현했다.

> 신약성경 신화의 중요성은 그 표상에 있지 않고 오히려 그 신화가 간직하고 있는 실존의 이해에 있다. 진짜 문제는 이 실존의 이해가 참인지 여부다. 신앙은 그렇다고 주장하는데, 신앙이 신약성경 신화의 표상에 얽매여 있어서는 안 된다.[86]

그 대신에 신앙은 신화를 폐기하지 않으면서 그 신화 안에 숨겨진 인간 존재에 관한 근원적 메시지를 드러내야 한다. 일부 자유주의 신학자와 성서

---

[83] 같은 책.
[84] 같은 책, p. 10.
[85] 같은 책, p. 11.
[86] 같은 책.

학자들과 달리, 불트만이 원한 것은 겉껍질(신화, 초자연적인 것)을 벗겨 내고 그 속의 알맹이(영원한 본질)를 발견하는 것이 아니었다. 그의 기획을 가리키는 독일어 단어(Entmythologizierung)는 안타깝게도 영어로는 "비신화화"(demythologizing)라는 말로 번역된다. 하지만 이 독일어는 벗겨 내는 것 또는 버리는 것을 함축하지 않으며, 신화의 참된 의미를 발견하기 위해 신화 안으로 들어가는 것으로서의 해석을 암시한다.

만약 불트만이 19세기 자유주의 신학자였다면 아마도 그의 논문에 대한 반응이 그렇게 신랄하지는 않았을 것이다. 하지만 그는 바르트와 브루너에 의해 시작된 상대적으로 새로운 변증법 신학, 신정통주의 운동의 주요 인물로 널리 받아들여지고 있었다. 그들은 성경 안의 모든 기적 이야기를 문자적으로 받아들이지는 않았지만, 그들 가운데 어느 누구도 초자연적인 것을 반대하지 않았다. 불트만의 논문은 모든 문자주의에 대한 선전포고로 보였고, 그의 비판자들 다수는 그가 모든 초자연적인 것을 신화로 거부하면서 어떻게 성경이 어떤 특별한 방식으로 하나님의 말씀이라고 믿는다고 주장할 수 있는지 이해하기 힘들었다. 하지만 불트만이 거부한 것은 초자연적인 것 자체가 아니라, 그것의 문자적 해석이었다. 불트만은 현대 세계의 어떤 사람이 모든 초자연적인 것을 문자적으로 받아들이겠냐고 물을 것이다. 예를 들어, 감람산에 서 있던 제자들은 예수가 하늘(heaven)로 올라가는 것을 보면서 그가 위로 올라갔다고 생각했다. 말하자면 그들에게는 하늘이 "위"(up)였다. 그런 이유로 예수의 승천은 사라짐이 아니라 올라감으로 표현되어 있다. 하지만 지금은 아무도 그 하늘이 문자적으로 위에 있다고 생각하지 않는다. 그러므로 누구나 의식적으로든 무의식적으로든 승천 이야기를 비신화화해서, 예수가 틀림없이 그들의 시야에서 사라졌거나 아마도 구름 속으로 올라간 뒤 우리가 하늘이라 부르는 다른 차원으로 사라졌다고 믿는다.

불트만은 우리가 이 점을 계속해서 밀고 나가서 성경 안의 모든 초자연적 사건과 존재들을 비신화화해야 한다고 믿었다. 그것들 가운데 어느 것도, 심지어 예수의 몸의 부활과 빈 무덤조차 문자적으로 받아들여질 수 없다고 보았다. 이것은 더 보수적 그리스도인들을 당황하게 했고, 거기에는 바르트도 포함된다. 하지만 불트만은 자신이 다른 사람들이 승천을 부인하는 것 이상으로 부활을 부인하지 않는다고 하면서 방어했다. 그는 부활을 문자적이지 않은 방식으로 해석하면서 현대인들이 이해할 수 있도록 하고 있었다. 문제가 된 자신의 논문 마지막에서 그는 이렇게 설명했다.

> 부활 자체는 과거 역사의 한 사건이 아니다. 역사비평이 입증할 수 있는 사실은 첫 제자들이 부활을 믿게 되었다는 점이 전부다. 아마도 역사가는 제자들이 예수의 지상에서의 삶 동안 그와 가진 개인적 친밀함으로부터 이 신앙을 어느 정도 설명할 수 있고, 그렇게 해서 부활 현현들을 일련의 주관적 환영으로 축소할 수 있다. 하지만 역사적 문제는 부활에 대한 기독교적 믿음의 관심사가 아니다. 부활절 신앙이 생겨났다는 역사적 사건이 우리에게 의미하는 것은 그것이 첫 제자들에게 의미했던 것이기 때문이다. 즉 부활한 주님의 자기 확증으로, 십자가의 구속 사건이 완성되는 하나님의 행위라는 것이다.[87]

"하지만 역사적 문제는 기독교 믿음의 관심사가 아니다." 불트만이 말하고 있는 것은 예수가 죽은 자들로부터 일어났는지 아닌지가 신앙과 상관없다는 것이었다. 그리고 그는 초자연적인 것의 부정을 통해 자신이 몸의 부활이나 빈 무덤을 믿지 않는다는 점을 이미 분명히 했다. 이 이야기들은 예수와 그의 십자가의 특별한 성격을 표현하기 위해 초기 그리스도인들 사이에서 발전한 신화다. 하지만 그는 그 이상을 말하고 있었다. 그에게 외적 역사, 즉 물리적 우주 안에서 일어나는 사건들은, 그리스도의 십자가를 제외하고는(여기가 그의 보수주의가 나타나는 부분이다), 영적 의미를 담지 못한다.

---

[87] 같은 책, p. 42.

단지 내적 역사의 사건들, 사람들의 내적 삶, 그들의 자기 이해 안에서 일어나는 사건들만 영적 의미를 담고 있다.

불트만은 『예수 그리스도와 신화』(*Jesus Christ and Mythology*)에서 비신화화를 더 간결하게 설명했다. 비신화화는 신약의 신화들을 파괴하는 것이나 어떤 것을 부정하는 것과 관계가 없다. 오히려 그것은 다음의 사실을 인정한다.

인간을 진정한 자유로, 자유로운 복종으로 부르는 것은 하나님의 말씀이며, 비-신화화의 과업은 하나님의 말씀의 부름을 분명하게 하는 것 이외의 다른 목적을 갖지 않는다. 그것은 성경을 해석하면서 신화적 개념들의 더 깊은 의미를 묻고 하나님의 말씀을 지나간 시대의 세계관으로부터 자유롭게 할 것이다.[88]

하지만 바르트를 포함하는 불트만 비판자들이 불트만이 복음에 필수적인 것들, 특히 가장 중요한 것으로 예수의 몸의 부활을 부인했다고 생각했다는 이유로 비난받기는 어렵다. 그러나 불트만은 20세기 중반의 많은 그리스도인 또는 비그리스도인 학자들의 의혹, 즉 신정통주의, 변증법 신학이 단지 새로운 형태의 초자연주의이고 그러므로 전근대적이며 따라서 현대인이 옹호할 수 없다는 의혹을 없애려고 노력했다. 불트만은 자신이 "거짓 걸림돌"(초자연주의)을 제거하여 현대인들이 "참 걸림돌"을 들을 수 있도록 노력하는 것이라고 주장했다. 그렇다면 그가 신약의 신화 안에 있는 핵심 메시지라고 생각한 것은 무엇인가?

그렇다면 예수의 신화적 설교의 더 깊은 의미는 바로 이것이다. 즉 우리 모두에게 실제로 임박한 하나님의 미래에 대해 열려 있는 것이며, 우리가 예상하지

---

[88] Rudolf Bultmann, *Jesus Christ and Mythology* (New York: Charles Scribner, 1958), p. 43. 『예수 그리스도와 신화』(한국로고스연구원).

못한 밤에 도둑처럼 올 수 있는 이 미래에 대해 준비되어 있는 것이며, 이 세상에 매여 있고 자유롭지 못하며 하나님의 미래에 대해 자신을 개방하지 못하는 모든 사람에게는 이 미래가 심판일 것이기 때문에 준비되어 있는 것이다.[89]

불트만에 대한 서론이 어느 정도 길었던 이유는, 그가 신약학자였을 뿐 조직신학자가 아니었음에도 이 현대 신학 이야기에서 중요한 이유를 바로 이어서 설명하기 위함이다. 신학에 대한 그의 영향력은 엄청났다. 많은 자유주의적 성향의 그리스도인들에게는 불트만이 그들로 하여금 철저히 현대적인 동시에 그리스도인이 되는 것을 다시 가능하게 하는 것처럼 보였다. 옛 자유주의가 거의 몰락한 상황에서, 이것은 새로운 유형의 자유주의로서 기독교의 본질이 하나님 의식 또는 윤리에 있다는 이전의 착상에 매여 있지 않았다. 곧 보게 되겠지만, 불트만에게 기독교의 본질은 예수 그리스도의 십자가와 그 십자가의 선포로, 이것은 사람을 비본래적 실존에서 본래적 실존으로—이 개념들은 양차 대전 사이에 실존주의에 깊이 열중해 있던 많은 사람에게 강력한 호소력이 있었다—변화시킨다. 불트만이 왜 신정통주의 또는 변증법 신학을 다루는 부분에 들어 있는가? 단지 그가 다른 곳에 잘 맞지 않기 때문이고, 그의 유일한 신학적 관심이 하나님의 말씀과 신앙에 있었기 때문이다. 그러므로 신정통주의나 변증법 신학이 케리그마 신학으로서, 칸트와 헤겔의 영감을 받은 옛 자유주의 신학과 대조된다는 면에서, 불트만은 그의 모든 관심이 자신의 방식대로 이해한 케리그마에 있었기 때문에 여기에 잘 어울린다.

불트만이 20세기의 주도적 신약학자가 되다

불트만은 1884년에, 독일 함부르크에서 얼마 떨어지지 않은 한 작은 마을

---

[89] 같은 책, pp. 31-32.

에서 루터파 목사의 첫째 아들로 태어났다. 그의 할아버지 한 명은 아프리카 선교사였고, 다른 한 명은 바덴에서 루터파 목사였다. 그는 튀빙겐에서 신학 공부를 시작했는데, 그곳은 아주 많은 신학자들이 잠시라도 공부했던, 독일 신학의 교차로였다. 이후 베를린에서 공부했으며, 최종적으로는 마르부르크에서 공부했는데, 둘 다 학문적 신학의 대단한 중심지였다. 그는 베를린에서는 하르낙의 영향을 받았고, 마르부르크에서는 다른 지도적인 자유주의 신학자 헤르만의 영향을 받았다. 그가 성서학에 소질이 있음은 일찍부터 스승들과 특히 그의 주요 멘토이자 아마도 19세기 말의 주도적 자유주의 신약학자인 요한네스 바이스(Johannes Weiss, 1863-1914)로부터 인정받았다.[90] 그는 공식적으로 국가 교회에 소속되지 않은 일군의 독일 교회들인 자유 개신교도 연합회에서 안수를 받았다. 그는 1912년에 마르부르크에서 가르치는 경력을 시작했지만, 1916년에 프로이센의 브레슬라우(지금은 폴란드의 영토)로 옮겨 1920년까지 머물렀다. 그가 연구하고 가르친 분야는 신약이었다.

불트만의 첫 저서로 양식비평 분야의 기원이 된 『공관 복음서 전승사』(*The History of the Synoptic Tradition*)는 1921년에 출간되었다. 최종적으로 그는 스스로 자신의 "학문적 고향"이라 부른 마르부르크로 돌아와서 신약을 가르치다가 1951년에 은퇴했다. 그는 은퇴 후에도 학문 활동에 적극적이었고, 장수하여 20세기 신학의 거장들 중에서 가장 늦은 1976년에 죽음을 맞이했다. 그의 대표 저작으로는 두 권으로 된 『신약신학』(*Theology of the New Testament*, 1948-1953)과 『역사와 종말론』(*History and Eschatology: The Presence of Eternity*, 1954-1955)이 있다. 후자는 그가 세계에서 가장 영예로운 정기 신학 강좌인 기포드 강좌에서 발표한 것을 엮은 책이다. 그 자신의 고백에 따르

---

90 이 전기적 세부사항은 불트만의 1957년 글 "Autobiographical Reflections", in *Existence and Faith: Shorter Writings of Rudolf Bultmann*, ed. and trans. Schubert Ogden (Cleveland: World, 1960), pp. 283-288에서 참고했다.

면, 그는 1920년대에 바르트, 브루너, 고가르텐, 투르나이젠의 새로운 변증법 신학에 참여했다. 그로 하여금 이 신학에 관심을 갖게 한 것을 그는 다음과 같이 말했다.

> 이 신학이 나의 성장 배경인 자유주의 신학과 대조적으로 정확히 인식하고 있는 것은 기독교 신앙이 종교사적 현상이 아니라는 것, 기독교 신앙이 "종교적 선험"(트뢸치)에 의존하지 않는다는 것, 그러므로 신학은 기독교 신앙을 종교사 또는 문화사의 한 현상으로 여길 필요가 없다는 것이다. 내가 보기에 이 새로운 신학은 그러한 견해와 대조적으로 기독교 신앙이 인간을 만나는 초월적 하나님의 말씀에 대한 대답이라는 것을, 그리고 신학이 다루어야 할 대상은 이 말씀과 또한 이 말씀을 만나게 된 인간이라는 점을 정확히 파악했다.[91]

하지만 이것은 그가 자유주의 신학을 전적으로 거부했음을 의미하지는 않았다. 그는 자유주의 신학자들과 함께 계속해서 역사비평적 방법으로 신약을 연구했다. 그것이, 그리고 그가 해석학에서, 특히 비신화화 기획에서 실존주의를 점점 더 많이 사용한 것이 그를 결국 신정통주의 운동과 갈라서게 했다.

아마도 불트만의 신학을 이해하기 위해 가장 중요한 것은 그의 마르부르크 동료이자 실존주의 철학자인 마르틴 하이데거의 영향이다. 불트만은 자신에게 하이데거가 "결정적으로 의미 있는" 인물이었음을 인정했다. 그는 하이데거의 철학에서 "인간 실존은 물론 그것을 통해 신자의 실존을 적절히 말할 수 있는 개념성"을 발견했다.[92] 하이데거는 극히 난해한 『존재와 시간』(*Being and Time*, 1927)으로 가장 잘 알려져 있는데, 이 책은 20세기 실

---

91 같은 책, p. 288.
92 같은 책.

존주의 철학의 가장 큰 영향력 있는 저서들 가운데 하나다. 이 책은 무신론적 실존주의의 한 전형이며, 비본래적 실존과 대조되는 본래적 실존 개념에 집중했다. 키르케고르가 그 배경에 있지만, 하이데거의 무신론이 그를 그 덴마크 철학자와 구별 짓는다. 하이데거의 견해에 따르면, (그에게 가장 중요한) 개별자에게는 본래적 실존과 비본래적 실존이라는 두 가지의 세계 내 존재 방식이 있다. 본래적 실존은 자유를 의미하며, 비본래적 실존은 타자들에 의해 결정되는 존재를 의미한다. 불트만은 여기에서 기독교적 개념인 죄와 구원과의 유비를 발견했고, 자신이 현대인들을 위해 복음을 표현하기 위해 하이데거의 철학을 많이 차용했다.

불트만은 나치 시기를 겪었고, 독일에 대해 불충하다고 여겨지는 다른 교수들이 나치에 의해 자리에서 쫓겨날 때도 마르부르크의 교수직을 유지했다. 하지만 하이데거와 달리 그는 나치당에 가입하지 않았고 나치의 이데올로기나 목표에 공감하는 발언도 하지 않았다. 그는 고백교회 운동이 1934년에 시작되었을 때 참여했고 바르멘 선언에도 서명했다. 그는 1930년대와 1940년대 초의 독일 상황을 "나치 테러"라 불렀다. 그의 형제는 집단수용소에서 죽었다. 불트만의 자서전적 성찰에 따르면, "연합군이…마침내 [마르부르크로] 행진해 들어올 때 나는 많은 친구들과 함께 나치 통치의 종식을 해방으로 여기며 환영했다."[93] 모든 독일 신학자들이 그런 것은 아니었다. 나치에 협력한 학자들과 달리, 불트만은 대학에서 계속 가르칠 수 있었다. 하이데거는 그럴 수 없었다.

불트만이 하나님의 특별한 활동을 내적 역사에 국한하다

불트만의 신학은 어디부터 기술해야 할지 파악하기 힘들기로 유명하다. 그는 조직신학자가 아니었기 때문이다. 그는 심지어 교리 사상가도 아니었

---

[93] 같은 책, p. 285.

다. 그의 연구 분야는 신약성경이었고, 그의 주된 관심은 해석학이었다. 그러나 그에게 해석학은 계몽주의와 과학 혁명을 통해 삶과 사고가 형성된 사람들인 현대 서구인들을 위해 신약의 의미를 발견하는 것을 뜻했다. 해석학적 철학자 한스 게오르크 가다머의 개념을 빌려 말하자면, 불트만은 신약과 현대 문화라는 "두 지평의 융합"을 시도했다. 즉 그는 현대인들이 신약의 참된 메시지를 이해할 수 있도록 그 둘을 하나로 엮으려 노력했다. 비신화화는 이것을 하는 그의 방법을 가리키는 일반적 명칭이다.

불트만의 신학을, 또는 현대 신학에 불트만이 한 기여를 이해하려는 노력의 출발점 하나는 역사에 관한 그의 생각들이다. 19세기와 20세기 초에 자유주의 신학자들은 기독교와 역사에 온통 사로잡혀 있었다. 그들 가운데 다수는 역사적 예수 탐구에 관여하고 있었는데, 이는 실제 예수를 신약을 기록한 1세기 추종자들이 구축한 예수에 관한 전설들과 구분하는 것을 의미했다. 많은 자유주의자들은 이것이 기독교를 적어도 일부 현대성의 산으로부터 구해 내는 한 방법이라고 생각했다. 역사적 예수에 관한 합리적 연구를 통해 예수에 관한 무엇을 발견할 수 있는가? 이 질문에 대답이 주어진다면 기독교는 예수의 실제 가르침에 근거한 역사적 예수의 종교가 되는 것이다. 하르낙은 이 접근 방식의 완벽한 모범이었다. 그에게 기독교의 본질은 예수가 하나님의 아버지 됨, 인간 영혼의 무한한 가치, 하나님 나라와 그것의 도래에 관해 단순하게 가르친 것을 믿고 따르는 것이다(초자연적이거나 묵시적인 것은 전혀 없다).

불트만에게도 자유주의적 경향이 있었지만, 불트만은 신앙의 기초를 객관적 역사 탐구 위에 둔다는 이 기획이 막다른 골목에 이르렀다고 생각했다. 한편으로 연구자들은 신약 저자들의 신앙적 헌신과 분리된 역사적 예수에 관하여 어떤 신뢰할 만한 것도 찾아내지 못했다. 이것이 제1차 세계대전 무렵에 자유주의 개신교 신학이 직면한 위기들 가운데 하나였다. 알베르트 슈바이처(Albert Schweitzer, 1875-1965)는 아프리카 선교사이며 바흐 전문가이자 신학자로서, 역사적 예수 탐구에 대한 엄청난 비판인 『역사적 예수 탐구』(*The Quest for the Historical Jesus*)를 발표했다. 그는 예수에 대한 신앙과 분리해서 예수에 관해 알려질 수 있는 것이 거의 없으며, 알려질 수 있는 것은 예수를 1세기의 자유주의 신학자로 바꾸기 원하는 자유주의 탐구자들과 아무 관련이 없다고 주장했다. 불트만은 슈바이처의 비판이 참이라고 확신하게 되었으며, 복음서에 대한 자신의 역사비평 연구에 기초해서 신앙과 동떨어진 역사 연구 자체만으로는 실제 예수에 관해 사실상 아무것도 알 수 없다고 주장했다.

하지만 불트만은 문제를 그대로, 회의주의에 내버려 두려고 하지 않았다. 그는 역사에 관해서는 회의적이었지만, 신앙의 그리스도를 아주 확고히 믿었다. 불트만이 말하는 이러한 구별을 이해하기 위해서는(다른 학자들도 이와 관련하여 그들 나름대로 구별했다), 그가 생각하는 하나님의 행동과 역사 및 신앙, 그리고 이것들이 서로 관련을 맺는 방식을 이해하는 것이 중요하다. 하이데거를 본받아 그는 역사가 단지 비인격적·객관적 방식으로 추구되는 사실들의 과학이 아니라고 보았다. 오히려, 참으로 의미 있는 역사적 지식은 언제나 실존적 지식이다. 인격적이고 결단을 내포하는 것이다. 이러한 역사 개념에 중요한 것은 역사의 두 가지 의미를 구별하는 것이다. 독일어는 이런 구별을 돕는다. '히스토리'(Historie)는 과거에 일어난 것으로, 객관적·중립적 조사로 과학적으로 연구될 수 있다.[94] 그것은 있는 그대로의 사실의 영역으로, 가능한 한 해석이 가미되지 않은 것이다. 반면에 '게쉬히테'(Geschichte)는 인간 실존의 질문, 즉 본래적 실존과 비본래적 실존의

---

[94] '히스토리'와 '게쉬히테' 사이의 이 중요한 구별은 불트만의 저작들 여러 곳에서 논의된다. 하나는 Rudolf Bultmann, *The Presence of Eternity: History and Eschatology* (New York: Harper and Brothers, 1957), pp. 117-122이다. 이 구별은 Norman Young, *History and Existential Theology* (Philadelphia: Westminster Press, 1969), pp. 23-24에서 설명된다. 불트만의 구별은 이전의 독일 신학자 마르틴 켈러(Martin Kähler, 1835-1912)로부터 영감을 받은 것으로, 켈러의 작지만 영향력이 큰 저서 *The So-Called Historical Jesus and the Historic, Biblical Christ* (1892)에서 처음 사용되었다.

관점으로부터 접근하는 과거다. 이 관점은 과거 사건을 단지 과거로만 머무르게 하지 않고 어떤 의미에서는 현재로 만드는데, 그 이유는 과거 사건들이 그 사람의 인격적 존재를 드러내기 때문이다. 일반적 독일어에서는 '히스토리'와 '게쉬히테' 두 단어가 동의어일 수 있지만, 불트만은 이런 식으로 이 둘을 구별했다. 이것을 다른 식으로 말하면, '히스토리'는 외적 역사이고 '게쉬히테'는 내적 역사다.

이 구별은 1980년대의 텔레비전 시리즈물을 통해 설명할 수 있다. 시트콤 〈뉴하트〉(Newhart)에서 코미디언 밥 뉴하트(Bob Newhart)가 연기한 역할 "밥"은 예스러운 뉴잉글랜드 여관을 소유했다. 그의 사환("조지") 역할은 코미디언 톰 포스턴(Tom Poston)이 연기했다. 밥은 여관 뒤의 한 오래된 헛간이 한때 조지 워싱턴의 말의 마구간으로 이용되었음을 알고 나서, 헛간을 개조해 여관의 비싼 별채로 활용하려 했다. 밥의 계획을 들은 조지는 화가 나서 건물 수선에 협조하기를 거부했다. 결국 밥이 조지로부터 듣게 되는 것은, 조지의 어린 시절에 아버지가 그 여관에서 다른 주인 밑에서 사환으로 일했을 때 그 헛간이 조지가 가장 좋아했던 놀이터였다는 사실이다. 조지는 그 헛간에서 즐겁게 뛰놀며 인생 최고의 시간을 보낸 것이다. 밥에게는 헛간이 단지 '히스토리'였지만, 조지에게는 '게쉬히테'로 더 큰 중요성을 지닌다. 이 소박한 예는 불트만의 두 종류의 역사의 차이를 설명해 주는데, 그에게는 그 차이가 구원과 관련이 있었다. 하지만 이 예는 하나의 역사적 사건이나 유물이 매우 다른 의미를 가질 수 있음을 이해하는 데 도움을 준다. 하나는 객관적이고 사실적이지만, 다른 하나는 주관적이고 인격적이다.

불트만은 '히스토리'가 의미를 갖지 못한다고 믿었다. 의미는 오직 '게쉬히테' 안에서만 발견된다는 것이다. 이것은 "의미"라는 말을 누군가의 본래적인 혹은 비본래적인 인격적 실존에 중요한 것을 가리키는 단어로 의도할 때 특히 사실이다. 그러한 의미는 어떤 중립적인 좋은 위치에서 과거 사건들을 관찰하는 방식으로 발견되지 않는다. 오히려 인간은 자신의 인격적 역사에서 의미를 찾기 시작해야 한다. 가장 중요한 것은 인격적·개인적·내적 역사로, 즉 인격적인 본래적 실존이다. 더 나아가 '게쉬히테' 안에 있는 현재의 순간은, 예를 들어, 과거의 포로로 존재하는 비본래적 실존과 미래에 개방되어 있는 본래적 실존 사이에서 결단해야 하는 순간이다. 불트만이 볼 때 본래적인 기독교적 실존은 '히스토리' 안에 있는 과거의 사건에 초점을 맞추는 것이 아니라, 미지의 미래를 직면할 때 하나님을 신뢰하는 결정으로 '게쉬히테' 안에 있는 현재를 붙잡는 것이다.

'히스토리'와 '게쉬히테'의 구별에 관한 또 다른 중요한 핵심은, 불트만에게 하나님은 '히스토리' 안에서 "행위"하지 않고 오직 '게쉬히테' 안에서만 "행위"한다는 점이다.[95] 여기서 "하나님의 행위"는 하나님의 은혜로운 선물인 본래적 실존을 가리킨다. 그것은 예수의 십자가를 제외하고는 어떤 초자연적인 것이나 '히스토리'인 과거의 역사에서 어떤 사건과 관련이 없다. 그러나 신앙 밖에서 보면 십자가조차 '게쉬히테' 또는 개인의 구원을 위한 하나님의 결정적 행위로 보이지 않는다. 그런 과학적, 역사적 관점에서 보면 십자가조차 기껏해야 순교에 불과하다. 하지만 '게쉬히테'의 관점에서 보면, 십자가는 하나님의 위대한 속죄 행위다. 부활은 **오직 '게쉬히테'** 안에서만 일어났고 또 일어난다. 부활은 예수의 사명이 예수의 십자가와 함께 끝나지 않았다는 신앙을 제자들이 받아들였을 때 그들의 내적 역사 안에서 일어났으며, 그리스도의 십자가에 관한 설교를 통해 신앙이 생길 때 모든 신자의 내적 역사 안에서 일어난다. 부활은 예수 그리스도에 대

---

[95] "하나님의 행위"(act of God)라는 개념은 현대 신학에서 특히 복잡하다. 훌륭한 루터교도로서 불트만은 루터와 마찬가지로, 어떤 의미에서는, 실재하는 모든 것이 하나님의 행위라고 믿었는데, 왜냐하면 하나님이 모든 것을 결정하는 실재이기 때문이다. 그는 이신론자가 아니었다. 하지만 그가 가장 관심을 갖는 "하나님의 행위들"은 하나님이 사람들에게 본래적 실존을 부여하는 행위들, 즉 구원하는 행위들이다. 그에게 특별한 사안은, 예수 그리스도의 부활 같은 기적들이 자연과 역사에 대한 초자연적 신적 개입이라는, 그가 거부한 이전의 의미에서, 하나님의 특별한 행위인지 여부다. 그러한 것을 그는 거부했다. 하지만 그는 하나님의 행위들을 믿었다. 하나님의 행위들이 예수 그리스도의 십자가에, 그리고 그 십자가의 선포, 케리그마를 통해 사람들을 본래적 실존으로 이끄는 것에 있음을 믿은 것이다.

한 신앙의 발생이며 그 외의 어떤 것도 아니다.

불트만이 십자가와 본래적 실존을 위한 신앙을 선포하다

하이데거와는 대조적으로, 불트만은 본래적 실존, 즉 구원이 오직 십자가의 메시지에 대한 신앙의 반응을 통해 주어지는 은혜의 산물이라고 믿었다. 바르트와 마찬가지로 불트만은 구원이 기적이라고 보았는데,[96] 전통적 의미에서 초자연적 사건으로서의 기적이 아니라, 오로지 인간의 결정을 통해서만 경험될 수 없는 하나님의 행위로서의 기적이다. 기적은 은혜가 필요하다. 하이데거는 본래적 실존이 결단의 문제라고 믿었지만, 불트만은 이에 반대했으며 그 지점에서 더 보수적으로 되었다. 그에게는, 예수의 십자가에 대한 신앙을 통해 일어나는 하나님의 은혜와 별개인 구원, 즉 본래적 실존의 방법이란 없다. 십자가는 받아들임이라는 하나님의 결정적 행위였으며, 신앙은 자신을 전적으로 그리고 기탄없이 십자가의 하나님에게 맡기고 삶과 죽음에서의 안위를 위해 오직 하나님만 신뢰하겠다는 결정이다.

이것은 우리를 불트만이 이해하는 기독교의 케리그마(복음)로, 그리고 그것과 신앙의 관계로 이끈다. 바울을 따라 불트만은 케리그마가 십자가와 부활을 구원 사건으로, 분리할 수 없는 연합을 형성하는 사건으로 설교하는 것이라고 주장했다.[97] 하지만 그의 이러한 주장은 나사렛 예수에게 일어난 일의 객관적 사실들만 의미하지는 않았다. 그에게는, 우리가 이미 본 대로, 의미 있는 역사는 해석되지 않은 적나라한 과거의 사실들과 동일시될 수 없다. 이미 그의 이력 초기에 불트만은 예수의 죽음과 부활이 구속하고 용서하는 능력을 갖는다는 것을 증명하려는 모든 시도를 거부했다.[98] 중요한 것은 십자가와 부활이 의미하는 것, 십자가와 부활이 오늘날 하나님

---

[96] 참고. Bultmann, "New Testament and Mythology", pp. 22-33, 그리고 *Presence of Eternity*, pp. 149-152.
[97] Bultmann, "New Testament and Mythology", pp. 38-39.
[98] Rudolf Bultmann, *Jesus and the Word* (New York: Charles Scribner's Sons, 1958), p. 213.

의 말씀으로서 개인들에게 전해지는 지속적 중요성이다. 사람들이 설교되는 십자가의 메시지를 듣고 신앙으로 반응할 때, 십자가와 부활은 과거 사건이 아니라 현재의 경험이 된다.

이런 식으로 이해될 때, 십자가는 인류에 대한 하나님의 해방의 판결이다.[99] 부활은 그 초자연적 성격 때문에 불트만이 과거 역사의 사건으로 언급하기를 거부하는 것으로,[100] 죽은 자가 이 세상의 삶으로 돌아오는 것도 예수가 저 너머의 삶으로 옮겨 가는 것도 아니다.[101] 오히려 부활은 십자가에 달린 자가 주의 신분으로 높여지는 것을 의미한다. 결과적으로 "부활에 대한 신앙은 십자가의 구원하는 효능에 대한 신앙과 실제로 동일한 것이다"라고 불트만은 단언했다.[102] 이 기독교 메시지의 선포가 신앙을 일으키며, 신앙은 기꺼이 자신을 그리스도와 함께 십자가에 못 박히고 부활하는 자로 이해하는 것이다. 그렇다면 케리그마는 예수 그리스도가 인간을 대면하고 그 또는 그녀의 "종말론적 사건"이 되는 "자리"다. 살아 있는 주는 케리그마를 통해 신자를 위해 비본래적 실존의 옛 세계를 끝내고 본래적 실존의 영역으로서의 미래를 연다. 이미 언급한 대로, 불트만에게 케리그마와 신앙과 본래적 실존의 이 사건은 결코 예수의 지상 생애에 관한 역사적 지식에 의존하지 않는다. 그렇게 함으로써 기독교 신앙은 비평적 역사학계의 종잡을 수 없는 변화에 대한 의존으로부터 해방된다.

불트만이 신앙과 그 신앙이 외부 실재에 대해 갖는 관계를 기술한 것은 이미 익숙할 것이다. 그것은 기독교를 (넓은 의미의) 과학과 분리하려는 19세기 신학의 다양한 시도들의 새로운 형태다. 그에게 과학의 있는 그대로의 사실들은, 그것들이 물리적 세계에 관한 것이든 역사에 관한 것이든, 참된 기독

---

[99] Bultmann, "New Testament and Mythology", p. 37.
[100] 같은 책, p. 39, p. 42.
[101] Walter Schmithals, *An Introduction to the Theology of Rudolf Bultmann*, trans. John Bowden (Minneapolis: Augsburg, 1968), p. 145.
[102] Bultmann, "New Testament and Mythology", p. 41.

교를 반증할 수 없다. 하나님은 십자가 사건을 제외한 곳에서는 구원적으로 행위하지 않는다.[103] 즉 하나님은 케리그마와 그 케리그마를 신앙으로 듣는 사람 안에서 구원적으로 행위한다. 과학이 발견할 수 있거나 세속적 역사학이 찾을 수 있는 것은 그렇게 받아들여진 기독교를 반박할 수 없다. 하지만 흥미롭게도, 불트만조차 십자가 사건을 신앙과 본래적 실존의 사건에 필수적이라 보며 이를 희생시킬 수 없었다. 그는 역사가들이 어느 날 갑자기 그것이 일어나지 않았음을 밝혀내리라고 걱정하지 않았다. 그는 예수의 십자가 처형이 실제로 일어났음이 확실하다고 느꼈다. 하지만 오직 신앙의 눈으로만 그것을 하나님의 행위로 볼 수 있다. 불트만의 제자들 가운데 몇몇이 이 외견상 비일관성에 이의를 제기했다. 특히 두 명의 좌파 불트만주의자들, 프리츠 부리(Fritz Buri, 1907-1995)와 헤르베르트 브라운(Herbert Braun, 1903-1992)은 십자가를 하나님의 행위로 보는 자신들의 스승의 주장에 반대하면서, 불트만이 십자가도 역시 비신화화했어야 한다고 주장했다. 그들이 보기에 "하나님의 행위"라는 개념은 모두 신화적이고, 본래적 실존은 실존주의 철학을 통해서만 가능하다.[104] 불트만은 그들의 비판을 배격했으며 십자가가 (두 가지 의미 모두의) 역사에서 하나님의 결정적 행위라는 점을 고수했다.

불트만이 말하는 "본래적 실존"(authentic existence)이란 무엇을 의미하는가? 그에게는 이것이 "구원"과 사실상 동의어이기 때문에 매우 중요하다. 본래적 실존과 비본래적 실존이라는 범주는 하이데거로부터 빌린 것이다. 하이데거에 따르면, 세계 내 존재 방식은 두 가지가 있다. 사람들이 본래적 실존을 발전시키는 것은 자신들이 세계 안으로 던져진 존재(아무도 여기에 있기를 요구하지 않았다)라는 도전을 인정할 때다. 그와 대조적으로, 사람들이 비본래적 실존을 발전시키는 것은 자아와 세계 사이의 구별을 상실할

---

103 불트만의 신학에 있는 "하나님의 행위"에 관한 중요한 언급을 앞의 각주 95에서 보라.
104 이 논쟁에 관한 논의는 Helmut Gollwitzer, *The Existence of God as Confessed by Faith* (Philadelphia: Westminster Press, 1965)에서 관련 내용을 다루는 여러 곳을 보라.

때다. 다시 말해, 본래적 실존은 자신의 삶에 책임을 지고 세계의 사물들에 기초한 안정감 없이 미래를 용기 있게 대면한다. 비본래적 실존은 사회적 세계가 자신의 실존을 결정하도록 허락하는 것이다(예를 들어, 자신의 실패에 대해 가족을 탓하는 것).

불트만은 두 가지의 세계 내 존재 방법이라는 발상을 이용해서 성경의 용어인 "죄"와 "신앙" 사이의 차이를 이해하려 했다. 비본래적 실존은 안정과 만족을 세계 안에서, 말하자면 눈에 보이는 세계 안에서, 자신의 업적이나 과거 안에서 추구하는 특징이 있다. 이것이 죄다. 즉 하나님과 분리된 자아의 관점에서 자신을 이해하는 것이다. 그와 대조적으로 본래적 실존은 자신의 삶의 기초를 세계에 두기를 거부하고 보이지 않는 실재들에 두는 것인데, 이는 자기중심적 안전의 포기 및 미래에 대한 개방성과 연결된다. 그것은 세계 안에 살면서 동시에 세계에 대립하여 사는 것이고, [바울의 표현(고전 7장)을 사용한] 불트만의 표현을 빌리자면, "마치 그렇지 않은 것처럼"(as if not) 세계를 보는 것이다. 이것이 신앙이다. 안정과 만족을 위해 하나님을 전적으로 신뢰하고 의지하면서 하나님에게 인격적으로 헌신하는 것이다. 신앙을 통해 새로운 자기 이해가 생기는데, 왜냐하면 신앙은 하나님에 대한 반응의 행위로서 그 안에서 개인이 자기 자신의 참된 존재를 발견하는 것이기 때문이다. 불트만에게는 이 새로운 자기 이해가 **바로** 구원이며, 그것은 오직 십자가와 그 십자가의 선포를 통해서만 온다.

불트만이 새로운 종말론 개념으로 미래를 가리키다

불트만은 예수의 부활을 믿었다. 또한 그는, 같은 방식으로, 예수 그리스도의 재림을 믿었다. 말하자면, 그는 부활과 재림이 모두 외적 역사 안에서 일어나는 문자적 사건이었거나 사건일 것이라고 생각하지 않았다. 둘 다 표현할 수 없는 것을 표현하려는 시도라는 전문적 의미에서 신화라는 것이다. 앞에서 본 대로, 그는 예수의 부활은 믿었지만 빈 무덤은 믿지 않았다.

왜일까? 왜냐하면, 그가 여러 차례 말한 대로, 우리는 죽은 사람들이 삶으로 돌아오지 않는다는 것을 알기 때문만이 아니라, 빈 무덤에는 실존적 의미가 없기 때문이다. 중요한 것은 지금 본래적 실존의 경험 안에서 예수가 주라는 신앙이 일어나는 것이다. 부활은 십자가의 해석으로, 십자가가 예수 그리스도의 사명의 끝이 아니었다는 것이다. 그렇게 불트만은 또한 예수의 재림을 믿었는데, '히스토리'의 미래에 일어날 문자적 사건이 아니라, 신자의 내적 역사에서 일어날 사건으로 믿었다. 또한 그것은 외부로 향한 그 표현에서는 신화인데, 예를 들면 백마나 구름을 타고 오는 예수에 관한 묵시적 예언들에서 그렇다. 그는 그런 것이 일어나리라고 기대하지 않았다. 하지만 예수의 재림과 관련해, 종말론과 관련해 중요한 것은 그것이 개인에게 갖는 의미다.

불트만의 스승 바이스는, 많은 19세기 신학과 대조적으로, 묵시적 요소들이 예수의 선포에서 주변적이지 않다고 가르쳤다. 그것들은 후대의 저자들에 의해 추가된 전설로 치부되어서는 안 된다. 오히려 예수의 메시지는 그 지향에서 철저히 묵시적이거나 종말론적이었다. 서로 동의한 바이스와 슈바이처는 이것으로부터 신약의 주된 관심인 임박한 세계의 종말이 거짓으로 밝혀졌다는 결론을 내렸다. 불트만은 동의하면서도 반대했다. 그는 예수와 최초의 기독교 공동체들이 성취되지 않은 소망인 하나님 나라의 임박한 도래를 기대했다는 데 동의했다.[105] 하지만 그렇다고 신약 메시지의 적실성과 관련해 부정적 결론을 내리기보다는, 신약의 종말론을 재해석했다. 불트만은 이 메시지가 주어진 때의 일시적 의미 배후에 있는, 그가 보기에 그것의 참된 실존적 의미로 나아갔다. 그는 바울과 요한 같은 신약의 저자들조차 결국 영원한 생명을 시간적으로 미래인 것에 대한 기대가 아니라 신앙에 의해 지금 받아들여지는 것으로, 현재의 실존적 실재로 말하고

---

105 Bultmann, *Jesus Christ and Mythology*, p. 14.

있다는 점을 지적했다.[106]

불트만은 물었다. "예수의 설교와 신약의 설교 전체가 현대의 사람들에게 어떤 중요성을 갖는가?"[107] 그의 대답은, 신약의 설교에서 도래하는 하나님 나라에 관한 설교가 제시된 신화론적 틀은 "완전히 끝났다"는 것이었다.[108] 말하자면, 현대 인간은 그것을 믿을 수 없을 뿐만 아니라 이해할 수조차 없다. 그러므로, 불트만에 따르면, 우리는 종말론적 신화들의 참된, 내적 의미를 발견해야 한다. 그는 그것을 다음과 같이 기술한다.

> [신약의] 종말론적 설교는 현재의 시간을 미래의 빛 안에서 보고, 사람들에게 이 현재의 세계, 자연과 역사의 세계, 즉 우리가 우리의 삶을 살고 계획을 세우는 세계가 유일한 세계가 아니라고 말한다. 이 세계는 일시적이고 덧없으며, 더욱이 영원 앞에서는 궁극적으로 공허하고 비실재적이라는 것이다.[109]

하지만 그것은 지금 여기의 삶에 관해 부정적 메시지만 말하지 않는다. "인자"의 임박한 도래와 하나님 나라의 침투에 관해 예수가 한 신화적 설교의 더 깊은 의미는,

> 우리 각자에게 실제로 임박한 하나님의 미래에 대해 열려 있으라는 것이며, 예상하지 못한 밤에 도둑처럼 올 수 있는 이 미래에 대해 준비되어 있으라는 것이며, 이 세상에 매여 있고 자유롭지 못하면서 하나님의 미래에 대해 열려 있지 않은 모든 사람에게는 이 미래가 심판일 것이기 때문에 준비되어 있으라는 것이다.[110]

---

106 같은 책, pp. 32-34.
107 같은 책, p. 17.
108 같은 책.
109 같은 책, p. 23.
110 같은 책, pp. 31-32.

불트만은 종말론에 관한 자신의 논의를 계속하면서, 심지어 요한에게도 "예수의 부활, 오순절, 예수의 '파루시아'(*parousia*, 그리스도의 재림)는 동일한 하나의 사건으로", 믿는 사람이 바로 그 순간에 경험한 것이라고 주장했다.[111] 그리스도의 부활과 그리스도의 재림과 성령의 부음은 모두 본래적 실존에 있는 새로운 자기 이해의 실재에 대한 서로 다른 신화론적 표현들로, 십자가의 말씀이 설교될 때 듣고 신앙으로 응답하는 순간에 일어나는 것이다. 그렇다면 종말론은 시간적 미래와 관련이 없다. 불트만은 죽음 이후의 삶을 결코 의심하지 않았다. 그는 천국(heaven)을 구체적으로 묘사하려 하지는 않았지만 분명히 믿었다. 그가 부인했던 것은 전통적 기독교가 세계의 종말에 관해, 또는 천사들과 함께 영광의 구름을 타고 재림하는 그리스도나 크고 흰 보좌에서 이루어지는 최후의 심판에 관해 기대하는 것이었다. 이 모든 것들은 문자적으로 받아들여서는 안 되는 이미지들이다. 그것들은 신앙으로 종말론적 현재에 일어나는 것에 대한 표현들이다. 그 미래는 하나님의 미래로서 개방적이고, 두려움이 없으며, 하나님을 위해 본래적으로 살아갈 수 있는 기회로 여겨졌다.

불트만이 하나님의 초월을 재정의하다

불트만이 해결하려고 한 마지막 문제는 신론에 있다. 19세기 자유주의 신학은 하나님의 내재에 강조점을 두었다. 바르트는 이 강조에 반기를 드는 운동을 영원과 시간 사이, 하나님과 피조물 사이의 "무한한 질적 차이"라는 키르케고르의 개념에 기초해서 시작했다. 불트만이 바르트의 이 운동에 동참했다. 실제로 불트만은 하나님의 초월 개념을 신학의 전체 범위에 철저히 적용하려 했다.

---

[111] 같은 책, p. 33.

어떤 의미에서 불트만의 초월 개념은 성경에 제시된 것과는 달랐다.[112] 그의 재구성에 따르면, 고대의 사람들은 하나님과 천국이 문자적으로 위에 있고 지옥이 문자적으로 아래에 있는, 공간적으로 분리된 삼층의 우주를 믿고 있었다. 그는 이 우주론이 현대인들에게는 믿겨지지 않는다고 주장했다. 과학적 세계관이 그것을 무너뜨렸다는 것이다. 그러므로 하나님의 초월은 더 이상 공간적 용어로 이해될 수 없다. 불트만은 그것을 대신해서 비공간적 이해를 제시했다. 성경적 초월은 하나님의 절대적 권위를 가리킨다.[113] 그러므로 초월은 비신화화되고 실존화되어, 하나님이 결정의 순간에 우리 앞에 서서 우리에게 자신의 말씀을 전하면서 우리가 신앙 안에서 반응하도록, 그렇게 함으로써 본래적 실존을 받아들이도록 도전한다는 것을 의미한다.

하나님의 초월에 대한 이러한 이해는 우리가 결코 하나님을 객관적으로, 즉 하나의 대상으로 말할 수 없다는 것을 의미한다. 우리는 하나님 "그 자체를"(in himself) 결코 말할 수 없다. 우리는 단지 하나님이 우리를 위해 그리고 우리 안에서 하는 것의 측면에서 하나님을 말할 수 있을 뿐이다.[114] 하나님은 하나님의 말씀에 있는 신적 자기 현시(現示)에 대한 개인적 신앙의 반응을 떠나서는, 말 그대로 알 수 없다. 그리고 하나님의 말씀은 십자가의 메시지다. 이 자기 현시는 하나님에 관한 사실들 또는 일체의 지식들의 전달이 아니다. 그것은 개인에게 반응을 요구하는 사건이다. 그러므로 우리는 하나님에 관해(about God) 말할 수 없다. 즉 우리는 중립적·비인격적·객관적 용어들로 말할 수 없다. 우리는 단지 하나님을(of God) 그리고 하나님에게(to God) 말할 수 있다. 하나님에 관한 모든 이론적 말, 하나님의 속성의 기술들 같은 것은 배제되는데, 왜냐하면 그런 것은 하나님을 대상으로 다루고 결단이나 본래적 실존과는 아무런 관련이 없기 때문이다. 하

---

112 Bultmann, "New Testament and Mythology", pp. 3-8; *Jesus Christ and Mythology*, pp. 11-32.
113 Bultmann, *Presence of Eternity*, pp. 95-96.
114 Bultmann, *Jesus Christ and Mythology*, p. 71.

지만 불트만은 더 나아갔다. 그가 보기에, 하나님과 관련한 진술들은 또한 인간 실존과 관련되어야 한다. 하나님에 관한 신학적 진술들은 그것들이 또한 인간 실존에 관한 것일 때만 가능하다. 비판자들은 이것이 신학을 인간학으로 축소시키는 것이라고 보았다. 더 공감적 해석자들은 이런 지적을 받아들이지 않았다.[115] 하지만 불트만에게 신학이 인간 실존에 관한 진술들로 언제나 번역 가능해야만 한다는 점에는 의문의 여지가 없다.

이 모든 것이 하나님에 관한 불트만의 견해들에 무엇을 의미하는가? 불트만은 조직신학자가 아니었기 때문에 삼위일체 같은 전통적 교리들에 관해서는 거의 언급할 것이 없었다. 하지만 아마도 그는 조직신학자가 될 수 없었을 것이다. 그는 복음이나 하나님의 초월이 그것을 허락한다고 생각하지 않았다. 하나님은 너무나 초월적이므로 말씀과 그 말씀이 인간의 삶에 미치는 은혜로운 영향을 떠나서는 전혀 알려지거나 말해질 수 없다. 불트만은 하나님의 내적 존재를 이해하려는 신학적 시도들을 무시했다. 그가 보기에 기독교는 모두 그리고 오직 구원과 관련된다. 그러므로 예수 그리스도조차 그의 신성에 관해서는, 마치 그 안에 있는 어떤 신적 본질에 관한 형이상학적 지식을 갖는 것이 가능하다는 듯 말해질 수 없다. 그의 선재에 관한 논의도 신화적이기 때문에 한계를 벗어난다. 그것은 본래적 실존에 관한 언어로 번역될 수 있는 경우에만 말해질 수 있다. 선재에 관한 논의는 그렇게 번역될 수 없기 때문에 적실하지 않다. 그가 보기에 예수에 관한 유일한 본질적인 것은 예수의 십자가 죽음으로, 그것은 하나님의 최고의 행위로서 믿는 자들을 용서하고 받아들이는 것이었다. 그는 어떤 속죄의 이론을 발전시키려는 모든 시도를 거부했다. 이 모든 것을 달리 말하면, 불트만은 철저히 반(反)형이상학적이었다. 그는 신학을 형이상학에서 완전히 분리하려고 노력했다. 하지만 이전의 자유주의자들과는 달리, 그는 기독교를

---

[115] 참고. Young, *History and Existential Theology*, pp. 66-72; Bultmann, *Jesus Christ and Mythology*, p. 70.

윤리로 축소하려는 시도들도 거부했다. 기본적으로 신학은, 말하자면, 설교자와 그 청중이 진짜 장애물인 십자가에 이를 수 있도록, 형이상학적 장애물이나 지뢰를 제거하는 기능을 갖는다. 불트만은 십자가가 회개와 신앙을 요구하기 때문에 진짜 장애물이라고 생각했다.

불트만이 논쟁과 경악의 유산을 남기다

이 평가 부분의 소제목에도 불구하고, 과거에나 지금이나 모든 사람이 불트만이 틀렸다고 생각하지는 않는다. 많은 현대 그리스도인들이 그의 기획을 현대성의 산으로부터 복음을 구해 내기 위한 방법으로 수용했다. 그의 기획의 가장 큰 장점들 가운데 하나는 그것이 과학과 기독교 사이의 갈등을 원리상 불가능하게 만든다는 것이다. 하지만 어떤 대가를 지불해야 할까? 비판자들은 기독교로 하여금 십자가를 제외하고는 물리적 세계나 역사의 어떤 것과도 상관없게 만드는 것이 그 대가라고 주장했다. 일부에게는 불트만의 기획이 외부 세계를 기독교 신앙과 상관없는 것으로 거부한다는 점에서 명백히 영지주의적으로 보인다.

하지만 비판들을 다루기 전에, 다양한 신학적 지향의 기독교 학자들이 대체로 동의하는 불트만 사상의 부분들을 지적하는 것이 도움이 될 것이다. 그의 기획의 중심에는 기독교 메시지를 현대인들이 제기하는 질문에 답하도록 만드는 것에 대한 가치 있는 강조가 있었다. 이것이 중요한 이유는 그리스도인들이 종종 사람들이 묻지도 않는 질문에 대답하고 있음을 스스로 발견하기 때문이다. 마찬가지로 도움이 되는 것은, 진리는 단지 객관적 사실이 아니라, 온전히 받아들여지는 궁극적 진리이기 위해서는 삶과 그 의미에 관한 진리가 신자의 "영혼을 붙잡아야" 한다는 그의 주장이다.[116] 마지막으로, 불트만은 하나님의 초월을 재확립하려는 칭찬할 만한 시도에

---

[116] Bultmann, *Presence of Eternity*, p. 122.

착수하여, 자유주의와 신자유주의 신학에서 하나님의 내재를 지나치게 강조하는 것에 대해 필요한 반론을 제공해 주었다.

자유주의자들과 보수주의자들 모두 불트만의 제안을 달가워하지 않았다. 가장 신랄한 (근본주의와는 다른) 보수적 비판자들 가운데 한 명은 개혁파 신학자 클라우스 보크뮐(Klaus Bockmuehl)로, 그는 『현대 신학의 비실재적 하나님』(*The Unreal God of Modern Theology*, 1988)의 두 장을 불트만에게 할애했다. 그는 불트만의 비신화화 프로그램이 "교회에서 이질적 이데올로기의 지배를 알린다"고 결론을 내렸다.[117] 그 이질적 이데올로기는 자연주의로, "인간의 실존은 초자연적 개입에 대해 닫혀 있다"는 세계관이다.[118] 그는 이 이데올로기가 과학으로 증명할 수 없는 일련의 가치 판단이기 때문에 비신화화가 필요하다고 주장했다. 더 나아가, 불트만의 자연주의 수용은 그의 급진적 제자들인 부리와 브라운이 본 대로 일관성이 떨어진다. 보크뮐은 말한다.

> 복음은 인간 실존이 닫혀 있고 일원적이라는 주장을 단지 현재의 오류일 뿐만 아니라 영속적 오류라고 본다. 복음은 이 주장을 거부하는데, 이는 불트만이 인간 실존의 진리와 본래성을 "하나님의 행위"에 의해 오직 외부로부터 인간에게 다가올 수 있는 선물이라고 기술하는 한 그리고 그렇게 기술할 때 즉시 이 주장을 거부해야 하는 것과 마찬가지다. 복음 자체가 인간의 독립성과 자기 충족성에 대한 일체의 관념을 오류라고 본다.[119]

보크뮐은, 대다수 보수적 불트만 비판자들처럼, 비신화화하는 당사자 불트

---

117 Klaus Bockmuehl, *The Unreal God of Modern Theology* (Colorado Springs, CO: Helmers & Howard, 1988), p. 22.
118 같은 책, p. 19.
119 같은 책, p. 21.

만이 이질적이고 증명할 수 없는 세계관인 자연주의를 수용하는 것에서 신앙의 도약을 하고 있으며, 그것도 그토록 비일관적으로 그렇게 한다고 말한다. 하지만 그의 주요 비판은 "우리는…객관적 필연성을 갖지 못하는…가치 판단들이 기독교 메시지를 비판하는 판단 기준이 될 수 있다는 데 동의할 수 없다"는 것이다.[120] 불트만은, 이 분석과 비판에 따르면, 사실에 기초하지 않은 순전히 가치 판단인 이질적 관점을 현대 신학을 위한 프로크루스테스의 침대로 받아들였다.

불트만에 대한 자유주의적 비판자들은 그가 이성을 포기하고 단순한 신앙주의를 선택했다고 비판한다. 실제로 그가 신앙을 위한 증거와 이성을 거부한 것은 매우 급진적이었다. 키텔의 『신약 신학 사전』(*Theological Dictionary of the New Testament*, 1933)에 수록된 신앙에 관한 항목에서, 불트만은 참된 신앙이 어떤 지지 없이 허공에 매달려 있다고 단호히 진술했다. 이것은 순전히 키르케고르적 도약이다. 세상의 이해력으로는 믿을 수 없는 것이다.[121] 자유주의 신학자 해롤드 드울프(L. Harold DeWolf)는 불트만을 비롯한 신정통주의 신학자들을 주로 반박하는 『이성에 반대하는 종교적 반란』(*The Religious Revolt Against Reason*, 1949)을 썼다. 드울프에 따르면, 불트만의 기독교에 대한 접근 방식은 기독교를 밀교로 만들고 지식으로부터 기독교를 잘라 내서 미신의 영역으로 격하하는 것이다.[122] 불트만의 접근 방식에 대한 드울프의 비판은 불트만이 자연주의를 그 기초로 받아들이는 것을 문제점으로 지적하지 않는다는 점에서 보크뮐의 비판과 상당히 다르다. 드울프는 불트만이 이성을 떠나 맹목적 신앙이라는 안전한 은신처로 들어가 버렸다고 비판한다.

불트만에 대해 제기되는 비판의 또 다른 갈래는, 그의 기독교 해석이 사

---

120 같은 책.
121 Rudolf Bultmann, "Faith", *Theological Dictionary of the New Testament* (Grand Rapids: Eerdmans, 1968), pp. 174-228.
122 DeWolf, *The Religious Revolt Against Reason*, 여러 곳.

회와 그 문제들로부터 분리된 사유화되고 개인화된 신앙으로 이어진다는 것이다. 말하자면, 불트만의 실존주의적 강조는 기독교 신앙의 공동체적·사회적 차원을 배제하는 위험을 감수한다. 보크뮐의 비판에 따르면, "이번 세기[20세기]의 어느 누구보다도 불트만이 기독교를 사적 문제로 만들었다."[123] 불트만은 신자의 삶에서의 신앙이 사회적 차원이나 공동체 안에서 완성된다는 것을 거의 강조하지 않았다. 그의 실존주의적 지향은 내향성을 조장하는데, 그것은 복음의 사회적·정치적 함의들의 무시로 이어지는 것이다. 더 나아가, 그가 구원을 본래적 실존으로 기술한 것은 성화, 즉 세상에서의 기독교적 제자도의 삶에 관해서는 거의 아무것도 말하지 못했다. 그것은 부적절하게도 개인의 자기 이해에 집중하는 것처럼 보인다.

마지막으로, 불트만의 철저한 반(反)형이상학적 신관에 관한 질문들이 제기되어 왔고 또 제기될 필요가 있다. 하나님의 존재와 속성, 심지어 삼위일체성에 관한 질문들은 신앙에 무관한 것으로 교묘히 배제되고 있다. 불트만이 실존주의의 우물뿐 아니라 칸트의 물통에서도 지나치게 깊이 마셨다는 느낌을 지울 수 없다. 동시에 우리가 인간 실존에 관해 말하는 한에서만 하나님에 관해 말할 수 있다는 불트만의 주장은, 하나님의 영원한 본성을 인간의 지식과 말의 한계 너머에 위치시킨다. 그러면서 하나님은 말 그대로 알려질 수 없게 된다. 우리가 아는 모든 것은 우리에게 미치는 그의 영향들이다. 불트만은 이것이 유익하다고 주장했다. "하나님이 그 자체로 무엇인지가 아니라, 그가 인간들과 함께 어떻게 행동하는지가 신앙의 관심이 되는 신비다."[124] 이 제한은 하나님의 실재를 인간의 질문과 영적 필요로 축소하는 경향이 있다. 하나님을 믿는 사람들은 하나님이 누구인지, 하나님이 어떤 존재인지 알고 싶어 한다. 이 호기심은 지나치게 멀리 갈 수 있

---

[123] Bockmuehl, *Unreal God*, p. 75.
[124] Bultmann, *Jesus Christ and Mythology*, p. 43.

지만, 일부는 논의될 필요가 있다. 불트만은 인간 경험 외부의 하나님에 관해 무언가를 말하려는 모든 시도를 차단했다.

몇 가지 점에서 불트만은 궁극적 현대 신학자다. 그가 기독교 신앙에서 합리주의를 차단한 점을 제외한다면, 어느 누구도 현대적 자연주의와 합리주의를 더 온전히 수용하지 않았다. 물리적 세계 안에 그리고 역사 안에 있는 모든 것은 이성에 종속되며, 그 이성이 종교를 엄격히 제한한다. 불트만은 자신이 꼭 해야 할 일이라 생각했던 것을 하며 업적을 남겼다. 그는 기독교와 과학이 서로 갈등할 수 없도록 만들었다. 이것이 표면상으로는 좋아 보이지만, 신학이 다른 학문들로부터 심각하게 고립되도록 하는 것을 내포했다. 동시에, 아이러니하게도, 그는 신학을 실존주의와 너무 긴밀히 연결시켰고 그 결과로 신학이 자신의 목소리를 거의 낼 수 없었다. 신학은 한편으로 자연주의의 포로가 되었고, 다른 한편으로 실존주의의 포로가 되었다.

5.C. 라인홀드 니버가 원죄를 재발견하고 기독교 현실주의를 발전시키다

미국의 가장 영향력 있는 20세기 기독교 신학자가 누구인지 묻는 질문을 받는다면, 거의 모든 역사가와 신학자는 라인홀드 니버의 이름을 말할 것이다. 그는 결코 자신을 신학자로 생각하지 않았고,[125] 신학으로 박사학위도 받지 않았다. 하지만 그는 평생 동안 미국을 이끄는 공적 지식인의 한 사람으로 여겨졌다. 그의 죽음 후 10년이 지난 1971년에, 주도적 신학자 한 사람이 다음과 같이 말했다. "20세기에 한 나라의 정치적 삶에 라인홀드 니

---

[125] 니버의 "Intellectual Autobiography", in *Reinhold Niebuhr: His Religious, Social and Political Thought*, vol. 2 of *The Library of Living Theology*, ed. Charles W. Kegley and Robert W. Bretall (New York: Macmillan, 1961), p. 3에 나오는 그의 숙고를 보라..

버보다 큰 영향을 미친 신학자는 찾아보기 힘들다."[126] 이 찬사가 과장이 아님은 여러 미국 대통령들이 자신들의 정치 신념과 공공 정책에 미친 주요 영향으로 니버를 거명했던 사실을 보면 알 수 있다.[127] 니버의 영향력은 매우 커서, 그의 얼굴이 「타임」의 25주년 기념호(1948년 3월 8일) 표지를 장식할 정도였다. 해당 호는 이 기독교 현실주의의 예언자에 관한 긴 기사를 담고 있었다. 하지만 아이러니하게도 니버의 가장 잘 알려진 기여는, 적어도 대중문화 영역에서는, 그의 1934년 "평온을 비는 기도"(Serenity Prayer)였을 것인데, 이 기도는 익명의 알코올 중독자 모임(Alcoholics Anonymous, 알코올 중독자 재활 모임) 같은 다양한 12단계 모임들이 사용하면서 수백만의 사람들에게 널리 알려지게 되었다. "하나님, 우리에게 바꿀 수 없는 것들을 평온히 받아들이는 은혜를 주시고, 바꾸어야만 하는 것들을 바꾸는 용기를 주시고, 그 둘 사이를 분별하는 지혜를 주소서."[128]

니버의 아내는 니버를 설교자이자 목사로 보았지만,[129] 그는 분명히 신학자였다. 그는 목사와 설교자로서의 이력을 디트로이트의 베델 복음주의 교회에서 시작했다.[130] 하지만 훗날 미국의 대표적 사회 윤리학자, 잡지 편집자, 빈번한 시사 해설자, 미국 국무부 자문위원, 프랭클린 루스벨트 대통령의 절친한 친구, 뉴욕 유니언 신학교 교수, 대학 순회 강사가 되었다. 그는 아버지의 죽음 이후에 가정의 곤궁으로 학업을 중단했기 때문에 일반적

---

126 Paul Jersild, "Reinhold Niebuhr: Continuing the Assessment", *Dialog* 22:4 (fall 1983): p. 284.
127 Frank A. Ruechel, "Politics and Morality Revisited: Jimmy Carter and Reinhold Niebuhr", *Atlanta History* 37:4 (1994): pp. 19-31; John McCain, *Hard Call: Great Decisions and the Extraordinary People Who Made Them* (Boston: Twelve, 2007), pp. 321-338; Benedicta Cipolla, "Reinhold Niebuhr Is Unseen Force in 2008 Elections", *Religion News Service of the Pew Forum on Religion and Public Life*, September 27, 2007.
128 이 기도문은 니버의 짧은 글 모음집으로 출간된 *Justice and Mercy*, ed. Ursula M. Niebuhr (New York: Harper & Row, 1974), p. 1에 나온다. 또한 June Bingham, *Courage to Change* (New York: Charles Scribner's Sons, 1961)를 보라.
129 *Justice and Mercy*, p. 1에 나오는 우르줄라 니버의 서문을 보라.
130 니버에 관한 전기적 사실들 대부분은 Richard Wightman Fox, *Reinhold Niebuhr: A Biography* (Ithaca, NY: Cornell University Press, 1996)를 참고했다.

인 학문적 신학 학위는 취득하지 못했다. 그의 최고 학위는 예일대 신학대학원의 문학 석사였다. 그럼에도 불구하고, 그는 20세기 중반에 미국 종교계에서 주도적이고 여론을 형성하는 인물이 되었다.

학자들은 자주 니버를 신정통주의 신학자로 분류해 왔다.¹³¹ 하지만 그는 이 지정을 거부했는데, 신정통주의를 자신이 반복해서 비판했던 바르트의 신학과 동일시했기 때문이다.¹³² 유럽의 신정통주의 신학자들과 그들의 반나치주의에 관해 니버는 1950년대에 다음과 같이 썼다. "어제 그들은 교회가 홍수를 견뎌 내기 위한 방주라는 사실을 발견했다. 오늘 그들은 교회의 이 특별한 기능에 너무 매료되어, 아라랏 산 위의 방주를 집으로 개조하여 그 안에서 영원히 살기로 작정한 듯 보인다."¹³³ 그의 불만은 바르트와 변증법 신학 운동이 옛 자유주의 신학에 반대한 것은 옳았지만, 사회 문제에는 별 관련을 맺지 못했다는 것이다. 그의 지적이 옳은지는 논의할 여지가 있지만, 요점은 니버가 사회 윤리와 정치에 많은 관심을 가졌으며 그런 이유로 스스로 바르트와 신정통주의로부터 거리를 두었다는 점이다. 그는 그들의 관심이 온통 조직신학에, 그리고 자유주의 신학에 대항한 투쟁에 치우쳐 있다고 생각했다.

니버가 스스로 신정통주의와 거리를 두려 했음에도 불구하고, 그를 이번 장에 포함시킨 합당한 이유가 있다. 그가 신정통주의 신학에, 또는 적어도 그가 신정통주의의 결점이라고 여긴 것 일부에 불만을 가졌지만, 그 역시 키르케고르의 영향 아래서 자유주의 신학에 저항하고 있었다. 니버가 이 덴마크 철학자 겸 신학자를 아주 자주 거론하지는 않았지만, 니버와 키르케고르의 기독교에 대한 접근 방식에는 유사점이 분명히 존재한다. 키르

---

131 참고. William Hordern, *A Layman's Guide to Protestant Theology*, rev. ed. (New York: Macmillan, 1968), p. 150.
132 참고. Ronald H. Stone, *Reinhold Niebuhr: Prophet to Politicians* (Nashville: Abingdon, 1972), pp. 122-125.
133 Fox, *Reinhold Niebuhr*, p. 235에 인용됨.

케고르처럼 니버도, 역사에 대한 낙관론과 서로 모순된 것들이 종합될 수 있다는 믿음 같은 헤겔주의의 기미가 있는 것에 강력히 반대했다. 그는 인간의 죄악성과 하나님의 초월을 강조했다. 그를 완화된 자유주의자로 분류하고 싶은 사람들도 있겠지만, 그가 자유주의 신학과, 심지어 신자유주의 신학과 사이에 가진 차이는 너무나 극명해서 서로 어울리지 않는다. 아마도 니버가 신정통주의와 (폴 틸리히 같은) 신자유주의 사이에 걸쳐 있다고 말하는 편이 가장 사실에 가까울 것이다. 니버의 신학적 분류에 관한 판단은 독자들에게 맡긴다.

니버가 기독교 윤리학자로 명성을 얻다

라우센부시와 마찬가지로 니버는 독일에서 이민 온 목사의 아들이었고, 그의 집과 교회는 마음이 따뜻한 경건주의적 기독교의 분위기로 둘러싸여 있었다. 그의 아버지는 복음주의 대회(synod)의 목사였는데, 복음주의 대회는 주로 독일 이민자로 구성된 루터파 및 개혁파 교단으로서 훗날 미국 그리스도 연합 교단(United Church of Christ)의 일원이 된다.[134] 그는 일리노이 주 링컨에서 고등학교를 마친 후, 시카고 근교의 엘름허스트 대학(Elmburst College)과 이후에 세인트루이스의 에덴 신학교(Eden Seminary)에 다녔으며, 그 후에 예일대 신학대학원에 진학하여 목회학 학사를 취득하고 1915년에 문학 석사 학위를 받았다. 그의 직업적 이력은 디트로이트에서, 주로 포드 자동차 공장의 조립라인 노동자들로 이루어진 회중을 상대로 목회하는 것으로 시작되었다. 거기서 그는 국가의 기업가들에 의해 착취당하는 노동자들의 역경을 직접 접했는데, 이 경험은 그의 사회적 지향과 신학에 깊은 영향을 미쳤다. 점차 그는 미국 노동자들의 빈곤과 무기력에 대한 유일한 해

---

[134] 니버의 부모는 나의 모계 조상들과 비슷한 시기에 똑같이 독일의 작은 공국인 리페(Lippe)에서 미국으로, 그것도 일리노이의 같은 동네로 이민을 왔다. 그들이 서로 잘 아는 사이였을 수도 있다.

법으로 일종의 사회주의를 선호하게 되었다.

니버는 자신의 경력 초기에 라우셴부시 및 다른 자유주의 신학자와 사회 윤리학자들과 관련된 사회 복음에 매료되었지만, 그들이 설득을 통한 진보를 낙관하고 평화주의를 주장하며 정의를 세우기 위한 강제적 조치 사용을 주저하는 태도에 환멸감을 갖게 되었다. 특히 그는 인간의 죄악성과 하나님의 초월에 대한 그들의 관점이 드러내는 약점에 환멸감을 갖게 되었다. 그는 자신의 목회 시기에 본 사회적 혼란, 예를 들면 무력으로 파업을 진압하려는 시도들 같은 혼란을 통해 "자신이 기독교 신앙의 최고봉으로 받아들였던 자유주의적이고 고도로 도덕주의적인 신조를 재고하게" 되었다.[135] 자유주의 신학의 단점들은 사회적 영역을 넘어 개인적 영역까지 미쳤다. "교구의 일을 하는 도중에 나는 고전적 신앙이 증발되고 남은 단순한 이상주의(idealism)가 산업도시의 복합적 사회 문제들은 물론 개인적 삶의 위기와도 무관하다는 것을 깨달았다."[136] 간단히 말해, 디트로이트에서 이 젊은 목사는 자신이 신학교에서 교육받은 자유주의 신학이 20세기 목회사역의 도전에 대처하기에는 모든 면에서 불충분하다는 것을 보게 되었다.

니버는 디트로이트 노동 쟁의가 한창이던 시절에 목사로서 벌인 활동 덕분에 전국적으로 유명해졌다. 1928년에 그는 당시 미국에서 가장 저명한 개신교 신학교였던 뉴욕의 유니언 신학교에서 윤리학을 가르쳐 달라는 요청을 받았으며, 1960년에 은퇴할 때까지 그곳에서 가르쳤다. 그는 틸리히와 디트리히 본회퍼를 독일에서 데려와 유니언 신학교에서 가르치도록 하는 데 큰 역할을 했고, 틸리히는 여러 해 동안 머물면서 나치의 탄압을 피했다. 니버에게는 원통하게도 본회퍼는 독일로 돌아가서 히틀러를 암살

---

135 Niebuhr, "Intellectual Autobiography", p. 5. 니버의 자유주의 신학과의 작별에 관한 그의 다른 언급을 참고하려면 그의 논문 "Ten Years That Shook the World", *The Christian Century* (April 26, 1939), p. 545를 보라.
136 Niebuhr, "Intellectual Autobiography", p. 6.

하는 음모에 가담했다가, 종전 한 달 전에 처형되었다. 니버는 유니언 신학교에서 가르치는 동안 미국의 대표적인 기독교 공공 지식인이 되었고, 여러 차례 백악관에 불려가 루스벨트 대통령에게 독일 및 정당한 전쟁에 관해 조언했다. 1939년에 그는 명망 높은 기포드 강좌에서 강연하도록 에든버러로 초대를 받았다. 그의 강연은 두 권짜리 책으로 출간되었는데, 바로 그의 대작 『인간의 본성과 운명』(The Nature and Destiny of Man, 1941)이다. 이 책은 2011년에 「타임」에 의해 20세기의 가장 영향력 있는 논픽션 책 100권에 선정되었다.

『인간의 본성과 운명』 외에, 니버의 유명하고 가장 영향력 있는 책으로 『도덕적 인간과 비도덕적 사회』(Moral Man and Immoral Society, 1932), 『기독교 윤리의 해석』(An Interpretation of Christian Ethics, 1935), 『빛의 자녀와 어둠의 자녀』(The Children of Light and the Children of Darkness, 1944), 『자아와 역사의 드라마들』(The Self and the Dramas of History, 1955)이 있다. 그의 가장 영향력 있는 저작들 중 일부는 논문과 전문가 칼럼으로, 이것들은 그가 1941년부터 1966년까지 편집한 「기독교와 위기」(Christianity and Crisis)를 포함한 다양한 출판물에 실렸다. 그의 에세이, 칼럼, 논문 중 다수는 『사랑과 정의』(Love and Justice, 1957)와 『정의와 자비』(Justice and Mercy, 1974)를 비롯한 여러 선집으로 수집되었다. 니버의 삶과 신학적 기여를 검토하는 새 책들은 거의 매년 나온다. 그의 기여에 관해서는 격론이 있어 왔는데, 일부는 니버를 권력을 위한 변증가이자 옹호자라고 비판하는 반면, 일부는 그를 평화의 사람이자 힘없는 사람들을 위해 목소리를 높인 사람이라고 옹호한다. 근본주의자들은 그를 무시하는 경향이 있다. 자유주의 신학자들은 처음에는 그의 신정통주의적 경향에 위협을 느꼈지만, 나중에는 그의 진보적 사회·정치적 견해를 높이 평가하게 되었다. 하지만 이 기독교 윤리학자가 신학에서 처음 이름을 날리게 된 것은 자유주의적 이상주의에 대한 반대 때문이었다. 1930년대 내내 니버는 미국이 유럽의 국가 사회주의와 파시즘에 반대하는 입장을 취해야 한다고, 설령 그것이 전쟁을 의미하더라도 그래야 한다고 주장했다. 대부분의 미국 자유주의 개신교 목사들은 모든 전쟁이 부당하다고 비난했으며, 예수의 산상설교에 호소하면서 평화주의로 기우는 경향을 보였다. 그들에게 하나님 나라는 역사 내에 있는 가능성이었지만, 니버는 그것을 착각으로 여기면서 거부하게 되었다. 니버는 이상과 현실 사이의 긴장을 성경의 중심 메시지로 보고, 그 관점에서 자유주의적 유산과 씨름했다.[137] 죄와 악에 물든 현재의 삶의 현실들이 하나님 나라라는 이상과 어떻게 서로 어울릴 수 있는가? 니버는 자유주의의 해답이 순진하고, 지각없고, 전체주의의 위협에 직면하여 제대로 기능할 수 없다는 것을 깨달았다. 자유주의의 해답 대신에 그는 성경의 복음을 자신이 처한 구체적 상황과 관련지으려고 노력했으며, 그것을 통해 복음을 서구 문명 전체에 적용하는 방법을 발견하려 했다.[138]

니버가 실천적 기독교를 탐색하다

니버가 자신의 이력 전체에서 가졌던 근본적 목표는 "현재의 문제들에 대한 기독교 신앙의 적실성을 확립하는 것"이었다.[139] 그 결과로 그는 자신의 노력들을 추상적 신학 논의로 제한하기를 거부했고 모든 형이상학적 사변을 배격했다. 그는 활동가로 존재하는 데 초점을 두고, 신학적 통찰을 정치, 국제 문제, 인권, 경제에 적용하려 했다. 모든 영역에서 그는 한결같이 예언자로서 행동하려 했고, 성경의 메시지가 제공하는 비판으로 현재의 사회적 삶을 대면했다. 그는 경제 체제로 사회주의를 선호했지만 어떤 이데올로기

---

137 Stone, *Reinhold Niebuhr*, p. 11. 또한 *An Interpretation of Christian Ethics*는 니버가 콜게이트-로체스터 신학교에서 한 라우셴부시 강좌로 구성되며, 사회 복음이 이상과 역사 속의 현실 사이의 긴장을 소멸시켰다는 점에 대한 지속적 비판이다.
138 D. R. Davies, *Reinhold Niebuhr: Prophet from America* (New York: Macmillan, 1948), p. 95는 이것을 니버의 삶의 업적을 연결하는 주제로 본다.
139 Reinhold Niebuhr, *Christian Realism and Political Problems* (New York: Charles Scribner's Sons, 1953), p. 1.

에 자신을 묶어 두려 하지는 않았다. 사회주의자들이 공산주의와 무신론으로 지나치게 경도되자, 그는 부의 재분배와 복지 국가에 대한 자신의 신념을 희생시키지 않은 채 그들과 갈라섰다. 예언자로서 그는 그 어떤 신학적 혹은 정치적 분파 및 운동과 거리를 두었으며, 사회 문제를 해결하기 위해 좌파나 우파를 가리지 않고 모든 이념적 접근 방법을 사용해서 끊임없이 문제를 지적하는 독립적인 성경적 사상가가 되려고 힘썼다.

니버는 자신의 사회적 의식과 예언자적 비판의 한 부분으로 일종의 기독교 변증에 관여했다. 그는 대체로 복음을 거부한 사회에 대한 성경적 기독교의 적실성을 보이려고 시도했다. 혹은 그의 말을 빌리면, 그는 "세속 사회에서 기독교적 신앙을 방어하고 정당화하는 데" 관심을 가졌다.[140] 하지만 그의 변증은 기독교의 합리성에 대한 고전적 호소와는 다른 접근 방식을 사용했다. 그는 자연 신학이나 신 존재 증명, 혹은 역사를 하나님의 섭리적 사역으로 제시하는 데는 관심이 없었다. 그보다는 삶에 의미를 제공하는 것으로 기독교 신앙을 제시하려 했지만, "삶의 의미에 관한 어떤 궁극적 분별도 합리적 설득력을 갖지는 못한다"고 주장했다.[141] 실제로 기독교의 두 중심 명제, 즉 하나님이 인격이라는 것과 하나님이 인간과 하나님 사이의 소외를 극복하기 위해 역사적 행위를 했다는 것은 "엄격하게 존재론적[즉 철학적] 관점으로 보면 터무니없다."[142] 당대를 주름잡던 자유주의 신학이 신앙의 부조리를 줄이기 위해 성경 메시지를 일련의 항구적 윤리학 또는 (칸트 혹은 헤겔을 따라) 형이상학의 진리로 축소한 반면, 니버는 인격성과 역사 개념들의 존재론적으로 모호한 위상을 명료하게 드러내는 변증을 옹호했다.[143] 다시 말해, 이러한 동의된 실재들은 철학이나 과학만으로

---

140 Niebuhr, "Intellectual Autobiography", p. 3.
141 같은 책, p. 17.
142 같은 책, p. 19.
143 같은 책, p. 20.

는 일관성 있게 이해될 수 없다. 우리는 그러한 모호하지만 필연적인 실재들 한가운데에 비합리적인 것의 여지를 남겨 두어, 하나님이 피조물에 대해 갖는 관계라는 도전적 메시지가 성경의 상징과 신화에 명시된 대로 희석 없이 들려질 수 있도록 해야 한다.[144] 이 모든 것에서 니버가 키르케고르에게 빚지고 있음은 분명하다.

그렇다면, 만약 니버가 기독교의 주요 개념들의 비합리성(또는 초합리성)에 호소했다면, 그의 변증은 어디에 있는가? 그의 변증은 대안적 삶의 철학들이 인간 실존의 본질적 사실들을 훼손하거나 파괴하는 것을 폭로하는 데서 발견될 수 있다. 그가 특별히 표적으로 삼은 것은 현대 세계의 두 가지 주요 철학이라고 생각한 자연주의와 이상주의였다. 『인간의 본성과 운명』에서 그는 수백 쪽을 들여 자연주의와 이상주의를 해체하면서 이것들이 어떻게 인간의 가치를 왜곡하고 저버리는지, 그리고 기독교가 어떻게 이 가치들을 더 잘 기술하고 인간 삶의 사실들을 더 잘 설명하는지 보여 준다. 자연주의는 자연이 존재하는 모든 것이라는 믿음으로, 인간을 고도로 진화한 동물로 축소시킨다. 이상주의는 인간이 무한한 잠재력을 갖고 있는 것은 인간의 정신 또는 영혼과 하나님 또는 궁극적 실재 사이에 연속성이 존재하기 때문이라는 믿음이다. 이상주의는 인간을 "작은 신들"로 승격시켰다.

두 세계관 모두, 니버의 주장에 따르면, 인간 실존의 분명한 현실을 제대로 반영하지 않는다. 자연주의와 대조적으로, 인간은 창조성과 악의 행위를 통해 자연을 초월할 수 있는 존재다. 이상주의와 대조적으로, 인간은 제한적이며 유한하고 심지어 죄로 가득하며, 이것은 인간이 스스로 극복할 수 없는 조건들이다. 니버가 믿고 주장한 바에 따르면, 인간을 유한하면서

---

[144] 니버의 사상에서 이 비합리적 차원의 존재가 발전하는 것을 Hans Hofmann, *The Theology of Reinhold Niebuhr*, trans. Louise Pettibone Smith (New York: Charles Scribner's Sons, 1956), p. 73 에서 보라.

도 자유로운 존재, 동물이지만 하나님의 형상대로 창조된 존재, 반드시 죽지만 하나님의 선물인 불멸을 소유한 존재로 보는 기독교적 관점만 인간 삶의 사실들을 설명할 수 있다. 그는 이것이 기독교에 대한 합리적 증명이라고 여기지 않았다. 하지만 그는 이것이 기독교가 설령 비합리적일지라도 불합리하지는 않음에 대한 증명이라고 여겼다.

니버는 이상주의를 가장 강도 높게 비판했다. 이상주의는 그가 보기에 자유주의 신학의 주요 결함이며, 그것이 자유주의 목사들과 신학자들이 파시즘이나 나치즘이라는 재앙으로부터 문명을 보호하기 위한 전쟁 지지를 거부하지는 않더라도 꺼리는 원인이었다. 일본이 진주만을 공격한 다음에야 많은 미국 자유주의 개신교도들은 히틀러가 1939년에 시작한 전쟁에 미국이 참전하는 것을 지지했다. 니버는 그들의 평화주의와 고립주의 배후에 인류에 대한 낙관론적 이상주의가 있음을 보았다. 그들은 그리스도인들이 평화를 위해 열심히 노력한다면 도처에서 평화가 일어날 것이라고 보았다. 니버는 독일과 유럽 전역에 있는 지인들을 통해 상황을 더 잘 알았고, 미국의 개신교 목사들과 신학자들이야말로 이상주의자들로서 교육과 설득을 통한 필연적 진보에 대한 믿음으로 악의 손에 놀아나고 있다고 생각했다. 따라서 그는 현대 자유주의 신앙의 두 가지 기본 신조를 끊임없이 공격했는데, 즉 진보라는 생각과 인간의 완벽 가능성이라는 생각이 그것이다.[145] 그의 비판이 너무 신랄하기 때문에 동시대의 한 사람은 선언했다. "우리 시대의 세속적 환상과 이상들의 파산을 드러내기 위해 니버보다 더 노력한 사상가는 없다."[146]

니버는 그리스도인들이 이상들에 대한 순종뿐만 아니라 사회에서의 유효성을 위해서도 부름을 받았다고 믿었다. 그는 예수의 산상설교가 완벽한

---

[145] 참고. Niebuhr, "Intellectual Autobiography", p. 15.
[146] Davies, *Reinhold Niebuhr*, p. 72.

덕행을 권고하는 것으로서, 이 타락하고 죄악된 세상에서 완벽하게 살아내기란 불가능하다고 보았다. 또한 그는 인간 안에 있는 근본적 악, 원죄와 부패의 현실을 믿었다. 그는 자유주의적 이상주의가 타협을 두려워한 나머지 유효성을 희생시킨다고 보았다. 니버는 혹시라도 하나님의 백성이 두 가지의 악 중에서 더 작은 악에 참여해야 한다면 하나님의 용서가 있을 것을 확신했으며, 히틀러와 그의 주축국들을 저지하기 위한 전쟁이 바로 그런 필요악이라 보았다. 그렇다면 기독교 사회 윤리는 실천적이어야 한다. 그것은 이 세상에서 완벽한 것을 성취하는 인간의 능력에 대한 이상주의적 확신이어서는 안 된다. 현실에 대한 합리적 사고에 기초한 타협은 정의를 위해 필연적인 한, 기독교적 미덕이다. 니버의 제자들은 실천적 기독교 사회 윤리에 대한 이 접근법을 "기독교 현실주의"(Christian realism)라고 불렀다. 자유주의자들은 그것을 비관주의라고 불렀다. 니버 자신은 그것을 예언자적이라고 불렀다.

니버가 기독교적 인간론을 발전시키다

니버의 저작들을 관통하는 한 주제는 인간의 상황이다. 왜 현실의 영역에서 완벽하게 정의로운 사회를 창조하고 완벽한 형태의 이상을 성취하는 것이 불가능한가? 그는 약간은 우울한 이 현실에 대한 이해를 추구하면서 고전적 기독교 신학에, 구체적으로 말하면 인간론에, 즉 인간의 본성과 실존에 관한 교리에 이르렀다. 니버의 작품에 인간론이 지속적으로 존재하는 점에 대해 한 비평가는 다음과 같은 결론을 내린다.

우리 세대의 기독교 신학을 다시 진술하는 데 니버가 가장 중요하게 기여한 것은 그의 인간론 해설이다. 아퀴나스나 바르트 같은 조직신학자들이 총론(Summa)의 방식으로 기독교 진리의 모든 영역을 다루는 것과는 대조적으로, 니버는 한 교리를 탁월하게 깊이 있게 분석해서 자신의 전체 사상의 기

초로 삼는다.[147]

니버는 인간에 대한 교리에 끌렸는데, 왜냐하면 세속주의와 자유주의에 누락된 이 고전적 기독교 교리에서 심오함을 발견했기 때문이다. 그의 견해에 따르면, 그의 시대의 가장 중요한 윤리적 문제들에 대한 책임은 자유주의 신학자들이 고전적 성경의 인간론의 주제들을 거부한 데 있다. 자유주의는, 그의 주장에 따르면, "죄"를 무지라는 결함으로 대체해 버렸고 이는 적절한 교육을 통해 극복할 수 있다고 여겼다.[148] 인간 이성에 대한 이런 순진하고 낙관적인 강조와 교육에 대한 믿음과는 대조적으로, 니버는 성경적 인간론에서 현실적 그림을 보았다. 결과적으로, 그의 고유한 인간론은 그의 사회 윤리의 기초가 되는 것으로서, 인간 상황의 양면성을 강조하려 했다는 점에 한해서는 고전적 기독교 정통주의의 인간론을 반영했다. 그는 하나님의 형상에 따라 지어진 인간의 높은 위상과 함께, 보편적 타락성인 원죄라는 성경적 주제도 단언했다.

니버는 인간 행동의 현실과 성경적 메시지 모두에서 역설을 보았다. 인간은 선과 악 모두를 위한 잠재성으로 가득 차 있다. 『인간의 본성과 운명』에서 그는 기독교 인간론을 세 가지 논제로 요약했다.[149] 첫째, 인간들은 몸과 영 모두로 창조되었고 유한하다. 둘째, 인간들은 합리적 능력의 관점이나 자연에 대한 관계보다는 무엇보다도 먼저 하나님에 대한 관계의 관점에서, 즉 하나님의 형상대로 창조되었다는 관점에서 이해되어야 한다. 다시 말해, 인간 삶의 의미는 하나님 안에 있지, 자아나 세계에 있지 않다. 셋째, 인간들은 죄인들이고 그 죄는 그들이 사랑받을 존재이면서도 결코 신뢰할

---

[147] William John Wolf, "Reinhold Niebuhr's Doctrine of Man", in *Reinhold Niebuhr: His Religious, Social and Political Thought*, p. 230.
[148] Reinhold Niebuhr, *An Interpretation of Christian Ethics* (New York: Meridian, 1956), p. 23.
[149] Reinhold Niebuhr, *The Nature and Destiny of Man*, 2 vols. (New York: Scribner's Sons, 1964), vol. 1, pp. 12-18.

존재는 되지 못하게 한다. 그렇다면 니버는 인간 자체에는 관심이 없었던 것이다. 그는 인간을 추상적, 존재론적 범주에서 논하는 철학들은 거부했다. 그 대신에, 다른 신정통주의 신학자들과 유사하게 역사적 존재, 역사의 모호함에 사로잡혀 "하나님 앞에" 있는 존재로서의 인간에 관심을 가졌다. 그러므로 그의 저술은 하나님과의 관계와 사회 안에서 다른 이들과의 관계라는 이중적 관계의 측면에서 인간에 초점을 두었다.[150]

니버에 따르면, 인간 본성과 실존에 대한 이 기독교적 기술은 성경의 예언자적 전통에 기초한 것으로, 자연주의와 이상주의의 피상적 견해들보다 더 풍요롭고 충만하다. 그리고 자유주의 신학은, 그가 믿기에는, 대체로 이상주의에 굴복하면서 인간의 한계와 타락 상태를 무시했다. 니버는 죄의 개념이 자유주의 신학을 포함하는 현대적 사고방식에 가장 결여되어 있음을 발견했다. 자유주의 신학은 원죄 교리를 폐기했는데, 니버는 이것이 엄청난 손실이었으며 대체로 자유주의가 사회 윤리에서 무력한 데 대한 원인이라고 생각했다. 그는 원죄에 관한 고전적 교리를 회복하기를, 그러나 재구성하기를 원했다. 그에게 성경의 타락 이야기(창 3장)는 보편적 진리를 표현하는 내러티브라는 의미에서 신화다.[151] 아담과 하와는 모두를 대표한다. 즉 우리는 모두 죄에 빠져 있다. 우리가 죄의 유전자나 염색체를 물려받는 것이 아니다. 또는 우리가 아담의 후손이라는 이유로 하나님이 죄를 우리에게 전가하는 것도 아니다. 이런 생각들은 모두 불필요하다. 결코 없어서는 안 될 것은 타락 신화가 표현하는 진리로, 즉 우리 모두가 스스로를 치료할 수 없는 죄인들이라는 것이다. 원죄, 즉 우리의 개별적 범죄들의 기저를 이루는 죄의 근본적 성격은 피조물이라는 것에 대한 거부, 말하자면 자아의 우상숭배다.

니버에 따르면, 죄는 역설이다. 그런 이유로 성경은 죄를 이야기로 표현

---

150 Hofmann, *Theology of Niebuhr*, p. 104.
151 "The Truth in Myths", in *Faith and Politics*, ed. Ronald Stone (New York: George Braziller, 1968), pp. 24-25에 나오는 "신화"에 대한 니버의 설명을 보라.

한다. 죄는 합리적으로 만들 수 없다. 죄를 합리적으로 만든다는 것은 그것을 설명해서 없애고, 그렇게 해서 더 이상 죄가 아니게 하는 것이다. 죄의 역설은 죄가 불가피하지만 필연적이지는 않다는 것이다.[152] 인간 본성 안에는 죄를 필연적으로 만드는 결함은 없다. 죄는 언제나 책임져야 할 선택이다. 하지만 우리 모두의 죄악된 선택 밑에는 그에 대해 어느 누구도 유죄가 아닌 죄악된 상태가 있다. 사람들은 자신들의 죄악된 상태를 범죄를 통해 실행할 때 비로소 유죄가 된다. 하지만 원죄, 즉 죄악된 상태가 인류의 첫 부부로부터 물려받은 영적 질병이 아니라면 어떻게 죄의 보편성이 생기는가? 니버는 이 상황을 설명하기 위한 도움을 키르케고르로부터 받았다. 이 덴마크 철학자는 불안(anxiety)의 개념을 사용해서 죄의 보편적 특징을 설명했다.[153] 인간의 상황을 특징짓는 자유와 한계의 역설은 불안정으로 이끈다. 우리는 생명의 자연적 과정들에 의해 제한받고(한계), 그러나 그 과정들 바깥에 서서 그것들의 위험을 예측할 수 있다(자유). 자연에 의해 우리는 묶여 있고 제한된다. 하지만 또한 우리는 자유롭고, 자연을 넘어서는 능력을 부여받았다(자기 초월). 이 역설은 불안정과 불안을 낳는다. 자유는 우리에게 자연을 넘어서라고 유혹하지만, 우리의 발은 자연에 굳게 심어져 있다. 이런 불안의 상태에서 우리는 죄악된 자기 확신에 의지하는데, 즉 우리의 한계를 무한으로, 약점을 강점으로, 의존을 독립으로 바꾸려는 시도다. 대안은 궁극적 안정을 위해 하나님을 신뢰하는 것이다. 어떤 이유에서든, (예수를 제외한) 모든 인간은 하나님이 우리의 안정을 위한 기반인 하나님이 되도록 하기보다는 스스로 신이 되려고 시도한다.

그렇다면 니버에게 죄는 신앙에 대한 관계를 통해 이해되어야만 한다. 신앙이 우리의 하나님 의존성을 인정하는 것인 반면, 죄는 우리가 피조물

---

[152] Reinhold Niebuhr, *An Interpretation of Christian Ethics* (New York: Seabury, 1979), p. 52.
[153] Niebuhr, *Nature and Destiny of Man*, vol. 1, pp. 182-183, 251-252.

이라는 것에 대한 부인이다. 이 죄악된 상태는 두 가지 형태로, 두 가지 방식의 시도로 나타나는데, 즉 불안정에서 달아나려는 것과 불안을 넘어서려는 것이다. 첫 번째 형태는 관능성(sensuality)으로, 즉 동물적 본성으로 회귀하여 인간의 자유를 부정하려는 시도다.[154] 더 기본적이고 보편적인 것은 두 번째 형태로, 즉 독립을 주장함으로써 인간의 한계를 부정하는 것이다. 이것은 교만(pride)의 죄로, 여러 형태를 취할 수 있다.[155] 첫째는 권력의 교만으로, 타인들에 대해 신과 같은 방식으로 권력을 행사함으로써 불안정을 극복하려는 시도다. 둘째는 지식의 교만으로, 인간의 제한된 지식을 절대적이라고 주장하는 것이다. 셋째는 덕(德)의 교만으로, 인간의 상대적 도덕 기준에 대해 절대적 지위를 주장하는 것이다. 넷째는 영적 교만으로, 인간의 부분적 영적 경험에 신적 지위를 부여하는 것이다. 니버는 교만이 개인들에게 있을 뿐만 아니라 집단 안에서 더욱 기승을 부린다고 덧붙였는데, 왜냐하면 "집단은 목표를 추구하는 것에서 개인보다 더 오만하고, 위선적이고, 자기중심적이고, 무자비하기 때문이다."[156]

니버가 자유주의적 이상주의에 대항해서 기독교 현실주의를 옹호하다

목회를 하고 기독교 원천들과 인간 실존을 연구한 결과, 니버는 당시 지배적이던 자유주의 신학과 사회적 전망에 대해 깊이 있고 예언자적인 비판을 제시할 수 있었다. 그는 자신이 물려받은 자유주의적 유산을 많은 부분 높이 평가하면서도, 개신교를 사회를 변혁하는 데 유효한 방향으로, 부분적으로나마 하나님 나라를 향한 방향으로 이끌기 위해서는 자유주의적 이상주의와 과도한 낙관론을 비판하는 것이 필요하다고 보았다. 자유주의 신학은, 그의 판단에 따르면, 하나님 나라를 프로이센(헤겔)이나 사회주의(라우

---

[154] 같은 책, vol. 1, pp. 228-240.
[155] 같은 책, vol. 1, pp. 186-203.
[156] 같은 책, vol. 1, p. 208.

센부시) 같은 다양한 인간적 기획들 및 사회적 안건들과 동일시했다. 더 나아가 자유주의 신학자들은 (라우셴부시가 사랑에 따라 조직된 사회와 동일시했던) 하나님 나라가 갈등이나 강압 없이 평화로운 설득을 통해 이루어질 수 있다고 보았다. 이런 자유주의적 이상주의에 맞서 니버는 기독교 현실주의를 옹호했는데, 즉 죄악된 인간들은 하나님 나라를 이루어 낼 수 없고 완벽한 것은 어떤 것도 성취할 수 없지만 하나님의 도움으로 정의를 부분적으로 성취해 가며 하나님 나라에 근접할 수 있다는 사상이다.

『기독교 윤리 해석』에서 니버는 기독교 현실주의의 핵심 논지를 다음과 같이 제시했다. "사랑이 사회적 행동의 동기일 수 있을지라도, 자기 이익이 모든 층위에서 사랑의 계율에 저항할 가능성이 높은 세계에서는 정의가 사랑의 도구여야 한다."[157] 그는 자신이 "도덕주의적 유토피아주의"[158]라 명명한 것과 자유주의 교회들의 감상적 낙관주의를 거부했는데, 거기에서 사랑이 단순한 가능성이지 "불가능한 가능성"이 아니라는 잘못된 이해를 발견했기 때문이다.[159] 하나님의 은혜는 사랑을 가능성으로 만들지만, 죄악된 상태는 사랑을 불가능성으로 만든다. 니버가 의미한 바를 이해하기 위해서는, 그가 예수가 명령한 사랑을 완벽한 이타성, 이기심의 완전한 부재, 자신이 아니라 오직 곤궁에 처한 사람을 위한 배려로 해석했다는 점을 알아야만 한다. 그러한 사랑은 가끔 일대일 관계에서는(예를 들어, 부모가 자식에 대해, 또는 부부 사이에) 가능할 수도 있지만, 크고 집단적인 관계에서는(예를 들어, 회사 경영진이 노동자에 대해, 또는 한 민족 국가가 다른 민족 국가에 대해) 불가능하다. 니버에 따르면 보통, 그리고 특히 사회적 행동에서는, 이기심이 전혀 없는 인

---

[157] Niebuhr, *Interpretation of Christian Ethics* (Meridian, 1956), p. 9. 이하의 내용은 필자가 *An Interpretation of Christian Ethics*와 선집 *Love and Justice*에 있는 것과 같은 여러 논문들에 나오는 그의 "사랑과 정의의 변증법"을 가능한 한 간단하게 설명한 것이다. 니버의 글이 어려울 수 있기 때문에, 나는 그의 글을 인용하기보다는 풀어서 설명했다.
[158] 같은 책, p. 155.
[159] 같은 책, p. 110.

간 행위란 있을 수 없다. 이것이 죄가 인간 내면 깊숙이 침투한 방식이다.

그렇다면 어떻게 할 것인가? 우리는 사회적 환경에서는 정의에 대한 희망을 포기하고 단념해야 할 것인가? 니버에 따르면, 절대 그럴 수 없다. 하지만 우리는 너무 많은 것을 기대해서는 안 된다. 한 국가가 다른 국가를 절대적이고 자기를 포기하는 선의로 사랑하리라 기대하는 것은 헛됨에 빠지는 것이다. 그것은 죄의 조건들 아래서는 가능하지 않다. 그리고 죄는 숙고나 교육이나 설득을 통해 극복되지 않는다. 비슷하게 고용자들에 의해 착취당하는 노동자들에게 고용자들을 사랑하도록 요구하고, 고용자들이 그들의 노동자들을 이타적으로 사랑하기를 기대하는 것은 이상주의적 착각이다. (이것이 니버가 자유주의 개신교의 강단과 출판물에서 듣고 읽은 것들이다.) 무엇보다도 니버는 그리스도인들이 억압받는 소수자들에게 그들의 억압자들을 사랑하라고 요구하는 것이 우스꽝스럽고 모욕적인 일이라 생각했다. 하지만 예수는 "원수를 사랑하라", "악한 자를 대적하지 말라"고 말하지 않았는가? 다시 말하지만, 니버는 이 명령들을 "만일 네 오른 눈이 너로 실족하게 하거든 빼어 내버리라"라는 구절과 동일한 방식으로 완벽함의 권고, 그것들이 완벽하게 성취될 수 있다고 생각함 없이 힘써 노력해야 하는 불가능한 이상으로 해석했다. 그렇다면 불가능한 이상의 적실성은 무엇인가? 니버는 『기독교 윤리학 해석』의 한 장 전체를 이 질문에 답하는 데 할애했다.

니버가 보기에 그리스도가, 그러므로 기독교 윤리가, 우리 앞에 제시한 불가능한 이상은 원수에게 해를 입히거나 심지어 저항하지도 않는 절대적이고 순수한 사랑이다. 그것은 폭력과 착취와 억압이 만연한 이 죄악된 세상에서는 불가능하다. "예수의 윤리적 요구들은 현재의 인간 실존에서 성취될 수 없다."[160] 실제로, 그러한 사랑의 계명에 따라 살려고 노력하면 반대 결과를 낳는다. 불량배를 "단지 사랑하는 것"으로는 불량배의 공격을 당

---

160 Niebuhr, *Interpretation of Christian Ethics* (Seabury, 1979), p. 35.

하는 약한 이웃이 큰 해를 입게 될 수 있다. 니버가 보고 있던 것은 히틀러가 1939년에 사실상 모든 약한 이웃 나라들을 상대로 시작할 다가오는 전쟁이었다. 미국은 어떻게 해야 할까? 모든 교전국을 동등하게 사랑해야 할까? 그가 말을 건넨 자유주의 개신교 목사와 신학자들 대부분은 평화주의 정책을 신봉하는 평화주의자들이었다.[161] 그는 평화주의에 대한 경멸을 쏟아 내는 한편, 평화주의자들에게 그들이 취한 방식의 오류를 보라고 정중히 호소했다. 그들의 방식대로라면, 미국은 유대인들을 비롯한 수백만의 사람들이 대학살을 당하는 동안 양측을 "사랑하면서" 제2차 세계대전을 방관해야 했을 것이다. 니버는 이것이야말로 사랑에 가장 위배되는 것이라고 보았다. 그렇다고 그가 전쟁이 사랑이라고 생각한 것은 아니다. 전쟁은 두 가지의 악 중에서 더 작은 악이었다.

니버에게, 그리고 이것이 기독교 현실주의의 정수인데, 사랑은 반드시 필요한 완전한 기준으로서 우리가 이루기 위해 분투해야 하는 것이며 또 그것에 의해 우리의 모든 행위의 불완전함을 평가한다. "사랑은…역사 내의…모든 성취의 완성이자 부정이다."[162] 바로 이 사랑이 예수 자신이 준, 모든 윤리적 행동들을 예언자적으로 비판하는 원리다. 가끔 하는 자선 행위를 제외하고 우리가 사랑을 이룰 수 있다고 생각하는 것은 사랑을 잃는 것이다. 사랑은 심판 때 우리의 맞은편에 서서, 우리가 아직 완성에 도달하지 않았음을 일깨운다. 완벽한 사랑의 통치인 하나님 나라는 이상으로서 언제나 오고 있지만, 적어도 인간의 사회사업을 통해서는 도달하지 못한다. 하나님

---

[161] 여기서 니버가 말하는 상대인 자유주의 개신교 목사의 예를 하나 드는 것이 도움이 될 것 같다. 에드윈 달버그(Edwin Dahlberg, 1892-1986)는 미국 침례교 목사이자 평화 운동가로, 로체스터 신학교에서 라우쉔부시의 조교였고 북침례교 대회와 미국 교회협의회의 의장이었다. 그는 평화주의자들과 평화 중재자들의 종교 네트워크인 "화해의 모임"(Fellowship of Reconciliation)의 설립을 도왔다. 달버그는 1930년대부터 1960년대까지 지치지 않고 평화를 위해 일했다. 그는 자신의 멘토 라우쉔부시의 유업을 이어갔다. 니버는 그의 이름을 언급하지 않지만, *An Interpretation of Christian Ethics*를 썼을 때 분명히 달버그 같은 지도자들을 염두에 두고 있었다.

[162] Larry Rasmussen, ed., *Reinhold Niebuhr: Theologian of Public Life* (Minneapolis: Fortress, 1991), p. 176에 인용됨.

나라는 철저하게 종말론적이며, 즉 우리를 그것 자체를 향해 끌어당기며 사회 윤리에서의 모든 우리의 부분적 성취들에 한계를 부여하는 미래적 조건이다. 누군가가 하나님 나라가 이르렀다고 생각하는 순간, 그 사람은 자신의 성취의 불완전성을 드러내는 사랑의 능력, 하나님 나라의 능력을 상실하게 된다. 하나님 나라에 이르렀다고 생각하는 것은 우상숭배의 죄를 범하는 것이다. 우리 죄인들은 우리가 아직도 한참 더 가야 한다고 말해 줄 불가능한 이상이 **필요하다**. 우리가 그 이상을 성취했다고 여길 때, 우리는 그 가치를 잃고 우리 자신과 우리의 사회적 성취를 하나님과 동일시한다.

다시 말하지만, 만약 사랑이 불가능하다면 무엇이 가능한가? 니버에게 정의는 죄의 상태들 아래서 사랑에 가장 가까운 것이다.[163] 하나님의 일이며 우리의 소관이 아닌 하나님 나라가 도래하기까지, 우리는 정의를 받아들이는 동시에 계속해서 사랑을 주시해야 한다. 이것은 사랑과 정의의 변증법이라 불리며, 기독교 현실주의의 정수다. 사랑은 무조건적이며 권리 혹은 상벌에는 관심이 없다. 사랑은 전적으로 이타적이다. 사랑은 아무것도 질문하지 않고 준다. 사랑은 결코 타인에게 저항하지 않는다. 정의는 구체적인 사회적 관계들에서의 사랑의 실현이다. 정의는 자유와 평등이며 권리와 상벌을 계산한다. 그것은 이성을 사용해서 마땅히 해야 할 일을 계산한다. 필요할 때는 강압을 사용해 억압과 착취 같은 악에 저항한다. 정의는 때때로 처벌을 요구하지만, 사랑은 언제나 무조건적으로 용서한다. 정의는 때때로 전쟁을 요구하지만, 사랑은 결코 폭력을 용납하지 않는다. 하지만 니버는 사랑과 정의의 이원론을 지지하지는 않는데, 이 둘은 상호의존적이며 특히 기독교 윤리학에서 그렇기 때문이다. 이것이 이 둘의 관계의 변증법적 측면이다. 이 둘은 매우 다른 원리들이지만 그럼에도 불구하고 서로 의존적이다. 사랑은 작용하기 위해 정의에 의존한다. 정의는 참된 정의이

---

[163] Niebuhr, *Interpretation of Christian Ethics* (Seabury, 1979), p. 80.

고 복수가 되지 않기 위해서 사랑에 의존한다. 사랑 없이는 정의가 자신들의 권리를 주장하는 집단들 간의 거친 투쟁이나, 잘못을 범한 사람에 대한 복수로 흐르기 쉽다. 정의 없이는 사랑이 현실을 벗어나서 죄로 인한 사회적 문제를 해결하는 데 효과를 발휘하지 못한다.

니버의 자연주의와 이상주의 비판으로 돌아가 보자. 그의 견해에 따르면 자연주의는 정의에서 사랑을 제거하는데, 사랑은 자연의 법칙이 아니기 때문이다. 사랑은 초월적 원천을 요구한다. 자연 자체는 단지 자기 이익을 최고의 가치로 삼는다. 하지만 이상주의는 사랑에서 정의를 제거하며 그렇게 해서 실제 문제들을 해결하는 데 효과적이지 못하다. 그것은 삶이 펼쳐지고 문제들에 대한 해결이 필요한 혼란스러운 들판보다는, 도달할 수 없는 저돌적인 영적 산봉우리를 선호한다. 니버에 따르면, 평화주의와 이상주의를 특징으로 하는 기독교 자유주의는 불가능한 완성의 꿈을 선호하면서 이 세계에 대한 책임을 회피한다. 그리스도인들은—예를 들어 정의를 자비로 단련시킴으로써—정의를 정화시키기 위해 사랑이라는 불가능한 이상을 주시하는 동시에, 정의를 행하는 더러운 일에 참여하는 방법을 배워야 한다. 니버에게 기독교를 위한 최고의 변증은 인간학과 사회 윤리를 제공할 수 있는 능력에 있는데, 그것들은 자연주의와 이상주의의 한계를 넘어서고 이상적인 것과 현실적인 것, 즉 완벽한 것과 가능한 것의 관계-안에-있는-차이를 언제나 활성화하는 예언자적 원리를 제시한다.

니버의 사랑과 정의의 변증법은 구체적인 사회 윤리적 문제들에서 어떻게 펼쳐지는가? 정치에서 이 변증법은 크고 작은 사회들 안에서 권력의 균형을 찾기 위해 노력하는 것을 언제나 의미했다.[164] 니버가 굳게 믿기에 권력은 부패하며 누구도 절대적으로 신뢰를 받아서는 안 된다. "모두를 사랑하되 누구도 신뢰하지 말라"가 그의 좌우명 중 하나였다. 그는 민주주의

---

[164] 같은 책, p. 69.

가 국가 정치의 바람직한 형태이지만, 견제와 균형과 계속된 조정이 필요하다고 보았다. 경제에서 그것은 생산을 위한 장려책들을 없애지 않으면서 부를 계속 재분배하는 것을 의미했다. 국제 관계에서 그것은 미국과 다른 강대국들이 평화를 유지하기 위해 협력하며, 약한 국가와 민족을 보호하기 위해 필요하다면 전쟁을 벌이는 것을 의미했다. 니버는 정당 전쟁 이론을 굳게 믿었다. 인종 관계 문제에서 그것은 더 큰 평등을 가져오기 위해 인종차별적 억압자들과 싸우는 것을 의미했다. 인종 차별주의에 대한 니버의 논평은 사랑과 정의에 관한 그의 논리를 잘 보여 준다. "낭만적 환상으로 가득 찬 종교만이 흑인에게 백인을 용서함으로써 백인으로부터 정의를 얻으라고 설득하려 할 것이다."[165] 마틴 루터 킹(Martin Luther King Jr.)은 간디(Gandhi)보다 니버가 자신에게 더 큰 영향을 미쳤다고 말한 바 있다. 사람들은 킹을 평화주의자로 기억하지만, 그의 전술은 비록 폭력을 사용하지 않으면서도 종종 폭력을 유발했다. 니버는 폭넓고 다양한 사회 윤리 문제들에 대해 강경한 입장들을 보였고, 「기독교와 위기」를 비롯한 여러 출판물에서 그 입장들을 자유롭게 표출했다. 하지만 특정 문제들에 대한 그의 입장들은 그의 기본 원리들만큼 영향력을 발휘하지는 못했다. 사람들은 그의 기본 원리들에 살을 붙여 다양한 방식으로 구체화했다.

니버가 하나님의 초월과 기독교적 상징들의 실재론을 강조하다

불트만과 마찬가지로, 니버는 조직 신학자도 교리 사상가도 아니었다. 그는 윤리학자였지만 신학적 윤리학자였다. 또한 불트만과 마찬가지로, 그는 칸트와 키르케고르의 영향을 강하게 받았다. 칸트로부터 그는 인간이 물자체에 대한 지식을 가질 수 없다는 견해를 받아들였지만, 그러면서도 칸트의 인식론을 모두 수용하지는 않았다. 그는 반(反)형이상학적 사상가로서

---

[165] 같은 책, p. 141.

현상 배후의 실재에 관한 사변을 시간 낭비라고 보았다. 불트만 및 많은 다른 칸트적 그리스도인들과 함께 그는 하나님 자신에는 별 관심이 없었는데, 인간은 그런 지식을 가질 수 없으며 또한 그것이 실생활과 무관하기 때문이다. 말하자면 그는 삼위일체의 내적 활동이나 하나님의 본질과 속성들, 또는 성육신이 일어난 방식을 이해하려는 시도에는 관심이 없었으며, 실제로 관심을 갖지 않으려고 노력했다. 그가 동정녀 탄생, 몸의 부활과 같은 교리들에 관해 정확히 어떻게 생각했는지 파악하기란 어려운데, 그것들은 그의 관심사가 아니었기 때문이다. 그가 초자연적인 것을 믿었는지, 그리고 어느 정도 믿었는지는 여전히 논란거리다.[166] 앞에서 본 대로, 키르케고르로부터 니버는 하나님의 초월이 신비를 의미하며 하나님에 관한 우리의 모든 생각이 성경의 상징주의에 기초한 역설의 형태를 취할 수밖에 없다는 견해를 받아들였다.

기독교 신학의 두 교리 또는 적어도 두 주제를 니버가 매우 상세히 다룬 이유는 그것들이 그의 윤리학에 매우 중요했기 때문이었다. 여기서는 그에 관한 니버의 견해를 간단히 설명할 것인데, 단서는 그가 일반적 의미에서 그 교리들을 체계적으로 또는 교리적으로 제시하지 않았으며 그러므로 그의 해설은 결코 완전한 기술을 목표로 하지 않았다는 점이다. 그 교리들은 하나님의 초월과 예수 그리스도의 십자가(속죄)다. 니버에게 이 둘은 모두 상징을 사용해 기술되어야만 한다. 이 점은 어느 정도는 불트만이 의미하는 신화와 일치하지만, 니버는 불트만이 했던 것과 같은 정도로 이 두 가지 교리를 실존화하지는 않았다. 니버도 성경 해석에서 문자주의자는 아니었다. 그는 성경을 문자적으로 받아들이지 않으면서도 진지하게 받아들

---

[166] 니버의 기독교 믿음들에 대한 해석들이 매우 다양하다는 데 대한 하나의 증거는 스탠리 하우어워스(Stanley Hauerwas)와 가브리엘 파커(Gabriel Fackre) 사이에서 니버의 기독교에 관해 벌어진 논쟁에서 잘 나타났다. 하우어워스는 *With the Grain of the Universe* (Grand Rapids: Brazos Press, 2001)로 출판된 자신의 기포드 강좌에서 니버의 신학이 기독교적이지 않다고 주장했다. 파커는 *First Things* (October 2002): pp. 25-27에서 강경한 어조의 긴 반박문으로 응수했다.

이는 것에 관해 언급했다. 그가 정확하게 무엇을 문자적으로, 무엇을 문자적이지 않게 받아들였는지는 완전히 분명하지는 않다. 그는 불트만 같은 성서학자도 아니었다. 하지만 그는 자신이 비록 계시를 상징적으로 보려고 했을지라도 성경의 메시지를 극도로 진지하게 받아들였으며, 단지 종교적 경험이나 영적인 사람들의 뛰어난 종교 사상에 관한 인간적 기록에 불과한 것으로 보지 않았다고 주장했다. 성경과 신학에 대한 그의 견해는 상징적 실재론(symbolic realism)이라고 말할 수 있는 것으로, 이것은 상징이 자신이 상징하는 실재에 참여하며 상실 없이 다른 기호로 대체될 수 있는 기호에 불과한 것이 아니라는 견해다. 성경의 상징들은 축소될 수 없는데, 그것들이 합리적으로 이해될 수 없는 신비들에 관한 우리의 생각을 지도하기 위해 하나님에 의해 주어진 것이기 때문이다. 하나님의 초월과 십자가는 그러한 두 가지 상징들이다.

니버를 신정통주의로 분류하는 것을 정당화하는 한 가지는 그가 하나님의 초월을 강조한 점이다. 하나님의 초월에 대한 현대의 부정에 직면해서, 그는 신적 초월이라는 성경적 사상을 심판과 인간적 곤경의 극복 모두를 위한 기초로 재차 확언하려 했다. 그에게 이 측면은, 그리스도 안에서 도래했으며 역사의 정점으로 도래할 하나님 나라 개념에서 제시된다. 한편으로, 오직 초월적 하나님 개념과 역사에 대립해 서 있는 하나님 나라가 인간의 교만한 경향을 제어하는 데 필요한 심판의 국면을 제공할 수 있다.[167] 이 상징들은 모든 인간의 노력들을 제어하는 역할을 한다. 모든 순간에 하나님 나라는 인간이 성취할 수 없는 신적 이상으로 남아 있다. 다른 한편으로, 초월적인 것이라는 상징은 역사의 의미가 현재에 드러난다는 점을 분명히 해서, 하나님 안에서 역사가 최종적으로 완성된다는 희망을 제공함으로써

---

[167] Reinhold Niebuhr, *Faith and History* (New York: Charles Scribner's Sons, 1949), p. 113.

"역사의 자기모순들의 암흑"을 조명한다.[168]

니버는 희망이 성경에서 볼 수 있는 세 가지 주요 종말론적 상징들로 표현된다고 보았는데, 이 상징들은 모두 문자적으로 해석되어서는 안 되지만 그럼에도 불구하고 진지하게 받아들여야 한다.[169] 그리스도의 재림이라는 상징은 하나님의 주권의 충분성과 사랑의 최후 승리에 대한 신앙의 표현이다. 최후의 심판은 선과 악 사이의 구별이 중대함을 단언한다. 그리고 모든 죽은 자의 부활은 시간적 과정에서 발견되는 다양성을 "영원이 성취하며 무효로 만들지 않는다"는 것과, 유한성과 자유의 변증법이 인간적으로 고안된 해법을 갖고 있지 않다는 것을 암시한다.[170] 궁극적으로, 역사의 의미가 드러나는 것은 신앙에 의해 인지되기는 하지만 마찬가지로 신앙의 삶과 세상 안에서의 기독교적 증언을 돕는다. 니버는 『인간의 본성과 운명』을 다음의 언급으로 마무리했다. 신앙 안에서 산다는 것은 "역사의 모든 안정과 불안정 너머에 있는 궁극적 안정"을,[171] 즉 역사의 초월적 하나님 안에서 궁극적 안정을 발견하는 것을 의미한다. 1939년에 니버는 이런 유형의 신앙이 타인들로 하여금 "삶과 역사에서 거짓된 안정과 구원을 우상숭배적으로 추구하는 것에서" 벗어나도록 설득할 수 있다는 낙관론을 표명했다.[172] 그는 파시즘, 나치즘, 공산주의 같은 이데올로기의 유혹을 말하고 있었다. 세계는 역사상 가장 처참한 전쟁에 돌입하고 있었는데, 그 이유는 너무 많은 사람이 초월을 부정하는 우상숭배적 인간의 기획에서 의미와 안정을 추구했기 때문이다. 하지만 니버의 요점은, 자연이나 인류 너머의 신적 근원에서 발견되는 의미와 안정인 초월이라는 상징이 부정되고 거부되면,

---

168 Niebuhr, *Nature and Destiny of Man*, vol. 2, p. 288.
169 같은 책, vol. 2, pp. 287–298.
170 니버가 인간 자아의 측면에서 부활을 이해하는 것에 대해 설명한 것을 *Self and the Dramas of History* (New York: Charles Scribner's Sons, 1955), pp. 237–242에서 보라.
171 Niebuhr, *Nature and Destiny of Man*, vol. 2, p. 320.
172 같은 책, vol. 2, p. 321.

얼마 못 가 이런 일이 언제나 일어난다는 것이다. 그에게는 이것이 현대성의 비애(悲哀)였다. 현대성이 만들어 낸 모든 위대한 것들에도 불구하고, 현대성의 치명적 결함은 초월성을 부정해서 인간들이 스스로를 의지하게 한 것이다. 즉 불안은 인간들로 하여금 자신들 안에서 안정을 추구하게 했으며, 힘이 곧 정의라는 결과를 낳았다.

니버에게 다른 중요한 상징은 십자가다. 초월과 마찬가지로, 십자가는 사회 윤리에 강력한 영향을 미친다. 그에게 기독교 신앙의 초점은 십자가인데, 기독교가 이 사건이 중심인 복음을 선포하기 때문이다. 그는 실재에 대한 합리주의적 접근을 거부하는 것과 맥을 같이하여, 십자가의 의미가 관찰 가능한 역사의 사실들로부터 논리적으로 도출되지 않으며[173] 신앙의 눈으로만 볼 수 있다고 경고했다. 십자가가 중요한 이유는 계시적이기 때문이다. 즉 그것은 인류에 관해 그리고 하나님에 관해 심오한 진리를 드러낸다. 십자가는 인간의 상황에 관해 말한다. 인간의 곤경, 우리의 자기모순의 깊이를 보여 준다.[174] 한편으로, 십자가는 죄에 대한 하나님의 심판 선언이다. 다른 한편으로, 십자가는 하나님의 사랑과 죄 용서를 선포한다. 십자가는 "하나님의 사랑의 계시"이지만, 오직 "먼저 그 십자가의 심판 아래 섰던 자들"에게만 그렇다.[175] 그렇다면 십자가는 사랑 안에 있는, 역사의 의미에 대한 단서를 제공하는데, 왜냐하면 십자가는 "사랑이라는 이상에 대한 진리의 신화[상징]"이기 때문이다.[176]

니버에게 십자가는 기독교 사회 윤리를 위한 직접적 중요성을 갖는다. 자신이 하나님에 의해 용서를 받은 자라는 사실을 아는 사람은, 그러한 십자가에서 계시된 사실을 아는 사람으로서, 타인들을 용서해야 한다. 정의는

---

173 Niebuhr, *Faith and History*, p. 137.
174 Gordon Harland, *The Thought of Reinhold Niebuhr* (New York: Oxford University Press, 1960), p. 20.
175 Reinhold Niebuhr, *Christianity and Power Politics* (New York: Charles Scribner's Sons, 1940), p. 210.
176 Niebuhr, "Truth in Myths", p. 31.

자비로 완화되어야 하며, 적들은 심지어 우리가 반대하고 저항할 때라도 미워해서는 안 된다. 니버는 제2차 세계대전 후 독일 재건을 위한 마셜 플랜(Marshall Plan)을 지지했는데, 용서와 회복으로 다시 일으켜질 수 있는 정복된 적을 짓누르는 것은 결코 옳지 않기 때문이었다. 십자가는 심판과 자비를 모두 상징한다. 즉 그리스도인은 정의와 자비를 함께 실천해야 한다.

니버가 공감과 비판으로 가득 찬 모호한 유산을 남기다

랭던 길키(Langdon Gilkey, 1919-2004)는 그 자신이 20세기의 가장 영향력 있는 신학자들 가운데 한 사람으로서, 여러 해 동안 시카고 대학교 신학대학원에서 신학을 가르쳤다. 그는 60명 이상의 신학 분야 학생들의 박사학위를 지도했는데, 이는 어떤 신학 교수들보다 많은 것이었다. 그가 수많은 책들을 저술했는데, 그 중에는 『회오리바람의 이름을 짓기』(Naming the Whirlwind, 1970)와 『회오리바람을 수확하기』(Reaping the Whirlwind, 1976)가 있다. 이 책들은 1960년대 급진주의자라는 사람들의 이른바 사신신학(death of God theology)에 의해 야기된 신학에서의 위기를 전환하는 데 기여했다. 니버와 마찬가지로, 또 부분적으로는 그 때문에, 길키는 자유주의와 신정통주의 사이에 있는 경계 위에 섰다. 그의 마지막 책들 중 하나인 『니버에 관하여: 신학적 연구』(On Niebuhr: A Theological Study, 2004)에서 그는 다음과 같은 증언을 통해 한 세대의 미국 신학자들의 견해를 대변했다. "나는 이[니버의] 신학에 크게 빚지고 있으며, 다른 세대의 누군가가 어떤 사상가에게 동의할 수 있는 것처럼, 나는 니버의 신학이 놀라울 정도로 심오하고 내가 아는 대로의 경험에 부합한다고 생각한다. 내가 만났던 어떤 다른 관점들보다 더 그렇다."[177]

길키가 니버의 신학에서 그토록 높게 평가한 부분은 무엇인가? 그는 이 신학이 현대성과 특히 아우구스티누스와 종교개혁자들이 대변한 고전적

---

177 Langdon Gilkey, *On Niebuhr: A Theological Study* (Chicago: University of Chicago Press, 2004), p. 223.

기독교의 종합(synthesis)에 대한 최고의 예라고 여겼다. 니버가 키르케고르를 따라 서로 반대되는 것들의 헤겔식 변증법적 종합을 믿지 않았다는 점을 고려할 때, 이것은 역설적이다. 그럼에도 불구하고, 길키와 다른 신학자들은 니버 안에서 최고의 현대성을 성경적 진리를 포함하는 최고의 기독교 전통과 결합하는 한 방식을 발견했다. 길키에 따르면, 니버의 "종합은 이것들을 모두 재형성하고 재정의한다."[178] 고전적 기독교는 현대성이 모든 형태의 변화와 상대성을 강조하는 측면에서 해석되고, 그러나 현대성의 진보에 대한 전념은 거부된다. 현대성은 고전적 기독교가 의미의 초월적 원천들을 강조하는 측면에서 해석되고, 그러나 고전적 기독교의 문자주의와 권위주의는 배격된다. 하지만, 길키에 따르면, 궁극적으로 니버는 현대성에 도전한다. "니버에게…진보라는 현대적 종교는 단지 부분적이고 서구 중산층의 가치에 경도되어 있을 뿐만 아니라, 경험적 타당성과 영적 타당성, 그리고 무엇보다도 삶의 비극적 성격에 직면하여 구속적 능력을 결여하고 있다."[179]

니버의 신학에 대한 길키의 최종적 판단은 인용할 가치가 있는데, 이는 니버를 자유주의(과도하게 현대성에 적응하는 것)나 근본주의(현대성을 거부하는 것)라고 비판하는 우파 또는 좌파 신학자들의 경향을 피하는 긍정적 평가를 대변하기 때문이다. 많은 신학자들은, 특히 미국의 주류 교단의 신학자들은 니버가 현대성과 고전적 기독교 사이에 성공적으로 상관관계를 맺은 사람이라는 대체로 긍정적인 이 평가에 동의한다.

니버의 가장 근본적 논증은, 그렇게 (예를 들어, 현대적 측면에서) 고찰된 인간 실존이 성경적으로, 즉 심판 안에서 그리고 은혜 안에서 우리의 세계와 계속해서 관련되는 초월적 하나님과의 관계 안에서 고려되어야 한다는 것이

---

178 같은 책, p. 248.
179 같은 책.

며, 또한 현대적 삶이 자기 파괴와 절망에서 벗어나고자 한다면 결국 믿음과 사랑과 소망 안에서 살아야만 한다는 것이다. 그러므로 니버의 신학이 대변하는 것은 상관관계(correlation)로, 현대적 존재론과 성경적 상징들 사이에 틀림없이 있는 상관관계, 즉 양측이 각각 상대를 재형성하는—그리고 현대적 삶의 위태로운 측면들 안에서 기독교적 실존을 가능하게 만드는—상관관계다.[180]

"상관관계"가 "종합"보다 니버의 업적을 더 잘 표현하는 용어다. 그의 실존주의는 전자를 거부하지 않으면서도 후자를 금지할 것이다.

스탠리 하우어워스(1940-)는 길키가 니버의 업적을 평가한 것에 강력히 이의를 제기한다. 하우어워스는 아마도 길키에 버금가는, 요즘 세대의 젊은 미국 신학자들에 큰 영향을 미치는 인물일 것이다. 그는 예일, 노터데임, 듀크 대학교 신학대학원(Duke University Divinity School)에서 신학을 가르쳤으며, 다양한 주제에 관하여 많은 책을 썼는데 그 대부분은 어떻게든 기독교 사회 윤리를 다룬다. 그의 기포드 강좌는 2001년에 『우주의 낟알을 가지고』(*With the Grain of the Universe*)라는 제목으로 출간되었으며 니버의 신학이 기독교적이지 않다는 한결같은 비판을 제시했다. 하우어워스에 따르면, 니버는 현대성과 기독교를 성공적으로 종합하거나 상관관계를 맺게 하지 않았고, 오히려 현대성에 굴복하고 마지막에는 미국 철학자 윌리엄 제임스(William James, 1842-1910)의 실용주의와 그러므로 세속주의에 거의 전적으로 동의해 버렸다. 하우어워스는 니버가 성경적 상징들을 사용하고 초월을 강조한 것을 대단하지 않게 여겼다. 결론적으로 그는 니버가 현대성 위에 기독교의 허울을 입혔을 뿐이라고 판단했다. 니버가 현대성의 모든 것에 동의하지 않았음을 인정하면서도, 니버의 기본적 충동들이 자연주의적이

---

[180] 같은 책.

고 현대적이지 참으로 성경적이거나 기독교적이지는 않다고 본 것이다. 하우어워스가 특히 비판하는 부분은 니버가 때때로 폭력을 필요악으로 옹호한다는 점이다. 듀크의 신학자 하우어워스는 유니언 신학교의 신학자 니버가 현대의 국민-국가 군국주의의 제단에서 평화에 관한 성경적 메시지를 너무 많이 희생시켰다고 비판했다.

여성 퀘이커교도인 또 다른 평화주의 신학자는 니버가 신학에서 성령을 누락했다고 주장하며 비판했다. 레이첼 해들리 킹(Rachel Hadley King)은 『성령을 누락한 라인홀드 니버의 신학』(*The Omission of the Holy Spirit from Reinhold Niebuhr's Theology*)에서 니버가 불트만과 비슷한 방식으로 현대성의 자연주의에 굴복했다고 비판했다. 그녀에 따르면, 니버의 신학 전체는 전통적 기독교의 초자연주의가 폐기된 후 기독교에서 무엇인가를 구해 내려는 시도다. 그 결과로 기독교는 치명적 손실을 입었는데, 하나님과 피조물 사이의 어떤 참된 관계도 불가능하게 되었기 때문이다.

> 니버가 회심한 죄인이 십자가 위의 하나님에 대해 갖는 관계를 기술한 것에서, 우리는 하나님과 인간의 영 사이의 어떤 실제적 교제를 설명하기 위한 엄청난 노력을 본다. 하지만 그는 여기서 설득력이 없는데, 이는 그가 이전에 계시를 설명하려 했을 때 설득력이 없던 것과 마찬가지다. 그리고 그 이유는 두 경우 모두 똑같다. 참된 하나님과 인간의 교제는 모두 피조물의 한계를 깨는 것을 내포하는데, 니버의 사상은 이것이 가능하다고 인정하지 않을 것이기 때문이다.[181]

킹은 니버가 삼위일체에서 성령을 누락했다고 단순히 비판하는 것이 아니

---

[181] Rachel Hadley King, *The Omission of the Holy Spirit from Reinhold Niebuhr's Theology* (New York: Philosophical Library, 1964), p. 147.

다. "성령을 누락"했다는 것으로 그녀는, 하나님이 사람들을 변화시키기 위해 이 세계 안에서 초월적으로 행하는 하나님-인간 사이의 참된 상호작용의 관계를 니버가 명백히 부인하지는 않더라도 무시하고 있다고 비판하는 것이다. 그녀는 니버가 하나님이 죄인을 용서한다는 것을 강조했음을 알았지만, 그녀가 본 니버의 문제는 그의 전반적인 자연주의적 경향으로, 용서받은 사람들의 삶에서 성령의 내향적 사역이 배제되는 것처럼 보이는 것이었다.

이런 공격들로부터 니버를 변호하기 위한 개입을 마다하지 않은 것은 회중교회의 내러티브 신학자 가브리엘 파커(1926-2018)로, 그는 니버와 개인적으로 알았고 특히 하우어워스의 비판들이 부당하다고 생각했다. 『우주의 낟알을 가지고』가 나온 후 곧 파커는 "라인홀드 니버는 그리스도인이었는가?"("Was Reinhold Niebuhr a Christian?", First Things, October 2002)라는 제목의 긴 논문을 썼다. 여기서 그는 니버의 저작들을 인용하면서 니버가 예수 그리스도의 부활을 포함하여 세계 안에서의 하나님의 능력을 참으로 믿었다는 점을 증명하려 시도했는데, 이것들은 킹의 주장에 따르면 니버가 부정하고 있는 것이었다. 그 자신의 질문에 대한 파커의 답은 분명한 긍정이었다.

니버의 신학과 사회 윤리에 대한 이러한 근본적으로 다른 해석들을 어떻게 이해해야 할까? 첫째, 우리는 니버가 실존주의의 영향을 강하게 받은 변증법 사상가였으며 따라서 거의 모든 형이상학적인 것을 포함하는 특정 질문들에는 딱히 관심을 갖지 않았음을 기억해야 한다. 그리고, 그런 유형의 사고와 영향 때문에, 그는 역설과 분명한 모순들에서 어떤 문제도 보지 못했다. 실제로 그것들은 초월의 신비에 대한 표지일 수 있다. 니버에 대한 비판자들과 옹호자들이 그의 엄청난 분량의 저작들에서 인용하는 상충하는 글들을 읽을 때 나오는 유일한 결론은, 분명히 그가 완전히 일관적이지는 못했다는 점이어야 한다. 때로는 그가 예수의 몸의 부활과 빈 무덤을 비롯하여 하나님의 초자연적 행동을 부인하는 것처럼 보였지만, 때로는 그것을 단언하는 것처럼 보이기도 했다. 이것의 일부는 그가 어떤 시기에 누구와 논쟁을 벌였는가에 달려 있다는 주장이 그럴듯해 보인다. 하지만 이런 것들은 그의 주된 관심들이 아니었다. 그의 주된 관심은 언제나 윤리, 특히 사랑과 정의의 관계였다. 기독교의 고전적 교리들에 관해서 그는 종종 모호했거나 침묵을 지켰다.

니버의 비판자들이 거의 언제나 언급하는 것은 하나님 나라를 향한 진보에 관해 그가 보이는 비관론이다. 그들에게는 니버가 하나님 나라를 위해 일하고 사회 체제 안에서 사랑을 확립하기 위해 분투하려는 동기를 약화시킨 것처럼 보인다. 그가 사랑이 주요 동기일 수 있으며 어느 정도는 개인적 자선 같은 작은 맥락이나 가족 안에서 성취될 수 있다고 믿었다는 것은 분명하다. 하지만 비판자들이 재빨리 지적하는 대로, 그는 이기주의로부터 자유로운 인간의 행위는 없다는 것을 절대적 원리로 단언했다. 따라서 완벽한 사랑은 죄의 조건 아래 있는, 즉 하나님 나라가 도래하기 전의 역사 안에 있는 인간들에게는 어떤 맥락에서도 불가능하다. 더 중요한 것은, 그의 윤리는 하나님 나라가 일시적으로라도 인간에 의해 역사 안에서 성취된다는 생각을 일체 배제했다는 것이다. 비판자들은 그가 하나님 나라의 "이미와 아직" 성격에 있는 중요한 성경적 역설을 깨뜨렸다고 주장한다. 하지만 그가 완벽하게는 아니더라도 정의가 성취될 수 있다고 믿었다는 점을 그들은 종종 잊거나 무시한다. 그리고 그는 그것에 기꺼이 만족하며, 하나님 나라를 민주주의나 사회주의 또는 어떤 인간의 사회적 합의와 동일시하려는 자유주의적 경향이라고 본 것을 지지하지 않았다. 그의 전체 요지는 일단 어떤 인간의 성취나 사회 체제가 하나님의 나라와 동일시된다면 "그것의 어떤 결함도 고칠" 이유가 더 이상 없다는 것이다. 물론 니버는 비관론자 또는 현실주의자였지만, 20세기가 그것을 옹호한다고 보았다.

마지막으로, 니버와 과학은 어떤가? 대부분의 현대 신학이 과학과 기독교의 갈등을 피하기 위해 구성된다는 주장이 니버의 경우에도 적용되는가? 길키에 따르면, 그의 경우에도 적용된다. 그는 『니버에 관하여』의 여러 쪽을 "과학이 신학에 미친 영향"에 할애하면서 과학이 이 유니언 신학교의 신학자에게 미친 영향을 특별히 언급한다. 길키는 자신에게 신정통주의를 의미하는 이른바 성경적 신학을 포함하는 대부분의 현대 신학이 현대 과학에 굴복했으며 그로부터 물러났다고 본다. 그는 이것이 옳았고 또 옳다고 생각하지만, 이 점이 니버를 포함하는 신정통주의에서 특히 대체로 인정되지 않았다고 생각한다.

> 그러므로 왜 니버가 원래의 성경적 신화들이 문자적 진리로 이해된다면 더 이상 믿을 수 없다고 진술하는지 알기 원한다면,…분명히 주된 이유는 니버가 우리 인간의 과거에 관한 이러한 발전하는 과학적 개념들을 수용한 데 있다.…창조와 타락의 신화들에 대한 문자적 해석을 포기해야 할 탁월한 신학적 이유들이 있다는 니버의 생각은 (키르케고르의 경우와 마찬가지로) 옳다. 하지만 그는 성경에 대한 "문자적" 해석보다는 이런 새로운 "상징적" 해석의 근본적 토대가 자연에 대한 새로운 과학적 이해와 고대 세계에 대한 새로운 역사적 이해의 영향을 받았다는 점을 (내가 보기에는) 절묘하게 의식하지 못하는 것으로 (또는 아마도 인정하기 싫어하는 것으로) 여겨진다.[182]

분명히 그랬던 것 같다. 기독교의 본질이 사회 윤리와 관련되며 계시가 상징적 특성을 갖는다는 니버의 생각이 맞다면, 니버가 올바르게 보았듯이 과학이 자연주의를 요구한다고 보지 않는 이상, 과학과 기독교의 갈등은 말 그대로 불가능하다.

---

[182] Gilkey, *On Niebuhr*, p. 234.

6

완화된 자유주의 신학들이
현대성과의 대화를 재개하고 수정하다

자유주의 개신교 신학은 양차 세계대전 사이의 기간 동안 극적 변화를 겪었다. 가장 두드러진 변화는, 이 신학이 불가피한 진보의 신화를 포기하고 비극의 감각을 받아들여야 했다는 것이다. 죄의 범주도 비록 근본적 변화를 겪기는 했지만 회복되었다. 이러한 것들을 비롯해 고전적 자유주의 신학에 대한 여러 수정들의 결과로 신자유주의(neo-liberalism) 또는 완화된 자유주의(chastened liberalism)라 불릴 수 있는 것이 출현했다. 그 가운데 가장 영향력 있던 두 가지는 폴 틸리히의 신학과 과정 신학이라 알려진 신학 운동이다. 이 둘은 서로 다르지만, 20세기의 새로운 상황에 비추어 현대성과의 타협을 추구했다. 둘 다 기독교를 철학과 상관관계를 맺게 하려 했다. 또한 둘 다 자신만의 방식으로, 과학과 종교 사이에서 수백 년 동안 이어진 전쟁을 해결하는 방법을 발견하려 시도했다.

신자유주의는 더 오래된 19세기의 고전적 자유주의 신학과 연속성 및 불연속성을 모두 보여 준다. 고전적 자유주의 신학과 마찬가지로 신자유주의 신학자들은 하나님의 내재를 강조하면서 대개는 일정한 형태의 범재신론(panentheism)을 수용한다.¹ 하나님은 세계와 역사에 의존적이지는 않더라도 근본적으로 그것들 안에 현존한다고 여겨진다. 또한 신자유주의 신학자들은 아래로부터의 신학, 인간 경험으로부터의 신학을 하는 경향이 있기에 계시는 성경 외부에서, 인간 실존의 구조 그리고/또는 자연의 구조 안에서 추구된다. 또한, 대개 신자유주의자들은 모든 교리가 동시대적 사고에 있는 새로운 발견들에 비추어 수정될 수 있다고 본다. 즉 "최고의 동시대적 사고"가 신학의 원천이자 기준이 되는 것이다. 초자연적인 것은 신자유주의자들에게 골치 아픈 문제였다. 즉 그들은 대부분 하나님을 자연이라는 장갑 속의 손 또는 자연의 깊은 차원으로 보는 신학적 자연주의자들이며, 기적을 부인하는 경향이 있다. 앞에서 우리는 자유주의 신학을 현대성의 주장들을 최대한 인정하는 것으로 정의했다. 신자유주의 신학은 현대성과 더 미묘한 차이를 두고 복잡한 관계를 맺고 있지만, 여전히 계몽주의와 과학 혁명을 신학으로 하여금 정통주의를 포기하도록 강요하는 위기라고 본다. 신학 분야의 더 오래된 자유주의자들과 마찬가지로, 신자유주의자들도 예수 그리스도가 다른 인간들과 종류가 아니라 정도에서 다르다는 기능적 기독론을 갖는 경향이 있다. 그들에게 예수 그리스도는 성육신한 하나님이기보다는 하나님으로 기능했다. 마지막으로, 신자유주의자들은 고전적 자유주의자들처럼 구원과 관련해서는 보편주의자들이었다(구원을 전적으로 현세적 경험으로 해석하는 것을 제외하고는 말이다).

구(舊)자유주의 신학과 신자유주의 또는 완화된 자유주의 신학 사이에는

---

1 "범재신론"은 21세기 초에 약간의 변화를 겪고 있는 용어다. 원래 범재신론은 하나님과 세계가 상호의존적 실재들로서 공동의 호혜의 관계성 안에서 영원히 존재한다는 관념을 의미했다. 즉 하나님은 세계와 완전히 분리된 존재를 갖지 않는다. 이것은 전통적 기독교의 무로부터의 창조(*creatio ex nihilo*) 개념을 부정한다. 하지만 21세기의 첫 10년 동안 스스로를 범재신론자라 부르는 일부는 단지 "관계적 유신론"(relational theism), 즉 세계가 하나님에게 영향을 미친다는 사상만을 의미하는 것 같다. 범재신론에 관한 상세한 논의는 Philip Clayton and Arthur Peacocke, eds., *In Whom We Live and Move and Have Our Being: Panentheistic Reflections on God's Presence in a Scientific World* (Grand Rapids: Eerdmans, 2004), 그리고 John W. Cooper, *Panentheism: The Other God of the Philosophers* (Grand Rapids: Baker Academic, 2006)를 보라. 『철학자들의 신과 성서의 하나님』(새물결플러스).

중요한 차이들이 있다. 한 가지는 낙관주의에서 현실주의로의 변화다. 거의 모든 구자유주의 신학자들은 인류가 무한히 완벽해질 수 있다고 보았으며 하나님 나라가 이성과 교육을 통해 지상에 도래하기를 고대했다. (2.C.에서 다룬) 계몽주의 철학자 레싱은 인류의 도덕 교육에 관해 글을 썼다. 그와 많은 19세기 자유주의 신학자들에게 도덕 교육은 기독교의 주요 임무였으며, 특히 19세기 말의 신학자들은 도덕 교육이 평화로운 설득을 통해 사람들 사이에 사랑의 나라를 만들어 내리라 기대했다. 신자유주의자들의 관점은 20세기의 참사들로 인해 완화되었다. 또한, 신정통주의의 죄에 대한 새로운 강조가 그들 다수에게 영향을 미쳤다. 그 원인이 무엇이었든지, 완화된 자유주의자들은 구자유주의 신학자들이 그랬던 것처럼 인류와 진보에 관해 낙관적이지 않았다.

아마도 구자유주의 신학과 신자유주의 신학 사이의 가장 두드러진 유사성은 철학의 사용일 것이다. 19세기 자유주의 신학자들은 낭만주의(슐라이어마허), 칸트(리츨), 헤겔(거의 모두가 그가 강조한 역사 안에서의 하나님의 내재에 의해 영향을 받았다)의 특징을 짙게 드러냈다. 마찬가지로 신자유주의 신학자들도 교리가 동시대의 문화에 적실성 있게 만들어지기 위해서는 어떤 특정한 철학 운동이 교리 재구성에 필요하다고 본다. 예를 들어, 곧 보게 될 틸리히는 자신이 깊이 몸담고 있던 20세기 실존주의에 많이 의존했다. 그는 실존주의를 기독교 신학의 현대성을 위한 "행운"이라고 부르기까지 했다. 과정신학자들은 알프레드 노스 화이트헤드(1861-1947)와 그의 미국인 해석자 중 하나인 찰스 하츠혼(Charles Hartshorne, 1897-2000)에 많이 의존한다. 그들은 과정 철학이 현대 신학의 행운이라고 충분히 말하고도 남았을 것이다. 모든 신자유주의자는 철학이 동시대적 신학에 필수적이라고 본다.

구자유주의 신학과 신자유주의 신학의 가장 두드러진 차이는, 이미 언급한 대로, 악의 문제다. 고전적 자유주의 신학은 죄를 포함하는 악을 인간이 "영혼의 사회화"(라우셴부시)를 통해 점점 성장하여 벗어나고 있는 이기심으로 보는 경향이 있었다. 그것은 하나님 나라의 "아직 아님"(not-yet-ness)이며, 인간의 동물적 특성이 영적으로 진화하는 데 장애물이다. 예를 들어, 슐라이어마허에게 그것은 하나님 의식의 결여였다. 리츨주의자들에게 그것은 윤리 교육과 헌신의 결여였다. 신자유주의자들은 악에 관해 더 깊은 이해를 가지는 경향이 있었다. 그들은 악이 인간 실존에 깊이 뿌리박혀 있으며, 숙고하고 많은 노력을 기울인다고 해서 극복될 수 있는 것이 아니라고 보았다. 신자유주의자들은 사회적 유토피아로서의 하나님 나라를 지상에서 기대하지 않는다.

고전적 자유주의 신학과 신자유주의 신학을 공부하려는 사람들은 이 둘이 모두 니버와 마찬가지로 성경을 문자적으로 받아들이지 않으면서도 진지하게 대하는 것이 중요하며 또 가능하다는 데 동의한다는 점을 이해해야 한다. 이 둘 모두에게, 그리고 이것은 불트만과 니버에게도 마찬가지인데, 성경은 기독교의 고전 **자체**이지만 절대적으로 권위 있거나 무오류는 아니다. 성경의 영감은 영감을 불어넣는 성경의 능력에 있지, 하나님이 성경의 저자라는 것이 아니다. 기독교 신학자들이 고전적 개신교의 "오직 성경으로"(sola scriptura) 같은 원리를 고수할 것으로 기대하는 사람들은 신자유주의자들을 이해할 수 없을 것이다.

이상의 내용은 물론 자유주의 신학과 신자유주의 신학의 유사점과 차이점에 대한 간략하고 비전문적인 묘사였다. 현대와 동시대의 신학을 연구하는 학자들이 모두 여기에 동의하지는 않을 것이고, 나도 이 둘의 비교 연구에 대해 들어 본 일이 없다. 자유주의 신학에 관해 글을 쓰는 대다수 학자들은 차이점들을 인정하면서도 틸리히와 과정 신학을 슐라이어마허, 리츨, 하르낙, 라우센부시, 트뢸치와 함께 자유주의 범주에 뭉뚱그려 넣는 경향이 있다. 반면 일부는 이 둘이 악에 관해 다른 견해를 갖는 것에 근거해 완전히 다른 범주에 넣는다. 그런 경우에 자유주의로 분류되는 신학자들은 매우 적게 될 것이다. 나는 구자유주의 신학과 신자유주의 신학의 중요한 차이점들을 인정하면서도 그 둘 사이의 커다란 연속성을 본다. 하지만 틸리히가 니버와 공유하는 실존과 역사에 대한 자신의 비극적 감각에 근거하여 스스로 자유주의 신학과 거리를 두었다는 점은 인정되어야 할 것이다. 하지만 신정통주의 신학자들은 모두 틸리히에게 케리그마에 대한 강조가 결여되었기 때문에 그와 거리를 두었다. 대개 과정 신학자들은 "자유주의적"이라는 명칭을 기꺼이 받아들이면서도, 기독교를 사회적 도덕으로 축소하는 경향이 있던 구자유주의 신학과는 조심스럽게 거리를 둔다. 그들은 구자유주의자들과 신정통주의자들이 모두 경멸했던 형이상학에 대해 아무런 거리낌 없이 관심을 가진다.

6.A. 폴 틸리히가 하나님을 존재의 근거, "하나님 너머의 하나님"으로 기술하다

틸리히는 니버와 마찬가지로 미국의 상징이자 「타임」(1959년 3월 16일)의 표지를 장식한 공적 지식인이었다. 1950년대와 1960년대 초에 걸쳐 그가 강연하는 곳은 인산인해를 이루었다. 랭던 길키는 자신이 밴더빌트 대학교에서 신학을 가르치던 시절에 틸리히가 내슈빌에 강연하러 온 일을 회고한다.

> 몇몇 교수들은…이 "철학자"의 강연을 들을 청중이 너무 적을 것을, 그래서 플로리다에서 온 유명한 부흥강사의 설교를 들으러 오는 엄청난 회중에 의해 압도될 것을 염려했다. 틸리히를 신학대학원의 작은 예배당에 세우고 부흥강사를 대학교 강당에 세우면 어떨까?…이 걱정스러운 예상은 완전히 빗나갔다. 틸리히는 매일 밤 엄청나게 많은 사람들을 끌어 모았고, 강당은 첫날보다 마지막 날에 더 붐볐다.[2]

---

[2] Langdon Gilkey, *Gilkey on Tillich* (New York: Crossroads, 1990), p. 199.

많은 청중이 틸리히의 강한 독일식 억양과 불가사의하지는 않더라도 간혹 이해하기 힘든 생각들에도 불구하고 그를 이해한 반면, 어떤 사람들은 그가 유명해서 한번 왔다가 자신들에게 개인적으로 말하는 것 같이 느끼게 하는 그의 매력 때문에 다시 왔다. 길키는 내슈빌에서 틸리히의 강연을 들은 한 여자가 그녀의 친구에게 말하는 것을 들은 일을 말한다. "나는 저 사람이 말하는 것을 하나도 이해하지 못하겠어. 하지만 그는 강의 내내 나에게 직접 말하고 있었어."[3]

어떤 다른 20세기 신학자보다도 틸리히에게 "지성인들의 사도"라는 호칭이 잘 어울린다.[4] 순교자 유스티누스 같은 2세기 기독교 변증가들을 떠올리게 하는 방식으로, 그는 기독교 신앙의 핵심 진리들을 동시대인들 가운데 지성인들에게 그들의 사고방식에 맞게 전달하려 했다. 그는 자신의 인생 막바지에 이 변증적 목적과 열정이 중요함을 다음과 같이 토로했다. "나의 신학 작업은 모두 종교적 상징들을 세속적 인간―그리고 우리는 모두 세속적이다―이 이해하고 감동을 받을 수 있는 방식으로 해석하는 것을 지향했다."[5]

틸리히의 신학적 기여는, 접근법 면에서는 상당히 대조적이지만 전체적인 영향력과 효과 면에서는 바르트에 비교할 수 있다. 바르트와 마찬가지로, 그는 거대한 신학 체계를 만들어 냈고 이것은 한 세대의 기독교 사상가들 전체에 영향을 미쳤으며 세속 사회에서도 주목과 경탄을 받았다. 바르트와 달리, 그는 현대의 세속적 철학과 기독교 신앙을 종합은 아니더라도 적극적인 상관관계를 맺도록 하기 위해 노력했다.

틸리히는 1965년에 세상을 떠났지만, 그의 유산은 21세기의 첫 십 년대까

---

3   같은 책, p. 198.
4   Robert W. Schrader, *The Nature of Theological Argument: A Study of Paul Tillich* (Missoula, MT: Scholars Press, 1975), pp. 73-74.
5   D. Mackenzie Brown, ed., *Ultimate Concern: Tillich in Dialogue* (New York: Harper & Row, 1956), pp. 88-89.

지도 이어지고 있다. 북미 폴 틸리히 학회(North American Paul Tillich Society)라 불리는 철학자와 신학자들로 이루어진 국제 협회는 그의 작업에 대한 학문적 논의를 계속 이어가고 있다. 1986년에는 그의 탄생 100주년을 맞이하여 그의 신학과 지속되는 신학적 의미를 다루는 수많은 학회가 열렸다. 1977년에는 북미의 신학자들을 대상으로 한 조사에서 틸리히가 미국 조직신학에 가장 큰 영향을 미친 인물로 선정되었다.[6] 틸리히가 살아 있는 동안 세속적 문화는 그를 기독교 신학이 배출한 가장 위대한 지성 가운데 하나로 인정했다. 정치인과 정부, 대학, 기관들로부터 틸리히가 받았던 것과 같은 영예와 인정을 받은 신학자는 거의 없다. 대중 매체조차 그의 중요성을 인정해서 몇 차례나 그의 인터뷰를 공중파로 방영했으며, 그중 일부는 21세기의 두 번째 십 년대인 지금도 인터넷에서 볼 수 있다.

틸리히가 나치즘을 피해서 탈출하고 미국에서 세계적 명성을 얻다

많은 다른 독일 신학자들처럼, 틸리히는 루터파 목사의 가정에서 태어났다.[7] 그는 어렸을 때-심지어 아마도 8세 무렵-부터 신학과 철학에 진지한 관심을 가졌으며 18세 때 목회 경력을 향해 움직이기 시작한 것으로 보인다. 당시의 독일 대학생들 대부분처럼 그는 할레와 베를린을 포함하는 여러 주요 독일 대학교들에서 공부하면서 비판 철학, 신학, 성서학의 영향을 받았다. 그는 목사 안수를 위한 교육을 받는 동안 신학 교수가 되기로 결심했으며, 결국 개신교 국가 교회에서 안수를 받았을 뿐만 아니라 할레 대학교

---

6 Thor Hall, *Systematic Theology: State of the Art in North America* (Washington, DC: University Press of America, 1978), p. 94.
7 여기 나오는 전기적 정보는 대부분 틸리히의 친구들이 저술한 권위 있는 틸리히 전기에서 가져왔다. Wilhelm Pauck and Marion Pauck, *Paul Tillich, His Life and Thought*, vol. 1 (New York: Harper & Row, 1976). 빌헬름 파우크는 틸리히의 학생들 가운데 하나였으며 그의 가장 가까운 친구들 가운데 하나가 되었다. 틸리히 전기가 몇 권 있는데, 그 가운데 커다란 병적 흥미와 논쟁을 불러일으킨 한 권은 그의 아내 한나가 쓴 *From Time to Time* (New York: Stein and Day, 1973)이다. 하지만 이 장의 의도는 틸리히의 신학에 대한 개론이므로, 그의 사생활에 관한 상세한 내용은 흥미와 상관없이 제외되어야 한다.

의 사강사(Privatdozent)로도 임명되었다.

틸리히의 학업은 제1차 세계대전 때문에 일시적으로 중단되고 그는 군목으로 일했다. 그는 전선에서 시간을 보내며 자신의 친구들을 포함한 많은 군인의 장례식을 집전했을 뿐 아니라, 직접 그들을 묻는 일을 도왔다. 그가 엄청나게 많은 죽음과 파괴를 목격한 것은 그의 개인적 삶과 신앙에서 전환점이 되었다. 그는 두 번에 걸쳐 신경 쇠약을 앓았고, 자신의 신관을 바꾼 심각한 의심의 위기를 겪었다. 전쟁 후 그는 명망 있는 베를린 대학교의 교수직을 수락했으며 급진적 사회주의 정치와 관련을 맺게 되었다. 그는 종교 사회주의 운동의 형성에서 중요한 역할을 했고 이 주제에 관해『사회주의적 결정』(The Socialist Decision, 1933)이라는 제목의 중요한 책을 출간했다. 1920년대 동안에 그는 독일 학계에서 잘 알려진 인물이 되었다. 그는 베를린을 떠나 마르부르크로, 다음에 드레스덴으로, 마지막에는 프랑크푸르트로 옮겼고, 그곳에서 당시 싹트기 시작한 나치 운동과 공개적 갈등을 겪었다. 나치가 권력을 잡자 틸리히에게는 "국가의 적"이라는 명칭이 붙었으며,『사회주의적 결정』은 공개적으로 불태워졌다. 1933년 10월에 게슈타포(비밀 국가 경찰)가 그를 미행하기 시작했다.

그가 독일에 머물렀다면 거의 분명히 집단수용소에서 최후를 맞이했을 것이다. 그가 그 운명을 피할 수 있었던 것은 컬럼비아 대학교와 유니언 신학교가 그를 초청해 뉴욕에서 가르치기 위해 옮기도록 한 덕분이다. 틸리히는 1933년에 미국으로 갔으며, 라인홀드 니버의 엄청난 도움을 받아 결국 미국 문화에 적응했다. 그는 1940년에 미국 시민이 되었다. 틸리히는 1955년에 은퇴할 때까지 유니언 신학교에서 가르쳤다. 그가 그곳에서 가르치는 23년 동안에 얻은 엄청난 명성은 (대부분이 이후에 책으로 출간된) 그의 설교와, 예술을 포함하는 동시대 문화의 많은 영역에 대한 신학적 숙고 때문이었다. 1940년에 그는 예일 대학교(Yale University)에서 명예박사 학위를 받으면서 "신학자들 사이의 철학자이자 철학자들 사이의 신학자"로 언급되었다.[8]

제2차 세계대전 중에 틸리히는 "미국의 소리"(Voice of America) 방송에서 독일 사람들을 향한 라디오 연설을 비밀리에 했고, 1944년에는 프랭클린 루스벨트 대통령을 백악관에서 만났다. 종전 직후에 그는 수년간 폭넓게 여행하면서 열광하는 청중들 앞에서 수많은 강연을 했고, 그 결과로 "틸리히는 신학교 은퇴를 겨우 몇 년 남기고 자신의 강연을 듣고자 북새통을 이루는 다양하고 열광적인 대중을 확보했다."[9] 그는 자신의 『조직신학』(*Systematic Theology*) 1권(1951년)에서 신학 방법, 이성과 계시, 하나님에 대한 자신의 견해를 상술했다. 2권은 1957년에 나왔으며 인간의 곤경과 그리스도를 다루었다. 1963년에 출간된 3권은 생명과 성령, 그리고 역사와 하나님 나라 주제에 집중했다. 『존재의 용기』(*The Courage to Be*, 1952)와 『믿음의 역동성』(*The Dynamics of Faith*, 1957) 같은 그의 다른 저작들은 그의 설교와 공적 강연과 마찬가지로 더 대중적 청중에게 호소력을 발휘했다.

유니언 신학교에서 은퇴하면서 틸리히는 대학 특별 교수로 와 달라는 하버드 대학교 총장의 초대를 받아들였다. 아마도 미국에서 가장 명망 있는 학문적 지위일 것이다. 이것은 그가 자신이 원하는 과목을 가르치고 여행, 연구, 저술에서 엄청난 재량을 갖는다는 것을 의미했다. 그의 하버드 강의는 학생들 사이에서 대단히 인기가 있어서, 강의 시작 한 시간 전부터 자리를 맡기 위해 몰려든 수백 명의 학생으로 강당이 북적거렸다. 틸리히의 주변에는 그를 추앙하는 무리가 있어서 학생들은 그가 지나가는 것을 보기 위해 건물 앞 보도에 줄지어 섰다. 다른 대학교에서 강의할 때도 수백 또는 심지어 수천의 청중이 몰려들었는데, 이는 그의 말이 "이해할 수 없는 허튼소리"[10]에 불과하다는 일부 비판자들의 평가가 있었음에도 불구하고 벌어진 일이다.

---

8   Pauk and Pauk, *Paul Tillich*, vol. 1, p. 198.
9   같은 책, vol. 1, p. 219.
10 같은 책, vol. 1, p. 250.

틸리히는 1961년에 존 F. 케네디(John F. Kennedy)의 취임식에 초대되어 일부 내빈들과 함께 단상에 자리했다. 그는 미국의 주요 대학들로부터 12개의 명예박사 학위를, 유럽의 대학들로부터 2개의 명예박사 학위를 받았다. 1962년에 하버드 대학교에서 은퇴한 후에, 그는 시카고 대학교 신학대학원의 존 뉴빈 신학 석좌 교수가 되어 상주하는 저명한 신학자로 활동했다. 1965년 10월 22일에 있었던 그의 죽음은 「뉴욕 타임스」(*New York Times*)의 짧은 사설과 1면 부고기사에서 언급되었다.

틸리히처럼 대중의 찬사를 받은 신학자는 거의 없었다. 그는 참으로 당대의 전설이었다. 하지만 기독교 신학자로서 그의 삶은 모호함과 논쟁으로 얼룩졌다. 그는 자신의 구원에 대한 의심으로 괴로워했으며 죽음을 크게 두려워했다.[11] 그는 사회주의를 선전하면서도 중상류층의 생활 방식이 주는 혜택을 누렸다.[12] 그는 저명한 에큐메니컬 그리스도인이었지만 교회는 거의 출석하지 않았으며,[13] 상당히 문란하게 살았던 것으로 보인다.[14]

이러한 모호함들은 틸리히 자신이 유한한 실존 안에 내재한다고 믿었던 파괴적 모호함과 긴장을 잘 보여 준다. 그에게 의심은 신앙에서 반드시 필요한 요소이며, 소외와 고립이 인간 삶의 근본에 놓여 있다. 존재의 능력, 즉 하나님은 우리가 비존재의 피할 수 없는 위협을 대면하고 우리가 받아들여졌음을 인정하는 용기를 얻도록 도울 수 있지만, 실존의 이러한 긴장과 모호함들을 완전히 극복할 수는 없다. 틸리히의 신학에서 중심을 차지하는 이 주제들을 이해하기 위해서, 우리는 그의 기초적 전제들과 신학 방법의 특정 요소들을 분명히 할 필요가 있다.

---

11 같은 책, vol. 1, p. 275.
12 같은 책, vol. 1, p. 274.
13 같은 책, vol. 1, p. 251.
14 틸리히의 결혼과 부정(不貞)에 관한 균형 잡히고 관대한 글을 다음에서 보라. 같은 책, vol. 1, pp. 85-93.

틸리히가 신학의 기초로서 철학을 전제하다

틸리히의 신학 방법을 이해하기 위해서는 먼저 그의 전제들을 알아야 하는데, 첫 번째 전제는 신학이 변증적이어야 한다는 것이다. 신학은 동시대의 상황에 진정으로 말하는 방식으로 신학의 개념들을 구성하고 전달해야 한다. 그가 말하는 "상황"이란 문화 속에 있는 사람들의 특정한 질문들과 관심들, 즉 "그들이 자신들의 실존에 대한 해석을 표현하는 과학적·예술적 형식, 경제적·정치적·윤리적 형식을" 의미했다.[15] 그는 근본주의와 케리그마 신학 같은 신학들을 신랄하게 비판했는데, 그런 신학들이 동시대의 문화에 의해 이 상황에 제시된 문제들에 답하려 하는 대신, 이 상황의 역할을 무시하고 사람들에게 기독교 메시지를 (그의 말을 빌리면) 마치 돌처럼 던지기 때문이다.[16] 반대로, 그가 보기에 신학은 "대답하는 신학"(answering theology)이어야 한다. 즉 신학은 기독교 메시지의 본질적 진리와 독특한 성격을 간직하는 한편, 그 메시지를 현대 정신에 적응시켜야만 한다.

변증적 신학은 기독교 메시지와 그 메시지가 표현되는 동시대의 문화 사이에 있는 어떤 공통 기반을 전제한다. 그러한 공통 기반의 존재는 틸리히의 신학의 또 다른 기본 전제다. 적어도, 그가 생각하기에, 동시대의 실존 안에 내포된 질문들은 신학이 신적 계시에 의존하므로 신학에 의해 대답될 수 있고 또 대답되어야 한다. 이것이 가능하지 않았다면 신학은 쓸모없는 것이 되고 말 것인데, 묻지 않은 질문은 대답할 수 없기 때문이다. 다행히도 틸리히는 동시대의 실존에 의해 제기된 근본 질문들이 실제로 대답된다고, 구체적으로 신적 계시의 상징들 안에서 대답된다고 믿었다.

틸리히의 신학의 세 번째 기본 전제는 철학이 신학의 변증적 과업에서

---

15 Paul Tillich, *Systematic Theology: Reason and Revelation, Being and God*, 3 vols. in 1 (New York: Harper & Row; Evanston, IL: University of Chicago Press, 1967), vol. 1, pp. 3-4. 이후로는 틸리히의 『조직신학』에 대한 언급은 *Theology*와 권수로 표시될 것이다. 합본판의 쪽수도 처음에 시카고 대학교 출판부에서 낱권으로 발행한 책들의 쪽수와 동일하다.

16 같은 책, vol. 1, p. 7.

하는 중요한 역할이다. 바르트와는 정반대로, 틸리히는 철학이 신학에 필수불가결하다고 보았는데, 왜냐하면 철학은 신학이 대답하는 질문들을 형성하고, 그 대답들이 취할 수 있는 형태를 (전부는 아니더라도) 많이 제공하기 때문이다. 결과적으로 틸리히는 철학을 높이 평가했다. "어떤 신학자가 위대한 그리스도인이고 위대한 학자라 할지라도, 그의 저작이 그가 철학을 진지하게 받아들이지 않음을 보여 준다면 그를 신학자로 진지하게 받아들여서는 안 된다."[17] 파스칼 같은 사상가들의 신앙주의에 반대하며 그는 말했다. "아브라함과 이삭과 야곱의 하나님과 철학자들의 하나님은 동일한 하나님이다."[18]

네 번째 전제는 세 번째 전제와 밀접히 관련된다. 신학에 가장 유용한 종류의 철학은 존재론, 특히 실존주의적 존재론이다. 실제로 틸리히는 철학을 존재론과 사실상 동의어가 되도록 정의했다. 즉 철학은 "실재 자체를 대상으로 삼는, 실재에 대한 인식적 접근"[19]이며, 존재론은 "우리가 실재와의 모든 만남에서 마주치는 존재의 그러한 구조들에 대한 분석"[20]이다. 틸리히는 존재론에 미치지 못하는 철학의 정의나 사용에 만족하지 않을 것인데, 왜냐하면 존재론이야말로 모든 철학의 참된 중심이며,[21] 존재론의 질문과 관심은 철학에 대한 모든 다른 접근에도 내포되어 있기 때문이다.[22] 그렇다면 철학은 그 뿌리에서 존재론, 즉 존재에 대한 연구다. 철학이 제기하는 존재론적 질문들은, '철학에서 어떤 것이 **존재한다**고 말하는 것은 무엇을 의미하는가?', '모든 현상 너머에서 궁극적으로 참된 것은 무엇인가?', '존재

17　Paul Tillich, *Biblical Religion and the Search for Ultimate Reality* (Chicago: University of Chicago Press, 1955), pp. 7-8. 85쪽밖에 안 되는 이 책은 신학의 철학 사용에 대한 중요한 설명이자 옹호다. 이 책은 그의 『조직신학』을 읽기 전에 한 번, 읽은 후에 한 번 주의 깊게 읽을 필요가 있다.
18　같은 책, p. 85.
19　Tillich, *Theology*, vol. 1, p. 18.
20　같은 책, vol. 1, p. 20.
21　Tillich, *Biblical Religion*, p. 6.
22　Tillich, *Theology*, vol. 1, p. 20.

를 갖는 모든 개별적인 것들 너머의 존재 자체는 무엇인가?', '존재를 갖는 모든 것 안에 내재하는 구조들은 무엇인가?' 하는 것이다. 그러므로 그는 다음과 같이 선언했다. "철학은 실재 전체에 대한 질문을 제기한다. 즉 존재의 구조에 대한 질문을 제기한다. 그리고 철학은 범주, 구조적 법칙, 보편적 개념의 용어로 대답한다. 존재론적 용어로 대답해야 하는 것이다."[23]

틸리히가 보기에 존재론이 신학에 유용한 것은, 존재론이 제공하는 구체적 대답들보다는 그 제기하는 질문들에 있다. 도움이 되는 한 예는 비존재의 질문에 대한 그의 설명이다. 이 질문은 고대 그리스 철학자들이 씨름한 것이며, 다른 방식으로나마 20세기 실존주의 철학자들이 되살린 것이다. 틸리히에게 비존재에 대한 이러한 계속된 관심은 놀라운 것이 아니었는데, "모든 유한한 것 안에는 비-존재에 대한 불안이 있기" 때문이다.[24] 인간들이 존재와 관련하여 자신들의 위치를 궁금해하는 것은 당연한데, 깊은 사유의 순간에 그들은 자신들이 유한하고, 일시적이고, 잠깐뿐이라는 것을 깨닫기 때문이다. 그들은 그리 쉽게 존재하는 것이 아닐 수 있다. 실제로 비존재는 그들의 실존에 속하는데, 모든 순간에 비존재의 위협을 직면하기 때문이다. 비존재는 존재의 능력에, 즉 비존재의 위협을 극복하고 유한한 존재들을 지탱하고 유지하는 능력에 의문을 제기한다. 그러한 능력은 유한할 수 없으며 "존재 자체"(being itself) 또는 "존재의 기반"(ground of being)이어야만 한다. 그것이 없이는 유한한 실존은 비존재와 무(無) 속으로 가라앉고 말 것이다. 간단히 말해, 틸리히는 비존재의 존재론적 질문과 존재의 능력이 하나님에 대한 의문을 제기한다고 믿었다. 실제로 그는, 존재론적 질문 없이는 신학이 내놓는 답인 하나님이 이해될 수 없다고 주장했다. "일시적이라는 것의 충격, 즉 자신들의 유한성을 의식하게 하는 불안, 비존재의 위협을

---

[23] 같은 책.
[24] 같은 책, vol. 2, p. 67.

경험한 사람들만 하나님 개념이 의미하는 바를 이해할 수 있다."[25]

그렇다면 존재론은 동시대의 변증적 신학에 절대적으로 중요하다. 20세기에 실존주의 철학이 우세했다는 점을 고려하면 이것은 특히 사실이다. 실제로, 틸리히가 말한 바에 따르면, 실존주의적 존재론은 "기독교 신학의 행운"인데,[26] 그것이 제기하는 질문은 신학이 신적 계시를 의지해 대답하기에 안성맞춤이기 때문이다. 이렇게 해서 존재론에 대한 질문과 대답은 철학과 신학의 공통 기반을 형성한다. "존재의 구조와 이 구조를 기술하는 범주 및 개념들은 모든 철학자와 신학자의 암시적 혹은 명시적 관심이다. 그들 가운데 그 누구도 존재론적 질문을 피할 수 없다."[27] 물론 존재의 질문에 대한 철학과 신학의 접근법은 매우 다르다. 철학은 초연한 객관성의 태도를 취하는 반면, 신학은 비존재의 위협을 극복하는 능력인 궁극적 존재를 "열정, 경외, 사랑"으로 바라본다.[28] 그럼에도 불구하고, 틸리히의 단언에 따르면, 존재론적 문제와 관심을 적절히 다루기 위해서 우리는 철학자의 역할과 신학자의 역할을 모두 취해야만 한다. 모든 창조적 철학자들은 얼마 동안은 신학자이며,[29] 모든 신학자는 인류의 실존적 상황과 그 안에 함축된 질문들을 분석하기 위해 철학자의 역할을 해야 한다. 철학과 신학은 온전한 존재론의 두 "계기들" 또는 측면들로서, 구별되지만 분리할 수 없고 상호 의존적이다.

틸리히의 신학의 마지막 전제는 존재론에 있는 인간 실존의 특별한 성격이다. 이것은 『조직신학』에서 여러 차례 언급되는 "인간은 소우주다"라는 주장으로 가장 잘 표현된다.[30] 이 말로 틸리히가 의미한 것은, 존재의 능

25　같은 책, vol. 1, p. 62.
26　같은 책, vol. 2, p. 27.
27　같은 책, vol. 1, p. 21.
28　같은 책, vol. 1, p. 22.
29　같은 책, vol. 1, p. 25. 또한 Tillich, *Biblical Religion*, pp. 64-66를 보라.
30　Tillich, *Theology*, vol. 1, pp. 176, 260; vol. 2, pp. 23, 120.

력과 구조가 인간 안에서는 다른 피조물들에게는 적용되지 않는 방식으로 나타난다는 점이다. 인간들 자신은 그들 아래와 위에 있는 존재의 구조들에 개방되어 있고 또 참여해서, 그들의 존재는 궁극적 실재에 대한 특별한 단서를 제공한다. "인간은 정신과 실재의 합리적 구조들을 통하여 우주에 참여한다.…그가 우주에 참여하는 것은 우주의 구조, 형식, 법칙이 그에게 개방되어 있기 때문이다."³¹ 그러므로 존재론적 숙고는, 궁극적 실재나 존재 자체에 대한 질문과 대답을 체계적으로 표현하려 한다면, 비인간적 특성이 아닌 인간성에 의존해야 한다.

이러한 전제들은 틸리히의 전체 사고의 기저를 이루며 또 특징짓는다. 하지만 이 전제들은 매우 논쟁적이었으며 많은 학문적 토론의 원천이 되어 왔다. 대부분의 철학자들은, 특히 영어권에서는, 틸리히가 철학을 존재론과 동일시한 것에 부정적으로 반응했으며, 철학과 신학의 분리할 수 없음에 대한 그의 주장에는 더욱 부정적으로 반응했다.[32] 많은 신학자들은 그가 기독교 신학을 "존재론적 사변"의 포로로 만들었고, 그럼으로써 신학과 성경적 인격주의의 자율성을 포기했다고 비판했다.[33] 아마도 가장 심한 비판은, 틸리히의 존재론을 잘 들여다보면 그것이 절충적이라는 점이 드러난다는 지적이다. 그의 존재론은 전적으로 양립 불가능한 요소들을, 즉 플라톤과 아우구스티누스와 독일 관념론 철학자들에 근거한 전통적 존재론과 하이데거와 사르트르가 체계적으로 제시한 현대의 실존주의적 존재론을 결합시

---

31 같은 책, vol. 1, p. 176.
32 틸리히에게 동정적인 철학자에 의한 유용한 비판을 다음에서 보라. John Herman Randall Jr., "The Ontology of Paul Tillich", in *The Theology of Paul Tillich*, ed. Charles W. Kegley and Robert W. Bretall (New York: Macmillan, 1964), pp. 132-161.
33 "Biblical Thought and Ontological Speculation in Tillich's Theology", in *The Theology of Paul Tillich*, ed. Charles W. Kegley and Robert W. Bretall (New York: Macmillan, 1964), pp. 216-227에서, 라인홀드 니버는 틸리히가 성경 드라마를 존재론적 사변으로 전복시켰다고 온건히 비판한다. 케네스 해밀턴은 틸리히가 존재론적 사변이라는 철학 체계("**로고스** 철학")로 하여금 기독교 메시지의 내용을 미리 결정하고 통제하도록 허용했다고 비판한다. 참고. Kenneth Hamilton, *The System and the Gospel: A Critique of Paul Tillich* (New York: Macmillan, 1963), 특히 pp. 227-239.

켜려 시도한다.[34]

틸리히가 신학을 위한 상관관계의 방법을 발전시키다

이 전제들을 기반으로 해서, 틸리히는 원래의 기독교 메시지에 충실하면서도 표현상 동시대적 신학 방법인 상관관계의 방법(method of correlation)을 제시하려 했다. 이 접근법은 그의 조직신학의 구조와 형태 전체를 결정했으며, 그가 현대 신학에 가장 지속적으로 기여하는 것들 가운데 하나라고 종종 여겨진다. 그가 제시한 상관관계의 방법이란 "기독교 신앙의 내용을 상호의존의 관계에 있는 실존주의적 질문과 신학적 대답을 통해 설명하며",[35] 세 가지 부적절한 대안들을 의식적으로 거부한다. 첫 번째 대안인 "초자연주의적" 대안은 많은 개신교 신학자들이 따르고 있으며, 기본적으로 위로부터의 신학과 같은 것을 의미한다. 틸리히에게 이 대안이 부적절한 이유는, 메시지를 받아들일 인간들의 질문과 관심("상황")을 무시하고 하나님의 말씀이 그 진리를 이해하고 받아들일 가능성을 창조한다고 보기 때문이다.[36] 틸리히에 따르면, 반대로, "인간은 자신이 묻지 않은 질문에 대한 대답을 받아들일 수 없다."[37] 분명히 틸리히는 여기서 근본주의와 바르트적 신정통주의를 염두에 두고 있었다. 이에 대해 보수주의자들은 "인간들이 자신들의 타락으로 인하여 옳은 질문을 묻지 못한다면 어떻게 하는가?"라고 대응할 수도 있다. 틸리히는 옳은 질문이 인간의 실존에 있다고 믿었다.[38]

두 번째로 부적절한 전통적 대안은 "자연주의적" 또는 "인본주의적" 방법으로 첫 번째 것과 반대인데, 신학적 대답을 계시에 의존하지 않고 자연

---

34 이런 융합에 대한 분석과 비판이 Adrian Thatcher, *The Ontology of Paul Tillich* (Oxford: Oxford University Press, 1978)의 주제다.
35 Tillich, *Theology*, vol. 1, p. 60.
36 같은 책, vol. 1, pp. 64-65.
37 같은 책, vol. 1, p. 65.
38 같은 책.

적 인간의 상태로부터 이끌어 내려 시도하기 때문이다. 많은 자유주의 신학에 전형적인 이 방법에서 "모든 것은 인간에 의해 말해지며, 아무것도 인간에게 말해지지 않는다."[39] 틸리히는 이 인본주의적 방법이 인간 실존의 소외를 간과하고, 대답을 담고 있는 계시가 인간들에게 말해지는 것이지 인간들에 의해 그들 자신에게 말해지는 것이 아니라는 사실을 무시했다고 비판했다.[40]

마지막으로, 틸리히는 초월적인 것과 자연적인 것을 결합하려 하는 "이원론적" 방법을 거부했다. 여기서 그가 말하는 것은 전통적 자연 신학으로, 토마스 아퀴나스 이후로 전통적 가톨릭 사상에 공통적이었던 것과 같다. 이것은 두 종류의 신학적 대답을 상정하는데, 하나는 하나님의 존재처럼 오직 자연으로부터 이끌어 낼 수 있는 것이고, 다른 하나는 삼위일체처럼 초자연적으로 계시되어야만 하는 것이다. 이 방법의 문제는 질문의 형식으로부터 대답(하나님)을 이끌어 내려 한다는 것이다. 이 방법 대신에 틸리히는 상관관계의 방법을 제시했는데, 그것은 자연 신학을 인간 실존에 대한 분석으로, 초자연적 신학을 실존에 암시된 질문에 주어지는 대답으로 바꾼다.[41]

그렇다면 상관관계의 방법은 기초 신학(fundamental theology, 근본주의가 아님)의 한 형태로, 자연 신학을 대체한다. 틸리히의 접근법은 전통적으로 자연 신학의 큰 부분을 차지하는 신 존재 증명을 인간 실존 안에 암시된, 존재론에 의해 분석된 하나님에 대한 질문으로 대체한다. 이 방법은 질문과 대답을 중심으로 삼는다. 질문은 철학에 의해 인간 실존에 대한 주의 깊은 고찰을 통해 제기된다. 신학자는 신학의 이 첫 단계에서 철학자로 기능해야 한다. 두 번째 단계는 독특하게 신학적인 것으로, 신학자는 철학이 발견하지만 대답할 수는 없는 인간 실존에 암시된 질문들에 대한 대답을 표현하

---

[39] 같은 책.
[40] 같은 책.
[41] 같은 책, vol. 1, pp. 65-66.

기 위해, 신적 계시의 상징들에 의존한다. 두 단계 모두에서 전반적으로 신학자의 과업은 질문과 대답을 비판적 상관관계로 종합하는 것이다.[42] 신학이 내놓는 대답의 내용은 계시로부터 이끌어 내야만 하지만, 이 대답은 인간의 실존적 관심에 말하는 형식으로 표현되어야 한다. 그러므로 형식은 철학에서 이끌어 내야 한다. 신학자의 과업은 계시의 대답을 해석하되, 그것이 현대의 세속적 사람들이 묻는 질문에 적실성 있게 되면서도 원래의 기독교 메시지에 충실하게 머물도록 하는 것이다.

틸리히에 따르면, "하나님"은 상관관계의 방법이 어떻게 작동하는지에 대한 한 가지 예비적 예다.

하나님은 인간적 유한성에 암시된 질문에 대한 대답이다. 하지만 하나님에 대한 언급이 조직신학에서 실존 안에 암시된 비존재의 위협과의 상관관계에서 나온다면, 하나님은 비존재의 위협에 저항하는 존재의 무한한 능력이라 불려야만 한다. 고전적 신학에서 이것은 존재 자체다.[43]

틸리히의 『조직신학』은 이 방법을 따른다. 첫째 부분에서 틸리히는 인간 이성의 본성을 실존의 조건들 아래서 분석했으며, 그것이 이성을 실현하면서도 초월하는 어떤 것에 관한 질문을 담고 있다는 점을 발견했다. 그리하여 이성 자체가, 존재론에 의해 분석되어, "계시에 대한 추구"를 불러일으킨다. 다음으로 틸리히는 신적 계시를 이성이 제기하는 질문들에 답하는 것으로 해석한다. 이와 비슷한 패턴이 그의 『조직신학』의 다른 네 부분에서도 이어진다. 각 경우에서 대답은 그 형식을 질문으로부터 취하는 반면, 그 내용은 계시로부터 이끌어 낸다. 적어도 이것이 틸리히의 의도였다.

---

[42] 같은 책, vol. 1, p. 64.
[43] 같은 책.

상관관계의 방법은 상반된 평가를 받았다. 일부는 이것이 충실하고 적절한 방식으로 신학을 제시하는 데 크게 도움이 된다고 보았지만, 비판자들은 틸리히가 계시로부터의 너무 많은 독립성과 계시에 대한 권위를 철학에 부여했다고 꾸짖었다. 틸리히는 철학을 신학을 위한 질문을 구성하고 대답의 형식을 결정하는 과업에 한정했다. 하지만 이것조차도 신학적 구성과 재구성을 위한 역할을 세속적 철학에 너무 많이 부여한 것이 아닌가? 틸리히는 철학이 상관관계의 방법을 정의하는 과업을 개시하기 전에 반드시 변화되거나 회심할 것을 요구하지 않았고, 그러므로 철학을 (그의 분류를 사용하자면) 참으로 "신율적으로"(theonomous) 만들거나 치유하기보다는 "자율적"으로 두었다.[44] 어떻게 그런 학문이, 유한한 이성에 내재하는 긴장들에 의해 방해를 받은 상태에서, 질문을 올바르게 형성할 것이라고 신뢰할 수 있겠는가? 질문의 본질과 형식이 제한된 감옥이나 프로크루스테스의 침대의 역할을 해서, 계시의 대답이 끼워 맞추어져야 하지 않겠는가? 기독교 철학자로서 조지 토머스(George Thomas)는 물었다.

기독교 신앙에 의해 온전히 "회심하지" 못한 철학적 이성이 존재의 "구조"와 "범주들"을 올바르게 체계적으로 기술하고 실존 안에 내포된 심원한 "질문"을 제기할 수 있겠는가? 그럴 수 없다면, 그 형식이 "질문"의 성격에 의해 결정되는 기독교적 "대답"은 왜곡되거나 모호해지지 않겠는가?[45]

공통된 비판은, 틸리히가 상관관계의 방법을 사용한 것은 그가 이 방법을 이상적으로 묘사한 것과 맞지 않는다는 것이다. 신학적 대답의 내용이

---

[44] "자율", "타율", "신율"이라는 용어들은 틸리히의 사고에서 매우 중요하다. "자율"은 자아 또는 개인이 스스로에 대해 지배하는 것을 말한다. "타율"은 다른 이가 자아를 지배하는 것을 말한다. "신율"은 존재의 기반, 하나님 안에서 연합된 자아와 타자를 말한다.

[45] George F. Thomas, "The Method and Structure of Tillich's Theology", in *The Theology of Paul Tillich*, ed. Charles W. Kegley and Robert W. Bretall (New York: Macmillan, 1964), p. 104.

오로지 하나님의 계시에 의해 결정되도록 한다는 그의 의도에도 불구하고, 실제로는 그 형식과 내용 모두가 철학적 질문에 의해, 설사 결정되지는 않더라도 영향을 받는다. 토머스는 틸리히의 신론과 관련하여 이 문제를 제기했다. 틸리히는 자신의 신론에서 하나님을 **한** 존재자 또는 **한** 인격이 아니라, 존재 자체이며 모든 인격적인 것의 기반으로 기술했다. 토머스는, 기독교 메시지가 하나님 자신이 인격적으로 어떤 존재인지 선포한다는 스스로의 이해에 따라 묻는다. "기독교의 정신에 이질적인 비인격적 철학이 틸리히의 사고에 들어옴으로써, [기독교적 관점]에 대한 틸리히의 진술이 요소 요소마다 약해지지 않았는가?"[46] 신학자 케네스 해밀턴은 틸리히가 사용한 상관관계의 방법이 모든 것을 이 방법의 시작점인 존재론적 사유 체계로부터 받아들이며, 기독교의 메시지로부터는 아무것도 받아들이지 않는다는 결론을 내렸다. 그의 주장에 따르면, 실제로는 틸리히가 질문과 대답을 "상관관계를 맺게" 하지 않았으며, 오히려 기독교 신앙의 언어를 그가 미리 생각한 존재론적 체계에 일치하도록 해석했다.[47]

틸리히가 이성과 계시를 상관관계를 맺게 하다

틸리히는 『조직신학』 1부에서 이성과 계시 사이에 상관관계를 세우려 한다. 이 부분에서 그는 이성이 이성 자체를 넘어서 계시를 향해 나아가도록 하는, 이성에 내재하는 갈등과 질문을 드러내려 시도했다. 그의 목표는 "계시가 이성의 실존적 갈등 안에 내포된 질문들에 대한 대답"임을 보여 주는 것이었다.[48] 이성과 계시가 서로 상반된다고 보는 사람들과 대조적으로, 틸리히는 "이성은 계시에 저항하지 않는다"고 믿었다. "이성은 계시를 요구

---

[46] 같은 책.
[47] Hamilton, *System and the Gospel*, p. 124.
[48] Tillich, *Theology*, vol. 1, p. 147.

하는데, 계시가 이성의 회복을 의미하기 때문이다."⁴⁹ 틸리히의 이성 개념을 이해하기 위해, "본질과 실존"에 대한 그의 근본적 존재론을 어느 정도 파악할 필요가 있다. 이 존재론적 구별은 그의 신학의 많은 부분에 기초를 이루며, 이성의 본성을 다루는 부분에서 그 중요한 모습을 처음으로 드러낸다. 그에 따르면, 우리가 알고 경험하는 대로의 실재는 본질과 실존이라는 두 영역으로 구별되어야 한다. 본질(essence)은 어떤 것의 잠재적이고 실현되지 않은 완성이다. 존재론적 실재를 갖지만 실제 실존은 아니다. 반대로, 실존(existence)은 실제이고 본질로부터 "타락한" 것이다. 실존은 그 완성에 아직 의존하고 있지만, 그로부터 떨어져 나갔기 때문에, 참으로 자기 자신은 아니다.

틸리히가 본질과 실존을 구별한 철학적 배경은 플라톤적 사고에 있다.⁵⁰ 플라톤은 형상들 또는 사물들의 완전한 양식들로 이루어진 이상적 세계와, 형상들의 불완전한 모사들인 개별적 존재자들의 세계를 믿었다. 틸리히는 플라톤적 구별을 그 자신의 목적에 맞게 개조했다. 그럼에도 본질과 실존이라는 플라톤의 일반 개념들은 틸리히가 이 용어들을 사용하는 배경이 된다. 틸리히에게 "실존"은 유한하고 타락한 것을 가리킨다. 그것은 자신의 참된 존재로부터 잘려 나간 존재의 상태에 의해 제한되며 동시에 분열되고 왜곡된다. 이것은 실제 이성, 혹은 틸리히가 "실존 안에 있는 이성의 곤경"이라고 부른 것에 적용된다. 즉 그것은 "이성의 본질적 성격"으로부터 타락했으며, 그러므로 스스로 풀 수 없는 일정한 갈등을 겪고 있다.⁵¹ 본질적 이성 또는 이성 자체는 초월적이다. 그것은 "정신이 실재를 파악하고 변혁할 수 있

---

49 같은 책, vol. 1, p. 94.
50 Thatcher, *Ontology of Paul Tillich*, pp. 99-116. 여기서는 본질과 실존 같은 개념들을 다루는 다양한 철학적 전통들이 논의되고, 비록 틸리히가 그것들 가운데 몇몇을 사용하지만 플라톤적 해석이 지배적이라는 결론을 내린다.
51 Tillich, *Theology*, vol. 1, p. 80.

도록 하는 정신의 구조"다.⁵² 또한 그것은 목표를 향한 수단을 발견하는, 논리적 추론을 위한 정신의 능력을 포함한다. 궁극적으로 본질적 인간 이성은 우주의 합리적 구조("존재의 로고스")에, 그리고 그 구조와 정신의 구조 사이의 조화에 의존한다. 그렇다면 이성 자체는 단지 유한하기만 한 것은 아니다.⁵³ 그것은 우주와 인간 모두의 기능으로, 발견과 지식을 가능하게 만든다. 그러므로 그것은 단지 유한하기만 한 모든 것을 초월한다.

실제 이성, 즉 실존의 곤경 안에 있는 이성은 다르다. 실존하는 모든 것처럼, 그것은 제한되고 그 참된 본질로부터 소외되어 있으며, 이는 갈등을 일으킨다. 이 소외는 이성의 양극성에서, 즉 함께 짝을 이루어 존재하지만 실존의 조건들 아래서 갈등과 모순에 빠지는 것에서, 자율 대 타율, 상대주의 대 절대주의, 형식주의 대 주정주의(emotionalism) 같은 양극성에서 자신을 드러낸다. 이런 양극성들에 대한 주의 깊은 분석을 통해, 틸리히는 이성 자체는 이 갈등들을 풀 수 없지만 그럼에도 그것들이 화해를 절실히 요구한다는 점을 보여 주려고 했다. 그는 이 양극성들이 낳은 갈등들이 불가피하게 진리 자체에 대한 절망적 포기나 계시의 추구로 이어진다고 결론을 내렸다. "왜냐하면 계시는 확실하면서도 궁극적 관심인 진리를 제공한다고 주장하기 때문이다. 즉 모든 의미 있는 인식적 행위의 위험성과 불확실성을 포함하고 받아들이지만, 그것을 수용함으로써 초월하는 진리다."⁵⁴ 다시 말해, 이성은 "구원" 혹은 "치유"가 필요하다. 이성은 자신을 치유할 수 없지만, 이성 자신을 넘어서 이성과 그 본질적 구조를 재결합시키고 그럼으로써 이성을 완성시키는 능력에 이르려 한다.

틸리히에 따르면, 이성의 양극성들을 연합시키는 것이 계시의 과업이다. 계시는 실존의 조건 아래서 이성의 본질적 구조를 "단편적으로, 그러나 실

---

52 같은 책, vol. 1, p. 72.
53 같은 책, vol. 1, p. 82.
54 같은 책, vol. 1, p. 105.

제적이고 강력하게" 재정립한다.⁵⁵ 결과적으로, 그는 계시를 형식상 "인간 지식을 위한 존재의 기반을 드러내는 것"으로 정의한다.⁵⁶ 계시가 드러내는 능력은 비극적이고 파괴적으로 분리된 것을 재결합하고, 그럼으로써 구원하고, 치유하고, 또한 갈등으로부터 조화를 이끌어 낸다. 그것은 존재의 신비를 드러내는 것, "존재와 의미의 심연을 스스로 드러내는 것이다."⁵⁷

많은 20세기 신학자들처럼, 틸리히는 계시된 말들이나 명제들이라는 개념을 거부했다. 계시는 결코 정보의 전달이 아니다. 오히려 계시는 자연, 역사, 집단과 개인, 담화를 포함하는 많은 다른 매체를 통해 일어날 수 있는 사건과 경험이다. 실제로, 어떤 것도 존재의 기반에 대해 솔직하게 되면 계시의 담지자가 될 수 있다.⁵⁸ 말하자면, 참으로 실존을 변화시키고, 본질로 이끌고, 그 둘을 재결합시키는 모든 것이 계시다. 말과 교리는 계시되지 않지만, 존재의 심연이 언어를 통해 자신을 드러낼 때마다 무엇인가가 울려 퍼지는데, 바로 이것이 "하나님의 말씀" 또는 계시다. 하나님으로부터 말해진 또는 기록된 말인 계시에 대한 믿음은 "개신교 **특유의 위험**"이라고 틸리히는 주장했다.⁵⁹ 그렇다면 성경은 어떤 독특한 의미에서도 "하나님의 말씀"이 아니다. 틸리히가 보기에, "[하나님의] 말씀을 성경과 동일시하는 것보다 말씀에 관한 성경의 교리를 잘못 해석하는 데 기여한 것은 아마도 없을 것이다."⁶⁰ "말씀"은 드러난 하나님이다. 하지만 틸리히는 계시에서 성경의 역할을 발견했다. 성경은 그리스도로서의 예수 안에 있는 최종적 계시의 사건을 기록하는 문서로서 계시에 "참여한다."⁶¹

틸리히는 "실제 계시"(actual revelation)와 "최종적 계시"(final revelation)를

---

55 같은 책, vol. 1, p. 155.
56 같은 책, vol. 1, p. 94.
57 같은 책, vol. 1, p. 124.
58 같은 책, vol. 1, p. 118.
59 같은 책, vol. 1, p. 157.
60 같은 책, vol. 1, p. 159.
61 같은 책, vol. 1, pp. 158-159.

구별했다. 전자는 존재의 능력이 일어나는 어디서든 언제든, 그것을 드러내는 모든 사건과 경험을 가리킨다. 후자는, 모든 다른 계시 사건과 경험이 지시하는 새로운 존재(New Being, 그리스도)의 치유하는 능력의 궁극적이고 능가할 수 없는 사건을 가리킨다. 기독교를 다른 종교들과 궁극적으로 구분하는 것은 기독교가 "최종적 계시인 그리스도로서의 예수 안에 있는 계시에 기초한다는" 기독교의 주장이다.[62] 물론 기독교는 이 주장을 증명할 수 없다. 하지만 틸리히는 이 계시적 사건-새로운 존재의 보편적 치유 능력이 역사 속의 한 개별자 안에 나타나는 것-이 최종적이고 능가할 수 없는 사건인 것은 그것이 이성의 갈등을 극복함으로써 이성을 치유하고 구원하기 때문임을 보이려 시도했다. 그것은 실존의 조건 아래 있는 이성의 구조에 내포된 계시의 질문에 대한 대답이다.[63] 이성의 실존적 갈등은 능력을 요청하는데, 그 능력은 보편적인 동시에 특수하고, 절대적인 동시에 상대적이고, 또한 그 능력은 유한한 것을 지키면서도 부정한다. 오직 그러한 실재가 이성의 양극들의 본질적 조화를 재정립함으로써 이성을 치유할 수 있다.

모든 순간에 하나님에 의해 결정되는 존재로서, 그리고 자신을 무한자에게 완전히 바치면서도 자신의 개별성을 유지하는 유한한 개인으로서, 예수 그리스도는 계시의 최종성의 이중적 시험을 통과한다.[64] 그는 자신의 삶과 죽음으로 자기 부정의 능력을 계시했는데, 그 자체로는 최종적이라고 주장하지 않는 유한한 것의 그림 또는 상징을 제시함으로써 그렇게 했다. 그러한 자기희생적 유한자는 실존적 소외의 악마적 갈등을 물리치고 참된 "신율"을 창조하는데, 그것은 자율(독립)과 타율(전적 의존)을 상쇄하면서도 그 둘 다에 있는 진리를 유지하는 것이다. 이러한 자기 부정의 능력, 새로운 존재가 바로 "그리스도"다.

---

62 같은 책, vol. 1, p. 132.
63 같은 책, vol. 1, pp. 147-155.
64 같은 책, vol. 1, pp. 135-136.

예수는 그 자신의 자기희생적 삶과 죽음을 통해 그리스도가 되었다고 그리스도인들이 믿는, 유한한 개별자였다. 그가 그렇게 한 것은, 유한한 실존에 내재된 악마적 유혹, 즉 스스로 최종성(finality)을 주장하려는 것을 극복했기 때문이다. 이렇게 자신을 그리스도 됨에 바친 것이 나사렛 예수를 최종적 계시의 수단으로 만들었다. 틸리히에게 이것은 어떤 예수 중심적 종교도 왜곡된 형태의 기독교라는 것을 의미한다. "나사렛 예수가 그리스도로서의 예수를 위해 희생되는 것을 주장하지 않는 기독교는 단지 많은 다른 종교들 사이에 있는 또 하나의 종교에 불과하다. 그런 기독교는 최종성을 주장할 정당성을 잃는다."[65] 우리는 뒤에서 틸리히의 기독론을 좀더 상세히 다룰 것이다. 하지만 지금 이 주장에 있는 결정적으로 영지주의적 색채를 언급하지 않고 넘어갈 수는 없다. 영지주의자들의 기독론은 가현설적이기보다는 이원론적이었다.[66] 일부 영지주의 분파들은 구성원들에게 예수를 저주하라고 요구했는데, 그들의 그리스도에 대한 지식이 예수와는 별개의 누군가에 대한 것임을 보여 주기 위해 위해서였다. [이것이 바울이 예수를 저주하는 사람들을 정죄한 것의 배경일 수 있다(고전 12:3).] 물론 틸리히는 예수를 저주하도록 조장하거나 묵인하지 않았다. 하지만 그가 나사렛 예수와 "그리스도" 사이를 철저히 구분한 것은 영지주의적 견해를 반영한다.[67]

---

65 같은 책, vol. 1, p. 135.
66 영지주의(gnosticism)는 초기 기독교 안에 있었던 이단 운동으로, 여러 변형들 가운데, 예수 그리스도가 참으로 인간은 아니었다고 믿었다. 가현설은 일부 영지주의자들이 견지한 것으로, 예수가 단지 인간처럼 보였을 뿐 몸을 가진 존재가 아니었고 순전히 영적이었다는 견해다. 하지만 영지주의자들의 다수는 이원론적 기독론을 견지했다. 즉 그들은 인간 나사렛 예수가 영적인 자들에게 영지 또는 지혜를 가르치기 위해 하늘로부터 내려온 천상의 구원자 "그리스도"의 도구에 불과했다고 믿었다. 이 그리스도의 영은 예수가 십자가에서 죽기 전에 예수에게서 떠났다. 여기서 제시되고 있는 주장은 틸리히의 기독론이 이런 의미에서 완전히 발달한 영지주의라는 것이 아니라, 초기 교회가 이단으로 정죄한 이원론적 예수 그리스도 이해를 드러낸다는 것이다.
67 틸리히의 기독론에 관한 탁월한 연구는 이 기독론이 가현설적이라고 비판한다. George Tavard, *Paul Tillich and the Christian Message* (New York: Charles Scribner's Sons, 1962), pp. 131-137. 하지만 여기서 기술되고 틸리히에게 돌려지는 특징을 보여 주는 이단은 가현설보다는 이원론이다. 틸리히는 어디서도 나사렛 예수가 인간이라는 것을 부인하지 않는다. 틸리히가 실제로 하는 것으로 보이는 일은 예수의 인성이 중요하다는 것의 부정이다. 그는 단지 예수의 인성이 무효화되고 그리스도라 불리는 순전히 영적 능력에 희생된다고 볼 뿐이다.

틸리히가 "하나님 너머의 하나님"을 가리키다

틸리히는 계시가 이성을 파괴하지 않고 완성하며 이성이 계시에 대한 질문 제기한다는 것(이것이 없다면 계시는 의미 없는 대답이 될 것이다)을 자신이 보여주었고, 이로써 성공적으로 이성과 계시를 상관관계 안에 두었다고 믿었다. 하지만 이성과 계시에 관한 그의 논의 전체에서 그는 존재의 능력으로 계시된 것을 언급했는데, 바로 새로운 존재, 존재의 기반, 또는 하나님이다. 최종적 계시에서 또는 (그보다 작게는) 보편적 계시에서 계시된 것은 하나님인데, 이는 존재의 기반을 가리키는 종교적 단어다.[68] 하나님은 사랑의 능력으로, 실존에서 갈등에 빠진 이성의 양극적 요소들을 재결합함으로써 이성을 치유한다. 틸리히의 신론은 그의 신학의 어떤 다른 영역보다도 더 많은 논쟁을 일으켰다. 논의의 대부분은 "하나님은 실존하지 않는다. 그는 본질과 실존을 넘어서는 존재 자체다. 그러므로 하나님이 실존한다고 주장하는 것은 그를 부인하는 것이다"라는 그의 유명한 주장으로부터 나왔다.[69] 이 소동의 일부는 틸리히가 전문 용어로 사용하는 "실존"(existence)에 대한 지나치게 단순화된 오해로부터 나왔고, 이 오해는 그가 무신론자라는 인상을 불러일으켰다. 하지만 일부 예리한 비판자들조차, 틸리히가 늘 하나님을 존재 자체 또는 존재의 기반으로 말하는데도 불구하고, 그가 무신론자라고 주장했다.[70]

여기서 틸리히의 신론이나 그에 관한 다양한 해석들의 미묘한 부분들을 모두 충분히 고려하는 것은 불가능할 것이다. 단지 우리가 여기서 보여주기 위해 시도할 것은, 그가 무신론자가 아닐지라도, 그의 신론은 하나님의 내재와 초월 사이에 긴장을 야기해서 그의 추종자들이 둘 중 하나를 선

---

68 Tillich, *Theology*, vol. 1, p. 156.
69 같은 책, vol. 1, p. 205.
70 틸리히에 대한 가장 신랄한 공격 중 하나는 Leonard F. Wheat, *Paul Tillich's Dialectical Humanism: Unmasking the God Above God* (Baltimore: Johns Hopkins University Press, 1970)으로, 이 책의 기본 논지는 "틸리히는, 무신론자라는 말의 가장 넓은 의미에서, 무신론자다"라는 것이다(p. 20).

택해야만 하도록 한다는 것이다. 더 나아가 틸리히의 "하나님 너머의 하나님"[71]의 거의 전적 내재성을 선택하는 것이 그의 전반적 관점과 일치한다. 마크 클라인 테일러(Mark Kline Taylor)의 정확한 지적에 따르면, 틸리히는 "하나님의 초월을 실존의 구조 너무나 깊은 곳에서 찾는" 위험을 무릅써서 "'초월'의 의미가 알아볼 수 없을 정도로 왜곡되었다."[72]

하나님이 대답이라면, 질문은 무엇인가? 앞서 살핀 대로, 틸리히에게 질문은 대답에 선행하며 그 형식을 결정해야 한다. 간단히 말해, 하나님은 존재 안에 내포된 "존재 자체란 무엇인가?"라는 질문에 대한 대답이다.[73] 틸리히에 따르면, 유한성은 존재와 비존재의 혼합이다.[74] 그러므로 그는 유한성의 구조에 대한 복잡하고 미묘한 존재론적 분석에 몰두했는데, 이는 그 구조가 그 안에 내재한 비존재의 위협을 극복할 수 있는 존재 혹은 존재 자체의 능력에 관한 질문을 불러일으킨다는 것을 보여 주기 위해서였다. 존재론적 질문은 유한한 존재들의 자각 때문에 인간 실존 안에서 일어난다. 이 자각은 유한한 존재들 자신이 스스로 존재의 기반이 아니라는 자각, 누군가가 비존재에 의해 실존적으로 위협을 받을 때 일어나는 "형이상학적 충격"에서 가장 강렬하게 표출되는 자각이다(예를 들면, 그가 출생 이전에는 어디에도 없었으며 결국에는 죽고 만다는 것을 온전히 인식할 때).

하나님이 인간의 유한성에 내포된 질문에 대한 대답이라면, 틸리히의 주장에 따르면, 그는 비록 최고 또는 최상의 존재자일지라도 **하나의** 존재자일 수 없으며, 오히려 존재의 능력, 비존재에 저항하는 능력, 존재 혹은 존

---

71 "하나님 너머의 하나님"은 틸리히가 *The Courage to Be* (New Haven, CT: Yale University Press, 1952), pp. 186-190에서 사용한 문구다. 이 문구는 유신론의 유한하다고 상정되는 하나님을 초월하는 하나님으로 표시하기 위해 의도되었는데, 왜냐하면 하나님은 **하나의**(a) 존재자가 아니라 존재 자체이기 때문이다. 『존재의 용기』(예영커뮤니케이션).
72 Mark Kline Taylor, *Paul Tillich, Theologian of the Boundaries* (San Francisco: Collins, 1987), p. 23.
73 Tillich, *Theology*, vol. 1, p. 163.
74 같은 책, vol. 1, p. 189.

재 자체의 무한한 능력으로 여겨져야 한다.[75] 이제 이 존재의 능력(존재와 비존재의 질문에 대답하는 능력)은 정의상 "실존"할 수 없는데,[76] "실존"은 유한한 것의 존재 방식, 즉 타락 혹은 본질로부터의 소외라는 상태이기 때문이다. 모든 개별적 존재는 비존재에 참여하는데, 이것이 개별적 존재를 유한하게 만들고 개별적 존재를 존재 안에서 지탱하기 위해 존재의 능력을 필요하도록 만든다. 하나님이 **하나의** 존재자라면 그는 궁극적 관심(신앙)의 대상이 될 수 없고, 유한성의 질문에 대답하는 능력이 될 수 없다. 그렇다면 하나님은 어떤 다른 것이어야 한다. 이것이 틸리히가 "하나님 너머의 하나님"으로 의미하는 바다. 존재 자체 혹은 존재의 기반과 능력인 하나님은 전통적 유신론이 **하나의** 존재자와 **하나의** 인격으로 여기는 추정상 유한한 하나님보다 우월하다.

틸리히는 존재 자체의 내재성을 유지하면서도 그것의 초월성을 표현하고자 애썼다. 그는 존재 자체는 모든 것의 보편적 본질, 세계의 기저에 있는 본체가 아니라고 주장했는데, 왜냐하면 존재 자체는 세계의 모든 것이 그것들의 비존재 요소로 인하여 당하는 본질과 실존의 분리를 초월하기 때문이다. 존재 자체는 비존재에 참여하지 않고 그러므로 모든 유한한 것을 무한히 초월한다.[77] 틸리히에게 이것이 의미하는 바는, 하나님이 절대적이고 무한하며, 무조건적이고 자유롭기 때문에, 하나님에 대해서는 그가 존재 자체라는 말 외에는 상징적이지 않은 어떤 것도 말할 수 없다는 것이다.[78] 하나님에 관한 모든 다른 주장은 (단순히가 아니라) 순전히 상징적이다. 하지만 틸

---

75 같은 책, vol. 1, p. 235.
76 같은 책, vol. 1, pp. 202-205.
77 같은 책, vol. 1, p. 237.
78 같은 책, vol. 1, pp. 238-239. 틸리히의 "무한한"이라는 용어 사용은 모순까지는 아니더라도 매우 모호하다. 어떤 곳에서 틸리히는 존재 자체로서의 하나님을 무한과 구별하고, 유한-무한의 분리 위에 둔다(예를 들어, p. 191). 하지만 다른 곳에서 그는 "무한한 것이 존재 자체"라고 말한다(p. 239). 또 다른 곳에서 그는 하나님이 무한하지만 자신 안에 유한한 것을 포함하며 그러므로 엄격하게 무한하지는 않다고 말한다(p. 252). 이것은 "나쁜 무한"에 반대되는, 헤겔의 "참으로 무한한"의 개념에 가깝다.

리히에게 참된 상징은, 기호와 달리, 상징하는 실재에 참여한다("상징적 실재론"). 그러므로 "단순한 상징"이라는 말은 틸리히에게는 존재하지 않는다. 하지만 상징과 그것이 제시하는 것 사이에는 언제나 차이가 존재한다. 하나님이 모든 유한한 것을 넘어서기 때문에, 하나님에 관한 모든 언어는 "존재 자체"를 제외하고는 상징적이어야만 한다.

하나님의 초월을 그토록 강력히 단언한 후에, 틸리히는 하나님의 내재를 다룬다. 하나님과 세계는 서로 안에 참여한다. 모든 유한한 것은 존재 자체에 참여하는데, 이는 모든 것의 기반이 되는 존재의 구조다.[79] 역으로, 하나님은 존재하는 모든 것 안에, 즉 그것의 기반이자 목표로서, 절대적이고 무조건적으로 참여한다.[80] 하나님은 유한한 모든 것을 자신 안에, 역동적이고 활발한 과정 속에서 포함한다. 실제로, 하나님의 이러한 "삶"은 세계를 그 안의 모든 비존재와 함께 필연적으로 포함하는 것으로 보일 것이다.[81] 그렇다면 틸리히에게 하나님은 세계를 초월하고 세계는 하나님을 초월한다. 하나님은 세계 안에 내재하고 세계는 하나님 안에 내재한다.[82] 역설적이게도, 하나님은 제약을 받지 않을 수 있지만, 어떤 세계가 있어서 하나님이 그 밖에 존재할 수 없고 그것이 하나님 밖에 존재할 수 없는 한 그렇다. 그렇지 않다면 그는 참으로 무한한 존재(헤겔을 떠올리게 하는 것)와 제약을 받지 않는 존재가 아니라, 자신 외부에 있는 어떤 것에 의해 제한되고 제약을 받을 것이다. 그러므로 세계는 하나님의 삶 "내부에" 존재하고, 하나님은 세계의 존재자다(그러나 세계의 본체는 아니다).

비판자들이 틸리히의 입장을 왜 달가워하지 않았는지는 분명하다. 테일러처럼 그에게 공감하는 관찰자조차, "틸리히의 초월 이해는 너무나 철저히

---

79 같은 책, vol. 1, p. 238.
80 같은 책, vol. 1, pp. 243-245.
81 같은 책, vol. 1, p. 252.
82 같은 책, vol. 1, p. 263.

내재적이어서, 많은 사람이 그가 말하는 하나님의 '타자성' 또는 '초월성'의 의미에 관해 당혹한 상태로 있었다"고 결론을 내렸다.[83] 틸리히에 대한 가장 날카로운 비판자들 가운데 하나인 애드리언 대처(Andrian Thatcher)는 더 나아가, 틸리히가 하나님의 초월과 내재를 일관성 있게 설명하는 데 실패했으며, 따라서 그가 하나님에 관하여 하나로 통합될 수 없는 두 가지 별개의 생각들을 감히 제시했다고 주장했다.[84] 전반적으로, "하나님 너머의 하나님"은 실제로 모든 것 밑에 그리고 안에 있는 것처럼 보인다. 이런 것들은 비공간적인 것을 설명하기 위해 공간적 실재로부터 빌려 온 은유다. 그럼에도 불구하고, 아무리 존재 자체, 존재의 능력 또는 기반이 특정한 유한한 것들 또는 심지어 그것들의 전체성(세계)과 다르더라도, 전통적 의미에서 초월적일 수는 없다. 이것은 하나님과 세계 사이의 상호 참여를 틸리히가 강조한 것에 비추어 특히 사실이다. 하나님은 세계의 존재자다. 초월은 하나님이 제한과 갈등에 종속되지 않는다는 것을 의미하는데, 그 제한과 갈등은 유한한 것들이 종속되어 있는 것들이다. 하나님은 자신 안에 이러한 제한과 갈등을 포함하며, 이것이 하나님의 삶에 기여한다. 이 점에 관해 틸리히는 말했다.

이 견해에서 세계 과정은 하나님에게 중요한 의미를 지닌다. 하나님은 변덕에 이끌려 자신이 원하는 것을 창조하고 자신이 원하는 것을 구원하는, 분리된 자기 충족적 존재(entity)가 아니다. 오히려 창조의 영원한 행위는, 사랑을 거부하거나 수용할 자유를 가진 타자를 통해서만 완성을 이루는 사랑에 의해 이끌린다. 하나님은, 말하자면, 존재를 가진 모든 것의 현실화와 본질화를 향해 이끌어 간다. 우주 안에서 일어나는 것의 영원한 차원이 신적 삶 자체이기 때문이다. 그것이 신적 행복의 내용이다.[85]

---

[83] Taylor, *Paul Tillich*, p. 23.
[84] Thatcher, *Ontology of Paul Tillich*, p. 87.
[85] Tillich, *Theology*, vol. 3, p. 422.

이것이 일종의 범재신론이라는 것은 논의할 필요도 없다. 그의 신학 체계 마지막에서, 틸리히는 스스로 자신의 견해를 명명하기 위해 이 단어를 사용했다.[86] 하나님과 세계는 동일하지 않지만, 이 둘은 궁극적으로 그리고 분리할 수 없게 연결되어 있다. 이 부분은 헤겔의 주장을, 세계 없이 하나님은 하나님이 아닐 것이라는 말을 떠올리게 한다.[87]

이와 같은 언어는 어떻게 한 인간이 세계의 존재자에 대해, **하나의** 존재자 또는 **하나의** 인격이 아닌 존재의 기반에 대해 관계를 맺는지의 문제를 야기한다. 한편으로 틸리히는 "하나님과의 인격적 만남과 그와의 재결합은 모든 진정한 종교의 핵심이다"라고 말했다.[88] 하지만 다른 한편으로, 그는 천상의, 전적으로 완벽한 신적 인격에 반대하는 무신론의 항변은 정확하다고 주장했다. 그러한 존재자는 "실존"할 것이고, 그러므로 하나님이 하나님이기 위해 되어야만 하는 존재 자체일 수는 없을 것이다. 그럼에도 틸리히는 하나님이 비인격적이라고 말하고 싶지는 않았다. 그의 설명에 따르면, "'인격적 하나님'은 하나님이 **하나의** 인격이라는 것을 의미하지 않는다. 그것은 하나님이 모든 인격적인 것의 기반이라는 것을, 하나님이 자신 안에 인격성의 존재론적 능력을 지닌다는 것을 의미한다. 그는 한 인격이 아니지만, 덜 인격적인 것은 아니다."[89] 누군가가 "모든 인격적인 것의 기반"과 "만남"을 갖고 실제적 관계를 맺을 수 있는가? 틸리히는 이에 대한 반대와 그것의 기초를 이루는 모든 성경적 인격주의를 잘 알고 있었다. 그는 존재론과 성경적 인격주의를 종합함으로써 이 난관을 풀려고 노력했다. 하지만 궁극적으로 그는 실패했다. 결국 그는 자신의 종합을 역설로 표현할 수 있었을 뿐이다. "하나의 인격인 하나님과 우리의 만남은, 모든 인격적인 것의 기

---

86 같은 책, vol. 3, p. 421.
87 G. W. F. Hegel, *Lectures on the Philosophy of Religion*, trans. E. B. Speirs and J. Burden Sanderson, ed. E. B. Speirs (New York: Humanities, 1962), vol. 1, p. 200.
88 Tillich, *Theology*, vol. 2, p. 86.
89 같은 책, vol. 2, p. 245.

반이지만 그 자체로는 **하나의** 인격이 아닌 하나님과의 만남을 포함한다."[90] 분명히 이 말은 이성도 종교적 경험도 충족시키지 못한다.

틸리히가 믿은 바는, 하나님 너머의 하나님이 실존하지 않지만 존재 자체로서, 인간의 실존 안에 내포된 질문들에 대한 최종적 대답을 제공한다는 것이다.[91] 하지만 그가 질문의 형식이 대답의 내용을 결정하도록 허용한 것은 아닌지에 대한 의혹을 피할 수는 없다. 존재 자체가 어떻게 초월적이고 의롭고 거룩하고 인격적인, 아브라함과 이삭과 야곱의 하나님, 예수 그리스도의 아버지일 수 있는지 이해하기 어렵다. 틸리히가 자신은 존재 자체, 존재의 기반에게 기도하지 않으며 단지 그것을 묵상한다고 말했을 때, 그 자신도 이 점을 긍정하고 있는 것처럼 보였다.

틸리히가 실존주의를 사용해 기독론을 재구성하다

틸리히의 기독론도 마찬가지로 그의 기독론이 상관관계를 맺는 질문의 형식에 의해 결정된다. 『조직신학』의 2권의 3부 "실존과 그리스도"에서, 그는 강력하고 논쟁적인 인간 실존의 현상학을 제시했다. 그 중심에는 인류의 타락에 대한 그의 해석이 있는데, 그 타락은 그가 본질에서 실존으로의 보편적 전이라고 본 것이다. 보편적 전이는 "시공간에서 일어난 사건이 아니라, 시공간에서 일어나는 모든 사건의 초역사적 성격"이다.[92] 창세기에 나오는 아담과 하와의 죄 이야기는 문자적으로 받아들여서는 안 되며, 그의 주장에 따르면, 인간의 역경에 대한 상징적 표현, 즉 본질적 인간으로부터의 불가피한 소외, 그러므로 존재의 기반인 하나님으로부터의 소외에 대한 상징적 표현으로 해석되어야 한다. 비록 그는 이 타락이 존재론적으로 필연적이라는 점을 부정했지만, 이 타락이 "현실화된 창조"(actualized creation)와 같다고

---

[90] Tillich, *Biblical Religion*, p. 83.
[91] Tillich, *Theology*, vol. 1, p. 286.
[92] 같은 책, vol. 2, p. 40.

단언했다.[93] 다시 말해, 전이는 우리가 자유의지를 행사하는 것과 동시에 일어난다. 인간이 자신들의 자유를 현실화하자마자, 그들은 자신들의 본질적 존재가 하나님과 연합되어 있음을 표시하는 "꿈꾸는 순수"(키르케고르로부터 빌린 개념)의 상태로부터 타락하여 소외된 실존에 들어간다. 이것은 긴장, 불안, 갈등, 절망, 죄책감 등 인간 삶에 있는 모든 종류의 악을 야기한다.

틸리히에 따르면, 우리는 이 타락을 인류의 역사나 개인 안에서 일어난 사건이 아니라, 보편적 인간 역경에 대한 상징으로 이해해야 한다.[94] 동시에, 이 타락은 인간의 필연적인 구조적 특징이 아니다. 이 타락은 인간 본질로부터 나온 것일 수 없으며, 인간에게 책임이 있는 비합리적 도약의 성격을 갖는다.[95] 이것이 원죄에 대한 틸리히의 설명이다. 비판자들은 틸리히의 견해가 "죄를 존재론화한다"고, 또는 죄를 필연적인 것으로 만든다고 말했는데, 왜냐하면 이 견해는 죄를 현실화된 창조와 동일한 것으로 제시하기 때문이다. 이 해석은 틸리히의 주장에 의해 뒷받침된다. "인간은 자신의 자유를 실현하고 싶은 욕망과 자신의 꿈꾸는 순수를 유지해야 한다는 요구 사이에 걸려 있다. 자신의 유한한 자유의 능력으로 그는 실현을 선택한다."[96] 그렇다면 타락에 대한 유일한 대안은, 오직 잠재적으로만 인간이기 위해, 꿈꾸는 순수 안에 실현되지 않은 채 남아 있는 것으로 보인다. 인류는 자신을 현실화하자마자 소외된 실존으로 타락한다. 비판자들은 이것이 아마도 죄를 인류의 필연적 특징으로 만드는 것은 아닌지 의문을 품는다. 어떤 경우든, 틸리히는 타락, 즉 본질에서 실존으로의 전이가 우리가 아는 대로의 인류에 관한 "원래의 사실"이라는 점을 분명히 했다. 존재론적으로 실존으로의 타락은 시공간에서 일어난 모든 것에 선행한다.[97]

---

93 같은 책, vol. 2, p. 44.
94 같은 책, vol. 2, p. 29.
95 같은 책, vol. 2, p. 44.
96 같은 책, vol. 2, p. 35.
97 같은 책, vol. 2, p. 36.

틸리히는 자신의 분석이 참으로 기독교적 기독론의 가능성을 열었다고 믿었다. 인간 실존 안에 보편적으로 암시되어 있는 것은 새로운 존재에 대한 추구로, 이 새로운 존재는 우리를 우리의 본질과 재결합시킴으로써 소외를 깨뜨리고 불안과 절망을 극복할 것이다. 그렇다면 틸리히에게 그리스도는 대답이다. 그리스도라는 기독교적 상징은 새로운 존재의 상징으로, 실존의 조건들 아래서 출현하지만 본질과 실존 사이의 간격을 정복하는 것이다.[98] 그리스도인들은 이 새로운 존재가 나사렛 예수의 삶과 죽음에서 나타났다고 믿는다. 하지만 틸리히에게 이 이름과 그의 삶의 상세한 부분들은 중요하지 않다. 그는 역사비평적 연구가 설령 예수라는 인간이 존재하지 않았다는 결론을 내리는 일이 일어나더라도, 역사 내의 새로운 존재에 대한 신앙은 영향을 받지 않는다고 주장했다. 그의 설명에 따르면, "역사적 논증이 아니라 참여가 기독교의 기초를 이루는 사건의 실재성을 보증한다. 그것이 새로운 존재가 옛 존재를 정복하는 인격적 삶을 보증한다. 하지만 그의 이름이 나사렛 예수라는 것은 보증하지 않는다."[99]

그렇다면 예수는 어떤 의미에서 특별한가? 틸리히는 예수가 "사람이 된 하나님"이라는 것을 단호히 거부했다. 성육신 교리는 예수 그리스도가 "실존적 소외의 조건들 아래서 인격적 삶의 모습으로 나타난 본질적 인간"이었다는 의미로 재해석되어야 한다.[100] 그는 또한 우리가 예수 안에 나타난 본질적 신인성(神人性)을 말함으로써 예수 안의 신적 임재를 간접적으로 나타낼 수 있다는 점을 암시했다.[101] 다시 말해, 틸리히에게 예수는 "신적"이지 않았고 "신적 본성"을 갖지도 않았다. 오히려 예수는 자신의 인성 안에서 그리고 그 인성을 통해 전적으로 새로운 존재의 질서를 분명히 보여 주었다.

---

98 같은 책, vol. 2, p. 120.
99 같은 책, vol. 2, p. 114.
100 같은 책, vol. 2, p. 95.
101 같은 책, vol. 2, p. 94.

소외에 참여하면서도 그것을 정복하는, 실존의 조건들 아래의 본질적 인류다. 예수 안에서 인류는 실존 내의 "본질화"를 이루었는데, 이는 물론 역설이다. 하나님과 인간의 (이전에는 없던) 원래의 통일이 그리스도 안에서, 실존의 조건들 아래서이기는 하지만, 회복되었다. 예수와 하나님 사이의 소외는 그리스도로서의 예수에 대한 성경의 묘사에서 전혀 발견되지 않는다.[102] 사실 소외의 이러한 극복이 **바로** 그의 그리스도성이다. 이런 식으로 틸리히는 전통적 두 본성 기독론을 새로운 존재로서의 예수에 대한 이해로 대체했고, 그럼으로써 정적인 본질이라는 이전의 개념 대신 역동적 관계를 사용했다.[103]

무엇이 예수를 그리스도로 만드는가? 여기서 틸리히의 영지주의적 경향이 다시 나타났다. 그는 예수가 "예수로서의 자신을 그리스도로서의 자신에게 희생을 통해 내어줌으로써 자신의 그리스도로서의 성격을 증명하고 확인한다"고 말했다.[104] 분명히 이것은 예수와 그리스도를 서로 분리시키는 이원론적 기독론을 암시한다. 틸리히는 자신이 이 사건의 "그리스도 성격"과 "예수 성격"을 모두 유지하려는 동시대의 구성적 기독론을 발전시키려 노력한다고 주장했지만,[105] 그는 그 둘 사이에 쐐기를 박은 것처럼 보였다.

틸리히가 예수의 몸의 부활을 부인했다는 점은 전혀 놀랍지 않을 것이다. 대신에 그는 "회복 이론"을 선호했다. 새로운 존재가 제자들에게 미친 영향이 예수의 죽음 후에 "예수를 제자들의 마음 안에 있는 그리스도의 위엄으로 회복하는 것"으로 이끌었다.[106] 비슷하게 틸리히는 로고스로서의 예수의 선재와 동정녀 탄생, 승천, 재림이라는 상징들을 탈문자화하려 시도

---

102 같은 책, vol. 2, p. 126.
103 같은 책, vol. 2, p. 148.
104 같은 책, vol. 2, p. 123.
105 같은 책, vol. 2, pp. 145-146.
106 같은 책, vol. 2, p. 157.

했다.[107]

다시, 틸리히의 기독론에 비추어, 틸리히가 질문의 형식이 신학적 대답의 형식뿐만 아니라 그 내용마저도 결정하도록 허용한 것은 아닌지 물을 필요가 있다. 인간 실존에 관한 그의 다소 모호한 분석은 인간들을 그들의 본질적 존재와 재결합시키기 위해, 역사 안에 있는 "새로운 존재", 즉 구체적이지만 보편적인 본질화의 능력에 대한 필요로 이끌었다. 이 능력은 하나님**으로부터** 나와야 하지만 하나님 **자신**일 수는 없는데, 왜냐하면 존재의 기반인 하나님은 실존의 조건들 아래에서 나타날 수 없기 때문이다. 하지만 틸리히는 실존의 조건들 아래에 있는 본질적 인간 존재의 나타남조차 역설임을 인정했다.[108] 그럼에도 불구하고, 틸리히에게 그리스도로서의 예수는 참으로 인간이면서 또한 하나님일 수 없다. 그리고 이것은 그가 그 둘을 정의하고 두 본성 교리를 배제한 방식 때문이다.[109] 그러므로 예수는, 본질적으로 모든 인간에게 가능성으로 주어진 하나님과의 연합을 성취한 인간이어야만 했다.

틸리히가 비문자적·비초자연적 기독교의 유산을 남기다

당연히 신정통주의를 포함하는 보수적 신학자들은 틸리히의 신학에 실망을 표했다. 신학자 조지 타바드(George Tavard)는 틸리히의 기독론을 비난했다.

> 폴 틸리히는 예수에 관한 성경의 묘사와 교회가 언제나 믿어 온 그대로의 기독론적 교의를 설명하지 못했다. 그는 교의에 대해 입에 발린 말만 했을 뿐이다.…하지만 그 자신이 "과거의 기독론적 실체가 표현될 수 있는 새로운

---

107 같은 책, vol. 2, pp. 158-164.
108 신학에서의 역설과 특히 새로운 존재의 역설에 대한 틸리히의 견해는 다음에서 보라. 같은 책, vol. 2, pp. 90-92.
109 같은 책, vol. 2, pp. 147-148.

형식들을 찾으려고" 시도했을 때, 기독론적 실체는 사라졌다. 그리스도의 신성은 기독론적 변모가 무서워 거부되었다. 그리고 그리스도의 인성은 알 수 없는 것으로 선언되었다. 그래서 그리스도로서의 예수가 가진 그리스도 성격과 예수 성격이 모두 상실되었다. 칼케돈 공의회가 선두에서 교회를 이끌면서 두 구렁 사이의 능선을 따라간 반면, 폴 틸리히의 기독론은 두 구렁에 차례로 빠지고 만다.¹¹⁰

타바드가 말하는 두 구렁이란 그리스도의 두 본성을 나누는 것(네스토리우스주의)과 그 둘을 혼동하는 것(유티케스주의)이다. 틸리히가 인간 예수와 그 안에 나타난 그리스도 사이의 차이를 강조하는 한 네스토리우스주의가 나타났다. 그가 순전히 영적 그리스도를 강조하는 한 유티케스주의가 나타났다.

틸리히의 다른 실패들에 대한 비판은 이 절의 여러 곳에서 이미 언급되었다. 그의 신학에 반대해 종종 제기되는 비판들 중에는 그가 신학에서 철학에 부여한 중요성, 그 기저에 있는 자연주의, 하나님의 비인격화로 보이는 것이 있다. 하지만 21세기에 들어서도 틸리히의 숭배자들이 있다. 길키는 자신이 틸리히에 관해 쓴 책을 극찬으로 지지하며 마무리한다.

틸리히는…삶의 거의 모든 부정적 요소들, 즉 유한성의 본질적 요소들, 소외의 절대적으로 파괴적 요소들, 삶의 모호함의 당황스러운 요소들을 결집시켰고, 신적인 것의 많은 이름이 이런 것들, 우리의 가장 깊은 필요들에 어떻게 대답하는지 보여 주었다.…이런 의미에서 형식과 내용, 방법과 메시지, 그리고 아마도 가장 중요한, 폴 틸리히 자신의 인격적 존재와 숙고가 폴 틸리히 안에서 독특하고 강력하게 연합되었다.¹¹¹

---

110 Tavard, *Tillich and the Christian Message*, p. 132.
111 Gilkey, *Gilkey on Tillich*, p. 173.

틸리히는 현대성에 대해 어떤 관계를 맺고 있을까? 먼저 가장 두드러진 점은 그가 자연주의를 온전히 수용했다는 것이다. 그의 신학에는 초자연적인 것이나 기적의 기미는 전혀 없다. 둘째, 그의 신학은 인간중심적이다. 즉 인간의 실존에 초점을 둔다. 셋째, 아마도 합리주의를 제외하고는 현대성의 산(酸)이 이 신학을 건드릴 수 없다. 하지만 합리주의는 틸리히의 시대에, 특히 실존주의에 사로잡힌 사람들에게 그다지 인기를 끌지 못했다. 그렇지만 헤겔의 망령이 그의 신학 전체 위를 맴돌고 있다. 실제로 그의 신학은 키르케고르와 헤겔의 기이한 혼합으로, 실제로는 불가능한 것이다. 두 사람은 누군가가 둘을 종합하려 시도한다고 생각하면 놀라서 무덤에서 뛰쳐나올 것이다. 키르케고르의 영향력은 틸리히가 역설을 수용한 것에서, 헤겔의 영향력은 틸리히의 범재신론에 잘 나타난다. 결국 틸리히의 신학을 돌아볼 때, 이 신학에는 과학이 위협할 수 있는 영역은 없는 것 같다. 이 신학은 역사 연구를 포함해, 과학의 영향을 받지 않도록 짜여 있다. 그것은 인간 실존의 심층적 차원들과 관련되며, 우주론이나 자연의 움직임이나 기적이나 또는 과학이 조사하는 어떤 것과도 무관하다. 심지어 역사와도 관련이 없는 듯하다. 이것이 강점인지 약점인지는 가치 판단의 문제다.

6.B. 과정 신학이 하나님을 땅으로 내리다

과정 신학의 비판자 한 사람의 선언에 따르면, 과정 신학의 유일한 문제는 그 신학이 기독교 신앙에 대한 매우 매력적 대안이라는 점이다.[112] 그것이 "매력적인" 이유는, 과정 신학이 참이라면 하나님이 전능하지 않기 때문에 악의 문제란 없기 때문이다. 과정 신학의 하나님은 고전적 기독교 유신론

---

[112] Robert Jenson, *God After God: The God of the Past and the God of the Future as Seen in the Work of Karl Barth* (Indianapolis: Bobbs-Merrill, 1969), p. 208.

의 하나님이 아니며, 그런 이유로 과정 신학은 간혹 신고전주의 유신론이라고 불려 왔다. 어떤 이유로 "기독교 신앙에 대한 대안"인가? 그것은 판단의 문제이지만, 많은 비판자들이 보기에 과정 신학은 전통적 정통 기독교 교리들, 특히 신론을 근본적으로 재구성한다. 비판자들의 눈에는 그 재구성 기획이 지나쳐서, 이후에 남아 있는 것은 확연히 기독교적인 것을 단지 희미하게 닮았을 뿐이다.

과정 신학자들은 그것이 장점이라고 생각하는데, 그 이유는 그들에게 전통적 기독교의 하나님은 전능하고 모든 것을 결정하는 실재로서 나쁜 본보기이기 때문이다. 어느 정도 틸리히를 떠올리게 하는 방식으로, 대표적 과정 신학자 한 사람은 "율법 수여자이자 재판관인, 거룩하고 전능한 창조자-역사의 주는 대체되어야만 한다"고 선언했다.[113] 이 과정 신학자는 이어서 결론을 내렸다. "왕이 죽으면 사람들이 고대의 관습에 따라 '국왕께서 승하하셨도다. 새 국왕 폐하 만세!'라고 일제히 외치는 것처럼, 나는 이 함성에 따라 오늘날 다음과 같이 선언하고 싶다. '하나님이 승하하셨도다. 새 하나님 만세!'"[114] 존 캅의 이 지적은 하나님이 문자적으로 죽었다는 것을 의미하지는 않았다. 그는 기독교 정통주의의 하나님 개념을 말한 것이다. **그런 하나님은**, 그가 생각하기에는, 유대인 대학살과 다른 20세기의 끔찍한 일들을 고려할 때 믿을 수 없다. 모두는 아니더라도 대부분의 과정 신학자들이 가진 하나의 기본 전제는, 선하고 전능한 하나님이라면 유대인 대학살을 제지했으리라는 것이다. 하나님이 그 대학살을 방지하거나 제지할 능력이 있었고 또한 전적으로 그리고 무조건적으로 선했다면, 그는 그것을 제지했을 것이다. 그러므로 하나님은 전능하지 않아야 한다. 대표적 과정 사상가 한 사람은 심지어 『전능을 비롯한 여러 신학적 실수들』(*Omnipotence and Other*

---

[113] John B. Cobb Jr., *God and the World* (Philadelphia: Westminster Press, 1969), p. 40.
[114] 같은 책, p. 41.

Theological Mistakes, 1984)이라는 제목의 책까지 썼다.

과정 신학이 신자유주의 신학에 새로운 요소를 가미하다

과정 신학은 신자유주의 신학이다. 캅 같은 일부 과정 신학자들은 "신"(新)을 빼고 스스로를 그냥 "자유주의"라고 부른다. 하지만 캅은 자신의 자유주의 신학이 더 오래된, 19세기 및 20세기 초의 고전적 개신교 자유주의와 가진 차이를 인정한다.

> 우리 자유주의자들은 역사적 기독교로부터 길을 따라 진보적으로 내려왔는데, 그러면서 우리가 받은 유산의 자산을 다 쓰고 그것을 보충하려는 일은 거의 하지 않았다. 우리는, 우리의 문화를 향해 심판이나 치유의 실질적인 말을 하기보다는, 우리의 문화 또는 그 안의 몇몇 흐름들을 점점 더 반영하게 되었다. 우리는 독일의 자유주의 그리스도인들이 1930년대에 히틀러를 새로운 구원자로 칭송하는 독일 그리스도인들이 되었다는 점을 충분히 잘 인지하고 있다.[115]

캅은 이 차이를 더 설명하기를 계속하면서, 계몽주의와 인간에 대한 자유주의적 낙관론의 발흥을 목격한 것과 같은 세기에 일어난 인류의 비인간화인 참사와 비극들을 강조한다. 그의 자유주의 신학은 완화된(chastened) 자유주의다. 그는 동료 자유주의자들에게 말했다. "우리는 우리의 동기의 끝없는 비뚤어짐과 우리의 모든 행위의 불가피한 모호성을 직면해야 한다."[116] 캅과 다른 신자유주의자들은 니버의 기독교 현실주의의 샘들로부터 많이 마셨으며, 그것이 인간 성취에 관한 비관주의적 색채로 그들의 자유주의 신학

---

[115] John B. Cobb Jr., *Liberal Christianity at the Crossroads* (Philadelphia: Westminster Press, 1973), p. 12.
[116] 같은 책, p. 24.

을 수정했다. 하나님 나라는 인류의 더 온전한 도덕 교육을 기다리는 것과는 전혀 다르다.

그럼에도, 그 신학에 "신"(新)을 덧붙이게 만드는 완화의 요소에도 불구하고, 이것은 자유주의 신학의 한 형태다. 이 점은 과정 신학자 델윈 브라운(Delwin Brown)의 단언에 잘 나타난다. "자유주의[브라운의 자기 자신에 대한 규정]는 하나님에 대한 견해가 각 세대마다 우리가 세계에 대해 갖는 최고의 견해들에 비추어 다시 평가되고 다시 이해되어야 한다고 주장한다. 기독교의 하나님 개념은 다른 현대 지식과 일관성이 있어야 한다."[117] 그런 다음에, 그는 다음과 같이 설명하면서 모든 과정 신학자들을 비롯한 많은 "진보적 그리스도인들"의 입장을 대변한다.

> 최상의 자유주의는…다음과 같이 말하려 할 것이다. "분명히 우리는 기독교적 과거의 풍요로움을 존중하고 그것이 우리의 삶에 엄청나게 기여한 것을 인정해야 하지만, 최종적으로는 우리가 가진 최고의 현대적 결론들에 따라 살아야만 한다.…우리의 헌신은, 아무리 잠정적이고 자기 비판적으로 유지될지라도, 현 시대의 주의 깊은 판단들에 입각해야 한다. 비록 그 판단들이 과거의 명령과 근본적으로 다를지라도 말이다."[118]

다시 말해, 우리는 현대성의 주장들을 최대한 인정해야 한다.

따라서 과정 신학은 자유주의 신학의 한 형태이며 슐라이어마허에게 거슬러 올라가는 신학적 경향과 연속성을 보이지만, 완화된 자유주의 신학이고 그러므로 틸리히를 비롯한 다른 20세기 신학 운동과 개인들처럼 신자유주의 신학으로 분류되어야만 한다. 하지만 과정 신학은 어떤 새로운 요소를

---

117 Clark H. Pinnock and Delwin Brown, *Theological Crossfire: An Evangelical/Liberal Dialogue* (Grand Rapids: Zondervan, 1990), pp. 82-83.
118 같은 책, p. 23.

신자유주의에 더하는가? 무엇이 이 신학을, 예를 들면 틸리히의 신학과 구별되고 다르게 하는가? 유사점과 차이점이 모두 두드러진다. 유사한 측면으로, 과정 신학은 틸리히의 신학처럼 특정한 철학에 크게 빚지고 있다. 틸리히는 실존주의를 현대 세계의 기독교에 "행운"이라고 불렀다. 과정 신학자들은 화이트헤드와 하츠혼의 과정 철학에 대해 똑같은 말을 할 수 있을 것이다. 두 철학자들은 모두 종교와 신에 관해 많은 글을 썼다. 화이트헤드는 큰 존경을 받는 수학자이자 철학자로서 케임브리지와 런던의 대학교들 및 하버드 대학교에서 가르쳤으며, 20세기 종교 철학의 최고 명저들 중 하나인 『과정과 실재』(*Process and Reality*, 1929)를 썼다. 이 책에서 그는 "창조자에 관한 교리"를 강하게 비판했는데, "시원적이고 탁월하게 실재적이며 초월적인 창조자, 그의 절대적 명령으로 세계가 존재하기 시작했고 그의 강제적 의지를 세계가 따르는 창조자"를 말하기 때문이다.[119] "가차 없는 도덕주의자" 또는 "부동의 동자"로서의 하나님을 대신해서, 화이트헤드가 옹호한 신관의 하나님은

> 세계의 연약한 요소들 위에 거하는데, 그 요소들은 서서히 그리고 정적 속에서 사랑을 통해 영향을 미치고,…이 세계에서 비롯되지 않은 나라의 현재적 직접성에서 목적을 찾는다. 사랑은 지배하지 않으며, 무감동적이지 않다. 또한 도덕에 대해서는 조금 무관심하다. 사랑은 미래를 내다보지 않는데, 그 자신의 보상을 직접적 현재에서 찾기 때문이다.[120]

과정 신학자들에게 화이트헤드의 우주론과 종교 철학은 단순한 대화 상대 이상이다. 그들의 관계는 많은 초기 교부들이 플라톤의 철학에 대해 가

---

[119] Cobb, *God and the World*, p. 40에 인용됨.
[120] Alfred North Whitehead, *Process and Reality*, corrected ed. (New York: Free Press, 1978), p. 343.

졌던 관계와 같다. 아우구스티누스는 자신이 기독교를 받아들이도록 한 것이 플라톤주의자들의 책을 읽었기 때문이었다고 술회했다. 화이트헤드의 철학이 과정 신학에 대해 가진 관계는 플라톤주의가 아우구스티누스에 대해, 실존주의가 틸리히의 신학에 대해 가진 관계와 같다. 화이트헤드의 철학은 과정 신학이 동시대의 사람들을 위해 기독교 교리를 해석하고 재구성하는 틀이다. 어떤 의미에서 과정 신학자들은 기독교와 화이트헤드의 과정 형이상학이 상관관계를 맺게 하려 하는데, 이는 마치 틸리히가 기독교와 실존주의 존재론이 상관관계를 맺게 하려 했던 것과 마찬가지다. 하지만 화이트헤드의 철학과 실존주의는 둘 다 철학이라는 점을 제외하고는 공통점이 거의 없다. 이 둘은 매우 다르다. 과정 신학이 현대의 신자유주의 신학에 들여온 하나의 새로운 점은 형이상학, 특히 과정 형이상학이다. 틸리히와 과정 신학은 모두 자신들이 가장 선호하는 철학을 현대 신학을 위한 원천과 표준의 지위로 높이지만, 어떤 철학이 재구성의 작업을 위해 올바른 것인가를 놓고는 의견을 달리한다.

틸리히의 신자유주의와 과정 신학 사이의 또 다른 유사점은 신론의 근본적 재구성으로, 둘 다 전통적 기독교 유신론의 하나님을 넘어서는 하나님을 찾고 전통적 유신론의 병폐에 대한 치유책으로 삼아야 한다는 믿음을 갖고 있다. 틸리히는 고전적 유신론의 하나님이 설령 최상의 존재라 하더라도, **하나의** 존재자로 여겨지기 때문에 너무 유한하다고 보았다. 과정 신학은 고전적 유신론의 하나님이 너무 최고이고, 너무 타자적이고, 세계에 대한 우월성에서 너무 초월적이라고 생각한다. 하지만 그럼에도, 둘 다 범재신론을 받아들인다. 화이트헤드는 "하나님이 세계를 창조한다는 말은 세계가 하나님을 창조한다는 말만큼이나 참이다"라고 말했다.[121] 여기서 놀라운 점은 마지막 문구, "세계가 하나님을 창조한다"는 것이다. 또한 화이트헤드

---

[121] 같은 책, p. 348.

는 세계가 하나님 안에 내재한다고 단언했는데, 이는 하나님의 존재와 삶이 세계를 포함한다는 의미다(헤겔의 "참으로 무한한"처럼). 틸리히의 "하나님 너머의 하나님", "존재의 기반"과 "존재 자체"는 비인격적이거나 초인격적이다(그 표현이 무엇을 의미하든). 사람은 존재의 기반과 인격적 관계를 가질 수 없다. 과정 신학의 하나님, 즉 화이트헤드의 "이해하는, 고난의 동반자"[122]는 **하나의** 인격이고 **하나의** 존재자다. 관련됨과 영향에서 최고이더라도, 분명히 유한하다.

과정 신학자들은 왜 화이트헤드의 철학을 기독교 교리의 재구성을 위한 기초로 선택하는가? 첫째, 실존주의는 1950년대와 1960년대에 인기와 영향력이 줄어들기 시작했는데, 바로 이때 과정 신학이 발전하기 시작했다. 과정 철학은 특히 미국에서 신학적 재구성을 위해 더 나은 도구로 보였다. (실제로 유럽에서는 결코 인기를 끌지 못했다.) 둘째, 1960년대의 일부 급진 신학자들이 "신은 죽었다"고 선언하기 시작했다. 기독교 무신론은 미국 역사의 세속성이 늘어나는 시기에 두각을 나타냈다(참고. 7장). 과정 사상은, 유대인 대학살 같은 참상의 시대에, 신 죽음의 신학자들이 하나님을 믿거나 예배할 수 없음을 증명했다는 유신론적 요소들 없이도 하나님을 믿는 길을 제시하는 것처럼 보였다.

셋째, 과정 철학은 많은 기독교 신학자들에게 과학과 신학을 분리하기보다는 상관관계를 맺게 하는 길을 제공하는 것처럼 보였다. 화이트헤드는 과학 철학자였으며 자신의 신관이 진화와 하이젠베르크(Heisenberg) 및 아인슈타인(Einstein)이 발견한 새로운 물리학과 잘 어울린다고 생각했다. 무엇보다도, 아마도, 과정 사상은 변화가 부동성과 불변성보다 사람들의 마음을 더 끄는 시대에 존재(being)보다 생성(becoming)을 강조했다. 철학과 과학 분야의 변화가 현대 사회의 세계관에 서서히 스며들어 사회 안에 우연

---

[122] 같은 책, p. 351.

성(contingency), 일시성(transience), 상대성(relativity)의 감각을 퍼트렸다.[123] 과정 신학의 궁극적 목표는 존재보다 생성의 감각이 만연하기 시작한 문화에서 기독교 신앙의 적실성, 특히 세계와 하나님의 관계에 대한 기독교 신앙의 구상을 보여 주는 것이다.[124] 이 목표를 위해 과정 신학자들은 새로운 역동적 사고방식을 활용했는데, 그것은 화이트헤드에게서 (그리고 그보다는 영향이 덜 하지만 하츠혼에게서) 차용한 것으로서, 하나님을 포함하는 모든 실재가 관계적이며 과정 안에 있다고 선언한다.

과정 신학이 다양한 목소리들을 내다

몇몇 다른 현대의 신학 운동들과는 달리, 과정 신학은 단 한 명의 대표자가 없다. 물론 그 모든 것 뒤에는 화이트헤드가 있지만, 그는 신학자가 아니었으며 특별히 기독교적 정체성이랄 게 없는 철학자였다. 엄밀한 의미에서의 과정 신학은 화이트헤드가 세상을 떠난 지 한참 후에 시작되었다. 중요한 과정 신학자들은 이전의 자유주의자들에 기초했고, 상대적으로 단명한 보스턴 인격주의(Boston personalism)라는 자유주의의 한 형태에 영향을 깊게 받았다. 과정 신학이 언제 시작되었는지 정확히 말하기는 어렵지만, 대표적 사상가들을 밝히는 것은 상대적으로 쉽다. 그들은 서로 다른 기관에서 가르쳤지만 어느 정도 신학 학파를 형성했다. 과정 신학자들을 위한 두뇌 집단과 인적 정보망 역할을 하는 과정사상연구소(Center for Process Studies)가 1973년에 캘리포니아의 클레어몬트 신학대학원에 세워졌다.

몇몇 핵심적 과정 신학자로는 하츠혼(어떤 이들은 그를 신학자가 아니라 종교철학자로 분류하고 싶을 것이다), 캅, 노먼 피텐저(1905-1997), 데이비드 레이 그

---

[123] 실재의 이러한 차원들은 과정 신학의 맥락으로서 Lonnie Kliever, *The Shattered Spectrum* (Atlanta: John Knox, 1981), pp. 44-46에서 언급되었다.
[124] 참고. Eulalio R. Baltazar, *God Within Process* (Paramus, NJ: Newman, 1970), pp. 1-23.

리핀(David Ray Griffin, 1939-), 마조리 수하키(Marjorie Suchocki, 1933-)가 있다. 과정 신학은 처음으로 여성들의 마음을 끈 기독교 신학 학파들 가운데 하나이며, 여러 여성 신학자들이 그 안에서 영향력을 발휘하고 있다. [수하키 외에 애너 케이스 윈터스(Anna Case Winters, 1953-)와 캐서린 켈러(Catherine Keller, 1953-)가 있다.] 하츠혼은 하버드, 시카고, 그리고 마지막으로 오스틴의 텍사스 대학교 등 여러 곳에서 가르쳤다. 그는 98세에 마지막 공개 강연을 하는 등 90대 후반까지 철학계에서 왕성하게 활동했다.[125] 그는 종교 철학 분야에서 많은 책을 저술했으며, 그중 일부는 과정 철학과 관련된다. 가장 잘 알려진 그의 책 두 권은 『전능을 비롯한 여러 신학적 실수들』과 『신적 상대성』(The Divine Relativity, 1948)이다. 후자에서 그는 하나님을 절대적이거나 무제약적이지 않고 필연적으로 관계적인, 사회적 신관을 설명했다.

> 인간이란 바로 사회적 관계들에 의해, 타인들에 대한 관계들에 의해 자격을 얻거나 제약을 받는 존재다. 그리고 하나님이야말로 인격에 대한 최상의 예다.…참으로 하나님이 모든 존재들을 사랑하지 않는다면, 즉 어떤 인간적 공감보다 뛰어난 공감적 연합을 통해 그들과 관계를 맺지 않는다면, 종교는 어마어마한 사기일 것이다.[126]

하츠혼은 젊은 과정 신학자들에게 엄청난 영향을 미쳤다. 그들은 그가 말한 것을 모두 받아들이지는 않았지만, 단지 우발적으로가 아니라 필연적으로 세계와 관계를 맺고 있다는 그의 사회적 하나님 개념에 동의했다.

아마도 과정 신학의 가장 영향력 있는 대변인은 캅일 것이다. 그는 감리

---

[125] Bruce G. Epperly, *Process Theology: A Guide for the Perplexed* (London: T & T Clark, 2011), pp. 13-14.
[126] Charles Hartshorne, *The Divine Relativity: A Social Conception of God* (New Haven, CT: Yale University Press, 1948), p. 25.

교 일본 선교사 부부의 아들이었고 본인도 감리교 목회자였다. 그는 자신의 이력 대부분의 기간 동안에 클레어몬트 신학교에서 가르쳤으며, 과정사상연구소의 설립과 「과정 연구」(Process Studies)의 창간을 도왔다. 가장 유명한 그의 책들로는 『기독교 자연 신학』(Christian Natural Theology, 1965), 『다원주의 시대의 그리스도』(Christ in a Pluralistic Age, 1975)가 있다. 캅은 가장 명료하고 열정적인 과정 신학의 옹호자다. 그는 과정 신학이 기독교 신학의 한 형태로, 그리스도중심적이며 단순히 종교 철학이 아니라고 주장한다. 『기독교 자연 신학』에 있는 캅의 진술은 현대성 속의 과학과 기독교 신학이라는 그 책의 주제와 관련이 깊다.

[이 책에서] 나는 자연 과학에 의해 영감 받은 우주론이 하나님과 인류 모두에 대한 기독교적 이해의 기반을 약화시키는 데 아주 큰 역할을 했다는 확신을 제시했다. 나는 화이트헤드 우주론의 여러 측면들을 상당히 자세하게 전개했는데, 이 우주론이 자연 과학을 더 정당하게 다루며 인간을 포함하는 창조된 질서, 하나님, 종교 경험에 대한 기독교적 이해의 새로운 가능성을 만들어 내리라 믿는다.[127]

영향력 있던 또 다른 과정 신학자로는 영국의 성공회 신부이자 신학자인 피텐저가 있다. 그는 과정 신학의 관점을 영국에 들여오는 데 누구보다도 역할을 했다. 그는 뉴욕의 제너럴 신학교에서 여러 해 동안, 그리고 이후 케임브리지 대학교에서 가르쳤다. 그는 과정적 관점에서 기독론을 다룬 최초의 저작인 『성육한 말씀: 그리스도의 인격 교리에 관한 연구』(The Word Incarnate: A Study of the Doctrine of the Person of Christ, 1959)를 썼다. 이 책에서 피

---

[127] John B. Cobb Jr., *A Christian Natural Theology* (Louisville, KY: Westminster John Knox, 2007), p. 178.

텐저는 과정 사상에 기초한 새로운 기독론을 제시했는데, 그에 따르면 그리스도는 그 체현한 것 때문에 정도 면에서 특별하다. 즉 그리스도가 체현한 것은

> 하나님이 어디에서나 인간의 행위들을 의도하고 또 어떤 방식으로 성취한다는 것이다.…바로 그가, 즉 그리스도가 바로 이 목적과 행위를 결정적으로 체현하고, 또한 자신의 나타남의 구체적 결과들을 통해 사람들의 삶에서 그리고 하나님과 세계에 대한 그들의 이해에서 실제적이고 명백하고 "상실할 수 없는" 차이를 만든다.[128]

다시 말해, 그리고 이것이 일반적 과정 사상의 기독론에 대한 접근인데, 예수는 인류를 위한 하나님의 목적을 완벽하게 체현하고 성취하고 계시함으로써 하나님 역할을 했다. 과정 사상의 용어로 말하자면, 예수는 자신을 향한 하나님의 목적을 최상으로 "파악했고"(느꼈고) 또 완벽하게 성취했으며, 그러므로 하나님이 "예수 안에" 독특한 방식으로 있었다. 모든 곳에 있는 그의 현존과는 종류가 아닌 정도 면에서 다르게, 그리고 모든 사람과 현실적 계기[occasion, 존재(entity)]에 대해서 말이다.

마지막으로, 그리핀은 또 다른 대표적 과정 신학자로 오랫동안 캅과 긴밀히 활동했다. 그는 틸리히의 강연을 듣고 신학에 입문할 영감을 받았다. 이후에 그는 데이턴 대학교에서, 그리고 다음에는 은퇴할 때까지 클레어몬트 신학대학원에서 신학을 가르치면서 과정사상연구소의 소장으로 일했다. 그리핀이 저술한 몇몇 중요한 책으로 과정 신학과 관련된 것은 『과정 기독론』(*A Process Christology*, 1973), 『과정과 실재』(*Process and Reality*, 1979), 『하

---

[128] Norman Pittenger, *The Word Incarnate: A Study of the Doctrine of the Person of Christ* (Digswell Place, UK: James Nisbet, 1959), pp. 164-165.

나님, 능력, 악』(*God, Power and Evil*, 1991)이 있다. 그가 특히 집중한 신학 분야는 스스로 과정 사상이 해결책이 된다고 본 악의 문제였다. 캅과 그리핀은 아마도 가장 영향력 있고 대중적인 과정 신학 소개서인 『과정 신학: 입문적 해설』(*Process Theology: An Introductory Exposition*, 1976)을 함께 저술했다. 이 책에서 그들은 하나님에 대한 부적절한 전통적 이미지들인 "우주의 도덕주의자", "불변하고 무감동한 절대자", "지배하는 능력", "현재 상태를 정당화하는 존재", "남성"를 거부했다.[129] 대신에 그들은 하나님을 "창조적-반응적 사랑"으로 생각할 것을 제안했다.

> 과정 사상은 완전성을 다르게 이해하면서, 신의 창조적 활동이 세계에 대한 반응성에 기초한다고 본다. 현실성의 의미 자체가 내적 관련성을 내포하기 때문에, 하나의 현실성로서의 하나님은 본질적으로 세계와 관련되어 있다. 그런 것으로서의 현실성은 부분적으로 자기 창조적이기 때문에 미래의 사건들은 아직 결정되지 않았고, 그러므로 완전한 지식조차 미래를 알 수 없고, 또한 하나님이 세계를 전적으로 지배하지도 않는다. 신의 창조적 영향은 설득적이어야 하며, 강압적이어서는 안 된다.[130]

이와 같이 과정 신학에는 한 명이 아니라 다수의 대표자들이 있고, 그들은 약 반세기 동안 미국과 영국 곳곳에서 수천 명의 신학생과 목회자, 교양 있는 평신도, 신학자들에게 영향을 미쳤다. 그들은 일정한 기본적 신학 원리들에 동의하며, 그것을 우리가 여기서 다루려고 한다. 우리는 그들 사이의 견해차와 논쟁에 붙들려 있지는 않을 것이다. 또한 과정 신학에 대한 우리의 사례 연구는, 비록 그가 과정 신학의 다양한 목소리들 중 하나일 뿐이

---

[129] John B. Cobb Jr. and David Ray Griffin, *Process Theology: An Introductory Exposition* (Philadelphia: Westminster Press, 1976), pp. 8-10. 『캅과 그리핀의 과정신학』(이문출판사).
[130] 같은 책, pp. 52-53.

지만, 캅을 다룰 것이다.

과정 사상이 하나님을 포함하는 실재를 진화하는 유기체로 구상하다

과정 사상은, 하츠혼이 일부를 수정하기는 했지만, 기본적으로 화이트헤드의 형이상학적 철학과 동의어다. 이 철학을 파악하기는 쉽지 않지만, 그 기본적 개념들을 이해하지 않고서는 과정 신학을 이해하기란 거의 혹은 전혀 불가능하다. 과정 신학자들은 하나님을 포함하는 실재에 관한 화이트헤드의 이러한 기본적 사상들을 받아들인다. 이해해야 할 한 가지는, 화이트헤드와 과정 신학에서 하나님은 기본적 형이상학의 원리들에 대해 예외가 아니라 주된 예증이라는 점이다. 다시 말해, 하나님은 우리가 아는 다른 모든 것에 대해 예외가 아니다. 즉 하나님은 우리가 실재 자체에 관해 알 수 있는 것의 최상의 예다. 따라서 과정 사상을 이해하기 위해서는, 하나님이 어떤 식으로든 세계 외부에 있고 실재의 기본 원리들과 실재가 돌아가는 방식에 대해 예외라는 생각을 버려야 한다. **존재하는 것은 관계를 맺는 것이다** 같은 실재의 기본 원리들에 하나님이 종속된다는 점을 깨달아야 한다.

화이트헤드는 자신의 세계관을 "유기체 철학"(philosophy of organism)이라 불렀는데,[131] 이 세계관이 "느낌", 역동적 운동, "다른 존재에 참여함"을 강조했기 때문이다.[132] 화이트헤드에 따르면, 주관적 경험은 인간들에게만 해당되지 않으며 오히려 모든 실재의 근본적 성격에 대한 단서다.[133] 실재는 "현실적 계기들"이나 "현실적 존재들"로 구성되는데, 이것들은 물리적인 것들이 아니지만 에너지 사건들(energy events)의 특징을 갖는다. 이것이 실재의

---

[131] 화이트헤드는 *Science and the Modern World* (New York: Mentor, 1948)에서 과학적 물질주의에 대한 대체로서 "유기적 기계론"(organic mechanism)의 체계를 제안했다(p. 76). 『과학과 근대세계』(서광사).

[132] Whitehead, *Process and Reality*, p. 80.

[133] Alfred North Whitehead, *Adventures of Ideas* (New York: Free Press, 1933), pp. 177-178. 이 견해는 *Process and Reality* 전체에서 자세히 설명되는데, 예를 들어 p. 246를 보라.

가장 기본적 구성 요소들이다. 모든 현실적 계기들은 그 계기들 주위의 것들을 파악하거나 "느끼고" 또 그것들의 영향을 받는다. 어떤 것은 존재하기 시작하는 그 순간에 다른 현실적 계기들의 장에서 일부가 되고 또 그것들의 영향을 받는다. 하지만, 그리고 바로 이 점이 이 철학을 처음 접하는 대부분의 사람들에게 가장 생소한 것인데, 모든 현실적 계기는 어느 정도의 자유를 가지며 이 영향들에 관해 어떻게 해야 할지 "결정한다." 현실적 계기는 그 주위의 현실적 계기들을 파악하면서 그것들을 모방할지, 그것들과 협조할지, 또는 그것들에 저항할지 결정한다. 화이트헤드에게, "하나님은 하나의 현실적 존재[계기]이며, 저 멀리 있는 텅 빈 공간의 가장 하찮은 바람도 현실적 존재다."[134] 그것들은 모두 상호 의존성 안에 존재하면서 서로 영향을 미치고, 적어도 어느 정도는 이 영향들에 대해 어떻게 할지 자유롭게 결정한다.

화이트헤드에게, 그리고 과정 사상 전반에서, 실재는 정적이지 않으며 역동적 과정이다. 모든 현실적 계기, 즉 존재, 그리고 우주를 구성하는 그것들의 연결망 전체는 끊임없이 진화한다. 현실적인 것은 어떤 것도 똑같은 상태를 유지하지 않는다. 각 존재는 무엇인가를 향해 힘써 노력하면서 더 근접하거나 빗나가 버린다. 그것들은 모두 가치 지향적이어서, 어떤 가치를 실현하려고 애쓴다.[135] 각 현실적 계기는 생성의 활동, 즉 관련성 있는 과거와 다가갈 수 있는 미래를 "느끼는" 반응들을 하나로 엮는 활동이다. 따라서 각각은 양극적이어서, "물리적 극"(과거)과 "정신적 극"(성취할 수 있는 가능성)으로 이루어진다. 각각은 경험하고 반응하는 과정에서 자신을 만들어 낸다.[136] 각 계기, 즉 존재는 계기들의 흐름 또는 장에 단단히 박혀 있으며, 그

---

134 Whitehead, *Process and Reality*, p. 28.
135 Alan Gragg, *Charles Hartshorne*, Makers of the Modern Theological Mind (Waco, TX: Word, 1973), p. 31.
136 Whitehead, *Process and Reality*, p. 38. 또한 Victor Lowe, *Understanding Whitehead* (Baltimore: Johns Hopkins University Press, 1962), pp. 38-41를 보라.

것에 의존할 수도 있고 또 초월할 수도 있다.[137] 각각은 부분적으로 그것이 파악하는 과거 계기들의 산물이며, 부분적으로 스스로 만들어 낸 것이다.

현실적 계기는 "창조성"이라 불리는 한 과정을 통해서 존재하기 시작하는데(그 창조성이 과정 자체에 심겨 있다), 이후에 현실적 계기는 사라진다. 현실적 계기는 파악하며 또 파악된다. 다시 말해, 현실적 존재가 가치를 성취하는지 못하는지는 그 현실적 존재 후에 나타나는 다른 현실적 계기들에 의해 "느껴진다." 각 계기는 그것이 과거로부터 파악하는 가치들과 그 계기를 둘러싼 가치들을 자유롭게 받아들이거나 거부한다. 어떤 계기는 그 자신과 같은 다른 계기들로부터 영향을 받을 뿐 아니라, 또한 화이트헤드가 "영원한 객체들"이라 부른 것으로부터도 영향을 받는데, "영원한 객체들"이란 어떤 현실적 계기가 그 자신의 생성 과정에서 사용할 수도 무시할 수도 있는 과정 안에 심겨 있는 가능태들이다. 이것들은 플라톤의 형상들, 즉 색깔, 감정, 쾌락, 고통, 정의, 사랑 같은 영원한 양식 및 특질과 같은 것들이다. 따라서, 발생하는 각 현실적 계기는 그것이 파악하고 자신의 생성 과정에서 어떻게 해야 할지 결정하는 적어도 두 가지 유형의 실재들을 직면한다. 화이트헤드는 현실적 계기들에 영향을 미치는 셋째 유형의 실재를 제시했다. 각 계기는 "최초의 목표"를 직면하는데,[138] 이는 새로 형성되는 계기를 위한 최고의 가능한 조합으로 이루어진 것으로, 자유롭게 수용하거나 거부할 수 있다. 이 최초의 목표를 수단으로 삼아서, 계기는 향유할 만한 경험을 만들어 내서 타인들의 향유에 기여함으로써 미래를 위해 창조적으로 되려고 한다. 화이트헤드에게 이것은 하나님의 주된 역할로, 모든 현실적 계기에 이상적 최초의 목표를 제공하는 것이다. 옛말을 뒤집어 말하자면, 화이트헤드에게 "하나님은 일을 계획하지만 인간[또는 모든 현실적 계기]

---

137 Whitehead, *Process and Reality*, p. 309.
138 같은 책, p. 130, p. 374.

이 성패를 가른다."

화이트헤드의 하나님 이해에 결정적인 것은 그 전제로, 즉 하나님이 하나의 존재, 하나의 현실적 계기로서 세계 안에 있는 다른 것들 가운데 있다는 것이다.[139] 모든 현실적 계기들과 마찬가지로 하나님은 양극적이어서, 시원적 극과 결과적 극으로 이루어져 있다.[140] 하나님의 시원적 극은 세계의 과정의 원리로서의 하나님을 가리킨다.[141] 하나님은 영원한 객체들의 무한한 다양성을 마음에 품고, 최고의 것들을 최초의 목표인 각 현실적 계기에 맡기며, 그것들을 그 최초의 목표들을 이루는 방향으로 유혹한다.[142] 그러므로 하나님은 가능성들의 전체 범위를 담고 있으며, 따라서 과정에서 가치와 새로움의 근원이다. 하지만 하나님의 시원적 본성 또는 극은 현실적이지 않으며 다만 가능성일 뿐이다. 또한 하나님은 결과적 극을 갖는데, 그것은 현실적이며, 그 안에서 하나님은 자신이 영향을 미치려 하는 세계를 파악한다. 하나님의 궁극적 목표는, 그의 영원하고 변하지 않는 시원적 극에 기초해서, 세계에서 통일성과 조화를 창조하는 것이다. 하나님의 목표들이 현실적 계기들과 전체로서의 세계에 의해 성취되는 한, 하나님의 현실적 삶의 경험인 결과적 극은 풍성해진다. 하나님의 목표들이 회피되고 거부되고 성취되지 않는 한, 하나님의 삶의 경험은 빈약해진다. 그러므로 하나님은 "위대한 동료, 즉 이해하는, 고난의 동반자"가 된다.[143]

하나님의 이러한 두 측면, 두 극은 하나님과 세계 사이에 본질적 관계를 만든다. 하나님과 세계는 서로가 필요하며, 함께 하나로 묶여 있다. 화이트

---

[139] "하나님은 모든 형이상학적 원리들에 대한 예외로 다루어져서는 안 된다. 그 원리들의 붕괴를 막기 위해 들먹거리는 것으로서 말이다. 하나님은 그 원리들의 주요 예증이다." 같은 책, p. 521.
[140] 화이트헤드는 세계와의 관계에서 하나님의 양극적 본성을 *Process and Reality*, pp. 519-533에서 자세히 서술한다. 또한 그는 하나님이 삼중 성격, 즉 시원적, 결과적, 자기초월체적 성격을 보여 준다고 언급했다(pp. 134-135).
[141] 화이트헤드의 말에 따르면, 하나님은 "절대적으로 풍부한 잠재성의 제한 없는 개념적 실현이다.… 모든 창조 **이전**이 아니라, 모든 창조와 함께 말이다." 같은 책, p. 521.
[142] 같은 책, p. 287.
[143] 같은 책, p. 532.

헤드의 결론대로, "각각의 시간적 계기는 하나님을 구현하며 하나님 안에서 구현된다."[144] 조야하고 불충분한 비유를 하나 들자면, 하나님은 코치인 동시에 스펀지와도 같다. 코치처럼 하나님은 세계의 각 현실적 계기에게 세계를 위한 하나님의 이상적 목표를 성취하라고 촉구한다. 스펀지처럼 하나님은 이 과정에서 성취되었거나 성취되지 못한 가치를 완전히 흡수한다. 하나님은 어떤 현실적 계기가 무엇을 성취하도록 강제할 수 없다. 그가 할 수 있는 것은 영향과 설득("신적 유혹")이 전부다. 하나님의 최초의 목표에 대한 세계의 반응은 하나님에게 영향을 미쳐서, 좋든 나쁘든 삶의 경험을 준다. 이것이 하나님이 "과정 중에" 있다는 의미다. 세계의 성취와 실패를 끊임없이 경험하면서 말이다. 하지만 이것은 하나님이 전적으로 세계에 의존적이라는 것을 의미하지 않는다. 하나님의 시원적 극은 영원하고 불변한다. 이는 하나님의 성격과 같고, 또한 하나님이 각 현실적 계기에게 그 최초의 목표를 주기 위해 의존하는 모든 가치의 저장고와 같다. 따라서, 화이트헤드와 과정 신학자들에게, "실재"는 끊임없이 생성하고 소멸하는 현실적 계기들의 거대한 연결망이다. 오직 하나님만 (그의 시원적 극에서) 영원하고 불변하며, 오직 하나님만 다른 모든 현실적 존재에 즉각적으로 참여하여 영향을 미친다. 오직 하나님만 다른 현실적 존재들의 모든 성취와 실패를 기억 속에 둔다.

과정 신학자들이 화이트헤드의 철학을 이용해 하나님을 재구성하다

하나님에 관한 세 가지 가정이 화이트헤드의 철학적 유신론을 요약한다. 첫째, 하나님은 세계에 대해 초연하거나 아무런 영향을 받지 않는 것이 아니다. 오히려 하나님과 세계는 상호 의존적이다. 여기서 강조점은 분명히 하

---

[144] 같은 책, p. 529. 화이트헤드는 다음과 같이 덧붙인다. "세계의 본성은 하나님에게 시원적 자료이고, 하나님의 본성은 세계에게 시원적 자료다."

나님의 내재에 있는데, 왜냐하면 하나님은 "현실 세계 안에 내재하는 현실적 존재"이기 때문이다.[145] 또한 하나님은 영원하고 모든 현실적 계기와 친밀하고 즉각적으로 관계를 맺는다는 점에서 초월적이다. 하나님의 초월성은 신적 "무고갈성", 목적의 영속적 충실함, 악조차 선한 목적으로 이용할 수 있는 능력을 말한다.[146] 하지만 전능성이 없기 때문에, 하나님은 악으로부터 선한 결과를 만들 수 없다. 다만 악을 세계를 위한 하나님의 계획에 사용할 수 있을 뿐이다.

둘째, 하나님은 강압보다는 주로 설득을 통해 세계 안에서 그리고 세계를 통해 일한다. 하나님은 미끼를 사용하지만, 각 계기가 이것을 수용할지 거부할지 정할 권한을 갖는다. 그러므로 화이트헤드가 하나님과 세계의 이미지를 제시했을 때 그가 선택한 두 가지는 "부드러운 보살핌"과 "무한한 인내"였다.[147] 과정 신학자 루이스 포드(Lewis Ford)는 이 관점의 함축들을 다음과 같이 제시했다. "이런 의미에서 신앙은 상호적이다. 세계가 자신의 노력을 위한 목표를 얻기 위해 하나님을 신뢰해야 하듯이, 하나님은 이 목표의 성취를 위해 세계를 신뢰해야만 한다."[148]

셋째, 우리는 하나님을 전능의 관점에서 보지 말고, 세계와 함께 고난당하는 존재로 봐야 한다. 화이트헤드는 하나님을 전제 군주로 이해하는 고전적 관점을 거부하면서, 이 견해와 함께 "교회가 황제에게만 해당되는 속성들을 하나님에게 부여했다"고 주장했다.[149] 또한 하나님이 미래를 안다는 고전적 의미에서 전지(全知)한 것도 아니다. 인간들과 마찬가지로, 하나님은 미래를 결코 현실태로서가 아니라 오직 가능태들의 영역으로서 안다. 하지

---

[145] 같은 책, p. 143.
[146] Norman Pittenger, "Whitehead on God", *Encounter* 45:4 (1984), p. 328.
[147] Whitehead, *Process and Reality*, p. 525.
[148] Lewis S. Ford, "Divine Persuasion and the Triumph of Good", *The Christian Scholar* 50:3 (fall 1967): pp. 235-250; Delwin Brown, Ralph E. James Jr. and Gene Reeves, eds., *Process Philosophy and Christian Thought*(Indianapolis: Bobbs-Merrill, 1971)에 재수록.
[149] Whitehead, *Process and Reality*, p. 520.

만 인간들과는 달리, 하나님은 모든 가능태들을 안다.

과정 신학자들은 화이트헤드의 철학적 유신론을 수용하고 기독교화한다. 이것을 특히 잘했던 신학자가 캅이다. 화이트헤드의 형이상학은 이 감리교 신학자가 현대 세계를 위해 기독교 교리들을 재고하는 데 깊은 영향을 미쳤다. 캅의 신자유주의적 과정 신학이라는 기획 전체에서 가장 우선적인 동기는 악의 문제를 푸는 것이었는데, 이는 현대 세계에서 "무신론의 기반"이라고 불려 온 것이다. 캅의 두 권짜리 저서 『과정적 관점: 과정 신학에 관해 자주 하는 질문』(*The Process Perspective: Frequently Asked Questions About Process Theology*, 2003, 2011)의 첫 번째 질문과 대답은 악과 하나님의 전능에 관한 것이다. 비슷하게, 둘째 권의 한 장 전체가 악의 문제에 대한 캅의 답변에 할애된다. 두 경우 모두에서 그의 대답은 똑같다. 하나님은 전능하지 않으며 그러므로 악을 멈추게 할 수 없다는 것이다. "과정 신학의 대답은, 물론, 하나님의 능력이란 사람들이 악한 일들을 하지 못하도록 막는 종류가 아니라는 것이다. 하나님은 부르고 설득하려 시도한다. 하지만 이것은 우리가 범죄를 저지르지 못하도록 막지 않는다."[150] 캅과 대다수 과정 신학자들의 글을 겉핥기식으로만 읽어 봐도 이것이 과정적 신 개념의 주요 매력이라는 결론을 내리게 된다. 캅은 하나님이 아무리 자기 제한적이더라도, 전능하다면 하나님의 선함과 일관성이 없다고 주장한다.

비록 그럴지라도[하나님이 자유의지를 위해 자신을 제한한다고 가정하더라도] 질문은 남는다. 왜, 극단적인 경우에, 그렇게 많은 것이 걸려 있을 때, 하나님은 극단적 형태의 악을 방지하기 위해 억지로라도 개입하지 않는가? 하나님이 그럴 능력이 있는데도, 단지 오래전에 내린 지혜롭지 못한 결정에 충

---

[150] John B. Cobb Jr., *The Process Perspective: Frequently Asked Questions About Process Theology*, ed. Jeanyne B. Slettom (St. Louis: Chalice Press, 2003), vol. 1, pp. 5-6.

실하기 위해 개입을 꺼린다면, 우리는 그렇게 어리석고 완고한 하나님을 존경하기는 힘들며 사랑하는 것은 더욱 어려울 것이다.[151]

그렇다면 분명히 캅과 다른 과정 신학자들에게는 화이트헤드의 과정적 신 개념에 주로 호소하는 것이 악의 문제에 대한 해결책이 된다. 하지만, 비판자들이 종종 지적하는 것처럼, 이런 방식의 해결은 엄청난 대가를 지불하게 된다. 전능하지 않은 하나님, 설득의 능력만 가진 하나님은 악에 대한 선의 궁극적 승리를 보증할 수 없다. 캅은 이 희생에 동의하며 만족한다.

다른 과정 신학자들과 마찬가지로, 캅은 화이트헤드의 과정 철학에서 자연 신학의 발전을 위한 최상의 토대를 발견했는데, 이 자연 신학은 현대와 포스트모던 시대의 사람들이 이해할 수 있는 신론을 재구성하는 과업을 도울 수 있는 것이다. 캅은 자신이 화이트헤드의 사상 구조가 가진 내적 탁월성(예를 들면, 정합성과 미적 매력)과 그것의 기독교 신앙에 대한 적합성이라고 본 것을 이 선택에 대한 근거로 삼았다.[152] 그 토대 위에 그가 세운 하나님 이해는, 자신이 생각하기에 고전적 신학이나 틸리히, 즉 과정 사상이 발전하기 시작할 당시의 주된 대안이던 신자유주의 신학에서 발견되는 다양한 구상들보다는 성경적 인격주의와 동시대의 과학에 더 잘 어울리는 것이었다. 화이트헤드와 성경의 연합을 가능하게 한 것은, 캅이 도래하는 하나님 나라에 관한 예수의 설교와 과학의 진화하는 우주관 사이에서 발견한 수렴 때문이었다. 인간 경험은 우리가 미래로 부름을 받는다는 감각을 포함하지만, 이 경험은 기계적 우주를 통해서만 설명될 수는 없다. 오히려 인간들은 과거가 지시하는 것 너머로 "유혹"을 받는 느낌, 한계 너머의 어떤 것으로 이끌리는 느낌을 갖는다.

---

151 John B. Cobb Jr., *The Process Perspective: Frequently Asked Questions About Process Theology*, ed. Jeanyne B. Slettom (St. Louis: Chalice Press, 2011), vol. 2, p. 128.
152 Cobb, *Christian Natural Theology*, pp. 203-214.

미래로 유혹을 받는 이 경험은, 캅의 주장에 따르면, 인간들에게만 한정되지 않는다. 오히려 모든 자연이 늘 새로운 조화와 아름다움의 가능성을 향해 나아가도록 요청을 받고 있다. 이 "목적론적 유인"의 근원은, 그의 논증에 따르면, 인격성(말하자면, 의지와 사랑 같은 것)의 측면에서, 다시 말해 하나님으로, 고려되어야만 한다. 간단히 말해, 예수의 메시지와 과학적 우주론은 같은 개념의 하나님을 가리키는데, 말하자면 "부르는 존재"(the One Who Calls)[153]로서의 하나님이다. 그러므로 캅은 화이트헤드를 이용해, 세계를 지배하는 힘으로서의 하나님이라는 고전적 신관을 대체하려 했다. 그 자리에 그는 "창조적-응답적 사랑"(Creative-Responsive Love)[154]으로서의 하나님 개념을 도입했는데, 그 하나님은 강압이 아니라 설득을 통해 세계와 관계를 맺는다. 과정 철학과 과정 신학에 따르면, 하나님이 부여하는 최초의 목표는 선택될 수도 거부될 수도 있다. 그것을 거부하는 것이 죄다. 그 최초의 신적 목표를 실현하는 일에서 하나님과 협력하는 것이 구원이다. 캅이 이런 해석을 통해 암시하는 것은, 이 과정의 결과가 하나님에게조차 알려져 있지 않으므로 하나님이 통일성, 아름다움, 조화를 향한 끊임없는 분투의 근원으로 계속 남아 있는 동시에, 위험을 감수하고 우주적 실험을 감행한다는 것이다. 이것이 하나님의 창조성이다. 즉 창조는 하나님의 일로, 하나님 자신이 세계에 대해 가진 전망을 향해 세계를 유혹하는 것이다. 과학은 물리적 세계의 기원과 그 세계가 작동하는 방식에 관한 질문에 대답하지만, 신학은 세계 안에 있는 가치의 근원에 관한 대답을 제공한다.

분명히 하나님과 세계의 관계에 대한 캅의 견해는 범재신론적이며, 그는 이 점을 인정한다.

---

[153] Cobb, *God and the World*, pp. 42-66.
[154] Cobb and Griffin, *Process Theology*, pp. 41-62.

내가 여기서 발전시키는 교리는 "범-재-신론"(pan-en-theism)의 한 형태다. 내가 이해하기로, 범재신론은 유신론의 한 종류다. 하지만 범재신론은 대부분의 전통적 유신론과 다른데, 전통적 유신론이 하나님과 세계의 상호 외재성을 강조했으며, 이 하나님은 다른 초자연적 영역을 점유한다고 보았기 때문이다. 또한 그것은 범신론과 다른데, 범신론은 하나님과 세계를 동일시한다고 이해되기 때문이다. 하지만 실제로 범재신론은 전통적 유신론과 범신론이 가진 주된 관심사들의 종합이다.[155]

그러므로, 캅의 견해에 따르면, 하나님과 세계는 서로 상호 의존 안에서 공존한다. 하나님이 궁극적이라는 의미는, 오직 하나님만 모든 것과 즉각적으로 관계하며 오직 하나님만 모든 새로운 현실적 계기에 최초의 목표를 주는 능력을 갖는다는 것이다. 하지만 이 견해에서 하나님은 초자연적으로 개입하지 않으며, 기적은 없고, 예수의 부활은 "상실과 패배에 대한 승리의… 강력한 상징"이지 빈 무덤이 아니다.[156]

캅이 과정 사상을 이용해 기독론을 재구성하다

캅은 과정 철학을 이용해 신론뿐만 아니라 기독론도 재구성했다.[157] 그의 재구성 이면에는 현실적 존재들의 이른바 "성육신적" 관계성이 있는데, 이것은 그가 화이트헤드의 우주론에서 발견한 것이다. 과정 사상에 따르면, 현재의 계기들은 과거의 경험과 하나님이 그들에게 부여한 최초의 목표를 자신들 안에 받아들인다. 그러므로 어떤 의미에서 과거는 현재 안에 구체화한다.[158] 또한 과정 사상에서는, 두 현실적 계기들이 같은 "공간"을 공유하지

---

155 Cobb, *God and the World*, p. 80.
156 Cobb, *Process Perspective*, vol. 2, pp. 118-122.
157 캅은 *Process Theology*, pp. 95-110에서 자신의 기독론을 요약한다. 더 상세한 내용은 John B. Cobb Jr., *Christ in a Pluralistic Age* (Philadelphia: Westminster Press, 1975)를 보라.
158 Cobb and Griffin, *Process Theology*, p. 22.

못할 이유가 없다. 따라서 어떤 의미에서 하나님은 모든 현실적 계기에 모든 최초의 목표를 부여하는 존재로서, 어떤 것도 쫓아내지 않고 모든 곳에 구체화한다. 하나의 현실적 계기가 하나님의 최초의 목표를 수용하고 구현해서, 그것이 하나님을 구체화할 정도로 말이다.

캅에 따르면, "그리스도"는 하나님의 시원적 본성이며 세계 안에서 "창조적 변화"로서 일한다.[159] 하나님의 자기 표현적 활동인 것이다. 인간 같은 현실적 계기가 하나님의 최초의 목표를 따르기로 결정한 정도만큼, 하나님의 창조적 변화이자 하나님의 자기 표현적 활동인 그리스도가 그 계기 안에 존재한다.[160] 그렇다면 예수를 특별하게 만드는 것은 무엇인가? 예수를 어떤 독특한 의미로라도 "성육신한 하나님"이라고 불러도 좋은 이유는 무엇인가? 캅의 설명에 따르면, 예수가 그리스도인 이유는, 예수 안에서 이루어진 그리스도의 성육신이 그의 자아 자체를 구성함으로써, 그가 실존의 독특한 구조를 역사 속으로 들여왔기 때문이다. 예수는 실재에 대한 기초적 진리를 계시했는데, 바로 우리가 그 실재를 받아들이는 것이 우리에게도 마찬가지로 창조적으로 변화될 수 있는 길을 연다는 것이다.[161] 이런 방식으로 캅은 누군가가 "모범 기독론"(exemplification Christology)이라 명명한 것을 제시했다.[162] 그는 예수의 구원 사역의 질적인 독특함보다는, 무엇이 보편적으로 신적인 것인지 예시하는 예수의 역할을 더 많이 강조했다. 다시 말해, 그리스도인들은 더 보편적 원리, 즉 하나님의 시원적 본성(성격)의 특징을 예시하는 예수를 믿는 것이다. 캅은 "로고스"라는 용어를 "그리스도"와 "창조적 변화의 능력"과 "하나님의 자기 표현적 활동"과 동의어로 사용하면서, 어떤 의미에서 예수가 성육신한 로고스였는지 설명한다.

---

159 캅은 이 주제를 *Christ in a Pluralistic Age*에서 발전시킨다.
160 Cobb and Griffin, *Process Theology*, pp. 98-99.
161 같은 책, p. 102.
162 Ted Peters, "John Cobb, Theologian in Process" (2), *Dialogue* 29 (autumn 1990): p. 292.

[모든 다른 사람들과 대조적으로, 예수 안에서] 각 계기의 "나"는, 개인적 과거와 연속성을 이루는 것만큼이나, 로고스의 부름이자 현존인 자기실현의 유혹을 주관적으로 수용하는 것에서 구성된다. 이러한 실존의 구조는 가장 중요한 의미에서 로고스의 성육신일 것이다.[163]

이 말이 이해하기 어렵다면(실제로 어렵다), 캅의 다른 더 간단한 진술을 통해 쉽게 설명될 수 있다. 캅에게, "예수는 자신을 향한 하나님의 현재적 목적들과 완전한 일치 가운데 존재했다."[164]

그러므로, 캅에게, 예수는 그 어떤 전통적·실체론적 의미에서의 "성육신한 하나님"이 아니었다. 분명히 그는, 451년에 칼케돈 공의회에서 명시한 위격적 연합이라는 고전적 교리에서처럼, 인간의 본성을 취한 삼위일체의 둘째 위격이 아니었다. 캅의 기독론의 구조는, 피텐저와 다른 과정 사상가들과 마찬가지로, 슐라이어마허와 틸리히의 기독론 구조와 비슷하다. 예수는 특별한 방식으로 하나님을 경험했다. 그의 하나님 경험은 너무나 특별하여, "지금까지 우리가 아는 한" 유일하다.[165] 하지만 예수와 다른 인간들 사이의 차이는 정도의 차이지, 종류의 차이는 아니다. 혹은 좀더 정확히 말하자면, 정도의 차이가 너무 커서 종류의 차이가 만들어졌다. 어떤 경우든, 원칙적으로는 다른 누군가가 같은 실존의 구조를 성취하지 못할 이유는 없다.[166] 더 나아가, 틸리히와 마찬가지로, 캅은 "예수"와 "그리스도"를 구별한다. "그리스도"는 인간 예수가 자신의 삶을 위한 신적 최초의 목표를 받아들임으로써 된 것이다. "그리스도"는 원리이지, 인격이 아니다.

---

[163] Cobb, *Christ in a Pluralist Age*, p. 140.
[164] 같은 책, p. 141.
[165] 같은 책, p. 142.
[166] 캅은 이것을 인정한다. 같은 책.

과정 신학이 몇몇 비정통적이지만 흥미를 불러일으키는 결론에 이르다

만약 과정 신학이 (하나님의 전능의 결여, 심지어 설득의 능력을 제외한 그의 무능을 포함하는) 실재의 구조들과 관련해 옳다면, 악에 대한 선의 최종적 승리가 보장되지 않는다는 결론이 자연스럽게 이어진다. 종말론을 다루는 과정 신학자들은 모두 이에 관해 동의한다. 하나님이나 그 누구나 무엇이 역사의 최종적 종결을, 그리고 하나님의 최종적 평화와 정의의 나라의 출현을 보증할 수 있다는 믿음은 근본적으로 과정 사상의 세계관과 완전히 모순될 것이다. 캅과 그리핀은 과정적 종말론이 제기하는 문제를 다루며 미래의 변화, 새로운 수준의 인간 실존에 대한 희망을 품지만, 궁극적으로는 그것을 기대해야 할 이유가 없다.

> 인류가 진보하리라는 [과정적 전제들에 근거한] 보장이란 없다. 인류는 현상을 그대로 유지할 수 없으며, 엄청난 위험들을 직면하여 쇠퇴하거나 심지어 스스로 멸망할 수도 있다. 비록 이러한 새로운 또는 그 이상의 수준의 인간 실존이 성취될지라도, 과정이 종식되는 종말은 없을 것이다.[167]

그렇다면 우리가 아는 한, 미래는 지금과 거의 비슷할 것이다. 진보가 있을지 여부를 결정하는 것은 인간에게 달려 있지만, 최종적 종말이란 개념은 기본적으로 과정의 원리들과 모순된다.

죽음의 개인적 극복에 관해서는 어떤가? 죽음 이후의 삶에 관해서는 어떤가? 일부 과정 사상가들은 "객관적 불멸성", 즉 죽은 사람이 하나님에 의해 "기억"되며 그의 선한 혹은 악한 영향이 현실적 계기들의 흐름 안으로 들어와 그 계기들에 의해 파악된다는 것을 선택했다. 특히 그리핀과 캅 같은 다른 과정 신학자들은 일종의 주관적 불멸성, 즉 죽은 자의 무엇이 물리

---

167 Cobb and Griffin, *Process Theology*, pp. 117-118.

적이지 않은 다른 영역이나 차원에서 의식을 유지한 채 존재한다는 것을 선택한다. 이 주제에 관한 캅의 유보 요청은 과정 신학 전반에 관해 의미심장한 사실들을 보여 준다. 그는 죽음 이후의 삶에 관한 질문에 다음과 같은 경고로 답한다.

> 과정 신학은 처음부터 끝까지, 거리낌 없이 사변적이다. 이것은 가장 그럴듯한 이야기를 찾고 말하려 한다. 과정 사상가들이 존재하는 것의 경이로움과 관련하여 인간 지성의 극도의 한계를 잊는다면, 타당하고 가치 있는 사변은 교만하고 파괴적인 독단으로 바뀔 수 있다. 나는 죽음의 순간에 일어나는 일을 알지 못하며, 안다고 생각하는 모든 사람들을 의심한다. 하지만 그리스도 사건의 깊은 영향을 받아 형성된 사람인 나에게, 가장 그럴듯한 이야기는 모든 피조물을 사랑하고 우리에게 서로 사랑하라고 요구하는 하나님에 관한 이야기다. 삶과 죽음 및 그 너머에 있을 수 있는 모든 것에 관한 나의 사변들은 그것에 근거한다.[168]

하지만 이 경고에도 불구하고, 캅 자신이 죽음 이후의 삶에 관해 사변한다. 그는 천국을 "지복직관"(beatific vision)으로 상상한다. "즉 우리가 현세에서 모호하고 불확실하게 경험하는 하나님이 모두에게 직접적으로 그리고 모호함 없이 존재하는 것이다."[169] 지옥도 똑같은 것이지만, 그것을 지옥으로 경험하는 사람들에게는, "이것이 고통이다."[170] 그들이 사랑이 아니라 증오의 삶을 전개해 왔다면, 캅의 암시에 따르면, 사람들은 하나님에 대한 지복직관을 지옥으로 경험하는데, 그들이 하나님을 사랑하지 않기 때문이다. 하지만 그는 심지어 가장 악한 사람들조차 죽음 후에 구원을 받을 수 있다

---

168 Cobb, *Process Perspective*, vol. 2, p. 146.
169 같은 책, vol. 2, pp. 145-146.
170 같은 책, vol. 2, p. 146.

는 희망을 계속 갖는다.[171]

과정 신학이 일부에게 의문을, 다른 이들에게 대답을 주다

과정 신학은 19세기 자유주의 전통의 긍정적 특징들—특히 자연의 과정들이 하나님의 구속 사역의 현장이라는 확언[172]—을 살려서, 20세기의 과학적으로 지향된 세계의 맥락에서 신학의 활력을 재정립하려 했다. 이런 목적으로, 과정 신학은 물리학과 생물학의 새로운 과학 이론들이 제시한 실재의 역동적 성격을 새로운 자연 신학의 주요 골자로 이용했다. 이런 방식으로 과정 신학은 신정통주의에서 발견되는 것과 같이 신학이 철학을 철저히 거부하는 것에 대해 대안을 제시하려 했다. 20세기와 21세기의 일부 그리스도인들에게는, 과정 신학이 하나님에 대한 믿음을 무신론으로부터 구했다. 말하자면, 오직 과정 신학 덕분에 그들은 하나님을 믿을 수 있게 되었다. 의심의 여지 없이, 과정 신학은 모든 실재를 결정하는 존재 또는 세계를 통치하는 전능한 최고의 존재로서의 하나님을 믿거나 예배하는 것이 불편한 수많은 사려 깊은 그리스도인들에게 호소력이 있었다. 과정 신학의 추종자 한 사람은 다음과 같이 증언한다.

> 사람들이 하나님과 세계의 관계, 악의 문제, 인간의 창조성, 자유, 그리고 인간 이외의 세계의 윤리적이며 영적인 가치에 관해 과정 신학이 말하는 혁신적 방식들을 이해하기 시작한다면, 종교적 삶과 사회적 변화와 윤리적 행동을 이해하는 데 과정 신학이 독특하게 공헌한 바를 인정하게 될 것이다.[173]

과정 신학을 지지하는 다른 사람은 이 신학이 그로 하여금 하나님을 친

---

171 같은 책, vol. 2, pp. 147-150.
172 Daniel Day Williams, *God's Grace and Man's Hope* (New York: Harper and Brothers, 1949), p. 121.
173 Epperly, *Process Theology*, p. 3.

구로 이해하게 만든 방식에 관해 썼다. 로버트 메슬(C. Robert Mesle)은 자신이 언제나 하나님을 친구로 생각했지만, 하나님을 악과 무죄한 자들의 고난을 포함하는 세계 안의 모든 것을 섭리적으로 통치하는 존재로 보는 전통적 관점과 그 생각을 조화시키는 데 어려움이 있었다고 말했다. 마침내 그는 과정 신학을 알게 되었는데, 이 신학은 하나님 안에서 그가 경험한 사랑의 우정을 위한 지적 틀을 제공했다.

여기에 나의 친구가 있는데, 그는 신적 사랑이 무의미한 고난을 기꺼이 허용한다는 모욕적 암시에서 자유롭게 되었다. 또한 초자연적 말장난에서 자유롭게 된 이 진정한 친구는, 세계의 고통과 고난을 물리치기 위해 신적 능력이 할 수 있는 모든 것을 다 한다. 우리가 아는 바와 같이, 모든 일에서 하나님은 자신을 사랑하는 자들과 함께 선을 위해 힘쓴다(롬 8:28). 이것이 자유주의 그리스도인들이 인정해야 하는 하나님의 모습이다.[174]

이와 비슷한 증언들은 자주 듣거나 읽을 수 있다. 과정 신학은 특히 대학살, 아동 강간과 살해, 그리고 수십만 명을 죽이는 쓰나미에 직면할 때 엄청난 호소력을 발휘한다.

하지만 과정 신학에 대한 반응은 많은 경우에 비판적이었다. 보수적 그리스도인들은 과정 신학이 순전히 이단이며 반(反)기독교적이라고 비난했다. 1987년에는 여러 각도에서 과정 신학을 비판하는 논문들로 이루어진 주요 저작이 나왔다. 제목은 『과정 신학』(Process Theology)이었으며, 저자들 중에는 과정 신학을 검토하고 비판하는 주요 논문들과 책을 쓴 철학자들도 있었다. 저자들 대부분은 스스로 보수적 복음주의자라고 밝히는 사람

---

[174] C. Robert Mesle, "A Friend's Love: Why Process Theology Matters", *The Christian Century* (July 15-22, 1987), p. 623.

들이었다. 그들 가운데 한 명은 복음주의 철학자 데이비드 베이싱어(David Basinger)였다. 그는 과정 신학의 관심사들 가운데 일부에, 특히 악의 문제에 공감했지만, "나도 이 책에서 관심을 기울인 [하나님의 능력에 관한] 다양한 과정적 논증들은 과정 신학의 체계가 고전적 기독교에서, 특히 자유의지와 관련해 변형된 고전적 기독교에서 발견되는 체계보다 더 우월하다는 것을 증명하지 못한다"[175]고 주장했다. 베이싱어의 비판은 신학적이기보다는 철학적이며, 주된 목표는 과정 신학이 스스로 전통적 기독교 유신론보다 더 우수하다고 주장하는 것이 성공하지 않음을 보여 주는 것이다.

하지만 과정 신학에 대한 비판자들이 모두 베이싱어처럼 차분하고 온건하지는 않았다. 위르겐 몰트만의 주장에 따르면, 과정 신학이 하나님의 무로부터의 세계 창조를 부정하는 것은 "세계의 신격화"(divinization of the world)라는 불행한 결과로 이어진다.[176] 다시 말해, 이러한 부정은 하나님과 세계 사이의 경계를 제거하여 둘을 같은 종류로 만들어 버린다. 이것은 하나님의 급진적 내재주의를 나타낸다. 루터파 신학자 테드 피터스(Ted Peters, 1941-)는 과정 신학에서 "내재적 창조성"(immanent creativity) 개념이 고전적 기독교의 초월성을 대체한다고 주장한다.[177] 다시 말해, 피터스와 많은 다른 비판자들이 보기에, 과정 신학에는 두 가지의 "신들"이 있다. 하나는 (급진적으로 재해석된) 성경의 인격적 하나님이고, 다른 하나는 "창조성"으로, 현실적 계기들이 세계 과정 내에서 일어나도록 하는 비인격적 능력이다. 계속해서 피터스는 과정 신학이 하나님의 전능을 부정하는 것을 다룬다. "신조들에서 고백되는 '전능한 아버지 하나님'은, 설득에는 강하지만 효력은 떨어지는

---

[175] David Basinger, *Divine Power in Process Theism: A Philosophical Critique* (Albany: State University of New York Press, 1988), p. 115.
[176] Jürgen Moltmann, *God in Creation* (San Francisco: Harper & Row, 1985), p. 78. 『창조 안에 계신 하나님』(대한기독교서회).
[177] Peters, "John Cobb", p. 215.

신으로 대체되거나 재해석된다."¹⁷⁸

과정 신학의 하나님이 얼마나 예배할 만한지에 관한 질문을 많은 비판적 논문들이 제기한다. 세계를 창조하지 않았고 세계를 통제하거나 악에 대한 선의 승리를 보증할 수 없는 비(非)절대적 하나님이 예배할 가치가 있는가? 선한 의도를 갖고 모든 가치들의 저장고이며 세계가 조화를 이루도록 구슬리는 것이 예배할 만한 점인가? 과정 신학이 계시와 성경을 다루는 것에 관해서도 질문들이 제기된다. 신적 계시는 정확히 어디에 있는가? 자연 신학, 심지어 화이트헤드의 형이상학이 신학을 지배하는가? 성경은 얼마나 권위를 가지는가? 비판자들에게는 과정 신학에서 성경의 권위가 그렇게 커 보이지 않는다. 더 나아가, 과정 신학의 기독론에 관해서도 질문들이 제기된다. 그리스도의 인격은 일반적으로 기독교의 중심에 위치한다. 고대의 신조들에 따르면, 그리스도의 인격이 어떤 것을 기독교적으로 규정한다. 과정 신학이 예수에 관해 기술한 것은 성경이나 전통과 어떤 연속성을 형성하기에 충분한가? 과정 신학은 다른 구원자들의 가능성을 열어 놓는가? 많은 비판자들이 보기에 이 질문들에 대한 대답은 분명하며 과정 신학을 비기독교적이라고 비판한다.

그렇다면, 과정 신학은 현대성과 어떤 관련이 있는가? 이 점에 관해서는 활발한 논의가 있어 왔다. 그리핀이 큰소리로 주장하는 바에 따르면, 과정 신학은 현대 신학이 아니라 포스트모던 신학이다. 하지만 그가 『포스트모던 세계의 하나님과 종교』(*God and Religion in the Postmodern World*, 1989)의 서문에서 설명하는 "포스트모던"은 과정 철학과 과정 신학에 끼워 맞춘 것처럼 보인다. "포스트모던"이라는 말은 지성계에서 대부분 인기 있는 수식어이고, 따라서 과정 신학자들이 그런 이름표를 달기 원하는 것은 놀라운 일이 아니다. 어떤 것에 포스트모던이라는 수식어가 붙여질 수 있다면, 멋진 장

---

178 같은 책, p. 298.

식을 얻는 것이고 전위적이며 신비하게 여겨진다. 실제로 과정 신학이 스스로 합리적으로 일관성 있고 신비와 역설이 없으며 자연주의적이며 인간중심적이라고 주장하는 한, 오히려 현대 신학의 한 형태로 볼 수 있을 것이다. 과정 신학은 슐라이어마허 및 헤겔과 실제적 연속성이 있는 자유주의 신학의 한 형태다. 인간 경험이 이 아래로부터의 신학의 진정한 원천이자 규범이다.[179]

과학에 관해서는 어떤가? 과정 신학은 과학과 기독교 사이의 갈등 문제를 어떻게 처리하는가? 과정 신학은 현대 과학과 완전히 일치하는 것처럼 보이며, 실제로 동시대의 과학 이론들이 신학적 재구성을 주도하는 것을 기꺼이 허락한다. 하지만 동시대의 과학이 모두 과정 신학에 동의하지는 않는데, 과정 신학에는 필연적으로 하나님 또는 심지어 창조성 또는 "창조적 변화"라 불리는, 실재의 깊은 차원이 있기 때문이다. 화이트헤드가 주장한 바에 따르면, 그리고 과정 사상가들이 모두 동의하는 바에 따르면, 그러한 깊은 차원 없이는 과학 연구가 이치에 맞지 않는다. 그러한 깊은 차원 없이는, 진보나 가치는 고사하고 새로움을 위한 기초도 없다. 하지만 과정 신학의 비판자들은 과정 신학에 전통적 의미에서의 창조자가 없다는 점만큼이나, 무(無)가 아니라 어떤 것이 존재하는 이유를 설명하지 못한다는 점을 지적한다. 많은 과학적 성향의 철학자와 신학자들이 과정적 관점들을 받아들인 것은 사실이다. 가장 잘 알려진 두 사람으로 아서 피콕(Arthur Peacocke, 1924-2006)과 이안 바버(Ian Barbour, 1923-2013)가 있다. 하지만 그들이 과정 신학에서 마음에 들어 하는 부분은 과학이 말하는 모든 것에 맞추어 적응

---

[179] 과정 신학을 지지하는 일부 또는 아마도 많은 사람들은 이 주장에 이의를 제기할 수 있을 것이다. 나는 이 주장이 타당하다고 보는데, 과정 신학자들이 화이트헤드의 철학에 의존하고 악의 문제와 특히 유대인 대학살에 대해 명백한 집착을 보인다는 점이 그 근거다. 나는 과정 신학자들과 많은 대화를 가졌으며, 그들은 하나님이 전능하다면 유대인 대학살이 일어나는 것을 막아야 했거나 또 실제로 막았을 것이라는 믿음에 거의 언제나 동조한다. 그러므로 하나님은, 성경과 전통이 뭐라 말하든, 결코 전능하지 않음이 틀림없다.

하는 이 신학의 끝없는 유연성이다. 다른 과학자-신학자들, 예를 들어 케임브리지 대학교의 이론 물리학자이자 신학자인 존 폴킹혼(John Polkinghorne, 1930-)은 과학과 과정 신학 사이의 관계가 유익하리라 낙관하지 않았다. 한 인터뷰에서 그는 과정 신학에 대한 자신의 평가를 드러냈다.

> 과정 신학에 대한 나의 비판은 이 신학의 하나님이 너무 약하다는 것이다. 하나님은 우리와 함께하는 하나님, 화이트헤드의 문구대로 "고난의 동반자"이지만, 또한 어떤 위대한 성취를 통해 고난을 상쇄하는 존재이어야 한다. 직설적으로 말해, 과정 신학의 하나님은 우리의 주 예수 그리스도를 죽은 자들 중에서 일으킨 하나님이 아니다.[180]

---

180 "An Interview with John Polkinghorne", *The Christian Century* (January 29, 2008), pp. 30-32.

7

디트리히 본회퍼와 급진 신학자들이 종교 없는 기독교를 구상하다

「타임」의 1966년 4월 8일자 표지에는 검은 배경에 큰 붉은 글씨로 "하나님은 죽었는가?"(Is God Dead?)라는 문구가 쓰여 있었다. 특집 기사는 급진 신학, 세속 신학, 신(神) 죽음의 신학, 그리고 기독교 무신론이라 다양하게 불리는 새로운 신학 운동을 둘러싼 맹렬한 논쟁에 불을 지폈다. 이 기사는 두 명의 거의 알려지지 않은 신학자인 윌리엄 해밀턴(William Hamilton, 1924-2012)과 토머스 알타이저(Thomas J. J. Altizer, 1927-2018)를 다루었는데, 이들은 기독교가 현대 세계의 세속성에 급진적으로 적응해야 함을 주장했다. 알타이저는 『기독교 무신론의 복음』(*The Gospel of Christian Atheism*, 1966)을 막 출판했고, 거기서 그는 다음과 같이 선언했다. "이제 신학이 하나님의 죽음을 온전히 열린 마음으로 대면할 때가 되었으며, 이 위기에 대한 대응으로 어떤 새로운 신학이 일어나든 말든, 우리 시대의 신학이 하나님의 죽음을 언급하기를 거부한다면 아무런 말도 할 수 없을 것이다."[1] 두 신학자는 『급진

---

1 Thomas J. J. Altizer, *The Gospel of Christian Atheism* (Philadelphia: Westminster Press, 1966), pp. 15-16.

신학과 신의 죽음』(Radical Theology and the Death of God, 1966)이라는 책을 함께 출판했고, 이 책에서 해밀턴은 "하나님이 죽었다고 말하는 것이 무엇을 의미하는가?"라고 질문하며 스스로 다음과 같이 대답한다.

> 이것은 자연 신학이나 형이상학에 대한 상투적 반대가 아니다. 또한 거룩한 하나님 앞에서 우리의 모든 언어가 부서지고 역설로 분해된다는 익숙한 확신도 아니다. 이것의 실제 의미는 우리가 하나님을 모르며, 흠모하지 않으며, 소유하지 않으며, 믿지 않는다는 것이다. 이것은 단지 우리 안에 어떤 능력이 말라 버렸음을 의미하지 않는다. 즉 우리는 이 모든 것을 단순히 우리의 약한 정신에 관한 진술이 아니라 세계의 본성에 관한 진술로 받아들이면서 타인들을 설득하려 한다. 하나님은 죽었다. 우리는 하나님 경험의 부재가 아니라, 하나님의 부재 경험을 말하고 있다.[2]

「타임」 커버스토리가 나온 직후, 수많은 다른 출판물들과 대중 매체들이 앞다투어 이 새로운 신학 운동을 보급하고 검토하고 천박하게 만들었다. 보수적 그리스도인들은 일제히 "하나님은 죽지 않았다네"라는 후렴구를 연발했고, "나의 하나님은 죽지 않았어요. 당신의 하나님은 죽었다니 참 애석해요" 같은 구호가 적힌 범퍼 스티커를 붙이고 다녔다.

신학자들이 세속적 세계를 위해 기독교를 급진적으로 수정하다

이 대소동의 기폭제 역할을 했던 두 사람 해밀턴과 알타이저는 이런 반응에 자못 놀랐다.[3] 그들은 대중적 언론이 자신들의 메시지를 왜곡하는 것은

---

2 Thomas J. J. Altizer and William Hamilton, *Radical Theology and the Death of God* (Indianapolis: Bobbs-Merrill, 1966), pp. 26-28.
3 일반적으로 해밀턴과 알타이저는 신 죽음 운동의 두 주창자라고 여겨진다. 하지만 다른 신학자들도 이 운동을 자신들만의 형태로 표현했다. 신 죽음의 신학자에 종종 포함되는 다른 두 명은 가브리엘 바하니안(Gabriel Vahanian)과 폴 반 뷰렌(Paul van Buren)이다. 신 죽음의 신학이라는 현

아닌지 염려했고, 다른 사람들과 마찬가지로 많은 책과 논문을 써서 자신들의 메시지를 교양 있는 비성직자들을 위해 해석해야 한다는 압박을 느꼈다. 왜냐하면, 해밀턴이 말한 대로, "뉴스 잡지와 주간 종교지와 「뉴요커」(*The New Yorker*)에 만족하지 않는 것이 중요"하기 때문이다.[4] 하지만 그들이 이 주제에 관해 더 많이 쓰고 말할수록 "하나님의 죽음"이라는 표어는 그들 자신에게조차 더 모호해졌다. 그것은 역사적 사건이었는가? 언어적 사건이었는가? 문화적 사건이었는가? 혹은 인간의 신성에 대한 긍정, 즉 하나님의 내재에 대한 가장 깊은 표현인가? 이것들은 모두 가능한 해석이었다.

해밀턴이 특히 지적하고 싶었던 점들 가운데 하나는, 신 죽음의 신학이 단지 "봄에 새로 나온 모자를 쓴 복잡한 종류의 무신론"이 아니라 참으로 기독교적 형태의 신학이라는 것이다. 여기에 알타이저는 오직 그리스도인만 하나님이 죽었음을 진정으로 긍정할 수 있다고 주장하며 맞장구를 쳤다.[5] 왜냐하면 이 두 사람에게 여전히 예수 그리스도는 고난당하는 인간과 연대하면서, 인간을 비인간화하고 소외시키는 (기독교적 유신론의 초월적, 주권적 하나님을 포함하는) 모든 권력에 저항하기 위한 최고의 자리이기 때문이다.

디트리히 본회퍼는 1930년대와 1940년대 초에 독일에서 있었던 반(反)나치 고백교회 운동에 참여한, 대중에게 잘 알려졌으며 사랑받는 루터파 신학자다. 아마도 그가 가장 잘 알려진 것은 예수의 산상설교에 관한 신학적 주석인『나를 따르라』(*The Cost of Discipleship*, 1937)와, 실패로 돌아간 히틀러 암살 음모에 가담한 대가로 나치의 손에 죽임을 당한 것 때문이다. 그는 1945년 4월에 플로센베르크 집단수용소에서 교수형을 당했는데, 연합군에

상에 대한 상세한 분석과 비판을 위해 다음을 보라. Jackson Lee Ice and John J. Carey, eds., *The Death of God Debate* (Philadelphia: Westminster Press, 1967).

[4] William Hamilton, "American Theology, Radicalism and the Death of God", in Thomas J. J. Altizer and William Hamilton, *Radical Theology and the Death of God* (Indianapolis: Bobbs-Merrill, 1966), p. 3.

[5] Altizer, *Gospel of Christian Atheism*, p. 102.

의한 수용소 해방을 불과 며칠 남겨 놓은 때였다. 투옥 중에 그는 때때로 편지와 글을 썼으며, 훗날 제자 한 명이 이것들을 엮어서 『옥중서신』(Letters and Papers from Prison)이라는 책으로 냈다(1950년대에 여러 단계에 걸쳐 출간됨). 과장하지 않고 말해도 일부 본회퍼의 진술은 수수께끼 같고 여러 해석이 가능하다. 1960년대의 일부 급진 신학자들은 본회퍼가 감옥에서 쓴 편지에서 "성인이 된 세상"(world come of age)이라는 문구에 특히 집중했는데, 여기서 그는 기독교가 점차 세속화되는 세상에서 가야 할 길에 관해 숙고했다. 본회퍼는 더 이상 하나님이나 종교의 필요를 느끼지 못하는 세상, 즉 그리스도인들이 하나님에 의해 인간의 마음속에 형성된 빈 공간을 더 이상 상정할 수 없는 세상에 대한 대응으로 새로운 "종교 없는 기독교"(religionless Christianity)가 출현하지 않을까 궁금해했다.

"급진 신학"과 "세속 신학"이라는 명칭은 해밀턴과 알타이저의 신 죽음의 신학을 포함하지만 여기에 국한되지 않는, 유럽과 미국 신학에서의 경향을 묘사하기 위해 고안되었다. 그것들 가운데 일부는 하나님의 실재를 긍정하면서도, 하나님을 (세속성을 포함하는) 세계 안에 근본적으로 내재하는 존재로 재해석할 것을 주장했다. 그들은 모두 계몽주의에 의해 시작된 세속성을 향한 운동이 거스를 수 없으며, 이 운동이 전통적 기독교가 대비하지 못한 뜻밖의 깊이에 도달하고 있다는 점에 동의했다. 그들은 종교 사회학자들이 말한 세속화 이론(secularization thesis)을, 즉 개인주의와 다원주의에 초점을 둔 현대 서구 사회는 완전한 세속주의를 향한 궤도에 있으며 종교가 모두 제거되지는 않더라도 완전히 사유화될 때까지 멈추지 않을 것이라는 주장을 심각하게 받아들였다. "세속성"이 필연적으로 무신론을 함축하지는 않는다. 다만 인간이 하나님 또는 무엇이든 인간을 초월하는 것과 관계없이 성공적으로 살 수 있다는 믿음을 의미한다. 본회퍼가 말한 "성인이 된 세상"은 완전히 세속적 사회를 의미했을 수 있다. 이것이 대부분의 1960년대 급진 신학자들이 본회퍼의 문구를 해석한 방식이었다. 본회퍼는 단지 문제를 제기하고 "종교 없는 기독교" 같은 약간의 답을 암시했을 뿐이었지만, 급진 신학자들은 현대 세속성에 완전히 적응한 기독교를 묘사하고 축하하려 했다.

이 급진적인 1960년대의 신학 운동이 언제 시작되었는지 정확히 밝힐 수는 없다. 하지만 가브리엘 바하니안(1927-2012)이라는 상대적으로 덜 알려진 신학자가 쓴, 큰 관심을 끌지 못한 작은 책의 출판이 이 운동의 시작일 수도 있다. 책의 제목은 『신의 죽음: 우리의 탈(脫)기독교 시대의 문화』(*The Death of God: The Culture of Our Post-Christian Era*, 1961)였다. 책의 논제는 현대성이 탈기독교 시대를 초래했는데, 여기서는 하나님이 당연시되지 않고 하나님 없이 성공적으로 삶을 산다는 것이었다. 실존주의 철학자 니체는 바로 그런 문화적 상황을 예언했고, 심지어 그런 상황이 그가 도시 광장에서 "신은 죽었다! 우리가 그를 죽였다!"고 외쳤던 미치광이의 비유를 썼을 때 시작되었다고 선언했다. 바하니안은 그렇게 완전히 세속화된 문화가 신학에 대해 갖는 의미를 주의 깊게 살폈지만, 단지 일부 신학자들만 이를 발견하고 관심을 기울였다. 바로 몇 년 후에 세계는 해밀턴과 알타이저가 바하니안의 책을 다룬 내용을 「타임」에서 접하고 주목하기 시작했다.

몇몇 다른 책들이 문화에서의 하나님의 죽음이라는 사상과 성인이 된 세상에서의 세속적 기독교의 의미를 하나님의 존재를 부인하지 않으면서 다루었다. 1963년에 성공회 울리치 주교이자 성서학자인 존 로빈슨(John A. T. Robinson, 1919-1983)이 『신에게 솔직히』(*Honest to God*)라는 제목의 보급판 책을 펴내 영국 기독교와 이후에는 미국 기독교를 요동시켰다. 이 책에서 로빈슨 주교는 불트만, 틸리히, 본회퍼 신학의 요소들을 모아 급진적 방식으로 현대성에 적응하는 새로운 하나님과 기독교 이해를 주장했다. 이 책의 서문에서 로빈슨은 자신을 이끄는 관심을 밝혔다.

나는 우리가 향후 수년간, 전통적 정통 신앙을 현대적 용어로 재진술하는 것

훨씬 이상을 요구받게 될 것이라고 믿는다. 실제로, 만약 우리의 신앙 수호가 이것에 제한된다면, 우리는 아마도 아주 작은 종교적 잔여 집단으로 전락하고 말 것이다. 훨씬 더 근본적 재구성이…요구되며, 이 과정 가운데 우리 신학의 가장 근본적 범주들, 즉 하나님, 초자연적인 것, 종교 자체가 완전히 개조되어야만 한다. 실제로, 물론 우리가 그렇게 할 수는 없겠지만, 나는 우리가 "하나님"이라는 단어의 사용을 한 세대 동안 중지해야 한다고 주장하는 사람들이 의미하는 것을 적어도 이해할 수는 있다. 이 단어는 복음이 어떤 의미가 있고자 한다면 우리가 버려야만 하는 사고방식에 너무 물들어 있기 때문이다.[6]

이 책과 다음에 낸 일부 책을 통해 로빈슨은 전통적 유신론의 근본적 해체(그의 용어는 아님)를 요구했는데, 거기에는 하나님의 초월을 세계 속의 내재 안에 완전히 재배치하는 것을 포함한다.

"하나님"이라는 단어의 사용을 적어도 한시적으로 중단할 것을 요구했던 신학자 가운데 한 명은 템플 대학교의 미국 성공회 종교학 교수 폴 반 뷰렌(Paul van Buren, 1924-1998)이었다. 『복음의 세속적 의미』(*In The Secular Meaning of the Gospel*, 1963)에서 그는 후기 현대(late modern)의 세속적 문화에서 "하나님"이라는 단어는 모든 의미를 잃었고 그런 이유로 폐기되어야 한다고 주장했다. 하버드 대학교의 신학자이자 종교학 교수인 하비 콕스(Harvey Cox, 1929-)는 『세속 도시』(*The Secular City*)를 1965년에 출간했다. 이 책에서 콕스가 세속주의(secularism)와 구분하는 현대의 세속성(secularity)은 성경과 기독교에서 일정 주제들과 궤적들의 완성으로서 칭송된다. 침례교 신학자 콕스는 기독교가 세속성을 포용하고, 그리스도인들이 이 세계의 문제와 필요들에 대한 관심을 끊게 하는 모든 피안성의 흔적들을 없앨 것을 요구했다.

---

6   John A. T. Robinson, *Honest to God* (Philadelphia: Westminster Press, 1963), pp. 7-8.

1963년에 전미교회협의회(National Council of Churches) 전도부 부장 콜린 윌리엄스(Colin Williams, 1921-)는 『세계의 어디? 교회 증언의 변화하는 형태들』(Where In the World? Changing Forms of the Church's Witness)을 출간했다. 그는 모든 급진·세속 신학자들의 저작들에 공통으로 담긴 한 가지 주제, 즉 교회는 세속적이기 위해 자신을 재정의하고 재정립해야 한다는 점을 표명했다.

> 교회는 "세계가 안건을 정하도록 해야" 한다. 오늘날의 소외되고 파편화된 사회에서 참으로 하나님의 선교의 종이 되려 한다면 말이다. 이 말을 달리하면, 우리는 교회가 세상의 필요들을 중심에 두도록 허락할 때가 왔다는 논제를 숙고해야 한다.[7]

이러한 급진·세속 신학자들은 모두 하나님이, 만약 우리가 하나님에 관해 조금이라도 말하려 한다면, 전통적 종교 의식들에서가 아니라 도움이 필요한 이웃의 얼굴에서 인식되어야 한다고 보았다.

해체(deconstruction)라는 단어는 철학과 신학에서 많이 사용되어 왔다. 최근 1990년대와 21세기 초에 이 단어는 특히 급진적 포스트모더니즘과 관련이 있다. 포스트모더니즘에서 해체는 믿음 체계와 삶의 형태의 억압적 영향을 폭로하는 것과 관련된, 매우 전문적이고 정밀한 의미를 가진다(참고. 12장). 하지만 더 넓은 의미에서, 신 죽음의 신학자들을 포함하는 위에서 언급된 급진·세속 신학자들은 모두 일종의 신학적 해체에 몰두해 있었다. 거기서 이 용어는 그 어감처럼, 기존에 세워진 것을 무너뜨린다는 것을 의미한다. 하지만 그것은 "파괴"(destruction)와 완전히 동의어는 아니다. 파괴는 적극적 동기가 없을 수도 있다. 해체는 적극적 동기와 목적을 가진다는 점에서 파괴와 구별된다. 급진·세속 신학자들에게 해체는, 사람들이 더 이상

---

7 Colin Williams, *Where in the World?* (New York: National Council of Churches, 1963), p. 75.

종교적이지 않은 다가오는 세속적 세계에서 기독교가 살아남도록 돕기 위한 것이었다. 이전의 자유주의 신학자들과 신자유주의 신학자들은 종교를 당연한 것으로 상정했다. 그들은 모두 기독교를 개조한다는 의미에서의 재구성(reconstructing)에 열을 올렸다. 급진 신학자들은 그런 과업에는 관심이 없었다. 그들이 원했던 것은 전통적 신학을 무너뜨리고 분해해서 새롭고 세속적 형태의 기독교로 대체하는 것이었는데, 즉 해밀턴의 표현에 따르면, 다른 전통적 기독교와는 거의 연속성이 없이 세계의 한가운데 예수와 함께 서서 그 세계의 필요를 충족시키려고 하는 것이다.

급진·세속 신학들을 이해하는 또 다른 방식은, 이 신학들은 모두 더 이상 하나님을 인간과 다른 존재로 생각하지 않았다는 것이다. 키르케고르와 바르트가 말한 "전적 타자성"(wholly otherness)은 제거되어야 한다. 그것은 문화가 종교적이던 시대의 유물이다. 후기 현대 세계에서, 그 세계의 모든 세속성과 함께, 하나님은 세계 안에 잠겨 있는 존재로 여겨져야 한다. 여기서 요점은 "초월의 내재"라는 어구로 표현될 수 있다. 하나님의 초월은 **바로** 인간 속의 내재다. 이것은 이 급진 신학자들이 범신론자였다는 뜻이 아니다. 계속해서 하나님을 믿은 사람들은 일반적으로 단서를 틸리히로부터, 하나님을 존재 자체 또는 존재의 기반이라 말하는 것으로부터 얻었다. 하지만 그들이 보기에는 틸리히조차 지나치게 하나님 중심적이고, 하나님의 무한함에 지나치게 집중하고, 하나님의 의인화에 지나치게 거부 반응을 보이며, 하나님을 모든 창조되고 제약을 받는 것들과 구별하는 데 지나치게 많은 노력을 기울였다. 1960년대 급진 신학자들에게, 하나님은 어떤 단순한 방식으로 인간과 동일시되지는 않더라도 인류의 공통의 투쟁과 필요와 기쁨과 승리 안에 존재하는 것으로 다시 생각되어야 했다. 그들은 자신들이 믿었던 것보다 믿지 않았던 것을 말하는 데 훨씬 더 큰 재주를 보였다.

본회퍼가 종교 없는 기독교의 예언자가 되다

본회퍼의 매혹적 이야기에 관해서는 많은 책과 영화가 만들어졌다. 사람들은 21세기 초에도 그의 사후 10년, 20년이던 때와 마찬가지로 그의 이야기에 매료된다. 몇 년마다 그의 삶을 다루는 전기나 영화가 나오고 있다. 2011년에는 또 한 권의 방대하고 상세한 본회퍼 전기가 출간되었는데, 바로 베스트셀러 작가 에릭 메탁사스(Eric Metaxas)의 『디트리히 본회퍼』(*Bonhoeffer: Pastory, Martyr, Prophet, Spy*)이며 수천 부가 팔렸다. 하지만 많은 사람들이 알지 못하는 사실은, 본회퍼가 1943년과 1945년 사이에 베를린의 감옥에 있을 때 충격적인, 일부에게는 이단적이라고 느껴지는 사상을 글로 옮겼다는 점이다. 옳든 그르든, 1960년대의 급진·세속 신학자들은 그를 자신들의 예언자로 보았다.

히틀러가 정권을 장악한 1933년에, 본회퍼는 이미 베를린 대학교의 저명한 신학자였다. 본회퍼의 초기 저작 두 권은 바르트의 관심을 끌었으며, 덕분에 이들 사이에는 친분이 생겨서 이 스위스 신학자는 젊은 독일 신학자인 본회퍼에게 여러 방면으로 멘토가 되어 주었다. 히틀러가 독일의 수상(정부의 수반)이 된 직후 본회퍼는 "지도자(Führer)의 개념"이라는 공영 라디오 연설을 했다. 그는 "지도자"라는 개념에 내재된 위험에 관해 경고했고, 이 개념에 있는 잠재적 우상성을 경고하려던 중이었다. 하지만, 아마도 새로 들어선 나치 정권의 요원들에 의해, 방송이 중단되었다.[8] 그는 곧 바르트와 다른 반(反)나치 목사 및 신학자들과 함께 고백교회 운동을 시작했다. 1935년부터 이 젊은 루터파 반체제 인사는 고백교회의 목회자들을 훈련하

---

[8] 본회퍼의 전기 작가인 그의 이전 제자 에버하르트 베트게는 본회퍼의 마이크를 "끈" 것이 "괴벨스의 팀"이라고 강하게 암시한다. 하지만 그는 확실히 알 길이 없음을 인정한다. 참고. Eberhard Bethge, *Dietrich Bonhoeffer: Man of Vision, Man of Courage*, trans. Eric Mosbacher et al. (New York: Harper & Row, 1977), pp. 193-194. 『디트리히 본회퍼』(복있는사람). 많은 본회퍼 전기 작가들이 이 사건에 관해 추측해 왔지만, 과거에나 지금이나 이 사건에 관해 베트게만큼 알 만한 위치에 있는 사람은 거의 없다.

는 불법 신학교를 이끌었다. 최종적으로 핑켄발데에 자리를 잡은 이 유명한 학교는, 긴밀한 유대로 맺어진 공동체라는 맥락 안에 있는 신학 교육의 혁신적 형식을 추구했다. 학생들과 본회퍼는 함께 살고, 함께 먹고, 함께 기도하며 공부했다. 신학교 교육과 관련된 학문적 과목들을 공부하는 것 외에도, 학생들은 참된 형제애와 주께 대한 전적 헌신 안에서 기독교적 삶을 살아가는 것을 배웠다. 이 신학교가 비밀국가경찰에 의해 문을 닫기 전에, 본회퍼는 『나를 따르라』와 기독교 공동체에 관한 신학적 해설인 『성도의 공동생활』(*Life Together*, 1939)을 저술했다.

전쟁이 불가피해 보였을 때, 본회퍼는 뉴욕 유니언 신학교에서 가르치기 위해 1939년에 독일을 떠났다. 하지만 그는 자신을 초대한 라인홀드 니버에게 "내가 나의 민족과 이 역경의 시간을 함께하지 않는다면 전후에 독일에서 기독교적 삶의 재건에 참여할 권리를 잃습니다"라고 말하고 곧 고국 독일로 돌아갔다.[9] 독일에 돌아오자마자 그는 제국 내에서는 어디서든 공적으로 말하는 것이 금지되었다. 그의 형과 매형은 모두 독일의 군사정보부(Abwehr)에 근무하고 있었는데, 디트리히가 그곳에서 함께 일하도록 해주었다. 이 자리 덕분에 그는 그들과 함께 저항운동을 벌일 수 있었다. 결국 그들은 모두 히틀러를 암살하려는 모의에 가담했지만, 이 독재자는 클라우스 폰 슈타우펜베르크(Claus von Stauffenberg)가 설치해 놓은 폭탄을 피해 갔고 암살은 실패로 돌아갔다. 본회퍼는 암살 시도 전에 반나치 저항 운동에 가담했다는 혐의로 체포되었다. 심문을 받기 위해 투옥되어 있는 동안 그가 쓴 것이 나중에 제자 에버하르트 베트게에 의해 수집되고 출간된 『옥중서신』의 원고다. 그는 집단수용소로 이감되었으며 1945년 4월 9일에 약식 재

---

9   Edwin H. Robertson, "Introduction", in Dietrich Bonhoeffer, *No Rusty Swords: Lectures and Notes, 1928-1936*, trans. Edwin H. Robertson and John Bowden (New York: Harper & Row, 1965), p. 22에 인용됨. 참고. 본회퍼의 *Gesammelte Schriften*, ed. Eberhard Bethge, 6 vols. (München: Christian Kaiser, 1965), vol. 1, p. 320.

판 후에 교수형을 당했다. 수용소의 의사가 훗날 술회한 바에 의하면, "내가 의사로 일한 거의 오십 년 동안, 그처럼 하나님의 뜻에 전적으로 순종하며 죽음을 맞는 사람은 거의 본 적이 없다."[10] 죽음도 마다하지 않는 용기와 신앙 때문에, 본회퍼는 종종 기독교 순교자로 불리게 되었다.

본회퍼는 풍부한 신학적 숙고의 유산을 남겼다. 하지만 그의 죽음과, 죽음에 이르게 된 과정과, 스승이 기억될 수 있도록 부단히 애쓴 베트게의 노력이라는 환경이 없었더라면, 본회퍼가 위대한 20세기 신학자로 기억될 수 있었을지는 의문이다. 본회퍼의 신학적 저작 중에는 『그리스도론』(Christ the Center, 원래 1966년에 Christology라는 제목으로 강의 노트로부터 출간)과 『윤리학』(Ethics, 본회퍼의 노트로부터 재구성되어 1955년에 출간된 미완성 저서)이 있다. 하지만 신학적으로 본회퍼가 가장 잘 알려진 것은 『옥중서신』에 있는 수수께끼 같은 사색들 때문이다. 이것들 가운데 일부가 1953년 초판 이후로 1960년대의 급진·세속 신학자들에게 영감을 주었고, 여러 유형의 신학자들에 의해 널리 논의되어 왔다. 1960년대의 그 신학자들이 본회퍼의 사상을 바르게 해석했는지 여부로 신학자들이 뜨거운 논쟁을 벌여 왔는데, 거기에는 베트게도 포함된다. 그럼에도 불구하고, 그것들 가운데 어떤 것들은 본회퍼가 일부의 급진 신학자들이 훗날 윤곽을 그린 방식으로 생각했던 것은 아닌지 궁금하도록 하기에 충분했다.

1944년 4월 30일로 표시된 한 편지에서, 본회퍼는 자신을 이끄는 신학적 관심을 드러냈다. "나에게 계속 반복해서 다가오는 것은 '기독교란 **과연** 무엇인가', 그리고 정말 '오늘날 우리에게 **과연** 그리스도는 무엇인가'라는 질문이다."[11] 이 질문은 그에게 이것을 일으킨 특정한 맥락과 관련이 있

---

10 Wolf-Dieter Zimmerman and Ronald Gregor Smith, eds., *I Knew Dietrich Bonhoeffer*, trans. Kaethe Gregor Smith (New York: Harper & Row, 1966), p. 232.

11 Dietrich Bonhoeffer, *Letters and Papers from Prison*, trans. Eberhard Bethge (London: Collins, 1953), p. 91. 『옥중서신—저항과 복종』(복있는사람).

다. 그 맥락은 그가 "성인이 된 세상"라고 본 것인데, 그 안에서 인간들은 신적 은혜나 신적 진리의 필요를 느끼지 않고 자율적으로 행동한다. 이 성인이 된 세상에서 사람들은, 과학에서든 일반적 인간 문제에서든 심지어 점차 종교에서조차, 더 이상 하나님을 작업가설로 요구하지 않는다.[12] 본회퍼는 성인이 된 세상에서 더 이상 필요하지 않거나 생각조차 되지 않을 종교성을 해체하는 데 착수했다. 그 종교성은 틈새의 신(God of the gaps), 즉 다른 방법으로는 설명될 수 없는 것을 설명하기 위해 요청되는 신을 중심에 두는 종교성이었다. 하나님이 종교와 문화에서 인간 지식의 불완전함을 메우기 위한 임시방편으로 사용되었다. 본회퍼가 보기에 이것은 하나님에 대한 잘못된 견해였으며, 그러므로 이것을 잃는 것은 전혀 잃는 것이 아니다. '데우스 엑스 마키나'(deus ex machina, 문학 작품의 플롯 장치로, 인간의 능력으로 해결할 수 없는 국면을 종결짓기 위해 동원된 신—옮긴이)인 이 틈새의 신은 결코 예수 그리스도의 하나님 또는 진정한 기독교 신앙의 하나님이 아니었다. 하지만 신학은 이 개념에 지나치게 의존했고, 계몽주의와 과학이 이 틈새들을 메워서 사물들을 설명하기 위해 하나님이 더 이상 필요하지 않게 되자, 기독교는 신뢰성의 위기를 겪게 된 것으로 보였다. 이 과정이 최고조에 달하고 하나님이 점차 넓어지는 삶의 차원들 밖으로 밀려나자, 본회퍼의 결론에 따르면, 기독교 신학은 하나님이 계속 요구되는 최소한의 영역을 지키려는 시도로 그 관심을 개인의 내적 삶으로 돌리게 되었다.

본회퍼는 모든 틈새가 메워지고 하나님을 어떤 것에 대한 설명으로 사용할 필요가 없는 날이 오고 있다고 보았다. 그렇다면 어떻게 되겠는가? "종교 없는 세상에서…교회의 의의는 무엇인가? 우리는 하나님에 관해 말할 때 어떻게 종교 없이, 시간적으로 영향을 받는 형이상학과 내향성 등의

---

12 같은 책, p. 107.

전제들 없이 말하는가?"라고 본회퍼는 물었다.[13] 이 염려는 고조되었는데, 본회퍼에 따르면, 신학자들이 세상의 성인됨(adulthood)에 대한 유익한 대응이 될 만한 것을 내놓지 못했기 때문이다. 사실, 그가 보기에, 기독교 메시지를 성숙해 가는 세계에 적응시키기 위한 다양한 시도들은 공통의 난점을 확인시켜 주었다. 그 시도들은 모두 개인이 자신의 "약점이나 비겁함이 드러난" 후에 비로소 죄인이라 불릴 수 있다는 전제에 기초해서 전개되었다.[14] 그러한 접근들은 변증가가 개인들에게 그들이 문제, 필요, 갈등으로 둘러싸여 있다는 점을 지적할 수 있을 것을 요구한다. 하지만 본회퍼에게 이 전략은 자멸이나 다름없는데, 이것은 (본회퍼가 현대 사회를 의미하기 위해 말하는) 세상의 성숙성(maturity)을 부정하기 때문이다.

본회퍼는 기독교가 그러한 접근들을 모두 포기하고 기독교의 증언을 조정해야 한다고 주장했다. 기독교의 증언은 더 이상 "세상의 성인됨"을 공격해서는 안 되는데, 이런 공격은 무의미하고 비열하고 비기독교적이기 때문이다.[15] 그는 논쟁가와 변증가들이 아니라 그리스도인들을 불러, 성인이 된 세상을 복음의 기초 위에서 그리고 그리스도에 비추어 세상 스스로 이해하는 것보다 더 잘 이해하도록 했는데,[16] 왜냐하면 자율적 세계는 자신과 기독교 신앙의 관계를 인식하지 못한다면 진정으로 자신을 이해할 수 없기 때문이다. 그의 결론에 따르면, "우리는 그 자신의 세속성 안에 있는 사람을 나쁘게 말해서는 안 된다. 오히려 그런 사람이 자신의 최고 강점에서 하나님과 대면하게 해야 한다."[17] 그의 말의 정확한 의미는 불분명하다. 본회퍼가 『옥중서신』에서 쓴 많은 것들은 수수께끼처럼 남아 있다. 하지만 적어도 분명한 것은, 그가 그리스도인들에게 세속적 사람들을 진지하게 받아들일

---

13 같은 책, p. 92.
14 같은 책, p. 117.
15 같은 책, p. 108.
16 같은 책, p. 110.
17 같은 책, p. 118.

것과 그들에게 자신들의 독립성, 강점, 지식과 능력을 포기하라고 요구하지 말 것을 주문했다는 점이다. 오히려 그는 그리스도인들에게 현대의 세속적 사람들을 세속적 사람들의 용어들로 대면해서, 세속적 사람들의 강점에 깊이를 더하도록 주문했던 것으로 보인다.

이 목적을 위해서, 즉 기독교가 현대의 세속적 사람들에게 여전히 의미 있게 말할 수 있기 위해서, 본회퍼는 "종교 없는 기독교"를 주장했다. 이 문구는 그가 자신의 이력에서 이미 거부했던 거짓 종교 한가운데서, 참된 기독교 신앙에 관한 자신의 이해를 제시하기 위해 의도되었다. 그가 비판했던 종교 개념은 모든 인간이 본래 종교적이라는 가정, 인간이 모두 자신의 삶속에 하나님이 만든 빈자리를 갖고 있다는 가정으로 시작하는 변증 위에 지어진 종교였다. 바르트와 마찬가지로, 본회퍼도 인간의 하나님 추구인 자연 신학의 토대에 기초한 종류의 종교를 공격했다. 그는 또한 종교를 영적 영역에 국한하거나 그 지향에서 피안적인 개인주의적 종교 이해를 배격했다. 이런 접근은 종교를 주술적으로, 즉 하나님이 외부에서 인간의 변덕에 따라 행동한다는 식으로 만든다. 마지막으로, 본회퍼가 거부한 종류의 종교는 하나님을 "인간의 필요라는 범위에 더해진, 한 사람의 삶의 완성"으로 소개하는 태도였다.[18]

본회퍼의 감옥으로부터의 편지에 따르면, 성인이 된 세상이라는 상황은 "성경적 어휘를 비종교적으로 해석할 것"을 요구한다.[19] 그는 교회 안에 널리 퍼진 잘못된 신학적 개념들이 하나님을 "우리의 삶 한가운데 있는 초월"로 보는 이해로 대체되어야 한다고 주장했다.[20] 우리는 우리가 알지 못하는 것이 아니라, 그의 주장에 따르면, 우리가 아는 것 안에서 하나님을 발견해

---

[18] 본회퍼의 종교 이해에 대한 이런 해석을 위해 Gerhard Ebeling, *Word and Faith*, trans. James W. Leitch (London: SCM, 1960), pp. 148-155를 보라.
[19] Bonhoeffer, *Letters and Papers*, p. 120.
[20] 같은 책, p. 93.

야 한다.[21] 더 나아가 성인이 된 동시대의 세상에서, 우리는 하나님을 세상에서 약하고 힘없는 존재로, "자신이 세상 밖으로 밀려나서 십자가에 달리도록 허락하는" 존재로 보아야 한다. 오직 이런 방식으로만 하나님은 우리와 함께하며 우리를 도울 수 있다. "오직 고통을 당하는 하나님만이 도울 수 있다"는 말은 가장 많이 인용되는 본회퍼의 경구 가운데 하나다.[22] 그러므로 성경적 용어에 대한 비종교적 해석의 시작점은 고난 가운데 세상에서 하나님의 능력을 바라보는 인간적 종교성을 거부하는 데 있다. 우리는 이런 이미지를 버리고, "그의 약함을 통해 세상의 권력과 공간을 정복하는" 성경의 하나님을 받아들여야 한다.[23] 본회퍼가 이런 하나님 그림으로 의미한 모든 것이 분명하지는 않지만, 모두가 동의하는 한 가지는 감옥에 갇힌 이 신학자가 지배와 통제의 능력보다 사랑의 능력을 우위에 두고 초점을 두었다는 것이다.

바르트와 마찬가지로, 아니 그보다 더 급진적으로 본회퍼는 예수 그리스도 안에 있는 하나님의 계시를 강조했으며, 따라서 우리가 필요한 하나님의 모든 것이 예수 그리스도 안에 있게 되었다. 이것은 십자가가 단지 하나님이 죄의 책임을 다루는 방법일 뿐만 아니라, 자기희생적 사랑인 하나님의 존재 자체를 계시함을 의미한다. 본회퍼는 하나님이 십자가에서 단지 약하게 **보인다**고 말하기를 원하지 않았다. 그것은 십자가가 하나님을 계시하지 않고 가린다고 비하하는 것이다. 아마도 그 이전의 누구보다도, 이 감옥에 갇힌 신학자는 십자가를 하나님의 사건으로 보기를 원했다. 하나님이 **곧** 이 사건이며, 이 사건이 **곧** 하나님이다. 참으로 루터파적 방식으로, 본회퍼는 하나님 자신에 초점을 두는 것을 신뢰하지 않았는데, 이것은 본체적 영역에 대한 지식을 거부하는 칸트적 방식은 아니었다. 루터가 여러 차례 선

---

21 같은 책, p. 104.
22 같은 책, p. 122.
23 같은 책.

언한 바에 따르면, 우리는 하나님 자신에 관해서는 아무것도 알지 못하며 예수 안에 있는 우리를 위한 하나님만 안다. (이 종교개혁가가 예수 그리스도 안에 계시된 은혜의 하나님 뒤에 있는 진노의 "숨겨진 하나님"에 대해 숙고한 데서 나타나듯이, 그는 이 원리에 언제나 철저한 일관성을 보이지는 않는다.) 본회퍼에게 종교 없는 기독교를 이해하는, 유일한 단서는 아닐지라도 하나의 단서는 예수의 십자가, 우리를 위한 그의 처참하고 부당한 죽음이 하나님의 가장 완벽한 계시라는 깨달음이다. 종교는 능력, 지배, 통제에서 하나님을 찾기 위해, 그 십자가를 우회하지는 않더라도 넘어서고 싶어 한다. 종교 없는 기독교는 십자가에서 죽는 예수를 세상에서의 하나님의 길로 본다. 하지만 이것은 하나님이 단지 인간에 의한 피해자라는 것이 아니라, 약함과 고난이 하나님의 존재, 하나님의 성격으로 인한 선택이라는 것이다. 그것이 인류에게 긍정을 표하는 하나님의 방식이다.

우리가 하나님으로부터 바르게 기대하고 요청할 수 있는 것은 예수 그리스도 안에서 찾을 수 있다. 예수 그리스도의 하나님은 우리가 그에 대해 상상하는 대로의 하나님이 할 수 있고 해야 하는 것과는 아무 관련이 없다. 우리가 하나님이 약속하는 것과 성취하는 것을 알고자 한다면, 우리는 예수의 삶, 말, 행동, 고난, 죽음을 끊임없이 묵상해야 한다.…예수 안에서 하나님은 그 모든 것에 대해 예와 아멘을 말했고, 그 예와 아멘이야말로 우리가 서 있는 확고한 기반이다.[24]

본회퍼가 "거룩한 세속성"을 주장하다

본회퍼가 보기에, 종교 없는 기독교는 궁극적으로 진지하게 받아들여진 십자가의 신학으로서, 그가 그리스도인들의 제자도로서의 거룩한 세속성이

24　같은 책, p. 130.

라 부른 것으로 이어져야 한다. 그는 그리스도인들이 직면한 주된 유혹이 세상으로부터, 특히 현대의 세속적 세상으로부터 물러나 세상과 분리된 경건한 고립으로, 또는 세상과 무관한 개인적 영성으로 도피하는 것이라 보았다. 또 다른 유혹은 종교를 다른 것들과 나란히 있고 추가로 존재하는 하나의 활동이나 차원으로 보는 것이다. 그러나, 본회퍼에 따르면, 복음은 이러한 의미들 가운데 하나에서 종교적일 것에 대한 요청이 아니다. 그는 그리스도인들이 다른 사람들보다 더 우위에 있거나 낫다고 보면서 분리되고 고립된 경건을 위해 분투하는 것을 복음에 신실하지 못한 것으로서 거부했다. 그리스도인이라는 것은, 그의 주장에 따르면, 종교적이라는 것의 일반적 의미들 가운데 그 어떤 것도 함의하지 않는다.

오히려 본회퍼에게 그리스도인이라는 것은 예수가 했던 것처럼 세상의 삶에 참여하는 것을 의미한다. 그것은 하나님을 섬기는 것이지만, 어떤 종교적 방식이나 장소에서가 아니라, "마을의 중심"에서 하는 것이다. 기독교적 삶은 세상 한가운데서 살아 내야 하는 것이지, 세상으로부터 도피하는 것이 아니다.[25] 본회퍼에 따르면, 성인이 된 세상에서 그리스도인이라는 것은 "세상의 쓴잔을 남김없이 들이키는" 것을 의미하는데, 오직 그렇게 하는 것에서만 십자가에 달리고 부활한 주가 우리와 함께 있기 때문이다.[26] 다시 말해, 하나님은 사람들의 모든 일상적·세속적 실존에, 특히 고난당하는 실존에 이미 존재한다. 하나님과 함께 있기 원한다면 우리가 하나님이 있는 곳으로 가야지, 이 모든 실존이 제거된 종교적 공간으로 가서는 안 된다. 하나님과 참여한다는 것은 세상에서 하나님의 고난을 나눈다는 것을 의미한다. 다른 무엇보다도 이 개념이 본회퍼의 신학의 정점을 이루었다.[27] 하나님

---

25 같은 책, p. 93.
26 같은 책, p. 112.
27 필립스의 이런 취지의 주장을 John A. Phillips, *Christ for Us in the Theology of Dietrich Bonhoeffer* (New York: Harper & Row, 1967), p. 236에서 보라.

의 고난을 나눈다는 것은 타자에 대한 책임으로 상처 입기 쉬운 삶을 사는 것을 의미한다. 『그리스도론』에서 본회퍼는 예수 그리스도를 "타자를 위한 인간"(the man for others)으로 정의하고, 따라서 타자를 위해 존재하는 것이 곧 그리스도와 함께 존재하는 것이다. 교회에 대해 말하면서, 감옥에 갇힌 이 신학자는 교회가 "인류를 위해 존재할 때 비로소 자신의 참된 자아가 된다"고 선언했다.

그러므로 그리스도인은, 종교적 의미에서 "성자"인 내세적 사람이 아닌, 한 인간이기를 열망해야 한다. 본회퍼의 신랄한 말에 따르면,

> 우리는 온전히 이 세상에서의 삶을 살아감으로써만 신앙을 배운다. 우리는 자신이 어떤 것이 되려는 모든 시도를 버려야만 한다. 그것이 성자든, 회심한 죄인이든, 성직자든(사제 유형이라고 하는!), 의로운 사람이든 불의한 사람이든, 아픈 사람이든 건강한 사람이든 상관없이 말이다. 이것이 내가 말하는 세속성(worldliness), 즉 삶을 의연히 받아들인다는 것의 의미다.…우리는 그러한 삶에서 우리 자신을 하나님의 팔에 완전히 맡기고 세상에서의 그의 고난에 참여한다.[28]

본회퍼는 자신의 거룩한 세속성의 모범으로 누군가를 염두에 두고 있었는가? 그가 예수 외에 다른 예들을 들지 않았기에 알 수는 없다. 말하자면, 그가 생생한 단어들로 구체화하지 않았기에 우리는 누군가를 가리키며 "저기, 저 사람에 관해 본회퍼가 말하고 있다"고 말할 수 없다. 특정한 행동들의 측면에서는, 그가 지지했던 것보다는 반대했던 것이 더 명확하다. 세상으로부터의 물러남, 내세적 경건, 영성을 종교적 장식들과 동일시하는 것, 이 모든 것들에 대해 그는 반대했다. 분명히 그는 공공장소에 서서 행인

---

[28] Bonhoeffer, *Letters and Papers*, p. 125.

들에게 비난을 퍼부으며 회개하고 세속적 삶을 떠나 순수하고 삶의 버둥거림에 관여하지 않는 종교적 공동체에 가입하라고 외치는 그리스도인들도 반대했을 것이다. 많은 사람이 그가 더 오래 살았더라면 자신이 주장한 인물의 모범으로 테레사 수녀를 내세웠으리라고 추측했다. 다른 사람들은 헨리 나우웬처럼 학문적 삶을 떠나, 지적 장애인들을 보살피고 돕는 공동체에서 살고 일하다 죽은 사람이 그런 모범이라고 추측했다. 이것을 해석하고 구체화하는 것은 나중 세대의 몫이다. 본회퍼에게 분명한 점은 기독교가 현대의 세속적 삶을 받아들일 수 있어야 한다는 것과, 이것을 이루는 방식은 도피나 비난이 아니라 십자가, 즉 고통을 감수하는 참여라는 것이다.

전통적으로 이 지점에서, 논의는 종교 없는 기독교와 거룩한 세속성에 관한 본회퍼의 급진적 생각들에서 그의 사상의 다른 측면들로 전환된다. 물론, 감옥에 갇힌 이 신학자는 급진적 사색들 이외에 그리스도인들이 노력해야 하는 "비밀 훈련"(secret discipline)에 관해서도 글을 썼다. 하지만 이것의 정확한 의미는 『옥중서신』의 그 어떤 내용보다 수수께끼이며 논쟁이 되고 있다. 그 의미를 이해하는 한 단서는 단어의 역사적 의미에 있다. 분명히 본회퍼는 어떤 용어를 원래의 의미에 관한 고려 없이 만들어 내거나 빌려오지 않았다. 콘스탄티누스 황제 이전에 로마 제국에 있던 초기 그리스도인들이 사용한 이 문구는, 세례 교인들이 기독교 신앙의 특정한 더 깊은 실재들을 그것들을 이해하지 못하거나 오해할 수 있는 외부인들에게 드러내지 않도록 하는 금령을 가리키는 말이었다. 예를 들면, 그리스도인들은 아기를 먹는다는 비난을 종종 받곤 했는데, 그들이 주의 만찬을 하나님의 아들의 몸과 피로 말했기 때문이다. 다시 말해, 그리스도인들 사이에서만 간직되어야만 하는 것들이 있었다. 본회퍼는 그리스도인들 사이에서 비밀 훈련을 유지해야 하는 다른 동기를 가진 것으로 보였다. 기도와 찬양으로 하나님에게 헌신하는 것은 거룩한 세속성의 제자도에서 계속되지만, 공적으로는 설 자리가 없다. 세속적 세상의 한가운데서 "교회적 언어"는 설 자리가 없다. 종교성의 과시도 마찬가지다.

하지만 이것은 그리스도인들이 자신들끼리, 그리고 구도자들과 함께, 기도와 성례와 예배를 해서는 안 된다는 것을 의미하지는 않는다. 또한 개인적 경건과 기도 생활을 버려야 함을 의미하지도 않는다. 그보다는, 아마도 본회퍼에게, 이러한 전통적 종교 관습들은 공공연히 행해져서는 안 되는데, 불가피하게 그것들이 내세적으로 그리고 자기 의를 내세우는 것으로 보이기 때문이다. 하나님에 관한 이야기가 그 의미를 잃은 현대의 문화적 맥락에서, 전통적 교회 언어는 침묵을 지켜서 기독교적 담화가 타자를 위한 기도와 행동으로 다시 태어날 수 있도록 해야 한다.[29] 『성도의 공동생활』에 있는 기독교적 경건 생활과 공동체에 관한 그의 사상들에 기초해 볼 때, 본회퍼는 그리스도인들 가운데 있는 전통의 영적 관습들을 가치 있게 생각했음이 거의 확실하다. 하지만 『옥중서신』에서 말한 모든 것에 기초해 볼 때, 그는 이것들의 목적이 세상에 대한 그리스도인들의 참여를 풍성하게 하며 지원하고, "기독교 신앙의 **신비들**을⋯불경화(profanation)로부터" 지키는 것이라고 믿었다.[30]

본회퍼가 현대성에 비추어 하나님의 초월을 재정의하다

본회퍼는 20세기 서구 문화에 있는 현대성의 깊이에 깊은 인상을 받았다. 감옥에서 당시 사회 상황을 숙고하면서 그에게 떠오른 생각은, 전통적 기독교가 당연시될 수 없을 정도로 세상이 급변했다는 점이다. 말하자면, 사람들은 더 이상 기독교를 자신들을 묶어 주는 접착제로 여기지 않았다. 기독교는 더 이상 지난 수백 년 동안 기능했던 방식대로 기능하지 않았던 것이다. 계몽주의와 과학 혁명 때문에, 적어도 유럽과 미국은 이제 돌이킬 수 없

---

[29] 같은 책, p. 160.
[30] 같은 책, p. 95.

을 정도로 세속화되었다. 하지만 본회퍼는 이 사실에 대해 한탄하고 그리스도인들에게 저항하며 반전시킬 것을 요청하기보다는, 이를 장점으로 여겼다. 그리스도인들은 더 이상 틈새의 신을 믿거나 값싼 은혜에 따라 살 수 없다. ("값싼 은혜"는 『나를 따르라』의 주요 주제로, 복음과 용서를 당연시하는 태도를 가리키는 그의 용어였다.) 이런 현대적 상황에서 그리스도인들은 자신들의 신앙에 관해 진지해야 하며, 이는 곧 십자가의 삶을 사는 것을 의미했다.

본회퍼가 성인이 된 세상에 의해 특히 영향을 받는다고 본 하나의 신학 영역은 하나님의 초월이다. 자유주의자들은 그것을 거의 부인했다. 변증법적 신학은 그것을 부풀렸던 것으로 보였다. 본회퍼는 그것을 재정의하고 싶었다. 그에게 하나님의 초월은 "세상 한가운데서의 초월", 즉 신자와 교회가 "타자를 위해" 세상에 존재하는 과업을 지속하도록 하는 비밀 훈련에 의해 연결된 현존, 일시적이고 비궁극적인 것에 의미를 부여하는 궁극적인 것의 실재다. 감옥에 갇힌 이 신학자는 자신이 쓰려고 계획했던 한 책에서 다음과 같이 말했을 것이다.

> 초월은 우리의 영역이나 능력을 벗어나는 과업들에 있는 것이 아니라, 가장 가까이 있는 "당신"(Thou) 안에 있다. 하나님은 인간의 모습이지, 다른 종교들에서처럼 동물의 모습이 아니다.…추상적–절대적, 형이상학적, 무한적 등–형태도 아니고, 자율적 인간이라는 그리스의 신인(神人)도 아닌, 타자를 위해 존재하는 사람, 그런 이유로 십자가에 달린 존재다.[31]

본회퍼는 계획했던 이 책을 쓰지 못했고 이 생각을 발전시키지도 않았다. 하지만 분명히 그는 이 새로운 초월성 개념이 가져야 할 이중적 역할을 발

---

[31] 같은 책, p. 165. 본문의 이 해석에 따르면 본회퍼가 정의하는 초월에서 "당신"이 "사물"을 대체했음에 주목하라. 이런 변화의 근거를 Eberhard Bethge, "The Challenge of Dietrich Bonhoeffer's Life and Theology", *The Chicago Theological Seminary Register* 51, vol. 2 (February 1961): p. 4에서 보라.

견했다. 한편으로 이 개념은 현대성과 배치되지 않는다. 이것은 초자연적인 것을 강조하지 않지만, 그렇다고 반드시 배제하지도 않는다. 다른 한편으로 이 개념은, 세계 너머에서 세계를 통치한다는 하나님 자신에 대한 전통적 유신론 개념들보다는, 예수 그리스도 안에 있는 우리를 위한 하나님의 복음에 더 충실하다. "숨겨진 하나님" 또는 모든 것을 결정하는 실재로서의 하나님이라는 개념이 없는 것을 제외하면, 이 개념은 매우 루터파적이다. 루터는 십자가에서의 예수의 고난과 죽음 안에 있는 하나님의 신성의 역설에 골몰하기를 좋아했다. 심지어 루터는 십자가에서 죽는 하나님에 관해 말했는데, 그에게 예수는 "육신에 깊이 잠겨 있는 하나님"이었기 때문이다. 본회퍼에게 이 점은 사실이지만, 하나님이 어려움에 처한 이웃의 얼굴에도 깊이 잠겨 있다는 점도 사실이다. 본회퍼 안에서 하나님의 초월과 내재는 함께, 전적으로 비형이상학적이지만 복음에 중심을 둔 방식으로, 화해한다.

본회퍼를 1960년대의 급진·세속 신학자들과 같은 장에 포함시키는 것은 그를 그들과 똑같이 취급한다는 의미가 아니다. 알타이저와 해밀턴과는 달리 그는 기독교적 무신론자가 아니었고, 콕스와 같은 방식으로 세속적 기독교의 옹호자도 아니었다. 하지만 그가 감옥으로부터의 편지들에서 사색한 것들은, 그들이 그가 실제로 했거나 하려 했던 것보다 특정한 방향들로 훨씬 더 멀리 나아갔음을 가리키는 것 같았다. 하지만 그가 얼마나 멀리 그들과 함께 가려고 했을지는 알 수 없다.

급진·세속 신학자들이 본회퍼가 중단한 곳에서 다시 시작하다

콕스가 대표하는 1960년대 급진 신학의 한 부류는, 하나님이 죽었다고 선언하지 않으면서도 세속적인 것을 기뻐한다. 사실 콕스와 세속 신학을 미국의 독자들에게 알린 『세속 도시』(*The Secular City*)가 나오고 30년이 지난 후, 콕스는 세속성에 대한 생각을 바꾸고 『하늘로부터 내린 불』(*Fire from Heaven: The Rise of Pentecostal Spirituality and the Reshaping of Religion in the Twenty-first Century*,

1995)에서 오순절주의를 격찬하는 글을 썼다. 이 두 책 사이의 기간 동안 콕스는 대중문화의 시류에 편승하는 경향을 보인 신학자로 유명세를 얻었다. 그럼에도 그는 세속 신학의 미국 예언자로 언제나 기억되어 왔는데, 그것은 해밀턴과 알타이저의 신 죽음의 신학 운동보다 덜 급진적 형태의 급진 신학이다.

콕스가 1960년대에 가진 관심은, 자신을 비롯한 많은 사람이 보기에 당시 교회가 직면한 긴급한 문제에 답하는 것이었다. "급진적이고 끝없이 내재주의적 분위기의 문화에서…어떻게 초월에 대한 긍정을 유지할 것인가?"[32] 여기서 "내재주의적"(immanentist)이란 하나님이, 어떤 식으로 이해되든, 철저히 문화 안에 존재한다는 것이다. 1960년대 사회학자들에 따르면, 문화는 거침없이 세속화되고 있었다. 본회퍼에 따르면, 하나님은 세상에 존재한다. 즉 하나님의 초월이 하나님의 내재라는 것이다. 그러므로, 콕스에게, 하나님은 세속성 안에 존재한다고 생각되어야 했다. 전통적 그리스도인들이 사회의 세속화를 한탄하고 있던 반면, 콕스와 다른 세속 신학자들은 그것을 하나님 자신이 한 일로 기뻐하기로 결심했다. 실질적으로 이것은 교회가 (콕스의 "세속 도시"라는 말이 의미하는) 새로운 인류를 세우는 데 참여해야 하는 방식을 보여 준다는 것을 의미했다. 이 새로운 인류가 본회퍼의 "성인이 된 세상"을 의미할 것이다.

콕스의 세속 신학 기획에 기초가 되는 것이 "세속적"이란 개념에 대한 명확한 이해다. 그는 이 용어를 사용해 세계를 향한 특정한 관점, 경향 또는 전망을 나타내려 했다.[33] 이것은 실용주의(pragmatism)와 불경성(profanity)으

---

32 Harvey Cox, "Afterword", in *The Secular City Debate*, ed. Daniel Callahan (New York, Macmillan, 1966), p. 197.
33 세속 신학자들이 제시한 세속적 관점의 개요를 John Macquarrie, *God and Secularity*, vol. 3 in New Directions in Theology Today, ed. William Horden, 6 vols. (Philadelphia: Westminster Press, 1967), vol. 3, pp. 43-49에서 보라. 또한 Charles C. West, "Community—Christian and Secular", in *The Church Amid Revolution*, ed. Harvey Cox (New York: Association, 1967), pp. 228-256를 보라.

로 특징지어지는 생활 방식을 가리켰다. 즉 세속적 인간의 지향은, 현상 배후의 궁극적 실재에 관한 형이상학적 질문보다는, 결과를 도출할 수 있는 것이 무엇인지에 관한 질문에 답하는 것을 향해 있다. 또한 세속적 인간의 관심은 전적으로 현세적이지 전통적 종교의 질문들이 아니다.[34] 그러므로 세속적 관점은 영원한 것보다는 일시적인 것을 강조하고, 이 세상의 필요와 문제와 기쁨에 초점을 둔다. 세속적 경향은 그 의미를, 경건한 전통의 종교적 훈육이 아니라, 매일의 활동과 경험에서 찾는다. 그것은, 신학과 형이상학의 외관상 사변적 관념들보다는, 일상생활에 유용한 세속적 지식을 강조한다. 세속적 전망은 인간적 기획이 가질 수 있는 모든 의미의 원천으로서 자율적이고 자아실현을 하는 인간에 초점을 둔다.[35]

세속적 기독교를 정확히 이해하기 위해서는 콕스의 "세속성"(secularity)과 "세속주의"(secularism)의 구별을 이해해야 한다. 이것이 콕스의 1960년대 신학의 주요 주제다. 다른 세속 신학자들도 역시 이 구별을 사용했다. 아무도 세속주의를 기뻐하지 않았지만, 모두 세속성을 하나님의 작품으로 치켜세웠다. "세속성"은 인간적 문제들에 대한 해결책을 찾는 것에 대한 현세적 관심을 가진 현대 과학의 전망을 말한다. 세속 신학자들은 세속화를 어떤 해방시키는 발전으로 환영했다. 콕스에 따르면, 세속화는 사회와 문화를 "종교적 지배와 폐쇄적인 형이상학적 세계관들의 속박으로부터" 구해 냈다.[36] 반대로, "세속주의"는 오직 과학을 통해서만 믿을 만한 지식을 얻을 수 있으며 오직 현세의 손으로 만질 수 있는 인간의 일들만 중요하다고 주장하는 태도다. 이런 태도는, 콕스의 주장에 따르면, 종교처럼 기능할 수도 있는 새로운 폐쇄적인 세계관이 되기 쉽기 때문에 위험하다.[37] 다시 말해, 세

---

34 Harvey Cox, *The Secular City* (New York: Macmillan, 1965), p. 60, p. 69.
35 같은 책, p. 72.
36 같은 책, p. 20.
37 같은 책, p. 21.

속주의는 이데올로기이고, 세속성은 경향이다.

콕스 같은 세속 신학자들은 세속주의를 상대로 싸우면서, 세속주의는 영적인 것을 모두 배제한 우상숭배적 허세라고 주장했다. 콕스를 비롯한 세속 신학자들에 따르면, 세속주의는 성경의 하나님이 고취시키는 세속성에 반대된다. 세속 신학자 한 사람은 다음과 같이 말한다.

> 세속주의는 타락한 인간의 불가피한 경향의 결과다. 이 세상에 있는 자신의 피조물적 실존의 일부 측면들을 절대적인 것으로 만들어서, 하나님 대신에 자신을 섬기게 하는 것이다. 혹은 인간이 스스로 절대적인 것의 지위를 취하고, 질과 정도 면에서 "종교적" 수준의 헌신과 소망과 봉사의 대상이 되는 것이다.[38]

기능적으로 무신론적 세속주의에 반대하면서, 콕스 같은 세속 신학자들은 세속적 전망이 합법적이며 그 근거가 성경에 있다고 주장했다. 성경의 하나님은 세상 안에 깊이 잠겨 있으며, 그의 백성에게 세상에 대한 관심을 가지고 내세적 관점에서 벗어나라고 지시한다. 세속 신학자들은 그리스도인들을 "신앙하는 세속성"으로 초대하면서 "우상숭배적 세속주의"에서 떠나도록 했다.[39] 이로 말미암는 하나의 결과는, 교회와 세상 사이를 구분 짓는 선이, 그리스도의 화해 사역에 기초해서, 지워지는 것까지는 아니더라도 희미하게 되었다는 것이다. 세속 신학자 윌리엄 페널(William Fennell)은 다음과 같은 말로 본회퍼를 생각나게 한다.

---

[38] William O. Fennell, "The Theology of True Secularity", *Theology Today* 21 (July 1964), pp. 174-183; Martin E. Marty and Dean G. Peerman, "Beyond the Secular Chastened Religion", in *The New Theology*, ed. Martin E. Marty and Dean G. Peerman, 10 vols. (New York: Macmillan, 1964), vol. 2, p. 33에 재수록.

[39] 같은 책.

하지만 예수 그리스도는 그 안에서 **세상**이 하나님과 화해되므로, 공동체는 세상과 근본적으로 분리된 종교적 공동체로서 스스로를 위한 분리된 실존을 추구하지 않는다. 오히려 그 공동체는 자신의 주처럼, 또 주 안에서, 세상을 위해 존재한다. 그 공동체는 말과 행동 그리고 세상을 해석하는 태도에서 잘못된 세속성이 아닌 올바른 세속성의 하나님 안에서 기초를 세우려 한다.[40]

콕스는 예일과 하버드에서 신학을 공부했고, 앤도버 뉴턴 신학교(Andover Newton Theological Seminary)에서 가르치다가 1965년에 하버드 신학대학원의 교수가 되었다. 1960년대에 그의 세속 신학은 도시 목회와 시민권 운동 영역에서의 자신의 행동주의에 실천적으로 적용되었다. 훗날 1990년대에 그의 종교 강좌는 하버드 대학교에서 엄청난 인기를 얻었는데, 그가 종교와 대중문화의 상관관계를 맺는 것에 초점을 두었기 때문이다. 그는 수많은 텔레비전 프로그램에 출현해 종교에 관해 말했으며, 문화의 세속화가 피할 수 없는 과정이라는 자신의 견해를 철회하기에 이르렀다. 그럼에도 불구하고 『세속 도시』는 1960년대에 가장 많이 읽히고 논의된 책들 가운데 하나이며, 자유주의적 경향의 그리스도인들이 행동주의에 기초한 자신들의 신앙을 정치적 변화에 초점을 두도록 하는 데 영향을 미쳤다.

『세속 도시』에서 콕스의 근본적 논지는, 세속화의 진행이 기독교 영성에 해가 되기보다는 기독교 신앙과 깊은 일치를 이룬다는 것이었다. 이 일치는 세속화가 "성경적 신앙이 역사에 미친 영향에 따르는 정당한 결과"라는 사실로부터 나온다.[41] 실제로 세속성은 참으로 복음에 고유하며 기본적인 것, 즉 자유와 책임에 대한 헌신이다. 그러므로 복음이 회심으로 요청하는 것은 세상에 "성인의 책임"을 받아들이라고 권고하는 것이다.[42] 『옥중서신』의 본

---

[40] 같은 책, p. 37.
[41] Cox, *Secular City*, p. 17.
[42] 같은 책, p. 123; 또한 p. 121를 보라.

회퍼를 연상시키는 다음의 말을 통해 콕스는 그리스도인들이 당대의 세속화 운동들에서 하나님을 발견하도록 도전했다. "우리는 세속화에 맞서 싸우고 반대하기보다는 그 안에서 그 행위의 주체를 분별해 내야 하는데, 그는 이전에 한 민족을 잔인하고 엄한 감독자의 땅에서 있었던 끊임없는 노동으로부터 불러내어 젖과 꿀이 흐르는 땅으로 인도한 바로 그다."[43] 콕스의 주된 관심은 자신의 논지가 교회를 위해 갖는 함의들을 이끌어 내는 것이었다. 그는 교회에 대한 교리의 적절한 근거가 "세속 도시"의 이미지로 상징되는, 심지어 혁명과도 같은 사회 변화의 신학에 있다고 주장했다.[44] (여기서 그가 말하는 "혁명"은 폭력으로 정부를 전복시키는 것을 의미하지 않는다. 그는 급진적 문화 변화에 관해 말하고 있다.)

"세속"과 "도시"라는 중요한 두 용어를 병치한 것 때문에, 이 상징적 문구는 복음의 부름의 긍정적 목표를 제시한다. "세속 도시라는 개념은 성숙과 책임의 전형을 보여 준다. 세속화는 사회의 모든 단계로부터 미숙한 의존을 제거하는 것을 가리킨다. 도시화는 인간 상호성의 새로운 양식들을 형성하는 것을 나타낸다."[45] 결과적으로 콕스는 "성숙과 상호의존의 집단"으로서의 세속 도시의 이미지에서 성경적 관점인 하나님 나라를 위한 적절한 상징을 발견했다.[46] 이런 의미에서 콕스는 훗날 정치 신학이라 불리게 되는 것의 창시자들 가운데 한 사람이 되었다(적어도 미국에서는). 그에게 정치학은, 인류를 공동체로 올바르게 조직화하는 것이라는 폭넓은 의미에서, 인간의 삶과 사상을 위한 통합과 의미의 원천이었다. 정치학이 형이상학을 대체해서 신학의 주요 대화 상대이자 연구와 표현의 현장이 되어야 했다. 그가 선언한 바에 따르면, "하나님이 세상에서 하고 있는 일은 정치다. 즉 삶을 인간답게

---

[43] 같은 책, p. 191.
[44] 같은 책, p. 114.
[45] 같은 책, p. 109.
[46] 같은 책, p. 110, p. 116.

만들고 유지하는 것이다." 따라서 "오늘날 신학은 그러한 행동-안에서의-숙고로서, 교회가 이 정치가로서의 하나님이 하려는 것을 찾고 그 하나님과 함께 일하는 수단이어야 한다."[47]

콕스에게 이것은 초월에 대한 기독교적 이해를 수정하는 것을 의미했다. 그는 하나님이 오늘날 우리에게, 매일의 삶과 사회 변화의 사건들 안에서 다가온다고 주장했다. 이 사건들 안에서 하나님은 자유의 토대인 동시에, 모든 것이 고분고분 "우리 자신의 확장으로 바뀌지는" 않는다는 경험의 기초다.[48] 우리가 직면하는 실재들의 완강함 이면에 하나님이 있다.[49] 하지만 무엇보다 하나님은 우리가 하나님이 아닌 타자에게 관심 갖기를 원하는 우리의 동반자로 다가온다. 이 사상은 콕스가 자신의 책에서 가장 중요한 제안을 하게 하는데, 즉 우리가 **하나님**이라는 단어 대신에, 세속 도시에서 우리가 직면하는 실재의 또 다른 명칭, 즉 하나님 자신의 시간에 출현할, 하나님 자신이 선택한 새로운 이름을 사용할 필요가 있을 수 있다는 것이다.

알타이저가 기독교 무신론의 복음을 선포하다

알타이저는 일반적으로 1960년대 신 죽음의 신학 또는 기독교적 무신론의 주요 주창자로 여겨진다. 1966년의 「타임」 커버스토리가 촉발한 논쟁이 정점에 이르렀을 때, 그는 조지아주 애틀랜타에 있는 감리교 계통의 에모리 대학교(Emory University)에서 성경과 종교 부교수였다. 에모리 대학교의 총장이 알타이저의 학문적 자유를 옹호했지만, 알타이저는 결국 대학 구성원들로부터 엄청난 압력을 받고 물러나야 했다. 이후 그는 영문학, 특히 해체주의로 알려진 포스트모던 방식의 문학비평에 몰두했다. 은퇴할 때까지 그

---

47 같은 책, p. 255.
48 같은 책, p. 262.
49 이 수수께끼 같은 문구에 대한 유사한 해석을 Steven S. Schwarzschild, "A Little Bit of a Revolution?" in *The Secular City Debate*, ed. Daniel Callahan (New York: Macmillan, 1966), p. 151에서 보라.

는 스토니부룩에 있는 뉴욕주립대학교에서 가르쳤다. 2006년에 그는 자서전 『신 죽음을 살아가며: 신학적 회고록』(*Living the Death of God: A Theological Memoir*)을 출간했다. 『기독교 무신론의 복음』 이후에 나온 그의 책들로는 『하나님의 자기구현』(*The Self-Embodiment of God*, 1977)과 『완전한 임재: 예수의 언어와 오늘날의 언어』(*Total Presence: The Language of Jesus and the Language of Today*, 1980)가 있다. 은퇴 후에도 그는 계속해서 공개 석상에 모습을 보이며 하나님의 죽음과 관련된 주제들에 관해 강연했다. 2005년에 있었던 한 학회에서 그는 대략 500명의 종교학 및 신학 교수들을 상대로 강연하면서 다음과 같은 말로 시작했다. "예수는 무신론자였으며 우리도 모두 예수와 함께 무신론자가 되어야 한다!"

알타이저의 문체는 그 자체가 쉬운 해석을 돕지 않는다. 그의 친구 해밀턴은 다음과 같이 글을 쓰면서 아마도 그를 칭찬하려 했을 것이다. "알타이저의 글은 기백이 넘치고 야생 같고 일반화가 심하고 다채롭고 현란하고 감정적 언어로 가득하다."[50] 하지만 이 문체는 그의 글을 이해하는 데 큰 방해가 된다. 또 다른 장애물은 그의 절충주의다. 그는 자신만의 독특한 사상을 만들어 내는 데 수많은 철학자, 시인, 종교 사상가들을 의지했다. 그에게 가장 큰 영향을 준 사람들 중에는 헤겔과 니체가 있지만, 그는 또한 신비주의적 시인 윌리엄 블레이크(William Blake, 1757-1827)도 인용한다. 이 세 사람이, 알타이저에 따르면, 그의 신학의 1차 자료였다. 하지만 또한 본회퍼와 틸리히의 흔적이 그의 사상에 분명히 나타난다. 해밀턴과 알타이저는 『급진 신학과 신의 죽음』을 틸리히에게 헌정했으며, 알타이저는 『기독교 무신론의 복음』 서문에서 그를 "급진 신학의 현대적 창시자"로 불렀다.[51]

알타이저의 기독교 무신론의 전반적 주제는 인류 안에 있는 하나님의

---

[50] Altizer and Hamilton, *Radical Theology and the Death of God*, pp. 31-32.
[51] Altizer, *Gospel of Christian Atheism*, p. 10.

절대적 내재로, "초월의 기억과 그림자조차 용해시키는 것이다."[52] 그의 주장에 따르면, 이 하나님의 죽음을 통해 급진적 내재로 가는 경로는 "20세기로 들어가는 하나의 두드러진 입구다."[53] 이것이 바로 하나님의 죽음이 신학에서 중요한 이유다. 즉 신학이 인간의 완전한 해방과 책임이라는 현대적 의식을 받아들여야 하기 때문인데, 이는 그 예언자들인 프로이트, 마르쿠제, 사르트르, 블레이크, 헤겔, 니체 같은 현대 세계의 세속적, 불경한 지성들이 분명히 표현해 낸 것들이다. 알타이저에 따르면 이것들이 기독교 신학의 자료들인데, 우리 시대에서 인류의 역사적 운명을 그것들이 드러내기 때문이다. "인간의 보편적 상태를 단순히 공유하는 것이 하나님 없는 삶을 스스로 짊어지는 것인 시대"에 말이다.[54] 알타이저는 하나님의 죽음을 역사 안에 있는 사건으로 보았으며, 현대 인류의 자율성에 대한 상징적 표현에 불과한 것이 아니었다(후자에 더 가까운 것은 해밀턴의 경우다). 그는 이 사건을 "하나님의 자기 소멸"이라 이름을 짓고, 성육신과 십자가 교리에서 상징화된 케노시스 혹은 자기 비움의 궁극적 행위로 해석했다. 이러한 신적 자기 소멸의 케노시스 행위는 예수 그리스도 안에서 일어났으며, 그 결과로 하나님은 유한한 삶과 죽음을 통해 자신의 객관적 존재를 부정함으로써 인류와 동일시되었다.

세계와 역사 속에서 행동하는 하나님은 자신을 부정하는 하나님, 자신의 원래 완전성을 서서히, 하지만 단호히 소멸시키는 하나님이다. 하나님은 "떨어지는" 혹은 "하강하는" 총체성으로, 그러는 가운데 자신의 원래 정체성의 반대 속으로 더 완전히 이동해 간다. 하나님 혹은 신성은 자신의 원래 형태의 반전(反轉)을 통과함으로써 그리스도 안에서 현현하는 하나님이 된다. 그러

---

[52] 같은 책, p. 22.
[53] 같은 책.
[54] 같은 책, p. 3.

므로 초월은, 성령이 육신이 되는 것과 마찬가지로, 내재가 된다.[55]

그러므로 알타이저는 "그리스도인이 선포하는 하나님은 그리스도 안에서 자신을 완전히 부정하고 희생한 존재다"라고 말한다.[56]

알타이저에게 하나님의 이러한 자기희생은 피조물을 위한 은혜의 행동이다. 하나님은 자신을 피조물의 실존과 전적으로 그리고 완전히 동일시함으로써 피조물의 존재를 긍정한다. 하나님이 초월 안에서 자신의 독립적 실존을 유지한다면 인간의 자유와 책임을 파괴할 것이다. 알타이저는 하나님의 이러한 급진적 내재가 하나의 중요하고 필연적인 실천적 결론으로 이어진다고 보았다. 즉 하나님의 죽음을 긍정하는 사람은 삶에 대한 모든 형태의 "아니라고 말하기"를 이겨 내고 이 세계와 그 속에서의 삶에 대해 "예"라고 말할 수 있다는 것이다.[57]

급진·세속 신학이 현세적 유산을 남기다

의심의 여지 없이, 1960년대 급진·세속 신학은 현대성에 대한 가능한 한 가장 철저한 적응을 대변한다. 실제로 그중 일부는, 하나님을 믿었던 대다수 현대성의 창시자들이 구상한 것을 넘어섰다. 하지만, 앞서 살핀 대로, 현대성은 그 안에 강력한 세속화의 충동을 담고 있었다. 본회퍼의 예상은, 즉 기독교가 "틈새의 신"을 고수하여 하나님에 대한 믿음을 이성으로 아직 설명되지 않는 현상에 기초하려 하는 한 기독교의 미래는 험난하리라고 본 것은 분명히 적절했다. 과학이 그 틈새를 메우고 철학이 점차 형이상학이나 하나님을 배제한 채 작업을 해 나가자, 기독교는 삶에서 하나님의 자리를 재발견해야 하는 과업에 직면했다. 급진·세속 신학자들 모두에게 그 자

---

55 같은 책, pp. 89-90.
56 같은 책, p. 90.
57 같은 책, pp. 132-157.

리는 가장 넓은 의미에서의 정치학이었다. 알타이저에게는 그것이 하나님을 대체했다. 뒤에서 보겠지만, 다른 신학자들은 이 도전을 받아들였고 다른 방향으로 나아갔다. 하지만 1960년대 급진·세속 신학은 신학자들이 얼마나 전통적 기독교와 교회의 삶으로부터 자유롭게 되어 현대성에 대한 적응을 받아들일 수 있는지 보여 주었다.

외관상 단명한 이 1960년대 운동이 이후의 신학에 어떤 영향을 미쳤는가? 그 영향으로 볼 수 있는 한 가지는 문화가 신학을 외면하기 시작했다는 것인데, 자신의 대상 자체를 부정할 수 있는 학문 분과를 문화가 진지하게 대하기는 어려웠기 때문이다. 1966년 「타임」 표지가 하나님이 죽었는지 묻고 신 죽음의 신학에 관해 보도하기 전까지는 신학자들이 종종 이 잡지의 표지를 장식하곤 했다. 자유주의 신학자 해리 에머슨 포스딕의 경우에는 1920년대와 1930년대에 두 번이나 표지에 실렸다. 신학의 다른 거장들이 이 표지에 등장했다는 것은 앞에서 언급했다. 하지만 1966년 이후로는 「타임」 표지에 신학자는 없었다. 간단한 기사로 다룬 경우는 몇 번 있었지만, 「타임」 커버스토리가 특정한 신학자를 다룬 적은 없다. 신학은 힘든 시기를 맞이하게 되었는데, 아마도 부분적으로는 급진 신학자들과 종종 왜곡되고 오해된 그들의 사상들 때문이었다.

또 다른 결과는, 비록 급진·세속 신학 운동이 소멸했지만, 판도라의 상자가 열려 일부 후대의 신학자들이 하나님의 인류 안에서의 급진적 내재라는 주제를 계속 이어갔다는 것이다. 일부 포스트모던 철학자들과 신학자들 사이에서는 특히, 돌아올 희망 없는 하나님의 죽음이나 절대적 부재의 개념이 재등장했다. 슬로베니아 철학자 슬라보예 지젝(Slavoj Žižek, 1949-)은 하나님의 죽음이라는 주제를 다시 다루면서 많은 글을 썼다. 그는 알타이저와 함께 등장했고, 이 주제에 관해 함께 글을 썼다. 어떤 이들은 더 나아가 그를 급진 신학에서 알타이저의 계승자로 보기까지 했다. 하나님과 종교를 다루는 그의 주요 저작들 중에는 『믿음에 대하여』(*On Belief*, 2001)와 『무너지기 쉬운 절대성』(*The Fragile Absolute: Or, Why Is the Christian Legacy Worth Fighting For?*, 2000)이 있다. 지젝은 기독교 무신론자로 여겨질 수 있는데, 비록 그가 어떤 교회에도 소속되어 있지 않지만, 이상적 우상파괴자로서의 예수를 고취시키기 때문이다.

또 다른 1960년대 이후의 사상가로서 급진·세속 신학의 영향을 받은 사람은 잉글랜드의 신학자 돈 큐피트(Don Cupitt, 1934-)로, 그는 1964년부터 1996년에 은퇴할 때까지 케임브리지 대학교에서 기독교 신학을 가르쳤다. 아마도 그는 BBC의 텔레비전 다큐멘터리 시리즈 "신앙의 바다"(*The Sea of Faith*, 1984) 저자이자 내레이터로 가장 잘 알려졌는데, 이 프로그램은 세계의 종교들의 다원성과 현대 과학의 발견들에 비추어 많은 정통 기독교 교리들을 의문시했다. 급진 신학자로서 큐피트의 명성은 『떠나보낸 하느님』(*Taking Leave of God*, 1981)으로 확고해졌다. 이 책에서 그가 쓴 것에 따르면, "현대인들은 점점 더 자율을, 즉 스스로 결정하는 능력을 요구한다.…체념하며 한계를 받아들이고 하나님과 전통에 수동적으로 복종하며 사는 삶이 도덕적 삶이라 불릴 수는 없다."[58] 그는 계속해서 "유신론적 실재론", 즉 "광대한 우주적 또는 초우주적 창조자-정신"인 하나님이 존재한다는 믿음을 부정했다.[59] 그리고 기독교 전통의 이러한 믿음과 이러한 하나님을 떠나보내는 주된 이유는 사람들의 충만한 인간성에 있다. 사람들이 그러한 존재를 믿는 한, 성공회 사제인 큐피트의 주장에 따르면, 사람들은 완전히 성숙하지도 않고 그들 자신의 삶과 세계를 책임지지도 못할 것이다. 하지만 그는 하나님 없는 "영성"을 고수했고 장려했다. 그는 **하나님**이라는 단어가 사라지지 않아도 좋지만, 우리가 그것에 새로운 의미를 담아야 한다고 보았다.

---

[58] Don Cupitt, *Taking Leave of God* (New York: Crossroad, 1981), p. ix. 『떠나보낸 하느님』(한국기독교연구소).

[59] 같은 책, pp. 8-9.

그렇다면 하나님은 무엇인가? 하나님은 통일적 상징으로, 영성이 우리에게 요구하는 모든 것을 감동적으로 인격화하여 우리에게 제시한다. 요구 사항은 하나님의 의지, 즉 신적 속성들이 우리에게 영적 삶의 다양한 측면들을 제시하는 것이고, 또한 영으로서의 하나님의 본성이 우리가 성취해야 할 목표를 제시하는 것이다. 그러므로 영적 삶 전체가 하나님을 중심으로 돌아가며 하나님 안에서 종합된다. 하나님은 구체화된 종교적 관심이다.[60]

다시 말해, "하나님"은 인간의 영적 자기 초월을 가리키는 암호이지만, 이 단어에 상응하는 존재는 실재하지 않는다.

하지만 급진·세속 신학에서 가치를 발견한 사람들, 특히 본회퍼의 사색에서 가치를 발견한 사람들이 모두 철저한 무신론자들은 아니다. 또한 그들이 모두 세속성을 인류를 미성숙으로부터 구해 내는 일종의 구원자로 기뻐하지도 않는다. 1960년대 세속 신학의 영향을 얼마나 받았는지는 불확실하지만, 아일랜드의 포스트모던 기독교 저술가 피터 롤린스(Peter Rollins, 1973-)는 하나님의 죽음과 기독교 무신론이, 하나님을 하나의 대상으로 그리고 특히 이데올로기적 헌신을 위한 뒷받침으로 취급하는 우상 숭배적 종교에 대한 해독제라고 말한다. 『하나님에 관해 말 (안) 하는 법』[How (Not) to Speak of God]에서 그는 "기독교 무/신론"(Christian a/theism)이 "우리의 관념이 하나님의 보좌에 오르지 못하도록 언제나 막아 주는" 것으로서 해체적이라고 장려했다.[61] 진정한 기독교는, 롤린스의 단언에 따르면, 우리가 하나님을 파악할 수 없지만 "하나님이 우리를 파악한다는 느낌 가운데서 신앙이 태어난다"는 것을 안다.[62] 이 책에서 그는 "무/신론"을 이용해 하나님을 대상화하는 것(하나님을 이용할 수 있도록 만드는 것)을 막는 데 주로 관심을 보였지만,

---

60 같은 책, p. 9.
61 Peter Rollins, *How (Not) to Speak of God* (Brewster, MA: Paraclete Press, 2006), p. 25.
62 같은 책, p. 30.

『반란: 믿는 것이 인간적이고, 의심하는 것은 신적이다』(*Insurrection: To Believe Is Human; to Doubt, Divine*, 2011)에서는 더 밀고 나아가서, 혹시 그가 큐피트가 유신론적 실재론(theistic realism)이라 부르는 것을 믿는지 사람들이 궁금하기 시작할 정도가 된다. 틸리히처럼 롤린스도 하나님이 실존한다는 것을 부인하는데, 이는 하나님이 "사물"(thingy) 또는 대상화될 수 있는 것이 아님을 표현하는 다른 방식일 수 있다. 하지만 점차 그는 적어도 가능성 면에서 우상숭배적일 수 있는 어떤 하나님에 대한 믿음도 반대하는, 확연히 상극의 움직임으로 나아가는 경향을 보인다. 처음에 롤린스는 하나님의 무한성을 보호하는 데 주로 관심을 갖는 듯 보였지만, 이후의 저작에서는 종교적 확실성과 하나님을 현존하도록 만드는 일을 막는 데 더 큰 관심을 가진 것으로 보인다. 하지만 하나님의 비대상성을 지나치게 강조하는 것은 쉽게 하나님의 실종으로 이어질 수 있다. 하지만 그럼에도 대체적으로 롤린스는 하나님을 틈새의 신으로, 즉 문제를 해결하기 위해 난입해서 신자들이 실제 고난의 세상에서 실제 삶을 살지 못하게 방해하는 '데우스 엑스 마키나'로 보려는 그리스도인들의 지속적 경향에 저항하는 것으로 보인다.

세속·급진 신학들이 논쟁의 회오리바람을 거두다

1960년대 급진·세속 신학을 검토할 때 생기는 하나의 질문은, 이 신학이 본회퍼를 올바르게 이해했는가 하는 것이다. 본회퍼 옹호자들의 다수는, 여기에는 본회퍼가 보낸 감옥으로부터의 편지를 많이 받은 그의 학생 베트게도 포함되는데, 그렇지 않았다고 말했다. 1989년에 유럽 신학자인 게오르크 훈테만(Georg Huntemann)은 본회퍼에 대한 급진적 해석들을 검토하는 저서 『다른 본회퍼: 디트리히 본회퍼에 대한 복음주의적 재평가』(*The Other Bonhoeffer: An Evangelical Reassessment of Dietrich Bonhoeffer*)를 출간했다. 그가 강력히 주장한 바에 따르면, 『옥중서신』에 있는 본회퍼의 가장 수수께끼 같은 암시들조차 변증법적으로 해석되어야 함에도 급진 신학자들은 이 점을 제

대로 이해하지 못했다. 그에 따르면,

> 본회퍼의 신학은 단지 역설들에서만, 끊임없는 변증법적 움직임에서만 표현될 수 있는 신학이다. 기독교 신앙의 신비들은 신자들의 집단을 세속화로부터 보호하지만, 또한 세상을 종교로부터 보호하기도 한다. 세상 없는 교회는 게토이며, 교회 없는 세상은 조명이 화려한 보행자 전용 구역의 공허함이다.[63]

다시 말해, "종교 없는 기독교"는 본회퍼에게 하나님을 버리는 것이나 세속성에 몰두하는 것을 의미하지 않았다. 오히려 그것은 세상과 세상의 필요에 기독교적으로 몰두하는 것을 의미했다. 감옥에서 남긴 글들의 본회퍼는 보수적 기독교 해석자들이 인정하는 것보다 더 급진적이었지만, 1960년대 세속 신학자들이 생각한 것보다는 덜 급진적이었다는 것이 사실로 보인다.

대체로 안전하게 말할 수 있는 것은, 1960년대 급진·세속 신학자들이 불필요하게 세속성과 일종의 낭만적 관계에 빠졌다는 점이다. 적어도 미국 사회가 1980년대에서 1990년대에 걸쳐 매우 강력하게 종교로 회귀한 데서 나타나듯이, 세속성 이론이 잘못되었음이 분명히 드러난 것이 전부가 아니다. 그뿐 아니라 세속성을 기뻐하는 신학자들은 자신들이 돌이킬 수 없는 현대성의 경향이라고 생각한 것에 적응하기 위해, 전통적 기독교로 보이는 것이라면 무엇이든 희생시키는 데 지나치게 적극적이었다. 그 후로 곧, 실제로는 1960년대부터 이미, 사회는 탈현대성이라는 새로운 단계에 접어들기 시작했다. 이것이 정확히 무엇을 뜻하는지는 21세기의 두 번째 십 년을 맞이하는 지금까지 논의되고 있지만, 1960년대의 급진 신학자들은 분명히 세속주의에서 멀어지는 문화적 전환이 종교와 하나님에 대한 믿음에 이르

---

63 Georg Huntemann, *The Other Bonhoeffer: An Evangelical Reassessment of Dietrich Bonhoeffer*, trans. Todd Huizinga (Grand Rapids: Baker, 1993), p. 74.

는 문을 열 것이라는 점을 그때는 깨닫지 못하고 있었다.

1960년대와 급진 신학의 전성기 직후에 이미, 비판자들은 이 신학이 세속성을 기뻐하는 것에 제동을 걸고 있었다. 가장 건설적인 비판적 반응들 가운데 두 가지는 1969년에 종교 사회학자 피터 버거(Peter Berger, 1929-2017)와 신학자 랭던 길키로부터 나왔다. 『천사들의 소문』(*A Rumor of Angels*)에서, 버거는 일반적 인간 경험 안에 있는 "초월의 신호들"을 탐구했다. 그는 현대 사회가 초자연적인 것을 재발견할 자원을 갖고 있다고 주장했다. 몇 년 후 그는 세속화 이론을 비판하면서 종교가 미국과 같은 다원주의적이고 자유를 옹호하는 사회에서조차 지속력을 갖는다는 점을 인정하게 된다.

『회오리바람의 이름을 짓기』에서, 길키는 세속적 문화에서 하나님-담론이 회복될 가능성을 제기했다. 그는 신 죽음의 신학자들이 기본적 비일관성의 함정에 빠졌다고 비판했다. "신(神)-담론 없이는", 그가 쓴 글에 따르면, "이 신학은 예수 그리스도의 주됨이라는 범주를 일관되게 고수할 수 없다." 그러면서 이 신학은 기독교 전통과의 유일한 접점과 기독교 신학이라는 주장을 넘겨주고 만다.[64] 더 나아가 길키의 주장에 따르면, 현재의 인간 실존이 전적으로 신 없는 상태라는 기독교 무신론의 주장은 "우리의 세속적 삶을 실제 그대로 보여 주거나 조명하지 않는다."[65] 이 사실을 입증하기 위해 그는 인간 경험 안에 있는 자유와 소망 같은 "궁극성의 차원들"을 상세히 심층적으로 탐구했다. 버거와 길키는 모두, 이 신학은 인간 경험이 초월적 너머에 대해 개방되어 있음을 무시함으로써 그 인간 경험을 근본적으로 잘못 해석했다고 결론을 내렸다.

급진 신학에 대한 대대적 비판은 이 운동이 단명하게 만들었다. 비록 일부 주제들이 앞서 언급한 후대의 급진 신학자들 안에서 계속되거나 재등장

---

64 Langdon Gilkey, *Naming the Whirlwind* (Indianapolis: Bobbs-Merrill, 1969), p. 148.
65 같은 책.

하지만 말이다. 대다수 기독교 사상가들은, 심지어 신자유주의적으로 여겨지는 이들조차, 급진 신학이 초월을 제거하고 내재를 강조한 것은 너무 극단적이라고 보고 거부했다. 하지만 이 신학의 가장 중요한 유산은 아마도 20세기 말과 21세기 초의 기독교 신학자들에게 하나님의 초월을, 점점 더 세속적인 현대의 사고방식과 점점 더 다원적인 포스트모던 사고방식을 가진 이들에게 영향력 있게 말하는 방식으로, 재발견하고 재구성할 것을 요구하도록 도전한 데 있을 것이다. 어떤 식으로든, 20세기 말의 신학적 운동들은 대부분 이 도전에 대한 대응들로 해석될 수 있다. 위르겐 몰트만의 건설적 신학 작업도 분명히 이런 식으로 이해되어야 한다.

8

신학자들이 희망으로 미래를 보다

하나님은 아직 존재하지 않는다. 물론 이것은 깜짝 놀랄 진술이지만, 하나님의 존재를 부정했거나 하나님을 현대적 세속성에 완전히 잠기게 한 1960년대 급진·세속 신학에 반대해서 일어난 어떤 신학 운동의 핵심이었다. 이 운동은 희망의 신학 또는 종말론적 신학 같은 다양한 명칭으로 불렸고, 두드러진 주제는 하나님의 미래성 또는 "미래의 능력"으로서의 하나님이었다. 이 운동은 기독교적 종말론의 의미를 회복하고 하나님의 초월을 미래성과 연결하려 했다(여기서 하나님의 미래성은 하나님의 타자성에 대한 시간적 은유로, 공간적 은유에 대조되는 것이다). 이 신학자들은 새로운 방식들로 현대성에 대응하고 있었는데, 이 방식들은 1970년대와 그 이후에 많은 그리스도인들에게 관심을 불러일으켰다. 그들은 또한 많은 사람들이 무신론의 근거로 내세운 20세기 집단 학살의 참상에도 반응하고 있었다.

위르겐 몰트만(Jürgen Moltmann, 1926-)과 볼프하르트 판넨베르크(Wolfhart Pannenberg, 1928-2014)가 종말론적 신학의 대표자였다. 둘 다 하나님의 미래성과, 하나님 나라의 완성이 이루어지지 않은 이상 하나님이 아직 존재하지 않는다고 믿었다. 하지만 둘 다 과정 신학도, 또는 어떤 의미에서든 하나님이 본질적으로 불완전하다고도 믿지 않았다. 하나님의 미래성은, 그들의 단언에 따르면, 인간들에게는 사실이지만 하나님에게는 사실이 아니다. 하나님은 미래를 갖고 있지 않은데, 하나님이 이미 미래의 능력으로서 역사를 하나님 나라의 최종적 완성을 향해 이끌기 때문이다. 하지만 요점은 하나님이 모든 것을 결정하는 실재가 아니며, 따라서 그의 의지와 능력이 역사의 사건들에 반영되지 않는다는 것이다. 하나님의 의지와 능력은 하나님 나라가 도래할 때 계시될 것이며, 예수의 부활 같은 특별한 사건들에서 선취적으로 이미 계시되고 있다.

몰트만과 판넨베르크의 종말론적 신학들은 20세기 중반의 문화적 맥락들에 대한 대응이었다. 항의하는 무신론과 그 논증들이 1960년대에 힘을 얻고 있었는데, 그것은 하나님을 믿는 믿음에 반대하며 제시하는, 엄청난 규모로 일어나는 원인도 모를 악의 압도적 증거에 근거한 논증들이었다. 무신론자들은 유대인 대학살과 히로시마를 가리키면서 기독교 유신론의 하나님의 존재, 즉 모든 것을 결정하는 전능한 하나님의 존재를 논박하려 했다. 그들은 또한, 전통적 기독교의 하나님이 인간의 자유와 이 세계에 대한 인간의 책임을 배제했다고 주장했다. 그들은 순전히 세속적·인본주의적 원리를 미래에 대한 희망의 근거로 삼았다. 1960년대 적응의 신학자들은 무신론적 의제를 포용함으로써, 종종 전통적 기독교의 믿음들을 인간적 열망의 상징들로 축소함으로써 대응했다. 그들의 하나님은 과정 신학의 경우처럼 거의 전적 내재로 축소되거나, 기독교 무신론의 경우처럼 사라졌다. 반동의 신학자들이 증가하는 세속화와 무신론의 세력에 대응한 방식은 반지성적 감정이나 신비주의, 혹은 시대의 정신을 비난하는 것으로 만족하는 엄격한 신앙 고백의 성채로 물러나는 것이었다. 그들의 하나님은 인간의 문제들을 떠나 무관함에 이르고, 다만 그 모습을 드러내는 곳은 묵시적 세대주의에서처럼 먼 과거나 가까운 미래의 초자연적 사건들 안에서, 혹은 은사주의 운동에서 나타나는 것처럼 현재의 황홀경적 사건들 안에서다.

하지만 적응도 반동도, 이 시대의 혁명적 희망과 절망에 대한 신학적 대응으로는 만족스럽지 못했다. 혼란의 한가운데서 거의 무명의 젊은 독일 신학자의 책 한 권이 나타나서 많은 이들에게 20세기 말에 필요했던 신학의 새로운 접근을 제공하는 것 같았다. 이 책의 제목은 『희망의 신학』(Theology of Hope, 1964)이었다. 저자 몰트만은 종말론으로의 변화를 요구했는데, 즉 마지막 일들에 대한 전통적 교리를 재해석하고 재구성해서 20세기 말의 신학을 위한 새로운 기초로 삼자는 것이었다. 그의 선언에 따르면,

> 처음부터 끝까지…기독교는 종말론이고, 희망이고, 앞을 바라보는 것이며 앞으로 움직이는 것이고, 또한 그러므로 현재에 혁명을 일으키는 것이고 변화시키는 것이다. 종말론적인 것은 단지 기독교의 한 요소가 아니라 기독교 신앙 자체의 수단이며, 기독교 신앙의 모든 것을 푸는 열쇠이며, 기대되는 새 날의 여명에 이곳의 모든 것을 뒤덮는 불빛이다. 왜냐하면 기독교 신앙은 십자가에 달린 그리스도를 일으키는 것으로부터 살며, 그리스도의 우주적 미래의 약속들을 얻으려고 애쓰기 때문이다.[1]

유럽과 북미의 많은 그리스도인들은 몰트만의 희망과 약속의 신학이 한 줄기 새로운 바람이라고 보았는데, 그의 신학이 불트만과 틸리히의 실존화되고 비초자연적인 기독교 직후에, 그리고 기독교를 정치적 활동주의로 축소시킨 급진·세속 신학들 한가운데서 나왔기 때문이다. 하지만 몰트만은 단순히 하나님의 다른 세상으로의 도피라는 옛 종말론적 공식을 반복하지

---

1 Jürgen Moltmann, *Theology of Hope: On the Ground and Implications of a Christian Eschatology*, trans. James W. Leitch (New York: Harper & Row, 1967), p. 16. 『희망의 신학』(대한기독교서회).

않았다. 그는 기독교적 희망을 현재의 정치 문제들에 적용했으며, 하나님의 약속된 미래에 대한 믿음이 지금의 인류와 지구를 위한 변혁적 활동에 동력을 공급한다고 주장했다.

몰트만이 종말론을 새롭게 해서 새로운 기독교 신학을 위한 기초로 삼으려고 노력할 당시에 몇몇 다른 신학자들도 같은 일을 했는데, 특히 그의 동료 판넨베르크가 그렇다. 그들은 서독 부퍼탈에 있는 고백교회의 교육기관에서 함께 가르치는 동안에 신학에 대한 종말론적 접근법을 형성했다. 둘 다 철학자 에른스트 블로흐(Ernst Bloch, 1885-1977)의 영향을 받았는데, 그의 세 권으로 된 저서 『희망의 원리』(*Das Prinzip Hoffnung*, 1938-1947)는 하나님의 미래에 대한 성경적 신앙과의 유사점으로 둘 다에게 깊은 인상을 주었다. 판넨베르크의 가장 초기 저작 가운데 하나인 『신학과 하나님 나라』(*Theology and the Kingdom of God*, 1969)는, 몰트만의 『희망의 신학』과 마찬가지로, 미래의 능력으로서의 하나님을 강조했다. 몰트만에게 그런 것처럼 판넨베르크에게도 미래의 하나님 나라는 하나님 자신과 분리될 수 없는 것으로서, 기독교 신학의 중심이 되어 하나로 묶어 주는 주제다. 몰트만과 판넨베르크와 함께 "하나님의 존재 양태"로서의 미래성을 강조하는 데 동참한 신학자들로는 『하나님의 미래: 희망의 혁명적 역동성』(*The Future of God: The Revolutionary Dynamics of Hope*, 1969)의 저자인 칼 브라텐(Carl Braaten, 1929-)과, 『하나님: 세계의 미래』(*God: The World's Future*, 1992)의 저자인 테드 피터스(Ted Peters, 1941-)가 있다.

몰트만과 판넨베르크는 부퍼탈에서 짧은 기간 동안 동료로서 함께한 뒤 각자의 길을 갔지만 각각 신학 여정을 통해 자신만의 방식으로 종말론을 계속 탐구했고, 이로써 증가하는 세속화와 재앙의 후기 현대 세계에서 기독교 신학을 새롭게 하는 방안으로 삼았다. 하나님은 멀리 있는 것처럼, 심지어 부재하는 것처럼 보였다. 희망과 종말론의 신학자들은 본회퍼와 급진·세속 신학자들이 그토록 설득력 있게 거부한 틈새의 신으로 회귀하고 싶지 않았다. 또한 그들은 하나님을 전통적 기독교 신학이 묘사한 대로 역사를 섭리로 통치하는 존재로 볼 수도 없었다. 둘 다 하나님의 초월의 의미를 회복시키기 원했지만, 그렇게 하려는 현대의 신학적 시도들이 막다른 골목에 이르렀다고 느꼈다. 틸리히와 이후에 존 로빈슨이 강조한 대로, 당시까지의 하나님 개념은 더 이상 큰 의미가 없었다. 그래서 몰트만과 판넨베르크는, 각자 자신의 방식대로, 하나님의 초월을 기술하기 위해 "우리보다 앞서 있는 하나님", "약속의 하나님", "앞으로 오는 주로서의 하나님"에 의존했다. 하나님이 세계에 대해 갖는 관계는, 미래가 현재에 대해 갖는 관계와 같다. 아마도 그들의 공통적 관점의 가장 놀라운 측면은 종말론적 존재론이다. 즉 미래가 현재를 결정한다는 사상으로, 그들이 블로흐로부터 빌려왔으며 또한 성경적이라고 믿은 사상이었다. 이 사상의 장점은 하나님이 역사의 모든 죄와 악과 무고한 고난의 창시자가 아니며, 또한 과정 신학에서처럼 그런 것들에 대해 아무것도 할 수 없을 정도로 무능력하지도 않다는 것이다. 하나님이 이 세상에 부재하는 것으로 보이는 이유는, 미래로부터 침입할 그리고 이미 침입하고 있는 하나님 나라의 "아직 아님" 때문이다.

8.A. 위르겐 몰트만이 하나님의 최종적 승리에 대한 확신을 새롭게 하다

1981년에 나는 판넨베르크 밑에서 신학을 공부하기 위해 가족과 함께 독일 뮌헨으로 갔다. 튀빙겐에서 몰트만 밑에서 공부하는 편이 나을 뻔도 했지만, 일이 다르게 진행됐고 뮌헨은 1년 동안 머물기에 최고의 장소가 되었다. 내가 독일 텔레비전을 처음 켰을 때 방송에서는 몰트만이 장애인들의 모임에서 열정적으로 연설하고 있었다. 이 연설은 황금 시간대에 독일 전역으로 방영되고 있었다. 몰트만의 주제는 "장애의 신학"이었고, 그는 하나님을 "장애가 있는 하나님"이라 부르면서 청중에게 예수 그리스도의 십자가를 환기시키고 역사에서 있었던 하나님의 연약함에 관해 언급했다. 몰트만은 신학자들이 21세기인 지금까지도 여전히 공공의 지성인으로 여겨지는 독일에서 국가적 명사(名士)였고 지금도 그렇다. 그의 책들은 잘 팔리고 학자들이나 목사들뿐만 아니라 수천 명의 교양 있는 평신도들에게도 읽히고 있다. 21세기의 두 번째 십 년인 지금 그는 마지막 남은 세계적 신학자들 가운데 한 명이다.

몰트만이 개신교 신학자로서 명성을 얻다

몰트만은 1926년에 함부르크에서 자유주의 개신교 가정에서 태어났으며, 그곳에서 성경보다는 레싱과 괴테, 니체를 배웠다. 그가 소년이었을 때 부모는 가족을 데리고 함부르크 외곽의 계획 농촌 공동체인 '폴크스도르프'(Volksdorf, 국민 마을)로 이주했다. 이 공동체는 원예와 건강한 삶, 친밀한 공동체에 초점을 둔 유토피아를 만들려는 시도였다. 하지만 '폴크스도르프'에는 교회가 없었고, 물론 누구도 교회에 가려 하지 않았을 것이다."[2] 그의 부모와 조부모는 종교를 위한 시간은 거의 없지만 예술과 철학에는 많은 시간을 들이는 자유사상가들이었다. 제2차 세계대전이 끝나갈 때 십대였던 위르겐은, 대다수 독일 소년들처럼, 군역으로 강제 징집되었고 함부르크의 방공포 부대에 배치되어 밤을 보냈다. 그의 친구들 다수가 함부르크와 다른 독일 도시들을 불태운 야간 공습과 그로 인한 폭풍처럼 번지는 불로 죽임을 당했다. 그는 1945년에 벨기에에서 캐나다 군대에 의해 포로가 되었고, 3년 동안 전쟁 포로로 억류되었다. 전쟁이 틸리히에게 그랬듯 몰트만의 삶에 신앙의 위기를 가져왔지만, 그 결과는 달랐다.

벨기에와 스코틀랜드의 수용소에서 나는 나에게 확실했던 것들의 붕괴와 삶

---

2 Jürgen Moltmann, *A Broad Place: An Autobiography*, trans. Margaret Kohl (Minneapolis: Fortress, 2008), p. 5. 『몰트만 자서전』(대한기독교서회).

에서 간직해야 할, 기독교 신앙이 가져다 준 새로운 희망을 모두 경험했다. 내가 정신적으로나 도덕적으로, 그뿐 아니라 신체적으로 견딜 수 있었던 것은 아마도 이 희망 덕분이었다. 이 희망이 나를 절망과 포기로부터 구해 주었기 때문이다. 나는 그리스도인으로 돌아왔고, 신학을 하겠다는 새로운 "개인 목표"를 품었는데, 그렇게 해서 내 삶을 지탱해 준 희망의 능력을 이해하기 위해서였다.[3]

몰트만은 괴팅겐에서, 바르트의 영향을 강하게 받은 교수들 밑에서 신학을 공부했다. 처음에 그는 이 변증법 신학의 대가를 열렬히 신봉하는 제자가 되었다. 실제로 그의 가장 초기 저작들 가운데 하나는 변증법 신학의 시작에 대한 학문적 연구였다.[4] 바르트의 영향이 그에게 계속 남았지만, 이후에 몰트만은 이 스위스 신학자가 실재의 역사적 성격과 신학의 종말론적 성격을 도외시한 데 대해 더 비판적으로 되었다.[5]

몰트만은 1952년에 신학 박사학위를 받고 작은 개혁파 교회에서 목회하다가, 1957년에 부퍼탈 신학 대학의 교수가 되었다. 거기서 그는 판넨베르크와 함께 종말론적 신학을 형성하는 일에 협력했다. 이후에 본에서 짧은 시간을 보낸 후 몰트만은 튀빙겐 대학교의 조직신학 교수라는 영예로운 자리를 얻었으며, 미국의 대학교들에서 가르친 짧은 기간을 제외하고는 1994년에 은퇴할 때까지 그곳에 머물렀다. 그의 경력 동안 계속해서, 또 은퇴 후에 노년에 이르러서도, 그는 온 세계를 다니며 신학, 정치, 예술, 과

---

[3] Jürgen Moltmann, "An Autobiographical Note", in A. J. Conyers, *God, Hope and History: Jürgen Moltmann and the Christian Concept of History* (Macon, GA: Mercer University Press, 1988), pp. 203-223.

[4] Jürgen Moltmann, *Anfänge der dialektischen Theologie*, 2 vols. (München: Christian Kaiser, 1962, 1963). [이 책은 변증법 신학의 시작을 특징적으로 보여 주는 저자들(칼 바르트, 하인리히 바르트, 에밀 브루너, 루돌프 불트만, 프리드리히 고가르텐, 에두아르트 투르나이젠)의 글들을 몰트만이 간단한 소개글과 함께 선별해 모아 놓은 것이다—편집자].

[5] 몰트만의 바르트 수용과 그 반응에 관한 가장 결정적 연구는 M. Douglas Meeks, *Origins of the Theology of Hope* (Philadelphia: Fortress, 1974), pp. 15-53를 보라.

학과 관련된 여러 주제에 관해 강연했으며, 또한 계속해서 글을 썼다. 그는 1965년에 『희망의 신학』을 출간한 이후로 계속해서 종말론을 전체를 통일하는 주제로 삼고 기독교 신학을 탐구했다. 그의 주요 저작들로는 『십자가에 달리신 하나님』(*The Crucified God*, 1973), 『성령의 능력 안에 있는 교회』(*The Church in the Power of the Spirit*, 1975), 『삼위일체와 하나님의 나라』(*Trinity and the Kingdom*, 1980), 『창조 안에 계신 하나님』(*God in the Creation*, 1985; 기포드 강좌), 『예수 그리스도의 길』(*The Way of Jesus Christ*, 1990), 『생명의 영』(*The Spirit of Life*, 1992), 『오시는 하나님』(*The Coming of God: Christian Eschatology*, 1995)이 있다. 언급된 마지막 책은 그의 대표작이라 할 수 있으며, 기독교 신학자로서의 그의 삶의 작업에 대한 조직적 진술이다. 이 책의 곳곳에서 그가 이전에 썼던 것들에 빛을 비추는 소중한 신학적 지혜의 조각들이 발견된다.

성경은 하나님의 약속의 책이지, 하나님의 섭리의 책이 아니다. 성경은 증언, 비난, 투쟁, 고난 속에 있는 역사적 신학의 원천이지, 보편사의 사변적 신학과 신적 구원 계획을 위한 원천이 아니다. 희망의 신학은 보편적 역사에 대한 이론도, 묵시적 예언도 아니다. 그것은 전투하는 자들의 신학이지, 구경꾼들의 신학이 아니다.[6]

『오시는 하나님』에서 몰트만은 하나님 나라가 지상에 도래한다는 믿음인 전(前)천년설적 종말론이, 종종 그것에 관해 주장되는 것처럼 지금의 세계를 변화시키기 위한 행동주의를 위축시키지 않는다고 주장한다. 실제로, 그가 확고히 단언하는 바에 따르면, 그 종말론은 제대로 이해된다면 사회적·생태학적 행동주의에 기운을 불어넣는다. 물론 이 주장은 통상의 신학

---

6 Jürgen Moltmann, *The Coming of God: Christian Eschatology*, trans. Margaret Kohl (Minneapolis: Fortress, 1996), pp. 145-146. 『오시는 하나님』(대한기독교서회).

적 합의에 반대되는 것이다.[7]

몰트만은 저술, 강연, 가르치는 일 외에도 가톨릭교도, 정교회교도, 유대교도, 이슬람교도, 마르크스주의자, 오순절주의자와의 에큐메니컬 대화들에 참여했다. 그가 대화에 참여하지 않은 종교적 또는 이념적 집단이 거의 없을 정도다. 그는 모든 종류의 해방 신학들과의 비판적 관여를 통해 20세기 말과 21세기 초의 혁명적·정치적 신학들에 주된 영향을 미친 인물이 되었다. 그의 신학은 언제나 실천적이고 정치적인 것을 지향한다. 예를 들어, 『창조 안에 계신 하나님』은 기독교적 환경주의의 촉진과 준비를 목표로 한다. 삼위일체에 관한 그의 많은 성찰들은, 『삼위일체와 하나님의 나라』에 나타난 대로, 공동체의 형성 및 상호의존과 관련된다.

몰트만에 따르면, 기독교의 진정한 핵심이며 그러므로 신학의 참된 중심은 하나님의 "영광의 나라"의 도래에 대한 희망이다. 즉 하나님의 영광이라는 신적으로 약속된 완성이 인간 공동체 안에 있는 충만한 자유를 통해, 그리고 창조 세계 자체가 부패의 속박으로부터 해방되는 것을 통해 이루어지는 것이다. 그의 신학의 모든 부분에 이 체계화하는 주제가 스며들어 있다. 그는 종말론이 너무나 자주 신학에 대한 쓸모없는 부록에 불과했으며, 종말론이 강조된 곳에서조차 충분히 전개되도록 허용되지 않았다고 주장한다. 이러한 전통적 접근 방식 대신에, 그는 하나님이 "모든 것 안에 있는 모든 것"이 될 영광의 종말론적 나라가 모든 기독교 교리의 올바른 구성을 결정하도록 하고 싶어 한다. 그는 미래를 향한 이런 방향 전환이 성경적으로 건전할 뿐만 아니라, 오늘날 신학의 문제와 교착을 푸는 방법을 지시한다고 주장한다.[8]

---

7   몰트만의 독특한 전천년설적 종말론에 대한 통찰력 있는 검토와 옹호를 Brandon Morgan, "Eschatology for the Oppressed: Millennarianism and Liberation in the Eschatology of Jürgen Moltmann", *Perspectives in Religious Studies* 39:4 (winter 2012): pp. 379-393에서 보라.
8   Jürgen Moltmann, "Theology as Eschatology", in *The Future of Hope: Theology as Eschatology*, ed. Frederick Herzog (New York: Herder and Herder, 1970), p. 9.

몰트만이 미래를 존재의 근거지로 새롭게 구상하다

몰트만의 주된 신학적 관심 가운데 하나는 종말론적 또는 "메시아적" 신학을 이용해서, 신론을 창조적으로 재구성함으로써 하나님의 초월과 내재 사이의 갈등을 극복하는 것이었다. 그는 "미래의 능력"으로서의 하나님 개념이 고전적 유신론과 무신론 사이의 현대적 갈등을 극복하는 데도 도움이 되리라 믿는다. 또한 그는 신학 이론과 기독교 실천 사이의 파괴적 괴리 문제에도 관심을 가져서, 직접적인 사회적 응용이 가능한 "하나님에 대한 비판적 이론"을 제공함으로써 그 문제를 극복하려 한다. 신학에서의 이러한 종말론적 방향 전환은 몇몇 원천에 의존한다. 게르하르트 폰 라트(Gerhard von Rad, 1901-1971)와 에른스트 케제만(Ernst Käsemann, 1906-1998) 같은 구약과 신약 성서학자들은 히브리 성경과 신약성경에서 역사와 묵시가 중심이 된다는 점을 재발견함으로써 몰트만의 신학에 기여했다. 신학적 측면에서 몰트만에게 영향을 준 것은 바르트와 그보다는 덜 알려진 사상가 한스 요아킴 이반트(Hans Joachim Iwand, 1899-1960)였는데, 이반트는 그리스도의 십자가와 부활에 있는 하나님의 화해시키는 행위의 종말론적·사회적 차원을 강조했다.[9] 또한 그 자신도 인정하듯이, 이 희망의 신학자는 경건주의 부흥주의자이자 사회주의자 크리스토프 블룸하르트(Christoph Blumhardt, 1842-1919)의 영향을 받았는데, 블룸하르트는 지상에 도래하는 하나님 나라를 그의 목회와 신학의 모든 부분에서 반드시 필요한 것으로 삼았다. 어떤 글에서 몰트만이 밝힌 바에 따르면, "나의 '희망의 신학'의 두 근원은 크리스토프 블룸하르트와 에른스트 블로흐다."[10]

블로흐는 무신론자이며 튀빙겐의 수정주의적 마르크스주의 철학자로,

---

9 믹스는 "이반트의 신학이 희망의 신학에서 가장 중요한 원동력으로 고려되어야 한다"고 주장했다. *Origins of the Theology of Hope*, p. 34.
10 Jürgen Moltmann, "The Hope for the Kingdom of God and Signs of Hope in the World: The Relevance of Blumhardt's Theology Today", *Pneuma: The Journal of the Society for Pentecostal Studies* 26:1 (spring 2004): p. 4.

종말론의 성경적 주제들을 자신의 과학적 사회 분석과 결합시켰다. 그에게는 완전한 "고국"(homeland)에 대한 희망이, 즉 개인이 모든 소외를 극복하고 자신과 하나가 되는 곳에 대한 희망이 근본적 인간 본능이며, 그것이 역사를 혁명적 변화를 거쳐 이상향으로 이끈다. 이 철학자는 "아직 아님"(not-yet-being)의 존재론을 전개했는데, 이 존재론에서 아직 실현되지 않은 사회적 이상향은 현재와 과거에 영향을 발휘하면서 인간이 "초월성 없이 초월하는 것"(transcending without transcendence)을 야기한다.[11] 몰트만은 블로흐의 미래의 존재론으로부터 많은 것을 빌려 왔지만, 초월성 없이 초월하는 것에 대한 강력한 비판을 첨가했다. 그는 인간이 하나님 없이 희망 안에서 미래를 직면하고 이상향을 향해 자신의 환경을 초월할 수 있다는 블로흐의 신념을 망상이라 여겼다. "천국이 없는 역사적 미래는 희망의 앞마당과 그 어떤 역사적 움직임을 위한 동기가 될 수 없다. 블로흐가 제시한 것과 같은 '초월성 없이 초월하는 것'은 무한성을 정해져 있지 않은 끝없음으로 바꾸고, 완성을 위한 노력을 단순히 '계속해서 하는 것'으로 만든다."[12]

몰트만 사상의 많은 부분은, 기독교 신학에 대한 블로흐의 귀중한 기여를 부정하지 않으면서 블로흐에게 답하려는 시도로 해석할 수 있다. 한편으로 몰트만은 블로흐의 "희망의 무신론"을 기독교 신학이 종말론을 신학 사상의 표현 수단으로 삼아야 한다는 도전으로 이해한다.[13] 다른 한편으로 그는 기독교적 희망이 블로흐의 통찰을 이용하면서도 희망의 무신론에 내재한 종교적 축소에 저항해야만 한다고 경고한다.[14] 블로흐는 미래에 있을 지

---

11 Marcel Nuesch, *The Sources of Modern Atheism: One Hundred Years of Debate over God*, trans. Matthew J. O'Connell (New York: Paulist Press, 1982), p. 189.
12 Jürgen Moltmann, *God in Creation: A New Theology of Creation and the Spirit of God*, trans. Margaret Kohl (San Francisco: Harper & Row, 1985), p. 180. 『창조 안에 계신 하나님』(대한기독교서회).
13 Jürgen Moltmann, "Hope Without Faith: An Eschatological Humanism Without God", trans. John Cummings, in *Is God Dead? Concilium*, ed. Johannes Metz, 16 vols. (New York: Paulist Press, 1966), vol. 16, pp. 37-40.
14 같은 책, vol. 16, p. 36.

상의 하나님 나라에 대한 기독교의 묵시적 전망의 가치를 인정하면서도, "천상의 초월성"에 대한 의존을 비현실적이고 추상적이라고 신랄하게 비판한다. 몰트만은 자신의 저작 곳곳에서 기독교적 희망이 전혀 비현실적이거나 추상적이지 않으며, 사실은 하나님 없는 희망이 근거 없으며 피상적임을 보이려 한다. 마르셀 노이쉬(Marcel Neusch)의 언급대로, 몰트만은 블로흐에 반대하는 주장을 편다.

> 몰트만은 기독교적 희망이 실제로 관념적 이상향이 아니라 그리스도의 부활 덕분에 "정말로 가능하게" 된 미래에 대한 열정이라고 주장한다. 그리스도의 부활은 역사 속으로 진입함으로써 새로움(*novum*)을 도입하고, 이 새로움은 희망에 실체를 부여하는 것으로서 그 희망에 결정적 지평(*ultimum*, 궁극)을 열어 주고, 이 결정적 지평은 역사의 끝을 암시하는 것이 아니라 오히려 인간의 삶과 역사 자체를 위한 진정한 가능성이다.[15]

몰트만은 적응주의 신학자가 아니다. 그는 블로흐의 희망의 무신론 같은 세속적 철학이 자신의 교리 재구성을 결정하거나 통제하도록 허락하지 않는다. 그럼에도 (블룸하르트와 함께) 바르트와 블로흐는 더불어 몰트만의 신학적 배경을 이루는, 서로 안 어울릴 것 같은 한 쌍이다. 바르트의 변증법적 신학이 신학적 원재료를 제공하고, 블로흐는 몰트만이 기독교적 희망을 새롭게 해석하는 데 자극과 철학적 개념성을 제공한다.[16]

몰트만이 블로흐에게서 빌린 것은 미래의 존재론 또는 종말론적 존재론이다. 이것은 존재 또는 존재의 능력, 존재의 근원이 저 너머에 또는 과거에 있는 어떤 무시간적 영역이 아니라 우리의 미래에 있다는 사상이다. 몰트만

---

15 Neusch, *Sources of Modern Atheism*, p. 211.
16 Meeks, *Origins of the Theology of Hope*, p. 18.

은 이것이 전적으로 성경적 계시와 양립할 수 있다고 보았는데, 왜냐하면 (곧 보겠지만) 그에게는 계시가 현현이나 "베일 벗기기"보다는 약속의 성격을 갖기 때문이다. 판넨베르크도 블로흐로부터 전유하는 종말론적 존재론에서는, 과거보다는 미래가 현재를 결정한다. 인정하건대, 이 주장은 반(反)직관적이고 역설적이다. 이것을 이해하는 유일한 방법은, 많은 독일 지성인들에게 "생각"와 "존재"가 분리할 수 없다는 점을 기억하는 것이다. 그래서 미래가 현재를 정의한다면(bestimmt), 또한 결정한다(bestimmt). ["정의하다"에 해당하는 독일어 동사 bestimmen(bestimmt는 이 동사의 현재형)은 "결정하다"를 의미하기도 한다.] 미래가 현재를 정의한다는 것은 의심의 여지가 없다. 즉, 역사적 사건이 의미하는 바는 오직 그것의 결과에 의해서만 결정될 것이다. 독일 지성에게 이것은 인식적인 것과 존재론적인 것 모두를 의미한다. 그러므로 현재가 그 궁극적 정의나 의미를 위해 미래에 의존하는 한, 현재는 또한 그 존재를 위해서도 미래에 의존한다. 그렇다면 몰트만과 판넨베르크에게, 도래하는 하나님 나라는 현재의 참된 의미를 드러내는 동시에 그 현재를 존재론적으로 결정한다. 이것이 블로흐의 핵심이었고, 단지 그가 실제로 도래하는 하나님 나라를 믿지 않았다는 점만 다르다. 그에게 미래의 이상향은 단지 심상(心象)에 불과했다.

몰트만이 계시를 약속으로 재정의하다

스스로의 고백에 따르면, 몰트만은 자신의 신학이 "성경적으로 근거해 있고, 종말론적으로 지향하고, 정치적으로 책임감 있는" 것이기를 의도한다.[17] 하지만 그의 방법론은 약간 더 복잡하다. 실제로, 그에게 전통적 의미에서의 일관성 있는 신학 방법이 있는지 의심할 만한 충분한 이유가 있다. 체계적 접근의 이러한 결여는 부분적으로 그가 정통주의에 관심이 적기 때문이

---

17   Moltmann, "Autobiographical Note", p. 222.

다. 그가 쓴 글에 따르면, "나는 정확한 교리보다는 구체적 교리에 더 관심이 있으며, 그러므로 순수한 이론이 아니라 실천적 이론에 관심이 있다."[18] 그는 신학의 과업이 세계에 대한 해석을 제공하는 것보다는, 세상을 변혁하되 하나님에 의한 세계의 궁극적 변혁의 희망에 비추어 그렇게 하는 데 있다고 본다.[19] 그가 체계적 또는 과학적 방법론을 결여한 또 다른 이유는, 종말론적 완성에 미치지 못하는 실재의 불완전성에 비추어 인간의 지식이 모두 잠정적이라는 그의 믿음에 있다. 하나님이 약속한 영광의 나라가 도래할 때 비로소 우리는 "우리가 알려지는 대로 알고" 또한 "우리가 보여지는 대로 볼" 것이다. 그때까지 하나님에 관한 생각은 모두 어쩔 수 없이 긴장으로 가득 차 있다.[20] 모순이 역사로서의 실재 한가운데 있는데, 그 이유는 미래가, 그것이 진정으로 미래이며 단지 그와 비슷한 어떤 것이 아니라면, 현재와 과거에 모순되기 때문이다.

만약 몰트만에게 어떤 공리적인 것이 있다면, 그것은 미래가 새로우며 단지 과거의 확장이 아니라는 점이다. 이것은 종말론적 존재론의 또 다른 차원이며 실처럼 그의 저술들 전체를 하나로 묶어 준다. 그에게 실재는 미리 결정되어 있거나 자족적인 인과 체계가 아니라 본성상 역사적이며, 또한 "희망이 의미 있는 실존의 가능성을 갖는 것은 오로지 실재 자체가 역사적 유동의 상태에 있을 때, 역사적 실재가 앞으로 열린 가능성의 여지를 가질 때다."[21] 그렇다면 이것은, 미래가 현재에 완전히 내재하지 않는다는 것을 의미한다.[22] 오히려 미래(그리고 미래의 능력으로서의 하나님)는 실재의 새로운 가능성들의 기반이자 기원이며, 그 가능성들을 현재로 일구어 내고 이런

18　같은 책, p. 204.
19　Moltmann, *Theology of Hope*, p. 84.
20　Moltmann, *The Experiment Hope*, trans. M. Douglas Meeks (Philadelphia: Fortress, 1975), p. 50.
21　Moltmann, *Theology of Hope*, p. 92.
22　Moltmann, *God in Creation*, p. 202.

방식으로 현재를 지배한다.²³ 그렇다면 이 존재론에서 미래는 현재와 과거에 대해 "존재론적으로 앞선다." 미래는 현재로부터 되는 것이 아니라 현재를 향해 다가오는 것이며, 현재를 전적으로 새로운 형태의 현실로 이끈다. 이것이 의미하는 바는, 신학적 범주와 개념들이 열린 결말이어서 전개되는 미래에 비추어 언제나 대체되고 개정될 준비가 되어 있어야 한다는 것이다.

몰트만이 이러한 종말론적 인식론을 견지하기 때문에, 그가 엄격한 합리적 일관성과 체계적 정합성을 신학적 미덕으로 삼지 않는 것도 놀랍지 않다. 그는 신학이 현대적 의미로 과학적이어야 한다는 점에 별로 신경을 쓰지 않는다. 미래가 현재에 모순된다는 것에 관한 변증법 사고는 역설을 야기할 수밖에 없고, 이런 사고는 종종 논리적 결론보다는 송영(頌榮)으로 끝난다. 그렇다면 몰트만에게 "신학적 개념들은 실재를 지금의 모습대로 확정하는 판단이 아니라, 실재에 그것의 전망과 미래 가능성을 제시하는 기대가 된다."²⁴ 이것은 그가 비합리주의자로서 어떤 종류의 방법론도 거부하고 비합리성을 즐긴다고 말하는 것이 아니다. 그는 아무 근거나 관련도 없이 생각을 던지지 않는다. 비록 그가 틸리히의 상관관계의 방법을 특정해서 언급하지는 않지만, 그의 신학은 일종의 대답하는 기능을 목표로 삼는 듯하다. 하지만 그의 신학의 개념들은 자연이나 인간 실존, 혹은 이미 있는 세계의 어떤 것으로부터 유도되지 않는다. 오히려, 바르트처럼, 그는 (인간학적 신학을 포함하는) 자연 신학을 명백히 거부하는데, 자연 신학은 하나님이 세계의 기존 질서에 이미 분명히 드러난다고 전제하기 때문이다. 몰트만에게 현재의 세계는 말하자면 "질서가 없는" 세계이며, 오직 미래에 있을 영광의 나라에서만 하나님이 분명히 드러날 것인데, 왜냐하면 하나님이 그때 "모든 것 안에 있는 모든 것"이 될 것이기 때문이다.²⁵ 하지만 비록 하나님의 존재

---

23 Moltmann, "Theology as Eschatology", p. 11.
24 Moltmann, *Theology of Hope*, pp. 35-36.
25 같은 책, p. 282.

가 이성이나 증거에 의해 증명될 수 없을지라도, 하나님을 알고 사랑하는 자들에게는 자연 안에 있는 "하나님의 흔적들"로부터 선취(先取)적 하나님 지식이 가능하다.²⁶

몰트만은 자연 신학을 기독교 신학에 대한 일종의 전문(前文)으로 보는 것을 철저히 거부하는 데 바르트만큼이나 철저하다. 하지만 바르트와는 달리, 그는 세속적 사람들의 필요와 의문을 충족시키기 위해 계시의 대답에 의존함으로써 그들에게 적절히 말하는 신학의 능력에 대한 진정한 희망을 간직한다. 그는 신학의 과업을 틸리히와 비슷한 방식으로 기술한다. "성서가 본질적으로 하나님의 약속 있는 역사에 대한 증언이라고 말하는 것이 맞다면, 기독교 신학의 역할은 이처럼 미래를 상기시키는 것들이 현재의 희망 및 불안과 관련되게 하는 것이다."²⁷ 참된 자연 신학을 위한 기초는 있는 그대로의 세계로부터 하나님을 증명하는 데 있지 않고, 피조물이 구속을 향해 짓는 한숨과 탄식에 있다. 궁극적으로 오직 기독교적 희망이, 그것이 미래를 향한 하나님의 계시된 약속에 근거해 있을 때, 현재에서 행복이 가능하도록 만들 수 있는데, 이는 "희망은 우리가 '현재의 십자가'를 기꺼이 지도록 하기" 때문이다. "그것은 죽은 것을 붙들면서, 기대하지 못한 것을 희망할 수 있다."²⁸ 그러므로 현재의 질문들을 미래에 대한 하나님의 계시로부터 이끌어 낸 대답들과 만나게 하려는 관심이 몰트만의 신학 방법 한가운데 있다.

하지만 몰트만에게 "계시"란 무엇인가? 또 다시 그는 깔끔한 정의를 기대하는 사람들을 실망시킨다. 계시에 대한 그의 기술은 시간을 두고 발전했다. 하지만 계시를 이해하는 가장 중요한 범주는 "약속"이다. 성경을 꼼꼼하게 검토한 결과, 그는 이스라엘과 초대 교회 모두 자신들 가운데 있는 하나

---

26 Moltmann, *God in Creation*, p. 64.
27 Moltmann, *Experiment Hope*, p. 8.
28 Moltmann, *Theology of Hope*, p. 32.

님의 현존과 나타남의 주요 형태를 미래에 대한 약속으로 간주했음을 발견했다.²⁹ 하지만 몰트만은 조심스럽게 약속의 종교를 "현현 종교들"(epiphany religions)로부터 구별해 내는데, 그것은 하나님의 현존과 나타남이 역사를 초월하는 어떤 하늘의 영역에 영원히 무시간적으로 존재하는 것들의 드러냄이라고 본다. 그러한 해석은, 몰트만이 단언하는 바에 따르면, 역사를 무효화함으로써 괴로운 변화의 한가운데서 위안을 주고, 정치적·문화적 현재 상태를 영원한 것과 연계시킴으로써 승인하는 역할을 한다.³⁰ 그에게 현현 종교의 전형은 무시간성(파르메니데스)과 현실 배후에 있는 형상들의 영원한 영역(플라톤)에 대한 강박을 가진 그리스의 철학적 신학이다. 하지만 이 신학은 단지 죽은 과거의 유물이 아닌데, 몰트만은 바르트의 계시 개념을 포함하고 거기까지 이르는 지난 2천 년 동안 이 신학이 철학과 종교에 미친 영향을 추적하기 때문이다.³¹

현현으로서의 계시와는 대조적으로, 몰트만은 이스라엘이 하나님의 말씀과 현존을 약속의 역사와 하나님의 약속들에 대한 신실함으로 경험했다고 주장한다. 이러한 계시 경험은 역사의 개념과 현재 상태의 개념을 근본적으로 바꾸어 놓았다. "인도하는 약속의 별 아래서 이 현실은 신적으로 안정된 우주가 아니라 앞으로 나아감, 지난 일들을 뒤로 하고 아직 보지 못한 새로운 지평을 향해 힘차게 전진함이라는 측면에서의 역사로 경험된다."³² 현재를 종교적으로 승인하기보다, 계시 경험은 고대 하나님의 백성이 "현재를 떨쳐 내고 미래를 향해 나아가도록" 이끌었다.³³ 따라서 약속으로서의 계시는 이스라엘의 독특한 직선적 역사 개념을 낳았고, 하나님의 신실함과 미래 나라에 비추어 더 큰 의를 끊임없이 요청하는 예언자적 경향의 기원이 되었다.

---

29 같은 책, pp. 95-229.
30 같은 책, pp. 99-102.
31 같은 책, p. 228.
32 같은 책, p. 102.
33 같은 책, p. 100.

몰트만은 신약 교회에서도 약속으로서의 계시라는 동일한 관념이 작동하고 있음을 본다. 신약 교회는 그리스도를 약속 사건으로 경험했고, 그의 죽음과 부활을 하나님의 미래 나라의 약속들로 선포했다.[34] 또한 신약 교회는 성령을 그리스도의 약속된 미래에 대한 "보증"으로 경험했다. 십자가에 달린 그리스도의 부활에서 그리고 성령의 보냄에서, 하나님은 역사 안에 있는 하나님 자신의 의, 모든 죽은 자들의 부활에서 죽음을 이기는 생명, 그리고 존재의 새로운 총체성 안에 있는 하나님 나라를 약속했다.[35] 이 약속들에 기초해서 초대 교회는 미래를 향한 그리고 선교를 향한 목적으로 희망 안에서 살면서, 의의 하나님 나라의 도래를 간절히 고대하면서도 하나님의 신실함을 경험했다.

몰트만에 따르면, 약속으로서의 계시는 사실들을 전하지 않지만 신앙과 희망의 불을 지핀다. 그럼에도, 그의 단언에 따르면, 약속이 낳는 일종의 지식, 즉 희망하는 것들에 대한 지식, 언제나 개방적이고 자신 밖으로 나오려 애쓰는 장래의, 선취하는, 잠정적인, 파편적인 지식이 있다.[36] 몰트만이 보기에, 이 지식은 현재의 동향과 경향에 기초해서 미래를 예측하려 하는 미래학과 다르다. 대신에 그것은 그리스도 안에 있는 하나님의 약속에 기초한 미래의 지식이다. 더 구체적으로, "그것은 십자가의 죽음과 부활이라는 그리스도 사건의 경향과 잠재적 측면들을 끄집어내려고 애쓰면서, 그리고 이 사건에 의해 개방된 가능성들을 가늠하려고 시도하면서 미래를 안다."[37] 그에게 성경은 그 자체로 계시가 아니며, 축자적으로 영감된 것도 아니지만, 그럼에도 하나님의 약속의 미래에 대한 증언이다.[38] 성경은 하나님의 약속들과 그 약속들에 대한 인간적 반응의 서술을 담고 있지만, 성경의 주된 가

---

34 같은 책, pp. 139-140.
35 같은 책, p. 203.
36 같은 책.
37 같은 책.
38 Moltmann, *Experiment Hope*, p. 8.

치는 그 자체를 넘어서는, 도래하는 하나님 나라를 가리키는 데 있다. "이 과거의 기록들에서 우리는 하나님의 미래라는 약속의 역사와 마주한다. 우리는 과거에서 미래를 발견하고, 미래가 과거에서 계시되고 선취되는 것을 보고, 이 해방의 역사 속으로 우리 자신이 이끌려 들어가게 된다."[39] 따라서, 성경의 권위는 도구적이다. 하나님은 하나님 나라를 이루기 위해서 성경과 성령을 사용하고, 그것들 안에서 영화롭게 된다. 하지만 다른 모든 것처럼, 성경 자체가 이미 완벽하지는 않으며 "도래하는 영광의 나라에서 있을 완성에서 성취될 것이다."[40]

초월 신학과 내재 신학에 대한 대안을 제공하겠다는 몰트만의 강력한 바람은 이미 그의 계시론에서 명백히 나타난다. 계시를 위로부터 역사로의 초자연적 침입으로 또는 역사 안에 있는 인간의 자연적 능력으로 생각하는 대신, 그는 계시를 현재에서는 단지 선취될 수 있을 뿐인 전적으로 새롭고 기대하지 못한 미래의 사건들에 대한 약속이라고 기술했다. 사건들의 미래성은 계시의 초월성을 시사하는데, 이것은 현재에 모순되며 또한 현재를 그 안에 이미 내재해 있지 않은 존재의 새로운 전체성을 향해 개방시키는 것이다.[41] 계시는 이미 존재하는 진리의 드러남이 아니라, "진리의 약속된 미래에 대한 묵시"다.[42] 하나님의 약속들에 대한 역사적 성취들조차 하나님의 약속들을 완전히 고갈시키지 않는다. "모든 성취에서 약속은, 그리고 그 안에 여전히 담겨 있는 것은, 현실과 완전히 일치하지 않으며 언제나 여지가 남아 있다."[43] 그러므로 계시는, 미래가 초월적인 방식으로 초월적이다. 하지만 또한 계시는, 미래가 현재에 임박한(imminent) 방식으로 내재적이다

---

39 같은 책, p. 7.
40 Jürgen Moltmann, "The Fellowship of the Holy Spirit—Trinitarian Pneumatology", *Scottish Journal of Theology* 37 (1984): p. 278.
41 Moltmann, *Theology of Hope*, p. 85.
42 같은 책, p. 84.
43 같은 책, p. 105.

(immanent). 미래의 영광의 나라는 아직 존재하지 않지만, 그렇다고 현재에 부재하는 것도 아니다. 그것은 그 영향들 안에 "현존"한다. "지금 경험될 수 있는 것과 비교할 때 그것은 새로운 것을 가져온다. 하지만 우리가 지금 경험하고 지금 살아야 하는 현실과 전적으로 분리되어 있기 때문이 아니라, 너무나 탁월한 미래로서 희망을 일깨우고 저항을 일으킴으로써 현재에 영향을 미친다."[44]

몰트만이 하나님을 "미래의 능력"으로 재구성하다

몰트만이 미래성에 기초해 있는 초월과 내재에 새롭게 접근한 것은 그의 신론에 매우 중요하다. 이 튀빙겐의 신학자는 하나님 자신의 존재와 하나님이 세계 안에 완전히 현존하고 현현할 미래의 영광의 나라 사이를 가능한 한 가장 밀접하게 연결했다. 결과적으로 "하나님은 '우리 너머에' 혹은 '우리 안에' 존재하는 것이 아니라 우리에 앞서, 하나님의 약속 안에서 우리에게 개방된 미래의 지평들 안에 존재한다." 그러므로 "'미래'는 하나님의 존재 방식으로 여겨져야 한다."[45] 몰트만이 완전히 확신한 바에 따르면, 만약 하나님이 우리 너머든 우리 안에든 이미 존재한다면, 실재는 참으로 역사적일 수 없으며 지금 이 세상에서 일어나는 일에 대한 책임이 하나님에게 있을 것이다. 역사는, 현현 종교들 안에서처럼, 무의미나 멸절(annihilation)로 떨어지고 말 것이다. 역사가 참으로 새로운 것에 대해 개방된 미래를 갖지 못할 것이다. 더욱이 역사의 모든 악과 죄 없는 고난은, 하나님이 그것을 극복할 수 있지만 그렇게 하지 않는 것이든, 또는 그렇게 할 수 없기에 정말로 하나님이 아닌 것이든, 필연적으로 하나님의 반영이 될 것이다.

몰트만에게 결정적으로 중요한 것은 반박될 것으로서의 역사의 실재다.

---

[44] 같은 책, p. 227.
[45] Moltmann, *Theology of Hope*, p. 85.

악과 그로 인한 고통 때문에, 그의 주장에 따르면, "하나님은 이 세계의 기반이 아니고 존재의 기반이 아니며, 다만 도래하는 나라의 하나님으로서 이 세계와 우리의 존재를 근본적으로 변혁한다."[46] 그렇다면 하나님의 초월성은 그가 이미 존재하는 세계의 창조자이며 유지자인 것에 있지 않다. 초월성은 하나님이 현재의 세계에서 부정적인 것을 부정하고 영광의 나라로 이끌고 감으로써 현재의 세계를 그것의 미래 관점에서 변혁하는 능력이라는 것이다. 비슷하게, 하나님의 내재성은 하나님의 임박한 미래성으로서 모든 순간에 작용하고, 미래 나라의 영광에 반대되는 것들을 반대한다. 하지만 몰트만은 이것을 이원론적으로 생각하지 않았다. 그가 보기에 미래는 현재 속으로 침투하여, 현재를 그것의 미래로 전진해 나아가게 하도록 작용하는 사건들을 발생시킨다. 이 예기(豫期)적·선취적 사건들은 하나님의 일들로서, 그 안에 하나님 자신이 고난과 능력으로 참으로 현존하며, 그러므로 그는 세계 안에 내재한다. 그 일어난 일들 중에서 가장 큰 일은 예수 그리스도의 사건들, 특히 그의 십자가 죽음과 부활이며, 또한 성령의 보냄이다.

따라서 몰트만은 하나님의 세계 안에서의 현존을 삼위일체적으로 이해한다. 만약 하나님의 초월이 그가 미래로부터 세계로 **오는 것**(coming, "Adventus")에, 그러면서 세계의 부정성들을 반대하는 데 있다면, 그의 내재는 그가 세계 안에 있는 영광의 나라의 삼위일체적 역사에서 세계와 함께 **되는 것**(becoming)에 있다. 하나님의 초월과 내재를 미래의 현존으로 보는 몰트만의 시각은 그의 신론을 "종말론적, 삼위일체적 범재신론"으로 구성한다. 앞으로 보겠지만, 그는 하나님의 내재를 세계 역사 안에서의 삼위일체 하나님의 실제 역사로 본다. 동시에 그는 이 역사를 발전이나 진화가 아닌, 예기(prolepsis)와 선취(anticipation)로 본다.

몰트만의 종말론적 존재론과 미래로서의 하나님에 대한 교리는 많은 사

---

[46] 같은 책.

람에게 이해하기 어려운데, 그 이유는 그들이 현재를 과거에 의해서 혹은 세계 초월적 능력에 의해서 결정되는 것으로 생각하도록 길들여져 있기 때문이다. 하지만 예수 자신의 삶으로부터의 예시는 몰트만의 요점에 이해의 실마리를 어느 정도 던져 줄 것이다. 예수가 지상에서 인간으로 살아간 삶 전체에서 예수의 신성은 숨겨져 있었다. 그는 성육신한 하나님이었지만, 정말 실제적 의미에서는 자신의 부활 후에 영화의 상태에서 될 그 자신이 아직 아니었다. 예수의 지상에서의 삶 전체는 그의 십자가 죽음과 부활과 영화를 향해 사는 것이었다. 하지만 예수의 영화가 이루어질 때 비로소 그의 삶이 조명을 받고, 어떤 의미에서는, 원래의 그의 존재가 된다. 그렇지만 그의 신성이 부활 이후에나 가능한 것은 아니었다. 그의 부활은, 예를 들면, 그의 기적들에서 그리고 그의 변모에서 미리 나타났다. 그것들은 예기적 사건들, 즉 미리 일어난 미래였다. 그는 지상의 삶 동안 역사의 조건 아래서, 연약함과 고난 속에서 존재했다. 하지만 그는 이미 예기적으로 부활하고 영화롭게 된 주였는데, **왜냐하면** 그것이 그의 미래였기 때문이다. 그렇다면 어떤 의미에서는, 그는 부활 이전의 삶 동안에 부활한 영광의 주가 "아직 아니"었지만 또한 "이미" 그런 존재였다. 부활하고 영화롭게 된 신-인으로서의 그의 참된 존재는 그의 미래에 있지만, 또한 그것이 과거에 그가 어떤 존재였는지를 이미 결정했다. 하지만 미래에 있을 그의 참된 존재는 그의 고문과 죽음이라는 연약함과 불의와 고난을 상쇄하고 반대함으로써 과거의 그의 존재를 확정했다.

이제 이것을 세계사라는 화면에 투사해 보자. 영광의 나라는 창조 세계의 참된 존재이지만, 아직은 존재하지 않는다. 하지만, 비록 아직은 아닐지라도, 그 나라는 어떤 의미에서는 이미 존재하는데, 하나님이 미래로부터 역사로 들어가서 고난과 죽음과 쇠퇴에 있는 그 역사의 불완전성을 상쇄하기 때문이다. 하지만 오직 하나님이 자신의 영광의 나라에서 모든 것 안에 있는 모든 것, 모두에게 모든 것이 되는 때 비로소, 숨겨지고 불완전한 예기적 방식으로 참이던 것이 온전히 참이 될 것이다. 우리는 역사 안에서 우리가 서 있는 곳에 서서, 악과 무고한 고난으로 둘러싸여서, 하나님의 영광의 나라가 **바로** 그의 신성이기 때문에 **우리에게** 하나님은 아직 존재하지 않는다고 말해야 한다. 우리가 하나님이 이미 존재하는 그곳에 이르면, 우리는 회상하며 하나님이 언제나 세계의 참된 주이며 창조자였다고, 그러나 역사의 모든 공포의 섭리적 통치자는 아니었다고 말할 것이다.

몰트만이 하나님 나라의 삼위일체적 역사를 명료히 설명하다

몰트만은 삼위일체와 하나님 나라 사이의 상호관계를 다른 어떤 20세기 신학자들보다도 더 탐구했다. 이것이 『십자가에 달리신 하나님』과 『삼위일체와 하나님의 나라』에서 그의 특별한 임무였으며, 이는 『생명의 영』과 『오시는 하나님』에서도 다시 나타난다. 그가 하나님을 역사적으로, 그리고 그런 이유로 내재적으로 이해하는 열쇠는, 예수 그리스도의 십자가 사건으로부터 이해된 삼위일체 교리다. 십자가 사건에 대한 예리한 분석을 통해, 이 희망의 신학자는 십자가 사건이 화해의 역동성 안에서 인류에게 영향을 미쳤을 뿐 아니라, 그 영향이 하나님에게도 있었다고 결론을 내렸다. 십자가는 하나님이 스스로 역사 내에서 삼위일체가 되는 계기다. "십자가에서 일어난 것은 하나님과 하나님 사이의 사건이었다. 그것은 하나님이 하나님을 버렸고 자기 자신에게 모순되었다는 한에서 하나님 자신 안에 있는 깊은 분열이었으며, 동시에, 하나님이 하나님과 하나가 되었고 자신에게 부합했다는 한에서 하나님 안에 있는 통일이었다."[47] 이것은 최고의, 혹은 최악의 변증법적 사고다.

몰트만에게 "삼위일체"는 그리스도의 수난 내러티브의 축약본이다. 삼

---

[47] Jürgen Moltmann, *The Crucified God*, trans. R. A. Wilson and John Bowden (New York: Harper & Row, 1974), p. 244. 『십자가에 달리신 하나님』(대한기독교서회).

위일체의 기초와 기반은 하나님이 이 사건에서 자신 내부에서 경험한 통일-속의-분리다. 삼위일체는 십자가를 떠나서 이해될 수 없고, 십자가는 삼위일체를 떠나서 이해될 수 없다. 십자가에 대한 자신의 해석으로부터, 몰트만은 몇몇 급진적 결론들을 이끌어냈다. 십자가의 사건과 본질적으로 연결되어 있기 때문에, 삼위일체는 역사적이다. 그것은 고난과 갈등 안에서 그리고 그것들을 통해서 구성되며, 영광 안에서 있을 그 미래 완성을 향해 가면서 하나님 나라의 역사 전체에서 다른 형태들을 취한다. 몰트만은 역사의 고난 및 갈등과 동떨어진, 변화할 수 없고 고통당할 수 없는 하나님의 관념을 철저히 거부했다. 역사에서 일어나는 것은 "하나님 안에서" 일어나는데, 십자가가 하나님을 세계에 대해 개방시키기 때문이다.

> 만약 삼위일체를 예수의 고난과 죽음 안에서 일어난 사랑의 사건으로 생각한다면—그리고 그렇게 생각하는 것이 신앙의 의무다—삼위일체는 하늘에 있는 자기-충족적 무리가 아니라, 그리스도의 십자가에서 유래하는, 땅에 있는 인간들에게 개방된 종말론적 과정이다.[48]

몰트만은 『십자가에 달리신 하나님』에서 "하나님의 역사적 존재"에 대한 서술을 통해 하나님의 본성을 재해석하는 기획을 시작하는데, 이것은 전통적 기독교 유신론과 과정 신학의 요소들을 모두 간직하면서도 그 두 가지와 근본적으로 다르다. 이 기획이 그 책에서는 미완성으로 남았지만, 그는 이후의 책들에서 그것을 다시 다룬다. 몰트만의 재해석은 고전적 유신론에서 과감하게 벗어나서, 십자가 사건에서 일어난 아들의 죽음으로 인해 하나님이 고통을 겪는다는 것에 기초해 하나님의 실제적 역사성을 주장한다. 결과적으로, 십자가는 하나님 자신의 존재에 대해 외적이지 않다. 마치 하

---

[48] 같은 책, p. 249.

나님이 십자가 없이도 정확히 하나님 자신일 수 있다는 듯이 말이다. 오히려 십자가는 성부와 성자 사이에 있는 분리와 통일의 변증법을 통해 삼위일체로서의 하나님의 존재를 구성한다. 몰트만의 말에 따르면, "이것은 하나님의 존재가 역사적이고 하나님이 역사 안에 존재한다는 것을 의미한다. 그렇다면 '하나님의 이야기'는 인간의 역사의 이야기다."[49]

그렇지만 몰트만의 계획은 과정 신학과 뚜렷이 달랐다. 그는 하나님 안에 있는 어떤 발전의 개념도 거부했고, 하나님의 역사성은 하나님의 사랑의 자유로운 행위라고 주장했다. 하나님이 역사에서 갈등과 고통과 고난을 경험하는 것은 하나님이 세계에 어떤 식으로든 본질적으로 의존하기 때문이 아니다. 하나님의 경험들은 사랑에서 나온, 하나님의 자발적 자기 제한 때문이다. 몰트만의 열정적, 삼위일체적 하나님은 화이트헤드가 말한 이해하는 "고난의 동반자"가 아니라, 예수 그리스도의 아버지로서 "영원부터 사랑을 추구하기로 결정했으며, 그가 자기 자신 밖으로 나가기로 결정한 것에 이 경험을 가능하게 하는 조건들이 있다."[50] 몰트만의 고난당하는 하나님은 과정 사상에서처럼 단지 이해만 하지 않는다. 그는 또한 돕는다. 그가 십자가에서 겪는 삼위일체적 고난은 세계에 성부와 성자의 통일의 영을 보내고 그 영은 세계의 변혁을 향해 일한다. 하지만 무엇보다도 몰트만은 과정 신학과 달리, 하나님의 역사와 세계의 역사 모두의 최종적 완성인 하나님의 영광의 나라의 초월적 미래에서 눈을 떼지 않는다. 과정 신학에 반대해 그가 주장하는 바에 따르면, "만약 모든 것들의 새로운 창조가 없다면, 세계를 멸절시키는 무성(Nothingness)에 저항할 수 있는 것은 없다."[51]

---

49   Jürgen Moltmann, "The 'Crucified God': God and the Trinity Today", in *New Questions on God*, ed. Johannes Metz (New York: Herder and Herder, 1972), p. 35.
50   Jürgen Moltmann, "The Trinitarian History of God", *Theology* 78 (December 1975): p. 644.
51   Moltmann, *God in Creation*, p. 79. 몰트만의 신론을 과정 신학과 탁월하게 비교하고 대조한 것을 John J. O'Donnell, *Trinity and Temporality: The Christian Doctrine of God in the Light of Process Theology and the Theology of Hope* (Oxford: Oxford University Press, 1983), pp. 159-200에서 보라.

세계의 역사가 자신의 삶을 구성하도록 허락하는 하나님의 사랑과 은혜의 선택은 자기 제한을 수반한다. 몰트만의 설명에 따르면, "무한한 하나님은, 자기 '외부에' 하나의 세계를 창조하기 위해, 미리 자신 안에 유한을 위한 자리를 만들었음이 틀림없다."[52] 비슷하게, 하나님을 저버린 세계를 구속하기 위해, 하나님은 자신의 자기 제한에 의해 창조된 하나님 없는 공간 안으로 들어와 그 공간을 겪고, 그럼으로써 그것을 정복하기 위해 그것을 그의 신적 삶 안으로 가져온다. 그렇다면 십자가의 삼위일체적 역사의 핵심은 이것이다. "하나님은 죄와 죽음(즉 무성)이라는 '하나님에게 버림받은 상태'(Godforsakenness)로 들어감으로써 그것을 극복하고 자신의 영원한 삶의 일부로 만든다. '내가…스올에 내 자리를 펼지라도 거기 계시니이다.'"[53] 그렇게 하나님의 자기 제한은 그의 초월과 그의 내재를 모두 보존한다. 그는 제한되기 때문에 취약하고 역사적이며, 세계를 정복하면서도 그 세계의 고통과 고난을 포함한다. 그럼에도, 이 제한이 스스로 선택한 것이며 그의 본성이나 외부의 어떤 것에 의해 부과된 것이 아니기 때문에, 그는 계속 초월적으로 있다. 하나님의 자기 제한은 숙명이나 운명이 아니라, 자유와 사랑의 문제다.

몰트만에 따르면, 그렇다면 하나님과 세계의 관계는 (그가 보기에) 하나님을 상처 입지 않는 존재로 표현하는 고전적 유신론의 언어로 표현될 수 없고, 그렇다고 (그가 보기에) 하나님을 세계와의 끝없는 상호의존에 갇힌 감상적이고 유한한 존재로 표현하는 과정적 범재신론의 범주들로 표현될 수도 없다. 하지만 몰트만은 자신의 삼위일체론을 위해 "범재신론"(panentheism)이라는 용어를 자신만의 방식대로 받아들였다. 그는 그것을 삼위일체적 범재신론이라 부르면서 그것이 고전적 유신론과 과정 신학의 약

---

[52] Moltmann, *God in Creation*, p. 86.
[53] 같은 책, p. 91.

점을 피하면서도 그것들 안에 담긴 진리를 보존하고 심화시킨다고 주장했다.[54] 하지만 실제로 그런지는 논란의 여지가 있다. 그의 하나님 개념의 전체 구조는 그 토대의 정합성에 의존하며, 이 정합성은 하나님의 사랑이 자유와 필연을 초월하면서 동시에 그 둘을 연합시킨다는 사상에 있다. 몰트만은 하나님이 세계와 그 역사를 창조하고 그 안으로 들어와야만 했던 것은 아니라고 주장했지만, 동시에 "다른 방법으로"라는 것이 있을 수 없었음을 분명히 했다. 비록 그는 그러한 말을 단지 "창조적 반정립"의 한 예로 보았지만, 일부 독자들은 그가 순전히 모순에 불과한 것을 갖고 말장난한다고 여겼다.

몰트만이 종말론적·삼위일체론적·범재신론적 신론을 전개하다

『십자가에 달리신 하나님』에서 하나님과 고난, 그리고 "하나님 안에 있는 갈등"에 관한 급진적 서술을 울려 퍼지게 한 후, 몰트만은 일련의 신학 연구서들을 써서 하나님과 세계의 관계에 대한 자신의 개념을 더 깊이 성찰했다. 몰트만이 보기에 우리가 깨닫고 받아들여야 할 중요한 사실은, 전통적 개념들 가운데 그 어떤 것도 작동하지 않으리라는 것이다. 십자가와 성령의 보냄에 있는 하나님의 계시를 고려할 때 고전적 유신론, 이신론, 범신론, 과정적 범재신론, 무신론은 불가능하다. 그것들은 모두 심각한 결함이 있기에 기독교 신학에 제대로 도움이 되지 않는다. 고전적 유신론은 하나님과 고난을 너무 멀리 분리해서 하나님을 유대인 대학살 같은 20세기의 참혹한 경험의 시각에서 이해할 수 없게 한다. 이신론도 하나님을 세계와 너무 멀리 분리하고 하나님을 심판을 제외하고는 어떤 것도 하지 않는 초월적 영역에 가둔다. 범신론은 하나님을 비인격화하고 하나님을 세계와 동일시하며, 이로써 악의 문제를 심화한다. 과정적 범재신론은 하나님을 약하고 도울 능

---

[54] 같은 책, pp. 98-103.

력이 없는 존재로 방치한다. 무신론은 실재에서 의미를 제거한다. 몰트만의 신학적 이력 전체는 새로운 하나님 개념을 창조해 내려는 노력에 사용되었는데, 그 개념은 역사의 참혹한 경험에 비추어 사랑으로서의 하나님의 본질을 훨씬 더 정당하게 다룰 수 있는 것이어야 했다.

몰트만은 『십자가에 달리신 하나님』에서 하나님과 세계의 관계를 재구성하는 일을 시작하면서, 하나님이 십자가에서 자신을 고난당하는 세계와 동일시한다고 말했다. 그가 『성령의 능력 안에 있는 교회』에서 이 작업을 이어가면서 주장하는 바에 따르면, 하나님은 내재적 능력 안에 있는 하나님 자신인 성령을 세상에 파송해서 고난을 돕는데, 도래하는 하나님 나라를 교회를 통해 예기적으로 실현함으로써 그렇게 하는 것이다. 『삼위일체와 하나님의 나라』에서 그는 하나님 자신의 삼위일체적 삶의 역사적 양식들을 세계와 도래하는 하나님 나라의 역사에 대한 관련성 속에서 그렸다. 거기서 그는 이 논지를 제시했다.

예수가 "성자"로 드러나는 역사는 단일한 주제로 완성되거나 성취되지 않는다. 그리스도의 역사는 이미 신약성경 자체에서 삼위일체적 용어로 말해진다. 그래서 우리는 다음의 전제로부터 시작한다. **신약은 하나님에 관해 말하는데, 친교의 관계이자 세계에 대해 개방되어 있는 성부·성자·성령의 관계를 내러티브로 선포함으로써 그렇게 한다.**[55]

이것은 이전의 어떤 범재신론과 비교해서도 새롭고 다른 방식으로 범재신론적이다. 몰트만이 보기에, 하나님은 세계의 역사가 삼위일체의 위격들 사이에 있는 관계들을 결정하도록 허락한다. 예를 들어, 성부는 성자와 성

---

[55] Jürgen Moltmann, *The Trinity and the Kingdom*, trans. Margaret Kohl (San Francisco: Harper & Row, 1981), p. 64. 『삼위일체와 하나님의 나라』(대한기독교서회).

령을 보내지만, 하나님 나라에 있는 하나님 자신의 영광을 위해서 성자와 성령에게 의존한다. 요점은 세계가 하나님에게 영향을 미친다는 것이다. 영광의 나라의 도래는, 삼위일체의 세 위격이 모두 다양한 방식으로 하는 일로서, 하나님 자신의 자기실현 사건이다. 하나님도 혜택을 본다. 하나님의 역사는 성부와 성자와 성령 사이의 변화하는 관계로서, 하나님 나라의 역사이고 그런 이유로 세계의 역사와 분리될 수 없다. 하나님은 하늘로부터 통치하는 군주가 아니며, 오히려 하나님은 세계에 대해 개방된 세 위격의 사랑의 공동체다. 하나님의 삼위일체 내적 삶이 있어서 전적으로 역사 내에서 구성되지 않을 수 있을지라도, 그 삶의 성격은 십자가와 구원 역사의 다른 사건들에 의해 드러난다.[56] 성자의 십자가와 성령을 통한 영화 안에 있는 사랑의 기쁨은 그 특징을 영원부터 영원까지 삼위일체 하나님의 내적 삶에 입힌다.[57]

몰트만이 하나님과 세계에 대해 갖는 범재신론적 개념은, 세계와 그 역사를 포함하는 늘 변화하는 공동체로서의 하나님 개념을 중심으로 형성된 것으로서, 정치적 영향을 미친다. 그가 보기에, 위계(hierarchy)는 나쁜 것이다. 하나님조차 세계에 대해 위계적 관계에 머물러 있지 않기로 선택하고, 세계를 그 최종적 목표까지 이끌 능력은 간직하면서도 세계 속으로 들어와 역사의 참상으로 인한 희생양이 되기까지 한다. 몰트만은 이 삼위일체 교리를 사용해 "정치적·교권적 유일신론"을 비판한다. "하늘과 땅에서의 신적 군주 개념은, 그 자체로는, 대개 지상의 지배—종교적, 도덕적, 가부장적, 또는 정치적 지배—에 대한 합리화를 제공하며 그 지배를 위계, 즉 '거룩한 통치'로 만든다."[58] 몰트만 자신이 재구성한 신론은 하나님을 삼위일체적, 역사적 존재로 보면서 사회의 올바른 질서인 비위계적 공동체를 지향한다. 상

---

[56] 같은 책, p. 160.
[57] 같은 책, p. 161.
[58] 같은 책, pp. 190-192.

처 입을 수 있는 사랑은 하나님 자신의 존재이며, 그러므로 하나님은 사람들에게도 그런 사랑을 의도한다.

『창조 안에 계신 하나님』에서 몰트만의 범재신론적 신관은 전통적 범재신론(예를 들어, 헤겔과 과정 신학)에 매우 근접한다. 이 책에서 그는 하나님과 세계 사이의 "페리코레시스 관계"(perichoretic relationship) — 친교, 상호적 필요, 상호 침투의 관계 — 를 강조하며,[59] 하나님의 몸으로서의 세계의 모델을 강력히 제안한다.[60] 여기서 그는 기독교 환경주의의 증진을 추구하면서, 그렇게 지구를 하나님의 거처이자 하나님의 도래하는 영광의 나라의 현장으로 강조한다. 지구는 인류가 임의로 어떻게 할 수 있는 것이 아닌데, **왜냐하면** 지구는 하나님이 거하는 곳이기 때문이다. 『창조 안에 계신 하나님』의 끝부분에서, 그는 미래에 있을 영광의 나라를 하나님이 자신의 창조 사역을 멈추고 그 소산을 즐기는 "안식일"로서 논한다.

안식일에, 휴식을 취하는 하나님은 자신이 창조한 존재들을 "경험"하기 시작한다. 하나님은 자신의 창조 세계를 대면해 쉬는 존재로서, 이 날 세계 위에 군림하지 않는다. 다만 그는 세계를 "느낀다." 그는 스스로 자신의 피조물들에 의해 영향을 받도록, 감동을 받도록 허락한다. 그는 창조 세계의 공동체를 자기 자신의 환경으로 받아들인다.[61]

하나님의 다스림, 통치권, 심판, 찬양은 몰트만의 후기 저작에서 실종까지는 아니더라도 침묵된다. 사람들을 향한 하나님의 목표는 그들이 그의 신하나 자녀가 아니라 친구가 되는 것이며, "우정 안에서는 주권이 향유하는

---

[59] Moltmann, *God in Creation*, p. 258.
[60] 같은 책, p. 150.
[61] 같은 책, p. 279.

거리감이 더 이상 존재하지 않는다."[62]

『생명의 영』에서 몰트만은 하나님과 세계에 대한 범재신론적 전망을 심화시켰다. 인간의 자아에 대한 의식을 절대적으로 보는 현대적 사고(데카르트)에 반대해 그가 주장한 바에 따르면, "만약 즉각적 자의식이 모든 가능한 경험의 공간을 구성하는 필수적 요소라면, **자아도취**야말로 이러한 인간 중심적 세계관의 논리적·실질적 결과다."[63] 이러한 현대적 자의식 개념은 "당연히 지배하며",[64] 그러므로 그리스도인들은 이를 버려야 한다. 하지만 무엇이 그것을 대신할 것인가? 몰트만이 보기에는, 모든 것에서 하나님을 경험하는 것이 자의식의 절대성을 대체한다. "나의 제안은 '자의식'이라는 현대적 개념에 대한 편협한 언급을 버리고, 그래서 우리가 단순히 자아의 경험뿐만 아니라 모든 경험에서 초월을 발견할 수 있도록 하는 것이다. 이를 위해서는 **내재적 초월**(immanent transcendence)이라는 용어가 적당할 것이다."[65] 여기서 출발해 그가 제안하는 바에 따르면, 성령을 모든 생명의 근원으로 보는 전통적 사상(아우구스티누스, 칼뱅)에 기초해서, 우리는 하나님을 모든 것에서 경험하고 하나님 안에서 모든 것을 경험하는 것이 가능함을 깨달아야 한다.[66] 이것은 그를 "하나님 안에 있는 세계와 세계 안에 있는 하나님이라는 범재신론적 전망"으로 이끈다.[67] 몰트만의 목적은 모든 생명의 중요성을 강조하는 것이다. 하나님 나라는 풍성한 생명이다. 이미 그것은 세계 안에 있는 하나님의 내재와 하나님 안에 있는 세계의 내재에 있지만, 하나님이 "모든 것 안에 있는 모든 것"인 때, 하나님의 종말론적 안식에서 비로소 완성될 것이다. 하지만 그 미래로 나아가는 길에서, 우리는 전체 세계를 포함하는

---

62 Moltmann, *Trinity and the Kingdom*, p. 221.
63 Jürgen Moltmann, *The Spirit of Life: A Universal Affirmation*, trans. Margaret Kohl (Minneapolis: Fortress, 1992), p. 31. 『생명의 영』(대한기독교서회).
64 같은 책.
65 같은 책, p. 34.
66 같은 책, p. 35, p. 36.
67 같은 책, p. 211.

모든 생명을 소중히 여기며 죽음의 문화를 떠나 모든 생명의 생명성을 증진하기를 추구해야 한다.

『오시는 하나님』은 몰트만의 마지막 조직신학 대작이다. 여기서 그는 자신의 핵심 주제인 하나님의 미래성을 재차 확언하고, 이전에 하나님이 시간과 공간의 세계에 대해 갖는 관계에 관해 썼던 것에서 더 나아간다. 책의 서두에서 그는 『희망의 신학』으로부터 가져온 자신의 기본 주제를 반복한다. "종말은 시간의 미래도, 무시간적 영원도 아니다. 그것은 하나님의 도래이며 하나님의 도착이다."[68] 하지만 그 책의 뒷부분에서 그는 하나님의 미래성에 대한 강조에서 한 걸음 물러나, 개방적 유신론(open theism)이라 불리게 될 입장을 받아들이는 것으로 보인다. 하나님의 자기 제한에 기초해 몰트만이 주장하는 바에 따르면, 창조 세계와 관련하여 하나님이 "자신의 영원성을 제한하는데, 이로써 이 태고의 시간에 하나님이 자신의 창조 세계에 시간을 주고 또 그 창조 세계를 시간에 맡기기 위해서다. 하나님이 자신의 전지성을 제한하는 것은 자신이 창조한 것에게 자유를 주기 위해서다."[69] 하나님이 자신을 제한하는 것은 창조 세계에 "맞추기" 위해서, 그리고 창조 세계에 자유를 주기 위해서다.

이 전망에서 하나님은 창조 세계의 역사와 함께, 하나님의 영광의 나라 안에 있는 창조 세계의 미래를 향해 나아간다. 그 궁극적 미래에, 심지어 예수 그리스도의 역사적, 메시아적 나라(전천년설)조차 넘어서, 전체의 창조 세계가 "**하나님의 집**, 하나님이 거할 수 있는 **성전**, 하나님이 안식할 수 있는 **고향 나라**"가 될 것이다.[70] 그렇게 되면 현재 부분적으로 하나님이 세계 안에 그리고 세계가 하나님 안에 참여하는 것은 완전하게 되어, 하나님과 세계가 서로 상호침투하게 될 것이다(*perichoresis*). 이것은 삼위일체적 과정이며 종점이다.

---

68 Moltmann, *Coming of God*, p. 22.
69 같은 책, p. 282.
70 같은 책, p. 307.

그리스도의 자기 굴복, 부활, 성령 안에서의 현존의 역사에 있는 하나님의 영화의 과정을 삼위일체적으로 해석하는 것은 분명히 배타적으로가 아니라 포괄적으로 이해되어야 한다. 그리스도와 하나님이 [성령에 의한] 상호적인 영화의 과정에서 나누는 친교는 그리스도의 백성 공동체가 그 안에서 자리를 발견할 수 있을 정도로 활짝 개방되어 있다.…성부와 성자와 성령이 상호적으로 영화롭게 하는 이 신적 종말론의 우주적 차원들을 고려할 때, 삼위일체의 상호 관계들은 그 안에서 전체의 세계가 넓은 공간을, 그리고 구속을, 또한 자기 자신의 영화를 발견할 수 있을 정도로 활짝 개방되어 있다고 말하는 것이 허용될 수 있을 것이다.[71]

그렇다면 모든 제한은 중단될 것이고 하나님이 "공간"이 되어 그 안에서 모든 것이 삶의 온전함 가운데 거할 것이다. 몰트만이 분명히 밝히는 것은, 하나님과 창조 세계를 차이-속의-통일의 완전함 안에 포용하는 절대적, 보편적 삶에 대한 이 희망, 즉 기대가 보편적 화해(universal reconciliation, *apokatastasis*)가 되리라는 점이다.[72]

몰트만이 신학적 숙고와 논란, 그리고 약간의 혼란을 불러일으키다

의심의 여지 없이, 몰트만은 20세기 말 기독교에 몇몇 강력한 새로운 이미지와 개념을 도입했다. 그 누구도 몰트만처럼 종말론과 십자가가 하나님의 존재에 대해 갖는 암시를 많이 탐구하지 않았다. 이 희망의 신학자는 "오직 고통을 당하는 하나님만이 도울 수 있다"는 본회퍼의 진술에서 얻은 단서로 현대 신학의 새로운 장을 열어서, 이제 현대 신학에서 하나님의 고통은 심각하게 의문을 제기하는 사람이 거의 없는 새로운 정통이 되었다. 더 나

---

71 같은 책, p. 335.
72 같은 책, pp. 254-255.

아가 그는 후기 현대 신학에서 삼위일체 교리가 새로운 활력을 얻는 데 도움을 제공했다. 그리고 그는 새로운 종말론적 지향을 신학에서 일으켜서, 하나님의 초월과 내재를 이해하는 창조적인 새로운 방식들을 제공했다.

동시에 몰트만의 신학은, 모순까지는 아닐지라도 긴장으로 가득하다. 종말론적 존재론은 아직 충분히 설명되지 않았다. 예를 들어, 여전히 열려 있다는 미래가 어떻게 현재에 침입하고 영향을 미칠 수 있는지는 설명되지 않은 채로 있다. 역사 안에 현존해 활동하는 하나님은 하나님 자신에게 미래인가? 만약 미래에 있을 영광의 나라가 하나님에 의해 보장된다면, 현재의 고뇌, 고난, 승리는 얼마나 실제적인가? 그 보장된 미래 실재가 몰트만이 그토록 맹렬히 거부한 현현 신학 같은 것을 암시하지는 않는가?

몰트만에게 있는 문제의 한 부분은, 그의 책들 각각이 그의 신학적 순례에 있는 약간의, 때로는 중요한 전환을 나타낸다는 점이다. 그는 일반적 의미에서의 조직신학자는 아니었다. 그의 많은 저작을 하나로 묶어 주는 통일시키는 단서들이 있지만, 그가 인정하지 않는 모순들도 분명히 있다. 어떻게 하나님이 미래를 갖지 않음에도 불구하고 자신의 영광의 나라의 도착을 보증하는 미래의 능력이면서 **또한** 스스로 제한한 전지성을 가질 수 있는가? 몰트만은 때로 두 마리 토끼를 동시에 잡기를 원하는가? 또한 그의 삼위일체론은 삼신론을, 즉 세 신들을 암시하는가? 분명히 그에게 성부와 성자와 성령이 완전히 연합된 내재적 삼위일체는 종말론적이다. 하지만 그는 미래가 존재의 근거지이므로, 비록 전체 역사에 걸쳐 세 위격들의 관계가 때로는 긴장과 갈등을 내포하는 상이한 양식이 있음에도 불구하고, 완벽한 삼위의 통일이 하나님에게 이미 적용된다고 주장할 수 있다. 몰트만은 과정신학, 고전적 삼위일체 유신론, 헤겔의 역동적 범재신론, 루터의 십자가의 신학 같은 여러 신학 세계들에서 최고의 것을 원했던 것 같다. 그가 이것들 가운데 최고의 것을 정합성 있게 통합시켰는지 아니면 절충적으로 요소들을 던져 놓았는지는 논란의 여지가 있다.

현대성에 관해서는 어떤가? 현대에 활약했다는 점 말고, 어떤 의미에서 몰트만이 현대 신학자인가? 또한 20세기 후반 동안 고전적 현대주의에 도전하고 있었던 탈현대성에 관해서는 또 어떤가? 이 희망의 신학자는 현대주의와 포스트모더니즘 어느 쪽에도 상세히 대응하지 않았지만, 둘 다에 대해 비판적이었다. 그가 현대성과 솔직히 교류했던 책은 『세계 속에 있는 하나님』(*God for a Secular Society*, 1999)이다. 거기서 그는 현대성이 기독교로부터 나왔지만 참된 기독교에게 등을 돌리고, 그 자리에 지배와 정복의 우상숭배적 종교를 창조했다고 설명했다. 인류, 특히 서구 인류가 하나님을 대체했다. 그가 보기에, 기독교에 대한 현대성의 주요 도전은 인식론적인 것이 아니라("내가 무엇을 알 것인가?"), 가장 넓은 의미에서 정치적인 것이다. 그가 말하는 바에 따르면, "현대의 창시자들은 전체 인류를 위한 새로운 영광의 시대를 상상했지만, 우리는 거대한 비극의 바다에 심겨진 번영의 섬들 위에서 연명하고 있다."[73] 왜 그럴까? 왜냐하면, 그의 선언에 따르면, "우리가 하나님을 잃었고 하나님이 우리를 떠났기 때문이다. 그 결과로 우리는 우리 자신이 일으킨 타인들의 고난이나 다가올 세대들에게 남겨 둔 빚에 대해 거리낌이 없다."[74] 이 희망의 신학자는, 또한 정치 신학자로서, 기본적 계몽주의의 인도주의적 이상들을 긍정하면서도 그것들이 하나님에 대한 믿음과 하나님과의 관계에 의존한다고 주장한다.

[현대성의 소산인] 인간의 존엄성과 인권의 보편성이라는 인도주의적 이상 이외의 길은 단 하나, 야만뿐이다. 영원한 평화라는 이상 이외의 길도 단 하나, 영속적 전쟁뿐이다. 한 분 하나님에 대한 신앙과 그의 나라에 대한 희망

---

[73] Jürgen Moltmann, *God for a Secular Society: The Public Relevance of Theology*, trans. Margaret Kohl (Minneapolis: Fortress, 1999), p. 16. 『세계 속에 있는 하나님』(동연).
[74] 같은 책.

이외의 길도 단 하나, 다신론과 혼돈뿐이다.[75]

몰트만이 말하는 "다신론"(polytheism)이란 자신들을 지구와 사람들을 지배하고 통제하고 정복할 권리를 가진 신들로 보는 강력한 개인들을 의미한다. 현대성은 무엇이 필요한가? 전통적 의미에서의 변증학(apologetics)이 아니다. 합리적 신 존재 증명이 아니라, "승리주의 없는 하나님에 대한 희망"이다.[76] 이 맥락에서, "현대성의 기획에서의 신학"에 관한 한 장에서, 그는 정치와 관련되는 자신의 종말론적 신학에 대한 가장 간명한 진술들 가운데 하나를 제시했다. (그리고 그에게 "정치란 모든 기독교적 신학의 가장 넓은 맥락이다.")[77] 현대인들에게 필요한 것은, 그의 주장에 따르면, 도래할 하나님에 대한 새로운 감각이다.

말하자면, 그는 오직 자신의 나라에서 자신의 온전한 하나님 됨 가운데 나타날 것이다. 하지만 지금 어디에 하나님이 이미 오는가? 어디에서 우리는 그토록 그의 현존을 확신해서 하나님과 우리 자신에 대한 확신으로 살고 행동할 수 있는가? 현대의 메시아주의가 말한 바에 따르면, 하나님과 함께 우리는 땅에 대한 지배권을 얻을 것이고, 그리스도와 함께 우리는 열방을 심판할 것이다[식민지주의]. 이 메시아주의적 꿈은 열방에게는 악몽이 되었고, 관련된 사람들에게는 지나친 요구를 했는데, 이 요구는 "하나님 콤플렉스"라는 냉담한 절망으로 끝나고 말았다. 하지만 도래하는 하나님이 현존하는 곳은 우리의 통치 가운데가 아니다. [고난당하는 타자와 함께하는] 우리의 고난 가운데, 그곳에서 그는 그의 생명을 주는 성령을 통해 현존한다. 우리를 일으켜 세우는 은혜가 완전해지는 것은 우리가 강할 때가 아니다. 우리가 약할 때다.[78]

---

75 같은 책, p. 17.
76 같은 책, p. 18.
77 같은 책, p. 44.

이 모든 것을 통해 우리가 말할 수 있는 것은, 몰트만이 현대성에 대해 가진 주된 관심은 일반적 현대성의 산(酸) 때문이 아니다. 그가 보기에 현대성의 도전은 정치적 도전, 사회적 도전이다. 그리고 기독교의 올바른 대응은 적응도, 상관관계도, 또는 거부도 아니다. 고난당하는 희생, 십자가의 신학이다.

현대 과학의 도전에 대한 몰트만의 대응과 관련해서도 똑같이 말할 수 있다. 그는 분명히 자연주의를 받아들이지 않았지만, 과학 혁명 때문에 골치 아파하지 않았다. 그는 빈 무덤을 포함하는 예수의 몸의 부활과 그리스도의 재림을 믿는다. 그에게 현대 과학의 도전은 믿음이 아니라 생명과 관련된다. 과학이 할 수 있는 것은 무엇이든지 해야 한다는 그 태도는 파괴적이며, 지구와 인간의 존엄성에 대한 윤리적이고 궁극적으로 신학적인 전망에 의해 제어되지 않는다면 불의와 파괴로 이어진다. 자연은, 그의 주장에 따르면, 우리가 원하는 대로 처리할 수 있는 우리의 "소유물"이 아니다. 우리 인간은 "우리가 존중해야 하는 자연이라는 더 넓은 가족의 **한 부분**이다."[79] 비슷하게, 우리는 모든 사람의 존엄성을 존중해야 하는데, 그 사람의 생산이나 사회에 기여하는 능력에 관계없이 그렇다. 과학은, 창조주 하나님에 대한 믿음에 근거한 생명 존중에서 분리된 상태에서는, 생명을 위협하는 도덕적 무책임으로 이어진다.[80] 하나님에 대한 그리고 하나님의 형상으로 창조된 사람들에 대한 전망 없이는, 과학은 생명을 중단시키는 데 사용될 것이다. 오직 신학적 전망이 과학의 완전한 지배를 향한 욕구를, 약하고 힘없어 기여하지 못한다고 여겨지는 사람들을 죽이는 데까지 이르는 것을 통제할 수 있다. 현대성은 종교가 필요하지만 올바른 종류의 종교가 필요하며,

---

[78] 같은 책, p. 18.
[79] 같은 책, p. 99.
[80] 같은 책, p. 84.

다음의 사실을 깨달아야 한다.

> 하나님이 관계를 가지는 대상은 모든 배아, 심한 장애를 가진 모든 사람, 노년의 병을 앓는 모든 사람이며, 하나님은 그들의 존엄성이 존중될 때 그들 안에서 영예롭게 되고 영광을 받는다. 하나님에 대한 경외 없이는 하나님의 형상이 모든 사람 안에서 존중되지 못할 것이고, 생명에 대한 외경심은 공리주의적 판단 기준에 의해 밀려나 사라질 것이다. 하지만 하나님에 대한 경외 속에서는 무가치하고 사랑받을 자격 없는 생명이란 존재하지 않는다.[81]

8.B. 볼프하르트 판넨베르크가 역사의 하나님에 대한 합리적 신앙에 활력을 불어넣다

판넨베르크는 기독교 신앙과 희망의 합리성을 설명하려 한 것으로 유명하지만, 그의 신앙 여정은 신비적 체험으로부터 시작했다. 그 자신의 증언에 따르면, 그에게 "단 하나의 가장 중요한 경험"은 16세가 되던 해 어느 겨울날 오후 해 질 무렵, 학교를 마치고 숲을 통해 집으로 돌아갈 때 일어났다.[82] 갑자기 그는 멀리서 빛나는 빛에 이끌렸다. 그곳으로 다가갔을 때 그는 빛의 바다에 휩싸이고 들려 올려지기까지 했다. 이 경험이 일어날 당시 그는 그리스도인도 아니었지만, 몇 년 후 그것을 예수 그리스도가 자신의 인생을 요구하는 경험으로 여겼다. 이후 이 경험은 판넨베르크의 소명 의식에 기초가 되었다.

판넨베르크의 합리적 신앙으로의 전환은 김나지움(Gymnasium, 고등학교) 시절에 시작되었다. 그는 니체를 읽고 있었고 기독교가 역사의 참상들의 원

---

81 같은 책.
82 이 경험에 관한 판넨베르크 자신의 글을 Wolfhart Pannenberg, "God's Presence in History", *The Christian Century* (March 11, 1981), pp. 260-263에서 보라.

인이라고 생각했다. 하지만 그리스도인이던 그의 문학 교사가 아마도 참된 기독교는 유럽과 세계의 재난들의 원인이 아닐 것이라는 생각을 심어 주었다. 그는 실재의 더 깊은 의미를 놓고 씨름하고 있었기에, 철학과 신학을 공부함으로써 기독교 신앙을 좀더 자세히 들여다보기로 결심했다. 이 기획으로부터 그는 기독교가 최고의 철학이라는 결론을 내렸고, 그리스도인으로서의 삶과 신학자로서의 이력을 시작했다.

결국 판넨베르크는 몰트만과 함께 일하면서, 적절하게 혹은 부적절하게 종말론적 신학 또는 희망의 신학이라 불리게 될 신학을 형성하는 데 함께했다. 몰트만과 깊이 동의하면서, 판넨베르크는 하나님의 미래성 개념, 종말론적 존재론, 그리고 예수의 부활이 하나님의 도래하는 나라의 예기적 사건이라는 믿음을 수용했다. 하지만 곧 그는 신학에 대한 몰트만의 변증법적 접근과는 매우 다른 방향으로 나아갔다. 판넨베르크는 신학이 그 독일어 (wissenschaftlich)의 의미에서 과학적(학문적)이기를 원했다. 즉 신학이 권위나 신앙에 호소하는 것에 기초한 일방적 변론을 벌이지 않는, 지식에 이르는 절제되고 정돈된 길이 되는 것이다. 현대적 회의주의와 믿음의 합리성에 대한 요구에 대응하면서 그가 진술하는 바에 따르면, "기독교 신앙의 유의미성에 대한 이러한 현대의 공격에 직면해서 신학은 권위의 입장으로 후퇴할 수 없다."[83] 그가 합리성에 호소하는 것은 다음의 공리에 명확히 제시되어 있다. "모든 신학적 언명은 이성의 영역에서 자신을 증명해야 하며, 더 이상 신앙이라는 질문할 수 없는 전제에 기초해서 주장될 수 없다."[84] 분명히 그는 바젤에서 공부할 때 스승이었던 바르트와, 그리고 실존주의, 경건주의, 변증법 신학을 포함해 그가 주관주의적 신학이라고 여긴 모든 형태로부터 갈라서고 있었다.

---

[83] Wolfhart Pannenberg, *Basic Questions in Theology*, trans. George Kelm (Minneapolis: Augsburg Fortress, 1971), vol. 2, p. 51.
[84] 같은 책, vol. 2, p. 54.

20세기의 마지막 30여 년 동안 판넨베르크는 몇 명 안 남은 세계적 수준의 신학자들 가운데 한 명으로 부상했다. 자신들의 생각으로 우리가 씨름하게 만드는, 무시할 수 없는 신학자들 가운데 한 명으로 말이다. 그의 풍부한 저작 목록은 누구라도 그를 빠짐없이 이해하기 어렵게 만들었지만, 그는 특히 1970년대와 1980년대의 많은 젊은 신학자들에게 스승이 되었다. 그에게 강력히 반대했던 수많은 사람들조차(그 수는 실로 엄청났다), 그와 교류해야 했으며 철학, 과학, 신학 영역에서의 그의 심오한 지식과 활동을 인정해야 했다. 그의 명성은 두 가지 주요 개념들에 의존하게 되었는데, 미래로서의 하나님("하나님은 아직 존재하지 않는다")[85]과 기독교의 합리성이 그것이다. 하지만 "미래"와 "합리성" 같은 단어들의 일반적 의미를 가정해서는 안 된다. 그는 이 어휘들을 **자신**이 의도한 의미대로 사용했기에 다른 사람들이 의도하는 의미와 반드시 같지는 않다. 이 두 가지 개념들은 모두 잘 알려진, 판넨베르크가 몸의 부활을 역사적 사건으로 옹호한 것과 밀접하게 관련되어 있다. 그는 빈 무덤을 포함하는 예수의 몸의 부활이 단지 신앙이나 만남에 의해서만이 아니라, 비판적인 역사적 이성에 의해 알 수 있는 역사적 사건이라고 본다. 그는 불트만의 비신화화 기획을 모두 철저히 거부했지만, 그러면서도 근본주의로 후퇴하지는 않았다. 그는 실존주의를 현대 기독교의 "행운"이 아니라, 현대 신학의 독(毒)이라고 보았다. 그리고 그는 부활을 하나님 나라 안에 있는 역사의 최종적 목적, 즉 하나님이 "모든 것 안에 있는 모든 것"이 될 뿐만 아니라 마침내 그 자신이 되는 것에 대한 보증이라고 보았다.

---

85 Wolfhart Pannenberg, *Theology and the Kingdom of God*, ed. Richard John Neuhaus (Philadelphia: Westminster Press, 1969), p. 56. 『신학과 하나님 나라』(대한기독교서회).

판넨베르크가 새로운 신학자 집단의 형성을 돕다

판넨베르크는 1928년에, 지금은 폴란드의 일부인 당시 독일의 슈테틴에서 태어났다. 김나지움 시절 기독교로의 지성적 회심 이후, 그는 철학과 신학을 공부하기 위해 베를린 대학교에 등록했다. 여기서 그는 바르트에게서 깊은 인상을 받았는데, 처음에는 바르트의 신학을 하나님의 주권성을 확립해서 성경의 하나님이 모든 실재를 주장하도록 하려는 시도로 해석했다. 하지만 그가 바젤에서 바르트 밑에서 공부한 것은, 바르트가 자연적 하나님 지식과 예수 그리스도 안에 있는 신적 계시 사이에서 파악한 이원론에 대해 어떤 불편함을 느끼는 결과로 이어졌다. 판넨베르크는 바르트가 변증법 신학과 신앙을 위해 합리적 토대들에 호소하기를 거부하는 것을 철저히 떠나게 되었다. 결국 그는 바르트의, 신앙에 기초한, 하나님의 말씀의 신학, 즉 위로부터의 신학에 강력한 반대를 표명했다. 그는 이러한 접근이 기독교를 "게토화"하고 그 결과로 기독교의 공적 영향력을 감소시킨다고 보았다. 그가 쓴 글에 따르면, "신학의 토대가 이런 식으로 [신앙의] 모험에 맡겨진다면 그 과학적 위상이 위협을 받을 뿐만 아니라, 바르트에게는 모든 것이 의존하는 하나님과 그의 계시가 인간 존재들에 대해 갖는 우선성도 위협을 받는다."[86] 또한 "하나님과 하나님의 말씀에 관한 바르트의 외견상 대단히 고상한 객관성은, 단지 그 자체 외에는 아무런 정당성이 없는 신앙의 모험이라는 비합리적 주관성에 의존하는 것으로 드러난다."[87]

바르트 밑에서 공부한 후, 판넨베르크는 하이델베르크로 가서 구약학자 폰 라트와 신약학자 한스 폰 캄펜하우젠(Hans von Campenhausen, 1903-1989) 같은 학자들, 그리고 그의 주된 신학적 스승인 에큐메니컬 사상가 에드문트 슐링크(Edmund Schlink, 1903-1984) 밑에서 공부했다. 하이델베르크에 있을 때

---

[86] Wolfhart Pannenberg, *Theology and the Philosophy of Science*, trans. Francis McDonagh (Philadelphia: Westminster Press, 1976), p. 272.
[87] 같은 책, p. 273.

계시, 역사, 신앙, 이성에 관한 그의 사상은 판넨베르크 서클로 알려지게 된 신학 토론 그룹을 통해 부분적으로 형태를 갖추었다. 이 그룹은 특히 불트만의 실존주의를 포함하는 신학에서의 모든 형태의 주관주의에 반대했는데, 이에 대한 논의의 결론들은 『역사로서의 계시』(Revelation as History, 1961)에서 발표되었다. 이 책이 바르트의 『로마서』처럼 신학자들의 놀이터에 떨어진 폭탄 같은 충격은 주지 않았을지 몰라도, 권위와 신앙에 대한 의존과 구원사와 보편적 세계사 사이의 어떤 이원론도 배격하면서 현대 신학의 새로운 길을 발표했다. 이 책은 제1차 세계대전 이후 신정통주의 신학의 (판넨베르크 서클이 보기에) 주관주의적 신학 흐름 전체에 대한 공개적 거부로 여겨졌다.

하이델베르크에서 신학 박사학위를 받은 후 판넨베르크는 몰트만과 함께 부퍼탈 신학 대학에서 가르쳤다. 이 몇 년 동안 두 신학자는 함께 미래의 신학 또는 종말론적 신학을 진전시켰다. 둘 다 블로흐와 그의 종말론적 존재론으로부터 깊은 영향을 받았다(참고. 8.a). 둘 다 "하나님은 아직 존재하지 않는다" 같은 것들을 말함으로써 주목을 받았다. 나중에 두 동료는 정치와 관련해서, 그리고 누가 먼저 블로흐의 종말론적 존재론을 종말론적 신학을 위해 사용할 생각을 했는지와 관련해서 사이가 틀어졌다.[88] 부퍼탈 이후 판넨베르크는 마인츠 대학교(University of Mainz)에서(1961-1968), 이후에는 1993년에 은퇴할 때까지 뮌헨 대학교(University of Munich)에서 신학을 가르쳤다. 뮌헨에서 그는 기초 신학 및 에큐메니즘 연구소(Institute for

---

[88] 내가 판넨베르크에 관해 아는 것의 일부는 그와 나눈 긴 개인적 대화에서 유래한다. 1981년 8월에 그가 자신의 사무실에서 나에게 말한 바에 따르면, 몰트만이 그의 착상들을 도용했다. 내가 몰트만의 일부 제자들로부터 들은 바에 따르면, 몰트만도 판넨베르크에 관해 똑같은 얘기를 했다. 내가 또한 판넨베르크와 뮌헨에서 나눈 이야기는 그가 몰트만과 관계를 끊은 이유에 관해서였는데, 그는 그 이유가 주로 정치와 관련된다고 말했다. 몰트만은 사회주의자인 반면 판넨베르크는 보수주의자다. 나는 그들의 관계가 소원한 또 다른 이유를 발견했다. 판넨베르크는 가톨릭교회에 대해 매우 친근하고, 훗날 교황 베네딕토 16세가 되는 요제프 라칭거 추기경은 판넨베르크의 절친 가운데 하나다. 판넨베르크와 라칭거는 후자가 뮌헨의 대주교였을 때 서로 알게 되었다. 몰트만은 자유교회 전통에 더 가깝고, 심지어 급진적 종교개혁(재세례파)의 경향도 보인다. 하지만 그들의 우정은 회복되었다. 이 문제들의 일부는 Moltmann, *A Broad Place*에서 논의된다.

Fundamental Theology and Ecumenism)를 이끌었는데, 이 연구소는 1980년대와 1990년대의 개신교와 가톨릭 사이의 대화에 참여해 이신칭의에 관한 협약을 이끌어냈다.

판넨베르크는 독일에서만 가르치지 않았다. 그는 미국 시카고 대학교와 클레어몬트 신학대학원에서 객원 교수로 있었다. 시카고에서 그의 교수실은 틸리히의 교수실 옆에 있었고, 판넨베르크와 이 실존주의 신학자는 신학적으로는 정반대의 방향으로 움직였지만 서로 우의를 다졌다. 클레어몬트에서 그는 캅과 친하게 지냈는데, 캅은 판넨베르크의 신학이 과정 사상과 일치한다고 보았다. 실제로는 그렇지 않은 것으로 밝혀졌을 때 그로 인해 그들의 우정은 약해졌다. 하지만 몰트만과 그랬듯, 판넨베르크는 캅과 화해했다.[89] 판넨베르크는 또한 세계를 돌아다니며 신학 강연을 했다. 그의 저술 총량은 현대 신학에서 경쟁자가 거의 없다. 그의 주요 저작은 『예수: 하나님이며 인간』(*Jesus—God and Man*, 독일에서 1964년과 1966년에 한 권씩 모두 두 권으로 출간, 영어로는 1968년에 한 권으로 출간), 『신학과 학문 이론』(*Theology and the Philosophy of Science*, 1973), 『신학적 관점에서의 인간학』(*Anthropology in Theological Perspective*, 1985), 그리고 세 권으로 된 『조직신학』(*Systematic Theology*, 1988–1993)이 있다. 아마도 그의 가장 중요한 초기 기획 선언문은 『신학과 하나님 나라』(*Theology and the Kingdom of God*, 1971)였다. 그는 수백 편의 논문들과 편저한 책들의 부분 및 단행본들을 썼지만, 마지막으로 언급된 책이 그의 신학적 기획의 주요 주제들에 대한 핵심 선언문으로 남아 있다.

판넨베르크가 기독교 신학을 진정으로 과학적으로 만들려고 시도하다

판넨베르크의 추진 동력들 가운데 하나는 기독교 신학에 과학의 위상을

---

[89] 다시 말하지만, 판넨베르크가 틸리히 및 캅과 어떤 관계였는지 내가 아는 것은 많은 부분이 판넨베르크 자신으로부터 들은 것이다. 나는 시카고에서 있었던 판넨베르크의 60세 생일 축하연에 참석했었고, 당시 그와 캅이 서로를 위한 따뜻한 축배의 말을 건넸다.

돌려주는 것이다. 판넨베르크가 말하는 "과학"(science)이란 그 독일어 단어(Wissenschaft)에서 의미하는 바, 이성에 의해 발견되거나 혹은 적어도 이성의 지지를 받는 진리를 의미한다. 뮌헨에 온 이후로 그는 신학을 주류에서 몰아내고 심지어 주립 대학교에서 퇴출시키려고 계속 이어지는 시도들에 관해 염려했다. 그는 변증법 신학과 실존주의 신학이 일방적 변론을 통해 신학을 비판으로부터 보호받는 폐쇄된 공간 안에 둔 것이 이런 시도들을 낳았다고 보았다. 그는 신학이 합리적으로 지지받는 보편적 진리 주장들을 함으로써 다시 한번 참으로 공적으로 되기를 원했다. 판넨베르크는 자신이 적어도 키르케고르 이후 점증하는 신학의 주관화라고 본 것에 반대하면서 다음과 같이 선언했다. "**나의** 진리가 나 혼자의 것에 그칠 수는 없다. 만약 나의—아마도 다른 사람은 거의 볼 수 없는—진리가 모두를 위한 진리라고 내가 원칙적으로 선언할 수 없다면, 그것은 나를 위한 진리이기를 또한 여지없이 멈춘다."[90] 따라서 "보편적 타당성에 대한 건전한 주장 없이 그리스도인들은 자신들의 신앙과 메시지의 사실성에 대한 확신을 유지할 수 없다."[91] 이것이 현대에 특히 사실이라고 판넨베르크는 말한다.[92] 계몽주의는 그리스도인들이나 그 누구라도 공적, 보편적 진리 주장을 권위나 주관적 경험에만 기초시키는 것을 불가능하게 만들었다. 단지 의견(또는 미신)이 아니라 진리의 문제로 진지하게 받아들여지기 위해서, 신학은 과학적으로 되어야 한다.

판넨베르크는 신학의 공적 성격과 그 진리 주장들의 보편성을 왜 그렇게 고집하는가? 말하자면, 신학이 과학적이라는 점이 그에게 왜 그렇게 중요한가? 그는 세속주의와 무신론을, 그리고 그것들이 종교에 의해 반박되

---

90 Wolfhart Pannenberg, *Systematic Theology*, trans. G. W. Bromiley, 3 vols. (Grand Rapids: Eerdmans, 1991), vol. 1, p. 51. 『판넨베르크 조직신학 I』(새물결플러스).

91 Wolfhart Pannneberg, *Anthropology in Theological Perspective* (Philadelphia: Westminster Press, 1985), p. 15. 『인간학 I』(분도출판사).

92 Pannenberg, *Basic Questions*, vol. 2, pp. 50-52.

지 않을 경우 사회에 미칠 영향을 매우 염려했다. 판넨베르크는 오직 하나님만 인간의 자유와 존엄성을 위한 적절한 기반을 제공하며, 종교 없이 이런 실재들이 유지될 수 없다고 믿는다. 하나님의 존재가 인간의 자유를 침해한다고 종종 주장하는 무신론과는 반대로, 그는 "공통적으로 간직된 것으로서의 자유의 기초는 오직 초인격적 종류의 인격적 실재에 의해서만, 인간의 실재와 대조적으로 순수한 자유의 행위인 인격적 실재에 의해서만 제공될 수 있다"고 주장했다.[93] 하지만 자유와 존엄성을 보호하고 심지어 증진시키기 위해서, 급진적 세속주의는 신앙의 도약이나 권위에 대한 호소가 아니라 합리적 논증으로 반박되어야 한다. 판넨베르크가 보기에 많은 현대 신학이, 특히 실존주의에 매료되어, 정책들이 개발되는 공적 지식 영역을 세속주의가 지배하도록 돕고 말았다. 그러므로 신학은 국립 대학교 안에 머물면서 인간의 존엄성과 자유를 위한 토대로서의 자신의 공적 역할을 회복해야 한다. 이것이 그의 신학적 과제 전체가 되어 다음의 질문에 답하려 했다.

> 어떻게 신학은 하나님의 우선성과 예수 그리스도 안에 있는 하나님의 계시를 이해할 수 있게 만들고, 그 진리 주장들을 입증하겠는가? 하나님에 관한 모든 이야기가 주관성으로 축소되는 것을 시대의 사회사로부터, 신 존재 증명과 철학적 신학의 현대적 운명으로부터 볼 수 있는 이 시대에 말이다.[94]

판넨베르크는 이러한 질문에 답하는 것이 어려움을 잘 안다. 현대의 기독교 신학이 이 문제와 씨름하며 다양한 방식으로 답해 왔지만, 그는 전체적 흐름은 신앙의 주관화를 향했고 그 결과로 신앙이 사적 문제로 여겨지게 되었다고 확신한다. 종교의 사유화는 현대적 세속성의 주요 징후이며,

---

[93] Wolfhart Pannenberg, *The Idea of God and Human Freedom*, trans. R. A. Wilson (Philadelphia: Westminster Press, 1973), p. 114.
[94] Pannenberg, *Systematic Theology*, vol. 1, p. 128.

판넨베르크가 보기에는, 주로 권위나 개인적 경험에 호소하는 신학들에 의해 지원을 받고 부추겨졌다.[95] 그렇다면 신학은 이 현대적 맥락에서 어떻게 나아가야 하는가? 신학은 과학적 위상을 어떻게 회복해서 자신의 주장들이 적어도 청취되고 진지하게 고려되도록 할 수 있겠는가?

첫째, 판넨베르크의 주장에 따르면, 기독교 신학은 공적 학문 분과이기를 원해야지 교회의 사적 언어이기를 원해서는 안 된다. 이것은 당연한 것이 아니다. 하지만 그는 선포와 공적 윤리가 모두 거기에 달려 있다고 확신하는데, 그리스도인들이 자신들의 세계관, 자신들의 믿음 체계가 사회의 유익을 위해 영향력을 발휘하기를 원하는 한 그렇다. 그리스도인들은 현대 사회에 있는 "보편적 의무성"(universal obligatoriness)의 공백을 채우기를 원할 정도로 세계에 충분한 관심을 기울여야 한다. 다시 말해, 판넨베르크는 종교 없이는 허무주의가 아니라면 상대주의가 지배한다고 경고한다. 지금의 세속적 문화는 "아노미"—무법—에 의해 지배되고 있는데, 왜냐하면 초월적·보편적 구속력이 없기 때문이다.[96] 그리고 문제는 "성경의 권위와 이에 기반한 선포에 호소하는 것은 신앙의 타당성을 입증하기에 더 이상 충분하지 않다는 것이다."[97] 그렇다면 필요한 것은 공적 이성에 기반한, 가장 우수한 세속적 사상가들이 호소하는 것과 동일한 진리의 판단 기준에 호소하는 합리적 신학이다. 이 독일 신학자는 이 부분에서의 분명한 반대에 주목한다. "현대적 이성은 기독교 신앙에 간(間)주관적(intersubjective) 결합력이 결여된 주관성 외에는 아무런 여지를 주지 않도록 형성되지 않았는가? 기독교 신앙을 합리적으로 설명하려는 어떤 시도도 실패할 운명이지 않은가?"[98] 그는 이 질문들에 대한 대답이 "그렇다"라는 데 동의하지 않는데, 이성 자체

---

[95] Pannenberg, *Theology and the Philosophy of Science*, p. 265.
[96] Pannenberg, *Basic Questions*, vol. 2, p. 53.
[97] 같은 책.
[98] 같은 책, vol. 2, p. 54.

가 간주관적이고 회피해서는 안 될 하나님의 선물이기 때문이다. 하지만 그가 많은 현대적, 세속적 사상과 반대로 경고하는 바에 따르면, "신학이 그에 맞부딪쳐 부서지고 말 정도로 획일적 형태의 이성 '그 자체' 같은 것은 실제로는 존재하[지 않는]다."[99] 다시 말해, 판넨베르크는 기독교의 진리가 이성에 기초하기를 원하지만, 그럼에도 종교에 적대적인 사람들이 제공하는 특정하게 정의된 이성을 받아들이지는 않는다. 처음부터 하나님을 배제하는 이성은 합리적이지 않다. 이성은 합리적 논증을 포함해 증거가 있는 모든 실재에 개방되어 있어야 하며, 처음부터 탐구를 배제해서는 안 된다.

그렇다면 무엇이 기독교 신학을 다시 과학적으로 만들어 줄 것인가? 판넨베르크의 가장 기초적 원칙은, 어떤 것이 과학으로 여겨지기 위해서는 간주관적이어야 한다는 것이다.[100] 즉 모든 합리적 인간들이 보기에 의미가 통할 수 있는 이유를 제공해야 한다. 부정적으로 말하자면, 밀교(密敎) 같은 것이어서는 안 된다. 기독교의 진리를 개인적 경험에만 기초시키면 기독교의 진리는 사유화되고 밀교 같은 것으로 만들어서 과학적이지 않게 된다. (천문학과 점성술의 차이를 생각해 보라. 전자가 과학적인 것은 그것이 모든 것을 알거나 모든 가설을 증명할 수 있기 때문이 아니라, 간주관적 추론만 사용하기 때문이다. 후자가 밀교 같은 것이며 과학적이지 않은 것은, 그것이 공공의 증명이나 반증에 개방적이지 않은 사적 지식을 사용하기 때문이다.) 판넨베르크가 생각하기에는, 바르트와 그의 변증법 신학의 추종자들은 바르트 자신의 의지와 반대되게 기독교를 밀교적 학문 분과로 축소시켰고 따라서 기독교가 가진 공적 영향력을 제거했다.

둘째, 과학적이기 위해서 신학은 자기비판을 포함하는 철저한 비판에 개방되어 있어야 한다.[101] 어떤 학문 분과를 과학적으로 만드는 것은 수정에 대한 개방성이다. 그렇다면 기독교 신학은 합리적 (즉 밀교적이지 않은) 출처

---

99 같은 책.
100 Pannenberg, *Theology and the Philosophy of Science*, p. 301.
101 같은 책, p. 261.

로부터의 비판과 수정에 개방되어 있어야 한다. 하지만 이것은 신학이 참으로 과학적이기 위해서 모든 진리 주장들을 시험받아야 하는 가설로 제안해야 함을 의미한다. 이것이 아마도 그의 주장 중에서 가장 논란이 되는 것이다. "신학적 지식의 유한성의 일부는, 신학에서조차 하나님 관념이 가설적으로 남아 있으면서, 그것을 입증할 수단이 되는 인간이 세계와 인간 자신에 대해 갖는 지식에 우선권을 준다는 것이다."[102] 이 점과 관련하여 신학은 자신을 다른 과학들과 분리할 수 없으며, 그것들의 시험과 비판에 개방되어 있어야 한다.

> 그것의 실제 과업은 가설로서의 신앙의 논지가 타당한지 검토하는 일이다. 그렇게 함으로써 그것은…다른 것들로부터 분리되거나 고립될 수 있는 연구 영역을 가질 수 없다. 비록 그것은 자신이 연구하는 모든 것을 하나님의 실재에 대한 특별한 관계 안에서 고려하지만, 그것은 특화된 실증적 과학이 아니다. 모든 것을 결정하는 실재로서의 하나님에 대한 연구는 모든 실재를 관련시킨다.[103]

다시 말해, 적절하게 과학적이기 위해서, 신학은 다른 과학들의 확립된 사실들에 의한 수정에 귀를 기울이고 또 개방되어 있어야 한다. 여기에 수반되는 위험은, 신학이 자신의 대상이 다른 것으로 바뀌는 것을 볼 수도 있다는 점이다. 즉 신학은 만약 자신의 진리 주장들이 거짓임이 입증된다면 다른 과학에 흡수될 가능성에 계속 개방되어 있어야 한다.[104]

이 지점에서 잠시 멈추고 신학의 진리 주장들이 가설이어야 한다는 판넨베르크의 사상에 관한 흔한 오해를 바로잡을 필요가 있다. 비판자들은 그

---

[102] 같은 책, p. 300.
[103] 같은 책, p. 296.
[104] 같은 책, p. 300.

가 신앙의 열정과 계시의 권위를 약화시킨다고 말해 왔다. **하지만 이 모든 것에서 그가 신학에 관해 말하고 있지 개인적 신앙에 관해 말하는 것이 아님을 고려해야 한다.** 판넨베르크는 개별 그리스도인이나 교회가 굳센 믿음들을 갖고 이를 열정적으로 지키는 것이 불가능하다고 말하지 않는다. 그는 신학이 학문 분과, 대중이 귀 기울여 듣는 과학이기를 지향한다면, 모든 과학이 따르는 것들과 동일한 규칙들을 따라야 한다는 것이다. 일부 염려를 완화하기 위해 판넨베르크가 말하는 바에 따르면, "하나님이 역사 안에서의 자신의 일을 통해 우리가 그를 아는 것이 가능하도록 한다는 전제를 고려할 때, 이것은 [계시의] 내용에 대한 현재적 지식이 불가능함을 의미하지 않는다. 하지만 그럼에도, 그러한 지식은 모두 잠정적일 것이다."[105] "잠정적"이라는 말로 그는 수정에 대해 열려 있고 궁극적으로는 오직 종말론적으로만 증명된다는 것을 의미한다.

셋째, 무엇이 신학에서 간주관적 진리의 판단 기준들인가? 과학은 간주관적 판단 기준에 따라 돌아가야 한다. 과학이 의심의 여지가 없는 토대를 가질 필요는 없다. 판넨베르크는 토대주의자가 아닌 것이다. 하지만 진리 주장들을 시험하는 판단 기준은 있어야 한다. 먼저 판넨베르크는 기독교의 하나님 지식이 신적 계시에 기초해 있음을 망설임 없이 인정한다. "하나님으로부터 나오지 않고 그의 영의 작용에 기인하지 않는 하나님 지식도 신학도 상상할 수 없다."[106] 그렇다면 문제는 하나님이 자신에 대한 계시를 주었는지 여부가 아니다. 기독교는 그것을 전제한다. 모든 과학은 일정한 전제들로부터 시작한다. 문제는 "신학이 하나님에 관해 말하는 바가 맞는지 여부이며, 어떤 권리로 신학이 그렇게 말하느냐는 것이다."[107] 바로 여기가 이성이 작동하기 시작하는 지점이다. 신학은 자신의 전제들을 시험하기 위

---

[105] Pannenberg, *Systematic Theology*, vol. 1, p. 16.
[106] 같은 책, vol. 1, p. 2.
[107] 같은 책, vol. 1, p. 7.

해 두 가지 판단 기준을 사용한다. 첫째는 부정적 판단 기준이 있는데, 바로 논리다. "기본적 동일률과 모순율을 인정하지 않는 논증은 신학에서조차 불가능하다. 이 원리들은 기독교 교리의 조직적 통일성을 제시하기 위한 노력에서 언제나 전제되었다."[108] 간단히 말해, 자신에게 모순되는 신학은 거짓이다. 판넨베르크는 역설을 배제하지 않지만, 그에게 역설은 언제나 더 깊이 사유하기 위한 과업이다.[109] 둘째는 신학의 (실제로는 모든 과학의) 긍정적 판단 기준이 있는데, 바로 정합성이다. "조직신학은 기독교 교리 각 부분들이 서로에 대해, 그리고 다른 지식과의 관계에서 갖는 정합성을 조사하고 제시함으로써 기독교 교리의 사실성을 확인한다."[110]

신학은 자신의 주장들이 진리임을 증명하기 위해 이 판단 기준들을 어떻게 이용하는가? 첫째, 판넨베르크에게 하나의 기본 원리는 진리 자체의 역사성이다. "시간은 진리의 본질에, 그리고 실재 자체의 본질에 속한다."[111] 궁극적으로 진리는 미래에, 역사의 끝에 나타날 것이다.[112] 이것이 그의 종말론적 존재론의 부분이다. 즉 미래가 현재와 과거를 결정한다(참고. 8.a.). 그 이유는 어떤 것의 의미는 그 맥락에 의존하며, 따라서 어떤 것의 궁극적 맥락은 오직 역사의 끝에 완결될 보편적 역사(universal history)이기 때문이다. 그러므로 오직 역사의 끝이 어떤 것의 진리를 명확히 드러낼 것이다. 역사가 종결되고 실재가 하나도 빠짐없이 통합될 때까지는 모든 것들이 잠정적으로 남아 있을 것인데, 심지어 진리 자체도 그렇다. 모든 과학은, 수정에 대해 개방되어 있으면서도, 궁극적 진리에 관한 가설을 세운다. 수정은 논

---

108 같은 책, vol. 1, p. 21.
109 이 말은 1982년 1월 29일에 뮌헨에서 판넨베르크와 나눈 개인적 대화에서 나온 것이다. 참고. Wolfhart Pannenberg, *Jesus—God and Man*, trans. Lewis Wilkin and Duane Priebe (Philadelphia: Westminster Press, 1968), p. 157.
110 Pannenberg, *Systematic Theology*, vol. 1, p. 22.
111 Pannenberg, "God's Presence in History", p. 260.
112 Wolfhart Pannenberg, *Grundfragen systematischer Theologie* (Göttingen: Vandenhoeck & Ruprecht, 1980), vol. 2, p. 117. 나의 번역.

리와 경험을 거쳐 이루어진다. 실재에 관한 어떤 진술의 사실성은 참이라 여겨지는 다른 것들과의 정합성에 의존한다. 가장 정합성 있는 세계관, 즉 실재의 철학이 가장 참이다.

조직신학으로서의 교의학은 주장과 가설의 방법으로 세계와 인간과 역사의 모형을, 그것들이 하나님 안에 근거해 있는 방식으로, 제공한다. 이 모형이 유지될 수 있다면, 그것이 하나님의 실재성과 기독교 교리의 사실성을 "증명"할 것이다. 즉 제시의 형식에 의해 그것들이 일관되게 생각될 수 있음을 보여 주면서, 그리고 그것들을 확증함으로써 말이다.[113]

판넨베르크가 기독교 신앙을 이성으로 지원하기 위해 인간의 실존과 경험에 호소하다

판넨베르크는 기독교 신앙의 사실성을 지원하는 과업에 두 가지 방식으로 접근한다. 첫째는 그가 기초 신학(fundamental theology)이라 부른 것으로, 이것은 근본주의(fundamentalism)와는 아무런 관련이 없다. 기초 신학은 하나님에 대한 믿음을 인간학, 즉 일반적으로 고려되는 인간의 실존과 경험에 뿌리 내리게 함으로써 기독교의 사실성을 지원하려 한다. 둘째는 역사의 의미에 대한 열쇠인 예수 그리스도의 부활이다. 먼저 우리는 그의 합리적 신학의 두 갈래 중에서 첫 번째 것을 고려할 것이다. 기초 신학은 자연 신학에 대한 판넨베르크의 대안이다. 자연 신학은 하나님의 실존에 대한 믿음을 근거시키기 위해 물리적 우주, 즉 자연의 존재나 구조에 호소했다. 기초 신학은 하나님에 대한 신앙을 정당화하기 위해 인간의 실존과 경험에 호소한다. 여기가 판넨베르크의 현대적 경향들이 나타나는 한 영역이다. 현대의 기독교 신학은, 그가 『신학적 관점에서의 인간학』에서 주장하는 바에 따르면,

---

113 Pannenberg, *Systematic Theology*, vol. 1, p. 60.

일반적 인간학 연구들의 토대를 제공해야 한다.[114] 여기서 그가 말하는 "인간학"이란 생물학적 또는 고고학적 인간학이 아니라, 철학적 인간학이다. 철학적 인간학은 인간이라는 것이 무엇을 의미하는지에 관한 연구다. 판넨베르크의 주장에 따르면,

> 그리스도인들은 자신들의 신앙이 참이라는 주장을 옹호하기 위해 노력하지 않을 수 없다.…현대에 그들은 이 옹호를 인간 실존의 해석이라는 지형에서, 그리고 종교가 인간성의 필수불가결한 요소인지 혹은 반대로 인간들을 자신들로부터 소외시키는 데 기여하는지에 관한 논쟁에서 수행해야 한다.[115]

이러한 접근이 현대에 이루어져야 하는 이유는, 현대 과학이 전통적 자연 신학을 구성했던 틈새를 모두 메웠기 때문이다. 과학은 이제 물리적 우주, 인간을 제외한 자연을 빈틈없이 설명할 수 있다. 하나님에 대한 언급 없이 설명될 수 없는 것은 인간 자체다.

판넨베르크의 주장에 따르면, 최고의 현대 철학적 인간학은 인간의 "외심성"(外心性) 혹은 세계에 대한 개방성에 집중한다. (여기서 "세계"는 미래를 포함하는 실재 전체를 의미한다.) 이에 대한 다른 용어는 "기본적 신뢰"(basic trust)다. "세계에 대한 인간의 개방성, 우리 세계의 대상들과 관련해 객관화하는 능력은 함축적으로 종교적 심층의 차원을 갖는다."[116] 인간 실존의 이러한 심층 차원이 가리키는 것은 인간들의 자신에 관한, 자의식에 관한 질문과 신적 실재에 관한 질문이 하나이며 서로 분리될 수 없다는 사실이다.[117] 그러므로 "오직 하나님과의 관계에서만 인간은 온전히 그 자신이 된다."[118] 판

---

114 Pannenberg, *Anthropology in Theological Perspective*, p. 15.
115 같은 책.
116 같은 책, p. 2.
117 같은 책.
118 같은 책, p. 73.

넨베르크는 이것이 전통적 의미에서의 "신 존재 증명"은 아님을 인정하지만, 이것은 **하나님에 대한 질문**이 사람의 인간성 자체의 한 부분임을 보여준다. "왜냐하면 이런 식으로 혹은 저런 식으로, 인간들이 사는 동안 자신들의 삶을 지탱하는 근본적 신뢰에 기초해 살기 때문이다. 그들이 신뢰하는 것이 하나님이든 우상이든 말이다."[119] 판넨베르크는 5백 쪽 이상을 할애해 수많은 철학자와 사회 과학자들을 인용하면서 이 기초를 자세히 설명하고 옹호하지만, 그의 궁극적 결론에 따르면 "그러므로 모든 유한한 것을 초월하는 신적 실재라는 관념은 인간 삶의 종교적 주제와 관련된 것의 부분으로, 이는 일시성과 죽음 너머에 자기 자신을 위해 있는 일종의 불멸적 운명이라는 관념이 그런 것과 마찬가지다."[120]

만약 이것이 신 존재 증명이 아니라면 무엇이며, 그것이 필요한 이유는 무엇인가? 판넨베르크가 믿는 바에 따르면, 철학적 인간학은 인간들이 단지 고도로 진화된 동물들에 불과하지 않음을 입증할 수 있다. 인간의 경험은 어떤 초월적인 것에 대한 언급 없이는 설명될 수 없다. 궁극적으로는 오직 유대교-기독교 전통의 하나님, 즉 모든 것을 결정하는 인격적(또는 초인격적) 실재가 신체적 충동을 넘어서는 심층 차원의 인간성을 설명할 수 있다. 그는 『신학적 관점에서의 인간학』에서 계속해서 죄에 대한 기독교 교리에 관해, 그리고 특히 어떻게 그것이 마찬가지로 다른 대안들보다 인간의 경험을 더 잘 설명하는지 논한다. 그의 주장은 하나님을 부정하는 자가 어리석다는 것이 아니다. 오히려, 하나님을 부인하는 자는 창조성, 합리적 성찰, 기본적 신뢰, 또는 악을 향한 충동에 있는 자신의 자기 초월을 설명할 수 없다는 것이다. 인간 경험의 많은 측면은 자연 너머의 무엇 또는 누구에 대한 언급 없이는 설명될 수 없다. 이것이, 그가 말하는 바에 따르면, 하나

---

119 같은 책.
120 같은 책, p. 74.

님과 기독교 신앙에 대한 간접적 증명이다. 하나님은 인간 경험에 "함께 주어져" 있다.

요점은, 현대성에서 "하나님의 존재가 의심스럽게 되었을 뿐만 아니라 하나님 개념의 내용이 또한 불명확해졌다"는 것이다.[121] 다시 말해, 그것은 당연하게 받아들여질 수 없다. 또한 설교도 많은 사람을 설득하지 못한다.

그럼에도 불구하고, 유한한 것을 넘어 무한하고 절대적인 것에 대한 생각으로 나아갈 인간학적 필요를 증명할 수 있다는 것은 하나님에 관한 모든 종교적 담론의 진리 주장을 위해, 심지어 예수 그리스도 안에서의 계시라는 신적 행위의 기독교적 선포를 위해, 커다란 의미가 있다. 하나님에 관한 모든 담론은 경험의 세계가 자신의 능력을 증명할 수 있도록 함으로써, 즉 매일의 경험에서 무엇인지 보임으로써 자신을 입증해야 한다.[122]

판넨베르크가 또한 역사로 기독교 신앙을 지원하다

일부 비판자들이 생각한 것과는 반대로, 판넨베르크는 하나님이 하나님의 자기 계시와 별개로 알려질 수 있다고 믿지 않는다. 수년 동안 그는 이 원칙을 (여러 방식으로) 반복해 왔다. "하나님이 알려질 수 있는 것은 오로지 하나님이 자신을 알려지도록 하는 경우에 한해서다. 신적 실재의 고상함은 그 실재가 자신을 알려지도록 하지 않는다면 우리가 그것에 접근할 수 없게 만든다."[123] 문제는, 하나님이 어디에서 혹은 어떻게 자신을 계시하는가 하는 것이다. 앞에서 기술된 인간 경험에 대한 호소는 계시에 관한 것이 아니다. 슐라이어마허와 달리, 판넨베르크는 하나님이 보편적 인간 경험에 계시되었다고 생각하지 않는다. 오히려 보편적 인간 경험이 이성으로 하나님에

---

121 Pannenberg, *Systematic Theology*, vol. 1, p. 64.
122 같은 책, vol. 1, p. 106.
123 같은 책, vol. 1, p. 189.

대한 믿음을 지원한다. 판넨베르크가 보기에, 하나님의 자기 계시는 직접적으로 그리고 간접적으로 역사에서 나타난다.

그에게 보편적 역사, 전체로서의 역사는 계시의 수단이다. 이것은 헤겔이 생각했던 것과 유사하며, 판넨베르크도 이를 인정한다. 하지만 중요한 차이도 있다.[124] 앞으로 보겠지만, 판넨베르크에게 계시는 주로 역사의 종말에 있다. 또한 그는 헤겔이 하지 않은 방식으로, 역사에서의 하나님의 자유를 보호하기 원한다. 판넨베르크는 비판자들, 특히 신정통주의 진영의 비판자들이 하나님은 오직 하나님의 말씀에서 계시된다고 주장하리라는 것을 알고 있다(이를테면, 바르트가 말하는 하나님의 말씀의 세 가지 형태). 대조적으로 그의 주장에 따르면, "우리는 신성의 제1지식의 소통만 계시일 수 있다는 생각을 버려야만 한다."[125] 다시 말해, 하나님은 "말씀"을 통해 직접적으로는 물론이고, 사건들을 통해 간접적으로도 참으로 계시될 수 있다.

그렇다면 판넨베르크에게 역사는 하나님의 계시의 수단이다.

성경적 계시 개념들의 발전은 인간의 역사적 경험이 신들의 능력과 신성의 증명에서 명확한 주제가 되는 지점으로 이어지며, 또한 이와 관련된 주장은, 성경의 하나님이 자신이 모든 사람의 유일한 하나님이라고 증명하리라는 것, 혹은 자신이 이 유일한 하나님이라고 예수 그리스도 안에서 이미 보여주었다는 것이다.[126]

그렇다면 하나님의 계시는 역사를 통한 하나님의 자기 증명이다. 역사는 신들의 경연장이다. 어느 신 혹은 하나님이 "모든 것을 결정하는 실재"로 판

---

[124] 참고. Wolfhart Pannenberg, "The Significance of Christianity in the Philosophy of Hegel", in *The Idea of God and Human Freedom*, trans. R. A. Wilson (Philadelphia: Westminster Press, 1973), pp. 161-195.
[125] Pannenberg, *Systematic Theology*, vol. 1, p. 195.
[126] 같은 책, vol. 1, p. 196.

명될 것인가? (판넨베르크의 이 말은 일부 형태의 칼뱅주의에 있는 것과 같은 세세한 결정론을 의미하지 않는다. 그가 의미하는 것은 역사 전체의 의미를 결정하고 또 그럼으로써 각 부분의 의미를 결정하는 존재다.) 판넨베르크는 아브라함과 이삭과 야곱의 하나님, 철학자들의 하나님, 예수 그리스도의 하나님이 동일한 하나님이라고 믿는다. 철학적 신학이 언제나 이 점을 올바르게 이해한 것은 아니지만, 그 전성기에는 언제나 모든 것을 결정하는 실재로서의 하나님을 가리켰다. 요점은, 그에게, (파스칼이 선언한 것처럼) 철학자들의 하나님이 결코 성경의 하나님이 아니라는 것은 참이 아니다. 판넨베르크는, 모든 형태의 기독교적 주관주의에 반대하면서, 역사 안에 있는 하나님의 계시는 "볼 수 있는 눈을 가진 누구에게나 개방되어 있다"고 선언한다.[127] 그리고 사람은 역사 안에 계시된 하나님을 "보기" 위해 성령이 제공하는 특별한 "렌즈"가 필요 없다. 하지만 역사의 궁극적 종말 이전에는 하나님의 계시조차 잠정적인데, 그 계시가 모든 의심의 가능성이 제거될 때의 최종적 계시를 선취하는 것이기 때문이다.[128] 이 미래의 계시에 이르는 과정에서, 계시는 언제나 간접적이고 잠정적이어서 의심의 여지를 남긴다. 하나님 나라, 하나님의 통치는 주로서의 하나님에 대한 의심할 수 없는 최종적이고 완전한 계시일 것이다. 지금 당장은, 최종적 완성 이전에 역사의 모든 시점에서는, 계시의 모든 사건이 논쟁에 대해 개방되어 있으며 바로 여기가 신앙이 등장하는 시점이다. 그리스도인들은 자신들이 역사에서 보는 것, 하나님이 자신을 주로서 계시한 것은 의심이나 논쟁을 넘어서, 증명될 수 없는 때조차 참이라는 신앙이 있다.

여기서 판넨베르크의 다른 급진적 주장이 등장한다. "하나님의 신성은 그의 통치다"라는 판넨베르크의 원리다.[129] 이것으로부터 그는 다음과 같은 결론을 내린다.

---

[127] 같은 책, vol. 1, p. 249.
[128] 같은 책, vol. 1, pp. 238, 247.
[129] Pannenberg, *Theology and the Kingdom of God*, p. 55.

말해야 할 필요가 있는 것은, 제한적이지만 중요한 의미에서, 하나님은 아직 존재하지 않는다는 것이다. 그의 통치와 존재는 나눌 수 없으므로, 하나님의 존재는 아직 존재하게 되는 과정 중에 있다. 이것을 고려한다면, 하나님은 지금 자신의 충만함 가운데 있는 객관화된 존재로 오해되어서는 안 된다.[130]

이것이 캅 같은 과정 신학자들이 한때 판넨베르크가 일종의 과정 사상가라고 생각한 이유다. 하지만 이후에 그렇지 않음이 분명해졌다. 종종 인용되는 "하나님은 아직 존재하지 않는다"라는 말을 듣고 그를 멀리하는 경향이 있는 사람들은 잠시 멈추고 이 독일 신학자가 "제한적…의미에서"로 무엇을 의미하는지 이해할 필요가 있다. 판넨베르크가 보기에, 하나님 자신에게는 미래가 없다. 하나님은 세계의 미래로서, 현존하는 모든 것의 미래를 결정한다.[131] 미래는, 그가 단호히 주장하는 바에 따르면, "빈 범주"가 아니다.[132] 오히려 "하나님의 존재 자체가 세계의 미래이고",[133] 이것은 단지 외양 또는 유한한 관점의 문제가 아니다.[134] 미래로부터 하나님이 세계를 통치하면서 그 존재와 의미를 결정한다. 창조는 미래로부터 온다.[135] 여기서 판넨베르크가 말하는 "창조"는 "통일하는 능력"을 의미한다. 미래로부터 하나님은 세계를 통일로 이끈다. 하나님 나라, 하나님의 주됨은 하나님의 명백한 (논란의 여지가 없는) 통치 아래서 이루어지는 인류의 통일이다. 하지만 그것은, 하나님에게는 그렇지 않지만, 우리에게는 미래의 일이다. 하나님에게는 자신을 조건으로 제한하는 미래가 없다.[136]

이것들은, 누가 들어도, 난해한 진술이다. 그것들은 이미 몰트만의 신학

---

130 같은 책, p. 56.
131 같은 책.
132 같은 책.
133 같은 책, p. 61.
134 같은 책, p. 63.
135 같은 책, p. 59.
136 같은 책, p. 63.

에 대한 부분에서 논의된 종말론적 존재론에 해당한다. 하지만 판넨베르크가 계시, 이성, 하나님에 대해 가진 생각을 밝히기 위해 여기서 약간의 설명이 필요하다. 그것들을 이해하는 유일한 방법은 그에게, 많은 독일 사상가들에게 그런 것처럼, 지식의 질서와 존재의 질서가 분리할 수 없다는 점을 깨닫는 것이다. 만약 어떤 것의 의미가 참으로 논란의 여지가 있다면, 최선의 이성 사용조차 그것을 입증할 수 없다면, 그것은 아직 완전히 존재하는 것이 아니다. 하나님의 하나님으로서의 존재는 역사 전체에 걸쳐 "논란의 여지가 있다"(strittig). 의심의 여지가 있는 것이다. 우선 첫째로, 악과 무고한 고난이 이것을 보여 준다. 하나님의 통치는 아직 존재하지 않는다. 그러므로 하나님은 아직 존재하지 않는다. 하나님이 통치한다면 의심이 없을 것이며, 그의 존재는 논란의 여지가 없을 것이다. 그때 비로소 그는 완전히 존재할 것이다. 이 모든 것은, 유한한 관점에서 참이다. 하지만 판넨베르크는 **단지 유한한 관점에서만 의미하는 것은 아닌데, 그것이 존재론적 실재를 갖기 때문이다.** 유한한 관점에서 보면, 하나님의 통치가 확립되기 전에는, 하나님은 아직 존재하지 않는다. 하지만 하나님은 그런 관점을 갖지 않는다. 하나님에게 하나님 자신의 존재는, 자신을 조건으로 제한하는 미래를 갖지 않는 미래의 능력으로서 완전하다. 하나님 안에는 생성(becoming)이 없다. **하지만 우리 피조물들은 하나님의 관점을 가질 수 없다.** 우리에게는, 하나님은 아직 존재하지 않는다는 말이 참이다. 하나님의 완전한 실재, 하나님의 통치는 송영적, 즉 예배의 태도로 이루어지는 신앙의 표현이다.[137]

그러므로, 판넨베르크에게, 어떤 특별한 선취적 사건들을 포함하는 모든 역사는 하나님을 계시한다. 하지만 이것은 오직 미래에 의심의 여지 없이

---

[137] "하나님은 아직 존재하지 않는다"에 대한 이 설명은 판넨베르크가 직접 말한 것이다. 그는 그것을 1982년 1월 29일 금요일에 뮌헨에서 가진 점심식사 중 나눈 길고 상세한 신학적 대화에서 제시했다. 또한 Roger E. Olson, "Wolfhart Pannenberg's Doctrine of the Trinity", *Scottish Journal of Theology* 43:2 (1990): pp. 175-206를 보라.

증명될 것이다. 그 미래로 향하는 길에서는

하나님 자신의 역사적 행위 안에서의 하나님의 계시가 역사의 완성이라는 아직 실현되지 않은 미래를 향해 나아감에 따라, 그것이 세계의 창조자, 화해자, 구속자인 한 하나님을 계시한다는 주장은 역사에서 있을 미래의 증명에 대해 개방되어 있다. 그 주장은 아직 미완성이고, 그러므로 아직 그것의 사실성에 대한 질문에 노출되어 있다. 이 질문에는 아직 완결되지 않은 대답이 신자들의 삶에서, 그들의 삶의 경험을 비추는 계시의 능력에 의해 주어진다.[138]

판넨베르크의 신학적 기획 전체에서 핵심적인 것은 하나님의 미래적 주됨이 역사 안에 미리 나타났다는 주장이다. 역사는, 조건적이며 잠정적이긴 하지만, 그 안에 예기적이라고 불릴 수밖에 없는 사건들을 갖고 있다. 그것들은 시간에 앞서 일어나는 미래다. 그러한 사건 가운데 가장 중요한 것이 예수의 부활이다. "예수의 부활 사건은 그 자체로…[비록] 종말 자체는 아닐지라도, 종말의 선취다. 그것과 일반적 부활이라는 종말론적 미래의 차이는 그럼에도 불구하고 질적인 것이 아니고 단지 양적인 것이다."[139] 다시 말해, 예수의 부활은 모든 죽은 자들의 미래적 부활 사건이 한 사람 안에 미리 나타난 것이다. 판넨베르크의 논증에 따르면, 만약 예수가 죽은 자들로부터 일으켜졌다면 그것은 하나님에 의해 그렇게 된 것이어야 했다. 그리고 그것이, 종말 전에 어떤 것을 증명하는 것이 가능한 만큼이나, 예수가 하나님과 하나이며 예수의 하나님이 모든 것의 주라는 것을 증명한다.

예수의 부활에 관해서 판넨베르크는 현대성과 자유주의 및 신자유주의 신학과 결별한다. 그는 증거를 고려하기도 전에 어떤 사건이 일어날 수 없

---

[138] Pannenberg, *Systematic Theology*, vol. 1, p. 257.
[139] Wolfhart Pannenberg, *Basic Questions in Theology*, trans. G. W. Bromiley (Minneapolis: Fortress, 2008), vol. 1, p. 179.

다고 미리 단정하는 것은 비합리적이라고 믿는다. 하지만 그 부활의 역사성을 입증해 나가는 방식에서 그의 현대적 헌신이 다시 나타난다. 그는 신앙에 호소하지 않는다. 그의 호소는 전적으로 역사적 검증에 있다.[140] 판넨베르크는 예수가 하나님과 이룬 독특한 통일(예수의 신성)은, 그의 말이나 행동에 의해서가 아니라, 오직 죽은 자들로부터의 그의 부활에 의해서만 입증되었다고 믿는다.[141] "오직 세계의 종말이 이미 예수의 부활 안에 현존하기 때문에 하나님 자신이 예수 안에 계시되는 것이다."[142] 예수의 주장들 중에서 가장 비평적-역사적 복음서 연구자들조차 인정하는 한 가지는, 예수가 자신을 "하나님의 아들"이라고 주장했다는 점이다.[143] 이 주장은 그의 기적들을 통해서도 증명되지 않았는데, 고대 세계에는 기적을 일으키는 사람들이 많았기 때문이다. 하지만 "만약 예수가 일으켜졌다면, 이것은 유대인에게 다름 아니라 하나님 자신이 예수의 부활절 이전의 활동을 인정했음을 의미한다."[144] 또한 "만약 예수가 죽은 자들로부터 일으켜진 후에 하나님에게 올려지고, 또한 만약 그럼으로써 세계의 종말이 시작되었다면, 하나님은 궁극적으로 예수 안에서 계시된 것이다."[145] 어떻게 이것이 예수의 부활이 역사적으로 참이라는 것의 확증과 관련되는가? 판넨베르크의 주장에 따르면, 초대 교회의 출현과 교회의 이방인 선교에 대한 다른 합리적 설명이 없다. "이방인 선교로의 이행(移行)은 십자가에 달린 이의 부활인 예수의 종말론적 부활에 의해 동기를 부여받는다."[146] 그는 그것을 더 상세히 설명한다.

예수의 부활은 이런 의미에서 역사의 사건으로 일컬어질 것이다. 만약 원시

---

[140] Pannenberg, *Jesus—God and Man*, p. 99.
[141] 같은 책, p. 53.
[142] 같은 책, p. 69.
[143] 같은 책, p. 53.
[144] 같은 책, p. 67.
[145] 같은 책, p. 69.
[146] 같은 책, p. 70.

기독교의 출현이…죽은 자들로부터의 부활에 대한 종말론적 희망에 비추어서만 이해될 수 있다면, 그렇게 일컬어지는 것은 비록 우리가 그에 관해 더 구체적인 것은 모를지라도 역사의 사건이다. 그렇다면 오직 종말론적 기대의 언어로만 표현할 수 있는 사건은 역사의 사건이라고 주장되어야 할 것이다.[147]

한정된 지면에 부활의 역사성에 대한 판넨베르크의 논증을 단계별로 모두 상세히 적는 것은 불가능하다. 다만 그가 부활을 (불트만과 틸리히의 회복 이론처럼) 단지 제자들의 마음속에 있었던 "신앙의 발생"이 아니라, (빈 무덤을 포함하는) 실제 사건으로 생각한다는 점을 말하는 것만으로 충분하다. 그리고 그는 역사의 연구를 통해, 여느 역사의 사건처럼, 부활을 확증할 수 있다고 본다. 부활이 초자연적이라는 이유로 미리 그것을 배제하는 것은 자의적이다. 철학적 노력이 아니라, 역사의 연구가 이러한 것들을 검토하고 결정해야 한다. 예수의 부활에 대한 합리적 믿음에 기초해서, 그리스도인들은 역사의 종말, 즉 역사의 완성과 완결이, 아직 존재하지 않지만 종말 전에 예수 그리스도 안에서 출현하는 예수의 하나님 나라라는 주장을 합리적으로 편다. 하지만 종말이 오기까지는 이 주장조차 반증될 수 있다. 즉 그것은 진행 중인 역사의 사건들에 의해 검증되어야 하는 가설로 남아 있다.

판넨베르크가 아래로부터의 기독론을 펼치다

판넨베르크는 예수 그리스도의 신성에 대한 두 가지 신학적 접근법을 대조시킨다(예수의 인성은 논쟁의 여지가 없다). 첫 번째는 "위로부터의 기독론"으로, 예수의 신성으로부터 시작해 어떻게 그가 또한 인간일 수 있는지 묻는다. 두 번째는 그가 선호하는 접근법인 "아래로부터의 기독론"으로, 부활을 포함하는 예수의 삶의 양식인 "예수의 인간적 **외형**(Gestalt)"으로부터 시작해,

---
[147] 같은 책, p. 98.

그의 독특한 인성에 기초해서 그의 신성을 향해 작업해 나아간다. 판넨베르크가 자신이 새롭게 재구성한, 성육신적이지 않고 계시적인 기독론을 표현하는 다소 충격적인 기독론 공식은 다음과 같다. "이 사람으로서, 예수는 하나님이다."[148] 예수의 신성은 그의 부활에 의해 확고하게 된 그와 하나님의 연합에 기초해 있다. 하나님은 예수 안에 그의 신성과 분리될 수 없는 그의 주됨, 그의 통치를 계시했고, 그럼으로써 예수가 하나님 자신과 하나라는 것을 확정했다. "이 사람으로서, 이 특정하고 독특한 상황에 있는, 이 특정한 역사의 사명과 이 특정한 운명을 가진 사람으로서, 예수는 단지 인간이 아니며, 죽은 자들로부터의 부활이라는 관점으로부터…예수는 하나님과 하나이며 그러므로 하나님 자신이다."[149]

하지만 만약 부활이 그를 하나님과 하나로, 그리고 그렇게 하나님으로 "만들었다"면, 그는 부활 이전에도 하나님이었는가? 아니면 이것은 일부 비판자들이 주장하듯이, 화려한 형태의 양자론에 불과한가? 선재 또는 하늘로부터의 내려옴에 대한 언급 없이 이 질문에 대답하고 예수 그리스도의 실제적, 존재론적 신성을 설명하기 위해, 판넨베르크는 자신의 종말론적 존재론에 의지한다. 일단 부활이 일어난 다음에 그 부활은 예수의 전체 삶이 하나님의 역사 안에서의 완벽한 자기 계시이자 "자기실현"이었다는 점을 **소급해서** 확정했고, 그렇게 해서 그는 부활에 이르기까지는 논쟁의 여지가 있었음에도 불구하고 계속해서 존재론적으로 하나님과 연합한 상태로 있었다. 마찬가지로 부활은, 역사에서 미래의 하나님 나라와 하나님의 주됨과 신성이 미리 예기적으로 나타난 것으로서, 영원히 예수를 하나님과 연합시킨다.

---

148 같은 책, p. 323.
149 같은 책.

예수의 하나님과의 연합이 그의 부활의 소급하는 능력으로 확증된 것은 이 연합이 예수의 땅에서의 삶 동안 숨겨져 있었음을 이해할 수 있게 만들고, 따라서 이 삶의 진정한 인성을 위한 공간을 만든다.…[그러므로] 하나님은 자신의 영원성으로부터 나와, 자신의 영원성에 언제나 현존했던 예수의 부활을 통해, 처음에는 감춰졌던 이 한 사람과의 연합으로 들어갔다. 이 연합은 예수의 삶을 전부터 밝혔지만, 그것의 기초와 실재는 오직 그의 부활에 의해 계시되었다.[150]

이것이 예수 그리스도에 관한 정통 교리(위격적 연합)에 대한 판넨베르크의 대안이다. 그는 이 정통 교리가 불가피하게 그리스도의 인격의 이원론으로 이어진다고 본다. 그의 대안적 기독론은 예수 그리스도의 "두 상태"(two states) 교리라 불릴 수 있는데, 바로 인간적 상태와 신적 상태다. 어떤 관점에서 보면 이 둘은 연속적이지만, 하나님의 관점에서 보면 둘은 완벽하게 연합되어 있다. 여기서 모든 것은 종말론적 존재론에 고유한 "소급적 인과성"(retroactive causation) 개념의 설득력에 의존한다.

『예수: 하나님이며 인간』을 저술하고 오랜 시간이 지난 후에, 판넨베르크는 초기 저작의 어떤 것도 부정하지 않은 채 자신의 기독론을 개정했다. 그는 한 가지 요소를 추가했다. 예수의 하나님과의 연합을 예수의 하나님으로부터의 자기 구별과, 하나님의 예수 그리스도의 역사 안에서의 자기실현에 기초시킨 것이 그것이다. 인간을 하나님으로부터 분리하는 것은 "자신을 하나님으로부터 구별하는 것의 결핍"이다.[151] 인간의 자기 소외가 그 결과인데, 그것이 자아의 우상화와 다름없기 때문이다. 하지만 "하나님으로부터의 자기 구별이 더 깊어지고 더 분명해질수록…하나님과의 연합은 더 깊어지

---

150 같은 책, p. 322.
151 Pannenberg, *Grundfragen systematischer Theologie*, vol. 2, p. 144.

고 더 긴밀해진다."¹⁵² 예수는 적극적으로 자신을 하나님으로부터 구별했는데, 예를 들어, 오직 하나님만 선하다고 말한 것이 그것이다. 판넨베르크가 말하는 "하나님으로부터의 자기 구별"은 하나님 앞에서의 겸손을 의미한다. 하나님과의 온전한 교제는 하나님의 대의에 대한 가장 높은 수준의 참여가 하나님으로부터의 자기 구별이라는 영적 가난과 합쳐진 결과다.¹⁵³

> 예수가 자신을 성부로부터 구별하는 것에서 이 관계[삼위일체적 성부-성자의 관계]는 동시에 하나님의 자기실현이 그 목표를 예수 안에서 이루도록 현실화되었다. 즉 성부로부터 자기를 구별하는 예수는 그 자신이 세계의 구속이 발원하는 영원한 성자로서 하나님의 신성에 속한다.¹⁵⁴

판넨베르크가 종말론적 삼위일체론을 구성하다

판넨베르크는 세계와의 관계 안에 있는 하나님을 어떻게 보는가? 이에 대한 대답은 매우 복잡하며 여기서는 마땅히 그래야 하는 만큼 상세하게 설명할 수 없다. 몇 가지의 일반적 언급으로 충분할 것이다. 첫째, 앞에서 강력히 암시된 대로, 하나님은 세계가 하나님을 발견함을 통해서, 그리고 하나님이 세계를 통일하는 주가 됨으로써, 자신을 실현하거나 현실화한다. 예수 그리스도는 이러한 하나님의 자기실현의 정점이다.¹⁵⁵ 이것은 하나님이 세계에 의존함을 의미하는가? 판넨베르크의 대답은 몰트만의 대답과 유사한, 일종의 자발적 범재신론이다. "하나님은 사랑이기 때문에, 일단 자신의 자유 안에서 세계를 창조한 이상, 궁극적으로 이 세계 없이는 자신의 존재를 갖지 않으며, 세계의 계속되는 최종적 완성까지의 과정에서 이 세계

---

152 같은 책.
153 같은 책, vol. 2, pp. 144-145.
154 같은 책, vol. 2, p. 145.
155 참고. Roger E. Olson, "The Human Self-Realization of God: Hegelian Elements in Pannenberg's Christology", *Perspectives in Religious Studies* 13:3 (1986), pp. 207-223.

에 대립하여 그리고 이 세계 안에서 자신의 존재를 갖는다."¹⁵⁶ 판넨베르크는 도르너와 마찬가지로(혹은 도르너로부터 차용해서?) 하나님의 세계와의 관계를 "자신의 창조 세계에 대한 주됨의 성취 안에서의 하나님의 자기실현[Selbstverwirklichung]"이라고 표현한다.¹⁵⁷ 그리고 여기서 삼위일체가 하나님-세계 관계에 대한 판넨베르크의 사상의 그림에 들어온다. 하나님이 단일한 모나드(monad)였다면, 즉 어떤 다수성(多數性)도 없이 구별되지 않은 단일체였다면, 그는 세계를 자신의 일부로 신화(神化)하지 않고서는 세계 안에서 그리고 세계를 통하여 자기실현에 이를 수 없었을 것이다. 이것이 헤겔의 문제였다. 삼위일체가 그 해결책이다.

신적 사역과 인간의 추구는 이러한 하나님의 자기실현 과정에서 서로 엮인다. 하지만 하나님의 자아가 결정적으로 발견되는 순간에 — 예수의 역사의 진리가 아마도 그런 것처럼 — 이 엮임은 신적 본질 자체의 정체성 안으로 흡수된다[wird aufgenommen]. 그 정체성은 성부와 성자의 구별 안에서 그 둘을 하나로 묶는 성령을 통해 이루어지는 하나님의 삼위일체적 자기 관계인데, 그 성령은 공동체의 영인 것만큼이나 자기 구별의 영이다.¹⁵⁸

삼위일체론은 판넨베르크의 원숙한 신론의 핵심이다. 만약 하나님이 자신을 실현하고 자신에게 오는 일이 성자 예수의 성부로부터의 자기 구별 안에서 또 그 구별을 통해서 이루어져서 예수가 영원히 하나님의 본질 자체에 속한다면, 하나님 안에 적어도 두 위격이 있는 것이다. 이런 방식으로의 하나님의 계시는 한 하나님 안에 있는 둘의 공동체를 생각하지 않고는 이해될 수 없다. 그들의 하나됨은 그들의 상호의존성의 연합에 있다. 성자

---

156 Pannenberg, *Systematic Theology*, vol. 1, p. 447.
157 Pannenberg, *Grundfragen systematischer Theologie*, vol. 2, p. 141.
158 같은 책, vol. 2, p. 143.

예수 없이 성부는 지금과 같은 방식으로 하나님이 아닐 것이고, 성부 없이 성자 예수는 지금과 같이 하나님이 아닐 것이다. 성령은 인격적 사랑으로서 성부와 성자를 묶고 그들을 영화롭게 한다. 다음의 인용은 판넨베르크의 삼위일체 사상을 아마도 가장 명확하게 표현한 것이다. 이해하기 쉽지 않고 다른 말로 바꾸어 표현하기 어렵기 때문에 직접 인용해 보겠다.

> 성부가 성자의 보냄과 죽음을 통해 세계의 구원을 위해 세계에 현존함에 따라, 그리고 그의 아버지 같은 사랑이 그렇게 계시됨에 따라, 성자는 세계에서 하나님의 신성을 현실화했고[실현했고] 그 안에서 하나님의 이름과 왕적 통치를 영화롭게 했다. 분명히 세계에서의 이러한 영화롭게 함은 하나님의 영원성 안에서의 지속적 영화롭게 함을 전제한다. 하지만 세계에서 성부의 왕적 통치는 먼저 성자와 성령에 의해 영화롭게 되는데, 성육신한 성자가 자신의 사명에 순종함으로써 우리 중에서 성부의 이름을 영화롭게 하기 때문이고, 또한 성령이 여기서 우리로 하여금 순종하는 성자의 사명을 보도록 가르치기 때문이다. 우리는 하나님의 신성을 그의 왕적 주됨으로부터 분리할 수 없기 때문에, 성자의 사역에서 일어나는 이러한 주됨의 미래의 침입은 세계 안에서의 그리고 세계를 위한 하나님의 절대적 실재를 그 내용으로 갖는다는 결론에 이르게 된다. 하지만 성자와 성령은 성부로부터 보냄을 받기 때문에, 성자의 순종과 성령의 사역에 의한 사명의 성취와 관련하여, 우리는 삼위일체적 하나님의 세계 안에서의 자기실현을 말할 수 있다.[159]

이것으로부터 한 가지 분명한 사실은, 판넨베르크가 역사를 하나님의 삼위일체성을 위한 기초로 여긴다는 점이다. 그렇다면 질문이 제기된다. (예수

---

[159] Wolfhart Pannenberg, *Systematic Theology*, trans. G. W. Bromiley, 3 vols. (Grand Rapids: Eerdmans, 1994), vol. 2, pp. 392-393.

그리스도가 나타난) 세계와 세계의 역사 없이도 하나님이 삼위일체일 것인가? 삼위일체가 존재할 것인가? 판넨베르크는 내재적 삼위일체를 단언하는데, 즉 하나님은 영원히 그 자체로 성부와 성자와 성령이다. 궁극적으로, 이성에 아주 높은 가치를 부여하는 판넨베르크는, 내재적 또는 존재론적 삼위일체와 경륜적 또는 역사적 삼위일체 사이의 관계를 진술하려고 노력하면서 역설에 빠진다. "분명히 모든 위격에 참인 사실은, 하나님이 역사적 계시에 의해 자신의 창조 세계에서 스스로를 실현하는 과정 전에, 그들이 거기 있다는 것이다. 또한 그들의 신성이 이 과정의 결과라는 것도 사실이다."[160]

판넨베르크가 심오한 신학적 질문들에 답하고 더 많은 질문을 제기하다

분명히 판넨베르크의 주된 동기들 가운데 하나는 기독교 신학을 현대의 지성적 대화에 개입시키는 것이다. 그가 쓴 거의 모든 글의 주제에서, 그의 한 눈은 기독교 전통을 향하고 다른 한 눈은 현대성을 향한다. 그는 기본적으로 적응주의 신학자가 아니다. 그의 의도는 세속적 사상과 상관관계를 맺기 위해 교리를 재구성하는 것이 결코 아니다. 하지만, 아마도 전근대적 기독교 신학에는 적용되지 않는 방식으로, 그는 기독교 교리들을 합리적 현대주의자들에게 이해할 수 있는 것으로 만들고 싶어 한다. 그리고 그는 신학이 과학들 가운데 하나의 과학으로 그들에 의해 존중받기를 원한다. 하지만 그는 토대주의자나 자연주의자는 아니다. 즉 그는 지식은 이성이 증명할 수 있는 것만을 포함한다는 식으로 모든 지식을 정당화하는, 사실의 의심할 수 없는 토대의 존재를 믿지 않는다. 그 사실이 자명한 진리든 경험적 지각이든 상관없이 말이다. 진리와 지식에 대한 그의 독특한 종말론적 접근법, 역사에 기초한 진리와 지식의 잠정적 합리성은, 일부 논평가들로 하여금 판넨베르크를 (그가 포스트모던의 지적 환경에 속하기라도 하는 것처럼) 후기 토대주의

---

[160] 같은 책, vol. 2, pp. 393-394.

자로 보게 만들었다.[161] 이 점은 분명히 논란의 여지가 있다. 논쟁의 여지가 없는 것은 판넨베르크가, 합리성에 대한 어떤 전제된 (예를 들면, 초자연적인 것을 배제하는) 정의는 받아들이지 않으면서, 기독교 신학을 합리적으로 만들기를 추구한다는 점이다.

판넨베르크가 유익한 답변을 내놓은 질문들 가운데 하나는, 적어도 대다수 비판자들에 따르면, 자연 신학의 비판들에 굴복하지 않는 하나님에 대한 믿음의 합리적 기초가 어떻게 있을 수 있는가 하는 것이다. 판넨베르크의 철학적 인간학에서의 작업은, 그것을 기독교 인간학과 관련시키면서, 심지어 하나님이 명명되지 않는 경우에조차 하나님에 대한 믿음이 인간 본성에 내재함을 입증하는 데 기여한다. 적어도 하나님에 대한 질문은 인간 실존과 경험 안에 전제된다. 인간의 외심성, 즉 세계에 대한 개방성이라는 그의 사상은 수많은 현대 철학자들, 사회 심리학자들, 인간학자들과의 대화를 통해 매우 주의 깊게 고안되었다. 이것은 하나님에 대한 믿음이, 그리고 아마도 심지어 기독교의 하나님에 대한 믿음이, 신앙의 비약을 필요로 하지 않는다는 것을 보이는 데 일조한다. 또한 특히 보수적 기독교 신학자들은 부활의 역사성에 관한 그의 작업이 세속적 회의주의뿐 아니라 부활의 가능성 자체에 대한 자유주의와 신자유주의의 부정을 반박하는 데 도움이 된다는 것을 알게 되었다.

하지만 판넨베르크의 신학은 스스로 만족스럽게 대답하지 못하는 질문들을 일부 제기한다. 그의 계시론은 전적으로 비명제적이며, 이는 어떻게 교리가 구성되는지에 관한 질문들을 제기한다. 어디에서도 그는 신학을 위한 자신의 출처와 기준을 정확히 설명하지 않는다. 그것들은 성경, 전통, 이성, 경험인 듯 보이지만, 성경에 대한 그의 교리는 힘이 없다. 궁극적으로

---

161 참고. LeRon Shults, *The Postfoundationalist Task of Theology: Wolfhart Pannenberg and the New Theological Rationality* (Grand Rapids: Eerdmans, 1999).

그는 그 어떤 전통적 의미에서도 영감되지 않은 성경 자체가 아니라, "복음"에 호소한다.[162] 성경은 그것이 복음을 전달하는 한 "영감된" 것이다. "분명히 성경은 신적으로 영감되었다고 이해해야 하지만…오직 성경이 예수 그리스도의 복음을 증언하는 한 그런 것이다." 이것은 성경의 영감에 대한 신정통주의적 생각과 그리 다르지 않다. 똑같은 문제가 그것을 괴롭힌다. 즉 복음이 성경 안에 깊이 박혀 있고 성경 전체는 영감되었다고 여겨지지 않는다면, 어떻게 복음으로부터 교리를 유추하거나 정당화할 수 있겠는가? 이 점은 판넨베르크가 성령이 성경의 권위의 근거라는 것을 부정할 때 특히 문제가 된다. 그는 성경의 권위의 기초를 성경 안에 있는 복음과 사도들이 성경을 썼다는 사실에 둔다. 하지만 누군가는, 그래서 어떻다는 것인지 물을 수도 있을 것이다.

여기서 우리는 판넨베르크 신학에 있는 근본적 난점에 이르는데, 교리의 출처와 기준이 바로 그것이다. 성경이 특별하다는 생각을 정당화하는 것은 무엇인가? 무엇이 성경으로부터 교리들을 유추해 내고 또 교리들을 정당화하기 위해 성경을 사용하는 것을 정당화하는가? 판넨베르크조차 어느 정도는 그렇게 한다. 전통적으로 개신교 신학은, 루터로부터 칼뱅을 거쳐 바르트에 이르기까지, 개인은 물론 교회 안에 있는 성령의 내적 증언에 관해 말해 왔다. 판넨베르크는, 성경의 원리에 기저가 되는 성령의 원리라고 부를 수 있는 것을 철저하게 거부한다. "우리는 기독교 메시지와 관련된 사실성에 관한 질문이라는 곤경을 성령에 호소함으로써 피해갈 수 없다."[163] 하지만 그는, 정확히 어떻게 기독교 메시지의 사실성이 일정 수준의 열정적인 헌신으로 유지될 것인가 하는 질문에 만족스럽게 대답하지 않는다. 그는 기독교의 주장들이 가설이라는 것이 전혀 불편하지 않은 것처럼 보인다. 하

---

162 이것의 출처는 판넨베르크의 미출간 소론 "On the Inspiration of Scripture"로, 성경의 권위에 대한 그의 견해를 글로 설명해 달라는 나의 요청에 판넨베르크가 써 준 글이다.
163 Pannenberg, *Basic Questions in Theology*, vol. 1, p. 34.

지만 성령이 기독교 메시지의 사실성을 보증하는 존재가 아니라면, 그 질문에 답하는 것이 필요해 보인다. 이 점을 두고 판넨베르크를 특히 비판했던 동시대의 인물이 헬무트 틸리케(Helmut Thielicke, 1908-1986)다. 그는 판넨베르크에 반대하여, 그의 신학이 인간의 타락성을 충분히 심각하게 받아들이지 않는다고 썼다.

성경적 인간학의 기본적 확신은 인간이 하나님으로부터 떠난 죄수라는 것이며, 죄인이라는 것이며, 그의 의지의 속박이 그를 극심한 제약 아래 두었다는 것이다. 막힌 귀와 먼눈과 완고한 마음에 관한⋯예수의 말이 이 점을 분명히 보여 준다. 그 말의 핵심은, 계시가 스스로 접근할 수 있게 만들지 않는다면 우리는 계시 사건에 접근할 수 없다는 것이다. "육에 속한 사람은 하나님의 성령의 일들을 받지 아니하"며(고전 2:14), 그러므로, 성령이 홀로 드러내는 말씀의 일들과 사건도 깨닫지 못한다.[164]

의심의 여지 없이 판넨베르크의 성령론은 그의 신학에서 가장 약한 부분이다. 그는 성령을 신적 "역장"(field of force)이라 부르며, 신앙을 주관화시키기 위해 성령을 사용하지 말라고 경고한다. "만약 성령이 그리스도 안에 나타난 새로운 생명으로 이해된다면, 그래서 우리의 공통의 미래로서 잠정적이고 단지 개시하는 방식으로 우리의 현재에서 작동한다면, 성령에 대한 고백을 주관적으로 공허하게 만드는 것을 방지하는 안전장치가 있는 것이다."[165] 많은 비판자들 눈에는 그가 성령을 비인격화하는 것으로 보인다. 분명히 그는 성령을 그 어떤 인식론적 방식으로 사용하기를 두려워한다. 하지만 주관주의에 대한 그의 두려움은 그를 인간의 가슴과 정신에 작용하는

---

[164] Helmut Thielicke, *The Evangelical Faith: Theology of the Holy Spirit*, trans. G. W. Bromiley, 3 vols. (Grand Rapids: Eerdmans, 1974), vol. 3, p. xxvii.
[165] Pannenberg, *Basic Questions in Theology*, vol. 2, p. 43.

하나님의 영향으로부터 너무 멀어지게 할 수 있다.

마지막으로, 판넨베르크와 현대 과학에 관해서는 어떤가? 이 책의 논제 하나는, 많은 현대 신학이 의식적으로 또는 무의식적으로 과학과의 갈등을 피하기 위해 구성되거나 재구성된다는 것이다. 이 점은 분명히 일부 신학자들에게 특히 더 적용된다. 일부는 신앙을 과학으로부터 너무 철저히 분리해서, 그것들이 각각 서로 전적으로 무관한 실재들과 관련된다고 보고, 그 결과로 서로 갈등할 가능성은 원칙적으로 없다. 다른 일부는 과학자들이 말하는 것이라면 그 무엇에도 철저히 적응했는데, 비록 그들의 이론들이 증명되지 않았고 기본적 기독교 믿음들과 갈등할지라도 그렇게 했다. 또 다른 일부는 현대 과학과 싸우면서 그것이 세속적이고 그러므로 비기독교적이라고 선언했다. 그리스도인들은 현대 과학을 무시하거나 심지어 정죄해야 한다는 것이다. 판넨베르크가 현대 과학에 대해 가진 관계는 이런 접근들과는 미묘한 차이가 있다. 그는 과학과 신학이 서로 접촉하거나 갈등조차 할 수 없는 이원론에 빠지기를 원하지 않는다. 그는 신학이 과학들 가운데 하나라고, 자연 과학은 아니더라도 인문 과학이라는 점을 철저히 고수하기 때문에, 둘을 철저히 분리된 영역들로 나누는 것을 꺼린다.

판넨베르크는 과학자들과의 대화에 많이 참여했고 신학과 자연 과학 사이의 관계에 관해 상당히 많은 글을 발표했다. 그는 신학과 과학 사이의 대화에 전념하는 학술지 「자이곤」(*Zygon*)의 단골 기고자였다. 그는 이 대화에 다양한 방식으로 접근하지만, 다른 무엇보다 중요한 주제 한 가지는 부분적·전체적 자연의 우발성이다. 그는 자연 법칙들을 재정의해서, 그것들이 새롭고 예측할 수 없는 것을 배제하는 빈틈없는 기계론이 되지 않도록 한다. 그는 20세기의 양자물리학이 출현하기 이전에 고전적 과학을 지배했던 결정론적 자연관이 일종의 종교적 신앙이었다고 말한다.[166] 물론 그는 그것

---

166 A. M. Klaus Müller and Wolfhart Pannenberg, *Erwägungen zu einer Theologie der Natur* (Gütersloh:

이 진정으로 과학적이지 않았음을 의미하는 것이다. 그는 오늘날의 물리학에서 하나님의 행위를 위한 많은 틈을 발견한다. 그가 칼 프리드리히 폰 바이체커(Carl Friedrich von Weizsäcker, 1912-2007) 같은 이들이 제시한 20세기의 우주 모형들과 자연의 작동 방식들을 검토하고 내리는 결론에 따르면, "[이] 모형들은 모두 세계 사건들 안에서의 하나님의 계속적 창조 활동을 논하는 것을 허용한다."¹⁶⁷

여기서 핵심은 현대 과학에 대한 판넨베르크의 견해를 상세히 검토하는 것이 아니라, 현대 과학이 확립한 최고의 이론들이 기독교 믿음과 갈등한다는 것을 (비록 그렇게 보이는 경우가 있을지라도) 그가 조금도 믿지 않음을 말하는 데 있다. 다시 말해, 신학과 과학은 전적으로 다른 현상들에 관한 것들이 아니다. 그는 그것들 사이의 "유사점들"을 찾으며 특히 물리학과 생물학에서 이를 발견한다고 믿는다.¹⁶⁸ 그는 과학을 두려워하지 않는 것처럼 보인다. 그는 필요하다면 확고히 자리 잡은 이론들에 맞추어 기독교 신앙을 기꺼이 조정하겠다는 것처럼 보인다. 그에게 기독교는 일차적으로 시작이 아니라 종말에 관한 것이다. 그것은 과학과 종교 간의 논쟁에서 많은 것을 바꾼다.

Gütersloher Verlagshaus Gerd Mohn, 1970), p. 38.
167 같은 책, p. 63. 나의 번역.
168 Wolfhart Pannenberg, "Theological Questions to Scientists", *Zygon* 16:1 (1981): pp. 65-76.

9

해방 신학들이 불의와 억압에 항거하다

1960년대의 급진 신학자들이 세속성을 찬양하고 현대성에 적응하고 있을 때, 그리고 희망의 신학자들이 미래를 가리키고 있을 때, 새로운 항거의 목소리가 신학에서 경청을 요구했다. 이전까지 거의 모든 주요 학문적 신학자들은 백인 중산층 남성이었다. 하지만 1960년대와 1970년대는 사회적 불안의 시기였다. 인종 폭동이 미국 여러 도시에서 일어났다. 유럽의 대학들은 학생 시위와 그에 기초한 개편을 겪었다. 젊은 남성들은 공개적으로 영장을 불태웠고, 젊은 여성들은 사회에서의 성 차별에 항의하며 브래지어를 불살랐다. 체 게바라(Ché Guevara, 1928-1967)는 라틴 아메리카와 세계의 게릴라 영웅이 되었다. 마틴 루터 킹(1929-1968)과 맬컴 엑스(Malcolm X, 1925-1965)는 인종 분리 정책과 인종차별 타도를 위해 흑인들과 이에 공감하는 백인들을 결집시켰다. 베티 프리던(Betty Friedan, 1921-2006)은 전미여성기구(National Organization for Women, NOW)를 설립해서 여성을 이등 지위에서 해방시키고 사회의 모든 영역에서 남성과의 평등을 실현하려 했다. 1960년과 1975년 사이의 시간을 살았던 사람들은 이 시대의 사회적 혼란과 혁명적 풍조를 기억한다. 그것은 일부에게는 고무적이었고, 다른 일부에게는 두려움이었으며, 많은 사람에게는 둘 다였다.

패러다임 전환이 신학에 영향을 미치기 시작하다

1960년대까지, 현대성은 일부 보수적 종교인들을 제외하고는 일반적으로 인류에게 유익으로 여겨졌다. 신학자들은 현대성이 제기한 인식론적 문제들과 씨름했다. 하나님에 대한 믿음은 합리적인가? 신앙은 믿음을 위한 타당한 기초인가? 신학자들은 또한 기적이 가능한지 같은 실재의 문제들과도 씨름했다. 적어도 안전하게 말할 수 있는 것은, 칸트가 말한 대로, 현대성이 인간이 스스로 생각할 수 있도록 권위적 전통으로부터 해방시키는 것과 주로 관련된다고 여겨졌다는 점이다. (모두가 이것이 좋은 것이라는 데 동의하지는 않았다.) 갑자기, 일부 철학자들과 신학자들은 그것이 현대성이 하는 역할인지 또 모두에게 유익이 되는지 묻기 시작했다. "포스트모던"이라는 용어는 1970년 이전에도 한 세기동안 여러 목적으로 사용되어 왔지만, 1960년대와 1970년대 어느 시기부터는 새로운 의미를 함축하기 시작했는데, 그 의미가 철학자 장 프랑수아 리오타르(Jean-François Lyotard, 1924-1998)의 획기적 책 『포스트모던적 조건』(*The Postmodern Condition: A Report on Knowledge*, 1979)에서 압축적 문체로 요약되었다. 리오타르에 따르면, 포스트모더니즘은 "메타 내러티브(meta-narrative)를 향한 불신"이다.[1] 많은 사람이 현대성 자체를 "거대 서사"(grand narrative), 즉 모든 지식을 망라하고 모든 경험을 설명하려는 경향의 전체화시키는 사상 체계로 보기 시작했다. 특히 억압받는 소수자와 여성들은, 교육받고 경제적으로 특권을 가진 사람들에 의한 지배를 조장하는 현대성의 경향을 지적하기 시작했다. 그 지적에 따르

---

[1] Jean-François Lyotard, *The Postmodern Condition: A Report on Knowledge*, trans. Geoff Bennington and Brian Massumi (Minneapolis: University of Minnesota Press, 1984), p. xxiv.

면, 그때까지 현대성이 아프리카계 미국인들과 여성, (당시에 제3세계라 불린) 글로벌 사우스의 사람들을 위해 한 게 별로 없었다.

많은 포스트모던 사상가들은 인식론이 철학과 신학의 주요 초점이어서는 안 된다고 주장하기 시작했다. 철학과 신학의 주요 관심은 억압으로부터의 해방이어야 한다는 것이다. 현대성은 일반적으로 인식의 패러다임을 가정했는데, 이는 유럽과 미국의 교육받은 백인 남성에게 유리한 것이었다. 계몽주의 자체가 그들에 의해 구축되었다. 모든 종류의 해방주의자들을 포함하는 포스트모던주의자들의 주장에 따르면, 모든 사람을 포괄하는 단 하나의 인식 패러다임이란 존재하지 않는다. 계몽주의의 패권에 대한 확신과 그에 수반하는 과학에 대한 신뢰를 무너뜨리는 데 그 어떤 책보다 큰 역할을 한 책은 과학 철학자 토머스 쿤(Thomas Kuhn, 1922-1996)의 『과학 혁명의 구조』(The Structure of Scientific Revolutions, 1962)였다. 쿤은, 많은 사람에게 설득력 있게, 자연 과학들조차 순전한 증거와 이성만으로 작동되지 않는다고 주장했다. 그는 과학이 어떻게 기능하는지 기술하기 위해 "패러다임 전환"이라는 개념을 도입했다. 패러다임은 메타 내러티브와 같은 것으로, 실재와 그 실재가 어떻게 돌아가는지에 대한 거대 관점이다. 과학자들조차 그 자체로 참이나 거짓으로 증명될 수 없는 패러다임의 영향력 아래서 일한다. 예를 들어, 뉴턴의 물리학 패러다임은 우주를 기계로 보았다. 20세기에 이 패러다임은 새로운 관점에 의해 점차 대체되었는데, 그것은 양자 물리학(quantum physics)이라 불리는 새로운 과학 패러다임으로서, 우주를 더 유기적이고 새로움과 우발성에 개방되어 있다고 본다. 뉴턴적 패러다임의 지배하에 있던 과학자들은, 우세한 증거들이 그 패러다임의 근본적 결함들을 보여 주게 되었을 때조차 그것을 포기하기를 주저했다. 패러다임 변화는 거의 언제나 점진적이고 고통스러우며, 심지어 가장 합리적인, 의도적으로 객관적인 사상가들조차 그 변화에 저항한다.

비슷한 시기에 두 명의 사회학자 피터 버거와 토마스 루크만(Thomas

Luckmann)은 획기적인, 어떤 이들은 혁명적인 책이라 부를 『실재의 사회적 구성』(*The Social Construction of Reality*, 1966)을 발표했다. 이 책은 지식 사회학(sociology of knowledge)이라 불리는, 인식론의 새로운 패러다임을 출범시켰다. 이 패러다임의 기본 사상은 어떤 지식도, 계몽주의 사상가들의 주장과 달리, 순전히 객관적이지 않다는 것이었다. 오히려 지식은 사회적 위치와 기득권의 이익에 기초한 관점에 의해 언제나, 결정까지는 아니더라도 영향을 받는다. 즉 실재는 개인의 그리고 사회 집단의 물려받은 혹은 발전시킨 경제적·정치적·종족적 인식의 필요들이나 욕망들에 따라 구성되거나 적어도 해석된다. 주된 욕망 하나는 권력을 지키려는 것이다. 그래서, 예를 들면, 한 집단의 사람들은 다른 집단의 사람들을 실제는 그렇지 않은데도 열등하다고 볼 수 있다. 왜냐하면 그들을 열등한 사회경제적 지위에 유지시키는 것이 자신들의 이익에 부합하기 때문이다.

이것들이 1960년대의 혁명적 사상들의 일부로, 이로 인해 현대적 기획의 기반이 약화되고 포스트모더니즘에 대한 관심이 촉진되기 시작했다. (21세기의 두 번째 십 년인 지금, 리오타르가 제시한 최소한의 정의를 넘어서는 포스트모더니즘의 의미에 관한 합의는 아직 없다.) 이 사상들은 또한 해방 신학(liberation theology)이라 불리는, 다양한 형태를 가진 새로운 신학 패러다임에 자극을 주었다. 스스로 억압받는다고 느끼는 모든 집단은 자신의 고유한 형태의 해방 신학을 발전시키지만, 그것들은 모두 일정한 기본 내용을 공유한다. 그것들이 모두 기저에 깔고 있는 의식은, 대체로 기독교 신학이 현대성을 수용한 결과로 억압받는 소수자들이 해를 입었다는 것이다. 소수자들만의 독특한 경험과 관점은 압도적으로 백인이고, 남성이며, 또한 경제적으로 특권을 가진, 계몽주의에 기반한 현대적 기획 안에 묻혔다.

해방 신학이 생기고 논란이 되다

모든 형태의 해방 신학은 많은 특권을 가진 사람들이 이해하기 어렵다. 지식 사회학자들은 그 어려움이 부분적으로, 해방 신학이 사회적 특권에 도전하기 때문에 해방 신학을 이해하는 데 대해 갖는 깊은 혐오에서 발생한다고 주장할 것이다. 많은 특권층의 사람들은 이 신학을 이해하기 어렵다고 느끼는 데서 더 나아가, 이 신학이 폭력의 경향이 있으며 기독교보다는 마르크스주의에 기반한다고 잘못 전달해 왔다. 그러한 과장된 묘사가 전혀 일리가 없었다면 살아남거나 널리 퍼지지 않았겠지만, 특히 1970년대부터 1990년대까지 해방 신학에 대한 반발로 생긴 대중적 이미지들은 종종 왜곡되어 있었다. 미국 남부의 한 침례교 신학교는 교수들에게 학생들과 함께 해방 신학에 관해 논의하지 말도록 지시했다. 이 신학교의 지도자들은 학생들이 해방 신학에 관해 아는 것조차도 원하지 않았다. 다른 사람들, 특히 개신교든 가톨릭이든 보수적 그리스도인들은 해방 신학에 대한 거친 이미지들을 퍼뜨렸다. 그들은 해방 신학을 이해하거나 진지하게 다루려는 시도를 약화시키리라고 알고 있는 특정한 예들을 단단히 붙들었다. 예를 들어, 콜롬비아의 사제이며 대학 교수였던 카밀로 토레스(Camilo Torres, 1929-1966)는 정부를 전복시키려 시도하는 게릴라 단체에 가입하기 위해 자신의 특권적 삶을 버렸다. 그는 정부에 대한 자신의 첫 번째 군사적 혁명의 공격에서 살해됐다. 그의 죽음 후에, 그를 흠모하는 사람들이 그의 글들을 모아 『혁명가 사제: 카밀로 토레스의 저작 및 메시지 전집』(*Revolutionary Priest: The Complete Writings and Messages of Camilo Torres*, 1971)으로 출간했다. 해방 신학의 비판자들은 종종 모든 라틴 아메리카 사제들과 신학자들이 폭력적 혁명가들이었다고 암시했다. 그것은 사실이 아니었다. 더 좋은 예는 에우데르 카마라(Hélder Câmara, 1909-1999)인데, 그는 브라질의 대주교이자 남미 해방 신학의 상징이었다. 그가 대주교가 되었을 때, 그는 대성당 근처에 있는 전통적 주교 궁전으로 이사하기를 거부하고 그곳을 노숙자 쉼터로 바꾸었다. 그의 『폭력의 소용돌이』(*Spiral of Violence*, 1971)는 모든 폭력의 종식을 요구했다.

적어도 토레스 사건 이후로, 폭력의 문제가 해방 신학을 괴롭혔다. 그리고 비슷한 시기인 1960년대 말과 1970년대 초에, 일부 블랙 파워(black power) 운동의 투사들은 자신들이 아프리카계 미국인들에 대한 체계적 억압이라고 본 것에 반대하기 위해 인종 폭동을 요구했다. 주도적 흑인 신학자 제임스 콘(James Cone, 1938-2018)은 인종 전쟁 요구에 대한 비난을 거부했고, 심지어 그런 것이 아프리카계 미국인들이 정의를 성취하기 위한 유일한 길이라고 암시했다. 백인들은, 그리고 일부 흑인들은, 뉴욕 유니언 신학교의 교수 콘이 "불의한 사회에서는 아무도 비폭력적일 수 없음을 지적하는 것이 중요하다"고 말했을 때 충격을 받았다.[2] 그의 말은 불의 자체가 폭력의 한 형태라는 것을 의미했다. 하지만 콘은 여기에서 더 나아가 다음과 같이 글을 썼다. "우리[흑인들]는 관용의 한계에 도달했으며, 만약 이것이 존엄한 죽음 또는 수치스러운 삶을 의미한다면, 우리는 전자를 택할 것이다. 그리고 만약 그것이 우리의 선택이라면, 흰둥이 몇 놈을 함께 데리고 가겠다."[3] 하지만 같은 시기에, 마틴 루터 킹은 평화 시위자들에게 가해지는 사적 폭력과 경찰의 폭력에 직면하면서도 평화주의를 옹호하고 있었다. 나중에 콘은 말의 수위를 낮추고 인종 폭력이 억압받는 아프리카계 흑인들을 해방시키는 방법이라고 암시하기를 중단했다. 하지만 해방 신학의 비판자들은 그가 초기에 폭력 혁명을 언급했던 것을 기억하고 그를 좋지 않게 볼 것이다.

해방 신학의 시작에 대한 질문을 두고 많은 논의가 있어 왔다. 해방 신학이 언제부터 시작되었는지 알 수 있을까? 해방 신학 연구자 데이비드 톰스(David Tombs)에 따르면, "해방 신학의 실제 태동과 가난한 자에 대한 교회의

---

[2] James Cone, *God of the Oppressed* (New York: Harper & Row, 1975), p. 219. 『눌린자의 하느님』(이화여자대학교출판문화원).

[3] James Cone, *A Black Theology of Liberation*, 2nd ed. (Maryknoll, NY: Orbis, 1987), p. 15.

우선적 고려는 1968년 중반까지 거슬러 올라갈 수 있다."[4] 그해 5월과 8월에 라틴 아메리카의 가톨릭 지도자들이 만나서 교회가 가난한 다수에 동조할 것을 요구했다. 이전에, 그리고 어느 정도는 이후에도 오랫동안, 라틴 아메리카의 가톨릭 고위층은 억압적 독재 정권에 동조했다. 이 주교들은 변화를 요구했고 해방 신학에 문을 열었다. 그 문을 처음 통과해서 걸었던 첫 신학자들 가운데 한 사람으로서 라틴 아메리카 해방 신학의 아버지로 인정받게 된 사람이 구스타보 구티에레스(Gustavo Gutiérrez, 1928-)인데, 그는 페루의 사제로 이 운동의 바이블인 『해방 신학』(A Theology of Liberation, 1971)을 저술했다. 나중에는 라틴 아메리카 곳곳에 있는 수많은 가톨릭 사제와 신학자들이 해방 신학을 받아들였으며, 이 신학은 1990년대에 세계 공산주의가 몰락하고 많은 라틴 아메리카 국가들에서 민주적으로 선출된 사회주의 정권이 등장하면서 퇴조하기 시작했다.[5]

여성들의 해방 운동이 또한 1960년대에 베티 프리던과 NOW, 그리고 유럽과 북미의 다른 여성 지식인들과 함께 시작되어 가부장제(patriarchy) 폐지를 요구했다. 가부장제란 성차별적 사회 패러다임으로, 남성을 여성보다 우월하게 여기거나 적어도 그렇게 대우한다. 여성주의 신학(feminist theology)이 언제나 해방 신학의 한 형태로 여겨지지는 않지만, 실제로는 그래야 한다. 가톨릭 사회학자이자 신학자 메리 데일리(Mary Daly, 1928-2010)는 『교회와 제2의 성』(The Church and the Second Sex, 1968)과 『성부 하나님을 넘어서: 여성 해방의 철학을 향하여』(Beyond God the Father: Toward a Philosophy of Women's Liberation, 1973)를 저술했다. 두 책에서 그녀는 가톨릭교회의 남성 지배적 위계를 비판하면서 새로운 비위계적 교회 통치 패러다임을 주장했다. 『성

---

4   David Tombs, *Latin American Liberation Theology* (Boston: Brill, 2002), p. 115.
5   여기서 공을 후벵 아우베스(Rubem Alves, 1933-2014)에게 돌려야 하는데, 그의 『인간의 희망의 신학』(A Theology of Human Hope, 1969)이 최초의 진정한 해방 신학 책이었을 수 있다. 하지만 구티에레스가 자신의 『해방 신학』을 통해 해방 신학을 세계에 소개한 공을 인정받아 왔다.

부 하나님을 넘어서』에서 그녀는 여성의 경험에 기초한, 하나님을 가리키는 새로운 언어에 대한 관심을 유도했다. 훗날 결국 데일리는 가톨릭교회와 기독교를 떠나 어머니 신 종교(Wicca)로 전향했는데, 그것은 그녀가 가부장적 성격을 버릴 희망이 없는 종교라고 여긴 기독교에 대한 저항의 한 형태였다. 데일리의 영향을 받은 한 신학자는 가톨릭 동료 로즈메리 래드퍼드 류터(Rosemary Radford Ruether, 1936-)로, 해방 신학에 관한 몇몇 책의 저자이기도 한 그녀가 저술한 『성차별과 신학』(*Sexism and God-Talk: Toward a Feminist Theology*, 1983)은 적어도 이후 20년 동안 기독교 여성주의 신학의 선언문이 되었다. 데일리와는 달리, 류터는 남성에 대한 적대감을 표출하지도 않고 어머니 신 숭배를 위해 기독교를 버리지도 않았다. 그러나 기독교를 수정하기 위한 그녀의 제안들은 지대한 영향을 미쳤고, (여성주의 신학이 결코 옹호하지 않은 폭력의 문제를 제외하고는) 흑인 신학과 라틴 아메리카 해방 신학과 매우 유사했다. 그녀는 신론을 재구성하기 위해 틸리히로부터 많은 부분을 빌려와서, 하나님을 "양성신"(God/ess) 또는 "존재의 모체"(Matrix of Being)라고 불렀다. 그녀의 주요 목표는 그녀가 가부장제와 동일시한 위계적 사회 체계들을 철폐하는 것이었다.

콘은 유니언 신학교에서 가르쳤는데, 이 사실은 그가 자신의 흑인 신학이라는 기획을 추진할 수 있는 배경이었다. 그가 『눌린자의 하느님』(*God of the Oppressed*, 1975)과 『흑인 해방 신학』(*A Black Theology of Liberation*, 1970) 같은 책들을 썼을 때, 그 책의 저자가 그토록 명망 높은 개신교 신학교의 조직신학 석좌 교수라는 사실을 간과하기는 어렵다. 구티에레스는 페루의 가장 중요한 가톨릭 대학교에서, 또 나중에는 노터데임 대학교에서 신학을 가르쳤다. 데일리는 명망 높은 예수회 대학교인 보스턴 칼리지(Boston College)에서 가르쳤다. 류터는 높이 평가받는 개신교 신학교인 노스웨스턴 대학교(Northwestern University)의 개릿 신학대학원(Garrett-Evangelial Divinity School)과 퍼시픽 신학교(Pacific School of Religion)에서 가르쳤다. 이 신학자들은 긴장을 유발하고 심지어 논쟁을 일으키려 했으며, 결국 이 두 목표를 이루었다. 하지만 그들 중 누구도 자신을 위해 논쟁을 일으키거나 유명하게 되는 것을 의도하지 않았다. 그들의 공통 관심은 교회들에 그리고 사회들에 있는 구조적 억압이었고, 그 억압으로 고통당하는 사람들의 해방이었다. 그들은 모두 이전의 사상가들의 저작들에 기초했고, 그들 각각은 다양한 방향으로 나아간 추종자들이 있었다. 하지만 특히 콘, 구티에레스, 류터가 해방 신학의 아버지들과 어머니로 두드러지기에, 그들은 이 장에서 다룰 사례 연구가 될 것이다.

해방 신학이 신학에서 패러다임 전환을 일으키다

해방 신학이 일부 사람들에게 이해하기 어려운 이유는, 그들이 전통적 신학 방법들에 기초해 있는 기대들을 가지고 이 신학에 접근하기 때문이다. 해방 신학은 다르다. 해방 신학의 여러 유형은 정통이나 자유주의 신학의 익숙한 길을 따르지 않는다. 해방 신학은 신학을 하는 새로운 접근법을 제시한다. 하지만 해방 신학자들은 모두 이전의 신학자들에 의해 영향을 받았다. 콘은 바르트로부터 많은 부분을 차용했다. 구티에레스는 유럽의 정치 신학들, 특히 요한 밥티스트 메츠(Johann Baptist Metz, 1928-2019)에 의해 영향을 받았다. 류터는 틸리히와 과정 신학에 의해 영향을 받았다. 하지만 해방 신학은 대안적 목적과 의도를 갖고 시작하고, 비전통적 출처와 기준을 사용해 나아간다. 해방 신학의 세 형태는 모두 많은 것을 공유하는데, 특히 신학을 하는 새로운 패러다임이라는 측면에서 그렇다. 그러므로 먼저, 우리는 그것들이 해방 신학들로서 가지는 유사성을 볼 것이다. 그리고 이어지는 절들에서는, 각각이 다른 해방 신학들과 구별되는 독특성을 검토할 것이다.

해방 신학을 이해하는 출발점은 가장 심층적 수준, 즉 해방 신학의 추진 동기다. 칼 마르크스(Karl Marx)가 남긴 유명한 말에 따르면, 마르크스 이전의 철학은 세계를 이해하려 한 반면 그의 목표는 세계를 변화시키는 것이었다. 이런 접근법은 모든 해방 신학들에 공통적이어서, 이 신학들은 하나님을 이해하기보다는 사회를 변화시키고자 한다. 그들은 모두 하나님을 이해하는 것과 세계를 변화시키는 것이 같이 간다고 생각하지만, 전통적 기독교 교리들에 관한 새로운 사상을 지적으로 발견하는 일을 우선시하지 않는다. 그들이 우선시하는 것은 사회의 체제가 형성되는 방식에서, 그것의 가장 깊은 차원들에서 근본적 변화를 촉진하는 것이다. 기독교 교리의 해체와 재구성이 그들이 사회 구조들을 검토하는 과정에서 다양한 정도로 일어나지만, 그들의 일차적 관심사는 사람들을 비인간화하는 억압을 드러내고 저항하는 것이며, 기독교적 준거의 틀 안에서 억압으로부터의 인간 해방을 향해 길을 내는 것이다.[6] 바로 이런 이유로, 적절하게, 해방 신학은 항거 신학(protest theology)이라 불릴 수 있다. 해방 신학의 목표는 객관적 지식이 아니라, 사람들을 억압하는 기존의 사회 체제를 규탄하고 억압받는 자와 억압하는 자를 모두 해방하는 새로운 형태의 삶과 공동체를 알리는 것이다.[7] 다시 말해, 이 신학은 예언자적이기를 의도하지, 일반적 의미에서 과학적이기를 의도하지 않는다. 냉정한, 합리적 객관성에는 관심이 없다. 실제로, 해방 신학자들은 지식 사회학의 영향을 받아 그러한 것은 존재하지 않는다고 생각한다.

두 번째 공통적 특징은 해방 신학의 출발점인 실천(praxis)이다. 구티에레스의 유명한 정의에 따르면, 해방 신학은 "실천에 관한 비판적 숙고"다.[8] "실천"이란 어떤 기획에 대한 적극적 참여로, 보통은 사회적 기획에 대한 적극적 참여를 의미한다. 모든 해방 신학의 경우에서, 신학의 출발점이며 또한 신학의 성찰 대상인 실천은 억압받는 자들의 해방 투쟁에서, 다시 말해 규

---

[6] 해방 신학의 공통적 특징들에 대한 이 개요는 이러한 신학자들과 이에 대한 논평과 비판을 깊고 넓게 읽은 것에서 얻었다. 이 같은 작업을 한 것으로는 다음의 책이 있다. Alfred T. Hennelly, S.J., *Liberation Theologies: The Global Pursuit of Justice* (Mystic, CT: Twenty-third Publications, 1997). 나는 30년 동안 해방 신학에 관해 강의하고 저술해 왔으며, 대다수의 주요 해방 신학자들을 만나서 대화했고, 또 해방 신학 학술대회에 참여했다.

[7] Gustavo Gutiérrez, *A Theology of Liberation: History, Politics and Salvation*, rev. ed., trans. Caridad Inda and John Eagleson (Maryknoll, NY: Orbis, 1973), p. 136. 『해방신학』(분도출판사).

[8] 같은 책, p. 5.

탄과 선포에서 그들과 연대하는 것이다. 이 점은 해방 신학의 패러다임 전환에 결정적으로 중요하다. 전통적 신학은 하나님의 계시를 믿는 신앙의 태도로, 혹은 기독교 믿음의 증거들에 대한 과학적 검토(자연 신학이나 기초 신학)로 시작한다. 해방 신학은 첫 번째 접근법, "이해를 추구하는 신앙"에 매우 가깝다. 하지만 해방 신학이 이해하고자 추구하는 신앙은 해방하는 실천이다. 이것은 모든 해방 신학자들이 정통 신앙(orthdoxy)에 무관심하다는 말이 아니라, 이들이 정통 실천(orthopraxy)에 더 헌신한다는 말이다. 이 정통 실천은 곧 올바른 실천으로, 억압받는 자들을 해방하는 일에 **하나님**과 함께 참여하는 것으로 정의된다. 억압과 해방이란 무엇인가? 해방 신학자들에게 억압이란 모든 사회 구조로, 그것이 형식적이든 또는 단순한 관습이든 또는 사회적 관습이든(예를 들어, 인종 차별주의), 사람들을 비인간화하고, 그들에게서 평등이나 기본적 인간의 욕구를 부정함으로써 온전한 인간성을 성취할 수 없도록 한다. 해방이란 그러한 사회 구조나 관습으로부터의 적극적 자유로, 억압받는 자들이 온전히 평등한 인간의 삶을 살 수 있게 되는 것이다.

해방 신학의 세 번째 유사성은 그 맥락이다. 모든 해방 신학자들에 따르면, 신학은 어디서나 동일하다는 의미로 보편적이어서는 안 된다. 부유하고 백인들로만 구성된 북미 교외 지역의 신학이, 어린이들이 굶주리고 사람들이 인간 이하의 조건에서 사는 남미의 도시 지역(barrio) 및 빈민가(favela)의 신학과 어떻게 같을 수 있겠는가? 신학이 지역적이어야 한다는 점에 해방 신학자들은 모두 동의한다. "지역적"(local)이란 반드시 지리적으로 제한된다는 의미가 아니다. 이 말은 구체적 형태의 억압을 겪는 특정한 집단의 사람들에 초점을 두고 그들을 위한다는 것을 의미한다. 해방 신학자들은 일부 교리들이 보편적이라는 것을 부정하지 않지만, 그들은 모두 보편적 교리들이 특정한 사회 상황의 필요에 적실성 있도록, 그리고 억압당하는 자들의 눈으로 이해되도록 만들어져야 한다고 말한다. 달리 말하면, 교리적 정통주의는 끝났다는 것이다. 기독교 정통주의에 아무것도 더할 것은 없으며, 다만 그것이 억압에 적실성 있도록 만드는 일이 필요할 뿐이다. 한 예가 브라질의 가톨릭 신학자 레오나르도 보프(Leonardo Boff, 1938-)로, 그는 『삼위일체와 사회』(Trinity and Society, 1986)를 쓰면서 삼위일체론이 라틴 아메리카의 빈곤에 적용되는 관점을 드러냈다. 보프에 따르면, "성부·성자·성령의 공동체는, 사회를 개선하고 삼위일체의 형상과 모양으로 만드는 방식으로 사회를 건설하기 원하는 사람들이 꿈꾸는 인간 공동체의 원형이 된다."[9] 보프가 보기에, 평등한 자들의 참된 공동체를 위한 투쟁에 참여하는 자들만 삼위일체를 올바르게 이해할 수 있다. 하지만 그는 자신이 삼위일체를 표현한 것이 보편적이라고 주장하지 않을 것이다. 그것이 라틴 아메리카 해방 운동에 근거해 있기 때문이다. 만약 누군가가 그 안에서 영감을 얻고 길잡이를 발견한다면 좋은 일이다. 하지만 그는 자신이 속한 사회적 위치 및 그곳에서의 투쟁과 유리된 상태로 상아탑에서 쓰는 척하지 않는다.

네 번째 공통적 특징은 이중적이다. 하나님은 가난하고 억압받는 자들을 "우선적으로 선택"(preferential option)하고, 가난하고 억압받는 자들은 "하나님에 대한 남다른 통찰"(privileged insight into God)을 갖는다. 이 이중적 원리는 해방 신학을 모든 다른 형태의 신학과 구별 짓는 "인식론적 단절"이라 불려 왔다.[10] 하나님이 억압받는 자들의 편에 있다는 것, 억압으로부터의 해방을 위한 투쟁에서 그들과 함께 있다는 것은 모든 해방 신학자들에 의해 제1원리, 기본적 사실로 받아들여졌다. 아마도 어떤 해방 신학자도 이 점을 콘보다 더 명확하게 표현하지 못했을 것이다. 그에 따르면, "하나님이 흑인들의 목표를 하나님 자신의 목표로 삼았기 때문에, 흑인 신학은 신론을 하나님의 흑인성(blackness)을 주장하는 것으로부터 시작하는 것이 적절할 뿐

---

9   Leonardo Boff, *Trinity and Society*, trans. Paul Burns (Maryknoll, NY: Orbis, 1988), p. 7.『삼위일체와 사회』(대한기독교서회).

10 Theo Witvliet, *A Place in the Sun: Liberation Theology in the Third World*(Maryknoll, NY: Orbis, 1985), p. 24 이하.

만 아니라 필수적이라고 믿는다. 하나님의 흑인성은 하나님이 억압받는 자들의 상황을 하나님 자신의 상황으로 삼았다는 것을 의미한다."¹¹ 이러한 특징의 이면(다섯 번째 공통적 특징)은, "하나님이 누구이고 하나님이 무엇을 하는지 알기 원하는 자들은 흑인이 누구이고 그들이 무엇을 하는지 알아야 한다"는 것이다. "하나님을 안다는 것은 억압받는 자들의 편에 서고, 그들과 **하나**가 되고, 해방이라는 목표에 참여함을 의미한다."¹² 해방 신학자들은 종종 이스라엘의 역사에서의 출애굽을 지적하면서 하나님이 억압받는 자들에게 호의를 베풀고 그들이 억압에 저항하는 투쟁을 벌일 때 그들 편에 선다는 생각을 정당화하려 한다. 하지만 이것이 하나님이 억압하는 자들을 미워한다거나 오직 억압받는 자들만 구원을 받을 수 있다는 것을 의미하지는 않는다. 다만, 하나님이 누구이고 하나님이 무엇을 의도하는지에 대한 지식이 억압받는 자들에 대한 의식을 가지는 것과 분리될 수 없음을 의미한다.

여섯 번째로, 모든 해방 신학자들은 억압받은 경험에 근거한 억압의 의식이 있으며 이것이 신학의 출처이자 기준이라는 점에 동의한다. 류터는 해방 신학의 이 공리를 여성주의 관점에서 표현한다.

> 인간 경험은 해석학적 순환의 시작점이자 종착점이다.…여성주의 신학의 독특함은 이 신학이 경험이라는 판단 기준을 사용한다는 점보다는, **여성**의 경험을 사용한다는 점에 있다. 여성의 경험은 과거의 신학적 숙고에서 거의 철저히 배제되었다. 그러므로 여성주의 신학에서 여성의 경험을 사용하는 것은 비판적 힘을 폭발시킨다.…여성주의 신학은 신학적 지식 사회학이 드러나도록 하며, 더 이상 객관화된 신적·보편적 권위의 신비화 배후에 숨어 있지 못하도록 한다.¹³

---

11 Cone, *Black Theology of Liberation*, p. 63.
12 같은 책, p. 65.
13 Rosemary Radford Ruether, *Sexism and God-Talk: Toward a Feminist Theology* (Boston: Beacon

여성의 경험으로부터, 류터가 여성주의의 비판적 원리라 부르는 것이 나온다. "여성의 온전한 인간성을 부정하거나 폄하하거나 왜곡하는 것은 무엇이든지…구속적이지 않은 것으로 평가된다.…[그것은] 신적인 것을 반영하지 않는다고 상정되어야 한다."[14] 모든 해방 신학은 특정한 억압받는 집단의 경험과 함께 시작한다. 그러므로 해방 신학은, 자유주의 신학과 마찬가지로, 아래로부터의 신학이다. 하지만 자유주의 신학은 신학의 출처와 기준의 역할을 하는 인간 경험을 밝히지 않은 반면, 해방 신학은 그렇게 했다. 이렇게 경험에 기초해 있음은 해방 신학이 성경이나 전통의 권위를 거부한다는 것이 아니라, 그 둘이 억압받는 집단의 경험이라는 렌즈를 통해 해석된다는 것을 의미한다. 하지만 해방 신학은 모두 이것이 자신들에게만 독특한 것이 아니라고 주장한다. 성경과 전통과 심지어 이성 자체마저도 언제나 특권을 가진 집단의 경험이라는 렌즈를 통해 해석되어 왔던 것이다.

일곱 번째로, 모든 해방 신학들은 억압받는 자들의 해방이 억압받는 사람들 자신의 일이라는 데 동의한다. 그들은 사회 안에 있는 특권을 가진 집단이 평등을 확대하기를 기다릴 수도 없고 그래서도 안 된다. 그들은 평등을 쟁취해야 한다. 흑인 신학자들은 킹이 1963년에 버밍햄 감옥으로부터 쓴 유명한 편지를 인용한다. "우리가 고통스러운 경험을 통해 아는 것은, 결코 자유가 억압하는 자들로부터 자발적으로 주어지지 않는다는 것이다. 그것은 억압받는 자들에 의해 요구되어야 한다."[15] 흑인 신학이든 라틴 아메리카 해방 신학이든 여성주의 신학이든 (또는 어떤 다른 구체적 유형이든), 해방 신학은 억압받는 사람들에 의한, 억압받는 사람들을 위한, 억압받는 사람들의 해방을 위한 투쟁을 지원하는 신학이기를 추구한다. 콘은 1960년대의 블랙 파

Press, 1983), p. 12. 『성차별과 신학』(대한기독교서회).
14 같은 책, pp. 18-19.
15 Diana L. Hayes, *And Still We Rise: An Introduction to Black Liberation Theology* (Mahwah, NJ: Paulist Press, 1996), p. 64에 인용됨.

워 운동을 지원했는데, 부분적으로는 바로 아프리카계 미국인들이 스스로의 해방을 추구하면서 백인 다수에 의해 허락되는 개혁을 기다리지 않았기 때문이다.[16] 류터는 여성에게 평등을 허락해 달라고 가톨릭 지도층 또는 남성 일반에게 호소하지 않았다. 오히려 그녀는 여성들에게 일어나서 평등을 쟁취하라고 촉구했다. (어쨌든 여성들은 미국을 포함하는 대다수 국가에서 적어도 인구의 51퍼센트를 차지한다.) 구티에레스는 자신의 저서 『역사 안에서의 가난한 자들의 힘』(*The Power of the Poor in History*, 1979)에서 다음과 같이 진술했다. "해방의 신학은 혁명적 투쟁성에 뿌리를 둔다.…이 신학은 엘리트나 소규모 집단들의 관점이 아니라, 대중 운동과 그 대중 운동 안에 있는 그리스도인들이 스스로 세운 조직들의 관점이다."[17]

여덟 번째로, 해방 신학자들은 종교적인 정치적 진보주의자들이 옹호하는 사회 개혁이 너무 느리고 소심하다고 생각한다. 해방 신학은 과거의 사회 복음이 아니다. 혁명적인 것이다. 물론 "혁명"이라는 말이 언급되는 순간에 사람들은 폭력을 염려한다. 하지만 지난 20세기는 비폭력 혁명을 몇 차례 경험했는데, 예를 들어 필리핀에서 가톨릭 지도층은 1986년에 국민이 페르디난드 마르코스를 축출하는 것을 허락했다. 그들은 대규모 시위와 비협력을 통해 그렇게 했다. 마르코스가 떠나야만 했던 것은, 권력을 가진 사람들이 가난하고 억압받는 자들의 편에 섰기 때문이다. 무기는 사용되지 않았다. 혁명이 폭력적이어야만 하는 것은 아니다. 하지만 해방 신학자들은, 미국인들이 다른 사람들의 혁명은 비난하면서도 자신들의 폭력 혁명을 매년 7월 4일에 기념하는 모순을 지적한다. 여기서 핵심은, 여성주의 신학자들을 포함하는 해방 신학자들이 점진적 사회 체제 개혁을 요구하는 것이 아니라는 점이다. 그들은 사회 구조와 관습의 급진적 변화를 요구한다. 구

---

16 같은 책, pp. 62-66.
17 Gustavo Gutiérrez, *The Power of the Poor in History*, trans. Robert R. Barr (Maryknoll, NY: Orbis, 1983), p. 205.

티에레스는 가능한 대로 모든 불의와 착취가 없는 사회를 이루기 위해 "문화 혁명"을 요구했다. 그가 보기에, "억압하는 자들도 없고 억압당하는 자들도 없는, 평등한 사람들로 이루어진 형제의 사회를 창조하는 것" 외에는 어떤 것도 바람직하지 않다.[18] 흑인 신학자들과 여성주의자들은 또한 인종 차별주의와 성차별주의가 없는 혁명적으로 변화된 사회 상황을 상상하고, 어떤 종류의 갈등 없이는 아마도 이것이 일어나지 않을 것이라는 점을 기꺼이 인정했다. 이 혁명적 사회 상황의 변화는, 해방 신학자들의 주장에 따르면, 구원의 일부다. "전인적 구원"은 불의의 폐지를 포함한다.

해방 신학이 신학에서의 패러다임 전환을 제시하는 방식들은 명확해야 한다. 객관성은 중요하게 여겨지지 않는다. 참여가 좋은 신학으로 나아가는 관문이다. 목표는 정확한 교리나 올바른 이해가 아니라, 올바른 실천과 사회 혁명이다. 지식은 억압받는 의식 및 해방을 위한 투쟁과 분리할 수 없게 엮여 있다. 사회 변화의 열쇠는 진보와 발전이 아니라, 바로 혁명이다. 해방 신학이 패러다임 전환을 제시하는 또 다른 방식은, 현대성에 대한 해방 신학의 대응이다. 해방 신학자들에게 현대성의 도전은 불신앙이라기보다는 억압이며, 계몽주의는 특권을 가진 계층들에게 주로 유리한 것으로 여겨진다. 구티에레스는 모든 사람을 위한 계몽주의의 혜택을 일부 인정하지만, (리오타르의 거대 서사 같은) "거대한 계몽주의의 주장"은 "부르주아 계층"의 이데올로기였다고 주장한다.[19] (여기서 "부르주아"는 가난한 자들과 구별되는 유산계급을 의미한다.) 그것은 개인주의, 사유재산, 그리고 이성에 대한 지나친 강조를 조장했다. 그것은 현대 신학이 지적으로 대답하려 했던 문제와 관심들을 제기했다. 하지만 구티에레스에 따르면,

---

18 Gutiérrez, *Theology of Liberation*, p. 159.
19 Gutiérrez, *Power of the Poor in History*, p. 176.

우리의 질문은 성인이 된 세상에서 어떻게 하나님에 관해 말하느냐가 아니다. 그것은 진보주의적 신학의 오래된 질문이다. 해방의 신학의 대화 상대는 "비인간"(nonperson), 즉 현재의 사회 질서에서 인간으로 여겨지지 않는 인간들, 즉 착취 받는 계층들, 소외된 민족 집단들, 경멸되는 문화들이다. 우리의 질문은, 하나님이 사랑이고 이 사랑이 우리 모두를 형제와 자매로 만든다는 점을 비인간에게, 비인격에게 어떻게 말하느냐는 것이다.[20]

여성주의 신학자들은 현재의 사회 체제에서 온전히 인간으로 여겨지지 않는 인간 목록에 여성을 포함시킬 것이다. 이것은 해방 신학의 패러다임 전환이 가진 다른 측면으로, 즉 현대성에 대한 대응이다. 해방 신학자들에게, 현대성은 은총이자 저주다. 현대성은 (프랑스 혁명에서처럼) 모두를 위한 평등으로 나아가는 관문을 깨트렸지만, 활짝 열어젖히지는 못했거나 심지어 억압받는 자들이 그 관문을 통과하는 것을 허락하지 않았다. 그들은 모두 신학이 현대의 회의주의와 불신에 관해 강박감을 갖기를 멈추고(어쨌든, 지성적 대답들은 모두 제시되어 왔다), 모든 관심을 현대성의 실패한 기획인 진보가 남긴 가난한 자들, 억압받는 자들에게 집중해야 한다고 말한다.

제임스 콘이 흑인 해방 신학을 촉진시키다

콘은 최초의 또는 유일한 흑인 신학자는 아니었지만, 학문적 아프리카계 미국 신학의 가장 유명하고 영향력 있는 대변인이 되었다. 콘이 그 지위를 얻기 전에, 몇몇 아프리카계 미국인들이 인종 차별주의에, 그리고 패트릭 바시오(Patrick Bascio)가 『백인 신학의 실패』(The Failure of White Theology, 1994)라고 부른 것에 반대해서 목소리를 높였다. 1969년에, 콘의 『흑인 해방 신학』이 이런 형태의 해방 신학에 대중이 주목하게 하기 직전에, 아프리카계 미국인

---

20 같은 책, p. 193.

교회 지도자들의 무리가 흑인 신학에 관한 간명한 설명을 제시했다.

> 흑인 신학은 흑인 해방의 신학이다. 이 신학은 예수 그리스도 안에 있는 하나님의 계시에 비추어 흑인의 상황을 파헤쳐서, 복음이 흑인의 인간성 획득에 부합함을 흑인 공동체가 이해할 수 있도록 하는 것이다. 흑인 신학은 "흑인성"의 신학이다. 이 신학은 흑인의 인간성에 대한 긍정으로서, 흑인들을 백인의 인종 차별주의로부터 해방함으로써 백인과 흑인 모두에게 진정한 자유를 가져다준다. 이 신학은 백인의 억압이라는 침해에 대해 "아니요"라고 말하면서 백인들의 인간성을 긍정한다.[21]

흑인 신학의 문화적 맥락은 미국에서 있었던 아프리카계 미국인들에 대한 계속되는 인종 차별주의의 상태다. 세계의 여러 지역에 비슷한 성격의 흑인 신학들이 있었으며, 특히 남아프리카에서는 독특한 형태의 흑인 신학이 아파르트헤이트를 무너뜨리는 데 일조했다. 하지만 일반적으로 말하자면, 흑인 신학은 1960년대의 미국 블랙 파워 운동이라는 맥락에서 일어났다. 앞에 인용된 선언문은 모든 흑인 신학자들의 견해를 표현하지만, 콘은 여기에 만족하지 않았다. 그는 그것만으로는 미국에서 있었던 백인의 인종 차별주의와 흑인들에 대한 억압에 항거하는 데 충분하지 않다고 생각했다. 그는 백인들의 인간성 긍정이나 심지어 백인들과 흑인들 사이의 화해에도 관심이 없었다. 그의 독특함은 "하나님은 흑인이다"(God is black)라는 선언에 있다. 백인들이 하나님을 기쁘게 하기 위해서는, 하나님과 함께 흑인이 됨으로써 스스로를 흑인성과 동일시해야 한다.

콘은 아칸소주에서 태어나 빈곤과 인종 차별주의를 경험하며 자랐다. 그

---

[21] "Statement by the National Committee of Black Churchmen, June 13, 1969", *Black Theology: A Documentary History, 1966-1979*, ed. Gayraud S. Wilmore and James H. Cone (Maryknoll, NY: Orbis, 1979), p. 101에 재수록.

는 리틀록에 있는 흑인 전통의 필랜더 스미스 대학(Philander Smith College)을 졸업하고, 일리노이주 에반스톤에 있는 노스웨스턴 대학교의 개릿 신학대학원에 진학했다. 그는 이 대학교에서 박사학위를 받았으며 바르트의 신학에 관한 논문을 썼다. 대다수가 아프리카계 미국인들인 두 학교에서 가르친 후, 그는 1970년에 명망 높은 유니언 신학교의 교수진에 합류했고 1977년에는 이 신학교의 어거스터스 브릭스 조직신학 교수가 되었다. 그의 첫 저서는 『흑인 신학과 블랙 파워』(Black Theology and Black Power, 1969)였고, 『흑인 해방 신학』이 바로 뒤를 이었다. 다른 주요 저서들로 『눌린자의 하느님』, 『맬컴 X vs. 마틴 루터 킹』(Martin and Malcolm and America: A Dream or a Nightmare?, 1992), 『십자가와 사적 폭력의 교수대』(The Cross and the Lynching Tree, 2011)가 있다. 콘은 자신이 자란 흑인 감리교 감독교회(African Methodist Episcopal Church) 교단에서 목사안수를 받았다. 세월이 흐르면서 그의 발언은 덜 전투적으로 되었지만, 특히 아프리카계 미국인들을 위한 정의를 요구하는 강력한 외침은 약해지지 않았다. 그는 흑인 신학의 아버지로 남아 있는데, 비록 그의 외침이 좀더 온건한, 듀크 신학대학원 신학 교수이자 『해방과 화해: 흑인 신학』(Liberation and Reconciliation: A Black Theology, 1971)의 저자인 디오티스 로버츠(Deotis Roberts) 같은 다른 흑인 신학자들과 때로는 완전히 조화를 이루지는 않을지라도 그렇다.

주목할 만한 다른 미국 흑인 신학자들로는, 그들 가운데 다수는 콘의 영향을 받았는데, 게이로드 윌모어(Gayraud Wilmore), 조셉 워싱턴(Joseph R. Washington), 앨버트 클리지(Albert B. Cleage), 제임스 에반스(James H. Evans), 메이저 존스(Major Jones), 헨리 미첼(Henry Mitchell), 윌리 제닝스가 있다. 그들 사이에는 매우 큰 다양성이 존재하고, 일부는 자신을 해방 신학자로 여기지 않을 수도 있지만, 모두가 흑인 신학이라 불리는 현상에 기여했다. 하지만 콘은 흑인 신학의 가장 영향력 있는 목소리로 그들 위에 우뚝 서 있다.

1960년대의 블랙 파워 운동을 떠나서 콘의 흑인 신학을 이해하는 것은 불가능하다. 대다수 백인 진보주의자들과 많은 아프리카계 미국인들이 킹과 그의 시민권 운동을 주시하는 동안, 또 다른 아프리카계 미국인들의 운동이 미국 사회 안에 있는 지속적 불의에 반대하는 흑인들의 분노로부터 자라나고 있었다. 블랙 파워 운동에 참여한 사람들은 개혁을 참고 기다리지 않았다. 그들은 앞에서 언급된 대로의 혁명을, 즉 반드시 폭력적일 필요는 없지만 근본적 변화를 원했다. 로버츠는 블랙 파워 운동과 이 운동에 대한 흑인 신학의 수용을 잘 설명한다.

블랙 파워 운동은 흑인들에게 권리를 부여하는 것을 지지하면서, 또한 혁명적 사회 변혁의 필요성을 말한다. 흑인들이 불의와 비인간적 대우를 수동적으로 받아들이는 것은 자신들을 노예로 만드는 사회 체계에 참여하는 것이다. 기독교 신앙은 그 본성 자체에서 혁명적이다. 그리스도인들의 책무는, 자신들이 백인 인종 차별주의 사회에 대해 가진 이해 관계를 의식하면서, 이 체계에 계속 압력을 가하는 것이다.[22]

블랙 파워 운동과 관계된 지도자들 중에 맬컴 엑스, 스토클리 카마이클(Stokely Carmichael, 1941-1998), 엘드리지 클리버(Eldridge Cleaver, 1935-1998)가 있다. 이들은 모두 1960년대 미국의 인종 차별주의에 반대한 항거자들로서 대중의 주목을 끌었고, 킹이 인종적 화해와 평화에 관해 말한 것과는 다른 목소리를 냈다. 바로 이런 흑인들의 분노라는 불안한 맥락으로, 콘이 『흑인 신학과 블랙 파워』를 들고 들어왔다. 이 책에서 그는 블랙 파워가 "20세기 미국을 향한 그리스도의 중심 메시지"라고 선언했다.[23] 그는 블랙 파워를

---

[22] J. Deotis Roberts, *Black Theology Today: Liberation and Contextualization* (New York: Edwin Mellen, 1983), pp. 158-159.
[23] James H. Cone, *Black Theology and Black Power* (New York: Seabury, 1969), p. 1.

"흑인들이 필요하다고 여기는 모든 수단을 통해, 백인의 압제로부터 흑인들을 완전히 해방시키는 것"이라고 정의했다.[24]

콘에게 흑인 신학은 블랙 파워에 기반하되, 예수 그리스도 안에 있는 하나님의 계시를 더한다. 흑인 신학은 그 계시와 그에 대한 신앙에 비추어 흑인의 상황을 분석한다. 콘의 주장에 따르면, 예수 안에서 흑인은 백인의 인종 차별주의를 무너뜨리는 데 필요한 "영혼"을 발견한다.[25] 하지만 흑인 신학의 주목할 만한 특징은 흑인의 경험을 신학적 기준의 위상으로 끌어올린 점이다. 신학에도 요구되는 콘의 비판적 원리는 다음과 같았다. "흑인 신학은…지금 자유를 달라는 흑인의 요구에 반대되는…어떤 교리도 받아들이지 않을 것이다."[26] 참으로 해방의 방식으로 콘이 신학을 정의하는 바에 따르면, 신학은 "억압받는 공동체의 실존적 상황에 비추어 세계 안에서의 하나님의 존재를 연구하는 것으로, 해방의 원동력을 복음의 정수인 예수 그리스도와 관련짓는다."[27] 다시 말해, 콘에게, 신학은 전통과 조화되게 혹은 현대성에 적응해 교리들의 보편적인, 정합성 있는 체계를 고안하려는 시도가 아니다. 신학은 실천적인 것으로, 특정한 억압받는 사람들의 집단과 그들이 해방을 위해 벌이는 투쟁에 대한 의식과 함께 시작한다. 그 신학은 그들을 위한 것이지, 모두를 위한 것이 아니다. 말하자면, 신학은 생각할 수 있는 모든 질문을 다루거나 모든 집단의 경험에 맞추려 하지 않는다. 콘은 흑인 신학을 "생존 신학"(survival theology)으로 정의하는데, 그것이 없이는 미국의 흑인들이 생존할 수 없는, "흑인의 정체성을 위한 투쟁의 신학적 차원들을 제공하려 하기 때문이다."[28] 그것은 생존 신학이고 그러므로 열정을 갖

---

24 같은 책, p. 6.
25 같은 책, p. 117.
26 같은 책, p. 120.
27 Cone, *Black Theology of Liberation*, p. 1.
28 같은 책, pp. 13-14.

고 말한다.²⁹ 그리고 그것은 생존 신학이기 때문에 오직 흑인들만을 위한 것이다. 그의 경고에 따르면, "백인 신학자들은 이 현실에 참여하기 힘들 것인데, 왜냐하면 그들이 비현실과 하나가 되어 있기 때문이다."³⁰ 여기서 그가 말한 "비현실"(unreality)이란 미국 사회에 만연되어 있다고 그가 믿은, 백인의 특권이라는 "위장된" 인종 차별주의를 의미했다. 이런 모든 이유 때문에, 흑인 신학은 다르다. 콘은 아프리카계 미국인들이 해방을 이루기 위해서는 "전통의 신학적 관심들과 단절하는 것이 필요하다"고 인정했다.³¹

흑인 신학의 차이는 신학의 원천과 기준에 관한 콘의 설명에도 나타난다. 첫 번째는 "흑인의 경험"으로, 그에게 이것은 "수치와 고난의 삶"을 의미한다.³² 하지만 그것은 또한 "흑인성의 정신을 붙들고 그 흑인성을 사랑하는 것이다."³³ 그것은 "제정신이 아닌 환경에서의 삶의 방식이다."³⁴ "그것은 당신이 거기에 속해 있지 않다고 말하는 사회에서 존재를 개척하는 것…으로부터 나온다."³⁵ 요약하면, 콘은 흑인의 경험에 관해 다음과 같이 말한다.

> [흑인의 경험은] 흑인 신학의 한 원천인데, 그 이유는 이 신학이 성경 계시를 미국의 흑인들의 상황과 관련시키려 하기 때문이다. 이는 흑인 신학이 하나님의 현존을 흑인 공동체에서의 해방의 사건들과 동일시하지 않고는, 하나님과 오늘날의 미국에 대한 하나님의 관여를 말할 수 없다는 것을 의미한다.³⁶

많은 백인이 신학은 모든 사람을 위한 것이어야 한다고 항의했지만, 콘

---

29 같은 책, pp. 17-20.
30 같은 책, p. 20.
31 같은 책.
32 같은 책, p. 23.
33 같은 책, p. 25.
34 같은 책.
35 같은 책.
36 같은 책.

과 다른 흑인 신학자들의 반응은, "보통 신학"(normal theology)이 언제나 백인들에 의해 그리고 백인들을 위해 수행되어 왔지만 백인들은 이 점을 보지 않는다는 것이었다. 하지만 흑인들은 본다.

흑인의 역사와 흑인의 문화는 흑인 신학을 위한 두 가지 추가적 원천이자 기준이다.[37] 콘은 계시인 하나님의 말씀을 어떤 문화와 동일시하는 데 반대하는 바르트의 경고를 인정한다. 그런 동일시는 1930년대에 독일 (나치) 그리스도인들이라는 현상으로 이어졌다. 하지만 콘은 이것을 억압받는 문화에는 적용되지 않는 것으로 무시한다. 대신에 그는 틸리히의 상관관계의 방법에 의존한다. "하나님의 계시는 억압받는 자들의 문화적 상황에서 그리고 그 상황을 통해 우리에게 온다."[38] 그렇다면 아프리카계 흑인들에 의해 그리고 그들을 위해 적절하게 수행되는 신학은 하나님의 말씀을 흑인의 역사와 문화에 적극적으로 관련시켜야 한다. 하지만 콘은 흑인 신학이 적실성 있기 위한 과업에서 오직 흑인의 역사와 문화만 이용해야 한다는 것을 의미하지는 않는다. 다만 그것들을 신적 계시의 원천으로 대해야 한다는 것이다. "하나님의 말이 우리의 말이다. 하나님의 존재가 우리의 존재다. 이것이 흑인 문화의 의미이며, 그 흑인 문화가 신적 계시에 대해 갖는 관계성이다."[39]

예수 그리스도에 관해서는 어떤가? 콘은 예수를 "하나님의 계시적 사건…그 자체"로 인정했다.[40] "그는 하나님의 사건으로서, 어떤 일을 하나님이 억압받는 자들을 위해 하는지를 통해 하나님이 누구인지 우리에게 말한다. 기독교적 사고에서 이 인간 예수는 우리가 하나님에 관해 말하는 모든 것에서 결정적 해석 요소여야 하는데, 왜냐하면 그가 하나님의 완전한 계시이기 때문이다."[41] 하지만 콘에게 예수 그리스도는 단지 과거의 사건이나

---

37 같은 책, pp. 25-29.
38 같은 책, p. 28.
39 같은 책.
40 같은 책, p. 30.
41 같은 책.

인간에 그치지 않는다. 그는 "오늘날 모든 사회 한가운데 현존하면서, 억압받는 자들의 해방을 이룬다."[42] 성경에 관해서는 어떤가? 어떤 의미에서 성경이 흑인 신학을 위한 원천이며 기준인가? 콘은 그것을 긍정했지만, 성경을 계시 자체와 동일시하거나 그것이 초자연적으로 영감되었다든지 오류가 있을 수 없다고 보지 않도록 경고했다. 성경의 주된 가치는 그것이 억압받는 자들의 해방자 예수 그리스도를 증언하는 데 있다. "성경의 중요성은 성경의 단어들 자체가 아니라, 오직 자신을 넘어 하나님의 계시라는 실재를 가리키는 성경의 능력에서만 찾을 수 있다. 그리고 미국에서, 그것은 흑인 해방을 의미한다."[43] 마지막으로, 전통에 관해서는 어떤가? 콘은 전통이 해방을 위한 사례와 추진력을 제공하는 경우를 제외하고는 흑인 신학의 원천이나 기준이 아니라고 보았다. "흑인 신학은 흑인의 해방 투쟁에서 이용할 수 있는 기독교의 전통에만 관심을 갖는다. 흑인 신학은 과거를 살피면서, '기독교 전통은 미국에서의 흑인 억압과 어떻게 관계되는가?'를 묻는다."[44]

콘은 예수 그리스도를 언급함으로써 흑인 신학이 신학의 원천과 기준에 대해 가진 입장을 요약했다. "흑인-담론이기를 추구하는 모든 하나님-담론의 기준은, 흑인 해방을 위해 필요한 영혼을 공급하는 흑인 그리스도로서의 예수의 현현이다."[45] 이것은 기독교적 하나님 담론이, 적어도 아프리카계 미국인들에게는, 철저한 수정을 거쳐야 함을 의미한다. 이 담론은 억압받는 자들의 해방자로서의 하나님에 관해 말해야 하며,[46] 단지 추상적 개념으로서의 "억압받는 자" 혹은 흑인이 아닌 다른 억압받는 자들에 관해서만 말하면 안 된다. 콘은 다른 억압받는 집단이 있음을 부인하지 않았지만, 미국에서의 흑인 억압은 독특하고 해방자로서의 하나님에 대한 모든 담론의

---

42 같은 책.
43 같은 책, p. 32.
44 같은 책, p. 35.
45 같은 책, p. 38.
46 같은 책, p. 60.

초점이어야 한다고 믿었다. 아마도 콘의 가장 유명한 주장은 "하나님은 흑인이다"라는 것이다.[47] 이것은 사람들의 관심을 끌기 위해 의도된 진술이었지만, 많은 사람이 이 진술을 지나치게 문자적으로 받아들였다. (콘이 의도하지 않은 것처럼) 하나님이 문자적으로 피부가 검은 게 아니라면, 그 말은 무엇을 의미하는 것일까? 콘은 전통적 신학이, 특히 미국에서, 하나님을 백인성(whiteness)과 동일시했다고 믿었다. 그의 관점에서는, "하나님은 백인"이라는 것이 대부분의 사람들의 믿음이다. 이것은 대부분의 사람들이 하나님을 백인 문화를 정당화하는 존재로 생각하는 경향이 있음을 의미한다. "하나님은 흑인이다"라고 말함으로써, 콘은 하나님이 스스로를 아프리카계 미국인들과 동일시하고 그들이 백인의 인종 차별주의로부터의 해방을 위해 벌이는 투쟁에 함께한다는 것을 의미했다.

여기서 우리는 콘이 직접 설명하는 것을 직접 들을 필요가 있다.

하나님의 흑인성이, 그리고 그것이 인종 차별적 사회에서 암시하는 모든 것이, 흑인 신학 신론의 핵심이다. 정확히 피부색 때문에 인간이 고난을 당하는 사회에서, 피부색 없는 하나님을 위한 자리는 흑인 신학에 없다. 흑인 신학자는 하나님을 모든 사람들의 하나님으로 그림으로써 흑인의 자기 결정권을 질식시키는 하나님 개념을 거부해야 한다. 하나님이 억압받는 자들과 동일시되어 그들의 경험이 하나님의 경험이 되는 지점에 이르든지, 그렇지 않다면 하나님은 인종 차별주의의 하나님이다.…하나님이 흑인들의 목표를 하나님의 목표로 삼았기 때문에, 흑인 신학이 신론을 하나님의 흑인성에 대한 주장과 함께 시작하는 것은 적절할 뿐만 아니라 필수적이다. 하나님의 흑인성은 하나님이 억압받는 자들의 상황을 자신의 상황으로 삼았음을 의미한다.[48]

---

[47] 같은 책, p. 63.
[48] 같은 책.

이 주장은 신론에 어떤 파급 효과를 가지는가? 콘은 하나님의 주권 교리에 주의를 집중한다. 흑인 하나님(a black God)은 역사의 섭리적 통치자로 상상될 수 없다. 콘은 통제하는 섭리로서의 하나님의 주권이라는 전통적 기독교 교리를 거부했다. 만약 그것이 섭리의 의미라면, 콘이 말하는 바에 따르면, "모든 인간적 고난이 신적 계획에 부합한다는 결론을 피하는 것은, 불가능하지 않다면 어렵다. 이는 6백만 유대인의 죽음, 아메리카 원주민의 학살, 흑인의 노예화와 사적 폭력, 그리고 모든 다른 비인간성이 '하나님의 지식과 의지 안에서' 일어났음을 의미할 것이다. 오직 억압하는 자들만 그런 주장을 할 수 있다."[49] 콘에게 하나님의 흑인성은, 하나님이 역사의 통치자가 아니라 억압받는 자들의 해방자라는 것을 의미한다. 그리고 하나님의 전능은 하나님이 문자적으로 무엇이든 할 수 있음을 의미하지 않는다. 그것은 "흑인들이 백인성과 구별되도록 하며 존재하게 하는 능력을 의미한다."[50]

콘이 제기하는 또 다른 충격적 주장은, 하나님을 구원과 관련하여 알기 위해서 "우리는 하나님과 함께 흑인이 되어야 한다!"는 것이다.[51] 다시 말하지만, 그는 문자적으로 피부색 등이 검게 되는 것을 의미하지 않았다. 오히려 "하나님의 계시를 받는다는 것은, 하나님의 해방 사역에 동참함으로써 하나님과 함께 흑인이 된다는 것이다."[52] 콘이 구원과 하나님을 아는 것에 관해 말했을 때, 그는 사후에 지옥을 피하고 천국에 가는 것에 관해 말하지 않았다. 사후의 삶을 전혀 부인하지 않으면서, 그의 초점은 전적으로 이생과 이 세계를 변화시키는 것에 있었다.[53] 콘은 백인들이 흑인이 될 수 있다고 암시하고 있었던 것으로 보인다. 그것이 그들이 구원받을 수 있는 유일한 희망일 텐데, 여기서 콘이 말하는 구원이란 하나님과 함께 있고 하나님

---

49 같은 책, p. 80.
50 같은 책, p. 81.
51 같은 책, p. 65.
52 같은 책, p. 66.
53 콘이 죽음 이후의 삶에 관해 논의하는 것을 *Black Theology of Liberation*, pp. 135-142에서 보라.

의 뜻을 행하는 것을 의미한다. 『눌린자의 하느님』에서 그는 일부 백인들이 흑인이 될 수 있는 일말의 희망을 드러냈다.

> 나는 백인 억압자들 중에서 회심이 있을 **드문** 가능성을…백인들이 흑인이 될 가능성을 배제하지 않는다. 하지만 성경적 의미에서의 회심은 **근본적** 경험이며, 그것은 흑인들에 대한 백인들의 동정이나 백인 친구들의 가슴 속에 있는 경건한 느낌과 동일시되어서는 안 된다. 성경에서 회심은 회개와 거의 동일시되며, 둘 다 "한 사람의 전체 삶과 인격의 [근본적] 방향 전환"을 의미하는데, 이것은 새로운 윤리적 행동 방침의 수용을 포함한다.[54]

다시 말해, 구원받고 하나님을 참으로 알기 위해서, 백인은 백인으로서의 특권을 포기하고 억압받는 아프리카계 미국인들과 연대해서 그들이 인종차별주의에 반대해 벌이는 투쟁에 함께해야 한다.

콘의 신학이 논쟁을 일으키고 의식을 일깨우다

콘을 신랄하게 비판하는 사람들 가운데 일부는 다른 아프리카계 미국인 신학자들이고, 일부는 자신의 신학을 흑인 신학과 동일시하기도 한다. 『해방과 화해』에서 로버츠는 콘이 백인과 흑인 사이의 화해를 흑인 신학의 한 목표로 인정하지 않는다고 비판했다. 그에 따르면, "흑인과 백인을 위한 진정한 실존은 그리스도의 몸 안에서 동등한 자들 사이의 화해에서 마침내 실현될 수 있을 뿐이다."[55] 다른 책에서 로버츠는 자신이 콘의 신학에서 발견한 여러 약점들을 놓고 콘에 대한 전면적 비판을 가했다. 아마도 그의 가장 신랄한 비판은 "콘의 신학 방법에는 도덕적 마비가 내재해 있다"는 것

---

[54] Cone, *God of the Oppressed*, p. 241.
[55] J. Deotis Roberts, *Liberation and Reconciliation: A Black Theology* (Philadelphia: Westminster Press, 1971), p. 25.

인데,⁵⁶ 왜냐하면 콘이 급진적 아프리카계 미국인 활동가들에게 폭력 사용을 허락하는 것으로 보였기 때문이다. "분노한 젊은 흑인 투사들이 도덕적 인도를 구하고 있었다. 그들은 양식을 구했다. 하지만 그는 돌을 던져 주었다."⁵⁷ 로버츠에 대한 답변으로 콘은 다음과 같이 썼다. "너무 빨리 또는 잘못된 때 건네는 화해의 말은, 억압하는 자들에게 흑인들을 억압할 더 많은 권력을 부여하는 것일 뿐이다."⁵⁸ 『흑인 해방 신학』 1986년판의 새로운 서문에서 콘은 일부 누락과 간과에 대해 유감을 표하면서도 대체로 그 책의 날카로운 언어를 고수하고, 미국에서의 백인 인종 차별주의라는 "이단"의 깊은 타락의 현실을 고려할 때 그런 언어가 필연적이었다고 주장했다.⁵⁹

콘의 신학에 대한 또 다른 아프리카계 미국인의 비판은 여성들로부터 나왔는데, 그들은 그가 심지어 흑인 남성들에 의해서도 자행된 여성 탄압을 간과했다고 비판했다. 그들은 성차별주의가 인종 차별주의와 구별되면서도 똑같이 해롭다고 지적했다. 흑인 여성주의(womanist) 신학자 델로어스 윌리엄스(Delores Williams)는 콘을 비롯한 다른 남성 흑인 신학자들을 비판하면서, 그들이 흑인 신학을 구성하면서 아프리카계 미국인 여성들의 독특한 경험을 무시했음을 지적했다.⁶⁰ 1990년대와 21세기의 첫 10년에 걸쳐, 흑인 여성주의 신학은 여성주의 신학의 통찰들에 흑인 신학을 접목해서 백인 및 흑인 남성들과 백인 여성들로부터 억압받은 흑인 여성들의 경험에 기반한 독특한 해방 신학을 표현하려 했다. 흑인 여성주의 신학은 "흑인 여성들의 경험과 사상을 분석의 중심에" 둔다.⁶¹ 흑인 여성주의 신학자들은 종종 『컬러 퍼플』(*The Color Purple*, 1982) 같은 앨리스 워커의 저작들을 읽으면서 영감

---

56 Roberts, *Black Theology Today*, p. 39.
57 같은 책.
58 Cone, *God of the Oppressed*, p. 243.
59 Cone, *Black Theology of Liberation*, p. xv.
60 Delores Williams, *Sisters in the Wilderness: The Challenge of Womanist God-Talk* (Maryknoll, NY: Orbis, 1993), p. 269.
61 Patricia Hill Collins in Hayes, *And Still We Rise*, p. 139에서 인용됨.

을 얻는다. 흑인 여성주의 신학자들의 주장에 따르면, 만약 억압과 해방을 위한 투쟁의 경험이 신학의 적절한 맥락들이라면, 미국의 어떤 집단도 아프리카계 미국인 여성들만큼 하나님에 대한 탁월한 통찰을 갖지 못한다.

당연히 콘은 많은 백인 신학자들과 비(非)신학자들로부터 신랄한 비판을 받았다. 아마도 가장 상징적 예는, 버락 오바마(Barack Obama)의 대통령 선거 운동 도중에 2008년 3월 전국 뉴스에서 인용된 제러마이어 라이트(Jeremiah Wright)의 설교에 대한 널리 퍼진 반응이었다. 라이트의 설교에서 발췌한 글은 콘의 영향을 드러냈다. 일부 논평가들은 콘이 급진적, 반(反)미국적, 심지어 마르크스주의적 신학자이며, 라이트는 그의 제자라고 주장했다. 하지만 대체로 백인 신학자들은 콘에 관해 상대적으로 침묵을 지켜 왔다. 스탠리 그렌츠(1950-2005)는 다음과 같은 말로 많은 신학자의 견해를 표현했다.

> 흑인 신학은 경험을 신학을 위한 기준의 위치로 끌어올렸다. 이렇게 해서, 흑인 신학은 당연히 이전의 자유주의의 특징적 방법론을 반영했다. 하지만 흑인 신학은 이 접근에서 한 걸음 더 나아갔다. 그것의 기준은 보편적 인간 경험이 아니라, 억압의 측면에서 기술된 흑인 공동체의 구체적 경험이다. 결과적으로, 흑인 신학은 엄청난 재해석 프로그램이 되었다. 전통적 기독교의 구원 내러티브와 그에 대한 설명에 전통적으로 사용된 신학적 범주들은…정치·경제·사회의 관점에서, 그리고 구체적 개별 민족의…관점에서 주조된다. 그것은 고전적 신학을 미화한 영적·우주적, 그리고 보편의 인간적 틀과 반대되는 것이다.[62]

---

[62] Stanley J. Grenz and Roger E. Olson, *20th Century Theology: God and the World in a Transitional Age* (Downers Grove, IL: InterVarsity Press, 1992), pp. 209-210. 『20세기 신학』(IVP).

구스타보 구티에레스가 라틴 아메리카를 위한 해방 신학을 발전시키다

좋은 이유로 구티에레스는 라틴 아메리카 해방 신학의 아버지로 불려 왔다. 그는 바르톨로메 데 라스 카사스(Bartolomé de Las Casas, 1484-1566) 같은 사람들의 이전 저작들에 의존했다. 바르톨로메 데 라스 카사스는 스페인의 사제로서, 종종 남미의 아메리카 원주민들을 열등한 인류라고 여긴 스페인 정복자에 맞서서 원주민들을 보호했다. 라스 카사스가 스페인 황제에게 주장한 바에 따르면, 원주민들은 인간으로서 하나님의 형상으로 창조되었으며 그러므로 존경과 정의를 누릴 자격이 있다. 그는 구원을 사회 정의와 연결하면서, 스페인 사람들이 원주민들을 잔인하게 대함으로써 자신들의 구원을 위험에 빠뜨리고 있다고 지적했다.[63] 구티에레스는 또한 유럽의 정치 신학자들인 메츠와 몰트만의 저작들을 기반으로 했다(참고. 8.a.). 그는 유럽의 신학에 익숙했는데, 1950년대에 유럽에서 공부했기 때문이다. 1960년대에 이 페루의 사제는 리마 가톨릭 대학교(Catholic University in Lima)에서 신학을 가르치기 시작했다. 이어지는 10년 동안에 그는 급진적 사회 이론을 깊이 읽었고, 남미의 동료 가톨릭 사제와 신학자들과의 논의에 참여했다. 그가 함께 우정을 형성한 한 사람은 카밀로 토레스였는데, 구티에레스는 그에게 게릴라 집단에 가담하지 말라고 당부했다. 그럼에도, 구티에레스는 가난한 자들을 향한 토레스의 헌신과 공정한 사회에 대한 꿈에 감명을 받았다.[64]

1960년대에 교회와 사회 모두에서 일어난 사건들은 구티에레스가 자신의 해방 신학을 전개하는 추진력이 되었고, 그것을 그는 『해방 신학』, 『역사 안에서의 가난한 자들의 힘』, 『우리의 우물에서 생수를 마시련다』(We Drink from Our Own Wells, 1984)와 다른 글들에서 발표했다. 1960년대의 주요 사건으로 첫 번째는 로마에서 열린 제2차 바티칸 공의회(1962-1965)가 있다. 이

---

[63] Gutiérrez, *Power of the Poor in History*, p. 205.
[64] Robert McAfee Brown, *Gustavo Gutiérrez: An Introduction to Liberation Theology* (Maryknoll, NY: Orbis, 1990), p. 34.

공의회는 비록 가톨릭 교리를 바꾸지 않았지만, 적용과 실천을 위한 새로운 통찰들에 교회의 문들을 열었다. 더 이상은 가톨릭 신학이 모두 로마에 얽매이지 않아도 되었다. 가톨릭 신학자들은, 가톨릭 교의에 반대되지 않는 한, 자신들의 맥락에 독특한 토착적 신학들을 만들어 내는 것이 가능했다. 두 번째 주요 발전은 많은 남미 국가들에서의 민족 안보 국가의 등장이었는데, 이것은 피델 카스트로(Fidel Castro) 치하의 쿠바에서의 사건들에 대한 반응에서 나온 것이었다. 많은 나라가 미국의 지원을 받는 새로운 군사적 우익 정부들에 의해 통치되었다. 이런 나라들은 종종 반체제 인사들, 특히 사회주의를 지지하는 자들을 박해하고 죽이기까지 했다. 세 번째는 일련의 라틴 아메리카 주교들의 회합으로, 1968년의 제2차 라틴 아메리카 주교 회의(Consejo Episcopal Latinamericano, CELAM II)에서 최고조에 이르렀다. 여기서 가톨릭 지도자들은 교회가 전통적으로 지배 권력과 결탁한 것을 비판하고, 가난하고 반대하는 자들에 대한 "제도화된 폭력"을 비판함으로써 세계에 충격을 주었다. 네 번째 발전은 많은 라틴 아메리카 국가들에서의 기초 공동체들의 출현이었다. 기초 공동체는 제도권 교회의 영역 바깥에서 만나는 주로 가난한 사람들로 구성된 작은 무리로, 종종 급진적 사제가 이끌어서 자신들의 사회적 상황에 대해 성경 메시지가 암시하는 것을 논의하고 공동체 발전을 위해 서로 도왔다. 때때로 이 기초 공동체들은 혁명적 행동 위원회를 만들어 냈고, 따라서 많은 지배층 군부에 의해 체제 전복적이라고 여겨졌다.

1971년에 이르러 라틴 아메리카는 아르헨티나의 해방 신학자 호세 미구에즈 보니노(José Míguez Bonino, 1924-2012)가 "혁명적 상황"이라 부른 상태에 있었다.[65] 구티에레스의 긴급한 질문은 이 상황에서 교회의, 그리고 신학의 역할에 관한 것이었다. 세계의 다른 지역과 달리 대다수 남미 국가들과 여러 중미 국가들에서는 가톨릭교회가 국교였다. 그의 관심은 교회와 그

---

65   José Míguez Bonino, *Doing Theology in a Revolutionary Situation* (Philadelphia: Fortress, 1975).

교회가 많은 라틴 아메리카 국가들에 있는 구조적 빈곤, 제도화된 폭력, 혁명적 상황에 어떻게 대응하는가에 있었다. 따라서 구티에레스는 확연히 라틴 아메리카적 신학을 구축하려 했는데, 그것은 1970년대 라틴 아메리카의 사회적 맥락(social context)에 적실성 있는 신학이어야 했다. 그렇다면 그의 신학의 1차적이며 가장 근본적인 원리는, 좋은 신학이란 언제나 상황적(contextual)이라는 것이다. 보편적 신학은 존재하지 않는다는 것이다. 로마나 튀빙겐이나 뉴욕에서 전개된 것이 라틴 아메리카의 그리스도인들에게는 적실성이 없거나 심지어 사실이 아닐 수도 있다. 멀리 외부에서 부과된 신학은 심지어 억압적일 수 있다. 구티에레스를 비롯한 라틴 아메리카 해방 신학자들이 보기에 그러한 신학들은 라틴 아메리카에 적합하지 않은데, 그 이유는 다음과 같다.

> 여기서 믿음은 이 세상의 가난한 자들이 살아 내는 것이다. 여기서 자기표현을 추구하는 신학적 숙고는 이 고난들에 대한 임시방편에 그칠 의도가 없으며 지배적 신학에 편입되기를 거부하기 때문이다. 여기서 신학은 자신을 지배적 신학들과 구별시키는 점을 더 잘 의식하는데, 그 신학들이 보수적이든 혹은 진보적이든 마찬가지다.[66]

콘과 마찬가지로, 구티에레스는 악의 급진적 성격이, 이 경우에는 빈곤과 제도화된 폭력이 신학적 대응을 요구한다고 믿는다. 그에게 그것은 1930년대 독일의 상황과 비슷하다. 나치가 지배하던 그 기간 동안에, 기독교 신학은 실제로 했던 것보다 더 분명하게 대응했어야 했다. 하지만, 일부 예외를 제외하고는, 당시에 독일의 지배적 신학은 상황을 무시하거나 적응했다. 구티에레스를 비롯한 라틴 아메리카 해방 신학자들을 그들의 문화적

---

66 Gutiérrez, *Power of the Poor*, p. 186.

맥락에 대한 이러한 인식을 떠나서 이해하기란 불가능하다.

구티에레스의 생각에, 신학이 라틴 아메리카에서 다루어야 하는 질문은 유럽과 북미에서 지배적 신학들이 다루어 온 것들과는 다르다. 유럽과 북미에서 신학은 현대성에 의해 제기된 지성적 질문들에 의해 사로잡혀 있었다. 1960년대와 1970년대의 주요 질문은 '세속적 세상에서 어떻게 하나님에 관해 말할 것인가?' 하는 것이다. 대조적으로, 라틴 아메리카 신학의 과업은 불신자의 질문들이 아니라 "비인간", 즉 "현재의 사회 체제에서 인간으로 여겨지지 않는 인간, 즉 착취된 계층, 소외된 민족 집단, 경멸 받는 문화"의 질문에 의해 좌우된다.[67] 이것은 구티에레스 또는 다른 라틴 아메리카 해방 신학자들이 다른 사회적 맥락에서 전개된 신학들에 관한 모든 것을 거부한다는 말은 아니다. 실제로, 로마가톨릭으로서 구티에레스는 가톨릭 신학으로부터, 특히 프랑스 가톨릭 신학자들의 '누벨 테올로지'(nouvelle théologie, "새로운 신학")로부터 많은 것을 차용했는데, 이 신학은 제2차 바티칸 공의회에 의해 명시된 세계에 대한 새로운 개방성이 출현하는 것을 도운 바 있다. 특히 칼 라너(참고. 10.a.)의 영향이 구티에레스의 사상에 분명히 나타난다.[68] 여기서 요점은 구티에레스가 라틴 아메리카 밖에서 전개된 지배적 신학 또는 신학들을 모두 버리거나 무시했다는 것이 아니다. 요점은 그가 문화적으로 적실성 있는 신학, 설령 부분적으로 다른 곳에서 차용했을지라도 라틴 아메리카 사람들 자신에 의해 발전된 신학을 찬성했다는 것이다.

라틴 아메리카 지역에서의 빈곤의 성격을 이해하지 않고서는 구티에레스를 비롯한 라틴 아메리카 해방주의자들을 이해할 수 없다. 구티에레스가 『해방 신학』을 저술할 당시, 페루에서는 절반 이상의 아이들이 5세 이전에 사망했다.[69] 브라질에서는 상위 2퍼센트의 지주들이 60퍼센트의 경작

---

67 같은 책, p. 193.
68 Brown, *Gustavo Gutiérrez*, p. 25.
69 같은 책, p. 52.

지를 소유한 반면, 시골 가구들의 70퍼센트는 땅이 없었다. 페루에서는 이전에 여섯 명을 부양했던 노동자들이 이전의 절반도 안 되는 수입으로 여덟 명을 책임져야 했다. 엘살바도르에서는 6인 가구가 생존을 위해 일 년에 333달러가 필요했지만, 인구의 절반 이상은 그것보다 덜 벌었다. 라틴 아메리카 전역에서 빈곤이 재앙의 수준에 이르렀다. 해방 신학자로 돌아선 한 사제가 말하는 바에 따르면, 그가 계속해서 접촉하는 사람들은 "쓰레기장에서 무엇인가를 구하려고 돼지 및 독수리와 경쟁하며 살아야 한다."[70] 가난한 자들이 더 가난해질수록, 소수의 부유한 자들은 더 풍요를 누렸다. 이 상황들에 이의를 제기한 많은 사람이 이상하게도 실종되거나 암살되었다. 엘살바도르의 대주교 오스카 로메로(Oscar Romero)는 1980년에 교회에서 미사를 드리던 도중에, 정부의 지원을 받는 암살단에 의해 저격되었다. 그 이유는 그가 젊은 엘살바도르 군인들에게 동료 국민에 대한 발포 명령을 거부하라고 공공연히 요구했기 때문이다.[71] 구티에레스의 결론은 다음과 같다.

> 우리가 직면하고 있는 상황은 인간의 존엄성 혹은 인간의 가장 기본적 필요들조차 고려하지 않으며, 인간의 생물학적 생존과 그들이 자유롭고 자율적일 기본적 권리도 허용하지 않는다. 빈곤, 불의, 소외, 그리고 인간에 의한 인간 착취는 메데인 회의[CELAM II]가 주저 없이 "제도화된 폭력"이라고 규탄한 상황을 형성하는 데 일조한다.[72]

이런 비인간적 상황에 직면해서, 이 페루의 신학자는 사회·정치·경제의 현상 유지와의 철저한 단절이 필요하다고 주장했다.[73] 그러한 단절은 이

---

70 Leonardo Boff in Dean William Ferm, *Profiles in Liberation* (Mystic, CT: Twenty-third Publications, 1988), p. 125로부터 인용됨.
71 Brown, *Gutiérrez*, p. 39.
72 Gutiérrez, *Power of the Poor*, p. 28.
73 여기서 해방 신학자들의 자본주의 비판을 상세히 기술하는 것은 불가능하다. 그에 대한 최고의 개

미 진행 중이다. 라틴 아메리카는 혁명적 격동을 겪고 있어서, 구티에레스의 표현에 따르면, "해방에 대한 넓고 깊은 열망이 우리 시대의 인류 역사를 활활 불태우고 있다. 이 해방은 인간을 제약하고 인간의 자기성취를 막는 모든 것으로부터의 해방, 자유의 행사를 방해하는 모든 것으로부터의 해방이다."[74] 그렇다면 질문은 교회가 개입해야 하는지 혹은 편을 들어야 하는지 여부가 아니다. 해방 신학자들에 따르면, 질문은 교회가 누구의 편을 들어야 하는가, 즉 계속 압제하는 자들의 편을 드는가 아니면 가난하고 억압받는 자들의 편을 드는가 하는 것이다.

모든 해방 신학의 기초적 원리는, 구티에레스에 따르면, 가난한 자들에 대한 하나님의 우선적 선택(God's preferential option for the poor)이다. "가난한 자들이 마땅히 편애(preference)를 누리는데, 이는 그들이 도덕적으로 또는 종교적으로 다른 사람들보다 더 낫기 때문이 아니라, 하나님은 하나님이고 그의 눈에 '꼴찌가 가장 먼저'이기 때문이다. 이 진술은 정의에 대한 우리의 좁은 이해와 충돌한다. 그러므로 이러한 편애 자체는 하나님의 길들이 우리의 길들과 다르다는 점을 떠올리게 한다."[75] 가난한 자들에 대한 편애는, 비록 하나님이 모든 사람을 사랑하지만, 하나님이 자신을 가난한 자들과 동일시하고 가난한 자들에게 자신을 계시하고 특별한 방식으로 가난한 자들의 편에 선다는 것을 의미한다. 무엇보다도, 그것은 계급 투쟁에서 하나님이 가난한 자들의 편에 서서 모든 억압하는 자들이 착취하고 비인간화하는 것에 반대함을 의미한다. 이 기본적 원리가 다음의 원리를 형성하는데, 즉 실천에 대한 비판적 숙고로서의 신학이다. 구티에레스를 비롯한 해방 신학자들에게, 신학은 가난한 자들의 해방을 위한 헌신에서 시작하며 그것으로부터 나온다. 이것이 실천이 그들에게 의미하는 것이다. 그렇다면 신학적 숙

괄적 진술을 Bonino, *Doing Theology in a Revolutionary Situation*, pp. 21–37에서 보라.
[74] Gutiérrez, *Theology of Liberation*, p. 18.
[75] 같은 책, p. xxxviii.

고는 하나님의 말씀이 그러한 가난한 자들을 위한 기독교적 관여에 관련되도록 해서, 그것을 지원하고 정화하려는 것이다. 많은 점에서 이 이해는 고전적 신학 방법과 현대성의 지식을 발견하는 방식과 대조를 이룬다. 해방 신학자들에게, 신학적 숙고는 단지 이론적이거나 객관적인 것으로 분리되는 일이 결코 없다. 그렇다면 구티에레스를 비롯한 이들은 신학 방법에서의 또 다른 코페르니쿠스적 전환을 감행하고 있는 것이며, 거기에는 현대성에 적응된 전통과 신학으로부터의 인식론적 단절이 포함된다. 하나님에 대한 지식은, 그들의 주장에 따르면, 언제나 억압당하는 자들의 해방에 대한 적극적 순종을 포함한다. 콘의 흑인 신학과의 유사성이 여기서 두드러진다. 구티에레스에 따르면, "하나님을 아는 것은 정의를 위해 일하는 것이다. 하나님에게 이르는 다른 길은 없다."[76]

구티에레스와 일반적 해방 신학자들에게, 계시란 무엇인가? 그리고 성경은 신학에서 어떤 역할을 하는가? 만약 실천이 신학의 1막이라면, 숙고는 신학의 2막이다. 그리고 기독교 신학으로서는, 실천에 관한 숙고가 계시를 요구한다. 하지만 계시는 성경 이상의 것이다. 계시는 역사 속에서의 하나님의 해방하는 활동이라는 전체의 역사 기획을 망라한다. 해방 신학은 하나님을 역사와 밀접하게 연결하면서, 하나님 자신에 관한 사변을 피한다. 구티에레스에 따르면, 구약에서 하나님이 자신의 백성을 속박과 억압에서 해방시키는 것이 "하나님의 현현"을 형성한다. 하나님은 출애굽 같은 거대한 사건들에서 나타나고 역사 안으로 들어선다. 신약에는 하나님이 역사와 맺는 관계의 새로운 차원이 나타난다. "예수 그리스도를 통해 하나님은 자신을 역사 안에서 계시할 뿐만 아니라, 하나님 자신이 역사가 된다."[77] 물론 이 페루 신학자는 하나님과 역사가 합쳐진다는 것을 의미하지 않았다. 여

---

[76] 같은 책, p. 10.
[77] Gutiérrez, Power of the Poor, p. 13.

기서 그는 성육신을 하나님의 역사 계시의 궁극적 지점이며 하나님 자신이 역사 안으로 들어서는 지점으로 말하고 있다. 성경은 가난하고 억압받는 자들을 위한 하나님의 계시적 활동에 대한 1차 자료이며 규범적 기록이다. 하지만 하나님의 활동은 과거에 국한되지 않고 현재 진행형이다. 계시는 계속된다. 구티에레스는 거기서 새로운 교리들이 계시되는 것에 관해 말하지 않고, 사람들을 해방시키는 하나님의 사역이 계속되고 있음을 말하고 있다. 성경은 계시된 진리들의 집합을 형성하지만, "신앙의 저장고"는 성경에 국한되지 않는다. 반대로, 계시는 "그리스도인들을 하나님의 뜻에 따라 헌신하도록 일깨우고 그 헌신들을 하나님의 말씀에 비추어 판단하게 하는 기준들을 제공하는 교회 안에 살아 있다."[78] 그렇다면 신학은 해석학적 순환으로서 한편으로 실천과, 다른 한편으로 그 실천에 대해 성경, 전통, 하나님의 계속되는 해방하는 활동을 기준으로 삼아 숙고하는 것 사이를 움직인다.

구티에레스의 주장에 따르면, 너무 자주 기독교는 구원과 기독교 선교를 순수하게 영적으로, 이 세계를 변화시키는 것과 관련 없는 천국에 이르는 길들로 여겨 왔다. 그러한 영적 이해에 반대해서, 그는 "총체적 해방"(integral liberation)으로서의 구원과 "해방하는 실천"(liberating praxis)으로서의 선교에 관해 말했다. 다시 말하지만, 그의 말과 글은 천국의 실재성이나 하나님과 인간 사이의 화해로서의 구원을 부인하지 않았다. 그는 이미 신학이 구원을 더 전인적으로 만듦으로써 이 문제들에 관해 결정한 것 위에 세우기를 원했는데, 구원을 사회적 세계를 포함하는 삶의 모든 것에 적용하려는 것이었다. 하지만 구티에레스는 하나님과의 다른 세상에서의 만남이 있을 수 없다고 말함으로써 "수프, 비누, 구원"의 복음을 넘어섰다[마지막으로 언급된 것은 잉글랜드의 감리교 목사이며 구세군의 창시자인 윌리엄 부스(William Booth, 1829-1912)의 핵심 사상이다—옮긴이]. 하나님은 "이웃에게로의 회심" 안

---

[78] Gutiérrez, *Theology of Liberation*, p. xxxiv.

에서 그리고 그것을 통해서만 만날 수 있으며, 그 외의 길은 없다.[79] 참된 구원이 총체적인 것은 그것이 인간 실존의 모든 차원들을 관련시키기 때문이다. 그는 천국에 들어가는 최소한의 요구사항을 찾는 데는 관심이 없었다. 구원은, 그에게, 하나님과 인간이 모든 관계의 완전한 인간화를 가져오기 위해 함께 일하는 활동이다. 해방 신학자들의 관심은 우리가 모두 "형제와 자매"가 되는 것인데, 이는 사람을 억압하고 착취하고 소외시키는 불의한 사회 체계를 폐지함으로써 이룰 수 있다.[80] 구티에레스가 자신의 저작 곳곳에서 분명히 하는 바에 따르면, 대부분의 해방 신학자들과 마찬가지로 그에게도, 이것은 라틴 아메리카의 극심한 빈부 격차를 낳은 사유 재산제와 자본주의를 폐지하는 것을 의미한다. 그는 사회주의에 세례를 베풀어 기독교 이데올로기로, 사회 구원에 이르는 **유일한** 길로 만들지 않고, 다만 사회주의를 라틴 아메리카의 억압적 사회 체계들을 구속하기 위해 필요한 한 가지 방법으로 권했다.

구티에레스가 보기에, 기독교 선교는 영혼들을 구원하는 것 이상을 포함했다. 오히려, 라틴 아메리카에 있는 교회의 선교는 사회를 하나님 나라를 향해 변혁시키는 것이다. 이 투쟁 중에 있는 가난한 자들과의 연대, 그들이 자신들의 빈곤의 진정한 원인들을 이해하도록 가르치는 것("의식화"), 그리고 억압을 떨쳐내기 위한 대중의 노력들을 지원하고 촉진하는 것이 모두 구원의 방편이다. 구티에레스에 따르면, "정의로운 사회를 건설하려는 모든 노력이 해방적이다. 그리고 그것은 근본적 소외에, 간접이지만 효과적 영향을 미친다. 비록 구원의 모든 것은 아니더라도, 구원적 사역인 것이다."[81] 해방 신학을 비판하는 많은 사람들에게 그러한 진술은 폭력의 문제를 제기했다. 과연 "모든 노력"이 폭력을 포함하는가? 구티에레스를 포함

---

79 같은 책, p. 118.
80 Gutiérrez, *Power of the Poor*, p. 64.
81 Gutiérrez, *Theology of Liberation*, p. 104.

하는 대다수 해방 신학자들은, 폭력이 결코 이상적이지는 않지만 (심지어 그리스도인들에게조차) 최후의 수단으로서 정의를 가져오기 위해 필요할 수 있다고 본다. 그는 모든 혁명이 비폭력적이기를 선호했지만, 게바라와 토레스처럼 기성 질서의 폭력에 반대해 무장 투쟁에 참여하는 것이 필요하다고 본 사람들을 비판하기를 거부했다. "우리는 억압하는 자들이 '질서'를 유지하거나 보전하기 위해 폭력을 사용하는 것은 괜찮고, 억압당하는 자들이 그 동일한 질서를 전복시키기 위해 폭력을 사용하는 것은 그르다고 말할 수 없다."[82] 하지만 기독교 선교의 주된 수단은, 그의 주장에 따르면, 억압적 사회 구조들에 대한 비폭력의 예언자적 비판이며, 또한 특히 빈곤을 비롯해서 사람들을 비인간화하는 모든 것으로부터의 완전한 해방을 위한 하나님의 뜻을 선포하는 것이다.

구티에레스가 문제를 밝히고 비판을 받다

라틴 아메리카 해방 신학에 대한 비판자들은 군대(legion)처럼 많다. 어떤 이유에서든 해방 신학은 흑인 신학보다도 더 많은 비판의 표적이 되어 왔는데, 그것들이 기본적 동기 면에서 상당히 비슷함에도 불구하고 그렇다. 일부 관찰자들은 신학이 그토록 전적으로 상황화되어야 하는지 질문했다. 완전히 상황화된 신학은 고문이나 테러 행위를 비난하는 기초를 제거하지 않겠는가?[83] 해방 신학은 신학이 완전히 상황적이라고 주장함으로써 외부의 비판을 철저히 차단하는가? 다른 사람들은 라틴 아메리카의 빈곤이 그렇게 전부 다국적 기업 같은 외부자들이나, 군부 독재자들 혹은 그들의 소수 독재 정치 같은 내부자들 탓으로 돌려질 수 있는지 질문해 왔다. 빈곤의 원인이, 전부는 아니어도 일정 부분은, 라틴 아메리카 문화의 특징적 조건들에

82　Gutiérrez, *Power of the Poor*, p. 28.
83　참고. Max L. Stackhouse, "Torture, Terrorism and Theology: The Need for a Universal Ethic", *The Christian Century* (October 8, 1986), pp. 861-863.

서 나왔을 가능성은 없는가?[84] 또 다른 비판자들은, 하나님이 가난한 자들을 단지 가난하다는 이유로 선호한다고 말하는 것이 성경적으로 또는 신학적으로 건강한지 묻는다. 어떤 사람은 "우리가 신적 편향이라는 개념을 받아들일 때 우리는 하나님의 백성 전체를 향한 우리의 사역에 신실하지 못한 것이다"라고 썼다.[85] 일부 비판자들은 해방 신학자들이 마르크스주의를 사용하는 것에 반대했다. 계급 투쟁 같은 마르크스주의적 범주들은, 그들이 말하는 바에 따르면, 해방 신학이 마르크스주의의 무신론적 역사관과 인간관에 빠지지 않고서는 사회 분석의 수단으로 사용될 수 없다. 예를 들면, 인간 소외의 경제적 원인에 대한 마르크스주의의 이해는, 인간을 하나님의 피조물이 아니라 노동을 통한 인간 자신의 창조의 산물로 보는 마르크스의 견해와 분리될 수 없다.[86]

복음주의 신학자 앤드루 커크(J. Andrew Kirk)는, 단지 라틴 아메리카 해방 신학뿐만 아니라 모든 종류의 해방 신학에 적용되는 해방 신학의 방법론에 반대했다. 커크는 이론과 숙고가 실천에 비해 부차적일 수 있는지 물었다. 올바른 실천은 무엇이 올바르고 무엇이 그른지에 관한 어떤 견해(이론과 숙고)를 전제하지 않는가? 그리고 그것은 그리스도인들에게, 실천이 아닌 성경이 궁극적 원천과 기준이 되어야 함을 의미하지 않는가? 커크의 통찰력 있는 주장에 따르면, 기독교 메시지의 새로운 이데올로기화(1930년대 독일 그리스도인들에게 일어난 것과 같은 일)를 피하기 위해서는 구티에레스의 신학 방법이 방향을 바꾸어야 한다. 올바른 실천과 그른 실천에 대한 어떤 선이해(先理解)는 신학적 숙고를 위한 장을 마련해야 한다고 그는 지적했다.

---

[84] Michael Novak, *The Spirit of Democratic Capitalism* (New York: Simon and Schuster, 1982). 이 책의 전체에 걸쳐 해방 신학에 대한 비판이 나온다.

[85] Sam A. Portaro Jr., "Is God Prejudiced in Favor of the Poor?" *The Christian Century* (April 24, 1985), pp. 404-405.

[86] Wolfhart Pannenberg, "Christianity, Marxism and Liberation Theology", *Christian Scholar's Review* 18:3 (March 1989): pp. 861-863.

그리고 만약 우리의 선이해가 성경으로부터 얻어지지 않는다면, 어떤 이데올로기로부터 나올 것이다.

이런 이유로, 우리는 현대 신학의 과업이 오늘날의 해방의 실천에 비추어 하나님의 말씀을 의식적으로 비판적으로 숙고하는 것이어야 한다고 주장한다. 만약 이것이 우리의 방법론의 순서가 아니라면, (구티에레스의 정의 안에 있는) "하나님의 말씀에 비추어"라는 문구는 궁극적으로 내용 없이 공허하게 된다.[87]

커크의 요점은 "올바른 실천은 궁극적으로 올바른 이론에 의존한다"는 것이다.[88]

해방 신학에 관한 많은 다른 질문들이 제기되었는데, 가령 해방 신학은 구원을 사회 변혁으로 축소하는지, 해방 신학은 하나님을 지나치게 역사와 동일시하는지 여부 등이다. 해방 신학자들은 비판자들과의 대화에 열심을 내지 않았다. 그들은 외부자들이, 특히 특권층의 사람들이 자신들의 맥락과 신학들에서 무슨 일이 벌어지고 있는지 이해할 수 없다고 주장한다. 그들은 또한 신학이 지적 논증의 힘이 아니라 열매로 판단되어야 한다고 주장한다.[89] 해방 신학의 옹호자들은 때로 이 신학자들의 정통성을 의문시하는 자들에게 악한 동기가 있다고 생각한다. 예를 들어, 로버트 맥아피 브라운(Robert McAfee Brown, 1920-2001)의 비난에 따르면, "교회는 바보에게 관대할 수 있지만, 예언자들 때문에 더 힘든 시간을 보내는데, 특히 그들이 이익을 방해하는 것으로 위협할 때 더 그렇다."[90] 대주교 카마라의 유명한 선언에 따르면, 그가 가난한 자들에게 빵을 주었을 때 사람들은 그를 성자로 불

---

87 J. Andrew Kirk, *Liberation Theology: An Evangelical View from the Third World* (Atlanta: John Knox, 1979), p. 193.
88 같은 책, p. 198.
89 Gutiérrez, *Power of the Poor*, p. 198.
90 Brown, *Gutiérrez*, p. 155.

렸지만, 왜 가난한 자들에게 빵이 없는지 물었을 때 사람들은 그를 공산주의자로 불렀다.[91] 해방 신학자들이 비판을 참지 못하는 주된 이유는 지식 사회학에 대한 그들의 헌신 때문이다. 그들이 보기에, 대개 그런 비판들은 억압을 겪지 않고 그러므로 억압에 대한 의식이나 사람들을 억압으로부터 해방시켜야 한다는 절박함이 없는 자들로부터 나온다.

이 책을 쓰고 있는 현재, 구티에레스를 비롯해 보프와 혼 소브리노(Jon Sobrino, 1938-) 같은 다른 라틴 아메리카 해방 신학자들은 여전히 글을 쓰고 가르치고 있지만, 대부분의 사람들의 설명에 따르면, 1970년대와 1980년대에 그토록 밝게 빛나던 이 운동에 위기가 있어 왔다. 보프와 소브리노는 바티칸에 의해 한동안 침묵을 강요받아야 했다. 다른 주요 라틴 아메리카 해방 신학자들은 무대를 떠나고 있으며, 브라운과 독일 신학자 도로테 죌레(Dorothee Sölle, 1929-2003) 같이 북미와 유럽에서 그들을 옹호하는 사람들도 마찬가지다. 의심의 여지 없이 바티칸은 해방 신학의 영향력을 감소시키려 해 왔다. 그럼에도 구티에레스가 제재를 면하기는 했지만 말이다. 동시에 라틴 아메리카 자체가 종교적으로나 세속적으로나 엄청난 변화를 겪었다. 가난한 자들 사이에서는 오순절주의가 해방 신학과 그 기초 공동체들보다 더 많은 추종자들을 모으고 있다. 일부 라틴 아메리카 국가들은 민주주의와 사회주의를 경험했다. 또한, 해방 신학에 심취한 혁명가들이 이끌었던 니카라과의 산디니스타 정권의 운명은 일부 사람들의 눈에 해방 신학의 신뢰성을 약화시켰다. 마지막으로, 세계 공산주의의 몰락과 서구 방식의 민주주의와 자본주의의 외견상 승리는 적어도 일시적으로는 해방 신학에 대한 관심이 줄어들게 만들었다. 툼스의 결론에 따르면,

---

91 John Dear, *Peace Behind Bars: A Peacemaking Priest's Journal from Jail* (Lanham, MD: Sheed and Ward, 1995), p. 65에 인용됨.

1990년대 동안, 해방 신학은 조직된 신학 운동으로서의 활력을 상실했으며 해방이라는 용어는 적실성의 위기에 직면했다. 하지만 해방 신학의 가난하고 억압받는 자들을 위한 헌신과 신학에 대한 방법론적 접근은 여전히 매우 적실성 있으며, 이것은 앞으로도 계속 이어질 것이다.[92]

로즈메리 래드포드 류터가 여성 운동/여성주의를 위한 신학을 발전시키다

류터의 기독교 여성주의(feminism)는 여성과 남성의 평등 추구를 훨씬 넘어선다. 이 점은 그녀의 여성주의 저작들에 잘 나타나는데, 특히 『가이아와 하느님』에서 가장 분명하다. 거기서 그녀는 여성과 남성이 모두 가부장제로부터 해방되어야 한다고 밝힌다. 그녀를 비롯한 기독교 여성주의자들이 정의하는 바에 따르면, 가부장제는 심리와 사회 체계로서, 그에 따라 특히 "타자들을 지배하려는 그칠 줄 모르는 권력"의 필요를 포함하는 남성의 삶의 방식들이 여성뿐만 아니라 다른 남성과 자연을 억압한다. 그녀는 다음과 같이 글을 쓴다.

> "여성의 해방"은 단지 여성을 소외된 남성적 삶의 방식에, 그것도 남성보다 훨씬 적은 혜택들을 주면서 편입시키는 것으로 여겨져서는 안 된다. 왜냐하면 이것은 남성이 스스로를 위해 만들어 낸 소외된 삶의 패턴에 여성을 덧붙이는 것에 불과하기 때문이다.…필요한 것은 여성과 남성 모두의 서로에 대한 관계와 그들의 "자연"에 대한 관계에서의 이중적 변혁이다.…하지만 더 깊은 변혁이 필요한 것은 여성보다는 남성의 삶의 방식이다. 남성은 자율적 개인주의라는 환상과, 그것의 확장인 타자들에 대한 자기중심적 권력을 극복할 필요가 있다.[93]

---

92 Tombs, *Latin American Liberation Theology*, p. 292.
93 Rosemary Radford Ruether, *Gaia and God: An Ecofeminist Theology of Earth Healing* (San Francisco: HarperSanFrancisco, 1992), pp. 265-266. 『가이아와 하느님』(이화여자대학교출판문화원).

전형적 남성의 삶의 패턴으로부터 여성과 자연을 해방시키는 것은 여성에게 권한을 주는 것과 그 이상을 의미한다. 그것은 여성과 남성과 자연의 참된 상호의존성을 성취하는 것을 의미한다.[94] 가부장제로부터의 그러한 해방에 있는 구체적 단계들로서, 또는 그것이 일어나고 있다는 징후로서, 류터는 비무장화(demilitarization)와 심층 생태학(deep ecology)을 가리킨다. 그러한 목적에 이르는 길로 그녀가 권하는 것은 "축제와 저항의 강력한 기초 공동체들"을 세우는 것인데, 그 안에서 사람들은 지구와의 조화 가운데 완전히 평등한, 상호의존적 삶을 산다는 것이 무엇을 의미하는지 배운다.[95] 류터에게 이것은 혁명적 변화에 이르는 길이다.

류터는 1936년에 텍사스주 조지타운에서 태어났다. 조지타운은 오스틴에서 멀지 않은 대학 도시다. 그녀는 가톨릭교도인 어머니와 성공회교도인 아버지에 의해, 인문주의적 가정 환경에서 자랐다. 류터의 아버지는 그녀가 12세 때 세상을 떠났으며, 이후에 그녀와 어머니는 캘리포니아로 이사하고 그곳에서 이 미래의 여성주의 신학자가 성장하고 교육을 받았다. 그녀는 감리교와 관련된 클레어몬트 신학대학원에서 고전학과 교부학으로 박사학위를 받고 졸업했다. 그녀는 역사적으로 아프리카계 미국인 전통인 하워드 대학교(Howard University) 신학부에서 처음으로 교수직을 맡았다. 이후 그녀는 감리교와 관련된 노스웨스턴 대학교의 개릿 신학대학원과 성공회와 관련된 퍼시픽 신학교[연합신학대학원(Graduate Theological Union)의 일원]에서 가르쳤으며, 마지막으로 클레어몬트에서 초빙 교수로 있었다. 그녀는 교수로서의 경력 내내 해방 신학의 가장 초기 옹호자 가운데 한 사람으로 알려졌다. 그때 그녀는 자신의 대표작 『성차별과 신학』을 발표했고, 이 책은 많은 사람들에게 기독교 여성주의 신학의 바이블로 남아 있다. 그녀의 다른 저

---

[94] 같은 책, p. 266.
[95] 같은 책, pp. 268-269.

서로는 앞에서 언급한 『가이아와 하느님』, 『여성 교회』(Women Church, 1987), 『여성과 구속』(Women and Redemption, 1998)이 있다. 그녀의 주된 업적 가운데 하나는 다른 기독교 여성주의자들과 함께 1983년에 시작한 "여성 교회"(Women Church) 운동의 형성이었다. "여성 교회"는 라틴 아메리카 기초 공동체들의 본을 따라 만들어진, 여성이 인도하는 기독교 예전 공동체들의 네트워크다. 남성도 환영을 받지만 보통은 인도하는 것이 허용되지 않는다. 이 교회들의 목적은 여성이 자신의 종교적 지도력을 발전시킬 공간을 제공하는 것이다.

류터의 여성주의 신학은, 일반적 여성주의 신학과 마찬가지로, 세 가지의 뚜렷하지만 꼭 시간 순서는 아닌 단계들로 발전했다. 이 단계들은 일반적 기독교 여성주의의 영속적 계기들 또는 측면들로 남아 있다. 류터는 과거에 대한 비판으로 시작한다. 즉 남성의 가부장적 교회와 문화에 의한 "여성 억압의 위험한 기억을 복원"하는 것이다. 두 번째 단계 또는 계기는 대안이 되는 성경적 그리고 성경 외적 전통들을 추구하는데, 류터의 묘사에 따르면, 그것은 "여성의 인격성, 하나님의 형상 안에 있는 여성의 평등성, 여성의 평등한 구원 가능성, 여성의 예언·가르침·지도력 참여"를 지원한다.[96] 마지막으로, 류터는 자신의 신학 방법들을 제시하는데, 거기에는 기독교적 범주들의 수정이 포함된다. "모든 신학적 교리와 개념은, 여성이 적어도 사회의 다른 분야에서처럼 교회 안에서도 체계적으로 억압받았다는 데 대한 점증하는 인식에 비추어 새롭게 검토되어야만 했다."[97] 류터는 여성주의 신학의 과업을 여성주의 신앙 공동체의 전망을 명확하게 하는 것과, 무엇이 참된 것인지 시험하기 위한 판단 기준을 명확하게 하는 것으로 개괄했다.

---

[96] Rosemary Ruether, "Feminist Theology in the Academy", *Christianity and Crisis* 45:3 (March 4, 1985), p. 59.
[97] Pamela Dickey Young, *Feminist Theology/Christian Theology: In Search of Method* (Minneapolis: Fortress, 1990), p. 13.

그러한 재구성이 필요한 이유는, 류터의 설명에 따르면, 여성주의 신앙의 제1원천이 교회나 전통, 혹은 성경일 수 없기 때문이다. 오히려,

> 모든 전통의 가부장적 왜곡은 여성주의 신학이 종교적 경험 자체에 대한 일차적 직관들에 다시 의존하게 만든다. 즉 궁극적으로 선한, 악을 바라거나 만들어 내지 않고 우리가 여성으로서 가진 자율적 인격성을 긍정하고 지지하는, 우리가 그 형상에 따라 만들어진 실재의 신적 토대에 대한 믿음이다.[98]

류터를 비롯한 여성주의 신학자들은 2천 년 이상 되는 기독교 역사를 돌아보면서, 그리고 심지어 오늘날에도 여성에 대한 가부장적 억압의 어두운 역사를 발견한다. 그들에게 유대교-기독교 전통의 역사 전체는 여성의 비가시성과 예속, 그리고 남성의 여성 지배로 특징지어진다. 교부들은 여성을 "결함이 있는 남성"이라 불렀으며 남성의 죄를 그들 탓으로 돌렸다. 중세의 신학자들은 여성을 "잘못 태어난 남성"으로 여겼고, 개신교 종교개혁자들은 교회나 사회에서 여성의 위상을 바꾸기 위한 일을 전혀 하지 않았다. 심지어 바르트는 자연 언약과 은혜 언약에서 여성이 남성 다음이라고 여겼다.[99] 류터 같은 여성주의자들이 내리는 결론에 따르면, 그들의 기독교 전통 분석은 그 전통이 유용할 수 있기 위해서는 먼저 그 안에 있는 성차별주의를 제거해야 함을 보여 준다. 기독교 전통은 만연한 남성중심주의의 죄, 즉 "남성이 모든 존엄과 미덕과 능력을 소유한 반면, 여성은 열등하고 결함이 있고 완전한 인간보다 못하고, 남성 인간 기준에 비추어 외계인, '타자'로 여겨지는 세계관"을 보여 준다.[100] 이 남성중심주의 세계관은 심지어 기독교 신론도 오염시켰다. "기독교가 그 신학과 실천을 형성하는 일에서 아버지와

---

[98] Ruether, "Feminist Theology in the Academy", p. 61.
[99] Ruether, *Sexism and God-Talk*, pp. 94-99.
[100] 같은 책, p. 173.

아들의 상징주의에 중심적·결정적 역할을 부여하는 한, 그것은 남성중심주의적이다."[101] 류터에 따르면, 이 남성중심주의는 기독교 신학 전체에 퍼져 있다.

> 하나님-담론과 기독론으로부터 교회와 목회에 이르기까지의 모든 상징은, 남성이 기준적 인간이고 그러므로 기준적 하나님의 형상이라는 기본 가정으로 시작하면서, 남성은 중심으로 여기고 여성은 부차적이고 보조적으로 여기는 만연한 양식에 의해 형성된다.[102]

여성주의 의식을 가진 여성이 이 전통을 볼 때, "그들 내부와 외부에서 모든 사회적·상징적 우주가 산산이 무너진다. 그들은 익숙한 것들 안에서 심히 이질적인 것을 인지한다."[103] 그들은 이 전통을 근본적으로 변화시키지 않고서는 그리스도인이 될 수 없다.

우리는 류터의 전통 비판과 다른 여성주의 신학자들의 전통 비판이 단지 거부와 비난과 관련된 것이라고 가정해서는 안 된다. 그들의 과업에서 중요한 부분은 여성의 잊힌 이야기들의 복원이다. 류터의 『여성과 구속』은 예수로부터 시작하면서 기독교에 대한 여성의 공헌을 찾아내는 일련의 고고학을 구성하는데, 이 예수는 류터의 재구성에 따르면 가부장제를 포함하는 모든 형태의 위계와 지배에 반대하는 성상 파괴자였다.[104] 거기서부터 시작해 그녀는 여성 신비주의자, 개혁자, 기독교 인문주의자, 노예제 폐지론자, 초기 현대 여성주의자들의 이야기들을 하나하나 열거한다. 류터에게 이

---

101 Anne E. Carr, *Transforming Grace: Christian Tradition and Women's Experience* (San Francisco: Harper & Row, 1988), p. 136.
102 Ruether, "Feminist Theology and the Academy", p. 59.
103 같은 책.
104 Rosemary Radford Ruether, *Women and Redemption: A Theological History* (Minneapolis: Fortress, 1998), p. 19.

러한 교회사 속의 해방된 여성의 사례들은 성경이라는 "정경 외부의 정경"으로 기능한다. 하지만 류터가 기독교적 여성주의를 발전시키는 데서 갖는 목표는 전통을 비판하고 잊힌 기독교 여성들의 역사를 재발견하는 것을 넘어선다. 그보다는, 류터가 지적하듯이, 그녀의 목표는 위계적으로 조직된 문화에 대항하는 전면적 혁명이다. "문화적으로, 성차별주의는 '물질'로부터 '하나님'에 이르기까지, 실재의 체계 전체를 규정한다. 성차별주의에 도전하기 위해서는, 참되고 유익한 삶의 본보기로서의 이 문화적 우주를 권좌에서 쫓아내야 한다."[105] 그녀의 『하느님과 가이아』는 그러한 문화적 혁명의 선언문이다. 그녀는 "모든…관계들을 지배/착취의 체계들로부터 생명애적 상호성(biophilic mutuality)의 체계들로 근본적으로 재조직할 것"을 요구한다.[106] "필요한 것은", 그녀의 말에 따르면, "여성과 남성 모두의 서로에 대한 관계와 그들의 '자연'에 대한 관계에서의 이중적 변혁이다."[107] "이러한 의식의 변화는 참된 '안전'이, 지배하는 권력이나 전적 무취약성에 대한 불가능한 추구에 있는 것이 아니라, 오히려 취약성과 한계, 그리고 타자인 다른 사람들 및 지구와의 상호의존성의 수용에 있는 것을 인정한다."[108]

어떻게 류터는 자신의 신학적 결론에 도달하는가? 여성주의 신학은 어떻게 작동하는가? 모든 여성주의 신학자들처럼, 류터도 여성주의자들에 의해 정의된 대로 여성의 경험을 모든 신학적 숙고의 중심이자 기준으로 본다.

> 여성주의 신학의 독특함은 경험이라는 판단 기준을 사용하는 데 있지 않고, 다만 **여성의** 경험을 사용하는 데 있는데, 그것은 과거에 신학적 숙고에서 거의 전적으로 배제되어 온 것이다. 그러므로 여성주의 신학에서 여성의 경험

---

105 Ruether, *Sexism and God-Talk*, p. 178.
106 Ruether, *God and Gaia*, p. 258.
107 같은 책, p. 265.
108 같은 책, p. 269.

을 사용하는 것은 결정적 힘으로 폭발하면서, 고전적 신학과 그 성문화된 전통들이 보편적 인간 경험보다는 **남성의** 경험에 기초해 있음을 폭로한다. 여성주의 신학은 신학적 지식 사회학을 가시화해서 더 이상 그 지식이 대상화된 신적·우주적 권위의 신비화 이면에 숨어 있지 못하도록 한다.[109]

류터가 말하는 "여성의 경험"이란 무엇인가? 여기서 이 경험을 더 간결하고 명확하게 설명하는 다른 여성주의 신학자를 참고하는 것이 도움이 된다. 파멜라 디키 영(Pamela Dickey Young)에 따르면, 여성의 경험은 다섯 가지 면에서 남성의 경험과 다르다. 첫째, 여성은 자신의 몸을 다르게 경험한다. 둘째, 여성은 다른 사회화된 경험을 한다. 셋째, 이제 여성은 여성화된 의식이 있다. 넷째, 여성은 다른 역사적 경험을 가진다. 다섯째, 여성은 다른 개인적 경험이 있어서 변화를 위한 촉매로 작용할 수 있다.[110] 또 다른 여성주의 신학자들은 여성의 본성이 남성의 본성보다 더 "변혁적이고 인격 중심적"이라고 표현했다.[111] 다른 이들은 여성의 경험의 독특한 측면들을 관계성, 비이원성, 직관성, 공동성으로 밝혔다. 서로 다른 설명에도 불구하고, 모든 여성주의 신학자들은 여성의 1차적 경험이 가부장적 사회에 의한 억압이라는 데 동의한다.

하지만 왜 둘 중 하나의 성이 경험하는 것이 신학에서 결정력이 있는가? 신학의 원천과 기준은 중립적이고 보편적이어야 하지 않겠는가? 류터는 지금까지 표준이자 정통으로 여겨진 신학이 모두 남성 지향적이었다고 반박하면서 이 제안을 격렬히 거부했다. 남성의 경험은 신학에 부정적 영향을 끼쳤을 뿐만 아니라, 내용과 형식도 결정했다. 여성주의 신학은 여성의 경험에 의지하는데, 이는 지금까지 고려되지 않았던 것이다. 참으로 포스트

---

109 Ruether, *Sexism and God-Talk*, p. 13.
110 Young, *Feminist Theology/Christian Theology*, pp. 53-56.
111 Carr, *Transforming Grace*, p. 127.

모던적 방식으로 류터는 성(性)중립적, 객관적 신학 관점의 존재를 부정한다. "사람은 서 있을 자리 없이 비판의 지렛대를 움직일 수 없다."[112] 그러므로 류터는 여성의 경험에 의지하면서 "여성주의 신학의 비판적 원리"를 표명하는데, 이 원리는 또한 다음과 같은 긍정적 원리를 함축하기도 한다. "온전한 여성의 인간성을 증진시키는 것은 거룩한 분의 인간성이다. 그것은 신적인 것에 대한 참된 관계를 드러내고, 사물들의 참된 본성이고, 진정한 구속의 메시지이자 구속적 공동체의 선교다."[113] 여기서 콘의 흑인 신학 및 구티에레스의 라틴 아메리카 해방 신학과의 유사성을 쉽게 볼 수 있다.

류터는 자신의 여성주의 비판 원리들을 옹호하기 위해 여성의 경험에만 의존하지 않는다. 그녀는 그 원리들의 원천을 성경의 "예언자적-해방적 전통" 안에서도 발견한다. 그녀의 판단으로는, 신학은 수많은 원천과 기준을 이용한다. 무엇보다도 먼저 여성의 경험이지만, 또한 성경, 비기독교적 이교도의 종교들, 기독교 내의 주변부와 "이단적" 운동들, 자유주의와 낭만주의와 마르크스주의 같은 철학들, 그리고 여성의 억압과 해방에 대한 당대의 이야기들을 이용한다. 하지만 신적 계시인 것을 해석하는 궁극적 기준은, 예수를 역사의 전형적 예로 보는 예언자적-해방적 전통에 있다. 그러므로 "여성주의 성경 읽기는 성경적 신앙 내에 있는 기준을 분별할 수 있는데, 그 기준에 의해 성경 본문 자체도 비판받을 수 있는 것이다.…이 기초 위에서 성경의 많은 측면이 솔직히 무시되고 거부되어야 한다."[114] 이 예언자적-해방적 전통은 지배와 복종의 양식들이 주목하지 않은 전적으로 평등주의적, 비위계적 사회를 꿈꾼다. 이 기준을 신학을 위해 사용하는 것은 가부장제에 대한 명시적 비판을 낳을 뿐만 아니라, 모든 "해방적·예언자적 전망들"을 심화하고 변혁해서 그것들이 포함하지 않았던 것을 포함하도록 할

---

112 Ruether, *Sexism and God-Talk*, p. 18.
113 같은 책, p. 19.
114 같은 책, p. 23.

것인데, 그것은 바로 여성이다.[115]

류터에게, 여성의 경험과 여성주의 비판 원리에 비추어 변혁해야 할 기독교 신학의 중심 교리는 신론이다. 그녀는 그런 신론이 사회에 대한 가부장적 이미지들로부터 나오는 남성 지향적 이원론의 지배를 받아 왔다고 믿는다. "이원론"은 본질적으로 서로 하나를 이루고 있는 것을 나누어 선과 악, 지배와 복종이라는 위계적으로 정렬된 질서들 안에서 서로 대립하도록 한다.[116] 류터는 남성이 본질적으로 악은 아니라고 하면서도, 남성이 여성과는 달리 심리적·사회적 이원론의 경향을 두드러지게 보인다고 주장했다.[117] 신학이 남성 지향적 사고의 지배를 받아 온 한, 그것은 여성을 복속시키고 비인간화하는 데 사용된 일련의 이원론을 특징으로 하는데, 가령 자연/영, 초월/내재, 영혼/육신, 창조/구속, 남성/여성, 선/악이 그런 것들이다. 이원론은 한 쪽에 긍정적 가치를, 다른 한 쪽에 부정적 가치를 부여하는 경향이 있다. 이원론적 사고는 부정적 가치를 여성과 함께 자연, 육신, 심지어 창조 세계에 부여하는 결과를 낳았다. 가부장제는 이원론을 전문으로 한다. 가부장제는 하나님과 세계를 포함하는 모든 실재를 그런 식으로 보는 경향이 있다.

모든 여성주의 신학자들처럼, 류터는 하나님에 대한 남성적 이미지와 언어에 비판적이다. 그것은 분명히 여성에게 억압적이다. 하지만 그녀는 한 걸음 더 나아가, 단지 아버지로서의 하나님 이미지뿐만 아니라 부모로서의 하나님 이미지도 이원론과 위계를 함축하기 때문에 가부장적이라고 비판한다. "가부장적 신학은 영적 유치증(infantilism)을 미덕으로 지속시키고 자

---

[115] 같은 책, p. 32.
[116] 이것은 *Sexism and God-Talk*와 다른 저작들에 있는 류터의 전통적 신학에 대한 비판의 핵심 요소를 간략히 요약한 것이다. 이렇게 가부장제를 이원론으로 비판하는 중요한 구절은 *Sexism and God-Talk*의 3장 "Woman, Body and Nature: Sexism and the Theology of Creation"에서 볼 수 있다(pp. 72-92).
[117] 같은 책, p. 112.

율과 자유주의 행사를 죄로 만들기 위해서 부모로서의 하나님 이미지를 사용한다."[118] 하나님에 대한 비이원론적, 비가부장적 언급을 찾던 류터는 틸리히의 존재의 기반으로서의 하나님 개념을 참고했는데, 그녀는 이것을 "근원적 모체"(primal Matrix) 또는 "양성신"(God/ess)이라 부르기를 선호한다. 그녀에게 양성신은 초월적, 인격적 존재가 아니라 "초월적 존재의 모체로서, 우리 자신의 존재와 우리의 새로운 존재가 될 지속적 잠재력 모두에 기저가 되고 또 지원한다."[119] 양성신은 물질, 내재성, 여성성과 동일시되지 않듯이 영, 초월성, 남성성과도 동일시되지 않는다. 실제로, 양성신은 역동적 연합 안에서 그러한 이원성들을 모두 포용하기에, 신적인 것이 위에 있고 무생물이 아래에 있는 "존재의 대사슬"이란 존재하지 않는다. 모든 실재는 양성신과의 연합 때문에 철저히 평등하다.[120] 류터가 재구성한 신론은 범신론은 아니더라도 분명히 범재신론의 한 형태다. 『하느님과 가이아』에서 류터는 논평한다.

생태여성주의(ecofeminist) 신학과 영성은 생태적 웰빙을 위해 우리에게 필요한 "여신"(Goddess)이 셈족의 일신론 전통들에 있는 하나님을 뒤집어 놓은 것이라고 가정하는 경향이 있다. 초월적이기보다는 내재적이고, 남성보다는 여성으로 인정되고, 지배적이기보다는 관계적이며 상호적이고, 단일 형태이며 하나의 중심을 갖기보다는 다양한 형태이며 다양한 중심을 갖는다. 하지만 아마도 우리는 이 전통적 반대들에 대해, 니콜라우스 쿠자누스의 역설적 "대립의 합치"(coincidence of opposites)에서 "절대적 최대치"(absolute maximum)와 "절대적 최소치"(absolute minimum)가 같은 것처럼, 단지 서로를 뒤집어 놓은

---

[118] 같은 책, p. 69.
[119] Mary Hembrow Snyder, *The Christology of Rosemary Radford Ruether: A Critical Introduction* (Mystic, CT: Twenty-third Publications, 1988), p. 107에 인용됨.
[120] Ruether, *Sexism and God-Talk*, pp. 86-87.

것보다는 더 상상력이 풍부한 해답이 필요하다.[121]

누군가는 "다른 말로" 표현하기를 망설이는데, 류터의 하나님 개념이 아무리 좋게 보아도 모호하기 때문이다. 하지만 그녀가 말하는 "양성신"이 전통적 기독교의 하나님과 그리 유사하지 않다고 말할 수 있는 것으로 보이며, 또한 그것이 그녀의 핵심이다.

기독교 여성주의 신학의 주요 도전들 가운데 하나는, 어떻게 남성 구원자가 여성의 구원자일 수 있는지 설명하는 것이다. 대부분의 여성주의 신학자들은 예수 그리스도를 참된 인간의 전형적 예로 본다. 가부장적 태도와 행동 양식이라는 악으로부터 자유롭게 된 인간의 전형적 예로 말이다. 류터는 다시 "새로운 존재"로서의 그리스도라는 틸리히의 개념을 사용하면서 이 도전에 대응한다. 틸리히와 마찬가지로, 류터는 칼케돈의 고전적 기독론(위격적 연합)을 거부한다. 류터에 따르면 그것은 유대교의 메시아적 희망을 일관성 있게 발전시킨 것도 아니고, 그렇다고 "나사렛 예수의 메시아적 선포와 도래하는 하나님의 통치에 대한 그의 견해를 충실하게 해석한 것"도 아니다.[122] 대신에 그녀는, 고전적 자유주의 신학을 연상시키는 방식으로, 자신이 역사적 예수를 1세기 여성주의자로 해석한 것을 내세웠다. "메시아 또는 신적 **로고스**로서의 예수에 관한 신화가 그에 대한 전통의 남성적 표상과 함께 일단 제거된다면, 공관 복음서의 예수는 여성주의와 놀라울 정도로 잘 어울리는 인물로 인정될 수 있다."[123] 그녀의 설명에서 예수는 해방자로서, 특권과 궁핍을 결정했던 권력과 신분 관계를 비난했다.[124] 예수는 자신을 선포하지 않고 자기 너머의 도래할 새로운 인간, 이원론과 위계로부터

---

121 Ruether, *God and Gaia*, p. 247.
122 Ruether, *Sexism and God-Talk*, p. 116.
123 같은 책, p. 135.
124 같은 책, p. 137.

자유로운 완벽한 공동체를 향유하는 구속적 인간을 가리켰다. 류터는 새로운 인간을 "그리스도"와 동일시했다. 그러므로 예수는, 그가 새로운 인간을 나타냈고 그런 인간의 전조(前兆)의 역할을 했다는 의미에서만, 그리스도다. 결과적으로 "그리스도는, 구속적 인간이자 하나님의 말씀으로서, 역사적 예수 안에서 '모두를 위해 단번에' 압축되지 않는다. 기독교 공동체는 그리스도의 정체성을 지속한다."[125] 우리는, 그렇다면, 여성 교회가 "그리스도"인지 물어야 한다.

류터의 신학의 급진적 성격은 『성차별과 신학』의 서두에 있는 "여성주의 미드라시"(해석적 이야기)에서 예시된다. 이 이야기는 구원사에 대한 고도로 상상력이 풍부하고 상징적 기술로, 여기에는 야훼 위에 있는 "천상의 여왕"인 여성 신과, 예수가 죽은 자들로부터 부활하고 사라진 후 막달라 마리아에게 나타난 한 인물이 나온다. 이 인물은 "[예수보다] 키가 크고 더 위엄 있고…제왕의 면모를 갖추고 있지만 어딘가 익숙한 인물, [마리아] 자신 같은 여성이다."[126] 이 인물이 마리아에게 말하는 바에 따르면, 마리아는 이제 "계속되는 그리스도의 현존"으로서 "세계의 구속을 계속하게" 될 것이다.[127] 이 미드라시는 단순한 이야기로 무시될 수 없는 것으로 마무리되는데, 왜냐하면 그것은 그 해석을 신학적 언어로 제시하려는 의도가 분명하기 때문이다. "예수의 죽음과 함께, 천상의 통치자인 하나님은 하늘을 떠나 자신의 피와 함께 땅 위에 부어졌다. 새로운 하나님이 우리의 가슴 속에서 태어나, 하늘을 평평하게 하고 땅을 높여서 주인도 노예도, 통치자도 신민도 없는 새로운 세상을 창조하도록 가르친다."[128] 분명히 류터의 여성주의 신학은 정통 기독교 내에서 여성의 평등이라는 목표에 헌신하도록 발전된 형태를 훨씬

---

[125] 같은 책, p. 138.
[126] 같은 책, p. 8.
[127] 같은 책.
[128] 같은 책, p. 11.

넘어선다. 반대로, 그녀에게 이 신학은 기독교 사상과 삶의 모든 영역에서 급진적, 전면적 개정을 필연적으로 포함한다.

류터가 관심을 촉발시키고 논쟁의 중심에 서다

대부분의 비판자들조차 여성주의 신학이 남성중심주의, 가부장제, 성차별주의의 악을 지적함으로써 기독교 공동체에 크게 기여했다는 데 동의해 왔다. 특히 류터를 포함하는 여성주의 신학자들은 교회가 더 포용적으로 되고 그러므로 남성과 여성 모두의 하나님 형상과 복음의 보편성에 더 충실하게 되도록 종종 도와 왔다. 하지만 이러한 이득에도 불구하고, 비판자들은 이 신학이 기독교 상징들을 급진적으로 수정함으로써 그리스도의 몸 안에서 여성과 남성 사이에 새로운 분열을 위협한다고 지적한다. 전적으로 한 무리의 사람들이 경험한 것에 근거한 신학이 있어야만 하는가? 남성과 여성 모두의 경험에 적실성 있는 신학이 있을 수 없다는 것이 사실일까? 류터는 여성의 경험에 기초해 있고 미리 전제된 여성주의 비판 원리에 의해 통제되는 자신의 신학으로 남성과 여성 사이에 새로운 이원론을 만들었는가? 이것들은 너무 뻔한 질문들로, 흑인 신학과 라틴 아메리카 해방 신학에 제기된 질문들을 상기시킨다. 특별한 관심을 가진 이 신학들이 교회 전체를 인도할 수 있겠는가? 이 신학들은 아마도 지나치게 상황화되었는가? 혹은, 아마도 이 신학들은 항거하는 신학으로서, 모든 전통적 신학을 대체하는 것이 아니라 보충하고 교정하기 위해 의도된 것으로 여겨져야 하는가? 이 신학들은, 만약 그것들이 밝히는 악이 극복된다면 어떻게 되는가? 가난한 자들을 빈곤과 가부장제에 묶어 두는 인종 차별주의나 제도화된 폭력 이후의 신학은 무엇인가? 짐작건대, 이 세 부류의 신학자들은 그 정도로 멀리 내다보지 않는다. 그들은 자신들이 항거하는 상황들이 너무 혹독하고 오래 계속되기 때문에, 그러한 장기적 생각은 불필요하다고 말할지도 모른다.

여성주의 신학에 대한 특히 예리한 비판자 한 사람은 그 자신이 여성주의 신학자인 영이다. 앞서 언급된 그녀의 주장에 따르면, 여성주의 신학은 여성의 경험을 신학의 한 원천으로 회복시킨 대단한 기여에도 불구하고, 대체로 너무 나아가서 자신을 기독교 전통으로부터 잘라내기에 이르렀다. 여성주의 신학은 기독교적 유산 외부의 원리들이 진정으로 기독교적인 것이 무엇인지 기술하기 위한 기준이 되도록 허락했다. 그녀가 보기에 문제는 분명하다.

> 기본적으로, [기독교적이라는] 용어를 사용하는 사람은 그 또는 그녀가 원하는 대로 사용할 수 있다. 그렇다면 이것이 의미하는 바는, 여성주의 신학자들은 "기독교적"이라는 말을 여성을 해방하는 모든 것을 위해 사용할 수 있다고 주장하는 반면, 만약 그 전통 자체로부터 유래할 수 있는 것 중에서 그것이 기독교의 핵심이라고 주장하는 데 규범적으로 사용될 수 있는 것이 없다면, 다른 사람들은 그 전통을 아마도 덜 해방적 방식으로 사용할 것이다.[129]

다시 말해, 류터를 비롯한 여성주의 신학자들이 자신들의 교리적 재구성을 정당화하기 위해 예수의 인격에 호소할지라도, 그들이―여성주의자들에 의해 정의된 대로의―여성의 경험을 예수의 삶과 가르침에서 무엇이 규범적이고 무엇이 규범적이지 않음을 통제하는 기준이라고 주장한다면, 자신들의 신학을 기독교적이라고 부를 권리를 상실한다. 영은 이 방법론이 상대주의로 이끈다고 생각한다. "만약 누군가가 무엇이 그 종교 전통의 한 부분이고 무엇이 그렇지 않은지 결정하는 판단 기준으로서 한 구성원의 자기 정체성에만 호소한다면, 그는 판단이나 분별 없이 모든 것을 받아들여야만 하는 상대주의에 빠지게 된다."[130] 간단히 말해, 여성의 경험은 기독교 신

---

[129] Young, *Feminist Theology/Christian Theology*, p. 74.
[130] 같은 책, p. 77.

학의 한 형태라고 주장하는 어떤 것을 판단하는 궁극적 기준이 될 수 없다. 초문화적이고 성별을 초월하는 하나님의 말씀이라는 객관적 기준과 적어도 정통 기독교 전통에 관한 전반적 개요가 없다면, 기독교는 그 어떤 개인이나 집단이 말하는 대로 될 수 있다.

류터의 신론과 기독론은 그 방법론에 내재하는 약점을 예시한다. 류터를 비롯한 여성주의 신학자들이 이 교리들을 재구성한 것은 고전적 기독교와 공유하는 것이 거의 없어 보인다. 위계가 가부장적이고 그러므로 악하다고 상정되기 때문에, 하나님(또는 양성신)은 성부일 수 없으며 심지어 부모일 수도 없다. 이원론은 실재를 보는 남성 지향적이고 억압적 방식이기 때문에, 하나님(양성신)과 세계는 완전히 다를 수 없다. 저명한 성서학자 겸 신학자인 엘리자베스 악트마이어(Elizabeth Achtemeier)의 주장에 따르면, 하나님 또는 양성신과 세계의 동일시는 궁극적으로 여성주의 신학을 기독교와는 다른 종교로 이미 이끌었거나 혹은 이끌 것이라고 주장했다.

> 하나님과 창조 세계를 이렇게 내재주의적으로 동일시하는 것은 세상에서 가장 오래된 종교다. 이 동일시가 이슬람을 제외한 모든 비성경적 종교의 토대를 이룬다. 그리고 만약 교회가 사용하는 언어가 창조 세계와 구별되는 하나님의 거룩한 타자성을 모호하게 한다면, 그것은 초월적 하나님이 오직 그의 말씀과 영으로 창조 세계에서 일한다고 믿는 성경적 신앙의 부패로 이어지는 문을 연다. 어머니 신 숭배자들은 궁극적으로 창조주보다는 피조물과 그들 자신을 숭배한다.[131]

이런 비판들은 신랄하지만, 이것들도 역시 여성 신학자의 말이다. 여성주의

---

[131] Elizabeth Achtemeier, "The Impossible Possibility: Evaluating the Feminist Approach to Bible and Theology", *Interpretation* 42 (January 1988): p. 57.

신학자들은 악트마이어와 영이 모두 여성화된 의식이 부족하다고 말할 수도 있을 것이다. 그들은 여자라고 해서 무조건 여성의 경험을 잘 아는 것은 아니라고 생각한다.

해방 신학들이 첫 번째 포스트모던 신학들이 되다

모든 형태의 해방 신학들, 즉 흑인 신학, 라틴 아메리카 해방 신학, 여성주의 신학은 일정한 특징들을 공유한다. 그런 특징들 가운데 하나로서 이 책의 주제와 밀접하게 관련된 것은 현대성에 대한 그들의 반응이다. 그 신학들이 포스트모던 신학으로 분류되든 그렇지 않든, 그것들 안에는 포스트모던적 충동이 분명히 존재한다.[132] 그 신학들의 인식론은 비토대주의적이다. 그들의 초점은 지역적이고 상황적이다. 그들은 지식 사회학을 사용한다. 그들은 진보의 신화를 믿지 않는다. 개혁이 아니라 혁명이 그들의 목표다. 아마도 무엇보다 중요하게, 그들은 재구성보다는 해체에 더 관심이 많다. 분명히 그들은 모두 기독교 교리들을 제한적으로 재구성하는 데 관여하지만, 그들을 인도하는 추진력은 전통적 기독교의 억압적 경향을 폭로하고 그것이 어떻게 특권과 권력을 가진 사람들의 기득권을 지지하는 이데올로기로 작동하는지 보여 주는 것이다. 포스트모더니즘이 필연적으로 상대주의적이라는 관념은 신화다. 해방 신학자들 가운데 순전한 상대주의자는 없다. 그들은 모두 정의라 불릴 수 있는 절대적인 것을 마음속에 그리며, 또한 기독교적인 것을 포함하는 과거와 현재의 모든 사회 제도들이 그것에 얼마나 한참 미치지 못하는지 보여 주는 데 관심을 갖는다. 무엇보다도, 현대성은 그들이 경험한 억압에 기여했다는 점을 제외하고는 그들의 맥락이 아니다. 그들은 모두 현대성이 기껏해야 은총인 동시에 저주라고 보는 경향이 있다.

---

[132] 현대 신학을 연구하는 학자들의 일부는 실제로 해방 신학을 포스트모던으로 분류한다. 참고. Terrence W. Tilley, ed., *Postmodern Theologies: The Challenge of Religious Diversity* (Maryknoll, NY: Orbis, 1995), pp. 119-129.

마지막으로, 해방 신학자들은 자연 과학을 기독교와 어떻게 화해시킬 것인지의 문제에는 관심이 없다. 그들은 이 문제를 다른 사람들에게 맡겨 두기를 원하며, 또한 이 문제를 현재의 기독교가 주로 관심을 가져야 하는 것에서 벗어났다고 보는 경향이 있다. 그들이 보기에 기독교의 주요 관심은 기독교를 포괄적 해방을 향해 이끌기 위해 사회 과학을 이용하는 것이다. 해방 신학자들의 글에서는 (사회 과학을 제외하고는) 과학에 대한 논의를 찾아보기도 힘들다. 이것은 해방 신학자들이, 그들 이전의 일부 현대 신학자들과 마찬가지로, 기독교의 정수가 교리가 아니라 윤리라고 믿는다는 점을 드러낸다. 그들이 보기에 기독교의 정수는 우주와 자연에서 일어나는 일의 경위를 설명하는 것이 아니라, 일이 어떻게 되어야 하는지를 설명하는 것과 관련된다. 이런 식으로, 사회 복음을 포함하는 리츨과 고전적 자유주의 신학의 정신은 그들 안에 계속 살아 있다.

10

가톨릭 신학자들이 현대성에 관여하다

교황 요한 23세는 추기경들이 더 젊은 누군가로 합의할 때까지 가톨릭교회를 관리할 사람이 될 것으로 여겨졌다. 그는 1958년에 뜻밖에 선출되었으며, 그를 가장 기억나게 하는 행사의 도중에 죽음을 맞이했는데, 바로 제2차 바티칸 공의회(1962-1965)다. 제2차 바티칸 공의회는 1870년대에 열렸던 제1차 바티칸 공의회 이후의 첫 번째 에큐메니컬 공의회였다. 그 시기 동안 가톨릭 고위층은 가톨릭 현대주의를 비롯해 현대성과 타협하려는 가톨릭 학자들의 모든 시도를 억눌렀다(참고. 2.d.). 하지만 20세기를 거치면서 서서히, "현대주의"나 (전통적) "통합주의" 범주에 들어맞지 않는 새로운 유형의 가톨릭 신학이 발전했다. 그것은 '누벨 테올로지'(nouvelle théologie, "새로운 신학")라 불려 왔는데, 처음에 프랑스에서 시작되었으며 이를 공식화한 주요 인물이 프랑스 가톨릭 신학자 앙리 드 뤼박(Henri de Lubac, 1896-1991)이었기 때문이다. 드 뤼박은 블롱델의 영향을 받았다(참고. 2.d.). 블롱델처럼 드 뤼박도, 많은 스콜라주의 가톨릭 신학이 은혜의 외인(外因)적 성격을 강조한 것과 대조적으로, 인간 안에서의 은혜의 내인(內因)적 작용과 현존을 강조하고 싶었다. (이 개념들은 2장에서 논의되었기에 여기서는 설명하지 않을 것이다.)

'누벨 테올로지'는 많은 진보적 가톨릭 신학자들을 아우르는 폭넓은 범주다. 이 신학은, 여러 세기 동안 로마가톨릭의 공인된 신학으로 여겨진 중세의 "천사 박사"(Angelic Doctor) 토마스 아퀴나스의 신학에 대한 새로운 연구를 낳았다. 이 신학은 또한 최고의 현대적 학문과 가톨릭의 성경 연구 및 신학이 상호 작용할 수 있는 방법들을 발견하려 했다. 하지만 '누벨 테올로지'는, 심지어 옹호자들이 보기에도 현대성에 지나치게 적응했던 르와지와 티렐의 신학과 같은 의미로 현대주의적이지는 않았다. 제2차 세계대전 직후의 시기에, 가톨릭 신학자들과 성서학자들 및 일부 가톨릭 교권(고위층)의 구성원들은 현대 세계에 대한 가톨릭교회의 접근 방식에서의 개혁을 조심스럽게 요청했다. 하지만 교황 요한 23세가 그러한 개혁들을 가져올 것이라고는 아무도 예상하지 못했다. 모두가 그에게 기대했던 것은, 말하자면, 추기경들과 미래의 교황이 어떤 방향을 잡을지 결정하기까지 자리를 잘 지키는 것이었다. 하지만 이 새로운 교황은 새로운 공의회를 소집했는데, 이는 모든 주교가 로마로 초청을 받아서 교회의 미래 방향에 관해 숙고하는 것을 의미했다. 1960년대의 거의 모든 다른 것들과 마찬가지로, 이 공의회는 혁명적이었다. 교의를 바꾸거나 전통을 무너뜨렸다는 의미에서가 아니라, 교회의 개조 및 갱신(aggiornamento, '아조르나멘토')이라는 의미에서 말이다. 여기에는 현대성에 대한 새로운 개방성과 현대적 학문 방법론들의 가톨릭적 사용이 포함되었다. 많은 사람이 보기에, 이 공의회는 교회의 창문을 활짝 열고 현대 세계의 신선한 바람이 들어오도록 했다. 누구에게 들어도, 제2차 바티칸 공의회는 세계의 로마 가톨릭 신자들에게 새로운 시대의 시작이었다.

제2차 바티칸 공의회의 주요 가톨릭 신학자들 가운데 두 사람이 오스트리아의 칼 라너(Karl Rahner, 1904-1984)와 스위스의 한스 큉(Hans Küng, 1928-)이었다. 라너는 인스브루크 대학교에서 신학을 가르쳤고, 큉은 튀빙겐에서 가르쳤다. 전자는 가톨릭 신학의 원로로서 공의회가 끝난 후에 신앙에 대한 진보적, 현대적 해석을 생산했다. 후자는 이제 막 그의 능력과 진면목을 드러내기 시작하고 있었다. 제2차 바티칸 공의회에 이어서 그는 현대적 루터로 자리를 잡아서, 교회가 현대성에 대한 개방성을 계속 심화하고 속도를 높일 것을 끊임없이 요청했다. 둘 다 당시의 가톨릭 신학에서 진보적이라고 여겨졌지만, 둘 중에서는 라너가 더 보수적이었다(또는 적어도 더 조심스러웠다).

라너와 큉은 모두 하늘과 땅 사이의 구별을 잃지 않은 채 그 둘을 종합하려 했다. 즉 그들은 자신들의 신학적 에너지를 초월의 내재를 발전시키는 데 많이 쏟았다. 그들은 전통적 가톨릭 신학이 자연과 은혜, 초월과 내재의 기본적 문제들에 접근할 때 지나치게 이원론적이었다고 생각했다. 두 사람은 각각 자신만의 방식으로, 이 인지된 이원론을 극복하고 세계 안에 그리고 인간 안에 있는 하나님의 성령의 현존을 정당하게 다루려 했다. 라너와 큉을 비롯한 다른 '누벨 테올로지'의 후예들은 제2차 바티칸 공의회 이후 유럽과 미국의 가톨릭 신학에서 엄청난 변화를 낳는 데 영향을 미쳤다. 하지만 요한 23세를 이은 바오로 6세(Paul VI, 재위 1963-1978) 아래서 반발이 시작되었다. 보수적 반발은 요한 바오로 2세(John Paul II, 재위 1978-2005)와 베네딕토 16세(Benedict XVI, 재위 2005-2013)의 임기 동안에 점점 더 강력하고 치열해졌다. 교회 내의 이런 소란과 혼동 한가운데서 라너와 큉은 두드러졌다. 그들은 용감하게 미래를 향한 방향을 가리키는 몽상가이자 개척자로 여겨졌다. 온건한 사람들은 라너에게 더 의지한 반면, 더 자유롭고 급진적인 진보주의자들은 큉에게 의지했다. 보수주의자들은 둘 다를 경계한다.

세 번째 현대 가톨릭 신학자는, 현대성에 적응하기보다는 오히려 반발한 한스 우르스 폰 발타자르(Hans Urs von Balthasar, 1905-1988)였다. 그는 제2차 바티칸 공의회에 초대받지 않았지만, 그럼에도 그의 신학은 이 공의회에 영향을 미쳤다. 발타자르는 큉과 마찬가지로 스위스 사람이다. 하지만 거기서 둘의 유사성은 끝난다. 라너와 마찬가지로, 발타자르는 가톨릭 신학의 '누벨 테올로지' 운동에 의해 영향을 받았으며 그 일부로 여겨진다. 그의 명성과 영향력은 사후에 더 커지기 시작했다. 21세기의 첫 십 년에 학자들이 영향력 있는 20세기 가톨릭 사상가들을 논할 때, 발타자르의 이름은 라너와 큉보다 더 자주 아니라면 적어도 그들만큼은 언급되고 있다.

10.A. 칼 라너가 인간 경험에서 하나님을 발견하다

라너는 그의 신학 저작들에 나타나는 고도의 추상성 때문에 자주 비판을 받았다. 한번은 그가 익명의 풍자만화를 받은 일이 있다. 거기서 그는 자신에게 매료된 한 무리의 "증식자들"에게 강의하는 "신학적 핵물리학자"로 그려졌는데, 그들은 다음 컷에서 그의 메시지를 한 무리의 "대중 전파자들"에게 전달한다. 강의 후에 "대중 전파자들" 가운데 한 사람이 설교단에 서서 라너의 메시지를 회중에게 상세히 설명한다. 예수가 한 편에 서서 듣고 있다가 "무슨 말인지 모르겠네"라고 말한다. 이 이야기의 요점은, 라너의 신학이 설명하기에 너무 어렵다는 것이다. 그 신학이 주제로 삼는 그 사람에게조차 말이다! 라너가 이 익살스러운 비판을 기억하고 보인 반응은, "신학을 가르치는 선생이 되면 그렇게 될 수밖에 없어요"라는 것이었다.[1]

그의 신학 대부분의 난해한 특성에도 불구하고, 라너는 20세기의 가장 영향력 있는 가톨릭 신학자가 되었으며 21세기에도 개신교도들을 포함하는 사람들 사이에서 널리 읽히고 논의되고 있다. 그의 해석자들 가운데 한 사람에 따르면, 그는 "현재의 로마가톨릭 신학에 대해 일종의 만인의 대부" 역할을 한다.[2] 그는 토마스 아퀴나스, 슐라이어마허, 바르트, 틸리히에 비

---

[1] Karl Rahner, *I Remember: An Autobiographical Interview with Meinhold Krauss*, trans. Harvey D. Egan, S.J. (New York: Crossroad, 1985), p. 19.
[2] George Vass, *The Mystery of Man and the Foundations of a Theological System*, vol. 2 of *Understanding*

교되었다. 그가 세상을 떠날 무렵에 그의 영향력은 바티칸 자체는 물론이고, 세계의 거의 모든 가톨릭 신학교와 대학교의 신학 교수들에게 미쳤다. 20세기 후반에 가톨릭 신학에서 일어난 변화는, 그것이 가능하도록 만든 라너의 역할에 관심을 기울이지 않고서는 이해하기가 불가능하다. 하나의 예는 제2차 바티칸 공의회에서 그의 지도자로서의 역할이다. 이 공의회에서의 활동 덕에 그는 조심스러운 변화의 옹호자로서 세계적 명성을 얻었다. 그의 독특한 개념들 일부는 이 공의회가 통과시킨 16개의 선언들 가운데 여럿에 나타났다. 라너는 "그 공의회에서 가장 영향력 있는 사람"으로 인정 받았다.[3]

라너의 신학은 중재적 신학이다. 즉 그의 신학은 가톨릭교회에서 한 세기 이상 서로 다투어 왔던 두 극단들 사이의 타협점을 찾는다. 많은 사람이 그의 사상에 매료되는 것은 바로 이 중재적 경향 때문이다. 라너가 피하고자 했던 하나의 극단은 통합주의(integralism)로, 전통적 가톨릭 사상의 통전성(integrity)을 어떤 희생을 치르더라도 지키려는 접근이다. 통합주의가 현대주의의 폭풍들 속에서 신학을 위한 안전한 항구를 제공할지라도, 라너는 그것이 거짓 안전과 비적실성의 피난처라고 보았다. 다른 극단은 현대주의로, 현대의 세속적 문화에 대한 적실성을 추구하면서 심지어 그 문화에 적응하기까지 하는 접근이다. 라너는 이 두 극단 사이로 자신의 신학을 조정해 나아가려고 용감하게 분투했다. 한 인터뷰에서 그는 자신의 접근의 본질을 표현했다. "신학은 최고의 전통적 사상과 오늘의 시급한 필요들 사이에서 진정한 대화를 촉진하는 방식으로 제시되어야 한다."[4]

Karl Rahner (Westminster, MD: Christian Classics, 1985), p. 118.

3   Herbert Vorgrimler, *Understanding Karl Rahner: An Introduction to His Life and Thought*, trans. John Bowden (New York: Crossroad, 1986), p. 99.

4   *Karl Rahner in Dialogue: Conversations and Interviews, 1965-1982*, ed. Paul Imhof and Hubert Biallowons, trans. Harvey D. Egan (New York: Crossroad, 1986), p. 22.

라너가 명성과 영향력을 얻다

훗날 신학자가 된 라너는 독일 슈바르츠발트의 도시 프라이부르크에서 태어났다. 그의 가족은 경건한 가톨릭이었고, 그는 형 후고에 이어 예수회에 들어갔다. 이 수도회는 그가 철학 교수가 되도록 배정하고 그를 몇몇 학교로, 최종적으로는 프라이부르크 대학교로 보냈고, 여기서 그는 하이데거 밑에서 공부했다. 토마스 아퀴나스의 지식 이론에 관한 그의 박사논문은 지나치게 하이데거의 영향을 받았다는 이유로 가톨릭 학부에 의해 거부되었다. 결국 그것은 『세계 안에 있는 영』(*Spirit in the World*, 1939)이라는 제목으로, 그의 첫 번째 철학적 책으로 출판되었으며 천재의 작품이라고 큰 호평을 받았다. 이 젊은 독일 학자는 인스브루크 대학교에서 가르치는 이력을 시작했는데, 이 대학교는 제2차 세계대전 동안에 나치에 의해 폐교되었다. 결국 라너는 다시 문을 연 이 가톨릭 대학교로 돌아와서 1964년까지 강의하다가 뮌헨 대학교로 옮겼다. 여기서 다른 교수들과 사이가 틀어진 후에, 그는 뮌스터 대학교로 옮겨 교의 신학을 가르쳤다. 그는 은퇴 후 뮌헨으로 돌아가서, 세상을 떠나기 직전까지 이곳 대학교 근처의 예수회 기숙사에서 지냈다.

라너는 은퇴한 후에도 무척 바쁜 활동을 이어갔다. 널리 여행하면서 에큐메니컬 대화 행사들에서 강연하고 신학 협의회, 회의, 추기경, 교황의 자문에 응했다. 그의 저술량은 바르트와 틸리히에 필적한다. 그가 세상을 떠날 무렵까지 그의 이름으로 출판된 책과 논문은 1,600편이 넘었다. 그의 가장 중요한 논문들은 수집되어 23권으로 된 『신학적 탐구』(*Theological Investigation*, 1982-1992)로 출간되었는데, 이 책은 9천 쪽이 넘는다. 그는 또한 생애 막바지에 『기독교 신앙의 토대』(*Foundations of Christian Faith*, 1978)를 썼는데, 그의 평생의 작업의 주요 방법과 주제를 간결하게 요약함으로써 탁월한 소개를 제공한다. 그는 그 목적을 간결히 진술해 달라는 요청을 받았을 때 자신의 신학 전체에 대한 절묘하게 간명한 요약을 제시했다.

나는 정말로 독자들에게 매우 단순한 것을 말하고 싶다. 모든 세대의 인간은, 언제나 어디서나, 그들이 그것을 깨닫고 그에 관해 성찰하든지 그렇지 않든지, 인간 삶의 말할 수 없는 신비, 즉 우리가 하나님이라고 부르는 존재와 관계되어 있다. 십자가에 못 박히고 부활한 존재인 예수 그리스도를 바라볼 때, 우리는 지금 현재의 삶에서, 그리고 마지막으로 죽음 이후에, 하나님을 우리 자신의 성취로서 만날 것이라는 소망을 가질 수 있다.[5]

라너가 초월적 신학 방법을 설명하다

라너의 신학은 하나님의 초월성의 세속적 상실에 대한 반응이었는데, 그것은 현대성에서 유래한 것이었다. 세속 신학과 신 죽음의 신학(참고. 7장) 같은 현상들로 이어질 극단적 내재성의 힘들을, 라너는 그것들이 1960년대 급진 신학들에서 완전히 모습을 드러내기 오래전부터 인지했다. 그의 전체 경력은 하나님의 위엄과 주권이냐 혹은 인간들의 자율과 자유냐 사이에서 선택해야 한다는 일반론에 반대하는 투쟁이었다. 그는 "하나님의 '내재'와 '초월' 사이의 딜레마는 둘 중 어느 하나에 대한 관심을 희생하는 일 없이 극복되어야만 한다"고 선언함으로써 자신의 평생의 확신을 표현했다.[6] 그의 신학 방법은 이 확신을 반영한다. 그는 일반적 인간 경험이 하나님이라 불리는 초월적이고 거룩한 신비 없이는 이해할 수 없으며, 하나님의 거룩한 신비는 사람들이 매일의 삶에서 경험하는 역사적 환경에서 그리고 그 환경을 통해서 직면하게 되고 알게 되어야 한다는 점을 보이려고 했다. 라너의 신학 접근법을 이해하는 단서는 그의 "초월적 방법"(transcendental method)이다. 이 방법이 매우 철학적이기 때문에, 철학에 대한 그의 태도를 먼저 살피는 것이 최선이다.

5　같은 책, p. 147.
6　Karl Rahner, *Foundations of Christian Faith: An Introduction to the Idea of Christianity*, trans. William V. Dych (New York: Seabury, 1978), p. 87. 『그리스도교 신앙 입문』(분도출판사).

틸리히와 마찬가지로, 그리고 바르트와 달리, 라너는 철학을 신학 작업의 필수적 계기 또는 측면이라 여겼다. 철학이 신학에 관여하는 자리는 라너가 "기초 신학"(fundamental theology)이라고 부른 것에 있었는데, 이것은 "예수 그리스도 안에 있는 하나님의 계시라는 사실에 대한 과학적 입증으로 구성된다."[7] 다시 말해, 기초 신학은 예수 안에 있는 하나님의 계시에 대한 믿음을 합리적으로 정당화함으로써 교의 신학 또는 조직 신학의 토대를 구성한다. 그것은 인간 경험에 대한 철학적 숙고를 통해, 이 계시에 대한 믿음이 임의적이거나 단순한 신앙의 도약이 아니라 건전한 지적 근거들에 기초한다는 점을 보이려 한다. 궁극적으로, 그렇다면, 기초 신학의 목적은 기독교적 믿음을 지적 정직성과 함께 가능하도록 만드는 것이다.[8] 라너에게 기초 신학의 기본적 도구는 "계시를 수용하도록 개방되어 있음"으로서의 인간 경험에 대한 "초월적 숙고"다. 인간들은 단지 자연 세계의 부분이나 산물일 뿐만 아니라, 존재의 무한하고 신비한 지평을 지향하는데, 즉 그리스도인들이 하나님으로 알고 있는 것이다. 다시 말해, 인간들은 초월적이다.[9] 그들은 질문하고 생각하는 모든 행위 안에서 자연과 그들 자신을 초월한다. 그들은 자신들 안에 갇혀 있지 않고, 신적 계시를 향해 개방되어 있고, 지향하며, 또 수용적이다. 이것을 철학적으로 드러내는 것이 라너의 위대한 과업으로, 그가 자신의 신학적 에너지 대부분을 쏟은 것이었다.

라너는 자신의 초월적 숙고의 도구를 칸트, 하이데거, 조제프 마레샬(Joseph Maréchal, 1878-1944) 같은 현대 철학자들로부터 차용했다. 초월적 숙고는 알려진 사실들에 대한 필요조건들을 발견하려 한다. 초월적 숙고는, 어떤 개별 현상의 부인할 수 없는 실재를 고려해 볼 때, 그것이 존재하기 위

---

7 Karl Rahner, *Hearers of the Word*, trans. Michael Richards (New York: Herder and Herder, 1969), p. 17. 『말씀의 청자』(가톨릭대학교출판부).
8 Rahner, *Foundations*, p. 12.
9 Rahner, *Hearers*, p. 53.

해 정신 또는 우주에 무엇이 실재여야 하는지 묻는다. 무엇이 그것의 필연적 선험 조건들인가? 이러한 숙고 유형의 투박한 예시 한 가지는 과학의 해왕성 발견이다. 과학자들은 해왕성의 존재를 천왕성의 움직임에서 일정한 불규칙성을 발견한 것에서 추론했는데, 그 불규칙성은 눈에 띠지 않은 어떤 행성의 존재로만 설명할 수 있었기 때문이다. 1846년에 망원경으로 해왕성을 보기 전에, 일종의 초월적 과정을 통해 그들은 이 행성을 알았다.[10] 철학에서의 초월적 숙고의 핵심도 비슷하다. 인간의 지식과 경험을 위한 전제 조건들을 발견하는 것, 혹은 라너의 표현을 빌리면, "[인간적] 주관성의 가능성을 위한 선험의 초월적 조건이 무엇인가?"라고 묻는 것이다.[11]

라너는 자신이 "초월적 경험들"이라 부른 것에 주의를 집중해서, 인간들이 자연적으로 하나님을 지향한다는 것을 보여 주려 했다. 이것들은 삶의 의미를 묻는 것 같은 일반적, 보편적 인간 경험들이다. 이 경험들은 하나님이 인간 본성에 이질적이지 않으며, 경험들의 필요조건으로서 그 본성의 본질적 부분이라는 점을 보여 준다. 『말씀의 청자』(*Hearers of the Word*)에서 이 예수회 신학자는 인간 인식의 현상에, 어떤 사물을 어떤 사물로 아는 것의 경험에 집중해서, 무한한 것에 대한 어떤 관계가 유한한 것들에 대한 어떤 지식에 필연적으로 선행한다는 것을 형이상학적으로 입증하려 한다. 사물들에 대한 어떤 지적 판단을 형성하는 것, 즉 그것들에 관한 결론을 내리는 것은 필연적으로 사물들을 자신으로부터 분리시키는 것과 그럼에도 그것들을 자신에 대한 관계 안에서 보는 것을 수반한다. 또한 그것은 사물들을 실재 전체로부터 분리시키는 것과 그럼에도 그것들을 전체와의 관계 안에서 보는 것을 수반한다. 어떤 사물을 안다는 것은 단지 그것을 보거나 느끼는 것과는 다르며, 자연만으로는 설명될 수 없는 추상화의 행위에서 자신

---

10 Michael J. Buckley, "Within the Holy Mystery", in *A World of Grace: An Introduction to the Themes and Foundations of Karl Rahner's Theology*, ed. Leo J. O'Donovan (New York: Seabury, 1980), p. 34.
11 Rahner, *Hearers*, p. 56.

과 사물을 모두 초월하는 것이다.¹² 그렇다면 추상화(abstraction)는 사물들에 관한 개념을 형성하는, 인간에게 고유한 지적 행위다. 그것은 단지 사물들을 느끼거나 기억하는 것만이 아니라(이 둘은 동물들도 할 수 있다), 사물들을 그것들이 속하는 부류의 개별적 경우들로 인식하는 것이다. 사람은 수많은 존재들을 보고 그것들을 인간으로 해석하거나 그것들의 인간성을 질문한다. 라너에게 그 현상은 불가사의한 인간 능력으로서 초월적인 것을, 즉 존재 자체에 대한, 실재 전체에 대한 관계를 시사한다. 그러한 행위를 위한 필연적 배경은 실재 전체다. 하지만 실재 전체는 사물이 아니다. 그것은 이해될 수 없으며, 다만 인간들이 자신들의 주관성 안에서 향하여 움직이는 무한한 지평으로서만 존재한다.

라너는 『말씀의 청자』에서 인간들을 단지 자연의 산물인 고도로 진화한 동물들로 여기는 것으로는 설명할 수 없는, 독특하고 불가사의한 인간적 능력을 입증하려 했다. 그는 그 능력을 다음과 같은 것으로 말했다. 그것은

> 영의 역동적 자기 운동 **능력**으로, 선험적으로 인간 본성과 함께 주어졌고, 모든 가능한 대상들을 지향한다. 그것은 특정 대상이 어떤 목표를 향한 이 운동의 개별적 요소로 파악되는, 그러므로 알 수 있는 것의 이 절대적 너비의 미리-봄 안에서 의식적으로 파악되는 운동이다.¹³

"알 수 있는 것의 절대적 너비"는 보통의 인간 의식으로는 단지 불가사의한 절대적 지평으로밖에 알 수 없기 때문에, 그것이 스스로 드러내야 한다. 그렇지 않다면 그것은 순전한 신비로 남으며, 개별 사물들의 의미는 궁극적으로 이해될 수 없는 상태로 남는다. 이 지점에서 라너는 하나님을 기초 신학

---

12 같은 책, p. 57.
13 같은 책, pp. 59-60.

에 도입한다. 인간의 주관성에 관한 형이상학적-초월적 숙고는 어떤 종류의 신 존재 증명으로 의도되지 않았다. 그것은 신적 계시에 대한 인간의 수용 능력의 증명으로 고안되었다. 인간이 내적으로 지향되어 있는 앎과 존재의 무한한 지평에 대한 자기 계시 없이는, 모든 사물은 궁극적으로 무의미할 것이다. 라너는 자신이 제시하는 인간의 초월성의 현상학을 인간 본성이 물질일 뿐만 아니라 영이며, 하나님에 대한 일정한 개방성이 그 영적 본성의 내적 핵심을 형성한다는 데 대한 증거라고 보았다.[14] 이로부터 라너가 내리는 결론에 따르면, "최소한 사람은, **인간의 언어**로 말씀하는 자유로운 하나님으로부터의 계시에 귀를 기울여야 하는 존재다."[15]

라너는 이러한 인간의 자연적 초월성(natural transcendence)을, 어떤 가능한 계시에 대한 순종 능력이라는 의미에서 순종적 가능태(*potentia oboedientialis*)라고 불렀다.[16] 그는 인간 경험의 구조에 대한 순전히 철학적, 초월적 탐구를 통해 인간 경험이 하나님의 말씀을 받아들이려는 경향을 자연적으로 가지고 있음을 보여 줄 수 있다고 믿었다. 순종적 가능태는 "사람은, 자신을 계시할 수 있는 자유로운 하나님 앞에 서 있는 실존적 존재"라는 것을 의미한다.[17] 이 잠재력이 너무나 강해서, 라너는 그것이 인간 본성 자체 안에 깊이 박혀 있는 일종의 하나님에 관한 지식이라고 여겼다. 모든 인식 행위 안에서, 즉 인간들이 자신들과 유한한 세계를 넘어 의미·희망·사랑의 무한한 지평을 향해 이르는 모든 초월적 경험 안에서, 인간들은 자신들이 언제나 이미 하나님을 잠재적으로는 안다는 것을 보여 준다.[18] 하지만 하나님에 관한 이 잠재적 지식은 비주제적(unthematic), 비성찰적(nonreflexive) 지식이다. 그것은 전(前)의식적이고, 잠재적이고, 종종 휴지(休止) 상태이거나 심지어

14 같은 책, p. 53.
15 같은 책, p. 155.
16 같은 책, p. 161.
17 같은 책, p. 101.
18 같은 책, pp. 65-66.

거부된다. 그럼에도 불구하고, 여전히 그것은 인간 본성에 고유한 하나님에 관한 지식이자 그 하나님에 대한 관계로 남아 있다.[19]

라너의 고도로 정교한 철학적 인간학의 목적은, 인간들이 하나님 안에서 안식을 찾을 때까지는 불안하도록 창조되었다는 아우구스티누스의 주장을 합리적으로 뒷받침하는 것이다. 더 대중적 용어로 표현하면, 모든 인간은 그들의 존재 안에 하나님이 만들어 놓은 빈자리를 갖고 있으며, 그것은 오직 하나님에 의해서만 채워질 수 있다는 것이다. 라너는 인간의 앎을 위한 선험적 조건에 대한 초월적 탐구를 통해 이것이 증명될 수 있다고 믿었다. 하지만 이 탐구의 가치는 무엇인가? 왜 라너는 이 잠재적 하나님 지식을 발견하기 위해 그토록 깊고 넓게 미묘한 추상을 시도했는가? 그에 대한 대답은 현대 세계의 세속적 충동에, 그리고 그 현대 세계가 하나님과 인간을 갈등이나 동질성에 두려는 압도적 경향에 있다. 라너가 보여 주려 노력한 것은, 니체와 사르트르 같은 현대 사상가들의 비난에 반대해, 하나님이 인간의 자기 성취에 위협이 되지 않는다는 사실이다. 오히려 하나님은 인간의 주관성에 필연적 지평이며, 그러므로 본질적으로 인간의 본성 자체에 속한다. 그리고 하나님과 인간을 동일시하려는 범신론자들과 대조적으로, 라너는 유한한 것과 무한한 것 사이에 근본적 차이가 있음을 보이려 시도했다. 그 차이는 인간의 주관성의 절대적 지평이라는 궁극적 신비성으로 특징지어지는 것이다. 인간은 인간의 주관성 안에서 그리고 그 주관성을 통해서 거룩한 신비와 본질적으로, 내적으로 관계를 맺고 있다. 하지만 거룩한 신비는, 그 신비를 향해 내뻗는 인간 주체의 초월성에 대해서조차, 여전히 초월적이다. 그 거룩한 신비가 (순종적 가능태 안에 있는, 이 신비에 대한 얼마

---

19 루이스 로버츠가 분명히 밝히는 바에 따르면, 라너에게 "사람은, 그가 그것을 명시적으로 알든 그렇지 않든, 그리고 그것을 의도하든 그렇지 않든, 언제나 하나님께 나아가고 있다는 사실에 힘입어서만 존재한다." Louis Roberts, *The Achievement of Karl Rahner* (New York: Herder and Herder, 1967), p. 37.

안 되는 지식을 넘어) 알려지기 위해서는, 그것이 직접 자신을 알려야 한다.

라너가 하나님의 초자연적 실존을 모든 인간에게 있는 것으로 상정하다

라너의 가장 독특한 사상 가운데 하나는 그가 "초자연적 실존"(supernatural existential)이라 부른 것이다. 라너에 따르면, 인간들은 언제나 본래(by nature) 하나님에 대해 개방되어 있을 뿐만 아니라(순종적 가능태), 언제나 이 초월적 개방성 안에서 하나님에 의해 초자연적으로 고양되어 있어서 실제로 하나님을 경험할 수 있다. 하나님은, 라너의 주장에 따르면, 값없는 은혜(free grace)의 은혜로운 제공 안에서 모든 인간에게 자신을 전달하고, 그렇게 해서 하나님의 현존은 모든 인간의 인간성 안에서 구성 요소인 하나의 "실존"이 된다.[20] 초자연적 실존 없이 인간은 해답을 찾기 위해 애쓰는 질문으로 남을 것이다. 자신을 넘어서는 어떤 것, 거룩한 신비, 알려지지 않았고 전적으로 초월적인 무한한 지평에 대해 개방되어 있는 채로 말이다. 하지만 그 초자연적 실존 때문에 인간은 자신들 안에 있는 초월성의 최종점을 은혜로운, 인격적인, 사랑의 현존으로 발견한다.[21]

모든 인간에게 있는 하나님의 이러한 보편적 현존은 "세상에 와서 모든 사람에게 비추는 빛"이지만, 그들의 자연적 능력의 일부는 아니다. 그것은 하나의 실존적, 그러므로 사람들의 영속적, 구성적 일부이지만, "자연적"(natural)이지는 않다. 그것은 전적으로 은혜이며, 그러므로 초자연적(supernatural)이다. 라너는 이 점을 분명하게 하고 그럼으로써 하나님을 피조물 자체의 일부로 만드는 내재주의(immanentism) 이단의 어떤 기미도 피하기 위해 무척 애썼다. 그는 이 문제에 대해 다음과 같이 분명히 말했다. "이러한 [하나님의] 전달은 범신론적 또는 영지주의적 방식으로, 하나님으

---

20 Rahner, *Foundations*, p. 116.
21 같은 책, p. 129.

로부터의 유출이라는 자연적 과정으로 이해되어서는 안 된다. 오히려 그것은 가능한 한 가장 자유로운 사랑으로 이해되어야 하는데, 그는 이것을 삼간 채 자신 안에서 행복할 수 없기 때문이다."²² 비록 이 신적 현존이 초자연적이지만, 외인(外因)적이지는 않다. 초자연적 실존의 전체 핵심은 외인주의(extrinsicism)와 내인주의(intrinsicism)를 극복하는 것이다. 초자연적 실존이 인간의 본성에 모순되지 않는 이유는, 그것이 인간 본성을 하나님에 대한 초월적 개방성으로 고양하는 것으로 오기 때문이다. 그러므로, 참으로 가톨릭적 방식으로, 은혜(초자연적 실존)는 자연(순종적 가능태)을 완성하며 부정하지 않는다.

라너에 따르면, 그렇다면, 인간은 하나님과 신적 계시에 대해 개방되어 있는 존재일 뿐만 아니라, 하나님의 은혜로운 자기 전달의 수령자이기도 하다. "인간은", 라너가 쓴 글에 의하면, "하나님의 자유롭고 공로 없이 얻었으며 용서하는, 그리고 절대적 자기 전달의 사건이다."²³ 이것이 첫 번째 종류의 신적 계시, 즉 초자연적 실존의 선행적 은혜 안에서 그리고 이 은혜를 통해 하는 원래의 하나님 경험이다. 하지만 순종적 가능태와 마찬가지로, 초자연적 실존은 초월적이며 "범주적"(특정적·구체적·역사적)이지 않다. 초자연적 실존은 하나님의 특별 계시를 전달하지 않지만, 하나님에 관한 인격적 지식과 하나님과의 인격적 관계의 제공으로서 인간 안에 존재한다. 초자연적 실존은 그 자체로 비주제적이고 비성찰적인 것으로 남아 있다. 하지만 역사적이고 특별한 계시 안에 있는 하나님에 관한 주제적·성찰적 지식을 위한 "접촉점"을 준다.²⁴

이 지점에서 다수의 라너 연구자들은 순종적 가능태와 초자연적 실존 사이의 차이가 무엇인지 궁금해하며, 왜 그 두 가지가 라너의 신학 방법론

---

22 같은 책, pp. 123-124.
23 같은 책, p. 116.
24 같은 책, p. 131.

에 필요한지 물을 것이다. 첫째, 라너에게 순종적 가능태는 인간의 자연적 자질의 일부다. 그것은 초월적 탐구를 통해 발견되는 철학적-인간학적 사실이다. 그것은 인간 안에 있는 하나님의 형상의 일부다. 모든 인간은 하나님에 의해 인간으로 창조되었기 때문에 그것을 가지며, 인간 이외의 다른 것으로 창조되었기 때문이 아니다. 하지만 초자연적 실존은 인간의 자연적 자질의 일부가 아니라, 자연적 자질에 대한 하나님의 자기 전달로서 온다. 말하자면, 모든 인간의 자연적 인간성에 부가되는 것이다. 그러므로 그것은 순전히 철학적-인간학적 탐구를 통해 발견될 수 없다. 그것은 오로지 초월적 성찰을 통해 발견될 수 없다. 하지만 그렇다고 그것이 자연이나 철학에 모순되지는 않는다. 라너에 따르면, "그것은 모든 것 중에서 가장 자명한 것이며, 동시에 어떤 다른 것으로부터도 논리적으로 연역될 수 없다."[25] 둘째, 순종적 가능태는 **질문으로서가 아니면** 실질적 하나님의 현존이나 지식을 전혀 담지 못한다. 그것은 모든 경험 안에서 이루어지는 인간의 하나님을 향한 분투다. 하지만 초자연적 실존은 구원하는 은혜의 제공으로서의 실질적 하나님 지식과 경험을 전해 준다. 그것은 단순한 질문 이상으로, 비록 여전히 구원하는 은혜의 선물 자체를 주지는 않을지라도, 어떤 제안을 전달한다. 그러므로 순종적 가능태와 초자연적 실존은 둘이 함께 있을 때만 인간이나 신학자에게 도움이 된다.

라너가 "익명의 그리스도인"의 실재를 인정하다

라너의 가장 논쟁적 사상 가운데 하나는 그가 "익명의 그리스도인"(anonymous Christians)이라 부른 것이었다.[26] 전통적 가톨릭 신학은 교회 밖에는 구원이 없다고 말한다. 라너는 초자연적 실존 안에 있는 은혜로운 하나님의 현존과

---

25 같은 책, p. 123.
26 Karl Rahner, "Anonymous Christians", in *Theological Investigations*, 23 vols. (London: Darton, Longman and Todd, 1969; New York: Seabury, 1974), vol. 6, pp. 390-391, 393-395.

기꺼이 협력하는 자라면 누구나 구원을 받을 수 있고 또 받을 것이라고 주장했다. 하나님의 그 어떤 특별한 역사적 계시나 예수 그리스도에 대한 분명한 지식과는 별도로 말이다. 이것은 오직 초자연적 실존 때문에 가능하다. 순종적 가능태는 구원할 수 없다. 하나님은, 라너가 말하는 바에 따르면, 구원을 위한 보편적 의지를 갖고 있다. "진지하고 효력 있는 보편적 구원 의지가 하나님께 있다. 그리스도인이 자신의 기독교적 구원이라는 말로 의미하는 그 구원의 의미에서 말이다."[27] 이것도 역시 전통적 가톨릭 교리다. 하지만 라너가 일반적 가톨릭 믿음과 결별하는 지점은, "참으로 그리고 주체적으로 유죄이며 책임을 피할 수 없는 자유롭고 개인적인 죄에 대해, 누구라도 자신의 삶과 자신의 자유의 궁극적 행동 안에서 하나님에 대해 자신을 닫지 않는다면, 이 사람은 자신의 구원을 발견한다"고 말하는 데 있다.[28] 또한,

> 만약 누군가가 충성, 사랑, 포기, 그리고 양심에 대한 무조건적 복종이라는 최종적·근본적 태도로 삶을 산다면, 그것이 "유용하든" 그렇지 않든, 나는 이 사람이 구원을 받은 사람이라고 말할 것이다. 즉 그 근본적 지향이 개인 안에서 명백한 개념화에 이르든 그렇지 않든, 하나님의 은혜 안에 사는 사람이다.[29]

익명의 그리스도인은 그렇다면, 명시적으로는 아니더라도 암묵적으로는 그리스도인이며 구원을 받은 사람이다. 하지만 그것은 모든 사람에 대한 구원의 보편적 제공인 초자연적 실존 때문에만 가능하다. 어떤 의미에서 라너에게 하나님은 동등한 기회의 구원자다. 사람은 하나님의 은혜로 구원을 받을

---

[27] Rahner, *Foundations*, p. 147.
[28] 같은 책, p. 143.
[29] *Karl Rahner in Dialogue*, p. 115.

수 있는데, 설령 그 사람이 무신론자일지라도 그렇다. 구원은 신념이나 공적에 의해서가 아니라, 양심에 대한 복종을 통한 은혜로 말미암기 때문이다.

라너가 초월성 너머의 계시를 밝히다

라너는 두 가지 유형의 계시를 구별한다. 첫 번째는 앞에서 기술되었다. 하나님을 향한 우리의 자연적·초자연적 지향들이 "초월적 계시"를 구성한다. 이 계시는, 초월적 경험들을 통해 매개되어, 질문과 제공으로서의 하나님에 대한 잠재적 지식을 가져온다. 하지만 그것은 비주제적·전(前)성찰적 계시로 남아 있다. 하나님을 전달하지만, 개념적으로 공식화되고 성찰될 수 있는 하나님에 관한 구체적 정보는 아니다. 초월적 계시는 어떤 거룩한 신비를 향해 뻗지만, 이 신비는 무한하고, 정의할 수 없고, 표현할 수 없는 것으로 남아 있다.[30] 초월적 계시는 두 번째 유형의 계시를 위한 선험적 기초를 형성하는데, 이 계시는 라너가 "범주적" 또는 "실제적" 계시라 부르는 것으로, 사건·언어·상징을 통한 역사 안에서의 구체적 계시다. 이러한 계시의 두 가지 측면들, 즉 초월적 측면과 범주적 측면은 서로 구별되지만 상호 의존적이다. 둘 다 계시에 필연적인 것이다. 라너는 범주적 계시를 하나님의 자기 계시로 정의하는데, 그것은

> 초월성으로서 사람이라는 영적 존재와 함께 단순히 주어지지 않으며, 오히려 사건의 성격을 갖는다. 그것은 대화적이고, 또한 그 안에서 하나님은 사람에게 말씀하면서, 단순히 사람의 초월성 안에 있는 하나님에 대한 세상의 모든 실재의 필연적 관계를 통해서는 세상에서 언제나 그리고 어디서나 알 수 없는 것을 그에게 알린다.[31]

---

30 Rahner, *Foundations*, pp. 60-61.
31 같은 책, p. 171.

범주적 계시는, 그렇다면, 오직 초월적 계시를 통해서는 발견될 수 없는 하나님의 내적 실재를 드러낸다. 그 내적 실재는 하나님의 인격적 성품과 하나님의 영적 피조물들에 대한 자유로운 관계성을 포함한다.[32]

범주적 계시는 사람들이 하나님의 은혜로 자신들의 자연적·초자연적 초월성을 현실화하고 "돌파해서", 말하자면, 하나님에 대한 성찰적 지식에 이르는 모든 때와 장소의 역사와 문화를 통해 발생한다. 모든 종교는 그러한 돌파의 시도다. 결과적으로, "…하나님의 자기 전달을 통한 인간의 하나님에 대한 초자연적, 초월적 관계가 자기 성찰적으로 될 때…모든 종교에는 그러한 성공적 매개의 개별적 순간들이 존재한다."[33] 그러한 순간들에서 어떤 종교의 또는 비종교의 사람들은 익명의 그리스도인이 될 수 있다. 하지만, 인간의 타락 때문에 그러한 계시의 사건은 모두 부분적이고 오류가 섞여 있다. 보편의 범주적 계시(자연적, 일반적 계시)는 언제나 부분적이며 오류를 범할 수 있는 상태로 있기 때문에, 라너는 자신이 "공적이고, 공식적이고, 구체적이고, 교회적으로 구성된 계시"라고 기술한, 둘째 유형의 더 수준 높은 범주적 계시의 존재를 상정한다.[34] 이것으로 그가 의미한 것은 예언자적 계시로, 주로 성경 안에서 발견되며 교회의 기초가 된다. 이 계시는 보편의 범주적 계시와는 종류의 차이가 아니라 정도의 차이가 있다. "이 예언자들 안에서 표현되는 것은 근본적으로 어디서나, 그리고 예언자라 불리지 않는 우리 자신을 포함하는 누구에게나 존재하는 것이다."[35] 따라서 성경 안에 간직되어 있는 특정한 역사적 계시는, "마른하늘에 날벼락"이 아니라 하나님의 보편적 자기 전달의 성취이자 완결로서, 이는 초월적이며 또한 범주적이다.[36]

---

32 같은 책.
33 같은 책, p. 173.
34 같은 책, p. 174.
35 같은 책, p. 158.
36 같은 책, p. 161.

마지막으로, 라너는 가장 높은 계시, 절대적 의미의 계시에 도달했다. 우리가 예수 그리스도 안에서 하나님의 성육신을 발견하기 때문에, 예수 그리스도는 모든 계시의 능가할 수 없는 절정이다. 절대적 계시로서 예수 그리스도는 계시의 보편적 역사 전체를 해석하는 시금석을 제공한다. 하지만 여기서도 라너는 다른 계시와의 절대적 단절을 부정한다. 예수 안에 있는 하나님의 성육신은 하나님의 자기 전달의 최고점, 인간 역사와 경험 안에 있는 하나님의 현존의 가장 강렬한 매개된 직접성이다. 라너에게는 진화를 포함하는 우주의 역사 전체가 하나님의 절대적 자기 전달의 씨앗을 간직하고 있으며, 이 씨앗은 성육신에서 열매를 맺는다. 예수 그리스도의 신적-인간적 실재조차 그에게는 "마른하늘의 날벼락"이 아니다. 오히려 그것도 역시 창조 자체의 자기 초월의 완성, 즉 창조 세계 안에 있는 모든 것이 이끌려 가는 "오메가 포인트"(omega point)다.[37] 그럼에도 불구하고, 그것은 특정적·공식적 계시를 역사 안에 있는 보편적·비완결적 계시로부터 구분하는 시금석을 제공한다.

라너가 삼위일체 신학의 르네상스에 기여하다

라너를 가장 유명하게 한 것들 가운데 하나는 그의 삼위일체론 구성이다. 그는 삼위일체에 관해 『삼위일체』(*The Trinity*, 1970)를 비롯해 여러 편의 논문을 썼다. 아마도 오늘날의 삼위일체 사상에 대한 그의 가장 지속적 기여는 "'경륜적' 삼위일체는 '내재적' 삼위일체이고, '내재적' 삼위일체는 '경륜적' 삼위일체다"라는, 라너의 규칙(Rahner's Rule)으로 알려지게 된 것을 전개했다는 데 있다.[38] 관례적으로 삼위일체 신학은 역사 안에서 하나님 자신의

---

[37] 라너가 그리스도를, 그리고 특히 성육신을 인간 진화와 연관시키는 것은 여러 면에서 테이야르 드 샤르댕의 신학과 유사하다. 테이야르의 주제들은 *Foundations*에 있는, "Christology Within an Evolutionary View of the World"라는 제목으로 된 한 절에서 특히 두드러진다(pp. 178-206).

[38] Karl Rahner, *The Trinity*, trans. Joseph Donceel (New York: Seabury, 1974), p. 22. "라너의 규칙"이라는 용어는 테드 피터스에 의해 고안되었다. Ted Peters, "Trinity Talk, Part 1", *Dialog* 26 (winter

외부에 있는 것을 향한 하나님의 삼중적 활동(경륜적 삼위일체)과 세계 없이 영원 속에서 그 자신 안에 있는 하나님의 삼중성(내재적 삼위일체)을 구분했다. 라너가 생각하기에는, 기독교 역사를 통해 삼위일체의 이 두 측면이 분리되었고 그 결과로 신학자들은 세 위격의 구원사적 활동과는 완전히 별개인 삼위일체 내적 관계를 사변했다. 예를 들어, 일부 신학자들은 성자만이 아니라 삼위일체의 세 위격이 모두 성육신할 수도 있었으며, 세계 안에 있는 삼위일체의 활동들은 모두 삼위일체 전체의 활동이라고 주장했다(*opera trinitatis ad extra indivisa sunt*). 라너는 이런 주장을 거부했다. 이 주장은 하나님 자신을 역사로부터 분리하는 잘못을 범하는 것이며, 마치 하나님이 성육신 없이도 똑같았으리라는 듯이 성육신을 하나님 자신의 존재에 쓸데없게 만드는 것처럼 보인다. 그러한 경우에는 피조물에 대한 하나님의 자기 전달이 역사 안에서 일어나는 일은 실제로는 없을 것이다.[39]

하나님 자신과 내재적 삼위일체에 관한 이러한 사변적 관심에 반대해서, 라너는 하나님이 역사에서 우리 가운데 실제로 누구이고 무엇을 하는지와 별개인 삼위일체 내적 관계에 관해 논의할 근거란 없으며, 우리의 구원을 위한 인간 역사에서의 세 위격의 경륜적 활동은 내재적 삼위일체의 실제적 현존으로 여겨져야 한다고 주장했다. 이 주장은 하나님의 불변성에 관한 질문들을 제기한다. 만약 경륜적 삼위일체가 **바로** 내재적 삼위일체이고 또 그 역이 사실이라면, 하나님은 역사 속에서 그리고 역사를 통하여 변화하는가? 내재적 삼위일체 교리는, 그 결함이 무엇이든지, 하나님이 역사 속에서 해체되는 것을 막기 위해 의도되었다. 하나님은 세계와 그 세계 안에서의 자신의 활동 없이도, 세계와 그 세계 안에서의 자신의 활동이 있을 때와 마찬가지로, 동일한 방식으로 하나님이어야 할 것이다. 라너의 대답은

1987): p. 46.
[39] Rahner, *The Trinity*, pp. 99-101.

전형적으로 모호하다. "하나님은 무엇인가가 될 수 있다. 하나님은 자신 안에서 변화를 겪지 않는 존재로서 **스스로는 어떤 다른 것 안에서** 변화를 겪을 수 있다."[40] 피조물, 특히 인간 피조물은 하나님에 의해 창조된 방식으로 인해(순종적 가능태), 하나님 자신의 자기표현의 적절한 수단이 되고 따라서 그 표현 안에서 하나님 자신의 되어감(becoming)의 수단이 된다. 그 피조물은 "하나님의 가능한 자기표현을 위한 원리"(the grammar of God's possible self-expression)다.[41] 하나님은 인간 본성을 취하면서 자신을 비움으로써, 변화 없이 "되어간다."

라너에 따르면, 이것이 하나님의 불변성에 대한 적절한 "변증법적" 해석이다. 하나님은 피조물과의 관계에서 정적이지 않으면서 자신에 대해 참되게 있다. 하나님 자신은 창조 세계와 스스로 둘 다 안에서 가능태들을 실현하되, 하나님이 자신을 잃지 않고 세계가 하나님이 되지 않는 방식으로 그렇게 한다. 하지만 둘 다 서로에 대한 관계 안에서 그리고 이 관계를 통해서 무엇인가가 된다. 그들은 서로 합쳐지는 일 없이 서로와의 실제 역사에 들어간다. 그렇다면 라너에게 내재적 삼위일체와 경륜적 삼위일체는 하나님의 되어감의 주된 사건인 성육신 사건 안에 있는 역사에서 연결된다. 예수 그리스도 안에서, 삼위일체의 둘째 위격인 로고스가 인간이 되었다. 이 생성(becoming)은 하나님의 삼위일체 내적 존재를 전혀 건드리지 않을 수는 없었다. 성육신은 하나님 안에 있는 참된 역사를 나타낸다. 하지만 이 사건에서조차 하나님은 그대로 있었다. 하나님은 자신을 비우고 또 자신에게 더한 다른 것 안에서, 그리고 그것을 통해서, 되어갔다. 또한 라너의 규칙은 **오직** 하나님의 아들인 로고스만 성육신할 수 있었음을 의미한다. 삼위일체의 둘째 위격의 어떤 것이, 성부에 대한 관계에 있는 그 어떤 것이, 성부나

---

[40] Rahner, *Foundations*, p. 220.
[41] 같은 책, p. 223.

성령이 아닌 그를 인간이 되기에 적합한 위격으로 만들었다.

라너의 규칙과 그가 하나님 안에 있는 생성을 관련시키며 전개한 삼위일체론 전체는 20세기 후반과 21세기 초의 기독교 신학에 깊은 영향을 미쳤다. 우리는 삼위일체 사상의 모든 곳에서 이 규칙을 만난다. 아직 그 정확한 의미를 두고 학자들 사이에서 논쟁이 있음에도 불구하고, 그것은 거의 당연한 것으로 받아들여지고 있다.[42] 왜 그럴까? 현대 신학에서 삼위일체론이 거의 없어진 이유는 겉으로 보기에 사변적 성격 때문이었다. 특히 19세기 동안에 고전적 자유주의 신학자들에게는 윤리가 기독교의 정수였는데, 삼위일체론은 그 윤리에 별로 도움이 되지 않는 것으로 보였다. 라너가 보기에 상황이 이렇게 된 이유는, 대부분의 사람들이 삼위일체를 생각할 때 경륜적 삼위일체로부터 떼어 낸 내재적 삼위일체를 생각하면서 사변적이라고 여기게 되었기 때문이다. 하지만 경륜적 삼위일체와 하나로 엮여 있는 내재적 삼위일체는 하나님의 관계성과 되어감, 즉 하나님의 역사성과 관련된다. 그렇다면 삼위일체는 더 이상 단순히 사변적이지 않다. 하지만 라너는 삼위일체를 역사로 해소해 버리고 싶지 않았는데, 그렇게 되면 그 결과는 양태론, 즉 세 위격이 단지 역사 안에서의 하나님의 발현들에 불과하다는 사상이 될 것이기 때문이다. 라너의 규칙은 두 가지 위험을 모두 피하기 위해 의도되었다. 자기 안에 둘러싸인 천상의 변하지 않는 집단에 관한 단순히 사변적 삼위일체 교리라는 위험이며, 또한 하나님의 공동체를 단지 하나님이 쓴 가면들 같은 그저 일시적 발현들로 해소하는 양태론적 위험이다.

라너가 "절대적 구원자"로서의 예수를 제안하다

예수 그리스도의 인격에 관한 라너의 설명이 "초월적 기독론"이라는 점은

---

[42] 다양한 해석들에 대한 설명을 Chung-Hyun Baik, *The Holy Trinity—God for God and God for Us: Seven Positions on the Immanent-Economic Trinity Relation in Contemporary Trinitarian Theology* (Eugene, OR: Pickwick, 2011)에서 보라. 『내재적 삼위일체와 경륜적 삼위일체』(새물결플러스).

그리 놀라운 일이 아니다. 이 기독론은 신-인 또는 "절대적 구원자"(absolute Savior)의 출현을 위한 초월적 선결 조건을 묻는데, 그리스도인들이 인간 나사렛 예수가 그런 존재였고 또 지금도 그렇다고 주장하기 때문이다. 라너가 밝히는 핵심 질문은 다음과 같다. "절대적 구원자 또는 신-인 같은 것은… 어느 정도 이해할 수 있는 개념인가? 그런 개념이 실현되었는지, 그리고 어디서 실현되었는지 같은 질문은 배제하고 말이다."[43] 그의 대답은 그렇다는 것이었다. 인간의 초월적 경험에 대한 탐구를 통해, 그는 역사 내의 신-인을 찾는 것이 기본적 인간 활동이라고 결론을 내렸다.[44] 다시 말하지만, 핵심은 하나님으로서의 예수에 대한 믿음이 인간의 가장 깊은 필요와 희망에 전적으로 이질적 개념이 아님을 보여 주는 것이다. 그런 믿음은 마른하늘에 날벼락이 아니며, 키르케고르가 주장한 "절대적 역설"도 아니다. 그것은 비합리적이지 않다. 실제로, 보편적 인간 경험은 그런 믿음에 대해 개방되어 있으며 또한 그런 믿음 없이는 충족되지 않은 채로 있다.

예수가 정말 그러한 절대적 구원자인지는 또 다른 질문이다. 비록 초월적 기독론이 예수가 절대적 구원자라는 것을 증명할 수 없을지라도, 인간학이 세계의 구원자로서의 예수에 대한 기독교 신앙과 접촉점을 갖도록 할 수 있다. 라너는 예수가 절대적 구원자라는 기독교적 주장의 궁극적 기초를 예수의 자기의식과 그의 부활의 역사적 결합에서 찾았다. 예수는 자신 안에 "하나님의 새롭고 능가할 수 없는 친밀함"을 간직하고 있다고, "그 친밀함은 스스로 승리로 이길 것이며 하나님으로부터 분리될 수 없다"고 주장했다.[45] 이 친밀함을 예수는 "하나님 나라의 도래와 도달"이라고 불렀으며, 하나님 자신으로 온 이 하나님을 받아들이든지 거부하든지 하라고 사람들에게 도전했다. 이것으로부터 라너는 다음의 결론을 내렸다.

---

[43] 같은 책, pp. 228-229.
[44] 같은 책, p. 296.
[45] 같은 책, p. 279.

그렇다면 예수는 이러한 하나님의 자기 폭로의 최종적이고 능가할 수 없는 말씀의 역사적 현존이다. 이것이 그의 주장이며, 부활을 통해 이 주장은 정당성이 입증되었다. 그는 영원히 타당하며, 이 영원한 타당성 안에서 경험된다. 이런 의미에서 그는 어떤 경우에도 "절대적 구원자"다.[46]

예수가 과거와 현재에 세계의 절대적 구원자—가장 깊은 인간의 소망과 열망의 성취—일 뿐만 아니라 또한 성육신한 하나님이기도 하다는 교회의 주장에 대해서는 어떤가? 라너는 예수 그리스도의 존재론적 신성이 절대적 구원자로서의 그의 역할로부터 입증될 수 있다고 믿었다. 절대적 구원자는, 라너의 주장에 따르면, 단순히 인간 예언자 이상이어야 한다. 자신을 전달하는 은혜 안에 있는 하나님만 절대적으로 구원할 수 있다. 하나님으로부터의 메시지를 인간이 단순히 매개하는 것만으로는 세계를 변화시키고 "신성화하는"(divinizing) 실제 하나님의 현존에 못 미칠 것이다. 더 나아가, 라너의 주장에 따르면, 절대적 구원의 사건은 하나님 자신의 삶 자체에 있는 사건이어야 한다.[47]

우리가 이 주장들을 적절하게 이해할 수 있기 위해서는, 그 배경이 되는 최종적·궁극적—"절대적"—구원에 관한 라너의 견해를 이해해야만 한다. 그러한 구원은 인간의 초월성(transcendentality)이 이루려 애쓰는 것으로, 하나님으로부터의 어떤 "메시지"보다 훨씬 많은 것을 수반한다. 필연적으로 그것은 피조물적 실존의 아주 깊은 곳에 있는 실제적 하나님의 현존을 반드시 포함하면서, 은혜 안에서 더 높은 차원의 하나님과의 연합을 향해 변화시킨다. 간단히 말해, 그것은 "신성화"(divinization)다. 절대적 구원은 웅대한 결과를 가져온다. "이제 하나님과 그리스도의 은혜는 우리가 선택할 수

---

46 같은 책, p. 280.
47 같은 책, pp. 300-301.

있는 모든 실재의 은밀한 본질로서 현존한다."⁴⁸ 각각의 구별성을 유지하는 그러한 하나님과 인간의 연합은, 단순한 예언자에 의해 만들어질 수 있는 것이 아니다. 만약 예수가 (라너가 예수의 부활이 입증했다고 믿었던 대로) 과거에도 현재에도 절대적 구원의 사건이라면, 그렇다면 그는 사람 안에 현존하는 하나님, 즉 "우리와 함께 하시는 하나님"인 임마누엘보다 못할 수 없었을 것이다. 라너는 고전적 기독론인 위격적 연합, 즉 예수 그리스도가 인성과 신성의 두 본성을 가진 한 인격이라는 진술을 단언하고 옹호했다. 그의 옹호는 초월적·역사적 근거들에 의존했다. 만약 예수의 전체 의식이 참으로 하나님께 대한 철저하고 완전한 굴복으로 충만했다면, 그리고 만약 그가 자신의 삶, 죽음, 부활을 통해 성취한 것이 최종적·절대적 구원 사건을 구성했다면, 그는 성육신한 하나님이 아닌 다른 존재일 수 없다.⁴⁹

하지만 그것이 예수의 참된 인성에 모순되지 않겠는가? 라너는 가현설, 즉 예수의 인성이 비실제적이었으며 단순히 하나님의 "옷"이었다는 견해를 철저히 거부했다. 예수는 여느 사람들과 마찬가지로 인간이었으며, 많은 것에 대한 그 자신의 의식은 심지어 오류를 범할 수 있었다.⁵⁰ 그의 신적 의식은 그의 성장기 동안 분명히 초월적이었고 그런 이유로 비주제적이고 비성찰적이었다(그의 의식적 마음이 접근할 수 없음). 그리고 그것은 그의 유한한 인간 의식을 압도하거나 대체하지 않았다. 어떻게 유한한 피조물(이 경우에는 예수의 인성)과 하나님의 무한한 존재가 예수의 인격 같은 단일한 개체 안에서 연합할 수 있는가? 이것이 위격적 연합의 신비이며, 아직 만족스럽게 풀리지 않은 신비다. 라너는 자신이 그 신비를 적어도 어느 정도는 열 수 있는 통찰을 갖고 있다고 믿었다. 그 단서는 "하나님의 암호"로서의 인간이라는 그의 개념에 있다.

---

48 같은 책, p. 228.
49 같은 책, p. 303.
50 같은 책, p. 249.

라너가 인간의 지위를 "하나님의 암호"로 높이다

라너의 신학적 인간학에 따르면, 인간은 결코 단순히 피조물의 특성만 갖거나 내재적이지 않고 자신과 자연에 갇혀 있지도 않다. 오히려 앞에서 본 대로, 우리는 유한한 동시에 초월적이다. 인간 본성이 초월적으로 하나님에 대해 개방되어 있다는 것은 근본적 철학의 사실이다. 신학적으로, 성육신의 견지에서, 우리 인간의 하나님-개방성은 신적 자기 표현을 위한 잠재성으로서 하나님에 의해 의도된 것이다. 다시 말하자면, 인간은 성육신 없이는 불완전한 피조물이다. 하나님은 인간의 신비이고, 인간은 하나님의 암호(cipher of God)다. 인간은 질문이고, 하나님은 대답이다. 마치 질문이 대답에 참여하고 대답이 질문에 참여하면서 동시에 그것을 초월하듯이, 하나님과 인간은 기본적으로 서로에게 속한다. 그렇게 되도록 하나님이 결정했다.[51] "하나님이 하나님 아닌 것이기를 원할 때, 사람이 존재하게 되었다."[52] 이것은 라너의 신학 전체에서 가장 두드러지는 진술들 가운데 하나다. 그것은 라너에게, 우주 전체의 창조까지는 몰라도 인간 창조의 목적이 성육신임을 나타낸다. 인간은 "하나님의 암호", 즉 하나님의 자기 표현적 현존을 위한 상징과 수단이다.

따라서 성육신은 참된 인간성에 반대되지 않으며 오히려 그것을 최대한 가능한 성취에 이르게 한다. 라너에 따르면, 예수가 참으로 인간이기 위해서 하나님에 대해 어떤 독립적 실존을 가져야 했다는 가정은 근본적으로 잘못된 것이다. 왜냐하면 "친밀감과 거리감, 또는 하나님의 처분에 맡겨진 것과 자율적인 것은, 피조물에게 반비례하지 않고 오히려 정비례하기 때문이다."[53] 그러므로 예수 그리스도는 가장 근본적으로 인간적이고 자율적이고 자유로울 수 있었는데, 왜냐하면 그의 인성이 성육신한 로고스와의 영원

---

51 같은 책, pp. 224-227.
52 같은 책, p. 225.
53 같은 책, p. 226.

한 연합에 들어감으로써 하나님과 가장 친밀하도록 창조되었기 때문이다. 그렇다면 라너에게 성육신은 하나님과 인간 모두의 궁극적 성취이자 완성이었다. 그 안에서 자신을 하나님이 아닌 것을 통해서 외적으로 표현하려는 하나님의 바람은 성취되었다. 동시에 성육신은 절대적 구원자를 찾는 인간의 탐색과 인간의 하나님에 대한 근본적 개방성의 성취를 의미한다. 그러므로 하늘과 땅의 모든 것은 예수 그리스도 안에서 성취된다.

라너가 사유를 불러일으키는, 모호한 유산을 남기다

의심의 여지 없이 라너는 20세기의 가장 창조적 신학자들 가운데 하나였으며, 21세기에 이르기까지 많은 신학적 창조성의 원천으로 남아 있다. 신학자들은 삼위일체 교리에 관해 글을 쓸 때 아직도 라너의 규칙을 언급한다. 그는 하나님과 세계의 관계에 관해 생각하는 새로운 방식들을 가능하게 했는데, 그 방식들은 세계에 대한 하나님의 초월성과 세계 안에 있는 하나님의 내재성을 각각 지나치게 강조하는 외인주의와 내인주의를 모두 피했다. 그것은 또한 가톨릭 사상에서 그토록 중요한, 자연과 은혜에 관한 오래된 논의에도 적용된다. 라너에게 자연과 은혜는 결코 서로 대립되지 않는데, 이는 가톨릭 사상이 전성기일 때 언제나 주장해 온 것이다. 하지만 라너는 가톨릭 신학이 이 까다로운 관계를 더욱 발전시키는 도중에 빠질 수 있는 함정을 피하면서도 그것들에 대해 생각하는 방법들을 보여 주었다. 그에게 특히 인간 본성은 언제나 하나님의 은혜를 입었지만, 하나님의 은혜를 입는 이 보편적 존재는 자연적이지 않고 초자연적이다. 많은 가톨릭 신학자들과 일부 개신교 신학자들은 초자연적 실존이라는 라너의 개념에서 많은 영감을 얻었다.

라너가 건설적으로 기여한 현대 신학의 또 다른 영역은, 현대성과의 긍정적이면서도 조심스러운 상호 작용이다. 그는 가톨릭 신학의 풍부한 유산을 고집스럽게 고수하는 한편, 최고의 현대 철학을 이용했다. 어떤 이들은 라너가 하이데거와 실존주의를 사용한 것을 토마스 아퀴나스가 아리스토텔레스를 사용한 것과 비교했다. 둘 다 기독교 메시지를 상황화하고 문화에 대해 적실성 있게 만들기 위한 목적으로, 비기독교적 철학과의 일치점들을 드러냈다. 라너는 형이상학적 사고와 신학적 사변에 대한 현대적 선입견에 의해 위축되기를 거부했으며, 많은 사람이 보기에, 하나님의 신비의 어떤 것을 파악하는 정신의 능력의 아름다움과 장엄함에 대한 감각을 회복시켰다. 라너는 13세기의 토마스 아퀴나스 이후 가톨릭 사상의 충실한 갱신을 위한 가장 큰 추진력과 길을 제공했다고 볼 수 있다.

하지만 호의적 비판자들조차 라너의 기여와 개념들에 관해 의문을 갖는다. 주요 쟁점은 그의 모호성이다. 그의 제자 조지 배스(George Vass)에 따르면, 라너의 핵심 개념들 다수가 "미꾸라지 같다"(eel-like).[54] 예를 들어, 초자연적 실존은 매우 불안정한 개념이다. 만약 어떤 신학자가 "실존"이라는 용어가 가리키는 보편적 측면을 강조한다면, 이 개념은 내인주의에 쉽게 빠질 수 있으며 슐라이어마허의 하나님 의식 같은 또 다른 종교적 선험과 별로 다를 바 없는 것이 된다. 그러나 만약 강조점이 초자연적 측면에 놓인다면, 초자연적 실존은 외인주의에 쉽게 빠져서 하나님의 자기 계시의 초월성과 그것이 인간에 대해 가지는 이질적 성격을 신학적으로 주장하는 것과 비슷하게 된다. 질문은 "실존"(인간 존재에 보편적인 어떤 것)이 "초자연적"(인간의 자연적 자질의 일부가 아닌 것)일 수 있는지 여부다.

초자연적 실존이 유일하게 모호한 라너의 개념은 아니다. 경륜적 삼위일체가 내재적 삼위일체이고 또 그 역이 사실이라는 라너의 규칙은 많은 논의를 낳았고 많은 논쟁을 일으켰다. 한편에 있는 신학자들은 이 규칙이 역사와는 별개의 하나님 자신(또는 하나님 자신들)을 사실상 부인한다고 해석한다. 가톨릭 신학자 캐서린 모리 라쿠나(Catherine Mowry LaCugna, 1952-

---

[54] Vass, *Mystery of Man*, p. 99.

1997)는 삼위일체에 관한 자신의 저서 『우리를 위한 하나님』(*God for Us*, 1973)에서 이런 견해에 근접한다. 다른 편에서는 독일의 가톨릭 신학자이자 추기경 발터 카스퍼(Walter Kaspar)가 『예수 그리스도의 하나님』(*The God of Jesus Christ*, 1987)에서 반대의 입장을 취한다. 여기서 쟁점은 라너의 규칙이 삼위일체의 내재적 측면과 경륜적 측면의 통일성을 의미하는지 혹은 동일성을 의미하는지다. 분명히 라너 자신은 이 점을 불분명한 상태로 남겨 두었다.

라너의 모호성과 관련된 마지막 예로, 그가 인간을 하나님의 암호로 기술하는 것이 범재신론일 수 있다는 질문을 제기한다는 점을 들 수 있다. 그의 전반적 이론은 하나님이 자기표현 안에서 자신을 실현하기 위해 세계를 필요로 한다는 것과, 창조 세계는 성육신이 그것을 하나님과 연합시키기 전까지는 온전히 선하지 않다는 것을 암시한다. 어떤 의미에서는 하나님과 세계가 성취를 위해 서로를 필요로 하는 것처럼 보인다. 라너의 신학에 출몰하는 유령이 점점 더 헤겔의 망령처럼 보이기 시작하는데, 헤겔의 "참된 무한"의 범재신론적 철학은 그 안에 유한한 것을 포함하면서 하나님과 창조 세계 사이의 구별을 흐릿하게 만들었다. 헤겔이 베를린에서 종교 철학을 강의한 이후로 현대 신학에는 헤겔의 망령이 출몰하고 있으며, 라너의 신학은 그것을 완전히 몰아내지 못했다.

라너와 현대성에 관해서는 어떤가? 이 예수회 신학자가 스스로 현대성의 주요 도전이라고 본 것에 대응하는 것을 자신의 과업으로 받아들였음은 의심의 여지가 없다. 하지만 그는 대다수 사람들이 그러한 도전들이라고 생각한 것이 도전이라고 생각하지 않았다. 그는 진화나 성경 비평에 특별한 관심을 기울이지 않았는데, 그렇다고 그가 그것들이 설명되거나 사용되던 방식들에서 문제가 되는 부분들을 보지 않았음을 뜻하지는 않는다. 하지만 그가 보기에 기독교에 대한 현대성의 주요 도전은, 하나님이 인간의 성취에 불필요하다는 식으로 인간을 세속화하는 현대성의 경향에 있다. 현대성은 인간이 자기실현을 예술을 통해서나 기계를 통해서나 생산성에서 발견하는 것으로 그리는 경향이 있었다. 그리고 "초월적 자아"는 점차 신 같은 것으로 보이게 되어, 인간성이 하나님을 대체해 버렸다. 또는 하나님이 인간 실존의 심층적 차원으로 여겨지게 되었다. 대체로 현대성은 인간을 하나님과, 하나님을 인간과 대립시켜서, 적어도 기독교 유신론이 초월적-내재적 인격으로 이해해 온 하나님을 인간의 자유에 대한 방해물로 만들었다. 라너는 이것이 사실이 아님을 증명하기 위해 부단히 노력했다. 그에게 인간은 그 자신의 존재의 신비로서 하나님에 대해 개방되어 있는 것으로 제시될 수 있었는데, 그 지평은 인간이 언제나 향하고 있으며 그것 없이는 의미와 존엄을 상실하고 마는 것이다. 이 모든 것에서 그는 현대성에 적어도 의식적으로 또는 완전히 적응하지 않았으며, 다만 현대성과 기독교가 서로를 변화시키는 통합 안에서 서로에게 자신을 개방시키도록 노력했다.

10.B. 한스 큉이 새로운 패러다임의 가톨릭 신학을 주장하다

1979년 12월 18일에, 큉은 오스트리아의 알프스에서 스키를 타던 중 메시지를 받았다. 바티칸이 그를 더 이상 가톨릭 신학자가 아니라고 선언했다는 것이었다. 이것이 이 세계적으로 유명한 신학자와 로마의 신앙교리성[Sacred Congregation for the Doctrine of the Faith, 때때로 성성(Holy Office)이라고도 불림] 사이의 10년에 걸친 다툼의 정점이었다. 그러한 신학적 논쟁이 세계 곳곳에서 대대적으로 보도되는 일은 드물지만, 이 경우에 세속 미디어는 큉을 획일적이고 움직이지 않는 가톨릭 기득권층에 도전한 현대판 루터로 그렸다. 이 교수는 급히 튀빙겐으로 돌아가 자신의 대학교에서 교수직을 보전하고, 진행 중이던 자신의 책이 이 소식으로 인해 지체되어서는 안 된다는 점을 분명히 하기 위해 출판사들과 연락하려 했다. 하지만 그는 걱정할 필요가 없었다. 이 소식으로 인해 그의 대학교와 출판사와 독자들 사이에서 그의 명성과 위상은 더 높아졌을 뿐이었다. 하룻밤 사이에 그는 진보적 순교자이자 가톨릭교회의 개혁을 위한 주요 가톨릭 대변인이 되었다.

큉이 바티칸에 눈엣가시가 되다

큉은 1928년에 스위스의 한 가톨릭 마을에서 태어났다. 전통적 가톨릭 양육과 초기 교육 후에, 그는 사제직을 위한 공부를 시작하기 위해 로마로 갔다. 이 소명은 그가 김나지움 고학년 때 다소 차분하게 결정한 것이었다. 로마에서 그는 명망 있는 그레고리오 대학교(Gregorian University)에서 전통적 신학 교육을 받았다. 1950년대에 큉은 바티칸이 가톨릭 사상을 현대성에 적응시키려는 선의의 시도들에 고압적으로 접근하는 것에 점점 더 거북함을 느꼈다. 그는 또한 사르트르와 바르트를 읽었다. 그는 훗날 이 둘이 자기 자신의 철학적·신학적 사상의 해방자 역할을 했다고 고백했다. 그는 1954년 10월에 로마의 성 베드로 대성당에서 서품을 받고 첫 미사를 드렸으며, 곧 신학박사 학위를 위한 연구를 목적으로 파리로 갔다. 거기서 그는 '누벨 테올로지' 신학자들의 영향을 받게 되었다. 그가 파리에서 공부한 것은 그의 신학적 궤적이 에큐메니컬 개방성, 진보적·비판적 정통주의, 그리고 세속 과학·철학 및 세계 종교들과의 적극적 대화로 특징지어지게 했다.[55]

큉의 첫 번째 책은 바르트의 칭의론에 관한 자신의 박사논문을 개정한 것이었다. 『칭의: 칼 바르트의 칭의 교리와 가톨릭적 성찰』(*Justification: The Doctrine of Karl Barth and a Catholic Reflection*)은 1957년에 바르트가 간략하게 쓴 "저자에게 보내는 편지"와 함께 출판되었다. 이 책은 "대체로 바르트의 신학과 가톨릭교회의 신학 사이에 근본적 일치가 있다"는 그 주요 논제 때문에 작은 동요를 일으켰다.[56] 바르트가 이 점에 반드시 동의한 것은 아니지

---

[55] 이러한 전기적 세부사항은 다음의 두 가지 주요 출처에서 얻었다. 큉의 자서전인 Küng, *Hans Küng: My Struggle for Freedom*, trans. John Bowden (Grand Rapids: Eerdmans, 2003), 그리고 Robert Nowell, *A Passion for Truth: Hans Küng and His Theology* (New York: Crossroad, 1981).

[56] Hans Küng, *Justification: The Doctrine of Karl Barth and a Catholic Reflection*, trans. Thomas Collins et al. (New York: Thomas Nelson and Sons, 1964), p. 282.

만, 그는 이 책의 저자를 젊은 동료이자 친구로 받아들이고 바젤의 세미나들에서의 대화상대로 초대했다. 가톨릭 고위층의 반응은 미지근했다. 큉은 나중에 가서야 신앙교리성이 이 책의 출판 후 곧 자신에 관한 서류철을 새로 만들었음을 알게 되었다. 이것은 큉과 가톨릭 고위층 사이의 평생에 걸친 갈등의 서막이었다. 1960년대에 그의 주된 관심은 교회의 본질에 관한 가톨릭의 가르침을 도전하고 재해석하는 데 있었다. 『교회의 구조』(*Struktures of the Church*, 1962), 『교회』(*The Church*, 1967), 『무오류성?』(*Infallable?*, 1970)에서 그는 가톨릭교회의 위계적 권위, 변화에 대한 저항, 그리고 특히 교황의 무오류성 교의에 대한 강력한 성경적·역사적·신학적 비판을 제기했다. 교회에 관한 그의 저작들은 그를 로마의 막강한 지도자들의 끝없는 적대감의 대상으로 만들었고, 그의 친구들조차 일부는 그를 멀리하게 되었다.

1960년에 큉은 튀빙겐 대학교에서 기초 신학을 가르치는 자리를 수락했다. 이것은 32세의 학자에게는 매우 이례적 제안이었다. 그는 바티칸 및 독일 가톨릭교회 주교들과의 논쟁과 갈등에도 불구하고 그곳에서 자리를 지켰으며, 그의 강의에 수많은 학생들이 몰리는 것은 보통이었다. 1962년에 제2차 바티칸 공의회가 열리기도 전에, 큉은 『공의회, 개혁, 연합』(*The Council, Reform and Reunion*, 1960)에서 공의회가 무엇을 이루어야 하는지 설명했다. 그는 가톨릭과 프로테스탄트 사이의 가시적 일치에 대한 큰 기대를 표명했고, 가톨릭교회가 현대성에 대해 더 큰 개방성을 갖도록 변화하기를 촉구했다. 이후의 신학자로서의 그의 이력은 대부분 이 공의회의 결과에 대한 그의 실망에 비추어 해석될 수 있다.

큉은 한두 해마다 두꺼운 새 책을 내면서 가장 다작하는 신학자들 가운데 한 명이다. 가장 널리 읽히고 논의되는 그의 책들 중에는 『그리스도인 실존』(*On Being a Christian*, 1974)과 『신은 존재하는가』(*Does God Exist?*, 1978)가 있다. 두 책 모두 기독교 신학을 현대성에 비추어 길고 상세하게 논의한다. 전자는 주로 일반 신자들을 위해 쓴 단권 조직신학이지만 매우 학문적 책으로, 독일에서 베스트셀러였고 미국에서도 마찬가지로 널리 판매되었다. 후자는 큉의 변증서로, 하나님을 믿는 믿음이 "합리적 선택"이라는 것을 옹호한다. 이 책도 독일에서 많이 팔렸으며 무신론에 대한 주요 도전을 제시했다. 결국 그의 교회법적 서임(missio canonica, 가톨릭 신학을 가르칠 수 있는 공식 허가)의 취소를 야기한 것은 『그리스도인 실존』에 나오는 그의 기독론이었다. 거기서 그는 예수를 종교적 개혁자이자 사람들 가운데 있는 하나님의 대표자로 제시했지만, 예수의 신성에 관한 그의 교리적 기술은 교의적 기준들에 미치지 못했다. 특히 신랄했던 한 비판자는 큉이 예수를 그의 시대의 기성 종교 체제에 용감히 저항한 독자 노선의 개혁자로, 그러므로 "큉 자신일 수 있는 사람"으로 제시했다고 비난했다.

이 스위스 신학자의 명성과 이력은 그에 대한 바티칸의 처분으로 인해 대단히 높아졌다. 천 명 이상의 학생들이 튀빙겐의 광장에서 그를 위해 시위를 벌였다. 세계 곳곳의 신문과 학회는 바티칸의 행위가 "새로운 종교재판"(new Inquisition)이라고 비난하는 논설과 성명을 발표했다. 그의 책 판매는 급등했고, 강연과 강의 제의가 온 세계로부터 쏟아졌다. 튀빙겐 대학교는 큉이 이끄는 특별한 연구소를 설립했고, 가톨릭 학생들이 더 이상 사제가 되기 위한 학점을 그의 수업에서 받을 수 없었음에도 불구하고 그의 교수직을 지켜 주었다. 큉은 이제 대부분의 제약들에서 벗어나 자신이 바티칸의 퇴보라고 여긴 것에 반대하는 운동에 착수했다. 1989년에 당시 인기 있던 교황 요한 바오로 2세를 어떻게 생각하느냐는 질문에, 그는 "우리는 그가 죽기를 기다릴 수밖에 없습니다"라고 답하면서 다음 교황이 제2차 바티칸 공의회에서 시작된 개혁을 완수할 것에 대한 희망을 표현했다.[57] 1990년에 그는 "요한 24세를 고대하다: 교황 요한 23세를 기리며"(Longing for John XXIV: In Memory of Pope John XXIII)라는 제목의 글로 로마를 신랄하게 비판했다.[58]

---

57 큉은 이것을 1989년 3월에 텍사스주 휴스턴에서 가진 나와의 개인적 대화에서 알려 주었다.
58 Hans Küng, *Reforming the Church Today: Keeping Hope Alive*, trans. Peter Heinegg et al. (New York:

잘 알려지지는 않았지만 그럼에도 그의 신학을 이해하는 데 중요한 큉의 저서 두 권은 헤겔의 기독론에 관한 방대한 연구인 『하나님의 성육신』(The Incarnation of God, 1970), 그리고 『제3천년기를 위한 신학』(Theology for the Third Millennium, 1987)이다. 그에게 질문했을 때, 그는 첫 번째 책이 자신의 가장 뛰어나고 또 가장 근본적인 신학적 기여라는 견해를 표했다.[59] 두 번째 책은 신학 방법에 관한 더 기획적 논문으로, 여기서 그는 문화가 현대로부터 포스트모던으로 바뀜에 따라 신학에서의 패러다임 변화가 있어야 한다고 주장했다. 1985년에 『기독교와 세계 종교들』(Christianity and the World Religions)을 출간한 이후로 그의 관심은 점차 종교간 대화로, 그리고 세계에서 폭력을 감소시킬 것으로 그가 기대한 에큐메니컬 세계 윤리의 발전으로 옮겨 갔다.

큉이 신학에서의 "비판적 합리성"을 주장하다

라너는 큉을 가톨릭으로 위장한 자유주의 개신교도라고 불렀다. 그가, 종교개혁 시기의 에라스무스처럼, 가톨릭교회 안에 남아 있으면서 내부로부터 변화시키기를 바랐다는 점에는 의문의 여지가 없다. 하지만 그의 신학 방법은 고전적 가톨릭 사상보다는 현대적 개신교 신학에 훨씬 더 가깝다. 그는 슐라이어마허와 틸리히의 전통에 서 있으면서, 바르트에게도 많이 의존한다. 실제로, 그의 기획 전체는 당대의 신학에 있는 가톨릭적 흐름과 개신교적 흐름을 중재하려는 시도라 할 수 있다.

큉의 신학 방법을 분석하려면, 우리는 먼저 그가 "비판적 합리성"(critical rationality)이라 부른 그의 인식론적 출발점을 살펴야 하며, 다음으로 하나님을 믿는 믿음의 합리성에 관한 그의 견해를 검토하고, 그 후에 신학의 원천

Crossroads, 1990), pp. 64-71.
[59] 1989년 3월에 가진 나와 가진 대화로부터.

과 규범에 관한 그의 견해를 포함하는 그의 포스트모던 패러다임의 제안으로 넘어가야 한다. 마지막으로 우리는 그가 하나님에 관한 교리와 예수 그리스도의 인격에 관한 교리를 재구성한 것을 검토하게 된다.

『신은 존재하는가』에서 이 스위스 신학자는 포이어바흐, 마르크스, 니체, 프로이트 같은 현대의 무신론자들의 맹공에 반대해 기본적 기독교 유신론의 합리적 자격을 옹호했다. 그들이 하나님을 믿는 믿음을 반대하는 근거들을 주의 깊게 분석한 후에, 그는 비록 무신론이 결정적으로 반박될 수는 없을지라도 그렇다고 결정적으로 입증될 수도 없음을 발견했다. 그의 니체에 대한 평가가 그에 대한 좋은 예다. "이 예언자이자 몽상가, 감정적 사상가, 설교자의 가면 뒤를 냉정하게 살펴보면, 그의 무신론도 실제로는 정당성이 증명되지 않았으며 전제로 가정되었음을 확인할 수 있다."[60] 열심히 큉은 이 책 전체에서 자신의 주장을 구축했는데, 즉 무신론이 하나님을 믿는 믿음보다 더 합리적이지 않다는 것이다. 믿음도 불신앙도 모두 증명될 수 없으며, 둘 다 "기본적 결정"으로서 이것에 인간 삶의 다른 모든 것들이 의존한다. 큉이 기본적 결정에 호소한 것은 그가 비판적 합리성이라 부르는 인식론적 접근의 한 부분을 이룬다. 그는 비판적 합리주의나 신앙주의보다는 이러한 지식에 대한 접근이 현대의 과학적 사고와 기독교 신앙 모두에 더 적절하다고 본다.

비판적 합리주의는 데카르트로부터 유래하고 20세기에 들어서 칼 포퍼(Karl Popper, 1902-1994)와 한스 알베르트(Hans Albert, 1921-) 등에 의해 지지된 이성 개념으로, 수학 같은 증명과 반증이 모든 참된 지식의 기초라고 주장한다. 다시 말해, 그것은 토대주의의 한 형태다. 그것은 또한 경험적 입증과 반증을 진리의 판단 기준으로 본다는 점에서, 실증주의라 불리는 것과

---

[60] Hans Küng, *Does God Exist? An Answer for Today*, trans. Edward Quinn (Garden City, NY: Doubleday, 1980), p. 403. 『신은 존재하는가』(분도출판사).

유사하다. 큉은 그러한 인식론이 부적절하다고 주장하는데, 왜냐하면 그것은 객관적 지식을 위한 어떤 아르키메데스 기준점의 존재를 가정하기 때문이다.[61] 그렇다면 이성에 대한 믿음은 우주의 합리성에 대한 초합리적 믿음을 필요로 할 것이다. 결과적으로, 그가 덧붙이는 바에 따르면, "모든 지식은…'신앙의 문제'로 묘사될 수 있는 '전제'를 담고 있다."[62] 더 나아가 포퍼의 비판적 합리주의는 모든 것을 경험적 자료로 축소함으로써 실재의 다중 차원성(multiple dimensionality)과 복합적 계층화(complex stratification)를 무시한다.[63]

하지만 큉에게 신앙주의 또는 비합리성은 독단적 합리주의만큼이나 부적절하다. 그러므로 그는 두 극단들 사이에 있는 중간 길의 윤곽을 그렸는데, 이 중간 길을 그는 "비판적 합리성의 길"이라 불렀다. 이 접근은 실재의 다중 다양성뿐만 아니라 실재와 그에 대한 우리 인간의 파악이 근본적으로 불확실한 상태라는 것을 인식하고, 기껏해야 실재의 본성에 관한 합리적으로 정당화된 신념들인 초합리적인 근본적 결정들로부터 구축된다. 그러한 기본적 태도 또는 헌신은 증명되거나 반증될 수 없으며, 결론적으로 입증되거나 반증될 수 없다. 그럼에도 불구하고, 그것들은 인간 경험 전체에 일치하는 한 합리적으로 정당화된다. 그는 이 비판적 합리성의 방법을 『신은 존재하는가』에서 하나님을 믿는 믿음에 적용했다. 칸트에 근거하면서, 그는 하나님의 존재도 비존재도 인간 이성이 파악할 수 있는 것 너머에 있기 때문에 증명될 수 없다고 주장했다.[64] 그럼에도 불구하고, 하나님을 믿는 믿음은 불합리한 신앙의 도약이나 지성의 희생이 아니다. 오히려 그것은 "인간과 세계의 경험

---

61 같은 책, p. 449.
62 같은 책, p. 464.
63 같은 책, p. 124.
64 같은 책, p. 544.

된 실재"를 통해 간접적으로 입증될 수 있는, 합리적으로 정당화되는 근본적 신뢰다.[65] 다시 말해, 만약 하나님이 존재한다면, 특정한 보편적 인간의 질문들이 대답되고 특정한 보편적 인간의 경험들이 설명된다. 만약 하나님이 존재한다면, 궁극적으로 불확실한 실재 자체가 정합성·의미·존재의 터전을 얻게 된다. 만약 하나님이 존재하지 않는다면, 실재는 불확실한 상태로 있으며 근본적 신뢰를 위한 터전이나 기초나 지원도 있을 수 없다.

『신은 존재하는가』는 하나님을 믿는 믿음의 합리성에 대한 일관된 간접적 증거를 제시한다. 그것은 신 존재 증명과는 아주 다르지만, 큉은 하나님을 믿는 믿음이 많은 세속주의자들이 주장하는 것처럼 비합리적이지 않으며 합리적으로 정당화됨을 보여 주는 것이 오늘날 꼭 필요하다고 생각한다. 그의 논증의 힘은 많은 부분이 그의 무신론 비판으로부터 나온다. 무신론은 합리적으로 반박할 수 없기는 하지만, 그가 단언하는 바에 따르면, "하나님을 부정하는 것은 실재에 대한 궁극적으로 정당화되지 않은 근본적 신뢰를 암시한다."[66] 유신론의 합리성에 대한 큉의 논증은 불확실한 실재에 대해 태도를 취하는 것의 필요성으로부터 시작한다. 즉 실재는 궁극적으로 신뢰할 만하든지, 아니면 신뢰할 만하지 않다. 우주는 의미와 가치로 가득 찬 인간들의 고향이든지, 아니면 어떤 초월적 의미나 목적이 없는 순전한 우연이다. 만약 우리가 후자를 믿기로 선택한다면 당연히 허무주의자가 되는 것인데, 이것은 실제로는 일관성 있게 유지될 수 없는 선택이다. 허무주의는 미학이나 윤리학의 근거를 전혀 제시하지 못한다. 오히려, 모든 것이 무의미하다. 무신론자들을 포함하는 대부분의 사람들은 그것을 믿지 않는다. 그들은 근본적 또는 기본적 신뢰가 설득력 있는 태도라고 본다.

---

[65] 같은 책, p. 550.
[66] 같은 책, p. 571.

만약 우리가 근본적 신뢰를 고른다면, 큉의 주장에 따르면, 한 가지를 더 선택해야 한다. 불확실한 실재는 그것의 절대적 불확실성을 극복하는 터전이나 원천을 갖든지, 아니면 갖지 않는다. 불확실한 실재는 신적 섭리에 의해 통치되든지, 아니면 우연에 의해 통치된다. 실재가 인격적인 초월적-내재적 하나님에 의해 통치된다고 믿기로 선택하는 것은 합리적으로 정당화되는데, 이는 그것이 근본적 신뢰를 위한 터전과 지원을 제공하기 때문이다. 반면에 무신론은 그렇지 않다. 전통적 자연 신학과 그 반대의 키르케고르적(또는 바르트적) 이성의 저항과 비교해 볼 때, 이 스위스 신학자의 접근은 온건하다. 그는 하나님의 존재라는 진리를 입증하는 자신의 방법을 "칼 바르트와 제1차 바티칸 공의회" 사이에 위치시켰다.[67] 하지만 그는 이 접근이 합리성과 신앙을 모두 보존하기 때문에 오늘날 최고의 접근이며, 자연 과학자들조차 그렇게 해야 한다고 주장했다.[68]

큉이 신학의 포스트모던 패러다임을 구성하다

큉이 비판적 합리성에 의지한 것은 오늘날을 위해 기독교 믿음을 재해석하는 방법으로 이어졌다. 변증학뿐만 아니라 조직신학도, 만약 그것이 현대 또는 포스트모던 문화에 의해 진지하게 받아들여지기 위해서는, 철저히 비판적이어야 한다. 그는 다음과 같이 주장했다. "신학이라는 학문(과학)에서의 규칙들은 원리적으로는 다른 과학들에서의 규칙들과 다르지 않다. 여기서도 비합리성, 정당화되지 않은 반응, 주관주의적 판단은 허용될 수 없다."[69] 동시에, 합리성은 지나치게 절대화되어 시작부터 초월적 하나님의 말씀을 구속하는 이데올로기가 되어서는 안 된다. 변증학에서와 마찬가지로 조직신학에서도, 그는 극단들 사이의 공간에 머물러 있기를 원했다. 그는

67　같은 책, p. 536.
68　같은 책, p. 111.
69　같은 책, p. 337.

신학을 위한 새로운, 포스트모던 패러다임을 요구했다.[70] 이 부분에서 그는 토머스 쿤과 그의 『과학 혁명의 구조』의 영향을 받았다(참고. 9장). 쿤에 따르면, 과학 혁명들, 패러다임 전환들은 순전히 이성적 과정이 아니다. 과학자들은 자연을 보는 옛 방식과 그것을 연구하는 방법을 포기하기를 꺼리며, 그렇게 하더라도 점차적으로 또는 압도적 증거에 의해 강요될 때 비로소 순전한 회심에 의해 일어난다. 실제로 그러한 패러다임 변화를 하게 만드는 사람들은 보통 아인슈타인 같은 과학계의 급진주의자들이다.[71]

큉은 쿤의 패러다임 변화 분석이 신학을 포함하는 모든 과학에 적용된다고 믿는다. 기독교 신학의 역사는 단순히 하나의 신학 유형에서 다른 유형으로의 전환보다는, 하나의 "믿음·가치·기교의 총체"에서 다른 총체로의 전환이라는 측면에서 분석될 수 있다. 그러한 기독교 신학에서의 패러다임 전환의 한 예가 개신교 종교개혁인데, 단순히 강조나 해석에서의 전환 이상을 제시하는 것이었다. 그것은 신학의 토대에서 중세 스콜라주의와 권위적 전통주의를 떠나 성경과 신앙에 집중하는 것으로의 근본적 전환이었다. 종교개혁을 따라 변화한다는 것은 마음을 고쳐먹거나 어떤 견해를 바꾸는 것 이상을 수반했다. 그것은 일종의 회심을, 하지만 비합리적 도약은 아닌 것을 요구했다. 큉의 견해에 따르면, 가톨릭교회와 기독교 전체는 종교개혁 때처럼 급진적 패러다임 전환의 기회를 맞이하고 있다. 새로운 패러다임은, 그가 『제3천년기를 위한 신학』에서 주장한 바에 따르면, "포스트모던"으로서 "현대성에 대한 내재적 비판"과 "미래를 향한 진지한, 올곧은 운동"으로

---

70 큉이 오늘날 현대성의 특정 측면들의 문화적 비판에 비추어 신학에 대한 새로운 접근을 기술하기 위해 "포스트모던"이라는 용어를 사용한 유일한 신학자는 아니다. 하지만 포스트모던 신학이 무엇인지에 관해서는 아무런 합의가 없다. 큉은 이 개념에 내용을 채우려고 시도하는 신학자들 가운데 한 명이다. 다른 시도들을 다음에서 보라. David Ray Griffin, William A. Beardslee and Joe Holland, *Varieties of Postmodern Theology* (Albany: State University of New York Press, 1989).

71 자연 과학과 신학 모두에서의 패러다임 변화에 대한 탁월한 논의를 다음에서 보라. Hans Küng, *Theology for the Third Millennium: An Ecumenical View*, trans. Peter Heinegg (New York: Doubleday, 1988), pp. 123-169.

구성된다.⁷² 우리는 여기서 "포스트모던"을 사용하는 것에 너무 많은 의미를 부여해서는 안 된다. 많은 사람이 생각하는 포스트모던의 의미를 큉은 생각하지 않았다(예를 들면, 권력 행사로서의 진리 주장). 우리는 이 본질적으로 논란의 여지가 있는 개념을 큉이 어떤 의미로 사용했는지 스스로 말하도록 해야 한다.

큉이 가장 좋아하는 개념들 가운데 하나는 헤겔의 "지양"(Aufhebung)이다(참고. 1.d.). 영어에는 그에 대한 적당한 번역어가 없지만, 큉의 포스트모더니티 개념은 그것을 설명할 좋은 기회를 제공한다. 포스트모던 패러다임은 현대성(즉 계몽주의에 기초한 문화)의 지양일 텐데, 그 현대성을 완전히 무효로 만들지 않으면서도 그것을 초월한다는 점에서 그렇다. 현대성의 지속적, 긍정적 가치는 간직하는 한편, 그것의 시대에 뒤떨어진 측면들은 어떤 새로운 것으로 초월되어야 할 것이다. 현대성은, 큉의 단언에 따르면, 철학과 신학을 포함하는 문화의 새로운 포스트모던 패러다임 안에서 "간직되고, 비판받고, 초월되어야" 한다.⁷³ 그러므로 그는 계몽주의에 반대한 것이 아니다. 심지어 그는 계몽주의 뒤로 되돌아가는 것이 불가능하다고 믿는다. 비판적 이성, 과학, 그리고 역사비평적 연구 방법의 등장과 인간의 자유 및 자율에 대한 계몽주의의 강조는 결코 되돌려질 수 없다. 신학은 앞장서서 이것을 인정해야 한다. 하지만 독단적 합리주의와 불가피한 진보의 신화 같은 부정적, 심지어 비과학적 현대 문화의 요소들은 이성에 대한 더 높은 전망과 경험에 대한 더 현실적 판단을 통해 초월되어야 한다. 우리는 계몽주의와 현대성에 대한 이러한 기본적 대응이 큉의 비판적 합리성 개념 안에 예시되었음을 보았다.

큉은 새로운, 계몽주의 이후의 신학 패러다임, 즉 "비판적 에큐메니컬 신

72　같은 책, p. 6.
73　같은 책, pp. 8-9.

학"을 낳을 "동시대-에큐메니컬 패러다임"을 요구했다.[74] 『제3천년기를 위한 신학』에서 그는 동시대의 신학에서 태어나려고 발버둥을 치고 있다고 본 새로운 패러다임의 완전한 그림을 제공하지 않았지만, 그것의 탄생과 발전을 위한 일부 원리, 기준, 지침을 제공했다. 무엇보다도, 새로운 과학 패러다임들과 마찬가지로, 새로운 신학 패러다임은 이전의 신학 패러다임들과 연속적이면서도 불연속적이다.[75] 큉은 수많은 경쟁하는 패러다임들을 전면에 내세우면서, 그것들의 약점을 폭로하는 한편 강점을 유지하려 한다. 예를 들어, 덴칭거(Denzinger)[76]의 19세기 교과서 신학에 의해 특히 대표되는 "가톨릭 전통주의"는 기독교적 가르침의 통일성과 연속성을 견지한다는 점에서는 옳았지만, 이른바 "건전한 가톨릭적 가르침"을 기독교 메시지의 모든 것이자 궁극적인 것으로 만드는 점에서는 잘못이었다.[77] 다른 대안은 바르트의 패러다임이다. 이 스위스 개신교도는 현대 패러다임에서 포스트모던 패러다임으로의 변화를 시작했다. 하지만 그가 자신의 신학을 제3천년기를 위한 기본 모형으로 세우기 위해서는, 더 나아가서 비판적 방법론과 세계 종교들 안에 있는 진리에 대한 개방성을 포용할 필요가 있다.[78]

큉이 새로운 패러다임을 위한 새로운 신학 방법을 발전시키다

큉은 기본적 양극을 정해서 새로운 신학 패러다임이 그 사이에서 동등하

---

74 같은 책, p. 127.
75 같은 책, p. 154.
76 "덴칭거"는 하인리히 덴칭거(Heinrich Denzinger)가 편집한 *Enchiridion symbolorum definitionum et declarationum de rebus fidei et morum*을 가리키는 일반적 약칭이다. 첫 번째 판이 1854년에 출판되었고, 덴칭거가 남긴 원고에 기초한 마지막 판이 그의 사후 1908년에 나왔다. 이 책은 오랫동안 반(半)공식적인, 권위 있는 가톨릭 교리 개요서로 여겨졌으며, 가톨릭 신학자들과 그들의 저서들의 정통성을 판단하는 일종의 보수적인, 글로 기록된 교도권(magisterium) 역할을 했다. 『하인리히 덴칭거: 신경, 신앙과 도덕에 관한 규정·선언 편람』(한국천주교중앙협의회).
77 같은 책, p. 185.
78 같은 책, pp. 190-191.

게 균형을 잡도록 했는데, 즉 "오늘날의 세계라는 지평과 대조되는, 기독교 기원들과 기독교적 중심으로부터의 신학"이다.[79] 다시 말해, 신학은 두 가지 원천 혹은 기준을 가지고 작업한다. 한편으로 "이스라엘의 역사와 예수의 역사 안에 있는 하나님의 계시 말씀"[80]이며, 다른 한편으로 "우리 자신의 인간적 경험 세계"[81]다. 그는 신학의 이 두 가지 원천/규범 사이에서 이루어지는 틸리히의 상관관계의 방법을 긍정하는 한편, 중대한 변화를 제안했다. 그는 둘 사이에 때로는 진정한 "비판적 대립"이 존재하는 "비판적 상관관계"를 옹호했다.[82] 따라서 새로운 패러다임의 신학자는 복음 메시지와 현대의 인간 경험 안에 언제나 순조로운 연속과 조화만 있을 것이라고 처음부터 기대해서는 안 된다(그 복음 메시지가 아무리 최고의 역사비평적 주해를 통해 이해된 것이라 할지라도 말이다). 때로는 갈등과 대립이 일어날 것이다. 바로 이런 이유로 큉은 자신의 패러다임을 현대 패러다임이 아니라 포스트모던 패러다임이라 부른다. 갈등이 일어난다면, 우선권은 현대적 경험의 지평이 아니라 기독교 메시지 자체에 주어져야 한다.

큉이 "인간 경험의 지평"에 대한 기독교 복음의 우선성을 매우 강조하는 것은 큉의 방법과 고전적 자유주의 및 신자유주의 사이에 있는 중요한 차이점이다. 아쉽게도 큉은 그러한 우선성의 좀더 구체적 예들을 제시하지 않는다. 일반적으로 그는 기독교 메시지를 동시대의 인간 경험과 상관관계를 맺게 하는 것의 중요성을 논의하는 데 더 관심을 갖는다. 그럼에도 불구하고, 그는 이러한 가톨릭 및 개신교 신학의 전통적 패러다임들과의 연속성을 주장했다.

---

[79] 같은 책, p. 106.
[80] 같은 책, p. 108.
[81] 같은 책, p. 116.
[82] 같은 책, p. 122.

이 모든 것은 과감한 패러다임적 격변이 기독교 신학에서 일어날 수 있음을 의미한다. 만약 그것이 기독교적이며 또 계속 그렇게 남아 있으려 한다면, 그 격변은 언제나 그리고 오직 복음의 **기초** 위에서, 그리고 궁극적으로 복음 **때문에** 일어나며 결코 복음에 **반대해서** 일어날 수는 없다. 예수 그리스도에 대한 증언들이 역사비평을 수단으로 해서 깊이 있게 살펴야 하는 것과 달리, 예수 그리스도 자신의 복음은 그것의 사실성을 판단하는 것이 결코 신학자의 처분에 달려 있지 않다. 이는 마치 역사가가 역사를, 헌법 전문가가 헌법을 마음대로 할 수 없는 것과 같다.[83]

구체적으로 말해 이것은, 예를 들면 큉이 예수 그리스도를 기독교의 중심에서 몰아내고 종교간 이해를 명분으로 그를 단순히 신으로 대체하려는 일부 기독교 신학자들 사이의 경향을 거부한다는 것을 의미한다. 이 가톨릭 사상가는 이 점을 진정한 분수령으로, 즉 자신이 기독교 신학자로 남아 있기 위해서는 건널 수 없는 "카이사르의 루비콘강"이라 여긴다.[84]

하지만 큉이 모든 새로운 기독교 신학의 패러다임에서 복음의 우선성을 강조한다고 해서, 복음을 성경의 축자 영감에 기초시키기를 원하는 보수주의자나 복음주의자를 편드는 것은 아니다. 그가 신학의 가장 중요한 원천이자 규범으로 간직하고 싶은 것은 인간의 유일한 주이자 구원자인 예수 그리스도이지, 성경 전체가 아니다. 큉에게는 성경이 무오류하다고 믿는 것은 교황이 무오류하다고 여기는 것만큼이나 잘못이다. 무오류성은 오직 하나님에게만 해당된다. 성경의 저자들은 이스라엘을 향했으며 예수 그리스도 안에 있는 하나님의 계시에 대한, 오류가 있을 수 있는 인간 증인들일 뿐이다. 성경을 종이 교황의 지위로 높여서는 안 되는데, 그는 이런 일이 개신교

---

[83] 같은 책, p. 159.
[84] 1989년 3월에 텍사스주 휴스턴에서 가진 개인적 대화로부터.

근본주의와 복음주의 안에서 일어났다고 보았다. 오히려 우리는 심지어 신약성경과 복음 사이도 분명히 구별해야만 한다.[85] 복음은 신약성경 안에서 예수 그리스도의 인격 안에 깊이 박혀 있다. 오직 건전한 "비평적-역사적 방법"이 신학의 이 규정하는 규범(norma normans)을 재발견할 수 있으며, 이것이 이후에 성경의 나머지 부분에 적용되어야 한다. 다시 말해, 경우에 따라 성경은 그 자신에 반대해 이용되어야 한다.

큉은 "역사비평적으로 근거 있는 주해"에 기초한, "역사비평적으로 책임 있는 교의 신학"을 요구했다.[86] 뒤에서 보겠지만, 이것은 큉에게 가장 호의적 비판자들의 일부에게조차 무엇이 그의 비판적 에큐메니컬 패러다임의 참된 규정하는 규범이 될 것인지에 대한 질문을 제기한다. 그것은 그가 과거의 저작들에서 종종 지적한 대로 신약성경인가,[87] 예수 그리스도의 인격인가, 혹은 "예수 그리스도의 복음"이나 역사비평적 방법론인가?[88] 가톨릭으로서 큉은 자신의 신학 방법 안에서 기독교 전통을 위한 자리를 발견해야 한다. 그는 전통을 기독교 메시지의 원천/규범 전체 안에서 부차적 지위로 강등시킨다. 예수 그리스도의 복음은 규정하는 규범, 진리의 시금석으로서 첫 번째 자리를 차지하며, 심지어 성경보다도 앞선다. 교부, 공의회, 교황 등은 물론이고 분명히 성경 자체도 포함하는 교회의 가르침이라는 전통은 규정된 규범(norma normata), 즉 기독교 메시지 안에서의 타당성을 결정하기 위한 이차적 규범을 이룬다.[89] 비판자들은 큉이 새로운 신학 패러다임의 구조와 과정을 결정하는 데 본질적 요소를 이루는 교회 전통을 무시했다고 공격한다.

---

[85] Küng, *Theology for the Third Millennium*, p. 193.
[86] 같은 책, p. 194.
[87] 같은 책, p. 59.
[88] Catherine Mowry LaCugna, *The Theological Methodology of Hans Küng* (Chico, CA: Scholars Press, 1982), pp. 182-183.
[89] 전통에 관한 큉의 견해를 탁월하게 세부적으로 논의한 것을 *The Theological Methodology of Hans Küng*, pp. 95-103에서 보라.

바로 앞에서 다룬 저작들은 모두 새로운 비판적-에큐메니컬 신학 패러다임의 첫 번째 극 또는 원천/규범, 즉 기독교 메시지에 관한 큉의 견해를 다룬다. 그의 설명은 변증법 신학의 설명과 비슷하고, 거기에 많은 양의 역사비평적 방법을 첨가한다. 기독교 메시지의 중심과 시금석은 예수 그리스도, 그리고 그에 더해 예수 그리스도에 관한 복음 메시지로, 이것을 큉은 다음과 같이 표현했다. "예수에 비추어 그리고 예수의 능력으로 우리는 오늘날의 세계에서 참으로 인간적 방식으로 살고, 행동하고, 고난을 당하고, 죽을 수 있다. 전적으로 하나님에 의해 지탱되기 때문에, 우리의 동료 인간에게 전적으로 헌신된 방식으로 말이다."[90] 성경, 특히 신약은 이런 신학의 규정하는 규범에 그 신학의 역사적 수단으로 참여하지만, 그렇다고 그 자체로 비판의 여지가 없지는 않다. 전체로서의 교회와 마찬가지로, 성경은 전체로서는 "결점이 있을 수 없는" 반면, 결코 무오류하지 않다. 하나님은 성경에 있는 인간의 잘못들을 통해 하나님의 진리가 빛나도록 한다. 교회 전통은 기독교 메시지의 진리를 밝히는 데 도움을 주며 신학의 이차적 원천/규범으로서 존중되어야 하지만, 성경보다 수정과 개정에 한층 더 개방되어 있다.

새로운 비판적 에큐메니컬 신학 패러다임의 두 번째 극과 원천/규범은 "인간 경험의 지평", 즉 "그 모든 모호성, 우발성, 변화가능성이 있는 우리의 현재의 경험 세계"다.[91] 무엇보다도, 경험의 극은 진리 주장들을 이해하고 평가하는 데 비판적 이성이 필요함을 입증하고, 자연계와 그것의 과정들에 대한 과학적 견해(즉 현대의 세계관)의 가정을 확증하고, 모든 신앙이 서로에 대해 관대한 관용적 포괄주의를 요구한다. 큉은 『신은 존재하는가』에서 기독교 메시지와 비판적 합리성 사이의 상관관계를 구상했다. 『그리스도인 실

---

90 Nowell, *Passion for Truth*, p. 246에 인용됨.
91 Küng, *Theology for the Third Millennium*, p. 166. 흥미롭게도 큉은 이 책의 두 부분에서 이 두 극을 반대의 순서로, 분명히 두 가지를 언급하면서 서로와의 관계 속에서 다룬다.

존』에서 그는 기독교 믿음과 현대적, 과학적 세계관 사이의 상관관계를 탐구했다. 『기독교와 세계 종교들』에서 그는 주요 신앙 전통들의 대표자들과 함께 기독교 진리의 다른 종교들에 대한 관계성을 논의했다. 각 경우에 그는 세속적 문화와 비(非)기독교 종교들로부터 나오는 압도적 반대와 문제에 직면해서 예수 그리스도를 기독교의 원천/기준으로 굳게 고수해 냈다. 동시에, 적어도 비판자들이 보기에는, 큉도 비기독교 진리 주장들을 지지하면서 전통적 기독교 믿음의 많은 것을 상대화하거나 무시하거나 부정했다.

큉이 "하나님의 역사성"으로 고전적 기독교 유신론을 수정하다

많은 20세기 신학자들처럼, 큉의 관심은 그가 많은 전통적 신학에 내포되어 있다고 보는 하나님/세계 이원론을 극복하는 한편, 범신론의 징후는 조금이라도 피하는 데 있다. 다시 말해, 그는 하나님의 내재 **안에서** 초월을 발견하려 한다. 그는 자신의 신론을 주로 헤겔과의 비판적 대화를 통해 작업했으며, 이는 『하나님의 성육신』에서 드러난다. 큉은 마찬가지로 튀빙겐에서 가르쳤던 헤겔과 동의하지 않는 부분들이 많았음에도 불구하고, 하나님과 세계의 변증법적 통일에 대한 이 독일 철학자의 종합적 전망에 분명히 압도되었다. 결과적으로 그는 "헤겔 이후의"(post-Hegelian) 하나님 개념을 그리고자 했는데, 그것은 전통적 기독교 유신론과 헤겔의 범재신론을 모두 간직하면서 동시에 초월할(aufheben) 것이었다. 그러한 신관은 "이 세계 및 사람과 나란히 또는 대립해서 존재한다고 여겨지는 초지구적 또는 심지어 지구 바깥의 하나님에 기초하는, 순진한 신인동형론적 또는 심지어 계몽된 이신론적 신관을" 배제할 것이었다.[92] 동시에 그것은 헤겔을 넘어설 것이었다. 그것은, 헤겔의 지식의 변증법 대신에 사랑의 변증법에 기초한 살아 있는 하나님에 관한 새로운 개념으로 이어질 것이며, "세계 안에 있는 **하나님**, 내

---

[92] 같은 책, p. 237.

재 안에서의 **초월**, 여기-그리고-지금 안에서의 **너머**"를 발견할 것이다.[93]

큉은 헤겔의 철학적 신학을 면밀히 검토해서 자신이 이 위대한 독일 철학자와 동의하는 부분과 반대하는 부분을 명확히 드러냈다. 그는 헤겔이 범신론이라는 비판을 즉시 무시한 반면, 범재신론이라는 비판은 사실로 인정했다. 헤겔에게 하나님과 세계, 또는 하나님과 인간은 "하나로 합쳐지지" 않는다. 그럼에도 불구하고 그것들은 고유한 상호적 차이-속의-통일 안에 연합되어 있으며, 그러므로 헤겔의 하나님은 "나-너 관계 안에 있는 살아 있는, 활동적 인격으로는 거의 기술되지 않고, 오히려 창조적으로 현존하는 보편적 생명과 정신으로 기술된다."[94] 이 스위스 신학자는 하나님의 인격성을 이렇게 헤겔식으로 약화하는 것에 반대했으며, 하나님과 인간의 어떤 고유한 본질적 통일을 뒤따르는 불가피한 은혜의 취소에도 반대했다. 헤겔에 반대해 그는 다음과 같이 선언했다. "은혜의 하나님이 함의하는 것은 세계 자체 **안**에 사는 하나님, 즉 세계에 현존하지만 갇히지 않으며, 세계에 내재하지만 또한 초월하며,…세계와 가까우면서도 동시에 세계와 다른 하나님이다."[95] 또한 큉은 헤겔이 하나님을 헤겔 자신의 철학적 체계와 하나님-세계의 전체성("정신의 일원론")의 포로로 만드는 경향에도 불편함을 느낀다. 하나님의 자유는, 하나님의 은혜에 의해 전제되는 것으로서, 큉에게는 타협할 수 없는 기독교 메시지의 핵심 사항들 가운데 하나임이 분명하다.

동시에 큉은 헤겔의 하나님 및 하나님과 세계의 관계 개념에서 수용할 수 있는 것들을 많이 발견했다. 전통적 유신론의 지나치게 정적·내세적 하나님과는 대조적으로, 헤겔의 하나님은 살아 있고 역동적이고 고난당할 수 있으며, 세계의 역사와 동떨어져 있기보다는 자신 안에 스스로에 대한 반정립(antithesis)을 포함한다. 이러한 하나님 모습은, 큉의 주장에 따르면, 많은

---

[93] 같은 책.
[94] 같은 책, p. 133.
[95] 같은 책, p. 288.

전통적 기독교 신학의 그리스 사상을 반영하는 유신론과 비교해 성육신에 관한 온전한 이해와 더욱 양립할 수 있고 또 도움이 된다. 성육신에 비추어 "하나님의 초월성, 불변성, 변화할 수 없음이 전면적 재해석의 대상이 되어야 하지 않겠는가?"라고 큉은 묻는다.[96] 그는 자신의 질문에 긍정적으로 대답했으며, 그러한 재해석이 (어느 정도까지는) "헤겔의 발자취를 따라 걸음"으로써 도움을 받을 수 있음을 분명히 밝혔는데, 왜냐하면 이 독일 사상가의 하나님 개념이 "철저하게 사유된 고전적 기독론에 의해 진술되었어야 할 것을 표현하는 데 명백히 더 적합하기" 때문이다.[97]

큉은 헤겔의 하나님 개념이 새롭게 된 기독교 신론에 기여할 수 있는 세 가지 요점을 밝히는데, 즉 하나님의 고난, 하나님 안에 있는 변증법, 생성에 대한 하나님의 관여다.[98] 우리는 생성에 대한 하나님의 관여부터 시작하면서 이 세 가지를 역순으로 다룰 것이다. 큉의 판단에 따르면, 현재의 기독교적 사유의 주요 과제는 하나님의 역사성에 대한 이해를 발전시키는 것이다. 실제로, 신적 역사성이 『하나님의 성육신』의 주요 주제다. 하나님의 성육신은, 이 저자의 단언에 따르면, 신적 속성들이 예수의 탄생, 삶, 고난, 죽음, 부활에 대한 하나님의 동일시에 비추어 해석되어야 함을 의미한다. 그는 다음과 같이 설명했다. "사람의 구원이 전적으로 의존하는 사실은 하나님 자신이 이 역사로부터 떨어져 있지 않는다는 것이며, 또한 이 사람 안에서 주역이 되는 것은 사람뿐만 아니라 하나님 자신이라는 것이다."[99] 따라서 큉이 성경보다는 그리스 형이상학에 주로 기반한다고 본 하나님의 불변성과 고통당할 수 없음에 대한 전통적 긍정은, 예수 안에 있는 하나님의 현존에 비추어 재고되고 수정되어야 한다. 이 하나님은 역사 안에 들어와 그

---

[96] 같은 책, p. 455.
[97] 같은 책, p. 457.
[98] 같은 책, p. 458.
[99] 같은 책, p. 449.

역사를 자신의 것으로 만들 수 있는 존재다. 그는 살아 있는, 역동적, 역사적 하나님으로서, 되어가는 존재다. 필연성에 의해서가 아니라, 은혜와 넘치는 사랑으로부터 그렇게 하기로 선택하기 때문이다.

역사에 대한 하나님의 관여는, 마치 하나님이 자신을 실현하기 위해서는 무엇인가가 되어야만 **한다**는 등의 결핍이나 심지어 자기 발전을 암시하지 않는다. 이 점을 분명히 하면서 큉은 헤겔과 화이트헤드를 모두 힘써서 거부했다. 무엇인가가 될 필요가 있을 하나님은 "인간의 비참함에 대한 활기 없는 모방이다."[100] 그럼에도 불구하고, 그가 덧붙이는 바에 따르면, 하나님은 되어가고 그러므로 하나님 자신 내부의 역동적 삶으로부터 흘러나오는 "기초적 역사성"을 소유한다. 하나님의 기초적 역사성에 관한 논의에서 큉은 하나님이 그의 되어감 안에서 변화하는지 여부의 질문을 피했다. 하지만 행간을 읽어 보면, 우리는 이 중대한 질문을 향한 큉의 태도에 관해 무엇인가를 연역할 수 있다. 한편으로, 그는 필연성에 의해 변화를 겪는다는 의미에서의 하나님의 변화할 수 있음이라는 관념을 거부했다. 또한 그는 하나님 안의 비합리적이거나 변덕스러운 변화할 수 있음이라는 개념을 조금도 사용하지 않았다. 다른 한편으로, 또한 그는, 특히 예수의 삶과 죽음 안에 있는, 세계 안의 고통과 고난의 역사에 의해 영향을 받지 않는다는 의미에서의 엄격한 변화할 수 없음도 거부했다. 다시 한번, 큉의 사고는 변증법적인 것으로서 두 가지의 잘못된 극단 사이에서 움직인다. 하나님은 변화할 수 있고 변화한다고 그는 단언했는데, 그것은 그리스도 안에서의 한계, 일시성, 고난과의 동일성에 의해 그 자신의 성격과 완전한 일치를 이룬다. 하지만 그러한 변화는 그의 신성의 부정이나 약화가 아니라, 그의 신성의 최고의 현현을 구성한다.[101]

---

[100] 같은 책, p. 455.
[101] 같은 책, pp. 450-451.

퀑은 그러한 역사성을 가능하게 만드는 하나님의 존재의 숨겨진 측면을 깊이 탐구할 때 더 사변적으로 되었다. 헤겔의 두 번째 기여는, 퀑의 주장에 따르면, 하나님 자신 안의 변증법이다. 하나님이 되어갈 수 있는 것은, 그의 무한한 존재 안에 유한과 불완전을 언제나 이미 포함하기 때문이다. 이 것은 헤겔의 하나님 혹은 절대 정신 개념의 한 형태, 즉 유한한 것과 나란히 서는 것이 아니라 오히려 그것을 포함하는 "**참으로 무한한 것**"(das *wahrhaft Unendliche*)이다. 퀑의 언어로 말하자면, "살아 있는 기독교의 하나님은 그러므로 자신의 반정립을 배제하지 않고 포함하는 신이다."[102] 그는 전통적 기독교 유신론이 주로 기초해 있는 그리스 형이상학은 그러한 신을 상상할 수 없었음을 지적했다. 그에게는 이러한 하나님의 영원한 존재 내의 무한과 유한의 변증법적 통일이 그리스도 안에 있는 하나님의 자기 비하를 위한 기초다. 『하나님의 성육신』 안에서의 그의 전체 논지는 하나님의 역동적, 변증법적 존재에 관한 이 사변적 전망을 다루는 한 구절로 요약된다.

> 하나님은 **강제**되지 않지만, 역사 안에서 하나님이 하는 일을 할 수 있다. 그리고 하나님은 자신의 본성 안에 기초해 있는 이러한 행위들을 수행할 힘과 능력을 갖고 있다. 살아 있는 하나님의 본성은, 비록 강제되지 않더라도 자기 비하를 할 수 있는 본성, 은혜로운 자기-외재화(外在化)의 능력을 자신 안에 담고 있는 본성이다.[103]

하나님에 관한 이 두 논지는, 인지된 "헤겔의 기여들"에 기반을 둔 것으로서, 퀑이 하나님의 초월과 내재를 검토하는 데 토대를 형성한다. 그가 저작 곳곳에서 반복해서 강조하는 것은, 실행 가능한 현대의 또는 포스트모던

---

[102] 같은 책, p. 452.
[103] 같은 책.

의 하나님 개념은 하나님을 세계로부터 분리해서는 안 된다는 점이다. 세계 없는 하나님도 없으며, 하나님 없는 세계도 없다! 하나님은 세계와 그 역사 안에서 해소되는 일 없이 그것들 안에 현존하고 또 계시된다고 여겨져야 한다. 하나님은 사랑하는 자기 부정의 몸짓으로 세계를 포용하며, 그렇게 해서 세계의 역사 안에 깊이 박히고 또 그 역사는 하나님의 일부가 된다. 이것이 가능한 것은 하나님이 자신 안에 유한한 것을 이미 담고 있기 때문이다. 하지만 이것은 헤겔의 범재신론으로, 즉 하나님이 세계 없이는 하나님이 아닌 것으로 돌아가게 하지 않겠는가? 큉은 결코 그럴 수 없다고 주장하는 것 외에 다른 식으로 그것을 피할 수 있는가? 왜 그는 몰트만과 에버하르트 윙엘 같은 동시대의 신학자들이 한 것처럼, 삼위일체론을 이용해서 하나님이 시간과 역사 안에서 자신을 상실함 없이 되어갈 수 있는 방식을 설명하지 않는가? 결론적으로 큉의 신론은 위험할 정도로 범재신론에 근접하지만, 그는 하나님의 자유와 은혜를 보존하기 위해 그 입장이 사실일 수 없다고 주장함으로써 이 오류를 피한다.

하나님의 고통을 강조하는 것이 큉이 수용한 세 번째 헤겔의 기여다. 하나님은 자신 안에 하나님의 반정립을 담고 있기 때문에, 무기력하지 않으면서도 고통을 당할 수 있다. 다시 한번, 이 스위스 신학자는 무감동한(apathetic) 존재로서의 하나님과 무기력한(pathetic) 존재로서의 하나님이라는 두 잘못된 대립들 사이에서 변증법적으로 움직여 나아갔다. 앞의 극단은 초기 기독교가 그리스 형이상학으로부터 물려받은 잘못이다. 후자는 변화의 궁극성이라는 현대적 개념에 기반을 둔 과정 신학 및 다른 현대의 형이상적 신 개념들의 오류다. 성육신의 하나님은, 큉의 주장에 따르면, 필연성이나 필요 때문이 아니라 자유롭게 그리고 은혜 때문에 고난을 당하는 존재다.[104] 하나님이 고난을 당한다는 것은 제2차 세계대전 후의 신학에서는

---

[104] 같은 책, pp. 445-446.

공리에 가깝다. 한 세대만에 하나님의 무감정성이라는 전통적 교리는 뒤집어졌고, 지금은 그것을 주장하는 것이 (일부 집단들에서는) 거의 이단이다. 그럼에도 불구하고, 우리는 하나님의 고난의 기초에 대한 큉의 설명이 과정신학이 제공하는 것보다 더 나은지 물어야 한다. 그에게 하나님의 고난은 하나님이 스스로 그리스도의 고난과 동일시하기로 자유롭게 선택한 것에 기초한다. 하지만 그것은 또한, 하나님이 언제나 이미 자신 안에 반정립의 긴장을 포괄한다는 하나님의 내적 변증법에도 기반한다. 하나님은 유한한 것을 포괄하는 무한이고, 불완전을 포괄하는 완전이고, 죽음을 포괄하는 생명이다. 그러한 신은 역사성과 고난과 밀접한 관계가 있는 것으로 보일 것이다. 그러한 신에게는 세계와 관련되고 그 세계의 고통과 비탄에 대해 동일시하는 것이 자유롭고 은혜로운 선택이라기보다는 주어진 것으로 보일 것이다.

큉은 헤겔이 그의 철학 체계 안에서 하나님이 세계와 갖는 관계의 은혜로움을 "지양"(부정)했다고 비판했다. 하지만 큉도 단언하는 바에 따르면, 기독교의 하나님은 "현세적이면서 **또한** 내세적이고, 멀리 있으면서 **또한** 가까이 있고, 세계 위에 있으면서 **또한** 세계 내에 있고, 미래이면서 **또한** 현재다. 하나님은 세계를 지향해 있다. 즉 세계 없이 하나님은 없다. 그리고 세계는 전체적으로 하나님에게 명령을 받는다. 즉 하나님 없이 세계는 존재하지 않는다."[105] 하나님의 초월과 내재를 균형 잡으려는 큉의 의도는 이 단언의 첫 번째 부분에 반영되어 있다. 하지만 두 번째 부분은 그가 하나님을 세계에 너무 긴밀히 연결해서 둘 다를 손상시키는 헤겔의 오류에 빠진 것은 아닌지에 관한 의문을 제기한다. 하지만 큉이 하나님의 내재를 배타적으로 강조했다고 비난하는 것은 잘못일 것이다. 그는 세계에 대한 하나님의 초월적 자유를 재차 단언하기를 멈추지 않는다. 그는 오늘날의 신학에 있는 내재

---

[105] Küng, *On Being a Christian*, p. 306.

주의의 경향이 신학의 모든 분야에서 심각한 위기를 야기했음을 의식하고 있다. 하지만 그가 무한한 것과 유한한 것의 변증법적 통일 같은 헤겔의 존재론의 특정 측면들을 기꺼이 수용한 것은 자신도 모르게 하나님을 세계에 속박시키는 위험에 빠뜨리고, 또한 하나님이 우리와 갖는 관계의 은혜로움을 축소시킨다.

큉이 기능적 기독론을 상세히 설명하다

큉의 신학에서 가장 논쟁적 부분은 그의 기독론이다. 독일 가톨릭교회 주교들조차 그의 교회론보다는 기독론에 더 당황했다. 그의 기독론은, 속담으로 말하면, 낙타의 등을 부러뜨린 마지막 지푸라기였다. 비록 그를 어떤 식으로든 징계하기 위한 조처가 진행 중이었지만, 1974년에 『그리스도인 실존』이 나와 가톨릭교회 지도자들이 이 저자의 예수 그리스도에 관한 진술들을 평가할 기회를 가졌을 때, 그가 엄혹한 판결을 받으리라는 점은 많은 사람에게 불가피해 보였다. 하지만 큉은 자신의 신학이 근본적으로 그리스도중심적이라 본다. 그는 자신의 기독론에서 예수 그리스도에 관한 가장 초기의 성경적 가르침으로 돌아가고 그 증언을 기독교 메시지의 중심에 두는 것을 의도한다. 그가 설명한 대로, "기독교는 신화, 전설, 혹은 동화에 기반하지 않으며, 그렇다고 단순히 어떤 가르침에 기반하지 않는다.…오히려 기독교는 주로 한 역사적 인물에 기반하는데, 즉 하나님의 그리스도로 믿어지는 나사렛 예수다."[106] 만약 그렇다면 왜 그렇게 논쟁이 되었는가?

큉은 『그리스도인 실존』에서 오늘날을 위한 신앙을 상세히 진술하는 자신의 접근이 일관되게 아래로부터 이루어진다는 점을 분명히 밝혔다. 그는 기독교 믿음을 현대인들에게 전달하기를 원하는데, 오늘날의 신앙을 위한 합리적 정당화를 제공하기 위해, 교회의 그 어떤 교의들을 전제하지 않고

---

106 Küng, *Theology for the New Millennium*, p. 111.

현대인들의 질문과 경험으로부터 시작한다.[107] 이 가톨릭 사상가는 이 접근을 자신의 기독론에 적용해서, 예수가 누구인지에 대한 조사를 위해 예수의 역사로부터 교회가 예수를 그리스도로 고백하는 데 이르는 길(첫 제자들이 건넌 것과 똑같은 길)을 따라간다.[108] 이 접근에서 특별히 새로운 것은 없다. 예를 들면, 판넨베르크도 그의 기독론에서 이 접근을 실행에 옮겼다. 논란은 방법보다는 그 과정의 결과에 있었다.

퀑은 『그리스도인 실존』에서 수백 쪽을 할애해서 예수라는 역사적 인물을 탐구했다. 예수는 "경건한 율법주의자"나 "혁명가"가 아니었다. 오히려, 퀑의 묘사에 따르면, 하나님의 대의에, 즉 다른 사람들의 안녕을 위해 전적으로 자신을 바친 사람이었고, 그의 아바로서의 하나님에 대한 독특한 경험을 가지면서 하나님 나라를 위해 무조건 자신을 헌신한 사람이었다. 최종적으로 그는 하나님에 의해 일으켜졌고 영광으로 "높여졌다." (하지만 퀑은 이러한 것들이 예수 그리스도의 죽음 후에 그에게 일어난 일에 대해 암시만 줄 수 있는 은유들이라는 점을 분명히 했다.) 분명히 이 가톨릭 신학자는 (그때까지 그가 그랬던 것처럼) 예수를 독특한 인간이라고 여겼다. 예수의 인격, 사역, 그리고 그가 겪은 운명 때문에 "**참된 사람** 나사렛 예수는 신앙을 위해 한 분인 **참된 하나님**의 실제 **계시다**."[109] 그는 하나님의 "대표자, 대리인, 대의원"이자 "성부 하나님을 가리키는 살아 있는 지시봉"이다.[110]

하지만 퀑의 비판자들이 찾으려 했던 것은 예수의 신성에 대한 긍정적 진술, 예수 안에서의 하나님의 존재론적 성육신에 대한 확증, 예수가 **바로** 하나님이라고 말할 수 있다는 인정이었다. 그들은 『그리스도인 실존』에서 이것을 발견할 수 없었다. 예수의 신성에 대한 긍정과 관련된 한 지표인 예

---

107 Küng, *On Being a Christian*, p. 83.
108 Küng, *Incarnation of God*, p. 493.
109 같은 책, p. 444.
110 같은 책, pp. 391-392.

수의 선재를 논의하면서, 큉은 이 교리가 단지 예수의 궁극적 기원이 하나님으로부터라는 것을 의미할 뿐이라고 해석했다.[111] 이런 긍정은 어떤 사람에 관해서도, 특히 어떤 예언자에 관해서도 할 수 있는 것이었다. 그는 "관념적 선재" 이론에, 즉 예수가 삼위일체의 둘째 위격으로서가 아니라 하나님의 마음과 의지에 선재했다는 이론에 동의했던 것처럼 보였다.[112] 한 짧은 구절에서 그는 "'참으로 하나님이며 참으로 사람'이라는 고대 칼케돈 공식에 대한 오늘날의 긍정적 바꾸어 말하기"를 나름대로 제시하기도 했다. 다시 한 번, 그는 예수가 "하나님의 대변자이자 대의원, 대표자, 대리인"이었으며 "영원히 신뢰할 만한 궁극적 인간 실존의 표준"이었다고 진술했다.[113] 그는 이것이 "예수를 신격화하는 모든 경향에 대항해" 주장할 것이라고 썼다.[114] 자연스럽게 비판자들은 큉이 자유주의와 신자유주의 개신교 신학의 기능적 기독론과 유사한 양자론과 기독론적 환원주의라고 비판했다. 이것이 라너가 그에게 자유주의적 개신교도의 꼬리표를 붙인 한 이유다.

큉이 의문의 여지가 있는 전통주의와 적응의 유산을 남기다

큉은 가장 많은 저작을 남기고 가장 인기 있는 20세기 신학자들 가운데 한 사람이었고, 21세기에 들어서도 신호등과 피뢰침의 역할을 충실히 수행하고 있다. 많은 사람에게 그는 진보적 기독교 사상의 상징이다. 다른 이들에게 그는 전통에 반대하는 교만한 학문적 반란자의 전형이다. 그와 그의 신학을 아는 이들 사이에서 중립은 드물다. 그의 신학의 일부 논쟁점들은 이

---

111 같은 책, p. 447.
112 큉의 삼위일체 교리는 충분히 전개되지 않았으며 극히 모호하다. 그에게 "성령"(Spirit)은 성부 하나님의 임재이고 "성자"(Son)는 예수인 것 같다. 그러므로 내재적이고 영원하고 존재론적인 삼위일체는 없으며, 오직 역사적이고 기능적인 삼위일체만 있다. 하지만 하나님의 삼위일체성에 대한 그의 구상을 해석하기에는 그가 제공하는 것이 너무 적기 때문에, 이것은 단지 추측될 수 있을 뿐이다. 참고. *On Being a Christian*, p. 477.
113 같은 책, pp. 449-450.
114 같은 책, p. 449.

미 언급되었다. 여기서 주요 질문은 현대 또는 포스트모던 신학자로서 그의 위상과 관련될 것이다.

계몽주의 이후, 그리고 분명히 슐라이어마허 이후 현대 신학의 문제들 가운데 하나는 현대성에 대한 적응이다. 얼마나 많은 것이 지나치게 많은 것인가? 로마가톨릭 고위층은 큉의 적응이 지나치게 많은 것이었다고 믿는다. 하지만 그는 자기 자신의 신학 방법을 현대가 아니라 포스트모던이라고 부른다. 여기서 우리는 그의 방법이 참으로 포스트모던이라는 생각에 신경을 쓸 필요가 없다. 그가 자신의 신학을 "포스트모던"이라고 주장한 『제3천년기를 위한 신학』이 1987년에 출간되었을 때, "포스트모던"이라는 용어는 특히 신학계에서 아직 매우 불분명했다. 일부 신학자들은 자신들의 매우 전통적 신학을 포스트모던 정통주의라고 불렀지만, 철학에서는 점차 이 꼬리표가 해체주의를 의미하게 되었다. 문학과 철학적·신학적 진리 주장들의 이데올로기적 경향들을 폭로하는 기술로서 말이다. 신학에서 "포스트모던"은 많은 서로 다른 사상가들이 소유하기 원했던, 본질상 논쟁적이면서 인기 있는 개념이었다. 그것은 관심을 끌던 유행어 같은 것이었으며, 내용으로 채워져야 했다. 현대적이지 않은, 신학을 하는 어떤 접근이라도 의미할 수 있었다. 심지어 과정 신학은 현대적인데도, 그 신학을 세련되게 소생시키기 원하는 일부 사람들에 의해 포스트모던으로 불리고 있었다. 큉이 상세히 설명한 신학 방법이 21세기의 두 번째 십 년에 포스트모던으로 분류될지는 매우 의심스럽다. 지식인들 사이에서 이 꼬리표가 단지 합리주의를 거부한다는 것보다는 더 구체적이고 뚜렷이 구별되는 것을 의미하는 21세기에 말이다. 비판적 합리성이 반드시 현대적이지는 않을 수 있지만, 그렇다고 일반적으로 포스트모더니즘과 관련되는 반(反)토대주의와 의심에 대한 강조와 잘 어울리는 것도 아니다.

큉의 신학 방법에 대한 호의적 비판자였던 캐서린 모리 라쿠나는, 분명히 그의 방법이 전통적 기독교나 포스트모던이기보다는 현대적이라고 보았다. 그녀의 비판의 초점은 이 스위스 신학자의 신학적 재구성에서 실제로 최종적 진리 판단 기준이 무엇인가의 질문이었다. 그것은 성경인가, 성경 내의 "복음"인가, 아니면 역사비평적 방법인가? 그녀는 큉의 이론적 방법론(그가 진술한 의도)과 그가 적용한 방법론(그가 실제로 하는 것)을 구별해야 한다고 정확히 지적했다.[115] (이것은 이 책에서 틸리히의 상관관계의 방법에 관해 구별한 것이다.) 엄밀한 조사 후에 그녀가 내린 결론에 따르면, "형식적으로 말해… 큉의 이론적 방법론에서는 신앙과 역사 사이에, 설령 곤란하지는 않더라도 활기찬 긴장이 있는 것으로 보인다. 그 안에서 역사적 요소는 신앙의 요소를 제약하지만 결정하지는 않는다."[116] 다시 말해, 큉은 역사비평적 이성과 예수 그리스도에 관한 분명한 성경적 가르침 및 교회의 전통적 가르침 사이에 갈등이 일어나는 경우에, 신학적 진리를 위한 궁극적 규범으로 무엇을 선택해야 할지 결정할 수 없다. 적어도 그가 복음에 관한 성경의 가르침들을 믿는 신앙보다 역사비평을 선택하지는 않았다는 것은 분명하다. 실제로, 앞에서 본 대로, 그는 그러한 갈등 상황에서 복음이 비판적 이성을 누르고 이긴다고 진술했다.

하지만 라쿠나의 결론은, 큉이 그의 적용된 방법론에서 진리를 발견하는 역사비평적 방법을 지나치게 중요시한다는 것이다. 예수 그리스도가 모든 진리와 진리 자체의 판단 기준이어야 하는 반면, "실제 그리스도"는 역사비평적 분석을 통해서만 접근할 수 있는 것으로 보인다.[117] 그렇다면 그는 실천에서는 비판적 이성을 예수 그리스도 자신보다 더 높이 또는 적어도 나란히 두는 것이며, 또 분명히 성경과 전통보다 더 높이 두는 것이다. 하지만 이 접근은 개별적인 비평적 주석학자나 일부 비평적 학자 무리를, 성경과 기독교 전통을 통해서만 접근할 수 있는 복음의 절대적 주장보다 더 높

---

[115] LaCugna, *Theological Methodology*, p. 174.
[116] 같은 책, p. 178.
[117] 같은 책, pp. 194-195.

이게 하지 않겠는가? 만약 그렇다면, 큉이 현대성에 적응한 자유주의적 개신교도라는 비난이 대체로 유지된다. 그 비난은 특히 그의 구체적 기독교 교리 재구성과 관련해서 더 날카롭게 부각된다. 하나님과 세계의 관계에 관한 그의 설명은 하나님의 우선하는 현실태를 불명확하게 남겨 둔다. 몇몇 경우에서 그는 헤겔의 매우 현대적인 "하나님과 세계의 변증법적 통일"에 대한 분명한 선호를 내비쳤다. 마찬가지로 그는 모든 초자연적인 것의 개념에 대한 강한 혐오를 표출했고, 기적 개념이 이치에 맞는다는 것을 드러내 놓고 거부했다. "물리적으로, 하나님이 세계에 대해 초자연적으로 개입한다는 것은 말도 안 될 것이다."[118] 그렇다면 그리스도인은 기도라는 성경적 경건 같은 중요한 차원들에 관해 무엇을 믿어야 하는가? 큉이 자신의 주된 교리적 또는 변증적 저작에서 기도를 거의 논의하지 않는 점은 그리 놀랍지 않다. 마지막으로 그는 예수를 특별한, 심지어 유일무이한 인간으로 그렸지만, (그의 가장 중요한 책들 가운데 한 권의 제목에도 불구하고) 성육신한 하나님으로는 그리지 않았다. 기독론이 상당한 부분을 차지하는 자신의 유사 조직신학에서 그가 예수에 관해 말한 것은 예수에게 신성을 부여하는 것과 거리가 멀다.

그 모든 멋진 변증에도 불구하고, 교리와 관련해서 남는 것은 역사비평과 현대의 과학적 세계관이 주역을 맡는 다소 연약한 자유주의 또는 신자유주의 개신교 신학이다. 포스트모던 패러다임을 발견하고 또 고수하겠다는 그의 주장에도 불구하고 큉의 실제적, 기능적 방법론은 현대성의 정신으로 깊이 물들어 있다. 물론 큉은 포퍼의 비판적 합리주의는 물론이고 실증주의도, 현대적 정신이 인식론으로 급진적으로 확장된 서로 밀접히 관련된 두 가지 경우로 비판한다. 하지만 『그리스도인 실존』을 자세히 읽으면 현대성에 대한, 특히 그 기저에 있는 초자연적인 것에 대한 암묵적 거부가 있음

---

[118] Küng, *Does God Exist?*, p. 653.

을 쉽게 볼 수 있다. 큉의 기독교는 무신론이나 세속주의가 아니라 현대의 과학적 세계관에 맞추기 위해 비신화화되고 재고안된 것이다.

10.C. 한스 우르스 폰 발타자르가 기독교 진리를 아름다움에 기초시키다

발타자르에 따르면, 복음은 장엄한 그림이나 마음을 사로잡는 드라마와 같다. 즉 복음은 성취하고 변혁하는 아름다움을 발산한다. 현대성의 기본적 문제는 아름다움의 망각으로, 세속성은 영광의 세계를 텅 비게 만든다. 오직 성스러운 것만이 아름다운 것, 조화로운 것, 영광스러운 것을 향한 인간의 열망에 대답할 수 있다. 현대성은 이것들을 주관적 영역으로 내몰아서, 인간들을 참으로 만족시키는 그 어떤 것으로부터도 단절시켰다. 예수 그리스도 안에 있는 하나님의 드라마는 본질적으로 아름답고 영광스러우며, 바로 그 안에 그것이 먼지처럼 메마른 세속주의와 합리주의에 대해 가진 우월성이 있다.

발타자르는 의미, 아름다움, 목적에 대한 탐색 안에 숨겨진 "사람의 하나님 탐색"을 철학사 전체에서 검토하고, "탐색하는 것은 인간의 기본적 특징이다"라는 결론을 내렸다.[119] 그는 진리, 아름다움, 선함이라는 철학과 종교의 보편적 "초월자들"(transcendentals)을 발견하려는 모든 철학적 시도들이 막다른 골목에 이르렀다는 결론을 내렸다. 기껏해야 "철학자들의 하나님은 부드럽고 무시간적이고 산만한 빛이며",[120] 인간의 만족을 향한 열망을 충족시키는 어떤 것 또는 어떤 존재의 희미한 반영이다. 모든 철학적·종교적 체계들에 그는 물었다.

---

[119] Hans Urs von Balthasar, *The von Balthasar Reader*, ed. Medard Kehl and Werner Loser, trans. Robert J. Daly and Fred Lawrence (New York: Crossroad, 1982), p. 188.
[120] 같은 책, p. 191.

이러한 이론과 실천의 파편들의 통일은 어디에도 없는가? 이 모든 거짓된 오솔길들 외에, 우리를 존재의 숲을 가로질러 이끄는 길은 어디에도 없는가? 만약 있다면, 오직 하나만 존재한다. 눈 먼 사람의 더듬거림이 탐색하는 일에서 도저히 생각할 수 없는 어떤 일이 일어나야 할 것이다. 말하자면, 갑자기 다른 손이 그 사람의 손을 붙잡고 앞장서는 것 같은 일이다. 이 다른 손은 동료 인간의 손이 아닐 것이다.[121]

발타자르에 따르면, "진리를 탐색하는 인간은, 그가 단순한 사람이든 학문적 사람이든, 철학을 함으로써 '하나님은 사랑이시라'는 명제에 도달할 수 없다."[122] 하지만 오직 그 명제만 만족시킨다. 오직 예수 그리스도 안에 있는 하나님의 계시만 "하나님을 탐색하는" 잃어버린바 된 사람들의 손을 잡고 목적지까지 이끌 수 있다.

발타자르는 어떻게 이것을 아는가? 그는 이것이 참이라는 자신의 확신을 어디에 근거시키는가? 전통적 자연 신학이나 변증적 증명들 같은 합리적, 철학적 토대나 신앙의 도약이 아니다. 대신에 발타자르는, 고요함 가운데 앉아 위대한 예술 작품을 관조하다가 갑자기 그 작품에 의해 변화되는 사람이 아름다움에 대해 갖는 "아하!"의 경험에 호소한다. 그가 연구하고 가르쳤던 뮌헨에서는 사람들이 알테 피나코테크(Alte Pinakothek, 고미술관)의 루벤스실(室) 같은 거대한 전시실에 앉아 거장들의 육 미터 높이 그림들을 몇 시간이고 응시한다. 그것들의 화법과 색은 물론 형식과 상징을 관조하다 보면, 다른 곳에서는 할 수 없는 아름다움의 경험을 하게 된다. 발타자르에 따르면,

---

[121] 같은 책, p. 190.
[122] 같은 책, p. 193.

만약 어떤 사람이, 십자가까지 이르는 예수의 운명 전체를 마음에 기억하면서 얼마 동안 이것[예수 그리스도 안에서의 하나님의 사랑]을 숙고하면, 여기서 하나님의 최종적이고 능가되지 않을 자기-계시가 일어났다는 깨달음이 분명해지기 시작할 수도 있다. 이 실존과 죽음 가운데 경험하는 하나님에 의한 버림받음 안에서, 하나님은 자신의 마지막 "말씀"을 선포했다. 그 순간 이후로 긴 세월을 거치며 울림이 조금도 줄어들지 않는 "말씀"이었다. 그렇다면 이것 이외에 무엇이 더 말해질 수 있겠는가?[123]

대다수의 현대 신학자들과 대조적으로, 발타자르는 그 관조(contemplation)가 진리를 이해하는 데 필수 요소라고 생각했다. 기독교 신학은 인간의 구원을 위한 하나님의 파란 많은 계시와 활동의 위대한 드라마를, 진리와 아름다움과 선함에 대한 개방적 자세로 연구한다. 이 마음가짐에서 인간은 자신을 궁극적 만족을 향한 여정에서 이끄는 하나님의 손길을 받아들인다.

발타자르가 흔하지 않은 경로로 신학적 명성을 얻다

1988년 6월 30일에 교황 요한 바오로 2세는 요제프 라칭거 추기경(1927-, 훗날의 교황 베네딕토 16세)에게 전보를 보냈다. 교황은 추기경에게 막 작고한 사제 신학자 한스 우르스 폰 발타자르의 장례식에서 강론을 해 달라고 요청했다. 요한 바오로 2세는 발타자르를 가톨릭교회의 추기경에 임명하기로 결정했었지만, 이 스위스 신학자는 그 영예를 받기 전에 죽음을 맞이했다. 당시 신앙교리성 장관이던 라칭거는, 비교적 무명으로 긴 세월을 수고하면서 자신의 교회의 지도자들로부터는 외면당하고 때로는 광신자와 이단이라는 비방을 받기도 했던 한 신학자를 위해 빛나는 추모의 찬사를 보냈다. 무엇보다도 그는 세상을 떠난 이 신학자에 관해 다음과 같이 말했다.

---

[123] 같은 책.

[영향력 있는 가톨릭 신학자] 앙리 드 뤼박은 발타자르를 두고 아마도 우리 시대 최고의 교양인일 것이라고 했습니다. 실제로 그의 작품들의 범위는 소크라테스 이전의 철학자들부터 프로이트와 니체, 그리고 베르톨트 브레히트까지 아우릅니다. 철학, 문학, 예술, 신학이라는 서구의 전통 전체를 포괄합니다. 하지만 이러한 정신의 대모험에서 그의 관심은 많은 것을 알고자 하는 호기심도, 다양한 역량을 확보하는 데서 오는 능력도 아니었습니다. 만약 그가 (교부들의 표현을 빌려 말해) 이집트의 보물들을 우리의 신앙의 창고 안에 모으기를 바랐다면, 그는 그러한 보물들이 오직 회심한 마음 안에서만 열매를 맺을 수 있으며 회심하지 않은 자의 어깨 위에서는 파괴적 짐이 되고 만다는 점을 또한 알고 있었습니다. 그는 풍성한 지식이라도 아직 알려지지 않은 것의 광활함에 직면해서는 불행으로 변한다는 것과, 또한 인간이 된다는 것과 삶 자체라는 본질을 성취하는 일에서 우리가 무능함에 대해 절망으로 변한다는 것을 알았습니다. 발타자르가 원했던 것은 성 아우구스티누스가 말한 다음의 한 구절로 요약될 수 있습니다. "친애하는 형제들이여, 현재의 삶에서 우리의 전체 과업은 마음의 눈을 치유해 하나님을 볼 수 있도록 하는 데 있습니다."[124]

발타자르의 신학은 그의 사후에 점차 가톨릭교도와 개신교도 모두에게 읽히고 칭송을 받기 시작했다. 그전까지 그는, 특히 개신교도들 사이에서는, 『칼 바르트의 신학』(*The Theology of Karl Barth*, 1951/1961)이라는 제목의 칼 바르트 신학에 관한 권위 있는 연구서로 가장 잘 알려져 있었다. 그 자신과 그의 작품이 가톨릭교회 안에서는 논쟁의 대상이었다. 비록 제2차 바티칸 공의회 이후에는 더 널리 인정을 받게 되었지만 말이다. 가톨릭교도들 사

---

[124] Josef Ratzinger, "Homily at the Funeral Liturgy for Hans Urs von Balthasar", *Communio: International Catholic Review* 15(winter 1988): p. 512.

이에서 그의 평판의 모호함은 세 가지 요소로 설명될 수 있다. 첫째, 그는 19세기 말의 대부분과 20세기 초중반에 가톨릭 사상을 지배했던 표준적 신스콜라주의 신학을 비판한 것으로 유명했다. 그는 자주 그 신학을 메마르고 활기가 없다고 불렀다. 비록 그는 가톨릭 현대주의(참고. 2.d.)에 동조하지 않았지만, 가톨릭 신학이 활기차고 적실성 있기 위해서는 새로운 접근이 필요하다고 믿었다.

둘째, 발타자르가 최소한 유별나다고 여겨진 것은 아드리엔네 폰 슈파이어(Adrienne von Speyr, 1902-1967)라는 이름의 신비주의자에 대한 애착 때문이었는데, 그녀는 발타자르의 인도를 받아 가톨릭으로 개종한 스위스 의사였다. 그녀는 이후에 그의 영적 지도자가 되었고, 그는 여러 해에 걸쳐 수많은 시간을 들여 그녀의 영적 통찰들을 기록했다. 그는 분명히 그녀가 예언자라고 믿었다. 그와 그녀가 그녀의 계시를 전파하는 것과 또 이외의 일들을 위해 한 세속적 기관을 설립했고, 이 때문에 그는 자신이 속한 예수회에서 출회(黜會)되었거나 혹은 스스로 탈퇴했다. 하지만 그는 계속 사제로, 가톨릭교회의 헌신된 아들로 남았다.

셋째이자 마지막으로, 제2차 바티칸 공의회 이전에 발타자르는 '누벨 테올로지'(nouvelle théologie)의 추종자로 널리 여겨졌다. 가톨릭 통합주의자들(보수주의자들, 주로 신스콜라주의자들)은 '누벨 테올로지'가 가톨릭 현대주의의 내재주의적 오류에 아주 가깝다는 의혹을 갖고 있었다. 말하자면, 전통주의자들은 이 "새로운" 신학자들이 하나님을 자연의 일부로 보는 지나치게 내재적 견해를 주장해서 인간적인 것과 신적인 것 사이의 경계를 흐린다고 생각했다. '누벨 테올로지'는 제2차 바티칸 공의회에서 대부분의 혐의를 벗었으며, 발타자르의 명성도 높아졌다. 하지만 그는 사후에 비로소 현대의 몇 안 되는 참으로 위대한 가톨릭 신학자들 가운데 한 사람으로 널리 여겨졌다.

이 책에서 다룬 일부 신학자들과 달리, 발타자르는 미천한 환경에서 삶을 시작하지 않았다. 그의 이름에 있는 "폰"(von)은 귀족을 가리킨다. 그의 가문은 고귀한 전통과 부를 갖춘 스위스 가문들의 유구한 갈래에 서 있었다. 그는 루체른의 알프스 소도시에서 태어났으며 일찍부터 사제로 부름을 받았다고 느꼈다. 그는 독일, 오스트리아, 스위스의 여러 대학교에서 공부했고 최종적으로는 취리히 대학교에서 독일학(Germanic studies)으로 박사학위를 받았다. 그는 예수회에 가입하고 1936년에 서품을 받았다. 1939년에, 제2차 세계대전 직전에, 그는 뮌헨에서 신학을 가르치고 있었다. 스위스 국민으로서 그는 독일을 떠나는 것이 허락되었으며, 바젤에서 여생을 보내면서 그곳에서 바르트와도 가까이 지내며 교류했다. 발타자르는 바젤에서 학생들의 지도 사제로 일했고 강연도 했으며, 일부 강연에는 바르트도 참석했다. 1950년에 그는 예수회를 떠나서, 폰 슈파이어와 함께 요한네스 공동체(Johannesgemeinschaft)라는 기관과 요한네스 출판사(Johannesverlag)를 세웠다. 예수회는 이 일이 예수회 수사에게 어울리지 않는다고 여겼다. 그들이 발타자르를 멀리한 것은 폰 슈파이어에 대한 그의 애착 및 공경과 관련이 있었다는 주장은 신빙성이 있다.

발타자르는 제2차 바티칸 공의회에 참석하기 위해 열심히 준비했지만, 라너와는 달리 초대받지 못했다. 이것은 그로서는 가톨릭 고위층으로부터 당한 큰 모욕이었다. 하지만 앞서 언급된 대로, 이 공의회의 결과는 그의 신학에 의해 영향을 받았고 그로 인해 가톨릭계에서 그의 위상은 높아졌다. 나중에 그는 제2차 바티칸 공의회 이후 가톨릭 신학 일부의 자유주의 경향이라고 본 것에 대해 개탄했다. 그는 성직자의 독신, 남자에 제한된 서품제도, 피임 반대 규정을 단호히 옹호했다. 어떤 사람들에게 그는 보수주의자, 전통주의자다. 또 어떤 사람들에게 그는 진보주의자다. 대다수 사람들에게 그는 일종의 수수께끼였다. 비록 멋진 것이기는 해도 말이다.[125]

---

[125] David Moss and Edward T. Oakes, "Introduction", in *The Cambridge Companion to Hans Urs von*

1990년대에 걸쳐, 그리고 21세기에 들어서면서도 발타자르의 인기는 지속적이고 급속히 올랐으며, 심지어 개신교 신학자들 사이에서도 그랬다. 그의 책들은 대부분이 아직도 인쇄되고 있으며, 그의 사상에 관한 단행본 분량의 연구들이 매년 출간되고 있다. 그의 신학에 관한 많은 학위 논문들이 쓰이고 있고, 학문적 심포지엄이 학회 모임에서 열리고 있다. 유럽과 미국의 대다수 가톨릭 대학교들은 물론 일부 개신교 대학교들에서도 그의 신학에 집중한 대학원 세미나를 열고 있다. 교황 베네딕토 16세의 임기 동안에 발타자르는 가톨릭교도들을 위한 모범적 신학자로 점점 더 장려되었다.

발타자르가 서가를 넘치게 하고 정신을 아찔하게 만들 만큼 많은 저작을 남기다

바르트와 라너를 포함해 많은 신학자들이 다작을 했다. 하지만 열거하기조차 힘든 엄청난 분량을 쓴 발타자르에 견줄 만한 신학자는 거의 없다. 그의 대작은 세 질로 된 조직신학 서적으로, 각각 『주의 영광』(The Glory of the Lord, 7권), 『하나님-드라마』(Theo-Drama, 5권), 『신적 논리』(Theo-Logic, 3권)라는 일반적 제목으로 출판되었다. 『주의 영광』의 제1권은 『형상을 보다』(Seeing the Form, 1961년)라는 제목으로, 영어 번역(1984년)은 691쪽이나 된다. 『신학 탐구』(Explorations in Theology)라는 일반적 제목으로 출간된 그의 에세이 모음집은 두꺼운 네 권으로 되어 있다. 영어로 번역된 단행본들(개별 주제에 관한 책들)은 45권에 이르며, 아직도 번역되고 있다. 일부는 실제 권수를 100권 이상으로 잡고 있다.

출간된 발타자르의 저작들을 모두 읽었다고 주장할 수 있는 사람은 거의 없다. 그 책들을 흡수하고 이해했다고 주장할 수 있는 사람은 더욱 적다.

Balthasar, ed. Edward T. Oakes and David Moss (Cambridge: Cambridge University Press, 2004), pp. 1-7. 발타자르의 삶과 경력에 관한 사실들은 이 출처와 다음에서 얻었다. Medard Kehl, "Hans Urs von Balthasar: A Portrait", in The von Balthasar Reader, ed. Medard Kehl and Werner Loser, trans. Robert J. Daly and Fred Lawrence (New York: Crossroad, 1982), pp. 3-54.

발타자르 학자들조차 보통은 일부만을 읽었다. 하지만 그의 저작을 모두 읽는 것보다 더 큰 문제는, 그의 사상을 어떤 체계적 방식으로 요약하는 것이다. 누구에게 들어도 그는 엄격하게 순차적 또는 체계적 사상가가 아니었다. 그는 플라톤에서 하이데거에 이르는 철학과 전반적 신학과 문화를 넓고 깊게 파악하고 있었지만 우선적으로는 관조하는 사람이었으며, 그의 저술들이 이 점을 잘 드러낸다. 그의 저술들에는 성경 참조와 인용, 그리고 역사 속의 수많은 위대한 사상가들에 대한 참조와 그들로부터의 인용이 산재하지만, 그것들은 거의 의식의 흐름을 따르는 것처럼 다소 인상주의적 경향이 있다. 그는 생각하는 대로 글을 썼다. 이것은 그가 연구를 하지 않았다는 말이 아니다. 그는 분명히 연구를 했다. 다만 그의 스타일은, 각 부분이 그 앞의 더 기본적이고 일반적인 것 위에 직접적으로 쌓이는 사고의 단위로 이루어진, 첫 부분부터 끝 부분까지 이르는 일반적 과정을 찾는 독자들을 당혹하게 만든다는 말이다.

발타자르에 대한 가장 빈틈없는 영어권 해석자들 두 명으로 『케임브리지 안내서: 한스 우르스 폰 발타자르』(The Cambridge Companion to Hans Urs von Balthasar)의 편집자들인 에드워드 오크스(Edward T. Oakes)와 데이비드 모스(David Moss)는 이 스위스 신학자에 대한 일반적 반응이 "당혹감"이라고 말하는데,[126] 그 이유는 "한스 우르스 폰 발타자르 안에서 우리는 역설로 가득 찬 사람을 만나기" 때문이다.[127] 한 가지 당혹스러운 역설은, 그의 신학이 전통적이면서도 특이하다는 점이다.[128] 한편으로 발타자르는 성경과 전통, 특히 교부들에 대단한 권위를 부여하면서, 다른 한편으로 전통적 믿음들에 새롭고 심지어 때로는 급진적 변화를 가하는 것을 두려워하지 않았다. 또한

---

[126] Moss and Oakes, "Introduction", in *The Cambridge Companion to Hans Urs von Balthasar*, ed. Edward T. Oakes and David Moss (Cambridge: Cambridge University Press, 2004), p. 1.
[127] 같은 책, p. 6.
[128] 같은 책, p. 7.

그는 명백히 반(反)현대적이었던 반면에 현대 철학, 과학, 문화에 대한 깊은 지식과 이해를 드러내기도 했다. 그는 (자신이 많은 현대 신학에서 본) 현대성에 대한 지나치게 많은 적응에 반대했으면서도, 근본주의자나 반(反)계몽주의자는 아니었다. 이런 많은 측면에서, 그는 바젤에서 자신의 개신교 대화 상대자였던 바르트에 상응하는 가톨릭교도였다.

발타자르가 자신의 빅 아이디어를 제시하다

모든 신학자는 빅 아이디어(big idea, 대주제), 즉 자신의 신학적 기획의 중심을 형성하는 핵심 통찰을 가지고 있다. 슐라이어마허의 빅 아이디어는 '게퓔'(Gefühl), 즉 인간의 절대 의존 감정, 또는 하나님 의식이었다. 바르트의 빅 아이디어는 자기-계시로서의 하나님의 계시, 특히 예수 그리스도 안에 있는 그것이었다. 틸리히의 빅 아이디어는 인간의 곤경에 대한 대답으로서의, 존재 자체로서의 하나님이었다. 라너의 빅 아이디어는 초자연적 실존이었다. 모두 어느 정도는 현대성에 대한, 주로 반대하는, 관계 안에서 발견되고 제시되었다. 발타자르의 빅 아이디어는 무엇이었을까? 아직까지 발타자르 연구자들 사이에서 이에 대한 일치는 없다. 하지만 꽤 분명해 보이는 것은 있다. 바로 존재는 사랑이라는 것이다. 그것이 모두에게 분명해 보이지는 않는데, 발타자르가 존재의 본성을 기술하기 위해 사랑 외에 너무 많은 용어를 사용했기 때문이다. 특히 이른바 철학적 초월자들(존재의 속성들)인 진리, 아름다움, 선함, 단일성이 그런 것들이다. 하지만 그에게 이것들은 모두 사랑으로 귀결하는데, 사랑은 본래 자기 내어줌으로 이해되기 때문이다. 발타자르가 보기에 인간에게 허락된 최고의 그리고 최상의 진리는, 오직 예수 그리스도 안에서의 하나님의 자기 내어줌만 참된 것, 선한 것, 아름다운 것에 대한 인간의 열망을 만족시킨다는 점이다.

발타자르는 이 기본적 사상을 수많은 방식으로 표현했다. "하나님을 향한 우리의 뻗음은 오직 우리를 향한 하나님의 다가오심 안에서 그 목표에 도달한다."¹²⁹ 특히 비슷한 것을 말한 다른 신학자들(예를 들면, 아우구스티누스의 "안식 없는 마음")¹³⁰을 공부한 후라 이것이 평범하게 들릴지도 모르지만, 이 스위스 신학자가 말한 "우리를 향한 하나님의 다가오심"의 의미를 이해한다면 전혀 그렇지 않을 것이다. 다른 방식으로 그는 "오직 영원한 하나님만 인간의 자유를 열망하는 응시를 충족시킬 수 있다"라고 표현했다.¹³¹ 발타자르에 따르면, 인간이 언제나 열망하면서 손을 뻗는 것은 무한한 사랑, 이 세상의 유한한 사랑들 너머의 사랑이다. 그가 말한 "사랑"은 결코 느낌을 의미하지 않았다. 절대적으로 이타적이며 모든 것을 포함하는, 자기를 주는 것을 의미했다. 이것에 가장 근접한 유비는, 자신의 아기를 향한 어머니의 사랑하는 응시다. 하지만 그것조차 무한한 사랑은 아니다. 궁극적으로 발타자르에게 무한한 사랑이 유일하게 표현되고 경험되는 매개는, 절대적 존재가 그 자신으로부터 나와 사랑하는 이들을 위해 죽음과 지옥으로 들어가는 것이다. 우리는 뒤에서 이것을 다시 다룰 것이다.

그러므로, 발타자르에 따르면, 인간의 사상·철학·종교·문화의 이야기 전체는 사랑으로서의 존재에 대한, 무한한 사랑에 대한 끝이 없고 세계를 초월하는 탐색에 몰두해 있다. 철학은 이 존재를 향해 뻗을지라도 내놓지는 못한다. "철학자들의 하나님은 순하고 무시간적이고 산만한 빛이다."¹³² 다시 말해, 자연적 이성은 기껏해야 약간의 가치를 내놓을 수 있지만 목표에 도달할 수는 없다. 궁극적으로 인간이 사랑을 열망하는 것, 사랑을 향해 뻗고 탐색하는 것은, 명백히 어떤 사상이 아니라 사건인 오직 예수 그리스도 안에서의 하나님의 자기-계시에서만 성취되고 완성될 수 있다.

---

129 *The von Balthasar Reader*, p. 22.
130 아우구스티누스는 자신의 『고백록』에서, 우리의 마음은 하나님 안에서 안식을 찾을 때까지 안식이 없다고 기록했다.
131 *The von Balthasar Reader*, p. 103.
132 같은 책, p. 191.

어떤 종교나 세계관도 하나님, 인간, 세계에 관해 이런 종류의 것을 감히 생각하거나 선포하지 않았다. 그러므로 기독교는 독보적이며, 어떤 "사상"이 아니라 예수 그리스도라는 사실에 의존한다. 그 사실은 십자가와 부활이라는 주장의 통일성 안에서 나뉠 수 없는 원자로 계속 존재한다. 우리가 사랑으로서의 존재를 감히 말할 수 있고, 그럼으로써 모든 존재가 사랑 받을 가치가 있다고 말할 수 있을지 여부는 그에게 의존한다. 세계의 형세가 다른 방식으로는 우리를 이끌고 갈 수 없었던 사상이다.[133]

발타자르가 말한 "이런 종류의 것"의 의미는 이제 곧 다룰 것이다. 그것은 절대적 존재 측에서의, 심지어 죽기까지 자기를 내어줌과 관련이 있다.

아름다움은 (어떤 사건에 관한) 발타자르의 빅 아이디어에 결정적으로 중요하다. 모든 철학과 종교는 앞에서 언급한, 그가 초월자들이라고 부르는 것을 다룬다. 아름다움은 그에게 인간의 보편적 탐색과 그 사건에 관한 기독교의 메시지를 연결하는 다리 역할을 한다. 그의 주된 불만들 가운데 하나는 현대 서양 철학과 종교가 대체로 아름다움을 망각했다는 점이다. 아름다움은 보는 사람의 눈에 있는 어떤 주관적인 것, 즉 감각을 만족시키는 것으로 축소되었다. 하지만 많은 전통적 철학과 종교에서는 그렇지 않았다. 발타자르에 따르면, 참된 아름다움은 "시각적으로 즐거운 대상에 대한 단순한 지각"이 아니라 "신적 존재의 경탄할 만한 영광에 대한 '미학적' 경험"이다.[134] 아름다움은 조화, 영광스런 선함, 평화, 형상이다. 아름다움은 존재를 깨뜨리고 조각내는 이원론들을 극복한다. 현대 서구인들은 "미학적 지식", 즉 진정한 아름다움을 파악하는 능력을 대체로 상실했다. 그 능력이 회복될

---

[133] 같은 책, p. 113.
[134] Hans Urs von Balthasar, *The Glory of the Lord: A Theological Aesthetics 1: Seeing the Form*, trans. Erasmo Leiva-Merikakis, ed. Joseph Fessio and John Riches (San Francisco: Ignatius Press, 1982), p. 158.

필요가 있는데, 왜냐하면 "미학적 지식 없이는, 이론적 이성이든 실천적 이성이든 완전한 완성을 이룰 수 없기 때문이다."[135]

현대 서구 사람들에게 미학적 지식은 어떻게 회복될 수 있는가? 이것이 발타자르의 기획의 주요 부분이다. 그가 원했던 것은 하나의 그림을 그리는 것인데, 말하자면 아름다움에 대한 사람들의 잠재적 감각을 이끌어 내고 그들의 가장 깊은 열망과 바람을 충족시킬 수 있는 유일한 것으로서 그들에게 호소할 그림이다. 하지만 그는 장애물들이 어마어마하다는 것을 깨달았다. 많은 현대 서구 문화와 종교가 이를 방해한다. 가톨릭 신스콜라주의와 개신교는 미학적 지식의 소멸에 대한 공동의 책임이 있다는 비판을 발타자르로부터 받았다. 하지만 그의 기본 전제는 "아름다운 것은 그 자체로 매개 없이 이해시키는 자명함을 가져온다"는 것이다.[136] 관조적 방식으로 아름다움에 대해 개방되어 있는 사람은 아름다움에 직면할 때 사로잡힐 것이다. 실제로 그리스도인은, 발타자르가 말하는 바에 따르면, "그리스도의 아름다움에 의해 붙잡힌" 사람이며 그러므로 "아름다움들 중에서 가장 고상한 것에 의해 불붙은" 사람이다.[137]

하지만 발타자르는, 가장 고양된 미학적 지식이나 감수성을 가진 사람이라도 하나님의 은혜를 특별히 나누어 받지 않고는 구원하는 하나님 지식에 도달할 수 있으리라고 생각하지 않았다. 하지만 발타자르는 그러한 특별한 은혜의 나눔이 언제나 이미 철학과 종교의 세계에서 진행되고 있었고, 찾는 사람들을 영광의 충만으로 이끈다고 믿었다. 예수 그리스도 안에서의 하나님의 자기 계시는, 그의 단언에 따르면, "사람의 철학적-신화적 질문 전체"의 취소가 아니라 성취다.[138] 비기독교적 철학, 세계관, 신화, 종교에 관해 그

---

[135] 같은 책, p. 147.
[136] 같은 책, p. 36.
[137] 같은 책, p. 33.
[138] 같은 책, p. 141.

는 C. S. 루이스를 떠올리게 하는 언어로 말했다. "하나님의 참된 빛이 또한 인간의 상상력(신화)과 사변(철학) 같은 것들 위에 떨어지고, 이 빛이 그것들과 그 부분적 진리를 계시의 하나님에게로 인도할 수 있다."[139]

그렇다면, 발타자르에게 궁극적으로 아름다운 것, 모든 인간의 노력과 추구가 향하여 뻗는 것, 그 노력과 추구를 홀로 성취하고 완성하는 것은 무엇인가? 한마디로, "신적 사랑의 시혜"다.[140] 기독교 신학의 사명에 관해 그는 다음과 같이 썼다. "우리에게는 신학적 아름다움과 세계의 아름다움 사이의 진정한 관계의…가능성을 면밀히 조사할 실제적이고 불가피한 의무가 있다."[141] 다시 말해, 신학자의 과업은 아름다움을 향한 인간의 탐색과 이를 얻고자 하는 노력을 포함하는 이 세계의 아름다움과 예수 그리스도 안에서의 신적 사랑의 시혜 사이의 자연적·초자연적 다리들을 발견하는 것이다. 신앙의 행위는, 그가 단정하는 것은, 언제나 "'초자연적'이고(왜냐하면 은혜의 빛에 의해 유지되기 때문에) 또한 '자연적'이다(영적 열망의 완벽한 성취로서)."[142] 다시 말해, 그리스도를 믿는 신앙으로 인도된 사람들은 거기서 자신들의 자연적 노력들에 대한 대답을 발견하지만, 이 대답은 말하자면 위로부터 온 것이지 아래로부터 온 것이 아니다. 하지만, 그리고 이것은 중대한 "하지만"인데, 발타자르에게는 자연적 인간의 노력과 동경과 질문조차도 은혜의 결과다. 이 지점은 우리를 그의 주요 명제들 가운데 하나로 이끈다. 즉 기독교적 관점에서 볼 때 "순수한 자연"(pure nature) 같은 것은 없다는 것이다.

발타자르가 "순수한 자연"에 대한 믿음이 신학적으로 위험하다고 하다

모든 신학자는 관심의 맥락에서 글을 쓴다. 발타자르의 최우선 관심은 "순

---

[139] 같은 책, p. 152.
[140] 같은 책, p. 121.
[141] 같은 책, p. 78.
[142] 같은 책, p. 145.

수한 자연"에 대한 종교적·세속적 믿음에 있었다. 그가 보기에, 순수한 자연에 대한 종교적 믿음은 세속주의로 이어진다. 그리고 세속적 사상은 자연을 순수한 자연으로 축소시키고 만다. 즉 은혜가 제거되고, 초자연적인 것과 분리되고, 신비와 깊이를 빼앗긴 자연이다. 그리고 발타자르는 자신을 둘러싼 모든 곳에서 그 원인들을 봤다.

발타자르에게, 궁극적 원흉은 "유명론의 재앙"(the catastrophe of nominalism)이다.[143] 유명론은 진리, 아름다움, 선함 같은 보편자들의 실재를 부인한다. 그러면서 그것들을 단지 말로는 아니더라도 개념들로 축소시킨다. 현대성의 뿌리에 놓여 있는 유명론의 결과로, 기독교는 자신을 아름답게 만드는 모든 것을 빼앗긴 "메마르고 황량한 세속화된 기독교"가 되었다.[144] 만약 아름다움이 유명론이 말하는 대로 단지 보는 이의 눈에만 있는 것이라면, 예수 그리스도조차 참으로 아름답지 않다. 대부분의 현대 신학을 포함하는 현대성의 종교들과 현대성의 근본 문제는, 발타자르에 따르면, 미학의 결여다.

> 일단 하나님의 본유적 아름다움과 계시의 고유하고 자기 입증적 매력에 대한 인식이 사라진다면, 세계의 일반 시민들이 종교적으로 되는 것에서 조금이라도 어떤 가치를 보거나 기독교에서 실로 하나님의 [아름다운] 시혜의 전형을 보는 것은 불가능해진다.[145]

아름다움이 사라지면 그와 함께 진리와 선함도 결국 사라지는데, 왜냐하면 이것들은 모두 존재에서 분리될 수 없기 때문이다. 그리고 그것들과 함께

---

[143] Edward T. Oakes, *Pattern of Redemption: The Theology of Hans Urs von Balthasar* (New York: Continuum, 1994), p. 180.
[144] 같은 책, p. 177.
[145] 같은 책, p. 171.

하나님도 사라지는데, 심지어 하나님에 관해 아직 말해지고 있는 곳에서도 그렇다.

유명론은 현대성으로 이어졌고, 현대성은 세속성으로 이어졌고, 세속성은 의미의 공허함, 허무, 얻는 것 없는 노력으로 이어졌다. 궁극적으로, 발타자르가 말하는 바에 따르면, "현대의 사람은 자연 속의 하나님이 사람을 위해 죽었다는 끔찍한 불행을 겪었다."[146] 현대성은 그 압도적 인간중심주의 때문에 "[인간]이 어떤 자연의 거울을 들여다봐도 언제나 궁극적으로 자신을 보게 되는" 상황으로 이어졌다.[147] "단지 합리주의적·기술적 관점에서 사물에 접근하는" 현대 문화는 "자신의 존재를 완전히 오해한다."[148] 이것은 인간들이 의미를 위해 노력하고 탐색하고 추구하면서 궁극적으로 영적이며 단순히 자연적이지 않기 때문이다. 이것은, 발타자르가 다소 철학적 언어로 말하는 것처럼, "인류의 의식의 통일은 위에 있는 것을 향한, 즉 하나님에 대한 개방적 질문 이외의 것으로서는 표현될 수 없기 때문이다."[149]

여기서 잠시 멈추고, 발타자르가 현대성과 순수한 자연에 반대하는 논박에서 과학을 공격하지 않았다는 점에 주목할 필요가 있다. 그는 현대 과학에 반대하는 기독교적 변증을 단호히 거부했다. "오늘날 우리는 성경을 가지고 과학과 싸울 수 없음을 분명히 보는데, 왜냐하면 성경 안에 있는 하나님의 계시의 목적은 사람들에게 과학을 가르치는 것이 아니기 때문이다. 하지만 이러한 이해를 위해 얼마나 비싼 대가를 치러야 했던가!"[150] (그는 갈릴레오 사건을 언급하고 있었다.) 그에게 과학은 하나님이나 기독교의 적이 아니다. 적은 순수한 자연에 대한 믿음이다. 과학은 자연에 성스럽거나 영적

---

146 Hans Urs von Balthasar, *The God Question and Modern Man*, trans. Hilda Graef (New York: Seabury, 1967), p. 100.
147 같은 책, p. 26.
148 같은 책, p. 33.
149 같은 책, p. 77.
150 같은 책, p. 93.

인 모든 것이 부재하는지 말할 수 없다. 과학은 단지 자연의 역학을 연구할 뿐이다. 과학은 은혜 안에 있는 자연의 신비로운 심층을 발견할 능력이 없다. 그것은 철학과 종교의 문제다. 그리고 현대성에 대해 둘 다 대체로 실패했다.

그렇다면 현대성에 대한 발타자르의 태도를 요약하자면, 그는 현대성을 인간의 역사에서 "비극적 신기원"(a tragic epoch)이라 불렀다.[151] 그 이유는 "사람들이 하나님 없이는 더 이상 서로를 사랑할 수 없기" 때문이다.[152] 하지만 "어떤 신"에 대한 얼마 안 되는 믿음은 인간의 절망적 상황을 고치기에는 충분하지 않다. 지상에서의 삶은, 그의 경고에 따르면, 성육신 없이는 견딜 수 없는 것이 되고 있다.[153] 오직 성육신만 자기를 주는 사랑을 향한 인간의 열망하는 탐색에 중대한 답변을 제시한다.

발타자르가 말하는 "순수한 자연"이란 정확히 무엇을 의미하는가? 그리고 그것이 왜 그렇게 치명적인가? 순수한 자연은 은혜가 없는 자연, 어떤 성스러운 것과 관련 없는 그 자체로서의 자연일 것이다. 순수한 자연은 그 자체로 충분한 자연으로, 은혜가 본질적이고 완성시키는 어떤 것이라기보다는 기껏해야 부착물 정도일 것이다. 순수한 자연은 영적인 것에 대립하고 있다. 영은 그것의 상대일 뿐이지 필수적인 것은 아니다. 순수한 자연을 포함하는 믿음 체계는 필연적으로 이원론적이며 세속성을 지향한다. 발타자르의 기본적 전제는, 그리고 그가 기독교의 기본적 전제라고 말할 것은, "자연은 [특히] 인간 안에서 영 없이 존재하지 않았다"는 점이다.[154] 이것은 우리가 가톨릭 신학에서, 특히 블롱델(참고. 2.d.)이 선도자인 '누벨 테올로지'에서 내인주의(intrinsicism)라고 배운 것의 한 표현이다. 발타자르는 유명론,

---
[151] 같은 책, p. 143.
[152] 같은 책.
[153] 같은 책, p. 144.
[154] The von Balthasar Reader, p. 78.

현대성, 세속주의에 반대했을 뿐만 아니라, 20세기의 첫 십 년에서 현대주의를 패배시킨 후로 가톨릭 신학에서 최고의 자리를 지킨 이른바 신스콜라주의라는 종류의 가톨릭 사상에도 격렬히 반대했다.

발타자르를 비롯해 '누벨 테올로지'와 관련된 다른 신학자들에 따르면, 신스콜라주의는 현대 세속주의가 범한 것과 똑같은 잘못을 범했다. 그는 신스콜라주의가 외인주의의 잘못을 범했다고 비판했다. 즉 은혜를 외인적으로, 자연에 대해 외부적으로 만들었다는 것이다. 그가 보기에 신스콜라주의는 자연을 은혜가 없는 것으로, 그러므로 사랑을 포함하는 초자연적 선물들인 은혜가 자연에 "부가된" 것으로 그렸다. 그와는 아주 대조적으로, 발타자르는 "사랑이 살아 있는 존재들의 토대에 장착되었다"고 주장했다.[155] 다시 말하지만, 그는 낭만적 사랑이라고 할 때의 사랑을 의미하지 않았다. 그는 자기를 주는 사랑에서의 사랑을, 또는 적어도 그것에 대한 열망을 의미했다. 그가 본 대로, 신스콜라주의 가톨릭 신학은 자연적인 것과 초자연적인 것, 자연과 은혜를 두 개의 분리된 방에 나누어 넣었고, 하나를 다른 것 위에 두었다.[156] 그것들의 관계는 유기적이기보다는 외인적으로 그려졌다. 아주 상세하게 논의하지는 않았지만, 왜 그리고 어떤 식으로 발타자르가 이것을 세속주의의 손에 놀아나는 것이라고 보았는지는 분명할 것이다. 그것은 세계에서 신비, 참된 아름다움, 선함, 가치를 강탈한다. 그렇다면 은혜, 초자연적 영역, 하나님 자신의 사랑은 자연이 바로 자신이 되기 위해서 처분할 수 있는 것으로 그려진다. 자연은 일반적이고, 공허하고, 영적이지 않은 것이 된다.

---

[155] 같은 책, p. 87.
[156] Hans Boersma, *Nouvelle Théologie and Sacramental Ontology* (Oxford: Oxford University Press, 2009), p. 119.

발타자르가 세계를 그 토대들로부터 다시 세우다

발타자르는 신스콜라주의를 개선하거나 현대적 세속성에 적응시키는 데는 관심이 없었다. 또한 인간을 그저 순수한 자연으로 축소한 것을 제외하고는 현대성의 산에 대응하는 데 특별히 관심이 없었다. 그의 관심은, 한 해석자의 표현대로, "세계를 그 토대들로부터 다시 세우는" 것이었다.[157] 달리 표현하면, 그는 "현대성이 [그리고 신스콜라주의가] 계속 망원경의 반대쪽 끝으로 실재를 들여다보고 있다는 자신의 주장을 결코 철회하지 않았다."[158] 그는 망원경의 방향을 바꾸어서 실재를 완전히 다르게, 복음과 교부들의 렌즈를 통해 보기 원했다. 두 가지의 핵심적인, 서로 관련된 사상들로서 발타자르의 야심찬 기획에서 대단히 중요한 것은 언제나 이미 은혜를 입은 자연, 그리고 존재의 유비(analogia entis)다.

세속적 형태와 종교적 형태의 외인주의, 즉 순수한 자연에 대한 믿음에 반대해서 발타자르는 자연 속에 있는 은혜의 현존을 주장했다. 그의 주요 관심은 하나님에 대한 개방성이 증거가 되는, 그 본성 안에서 이미 은혜를 입은 인간이다. 라너를 비롯한 많은 '누벨 테올로지' 가톨릭 사상가들과 마찬가지로, 그에게도 "영으로서의 사람은 하나님에 대해 개방되어 있다."[159] 하나님과 관계가 전혀 없는 인간은 없다. 바로 여기에 인간의 존엄과 가치가 달려 있다. "모든…인간은 그의 가장 높은 존엄과 자유를 하나님과의 관계로부터 얻는다. 왜냐하면 인간을 다른 방식으로 볼 수도 인식할 수도 없기 때문이다."[160]

발타자르는 존재의 유비 개념을 옹호한 것으로 특히 잘 알려져 있다. 그

---

[157] Edward T. Oakes, "Envoi: The Future of Balthasarian Theology", in *The Cambridge Companion to Hans Urs von Balthasar*, ed. Edward T. Oakes and David Moss (Cambridge: Cambridge University Press, 2004), p. 269.
[158] 같은 책.
[159] Balthasar, *The God Question and Modern Man*, p. 48.
[160] 같은 책, p. 37.

것은 토마스 아퀴나스에게 거슬러 올라가는 고전적 가톨릭 사상에 뿌리를 둔 개념이다. 비록 천사 박사가 그것을 그 명칭으로 언급하지는 않았지만 말이다. 이 스위스 신학자의 멘토 가운데 한 사람은 폴란드 출신의 가톨릭 신학자 겸 철학자인 에리히 쉐바라(Erich Przywara, 1889-1972)로, 그 개념을 자신의 사상의 중심으로 삼았다. 가장 기초적으로, 존재의 유비는 창조된 존재들과 절대적 존재인 하나님 사이에 어떤 실제 존재론적(존재와 관련된) 관계가 존재한다고 주장한다.[161] 하나님의 현존이라는 초자연적 선물에 의해 언제나 이미 은혜를 입은 자연이라는 발타자르의 개념과 이것 사이의 연결은 분명해 보인다. 발타자르의 내인주의는 하나님과 창조된 존재 사이에 있는 유비가 단지 관념적일 뿐만 아니라, 또한 존재론적이어야만 한다고 주장한다.

이 사상의 위험성은, 특히 신스콜라주의 가톨릭교도와 개신교도들에게는 즉시 분명해 보인다. (현대의 세속 사상가들은 발타자르와 관련해 이 정도로 나아가지도 못했다. 그들은 은혜의 개념과 초자연적인 것의 개념과 여전히 씨름하고 있다.) 만약 하나님과 피조물, 특히 하나님의 형상과 모습대로 창조된 인간 사이에 존재의 유비가 존재한다면, 하나님의 초월적 타자성은 어떻게 되는가? 하나님의 거룩성은 어떻게 되는가? 기독교 전통은 피조물과 구별되는 하나님의 초월성과 타자성을 언제나 강조해 왔다. 하나님은 창조 세계의 어떤 것과도 같지 않다고 한다. 루터는 하나님의 숨겨짐(hiddeness)에 관해 말했고, 바르트는 하나님의 "전적 타자성"에 관해 말했다. 존재의 유비는 하나님을 피조물 크기로 끌어내리지 않겠는가? 비록 더 크다고 할지라도 말이다.

발타자르가 먼저 강조하고 싶었던 사실은 하나님이 우리와 함께 있다

---

[161] Fergus Kerr, "Balthasar and Metaphysics", in *The Cambridge Companion to Hans Urs von Balthasar*, ed. Edward T. Oakes and David Moss (Cambridge: Cambridge University Press, 2004), 226. 바르트, 쉐바라, 폰 발타자르가 존재의 유비에 관해 벌인 논쟁을 깊이 있게 연구한 것을 다음에서 보라. Keith L. Johnson, *Karl Barth and the* Analogia Entis (London: T & T Clark, 2011).

는 것, 인간 본성을 포함하는 창조된 자연의 질서에 하나님의 실제적 현존과 활동이 부재하지 않는다는 것이었다. 자연이 언제나 이미 은혜를 입었다는 것은 무엇을 의미하는가?[162] 하나의 예는 그에게 "피조물의 논리가 하나님의 논리에 이질적이지 않다"는 점이다.[163] 둘째, 발타자르는 그 유비에도 불구하고 하나님이 우리와 다르다는 점을 똑같이 강조하고 싶었다. 그는 존재의 유비가 "적그리스도의 발명"이었다고 주장하는 바르트에 반대해서,[164] 그것은 하나님을 피조물의 크기로 축소하지 않는다고 고집했다. 하나님과 인간을, 예를 들면, 동일한 종(species)으로 만들지 않는다. 유비는 비례적 차이 이상을 허락한다. 다시 말해, 하나님의 존재는 단지 양적으로뿐만 아니라 질적으로 다른 존재다. 하나님은 단지 더 많은 존재를 가진다는 것이 아니라, 피조된 질서를 전적으로 초월하는 동시에 그 질서가 은혜로 하나님의 실재에 참여하게 한다는 것이다. 그 은혜로운 높임 때문에 창조 세계인 자연은 하나님과 유사성이 있다. 다시 한번, 적절한 예를 들 수 있다. 진리, 아름다움, 선함은 하나님 **때문에** 자연 안에 현존하는 것이지, 하나님과 별개로 어떤 자율적 존재를 가지기 때문이 아니다. 존재의 이러한 초월적 속성들은, 원형적으로는 하나님에게만 속함에도 불구하고, 창조 세계 안에 진정으로 현존하고 피조물들에게 알려질 수 있다.

존재의 유비를 두고 바르트와 쉐바라 사이에, 그리고 바르트와 발타자르 사이에 심각한 논쟁이 벌어졌다. 바르트는 존재의 유비가 하나님과 창조 세계 사이의 경계선을 흐리는 범신론으로의 문을 열었다고 경고했다. 그리고 그것은 은혜로부터 그 "선물성"(gratuity), 즉 그 자유, 그 선물로서의 특징을 빼앗을 위험이 있었다. 다시 말해, 바르트는 만약 하나님이 창조 세계 안

---

[162] John Webster, "Balthasar and Karl Barth", in *The Cambridge Companion to Hans Urs von Balthasar*, ed. Edward T. Oakes and David Moss (Cambridge: Cambridge University Press, 2004), p. 250.
[163] 같은 책.
[164] Oakes, *Pattern of Redemption*, p. 41.

에 어떻게든 존재론적으로 현존한다면, 창조 세계에 대한 하나님의 구속이 전적으로 자유롭지는 않을 것을 염려했다. 타락한 창조 세계를 구속함으로써 하나님은 그 자신도 구원할 것이다. 그렇다면 그것은 필요한 것이며 절대적으로 자유로운 것은 아니다. 『칼 바르트의 신학』에서 발타자르는 바르트가 허수아비를 세우고 무너뜨린다고 비판했다. 그가 보기에 "그 허수아비는 본 모습을 보이자마자 힘을 대부분…상실한다."[165] 기본적으로 발타자르는 존재의 유비가 세속주의에 문을 연 순수한 자연이라는 오류를 피하는 유일한 방법이라고, 또한 하나님과 창조 세계의 관계가 언제나 동일성이 아니라 유비로 남는다고 말함으로써 존재의 유비는 하나님의 초월성을, 그러므로 은혜의 선물성을 보존한다고 설명했다. 그리고 이 **가톨릭** 스위스 신학자는, 하나님과 창조 세계 사이의 비유사성이 유사성보다 언제나 훨씬 더 크다는 중세 교회 공의회의 선언을 반복해서 지지했다.

발타자르와 바르트 사이의 존재의 유비에 대한 논쟁은 바르트가 브루너와 벌인 논쟁(참고. 5.a.)을 연상시킨다. 바르트는 적어도 발타자르의 존재의 유비 개념을 오해한 것 같다. 그러나 학자들이 이 문제에 관해 연구하고 바르트의 "신앙의 유비" 개념과 발타자르의 존재의 유비 개념은 "하나님의 한 가지 계시를 이해하는 두 가지 방법"[166]이라고 선언한 후에도, 아마도 미묘한 한 가지 차이는 남아 있는 것 같다. 바르트에게 이 차이는 하나님과 세계 사이의 관계가 언제나 대립(confrontation)의 관계라는 것, 또는 적어도 그러한 요소를 간직한다는 것이다. 발타자르에게 하나님과 세계 사이의 관계는, (범신론과 범재신론에서처럼) 연속성의 관계는 아니더라도, 언제나 성취(fulfillment)의 관계다. 적어도 이것은 강조점의 차이다.

그렇다면, 발타자르가 "세계를 그 토대들로부터 다시 세우려" 했다는 것

---

[165] Webster, "Balthasar and Karl Barth", p. 249.
[166] 같은 책, p. 250.

은 무엇을 의미하는가? 그는 『하나님 질문과 현대인』에서 다음과 같이 답했다.

> 우리는 신앙의 행위나 내용을 재해석하거나 새로이 공식화하는 데 관심이 없다. 하지만 신앙의 실제적 본질은 단순하고 명확해야 하고, 계시의 초기 자료들로부터 다시 태어나고 부활해야만 한다. 우리는 그것이 그 충만함을 달성하기 위해 필요한 그런 요소들을, 말하자면 특히 소망과 사랑 같은 요소들을 [그것]에 통합해야 할 것이다.[167]

다시 말해, 발타자르는 기독교를 재구성하는 데 관심이 없었다. 그는 "소외된 아름다움의 고고학"을 통해 기독교를 부활시키는 데 관심을 가졌다.[168] 말하자면, 사람들 속에 있어서 아름다운 것을 인식하고 기독교의 진리를, 즉 예수 그리스도 안에서의 하나님의 자기 내어줌의 사건을 참으로 아름다운 것으로 드러내는 선천적 능력을 자극함으로써 그렇게 하는 데 관심이 있었다. 모든 형태의 외인주의를 거짓으로 폭로함으로써, 그리고 하나님의 초월과 내재를 모두 공정히 다루는 자연 안에 있는 은혜의 신학을 표현함으로써 말이다.

발타자르는 합리적 기독교 신학 체계를 만드는 데 관심이 없었다. 그는 아름다움이 어떻게 하나님에게로 인도하는지, 은혜의 초자연적 아름다움이 어떻게 자연적인 것의 아름다움에 연결되는지 보여 주는 데 관심이 있었다. 그는 하나님의 종이 되어 현대인들에게 하나님의 무한성과 자기 내어줌의 아름다움을 보여 주는 데 관심이 있었다. 그는 그리스도인들이 "세상을 향해 있는 현대적 정신을 갖고…보이는 것에 안주하는"[169] 습관을 극복

---

[167] Balthasar, *The God Question and Modern Man*, p. 141.
[168] Oakes, *Pattern of Redemption*, p. 159.
[169] Balthasar, *The God Question and Modern Man*, p. 100.

하는 데 자신의 신학이 사용되기를 원했다. 그는 우주를 다시 세우고 세계를 이러한 아름다움의 망각에서 되돌리기 위해서는 새로운 신학 이상의 것이 필요함을 충분히 의식하고 있었다. 그래서 그는 "그리스도인들은 하나님의 사랑으로 더 강렬히 불타야만 한다"고 썼다.[170] 그럼에도 불구하고, 그는 자신이 "인류를, 특히 기독교 세계를 더 적합한 하나님 개념으로 돌아오게 하는" 도구가 될 수 있기를 바랐다. "기독교적 답변은 어떻게…기독교 세계를 빛과 통일을 가져오는 것으로 변화시킬지 알아야 한다."[171] 한 논평자의 지적대로, 그의 책들은 "계시를 체계화하려" 하지 않는다("무엇을 어떤 체계로 배열하는 것은 우리가 그것에 대해 일종의 지배력을 가졌음을 암시하기 때문이다").[172] 그의 책들은 오히려 "독자의 마음 안에서 무엇인가가 움직이도록 하기" 위한 것이다.[173] 그것들은 관조적 신학의 연습으로서, 아름다움에 대한 현대의 무지와 무심함에서 벗어나고 더 적절한 하나님 개념을 향하도록 길을 가리키기 위해 의도되었다.

발타자르가 "더 적절한 하나님 개념"을 제시하다

발타자르의 신론은 자기를 주는 사랑으로서의 예수 그리스도 안에 있는 하나님의 사랑으로 시작한다. 그에게 그것은 존재 자체의 아름다움이며, 타자를 위해 자신을 기꺼이 거저 주는 것이다. 어떤 세계 종교나 철학도 그러한 궁극적 실재의 아름다운 전망을 제공하지 않았다. 하지만 그것은 마른하늘에 날벼락같이, 사람들이 생각했거나 경험했거나 기대했던 모든 것에 반대해서 하늘로부터 주어져 일어나지 않았다. 그가 보기에, 그러한 무한한 사랑을 열망하는, 은혜를 입은 자연적 경험은 자기 아이를 바라보는 어머니의

---

[170] 같은 책, p. 101.
[171] 같은 책, p. 97.
[172] Oakes, *Pattern of Redemption*, p. 135.
[173] 같은 책, p. 139.

응시로, 그렇게 응시되는 아이의 세계에 대한 첫 경험으로 시작된다. 그것은 하나님의 사랑에 대한 유비일 뿐이지만, 엄연히 유비다. 그리고 그 순간으로부터, 혹은 한 사람이 가진 사랑에 대해 갖는 모든 첫 경험으로부터, 설령 단지 그것에 대한 열망뿐일지라도, 그 사람은 존재의 중심에 사랑이 있어야만 하며 그렇지 않다면 삶은 부조리하다는 것을 가슴 깊이 깨닫는다.

발타자르에게, 사랑의 절대성은 존재의 절대성을 입증한다.[174] 그리고 사랑과 존재의 절대성은 정확하게 예수 그리스도 안에서 계시된 것이다. "절대적 사랑은 (삼위일체적 삶에서 그 자체로 완전히 충족되는 것으로서) 죄인(바로 나 자신)을 위해, 죽기 위해 그 신적 형태를 비우고 가장 바깥의 어둠으로 들어가야 한다."[175] 하지만 이 드라마는 그 아름다움에서 비교할 수 없는 "내적 조화"를 담고 있다. 드라마는 "하나님이 자신의 피조물들에게 진정한 자유를 부여하면서 감수하는 위험"으로 시작한다.[176] "만약 하나님이 직접 그 균형 잡는 일에 개입했다면, 친히 그 위험을 떠맡았다면, 길이 없는 곳에서 스스로 길을 열었다면, 궁극적으로 하나님은 그러한 위험을 감수할 수밖에 없었다."[177] 그런 다음에 발타자르는 자신의 신론을 시작하는 곳에서 바로 전통으로부터 벗어나서, 하나님의 사랑에 관한 성경의 내러티브를 궁극적으로 진지하게 받아들인다. 하나님은 위험을 무릅쓴다. 즉 하나님은 자신을 위험에 빠뜨린다. 하나님은 철저히 자신의 피조물과의 역사 속으로 들어와 하나님 자신의 운명을 그들에게 넘겼는데, 그것이 바로 십자가였다.

발타자르는 이것을 기독교의 "충격적 주장"으로 밝힌다.[178] 즉 절대적 존재이며 절대적 자유인 하나님이 또한 절대적 사랑이라는 것이며, 하나님은

---

174 *The von Balthasar Reader*, p. 102.
175 같은 책, p. 126.
176 같은 책, p. 199.
177 같은 책.
178 같은 책, p. 195.

예수 그리스도 안에서 "우리 쪽으로 건너오는 것"[179]으로 그것을 드러냈다는 것이다. 하지만 이 스위스 신학자는 거기서 멈추지 않았다. 감히 그는 하나님이 죽는다는 것에 관해, 심지어 죽었다는 것에 관해 말했다. 성육신에 관해 그는 다음과 같이 썼다. "그[하나님]는 그러면서 그 자신이기를 멈추지 않는다. 실제로 그는 이것을 통해 본질적으로 자신이 무엇인지, 자신이 무엇이며 무엇을 할 수 있는지를 정확히 보여 준다. 하나님은 영원한 생명이기를 멈추지 않으면서 죽을 수 있다."[180] 알타이저와 달리, 발타자르는 하나님이 예수 그리스도의 성육신과 죽음 안에서 자신을 멸절시켰다는 것을 의미하지 않았다. 진심으로 그는 예수의 죽음으로부터의 부활을 단언했다. 하지만 발타자르는 하나님의 죽음에 관해, 특히 그것을 자신의 신학의 주요 주제인 "성토요일"(Holy Saturday)과 관련지어 말하기를 두려워하지 않았다. 적나라하고 역설적인 방식으로 그는, 예수 안에서 그리고 특히 그의 죽음 안에서 계시된 삼위일체 하나님에 관해 썼다. "그는 생명이 그토록 충만해서 (그렇게 사랑이 많아서) 죽음을 감당할 수 있다."[181]

발타자르는 그리스도의 성육신과 죽음이 하나님 자신에게 미친 엄청난 영향을 온전히 진지하게 받아들이기 위해서라면, 하나님의 초월성에 관한 전통적 가톨릭 개념 일부를, 특히 무감동성(하나님이 고통을 당할 수 없다는 것)을 기꺼이 포기하려 했다. 그의 경고에 따르면, 예수 안에 있는 우리와-함께하는-하나님의 드라마는 "신비의 광휘(光輝) 안에 둘러싸여 있어야 한다. 그것은 깔끔하게 해결되거나 합리적으로 조사될 수 없고, 오히려 복된 역설들로 가득 차 있다."[182] 하지만 그는 십자가 사건에 관해 다음과 같이 선언했고 그것은 실제로 그의 진심이었다. "여기서 성부와 성자 사이의 사랑은 소

---

179 같은 책, p. 199.
180 같은 책, p. 200.
181 같은 책, p. 113.
182 Balthasar, *The God Question and Modern Man*, p. 141.

외의 양식을 취했는데…죄를 통한 모든 사람의 소외를 그 자체[사랑] 안에 포함하기 위해서였다."¹⁸³ 이 모든 것 안에 있는 궁극적 신비는 성토요일이다. 그리스도의, 즉 하나님의 지옥 강하다. 이것은 궁극적 "신적 사랑의 낮춤"이다. 하나님이 죽은 자들과 함께 지옥에 갔다는 것이다. 발타자르의 단언에 따르면, 성토요일에 하나님은 "(궁극적 사랑으로 인해…) 그들과 함께 죽어 있었다."¹⁸⁴

성육신한 하나님, 그리스도가 성토요일에 지옥에서 무엇을 했는지는 신비이지만, 발타자르는 그것을 표현하는 것을 조금도 주저하지 않았다. ("표현하는 것"은 "설명하는 것"과 동일하지 않다.) 지옥에서 하나님은 "피조물들의 지옥 같은 황폐함"을 넘겨받고 "[그것을] 사랑의 표현으로 변화시켰다."¹⁸⁵ 분명히 그는 그리스도인들 사이에 흔한 믿음, 즉 성토요일에 그리스도가 죽은 자들의 거처인 하데스로 가서 거기서 기다리고 있던 옛 언약의 신자들에게 죄를 속죄하는 자신의 죽음이라는 좋은 소식을 전했다는 것에 반대했다. 그런 다음에, 어떤 전통에 따르면, 그는 그들을 낙원으로 데려갔다. (이러한 "지옥의 정복" 교리는 마 12:40; 행 2:27, 31; 벧전 3:19-20; 4:6; 엡 4:8-10에 근거한다. 그것은 또한 고대의 에큐메니컬 신조들에서 지옥으로 강하하는 그리스도에 관해 표현한 것들에 근거한다.) 하지만 발타자르는 폰 슈파이어의 계시들에 주로 기초해서, 그리스도가 지옥 또는 하데스에서 단지 복음을 전했을 뿐만 아니라 죽은 자들이 하나님으로부터 소외되어 있는 것과 자신을 동일시했다고 믿었다. 그렇다면 그리스도의 지옥 강하는 인류를 위한 그의 속죄 사역의 일부이며 하나님의 삶의 역사 안에 있는 한 사건이다. 즉 계시인 "하나님-드라마"의 일부다.

발타자르의 유신론은 전통적 기독교 신론의 급진적 재작업, 재건이다.

---

183 같은 책, p. 117.
184 *The von Balthasar Reader*, p. 153.
185 같은 책, p. 172.

발타자르 해석자인 에드워드 오크스는 이 스위스 신학자의 성토요일 개념이 "전통에 대한 그의 유일하며 가장 위대한 혁신을 구성한다"고 말한다.[186] 그 개념에 관해 그토록 급진적인 점은, 발타자르에게 예수의 지옥 강하가 "신성 내의 관계들에도 영향을 미치는, 하나님과 세계 사이의 관계성 안에서의 변화를 포함한다"는 것이다.[187] 그것은 "하나님으로부터 버림받음을 삼위일체적 관계들 안에 포함시킨다."[188] 그리고 그것은 근본적 케노시스(자기 비움)가 예수의 인성 안에서뿐만 아니라 하나님 자신 안에서 일어남을 암시한다. 하나님의 삼위일체적 삶 내에, 발타자르가 감히 사변하는 바에 따르면, "각 위격에 의해 다른 위격들을 위해 이루어지는 비움"이 있다.[189] 사랑의 본질은 자기를 주는 것이고, 이는 성육신과 십자가 사건의 배경을 형성하는 하나님의 영원한 생명 내에서도 마찬가지여서, 삼위일체의 위격들은 자기를 돌보지 않는 사랑 안에서 서로에게 자신을 준다. 발타자르는 자신의 신론 전체를 다음과 같이 요약했다. "삼위일체로부터 십자가와 최후의 심판에 이르기까지, 계시의 사실은 하나님의 가련한 사랑의 영광 외에 다른 것을 말하지 않는다. 이 사랑은 물론 우리가 지상에서 사랑이라는 이름으로 상상하는 것과 매우 다른 어떤 것이다. 아니, 그것은 성령이며 불이다."[190]

결론적으로, 발타자르에게 지옥은 실제 장소이지만, 우리는 성토요일 때문에 그것이 비어 있다고 소망해야 한다. 발타자르에 따르면, "[교회의] 교의는 지옥이 존재한다는 것이지, 그 안에 사람들이 있다는 것이 아니다."[191] 발타자르는 보편구원론자는 아니었는데, 그랬다면 그는 모든 것이 하나님과 보편적 화해를 이룬다는 점을 분명히 단언했을 것이다. 그는 자신의 입

---

[186] Oakes, *Pattern of Redemption*, p. 237.
[187] 같은 책, p. 243.
[188] 같은 책, p. 247.
[189] 같은 책, p. 290.
[190] 같은 책, p. 298에 인용됨.
[191] 같은 책, p. 306에 인용됨.

장을 『우리는 감히 "모든 사람이 구원받는다는 것"을 소망할 수 있는가?』 (*Dare We Hope "That All Men Be Saved"?*)에서 분명하게 설명했다. 그 자신의 견해는 다른 신학자로부터의 인용 안에서 표현된다.

> 실제로 **모든 사람**이 스스로를 화해되도록 허락할 것인가? 어떤 신학이나 예언도 이 질문에 답할 수 없다. 하지만 사랑은 **모든 것을 바란다**(고전 13:7). 사랑은 그리스도 안에 있는 모든 사람의 화해를 소망하는 것 외에 다른 것을 할 수 없다. 그러한 제한 없는 소망은, 기독교적 관점에서, 단지 허용될 뿐만 아니라 **명령**된다.[192]

발타자르의 견해는 "조건부 희망의 보편구원론"이라고 올바르게 명명될 수 있을 것인데, 보편적 구원을 단언하는 것이 아니라 희망하는 것이기 때문이다. 그는 비판자들에 대응하면서 말했다. "나는 확실성에 대해 말한 적이 없다. 다만 희망을 말했다."[193]

발타자르가 신학자들 사이에서 열광과 비판을 이끌어 내다

발타자르 사후에 그와 그의 신학을 둘러싸고 열광적 추종자들이 일어났다. 그는 가톨릭 바르트이자 현대판 토마스 아퀴나스로 불린다. 주로 칭송하는 수많은 책과 논문들이 출판사들로부터 쏟아지고 있다. 샌프란시스코의 한 가톨릭 출판사는 대부분의 노력을 그의 저작에 기울이고 있다. 주로 1950년대와 1960년대에 글을 쓴 신학자에 대한 관심이 왜 이렇게 갑자기 고조되는 것일까? 가능한 한 가지 대답은, 어떤 이들이 그에게 포스트

---

[192] *Dare We Hope "That All Men Be Saved"?*, trans. David Kipp and Lothar Krauth (San Francisco: Ignatius Press, 1988), p. 213에서 Hermann-Josef Lauter로부터 인용됨.
[193] 같은 책, p. 18.

모더니즘과 비슷한 점들이 있다고 본 것에 있다.[194] 발타자르는 관점주의자(perspectivalist)였다. 그는 분리된 비당파성, "있는 그대로의 사실", 순전히 객관적 지식이라는 현대의 신화를 믿지 않았다.[195] 그 대신에 그는 많은 포스트모던 사상가들과 마찬가지로 모든 추론이 신앙의 지평 내에서부터 일어난다고 주장했는데,[196] 그것이 신앙이라 불리든 아니든 마찬가지였다. 말하자면, 지식은 합리적으로, 토대주의의 방법에 의해 증명될 수 있는 것에 국한되지 않는다. 지식은 특정한 경험과 연구의 영역에 적절한 합리성을 수단으로 발견되는 어떤 것이라도 포함한다. 보편적 합리성 또는 아무런 관점이 없는 견해란 없다. 그리고 아름다움에 대한 이해는 일종의 육감으로, 현대성은 이것을 너무나 자주 무시한 결과로 스스로를 손상시켜 오늘날 문화의 황량한 풍경으로 이어졌다.

교황 베네딕토 16세와 개혁파 신학자 한스 부르스마(Hans Boersma)처럼 서로 상이한 사람들 사이의 인기와 열광적 수용에도 불구하고, 발타자르에게는 과거나 지금이나 비판자들이 있다. 그는 『우리는 감히 "모든 사람이 구원받는다는 것"을 소망할 수 있는가?』에서 자신에 대한 비판자들을 언급했다. 그는 자신의 입장에 대한 보수주의자들과 자유주의자들의 신랄한 공격을 열거한 후에 다음과 같이 결론을 내렸다. "그래도 좋다. 만약 내가 좌파 무리에 의해 희망 없는 보수주의자로 버려졌다면, 지금은 어떤 종류의 똥 무더기로 우파에 의해 짓밟혔는지도 알고 있다."[197] 그의 신학적 구성과 결론 일부는 상대 진영에 의해 거의 이단으로 치부될 정도로 충분히 모호했다. 그가 제2차 바티칸 공의회 이전에, 1950년대 동안에 신스콜라주의에 대해 비판한 것은 그에게 큰 애통을 가져왔다. 그가 예수회로부터 사실상

---

[194] Oakes, "Envoi", pp. 272-273.
[195] Balthasar, *The Glory of the Lord*, p. 122.
[196] Larry Chopp, "Revelation", in *The Cambridge Companion to Hans Urs von Balthasar*, ed. Edward T. Oakes and David Moss (Cambridge: Cambridge University Press, 2004), p. 13.
[197] Balthasar, *Dare We Hope?*, pp. 19-20.

축출당한 것은 그에게 엄청난 슬픔의 원인이었다. 그는 자신이 살아 있는 성인이자 예언자로 대했던 폰 슈파이어와의 관계에 대한 가혹한 소문에 거의 대응하지 않았다. 그러나 여기서 우리는 구체적 신학 입장들에 대한 실질적 비판에 초점을 맞출 것이다.

첫째, 발타자르는 현대성을 참으로 이해하지 못했다고 비판을 받는다.[198] 현대성에 대한 그의 비판들은 주로 신비와 아름다움의 망각에 초점을 맞추었다. 현대성의 옹호자들 일부는 낭만주의도 현대성의 일부였으며 간접적으로 그에게 영향을 미쳤다고 주장한다. 호의적 논평자 한 사람이 인정하는 바에 따르면, "현대인들에 대한 비평적-분석적 성찰이 아니라 교부들에 대한 상징적-전체론적 이해가 그의 사상의 실제 지평을 형성한다."[199] 하지만 일부 비판자들은 그를 더 강하게 비판하면서 그가 전근대적이라고, 고대 교부들의 시대는 아니더라도 중세주의로의 후퇴를 추구했다고 본다. 의심의 여지 없이 그는 그러한 이전 시대들의 기독교에 대한 친밀함을 가지고 공감했지만, 아무도 그가 현대 사상에 대해 무지했다거나 그것들을 모두 비난했다고 흠잡을 수는 없다.

발타자르는 이런 우려(즉 그의 이른바 전근대주의)를 『하나님 질문과 현대인』에서 직접 다루었다. 거기서 그는 많은 "습관적으로 숭배되는 [기독교 세계의] 옛 견해와 관습이 공허하고 무의미하게 되었다"는 것을 인정했다.[200] 그는 그리스도인들이 현대성과 그 문화에 단지 반대하지 않아야 할 뿐만 아니라, 시대가 제공하는 어떤 것에도 기독교적 형태를 부여하기 위해 분투해야 한다고 단언했다.[201] "그러므로 오늘날의 하나님 개념은…[현대 미술과 마찬가지로] 유행이 있으며, 그것을 그리스도인들은 인식해야 하고, 그것으

---

[198] Kehl, "Hans Urs von Balthasar: A Portrait", p. 5.
[199] 같은 책.
[200] Balthasar, *The God Question and Modern Man*, p. 91.
[201] 같은 책.

로 자신을 표현해야 한다.…그것을 올바르게 해석함으로써 그리스도인은 자신과 자신의 시대를 도울 것이다."[202] 이 말은 전근대적 보수주의자의 말로 들리지 않는다. 그는 많은 현대 문화와 사상의 상당 부분에 대해 신랄하게 비판적이었지만, 많은 세속적 포스트모던주의자들만큼은 아니었다. 그리고 그는 기독교가 세계로부터 물러나기를 권하지 않았는데, 왜냐하면 "이 악마적 상황은 도망친다고 해결되지 않는다."[203] 그 대신에 그는 "세계에 대한 종교적 책임"을 받아들일 것을 권했다.[204]

발타자르의 신학에 대한 또 다른 비판의 영역은 그의 신론에 있다. 하나님의 삼위일체 내적 삶에 대한 그의 설명은, 세 신들에 대한 믿음인 삼신론에 해당하는가? 이 문제는 캔터베리의 대주교 로완 윌리엄스(Rowan Williams, 1950-)가『케임브리지 안내서: 한스 우르스 폰 발타자르』에 실린 자신의 논문에서 제기한 것이다. 당시 세계에서 가장 높은 성직자들 가운데 한 명이었던 윌리엄스가 발타자르에 관한 책의 한 장을 쓴 사실은 이 스위스 신학자의 위상과 영향력을 잘 보여 준다. 윌리엄스는 발타자르의 삼위일체론에서, 특히 세 위격들 사이의 "차이"와 무엇보다도 자기를 주는 행위를 통한 일치에 대한 그의 가르침과 관련해서, 삼신론의 가능성 문제를 완곡히 제기한다. 윌리엄스의 지적에 따르면, 진짜 문제는 발타자르가 신성의 위격들이 서로를 경배한다고 말하는 것이다.[205] 하지만 이 대주교는 발타자르의 설명이 "약간 삼신론 같다"고 말하고, 자신이 "약간 사벨리우스주의[양태론] 같다"고 말한 바르트의 교리와 비교한다.[206]

아마도 지금까지 발타자르의 가장 신랄한 비판자는 가톨릭 신학자, 알

---

202 같은 책, p. 92.
203 같은 책, p. 57.
204 같은 책, p. 59.
205 Rowan Williams, "Balthasar and the Trinity", in *The Cambridge Companion to Hans Urs von Balthasar*, ed. Edward T. Oakes and David Moss (Cambridge: Cambridge University Press, 2004), p. 50.
206 같은 책.

리사 리라 피츠틱(Alyssa Lyra Pitstick)이다. 그녀는 이 스위스 신학자의 성토요일에 관한 가르침이 권위 있는 가톨릭 교리와 절대적으로 상충한다고 주장했다. 가톨릭 전통의 권위 있는 교리인 하나님의 불변성과 모순되며 삼신론을 함의한다고 비난한 것이다. 그녀가 쓴 글에 따르면,

> 그리스도의 지옥 강하에 관한 발타자르의 신학이 전통적 교리를 대변하지도 않고 또 그것과 양립할 수도 없다는 결론은 내릴 필요도 거의 없다. 이 대립은 해석의 미묘함 문제가 아니라, 교리의 가장 중심적 특징들에서의 본질적 차이다.…성토요일에 관한 발타자르의 신학이 새롭고, 전통적 가톨릭 교리와 다르며 또 병행할 수 없음은 명백하다.[207]

그녀의 책은 「퍼스트 씽스」(First Things) 같은 잡지들에서 발타자르를 옹호하는 논문들이 넘쳐나게 만들었다. 그녀는 이에 응수했으며, 논쟁은 계속되고 있다.[208] 하지만 교황 베네딕토 16세가 그의 편에 있음을 고려하면, (발타자르가 정통으로 여겨져야 하는지에 대한) 이 논쟁의 궁극적 결과는 그리 의심스럽게 보이지 않는다.

---

[207] Alyssa Lyra Pitstick, *Light in Darkness: Hans Urs von Balthasar and the Catholic Doctrine of Christ's Descent into Hell* (Grand Rapids: Eerdmans, 2007), p. 344.
[208] 그녀의 이름과 발타자르의 이름을 "*First Things*"와 함께 인터넷에서 검색하면, 피츠틱의 비판에 반대하는 주요 발타자르 학자들의 옹호 논문들과 그에 대한 그녀의 대답들로 연결하는 수많은 링크를 찾을 수 있다.

11

복음주의 신학이 성인이 되어 현대성과 씨름하다

장소는 미주리주의 세인트루이스, 시간은 1942년 4월이었다. 처음으로 한 자리에 모인 사람들은, 자신들이 복음주의이지만 근본주의는 아니라고 생각하는 많은 개신교 교단의 대표들이었다. 그들은 개신교의 일반적 경향이 자유주의 및 신자유주의 신학으로 향하는 것에 반대했지만, 근본주의가 19세기 말과 20세기 초에 시작된 이래로 전개한 방식에도 만족하지 못했다. 대체로 이러한 보수적 그리스도인들은 50년 전이었다면 자신들이 근본주의자들이라고 불렀을 것이다. 왜냐하면 그들은 자신들이 개신교 정통주의의 전통적 핵심들이라 여긴 것들, 즉 성경의 영감과 권위, 예수 그리스도의 신성과 인성, 그의 동정녀 탄생과 기적과 몸의 부활, 삼위일체, 오직 믿음을 통해 은혜로 받는 구원, 초자연적 세계관, 예수 그리스도의 가시적 재림을 확언했기 때문이다. 하지만 그들이 보기에 대략 1925년과 1942년 사이에 근본주의는 편협하고, 지나치게 독단적이고(예를 들어, 진정한 기독교라면 전천년설에 대한 믿음이 요구된다고 하면서), 반지성적이고, 문화에 대해 부정적이고, 분리주의적으로 되었다. 이 근본주의자들은 새로운 정체성과 새로운 운동을 원했다. 그들은 다양한 비근본주의적, 보수적 개신교 그리스도인들을 포괄하는 단체인 전미복음주의협회(National Association of Evangelicals, NAE)를 창립해서, 근본주의적 미국기독교교회협의회(American Council of Christian Churches, ACCC) 및 더 자유주의적(현대주의적) 전미연방교회협의회[Federal Council of Churches, 훗날 전미교회협의회(NCC)로 개칭]에 맞섰다.

이렇게 해서 새로운 복음주의 운동이 시작되었다.[1] 근본주의자들도 (많은 루터교도들과 마찬가지로) 자신들을 복음주의자라 불렀기 때문에, 학자들은 때때로 이 새로운 운동을 신복음주의(neo-evangelicalism) 또는 탈(脫)근본주의적(postfundamentalist) 복음주의라고 불렀다. 전미복음주의협회는 미국 내 오십 개 이상의 교단과 수백 개의 기독교 단체를 포괄할 정도로 성장했다. 또한 그 목표에 공감하는 많은 개신교도들은 공식적으로는 이 운동에 가담하지 않았지만 느슨하게나마 이 운동과 제휴했다. (예를 들어, 미국의 가장 큰 개신교 교단인 남침례교는 전미복음주의협회에 가입하지 않았지만, 투표권을 행사하지 않는 대표자를 이 협회의 임원회의에 자주 파견했다. 남침례교 인사들은 개별적으로 이 새로운 복음주의 운동에서 주도적 역할을 했다.) 전미복음주의협회는 보수적 장로교도와 오순절교도를 포함하는 모든 회원이 긍정할 수 있는 기본적 믿음들에 대한 최소한의 진술을 정리했다. 이 조직의 목적은 미국기독교교회협의회나 전미교회협의회에 가입할 수 없는 개신교도들에게 협력과 친교의 수단을 제공하는 것이었다. 이 단체의 첫 번째 행동들 가운데 하나는 세계의 재난과 빈곤 희생자들에게 물질적 도움을 제공하는 월드 릴리프(World

---

[1] 여기서 복음주의에 관한 정보는 다음 저서들을 포함하는 다양한 출처로부터 얻었다. Joel Carpenter, *Revive Us Again: The Reawakening of American Fundamentalism* (New York: Oxford University Press, 1997); George Marsden, *Understanding Fundamentalism and Evangelicalism* (Grand Rapids: Eerdmans, 1991); Mark Noll, *American Evangelical Christianity: An Introduction* (Malden, MA: Blackwell, 2001); Jon R. Stone, *On the Boundaries of American Evangelicalism: The Postwar Evangelical Coalition* (New York: St. Martin's Press, 1999).

Relief Commission)의 창설이었다.

처음에 전미복음주의협회에 부족했던 것은 간판 인물, 즉 보수적 개신교도들로 이루어진 이 다양한 집단을 대표해서 공론장에서 말할 수 있는 카리스마적 지도자였다. 하지만 곧 그런 인물이 부상했고 모든 새로운 복음주의자들에 의해 받아들여졌는데, 바로 빌리 그레이엄(Billy Graham, 1918-2018)이었다. 1950년대와 1960년대에 걸쳐, 그리고 1970년대와 1980년대까지도, 그는 이 세계적 복음주의 운동의 비공식적 교황이 되었다. 그는 교도권의 권한은 없었지만, 그의 평화적 보수 복음주의 경건의 정신은 복음주의 운동의 시금석이라는 공감대가 있었다. 현실적으로 복음주의자들은 이런 의미에서 그레이엄을 사랑했으며 그의 영적·신학적 지도력을 바랐던 사람들이었다. 그레이엄은 신학자가 아니라 복음전도자였기 때문에, 자신과 새로운 복음주의 운동을 대표해 말할 비근본주의적, 보수적 복음주의 신학자를 찾으려 했고 또 발견했다. 그 사람이 바로 칼 헨리(Carl F. H. Henry, 1913-2003)였다. 다른 복음주의 지성인들과 함께, 헨리는 이 새로운 운동의 대표적 신학교인 풀러 신학교를 세우고 이 운동의 대변지 「크리스채너티 투데이」(*Christianity Today*)를 창간하는 일을 도왔다. 「타임」은 헨리를 "이 나라의 성장하는 복음주의 진영의 주요 신학자"로 인정했다(1977년 2월 14일, p. 82).

복음주의는 과거에도 지금도 신학적 운동 그 자체는 아니지만, 전미복음주의협회의 기본적 교의들(기본적 개신교 정통주의)과 초자연적 세계관을 공유하면서 거기서부터 많은 다른 방향으로 나아가는 수많은 신학자들과 신학교들을 낳았다. 그중에는 엄격한 칼뱅주의자도 있고, 열정적 웨슬리주의자도 있다. 또한 그리스도의 재림에 앞선 그리스도인들의 휴거를 기대하는 세대주의자도 있고, 그리스도의 재림 후 지상 통치를 믿지 않는 무천년주의자도 있다. (근본주의자들은 보통 허용하지 않는 유보 조항을 달아) 성경의 무오성(inerrancy)을 표방하는 사람들도 있고, 성경의 역동적 영감과 무류성(infallibility)에 관해 말하기를 선호하는 사람들도 있다. (무오성과 무류성은 외부인들에게는 미미한 차이지만 복음주의 학자들 사이에서는, 정통주의 개신교도들 사이에서 수백 년 동안 그랬던 것처럼, 토론의 주제다.) 현대 신학에 관한 이 이야기에서 가장 중요한 것은, 이제 반세기를 훌쩍 넘은 이 새로운 복음주의 운동과 관련된 모든 신학자가, 근본주의자들의 경향처럼 현대성을 통째로 거부하는 것이 아니라, 현대성의 더 극단적 주장들을 거부한다는 점이다. 구체적으로 말하자면, 복음주의자들은 자연주의, 실증주의(합리주의의 극단적 형태로서 계시와 신앙을 배제하는 것), 역사주의, 회의주의, 세속주의를 거부한다. 하지만 이 운동의 지도자들은 대부분이 고등 교육, 비평적 성경 연구(자연주의적 전제들은 빼고), 교양과 과학 과목들, 비복음주의자들과의 대화 및 협력(근본주의자들이 하지 않는 것), (자연주의를 배제한) 과학을 가치 있게 여긴다. 복음주의자들은 신자유주의를 포함하는 자유주의 신학에 반대하고, 신정통주의와 변증법 신학을 경계한다. 복음주의자들이 자유주의와 신정통주의 개신교도들에게는 근본주의자들과 별반 다르지 않게 보이는 반면, 근본주의자들에게는 자유주의자들과 별로 구분이 되지 않는다. 복음주의자들 스스로는 현대성에 대한 절대적 거부와 최대한의 적응이라는 극단들 사이의 중도에 자부심을 갖는다.

20세기 후반과 21세기 첫 십 년 동안 복음주의는 수많은 신학자들을 낳았다. 복음주의 신학자라면 전미복음주의협회의 최소한의 신앙 진술의 고백적 토대로부터 작업하고(많은 이들이 더 세부적인, 자신들 교단의 신앙 진술을 긍정한다), 신앙으로 예수 그리스도에게 회심하는 새 생명(new birth)을 믿고 또 경험했으며, 폭넓은 복음주의 운동과 연계 또는 친밀감으로 관련되어 있다. 전미복음주의협회 너머의 복음주의 운동 전체는 분명한 경계를 갖고 있지 않기에, 정확히 누가 복음주의 신학자이며 누가 아닌지를 놓고 종종 논란이 된다. 그러한 일들을 결정하는 권위 있는 기관이 있는 것도 아니다. 일반적으로 복음주의자로 여겨지는 신학자들로는 풀러 신학교의 총장이었으며 수많은 변증·철학·신학 서적들의 저자인 카넬(E. J. Carnell, 1919-1967),

듀북 신학교의 신학 교수였으며 수많은 복음주의 신학 서적들의 저자인 도널드 블러쉬(Donald G. Bloesch, 1928-2010), 복음주의적 고든콘웰 신학교 (Gordon-Conwell Theological Seminary)에서 오랫동안 신학 교수였으며 많은 보수적 개신교 신학 서적의 저자인 데이비드 웰스(David Wells, 1939-), 몇몇 복음주의 기관들에서 신학 교수였으며 수많은 복음주의 신학 서적의 저자인 클라크 피녹(Clark Pinnock, 1937-2010), 신학 교수였고 복음주의 신학교 학장이었으며 매우 널리 사용되는 복음주의 조직신학인 『기독교 신학』(*Christian Theology*, 1983-1985)을 비롯한 많은 책의 저자인 밀라드 에릭슨(Millard Erickson, 1932-), 여러 복음주의 대학과 신학교에서 신학 교수였으며 복음주의 변증학과 신학 분야에서 많은 저서를 남긴 버나드 램(Bernard Ramm, 1916-1992), 자유주의에서 복음주의로 회심한 감리교도이자 오랫동안 드류 대학교 신학대학원의 교수였으며 두꺼운 복음주의 조직신학의 저자인 토머스 오덴 (Thomas Oden, 1932-), 몇몇 복음주의 신학교의 신학 교수였으며 탈보수주의적 복음주의 신학과 관련된 많은 책의 저자였던 스탠리 그렌츠(1950-2005) 등이 있다.

이상은 주요 복음주의 신학자들 가운데 일부 대표적 인물들을 뽑아 본 것일 뿐이며, 많은 다른 신학자들이 거명될 수 있다. 이 목록에는 전통적 개혁파(웰스)로부터 진보적, 탈보수주의적 아르미니우스주의자(피녹)에 이르기까지 다양한 유형의 복음주의 신학자들이 포함된다. 복음주의자들이 모두 학문적 신학의 강연자들은 아니다. 신학을 대중화하는 주요 인물들로는 프란시스 쉐퍼(Francis Schaeffer, 1912-1984), C. S. 루이스(1898-1963; 새로운 복음주의 운동의 일원은 아니지만 복음주의자들 사이에서 인기 있는 작가), 존 스토트(John Stott, 1921-2011), 찰스 콜슨(Charles Colson, 1931-2012), 존 파이퍼(John Piper, 1946-; 신학자이면서도 주로 대중적 복음주의 서적들의 저자) 등이 있다. 이 사상가들이자 저술가들이 성례전, 종말, 성령의 은사 같은 부차적 문제들과 관련한 차이에도 불구하고 공유하는 점은 무엇인가? 그들은 모두 거듭났음을 주장하고, 신앙과 실천을 위한 최고의 기준으로서 성경의 권위를 고수하고, 기적을 포함하는 초자연적인 것들의 실재를 믿고(다양한 정도의 관심에 따라), 또한 근본주의와 신학적 자유주의 및 신자유주의와 거리를 두는 개신교도들이다. 일부는 바르트의 신학을 비판적으로 선호하는 반면(예를 들어, 블러쉬), 다른 일부는 바르트를 거부한다(예를 들어, 쉐퍼). 그들은 모두 현대성에 대한 종교적 반응들 사이의 중간 지대에 있다.

여기서는 세 명의 복음주의 신학자들을, 특히 현대성에 대한 그들의 태도 측면에서 기술하고 분석할 것이다. 헨리를 제외하고 이 선택은 다소 임의적이다. 오직 헨리만 복음주의 신학의 대표자로 제시하기 위한 분명한 선택으로 두드러지지만, 그렇다고 모든 복음주의 신학자들이 그와 방법론적으로 동의한다는 것을 의미하지는 않는다. 누가 지금부터 50년 또는 100년 후에 20세기 말과 21세기 초의 두드러진 복음주의 사상가로 기억될지는 모두 짐작만 할 뿐이다. 여기서 선택의 근거는 특히 현대성에 대한 대응의 측면에서 복음주의 신학의 유형들을 대표적으로 보여 주는 것이다. 즉 (일반적으로 현대성을 의심하고 거부하는) 보수적 유형, (현대성을 비판적으로 전유하는) 온건한 유형, (현대적이기보다는 포스트모던적인) 탈보수주의적 유형이다.

칼 헨리가 복음주의 신학을 (전적으로는 아니더라도) 근본주의로부터 해방시키다

헨리는 안주하지 못하는 근본주의자였다. 그에게는 고등 교육을 통한 지식에 대한 탐구하는 마음과 갈증이 있었다. 그는 근본주의의 경직성과 반(反)지성주의에 화가 났다. 그는 근본주의가 정의하는 신앙의 근본적인 것들에 모두 열정적으로 동의했고, 현대성과 자유주의 신학과 신정통주의를 극단적으로 의심했다. 하지만 그는 근본주의 운동이 그 폐쇄적 하위문화 바깥의 세계와 적절히 교류하지 못하고 있다고 봤다. 그와 복음주의 전반에서 중요한 분기점은 일반적으로 『복음주의자의 불편한 양심』(*The Uneasy Conscience of Modern Fundamentalism*)이었는데, 이 책에서 헨리는 자신의 동료 근본주의자들을 몇 가지 태만의 죄들로 인해 비판했다. 그가 보기에 기본적 문제는 그들에게 사회적 관심이 결여되어 있다는 것이었다. 그들의 인도주의, 인간의 복지를 위한 선의의 관심이 서서히 증발했다.² 그 결과로, 헨리의 주장에 따르면, 그들의 운동은 기독교 신앙을 위대한 사회 개혁 운동들로부터 분리시켰다. 현존하는 실재로서의 하나님 나라를 설교하기를 피했고, 사회의 사고 방식을 형성하는 과업에서 손을 뗐다. 1947년에 헨리는 아직 스스로를 근본주의자로 여겼는데, 그가 두 가지의 박사학위를 철학과 신학에서, 그중 하나는 일반 대학교에서 받은 것이 그를 이미 근본주의자들의 운동 주변부로 옮겨가고 있었는데도 그랬다. 하지만 그는 누군가가 목소리를 높이지 않는다면 곧 근본주의가 더 일반적 문화에 대한 영향력을 상실한 미미한 분파로 전락할 것을 우려했다. 그러므로 그는 담대히 자신의 동료들에게 행동하도록 촉구하면서, "만약 우리가 올바로 포착한다면, 인류를 위한 성육신의 의미와 성경을 재발견할 때가 이제 무르익었다"고 주장했다.³ 그가 꿈꾼 것은 활력이 넘치는 "세계 이데올로기"인 "역사적 기독교"의 재출현이었으며, 이는 "구속 메시지는 삶의 모든 것을 위한 함의들을 가진다"는 확신이 그에게 있었기 때문이다.⁴ 헨리의 책은 자신이 주도적인 신학적 대변인이 될 새로운 복음주의 운동과 근본주의 사이의 중요한 갈림길이었다.

헨리는 뉴욕 시의 독일 이민자 가정에서 태어났다. 그에게 기독교적 회심은 자신의 가정이 아니라 외부의 영향으로 일어났다. 장래가 촉망되는 젊은 언론인으로 일하던 그는 크리스티 아주머니라고 정답게 부르던 경건한 노년의 여성과, 복음주의를 지향하는 옥스퍼드 그룹(도덕 재무장 운동)의 몇몇 회원들과 교제하게 되었다. 그들의 권면을 통해, 그리고 성경의 예수 부

---

2 Carl F. H. Henry, *The Uneasy Conscience of Modern Fundamentalism* (Grand Rapids: Eerdmans, 1947), p. 16. 『복음주의자의 불편한 양심』(IVP).
3 같은 책. p. 9.
4 같은 책, p. 68.

활 이야기에 스스로 매료된 결과로, 이 젊은 언론인은 1933년 6월 10일에 회심을 경험했다.[5] 이 경험을 하고 나서 헨리는 언론 일을 그만두고 신학 공부를 시작했다. 1935년 가을에 그는 휘튼 칼리지(Wheaton College)에 등록했는데, 이곳은 근본주의 운동의 대표적 학교로서 나중에 복음주의적 학문 활동의 중심이 되는 곳이다. 그가 휘튼을 선택하는 데 기여한 한 요인은 총장 올리버 버스웰(J. Oliver Buswell)의 강연으로, 신앙을 위한 이성의 중요성을 강조하는 것이었다. 헨리가 휘튼에서 보낸 시기는 그의 이후의 삶의 방향을 결정했다. 그 시기는 그가 (당시에 근본주의로부터 나오기 시작했던) 복음주의와 관계를 맺게 했고, 이후에 복음주의 운동의 존경받는 지도자들이 되는 그레이엄을 비롯한 몇몇 사람들과 우정을 쌓게 했다. 하지만 그의 신학을 위해 가장 중요한 점은, 그가 휘튼의 철학 교수 고든 클라크(Gordon Clark, 1902-1985)의 영향을 받았다는 사실이다. 클라크는 복음주의 기독교에 대한 합리주의적 접근의 옹호자였다.

휘튼을 졸업한 후에 헨리는 북침례신학교(Northern Baptist Theological Seminary)에 등록했는데, 이 학교는 북침례교(Northern Baptist Convention, NBC; 지금은 American Baptist Churches) 내의 근본주의자들에 의해, 역시 북침례교와 연계된 더 자유주의적 시카고 대학교 신학대학원에 대한 대안으로 설립되었다. 전미복음주의협회가 창립된 1942년에, 그는 북침례신학교에서 신학박사 학위를 받았다. 이런 자격증들과 떠오르는 새로운 복음주의 운동에 자신의 족적을 남기겠다는 결의로 무장하고 헨리는 학자로서의 이력을 시작했으며, 그 출발은 북침례신학교였다. 그는 캘리포니아주 패서디나에 있는 풀러 신학교의 설립 교수진 일원이 되었으며, 보스턴 대학교(Boston University)에서 철학박사 학위를 받았다. 그곳으로부터 그는 「크리스채너티 투데이」의 창간 편집인이 되었는데, 더 자유주의적 주류의 「크리스천 센

---

5 Carl F. H. Henry, *Confessions of a Theologian* (Waco, TX: Word, 1986), p. 44.

추리」(Christian Century)에 대한 보수적 대안으로 의도된 것이었다. 그는 거기서 1967년까지 봉사하다가, 이 잡지의 미래 방향에 대해 이사회와 논쟁한 후 사임했다.⁶ 그런 다음에 그는 수많은 복음주의적 기관들에서 가르쳤고, 세계에서 가장 큰 빈민 구제 기관으로 복음주의 계열인 월드비전(World Vision)에서 주로 강연자로 봉사했다. 헨리는 많은 책과 수많은 기사를 썼고, 세계를 여행하면서 자신에게 소중한 보수적 신학의 주제들에 관해 강연했다. 그의 역작인 『하나님, 계시, 권위』(God, Revelation and Authority, 총 6권)는 1976년과 1983년 사이에 출간되었다. 2003년에 그가 세상을 떠났을 때, 「크리스채너티 투데이」는 특집 기사로 그에게 경의를 표했다. 비슨 신학교(Beeson Seminary) 학장이자 복음주의 신학자인 티모시 조지(Timothy George)는 다음과 같이 말했다. "헨리는 미국 기독교 지형과 세계 복음주의 운동에 넓고 깊은 족적을 남겼다. 참으로 헨리가…복음주의로 알려진…것을 실질적으로 창안했다."⁷

헨리가 주관주의와 비합리주의를 공격하다

신학자로서의 이력 내내 헨리에게는 하나의 중심 주제가 있었다. 그것은 개신교의 현대성에 대한 적응이 기독교가 세상의 빛과 소금이기를 그치게 했고, 오직 성경적 권위로 돌아가는 것만 기독교를 잊힌 상태로부터 구할 수 있다는 것이다. 그의 부차적 주제는, 복음주의 신학이 성경의 축자 영감과 무오성에 대한 역사적으로 유서 깊은 헌신에서 한 발짝이라도 양보한다면 역시 잊히는 길을 걷게 되리라는 것이었다. 많은 사람에게 이 말이 근본주의적으로 들리지만, 헨리는 교리적으로 불순한 사람들 각각으로부터 갈라서는 사람이라는 분파주의적·반지성적 의미에서 근본주의자는 아니었다.

---

6 「크리스채너티 투데이」에서 있었던 일들에 관한 헨리의 관점을 같은 책, pp. 264-301에서 보라.
7 Timothy George, "Inventing Evangelicalism: No One Was More Pivotal to the Emerging Movement Than Carl F. H. Henry", *Christianity Today* (March 2004), pp. 48-51.

헨리는 뛰어난 지성의 소유자로서, 성경이 하나님의 말씀이라는 굳건한 믿음과 전통적 정통 교리들에 대한 흔들리지 않는 헌신으로 시작했다. 그리고 그럼에도, 그는 다른 신념을 가진 사람들을 만나고 대화하기 위해서라면 어디라도 기꺼이 가려 했다. 하지만 그러한 대화에서 그는 기본적 복음주의 정통이 모든 대안적 신학 방법과 체계보다 우월함을 담대히 주장했다.

헨리에 따르면, 현대 신학의 모든 실패와 좌절은 거슬러 올라가면 그 출발은 단일한 그러나 양면적 문제다. 즉 기독교 주관주의와 성경의 권위로부터의 이탈이다. 하지만 분명히 헨리에게는 이것들을 둘러싼 단일한 더 큰 문제가 있었는데, 바로 현대성에 대한 적응이다. 만약 현대주의와 그것의 좀먹는 영향들에 대한 현대 신학자들의 두려움이 없었더라면, 주관주의와 성경의 권위로부터의 이탈은 문제가 아니었을 것이다. 대신에 헨리가 본 것은, 적어도 슐라이어마허로부터 시작해 바르트에게도 계속되는 것으로, 현대 신학이 합리성으로부터 도망쳐서 경험의 주관주의와 오직 믿음의 주관주의로 나아감으로써 현대성의 산(酸)으로부터 벗어났다는 점이다. 헨리는 무엇보다 현대성에 맞서고 그것의 패권, 특히 종교에서의 패권에 도전하는 데 열을 올렸다. 예를 들어, 그는 많은 형태의 현대 신학이 굴복했다고 생각한 자연주의에 직면해서 다음과 같이 적었다. "자연주의는 우리가 철저한 자기 이익을 위해서 형편에 따라 모든 원칙들을 희생시켜서는 안 되는 궁극적 이유를 제시하지 못한다. 실제로, 자연주의는 이성 또는 심지어 자연주의 자체를 진지하게 받아들여야 하는 이유를 설명하지 못한다."[8] 현대적 의심과 회의주의, 자연주의와 합리주의에 직면해서, 그리고 그리스도인이 이런 것들이 건드릴 수 없다고 주장하는 안전한 주관의 영역으로 도망치는 것에 반대해서, 헨리는 자신이 보수적 개신교의 신학적 합의라고 생각한 것을 재확인했다.

---

8   Carl F. H. Henry, *Towards a Recovery of Christian Belief* (Wheaton, IL: Crossway, 1990), pp. 113-114. 이 책은 헨리의 전체적 신학 방법을 잘 종합한다.

앞에서 자연주의에 관해 인용한 것은 진리에 대한 헨리의 기본적 접근을 예시한다. 그에게 궁극적 진리 판단 기준은 이성(reason)이지만, 계몽주의적 합리주의(Enlightenment rationalism)는 아니다. 헨리는 둘 사이의 구별을 강조했다. 데카르트와 함께 시작된 계몽주의적 합리주의는 자명한 진리에 집중하면서, 생각하는 주체를 진리와 실재의 중심으로 삼았다. 계몽주의적 합리주의는 또한 지식을 합리적으로 증명될 수 있는 것으로 축소시켰다. 〈신앙의 도약〉(*Leap of Faith*, 한국에서는 〈기적 만들기〉라는 제목으로 소개됨—편집자) 같은 영화들로부터 형성된 고정 관념에 기초해 많은 사람이 복음주의자들로부터 기대하는 것과는 대조적으로, 헨리는 감정 또는 내적 신앙 또는 다른 주관적인 어떤 것에 호소하지 않았다. 그렇다고 그가 엄격한 합리주의에 동의한 것도 아니다. 대신에, 그에게 진리의 궁극적 기준들은, 그리고 따라서 지식으로 여겨지는 것의 궁극적 기준들은, 논리적 일관성과 설명하는 능력이다.[9] 그의 기본적 논지는 다음과 같다. "기독교는 합리성의 규범들을 경멸하지 않는다. 오히려 포괄적 믿음들의 논리적 연결망을 제공한다."[10] 그리고 "단 하나의 포괄적 진리 체계만 있을 수 있다. 만약 참된 체계가 포괄적이라면, 모든 거짓된 체계는 모순들을 포함해야만 한다."[11] 그가 의미하는 바는, 절대적으로 포괄적이고 논리적으로 일관된 진리 체계는 오직 하나만 있을 수 있다는 것이다. 왜냐하면 그 체계와 다른 것은 또한 그에 대해 모순될 것이며, 서로 모순되는 두 가지의 진리 체계는 모두 참일 수 없기 때문이다.

기독교의 믿음 체계를 궁극적으로 뒷받침하는 것은 그것의 포괄성, 일관성, 설명하는 능력이다. 자연주의를 포함하는 모든 경쟁하는 진리 체계들을 무력화시키는 것은 그것들이 포괄성, 일관성, 설명하는 능력을 결여하기 때문이다. (헨리는 경쟁하는 세계관들을 검토할 때 진리를 판단하는 두 가지 기준에 포

---

9   같은 책, p. 53.
10 같은 책, p. 80.
11 같은 책, p. 88.

괄성을 추가했다. 세계관은 언제나 포괄적이라고 주장하고, 따라서 포괄적이지 않은 것은 세계관이 되지 못한다. 삶의 절박한 문제들 모두에 대답을 제공하는 포괄적인 것들 중에서, 논리적 일관성과 설명하는 능력은 그 포괄적인 것들의 사실성을 결정하는 데 관여한다.) 헨리에 따르면, "세속적 견해들을 무력화시키는 것은 그것들이 존재와 의미를 설명하는 데 무능력하다는 점이다."[12] 그는 동일한 판단 기준을 정통 기독교를 포함하는 모든 세계관에 적용하고, 이 기독교가 포괄성, 일관성, 설명하는 능력 측면에서 압도적이라고 확신했다. 만약 누군가가 헨리에게, 왜 논리가 (가령 주관적 경험에 비해) 그렇게 중요한지 물었다면, 그는 주관적 경험이 보편적 믿음을 위한 기초로서는 빈약하기 때문이라고 주장했을 것이다. 루터가 말했던 것처럼, "경험은 심지어 아이라도 자신의 얼굴에 맞게 비틀 수 있는 밀랍 코다." 다시 말해, 헨리가 믿기에 기독교 진리는 공적 진리이며, 공적 삶을 포함하는 삶의 모든 측면을 형성해야 한다. 사람들이 공통적으로 갖고 있는 것은, 그가 믿기에는, 이성이다. 하지만 특정한 철학으로서의 이성이나 특히 계몽주의에 의해 왜곡된 실증적 합리주의로서의 이성이 아니다. 그가 믿은 것은 논리로서의 이성으로, 모순들은 언제나 오류의 징후를 분명히 보인다는 것이다.

자신들의 신앙의 기초로서 경험에 호소했던 그리스도인들에게, 헨리는 말했다. "만약 우리가 그리스도인이라고 고백한다면, 우리 자신의 경험도 다른 누구의 경험도 우리의 종교적 확신의 기초가 될 수 없다."[13] 어떻게 우리가 이성을 신뢰할 수 있는지, 특히 성경과 기독교 교리의 진리를 판단하기 위해 그럴 수 있는지 묻는 그리스도인들에게, 헨리는 대답했다. "로고스가 창조된 존재의 근원이자 뒷받침인 우주에서, 논리는 실재의 **형식**(form)이다."[14] 로고스 신학(logos theology)이라고 불리는 이것을 헨리는 클라크로부

---

12 같은 책, p. 91.
13 같은 책, p. 100.
14 같은 책, p. 95.

터 배웠다. 클라크는 오리게네스와 고대의 기독교적 플라톤주의로 돌아가서, 하나님 자신과 하나님의 창조 세계에 뿌리를 둔 합리성은 우주의 구조 안에 **그리고** 인간의 정신 안에 장착되어 있어서 정신이 이성을 사용해 우주와 심지어 하나님을 이해할 수 있다고 주장했다. 헨리에 따르면, 만약 우리가 그 외의 다른 것을 가정한다면, 상대주의로 이어지는 주관주의의 바다에서 길을 잃고 지식 자체가 불가능해질 것이다. 그렇다면 경쟁하는 진리 주장들 사이에서 판단하는 것도 역시 불가능해질 것이다.

헨리가 현대성, 자유주의 신학, 신앙주의를 비판하다

근본주의자들과 달리, 헨리는 교회 안팎의 현대주의에 반대하는 설교만 하거나 회개와 분리를 요구하지 않았다. 그는 정통 기독교적 삶과 세계관의 우월성을 보여 주는 것을 자신과 모든 지적으로 재능 있는 복음주의 그리스도인들의 의무로 여겼다. 그것을 하는 한 가지 방법은 후기 현대 사회들의 문화적 상황과 모든 세속적 인생철학의 비일관성을 지적하는 것이었다. 헨리에 따르면, 계몽주의가 인간중심적으로 하나님을 떠나 생각하는 주체인 개인의 중심성과 권위로 옮겨갔기 때문에, "서구는 그 도덕적·인식적 나침반의 방향을 상실했다. 이제는 인간들이 상승하는지 하강하는지, 정지 상태인지, 혹은 오직 하나님만 아시는 곳으로 움직이고 있는지 판단할 공유된 기준이 없다."[15] 그는 합리적 사람이라면 서구 문화가 성경을 나침반으로 삼고 있었을 때 번창했고 엄청나게 진보했음을 알 수 있다고 믿었다. "서구는 성경에 대한 헌신 덕분에 자신의 이교적 과거보다 월등히 앞서게 되었다."[16] 하지만 현대성이 성경의 권위로부터 이탈한 결과로, "세속적 학자들은 우리가 어디에 있는지 말해 줄 수 없는 것처럼 보인다."[17] 다시 말해, 어떤 것도

---

15   같은 책, p. 15.
16   같은 책, p. 16.
17   같은 책.

객관적으로 더 낫거나 더 나쁘지 않으며, 단지 다를 뿐이다. 그 결과는 바로 표류하는 문화와 상대주의 속에서 곤경에 빠진 사회다.

헨리는 특별히 이러한 문화적 아노미 현상을 구체적으로 계몽주의 탓으로 돌렸다. 계몽주의는 "하나님 아닌 것으로부터의 철학적 논증에, 즉 자연으로부터의, 또는 역사의 패턴으로부터의, 또는 인류로부터의, 특히 인간의 정신과 양심으로부터의 철학적 논증에 의존했다."[18] 이것은 현대 철학이 "사변적 유신론"(speculative theism, 아마도 헨리는 이신론을 의미한 것)을 선호하면서, "계시적 성경 유신론"을 버리는 결과를 수반했고 또 야기했다.[19] 그 결과로, 헨리의 주장에 따르면, 결국 서양 문화는 기독교적 유신론의 뿌리로부터 완전한 이탈해서, 마침내 후기 기독교 문화는 "오직 자연만 궁극적 실재다. 사람은 본질적으로 복잡한 동물이다. 진리와 선한 것은 상대적이고 변한다"고 믿는다.[20]

그런 다음에 헨리는 자신의 비판을 기독교 교회들과 그 신학들로 돌렸다. 그가 보기에, (매우 넓은 범주인) 자유주의 기독교는 현대성에 적응해서 매우 파괴적 결과를 가져왔다.

성경적 유신론의 본질적인 것들이 이런저런 신식의 사변적 이론에 양보함으로써 지속적으로 희석된 결과로, 유대-기독교의 핵심 믿음들은 심각하게 손상되었다. 대학 교수들은 성경의 살아 계신 하나님을 열심히 축소하면서, 그 하나님을 자연과 역사에서 잘라 내고 서구의 기독교적 유산 중 이런저런 남아 있는 조각에 마지못해 일시적 경의를 표한다. 새로운 것들에 대한 반복된 존중은, 성경 개념들이 관례적으로 덧붙여져서, 결국 인식적 주도권을 성경적 견해에 대한 동시대의 억측하는 대안들에 빼앗겼다.[21]

---

18 같은 책, p. 20.
19 같은 책.
20 같은 책, p. 21.
21 같은 책, p. 31.

다시 말해, 헨리에 따르면, 자유주의 신학은 어떤 대가를 치르더라도 현대성에 적응하려는 일련의 시도들이었고, 그 결과로 고전적 기독교는 거의 완전히 상실될 지경에 이르렀다.

하지만 헨리는 전통을 따라, 자신의 가장 신랄한 비판들을 신앙의 이름으로 주관주의를 포용하는 비자유주의 신학들을 위해 남겨 두었다. 내부(때로는 심지어 복음주의 내부)의 적들은 "공적 이성과 합리적 시험을 종교적 진리 주장들에 부적절한 것으로 일축한 쇠렌 키르케고르와 특정 신정통주의 신학자들[처럼], 신앙주의자들이다."[22] 헨리는 그러한 신학들을 복음주의적 정통과 혼동해서는 안 된다고 단언한다. "복음주의 유신론자들은 지적 부조리가 종교적 믿음들을 가치 있게 한다거나 영적 순종이 합리적 성찰과 무관한 '신앙의 도약'을 요구한다는 비합리주의적 주장을 받아들일 수 없는 것으로 본다."[23] 헨리에 관한 「타임」 기사의 헤드라인은 "부흥 집회를 위한 신학"(Theology for the Tent Meeting)이었는데, 이것은 헨리의 관심을 이해하지 못한 것이었다. (헤드라인 작가는 틀림없이 그 기사를 읽지 않았을 것이다.) 복음주의 신학자들의 최고참자인 그는 종종 몹시 불평했다. "너무나 많은 미국인들이…명제적 진리에 관한 고민 없이 만족할 만한 종교 경험을 가질 수 있다고…믿는다."[24] 그리고 그가 말하는 명제적 진리들이란, 개인의 감정적 상태 외부의 실재에 관한 합리적으로 방어할 수 있는 진리 주장들을 의미한다. 헨리는 거의 모든 현대 신학과 종교의 근본적 병폐가 주관주의, 즉 객관적, 합리적 진리 주장들의 포기라고 보았고, 기독교 세계관은 합리적으로 방어할 수 있는, 실재에 관한 그러한 주장들의 체계라고 보았다.

---

22 같은 책, p. 39.
23 같은 책.
24 같은 책, pp. 28-29.

헨리가 복음주의적 전제주의를 올바른 신학 방법으로 설명하다

그렇다면 많은 복음주의 신학을 포함하는 뒤죽박죽인 현대 신학은 어떻게 고칠 수 있겠는가? 헨리에 따르면, 오직 한 가지 방법만 있다. 기독교적 삶과 세계관의 토대인 성경적 권위로 돌아가는 것인데, 그러면 그것은 또한 문화에 대한 모든 것을 알려 줄 것이다. 하지만 그가 옹호한 것은 계몽주의적 토대주의가 아니라, 오히려 자신이 전제주의(presuppositionalism)라고 부른 것이었다. 그는 "그리스도인들은 적대적 철학자들을 우선시해서 자신들의 초월적 유신론의 인식론을 차츰 축소하려는 충동에 사로잡히지 말아야 한다"고 주장했다.[25] 또한,

> 진정한 진리에 참여하기 위해 기독교는 우리가 어떻게 이상적으로 신학적 탐구를 수행해야 할지에 관한 세속적 명령들에 동의할 필요가 없다. 기독교가 진지한 형이상학적 설명과 토론의 대가로 미리 외부의 진리 이론들을 용인하거나 자신의 대안을 그것들에 적응시킬 필요는 없다.[26]

그는 그중에서도 구체적으로 "신칸트주의자, 논리 실증주의자, 실존주의자"를 언급했다. "기독교적 탐구와 외부 이론들의 양립 가능성을 먼저 제시함으로써 기독교적 탐구의 '신뢰성'을 확증한다면, 그것은 단지 기독교의 독특성을 양도해 버리는 것이다."[27] 헨리에 따르면 모든 세계관, 철학, 심지어 과학도 신앙에 기초한 증명할 수 없는 가정이나 전제로 시작한다. (이 가정이나 전제가 다른 증거들을 생산할 수 없는 게 아닌 이상, 이처럼 증명할 수 없다는 점이 그것들을 비합리적으로 만들지는 않는다.) "신앙 없이는 과학도, 철학도, 신학도

---

25 같은 책, p. 45.
26 같은 책, p. 44.
27 같은 책.

진보할 수 없다."²⁸ 그러므로 기독교는 일정한 기초적 전제들로 시작한다는 점을 난처하게 여겨서는 안 된다. 이러한 전제들이 그것의 세계관을 지배하고, 그 세계관은 가장 포괄적이고, 일관되고, 강력하게 설명하는 능력을 갖춘 세계관이라는 사실이 드러난다. 그것이 그 전제들을 적절한 시작점들로서 정당화한다.

기독교의 적절한 전제는, 헨리에 따르면, 두 가지의 지배하는 공리들이다. 하나는 "살아 계신 하나님"이라는 기초적 존재론의 공리이며, 다른 하나는 "하나님의 계시"라는 기초적 인식론의 공리다. 모든 과학이 증명할 수 없는 공리들로 시작하기 때문에, "기독교 철학자가 자신이 그리스도인으로서 아는 것으로 시작하는 것은 전적으로 합법적이다."²⁹ 하지만 기독교가 세계관으로서 설명하는 능력을 가지려면, 그것은 실재에 관한 진리 주장들인 명제들의 정합성 있는 체계이어야 한다. 만약 그 세계관이 진리로서의 위상을 평가받으려 하거나 경쟁하는 세계관들에 대한 우월성을 증명하려 할 때도 마찬가지다. "명제적 표현 가능성은…어떤 체계를 평가하기 위한 전제 조건이다. 어떤 체계[즉 세계관]가 명제적으로 표현될 수 없다면, 그것은 공유할 수 있는 진리 주장을 수반하지 않으며 결코 평가받을 수도 없다."³⁰ 하지만 그렇다면 그것은 기독교의 시작점인 계시가 명제적이어야 함을 의미한다. 헨리의 가장 기초적이고 종종 (심지어 다른 복음주의자들에 의해서조차) 비판을 받는 주장들 가운데 하나는 "신적 계시는 정신적 활동이다"라는 것이다.³¹ 다시 말해, 살아 있는 하나님은 지성적 사람들에게 이해될 수 있는 방식으로 말한다. 그것이 계시다. 물론 계시는 단지 명제들 이상의 것을 포함하지만, 계시가 신학에 유용하려면 합리적이고 명확한 명제적 요소를 가져

---

28 같은 책.
29 같은 책, p. 67.
30 같은 책, p. 71.
31 같은 책, p. 55.

야만 한다. 즉 계시는 문자적 요소를 가지며, 단지 상징적이거나 표현적이기만 하지 않다.

다음은 헨리가 자신의 신학 방법을 가장 간결하고 명확하게 진술한 것이다.

> 그리스도인의 주된 존재론적 공리는 유일한 살아 계신 하나님이고, 주된 인식론적 공리는 신적 계시다. 이 기초적 공리들에 성경적 유신론의 핵심 믿음들 모두가 의존하는데, 그 믿음들에 포함되는 것은 신적 창조, 죄와 타락, 구속의 약속과 제공, 나사렛 예수 안에서의 하나님의 성육신, 새로운 사회로서의 거듭난 교회, 그리고 포괄적 종말론이다. 하지만 모든 실재와 생명을 이해하게 한다고 공언하고 보편적 진리 주장을 관련시키는 형이상학적 견해는, 만약 신앙주의로 혹은 이성을 훼손하는 얄팍한 신앙으로 묵살되는 것을 피하려면, 어느 정도의 인식론적 정당성을 제시해야만 한다.[32]

그러므로 기독교적 세계관, 즉 "성경적 유신론"은 전제가 되는 두 가지 공리에 기초하며, 그것이 참인 이유는 그 전체가 모든 경쟁하는 세계관들보다 합리적으로 더 우월하기 때문이다. 이 기독교 세계관은 다른 세계관들보다 더 나은 방식으로 포괄성, 일관성, 설명하는 능력이라는 판단 기준을 통과한다.

그렇다면 신학은 무엇을 하는가? "기독교 신학의 과업은 성경 계시의 내용을 하나의 정돈된 전체로 제시하는 것이다."[33] 하지만 이것은 성경이 "기독교 신학의 권위 있는 입증 원리"라는 것을 전제한다.[34] 비판하는 사람

---

[32] 같은 책, p. 49.
[33] Carl F. H. Henry, *God, Revelation and Authority*, 6 vols. (Waco, TX: Word, 1976-1983), vol. 1, p. 215.
[34] Henry, *Toward a Recovery of Christian Belief*, p. 55.

이 여기서 물을 수 있는 것은, 헨리의 견해에서 그 입증 원리가 정말 성경인지 혹은 논리인지 여부다. 그는 아마도 둘 다라고 말하겠지만, 누군가가 기독교적 세계관과 기독교적 믿음들의 체계를 구축하려 할 때, 설령 논리가 최고의 기준일지라도, 성경은 최고의 원천이다.[35] 여기서 요점은 신학의 과업이 성경 외의 원천이나 기준들을 의지하는 것도 아니고(헨리에게 논리는 성경의 하나님에 의해 창조 세계 안에 장착되었다는 점을 기억하라), 계시를 성경 외의 문화나 철학과 관련시키는 것도 아니라는 점이다. 신학의 과업은 오직 교리들의 체계를 구축하는 데 있는데, 그 체계는 하나님의 영감을 받고 무오하고 권위 있는 계시인 성경에 충실한 것이다. 이 지점에서 헨리의 방법은 하지의 방법과 매우 유사하다.

성경이 하나님의 명제적 계시라고 전제되고 또한 신학의 유일한 최고 원천과 기준이기 때문에, 성경은 영감을 받고 무오한(interrant) 것이어야 한다. 이것이 헨리의 신학의 요지다. 그는 현대 신학의 모든 문제가, 그리고 아마도 마찬가지로 현대 문화의 모든 문제가, 성경의 권위에 필요한 성경의 영감과 무오성에 대한 신앙의 상실에서 온다고 믿었다.[36] 성경은 하나님에 의해 영감을 받았기 때문에 권위가 있으며, 같은 이유로 무오하다. 그리고 그 무오성은 성경의 권위를 위해 필요한 것으로 재등장한다. 성경의 축자 영감에 대한 부정은, 헨리의 주장에 따르면, 반드시 성경의 권위가 상실되는 것으로 이어진다. 이것은 성경의 무오성을 부정하는 것에도 똑같이 적용된다. 그는 영감을 "성경 저자들이 성경 메시지를 전달할 때…그들을 실수로부터 보호하기 위해…성령이 감독하셨다"는 것으로 정의했다.[37] 더 나아가 그것은 "신적으로 선택된 예언자들과 사도들에 대한 초자연적 영향으

---

[35] 내가 아는 한 헨리는 이런 말을 하지 않았지만, 그가 모든 진리에 대한 보편적 시금석으로서 논리를 강조하는 점으로 미루어 보아, 그것이 그가 했어야 하는 말처럼 보인다.
[36] 헨리는 성경의 영감성과 무오성과 무류성에 대한 그의 이해를 제시한다. *Revelation and Authority*, vol. 4, pp. 103-219.
[37] 같은 책, pp. 166-167.

로, 그로 인해 하나님의 영은 그들이 말이나 글로 선포하는 것들의 진리와 신뢰성을 보장한다."[38] 성경은 신학에 필수적인데, "신적으로 계시된 진리를 언어의 형태로 성문화(成文化)하기" 때문이다.[39] 성경의 무오성은 그 계시하는 모든 것에서 참이라는 것을 의미하지, 그 안에 있는 모든 것(예를 들어, 시와 비유들)이 문자적으로 받아들여져야 한다는 것이 아니다.

계시와 성경에 관한 헨리의 설명은 하지의 설명과 거의 똑같으며, 종교개혁의 칼뱅까지 거슬러 올라가는 보수적 복음주의 전통과도 일치한다. 하지만 그는 특정한 근본주의 무리들 안에서 발견되는 일부 더 극단적 입장들은 피했다. 그는 성경이 하나님의 구술의 산물이었다는 어떤 암시도 즉각 거부했다.[40] 또한 무오성은 신약의 구약 인용들이 정확하다거나 똑같다는 식의 기술적 정밀성을 시사하지도 않았다. 다시 말해, 많은 근본주의자와 달리, 헨리는 "영감"과 "무오성"이 성경의 실제 모습에 부합하도록 한정했다.[41] 일부 비판자들은 그가 수많은 제한을 통해 특히 무오성을 무효로 만든 것은 아닌지 궁금해했다. "무류성"(infallible)이 성경의 진실성에 더 어울리는 용어일 수 있지 않을까? 헨리는 그렇게 생각하지 않았지만, 많은 다른 보수적 복음주의 학자들은 과거에도 지금도 그렇게 생각한다.[42]

1942년 이후로 탈근본주의적 복음주의자들 사이에서 가장 큰 경악과 혼란과 논쟁을 일으킨 하나의 교리가 있다면, 바로 성경의 무오성(inerrancy)이다. 헨리는 이것을 성경의 영감과 권위에 필수적인 것으로 확고히 옹호했다. 만약 성경에 실제로 오류들이 있다면, 신적 기원이거나 신뢰할 만한 것일 수 없다. 다른 복음주의 신학자들은 이 주장을 강력히 부인하고, 성경이

---

38   같은 책, p. 129.
39   같은 책.
40   같은 책, p. 138.
41   무오성이 무엇을 함축하고 함축하지 않는지에 관한 헨리의 논의를 같은 책, pp. 201-210에서 보라.
42   예를 들어, 개혁과 복음주의 신학자 해리 보어(Harry Boer)가 그의 책 *Above the Battle? The Bible and Its Critics* (Grand Rapids: Eerdmans, 1977)에서 보여 주는 입장이 그렇다.

"목적과 관련하여 완전"하지만 과학과 역사의 문제들에서는 무오하지 않다는 견해를 선호했다.[43] 헨리가 많은 단서를 달아 무오성 개념을 강력히 옹호했지만, 이 개념을 그의 일부 동료들이 그랬던 것처럼 복음주의 신앙의 교리적 시험대로 삼지는 않았다. 어느 정도 반동적으로 무오성을 "복음주의적 정통성의 특별한 표식"으로 격상시키는 것은, 그가 한탄하는 바에 따르면, "복음주의자들이 국가적·문명적 위기의 시기에 간절히 요구되는 포괄적 신학 및 철학 작업에 들이면 더 좋을 에너지를 이 논쟁에 사용하는 것이다."[44] 성경의 무오성에 대한 믿음이 기독교의 근본 요소임을 부인한 것, 바로 이것이 헨리가 탈근본주의자라는 것을 나타내는 한 특징이다. 하지만 그는 성경의 영감과 권위를 긍정하면서 성경의 무오성을 부인하는 것이 일관성이 없다고 생각했다.

헨리의 신학과 관련해 유일하게 주목할 만한 것은 그 신학 방법(합리적 전제주의)이다. 그렇지 않았다면 성경적 유신론에 관한 그의 설명은 사실상 개신교 정통주의와 동일하다. 즉 초자연적 세계관, 성경의 권위, 그리스도의 신성과 인성, 삼위일체, 그리고 예수 그리스도의 속죄하는 죽음을 통한 은혜에 의한 구원이라는 측면에서 말이다.

과학에 관해서는 어떤가? 헨리는 현대 과학에 어떻게 반응했는가? 그의 접근은 한 세기 이상 전의 하지와 동일했다. 기독교는 과학이 자신의 고유 영역과 역할, 즉 물리적 자연과 종의 역할에 충실하게 있는 한 과학을 두려워할 이유가 없다는 것이다. 과학은 자신의 한계를 벗어나 실재 전체에 관한 형이상학적 주장을 할 때만 기독교에 위협이 된다. 과학만능주의는 물질 과학을 받들어 모시면서, 그것이 모든 것을 설명할 수 있으며 또 그것이 설명할 수 없는 것은 실재 바깥에 놓여 있는 것처럼 가장하는 현대적 경향이

---

[43] 참고. Jack B. Rogers and Donald K. McKim, *The Authority and Interpretation of the Bible: An Historical Approach* (San Francisco: Harper & Row, 1979).

[44] Carl F. H. Henry, "Reaction and Realignment", *Christianity Today* (July 2, 1976), p. 30 [1038].

다. 헨리는 과학만능주의에 대한 반대를 제외하고는 과학에 관해 거의 쓰지 않았다. "신학과 과학"(Theology and Science)이라는 글에서 그는 과학을 제자리에 확고히 두려고 시도했다.

> 사실은, 경험적 과학이 기독교에 이의를 제기할 어떤 견고한 기초도 갖고 있지 못하다는 것이다. 과학적·역사적 관심들이 계시 및 신앙과 무관하기 때문이 아니라, 과학자들이 자신들이 긍정하는 모든 규칙에 대한 예외의 가능성을, 그리고 그 규칙들 자체의 경험적 취약성을 허용해야 하기 때문이다.[45]

다시 말해, 과학은 특히 과학의 한계와 관련해서 언제나 겸손해야 한다. 과학은 세계관들의, 혹은 자연 법칙들에 예외인 주장들의 사실성을 판정할 수 없다. 과학의 결론들은 모두 가능한 미래의 변경에 대해 개방되어 있는 의견들이다. 그리스도인들은 이런 것들이 기본적 기독교 진리에 대한 확신에 혼란을 일으키도록 허용해서는 안 된다.

헨리가 계속해서 복음주의의 시금석 역할을 하다

이 말은 헨리에게 심지어 복음주의자들 사이에서도 비판자들이 없음을 의미하지 않는다. 하지만, 복음주의자들과 비복음주의 신학자들 모두 사이에서, 헨리는 자신의 죽음 이후로도 오랫동안 가장 널리 인정받는 복음주의 신학의 대변자로 남아 있다. 비록 그 일부는 그가 계시와 기독교의 합리성을 지나치게 강조했다고 여기고 비판하지만, 그럼에도 복음주의 신학자들은 모두 그를 존경하고 존중한다. 또한 일부는 그가 성경의 축자 영감과 무오성을 엄격히 고수한 것이나 변증에 대해 전제적으로 접근한 것을 비판한다.

영국의 복음주의 신학자 알리스터 맥그래스(Alister McGrath, 1953-)는 헨

---

[45] Henry, *God, Revelation and Authority*, vol. 1, p. 175.

리의 신학 방법에 대한 복음주의적 비판의 한 유형을 대표한다. 헨리가 논리를 강조한 점을 두고 맥그래스는 다음과 같이 말한다. "헨리가 암묵적으로 더 근본적 인식론의 토대에 호소한 결과로…더 근본적인 이 권위로부터 성경의 권위 자체가 나온다는 결론으로 이어졌다."[46] 또한 맥그래스는 헨리가 성경을 "신학적 규정의 암호장"으로 축소시킨다고 비판했다.[47] 다시 말해, 한 세기 전의 하지와 마찬가지로, 헨리는 성경을 아직-체계화되지-않은 조직신학 또는 철학(성경적 유신론)에 불과한 것으로 묘사하고, 따라서 성경을 정리되기를 기다리는 사실들로 축소시키고 말았다. 맥그래스와 다른 비판자들에 따르면, 이것은 계시의 내러티브 성격을 무시한다. 두 가지 점 모두에서, 맥그래스는 헨리의 신학이 "구(舊)프린스턴 학파, 그중에서도 계몽주의적 전제들의 영향이 특히 현저한 찰스 하지와 벤저민 워필드의 저작들"에 의존한다고 결론을 내렸다.[48] 이것은 역설적인데, 헨리는 계몽주의와 그것이 퍼뜨린 현대성의 문화에 대한 신학적 적응을 그토록 격렬하게 반대했기 때문이다.

비복음주의 신학자 한 사람은 많은 복음주의자가 헨리의 신학 접근에 관해 가지는 우려를 표현한다. 유니언 신학교의 라인홀드 니버 사회 윤리 교수인 게리 도리언은 (누구보다도 헨리를 분명히 언급하면서) 다음과 같이 논평한다.

> 복음주의자들은 만약 자신들에게 절대적 확실성의 기반이나 기독교가 이슬람이나 불교보다 더 우월하다는 증거가 없다면 모든 것을 잃을 것이라고 초조해하는 경향이 있다. 이 두려움은 그들이 불가능한 검사를 기독교 믿음에

---

46 Alister McGrath, *A Passion for Truth: The Intellectual Coherence of Evangelicalism* (Downers Grove, IL: InterVarsity Press, 1996), p. 170.
47 Bernard Ramm, 같은 책으로부터의 인용.
48 같은 책, p. 174.

부과하도록 몰아간다. 무오성이 아니면 끝장이라는 식으로 말이다! 또한 그것은 그들이 기독교 신앙의 영역 외부에 존재하는 상정된 인식론적 능력에 종교적 권위를 부여하도록 몰아간다. 그렇게 되면 기독교의 진리는, 단지 기독교 계시의 외부에 있을 뿐만 아니라 계시보다 더 높은 권위가 부여된 합리적 시험들에 의해 판결을 받는다.[49]

도리언은 헨리 및 그와 유사한 다른 보수적 복음주의자들에게 "반(反)현대주의적 현대주의자들"(antimodernist modernizers)이라는 명칭을 붙였는데,[50] 왜냐하면 그가 보기에 그들은 현대성을 공공연히 비난하는 한편, 현대성의 합리적 확실성 요구에 굴복해서 성경을 합리적 명제들의 교과서로 취급하기 때문이다.

헨리의 신학에 대한 또 다른 비판자 집단은 복음주의적 증거주의자들이다. 그들은 보수적 개신교도들로, 헨리가 성경적 유신론, 기독교적 세계관이라고 부르는 것의 진리 위상이 논리가 아니라 증거에 의존한다고 믿는다. 그들은 논리에 반대하지 않지만, 그들에게 논리는 역사적 주장들을 하는 세계관의 사실성에 대한 주요 판단 기준이 아니다. 헨리를 그의 전제주의 때문에 신앙주의자라고 부르기도 했던 존 거스트너(John Gerstner, 1914-1996) 같은 복음주의적 증거주의자들에게, 기독교의 사실성은 예수의 부활에 대한 역사적 증명 가능성에 의존한다. 그들은 전제된 공리들로 기독교 신학을 시작하고 나서 그것의 사실성을 그 포괄성, 일관성, 설명하는 능력에 의존하도록 하는 것이 타당하지 않다고 본다. 그들은 성경적 유신론의 그러한 특징들을 부정하지 않지만, 몇몇 경쟁하는 세계관들도 그러한 특징들을 가질 수 있으며 또한 그것들의 질적 수준을 밝히는 것이 어렵다고 생각한다.

---

49 Gary Dorrien, *The Remaking of Evangelical Theology* (Louisville, KY: Westminster John Knox, 1998), p. 201.
50 같은 책, p. 13.

하지만, 복음주의적 증명주의자들이 주장하는 바에 따르면, 예수가 하나님의 능력에 의해 죽음으로부터 일으켜졌고 그럼으로써 예수가 주라는 사실을 입증했음을 합리적 의심의 여지가 없도록 증명하는 것은 그리 어렵지 않다. 역사적 기독교에 본질적인 모든 것이 거기서부터 따라온다.[51] 이 접근도 맥그래스와 도리언의 반대에 부딪힐 것인데, 이것도 역시 기독교의 사실성을 기독교 외적 근거들(이를테면 역사적 연구)에 기초하려 하기 때문이다. 헨리는 이 접근이 기껏해야 개연성만 제공할 수 있을 것이기 때문에 반대했다.[52]

버나드 램이 복음주의자들에게 현대성을 받아들이도록 장려하다

복음주의 신학의 두 번째 사례 연구는 버나드 램이다. 복음주의자들 사이에서의 램의 명성은 약해지고 있을 수 있지만, 그의 영향은 그의 이름이 구체적으로 거론되지 않는 곳에서도 여전히 왕성하다. 그가 많은 복음주의 기관들에서 가르쳤기 때문에, 수많은 복음주의 신학자들이 그의 문하에서 공부했으며 자신들의 이력을 통해 그의 기본적 관점을 퍼뜨렸다. 그는 수많은 책들을 변증, 윤리, 신학에 관해 썼기 때문에, 그의 영향은 그를 한 번도 만나지 않은 사람들 사이에도 널리, 종종 깊게 있다. 램을 여기서 다루는 이유는, 그가 특히 후기 저술들에서 복음주의 신학에 대한 헨리의 합리주의적 접근에 대안을 제시했기 때문이다. 또한, 비록 그가 현대성의 옹호자로 불리기는 어렵겠지만, 헨리만큼 현대성을 반대하지는 않았다. 그는 복음주의자들이 현대성을 피하고 폄하하기보다는, 진지하게 받아들임으로써 성인이 되는 것이 중요하다고 믿었다. 일부 보수적 복음주의자들은 그가 바르트의 신학으로 기울어진 것을 위험하다고, 그리고 아마도 심지어 복음주의로부

---

51 참고. John Gerstner, *Reasons for Faith* (Grand Rapids: Soli Deo Gloria, 1997). 이 책은 원래 1960년에 Harper and Brothers에서 출간되었다.
52 Henry, *Towards a Recovery of Christian Belief*, p. 77.

터의 이탈이라고 보았다. 하지만 그들은 그가 쓴 마지막 책들 두 권에 관심을 기울여야 하는데, 둘 다 정통 개신교 교리들을 강력히 긍정한다[원죄에 관한 『이성에 대한 모욕』(Offense to Reason, 1985)과 예수 그리스도의 인격에 관한 『복음주의 기독론』(An Evangelical Christology, 1993)]. 요점은, 램이 기본적 기독교 교리들과 관련해 헨리와 동의함에도 불구하고, 헨리와는 다른 분위기의 복음주의 신학을 대표한다는 것이다. 램이 신학자로서 오랫동안 활동하고 많은 변화를 겪었지만, 여기서는 특히 그의 마지막 작품들 가운데 하나인 『근본주의 이후』(After Fundamentalism, 1983)에 관심을 기울일 것이다.[53]

『근본주의 이후』에서 램은 자신이 『과학과 성경의 대화』(The Christian View of Science and Scripture, 1954)에서 다루었던 주제로 돌아왔다. 당시에 『과학과 성경의 대화』는 복음주의자들의 근본주의로부터의 단절을 보여 주는 고전이 되어 있었다. 거기서 램은, 학부에서 과학을 전공한 사람으로서, 근본주의적 "몽매주의"(obscurantism), 즉 마음을 이미 정했기 때문에 사실들을 무시하는 습관을 비판했다. 램은 보수적 그리스도인들에게 현대 과학의 발견들을 직시하라고, 과학이 본질적으로 신을 인정하지 않는 것이라는 비난을 중단하라고 요청했다. 또한 그는 그들이 자연 세계에 대한 자신들의 견해를 과학의 "중요한 사실들"에 맞추어야 한다고 주장했다.[54] 하나의 예가 지구의 연대였다. 램은 많은 보수적 그리스도인들이 과학적으로 옹호할 수 없는 창조 연대 추정치를 아직도 믿고 옹호한다는 점을 지적했다. 램에 따르면, 성경은 창조 연대에 관해 아무것도 말하지 않는다. 그것은 과학의 영역에 속하고, 그리스도인들은 그에 대한 답을 과학에서 찾아야 한다. 동시에 그는

---

[53] 램이 나에게 말한 바에 따르면(1985년 여름), 이것은 그가 선호한 제목이 아니었으며 그는 출판사가 이 제목을 선택한 것이 책의 매출에 나쁜 영향을 가져왔다고 생각한다. 그가 선호한 제목은 그 부제인 "복음주의 신학의 미래"(The Future of Evangelical Theology)였다. 아마도 출판사는 비슷한 제목의 책들이 이미 너무 많다고 생각했던 것 같다.
[54] Bernard L. Ramm, *The Christian View of Science and Scripture* (Grand Rapids: Eerdmans, 1954), pp. 29-30. 또한 pp. 43, 169, 238, 244를 보라. 『과학과 성경의 대화』(IVP).

그리스도인들이 과학의 모든 이론을, 특히 성경의 기본적 진리들과 갈등하는 이론들을 받아들일 필요는 없다고 경고했다. 『과학과 성경의 대화』는 근본주의자들과 복음주의자들 사이의 중요한 갈림길이 되었다. 한편으로 과학이 신앙에 해롭다면서 계속 거부한 대다수의 근본주의자들이 있었고, 다른 한편으로 최소한 성경적 유신론을 최고의 현대 과학과 관련시키기를 원했던 복음주의자들이 있었다.

『근본주의 이후』에서 램은 자신이 "현대 지식의 타당성에 대한 부인"이라고 정의한 종교적 몽매주의의 문제를 다시 집어 들었다.[55] 책 전체에서 그는 복음주의자들이 기본적 정통 기독교와 근본적으로 갈등하는 현대적 이론들에 부적절하게 적응하지 않으면서도 현대적 지식을 받아들이는 방법을 배워야 한다는 주장을 지속적으로 폈다. 계몽주의에 대한 세속적 반응과 종교적 반응을 제시한 후, 램은 다음과 같은 결론을 내렸다. "만약 계몽주의가 유럽의 지식 계급을 위한 하나의 선택지로서의 정통주의를 무너뜨렸다면, 그리고 만약 자유주의적 기독교가 계몽주의에 대한 하나의 반응으로서 탄생했다면, 복음주의 신학이 계몽주의를 받아들이는 방법을 배워야 한다는 점은 나로서는 명백해 보인다."[56] 이 논지의 맥락은 램이 자유주의적 적응을 옹호한 것이 아니라 계몽주의를 진지하게 받아들였으며, 그가 일반적 복음주의의 습관이라고 본 것처럼 계몽주의로부터 도망치지 않았다는 점을 분명히 드러낸다.

그런 다음에 램은 "신학에서의 새로운 패러다임"을 발전시킬 것을 제안했는데, 그것은 복음주의자들이 몽매주의보다는 계몽주의와 현대성을 더 진지하게 받아들이면서도 그것들에 대한 불필요한 적응을 피하는 것이다. 그에게 "결정적으로 중요한 문제는 복음주의 신학이 신학에서의 새로운 패

---

[55] Bernard Ramm, *After Fundamentalism: The Future of Evangelical Theology* (San Francisco: Harper & Row, 1983), p. 19.
[56] 같은 책, p. 8.

러다임을 필요로 하는지 아닌지 여부다."⁵⁷ 그 질문에 대한 대답의 전환점은, 그의 주장에 따르면, 문화적 혁명인 계몽주의의 영속성을 신학자로서 느끼는 것이다.

> 만약 어떤 복음주의자가 생각하기에 계몽주의와 현대적 지식이 새로운 문화적 시대의 도래를 알렸고 그것이 복음주의 신학을 위한 새롭고 근본적인 일련의 문제들을 촉발했다면, 그러한 그 사람은 새로운 패러다임의 필요성을 느낄 것이다. 만약 어떤 복음주의자가 생각하기에 계몽주의가 불신앙의 역사에 추가되는 또 하나의 장에 불과하다면, 그 사람은 새로운 패러다임이 필요하다고 느끼지 않을 것이다.⁵⁸

분명히 램은 신학의 새로운 복음주의 패러다임이 필요하다고 느꼈다. 계몽주의가 새로운 문화적 시대의 도래를 알렸다는 것을 부정하고 그것을 받아들이려고 애쓸 필요가 없는 단지 불신앙에 불과하다고 무시하거나 비난한다면, 복음주의 신학의 운명은 몽매주의나 궁극적 무관함일 것이기 때문이다.

그렇다면 램이 변화시켜야 한다고 본 "옛 패러다임"은 무엇인가? 그에게, 그리고 그를 따랐던 많은 온건한 혹은 진보적 복음주의자들에게, 그것은 하지와 구프린스턴 학파의 신학 방법이었다. 램은 대다수의 복음주의자들이 하지의 성경관에 붙들려 있으며, 궁극적으로 그 성경관 때문에 그들이 현대적 지식을 받아들이지 못하고 있다고 생각했다. 그리고 그 성경관이 그들로 하여금 몽매주의를 받아들이게 만들었다. 그 패러다임의 문제는, 램이 주장하기로는, 성경관이었다. 램에 따르면, 하지는 다음과 같이 주장했다. "성경의 저자들이⋯사실적 또는 과학적 문제들, 또는 자연 질서의

---

57 같은 책, p. 25.
58 같은 책, pp. 25-26.

문제들을 말할 때마다, 그들은 초자연적으로 오류로부터 보호를 받으며, 그러므로 이 문제들에서조차 그들은 참된 진술을 한다."[59] 램은 하지와 당대의 보수적 복음주의 제자들에게 "거룩한 성경 안에는 어떤 상상할 수 있는 종류의 오류나 어떤 상상할 수 있는 출처로부터의 오류가 없다"는 점을 지적했다.[60] 램에게 이것은 "효과적 해결책이 아니다."[61] 모든 복음주의자들은, 대다수 보수적 근본주의자들과 달리, 성경이 하나님에 의해 구술된 것이 아니라고 주장한다. 성경의 저자들은 완전히 인간적이고 그들이 속한 고대 문화의 피조물들이었다. 하지만 그럼에도 어떻게든 그들의 세계관은 그들이 쓴 것에 젖어 들지 않았다. 이런 견해에 반대해 램은 진술했다. "만약 거룩한 성경의 저자들이 참으로 그들이 속한 문화의 자녀라면, 그들은 그들의 문화의 용어, 개념, 어휘로 자신을 표현한다.…그들은 여느 인간이 그의 시대와 문화 안에서 쓰는 것처럼 썼다."[62] 이와 다르게 말하는 것은 구술로서의 영감에 대한 믿음으로 돌아가는 것이고, 저자들의 인간성을 암묵적으로 부인하는 것이며, 성경 안에 있는 문화적 제약의 명백한 예들을 부정하는 것이다.

램이 주장하는 것은, 성경의 축자 영감과 포괄적 무오성에 대한 복음주의의 주장이 지성을 희생시키지 않고는 불가능하다는 점이다. 그것은 몽매주의에 불과하다. 그가 제안하는 해법은, 바르트로부터 "인간적이고 오류가 있을 수 있는 계시 수단과 성경이 담고 있는 신적이고 오류가 있을 수 없는 진리"를 구별하기를 배우는 것이다.[63] 『근본주의 이후』가 출판되기 직전에 일군의 보수적 복음주의 학자들이 시카고에 모여 "성경의 무오성에 관한 시카고 선언"(*The Chicago Statement on Biblical Inerrancy*, 1978)을 작성했다. 그들

---

[59] 같은 책, p. 44.
[60] 같은 책, p. 45.
[61] 같은 책.
[62] 같은 책, p. 47.
[63] 같은 책, p. 45.

의 목적은 성경의 무오성을 설명하고 옹호하는 것이었다. 헨리가 그들의 신학적 인도자였다. 램의 논평에 따르면, "[무오성에 대한] 적극적 단언이 어떻게 이어지는 단서들에 비추어 유지될 수 있는지 이해하기 매우 힘들다.… 하지에게 그런 것처럼, 그것은 효과적 해법이라기보다는 성경의 설명을 단언하는 것에 불과하다."[64] 여기서 램이 말한 "단언"(affirmation)이란 이유 없는 "주장"(assertion)을 의미했다.

램의 더 보수적 복음주의 상대자들에게는 대단히 실망스럽고 유감스럽게도, 램은 복음주의자들에게 개신교 스콜라주의(하지의 구프린스턴 신학)로부터 벗어나 바르트적 형태의 신정통주의로 패러다임 전환을 하라고 촉구했다. 그는 바르트가 성경과 하나님의 말씀을 구별되는 실재로 보았다고 말했다. "하나님의 말씀은 문화적 조건을 가진 본문 안에, 그것과 함께, 그리고 그것 아래에 존재한다."[65] 그는 이런 입장이 몇몇 분명한 장점을 가진다고 주장했다.

> 그것은 자유주의 기독교의 해법처럼 계몽주의에 무차별적으로 양보하지 않는다. 그것은 하지의 해법이 가진 내적 모순도, 그 해법과 함께 작동하는 헤아리기 힘든 것들도 겪지 않는다. 그것은 과학과 성경 비평의 문제에서 몽매주의에 호소할 필요가 없다. 동시에, 그것은 거룩한 성경의 신학적 통일성을 여느 정통주의자가 하는 것처럼 강력하게 옹호한다.[66]

램이 자신의 동료 복음주의자들(그들 중 일부는 이 시기에 이르러 더 이상 그를 진정한 복음주의자로 여기지 않았다)에게 제안한 논지는, 바르트의 신학이 "우리 시대"를 위한 최선의 패러다임이라는 것이다. "하나의 패러다임이기에 우

---

64 같은 책, pp. 45-46.
65 같은 책, p. 47.
66 같은 책.

리는 바르트를 모든 점에서 방어할 필요가 없다. 아마도 바르트가 복음주의 신학에 할 수 있는 최고의 봉사는 우리에게 어떤 신학을 제공하는 것이 아니라, 19세기에 출현한 선택지들[예를 들어, 자유주의 신학] 외에 복음주의 신학에 [열려 있는] 다른 대안들이 있다는 사실을 드러내는 것일 수 있다."[67]

램이 복음주의자들을 분열시키다

일반적으로 말하자면, 램이 호소한 보수주의자들은 그의 제안을 거부하면서 그가 신정통주의적 주관주의에 굴복했다고 비판했다. 많은 사람이 그가 더 이상 참으로 복음주의적이지 않다고 하면서 그를 거부했다. 그는 점차 복음주의 기관들에서 가르칠 기회를 잃고 마지막에는 캘리포니아의 온건한 자유주의적 침례교 신학교에서 가르쳤다. 하지만 램에 의해 영감을 받은 많은 젊은 복음주의자들이 바르트를 연구했고, 다수가 바르트의 신학 패러다임이 현대적 지식을 진지하게 받아들이는 복음주의자들에게 더 낫다는 그의 입장에 동의하게 되었다. 그것은 성경 안에 있는 모든 진술을 방어하지 않아도 된다는 것을 의미했다. 동시에, 성경은 이스라엘의 역사와 특히 예수 그리스도 안에서의 하나님의 계시에 대한 유일무이한 증언이다. 그렇다면 신학은 더 이상 성경의 명제들을 체계화하는 것이 아니다. 다만 성경에 깊숙이 간직된 하나님의 계시의 함의들을 지혜롭게 분별하는 것이다. 과학은 더 이상 위협이 되지 않으며, 공정한 성경 비평도 마찬가지다. 그것은 바르트의 영감을 받은 신학자가 바르트가 말한 모든 것이나 현대성이 주장하는 모든 것에 동의해야 함을 의미하지 않는다. 성경 안에 있는 모순이나 문화적 조건을 포함하는 중요한 사실들로부터 도망할 필요가 없음을 의미한다.

램이 이런 주장을 한 유일한 복음주의 신학자는 아니었다. 1970년대와

---

[67] 같은 책, pp. 48-49.

1980년대에 도널드 블러쉬도 복음주의자들을 바르트 쪽으로 돌아서게 하려 노력했다. 블러쉬는 바르트 신학의 많은 측면에 반대했지만, 성경과 하나님의 말씀에 관한 성례전적 견해가 설득력 있다고 보았다. 그는 그것을 설명하기 위해 전구에 비유했다. "성경은 형식적 의미에서 하나님의 말씀이라고 말할 수 있다. 이것은 마치 전구와 빛의 관계와 같다. 전구 자체는 빛이 아니라 빛의 수단이다."[68] 그의 일곱 권으로 된 "기독교의 토대"(*Christian Foundations*) 전체에서 블러쉬는 바르트의 일반적 신학 접근을 복음주의자들과 이른바 주류 교단 개신교도들에게 권했다. 램과 마찬가지로, 그는 엄격한 성경 무오성을 성경의 실제 현상에 비추어서뿐만 아니라 현대 과학과 역사 지식에 비추어서도 불가능한 것으로서 거절하게 되었다. "우리는 결코 성경이 신학적 또는 역사적 오류를 가르친다고 말해서는 안 되지만, 성경 안에 보고된 모든 것이 오늘날 우리가 아는 대로의 역사적·과학적 사실과 정확히 부합하지는 않을 수 있음을 인정할 필요가 있다."[69] "진보적 복음주의 신학"[70](블러쉬의 용어로, 후기의 램에게도 잘 어울린다)에 대한 램-블러쉬의 접근은 젊은 복음주의 사상가들 사이에서 인기를 끌었는데, 그들은 자신들이 복음주의 사상 안에 계속 남아 있는 근본주의의 영향들이라고 본 것에 싫증이 난 상태였다.

그러한 젊은 복음주의 신학자들 가운데 한 사람이 클라크 피녹이었다. 그는 램과 마찬가지로 많은 복음주의 대학과 신학교에서 가르쳤고, 수십 권

---

[68] Donald G. Bloesch, *Holy Scripture: Revelation, Inspiration and Interpretation* (Downers Grove, IL: InterVarsity Press, 1994), p. 59.
[69] 같은 책, pp. 36-37.
[70] 블러쉬는 자신이 "진보적 복음주의자"라는 것을 나와 가진 개인적 대화에서 말했다. 그의 경력이 마지막을 향하고 있을 때 우리는 친구가 되었으며, 서신으로 그리고 직접 만나서 많은 대화를 나누었다. 그는 자신의 글에서 스스로를 "중도주의자"로서 "에큐메니컬 정통성"을 본받으려 의도하는 사람으로 분류하는 경향이 있었다. 그의 *Foundations*에서 *Jesus Christ: Savior and Lord* (Downers Grove, IL: InterVarsity Press, 2005), pp. 11-12를 보라. "진보적 복음주의"가 무엇을 의미하는지에 대한 (나의) 질문에, 그는 자신이 성경 비평을 가치 있게 여기고 사용한다고 대답했다. 나는 그가 하나님의 말씀과 성경의 말들 사이를 구별하는 것이 복음주의자들 사이에서 진보적이라는 점을 덧붙이겠다.

의 변증과 신학 책을 썼으며, 자신의 경력 중간에 직접 패러다임 전환을 겪었다. 피녹은 바르트적 신학을 지지하지는 않으면서도, "성경의 인간적 측면과 관련해 솔직하고 주의를 기울여야 한다"며 옹호했다. 그가 쓴 글에 따르면, "나는 일종의 신학적 종합이 가능하다고 본다. 그것을 통해 성경은 규범적으로 있으면서도, 그 성경을 우리에게 살아 있는 것으로 만드는 성령의 조명으로 새롭게 읽힌다."[71] 그의 논문은 램을 인용하며 끝난다. 훗날 『성서의 원리』(The Scripture Principle, 1984)와 『미로를 쫓아서』(Tracking the Maze, 1990)에서 피녹은 바르트적 방향으로 더 이동하면서 말했다. "나는 성경 안에 역사 같지만 역사에서 있을 법하지 않은 것들이 있다는 점을 인정하고 싶다."[72] 그는 또한 성경에서의 문화적 조건을 인정하면서 "성경은 무시간적 진리로 가득한 책이 아닙니다"[73]라고, "성경은 기독교적 이야기를 말하기 위해 그리고 그 내러티브에서의 결정적 사건들을 증언하기 위해 존재한다"[74]고 선언했다. 피녹이 열린 유신론을, 즉 하나님의 전지(全知)는 피조물들에 의해 아직 내려지지 않은 미래의 자유로운 결정들에 대한 예지를 포함하지 않는다는 견해를 받아들였을 때, 보수적 복음주의자들의 논쟁에서 더욱 더 비난의 표적이 되었다. 램이나 블러쉬는 그 정도로 나아가지는 않았다. 하지만 성경과 신학 방법에 관해 그들이 공유하는 견해를 비판하는 자들은 하지의 견해를 부정하는 것과 기본적 기독교 정통주의로부터 궁극적으로 벗어나는 것 사이의 연관성을 발견했다.

1990년대와 21세기의 첫 십 년에 걸쳐 복음주의와 특히 복음주의 신학자들은 성경 무오성, 신학 방법, 하나님의 예지, 교회와 가정에서 남성과 여

---

[71] Clark Pinnock, "An Evangelical Theology: Conservative and Contemporary", *Christianity Today* (January 5, 1979), p. 29.
[72] Clark Pinnock, *Tracking the Maze: Finding Our Way Through Modern Theology from an Evangelical Perspective* (San Francisco: Harper & Row, 1990), p. 161.
[73] 같은 책, p. 175.
[74] 같은 책, p. 172.

성의 역할에 관한 논쟁으로 분열되었다. 램, 블러쉬, 피녹의 후예들에게는 전통의 보수적 해석들에 대한 모든 새로운 고려를 배제하려는 새로운 근본주의가 출현하는 것처럼 보였다. 헨리 및 그와 비슷한 사람들의 후예들에게는, 즉 웰스 같은 사람에게는, 새로운 자유주의가 복음주의 신학자들 사이에서 전개되는 것처럼 보였다.[75] 특히 복음주의 신학자 한 사람이 복음주의 논쟁에서 비난의 표적으로 떠올랐다. 그는 램의 추종자였으며 블러쉬와 피녹을 높이 평가한(그러면서도 피녹의 열린 유신론에는 동의하지 않았던) 스탠리 그렌츠로, 우리에게는 복음주의 신학의 세 번째 사례 연구다.

스탠리 그렌츠가 복음주의 신학의 탈보수주의 패러다임을 제안하다

그렌츠는 자신의 신학적 이력의 정점에서 비통하게 죽음을 맞이했는데, 이 무렵에 많은 이들이, 특히 젊은 복음주의자들이 점증하는 포스트모던 문화에서 복음주의자로 남는 방법을 그의 신학에서 발견하고 있었다. 의심의 여지 없이 그는 어떤 이들이 말하는 "탈보수주의적 복음주의"[76]의 주요 사상가였다. 그는 2005년에 55세의 나이로 갑자기, 뜻밖에, 잠자는 중에 세상을

---

75 이 분열에 관한 정반대의 설명 두 가지를 위해 David Wells, *No Place for Truth: Or Whatever Happened to Evangelical Theology?* (Grand Rapids: Eerdmans, 1993), 『신학실종』(부흥과개혁사); 그리고 Kenneth J. Collins, *The Evangelical Moment: The Promise of an American Religion* (Grand Rapids: Baker Academic, 2005)을 보라.

76 이 명칭을 그렌츠 본인이 사용한 적은 없지만, 그의 신학적 기획에 잘 어울린다. 이 명칭은 풀러 신학교의 신학 교수 잭 로저스(Jack Rogers)가 *Confessions of a Conservative Evangelical* (1974)에서 처음 사용했다. 그가 제안한 이 책의 원래 제목은 "탈보수주의적 복음주의자의 고백들"(*Confessions of a Post-conservative Evangelical*)이었지만 출판사가 바꾼 것이다. 출판된 책 제목은 책에 잘 어울리지 않는데, 그 책은 1960년대와 1970년대의 많은 복음주의자들과 마찬가지로 로저스가 헨리로 대표되는 보수적 복음주의에 어떻게 환멸을 느끼게 되었는지 설명하고 있기 때문이다. 피녹은 이 명칭을 *Tracking the Maze*에서 제2차 바티칸 공의회 이후의 신학자들을 위해 사용했다. 나는 「크리스천 센추리」에서 발표한 논문에서 이 명칭을 램, 블러쉬, 피녹의 저서들에 기초하고 특히 그렌츠에 의해 대표되는 새로운 유형의 복음주의 신학이 출현하는 것을 알리는 데 사용했다. Roger E. Olson, "Postconservative Evangelicals Greet the Postmodern Age", *The Christian Century* (May 3, 1995), pp. 480-483. 복음주의 신학자 케빈 밴후저는 자신의 초기 저작에서 이 명칭을 독립적으로 사용했지만 나중에는 사용을 중단했다. 탈보수주의적 패러다임에 대한 상세한 설명을 위해 Roger E. Olson, *Reformed and Always Reforming: The Postconservative Approach to Evangelical Theology* (Grand Rapids: Baker Academic, 2007)를 보라.

떠났다. "기독교 신학의 모체"(*The Matrix of Christian Theology*)라는 전체 표제를 가진, 여러 권으로 기획된 조직신학의 두 번째 책을 막 끝낸 후였다(혹은 거의 끝낸 후여서 그의 강의 조교가 마무리할 수 있었다).[77]

그렌츠는 여러 복음주의 신학교와 캐나다 밴쿠버의 리젠트 칼리지(Regent College)에서 신학을 가르쳤다. 그가 죽었을 때 그는 같은 도시에 있는 캐리 신학 대학(Carey Theological College) 교수였다. 그렌츠는 수백 편의 논문과 그의 이름으로 나온 약 25권의 책을 쓴 다작하는 작가였다. 특히 이머징 교회 운동에 매료된 젊은 그리스도인들이 그를 따랐다. 그의 패러다임 변화는 현대성에 대한 더 큰 개방성을 지향하는 것이 아니었다. 그것은 근본주의와 현대주의로부터 벗어나 탈현대성에 참여하는 것이었다. 그렌츠가 보기에 현대성은 20세기의 마지막 십 년에 사라져 가고 있었고, 탈현대성이 21세기 초의 공통된 문화 풍조로서 대체하고 있었다. 그에게 복음주의를 현대성과 관련시키는 것은 시대에 뒤떨어진 기획이었다. 그가 믿기에는, 복음주의자들이 (아직 완전히 정의되지는 않았지만 점차 계몽주의 기반의 현대성을 대체하고 있는) 포스트모던 문화에 비판적으로 참여하는 것이 필요했다.

그렌츠는 『복음주의 재조명』(*Revisioning Evangelical Theology: A Fresh Agenda for the 21st Century*)에서 자신의 기획을 발표했다. 먼저 그는 복음주의 신학이 그 경건주의 뿌리들을 재발견하고 포용할 것을 요청했다. 그는 복음주의를 "신학의 요람에서 길러진 경험적 경건"이라고 정의했다.[78] 그에게 복음주의의 중심이 되는, 결정적 성격은 교리가 아니라 "특징적 영성"이다.[79] 그 특징적

---

[77] 첫 번째 책은 *The Social God and the Relational Self: A Trinitarian Theology of the Imago Dei* (Louisville, KY: Westminster John Knox, 2001)였다. 그의 개요, 메모, 원고에 기초하고 죽음 직후에 완성된 두 번째 책은 *The Named God and the Question of Being: A Trinitarian Theo-Ontology* (Louisville, KY: Westminster John Knox, 2005)였다.

[78] Stanley J. Grenz, *Revisioning Evangelical Theology: A Fresh Agenda for the 21st Century* (Downers Grove, IL: InterVarsity Press, 1993), p. 35. 『복음주의 재조명』(기독교문서선교회).

[79] 같은 책, p. 31.

영성을 그렌츠는 "회심적 경건"이라고 불렀다.[80] 그는 이것을 슐라이어마허가 경건주의를 자유주의적으로 왜곡한 것, 종교와 기독교의 본질을 보편적 하나님 의식으로 본 것과 분명히 구분했다. 그 대신에, 그렌츠가 보기에 복음주의 기독교의 본질적인, 통일하는 핵심은 예수 그리스도에게로 회심하는 것과 그것으로부터 나오는 예수 그리스도에 대한 헌신의 삶이다. 그는 교리와 신학을 중요한 것으로 긍정했지만, 복음주의의 "공유된 신학적 언어로 표현된…공유된 종교적 경험" 다음에 오는 부차적 지위로 강등시켰다.[81] 그렌츠는 명제적 접근을 계시에 대해(헨리와 하지), 성경과 신학 방법에 대해 사용하는 데 비판적이었다. 그의 판단에, 이것은 합리적 개인의 인식 능력을 중심에 둔 현대성에 지나치게 합리주의적으로 적응하는 것이었다. 그의 논지는 다음과 같다. "만약 우리의 신학이 우리 시대의 상황에서 성경적 메시지를 말하려 한다면, 우리는 현대성의 평계를 벗어던지고 성경의 하나님의 백성이 뿌리내리고 있는 더 심오한 공동체적 전망을 회복해야 한다."[82]

다음으로 그렌츠는 복음주의 신학이 세 가지 원천과 규범 사이의 끊임없이 계속되는 대화여야 한다고 주장했는데, 그 세 가지는 우선권을 갖는 성경 메시지, 그 성경 메시지에 대해 이차적인 교회의 신학 유산, 그리고 "현재의 하나님 백성이 말하고 살고 행동하기를 추구하는 일이 일어나는 역사적-문화적 맥락의 사고 형태들"이다.[83] 그렌츠가 말한 "성경 메시지"란 "교회에 의해 정경이 된 성경"을 의미했지만, 특히 "성경에 성문화(成文化)된 케리그마"를 의미했다.[84] 이것은 램과 블러쉬가 제안한 바르트적 움직임, 즉 성경과 그 속의 하나님의 말씀을 구별하는 것과 유사했다. 신학은, 그렌츠

---

80 같은 책, p. 47.
81 같은 책, p. 38.
82 같은 책, p. 73.
83 같은 책, p. 93.
84 같은 책.

의 주장에 따르면, "단지 성경 내용의 체계적 반복이 아니다."[85] 오히려 신학은, 세 가지 원천과 규범이 모두 예수 그리스도를 통한 공유된 하나님 경험을 가진 믿음 공동체의 맥락에서 요구하는 것을 말하기 위한 최선의 시도다. "참으로 도움이 되는 신학은 성경의 케리그마를 동시대의 문화가 이해할 수 있는 방식으로 분명히 표현해야 하며, 그러면서도 역사를 통해 하나님의 한 백성과의 근본적 일치를 유지해야 한다."[86]

헨리 방식의 명제주의적 복음주의자들에게는 그렌츠의 제안이 불명확하고 심지어 상대주의적으로 들렸다. 그렌츠가 복음주의적 정통주의로부터 이탈했거나 적어도 그러한 이탈의 장을 마련했다는 맹비난이 잔뜩 쌓였다.[87] 특히 비판자들은 그렌츠가 역사적-사회적 맥락의 사고 형태들을 신학의 원천과 규범의 하나로 포함시킨 것을 싫어했다. 그들은 그것이 세속 문화에 대한 신학적 적응의 무대를 마련했다고 생각했다. 그렌츠는 그들이 계시의 명제적 측면에 지나치게 집중하고 신학을 (헨리의 방식인) 포괄성, 논리, 설명하는 능력의 지배를 받는 합리적 노력으로 만들어서 세속적 문화에 이미 적응했다고 생각했다. 복음주의 신학을 새롭게 하기 위한 그렌츠의 제안에 대한 반응은, 한편에 있는 하지와 헨리의 추종자들과 다른 한편에 있는 램과 블러쉬의 추종자들 사이에 분열을 더 깊게 했다.

2000년과 2001년에 그렌츠는 복음주의 신학에 관한, 특히 포스트모더니티와 신학 방법에 초점을 둔 두 권의 주요 작품을 내놓았다. 하나는 『중심을 새롭게 하기』(*Renewing the Center*)이고, 다른 하나는 존 프랭크와 공저한 『토대주의를 넘어서』(*Beyond Foundationalism*)다. 첫 번째 책에서 그렌츠는 "재

---

[85] 같은 책, p. 94.
[86] 같은 책, p. 104.
[87] 예를 들어, 다음을 보라. Millard Erickson, *The Evangelical Left: Encountering Postconservative Evangelical Theology* (Grand Rapids: Baker, 1997), 그리고 Millard Erickson et al., eds., *Reclaiming the Center: Confronting Evangelical Accommodation in Postmodern Times* (Wheaton, IL: Crossway, 2004).

구성적 복음주의 신학"을 요청했는데, 그것은 계몽주의에 기초한 복음주의적 토대주의의 개인주의적·합리주의적 접근을 떠나, 더욱 더 전통과 공동체에 기초한 접근을 지향하는 것이었다. 전자, 즉 더욱 전통적 복음주의 신학 방법에 대한 그의 분석과 비판은, 그것이 과학적 확실성에 대한 현대성의 강박을 모방했다는 것이었다. "신복음주의자들이 판에 박힌 듯 가정하는 바는, 신학자의 과업이 올바른 교리들의 유일하고 완전하며 영속적인 체제를 만들어 내려고 모색하는 일에서 논리 규범들의 도움으로 과학적 방법을 성경에서 발견된 계시의 유산에 적용하는 데 있다는 것이다."[88] 이것은, 그의 주장에 따르면, 탈토대주의적 인식론을 가진 탈현대성에 의해 시대에 뒤떨어지게 된 지식에 대한 접근으로, 가슴을 머리보다 앞세우는 복음주의 신앙의 경험적 특성에 맞지 않는다. 그것은 또한, 마치 어떤 완전한 것을 발견하면 새로운 지식에 비추어서도 대체될 수 없는 것처럼, 교리와 신학 체계들이 개정될 가능성을 성급히 닫는다.

그렌츠는, 모든 과학이 탈현대성 안에서(이를테면, 토머스 쿤의 영향 아래) 고려되는 방식처럼, 복음주의 신학이 "건축 기획들"(construction projects)로 고려되어야 한다고 제안했다.[89] 의심할 수 없는 인식론적 토대란 없으므로, 진리의 시금석은 일관성이 될 것이다.[90] 하지만 이것은 헨리의 접근과 다른데, 그렌츠는 신학에서조차 합리적 확실성이 가능하다고 생각하지 않기 때문이다. 또한 어떤 신학도 최종적이고 완결적이라고 주장할 수 없다. 교회는, 그의 단언에 따르면, 하나님의 말씀으로부터의 새로운 빛과 문화에서 일어나는 변화들의 관점에서 이루어지는 "교리적 회복과 개혁"이 늘 필요하다.[91] 비판자들은 그가 끊임없이 "말씀을 통해 말하는 성령의 문화에 대한 우선

---

[88] Stanley J. Grenz, *Renewing the Center: Evangelical Theology in a Post-Theological Era* (Grand Rapids: Baker Academic, 2000), p. 77.
[89] 같은 책, p. 248.
[90] 같은 책, p. 205.
[91] 같은 책, p. 345.

성"을 단언했음을 놓쳤다.⁹² 그들은 그가 문화와 성경에 똑같은 비중을 둔다고 생각했다. 그는 그렇게 하지 않았으며, 그 사실을 매우 명확히 했다. 그렌츠는 자신의 새로운 복음주의 신학을 다음과 같이 묘사했다.

> 신학은 옛 질문들을 보는 새로운 방식들을 계속 일으키고, 기독교 믿음이라는 모자이크의 아직 전개되지 않은 측면들을 보게 하고, 때때로 심지어 신학적 진리에 대한 교회의 지식을 증진시킨다는 점에서 진보적이다.⁹³

『토대주의를 넘어서』에서 그렌츠는, 프랭크와 함께, 자신이 성경의 증언 및 전통과 함께 문화를 "신학의 기둥"으로 보는 것의 의미를 보여 주었다. 그는 (포스트모더니즘이 아니라) 탈현대성이 기독교 신학에 일정한 유익들을 제공한다고 믿었다.

> 포스트모던 정신의 두 측면이 신학 방법에 특히 중요한데, 하나는 현대성에 대한 근본적 비판과 거부이며, 다른 하나는 현대의 인식론적 토대주의의 종언을 특징으로 하는 완화된 합리성의 영역에서 살고 사고하려는 시도다.⁹⁴

그렌츠가 말하는 "인식론적 토대주의"란, 모든 것을 자명하게 참인 의심할 수 없는 토대에 기초하게 하는 지식관을 의미했다. 탈현대성은 그러한 토대가 존재하지 않는다고 말한다. 또한 그렌츠가 말하는 토대주의란, 전체의 진리 체계 안에서 합리적 확실성을 탐색하는 것을 의미했다. 탈현대성은 그런 것에 관심을 두지 않는다. 그렌츠는 전통적 복음주의 신학이 토대

---

92 같은 책, p. 211.
93 같은 책, p. 343.
94 Stanley J. Grenz and John Franke, *Beyond Foundationalism: Shaping Theology in a Postmodern Context* (Louisville, KY: Westminster John Knox, 2001), p. 19.

주의와의 연관성 때문에 포스트모던 문화에서 적실성이 없게 될 것이라고 생각했다.

다시 말하지만, 앞의 두 책에서처럼, 그렌츠는 포스트모던 신학을 대화로 묘사했다. 대화의 궁극적 상대는 성령이다. "그것은 권위 있는 책으로서의 성경이 아니라 성령의 도구로서의 성경이다. 성령이 본문을 통해 말하는 성경 메시지가 신학의 규정하는 규범(norming norm)이다."[95] 더욱이, 전통과 문화의 목소리를 포함하는 신학의 대화의 전체 목적은 전체의 기독교 이야기, 즉 이스라엘, 예수 그리스도, 교회를 통해 세계에서 이루어지는 하나님의 창조와 구속의 사역의 내러티브에 들어가고 그 안에서 작업하는 것이다. 그렌츠에게 계시는 1차적으로 내러티브이며, 명제적이거나 인식적이지 않다. 그러므로 신학은 결코 철학을 모방해서는 안 된다. 신학의 과업은 철학의 과업과 다르다. 신학은 아직도 펼쳐지고 있는 하나님의 극적 이야기를 기독교 공동체가 수행하도록 돕는 것과 관련된다. 그는 영국의 복음주의 학자 라이트(N. T. Wright)가 신학을 다섯 막짜리 연극의 다섯째 막에 비유한 것을 지지했다. 이 연극의 처음 네 막은 완결되었으며, 배우들은 아직 쓰이지 않은 다섯째 막을 이 연극의 연출자와 함께 충실히 즉흥적으로 보여 주어야 한다.[96] 신학자는 충실하게 즉흥적으로 연기하는 배우들의 연출자와 같아서, (성경과 전통에 해당하는) 처음 네 막을 배우들에게 계속 알려 주면서 그들이 새로운 조건들에 비추어 즉흥적으로 연기할 수 있도록 돕는다.

복음주의 신학에 대한 그렌츠의 전망은 포스트모던적인데, 왜냐하면 단 하나의 토대를 거부하고, 성경을 통해 말하며 교회를 새로운 사고방식으로 인도하는 하나님의 영에 귀를 기울이면서 언제나 미래에 대해 개방적이기 때문이다. "진정한 개혁파 전통은", 그의 말에 따르면, "그 본성 자체가 '개

---

[95] 같은 책, p. 69.
[96] 같은 책, p. 128.

방적'이다. 그리고 이 '개방성'은, 결과적으로, 전통의 역동적 성격을 간직한다."[97] 또한 그가 전망하는 복음주의가 포스트모던적인 것은, 신학이 공동체에서 행해져야 하기 때문이다. 신학은 개인적 기획일 수 없다.[98] 그것은 해체적이라는 의미에서, 즉 모든 메타내러티브들에 대해 의혹을 제기한다는 의미에서 포스트모던적인 것이 아니다. 기독교적 메타내러티브를 전체화하는 것으로(다른 곳에서의 진리 가능성을 배제하고 자신을 남에게 강요하는 것으로) 보지 않는다는 점에서 포스트모던적이다. 그가 전망하는 복음주의 신학은 신조들과 신앙고백 진술들과 신학 체계들을 다루는 방식에서 탈보수주의적이다.

그것들이 도움이 되는 것은 과거 교회의 신앙에 대한 통찰을 제공하기 때문이며, 우리 자신의 맥락의 전제들을 우리가 자각하도록 만들기 때문이다. 게다가 그것들은 공동체가 성령의 목소리를 수용하고 선포했다는 데 대한 기념비로 서 있다. 그것들의 엄청난 위상에도 불구하고, 그러한 원천들은 공동체의 구성적 권위라는 정경화된 성경의 위상을 빼앗지 않는다. 더욱이 그것들은 언제나 그리고 지속적으로 정경적 성경의 기준에 의해 점검되어야 한다.[99]

포스트모던적이며 탈보수주의적인 그렌츠의 수정된 복음주의 신학 방법의 한 예는, 그가 『사회적 하나님과 관계적 자아』(*The Social God and the Relational Self*)에서 전개한 "교회적 자아"로서의 그리스도인 개념이다. 거기서 그는 성경, 전통, 포스트모던 문화의 여러 가닥들을 하나로 엮어서, 하나님의 목적이 신자들 안에 내주하는 성령을 통해 교회를 신적, 삼위일체적 삶으로 모으는 것이라고 주장한다. 이것은 삼위일체를 공동체(사회적 삼위일체)

---

[97] 같은 책, p. 125.
[98] 같은 책, p. 91.
[99] 같은 책, p. 124.

로, 그리고 그리스도인을 교회라는 공동체적 인격성 안에서 다른 신자들과 페리코레시스 관계성 안에 존재하고 모두 함께 하나님의 삼위일체적 삶 안으로 고양되도록 부름을 받은 것으로 보도록 요구한다. "요약하면, 내주하는 성령은 교회가 삼위일체적 친교의 성례전이 되도록, 삼위일체 하나님의 영원하며 역동적인 삶의 시간적이며 가시적인 표지가 되도록 신적으로 위임받은 소명을 성취하게 이끌고 능력을 부여한다."[100] 그는 이것을 존재론적으로 의미했으며, 단지 은유적으로만 의미하지 않았다.

그렌츠가 젊은 복음주의자들에게 영감을 주고 보수주의자들을 소외시키다

어떤 이유에서인지, 그렌츠는 보수적 복음주의 신학자들에게 21세기로 넘어갈 무렵의 복음주의 신학에서 잘못되고 있는 모든 것의 상징이 되었다. 그는 문화적 상대주의, 포스트모더니즘에 대한 굴복, 주관주의라는 비난을 받았고, 심지어 슐라이어마허와 비교되기도 했다. 지속적으로 그를 비판했던 한 사람은 보수적 성서학자이자 신학자인 카슨(D. A. Carson)이다. 카슨은 그렌츠를 복음주의의 슐라이어마허로, 복음주의자들을 객관적 진리로부터 떠나 주관적 경험의 늪에 빠지고 교리적으로 표류하게 만든 것으로 그렸다. 카슨은 그렌츠에 관해 다음과 같이 썼다. "그는 슐라이어마허가 빛을 비춘 방향을 선호하면서, 신학의 세 가지 원천 혹은 규범이 성경, 전통, 문화라고 주장한다. 이것은 최소한으로 말해도 분명히 무익하다."[101] 그는 왜 그것이 무익한지 설명했다. "나는 서구의 현대 복음주의가 하나님의 입에 재갈을 물리는 데 영향을 미친 것이…모든 포스트모던주의자들이 함께 이룬 것보다도 더 성공적이었다는…끔찍한 인상을 지울 수 없다."[102] 여기서 카슨이

---

[100] Stanley J. Grenz, *The Social God and the Relational Self: A Trinitarian Theology of the Imago Dei* (Louisville, KY: Westminster John Knox, 2001), p. 336.
[101] D. A. Carson, *The Gagging of God: Christianity Confronts Pluralism* (Grand Rapids: Zondervan, 1996), p. 481.
[102] 같은 책, p. 488.

말한 "하나님의 입에 재갈을 물리는" 것이란, 성경에서 명제적 사실들을 말하는 하나님의 목소리를 침묵시킨다는 의미였다. 하지만 카슨이 인정하지 않은 한 가지는, 신학적 대화에서 성경이 전통과 문화에 대해 우선권을 갖는다는 사실을 그렌츠가 빈번히 주장했다는 것이다. 카슨은 그렌츠가 마치 성경에 대한 문화의 동등성을 주장했다는 듯 썼다. 하지만 그렌츠는 그렇게 하지 않았다.

복음주의 신학이 환상이 되다

21세기의 첫 십 년이 끝날 무렵에, 복음주의 신학의 **전형** 같은 것은 없다는 점이 분명해졌다. 이 운동의 신학자들을 포함하는 복음주의자들은 일정한 기본적 세계관, 관점, 교리적 진술에 동의한다. 그런 것들은 이 장의 서두에서 언급되었다. 하지만 신학 방법과 현대성 및 탈현대성에 대한 관계들을 두고는 분열이 나타난다. 하지만 이런 현상이 새로운 것은 아니다. 복음주의 운동은 그 창시자들, 1703년에 태어난 두 부흥주의자 조나단 에드워즈와 존 웨슬리에게 거슬러 올라가는 것으로서, 언제나 두 가지의 매우 다른 종교적 충동들로 구성된 불안정한 혼합물이었다. 한편에는 정통 교리, 올바른 교리를 복음주의 기독교의 영속적, 지속적 본질로 보는 복음주의자들이 있다. 그들은 청교도, 개신교 스콜라주의자, 구프린스턴 학파 신학자들의 후예들이다. 그들에게 기독교는 무엇보다도 교리적 체계다. 그리고 그들 대부분에게 중요한 것은 모두 종교개혁 또는 그 직후에 자리를 잡았고, 하지가 그것을 자신의 조직신학에 정리해서 잘 담아두었다. 이들은 또한 에드워즈의 후예이기도 하다.

다른 복음주의자들은 구름 같이 허다한 증인들 중에서 경건주의자들과 웨슬리를 최고의 성인들로 회고한다. 이러한 경건주의적 복음주의자들은 회심과 예수와의 인격적 관계를 올바른 교리보다 더 중요하다고 본다. 그들은 또한 기독교적 미덕과 실천을 교리보다 더 강조하는 경향이 있다. 그들에게 기독교의 본질은 하나님을 변혁적 방식으로 경험하는 것이며, 교리는 약간 떨어져서 뒤따른다.

이 두 집단은 세속주의와 신학적 자유주의의 압도하는 위협을 직면해서는 서로를 찾고 손을 잡았다. 그들은 그레이엄이 활발히 활동하면서 복음주의를 하나의 운동으로 결합하는 접착제 역할을 하는 동안에는 서로 협력하고 인정했다. 하지만 그레이엄이 은퇴하면서 활동을 멈추자 두 유형의 복음주의 개신교 사이에 있는 분열은 더 넓어지고 깊어졌거나, 또는 적어도 더 두드러졌다. 양측의 대표자들은 서로를 비난하기 시작했다. 결국 그들은 서로를 비방할 때가 아니면 서로 이야기하지 않게 되었다. 이제 복음주의 신학은 하나의 신학이 아니다. 두 가지 매우 다른 사고방식이 오랜 분열로부터 생겨났다. 그렌츠가 경건주의-웨슬리 진영을 대표한다면, 카슨은 청교도-개혁파 진영을 대표한다.

12

포스트모던 신학자들이 현대성에 반기를 들다

1951년에 일어난 두 사건이 일부 학자로 하여금 그 해를 탈현대성의 시작으로 여기게 한다.[1] 콰인(W. V. O. Quine, 1908-2000)이라는 철학자가 "경험주의의 두 가지 도그마"(Two Dogmas of Empiricism)라는 논문을 발표했는데, 그것은 지식에 대한 계몽주의적 접근들에 불만을 품은 많은 사상가에게 공감을 얻었다. 콰인의 논문은 고전적 토대주의로부터 벗어나 "인식론적 전체론"으로 나아가는 선언문이었다. 말하자면, 포스트모던 시대의 지식은 지식으로 간주되기 위해 의심할 수 없는 사실들에 기초할 필요가 더 이상 없다. 콰인은 포스트모던 지식은 건물보다는 그물과 더 유사할 것이라고 제안했다. 그 결말은 엄격한 합리주의에 기초한 확실성의 축소다. 같은 해인 1951년은 철학자 비트겐슈타인(Wittgenstein, 1889년생)이 세상을 떠난 해이기도 하다. 비트겐슈타인은 "언어놀이들"(language games) 내에 존재하는 지

---

[1] 참고. Nancey Murphy, *Beyond Liberalism and Fundamentalism: How Modern and Postmodern Philosophy Set the Theological Agenda* (Valley Forge, PA: Trinity Press International, 1996), p. 87.

식에 관해, 그리고 보편적 언어놀이는 없다고 말했다. 가령 물리학 같은 언어놀이에 적용되는 규칙들은 심리학 같은 다른 언어놀이에는 적용되지 않는다. 비트겐슈타인이 포스트모던 사상에 미친 영향은 헤아릴 수도 없을 정도다.

포스트모던 사람들이 토대주의를 멀리하다

콰인과 비트겐슈타인은 탈현대성이라 불리게 될 문화적 분위기의 선구자이자 개척자였다. 니체와 과학 철학자 토머스 쿤 같은 다른 사람들도 있었다(참고. 9장). 적절하게도, 탈현대성(포스트모더니티)과 포스트모더니즘은 분명하게 구별되는 개념들이 아니다("적절하게도"라는 이유는, "분명하게 구별되는 개념들"이 철학적 현대주의의 아버지인 데카르트에게 지식을 판단하는 주요 시금석이었기 때문이다). 어떤 사람이 포스트모더니즘에 관한 스물다섯 권의 책을 읽으면, 스물다섯 가지 또는 그 이상의 정의가 나온다. 포스트모던적 조건의 일부는, 어떤 것의 의미를 분명히 알지 않는다는 것이다. 그것은 분명한 운동이라기보다는 새로 떠오르는 문화적·철학적 분위기다. 장-프랑수와 리오타르(역시 9장에서 논의됨)는 "메타 내러티브를 향한 불신"이라는 말로 탈현대성에 대한 통일된 정의를 제공하려 했다. 그 정의는 인기를 끌었지만, 일부 포스트모던 사람들은 그것을 받아들이지 않고, 많은 사람이 그것의 정확한 의미를 놓고 논쟁한다. 하지만 현대성에 대한 문화적·철학적 불만족 외에 탈현대성 또는 포스트모더니즘의 보편적 정의는 없는 것 같다.

신학자 케빈 밴후저(Kevin Vanhoozer)가 제시하는 포스트모던 사상에 관한 (정의는 아니지만) 기술은 아주 탁월하다. 밴후저에 따르면, "현대 사상은 확실성, 보편성, 그리고 아마도 무엇보다도 **지배**에 대한 충동을 특징으로 했다. 그 모든 것은 '아무런 관점이 없는 견해'로부터 시작하는 객관적, 보편적 이성을 통해 성취되어야 했다."[2] 이어서 밴후저는 탈현대성의 철학적·이론적 전환을 기술한다.

> 포스트모던 철학자들은…이른바 "계몽주의 기획"에 반기를 들었는데, 그것은 현대 기술, 과학, 민주주의의 능력으로 사용된 보편적 인간 이성의 빛을 통해 보편적 인간 해방을 추구하는 것이었다. 포스트모던 사상가들은 "이성"이 진리와 정의를 추구하는 중립적이고 공평한 관점을 말한다는 생각을 거부했다. 구체적으로, 포스트모던 이론이 거부하는 현대적 가정들은 (1) 이성이 절대적이고 보편적이라는 것, (2) 개인들이 자율적이어서 역사, 계급, 문화에서 자신들의 자리를 초월할 수 있다는 것, (3) 선호가 주관적인 반면 보편적 원리와 절차는 객관적이라는 것이다.[3]

이것을 간결하게 달리 말하면, 포스트모던 이론은 토대주의와 거기에 딸린 모든 낡은 생각을 거부한다.

토대주의는 계몽주의 및 현대성과 뗄 수 없을 정도로 결합된 지식의 양상이다. 존 틸(John Thiel)이 토대주의를 기술한 것은 유용하다.

> 지식을 위한 "토대들"은 보편적이고 그러므로 논란의 여지가 없는 논증 원리로, 또는 정당화가 필요 없는 정당한 믿음 자체로, 또는 다른 주장들이 스스로의 타당성을 위해 호소해야 하는 비추론적 양상의 앎으로 기술될 수 있다. 토대들이 아무리 다르게 그려질지라도, 그것들의 옹호자들은 모두 [포스트모던 사람들에 따르면] 믿음들이 어떻게 정당화되는가에 대한 가정에 불과한 것에 비상한 특권을 부여함으로써 비슷한 방식으로 오류를 범한다.[4]

다시 말해, 계몽주의적 토대주의는 무엇이 지식을 위한 적절한 토대로 여겨

---

2 Kevin J. Vanhoozer, "Theology and the Condition of Postmodernity", in *The Cambridge Companion to Postmodern Theology*, ed. Kevin J. Vanhoozer (Cambridge: Cambridge University Press, 2003), p. 8.
3 같은 책.
4 John E. Thiel, *Nonfoundationalism* (Minneapolis: Fortress, 1994), pp. 82-83.

지는지에 따라 다양한 형태를 취하지만, 어떤 것이 지식으로 간주되기 위해서는 제일 원리들, 즉 논쟁의 여지가 없는 사실들에 엄격히 그리고 합리적으로 기초해야 한다는 점에는 모두 동의한다. 콰인의 인식론적 전체론은 토대주의에 대한 하나의 포스트모던적 대안으로서, 그러한 토대들의 존재를 부인하고 어떤 믿음들의 체계에 대한 진리의 판단 기준인 관념들 사이의 정합성을 제안한다. 다른 포스트모던 사람들은 토대들에 대한 대안으로서 장엄하지만 전체화하지 않는 이야기인 내러티브에 관심을 기울인다. 그 경우에 모든 지식은 어떤 전통과 그것의 삶의 형식을 유지하는 실재에 관한 주어진 이야기 안에 존재하며, 그것으로부터 발생하고, 그것의 타당성에 의해 판단을 받는다.

토대주의의 목적은 독단주의(dogmatism)와 상대주의를 피하는 것이었다. 17세기의 종교 전쟁들은 계몽주의 사상가들로 하여금 전통들, 이야기들, 주관적 관점들, 그리고 종교적 또는 정치적 권위들로부터의 독립적 앎의 방식을 찾게 했다. 과학 혁명의 발생도 그들을 그 방향으로 움직였다. 토대주의는 계시, 전통 또는 신앙과는 별도의 확실성을 제공해야 했다. 그리고 그런 것들로부터 사람들을 해방시켜야 했다. 하지만 일부 학자들에 따르면, 토대주의는 그런 일들을 전혀 하지 않았다. 철학자 스티븐 툴민의 말에 따르면, **"토대주의**의 꿈—즉 인간 지식을 위한 영속적이고 유일한 일련의 원리들의 탐색—은 한낱 꿈에 지나지 않음이 드러났다. 그 꿈은 지적 위기의 순간에 호소력을 발휘하지만, 문제들을 더 잔잔하고 밝은 빛 이래서 살펴보면 사라진다."[5] 이어서 툴민이 제기하는 대중의 포스트모던적 비판에 따르면, 계몽주의적 토대주의와 그것이 야기한 현대의 정복욕은, 의식적으로든 아니든, 부유한 자들의 정치적 권력을 지원하는 것을 목표로 삼아 온 사회 지식층

---

5 Stephen Toulmin, *Cosmopolis: The Hidden Agenda of Modernity* (Chicago: University of Chicago Press, 1990), p. 174.

에 의한 대중 지배라는 새로운 속박을 낳았다.

포스트모더니즘이 새로운 앎의 방법을 추구하다

포스트모던 사상가들은 이 책의 가장 앞 장들에서 상술된 현대성의 주요 주제들과 관련성들을 다양한 정도로 비판한다. 하지만 그들의 주된 반대는 현대성의 전체화하는 영향에 대한 것이다. 현대 정신이 모든 담화를 위한 유일한 표준이 되어서, 지식이란 현대의 방법과 진리 판단 기준에 의해 증명될 수 있는 것이다. 다른 것은 모두 의견이나 미신의 범주로 강등되었다. 현대성은 신화들을 퍼뜨렸는데, 즉 개별 인식자의 완전한 객관성(아무런 관점이 없는 견해), 교육·이성·과학·기술을 통한 진보, 수학적 방정식으로 기술될 수 있는 움직일 수 없는 법칙들의 지배를 받는 거대한 기계로서의 우주가 그런 것들이다. 아마도 이 신화들의 종말에 가장 크게 기여한 것은 20세기의 세계대전들이다. 제1차 세계대전은 대부분 그 정신에서 철저히 현대적이라고 하는 유럽의 이웃 국가들 사이에서 일어난 의미 없는 전쟁이었다. 현대 과학이 발전시킨 새로운 무기들은 전투병들과 민간인들을 철저하게 파괴했다. 제2차 세계대전은 많은 사람이 가장 계몽된 국가라고 여겼던 독일이 폴란드와 러시아의 민간인들을 상대로 총력전을 벌이고 유대인들을 대량 학살한 것을 보여 주었다. 이 전쟁들이 가져온 하나의 영향은 현대성의 신화들에 의문을 제기하는 것이었다.

여기서 우리가 중요하게 구별해야 할 것은 문화적 분위기로서의 탈현대성과, 지식 및 실재에 관한 일련의 철학적 태도로서의 포스트모더니즘이다. 전자는 진리 자체에 대해서는 아니더라도 거대한 진리 주장들에 관한 회의주의를 특징으로 하는, 형태 없고 만연하고 대중적인 분위기다. 포스트모던 사람들은 단지 어떤 것이 권위이기 때문에 권위에 의문을 제기하고, 전통이기 때문에 전통에 의문을 제기하고, 진리 주장이기 때문에 진리 주장에 의문을 제기하는 경향이 있는 사람들이다. 일부 학자들은 이런 분위기를 진정한 포스트모던이라기보다는 과도한 현대로 본다. 그것은 건설적이기보다는 파괴적인 경향이 있으며, 너무나 자주, 급진적 개인주의를 위한 게으른 변명이다. 하지만 포스트모더니즘은 일련의 철학적 관심과 태도로서, 현대성에 대한 진지한 환멸과 또한 계몽주의의 성취들을 모두 내던지는 일 없이, 현대성을 대체할 어떤 것을 찾겠다는 의지로 구성된다.

종교 철학자 디오게네스 앨런(Diogenes Allen)은 포스트모더니즘에 대해 다음과 같이 말한다. "그것은 모든 [현대성의] 성취들을 부정하는 것이 아니며, 또한 우리의 세계에 관해 그리고 우리 자신들에 관해 비록 제한적이고 오류가 있을 수는 있지만 그럼에도 신뢰할 수 있는 방식으로 말할 수 있다는 가능성에 대해 절망하는 것도 아니다."[6] 철학자 낸시 머피(Nancey Murphy)와 신학자 제임스 맥클렌던(James McClendon)은 포스트모던 사상이, 대중적 탈현대성과는 대조적으로, 파괴적이지 않고 건설적이라고 주장한다. 그들은 "[포스트모던] 철학에서 세 가지의 중요하면서도 서로 관련된 경향들을 지목하는데, 즉 인식론에서의 전체론, 언어 철학에서의 담화나 사용에 대한 집중, 윤리학에서의 전통과 공동체에 대한 집중이다."[7] 다른 학자들은 포스트모던 철학이 만들어 낸 다른 건설적 움직임들을 지적한다. 이 세 가지는 진리의 시금석인 믿음들 사이의 일관성, 언어에서의 기능인 의미(데카르트의 "분명하고 구별되는 개념들"과 대조되는 단어들의 사용 방식), 전통들에 의해 형성된 공동체 내에서 발전된 성품의 측면에서 정의된 도덕성에 초점을 맞추는 탈토대주의적 인식론을 시사한다.

그렇다면 포스트모던 정신의 특징은 단지 거부일 뿐 아니라, 또한 더 나아가 계몽주의의 현대주의적 합리주의와 자연주의에 대한 실행 가능한 대안을 찾으려는 분투이기도 하다. 분명히 일부 포스트모던 사상가들은 문학,

---

6   Diogenes Allen, "The End of the Modern World", *Christian Scholar's Review* 22:4 (June 1993): p. 340.
7   Nancey Murphy and James McClendon Jr., "Distinguishing Modern from Postmodern Theologies", *Modern Theology* 53:3 (April 1989), p. 191.

정치, 심지어 종교에 있는 숨겨진 권력과 지배의 이데올로기를 해체하는 것에 더 관심이 있다. 하지만 그들조차 거기서 멈추는 것에는 관심이 없다. 대체로 그리고 일반적으로 포스트모던 사상가들은, 포스트모던을 대중화하는 사람들과는 대조적으로, 현대성의 허물어지는 토대들을 발견한 진지한 철학자들이며 그 토대들을 더 온건하고 현실적이고 유용한 사고방식과 삶의 방식으로 대체하고 싶어 한다.

그리스도인들이 포스트모더니즘에 서로 다른 방식으로 대응하다

기독교 철학자들과 신학자들은 포스트모더니즘의 기본적 충동을 어떻게 보느냐에 따라 급진적으로 다른 방식으로 포스트모더니즘에 대응했다. 기독교 철학자 앨런 패짓(Alan Padgett)이 포스트모더니즘에 대한 기독교의 네 가지 대응을 묘사한 것은 도움이 된다. 그는 그리스도인 학자들이 포스트모던의 도전을 다루어 온 방식을 네 가지 이미지로, 즉 타조, 요괴, 친구, 비판적 대화 상대로 기술한다. 패짓은 비판적 대화 상대의 자세를 권한다. 그의 말에 따르면 이것은 최고의 포스트모던 사상가들을 주의 깊게 연구하고, 그들을 무비판적으로 수용하지 않으면서도 그들의 통찰들에 관심을 기울이는 것을 의미한다.[8] 다른 사람들이 포스트모던 사상에서 가치를 발견하도록 도우려 했던 그리스도인 학자로서, 앨런은 다음과 같이 주장한다. "현대 세계의 종말은 기독교가 현대 세계의 편협하고 옥죄고 숨 막히는 속박으로부터 해방되는 것을 의미한다."[9] 예를 들어, 그는 포스트모더니즘 때문에 "하나님이라는 가능성을 배제하기 위한 철학적·과학적 기초들이 붕괴되었다"고 말한다.[10] 실제로, 앨런에 따르면, "포스트모던 세계에서 기독교는 지성적

---

8   Alan Padgett, "Christianity and Postmodernity", *Christian Scholar's Review* 26:2 (winter 1996): p. 129.
9   Allen, "End of the Modern World", p. 340.
10 같은 책, p. 342.

으로 적실성이 있다."¹¹

포스트모더니즘을 그리스도인 청중에게 도움이 되는 것으로 소개하는 데 상당히 기여한 또 다른 기독교 철학자는 메럴드 웨스트팔(Merold Westphal)이다. 그는 포스트모더니즘이 그 자체로는 기독교적이지 않지만, 기독교의 협력자가 될 수 있다는 메시지를 계속해서 전했다. 예를 들어, 포스트모더니즘의 주요 주제 하나는 합리적 주체에 하나님 같은 위상을 부여한 "현대성의 오만한 허세"를 약화시키는 것이다. 그는 다음과 같이 묻는다.

> 기독교 신학자는, 그가 강단의 설교자든 신학교의 교수든, 똑같은 것을 말하기를 원하지 않는가? 무신론적 포스트모더니즘은 하나님이 없기 때문에 우리가 하나님이 아니라고 말한다. 기독교 사상은 오직 하나님만 하나님이기 때문에 우리가 하나님이 아니라고 말한다. 하나님에 관한 깊은 불일치에도 불구하고, 그리스도인들과 포스트모던 사상가들 사이에는 깊은 합의가 존재한다. 즉 우리가 하나님이 아니며, 우리의 지식에 신적 위상을 부여하지 말아야 한다는 것이다.¹²

웨스트팔은 포스트모던 사상가들이 모두 무신론자라거나 그리스도인들이 포스트모던 사상을 무비판적으로 받아들여야 한다고 말하지 않는다. 하지만 그는 기독교 철학이 포스트모던 철학을 비판적 대화 상대로서 만나야 한다는 패짓의 접근을 옹호하는데, 포스트모던 철학의 주된 충동이 현대의 이성적 인간과 과학을 하나님 같은 위상으로 승격시키는 강력한 이데올로기들을 폐위하는(해체하는) 것이기 때문이다. 다시 말해, 기독교와 포스트모더니즘은 우상들을 무너뜨리는 데 대한 관심을 공유한다.

---

11 같은 책, p. 345.
12 Merold Westphal, "Blind Spots: Christianity and Postmodern Philosophy", *The Christian Century* (June 14, 2003), p. 33.

모든 그리스도인이 패짓, 앨런, 웨스트팔처럼 포스트모더니즘과 기독교 사이의 관계에 관해 낙관적이지는 않다. 설교자들과 대중적 저자들은 말할 것도 없이, 많은 자유주의 신학자들과 보수적 신학자들은 포스트모더니즘을 "인식적 허무주의"와 상대주의에 불과한 것이라고 비난해 왔다. 이것의 많은 부분이 자크 데리다(Jacques Derrida, 1930-2004) 및 에마뉘엘 레비나스(Emmanuel Levinas, 1906-1995) 같은 포스트모던 사상가들에 대한 오독(誤讀)에 근거해 있다. 그러한 비판들이 미셸 푸코(Michel Foucault, 1926-1984) 및 리처드 로티(Richard Rorty, 1931-2007) 같은 다른 포스트모던 철학자들에 대해 어느 정도 타당한지는 논쟁의 여지가 있다. 하지만 포스트모던주의자들이 모두 그러한 과실을 범한 것은 분명히 아니다. 머피 자신은 보수적 신학자들과 자유주의 신학자들이 모두 포스트모더니즘을 거부하는 경향이 있는 이유를 안다고 생각한다. 그녀의 분석에 따르면, 신학에 대한 두 접근이 모두 대체로 현대의 가정과 방법에 기초하기 때문이다. 비록 특히 보수주의자들이 부인하기는 하지만, 둘 다 서로 다른 방법으로 현대성에 적응해 왔다. 하지만 그녀에 따르면, "토대주의는 현대 신학의 발전에 강력한 영향을 미쳤다."[13] 자유주의자들은 물론이고, 그녀가 근본주의자들이라고 부르는 보수주의자들도, 둘 다 토대주의에 기초하는 한 속으로는 형제들이다.

신학자들은 신학을 견고한 토대가 필요한 건물로 여겼다. 하지만 그 토대는 어떤 것이어야 하는가? 간단한 대답은 두 가지 선택지, 즉 성경과 경험밖에 없다는 것이다. 보수적 신학자들은 성경 위에 짓기로 선택했고, 자유주의자들은 경험을 선호하는 것으로 구별된다. 이 강요된 선택지가 자유주의자들과 보수주의자들 사이의 분열의 한 원인이었다.[14]

13　Murphy, *Beyond Liberalism and Fundamentalism*, p. 12.
14　같은 책.

하지만 이 분열은, 머피가 맞다면, 표면적이다. 토대주의는 보수적 신학의 뿌리에도, 자유주의 신학의 뿌리에 있는 것만큼이나 있다. 머피의 사례 연구는 하지를 다룬다(참고. 3장). 다른 후보는 헨리일 것이다(참고. 11장). 이 둘과 다른 많은 보수적 신학자들은 성경을 모든 가르침을 위한 의심할 수 없는 토대로 본다. 이 보수적 신학자들을 현대적으로 만드는 것은 단지 그들이 성경을 권위 있는 것으로 본다는 점만이 아니다. 바로 그들이 합리적 확실성을 확립하는 일 때문에 성경을 모든 교리의 도전할 수 없고 무오한 원천으로 삼는다는 점이다.

머피는 또한 자유주의 신학 대부분을 현대의 범주에 넣는다.[15] 이것이 이 책의 주요 주제였는데, 즉 자유주의와 신자유주의 신학자들이 대체로 보편적 인간 경험을 기독교 신학의 제1원천이자 규범으로 승격시킴으로써 현대성에 굴복했다는 것이다. 슐라이어마허의 하나님 의식이든 틸리히의 궁극적 관심이든, 자유주의 신학자들은 기독교적 진리 주장들을 정당화하기 위해 보편적 인간의 종교성(종교적 선험)을 이용하려 했고 그 결과로 계시와 신앙을 손상시켰다. 보수주의자들과 자유주의자들은 모두, 그들이 그것을 알든 모르든, 현대성에 대한 헌신 때문에 포스트모더니즘을 격렬히 반대한다. (현대성에 헌신하고 있으면서도 그것을 모르고 종종 포스트모더니즘을 격렬하게 거부하는 측은 대개 보수적 신학자들이다.)

두 가지의 폭넓은 부류의 기독교 신학자들이 포스트모던 철학과의 비판적 대화라는 과업에 철저히 참여해서 그것을 중심으로 신학 방법과 기획을 형성했다. 그들은 탈자유주의자들(postliberals)과 해체주의자들(deconstructionists)이다. (다른 학문 분야에도 해체주의가 있지만, 여기서 이 용어는 포스트모던 신학에 대한 하나의 특정한 접근을 기술하는 데 사용될 것이다.) 탈자유주의(postliberalism)는 포스트모더니즘 자체만큼이나 본질적으로 비판을 받는다.

---

15 같은 책, pp. 22-28.

그것은 결코 분명하고 뚜렷한 관념이 아니며, 어떤 운동도 아니다. 그것은 신학을 하는 어떤 정신 또는 일반적 접근이다. 그것은 내러티브, 전통, 공동체를 이용해서 자신들의 스승들의 자유주의와 좌파-중도-우파라는 현대 신학의 스펙트럼을 넘어서기를 추구하는 어느 정도 마음이 맞는 기독교 신학자들 사이의 대화이며, 현대주의의 속박에서 벗어나 기독교를 새롭게 꿈꾸기 위한 기독교적 실천들에 대한 집중이다.

해체주의(deconstructionism)는 기독교 신학의 한 방식으로, 그 초점이 "타자"에 대한 헌신과 모든 사상 체계 안에 있는 폭력적 경향들의 비판적 폭로에 있는데, 이는 신학을 이데올로기적 우상숭배에서 벗어나 새로운 것, 다른 것, 예상하지 못한 것에 대한 개방성을 향해 움직이도록 하기 위해서다. 탈자유주의와 해체주의의 유사성은 둘 다 신학적 창조성을 위한 필연적 맥락으로 현대주의를 거부한다는 데 있다. 그들의 차이는 기독교 공동체에 대한, 교회에 대한 태도와 접근에 있다. 탈자유주의자들은 교회에 높은 가치를 두는 반면, 해체주의자들은 모든 공동체 생활, 특히 제도에 대해 의심하는 특징을 보인다.

12.A. 탈자유주의 신학자들과 스탠리 하우어워스가 제3의 길을 발전시키다

1985년의 어느 날 저녁에, 듀크 대학교의 두 신학자들이 노스캐롤라이나주 더럼의 어떤 집 뒤뜰에 앉아 현대 신학의 상황과 특히 자유주의 및 보수주의로 나뉜 것을 논의하고 있었다. 조지 린드벡(George Lindbeck, 1923-2018)의 책 『교리의 본질』(*The Nature of Doctrine*, 1984)이 막 출간된 무렵이었다.[16] 스탠리 하우어워스(Stanley Hauerwas, 1940-)와 윌리엄 윌리몬(William Willimon,

---

16 George A. Lindbeck, *The Nature of Doctrine: Religion and Theology in a Postliberal Age* (Philadelphia: Westminster Press, 1984).

1946-)은 개신교 신학의 자유주의와 보수주의 양분에 대한 대안을 기술할 한 논문의 아이디어를 생각해 냈다. 린드벡의 책을 언급하면서, 하우어워스는 자서전에서 다음과 같이 말한다.

> 이 책을 통해 우리는 한스 프라이, 데이비드 켈시, 윌 캠벨, 존 요더, 워커 퍼시, 플래너리 오코너 같이 다양한 사람들과 관련된 떠오르는 신학적 발전을 기술할 기회를 보았다. 우리는 기독교적 형성을 위한 교회와 예전의 중심성 회복을 수반할 신학적 변혁을 주장하고 싶었다. 나의 집 뒤뜰에서 그것에 관해 말하면서, 우리는 대부분의 목사와 신학자에게 있는 문제는 바로 그들이 일하는 방식이 하나님의 존재를 꼭 필요로 하지 않는다는 점이라는 결론을 내렸다.[17]

거의 확실히 그 논문은 "하나님의 현존에 당황해서"(Embarrassed by God's Presence)[18]로, 많은 사람이 탈자유주의적 신학이라고 부른 것의 선언문이었다. 그것은, 하우어워스와 윌리몬의 글에 따르면, 운동이 아니라 풍조다. 그들은 그 풍조를 다음과 같이 적절하게 표현할 수 있다고 설명했다.

> 우리는 더 이상…공손히 모자를 손에 쥐고 주변부에 서서 우리의 종교적 신념들을 세상의 입맛에 맞는 말로 번역하려는 변증적 노력을 하는 데 만족하지 않는다. 오히려 이제 우리는 우리의 확신들이 세상을 복음에 적응시키기 위한 프로그램, 비전, 패러다임을 내놓는다고 말할 준비가 되었다.…[탈자유주의자들] 사이에는 공격적, 반체제적 정신이 있으며, 그것은 우리가 보기에

---

17 Stanley Hauerwas, *Hannah's Child: A Theologian's Memoir* (Grand Rapids: Eerdmans, 2010), pp. 193-194. 『한나의 아이』(IVP).
18 Stanley Hauerwas and William Willimon, "Embarrassed by God's Presence", *The Christian Century* (January 30, 1985), pp. 98-100.

올바르다. 말하자면, 그들은 만약 그리스도인들이 우리 시대에 지적으로 그리고 사회적으로 도움이 되고자 한다면, 하던 일을 기존대로 계속할 수 없음을 깨달을 것을 학계와 교회에 요청한다.[19]

탈자유주의자들이 신학에서의 한 풍조를 공유하다

이어서 하우어워스와 윌리몬은 탈자유주의적 풍조를 그들이 느끼고 해석한 대로 설명하는 책을 함께 저술했다. 그 책의 주요 주제는 다음과 같다. "교회는 한 문화의 식민지(colony)이며 섬으로, 다른 문화에 둘러싸여 있다. 세례를 받을 때 우리의 시민권은 한 영역에서 다른 영역으로 이전되고, 우리는 자신이 있는 문화가 어떤 것이든 그 안에서 외국인 거주자(resident aliens)가 된다."[20] 하우어워스와 윌리몬에 따르면, 현대 신학과 교회들은 현대성의 의제가 자신들을 결정하도록 허락했다. 그들은 주로 계몽주의적 원리들로부터 나온 유럽과 미국의 사고방식과 삶의 방식에 문화적으로 적응하고 말았다. 그들의 주요 관심은 "어떻게 우리가 복음을 현대 세계가 믿을 만하도록 만들 것인가?"였다.[21] 그들은 복음을 현대인들을 위해 번역하려고 시도하는 과정에서 무의식적으로 왜곡했다.[22] 신학자들과 모든 그리스도인이 물어야 할 주요 질문은, 하우어워스와 윌리몬의 주장에 따르면, 어떻게 복음을 현대인들이 이해할 수 있게 만들 것인지가 아니라 오히려 "우리는 세계가 우리를 보고 하나님이 일하신다는 것을 알도록 [기독교] 식민지 안에서 우리의 삶을 관리할 수 있는가?"다.[23]

탈자유주의는 오늘날의 신학에서 근본적으로 논쟁의 대상인 또 다른 개

---

19 같은 책, p. 98.
20 Stanley Hauerwas and William H. Willimon, *Resident Aliens: Life in the Christian Colony* (Nashville: Abingdon, 1989), p. 12. 『하나님의 나그네 된 백성』(복있는사람).
21 같은 책, p. 19.
22 같은 책, p. 21.
23 같은 책, p. 92.

념이다. 하우어워스와 윌리몬이 말하는 것이 스스로 탈자유주의라고 여기는 모든 사람을 대표하지는 않는다. "포스트모던"과 마찬가지로, "탈자유주의"는 그에 해당하는 신학자들이 인정할 만한 방식으로 명확히 정의하고 기술하기 어렵다. 그것은 응집력 있는 운동이 아니다. 하지만 어느 정도의 확실성으로 그것과 관련해 말할 수 있는 내용들은 있다.

첫째, 탈자유주의는 두 명의 창시자가 있다. 그들은 예일대 신학대학원의 교수였고, 그 때문에 탈자유주의는 때때로·새로운 예일 신학이라 불린다. 그들은 한스 프라이(Hans Frei, 1922-1988)와 린드벡이다. 프라이의 혁신적 책으로, 탈자유주의의 주요 요소인 내러티브 신학이 시작되는 것을 도운 것은 『성경의 서사성 상실』(The Eclipse of Biblical Narrative, 1974)이다. 그의 『예수 그리스도의 정체』(The Identity of Jesus Christ, 1975)는 내러티브 기독론의 실험이었고 탈자유주의 신학의 주요 기폭제가 되었다. 린드벡의 『교리의 본질』은 비록 작은 책이지만, 탈자유주의 신학의 가장 중요한 책이 되었다. 자신들을 탈자유주의의 일원으로 보거나 일반적으로 그렇게 여겨지는 사람들은 대부분이 프라이와 린드벡의 제자들이거나 그들의 영향을 깊이 받았다.

둘째, 탈자유주의자들은 오늘날의 신학에서 제3의 길, 즉 그들이 보수주의 신학과 자유주의 신학의 적응주의 경향들로 본 것을 피하는 길을 의식적으로 발전시키려 한다. 게리 도리언은 이렇게 탈자유주의자들이 신학에서 제3의 길을 발전시키려고 하는 시도를 강조한다.

오늘날[2001년] 어떤 신학적 관점도 우세한 위치나 특히 인상적 지지를 얻지 못하고 있다. 다양한 신학들이 고도로 다원화된 경기장에서 관심을 끌려고 경쟁하고 있으며, 어떤 신학도 큰 공적 영향력이 없다. 하지만 하나의 의미 있고 피할 수 없는 발전은 "탈자유주의" 신학의 등장으로, 신학에서의 "제3의 길"이라는 신정통주의적 이상을 되살리려는 중요한 시도다.[24]

도리언과 다른 관찰자들은 탈자유주의자들이 바르트에 크게 의존했지만, 그럼에도 그들 가운데 누구도 바르트를 전적으로 또는 무비판적으로 따르지는 않았다는 사실에 주목했다.

셋째, 탈자유주의자들은 신학에서의 제3의 길을 발전시키면서 특정한 포스트모던적 행보를 보인다. 아마도 이것은 탈자유주의에 관한 주장으로서 논쟁의 여지가 있을 것이다. 일부 탈자유주의 지지자와 옹호자들은 탈자유주의 신학이 해체주의 신학과 함께 포스트모던 신학들을 다루는 부분에 포함되는 것에 틀림없이 반대할 것이다. 하지만 그러한 반대는 아마도 "포스트모던"을 인식적 허무주의 및 상대주의와 같은 것으로 보는 가정에 근거할 것이다. 앞서 설명한 대로, 꼭 그렇게 볼 필요는 없다. 머피와 맥클렌던이 올바르게 주장하듯이, 탈자유주의는 "아주 철저하게 포스트모던적이다."[25] 탈자유주의의 포스트모던적 경향의 한 예는 탈자유주의 신학자 윌리엄 플래처(William Placher)의 주장으로, "어떤 전통에 내재적이지 않은 이유들이란 없다"는 점이다.[26] 모두는 아니더라도 대다수의 탈자유주의자들은 린드벡의 제자인 플래처가 다음과 같이 하는 말에 동의할 것이다. "모든 논증은 어떤 구체적 전통 내에서 작동하며, 합리성의 보편적 표준이란 존재하지 않는다."[27]

넷째, 탈자유주의 신학자들은 오늘날의 기독교가 회복해야 할 입장이 "성경이 세계를 흡수한다"는 것이라고 믿는다. 이 공리는 탈자유주의자들에 의해 여러 다른 방식으로 표현되었지만, 본질적 사상은 동일하다. 그것은 프라이가 『성경의 서사성 상실』에서 기본 원리로 표현했으며, 린드벡이

---

24 Gary Dorrien, "A Third Way in Theology? The Origins of Postliberalism", *The Christian Century* (July 4-11, 2001), p. 16.
25 Murphy and McClendon, "Distinguishing Modern from Postmodern Theologies", pp. 206-207. 또한 Murphy, *Beyond Liberalism and Fundamentalism*, pp. 127-131를 보라.
26 William Placher, *Unapologetic Theology: A Christian Voice in a Pluralistic Conversation* (Louisville, KY: Westminster John Knox, 1989), p. 117.
27 같은 책, p. 123.

『교리의 본질』에서 반복했다. 이것이 모든 탈자유주의자가 어느 정도 수준으로 수용하는, 내러티브 신학이라 불리는 것의 간명한 표현이다. 플래처는 그 의미를 아주 분명히 설명한다.

> 프라이는 급진적 해법을 내놓는다. 우리가 현대 세계로부터 시작하지 않는다고 가정하자. 우리가 성경의 세계로부터 시작한다고 가정하고, 이 내러티브들이 무엇이 실재인지 정의하도록 해서 우리가 **우리**의 삶을 그 틀에 맞추는 정도만큼 의미를 갖게 하자.…만약 우리가 그렇게 한다면, 성경 내러티브들의 사실성은 그것들을 어떤 다른 **실제적** 세계에 연결하는 것에 의존하지 않는다. **그 내러티브들**이 실제적 세계를 기술한다.[28]

탈자유주의의 핵심에 있는 이 원리를 오해하지 않는 것이 대단히 중요하다. 탈자유주의자들이 말하는 바는 그리스도인들이 성경 안의 모든 것을 문자적으로 받아들여야 한다거나, 심지어 성경이 무오하다는 것이 아니다. 오히려 프라이의 내러티브 신학과 탈자유주의 전반이 보기에 성경은 실재론적 내러티브로서, 결함들에도 불구하고, 그리스도인들이 실재를 보는 렌즈의 역할을 하는 실재의 그림을 전달한다. 내러티브가 형성하는 앎이라는 이 생각의 기저에 있는 것은, 현대성과는 완전히 대조적으로, "서사(narration)가…설명이나 이해보다도 더 근본적 범주"라는 가정이다.[29] 여기에 다음의 말을 덧붙일 수 있다. "창조와 구속은 우리[그리스도인들]가 자신이 누구인지 아는 데 필요한 이야기를 구성한다. 그러한 지식은 이 이야기를 말하는 것을 통해서만 얻을 수 있다."[30] 탈자유주의자들은 이것이 그리스도

---

28 같은 책, p. 161.
29 Stanley Hauerwas, *With the Grain of the Universe: The Church's Witness and Natural Theology* (Grand Rapids: Brazos Press, 2001), p. 206.
30 같은 책, p. 207.

인들에게만 독특한 것이 아님을 지적하기를 아주 좋아한다. 모든 믿음의 체계들, 모든 세계관들은 실재에 관한 어떤 이야기를 내부로부터 알고 있다.

플래처는 프라이가 표현한 내러티브 신학을 매우 분명하고 간결하게 설명한다.

> 이 견해에서 성경 내러티브들은 (1) 그것들이 우리가 사는 곳이라고 주장하는 세계의 모습을 펼쳐 보이고, (2) 그것들이 우리에게 대응하기를 요구하는 하나님의 성품을 기술한다. 이 두 가지에서 성경 내러티브들은 그것들이 말하는 이야기의 진리에 관해서 어떤 일반적 주장들을 하며, 이 주장들은 내러티브의 의미에 중요하다. 하지만 두 경우 모두에서 본문의 초점은 정확하게 상술된 역사가 아니다.[31]

이것이 내러티브 신학/탈자유주의가 근본주의와 나뉘는 한 부분이다. 둘 다 진정한 기독교이기 위한 성경의 필요성을 강조한다. 둘 다 성경이 앞에서 설명한 의미로 세계를 흡수한다고 말한다. 하지만 내러티브 신학/탈자유주의에서는 "이 이야기들[성경 내러티브들]이 오직 이야기만 전달할 수 있는 방식으로 하나님이 누구인지 우리에게 전달하도록 한다고 해서 우리가 개별 이야기의 사실성을 받아들여야만 하는 것은 아니다."[32] 탈자유주의에 대한 보수적 비판자들은 그 사상이 기독교 진리를 좋은 허구(fiction)로 축소시킨다고 종종 비판했다. 탈자유주의가 성경의 많은 부분이 역사 같지만 역사의 사실은 아닐 수 있음을 인정할지라도, 이 비판은 전혀 사실과 다르다. 플래처는 비판자들의 주장이 잘못임을 다음과 같이 입증한다.

---

[31] Placher, *Unapologetic Theology*, p. 131.
[32] 같은 책, p. 132.

나는 모든 논증이 어떤 특정한 전통 내에서 작동한다는 점, 즉 합리성의 보편적 표준이란 존재하지 않는다는 점을 반복적으로 강조해 왔다. 하지만⋯ 그리스도인으로서 나는 기독교적 신앙의 중심 주장들이 참이라는 것을 믿는다. 단순히 "그리스도인들에게 참"이라거나 "기독교 전통의 맥락 내에서 참"이 아니라, 강력한 의미에서 단지 명백하게 참이다.⋯우리가 어떤 믿음을 정당화하려고 힘쓸 수 있는 방식은 언제나 맥락에 의존적이지만, 그 믿음을 위해 주장되는 진리는 그렇지 않다.[33]

다섯째, 탈자유주의 신학자들은, 하지와 헨리 같은 대다수 보수적 복음주의자들과 대조적으로, 교리적 주장들이 교회의 1차적 언어에 대해 2차적이라고 믿는다. 이것을 달리 말하면, 교리적 주장들은 교회의 2차적 언어라는 것이다. 기독교의 1차적 언어는 예배와 증언의 언어다. 교리는 기독교 담화에서 규범적이지만(regulative), 구성적이지는(constitutive) 않다. 린드벡은 『교리의 본질』에서 이 점을 상세히 설명한다. 종교는, 그의 주장에 따르면, 어떤 문화 및 그것의 언어와 같다. 그 안에서 성장하지 않는 한 그것을 배우는 데 훈련이 필요하기 때문이다. 종교는 단지 믿음 체계가 아니다. "종교는 삶과 사고의 전체성을 형성하는 일종의 문화적 그리고/또는 언어적 틀 혹은 수단으로 여겨질 수 있다."[34] 이것은 비트겐슈타인의 "언어놀이들"이 의미하는 것과 유사하다. 그것은 주관성을 형성하는 공동체적 현상, 즉 경험과 정체성을 낳는 삶의 형식이다. 그것은 언어와 같은 상징체계다.

종교적으로 된다는 것은 주어진 종교의 언어, 즉 상징체계에 능숙해지는 것을 포함한다. 그리스도인이 된다는 것은 이스라엘의 그리고 예수의 이야기

---

[33] 같은 책, p. 123.
[34] Lindbeck, *Nature of Doctrine*, p. 33.

를 충분히 잘 배워서, 심지어 자기 자신과 자신의 세계를 그 용어들로 해석하고 경험하게 되는 것을 포함한다. 종교는 무엇보다도 외적 언어로서⋯선재하는 자아나 전(前)개념적 경험의 표현이나 주제화라기보다는, 자아와 그 자아의 세계를 만들고 빚는다.[35]

린드벡은 이것을 종교와 교리에 관한 "문화적-언어적" 이론이라 부르면서, 자유주의의 "경험적-표현적" 이론 및 보수주의의 "인식적-명제적" 이론과 대조시킨다.[36]

린드벡의 종교 이론에 따르면, 교리는 공동체적으로 구성된 말과 행동의 규칙으로, 언어의 문법과 많이 유사하다. 신앙의 언어는 그리스도인들이 예배, 약속, 순종, 권면, 설교, 증언을 통해 사용하는 것이다. 이 모든 것은 성경 내러티브에 의해 형성되고, 그 내러티브에 의해 전승되는 공동체의 맥락 내에서 일어난다. 교리는 그러한 신앙 언어의 문법 규칙들이다.

마치 문법이 그 자체로는 언어가 사용되는 세계와 관련해 참 또는 거짓을 단언하지 않고 다만 언어에 관해서만 그렇게 하듯이, 신학과 교리는 이차적 활동으로서 하나님 및 그 하나님의 피조물에 대한 관계에 관해 참 또는 거짓을 전혀 주장하지 않고 다만 그러한 주장들에 관해서만 말한다. 결과적으로 이 주장들은 오직 종교적으로 말할 때만, 즉 예배와 약속을 통해 스스로와 타인들을 자신이 세상에서 가장 중요하다고 여기는 것에 수행적으로 (performatively) 맞추려 할 때만 제기할 수 있다.[37]

이렇게 교리를 규정으로, 문법과 같은 것으로 보는 견해는 많은 보수주

---

[35] 같은 책, p. 34.
[36] 같은 책, p. 16.
[37] 같은 책, p. 69.

의자들과 자유주의자들에게 마찬가지로 충격을 주었다. 그들이 자신들의 교리적 단언들을 실재에 관한 형이상학적 주장으로 생각하는 것에 익숙했기 때문이다. 탈자유주의의 비판자들은 린드벡의 이론이 기독교의 진리에 대한 부인이라고 비난했다. 그들이 기독교를 교리와 동일시하기 때문이다. 하지만 린드벡은 교리의 진리를 부인하는 것이 아니다. 그는 교리의 진리가 외적, 궁극적 실재 그 자체에 관한 형이상학적 주장들과 종류가 다르다고 말하는 것이다. 교리는 종교적 언어를 지배하지만, 또한 성경 내러티브에 의해 구성된다. 핵심은 교리가 종교의 본질이 아니며, 내러티브와 예배가 본질이라는 것이다.

모든 탈자유주의자가 린드벡의 교리에 관한 설명을 기꺼이 받아들이지는 않았다. 그들은 모두 교리가 2차적이며, 성경 내러티브와 공동체의 예배 및 증언의 언어가 1차적이라는 데 동의한다. 즉 교리는 종의 역할을 한다. 교리는 주인이 아니라 봉사자다. 동시에 교리는 통제하고 지배하지만, (정경의 이야기의 주제인 예수 그리스도 다음으로) 계시 자체인 성경 내러티브와 별개로 그렇게 하지는 않는다. 신학자 조지 헌싱어(George Hunsinger, 1945-)는 교리의 본질에 관한 린드벡의 입장에 온건하게 반대한다. 그는 "종교적으로 된다는 것은 언어를 배우는 것과 유사하다"는 데 동의하지만,[38] 교리에 관한 린드벡의 규범 이론이 "기독교 담화의 진리 주장들"을 공정히 다루지 못한다고 우려한다.[39] 하지만 헌싱어도, 모든 탈자유주의자들처럼, 교리를 기독교를 포함하는 종교에서 구성적이기보다는 규범적이라고 생각한다.

여섯째, 마지막으로, 탈자유주의 신학자들은 기독교 공동체 외부의 사람들을 향한 기독교 담화의 형식이 증언이며 변증이 아니라고 믿는다. 그들이 말하는 "증언"이란 복음주의자들의 거리 전도나 대규모 복음 전도를 의

---

[38] George Hunsinger, "Postliberal Theology", in *The Cambridge Companion to Postmodern Theology*, ed. Kevin J. Vanhoozer (Cambridge: Cambridge University Press, 2003), p. 54.
[39] 같은 책, p. 45.

미하지 않는다. 그들은 세상 한가운데서 교회가 되는 것을 의미한다. 하우어워스의 말처럼, 공적 제자도는 불신자들에게 "하나님이 일하고 계신다"는 것을 확인시키는 최고의 방법이다. 모든 변증의 문제는, 탈자유주의자들의 주장에 따르면, 그리스도인들이 보편적으로 수용될 수 있는 믿음의 근거들을 받아들이기 위해 비록 잠깐이라도 자신의 기독교적 헌신에서 벗어날 것을 요구한다는 것이다. 이것의 문제는 두 가지다. 하나는 그런 보편적으로 수용될 수 있는 믿음의 근거들이 존재하지 않는다는 것이고, 다른 하나는 기독교만의 특징적 믿음의 토대를 벗어남으로써 변증가들은 다른 이야기, 세계관, 합리성을 권위 있는 것으로 취급해야 한다는 것이다. (자연 신학을 포함하는) 변증에 반대해서 탈자유주의를 가장 강력히 표명하는 탈자유주의 신학자는 하우어워스다. "만약 그리스도인들이 하나님과 세계에 관해 믿는 것이 증언 없이 알려질 수 있다면, 그것은 곧 그리스도인들이 하나님과 세계에 관해 믿는 것이 참이 아니라는 증거다."[40] 또한 "기독교를 매력적으로 만드는 유일한 참된 방법은 증언이다."[41] 하우어워스가 보기에 모든 기독교적 변증의 시도들은 현대성에 대한 적응을 포함하며, 이는 전적으로 세속적 전제들에 기초해서 하나님을 믿도록 하기 위해서 기독교의 하나님이 존재하지 않는다고 가정해야 함을 의미한다. "내가 주장하는 바는 이것이다. 현대성 가운데 있는 그리스도인들은 우리가 믿는 것의 참됨에 관한 질문에 대답하는 능력을 상실했으며, 그 이유는 바로 우리가 하나님이 별로 중요하지 않다고 전제하는 세계관들을 수용했기 때문이라는 것이다."[42]

탈자유주의자들이 비판자들에게 답하다

플래처는 이러한 탈자유주의의 여섯 가지 핵심을 다음과 같이 잘 요약한다.

---

[40] Hauerwas, *With the Grain of the Universe*, p. 207.
[41] 같은 책, p. 215.
[42] 같은 책, p. 231.

"무엇이 이치에 맞고 무엇이 그렇지 않은지에 대한 우리 문화의 기준들에 직면해서, 탈자유주의 신학은 그리스도인들이 '우리는 그렇게 보지 않는다'고 말하고 대안적 전망을 제시하는 공동체들을 육성하라고 권한다."[43] 아마도 예상할 수 있듯이, 탈자유주의의 이 측면은 다른 측면들과 분리될 수 없는 것으로서 보수주의와 자유주의 신학자들 모두로부터 큰 비판을 초래했다. 보수적 복음주의 신학자 알리스터 맥그래스는 내러티브 신학과 탈자유주의의 일부 측면들에 대해 공감을 표하면서도, 성경 이야기의 진리에 관한 질문을 그들에게 제기한다.

> 복음주의자들이 보기에 탈자유주의는 "진리"의 개념을 "내적 일관성"으로 축소한다. 체계-내적 일관성이 칭찬할 만한 특질인 것은 부인할 수 없다. 하지만 전적으로 정합성 있는 체계가 실제 세계와 아무런 의미 있는 관계를 맺지 못하는 경우도 분명히 가능하다. 기독교는 단지 서사된 예수의 정체성을 해석하거나 신앙의 문법을 정합성 있게 기술하는 것과 관련되는 데 그치지 않는다. 기독교는 구원자이며 주(主)인 예수 그리스도의 진리를 인정하는 것과 관련된다.[44]

탈자유주의자들은 아마도 맥그래스와 다른 보수적 비판자들이 믿어지는 것의 실재와 믿음의 방법을 혼동하고 있다고 대답할 것이다. 단지 그리스도인들이 믿고 고백하는 것을 믿기 위한 외적, 비기독교적 근거가 없다고 해서, 그들이 믿고 고백하는 것이 존재하지 않는다는 것을 의미하지는 않는다. 그리고 단지 교리가 규범적이고 구성적이지 않으며, 제2의 언어이고 제1의 언어가 아니라고 해서, 그것이 허구라는 것을 의미하지는 않는다.

---

43 Placher, *Unapologetic Theology*, p. 19.
44 Alister McGrath, *A Passion for Truth: The Intellectual Coherence of Evangelicalism* (Downers Grove, IL: InterVarsity Press, 1995), pp. 153-154.

자유주의 또는 신자유주의 신학자들은 탈자유주의가 기독교를 교회 외부 세계의 공적 담론으로부터 단절된 신앙의 게토로 전락시켰다고 비판했다. 특히 신랄한 자유주의적 비판자는 제임스 거스타프슨(James Gustafson, 1925-)이다. 그는 탈자유주의가 "기독교가 더 큰 문화적 환경으로부터 물러나는 것을 합법화한" "해롭고…분파주의적 경향"이라고 비판했다.[45] 특히 플래처는 그런 비판의 위력을 절감하고 논문과 책을 통해 탈자유주의적 관점에서 대응했다. 그는 프라이의 "임시적 변증학"(ad hoc apologetics)이라는 용어를 차용해서 탈자유주의가 공적 신학에 어떻게 접근하는지 기술하려 한다. 이 용어가 의미하는 바는, "우리가 어떤 주어진 대화 상대와 공유하는 공통의 토대를 그 특정한 대화를 위한 시작점으로 삼아야 하며, 인간의 대화 일반을 위한 **보편적** 규범이나 가정을 찾아서는 안 된다는 것이다."[46] 그런 보편적 규범이나 가정은 존재하지 않는다. 탈자유주의는 그리스도인들이 믿는 것에 관한 공적 대화에 반대하는 것이 아니라, 기독교적 믿음을 지원하고 옹호하기 위해 비기독교적 가정들의 자리로 이동하는 것에 반대한다. 그리스도인과 비그리스도인이 서로를 설득하려 노력하면서 사용할 수 있는 중립적이고 사심 없고 이야기되지 않은 가정들은 존재하지 않는다. 하지만 이는 그리스도인들이 사상의 시장에서 목소리를 낼 수 없다는 것을, 자신들의 믿음을 증언하거나 비그리스도인들과 공통된 기반 위에서 대화를 가질 수 없음을 의미하지는 않는다.

하우어워스가 명예와 영향력을 얻고 추앙을 받다

하우어워스는 많은 것으로 유명하다. 그것들 가운데 하나는 자극적 연설이다. 대다수 신학자들과 달리, 그는 대중 강연에서 비속어를 사용하는 것에

---

45 Placher, *Unapologetic Theology*, p. 19에 인용됨.
46 같은 책, p. 167.

거의 거리낌이 없다. 그는 이것을 자신이 태어나고 자란 텍사스에서 벽돌공으로 일한 어린 시절 탓으로 돌린다. 하지만 어떤 종교 단체들은 그가 무슨 말을 할지 두려워서 강사로 초청하지 않을 것이다. 그렇다고 그가 그런 것에 개의치는 않을 것인데, 그를 강연자로 모시려는 곳은 많다. 실제로 그는, 세계는 몰라도 미국에서 가장 많이 찾는 신학자 가운데 하나라고 말할 수 있을 것이다. 그는 매달 강연자와 토론자로 수많은 초청을 받는다. 자서전에서 그는 자신의 결혼 생활과 우정의 부침을 포함하는 많은 것에 관해서 속내를 드러낸다. 그리고 그는 자신이 무엇을 믿는지 알지 못한다는 점을 인정한다. 그는 자신이 "교회 신학자"이기 위해 노력하지만, "내가 믿는 것에는 관심이 없다"고 고백한다. "나는 내가 무엇을 믿는지조차 확실하지 않다. 나는 교회가 믿는 것에 훨씬 더 관심이 있다."[47] 하지만 하우어워스의 저작을 읽는 사람은 누구나 그가 열정적으로 믿는 몇 가지 것들이 있으며, 그것들이 언제나 교회가 믿는 것은 아니라는 점을 금세 발견하게 된다. 예를 들어, 그는 비(非)강압을 포함하는 비폭력에 대한 헌신으로 유명하다. 그리고 그는 기독교의 현대 문화에 대한, 특히 미국적 가치에 대한 어떤 적응에도 반감을 드러내는 것으로 잘 알려져 있다. 하우어워스는 자신이 어떤 신학 집단이나 무리의 정식 회원이라고 생각하지 않는다. 그것이 자유주의든 보수주의든, 신정통주의든 탈자유주의든 말이다. 하지만 탈자유주의자들은 종종 자신들의 일원으로 그를 포함시키면서 그의 저작을 높이 평가하고, 탈자유주의 학자들은 종종 그를 그 사상의 지지자 명단에 넣는다.

하우어워스가 추앙을 받는 인물이며 카리스마가 있고 어떤 사상의 지도자이자 대변인이라는 것은 틀림없다. 그리고 그는 자신이 쓰는 모든 것을 탐독하는 많은 추종자를 확보하고 있다. 그들 가운데 많은 사람이 그보다 훨씬 젊다. 그는 이것을 원한 적이 없다고 말하지만, 원하지 않았더라도 어

---

47 Hauerwas, *Hannah's Child*, p. 254.

쨌든 그것을 초래하는 일들을 많이 했다. 그의 친구들조차 종종 그가 자신의 견해를 극단적으로 표현하고 그런 다음에 거친 면을 다듬기 위해 그 견해를 한정하는 경향이 있다고 지적한다. 하지만, 적어도 그의 추종자들에게, 그는 하나님의 형이상학적 속성들에 관해 사변하는 차분한 학자보다는 예언자처럼 들린다. 이것은 적어도 부분적으로는 그의 외향적 성격 때문이며, 또한 부분적으로는 그가 윤리를 신학의 주요 과업으로 여기기 때문이기도 하다. 그는 너무 많은 신학적 에너지를 소모시키는 질문들에는 적극적으로 무관심하려고 한다. 그에게 신학은 실천적이고 목회적이며, 윤리학은 신학의 기본적 양식이다.[48] 하지만 윤리학은 명령이나 규범보다는 덕과 성품과 관련된다. 그는 덕 윤리학(virtue ethics)이라 불리게 된 분야의 개척자로, 그의 관심은 의무나 구체적 상황에서의 옳고 그름에 대한 합리적 결정보다는 그리스도인들이 어떤 종류의 사람이 되어야 하는지에 초점을 둔다. 그는 끊임없이 다음과 같이 말한다. "그리스도인이 된다는 것은 원칙적으로는 어떤 계명이나 규범에 복종한다는 것이 아니라, 하나님 나라의 형태로서의 예수 이야기로 성장하기를 배운다는 것이다."[49] 그리고 "기독교 윤리학은 우리가 무엇을 하느냐보다 우리가 누구인가에 더 관심을 갖는다."[50] 그에게 그리스도인으로서 우리의 정체성 또는 이상은 비폭력적 예수의 사람들이다. "비폭력은 복음으로부터 끌어낼 수 있는 행동적 함축들 가운데 하나가 아니라 기독교적 확신들의 형성에 필수적 구성 요소다."[51] 그리고 이 평화적(수동적이지는 않은) 성품은 공동체에 의해 형성된다. 그것은 결코 개인주의적 결정

---

[48] Stanley Hauerwas, *The Peaceable Kingdom: A Primer in Christian Ethics* (Notre Dame, IN: University of Notre Dame Press, 1983), p. xvii. 그렇다고 하우어워스가 교리를 별로 신경 쓰지 않는다는 말은 아니다. 오히려 그는 교의와 윤리학이 분리될 수 없다고 본다. 그의 선택은 윤리학에 대한 집중이다.
[49] 같은 책, p. 30.
[50] 같은 책, p. 33.
[51] 같은 책, p. xvi.

이나 자기 창조가 아니다.[52] 이런 것들을 포함해서 하우어워스의 신학 주제들은 많은, 특히 젊은 그리스도인들의 강력한 공감을 받는 한편, 다른 그리스도인들로부터는 신랄한 비판을 받았다. 하우어워스는 한마디로 말해 논란이 많은 인물이다.

스탠리 하우어워스는 1940년에 텍사스의 한 작은 도시에서 태어났다. 복음주의적 감리교 가정과 교회에서 자라난 후에 그는 감리교와 관련된, 오스틴 근교인 조지타운에 있는 사우스웨스턴 대학(Southwestern College)에 진학했다. 신학자가 되기로 한 그의 결정은 오랜 과정을 거쳐, 예일대 신학대학원에서 목회학을 공부하는 동안 내려졌다. 거기서 그는 폴 호머(Paul Holmer, 1916-2004), 거스타프슨, 줄리안 하트(Julian Hartt, 1911-2010), 프라이 같은 영향력 있는 신학자들을 접하게 되었다. 하우어워스는 1968년에 예일에서 기독교 윤리학으로 박사학위를 받았다. 그는 일리노이주 록 아일랜드의 루터파 오거스타나 대학(Augustana College)에서 첫 교직을 시작했고, 이후에 노터데임 대학교(University of Notre Dame)에서 신학과 윤리학을 가르쳤다. 그곳에서 그는 거의 가톨릭이 되었지만, 결국 감리교도로 남기로 결정을 내렸다. 노터데임에서 그는 메노파 신학자 존 하워드 요더(John Howard Yoder, 1927-1997)를 만났는데, 요더는 당시에 역시 인디애나주에 있는 메노파 연합 성경신학교(Associated Mennonite Biblical Seminary)에서 가르치고 있었다. 하우어워스는 바르트 밑에서 수학한 요더에게 아주 깊은 인상을 받고 그를 노터데임으로 데려와서, 요더는 가톨릭 대학교에서 가르친 최초의 재세례파 교도가 되었다. 많은 사람에게는 매우 놀랍게도, 요더는 하우어워스의 신학과 기독교 윤리학 발전에 주된 영향을 미쳤다. 이것은 매우 놀라운 일이었는데, 당시에 그리고 어느 정도는 지금도, 메노파는 아마도 급진 종교개혁을 공부하는 과목들을 제외하고는 별로 관심을 두지 않는 분파주의자들로 여

---

52 같은 책, p. 33.

겨졌기 때문이다.

노터데임에서 14년을 가르친 후에, 하우어워스는 감리교와 관련된 듀크 대학교의 듀크 신학대학원으로부터의 초청을 수락했다. 거기서 그는 인기 있는 신학자가 되었고, 대부분의 사람이 은퇴하는 정년을 넘어서도 현직에 있다. 그는 지칠 줄 모르는 에너지의 사람, 열정으로 달리는 사람, 다작의 저자, 단골 설교자이자 강연자, 사설과 에세이를 통해 세계의 문제들에 관해 논평하는 잔소리꾼으로 정평이 나 있다. 2001년에 그는 「타임」에 의해 미국의 "최고 신학자"로 선정되었다.[53] 그가 스코틀랜드에서 영예로운 기포드 강좌를 한 다음날, 테러리스트들이 뉴욕 시의 세계무역센터 트윈 타워에 비행기를 충돌시켰다. 소문난 평화주의자 하우어워스는 이 사건과 미국의 이라크 전쟁에 관해 질문을 받았다. 그는 특유의 하우어워스식 태도로 문화적 흐름의 결에 거슬러 그 전쟁에 반대했으며, 특히 그리스도인들에게는 폭력이 결코 예수나 복음의 방식이 아니라는 점을 상기시켰다. 이러한 입장 때문에 그는 가까운 친구들을 여럿 잃기도 했다.[54]

하우어워스의 저작은 수없이 많다. 앞에서 언급되지 않은 그의 가장 중요한 저서들 중에는 『교회됨』(*A Community of Character*, 1981), 『평화의 나라』(*The Peaceable Kingdom*, 1983), 『교회의 정치학』(*After Christendom?*, 1991), 『우주의 낟알을 가지고』(*With the Grain of the Universe*, 2001)가 있다. 『하우어워스 선집』(*The Hauerwas Reader*, 2003)은 그의 많은 책과 논문으로부터의 발췌를 포함해 700쪽에 이른다. 출판된 그의 저작 전체를 살펴보면 중세의 한 스페인 주교가 아우구스티누스의 선집에 관해 한 말을 하게 된다. "이것을 모두 읽었다고 말하는 사람은 거짓말쟁이다."

53　Jean Bethke Elshtain, "Theologian: Christian Contrarian", *Time* (September 17, 2001), pp. 76-77.
54　하우어워스에 관한 전기적 정보는 *Hannah's Child*, pp. 269-271에서 얻었다. 그의 글은 *Time* (February 23, 2003)에 실렸다.

하우어워스가 기독교의 현대성에 대한 적응을 비판하다

하우어워스의 신학에서 가장 중요하며 우선하는 주제는 문화에 대비되는, 특히 현대성에 의해 창조된 문화에 대비되는 복음의 독특성이다. 그는 폭넓게 정의되는 정치학과 비교해 자연 과학에는, 자연 과학이 지나치게 많은 영역에 대해 지나치게 큰 권위를 주장하는 경우를 제외하고는, 큰 관심을 기울이지 않았다. (여기서, 요더의 저작들에서처럼, "정치학"이라는 말은 당파적 정치나 심지어 단순히 정부를 의미하지 않고 사람들이 공통의 삶을 함께 조직하는 방식들을 가리킨다.) 하우어워스에 따르면, 기독교가 직면하는 가장 큰 유혹은 언제나 그가 기독교 세계(Christendom)라고 부르는 것, 즉 복음을 이교적 또는 세속적 문화와 혼합한 것이다. 기독교 세계란 그리스도인들이 자신들이 창조한 문화가 기독교적이라고 가장하는 때를 말한다. 서구에서 기독교 세계가 마지막으로 언급된 것은, 기독교 신학이 복음을 현대 사람들이 이해하고 수용할 수 있는 용어로 번역함으로써 그 복음을 현대 세계에 신뢰할 만한 것으로 만들겠다고 시도하면서다.[55] 이것의 예가 슐라이어마허와 틸리히다. 슐라이어마허는 기독교의 "교양 있는 경멸자들"에게 호소하기 위해서 복음을 조정했다. 틸리히는 복음과 비기독교 문화, 특히 현대성 사이에 상관관계 맺기를 실천으로 옮겼다. 두 경우 모두에서, 그리고 자유주의와 신자유주의 신학 일반에서, 하우어워스의 주장에 따르면, 이러한 복음에 대한 현대적 해석들은 복음을 왜곡했다.[56]

이 듀크 대학교 신학자는, 계몽주의 이후로 슐라이어마허와 틸리히 같은 신학자들이 보여 주려고 했던 것은 복음이 예수에 관한 기독교의 특징적 믿음들을 공유하지 않는 사람들에게 의미 있고 설득력 있는 용어로 번역될 수 있다는 것이었다고 주장한다.[57] "그러한 신학자들은 종교를 그것의

---

55 Hauerwas and Willimon, *Resident Aliens*, p. 19.
56 같은 책, p. 21.
57 Stanley Hauerwas, "On Keeping Theological Ethics Theological", in *The Hauerwas Reader*, ed. John

가장 당황스러운 특징적 측면들로부터 해방시키는 방식으로 종교의 '본질'을 지정하려 한다."[58] 하우어워스는 이러한 나쁜 습관의 주요 예시들을 기독교 사회 윤리로부터 가져왔다. 그가 제시하는 두 가지의 주요 예들은 미국에서 사회 복음의 아버지인 라우센부시와 20세기의 가장 중요한 대중 신학자이면서 기독교 윤리학자인 라인홀드 니버다. 하우어워스의 비판에 따르면, 이 신학자들과 그들의 추종자들은 대다수 자유주의자들과 신자유주의자들과 마찬가지로 미국의 정치적 삶에 관한 공적, 세속적 대화에 참여하기 위해서 예수 그리스도의 복음의 특징적이고 독특한 주장들을 축소하려 시도함으로써 기독교 세계에 굴복했다. 이 신학자들은, 자신들만의 방식으로, 기독교 윤리학의 주된 과업이 미국 사회의 도덕적 자원을 지원하고 유지하는 것이라고 생각했다.[59] "니버와 사회 복음 운동가들에게 기독교 윤리의 주체는 미국이었다."[60]

하우어워스의 이런 불평은 약간의 설명이 필요하다. 그는 그 이유가 대부분의 미국 그리스도인들이 기독교와 미국을 함께 생각하는 것에 너무 익숙해져 있어서 그 둘을 분리하는 데 어려움을 느끼기 때문이라고 말할 것이다. 이것은 기독교 세계라는 죄의 현대적 형태로, 비록 다른 사회들에도 그에 상응하는 것이 존재하지만 미국에 매우 특징적이다. 하우어워스가 이러한 공적 사회 윤리라는 자유주의의 기획과 그것을 승인하는 신학에서 반대하는 것은 정확히 무엇일까? 그는 그리스도인들이 비그리스도인들과 동일한 이데올로기적 영역에서 "공적 신학과 윤리학"을 하려고 시도할 때마다 복음에 본질적인 어떤 것을 희생시킨다고 믿고 주장한다. 그들은 기독교 윤리학을 사회 전체에 보편적인 것으로 만들기 위해 복음을 희석시켜야 한

Berkman and Michael Cartwright (Durham, NC: Duke University Press, 2001), p. 52.
[58] 같은 책, p. 53.
[59] 같은 책, p. 65.
[60] 같은 책, p. 60.

다. "사회적 선을 확보하려는 희망에서, 기독교 윤리학의 과업은 선의를 가진 사람들이 비록 서로 종교적으로 그리고 도덕적으로 다르더라도 수용할 수 있는 사회적 전략을 발전시키려고 시도하는 것이 되었다."[61] 하우어워스가 반복적으로 드는 한 예는 라인홀드 니버의 신학과 윤리학이다. 기독교를 공공 정책에 관한 공적 논의에 끼워 넣기 위해서 니버는, 하우어워스의 주장에 따르면, 예수 그리스도의 복음을 타협하도록 요구했던 방식으로 정의를 규정해야 했다. [여기서 하우어워스는 요더의 『예수의 정치학』(*The Politics of Jesus*, 1972)에 의해 영향을 받고 또 그것에 동의한다.] 다시 말해, 공적 정치 무대에서 활동하기 위해 니버 같은 기독교 신학자와 윤리학자들은 예수 그리스도의 방식과 복음을 충분히 진지하게 받아들일 수 없었다. "미국 사회가 점점 더 세속화되자, 기독교 윤리학자들은 만약 자신들이 정치의 행위자로 남기 원한다면 자신들의 확신들을 비신학적 언어로 번역해야 한다는 생각에 이른다. 하지만 일단 번역이 이루어진다면, 신학적 언어는 도대체 왜 필요할까?"[62]

하우어워스는 자신의 기포드 강좌에서 신학과 윤리학에 있는 기독교의 문화적 적응에 대한 반대를 가장 분명히 제시했다. 『우주의 낟알을 가지고』에서 그는 세속적 현대성이 기독교 사상가들을 복음으로부터 벗어나도록 유혹했다고 강력히 주장했다. 하지만 그가 비판하는 것은 세속적 현대성이나 미국 문화가 아니라 그리스도인들이다. 그리스도인들이 스스로 자연 신학을 하나님을 알기 위한 기초로 수용한 것이 문제다. 이 점에서 그는 바르트를 철저히 따른다. 그는 두 가지 요점을 결합시킨다. 자연 신학과 기독교 세계, 즉 변증학과 "신(新)콘스탄티누스주의"가 서로 얽혀서 복음의 현대 문화적 전복이 일어났다. "기독교가 문명화된 종교가 되고자 하면서 증언을 하나님에 관한 진리를 아는 데 부차적인 것으로 만드는 방식을 선택할 때,

---

[61] 같은 책, p. 61.
[62] 같은 책, p. 68.

그리스도인들은 우리가 믿는 것이 현실에 어떻게 참인지 자신들과 타인들에게 알게 하기 위해 필요한 역량을 상실한다."[63] 탈계몽주의적 기독교 세계의 자연 신학은 토대적 또는 기초적 신학으로, 현대성에 의해 정의된 인간 경험을 기독교와 연관시키려 노력한다. 다시 말해, 그것은 인간학이다. 하우어워스에 따르면, 니버의 잘못이 이것이다. "니버는 기독교의 진리성이 인간 조건에 관한 보편적·무시간적 신화들을 확증하는 데 있다고 상정했는데, 그것은 증언 없이도 누구에게나 기독교를 이용 가능한 것으로 만드는 것이었다."[64] 여기서 하우어워스에게 "증언"(witness)이란 예수 그리스도가 하나님이며 구주라는 특정한 고백을 의미한다. 복음에 기초한 기독교적 확신들을 의미하는 것이다. 현대의 자연 신학은, 니버의 경우처럼 종종 가장된 형태로, 기독교를 현대의 세속적 사람들의 구미에 맞도록 만들기 위해 증언을 제쳐 둔다. "기독교적 담화의 진리를 실현하는 조건들은 자유주의적 사회 질서 안에 있는 그리스도인들을 위한 윤리를 발전시키려는 목적으로 절충되어 왔다."[65] (하우어워스에게 "자유주의적"이란 개인주의, 자유, 생득적 권리를 특징으로 하는 고전적 자유주의를 의미한다.)

현대의 기독교 신학적 윤리학에 대한 이러한 비판은 폭력을 예로 들어 구체화될 수 있다. 하우어워스는 비폭력이 예수 그리스도의 복음의 본질적 부분이라고 믿는다. "비폭력은 복음으로부터 이끌어낼 수 있는 여러 행동적 함축들 가운데 하나가 아니라, 기독교적 확신들을 형성하는 데 필수적 요건이다."[66] "비폭력은…우리의 하나님 이해의 핵심에 있다."[67] 비폭력에 대한 이 강조의 기저에는 하우어워스의 (그리고 요더의) 확신, 즉 "[하나님] 나라의

---

63 Hauerwas, *With the Grain of the Universe*, p. 32.
64 같은 책, pp. 38-39.
65 같은 책, p. 38.
66 Hauerwas, *Peaceable Kingdom*, p. xvi.
67 같은 책, p. xvii.

본질과 실재는 예수의 삶과 사역 전체에 걸쳐 분명히 드러난다"[68]는 것이 있다. 예수의 삶과 사역은 세상이 힘, 강압, 지배에 높은 가치를 부여하는 것에 대한 근본적 대안을 제시했다. 십자가 사건이 이것을 드러낸다. 산상설교가 그것을 증명한다. 요더를 따라 하우어워스는 산상설교를 지금 여기의 삶에 적용할 수 없는 실현 불가능한 이상으로 해석하는 것이 우둔과 타협의 극치라고 생각한다. 비록 산상설교가 따라야 하는 것으로 의도되었을지라도, 예수는 역사를 통제하려 하지 않았으며 마찬가지로 그리스도인들도 그렇게 해서는 안 된다. "그리스도의 사람들의 과업은 역사를 통제하려 하는 것이 아니라, 평화의 나라의 삶의 양식에 신실하게 되는 것이다."[69] 그러므로 하우어워스가 보기에, 그리스도인들은 예수가 살고 선포한 하나님 나라와 별개로는 결코 정의를 배울 수 없다. 모든 기독교 사회 윤리의 중심 주제인 정의는 "결코 폭력을 통해서 올 수도, 폭력에 기초할 수도 없다."[70] 현대의 국민 국가는 폭력 위에 건설되고 유지되기 때문에, 그리스도인들은 그것들에 궁극적 충성을 바치거나 자신들의 사회 윤리가 그것들을 지지하는 것으로 여길 수 없다.

하우어워스가 보기에, 기독교의 현대성에 대한 적응은 자유주의 신학자들이 증언 없이도 이용할 수 있는 보편적 원리들에 기반한 기독교 믿음들과 윤리의 정당성을 전개하려고 시도하는 것에서 가장 분명하게 나타난다. "신학자들이 신학적 확신들을 비신자가 수용할 수 있는 용어로 번역하는 수단을 찾으려는 노력을 더 많이 기울일수록, 그들은 신학이 윤리학 분야에서 별로 중요한 말을 할 것이 없다는 견해를 더 많이 입증하는 것이다."[71] 이것은 "[니버 같은] 기독교 윤리학자들이 도덕적 삶의 적절한 설명에 필요한

---

68   같은 책, p. 85.
69   같은 책, p. 106.
70   같은 책, p. 114.
71   Hauerwas, "On Keeping Theological Ethics Theological", p. 69.

자아의 투쟁과 변혁을 드러내지 못하는 사회적 선의 설명을 수용했기 때문이다."[72] 그 사회적 선의 설명은 특유의 현대적 자유 개념을 포함하지만, 거기에 제한되지는 않는다. 현대성에서, 그리고 특히 미국에서, "자유는 그 자체가 도덕적이기 위한 필요충분조건이다"라고 하우어워스는 단언한다.[73] 이 자유는, 기독교적 관점에서 보면 진짜 자유가 아닌 것으로서, 개인주의와 불가분하게 얽혀 있다. 현대성은 개인의 자유를 신과 같은 위상으로 높였다. 자유가 우상이 된 것이다. 너무 많은 현대 신학자들과 기독교 윤리학자들이 자유의 가치를 당연한 것으로 여겼고 기독교를 그것에 적응시키기 위해 조정했다. 하우어워스의 주장에 따르면 참된 자유는 현대적 자유, 즉 속박에서 벗어나 자신을 창조하는 개인의 자유가 아니라, 덕에 의해 형성되는 성품이다. "자유는 잘 형성된 성품을 갖는 것으로부터 나오는 특질이다. 전통적 표현을 빌리면, 오직 참으로 좋은 사람만 참으로 자유로운 사람이 될 수 있다.…자유는 용기의 결과이며, 진실한 이야기에 반응하는 능력의 결과다."[74] 또한 "우리가 가장 자유로운 때는, 우리의 삶이 선물이라는 현실에 부합하게 살도록 우리를 돕는 이야기에 의해 우리가 형성될 때다."[75]

개인주의, 개인의 자기 결정 권리로서의 자유, 강제와 폭력, 국민 국가 같은 것들은 현대성의 산물이지 복음이 아니라고 하우어워스는 말한다. 현대의 자연 신학은 기독교를 이런 것들과 관련시키려는 시도로, 복음이 현대 사회에 들어맞도록 만들기 위한 것이다. 그것이 우리의 기독교 세계이며, 복음에 대한 배신이다.

---

72 같은 책, p. 70.
73 Hauerwas, *Peaceable Kingdom*, p. 8.
74 같은 책, p. 37.
75 같은 책, p. 46.

하우어워스가 이야기, 전통, 공동체, 증언을 강조하다

하우어워스에 따르면, 현대 문화와 사회는 복음에 반대되는 가치들로 물들어 있어서, 유일한 기독교적 대응은 기독교 식민지에서 복음의 진리에 대한 증인들로 사는 것이다. 너무나 오랫동안 교회는 자신의 의제를 세상이 정하도록 내버려 두었다. 이제는 교회가 예수 그리스도의 방식과 하나님 나라의 복음에 기초한 자신의 의제를 정해야 할 때다. 교회는 국민 국가의 폭력적 공동체에 대한 대안적 공동체이어야 한다. 하우어워스와 윌리몬의 말에 따르면, "우리는 교회가 다시 한번, 나라들이 아니라 하나님이 세계를 다스리신다고, 하나님 나라의 경계가 가이사의 지경을 초월한다고, 교회의 주요 정치적 과업은 제자도의 대가를 분명히 깨닫고 기꺼이 그 값을 치르려는 사람들을 형성하는 것이라고 주장하기를 원한다."[76] 이 과업의 기초를 굳건히 하기 위해서는 이야기, 전통, 공동체, 증언의 본질적 성격을 인식해야만 한다.

하우어워스는 현대의 토대주의를 거부하고 내러티브를 선호한다. 신학은, 그의 말에 따르면, 의심할 수 없는 토대들 없이 수행되어야 한다.[77] 그런 것들은 없다. 철학자 알래스데어 매킨타이어(Alasdair MacIntyre, 1929-)를 따르면서, 하우어워스는 모든 존재가 내러티브적으로 형성된다고 주장했다.[78] 어떤 이야기 때문에 실재를 이미 구체적인 것으로 보지 않는, 아무런 관점이 없는 견해는 존재하지 않는다. 모든 윤리학은 실재에 관한 이야기로부터 행해진다. 심지어 현대성도 실재와 가치에 관한 어떤 내러티브 또는 일련의 내러티브다. 그러므로 "모든 도덕적 삶의 설명은 내러티브에 의존한다."[79] 그리스도인들은 세상을 복음 내러티브, 예수 그리스도의 이야기의 렌즈를

---

[76] Hauerwas and Willimon, *Resident Aliens*, p. 48.
[77] Hauerwas, *Peaceable Kingdom*, p. xxiv.
[78] 같은 책, p. 35.
[79] 같은 책, p. 61.

통해 보는 법을 배워야 한다. 그것이 그리스도인들의 유일한 토대다.[80] (하지만 그것은 모두에게 자명하거나 의심할 수 없지 않기 때문에, 계몽주의적 토대주의에서와 같은 토대는 아니다. 그런 토대는 없다.) "그리스도인들로서 우리는 하나님이 어떤 분인지를 예수 그리스도의 삶과 죽음에서 가장 분명하게 배운다고 주장한다." 그리고 "우리는 하나님 나라의 시민이 됨으로써, 그리고 그러면서 하나님의 본성의 약해지지 않는 사랑을 명백히 보여 줌으로써 거룩하게 된다."[81] 하우어워스는, 자신이 비록 성경의 모든 요소가 문자적으로 사실이라거나 역사적이어야 한다고는 믿지 않더라도, 성경 이야기의 진리를 믿는다는 점에는 약간의 의혹도 남기지 않는다. "그리스도인들이 성경의 권위를 주장하고 또 부여하는 이유는, 성경이 우리를 신실한 사람들로 훈련시키는 이야기들의 대체할 수 없는 원천이기 때문이다."[82] 기독교 윤리학의 과업은 그리스도인들이 그러한 예수와 하나님 나라의 이야기가 삶에 대해 갖는 함의들을 이해하도록 창의적으로 돕는 것이다. 기독교적 삶은 우리의 삶을 예수의 삶과 관련해 위치시키는 지속적 여정이다. "예수를 따르는 자가 되는 법을 배움으로써 우리는 우리의 삶을 하나님의 삶 안에, 하나님 나라를 구성하는 여정 안에 위치시키는 법을 배운다."[83] 이스라엘과 예수 그리스도에 관한 성경 이야기가 세계를 흡수한다. 그리스도인에게 모든 실재는 그 틀을 통해 보인다.

이러한 기독교 윤리학의 과업, 이러한 성품 형성의 기독교적 여정은 결코 개인주의적이지 않다고 하우어워스는 주장한다. "기독교 윤리학은 **교회 의존적**이다."[84] 다시 말하지만, 이 점이 기독교 윤리학에만 국한되지는 않는다.

---

80 같은 책, p. 67.
81 같은 책.
82 같은 책, p. 70.
83 같은 책, p. 75.
84 Hauerwas and Willimon, *Resident Aliens*, p. 71.

모든 윤리학이, 비기독교적 윤리학조차, 전통으로부터 나온다는 점을 인식하는 것이 중요하다. 전통은 세계가 어떻게 돌아가는지, 무엇이 실제인지, 무엇이 소유할 가치가 있고 믿을 가치가 있는지 기술하는 것이다. 전통은 공동체의 기능이며 산물이다. 그러므로 모든 윤리학은, 비기독교적 윤리학조차, 공동체를 구성하는 일련의 사회적 관습들 안에서 구현될 때만 의미가 있다.[85]

이것이 하우어워스를 포스트모던적이며 탈자유주의적으로 만드는 하나의 믿음이다. 그는 칸트 같은 철학자가 주장한 어떤 "영웅적, 개인주의적 윤리"도 근본적으로 거부한다.[86] 그가 보기에 도덕적 삶은 "도덕적 지혜의 전통"을 필요로 한다.[87] 왜냐하면 실제적 도덕성은 성품에 기초하지, 암기해서 윤리적 위기의 상황들에 적용되는 추상적 원리들에 기초하지 않기 때문이다. 그리스도인들에게 그러한 도덕적 지혜의 전통은 예수의 이야기로 시작해서 성도들의 삶, 즉 교회를 통해 계속된다. "그러한 전통은 변화하지 않는 도덕적 '진리'의 '퇴적물'이 아니며, 전통을 살아내기 위한 스스로의 투쟁을 통해 그 전통을 계속 점검하고 발전시키는 사람들의 삶으로 구성된다."[88] 그러한 전통과 그 전통에 의해 형성되는 방법을 배우는 것은 공동체를 필요로 한다. "그리스도인들은, 잘 살기 위해서 단지 공동체뿐 아니라 특정한 종류의 공동체가 필요하다고 믿는다. 우리는 어떤 삶의 방식이 더 넓은 사회 집단에서 '도덕성'으로 여겨지는 것과 갈등할 수 있는 경우에조차 그러한 삶의 방식에 신실할 수 있는 사람들의 공동체가 필요하다."[89]

하우어워스는 더 넓은 사회 집단에서 도덕성으로 통하는 것이 기독교 식민지의 도덕성과 언제나 다를 것을 굳게 믿는다. 그것은, 비록 그가 꼭 이

85　같은 책, p. 79.
86　같은 책.
87　Hauerwas, "On Keeping Theological Ethics Theological", p. 71.
88　같은 책.
89　같은 책, p. 73.

런 식으로 말하지는 않더라도, 기독교 윤리학이 초자연적이고 특별한 것에 기초하기 때문이다. 기독교 윤리학은 자연적 윤리학이나 이교 같은 다른 내러티브들로부터 나온 윤리학과는 심지어 같은 수준에 있지도 않다. 간혹 그리고 여기저기에 공통의 기반이 있을 수도 있지만, 기독교 윤리학은 예수 그리스도의 십자가와 부활을 사실로 본다. 즉 그것은 어떤 철학도 아니며, 그런 것에 기초하지도 않는다. 기독교 세계는 기독교가 공적으로 받아들여지고 그럼으로써 강력하게 되도록 만들기 위해 기독교 윤리학을 기독교 이야기, 전통, 교회와 관련 없는 어떤 신비적 보편의, 합리적 윤리의 체계와 관련시키려는 욕구이자 시도다. 이것은 언제나 기독교의 문화적 전복을 낳는데, 예를 들면 그리스도인들은 초자연적인 것을 포기해야만 한다고 보기 때문이다. (하우어워스는 그런 용어를 사용하지 않으며, 그런 사용에 반대할 수도 있다. 하지만 분명히 그는 기독교 윤리학을 포함하는 기독교가 자연이나 이성이 아니라 계시에 기초한다고 믿는다.) 기독교 윤리학의 과업이 기독교적 가치들과 조화를 이루는 보편적 윤리 원칙들을 발견하는 것이 아니라면 무엇인가? "신학자로서 우리의 과업은", 하우어워스가 말하는 바에 따르면, "언제나 동일하다. 즉 특정한 기독교적 확신들로 구현된 많은 자원들을 한껏 이용하는 것인데, 그 확신들은 우리가 은혜로운 하나님의 피조물이라는 믿음에 신실한 공동체가 되기 위한 우리의 능력을 유지시킨다."[90]

기독교 교회는 사회적 전략이 없는가? 하우어워스에 따르면, 그리고 아마도 이것이 그의 주장들 중에서 가장 논란이 많은 주장일 것인데, **바로** 교회가 기독교의 사회적 전략이다.[91] "교회의 가장 우선하는 정치적 과업은 십자가의 공동체가 되는 것이다."[92] 이것을 달리 말하면, 교회의 사회적 전략은 증언이라는 것이다. 즉 교회가 됨으로써 하는 증언이다. 교회가 이것을

---

[90] 같은 책, pp. 73-74.
[91] Hauerwas and Willimon, *Resident Aliens*, p. 43.
[92] 같은 책, p. 47.

하는 최고의 방법은 평화롭게 되는 것이다. 하지만 "평화롭게"는 "수동적인"을 의미하지 않는다. 하우어워스는 기독교가 세상으로부터 물러나는 것을 거부한다.[93] 하지만 교회가 된다는 것이 교회가 마땅히 그래야 하는 대로 실행된다면, 교회와 폭력적 "죽음의 문화"(낙태, 사형, 전쟁) 사이에 긴장을 가져올 것임을 그는 인정한다. "하나님의 평화로운 사람들은, 폭력의 정상 상태에 도전하는 한, 세상이 보기에는 '폭력적 사람들'로 보일 수밖에 없다."[94] 교회는 세계를 통제하거나 조종하려 하지 않는다. 교회는 단지 하나님의 평화로운 사람들이 됨으로써 세상에 증언하려 할 뿐이다. 하나님의 평화로운 나라를 향해 세상을 변혁하는 것은 하나님의 일이지, 그리스도인들의 일이 아니다.

하우어워스가 덕 윤리학을 주장하다

하우어워스는 윤리학에 대한 전통적 접근들, 특히 현대의 접근에 불만을 품는다. 기독교의 신학적 윤리학을 포함하는 대다수 현대의 윤리학은 그가 "진퇴양난 윤리학"(quandary ethics)이라 부르는 것이다. 진퇴양난 윤리학은 도덕적 딜레마에 초점을 두고 이것을 해결하는 규칙이나 원리를 추구한다. 진퇴양난 윤리학은 의무론적이거나 결과론적이다. 의무론은 의무를 강조하며, 사람이 무엇을 해야 하는지를 언제나 결정하는 옳고 그름의 절대적 규칙이 존재한다고 믿는다. 결과론은 결과를 강조하며, 규칙과 원리가 도움이 될지라도 옳고 그름은 결정의 결과에 의해 결정된다고 믿는다. 하우어워스의 접근은 둘 다를 기독교 윤리학의 기초로서 거부하는데, 기독교 윤리학은 덕과 성품에 관한 것이어야 하기 때문이다. 이 두 가지 종류의 진퇴양난 윤리학에 관해 그는 다음과 같이 단언한다. "그렇게 '진퇴양난'에 집중하다

---

[93] Hauerwas, *With the Grain of the Universe*, p. 220.
[94] 같은 책, p. 227.

보면, 우리는 그것들이 우리가 누구인지 알려 주는 확신들에 비추어서만 의미가 있다는 사실을 망각한다. 우리의 가장 중요한 도덕적 확신은 우리가 숨 쉬는 공기와 같다. 우리의 삶이 그것에 의존하기 때문에, 우리는 그것을 알아채지 못한다."[95]

진퇴양난 윤리학을 대신해서, 하우어워스는 덕 윤리학을 적극 추천한다. 기독교 윤리학의 초점은 규칙이나 결과에 있어서도, 심지어 도덕적 딜레마에서의 옳은 결정을 미리 내리는 것에 있어서도 안 된다. 초점은 오히려 성품의 변화에 있어야 한다. "우리는 하나님 나라에 들어감을 통해서 우리의 삶을 변화시킴으로써만 하나님을 알 수 있다."[96] 그렇다면 기독교 윤리학의 첫 번째 과업은 규칙에 복종하거나 결과에 유념할 것을 되풀이해서 가르치는 것이 아니라, 세계에 대한 변혁적 전망에 있다. 일반적으로 이것은 하나님의 백성 공동체와 그곳에서 일어나는 기독교 이야기에서의 개인 훈련을 통해서 일어난다. 그것은 기독교 공동체적 지혜에 의해 형성되는 과정이다. 그리스도인들이 믿기에 금지되거나 명령되는 행위들이 분명히 있겠지만, 기독교 윤리학은 그것들로 시작하거나 초점을 두지 않는다. 오히려 "기독교 윤리학은…특정한 종류의 사람들의 발전을 위해 일정한 행동들이 금지되거나 명령되는 방법에 관한 공동체의 지혜에 의존한다."[97] 세상에 대한 교회의 윤리적 증언은 금지나 도덕적 요구가 아니라, "그들의 윤리가 어떻게 삶을 잘 살 수 있는가를 타인들에게 봉화처럼 밝히는 사람들이 되는 것이다."[98]

하우어워스가 예상하는 질문은, 윤리학에 대한 그의 접근이 그리스도인들이 올바른 윤리적 결정을 내리는 데 어떤 도움을 주는가 하는 것이다. 그

---

[95] Hauerwas, *Peaceable Kingdom*, p. 4.
[96] 같은 책, p. 29.
[97] 같은 책, p. 54.
[98] 같은 책, p. 34.

는 예수 이야기가 세상을 흡수하는 건전한 기독교 공동체 내에서의 건전한 기독교 성품 형성이 올바른 결정을 내리는 것으로 이어지리라 확신한다. 성숙하고 영적으로 형성된 그리스도인이 어떤 도덕적 결정에 직면할 때 "만약 우리가 누구인지 우리에게 무엇이 요구되는지 안다면, 그 결정은 저절로 내려진다."[99] "신실한 삶에 헌신한 자들은 신실할지 여부를 계속 결정할 필요가 없다."[100] 하우어워스에 따르면, 기독교가 생각하는 도덕적 삶은 현대인들이 생각하는 것과 매우 다르다. 현대성에서 도덕적 삶은 합리적이다. 즉 선을 아는 것은 곧 선을 행하는 것이다. 교육이 윤리적 형성과 결정을 내리는 것의 수단이 된다. 후기 현대성(late modernity)에서 일어난 것처럼 절대적인 것들이 사라지자, 가치 명료화가 도덕 교육을 대신한다. 하지만 어떤 경우든, 윤리학에 대한 해결책은 사실과 그 사실을 이용하는 방법을 아는 것이다. 기독교 윤리학은 매우 다르다. 기독교 윤리학은 도덕적 삶을 내면화된 기독교의 도덕적 지혜 전통에 의해 인도되는 여정으로 본다. "그리스도인들에게 도덕적 삶은, 율법이 결코 구현할 수 없는 것을 성취하는 그리스도의 십자가에 대한 충성에 의해 유지되는, 삶을 통한 여정으로 여겨져야 한다."[101]

하우어워스가 현대 신학과 거리를 두다

하우어워스의 신학은 과거에도 지금도 현대성의 맥락 내에서 수행되지만, 분명히 반(反)현대적이다. 모든 가능한 의미에서 반현대적인 것이 아니라, 진정한 기독교를 현대성의 정신에 대항하게 한다는 의미에서 반현대적이다. 하지만 현대성의 정신은 그에게 무엇인가? 제프리 스타우트(Jeffrey Stout)는 하우어워스에 관해 다음과 같이 정확히 지적한다. "어떤 신학자도 세속적 정치 문화에 대한 그리스도인의 분노를 더욱 불타오르게 하지 않았

---

99 같은 책, p. 129.
100 같은 책.
101 Hauerwas, "On Keeping Theological Ethics Theological", p. 70.

다."¹⁰² 다시 말해, 하우어워스가 반대하는 현대성은 현대 과학 자체나 노예제 폐지처럼 현대가 인권과 관련해 이룬 성취가 아니다. 그에게 현대성은 "정치적"(political)이라는 단어가 갖는 가장 넓은 의미에서의 정치적 현상이다. 현대성의 인식론, 즉 토대주의는 정치적으로 중립적이지 않다. (이 점에서 그는 『코스모폴리스』에 나타난 툴민의 견해에 동의할 것이다.) 그리고 하우어워스의 반현대주의는, 현대성에 주로 기초하는 미국적 가치에 대한 기독교적 적응에 그가 분명히 반대하는 것에서 특히 잘 나타난다. 윌리엄 마이어가 정확히 지적하는 것처럼, 하우어워스의 전체적 신학 기획은 "콘스탄티누스적 유산"에, 그리고 현대 미국 교회들에 의해 이루어지는 "그리스도와 문화를 시너지를 갖는 전체로 통합하려는 오랜 시도"에 반대한다.¹⁰³ 하우어워스는 무엇보다도 "복음이 '미국적 가치를 느슨하게 기독교적 틀에 맞추는' 것과 같은 방식으로 '조정되고 길들여질' 수 있으며 그렇게 해서 신학과 교회를 '문화적으로 의미 있는' 것으로 만든다는 가정"에 저항한다.¹⁰⁴

하우어워스가 반대하는, 현대 미국 문화에 그렇게 필수적이며 미국 그리스도인들의 마음을 그렇게 끄는 현대의 믿음들과 가치들은 구체적으로 무엇인가? 그것들은 대부분 이미 언급되었다. 다시 말하지만, 그가 반대하는 것들은 현대 의학이나 모두에게 적용되는 현대의 권리가 아니다. 그런 것들이 사람들이 숭배하는 우상이 **되지 않는 한**, 그리고 그런 것들이 사람들로 하여금 자신들을 하나님과 같은 식으로 자신들의 실재들을 마음대로 창조하는 불멸적 혹은 개인적 자아라고 생각하도록 유혹**하지 않는 한**, 하우어워스는 반대하지 않는다. 하지만 현대 미국 문화의 문제는, 이러한 유혹들이 너무 만연하다는 것이다. 하우어워스가 특히 복음에 근본적으로 반대

---

102 Jeffrey Stout, *Democracy and Tradition* (Princeton, NJ: Princeton University Press, 2004), p. 140.
103 William J. Meyer, *Metaphysics and the Future of Theology: The Voice of Theology in Public Life* (Eugene, OR: Pickwick, 2010), p. 295.
104 같은 책.

된다고 여기는 현대 미국(물론 단지 미국에만 국한되지는 않는) 문화의 측면은 폭력성이다.

많은 신학을 포함하는 현대 미국 기독교는, 하우어워스의 주장에 따르면, 미국주의(Americanism)를 승인하는 역할을 엄청나게 크게 해 왔다. 하우어워스는 현대 문화의 모든 허식의 기저에 있는 것은 계몽주의 기반의 합리주의, 즉 토대주의라고 한다. 토대주의는 지식이 자율적 이성이 발견하고 증명할 수 있는 것이라고 상정하며, 다른 모든 것을 사실보다는 의견으로 여긴다. 사실과 가치 사이의 칸트적 분리는 미국의 문화를 포함하는 현대 문화에 깊이 뿌리박혀 있어서, 대부분의 그리스도인들조차 그것을 상정한다. 하우어워스에게 현대성의 이러한 측면들은 모두 복음에 매우 이질적이고 심지어 적대적이기까지 해서, 기독교 교회는 거리를 두고(물러나는 것이 아님) 완전히 다른 이야기와 일련의 가치들을 따라 공동체적으로 살면서 대안적 증인이 되어야 한다. 문화적 존경할 만함과 사회적 권력의 유혹에 저항해야 하는 것이다.

대부분의 현대 신학에 있는 문제는, 하우어워스가 대담하게 선언하는 바에 따르면, 그러한 유혹에 굴복한 것이다. 현대 신학이 그렇게 굴복한 한 가지 방식은 변증적 신학의 다양한 방법들과 현대성과의 상관관계들을 통해서다. 그의 메시지는 "이해 가능성과 신뢰성이라는 현대적 목표를 문화 변증학 전략의 한 부분으로 추구함으로써, 번역의 신학은 복음을 심각하게 왜곡시키고 현대 문화와의 관계 속에서 복음을 길들였다"는 것이다.[105] 이것은 현대 신학이 자연주의를 묵인하는 것(예를 들어, 부활의 부인)과 폭력을 정당화하는 것에서 가장 분명히 나타난다. 이런 병폐에 대한 유일한 치유책은, 하우어워스에 따르면, 교회가 대안적 폴리스(polis)의 증인이 되는 것이다. 일부 재세례파와 근본주의 교회에서처럼 물러남에 의한 면역의 전략으

---

[105] 같은 책, p. 296.

로서가 아니라, 모범이 됨으로써 문화를 하나님이 선택하는 대로 변혁하기 위해서다. "교회는…세상을 하나님 나라로 **만드는** 것이 아니라, 평화의 공동체가 된다는 것이 의미하는 바를 세상에 보여 줌으로써 하나님 나라에 신실해야 한다."[106]

하우어워스가 냉혹한 비판을 받고 대응하다

아마도 하우어워스의 신학에 대한 가장 흔한 비판은 분파주의라는 비난이다. 그는 자서전에서 친구 거스타프슨에 의한 특히 고통스런 맹공을 하나 언급한다. 그 공격은 거스타프슨이 가톨릭 신학회의 한 모임에서 발표한 논문에서 나왔는데, 거기서 그는 하우어워스의 신학을 "분파적, 신앙주의적, 부족주의적"이라고 불렀다.[107] 하우어워스는 자신의 입장이 "현상 유지에 충실한 자들에게는 꽤 위협적으로 보일" 수 있다고 논평한다.[108] 거스타프슨의 비난은 하우어워스의 또 다른 친구인 스타우트를 포함하는 다른 사람들에 의해 여러 차례 반복되었다. 스타우트에 따르면, 하우어워스는 교회와 세계 사이의 "이원론"이라는 잘못을 범한다. 말하자면, 하우어워스는 "기독교적 미덕과 자유주의적 악덕 사이에 엄격하고 고정된 선"을 긋는다.[109] 이것의 한 예는, 스타우트가 말하는 바에 따르면, 하우어워스가 예수와 복음의 윤리학에 기초한 정의 개념을 제외한 다른 정의 개념을 버린 것이다. 그는 하우어워스가 "자유주의적 허수아비" 공격을 중단하고 정의의 언어를 재발견할 것을 요구한다.[110]

하우어워스에 대한 이 비난의 예로 가능한 한 가지는, 엄청난 영향력을 발휘하는 『정의론』(*A Theory of Justice*, 1971)의 저자 존 롤스(John Rawls, 1921-2002)

---

106 Hauerwas, *Peaceable Kingdom*, p. 103.
107 Hauerwas, *Hannah's Child*, p. 208.
108 같은 책, p. 209.
109 Stout, *Democracy and Tradition*, p. 154.
110 같은 책, p. 160.

의 세속적 윤리학이 많은 자유주의 기독교 윤리학자들 사이에서 누리는 인기다. 롤스는 오직 이성에만 기초한 세속적 정의론을 개발하려 했는데, 그는 이것을 "공정으로서의 정의"(justice as fairness)라고 불렀다. 많은 자유주의적 기독교 윤리학자들과 심지어 일부 보수적 기독교 윤리학자들도 롤스의 정의론이, 완전한 정의론으로서는 아니지만 기독교적 정의의 관념들에 세속적으로 대응하는 것으로서 호소력이 있다고 보았다. 하우어워스가 비난하는 바로 그 행동을 하는 그리스도인들에게, 즉 복음과 최고의 현대적 세속 사상 사이의 접촉점을 발견하려고 시도하는 그리스도인들에게, 롤스는 종종 도움이 되는 것처럼 보였다. 하우어워스는 롤스가 내러티브-독립적, 순수하게 합리적, 보편적 정의 개념이라는 망상에 빠져 있다고 계속해서 비판했다. 하지만 그보다 더욱, 롤스나 다른 세속적 사상가들에 들러붙어 그의 현대적 세속 철학에 자신들의 기독교를 결합하려는 그리스도인들을 계속해서 비판했다. 거스타프슨과 스타우트는 하우어워스의 비판이 사회 정책의 형성에 대한 기독교적 공공 참여로부터 물러나는 것이라고 본다. 그들이 보기에 하우어워스는, 기독교적 게토로 물러나서 세계에 대한 책임은 지지 않은 채 세계를 향해 증언하는 것을 원한다.

하우어워스는 『오늘날의 기독교적 실존』(*Christian Existence Today*) 서론에서 거스타프슨과 다른 학자들의 분파주의 비난에 대해 일관된 대응을 한다. 그는 그 비난이 그르다고, 즉 오해라고 부르는 대신, 자신의 입장에 대한 지나친 단순화라고 말한다.[111] 첫째, 그는 분파주의라는 비난 기저에는 자신이 신학적 신앙주의자라는 의혹이 있다고 말한다. 실제로 그는 거스타프슨과 다른 비판자들이 자신을 그런 식으로 간주했다고, 그러면서 자신이 기독교적 주장을 비판에 무감각하게 만든다고 주장했음을 말한다. 이것을 그는 강경하게 부인한다. "내가 말한 어떤 것도 신학이나 그리스도인들을 그러

---

111 Stanley Hauerwas, *Christian Existence Today* (Grand Rapids: Brazos Press, 2001), p. 3.

한[이를테면, 과학적] 도전들로부터 보호하기 위해 의도된 것이 아니다."[112] 하지만 그는 계속해서 "나는 그러한 대립들이 반드시 도전자의 승리로 끝날 것이라고 가정하지 않는다"고 한다.[113] 다시 말해, 하우어워스에 따르면, 신학적 진리 주장들은 외부의 비판에 의해 영향을 받지 않거나 무감각하지 않다. 신학은 원칙적으로 반증이 불가능한, 단절된 언어 게임이 아니다. 그러고 나서 그는 자신의 비판자들을 상대로 반전을 꾀한다. "거스타프슨[을 비롯한 다른 사람들]은 본질적 신학의 확신들이 과학에 비추어 개정**되어야만 한다**고 주장하기보다, 어떤 과학적 결론들이 고려되어야 하고 왜 그래야 하는가를 밝혀야 하지 않을까?"[114] 그런 다음에 그는, 과학이 자연주의를 요구한다고 생각하기 때문에 자연주의를 수용한 신학자들에 대한 자신의 암묵적 비판을 제시한다.

> 분명히 나는 기독교 신앙의 중심 주장들이 왜 단순한 과학적 활동의 견지에서 포기되고 탈자연화되어야[denaturalized, 아마도 하우어워스는 '자연화되어야'(naturalized)를 의미하는 것 같다] 하는지 이해하지 못하겠고, 또한 나는 그러한 수정을, 특히 인간의 삶이나 거스타프슨을 그렇게 감동시키는 세계의 궁극적 종말에 대한 수정을 요구하는 과학적 결론들을 모른다. 현대 신학의 역사는 이제는 더 이상 신뢰받지 못하는 과학에 기초해서 이루어졌던 그러한 수정의 잔해들로 넘쳐 난다. 다만 말하고자 하는 바는, 내가 과학적 작업을 깊이 존중하기는 하지만, 가장 우선시되는 사실의 위상을 과학으로서의 과학에 할당하는 것이 유의미하다는 것에…크게 확신이 없다는 점이다.[115]

---

112 같은 책, p. 9.
113 같은 책.
114 같은 책.
115 같은 책.

신앙주의라는 혐의에 대한 하우어워스의 두 번째 반응은 인정이다. 그는 자신에게 결정적으로 중요한 기독교의 한 측면과 관련해 자신과 자신에 대한 비판자들이 아마도 서로 견해가 다르다고 인정한다. 그것은 거스타프슨 및 다른 사람들에게 가장 골치 아픈 측면일 수 있다고 그는 말한다. "내가 주장한 것은 기독교적 확신들의 내용 자체가 자아의 변화를 요구한다는 사실이다. 만약 우리가, 예를 들어 내가 선한 창조자의 피조물이지만 그러한 나의 위상에 반대되는 반역 상태에 있다는 것 같은, 확신들의 진리성을 적절히 보고자 한다면 말이다."[116] 그는 기본적 기독교의 확신들의 진리성을 아는 것이 변화를 필요로 한다는 점을 인정하지만, 그리스도인들이 주의를 기울여야 하는 현실 검증은 없다고 말한 적이 있다는 점은 부인한다.[117]

신앙주의라는 비난에 대해 하우어워스는 자신이 온건한 형태의 신앙주의를 받아들인다는 점을, 즉 존재와 관련해서 기독교와 비슷한 진리 주장을 하는 다른 삶의 형식들과 기독교 사이에서 외부로부터의 도전과 가교의 존재를 허락한다는 점을 인정해야 할 것으로 보인다. 하지만 강경한 신앙주의, 예를 들면 필립스(D. Z. Phillips) 같은 이른바 비트겐슈타인적 신앙주의자들 사이에서 발견되는 신앙주의는 하우어워스의 입장이 아니며, 하우어워스가 자신이 그러한 신앙주의라는 비난에 맞서 스스로를 변호한 것은 정당하다. (거스타프슨은 하우어워스를 그러한 범주로 함께 묶어 버렸다.) 탈자유주의자들은 보통 신앙주의라는 비난에 짜증을 내지만, 이 용어가 암묵적으로 몽매주의라는 특정한 오명을 함께 전달한다는 점을 제외하고는 왜 그런 반응을 보이는지 이해하기 어렵다. 하지만 바로 이것이 온건한 신앙주의를 강경한 신앙주의로부터 구별한다. 바르트와 탈자유주의자들이 지지하는 신앙주의는 대화와 비판에 대해 개방적이지만, 모든 형이상학적 관련성들을 초

---

116 같은 책, p. 10.
117 같은 책, p. 11.

월해서 표류하며 순전히 객관적으로 합리적인, 아무런 관점 없는 내러티브 독립적 견해를 인정하기는 거부한다. 그들에게는, 이성의 한계 내에서의 종교라는 칸트의 이상과 반대로, 이성이 언제나 **어떤** 종교적 또는 유사 종교적 믿음 체계의 한계 내에서 작동한다.

다음으로 하우어워스는 세상에 대한 분파주의적 무책임성이라는 비난을 다룬다. 그는 다음과 같이 대답한다.

> 내가 그리스도인들이 우리의 정치적 증언에 필수적 요소로 교회의 온전함을 회복해야 한다고 요구하는 것은, 그리스도인들이 우리 사회의 경제적·문화적·법적·정치적 삶에서 물러나야 한다는 것을 의미하지 않는다. 하지만 그것은, 우리가 있는 사회의 성격을 고려할 때, 우리의 참여 형태가 달라질 것임을 의미한다.[118]

이어서 그는 예를 든다. 그는 메노파(를 비롯한 재세례파)의 관습이 그리스도인들끼리 서로를 고소하기 위해 법정을 이용하지 않는다는 것에 동의하지만, "그렇다고 이것이 그리스도인들이 법과의 접촉을 모두 피해야 한다는 것을 의미하지는 않는다."[119] 또한 그는 세속적 질서가 폭력에 의존할 때마다 그리스도인들이 지지를 철회해야 한다고 말한다. "그 지점에서, 오직 그 지점에서만, 그리스도인들은 국가에 대한 참여를 중단해야 한다."[120] 이것으로 그를 분파주의적 입장, 즉 공공의 문제에 대한 사회적 참여로부터의 기독교적 철수와 관련시키기는 어렵다. "참으로", 그는 말하기를, "나는 그리스도인들이 자신들이 속한 사회 집단들이 쉽게 폭력에 의존하는 경향을 약

---

[118] 같은 책, p. 14.
[119] 같은 책.
[120] 같은 책, p. 15.

화시키기 위해 일하는 것이 그들의 책무라고 믿는다."[121]

다시 한번, 강력한 비판을 암시하는 한 진술에서 그는 분명히 말한다.

> 만약 나의 저작이 우리 시대에 분파적인 것으로 보인다면, 아마도 그것은 책임을 진다는 미명하에 너무나 많은 그리스도인이 우리가 살아가는 사회를 스스로 만들었다고, 그래서 자신의 집처럼 잘 알고 있다고 착각하기 때문일 것이라고 나는 의심한다. 한때 집으로 여겼던 환경들에서 외국인의 신분을 되찾는 것은 사회적·지성적 습관의 변혁을 필요로 하며, 이는 괴로운 과정일 수밖에 없다.[122]

하지만 하우어워스는 왜 분파주의라는 비난을 받아들이지 않는가? 다시 말하지만, 신앙주의의 경우와 마찬가지로, 탈자유주의자들은 대개 그 명칭이 갖는 오명 때문에 그것을 받아들이기를 싫어한다. 하지만 신앙주의의 경우와 마찬가지로 분파주의에도 두 종류가 있고, 하우어워스는 분명히 그 둘 중 하나에 속한다. 분파주의는 강경할 수 있고, 그런 경우에 교회가 사회로부터 완전히 철수할 것을, 때로는 지리적 분리까지도 주장한다. 일부 재세례파 공동체들은 그것을 실천한다. 하지만 온건한 분파주의는 기독교 세계에 대한 거부, 즉 공적 폴리스를 만드는 것에 관한 교회의 책임을 부정하는 것이다. 그렇다고 공적 폴리스에 영향을 미치려는 모든 시도를 거부해야 할 필요는 없다. 여러 시대에 걸쳐 많은 분파적 집단들이 이런 접근을 해 왔다. 전통적으로 모든 재세례파와 대부분의 침례교는 교회와 국가의 분리를 강하게 강조하는 온건한 분리주의자였다.

하우어워스는 자신의 온건한 분리주의를 어떻게 드러내 왔는가? 그의

---

[121] 같은 책.
[122] 같은 책.

평화주의에 대한 헌신이 하나의 방식이다. 예를 들어, 그는 그리스도인들의 징집 저항이나 양심적 병역 거부를 옹호하지 않는다. 그의 분파주의의 온건함은 그가 "기독교 지도자들과 신학자들에게" 보내는 "전쟁 폐지 호소"에 나타난다.[123] 그가 자신의 친구 엔다 맥도나(Enda McDonagh)와 함께 작성한 이 호소는 그리스도인들이 전쟁 폐지를 위해 노력해야 한다고 요청하는 것으로, 이는 정부에 참여할 것을 요구한다. 하우어워스는 자신이 이런 노력에 참여하는 것을 다음과 같은 말로 옹호한다.

> 기독교적 비폭력을 형성하는 종말론적 확신들은 이 세상이 하나님의 세상이라는 것을 상정한다. 따라서 우리는 교회와 세상 사이의 경계가 돌파할 수 없는 장벽이라고 믿지 않는다. 참으로 우리는 교회와 세상 사이의 분리가 투과성 있는 것이라고 믿는다.[124]

강경한 분파주의라는 비난에 관해서는 이 정도면 됐다. 하지만 하우어워스가 대통령에 출마할 것 같지는 않은데, 단지 그가 대통령이 될 적임자가 아니기 때문만은 아니다. 대통령이라는 것은 군 통수권자라는 것을 의미한다. 그리고 하우어워스가 정부와 정치로부터의 기독교적 철수를 부인하기는 해도, 그가 폭력을 무력에 대한 참여를 포함하는 것으로 정의한다는 사실은 어떤 그리스도인이라도 미국에서의 공직을 맡는 것을 금지할 것처럼 보인다. 때때로 그는 한꺼번에 가질 수 없는 두 가지를 동시에 원하는 것처럼 보인다.

마지막으로 다루어야 할 한 가지 비판은, 하우어워스가 교회를 복음의 "구속력 있는 수단"으로 만들어서 교회가 복음 자체만큼의 메시지, 또는

---

[123] Stanley Hauerwas, *War and the American Difference: Theological Reflections on Violence and National Identity* (Grand Rapids: Baker Academic, 2011), pp. 40-42.
[124] 같은 책, p. 39.

그 이상의 메시지가 된다는 것이다. 마이어의 비판에 따르면, "하우어워스는 교회를 복음의 구성 요소로 만들어서 한편으로는 오만과 우상숭배를 조장할 위험을, 다른 한편으로는 개념적 혼란과 부적절성의 위험을 무릅쓴다."[125] 요점은, 마이어 같은 비판자들에 따르면, 하우어워스가 모든 공동체적 집단의 악마적 잠재성을 간과한다는 것이다. 하지만 하우어워스는 거스타프슨에 대한 대답에서 교회 내부와 외부로부터의 교회에 대한 현실 검증을 요구함으로써 이 점에 이미 답변했다. 하지만 마이어를 비롯한 비판자들이 가하는 더 심각한 비난은, 하우어워스가 "교회적으로 구성된 복음"의 위험에 빠진다는 것이다.[126] 주장된 바에 따르면 그는 교회를 복음 자체와 혼동해서, 교회로부터 독립된 복음의 예언자적 선포가 있을 수 없을 정도다. 복음에 대한 증언은 언제나 교회가 하는 것이어야 하며, 그 증언에서 교회는 다시 자신을 가리킨다는 것이다.

마이어를 비롯한 비판자들이야말로 혼동하고 있는 것 같다. 예를 들어, 하나님이 복음을 전파하기 위해 일반적으로는 인간을 사용한다는 데 누구나 동의한다. 하지만 이것을 복음이 *곧* 그것을 퍼뜨리는 인간이라는 것을 의미한다고 주장하는 사람은 아무도 없다. 하우어워스의 말은, 일반적으로 개인주의적 기독교란 없으며 하나님이 자신의 증인으로 교회를 세웠다는 것이다. 어디서도 그는 조직된 기관으로서의 교회가 복음의 구성 요소라고 말하거나 암시하지 않는다. 인정하건대 그에게 교회는 복음의 필수적 (하나님이 그렇게 말씀하시기 때문에) 수단이지만, 이 경우에 수단은 메시지가 아니다. 교회와 메시지는 서로 뗄 수 없을 정도로 관련되어 있지만, 수단은 언제나 메시지의 수정을 받는다. 마이어를 비롯한 이들의 비난은 조금 어리석게 보일 정도다.

---

[125] Meyer, *Metaphysics and the Future of Theology*, p. 320.
[126] 같은 책, p. 324.

12.B. 존 카푸토가 하나님 나라로 종교를 해체하다

존 카푸토(John Caputo)는 포스트모던 철학자로, 스스로의 고백에 따르면, 자신이 무엇을 사랑하는지 정확히 알지 못한 채 하나님을 사랑한다. "내가 나의 하나님을 사랑할 때 나는 무엇을 사랑하는가?"라는 것은 그가 천착하면서 자신의 모든 저작에서 계속 다루는 질문이다. 하지만 그는 이 질문을 창안하지 않았다. 이 질문은 그가 제일 좋아하는 철학자 데리다로부터 왔고, 데리다는 이것을 아우구스티누스로부터 얻었다. 데리다와 마찬가지로 카푸토는 명확한 해답보다는 질문을 좋아하지만, 종종 어떤 종류의 불명확한 해답이 이 질문에 불포함되어 있다. "불포함되다"(uncontained)라는 말의 사용은 의도적이다. 데리다에게 그런 것처럼, 카푸토에게도 해답은 종종 질문을 따라다니는데, 마치 "불가능자들"이 종종 가능성들을 따라다니는 것과 마찬가지다. "불"(不, un-) 그리고 "비"(非, im-) 같은 접두사들은 데리다와 카푸토 같은 해체주의자들(deconstructionists) 사이에서 (비)인기다. 해체주의 속을 돌아다니다(wander)/신기해하다(wonder) 보면, 자신이 앨리스의 이상한 나라에 있는 것처럼 느껴진다. 겉으로 보이거나 예상했던 것과 같은 것은 아무것도 없다. 이 돌아다니는 사람(wanderer)/신기해하는 사람(wonderer)은 새로운 어휘, 그리고 새로운 사고 및 언어 사용 방식을 배워야 한다. 카푸토가 말하는 "하나님"은 정말 무엇을 의미하는가? 그것은 의도적으로 불확실하다.

한 가지는 확실하다. 카푸토의 신학은 급진적이며 혁명적이고, 사물의 바닥까지 닿기 위해 사물을 완전히 뒤집는다. 해체(deconstruction)는 그것이 이루어지는 방식이다. 하지만 "포스트모던"과 마찬가지로 "해체"에도 많은 정의가 있다. 카푸토는 신학에 사로잡힌 철학자로서, 해체를 정의하고—특히 그리스도인들에게—영향력 있게 사용한다. 여기서는 그를 급진적, 포스트모던적, 해체적 신학의 대표자로 다룰 것이다. 다른 사람들도 있는데 카푸토를 선택한 이유는, 대부분의 사람들보다 그가 좀더 이해하기 쉽고 그의 저작이 재치와 지혜로 빛나기 때문이다. 현대성이 종교를 잘못 다룬 방식에 대한 그의 묘사가 그러한 예다.

> 그렇게, 현대성에서, 하나님 문제는 심오하게 재구성되었다. 무릎을 꿇고 시작하는 대신에, 우리는 엄숙히 근엄한 얼굴로 이성의 재판정에 있는 딱딱한 판사석에 앉아 재판이 열리는 것을 맞이한다. 하나님은 재판정에 불려 나와 피고처럼 공손히 모자를 손에 쥐고 서 있다. 만약 그가 재판정의 승인을 얻고자 한다면, 자신을 변론하고 자신의 존재론적 증명서를 제시해야 한다. 그런 세상에서, [중세 철학자] 안셀무스의 관점에서는, 하나님은 이미 사망한 것이다. 만약 당신이 그 증명이 타당하다는 결론을 내려도 마찬가지인데, 당신이 증명했다고 또는 반증했다고 생각하는 것이 무엇이든지 그것은 결코 안셀무스가 기도와 예전에서 경험하는 하나님이 아니라 철학적 우상이기 때문이다. 법정은 알기 원한다. 이 존재가 존재하기 위한 충분한 이유가 있는가 혹은 없는가? 만약 이유가 있다면, 그것은 경험적인가 혹은 선험적인가? 정당한가 혹은 부당한가? 이것이 법정이 결정하려는 것이다. 피고는 자신을 위해 무슨 말을 해야 하는가? 당신은 무슨 말을 하려 하는가? 단지 몇 곡의 찬송, 어떤 경건한 기도, 약간의 향 냄새뿐인가? 하나님이 자신의 변호에 누구를 부를 수 있겠는가? 한참 뜨겁게 달궈진 셰이커교도와 퀘이커교도, 그리고 성령-예언자인가? 다음 사건![127]

참으로 포스트모던적 방식으로, 카푸토는 아이를 목욕물과 함께 버리는 어리석음을 범하지 않으면서도 현대성의 잘못과 단점을 드러낸다. 계몽주의와 그것이 낳은 문화는 많은 좋은 결과를 가져왔다. 하지만 카푸토가 보기에, 특히 계몽주의가 종교를 다루는 방식은 과거에나 지금이나 참으로 끔

---

127 John D. Caputo, *On Religion* (London: Routledge, 2001), p. 46. 『종교에 대하여』(동문선).

찍하다. 그가 전근대적 종교로 돌아가기를 원하는 것은 아니다. 전혀 그렇지 않다. 카푸토가 종교와 기독교에 관한 자신의 저작 전체에서 보여 주려 시도하는 것은, 계몽주의의 전체화하는 합리주의에 대한 포스트모던적 환멸이 계몽주의가 닫았던 문을 연다는 사실이다. 그가 보기에, 포스트모더니티는 무엇보다도 탈세속성(postsecularity), 즉 "하나님의 죽음의 죽음"을 의미한다.[128] 그리고 그 모든 것이 포스트모더니즘의 "가장 중요한 선조"이자 데리다와 함께 카푸토에게 영감을 주는 원천이었던 키르케고르로부터 시작되었다. 카푸토는 이 기획을 이어가려는 의도에서, 해체의 "약한 힘"(weak force, 카푸토는 모순 어법을 좋아한다)을 최종적이고 궁극적이고 절대적인 것처럼 가장하는 모든 것에 적용한다.

카푸토가 신학을 하는 철학자가 되다

(자신의 친구들에게는 잭으로 통하는) 카푸토는 1940년에 필라델피아에서 태어났다. 그는 가톨릭으로 자라났고, 특별히 신앙심이 깊지는 않아도 언제나 교회의 자녀로 남았다. 그는 첫 학위를 라살 대학교(La Salle University)에서 받았고, 문학 석사를 빌라노바 대학교(Villanova University)에서 받았다. 그리고 그의 철학 분야에서의 박사 학위는 브린마 대학(Bryn Mawr College)에서 받았다. 그는 1968년부터 2004년까지 빌라노바 대학교에서 철학을 가르친 후, 뉴욕 시러큐스 대학교(Syracuse University)에서 토머스 R. 왓슨 종교학 교수가 되었다. 거기서 그는 철학과 신학을 모두 가르쳤고, 점차 철학적 신학자의 역할로 옮겨가면서 특히 기독교 신학에 초점을 두었다. 그는 2011년에 은퇴했지만, 미국과 유럽에서 계속 강연을 하면서 자신이 가장 좋아하는 주제인 대륙 철학(특히 포스트모더니즘)과 신학(특별히 초점은 해체주의)에 관한 책과 논문을 쓰고 있다. 그는 빌라노바 대학교와 시러큐스 대학교의 명예교

---

[128] 같은 책, p. 56.

수로 있다. 그 자신에게조차 대단히 놀랍게도, 그는 이른바 이머징 교회 운동의 많은 이를 포함하는 포스트모던적 그리스도인들이 매우 좋아하는 사상가가 되었다. 인기 있는 이머징 기독교 사상가이자 저술가인 피터 롤린스(1973-)는 『하나님에 관해 말하(지 않)는 방법』[How (Not) to Speak of God, 2006]의 저자로, 카푸토의 사상을 책과 강연에서 구체화했다.

카푸토의 철학적 여정에서 주목할 부분은 순수 철학(이것이 무엇이든지)으로부터 기독교 신학으로의 이동이다. 하나님에 관한 자신의 주요 논문 『하나님의 약함』(The Weakness of God)에서, 그는 자신에게 있는 "신학에 대한 약함"(weakness)을 거의 변증적으로 고백한다.[129] (종종 그가 "약함"이라는 용어를 사용하는 것은 언어유희를 의도하며, 지금 이 경우도 책의 제목과 주제에서 그런 것을 시도한다.) 전문적 학계에서 연구자는 철학자 또는 신학자 둘 중 하나일 것이며, 절대로 둘 다일 수 없다. 전형적 방식으로 카푸토는 (자신이 보기에) 어리석은 현대적 규칙을 비웃고 경계를 넘나든다. 그는 『철학과 신학』(Philosophy and Theology)에서 자신의 입장을 변호한다. 그의 주장에 따르면, 현대성이 이성·과학·철학을 둘러싸고 세운 옛 경계들과 높은 담들은 탈현대성에서 허물어져 왔다.[130] 이제, 현대성의 해체 후에, 우리는 "철학자들과 신학자들을…대양 위의 동료 선원, 그 깊이가 10만 미터를 넘는 물 위를 항해하는 모험가, 우리에게 이야기들을 들려주는 노련한 뱃사람들로 이해해야 한다. 그 앞에서 방울눈을 가진 젊은이들 같은 우리는 모든 말을 하나하나 새겨듣는 것이다."[131] (카푸토는 은유를 좋아한다.) 다시 말해, 핵심을 좀더 철학적으로 말하자면, "철학과 신학은 서로 다르지만, 내가 **삶을 위한 열정**이라 부르

---

129 John D. Caputo, *The Weakness of God: A Theology of the Event* (Bloomington: Indiana University Press, 2006), p. 1.
130 John D. Caputo, *Philosophy and Theology* (Nashville: Abingdon, 2006), p. 68. 『포스트모던 시대의 철학과 신학』(기독교문서선교회).
131 같은 책, p. 69.

는 것을 기르기 위해 함께 나아가는 방법들이다."¹³²

카푸토는 많은 책들, 대부분 대륙 철학과 포스트모던 신학에 관한 책들을 썼다. 그의 첫 번째 책은『하이데거 사상 안에 있는 신비적 요소』(*The Mystical Element in Heidegger's Thought*, 1978)다. 이미 이 책에서 그는 철학적인 것 안에 숨겨진 종교적인 것에 손을 대기 시작했다. 그의 두 번째 책은『하이데거와 아퀴나스』(*Heidegger and Aquinas*, 1982)였는데, 무신론적 실존주의 철학자와 가톨릭 사상의 천사 박사 사이의 일치를 보이려는 시도였다. 카푸토가 쓴 다른 주목할 만한 저서에는 무신론적 철학자로 여겨지는 사람의 종교적 측면을 보이려는 또 다른 기획인『자크 데리다의 기도와 눈물』(*The Prayers and Tears of Jacques Derrida*, 1997), 그리고 아마도 출간된 책들 중에서 해체주의에 관한 가장 명확한 설명인『해체주의 요약』(*Deconstruction in a Nutshell*, 1997)이 있다. 2007년에 카푸토는 참으로 놀라운 일을 벌이는데, 베이커 아카데믹(Baker Academic)이 이 일을 함께한 것도 뜻밖이었다. 그가 전통적으로 복음주의 책들의 출판으로 유명한 출판사에서『예수님이라면 무엇을 해체하실까?』(*What Would Jesus Deconstruct?*)를 출간한 것이다. 이것은 카푸토가 (아마도 하나님 나라에 대한 그의 사상을 제외한다면) 복음주의자가 되고 있었다는 말이 아니라, 그가 미국 종교에서의 해체를 보이기 위해 복음주의 그리스도인들 사이에서 인기 있는 책인『그분의 발자취를 따라』(*In His Steps*, 1897)와 복음주의자들 사이에서 인기 있는 질문인 "예수님이라면 어떻게 하실까?"(What Would Jesus Do?, WWJD)를 이용했다는 것이다.

카푸토는 포스트모던 그리스도인들 사이에서 상징적 인물이 되었으며, 여기에는 그가 비록 복음주의적 그리스도인은 아니지만 많은 기여를 할 수 있다고 생각하는 일부 복음주의자들이 포함된다. [급진적이라는 것 외에 그가 정확히 어떤 종류의 그리스도인인지는 논란이 있다. 그는 의도적으로 그것을 결정할 수

---

132 같은 책.

없는(undecidable, 그가 가장 좋아하는 또 하나의 표현이다) 상태로 남겨 둔다.] 그런 사람들 중에는 복음주의 기독교 철학자 케이스 퍼트(Keith Putt, 1955-)도 있는데, 그의 많은 저술은 카푸토의 예언자적 가치가 기독교를 현대성에 매여 있는 상태로부터 정화하는 데 있는 것에 초점을 둔다. 또 다른 철학자는 제임스 올투이스(James Olthuis, 1938-)로, 그는 카푸토의 철학과 신학에 관한 많은 논문의 저자이며『종교 있는/없는 종교: 존 카푸토의 기도와 눈물』 (*Religion with/out Religion: The Prayers and Tears of John Caputo*, 2002)의 편저자다. 카푸토는 진보적 복음주의 사상가들 사이에서의 자신의 인기에 놀라움과 어느 정도의 곤혹스러움을 표했다.

카푸토는 데리다의 철학, 특히 데리다의 해체 철학이 키르케고르 및 중요한 프랑스 포스트모던 철학자 레비나스의 사상에 대해 갖는 연관성과 관련해 가장 앞선 미국의 해석자들 중 하나가 되었다. 옳든 그르든, 카푸토는 자신이 해체주의에 대한 비판자들 사이의 오해라고 여기는 것을 바로잡기 위해 분투해 왔다. 만약 그가 옳다면, 해체주의를 올바르게 이해한 비판자들은 거의 없다. 모두가 말하듯이, 해체주의를 올바르게 이해하기란 쉽지 않다. 해체주의에는 난해한 것이 아니라면 적어도 규정하기 어려운 점이 있다. 카푸토가 끊임없이 지적하는 것처럼, 해체주의는 "'무엇이든 상관없다'는 일종의 무질서한 상대주의"로 부당하게 오해되어 왔다.[133] 데리다와 해체주의는, 카푸토가 말하는 바에 따르면, 거의 모든 것의 원인으로 비판을 받아 왔다. "미국 대학들의 철학과를 망쳐 놓은 것,…대학 자체를 무너뜨린 것,…계몽주의의 빛을 흐리게 한 것, 중력의 법칙의 토대를 침식한 것, 모든 기준을 파괴한 것,…심지어 모르몬교의 일부다처제"에 대해서 말이다.[134] 카푸토에 따르면 이것들은 모두 잘못된 생각이지만, 이는 해체주의를 이해하

---

[133] John D. Caputo, ed., *Deconstruction in a Nutshell: A Conversation with Jacques Derrida* (New York: Fordham University Press, 1997), p. 37.
[134] 같은 책, p. 41.

는 것이 간단하지 않다는 증거이기도 하다. 하지만 만약 그가 옳다면, 해체주의는 **그렇게까지** 난해하지는 않다. 그리고 그는 해체주의에 위대한 예언자적 가치가 있다고 생각하기 때문에, 이 혼란스러움을 헤치고 해체주의를 가능한 한 명확하게 만드는 것을 자신의 일로 삼는다. 카푸토와 그에 대한 대체로 긍정적 해석자들인 롤린스, 퍼트, 올투이스에 따르면, 해체는 파괴적이지 않고 오히려 "깊고 심오하게 긍정적"이다.[135] 그러나 그는 그것이 "너무 복잡해서 요약하기 어렵다"는 점을 인정한다.[136] 하지만 그는 이 일에 최선을 다하며, 우리도 여기서 그렇게 할 것이다.

해체주의가 평범한 어휘에 새로운 의미를 부여하다

해체주의를 복잡하게 만드는 한 가지는 평범한 어휘를 때때로 난해하게 사용한다는 것이다. 해체주의를 이해하기 위해서는 일부 새로운 용어를 배워야 한다. 이 어휘들은 친숙해 보이지만, 이 철학과 이로부터 나온 신학에서 그것들이 의미하는 것은 대부분의 사람들에게 그렇지 않다. 카푸토는 그것들을 설명하는 것에서 대가다. (다른 해체주의 철학자들과 신학자들로부터는 그들이 이해되지 못하기를 바란다는 느낌을 받게 될 것이다.) 만약 해체주의가 무엇인지 궁금하다면 조금 더 인내할 필요가 있다. 해체주의는 그것의 핵심 용어들을 설명하면서 더 분명해질 것이다.

첫 번째 용어는 "해체"(deconstruction) 자체다. 이 단어는 어느덧 대중문화 속으로 들어와 텔레비전 시트콤에서도 들리며 연예 잡지에서도 보인다. 그렇게 사용되는 경우에는 그 의미가 포스트모던 철학과 신학에서 의미하는 것과 거의 또는 아예 관련이 없다. 대중적 어법에서 "해체"는 일반적으로 "파괴"(destruction)를 좀더 멋있게 말하는 한 방식이다. 어떤 것이 무너지거

---

[135] 같은 책.
[136] 같은 책, p. 32.

나 사기로 밝혀질 때 그것이 해체되었다고 말하는 것이다. 이것은 철학이나 신학에서 해체가 의미하는 것이 아니다. 하지만 해체에 대한 간단히 정의는 없다. "포스트모던"과 마찬가지로, 이 어휘의 사용자들은 모두 조금씩 다른 (때로는 근본적으로 다른) 의미로 그것을 사용하는 듯하다. 그러므로 여기서는 해체의 의미를, 데리다로부터 그 의미를 가져온 카푸토로부터 가져오고자 한다. 하지만 카푸토는 해체에 대한 단 하나의 확정된 정의를 제시하기를 거부하는데, 그 이유는 그런 행위가 해체의 정신에 반대될 것이기 때문이다. 해체는 어떤 사물이나 심지어 어떤 기법이 아니다. 해체는 사건이다. 즉 어떤 존재하는 사상이나 실재 내에 숨겨진 것이 드러나고 폭발할 때 일어나는 것, 파괴가 아니라 새로운 가능성들을 여는 것이다. "해체의 일은 사물을 개방하고 느슨하게 하는 것이다."[137] "해체는 사물들에 새로운 변형을 주는 한 방식이다. 그것은 사물에 새로운 성향을 주는 일에 열중한다."[138] 하지만 이것들은 사람이 어떤 것에 하는 일이 아니다. 이 일은 그것들 안에 이미 행해져 있다. 해체는, 언제나 그 자체 너머로 나아가려고 애쓰는 텍스트나 제도 내에 숨겨져 있는 충격적 요소를 발견하는 것이다.

카푸토는 해체의 "의미와 임무"에 대한 그의 묘사에서 해체를 정의하는 일에 가장 근접한다. 그 해체의 의미와 임무가 보여 주려는 것은 다음과 같다.

사물들—당신이 필요로 하는 모든 크기와 종류의 텍스트, 제도, 전통, 사회, 믿음, 관습—은 정의할 수 있는 의미와 결정할 수 있는 임무를 갖고 있지 않다. 그것들은 언제나 어떤 임무가 부과하는 것 이상이며, 그것들이 현재 차지하는 범위를 넘어선다. 사물들 안에서 실제로 이루어지고 있는 것, 실제로 일어나고 있는 것은 언제나 앞으로 올 것이다(always to come). 당신이 어떤 사

---
[137] 같은 책, p. 42.
[138] 같은 책.

> 물의 의미를 고정하려 하고 그것을 그 임무의 위상 안에 고착시키려 할 때마다, 사물 자체는—만약 그것이 존재한다면—사라진다.…어떤 "의미"나 "임무"는 밤 껍질처럼 사물들을 담고 꽉 채우는 한 방식으로 사물들을 하나로 모으는 반면, 해체는 이 범위 너머로 잡아당기고, 이 한계를 넘어서게 하며, 그 모든 모으는 일들을 저지하고 분리하기 위해 모든 노력을 기울인다. 그것이 한계에 부딪힐 때마다, 해체는 그 한계를 압박한다.[139]

카푸토가 의미하는 대로 이 말을 이해하거나 또는 해체를 이해하기 위해서는, 흔하지 않은 의미를 가진 다른 용어 "불가능자"(the impossible)로 넘어가야만 한다.

카푸토에 따르면, 해체는 결국 "**바로** 불가능자에 대한 끝없는 추구"와 관련된다.[140] 독자가 하품하거나 잠들지 않도록, 이 암호를 해독하려는 노력을 포기하고 바로 몇몇 "불가능자들"(impossibles)을 거명하는 것이 도움이 될 것이다. 카푸토가 열거하는 일부는 정의, 선물, 환대, 사랑이다. 모든 미국인이 친숙한 한 가지는 민주주의다. 카푸토는 해체가 결국 "불가능자를 경험하는 것"과 관련된다고 말한다.[141] 하지만 민주주의나 정의, 또는 불가능자라고 하는 다른 것들에서 무엇이 불가능하다는 것인가? 그리고 만약 그것들이 불가능하다면, 왜 그것들이 중요한가? 정확히 여기가 특히 미국인들이 해체를 이해하려 할 때 막히는 부분이다. 미국인들은 도구주의자들(instrumentalists)이다. 그들은 존재하는 것, 즉 가능한 것에 관심을 갖는 경향이 있다. 그들은 문제를 풀기 원하고, 불가능하다고 여겨지는 것에는 관심이 없다. 하지만 카푸토가 말하는 바에 따르면, "불가능자는 가능자보다 더

---

[139] 같은 책, p. 32.
[140] 같은 책.
[141] 같은 책.

흥미롭고, 어떤 결과라도 나온다면 더 흥미로운 결과를 유발한다."[142] 민주주의는, **만약** 그것이 카푸토가 의미하는 대로 **앞으로 올 민주주의**(완전한, 순수한 민주주의를 가리키는 카푸토의 용어)를 의미한다면, 불가능하다. 현실의 민주주의는 나쁘지 않지만, 완전하지 못하다. 해체는 그것을 더 낫게—앞으로 올 민주주의처럼—완전한, 순수한 민주주의로 만들기를 원한다. 하지만 정확히 그것이 무엇인지는 정확히 알려지지 않았다. 그것은 현재의 민주주의 내에 숨겨져 있으며, 또한 언제나 아직은 현재가 아니다.

카푸토와 데리다가 가장 좋아하는 예는 법과 정의 사이의 차이다. 정의는 불가능하지만 피할 수 없는 것이다. 그것은 "유사-초월적인 것", 즉 우리가 그것 없이 살아갈 수 없지만 결코 온전히 구체화될 수 없는 이상이다. 우리는 단지 정의와 실제로 비슷한 것의 암시만을 갖는다. 그것은 한 나라의 법 같은 것들 내에 숨어 있으며 언제나 오고 있지만, 결코 온전히 도달하지는 않는다. 법, 즉 법률 제도는 정의로운 듯 가장할 수 있지만(실제 대부분의 법이 그렇게 하고 있으며, 바로 그것이 문제다), 결코 전적으로 정의롭지는 않다. "정의는 현재의 질서에서 결코 발견되지 않고, 결코 그 자체로는 존재하지 않고, 결코 그 자체로 모아지지 않는다.…정의는 부르고, 정의는 앞으로 올 것이지만, 정의는 존재하지 않는다."[143] "불가능한 것이 무슨 소용이 있는가?"에 대한 대답이 바로 이 문장에 있다. 정의는 정화하는 기준이고, 아무도 그릴 수 없는 완전한 원이고, 어떤 집단도 성취하지 못하는 절대적 평등이고, 결코 제대로 충족되지 않은 갈망이다. 구체적 법, 즉 법률 제도는 정의라는 불가능자를 필요로 하는데, 그것들에 책임을 묻기 위해서, 그것들을 새롭고 예상하지 못한 것에 대해, 법이 제정될 때 고려되지 않았던 특이한 경우에 대해 개방시키기 위해서다. 정의는 어떤 응시자도 달성할 수 없

---

[142] 같은 책, p. 33.
[143] 같은 책, p. 154.

는, 표준화된 시험의 일 백분위수다.

카푸토가 의미하는 대로의 "불가능자"에 해당하는 또 다른 말은 "해체할 수 없는 것"(the undeconstructible)이다. 해체의 기본적 작업 원리는, 구성된 것은 모두 해체될 수 있다는 것이다. 비판 아래에 놓이며, 예견되지 않고 예상되지 않는 것에 대해 개방된다는 의미에서 말이다. 하지만 어떤 것들, 즉 불가능자들은 애초부터 구성되지 않았고 절대적인 것들이기 때문에 해체될 수 없다. 불가능자들은 나타나는 것들 배후에 존재한다거나 실체적 실재를 갖는다는 형이상학적 의미에서 절대적인 것들이 아니라, 초월적이고 미래적이고 이용될 수 없고 조종될 수 없다는 의미에서 절대적인 것들이다. 불가능자들은 궁극적으로 해체를 통해 "침입한다"(또는 "갑자기 일어난다"). 불가능자들은 정의, (앞으로 올) 민주주의, 사랑, 선물, 환대다. 카푸토의 설명에 따르면, "해체는 절대적으로 해체될 수 없는 것에 대한 끝없는, 무한한 긍정이다."[144]

카푸토의 해체주의에서 중요한 또 다른 개념은 "사건"(event)이다. 해체주의는 반(反)형이상학적인데, 이는 해체주의는 카푸토가 "비밀"(the Secret)이라 부르는 것을 믿지 않음을 의미한다. 비밀은 나타남 배후의 참으로 실제적 물자체, 객관적으로 실제적이고 정적이며 이성이나 신비적 이해력으로 알 수 있는, 매일의 경험 너머에 있는 궁극적 실재다. 그것은 "현존"(Presence), 즉 참되고 최종적이고 이미 언제나 거기에 있어야 하는 무엇이다. 해체주의의 비밀은 비밀이 존재하지 않는다는 것이다. 데리다가 유명하게 말한 대로, "텍스트 바깥에는 아무것도 없다." 다시 말해, 모든 것은 해석이고 해체할 수 있다. "불가능자"만 예외인데, 이것은 해체할 수 없지만 존재하지도 않는다. "사건"은, 해체 언어에서, 불가능자의 침입 또는 발생, 시간과 역사의 흐름에서의 불가능자의 출현이다. 사건은 해체로, 폐쇄된 것

---

[144] 같은 책, p. 42.

을 개방하고 해결되었다고 추정되는 것을 폭발시킨다. 그것은 변혁이다. 예를 들면, 정의는 언제나 사건이다. 정의는 제정되어야만 한다. 즉 그것은 조건이 아니다.[145] "정의는 타자에게 **주어진** 환영으로, 거기서 내가…준비하고 있는 것은 아무것도 없다. 정의는 내가 타자에게 내미는 환대이며, 보답 없는 지출이다."[146] 그럴 때 정의가 미래로부터 우리의 현재로 침입한다. 즉 그것의 도래는 언제나 계기이지, 사물이 아니다. "해체에서 우리의 삶, 우리의 믿음, 우리의 관습은 파괴되지 않고 개혁과 변경이 강제된다. 그것은 위험을 수반하는 일이다."[147] 그것이 사건이다.

카푸토의 해체주의에서 결정적으로 중요한 또 다른 용어는 "타자"(the other)다. 이를 위해 카푸토는 "타자"를 자신의 전체 사상의 중심으로 삼았던 레비나스의 철학에 많이 의존한다. "타자"는 낯선 것, 다른 것, 동일하지 않은 것, 동화될 수 없는 특이한 것이다. 해체주의는 "타자의 정치학"(the politics of the other)이다.[148] "해체는 텍스트[또는 제도 또는 무엇이든]가 깊은 우물과 같이…단순히 우리 자신의 모습을 반사하는 우상이 되는 것을 막는 한 방법이다."[149] 우리의 자연적 성향은 동일성, 익숙함, 똑같음에 끌리므로 우리는 다른 것, 낯선 것, 타자를 가로막는 경향이 있다. 하지만 타자는 초월이다. 그것은 우리에게 소리치며, 우리는 그것에 대한 의무를 가진다. 변혁, 사건, 정의는 오직 타자와의 만남과 타자에 대한 적응에서 발생한다.

---

[145] 같은 책, p. 138.
[146] 같은 책, p. 149.
[147] John D. Caputo, *What Would Jesus Deconstruct? The Good News of Postmodernism for the Church* (Grand Rapids: Baker Academic, 2007), p. 27. 예리한 독자들은 카푸토와 몰트만과 판넨베르크 사이에 미래의 능력과 관련해, 표면적으로는, 일치로 보이는 것을 발견했을 수도 있다. 하지만 카푸토는 존재신론(ontotheology), 즉 하나님의 존재를 기술하려는 시도에는 관심이 없다. 몰트만과 판넨베르크는 모두, 비록 그들이 하나님의 존재를 미래성으로 재정의할지라도, 적어도 어느 정도는 그러한 시도에 관심을 갖는다. 틀림없이 카푸토는 그들의 종말론적 존재론이 하나님을 사건이 아니라 존재로 밝히려는 허용될 수 없는 시도라며 거부할 것이다.
[148] Caputo, *Weakness of God*, p. 268, p. 276.
[149] John D. Caputo, *More Radical Hermeneutics* (Bloomington: Indiana University Press, 2000), p. 211.

텍스트나 제도의 해체, 그리고 담화나 관습의 해체는 이 모든 형식화가 차연(差延, différence)의 지배를 받는다는 주장이나 다름없는데, 차연이란 형식화가 지속적 재방문과 개정, 다시 읽기와 재작업을 필요로 한다는 것을 말하는 데리다의 방식이다.[150]

이것이 해체의 기저에 있거나 해체를 지배하는 동기와 주제로 보이는데, 즉 타자의 요구, 그에 대한 우리의 의무, 타자가 일종의 우상숭배인 폐쇄된 동일성 안으로 침입하고 또 교란하는 것이다. 카푸토가 보기에, 해체는 "타자의 충격을 같은 것의 힘들에 전달한다."[151] "해체에서 '타자'는 '같은 것'에 관한 진리를 말하는 자다."[152] 누가 타자인가? 카푸토가 보기에, 예수가 선한 사마리아인의 비유에서 이 질문에 대답했다. 카푸토에게 타자는 외부인, 적, 약하고 비참한 자, 궁핍한 사람, 무력한 노숙자다. 이들이 바로 해체가 의도하는 대상이다. 카푸토는 해체주의의 몇 가지 용어를 연결해서 말한다. "정의는 타자에 대한 관계이고"[153] "해체는 타자의 도래[사건]에 대한 긍정이다."[154]

마지막으로, 카푸토의 해체주의에서 또 다른 핵심 개념은 "메시아적인 것"(the messianic)이다. 그는 이 개념을 데리다로부터 차용해 각색한다. 간단히 말해, 메시아적인 것은 같음을 다름에 대해 강제로 개방시키는 것 안에서 정의가 오는 것, 사건적 도래다. 카푸토에 따르면, "해체는 민주주의적 메시아주의의 구체적 형태를 취한다."[155] 그것은 "절대적 환대"의 요구이고 도래다.[156] 그것은 현대성의 진보라는 신화에 대한 포스트모더니즘

---

[150] 같은 책, p. 200.
[151] Caputo, *What Would Jesus Deconstruct?*, p. 26.
[152] 같은 책, p. 29.
[153] Caputo, *Deconstruction in a Nutshell*, p. 17.
[154] 같은 책, p. 53.
[155] 같은 책, p. 173.
[156] 같은 책.

의, 그리고 특히 해체주의의 대안이다. 현대성은 이성을 통한 계속적 개혁, 예를 들어, 제도의 개혁을 믿었다. 해체는 "메시아적인 것" 또는 "메시아성"(messianicity)이라 불리는 "순수한 형태의 희망"을 믿는다.[157] 그것은 우리의 이성이나 계산의 능력에 의존하지 않기 때문에 희망이다. 그것은 새로운 것, 예상하지 않은 것, 불가능자의 도래에 의존한다. 그것은 "타자의 들어옴"이다.[158] 그것은 동일성을 불안정하게 하고 자기 보호적 울타리를 강제로 개방시킨다.[159] 그것은 "현재적 구성의 마법을 깨뜨린다."[160] 카푸토는 자신이 데리다의 해체주의의 이러한 "메시아적 어조"라고 부르는 것에 주목하고 이용한다. "해체가 꿈꾸는 메시아적 미래, 그 갈망과 열정은 앞으로 올 예견할 수 없는 미래, 틀림없이 앞으로 올 것, 앞으로 올 정의, 민주주의, 선물, 환대다."[161] 카푸토에게 이것은 종교적 충동을 담고 있으며 "새로운 계몽주의"[162]를 요구하는데, 즉 해체적 태도에 의해 전제된 신앙에 개방되어 있는 것이다.[163] 해체는 "메시아적 약속의 구조"[164]를 가진 것으로서, 계몽주의적 합리주의를 초월하는 어떤 영적인 것에 의존한다. 그것은 "종교의 정체를 폭로하는 계몽주의를 넘어서고, 계몽주의가 한 유령을 너무 많이 쫓아낸 것을 질책한다"는 점에서 탈세속적이다.[165] 이 기술에 따르면, 해체는 정의, 앞으로 올 민주주의, 절대적 환대라는 "예견할 수 없고 계산할 수 없는 모습에 대한 신앙"의 "예언자적 열정"에 의존한다.[166]

---

157 Caputo, *Philosophy and Theology*, p. 65.
158 Caputo, *Deconstruction in a Nutshell*, p. 108.
159 같은 책, p. 107.
160 같은 책, p. 162.
161 같은 책, p. 156.
162 같은 책, p. 54.
163 같은 책, p. 22.
164 같은 책.
165 같은 책, p. 159.
166 같은 책, p. 175.

카푸토가 예수를 궁극적 해체자로 그리다

일반적으로 철학자들은 예수에 관해 말하지 않는다. 하지만 카푸토는 주저하지 않는다. 그에게 예수는 해체의 예언자, 하나님 나라는 광기의 선포자로서 모든 폐쇄적 체계와 제도에 도전하고 그것들이 해체를 겪게 만든다. 카푸토에게 해체는 정의, 선물, 환대 같은 어떤 해체할 수 없는, 어떤 불가능한 유사-초월적 절대자의 "이름으로"가 아니면 결코 일어나지 않는다. 그리고 그에게는, 데리다를 넘어서면서, 하나님 나라는 해체할 수 없는 자의 궁극적 상징으로서, 교회를 포함하는 모든 인간적으로 구성된 것을 해체한다. 하나님 나라는 해방 신학으로부터 빌려온 용어로서(카푸토 자신은 해방주의자가 아니다), 해체주의의 비판적 원리로 기능한다. 하나님 나라는, 존재하고 가능한 모든 것이 그 이름으로 해체되어야 하는, 해체할 수 없고 불가능한 모든 것의 저장소, 다른 비유를 들어 말하자면, 암호다.

하지만 카푸토는 이러한 하나님 나라 사상을 어디에서 얻는가? 그의 방법은 무엇인가? 진정한 대륙(보통은 프랑스를 의미한다) 철학의 방식으로, 카푸토는 인식론에 관해 별로 걱정하지 않는다. 현대성은 모두 인식론과 관련된다. 하지만 카푸토는, 데리다를 따르면서, 그에 대한 집착이 없다. 진정한 포스트모던 방식으로, 그는 모든 형태의 토대주의를 거부한다. 의심할 수 없는 지식의 토대는 존재하지 않는다. 안다는 것은 언제나 관점의 문제, "…로 보는 것"이다. 카푸토는 계몽주의의 "충족 이유의 원리"(principle of sufficient reason)를 우상으로, 따라서 해체가 필요한 것으로 보고 거부한다. 그는 현대성의 "이성에 대한 과도한 집착"[167]에 반대하는데, 그 이유는 그것이 결국 권력 놀이이고 (또한 권력은 언제나 부패하며), 아우구스티누스와 안셀무스 같은 특정한 근대 이전의 사람들이 알았듯이, 심지어 이성조차 특정한 증명할 수 없는 가정에 의지하므로 "…로 보는 것", 즉 관점이 불가피하다는

---

167 Caputo, *Philosophy and Theology*, p. 29.

사실을 무시하기 때문이다.[168] 탈현대성에서, 그의 주장에 따르면, "철학과 신학 사이의 구별은 두 종류의 신앙 사이에, 즉 두 종류의 '…로 보는 것' 사이에 이루어진다."[169] 더 나아가 카푸토는, 비트겐슈타인을 따르면서, "종교는 환원할 수 없는 그 자체의 패러다임, 그 자체의 언어 게임, 그 자체의 관점을 이룬다"고 주장한다.[170] 요약하면, 대부분의 포스트모던 사상가들과 함께 카푸토가 보기에 "세상은 현대의 사람들[토대주의자들]이 생각하는 것보다 훨씬 더 복잡하고, 더 엉망이고, 덜 계획적이고, 규칙의 지배를 덜 받고, 끝이 더 열려 있고 열린 구조다."[171]

카푸토의 현대성 비판, 해체의 요지는 오직 증명될 수 있는 것만 "지식"이라 불릴 수 있다는 사상을 거부하는 것이다.[172] 카푸토에 따르면, 철학에서의 "포스트모던적 전환"은 계몽주의에서 벗어나는 것이다.[173] 그렇다고 그가 전근대성(premodernity)으로 회귀하기 원하는 것은 아니지만, 그의 생각에 탈현대성과 전근대성이 일정한 부분을 공유하며 그중 하나는 성스러운 것, 초월, 종교에 대한 개방성이다. 그에게 "탈현대성은 우리가 오늘날 철학과 신학, 과학과 예술, 정치와 종교, 그리고 그 외의 모든 일을 수행하는 조건이다."[174] 이 조건은 누구보다 헤겔이 선보이고 키르케고르를 끊임없이 괴롭힌 "체계에 대한 애착"(affections for systems)을 의심하는 것을 포함한다. 여기서 그가 말하는 "체계"란 이데올로기, 즉 자신의 관점 이외의 모든 관점을 지배하고 배제하는, 실재에 대한 폐쇄되고 전체화하는 설명을 의미한다. 이 모든 것이 의미하는 바는, 카푸토에게, 말하자면 종교가 다시 논의의 장으로 돌아왔음을 의미한다. 즉 종교는 지식으로 여겨질 수 있다는 것이다. 그렇

---

168 같은 책, p. 56.
169 같은 책, p. 57.
170 같은 책, p. 53.
171 같은 책, p. 48.
172 같은 책, pp. 29-31.
173 같은 책, p. 35.
174 같은 책, p. 37.

다고 모든 종교적 주장이나 믿음이 참이라는 것을 의미하지는 않는다. 다만 그것들이 처음부터 논의의 장에서 배제되어서는 안 된다는 것을 의미한다.

카푸토는 다른 포스트모던 사람들, 그리고 특히 탈자유주의자들과 마찬가지로 모든 지식이 이야기 안에서 나온다고 본다. 우리가 가진 모든 것은 이야기이며, 모든 것은 "영속적으로 해석의 위기를 겪는다."[175] 이것이 "…로 보는 것"이 의미하는 바인데, 즉 어떤 이야기의 렌즈를 통해 실재를 해석하는 것이다. 그는 현대주의적 질문을 묻고는 그것에 답한다.

> 모든 것이 끝장나고 말았는가? 나는 우리가 할 수 있는 일이 옛 이야기를 말하고, 새로운 형식으로 다시 말하고, 우리의 텍스트를 갖고 작업하는 것밖에 없다고 말할 것이다. 언제나 그것은 이야기, 좋은 이야기, 가능한 한 최고의 이야기를 하느냐의 문제이며, 또한 이야기를 서로 대항하게 하고 어느 이야기가 이기는지 보는 것이 가능한데, 그것은 내러티브 주제의 억센 스토리텔링 능력 때문이 아니라, 우리가 이야기에 있는 타자성[다름]에 대한 충격적 경험에 의해, 초월성의 충격에 의해, 신적인 것이 변함없이 전달하는 타격에 의해 감명을 받기 때문이다.[176]

어떤 이야기를 참된 것처럼 보이게 하는 "초월성의 충격"(shock of transcendence)이란 무엇인가? 카푸토에게 그것은 타자의 침입, 즉 타자에 대한 의무를 요구하는 계시다. 그것은 우리가 자신의 밀폐된 동일성 내에서 그리고 자신의 기득권으로 하고 싶은 것은 무엇이든지 하는 "우리의 자유에 대한 부정"이다.[177] 그리고 정확히 이것이 예수와 하나님 나라의 기독교적 이야기가 하는 것이다.

---

175 Caputo, *More Radical Hermeneutics*, p. 200.
176 같은 책, p. 216.
177 같은 책, p. 218.

카푸토에게 "기독교는 결정적 순간에 빈 무덤의 의미를 아는 것에 의존하는 이야기다."[178] 그가 말하는 "빈 무덤"은 하나님 나라의 메시아적 계시자인 예언자 예수의 지속적 적실성을 의미한다. 그에게 계시는, 마치 더 이상 내릴 결정이 없는 것 같은, 기성의 모호하지 않으며 권위적인 것이 아니다. "우리는 계시가 마치 신적 화자의 구술을 받아 적는 문제인 것처럼 상상해서는 안 된다."[179] 오히려 계시는 예수의 삶, 죽음, 가르침에 있는 "그 나라의 시학" 안에서 계시된 **본질**이다. 그는 특히 예수의 비유와 그의 "예언자적 성마름"(prophetic impatience)을 강조한다.[180] 하나님 나라의 시학은 "부정의 정치학(politica negativa), 즉 아모스처럼 왕에 반대하는 예언자의 목소리 같은 비판적 목소리를 제공한다."[181] 예수에 의해 계시된 이러한 "그 나라의 정치학"은 "용서, 관용, 자비, 환대라는 광기를 특징으로 할" 것이다.[182] 바로 이것이 그 참됨의 표시다. 즉 그것은 같은 것, 예측할 수 있는 동일성, 계획할 수 있는 것을 깨고 나와서 타자, 불가능자, 해체할 수 없는 것, 특히 정의의 침입에 우리 자신을 맞출 것을 요구한다.

이는 기독교가 단지 예수가 했던 행동을 하는 것을 의미하는가? 전혀 그렇지 않다. 그렇게 한다면 그 나라를 완전히 오해하는 것이다. 오히려,

> 예수가 신약에서 한 일을 밝히고 그것을 오늘날 문자적으로 재현하려 해서는 아무것도 해결되지 않는다.…**우리의 책임**은 예수의 영과 함께 호흡하는 것, 이 시학을 시행하는 것, 창안하는 것, 실천으로 옮기는 것이다. 즉 정치적 체제를 그 전망이 꼭 정치적이지는 않았던 분의 급진성과 공명하도록 만드

---

[178] 같은 책, p. 196.
[179] 같은 책, p. 209.
[180] Caputo, *What Would Jesus Deconstruct?*, p. 83.
[181] 같은 책, p. 87.
[182] 같은 책, p. 88.

는 것을 의미한다.[183]

카푸토가 "예수가 제시한 모범은 불가능하고…불가능한 것의 신-시학(theo-poetics)이다"[184]라고 말하는 것은 라인홀드 니버의 말처럼 들린다. 니버에게 산상설교 및 예수의 삶과 가르침은 오직 정의로 구현될 수 있는 완전한 사랑의 불가능한 가능성을 계시했다. 카푸토가 말한 의미도 그와 비슷한데, 단지 그에게는 정의도 불가능하다. 가능한 것은 법이고, 예수는 법을 정의에 대해 개방함으로써 법과 모든 가능성을 해체하러 온 것이다.

다음으로 넘어가기 전에, 현대주의자의 귀에는 전혀 방법처럼 들리지 않을 수 있는 카푸토의 신학 방법을 다시 요약하는 것이 도움이 될 것이다. 탈자유주의와 매우 유사한 방식으로, 카푸토는 예수의 하나님 나라 이야기, 그 나라의 시학이 그리스도인들에게는 세상을 흡수하는 이야기라고 본다. 이것이 카푸토가 "텍스트 바깥에는 아무것도 없다"는 데리다의 말로 의미하는 바다. 기독교적 삶은 하나님 나라를 향한 모험적인, 사건 많은 여정으로, 그 안에서 세상은 계속해서 해체되고 있다. 예수의 그리스도인 제자에게 "그 나라는 세상과 모순되고 세상의 방법들과 경쟁하며, 세상의 분별력으로 보면 언제나 어리석어 보인다."[185] 세상의 "분별력"(good sense)은 법, 폭력, 같음, 지배, 조작, 예측 가능성, 그리고 차악(次惡)의 선택이다. 세상의 분별력은 "정당한 전쟁"(just war)을 포함한다. 해체는 세상을 하나님의 통치를 향해, 즉 정의, 평화, 다름, 새롭고 차이 있음, 원수 사랑, 용서를 향해 개방하는 그 나라의 방식이다. 성경은 이 여정에서 그리스도인의 안내서, 즉 지도이지, 영토가 아니다. (어떤 지도도 그것이 나타내는 영토가 아니다.) 성경은 "초자

---

[183] 같은 책, p. 95.
[184] 같은 책, p. 100.
[185] Caputo, *Weakness of God*, p. 108.

연적 주장"이 아니라 "우리의 삶"과 세상을 "변혁시키라는 초대"다.[186] "성경은 사건의 장소다."[187] 즉 하나님 나라를 향한 변혁의 사건의 장소다. "그것들[성경의 이야기들]은 그 나라의 삶을 변혁시키는 성격을 그리는 상상력 때문에 읽어야지, 마치 그 이야기들이 초자연적 사건들에 대한 목격자 기록을 제공하는 것처럼 문자적으로 읽어서는 안 된다."[188] 이것은 아무런 증명을 필요로 하지 않는데, 증거나 논리의 문제가 아니라 은혜의 문제이기 때문이다.[189] 그것은 "약한 힘"인 비전에 의해 사로잡히는 것, 이성이 아니라 시학을 통해 오는 부름이다. 비록 여기에 비합리적인 것은 아무것도 없지만 말이다.[190]

카푸토가 "하나님 나라"를 상술하다

분명히 카푸토에게 하나님 나라는 해체의 열쇠이며 그러므로 진정한 기독교를 특징짓는 예언자적 삶의 방식의 열쇠다. 하지만 정확히 그것은 무엇인가? "그것"(it)이라는 표현은 적합한 단어가 아니다. 적합한 단어는 "사건"(event)이다. 하나님 나라, 참된 기독교는 현상이나 체계나 제도가 아니다. 그것은 "실제적"(real, 존재)이지도 "비실제적"(unreal, 부재)이지도 않고 다만 "초실제적"(hyper-real)인데,[191] 이는 앞에서 설명한 "불가능자"와 기술적 의미에서 같은 것이다. 카푸토에 따르면, 예수의 하나님 나라 비전은 간단히 말해 "역전과 전위(轉位)의 무질서한 현장" 또는 "신성한 난장판"의 비전이다.[192] 그것은 현존이나 구성으로서가 아니라, 약속과 부름으로서 존재한다. 그것의 내용은, 만약 그런 것이 있다면, "무능이 자신의 능력을 발휘할

---

186 같은 책, pp. 117-119.
187 같은 책, p. 119.
188 같은 책, p. 239.
189 Caputo, *What Would Jesus Deconstruct?*, p. 51.
190 Caputo, *Weakness of God*, p. 103.
191 같은 책, p. 9.
192 같은 책, p. 14.

때마다, 높고 힘센 자가 우리 중 가장 낮은 자에 의해 전위될 때마다" 존재한다.[193] 그 어떤 다른 나라와 달리, 그것은 "무능한 자의 능력을 중심으로, 약한 힘들에 의해 조직된다."[194] 카푸토에게 이것의 궁극적 상징은 그리스도의 십자가다. 십자가에서 "하나님의 능력은 십자가에 못 박히는 무력한 육신 안에서 구현된다."[195] (카푸토는 본회퍼와 몰트만을 읽고 있었다.)

카푸토에 따르면, 하나님 나라는 환대의 사건이고, 여기서 능력 있고 힘센 자는 힘없는 자와 이방인들을 그들이 동등하게 되는 방식으로 환영한다. 이 나라는 급진적 환대를 강력히 요청하는데, 그렇게 해서 "환대를 **행하는 것**이 이 나라에서의 구성원 자격을 성립시킨다."[196] 카푸토가 말하는 환대는 친구들을 저녁식사에 초대하거나 당신의 교회를 방문한 선교사에게 방을 내어주는 것을 의미하지 않는다. 급진적 환대란 자신의 집을 집 없는 사람에게 넘겨 주는 것이다. 원수를 진심으로 용서하며 환영하는 것이다. 규칙이 적용되지 않는 상황에 놓인 특이한 개인에게 정의를 행하기 위해 모든 규칙을 제쳐 두는 것이다. 자신의 고유한 정체성(또는 한 문화나 제도의 동일성)이 타자와의 만남에 의해 불안정하게 되고 변화되도록 허락하는 것이다. 이 모든 것은 가능한 것의 너머에, 불가능한 것의 영역에 있고, 이런 이유로 대단히 중요하다. 가능한 것에 안주하는 것은 하나님 나라에서 제외되는 가장 확실한 방법이다.

카푸토는 이 모든 것이 얼마나 터무니없이 들리는지 인식하고 있지만, 그는 예수가 세상의 기준으로는 터무니없었다고 주장한다. 여기서 카푸토와 하우어워스가 서로 함께할 수 있다. 하우어워스도 카푸토가 그 나라, 기독교, 세상에 관해 쓴 것을 마찬가지로 쓸 수 있었을 것이다.

---

[193] 같은 책.
[194] 같은 책, p. 29.
[195] 같은 책, p. 54.
[196] 같은 책, p. 269.

키르케고르가 기독교는 이 세상에 대해, 이 세상의 나라에 대해 항구적으로 구조적 대립에 서 있다고 주장했을 때, 그리고 기독교가…이 세상과 식탁에 앉은 것, 즉 전쟁을 벌이라고 요구받은 대상인 바로 그 세상(cosmos)과 평화를 맺은 것은 기독교가 타락한 징표라고 주장했을 때, 그는 가장 성경적이고 가장 예언자적이었다.[197]

키르케고르는 말할 것도 없고 하우어워스와 카푸토가 말한 전쟁은 모두 비유적 의미이며, 즉 대립, 예언자적 비판, 해체를 의미할 것이다.

기독교가 세상에 굴복하는 한 방식은 윤리학이다. 카푸토가 『윤리학에 반대하여』(*Against Ethics*, 1993)를 쓴 것은 유명한데, 거기서 그는 그리스도인이나 어떤 사람이 비윤리적이거나 비도덕적이어야 한다는 것을 의미하지 않았다. 오히려 그는 메시아적인 것, 하나님 나라가 윤리학을 초월한다는 것을 의미했다. 그는 "만약 윤리학이 의무와 관련된다면 나는 윤리학에 반대한다"고 말하면서, "나는 우리가 윤리학을 폐지해야 한다고 생각한다"고 선언했다.[198] 그가 의미하는 윤리학은, 특이한 상황이 발생하기 전에 올바른 것이 무엇인지 계산하는 것이다. 그리고 그것은 규칙에 따라 기능한다. 하지만 모든 윤리적 규칙은 기껏해야 잠정적이며, "매일의 삶의 특이한 상황들은 윤리 이론의 레이다에 탐지되기에는 땅에 너무 근접한 고도로 비행한다."[199] 하나님 나라의 시학인 해체는 미친 듯이 윤리학을 넘어서는데, "법을 무시함으로써[가 아니라] 그 경직성을 풀어줌[으로써]" 그렇게 한다.[200] 해체는 또한 권위와 "법의 힘"을 파괴하지 않으면서, 다만 예수처럼 "법의 권위에서 절대성이라는 덫을 없앤다."[201]

---

197 같은 책, p. 48.
198 Caputo, *More Radical Hermeneutics*, p. 185.
199 같은 책, p. 173.
200 같은 책, p. 189.
201 같은 책, p. 199.

여기서 주의점이 있다. 카푸토는 일부 다른 이들이 말한 것을 말하고 있지 않다. 하나님 나라가 우리 위에 또는 앞에 있는 초월적 이상으로, 저기 어딘가에서 발견되기를 기다리고 있다거나 전적으로 이질적인 것으로서 우리에게 오는 것으로 말하지 않는다. 그의 견해는 훨씬 더 미묘하다. 그것은 해체적이다. 그에게 하나님 나라, 정의와 사랑, 용서와 환대는 "어디 다른 곳"에 있는 것이 아니라, 그것들이 교란하는 것들 "내부에서 꿈틀거린다." 예를 들어, "정의의 사건은 법의 규칙 안에서 꿈틀거린다."[202] 그것은 (어떤 사물처럼 존재하는 것이 아니라) 모든 불가능한 것, 해체할 수 없는 것처럼, 어떤 이름 안에서 "끓어오르는 잠재성"으로서 존재한다. 예를 들어, "민주주의"가 그렇다. 한편으로, 그것은 우리 정부의 형태다. 다른 한편으로, 그것은 그 개념 안에서 끓어오르는 잠재성이다. 그것은 실천 안에 숨겨져 있는 "요청"이다. 카푸토에 따르면, "민주주의 같은 것의 사건을 그것의 현재 상태와 동일시하는 것은 '우상숭배'다."[203] 참된 민주주의는 어떤 현실의 상태를 뛰어넘는, 앞으로 올 민주주의다. 그것은 심지어 예견될 수 있는 것과 예상들조차 뛰어넘기 때문에 불가능하다.[204] 하지만 그것은 이미 현재의 민주주의에 존재하는데, 그것들의 현재적 존재로서가 아니라 당위로서 존재한다. 그렇다면 하나님 나라는 교회가 아니다. 여기가 카푸토와 하우어워스가 결별할 지점이다. 카푸토에게 교회는 언제나 잠정적이며 해체될 수 있다. "교회는 잠정적 구성물이고, 구성된 것은 모두 해체될 수 있는 반면, 하나님 나라는 교회가 해체될 수 있는 힘이다."[205] 해체 중인 교회는 하나님 나라에 비추어 지속되는 갱신의 과정에서 자신을 끊임없이 개혁한다. 하지만 하나님 나라는 이미 교회 안에서 꿈틀거리고 있다. 카푸토는 이것이 "불화"를 의미한

---

202 Caputo, *What Would Jesus Deconstruct?*, p. 66.
203 같은 책, p. 60.
204 같은 책.
205 같은 책, p. 35.

다는 점을 인정한다. 하지만 "해체가 교회에 대해 감당하는 좋은 소식은 하나님 나라의 해석학을 제공하는 것이다. 기독교의 해체는 교회에 대한 공격이 아니라, 교회가 취약한 우상들에 대한 비판이다."[206]

카푸토가 하나님을 "사건"으로 다시 상상하다

의심의 여지 없이, 카푸토의 가장 미묘하고 논란이 되는 개념들 중 하나는 하나님이 존재(entity)가 아니라 사건(event)이라는 것이다. 또한 이와 짝을 이루어, 하나님이 전능하지 않고 "약하다"는 생각이다. 그의 선언에 따르면, 하나님은 주권적이지 않으며 "세상이 쫓아내고 잊어버리는 모든 것과 동일시함으로써 자신의 거처를 존재자들 사이에 둔다."[207] "하나님"은 우리도 똑같이 행하라는 부름이다. "하나님의 음성, 하나님의 말씀, 하나님의 영은 인과성, 권능이나 위세 없이 우리를 부르는, 우리 안에 있는 최고의 것을 요청하는 부름이다."[208] 카푸토가 정의하는 하나님의 초월성은 "높은 건물을 평평하게 하고 자신의 적들을…재로 만들어 버릴 수 있는 탁월한 전능의 존재 권력이…아니라, 요청의 약한 힘이다."[209] 두 가지 요소가 그를 이런 하나님 개념에 이르게 한다. 첫째, 권력은 부패하며, 강압적 권력은 언제나 악하다. 그러므로 "강한 신학"(strong theologies), 즉 하나님을 전능한 존재로 생각하는 신학은 언제나 인간 권력과 한통속이다. 둘째, 예수는 우리가 하나님의 본성과 성품을 이해할 수 있는 최고의 단서이며, 예수는 세상적 권력이나 강한 힘을 행사하지 않고 자신이 십자가에 못 박히는 것을 허락했다. "하나님"은 변혁으로의 요청이라는 사건으로, 예수 그리스도를 통해 우리에게 하나님 나라의 약한 힘을 주장한다. "하나님의 이름은 어떤 사건의 이름이

---

206 같은 책, p. 137.
207 Caputo, *Weakness of God*, p. 45.
208 같은 책, p. 41.
209 같은 책, p. 38.

다. 그 사건은 우리의 문 앞에서 부르는 것으로서, 환대의 사건으로 옮겨질 수 있고 또 그래야 한다."[210]

카푸토가 하나님을 사건으로 묘사한 것은 많은 질문을 불러일으키며, 그는 대다수 사람들이 원하는 방식으로 그 질문들에 답하는 데 별로 관심이 없는 듯 보인다. 그는 하나님의 체계, 즉 하나님의 존재나 속성을 사변하는 것에는 매우 무관심하다. 그가 보기에 그런 질문과 연구는 언제나 가장 중요한 것, 즉 우리 삶에 대한 하나님의 부름으로서의 하나님 나라와 우리의 반응으로부터 멀어지게 한다. 그는 말한다.

그 사건이 우리를 부르는 것은 하나님의 이름 안에서 혹은 그 이름으로다. 쟁점은 우리가 하나님을 부르는 것이 아니라, 하나님이 부르는 것이다. 그렇다면 다시 쟁점은 하나님이 부르는 것이 아니라, 세상의 관점에서는 입맞춤 같이 약한 힘인 부름에 대한 최초이자 유일한 증언인 반응이다.[211]

하지만 그는 자신이 하나님에 관해 어떻게 생각하는지 암시할 정도로 충분히 말한다. "하나님은 지고한 존재가 아니라, 존재 없는 어떤 거룩한 '의무'(ought)다."[212] 또한 "하나님이 하나님일 수 있는 때는 오로지, 하나님에 대한 나의 관계는 비스듬한 반면 이웃에 대한 나의 관계는 정면일 때다."[213] 이는 우리와 하나님의 관계를 어떤 수직성도 없는 순전히 수평적인 것으로 만드는 듯 보인다. 그렇다면 "하나님"은 오직 타자에 대한 의무와 사랑의 반응에서만 만날 수 있다. 아마도 카푸토의 하나님 개념에 대한 가장 분명한 표현은, 하나님이 존재의 질서에 있는 한 존재가 아니라 "약속의, 부름의 과

---

210 같은 책, p. 269.
211 같은 책, p. 97.
212 같은 책, p. 271.
213 같은 책.

잉"이라는 것이다.²¹⁴ 그리고 "하나님의 이름은 존재가 아니라 사건의 이름이다. 원인이 아니라 부름의 이름이고, 현존이 아니라 도발 또는 약속의 이름이다.…우리는 하나님을 명백한 강함이 아니라 약함의 측면에서 더 잘 사유할 것이다."²¹⁵

그렇다면 예수의 기적들에 관해서는 어떤가? 카푸토는 그 이야기들 안에 있는 "종교"를 유지하려 시도하면서도 기적들은 "마법"의 영역으로 강등시킨다.²¹⁶ 그는 예수가 나사로를 죽은 자들로부터 일으킨 이야기를 사례 연구로 선택한다. 시신의 소생은 마법이며, 이것을 카푸토는 별 소용이 없는 것으로 본다. 이 이야기에서 중요한 것은 그런 것이 아니라, 그것이 그리는 예수의 이미지, 즉 하나님의 이미지다. "내가 나사로의 이야기에서 포착하는 것은 예수의 우는 모습이다. 이것은 하나님의 약함의 모습이다.…신성은 약함에 있지, 능력에 있지 않다."²¹⁷ 카푸토는 자신이 성경에 대한 역사비평적 연구를 가치 있게 여기며 자연에 대한 초자연적 개입이 없다는 현대 과학의 결론을 받아들인다는 점을 분명히 한다.²¹⁸ 우리는 계몽주의의 이러한 성취들을 따라야 하며 마법에 대한 전근대적 미신이나 믿음에 빠져서는 안 된다. 하지만 그가 말하는 바에 따르면, "그렇다고 우리가 문자주의, 창조론, 근본주의를 잠재운 역사비평적 연구에 진 빚 때문에…이 내러티브들에 대한 계몽주의적 몰이해나 그 내러티브들이 우리에게 주장하는 것에 대한 합리주의적 무감각에 빠져서는 안 된다."²¹⁹

카푸토가 하나님에 관해 정확히 무엇을 생각하는지 말하기란 쉽지 않으며, 그 자신도 "내가 나의 하나님을 사랑할 때 나는 무엇을 사랑하는가?"라

---

214 같은 책, p. 11.
215 같은 책, p. 12.
216 같은 책, pp. 238-239.
217 같은 책, pp. 257-258.
218 같은 책, p. 112.
219 같은 책, p. 120.

는 아우구스티누스와 데리다의 질문과 씨름할 때 이 점을 인정한다. 한 가지는 분명하다. 카푸토는 "고전적 유신론의 존재신론적 하나님의 죽음"을 받아들인다.[220] 카푸토의 하나님은 "형이상학적 기계공"이나 "우주적 힘"으로서 우주를 통제하면서 그것을 고치기 위해 개입까지 하는 것도 아니다.[221] 그에게 하나님은 행성 같은 대상물도, 심지어 자연 법칙도 아니다. 그 또는 그것은 수학 공식이나 신학적 체계에서 발견되거나 기술될 수 없다. 카푸토의 하나님에 관해 생각하는 하나의 가능한 방식은 예수 그리스도의 삶과 죽음 내의 불가능한 꿈틀거림으로, 그렇게 인간들을 변혁을 통해 하나님 나라로 부름으로 이해하는 것이다. 다시 말해, 실제적이거나 비실제적인 것이 아니라 초실제적인 것으로 말이다. 낯설고 반(反)직관적 방식으로, 해체는 (적어도 데리다와 카푸토가 가르치는 것으로서는) 초실제적인 것을 일반적으로 실제적인 것보다는, 그리고 당연히 비실제적인 것보다는, 더 실제적이라고 본다. 하지만 초실제적인 것은 결코 여기에 있지 않다. 그것은 독일어 '포어한덴'(vorhanden)이 표현하는 것처럼 즉시 이용할 수 있는 것이 아니다. 그렇다면 카푸토가 그리는 하나님은, 이 해석이 정확하다면, 니체나 알타이저의 말대로 죽었거나 떠난 것도, 또는 현존하며 완전한 것도 아니며, 다만 (현실적인 것보다 더 "실제적"이라는 의미에서) 잠재적이다. 하지만 카푸토는 아마도 이 모든 것이 우리가 변화를 요청받는다는 실제적 핵심을 회피하는 형이상학적 허튼소리라고 말할 것이다.

카푸토가 조심스럽게 수용되고 질문을 받다

앞에서 언급한 대로, 카푸토에게는 경탄하는 사람들과 비판하는 사람들이 있다. 둘 다에 해당하는 한 사람이 퍼트로, 그는 카푸토의 신학을 분석하고

---

220 B. Keith Putt, "The Existence of Evil and the Insistence of God: Caputo's Poetics of the Event as a Discourse on Divine Intervention", 미출간 논문, p. 12.
221 같은 책, pp. 14-15.

비판하기 위해 책의 여러 장을 할애하고 또한 학술 논문들을 썼다. 경탄하면서 비판하는 또 다른 한 사람은 올투이스다. 둘 다 카푸토에게 신앙고백적으로 접근하는 복음주의 그리스도인들이다. 카푸토는 형식적으로는 가톨릭이지만, 그의 저작은 신앙고백적으로 정통인 것에 아무런 관심을 보이지 않는다. 퍼트와 올투이스는 모두 관대한 정통 신앙, 즉 폭넓게 이해되는 정통 기독교에 헌신한 그리스도인들이다. 그들이 카푸토의 신학에서 공감하고 비판하는 영역들은 비슷하므로, 여기서는 카푸토에 관한 저작을 계속 내고 있는 퍼트에 초점을 둘 것이다.

신앙고백적 그리스도인으로서, 퍼트는 카푸토의 포스트모던적 전환이 도움이 되며 희망적이라고 본다. 퍼트에 따르면, 카푸토는 "계몽주의가 종교와 신앙을 무시한 것이 그 자체로 착각이다"라는 것을 보여 줌으로써 카푸토 자신이 칭찬받을 만하고 기독교에 유익이 되도록 한다.[222] 동시에 그는 카푸토의 신학에 "한 가지 결점"이 있다고 말한다. 그 결점은 현대성에 대한 카푸토의 태도에 있는 비일관성과 관련된다. 퍼트에 따르면, 카푸토는

> 하나님의 은혜의 사건이 진정한 존재 구조 속으로 침입하고 그 사건의 메시아적 부름에 반응하는 개인들의 인격적 삶에 관계적으로 개입할 어떤 가능성도⋯거부한다. 카푸토가 항상 간직하고 있는 비책처럼 보이는 한 가지는, 역사와 과학이라는 현대주의적 판단 기준을 어느 정도는 비일관적이고 환원주의적으로 고수한다는 점이다.[223]

다시 말해, 퍼트는 카푸토가 그의 포스트모던적 기획을 끝까지 일관성 있게 따르지는 않았다고 암시하는 것이다. 그렇다고 그 자신의 사건의 신학

---

[222] B. Keith Putt, "Poetically Negotiating the Love of God: An Examination of John D. Caputo's Recent Postsecular Theology—A Review Essay", *Christian Scholar's Review* 37 (2008): p. 487.
[223] 같은 책, p. 496.

이 내적으로 일관성 있는 것도 아니다. 카푸토는 과학의 우상을 폭로하고, 과학은 현대성이 말하는 신이 아니라고 주장한다. 퍼트는 자신의 비판을 통해 문제점을 잘 지적했다. 다음은 카푸토가 (상당히 최근에 출간된) 『해체주의 요약』에서 과학에 관해 쓴 글이다.

> 자연 과학의 "해체"는, 진지하게 그리고 충분한 엄숙함으로 행한다면, 좋은 소식일 것이다. 그것의 효과는 과학 법칙이 <u>스스로 개정하는, 스스로 질문하는</u> 방식의 "타자"에 대한 개방성을 계속 유지하도록 하는 것이다. 여기서 "타자"란 과학적 "예외", 즉 법칙의 거역이나 위반을 의미할 것이다.…과학에 대한 해체적 접근은 과학 공동체를 갑작스러운 출현들, 즉 새로운 사상들에 대해 개방할 것이다.…자연 과학에 대한 해체적 접근은 과학의 "법칙들"이 앞으로 올, 현재는 예견할 수 없는 과학에 힘입어 항상 해체될 수 (개정될 수) 있다고 주장할 것이다. 과학에 대한 해체적 접근은 좋은 소식이며 자연 과학적일 것이다. 우리는 지금의 패러다임이 교조적으로 받아들여지지 않도록 경계하는 한편, 우리가 지금 믿고 있는 어떤 것에 오류가 있을 수 있다는, 앞으로 올 어떤 다른 것을 놓치고 있다는 은밀한 의혹을 품는다. 이러한 깊은 해체적 사고방식은 엄밀한 과학의 핵심에 닿아 있다. 그것에 핵심이 있다면 말이다.[224]

퍼트의 질문은, 어떻게 이것이 기적을 "마법"으로 그리고 그에 대한 믿음을 미신으로 거부하는 카푸토의 완고한 자세와 어울리는가 하는 것이다.

마땅히 퍼트는 카푸토의 입장을 누그러뜨리기 원한다. "나는 그가 자신의 현명한 경구를 좇아 조금 긴장을 풀 것을 제안한다.…때때로 카푸토는 자신의 약함의 신학에서 경직성, 즉 하나님 나라를 전통적 존재신학의 부패

---

[224] Caputo, *Deconstruction in a Nutshell*, pp. 73-74.

로부터 구한다는 칭찬할 만한 열정에 지나치게 사로잡히는 경직성을 보이는 경향이 있다."[225] 퍼트는 카푸토가 "잘못된 양자택일의 오류"를 지나치게 "가까이한다"고, 둘 중 하나를 선택하는 것이 그의 신학에 너무 많이 나온다고 비판한다.[226] "신적 개입을 마법 또는 무로 축소할 필요는 없다."[227] 하나님은, 퍼트의 경고에 따르면, 전능(omnipotent)하지 않기 위해 무능(impotent)할 필요가 없다.[228] 그는 카푸토 자신도 때때로, 특히 사람과 제도를 변혁하기 위해 해체를 통해 일하는 성령에 관해 쓰면서, 신적 개입의 언어를 사용한다는 점을 지적한다. 퍼트의 말에 따르면, "바로 이것이 카푸토의 사건의 시학이 여전히 신적 개입에 관한 담화일 수 있는 방식이다. 하나님은 동기부여와 촉진의 영으로서 세계에 개입한다. 고요하고 미세한 하나님의 목소리는 '앞으로 올 불가능한 것'의 약속으로 우리를 유혹하고 부추긴다."[229] 퍼트가 통찰력 있게 내리는 결론에 따르면, 카푸토가 하나님의 개입 능력을 부정하는 것은 "그 자신의 해체적 해석 전통에 실제로 모순된다."[230]

비슷하게 퍼트는 카푸토의 신론에 있는 비일관성을 지적한다. 카푸토의 양자택일 경향을 계속 비판하면서, 퍼트는 이 해체주의 철학자가 "하나님을 형이상학적 사변의 거대한 구조 안에 있는 한 존재로 해석해야 하거나, **또는** 절대로 존재로 해석하지 말아야 한다는 듯이 글을 쓴다"고 주장한다.[231] 퍼트는 세 번째 길, 즉 하나님이 존재일지라도 전체화시키는 존재는 아닌 것으로 그려지는 중간 지대를 요청한다.[232] 다시 말해, 카푸토는 하나님을 존재로 묘사하는 것이 그를 (또는 그것을) 모든 것을 결정하는 현실, 최

---

[225] Putt, "Existence of Evil", p. 29.
[226] 같은 책, p. 33.
[227] 같은 책, p. 34.
[228] 같은 책, pp. 39-40.
[229] 같은 책, p. 35.
[230] 같은 책, p. 37.
[231] 같은 책, p. 33.
[232] 같은 책.

고의 존재, 우주의 독재자로서 강압적 힘을 행사하는 존재로 만든다고 두려워하는 것 같다. 퍼트의 결론은, "존재함을 비움으로 축소할 필요는 없다"는 것이다.[233] 퍼트는 이것과 전혀 존재가 아님 사이에 넓은 중간 지대가 있음을 암시한다.

카푸토의 신학에 있는 또 다른 약점은 그의 교회에 대한 논의다. 이것은 아마도 하우어워스가 카푸토의 신학을 논평했더라면 지적했을 약점이다. 데리다를 따라, 카푸토는 공동체에 관한 강한 의구심을 표명한다. 공동체는 전체화하고 배타적으로 되는 내재된 성향을 가지는 반면, "구분, 즉 분리는 타자에 대한 나의 관계의 조건이다."[234] 카푸토는 공동체가 언제나 냉대(inhospitality)의 요소를 포함한다고, 그것은 타자의 이름으로 해체되어야만 한다고 믿는다. 해체는 그 공동체의 자기 보호적 울타리에 도전함으로써 "공동체를 교란한다."[235] 이것은 "교회"에 관한 그의 생각으로 이어진다. 문제는 단지 그가 교회를 "잠정적"이고 "해체할 수 있는" 것으로 부른다는 것만이 아니다. 또한, 그리고 심지어, 교회를 "제2안"(Plan B)으로 언급한다는 것이다.[236] 그가 말하는 의미는 분명하다. 교회가 하나님 나라에 혹은 예수의 예언자적 사명과 우리의 사명에 반드시 필요하지는 않다는 것이다. 카푸토는 자신의 신학에서 교회를 위한 어떤 긍정적 여지도 남기지 않았다. 교회는 해체와 변혁을 필요로 하는 또 다른 인간 제도일 뿐이다. 하우어워스는 교회가 하나님 나라가 아니라는 점과 모든 교회가 개선을 필요로 한다는 점에는 동의할 것이다. 하지만 카푸토가 무신경하게 교회를 다루면서, 교회라는 것이 마치 예수가 사도들이 예상했던 대로 돌아오지 않자 만들어낸 나중 생각에 불과하다는 듯이 여기는 데 대해서는 몸서리칠 것이다.

---

[233] 같은 책.
[234] Caputo, *Deconstruction in a Nutshell*, 14. 이것은 데리다로부터의 인용으로, 이후에 카푸토는 자신의 동의를 표한다.
[235] 같은 책, pp. 107-108.
[236] Caputo, *What Would Jesus Deconstruct?*, p. 35.

카푸토를 비판하는 자들이 (그리고 경탄하는 자들도 마찬가지로) 기억해야 할 한 가지는, 그가 철학자라는 점이다. 이것은 그가 진지하게 다루어지면 안 된다는 말이 아니라, 그가 어떤 정통 교리나 신앙고백적 입장에 개인적으로 헌신하는 것처럼 가장하지 않는다는 것이다. 하지만 그는 분명히 자신이 그리스도인이라 주장하고, 그것이 그를 기독교 신학자들의 질문에 개방한다. 비록 그가 그것을 아주 달가워하지는 않더라도 말이다. 하지만 그에게 질문하는 사람들도 그가 순수 철학으로부터 신학에까지 이르는 긴 개인적 여정을 걸어왔다는 점을 기억할 필요가 있다. 이 길에서 그는 하나님 나라의 시학을 발견해 오면서 비신화화와 과정 신학과 신정통주의, 그리고 스스로에게 매우 당황스럽게도 복음주의와 마주쳤다. 아마도 그가 "진짜 신학자"로 여겨지기까지는 아직 멀었을 것이다(그것이 무엇이든지). 아마도 철학자들과 신학자들은 그를 잔소리꾼, 말썽꾼, 예언자로 기억하는 것이 최선일 것이다. 그리고 그런 평판에 그는 거의 확실히 만족할 것이다.

결론

이 책은 내가 어렸을 때 어머니가 가족 여행에 관해 기록한 일기들 가운데 하나, 여행 이야기와도 같다. 유일한 차이가 있다면, 우리 가족의 여행들 대부분보다 더 많은 긴장으로 가득 차 있다는 것뿐이다. 그리고 그 여행들 대부분과 달리, 분명한 목적지도 없었다. 기독교 가족은 그 현대적 오디세이를 거치면서 산산이 부서지고 종종 불화를 겪어 왔다. 그리고 그 목적지는 매우 논란이 되어 왔다. 그 시작점은 계몽주의였고, 안내자는 기독교 전통과 현대적 토대주의였다. 둘 다를 따르려는 노력은 종종 막다른 길에 이르고 말았다. 어떤 가족 구성원들은 하나의 안내자만 따르고 다른 안내자는 거부했다. 다른 구성원들은 두 안내자들을 화해시키려 시도했고 부분적으로만 성공을 거두었다. 마지막으로, 반항아 잭[존 카푸토―옮긴이]은 두 안내자를 떠나, 불가능한 꿈을 제외하면 어떤 안내자도 없이 자신만의 여정을 떠났다.

현대 신학의 여정(이 책의 원제―편집자)은 그 탈것을 재구성하는 노력으로 시작해서 (지금까지는) 그것을 해체하는 기획들로 끝났다. 그 과정에서 수

많은 기독교 사상가들이 조금씩 손보고 조정하면서 이 여정이 시작될 당시의 모습으로 재단장하려 했다.

묘사를 위해 어떤 은유를 선호하든지, 현대 신학의 여정 이야기가 긴장, 혼돈, 가끔의 승리, 일부의 비극, 그리고 많은 놀라움으로 채워진 것이라는 점에는 별 의심의 여지가 있을 수 없다. 이 여정의 일부 관찰자들은 모든 길이 결국 같은 목적지로 이어진다고 생각할 수 있지만, 많은 길이 서로 완전히 반대 방향을 향하기 때문에 그것은 옹호되기 어려울 것이다.

현대 신학의 연구는 시인 월리스 스티븐스(Wallace Stevens)가 말한 "질서를 향한 거룩한 분노"에 사로잡힌 누군가를 동방 정교회로, 즉 대체로 계몽주의와 현대성의 영향을 받지 않은 기독교 유형으로 이끌 수 있다. 하지만 서구의 우리 대부분과 글로벌 사우스의 이른바 젊은 교회의 많은 사람은 현대성에서 벗어날 수 없다. 심지어 포스트모던 사람들조차 자신들이 오염되었고 더럽다고 비판하는 현대 문화의 물속에서 여전히 헤엄치고 있다. 지난 이삼백 년 동안 그리스도인들은 자신들이 교회의 처음 이삼 세기 동안에 로마 제국에 있던 그리스도인들과 같은 상황에 놓여 있음을 발견했다. "아테네가 예루살렘과 무슨 상관이 있는가?"라는 것이 그들의 질문이었다. 우리의 질문은 "비텐베르크나 로마가 쾨니히스베르크[칸트]와 무슨 상관이 있는가?"다. 거의 모든 기독교 사상가는 적어도 "어떤 것"을 말한다. 기독교 전통인 복음과 현대성 사이의 이 관계를 밝혀내기란 쉽지 않았다.

21세기의 첫 십 년 동안, 계몽주의가 시작된 지 3세기 반이 지난 다음, 많은 젊은 그리스도인들은 현대 신학이 데카르트, 로크, 흄, 칸트, 헤겔이 만든 지도를 따르는 한 이 현대 신학의 여정에서 벗어나는 선택을 하고 있다. 가장 왕성한 기독교 청년 운동은 젊고 부단히 활동하는 개혁파의 새로운 칼뱅주의와 포스트모던적 이머징 교회 운동으로 보인다. 전자는 칼뱅 및 조나단 에드워즈와 함께 전근대적 기독교를 재발견하고 있고, 후자는 현대성을 포함하는 모든 이데올로기를 빈정거리는 데 열중하면서 새로운 지도를 찾거나 아무런 지도 없는 여정을 즐기고 있다. 두 집단은 대체로 슐라이어마허, 바르트, 틸리히 연구를 지루해한다.

문제는 사람들이 이들을 비롯한 현대 신학 개척자들의 길들을 여전히, 어떤 경우는 그들의 이름도 모른 채 따라가고 있다는 점이다. 오늘날의 그리스도인들은 자신들에 앞서 길을 걸었던 이들에 관해 아는 편이 더 좋다. 그렇지 않으면 동일한 틀에 빠지고 같은 곳에서 제자리를 맴돌면서 시간을 허비하고 말 것이다. 그들에 관해 배우면서 스스로 빠져 있는 난국을 이해하고, 거기에서 벗어날 수 있도록 앞을 가리키는 놀라운 표지를 발견할 것이다.

이 현대 신학의 여정에 관한 이야기 위를 맴도는 커다란 오래된 신학적 질문은 하나님이 어디 있느냐는 것이다. 하나님은 자신의 백성을 버렸는가? 1960년대의 급진 신학자들이 하나님이 죽었다고 선언했을 때, 하나님은 어디에 있었는가? 신학이 하나님과 작별을 고하자 하나님도 신학을 버린 것인가? 하나님은 대중 종교 안에서 건재한가? 나는 이런 질문들에 대한 대답이 쉽지 않다고 생각하지만, 하나님이 자신의 백성으로 하여금 얼마간의 세월을 광야에서 방황하도록 허락할지라도 그들을 버리지는 않는다고 확신한다.

내 생각을 모두에게 솔직히 털어놓자면, 나는 현대 서구 기독교의 문화적 맥락인 현대성과 로마 세계에 있었던 고대 기독교의 문화적 맥락인 그리스 사상 사이의 비교가 오해를 불러올 수 있다고 생각한다. 계몽주의의 주요 산물인 세속주의와 특히 자연주의와 합리주의적 토대주의는 인간 역사에서 새로운 어떤 것을 제시한다. 발타자르는 이것을 『하나님 질문과 현대 인간』(*The God Question and Modern Man*)에서 효과적으로 설명한다.

발타자르의 주장에 따르면(참고. 10.c.), 현대 이전에 인류에게는 그들이 어떤 계시 종교를 믿고 따랐든지 언제나 추가로 어떤 형태의 자연 종교가 있었다. 다시 말해, 자연은 초자연적인 것에 개방되어 있다고 언제나 여겨졌고 창조 세계 자체는 "하나님[또는 신들 또는 신적인 것]의 위엄을 담고 있는" 것으로 생각되었다. 계몽주의에서 나온 세속주의는 이런 사고를 인류로부터 빼앗았으며, 사람을 성스러운 것, 즉 신적인 것의 자리에 두려 했다. 창조된 질서, 세계인 자연은 기계로 축소되었다. 그 결과는 신비, 아름다움, 희망의 심각한 상실이었다.

많은 보수적 그리스도인들은 현대성의 주요 문제가 권위 상실, 특히 성경과 교회 전통의 권위 상실이라고 생각한다. 분명히 그런 문제가 있다. 하지만 기록된 권위는 죽이는 "문자"일 수 있다(고후 3:6). 오직 영이 생명을 준다. 현대성이 가져온 최악의 결과는 삶의 영적 차원의 상실이었다. 세속주의는 실재를 일상적인 것, 예견할 수 있는 것, 뻔한 것으로 축소했다. 그것은 모든 영적인 것을 미신은 아니더라도 사적 의견의 영역으로 강등시켰다. 이에 대한 반응으로 모든 종류의 신흥종교, 신비 종교, 뉴에이지 영성 기술, 근본주의가 급격히 늘었다. 신흥종교와 새로운 종교들을 연구하는 한 사람이 후기 현대성에서 그것들이 왕성한 이유를 설명한 바에 따르면, 현대 문화의 세속적 경찰들이 자연주의 야경봉으로 심하게 단속하자 사람들은 신들을 밀반입하기 시작했다.[1]

그런 다음에 현대성의 전적으로 새로운 도전은 반(反)초자연주의였다. 여기서 내가 말하는 "초자연주의"란 보고된 기적 이야기를 모두 곧이곧대로 믿는 것을 의미하지 않는다. 자연적인 것을 초월하면서도 자연에 단지 물질적인 것 이상의 차원을 불어넣는 실재와 작인(作因)을 의미한다. 현대적 과학주의와 합리주의적 철학의 반초자연주의 시류에 편승한 신학들은 단지 기독교와 복음뿐만 아니라, 인류마저 내다 팔았다. 내 생각에 이 현대 신학 이야기의 영웅들은 정도가 심한 적응주의자들이나 반동주의자들이 아니라, 초자연적 준거 틀 안에서 예수 그리스도의 복음을 굳게 붙들고, 당대

---

1 나는 교회 역사가 마틴 마티(Martin Marty)가 이런 말을 하는 것을 수차례 들었다.

의 문화에 가능한 한 적실성 있는 방식으로 그것을 전하려고 한 신학자들, 말하자면 바르트(개신교)와 발타자르(가톨릭) 같은 신학자들이다. 이는 그 두 사람이 말한 모든 것을 지지한다는 말이 아니다. 그들이 현대 세속 문화의 조류에 거슬러 헤엄치면서도 세상에 대한 기독교적 책임을 포기하지 않았다는 점에 대해 칭찬을 받아야 한다는 말이다.[2]

또한, 바르트와 발타자르는 모두 신학을 칸트의 실천이성의 영역, 즉 윤리학으로 축소하려는 많은 현대 신학의 경향을 극복했다. 형이상학이란 말이 담고 있는 의미를 고려하면 비록 그들이 형이상학적 신학자로 불릴 수는 없지만, 둘 다 기독교 신학이 실재에 관해 진리 주장을 한다는 점을 확증했다. 즉 기독교 신학은 단지 인간 경험이나 가치에 관한 것이 아니다. 이 현대 신학 연구의 주요 논지 하나는, 현대 신학이 현대 과학의 그늘 아래 있었고 또 너무나 자주 그로 인해 위축되어 있었다는 점이다. 많은 현대 기독교 신학자들이 지나치게 위축된 나머지, 그들은 기독교가 원리상 과학과 갈등할 수 없도록 기독교를 재정의했다. 이것이 좋게 들릴지 몰라도 그 대가는 너무나 컸다. 지식은 이른바 자연 과학에 넘겨져야 했고, 그 결과로 신학에 남은 것은 단지 의견과 가치 판단이었다. 여기서부터 미신까지는 그리 멀지 않다.

21세기에 많은 기독교 신학이 과학에 대한 두려움을 극복하고 있으며, 칸트적 방식이나 실존주의를 수단으로 해서 믿음을 주관화하면서 양보했던 영역을 다시 회복하고 있다. 신학자이자 물리학자인 존 폴킹혼(6.b.에서 언급)은 새로운 통합주의를 향한 길을 앞장서고 있는데, 거기서는 신학과

---

2 늘 그렇듯, 바르트가 초자연주의자라 불려야 할지에 관해서 논쟁하는 사람들이 있을 것이다. 그것은 모두 "초자연적"이라는 말이 무엇을 의미하는지에 달려 있다. 나는 빈 무덤을 포함해 예수 그리스도의 몸의 부활을 믿는 사람은 어느 정도의 수준에서 초자연주의자라고 생각한다. 내가 이 단어를 사용할 때, "초자연적"이라는 표현은 하나님이 자연과 그 규칙들에 개입해야만 하거나 개입한다는 점을 필연적으로 내포하지는 않는다. 나는 (1.e에서 논의된) 리드와 (4.b에서 논의된) 부시넬이 제시한 설명, 즉 기적과 초자연적인 것이란 하나님과 하나님의 특별한 활동이 필연적으로 자연을 침해한다는 점을 함의하지 않는다고 한 것을 받아들인다.

과학이 서로 겹치지만 다투지는 않는 지식의 영역들이다.

많은 현대 신학에 대한 나의 비판에도 불구하고, 참으로 나는 이 책에서 설명했거나 또 그렇게 하지 못한 모든 신학자와 운동으로부터 배워 왔다고 말할 수 있다. 속담에도 있듯이, 하나님은 굽은 막대기로도 (안전지대와 합의된 견해에) 큰 타격을 입힐 수 있다. 나는 이 책의 독자들도 참으로 같은 말을 할 수 있기를 바란다.

사람들은 종종 나에게 신학의 미래를 예견해 달라고 요청한다. 나는 단연코 거부한다. 그런 일은 헛수고다. 1901년(20세기의 첫 해) 무렵에 미래를 예견하려 한 사람들이 대부분 틀렸음이 밝혀졌다. 19세기의 끝자락에 특히 유럽 사람들과 미국 사람들은 낙관주의와 희망으로 가득 차 있었다. 20세기는 "기독교의 세기"(the Christian century)가 되어야 했다. 하나님 나라의 서광이 밝아 오거나 교육과 기술이 무지와 비참을 추방하는 세기가 되어야 했다. 만약 그 20세기가 우리에게 가르친 것이 있다면, 미래를 예견해서는 안 된다는 것이다. 내가 할 수 있는 말은 단지, 미래가 어떻게 펼쳐지든지 흥미로울 것 같다는 것이다. 나는 글로벌 사우스와 그곳의 젊은 교회들이 기독교에, 그리고 가능하다면 신학에도 새로운 바람을 불어넣기를 고대한다. 현대 서구의 우리는 여정의 끝까지 모든 길을 따라온 것 같다. 이제 우리는 제자리를 맴돌고 있다. 아마도 아프리카나 아시아의 목소리가 우리의 포스트모던 환경에 대고 말하고 앞으로 난 길을 가리킬 것이다.

찾아보기

가르프, 요아킴(Joakim Garff) 154
가부장제(patriarchy) 627, 677, 713-727
가톨릭교회(Catholic church) 23-24, 25, 42, 44-48, 80, 84-85, 133, 233, 255-283, 297, 410, 641, 675-678, 701
가톨릭 대학교(Institut Catholique) 269
가톨릭 대학교, 리마(Catholic University in Lima) 700
가톨릭 신학(Catholic theology) 85, 169, 255-283, 336, 342, 399, 411, 424, 507, 682, 703, 731-820, 907, 919
가현설(Docetism) 515, 755
간디, 마하트마(Mahatma Gandhi) 479
갈릴레이, 갈릴레오(Galileo Galilei) 23-24, 33, 44-51, 58, 66-67, 82, 109, 133, 255, 317, 803
개릿 신학대학원(Garrett-Evangelical Divinity School) 678, 689, 714
개신교 종교개혁(Protestant Reformation) 61, 63, 80, 233, 267, 295-297, 321, 329, 336, 393, 395, 405, 420, 764, 769, 840, 858, 863
개인주의(individualism) 564, 686, 713, 870, 895-897
개혁파 교회(Reformed Church) 176, 403-404, 405, 456, 605

개혁파 신학(Reformed theology) 83, 189, 286, 290, 295-302, 326-328, 341, 348, 817, 825, 860, 864
거스타프슨, 제임스(James Gustafson) 887, 890, 907-909, 914
거스트너, 존(John Gerstner) 844
게바라, 체(Ché Guevara) 671, 709
'게퓔', 감정(Gefühl) 177, 180-182, 797
경건주의(pietism), 경건주의자들(pietists) 95, 107, 129, 157, 176-177, 181, 218, 225, 312, 328, 331, 360, 377, 462, 608, 637, 855, 856, 863-864
경험주의(empiricism) 69, 72, 96, 100-102, 108-111, 136-138, 145, 865
계몽주의(the Enlightenment) 16, 21-25, 30-38, 42-43, 49, 59-84, 88-89, 94-95, 97-100, 102-108, 129-140, 143-151, 158-160, 165, 171-174, 177-184, 186, 189, 196, 210-213, 223, 230, 250, 254, 256, 265-266, 285, 302, 305-308, 321, 325, 331, 363, 380, 393, 400, 405, 428, 442, 492-493, 530, 564, 572, 580, 633, 642, 673-674, 686, 770-771, 786, 831-834, 843, 847-850, 855, 858, 865-868, 870, 877, 892, 895, 928, 930, 940-942, 947-950

계시(revelation) 26, 31, 37, 58, 71-74, 79-81, 84-86, 89-93, 106, 116, 119, 129-130, 132-133, 142-143, 152, 172-173, 181, 210, 236, 243-245, 250-251, 260, 264-267, 273-274, 278-279, 289, 295-296, 300-304, 307, 310-313, 352, 354, 361, 366-368, 372-373, 376, 397, 403-413, 416-417, 423, 427, 428-431, 481, 483, 487, 490, 492, 499, 501, 504, 506-516, 557, 575-576, 611, 614-617, 625, 639-640, 643, 647-657, 660-661, 663-668, 681, 688, 691-694, 696, 706-707, 738, 741, 744-749, 758, 784, 790-791, 793, 797-803, 809-811, 814-817, 837-844, 851-852, 856-858, 860, 874, 884, 901, 931-932

고가르텐, 프리드리히(Friedrich Gogarten) 401, 440

고든 콘웰 신학교(Gordon-Conwell Theological Seminary) 825

고백교회(Confessing Church) 409, 441, 563, 569, 602

고전적 유신론(classical theism) 332-355, 528-533, 548, 608, 622, 624, 632, 941

과정 신학(process theology) 222, 345, 353-355, 491, 493-495, 528-559, 600, 603, 622-625, 628, 655, 679, 781-782, 786, 946

과정적 범재신론(process panentheism) 625

과학만능주의(scientism) 33, 841-842

관념론(idealism) 107, 122, 121, 132, 137, 305 참고. 이상주의(idealism)

괴테, 요한(Johann Goethe) 145, 604

구속사(Heilsgeschichte) 236

구스타프 아돌푸스(Gustavus Adolphus) 67

구텐베르크, 요한(Johann Gutenberg) 43

구티에레스, 구스타보(Gustavo Gutiérrez) 677-680, 685-686, 700-712

국가사회주의(National Socialism), 나치 사상(Nazism) 252, 254, 409, 411, 424, 441, 461, 463-464, 468, 482, 497-498, 563, 569-570, 693, 702, 736

그레고리오 대학교(Gregorian University) 761

그레이엄, 빌리(Billy Graham) 823, 828, 864

그렌츠, 스탠리(Stanley J. Grenz) 13, 699, 825, 854-864

그리스 문화(Hellenistic culture) 169

그리스 신화(Greek mythology) 52

그리스도 일원론(Christomonism), 그리스도 일원론적(Christomonistic) 421

그리스도중심적(Christocentric), 그리스도중심주의(Christocentrism) 397, 415, 421, 429, 537, 783

그리핀, 데이비드 레이(David Ray Griffin) 535, 538, 552, 557

근본주의(fundamentalism) 36, 37, 286-288, 318-320, 326, 395-400, 428, 501, 506-507, 774, 821, 826-829, 846-849, 852-855, 881, 940, 950

글로벌 사우스(Global South) 254, 673, 948, 952

급진 신학(radical theology) 36, 534, 561-571, 582, 589-599, 601-602, 671, 737

기독교 세계(Christendom) 25, 48, 153, 163, 811, 818, 892-895, 897, 901, 912

기독론(Christology) 118, 193, 196, 206, 212-213, 276-281, 325, 330-331, 335-338, 349-353, 355, 366-367, 430, 492, 515, 522-528, 537-538, 549-553, 557, 659-662, 717, 723, 753, 763-764, 778, 783-788, 846, 878

기초 신학 및 에큐메니즘 연구소(Institute for Fundamental Theology and Ecumenism) 640-641

기포드 강좌(Gifford Lectures) 439, 464, 486, 606, 891, 894

길키, 랭던(Langdon Gilkey) 484-486, 490, 495, 527, 597

나우웬, 헨리(Henri Nouwen) 579

남북전쟁(American Civil War) 359

남성중심주의(androcentrism) 716

남침례교(Southern Baptist Convention) 822

낭만주의(romanticism) 144-146, 150-151, 165, 171, 177-180, 181, 186, 331, 362, 390, 493
내재, 내재성(immanence) 15, 124, 127, 205, 266, 354-355, 394, 404, 456, 491, 493, 516-519, 563, 566, 582, 590-592, 598, 600, 608, 617-619, 624, 629, 632, 721-722, 733, 737, 757, 776-777, 780, 810
내재주의(immanentism) 257, 259-261, 265, 556, 583, 727, 743, 782-783
네빈(J. W. Nevin) 324
네스토리우스주의(Nestorianism) 350-351, 355, 527
노스웨스턴 대학교(Northwestern University) 678, 689, 714
노이쉬, 마르셀(Marcel Neusch) 610
노터데임 대학교(University of Notre Dame) 486, 678, 890-891
노트르담 대성당(Notre Dame Cathedral) 179, 256
놀, 마크(Mark Noll) 292, 308-309, 312, 316, 318-319
'누벨 테올로지'(nouvelle théologie, "새로운 신학") 264, 281-282, 703, 731-734, 761, 793, 804-806
뉴먼, 존 헨리(John Henry Newman) 262-264, 267
「뉴요커」(The New Yorker) 563
뉴욕주립대학교, 스토니브룩[State University of New York (SUNY) in Stony Brook] 588
뉴턴, 아이작(Isaac Newton) 24, 32, 41, 44, 51-57, 102, 120, 134, 143-144, 174, 189, 673
뉴헤이븐 신학(New Haven theology) 327, 358, 385
니버, 라인홀드(Reinhold Niebuhr) 153, 218, 358, 401, 459-490, 494-495, 498, 505, 530, 570, 843, 893-896, 933
니버, 리처드(H. Richard Niebuhr) 217, 362
니체, 프리드리히(Friedrich Nietzsche) 565, 589-590, 604, 636, 742, 765, 792, 866, 941
니콜라우스 쿠자누스(Nicholas of Cusa) 722

다신론(polytheism) 634
다원주의(pluralism) 80, 196, 228, 251, 564, 597-598, 862, 878
다윈, 찰스(Charles Darwin), 다윈주의(Darwinism) 25, 174, 210, 292-293, 317, 337
달버그, 에드윈(Dahlberg, Edwin) 476
대각성운동(Great Awakenings) 290, 327
대로우, 클래런스(Clarence Darrow) 55
대처, 애드리언(Adrian Thatcher) 520
더글러스, 프레더릭(Frederick Douglass) 219
데리다, 자크(Jacques Derrida) 873, 915-917, 919-929, 933, 941, 945
데일리, 가브리엘(Gabriel Daly) 255
데일리, 메리(Mary Daly) 677
데카르트, 르네(Descartes, René) 22-23, 33, 63-74, 78-79, 82, 86, 89, 97, 101, 110, 111, 129, 132, 136-140, 143, 149, 224, 629, 765, 831, 866, 870, 948
덴칭거, 하인리히(Heinrich Denzinger) 771
도덕, 도덕성(morality) 70, 73, 89, 91, 117-118, 122, 125, 134, 180, 182-183, 260, 292, 384, 495, 870, 900
도로테, 죌레(Dorothee Sölle) 712
도르너(I. A. Dorner) 323-355, 417, 663
도리언, 개리(Gary Dorrien) 168, 171, 389, 396, 406, 843-845, 878-879
도일 경, 아서 코난(Sir Arthur Conan Doyle) 130-131
동방 정교회(Eastern Orthodoxy) 948
듀북 대학교 신학교(University of Dubuque Theological Seminary) 825
듀크 신학대학원(Duke Divinity School) 486, 689, 875, 891
드 뤼박, 앙리(Henri de Lubac) 264, 731, 792
드레셔, 한스 게오르크(Hans-Georg Drescher) 232
드류 대학교 신학대학원(Drew University Divinity School) 825
드울프, 해롤드(L. Harold DeWolf) 427, 457

라너, 칼(Karl Rahner) 264, 703, 732-760, 764, 785, 794, 795, 797, 806
라살 대학교(La Salle University) 917
라스 카사스, 바르톨로메 데(Bartolomé de Las Casas) 700
라우센부시, 월터(Walter Rauschenbusch) 171, 197, 205, 214, 217-221, 462-463, 473-476, 493, 893
라이트(N. T. Wright) 860
라이트, 제러마이어(Jeremiah Wright) 699
라쿠나, 캐서린 모리(Catherine Mowry LaCugna) 758, 774, 786-787
라트, 게르하르트 폰(Gerhard von Rad) 608
라틴 아메리카 주교 회의(Consejo Episcopal Latinamericano) 701
라플라스, 피에르-시몽(Pierre-Simon Laplace) 41-43, 48, 53, 189
램, 버나드(Bernard Ramm) 58, 825, 845-854, 856-857
레데코프, 벤저민(Benjamin Redekop) 135
레비나스, 에마뉘엘(Emmanuel Levinas) 873, 920, 926
레싱, 고트홀트 에프라임(Gotthold Ephraim Lessing) 223-225, 493, 604
레오 13세, 교황(Pope Leo XIII) 263
로고스(Logos) 206-209, 216, 249-250, 330, 350-355, 505, 525, 550-551, 723, 751, 756, 832
로메로, 오스카(Oscar Romero) 704
로버츠, 디오티스(J. Deotis Roberts) 689, 697
로버츠, 루이스(Louis Roberts) 742
로빈슨, 존(John A. T. Robinson) 565-566, 603
로저스, 잭(Jack Rogers) 854
로체, 헤르만(Hermann Lotze) 203, 229
로크, 존(John Locke) 69-74, 78-79, 84, 89, 93-96, 100-102, 110-111, 131, 132, 143, 171, 196, 289, 948
로테, 리하르트(Richard Rothe) 323
로티, 리처드(Richard Rorty) 873
롤린스, 피터(Peter Rollins) 594-595, 918, 921
롤스, 존(John Rawls) 907-908
루이스(C. S. Lewis) 25, 801, 825
루스벨트, 프랭클린(Franklin Roosevelt) 464, 499
루크만, 토마스(Thomas Luckmann) 673
루터, 마르틴(Martin Luther) 23, 46, 60, 133, 203, 233, 269, 296, 301, 329, 395, 424, 445, 575, 582, 632, 667, 733, 760, 807, 832
류터, 로즈메리 래드퍼드(Rosemary Radford Ruether) 678-679, 683-685, 713-727
르와지, 알프레드(Alfred Loisy) 257-258, 262, 267-272, 274-282, 732
리드, 토머스(Thomas Reid) 29, 134-144, 165, 289, 295, 302, 304
리버사이드 교회, 뉴욕[Riverside Church (New York)] 57, 222
리어던, 버나드(Bernard M. G. Reardon) 119, 267-271
리오타르, 장-프랑수와(Jean-François Lyotard) 75, 672-674, 686, 866
리젠트 칼리지(Regent College) 855
리츨, 알브레히트(Albrecht Ritschl) 171, 197-225, 229, 233, 252, 306, 321, 329-330, 349, 354, 403, 405, 493-494, 729
리치먼드, 제임스(James Richmond) 211-212
린드벡, 조지(George Lindbeck) 377, 875-884

마레샬, 조제프(Joseph Maréchal) 738
마르셀, 가브리엘(Gabriel Marcel) 399
마르크스, 칼(Karl Marx) 679, 710, 765
마르크스주의(Marxism) 607-608, 675, 699, 710, 720
마르텐센 감독(Bishop Martensen) 328
마셜 플랜(Marshall Plan) 484
마소라 편집자들(Masoretes) 83, 298-299
마이어, 윌리엄(William J. Meyer) 905, 914
마인츠 대학교(University of Mainz) 640
마티, 마틴(Martin Marty) 950
만유회복(apokatastasis) 422, 631
매킨타이어, 알래스데어(Alasdair MacIntyre) 898

매킨토시(H. R. Mackintosh) 199, 355
맥그래스, 알리스터(Alister McGrath) 842-845, 886
맥도나, 엔다(Enda McDonagh) 913
맥코맥, 브루스(Bruce McCormack) 396, 406, 432
맥클렌던, 제임스(James McClendon) 870
맬컴 엑스(Malcolm X) 689-690
머피, 낸시(Nancey Murphy) 870
멍저, 시어도어(Theodore Munger) 390
메노파 연합 성경신학교(Associated Mennonite Biblical Seminary) 890
메데인 회의(Medellín conference) 704
메디치, 페르디난도 데(Ferdinand de Medici) 48
메슬, 로버트(C. Robert Mesle) 555
메이첸, 그레셤(J. Gresham Machen) 214, 285-287
메츠, 요한 밥티스트(Johann Baptist Metz) 679, 700
메탁사스, 에릭(Eric Metaxas) 569
명예혁명(Glorious Revolution) 70
모라비아교도(Moravians), 모라비아교 사상(Moravianism) 176, 356
모범성(Vorbildlichkeit) 193-194
몰트만, 위르겐(Jürgen Moltmann) 388, 556, 598-635, 637, 640-641, 655, 662, 700, 781, 926, 935
무디(D. L. Moody) 290
무신론(atheism) 42, 56, 94, 148, 292, 321, 534, 441, (465-466), 521, 534, 546, 554, 561-564, 588-589, 594-600, 608-610, 625, 642-643, 763, 765-768, 789
무오성, 성경의(biblical inerrancy) 83, 168, 270, 298, 413, 431, 823, 829, 839-840, 842, 849-852, 853
무천년왕국설(amillennialism) 168
물자체(Ding-an-sich) 113
뮌스터 대학교(University of Münster) 406, 736
뮌헨 대학교(University of Munich) 640, 736
뮐러, 율리우스(Julius Müller) 323
미국 독립선언문(Declaration of Independence) 69
미국 성공회(Episcopal Church) 92, 566
미국기독교교회협의회(American Council of Christian Churches) 822
미국주의(Americanism) 319
미첼, 헨리(Henry Mitchell) 689
미학적 지식(aesthetic knowledge) 799-800

바르멘 선언(Barmen Declaration) 409, 441
바르트, 칼(Karl Barth) 10, 20, 119, 134, 153, 178, 193-196, 210, 212, 215, 218, 222, 228, 231-232, 252, 327, 335, 353, 393-396, 400-432, 435-437, 439, 446, 452, 461, 469, 496, 502, 506, 528, 568-569, 574-575, 605, 608-610, 613-615, 637-640, 645, 653, 667, 679, 689, 693, 716, 734-738, 761, 764, 768, 771, 792-797, 807-809, 816, 819, 826, 830, 845, 849-853, 856, 879, 890, 894, 910, 949, 951
바버, 이안(Ian Barbour) 559
바시오, 패트릭(Patrick Bascio) 687
바우어(F. C. Bauer) 198
바울, 사도(apostle Paul) 303
바이마르 공화국(Weimar Republic) 231
바이스, 요한네스(Johannes Weiss) 439, 450
바이체커, 칼 프리드리히 폰(Carl Friedrich von Weizsäcker) 670
바티칸 공의회, 제1차(Vatican Council I) 256-257, 259, 731, 768
바티칸 공의회, 제2차(Vatican Council II) 258, 281-282, 410, 700, 703, 731-735, 762-763, 792-794, 817
바하니안, 가브리엘(Gabriel Vahanian) 565
발타자르, 한스 우르스 폰(Hans Urs von Balthasar) 11, 264, 406, 407, 422, 429, 733-734, 789-820, 949-951
배스, 조지(George Vass) 758
백지(tabula rasa) 70-71, 110-111
밴더빌트 대학교(Vanderbilt University) 496
밴후저, 케빈(Kevin Vanhoozer) 854, 866

버거, 피터(Peter Berger) 597, 673
버스웰, 올리버(J. Oliver Buswell) 828
버틀러, 조셉(Joseph Butler) 93-94, 97, 148
번, 제임스(James M. Byrne) 21, 30-35
범신론(pantheism) 88, 178, 192, 269, 334, 339, 419, 549, 568, 625, 722, 742-743, 776-777, 808-809
범재신론(panentheism) 124, 127, 204-205, 334, 338, 491-492, 521, 528, 533, 548-549, 619, 624-628, 632, 722, 759, 776-777, 781, 809
범주적 계시(categorical revelation) 747-748
베네딕토 16세, 교황(Benedict XVI, Pope) 263, 733, 791, 795, 817, 820
베르나르, 클레르보의(Bernard of Clairvaux) 62
베르코프, 헨드리쿠스(Hendrikus Berkhof) 323
베를린 대학교(University of Berlin) 175, 214-215, 229-230, 292, 328, 403, 497-498, 569, 639
베버, 막스(Max Weber) 30, 32
베스트팔렌 조약(Peace of Westphalia) 81
베이싱어, 데이비드(David Basinger) 556
베커, 칼(Carl L. Becker) 120
베토벤, 루트비히(Ludwig Beethoven) 145
베트게, 에버하르트(Eberhard Bethge) 569-571, 581, 595
벨라르미누스, 로베르투스(Robert Bellarmine) 47
변모(transfiguration) 620
변증법 신학(dialectical theology). 참고. 신정통주의 신학(neo-orthodox theology)
보나파르트, 나폴레옹(Napoléon Bonaparte) 41
보니노, 호세 미구에즈(José Míguez Bonino) 701
보스턴 대학교(Boston University) 828
보스턴 칼리지(Boston College) 678
보어, 해리(Harry Boer) 840
보크뮐, 클라우스(Klaus Bockmuehl) 456-458
보프, 레오나르도(Leonardo Boff) 682, 712
복음주의(evangelicalism) 176, 221, 287-288, 292, 308, 392, 401, 425, 555-556, 774, 822-829, 835, 845, 854-856, 862, 864, 946

본회퍼, 디트리히(Dietrich Bonhoeffer) 388, 463, 561-596, 602, 631, 935
볼테르(Voltaire) 32, 34, 104
부르스마, 한스(Hans Boersma) 817
부리, 프리츠(Fritz Buri) 448, 456
부시넬, 호러스(Horace Bushnell) 29, 134, 148, 325-327, 356-392
부활(resurrection) 28, 39, 117, 127, 190, 196, 209, 224, 248-249, 338, 378, 383, 415, 420, 436-437, 445-447, 449-452, 488, 549, 600, 610, 616, 619, 635, 637-638, 649, 657-661, 753-755, 799, 813, 821, 827-828, 844, 901, 906
부흥주의(revivalism) 95, 220, 290-292, 327, 356, 360, 377, 381, 608, 863
북침례신학교(Northern Baptist Theological Seminary) 828
분파주의(sectarianism) 829, 887, 890, 907-908, 911-913
불가지론(agnosticism) 94, 255-257, 265, 281-282
불변성(immutability) 329-332, 337-341, 345-349, 353-354, 534, 750-751, 778, 820
불트만, 루돌프(Rudolf Bultmann) 39, 222, 400, 433-459, 479-480, 487, 494, 565, 640, 659
뷰렌, 폴 반(Paul van Buren) 566
브라운, 로버트 맥아피(Robert McAfee Brown) 711
브라운, 콜린(Colin Brown) 135
브라운, 헤르베르트(Herbert Braun) 448, 456
브라이언, 윌리엄 제닝스(William Jennings Bryan) 55-57, 288
브라텐, 칼(Carl Braaten) 602
브레탈, 로버트(Robert Bretall) 163
브레히트, 베르톨트(Bertolt Brecht) 792
브로디, 알렉산더(Alexander Broadie) 135
브루너, 에밀(Emil Brunner) 134, 153, 222, 400, 422-427, 435, 440
브린마 대학(Bryn Mawr College) 917
블러쉬, 도널드(Donald G. Bloesch) 430, 825-826, 852-854, 856-857

블레이크, 윌리엄(William Blake) 589-590
블로흐, 에른스트(Ernst Bloch) 602-603, 608-611, 640
블롱델, 모리스(Maurice Blondel) 262-267, 281, 731, 804
블룸하르트, 크리스토프(Christoph Blumhardt) 608
비오 10세, 교황(Pope Pius X) 255-257
비트겐슈타인, 루트비히(Ludwig Wittgenstein) 865-866, 882, 910, 930,
비폭력주의(nonviolence) 676, 685, 709-709, 888-889, 895, 913
빌라노바 대학교(Villanova University) 917
빌헬름 황제(Kaiser Wilhelm) 214-215, 393-394, 401

사도신경(Apostles' Creed) 28
사르트르, 장 폴(Jean-Paul Sartre) 399, 505, 590, 742, 761
사우스웨스턴 대학(Southwestern College) 890
사회 계약(social contract) 75
사회 복음(social gospel) 58, 205, 210, 217-221, 463, 685, 729, 893-896
사회주의(socialism) 463, 465, 473, 489, 500, 701, 708, 712
산상설교(Sermon on the Mount) 465, 468, 563, 896, 933
삼위일체(Trinity) 51-52, 70, 73, 87, 93-94, 117, 126, 151, 192, 203, 206, 216, 274, 340, 346, 350, 367, 389, 415-418, 430-431, 454, 480, 487, 507, 607, 621-623, 626-632, 662-665, 682, 749-752, 757-759, 781, 785, 815, 819, 821, 841, 861-862; 경륜적 250, 665, 749-752, 758-759; 내재적 249-250, 329, 350, 621, 626, 629, 632, 665, 749-752, 758-759; 사회적 861-862
삼위일체 교회, 베를린[Trinity Church (Berlin)] 175
상대주의(relativism) 158, 238, 244-245, 375, 512, 644, 726, 833-834, 862, 868, 873, 879, 920
상식실재론(common sense realism), 스코틀랜드 실재론(Scottish realism) 132-134, 136-140, 143, 165, 295, 302-305, 309, 316, 369
생태여성주의 신학(ecofeminist theology) 722
생태학(ecology) 606, 714, 722
샤르댕, 테이야르 드(Chardin, Teilhard de) 749
샤프, 필립(Philip Schaff) 324
선험적 진리(a priori truth) 69-71, 86, 101-103, 108-112, 114, 139, 181, 224, 242-244, 247, 252, 272-273, 300, 395, 440, 639, 679, 739-742, 747, 758, 874, 916
성 베드로 대성당(St. Peter's Cathedral) 761
성공회(Anglicanism), 성공회교도/국교도(Anglicans) 80, 262, 537, 565, 593
세계대전, 제1차(World War I) 128, 171-172, 214, 222, 231, 244, 393-394, 400, 402, 438, 442, 491, 498, 640, 869
세계대전, 제2차(World War II) 37, 128, 171-172, 174, 222, 393-394, 438, 476, 484, 491, 499, 604, 732, 736, 781, 794, 869
세대주의(dispensationalism) 600, 823
세속 신학(secular theology) 36, 410, 561-564, 582-588, 591-598, 737
세속주의(secularism) 33, 129-130, 256, 470, 486, 564, 584-585, 596, 642-643, 789, 802, 805, 809, 824, 864, 949
세속화(secularization) 583-587, 596, 600
셸링, 프리드리히(Friedrich Schelling) 121
소브리노, 혼(Jon Sobrino) 712
소치니, 파우스토(Faustus Socinus) 343
소크라테스(Socrates) 60, 792
속죄(atonement) 93, 176, 197, 209, 302, 325, 376, 383-385, 388-390, 421, 445, 454, 480
수잔 앤서니(Susan B. Anthony) 219
수하키, 마조리(Marjorie Suchocki) 536
순교(martyrdom) 153, 156, 269, 445, 571, 760
순종적 가능태(potentia oboedientialis) 741-745
쉐바라, 에리히(Erich Przywara) 807-808

쉐퍼, 프랜시스(Francis Schaeffer) 825
슈바이처, 알베르트(Albert Schweitzer) 442-443, 450
슈타우펜베르크, 클라우스 폰(Claus von Stauffenberg) 570
슈테펜스(H. Steffens) 179
슈트라우스(D. F. Strauss) 336
슈파이어, 아드리엔네 폰(Adrienne von Speyr) 793-794, 814, 818
슐라이어마허, 프리드리히(Friedrich Schleiermacher) 97-98, 134, 166-167, 171-199, 210, 212, 217, 225, 233, 243, 252, 267, 273, 283, 292, 321, 323, 325, 327, 329-333, 338-339, 342, 345, 348-349, 355, 362, 403, 410, 416, 419, 493-494, 531, 551, 558, 652, 734, 758, 764, 786, 830, 856, 862, 874, 892, 949
슐링크, 에드문트(Edmund Schlink) 639
스미스, 노먼 켐프(Norman Kemp Smith) 98-99, 104, 109
스위스 신앙고백(Helvetic Confessions) 302
스코틀랜드 실재론(Scottish realism). 참고. 상식 실재론(common sense realism)
스코프스 "원숭이 재판"(Scopes "monkey trial") 55-56, 285
스콜라주의(scholasticism) 295-301, 769, 850
스타우트, 제프리(Jeffrey Stout) 904, 907-908
스탠턴, 엘리자베스 캐디(Elizabeth Cady Stanton) 219
스토트, 존(John Stott) 825
스티븐스, 월리스(Wallace Stevens) 948
스힐레베이크스, 에드바르트(Edward Schillebeeckx) 282
시대정신(Zeitgeist) 29, 34, 174
시러큐스 대학교(Syracuse University) 917
시카고 대학교(University of Chicago) 410, 484, 500, 536, 641, 828
식민지주의(colonialism) 226, 634
신성 로마 제국(Holy Roman Empire) 267

신-시학(theo-poetics) 933
신앙고백주의(Confessionalism) 295, 302
신앙주의(fideism) 86, 457, 502, 765-766, 833, 838, 910-912
신자유주의(neo-liberalism) 222, 228, 232, 424, 456, 462, 491-494, 532-533, 546-547, 568, 598, 657, 666, 772, 785, 788, 821, 824, 826, 874, 892-893
신정통주의 신학(neo-orthodox theology): 가톨릭 신학과 212, 400, 410, 424, 641; 그리스도 중심주의와 397, 421; 계몽주의와 119, 134, 393, 400, 405, 850; 실존주의와 394-400, 438, 440-441, 493, 506; 자유주의 신학과 194, 212, 218, 222, 253, 393-398, 401-404, 435, 438, 457, 461-462, 464-465, 484, 492-495; 신자유주의 신학과 462, 492-495, 507; 계시와 119, 396, 397, 403, 407-408, 411, 416-417, 427, 490, 652-653, 851; 초자연주의와 435-437, 506
신칸트주의(neo-Kantianism) 257
신플라톤주의(Neoplatonism) 169, 249
신학주의(theologism) 278-281
실존주의(existentialism) 132, 152, 165, 222, 394-400, 433, 438, 440-441, 458-459, 486, 488, 493, 522, 532-534, 637-640, 758, 951
실천(praxis) 680-681, 686, 705-707, 710-711, 932

아르미니우스주의(Arminianism), 아르미니우스주의자(Arminians) 83, 318, 370, 374-375, 424-425, 825
아리스토텔레스(Aristotle) 45, 133, 169, 233, 296, 758
아벨라르, 피에르(Peter Abelard) 61-62
아브라함(Abraham) 162, 164, 502, 522, 654
아우구스티누스(Augustine), 아우구스티누스주의(Augustinianism) 61, 169, 233, 318, 484, 505, 533, 629, 742, 792, 798, 891, 915, 929, 941
아우베스, 후뱅(Ruben Alves) 677
아인슈타인, 알베르트(Albert Einstein) 534, 769

아퀴나스, 토마스(Thomas Aquinas) 31, 169, 233, 259, 296, 336, 469, 507, 732, 734-736, 758, 807, 816, 919
악트마이어, 엘리자베스(Elizabeth Achtemeier) 727
안셀무스, 캔터베리의(Anselm of Canterbury) 332, 406-407, 929
알렉산더, 아치볼드(Archibald Alexander) 286, 291
알베르트, 한스(Hans Albert) 765
알타이저, 토머스(Thomas J. J. Altizer) 561-565, 582-583, 588-592, 813, 941
액턴 경(Lord Acton) 258
앤도버 뉴턴 신학교(Andover Newton Theological Seminary) 586
앨런, 디오게네스(Diogenes Allen) 870
양태론(modalism) 431, 752, 819
어셔 주교, 제임스(Bishop James Ussher) 54-55
에드워즈, 조나단(Jonathan Edwards) 325, 358, 381, 863, 948
에릭슨, 밀라드(Millard Erickson) 27, 825
에모리 대학교(Emory University) 588
에반스, 제임스(James H. Evans) 689
에베소 공의회(Council of Ephesus) 351
여성주의(feminism) 713, 715, 718, 723
여성주의 신학(feminist theology) 677, 683, 685-687, 698, 713-728
역사주의(historicism) 33, 223, 227, 232, 235-241, 247, 254, 264, 320, 824
역설(paradox) 159-164, 361, 370, 373-374, 395, 404, 470-472, 480, 488-489, 521, 525-526, 528, 558, 562, 582, 596, 613, 648, 665, 722, 753, 796, 813
영, 파멜라 디키(Pamela Dickey Young) 719
영지주의(gnosticism) 455, 515, 525, 743
예수회(Jesuits) 63, 257, 269, 678, 736, 739, 759, 793
예일대 신학대학원(Yale Divinity School) 217, 358, 377, 461-462, 486, 878, 890

예일 칼리지(Yale College) 356
예정(predestination) 83, 141, 191, 297, 302, 348, 370, 421-422, 426
오거스타나 대학(Augustana College) 890
오글트리, 토머스(Thomas Ogletree) 248
오는 것, 도래(Adventus) 619
오덴, 토머스(Thomas Oden) 825
「오류 목록」(Syllabus of Errors) 256-259
오르, 제임스(James Orr) 210
오바마, 버락(Barack Obama) 699
오순절교도(Pentecostal), 오순절주의 (Pentecostalism) 583, 607, 712, 822
오코너, 플래너리(Flannery O'Connor) 876
옥스퍼드 그룹(Oxford Group) 827
옥스퍼드 대학교(Oxford University) 262, 267
올투이스, 제임스(James Olthuis) 920-921, 942
완화된 신학(chastened theology). 참고. 자유주의 신학(liberal theology)
요더, 존 하워드(John Howard Yoder) 876, 890, 892, 894-896
요한 바오로 2세, 교황(Pope John Paul II) 44, 733, 763, 791
요한 23세, 교황(Pope John XXIII) 731-733, 763
우주론적 논증(cosmological argument) 143
워싱턴, 조셉(Joseph R. Washington) 689
워즈워스, 윌리엄(William Wordsworth) 147
워커, 앨리스(Alice Walker) 698
워필드, 벤저민 브레킨리지(Benjamin Breckenridge Warfield) 287, 293-294, 843
원죄 없는 잉태(무염시태, immaculate conception) 256
월터스토프, 니콜라스(Nicholas Wolterstorff) 139
웨스트민스터 신앙고백(Westminster Confession), 대/소요리문답(Larger and Shorter Catechisms) 295, 302
웨스트민스터 신학교(Westminster Theological Seminary) 286
웨스트팔, 메럴드(Merold Westphal) 872-873
웨슬리, 존(John Wesley) 176, 356, 863

웰스, 데이비드(David Wells) 825, 854
웰치, 클로드(Claude Welch) 107-108, 169
위격적 연합(hypostatic union) 87, 193, 206, 212, 216, 276-278, 280, 335, 349, 350, 365-367, 551, 661, 723, 755
위그노(Huguenots) 80
위무(慰撫, propitiation) 388
윈터스, 애너 케이스(Anna Case Winters) 536
윌리몬, 윌리엄(William Willimon) 875-878, 898
윌리엄 오컴(William of Ockham) 43-44
윌리엄스, 델로어스(Delores Williams) 698
윌리엄스, 로완(Rowan Williams) 819
윌리엄스, 콜린(Colin Williams) 567
윌모어, 게이로드(Gayraud Wilmore) 689
윌슨, 우드로(Woodrow Wilson) 56
윙엘, 에버하르트(Eberhard Jüngel) 422, 781
유니언 신학교(Union Theological Seminary) 168, 460, 463, 487, 490, 498, 570, 676-678, 689, 843
유니테리언교도(Unitarian), 유니테리언주의(Unitarianism) 70, 93, 147, 359, 378
유대인 대학살(the Holocaust) 393, 476, 529, 534, 600, 625
유럽주의(Europaism) 254
유물론(materialism) 146, 151, 180, 199, 378
유스티누스, 순교자(Justin Martyr) 169, 496
유신론(theism) 88, 95, 142, 148, 271, 314, 333-342, 347-348, 353-355, 518, 529, 531-534, 544-549, 556, 563, 566, 600, 608, 622, 624, 760, 776-780, 814, 834, 838, 841-844, 847, 941
유티케스주의(Eutychianism) 350, 527
윤리, 윤리학(ethics) 49, 54, 72-73, 116-118, 120-121, 128-129, 134, 183, 188, 197, 203-204, 211, 217, 225, 253, 260, 283, 333-335, 362, 384, 390, 401, 438, 455, 461, 463, 466, 469, 471, 475-479, 480, 483, 486-490, 644, 729, 752, 767, 845, 870, 889-890, 893-894, 895-904, 907-908, 936, 951

이반트, 한스 요아킴(Hans Joachim Iwand) 608
이상주의(idealism) 463-464, 467-468, 471-474, 478 참고. 관념론(idealism)
이성의 시대(age of reason). 참고. 계몽주의(Enlightenment)
이슬람(Islam) 727, 843
인간중심주의(anthropocentrism) 34, 129-130, 317, 432
인스브루크 대학교(University of Innsbruck) 732
인식론(epistemology) 66, 100, 108-112, 115, 136, 142-143, 203, 303, 399, 432, 479, 613, 672-674, 728, 765-766, 788, 836-837, 858, 870, 929
잉글랜드 국교회(Church of England) 85, 92, 147, 263

자연 신학(natural theology) 42, 94-96, 103-110, 113-115, 142, 149, 172, 397, 407-411, 422-426, 466, 507, 537, 547, 554, 557, 562, 574, 613-614, 649-650, 666, 681, 768, 790, 885, 894-895, 897, 950-951
자연 종교(natural religion) 73, 77-84, 86, 89-97, 100, 104, 106, 110, 114-115, 122, 128, 139, 142, 149, 160, 181, 184, 949
자연주의(naturalism) 33, 39, 130, 143, 254, 379, 382, 400, 456-459, 467, 471, 478, 487, 490, 527-528, 635, 824, 830-831, 870, 906, 949
자유주의 신학(liberal theology): 근본주의와 57, 210, 222, 285-290, 326, 395, 397, 428; 복음주의와 287-288, 824, 835, 854-856; 신자유주의 신학과 222, 228, 456, 462, 491-495, 530-533, 546-547, 874, 887; 역사적 예수와 187, 201-202, 248-249, 253-254, 274-277, 378, 436, 442-444, 658-659, 723-724, 787-788, 899; 원죄와 205, 469-472; 이상주의와 464, 469, 471-473; 인간중심주의와 172, 397, 528, 558, 833; 정통주의와 223, 285-290, 321-392; 초자연주의와 91, 173, 178, 187, 221, 282, 378-383, 390-391, 433-437, 442,

464-465, 473-474, 492-494, 528, 788; 하나
님 나라와 118, 128, 201-202, 204-206, 208-
209, 215-217, 220-222, 473-474, 531, 547;
하나님의 내재와 127-128, 205, 257, 355,
394, 456, 491, 493, 516-517, 568, 592, 598,
721; 합리주의와 223, 305, 362, 405; 현대성
과 95-97, 167-283, 287-289, 305-306, 309,
321-323, 327, 355, 378, 382, 397-398, 442,
484-485, 491-493, 528, 657-658, 786, 788,
824-826, 833-835, 847, 855, 873, 885-887,
896-897

「자이곤」(*Zygon*) 669

장로교(Presbyterian), 장로교도(Presbyterians) 92, 98, 134, 286, 290, 292, 295, 302, 822

장로교도, 신파/구파(New School/Old School Presbyterians) 290, 292

재세례파(Anabaptism), 재세례파교도(Anabaptist) 890, 906, 911-912

전미교회협의회(National Council of Churches) 567

전미복음주의협회(National Association of Evangelicals) 822

전미여성기구(National Organization for Women) 671

전천년왕국설(premillennialism) 168, 606-607, 630, 821

점진적 성육신(progressive incarnation) 330, 349, 352, 355, 389

제2차 대각성 운동(Second Great Awakening) 290, 327

제닝스, 윌리(Willie Jennings) 288, 689

제우스(Zeus) 52, 294

제임스, 윌리엄(William James) 486

제퍼슨 성경(Jefferson Bible) 69, 92

제퍼슨, 토머스(Thomas Jefferson) 69-70, 82, 92

존스, 메이저(Major Jones) 689

존재론(ontology) 209, 250, 486, 502-511, 521, 533, 603, 609-613, 783

종교재판(Inquisition) 43, 47, 763

종말론(eschatology) 439, 447, 449-452, 477, 482, 552, 599-613, 619, 622, 625, 629, 631-632, 634, 637, 640, 647, 657-662, 665, 838, 913

종말론적 존재론(eschatological ontology) 610-613, 619, 632, 637, 640, 660-661

주관주의(subjectivism) 186, 211, 309, 331, 429, 640, 654, 668, 829, 833, 835, 851, 862

중세적(medieval), 중세주의(medievalism) 45, 61, 132-133, 152, 169, 269, 277-280, 295-297, 329, 332, 384, 406, 716, 732, 769, 809, 818, 891, 916

중재(적) 신학(mediating theology) 58, 321-362, 365, 382-383, 390-392, 398, 735

지젝, 슬라보예(Slavoj Žižek) 592-593

진보적 정통주의(progressive orthodoxy) 325, 356-357, 362, 378, 390

진화(evolution) 55-58, 127, 292-293, 337, 494, 534, 749, 759

청교도(Puritans), 청교도주의(Puritanism) 80, 92, 98, 325, 358, 863-864

초월, 초월성(transcendence) 15, 124, 149, 192, 196, 205, 211, 265-266, 296, 355, 395, 419, 432, 452-455, 462-463, 472, 479-483, 486, 488, 516-520, 545, 556, 566-568, 580-583, 590-591, 594, 597-599, 603, 608-610, 617-619, 629, 632, 651, 721, 737, 741-743, 747, 749, 757-758, 776-778, 780, 782, 807-810, 813, 926, 930-931, 938

초자연주의(supernaturalism) 39, 323, 325, 437, 950-951

취리히 대학교(University of Zurich) 423, 794

츠빙글리, 훌드리히(Huldrych Zwingli) 296-297

침례교 전통(Baptist tradition), 침례교회(Baptist churches) 218, 326, 476, 566, 675, 822, 828, 851, 890, 906, 911-912

카넬(E. J. Carnell) 824

카마라, 에우데르(Hélder Câmara) 675, 711

카마이클, 스토클리(Stokely Carmichael) 690
카스트로, 피델(Fidel Castro) 701
카스퍼, 발터(Walter Kaspar) 759
카슨(D. A. Carson) 862-864
카우프만, 고든(Gordon Kaufman) 232
카푸토, 존(John Caputo) 915-946
칸트, 임마누엘(Immanuel Kant) 25, 36, 59-64,
    96-98, 103, 107-125, 128-132, 133-134,
    136-139, 142-143, 147-149, 160, 166, 171,
    177, 180, 186, 188-189, 196-199, 203, 210-
    212, 217, 225, 233, 253, 256-257, 262, 264-
    267, 282-283, 302, 390, 395, 399, 438, 458,
    466, 479-480, 493, 575, 672, 738, 766, 836,
    900, 906, 911, 948, 951
칼뱅, 장(John Calvin) 174-176, 296-297, 301,
    311, 329, 395, 404, 421, 424, 629, 667, 840,
    948
칼뱅주의(Calvinism) 62, 93, 98-99, 189, 292, 302,
    314, 317, 319, 348, 358, 370, 374-377, 381,
    384, 426, 654, 823, 948
칼케돈(Chalcedon), 칼케돈 기독론
    (Chalcedonian Christology), 칼케돈 정의
    (Chalcedonian definition) 194, 206, 280,
    365-367, 785
캄펜하우젠, 한스 폰(Hans von Campenhausen)
    639
캅, 존(John Cobb) 355, 529, 535-539, 546-553,
    641, 655
캠벨, 윌(Will Campbell) 876
커크, 앤드루(J. Andrew Kirk) 710-711
컬럼비아 대학교(Columbia University) 498
케네디, 존 F.(John F. Kennedy) 500
케노시스(kenosis), 케노시스 기독론(kenotic
    Christology) 330-331, 335, 338, 349, 352,
    590, 815
케리그마 신학(kerygmatic theology). 참고. 신정
    통주의 신학(neo-orthodox theology)
케임브리지 대학교(Cambridge University) 51,
    147, 532, 537, 593

케제만, 에른스트(Ernst Käsemann) 608
켈러, 마르틴(Martin Kähler) 443
켈러, 캐서린(Catherine Keller) 536
켈시, 데이비드(David Kelsey) 319, 876
'코기토 에르고 숨'(cogito, ergo sum) 22, 65
코페르니쿠스, 니콜라스(Nicholas Copernicus)
    22, 44-54, 97, 109, 174
콕스, 하비(Harvey Cox) 566, 582-588
콘, 제임스(James Cone) 676-679, 682-684, 687-
    699, 702, 706, 720
콘스탄티누스(Constantine) 216, 276, 579, 905
콜리지, 새뮤얼 테일러(Samuel Taylor Coleridge)
    134, 144-152, 165, 362-364, 368, 390
콜슨, 찰스(Charles Colson) 825
콰인(W. V. O. Quine) 865-868
쿤, 토머스(Thomas Kuhn) 673, 769, 858, 866
퀘이커교도(Quakers), 퀘이커교(Quakerism) 487,
    916
큉, 한스(Hans Küng) 278, 282, 732-734, 760-789
큐피트, 돈(Don Cupitt) 593-595
「크리스채너티 투데이」(Christianity Today) 13,
    823, 828
클라크, 고든(Gordon Clark) 828, 833
클라크, 윌리엄 뉴턴(William Newton Clarke)
    390
클레먼츠, 키스(Keith Clements) 174, 176
클레멘스, 알렉산드리아의(Clement of
    Alexandria) 169
클레어몬트 신학대학원(Claremont Graduate
    University and School of Theology) 535-
    538, 641, 714
클레이튼, 필립(Phillip Clayton) 492
클리버, 로니(Lonnie Kliever) 535
클리버, 엘드리지(Eldridge Cleaver) 690
클리지, 앨버트(Albert B. Cleage) 689
키르케고르, 쇠렌(Søren Kierkegaard) 66, 132,
    134, 152-166, 171, 176, 196, 225, 228, 289,
    301, 308, 328, 370, 394-395, 398-400, 404,
    441, 461, 467, 472, 479-480, 485, 490, 523,

528, 568, 642, 768, 835, 917, 920, 930, 936
킹, 레이첼 해들리(Rachel Hadley King) 487
킹, 마틴 루터(Martin Luther King Jr.) 479, 671, 676

타락 전 예정설(supralapsarianism) 297, 317
타락 후 예정설(infralapsarianism) 297, 317
타바드, 조지(George Tavard) 526-527
「타임」(Time magazine) 43, 222, 410, 460, 495, 561-562, 592, 823, 835
테레사, 마더(Mother Teresa) 579
테일러, 나다니엘(Nathaniel Taylor) 358
테일러, 마크 클라인(Mark Kline Taylor) 517, 520
템플 대학교(Temple University) 566
토대주의(foundationalism) 22, 31, 69, 72, 108, 137, 143, 149, 289, 363, 765, 817, 836, 857-859, 865-868, 873-874, 898-899, 905-906, 929, 947, 949
토랜스, 토머스(Thomas Torrance) 401
토레스, 카밀로(Camilo Torres) 675, 700, 709
토마시우스, 고트프리트(Gottfried Thomasius) 331, 335-341, 349, 352, 355
토마스, 조지(George Thomas) 509-510
톨런드, 존(John Toland) 77-79, 82-94, 167
투레티누스, 프란키스쿠스(Francis Turretin) 83, 298-299, 302
투르나이젠, 에두아르트(Eduard Thurneysen) 401, 404, 440
툴민, 스티븐(Stephen Toulmin) 75-76, 868, 905
트레이시, 데이비드(David Tracy) 282
트뢸치, 에른스트(Ernst Troeltsch) 223, 225-254, 268, 320, 440
티렐, 조지(George Tyrrell) 257-258, 262, 267-270, 273-274, 278-282, 732
틴들, 매튜(Matthew Tindal) 78-79, 82-83, 89-93, 167
틸, 존(John Thiel) 867
틸리케, 헬무트(Helmut Thielicke) 668
틸리히, 폴(Paul Tillich) 218, 222, 462-463, 491,

493-534, 538, 547, 551, 565, 568, 589, 595, 601-604, 613-614, 641, 659, 678-679, 693, 722-723, 734-738, 764, 772, 787, 797, 874, 892, 949

파루시아, 재림(parousia) 452, 525
파르메니데스(Parmenides) 615
파스칼, 블레즈(Blaise Pascal) 66, 162, 502, 654
파우크, 빌헬름(Wilhelm Pauck) 497
파이퍼, 존(John Piper) 825
파크러, 가브리엘(Gabriel Fackre) 480, 488
파커, 시어도어(Theodore Parker) 389
판넨베르크, 볼프하르트(Wolfhart Pannenberg) 14, 211, 234, 427, 599-603, 605, 611, 636-670, 926
패짓, 앨런(Alan Padgett) 871-873
「퍼스트 씽스」(First Things) 820
퍼시, 워커(Walker Percy) 876
퍼시픽 신학교(Pacific School of Religion) 678, 714
퍼트, 케이스(Keith Putt) 920-921, 941-945
페리코레시스(perichoresis, 상호내재, 상호침투) 628, 630, 862
'페어미틀룽스테올로기'(Vermittlungstheologie, 중재 신학) 322-324
페인, 토머스(Thomas Paine) 82
페일리, 윌리엄(William Paley) 94-95, 97, 105, 144, 148
포드, 루이스(Lewis Ford) 545
포사이스(P. T. Forsyth) 355
포스딕, 해리 에머슨(Harry Emerson Fosdick Jr.) 57-58, 222, 592
포스트모던(postmodern), 포스트모더니즘 (postmodernism), 탈현대성(postmodernity, 포스트모더니티) 15, 17, 19, 37, 75-76, 253, 320, 547, 557, 567, 588, 592, 594-598, 633, 665, 672-674, 719-720, 728, 764, 768-772, 780-781, 786-788, 816-819, 826, 854-863, 865-879, 900, 915-922, 927-931, 942, 948, 952

포이어바흐, 루트비히(Ludwig Feuerbach) 321, 765
포퍼, 칼(Karl Popper) 765-766, 788
포프, 알렉산더(Alexander Pope) 23-24, 34, 180
'폴크스도르프'(Volksdorf, 국민 마을) 604
폴킹혼, 존(John Polkinghorne) 559, 951
푸코, 미셸(Michel Foucault) 873
풀러 신학교(Fuller Theological Seminary) 823-824, 828, 854
프라이, 한스(Hans Frei) 876-881, 887, 890
프라이부르크 대학교(University of Freiburg) 736
프랑스 혁명(the French Revolution) 68, 75, 179, 256, 321, 687
프랭크, 존(John Franke) 857-859
프랭클린, 벤저민(Benjamin Franklin) 291
프로이센 연합교회(Prussian Union) 326, 328
프로이트, 지그문트(Sigmund Freud) 32, 174, 590, 765, 792
프로크루스테스의 침대(Procrustean bed) 195, 457, 509
프리던, 베티(Betty Friedan) 671, 677
프리드리히 빌헬름 3세 황제(King Frederick Wilhelm III) 326
플라톤(Plato) 175, 244, 505, 511, 532, 542, 615, 796
플라톤 철학(Platonic philosophy) 169, 511, 532, 833
플래처, 윌리엄(William Placher) 879-881, 885-887
플랜팅가, 앨빈(Alvin Plantinga) 29
피녹, 클라크(Clark Pinnock) 825, 852-854
피니, 찰스 그랜디슨(Charles Grandison Finney) 290
피츠틱, 알리사 리라(Alyssa Lyra Pitstick) 820
피콕, 아서(Arthur Peacocke) 492, 558
피터스, 테드(Ted Peters) 556, 602
피텐저, 노먼(Norman Pittenger) 355, 535, 537, 551
필랜더 스미스 대학(Philander Smith College) 689
필립스(D. Z. Phillips) 910

하르낙, 아돌프(Adolf Harnack) 171, 197, 214-217, 220, 223, 231, 270-271, 275-276, 329, 394, 404-405, 439, 442, 494
하만, 요한(Johann Hamann) 145
하버드 대학교(Harvard University) 499, 532, 536, 566, 586
하비, 반(Van Harvey) 232
하우어워스, 스탠리(Stanley Hauerwas) 480, 486-488, 875-878, 885-914, 935-937, 945
하워드 대학교 신학부(Howard University's School of Religion) 714
하이데거, 마르틴(Martin Heidegger) 398, 440-441, 443, 446, 448, 505, 736, 738, 758, 796, 919
하이스테인, 벤첼 판(Wentzel van Huyssteen) 429
하이젠베르크, 베르너 칼(Werner Karl Heisenberg) 534
하지, 아치볼드 알렉산더(Archibald Alexander Hodge) 287
하지, 찰스(Charles Hodge) 143, 286-320, 321, 373, 389, 839-843, 848-850, 853, 856-857, 874, 882
하츠혼, 찰스(Charles Hartshorne) 493, 532, 535-540
하트, 줄리안(Julian Hartt) 890
할레 대학교(University of Halle) 177, 198, 292, 498
합리주의(rationalism) 21, 31, 33, 68-72, 93, 108-111, 120, 129-132, 138, 143-145, 152, 177-180, 223, 254, 256, 299-301, 305, 323, 362, 400, 405, 459, 528, 765-766, 770, 788-789, 824, 832, 870, 906, 917, 928
항론파(Remonstrants) 318
해밀턴, 윌리엄(William Hamilton) 561-564, 568, 582, 589-590
해밀턴, 케네스(Kenneth Hamilton) 510
해방 신학(liberation theology) 607, 617, 671-729, 929
해체주의(deconstructionism), 해체(deconstruction)

99, 566-567, 588, 728, 786, 874-875, 879, 915-930, 934-938, 941-945
핼리, 에드먼드(Edmond Halley) 53-54
허버트 경, 셔베리의 에드워드(Lord Edward Herbert of Cherbury) 80-82
헌싱어, 조지(George Hunsinger) 884
헤겔, 게오르크(Georg W. F. Hegel) 97-98, 120-129, 132-134, 149, 153, 158-162, 166, 171, 180, 192, 198, 204, 224-225, 279, 323-324, 328-329, 330-331, 334, 337-340, 345, 355, 390, 394-395, 398-399, 404, 419, 438, 462, 466, 473, 485, 493, 518-521, 528, 534, 558, 589-590, 628, 632, 653, 663, 759, 764, 770, 776-783, 788, 930, 948
헤르만, 빌헬름(Wilhelm Herrmann) 252, 396, 404-405, 439
헨리, 칼(Carl F. H. Henry) 823, 826-846, 850, 854, 856-858, 874, 882
현대주의(modernism) 145, 159, 168, 255-273, 279, 281-282, 413, 633, 731, 735, 793, 805, 830, 833, 855, 866, 875
「현대주의자들의 학설에 관하여」(Pascendi Dominici Gregis, "주님의 양떼의 사목") 255-259
현상계, 현상의 영역(phenomenal realm) 113-114, 121, 123, 203
현상학(phenomenology) 741

형이상학(metaphysics) 110, 113-118, 120-121, 133, 188, 197, 200, 203-204, 208-209, 212, 250, 262, 264, 267, 282, 330, 398, 454, 495, 533, 546, 562, 572, 584, 587, 591, 778-781
화이트, 앤드루(Andrew D. White) 25, 36, 46
화이트헤드, 알프레드 노스(Alfred North Whitehead) 127, 493, 532-549, 558-559, 623, 779
화체설(transubstantiation) 84-85, 87
회복(restitution) 525, 659
회중교회주의(Congregationalism), 회중교회주의자(Congregationalists) 92, 326-328, 356-360, 369, 488
후험적 진리(a posteriori truth) 69, 101, 109, 139
휘겔 남작, 프리드리히 폰(Friedrich Baron von Hügel) 267-268
휘튼 칼리지(Wheaton College) 828
흄, 데이비드(David Hume) 96-114, 115, 121-122, 128-138, 140-143, 171, 289, 302, 948
흑인 감리교 감독교회(African Methodist Episcopal Church) 689
히틀러, 아돌프(Adolf Hitler) 409, 463, 468-469, 476, 530, 563, 569-570
힉, 존(John Hick) 251

30년 전쟁(Thirty Years' War) 22, 54, 67, 80-81

옮긴이 김의식은 서울대학교 건축학과를 졸업하고 미국 루이빌 신학교(MA), 한국 장로회신학대학교 신학대학원(MDiv, ThM)에서 공부한 후 성균관대학교 번역테솔대학원에서 번역학(MA)을 전공했다. 현재 전문번역가로 활동하고 있으며 옮긴 책으로는 『하나 셋 여럿』, 『성경, 바위, 시간』, 『영혼의 리더십』(이상 IVP), 『다니고 싶은 회사 만들기』(홍성사, 공역) 등이 있다.

현대 신학이란 무엇인가

초판 발행 2021년 1월 21일
초판 4쇄 2025년 8월 20일

지은이 로저 올슨
옮긴이 김의식
펴낸이 정모세

편집 이성민 이혜영 심혜인 설요한 박예찬
디자인 한현아 서린나 | 마케팅 오인표 | 영업·제작 정성운 이은주 조수영
경영지원 이혜선 이은희 | 물류 박세율 정용탁 김대훈

펴낸곳 한국기독학생회출판부 | 등록번호 제2001-000198호(1978.6.1)
주소 04031 서울시 마포구 동교로 156-10
대표 전화 (02) 337-2257 | 팩스 (02) 337-2258
영업 전화 (02) 338-2282 | 팩스 080-915-1515
홈페이지 http://www.ivp.co.kr | 이메일 ivp@ivp.co.kr
ISBN 978-89-328-1808-5

ⓒ 한국기독학생회출판부 2021

책값은 뒤표지에 있습니다.
무단 전재와 복제를 금합니다.